Handbuch Dienstleistungsmarketing

Manfred Bruhn · Heribert Meffert

Handbuch Dienstleistungsmarketing

Planung – Umsetzung – Kontrolle

Springer Gabler

Professor Dr. Manfred Bruhn
Basel, Schweiz

Professor Dr. Dr. h.c. mult. Heribert Meffert
Münster, Deutschland

ISBN 978-3-8349-3660-8
DOI 10.1007/978-3-8349-3661-5

ISBN 978-3-8349-3661-5 (eBook)

Die Deutsche Nationalbibliothek verzeichnet diese Publikation in der Deutschen Nationalbibliografie; detaillierte bibliografische Daten sind im Internet über http://dnb.d-nb.de abrufbar.

Springer Gabler
© Gabler Verlag | Springer Fachmedien Wiesbaden 2012
Das Werk einschließlich aller seiner Teile ist urheberrechtlich geschützt. Jede Verwertung, die nicht ausdrücklich vom Urheberrechtsgesetz zugelassen ist, bedarf der vorherigen Zustimmung des Verlags. Das gilt insbesondere für Vervielfältigungen, Bearbeitungen, Übersetzungen, Mikroverfilmungen und die Einspeicherung und Verarbeitung in elektronischen Systemen.

Die Wiedergabe von Gebrauchsnamen, Handelsnamen, Warenbezeichnungen usw. in diesem Werk berechtigt auch ohne besondere Kennzeichnung nicht zu der Annahme, dass solche Namen im Sinne der Warenzeichen- und Markenschutz-Gesetzgebung als frei zu betrachten wären und daher von jedermann benutzt werden dürften.

Lektorat: Barbara Roscher, Birgit Borstelmann
Einbandentwurf: KünkelLopka GmbH, Heidelberg

Gedruckt auf säurefreiem und chlorfrei gebleichtem Papier

Springer Gabler ist eine Marke von Springer DE. Springer DE ist Teil der Fachverlagsgruppe Springer Science+Business Media
www.springer-gabler.de

Vorwort

Die Autoren haben seit Jahren an ihrem Lehrbuch zum „Dienstleistungsmarketing" gearbeitet, bereits in den 1980er und 1990er Jahren, bis zum Erscheinen der Erstauflage im Jahre 1995. Dieses Lehrbuch ist in der Zwischenzeit in mehreren Auflagen erschienen, zuletzt:

> **Dienstleistungsmarketing. Grundlagen – Konzepte – Methoden, 6. Auflage, Gabler Verlag, Wiesbaden 2009.**

Dabei bestand immer das folgende Problem: Einerseits verlangte die zunehmende Bedeutung des Dienstleistungsmarketing einen steigenden Seitenumfang des Lehrbuches. Andererseits war es damit immer weniger geeignet, aufgrund des Umfangs in der Lehre für Bachelor- oder Masterprogramme eingesetzt zu werden.

Dies dokumentiert sich an dem Seitenumfang der einzelnen Auflagen: 1. Auflage (627 Seiten), 2. Auflage (792 Seiten), 3. Auflage (619 Seiten), 4. Auflage (841 Seiten), 5. Auflage (980 Seiten). Nach der fünften und umfangreichsten Auflage haben wir uns entschieden, die sechste Auflage wesentlich zu kürzen, damit sie nach wie vor als Standard-Lehrbuch in der Lehre eingesetzt werden kann. Mit einer Kürzung von 980 Seiten auf insgesamt 517 Seiten ist uns dies gelungen.

Nach dieser wesentlichen Kürzung haben wir geplant, die sehr umfangreiche fünfte Auflage auszuarbeiten und zu diesem

> **Handbuch Dienstleistungsmarketing – Planung, Umsetzung und Kontrolle**

zu entwickeln. Bei dem vorliegenden Handbuch handelt es sich also um eine Weiterentwicklung der fünften Auflage des Lehrbuches zum „Dienstleistungsmarketing".

Entsprechend ist die Gliederung des Buches in ihrer Grundstruktur weitgehend identisch geblieben. Die Weiterentwicklung bezieht sich vor allem auf eine Erweiterung und Vertiefung der verschiedenen Inhalte. So wurden zur Erweiterung in allen Phasen des Dienstleistungsmarketing zusätzliche Inhalte aufgenommen und bei den einzelnen Inhalten wurden Vertiefungen in Form von differenzierten wissenschaftlichen Erkenntnissen (z. B. Konzepten, Theorien, Methoden, Studien) und praktischen Erfahrungen (z. B. Beispiele, Fallstudien, Belege) eingearbeitet. Dadurch haben wir versucht, dem Ziel eines Handbuches und – damit auch eines Nachschlagewerkes – gerecht zu werden.

Dementsprechend ist es nicht notwendig, das Buch vom „Beginn bis zum Ende" zu lesen. Die einzelnen zehn Kapitel sind so konzipiert, dass sie in sich geschlossene Kapitel darstellen und können auch unabhängig voneinander gelesen und verarbeitet werden.

Natürlich ist es unbestritten, dass die steigende Bedeutung des Dienstleistungssektors, verbunden mit einer zunehmenden Verbindung von Sach- und Dienstleistungsunternehmen, dazu geführt haben, dass Themen des Dienstleistungsmarketing in Wissenschaft und Praxis mit starkem Interesse verfolgt werden. Dies dokumentiert sich in der Wissenschaft durch eine zunehmende Anzahl von spezialisierten Fachzeitschriften, die explosionsartige Zunahme von Publikationen zu Dienstleistungsthemen, neue Lehrstühle an Universitäten zum Dienstleistungsmarketing u. v. m. In der Praxis dokumentiert sich dies durch immer neue Konzepte, den Einsatz zahlreicher Instrumente und Maßnahmen, die Schaffung neuer Stellen in der Organisation zu Dienstleistungsaufgaben u.v.m.

Die hohe nationale und internationale Wettbewerbsintensität zwingt sowohl Anbieter von Dienstleistungen als auch von Sachgütern, die zunehmend neben ihren eigentlichen Produkten über zusätzliche Serviceleistungen konkurrieren, sich durch ein professionelles Dienstleistungsmarketing zu profilieren. Es zeigt sich, dass nach wie vor zum einen die klassischen Fragestellungen des Dienstleistungsmarketing, wie die Implikationen aus den Besonderheiten von Dienstleistungen oder die Messung und Steuerung der Dienstleistungsqualität, von hoher Relevanz sind. Zum anderen ergeben sich aus der Diskussion in Wissenschaft und Praxis stetig neue Fragestellungen und Herausforderungen (z. B. die Internationalisierung von Dienstleistungskonzepten, Electronic Services, Dienstleistungscontrolling u.a.m.) für das Dienstleistungsmarketing.

Das Buch richtet sich nicht nur an die Wissenschaft, sondern vor allem auch an Praktiker, die sich in ihren Unternehmen systematisch mit der Planung und Umsetzung des Dienstleistungsmarketing beschäftigen. Gleichermaßen sind Studierende der Betriebswirtschaftslehre und des Marketing angesprochen, die sich während ihres Studiums mit Fragestellungen des Dienstleistungsbereichs auseinander setzen und über die theoretischen Grundlagen des Lehrbuchs hinaus einen tieferen Einblick in die praktische Umsetzung der verschiedenen Konzepte erlangen wollen. Darüber hinaus findet das Buch auch einen Einsatz im Weiterbildungsbereich, in dem Führungskräfte auf neue Aufgaben zum Management von Dienstleistungen vorbereitet werden.

Das „Handbuch Dienstleistungsmarketing" ist das Ergebnis von jahrelangen Arbeiten an den Marketing-Lehrstühlen in Münster und Basel. Deshalb ist es uns ein besonderes Bedürfnis, uns bei den verschiedenen Generationen von Assistierenden zu bedanken, die sich intensiv und mit viel Engagement an den diversen Auflagen der Bücher zum Dienstleistungsmarketing beteiligt haben. Es handelt sich hier in Münster um *Kai Laackmann, Helmut Schneider, Frithjof Netzer, Thomas Schwetje, Andreas Bierwirth, Michael Schleusener, Michael Bongartz, Jörg Nießling, Bastian Grunberg, Christian Ebert* und *Sebastin Dettmers* – sowie in Basel um *Bettina Bunge, Anja Zimmermann, Michael Grund, Dominik Georgi, Karsten Hadwich, Silke Michalski, Sven Tuzovic, Mark Richter, Dirk Steffen, Gunnar Markert, Isabel Schmidt* und *Matthias Mayer-Vorfelder*. Ihnen allen sei an dieser Stelle nochmals sehr herzlich gedankt. Herrn Dipl.-Kfm. *Alexander Maier* von der Universität Basel danken wir ganz besonders für seinen Einsatz bei der Erstellung dieses Handbuches.

Das Handbuch orientiert sich durch die Überarbeitungen und Ergänzungen nicht nur an der aktuellen Forschung und praktischen Anwendung, sondern zeigt die Richtung für die weitere Entwicklung des Dienstleistungsmarketing auf. Das Ziel bleibt es nach wie vor, mit diesem Handbuch Kenntnisse zum Dienstleistungsmarketing in der Lehre zu vermitteln und in der Praxis die Gestaltung eines systematischen Dienstleistungsmarketing sowohl im klassischen Dienstleistungsbereich als auch im Servicebereich von Sachgüteranbietern zu unterstützen.

Die Verfasser wünschen sich eine intensive Diskussion über die zukünftigen Herausforderungen in der Dienstleistungsgesellschaft sowie den Themenbereichen des Dienstleistungsmarketing und freuen sich über Anregungen jeder Art.

Basel und Münster *Manfred Bruhn* und *Heribert Meffert*

Inhaltsverzeichnis

Vorwort V

Kapitel 1
Gegenstand und Besonderheiten des Dienstleistungsmarketing

1.	**Bedeutung und Entwicklung des Dienstleistungsmarketing**...............	3
1.1	Bedeutung des Dienstleistungsmarketing in Wissenschaft und Praxis	3
1.2	Volkswirtschaftliche Betrachtung des Dienstleistungssektors	7
1.3	Betriebswirtschaftliche Betrachtung des Dienstleistungssektors..............	14
1.4	Entwicklungsphasen des Dienstleistungsmarketing	17
2.	**Begriff und Systematisierung von Dienstleistungen**	23
2.1	Begriffliche Definitionsansätze von Dienstleistungen	23
2.2	Leistungstypologische Einordnung von Dienstleistungen	27
2.3	Systematisierung von Dienstleistungen	36
3.	**Besonderheiten der Produktion von Dienstleistungen**	45
3.1	Faktoren der Dienstleistungsproduktion	45
3.2	Prozess der Dienstleistungsproduktion	51
4.	**Besonderheiten beim Absatz von Dienstleistungen**	55
4.1	Notwendigkeit der Leistungsfähigkeit des Dienstleistungsanbieters..........	55
4.2	Integration des externen Faktors in den Dienstleistungserstellungsprozess ...	56
4.3	Immaterialität des Leistungsergebnisses	58

Kapitel 2
Grundlagen des Dienstleistungsmarketing

1.	**Relationship Marketing als Grundkonzept des Dienstleistungsmarketing** ..	67
2.	**Theorien zur Erklärung und Gestaltung des Dienstleistungsmarketing**.....	75
2.1	Erklärungsansätze der Neuen Institutionenökonomik	76
2.11	Ansätze der Informationsökonomik....................................	77
2.12	Ansätze der Transaktionskostentheorie	82
2.13	Ansätze der Principal-Agent-Theorie...................................	84
2.14	Ansätze der Property-Rights-Theorie...................................	86
2.15	Ansätze der Relational-Contracting-Theorie.............................	88
2.2	Psychologische Erklärungsansätze	89
2.21	Ansätze der Lerntheorie..	91

2.22	Ansätze der Risikotheorie.	92
2.23	Ansätze der Dissonanztheorie	93
2.24	Ansätze der Attributionstheorie	94
2.25	Ansätze der Balancetheorie	95
2.3	Sozialpsychologische Erklärungsansätze	96
2.31	Ansätze der Sozialen Austauschtheorie	97
2.32	Ansätze der Anreiz-Beitrags-Theorie	98
2.33	Ansätze der Equitytheorie	98
2.4	Organisationstheoretische Erklärungsansätze	99
2.41	Ansätze der Resource-Dependence-Theorie	100
2.42	Resource-based View	101
3.	**Zusammenfassende Würdigung der Ansätze**	**102**
4.	**Service Dominant Logic als neue Perspektive des (Dienstleistungs-) Marketing?**	**104**

Kapitel 3
Informationsgrundlagen des Dienstleistungsmarketing

1.	**Kaufverhalten im Dienstleistungsbereich**	**109**
1.1	Kaufentscheidungsprozess im Dienstleistungsbereich	109
1.2	Psychologische Wirkungsgrößen des Kaufverhaltens	113
1.3	Verhaltensgrößen des Kaufverhaltens	129
2.	**Marktforschung im Dienstleistungsbereich**	**133**
2.1	Besonderheiten der Marktforschung im Dienstleistungsbereich	133
2.2	Methoden der Marktforschung im Dienstleistungsbereich	141
3.	**Marktsegmentierung im Dienstleistungsbereich**	**149**

Kapitel 4
Strategisches Dienstleistungsmarketing

1.	**Strategische Unternehmens- und Marketingplanung im Dienstleistungsbereich**	**163**
2.	**Strategische Analyseinstrumente im Dienstleistungsmarketing**	**166**
2.1	SWOT-Analyse	166
2.2	Positionierungsanalyse	172
2.3	Lebenszyklusanalyse	178

2.4	Portfolioanalyse	186
2.5	Wertkettenanalyse	191

3.	**Ziele im Dienstleistungsmarketing**	**199**
3.1	Zielarten im Dienstleistungsbereich	199
3.2	Formulierung von Marketingzielen	201
3.3	Unternehmensgerichtete Ziele	203
3.4	Kundengerichtete Ziele	204
3.5	Mitarbeitergerichtete Ziele	208

4.	**Festlegung von Strategien im Dienstleistungsbereich**	**210**
4.1	Geschäftsfeldstrategien	212
4.11	Abgrenzung strategischer Geschäftsfelder	212
4.12	Marktfeldstrategie	226
4.13	Wettbewerbsvorteilsstrategie	231
4.14	Marktabdeckungsstrategie	239
4.15	Timingstrategie	245
4.2	Marktteilnehmerstrategien	249
4.21	Marktbearbeitungsstrategie	249
4.22	Kundenstrategien	252
4.23	Abnehmergerichtete Verhaltensstrategie	262
4.24	Wettbewerbsgerichtete Verhaltensstrategie	264
4.25	Absatzmittlergerichtete Verhaltensstrategie	266
4.3	Marketinginstrumentestrategien	268

Kapitel 5
Qualitätsmanagement im Dienstleistungsmarketing

1.	**Bedeutung des Qualitätsmanagements**	**275**
2.	**Konzeptionelle Grundlagen des Qualitätsmanagements für Dienstleistungen**	**276**
2.1	Begriff der Dienstleistungsqualität	276
2.11	Begriff und Definitionsansätze der Dienstleistungsqualität	276
2.12	Dimensionen der Dienstleistungsqualität	280
2.2	Total Quality Management als Qualitätsphilosophie	282
2.3	Begriff und Bausteine eines Qualitätsmanagements	286
2.4	Customer Experience Management	288
3.	**Analyse der Dienstleistungsqualität**	**297**
3.1	Modelle der Dienstleistungsqualität	297
3.11	GAP-Modell von Parasuraman/Zeithaml/Berry	297
3.12	Dienstleistungsqualitätsmodell von Grönroos	302

3.13	Dienstleistungsqualitätsmodell von Meyer und Mattmüller	303
3.14	Dynamisches Prozessmodell von Boulding et al.	305
3.15	Beziehungsqualitätsmodell von Liljander/Strandvik	307
3.16	Qualitatives Zufriedenheitsmodell von Stauss/Neuhaus	310
3.2	Messung der Dienstleistungsqualität	311
3.21	Ansätze zur Messung der Dienstleistungsqualität im Überblick	311
3.22	Kundenorientierte Messung der Dienstleistungsqualität	313
3.221	Messung nach objektiven Kriterien	313
3.222	Messung nach subjektiven Kriterien	315
3.2221	Merkmalsorientierte Messverfahren	315
3.2222	Ereignisorientierte Messverfahren	335
3.2223	Problemorientierte Messverfahren	344
3.23	Unternehmensorientierte Messung der Dienstleistungsqualität	354
3.231	Managementorientierte Messansätze	354
3.232	Mitarbeiterorientierte Messansätze	359
4.	**Strategische Planung des Qualitätsmanagements für Dienstleistungen**	**371**
4.1	Leistungsbezogenes Qualitätsmanagement	371
4.2	Erwartungsbezogenes Qualitätsmanagement	375
5.	**Operative Gestaltung des Qualitätsmanagements für Dienstleistungen**	**379**
5.1	Operatives Qualitätsmanagement	379
5.11	Regelkreis des Qualitätsmanagements	379
5.12	Instrumente der Qualitätsplanung	382
5.13	Instrumente der Qualitätslenkung	382
5.14	Instrumente der Qualitätsprüfung	384
5.15	Instrumente der Qualitätsmanagementdarlegung	384
5.2	Operatives Erwartungsmanagement	386
5.21	Ansatzpunkte zur Steuerung der Kundenerwartungen	386
5.22	Direktes Erwartungsmanagement	388
5.23	Indirektes Erwartungsmanagement	390
6.	**Unterstützung des Qualitätsmanagements für Dienstleistungen**	**393**
6.1	Qualitätspreise für Dienstleistungsunternehmen	393
6.2	Zertifizierung von Dienstleistungsunternehmen	395
6.3	Nationale Kundenbarometer als Informationsgrundlage für Qualitätsmanagementsysteme	396
6.4	Interne Servicebarometer	398
7.	**Wirtschaftlichkeit des Qualitätsmanagements**	**401**
7.1	Kosten des Qualitätsmanagements	402
7.2	Nutzenwirkungen des Qualitätsmanagements	407
7.3	Ansatzpunkte für einen Kosten-Nutzen-Vergleich	409

Kapitel 6
Operatives Dienstleistungsmarketing

1.	**Leistungspolitik**...	**416**
1.1	Grundlagen der Leistungspolitik	416
1.11	Besonderheiten der Leistungspolitik von Dienstleistungsunternehmen	416
1.12	Festlegung des Leistungsprogramms.....................................	417
1.13	Planungsprozess der Leistungspolitik	420
1.14	Ziele der Leistungspolitik..	420
1.2	Instrumente der Leistungspolitik	422
1.21	Leistungsprogrammpolitik...	422
1.211	Variation im Dienstleistungsprogramm.................................	424
1.212	Innovation im Dienstleistungsprogramm	434
1.213	Eliminierung im Dienstleistungsprogramm	441
1.22	Markenpolitik..	442
1.221	Begriff und Formen der Dienstleistungsmarke	443
1.222	Dienstleistungsspezifische Markierungsprobleme......................	448
1.223	Der markenpolitische „Dreiklang"....................................	450
1.224	Markenstrategische Optionen im Dienstleistungsmarketing	465
1.23	E-Services	468
2.	**Kommunikationspolitik**	**474**
2.1	Grundlagen der Kommunikationspolitik.................................	474
2.11	Besonderheiten der Kommunikationspolitik von Dienstleistungsunternehmen	474
2.12	Begriff der Dienstleistungskommunikation	477
2.13	Integrierte Kommunikation als strategisches Kommunikationskonzept	479
2.14	Ziele der Kommunikationspolitik..	481
2.2	Instrumente der Kommunikationspolitik	483
2.21	Instrumente der Unternehmenskommunikation	483
2.22	Instrumente der Marketingkommunikation	489
2.23	Instrumente der Dialogkommunikation	498
3.	**Preispolitik**..	**525**
3.1	Grundlagen der Preispolitik...	525
3.11	Zum Begriff der Preispolitik	525
3.12	Besonderheiten der Preispolitik von Dienstleistungsunternehmen	525
3.13	Planungsprozess der Preisfestlegung	531
3.14	Ziele der Preispolitik..	532
3.2	Preispolitische Strategien und Instrumente	542
3.21	Preisbezogene Strategien	542
3.211	Preisdifferenzierung..	542
3.212	Preisbündelung und Preisbaukästen	556
3.213	Electronic Pricing...	563

3.214	Dienstleistungsspezifische Aspekte der Wahl preispolitischer Strategien	567
3.22	Konditionenbezogene Instrumente	575

4. Distributionspolitik ... 577

4.1	Grundlagen der Distributionspolitik	577
4.11	Zum Begriff der Distributionspolitik	577
4.12	Besonderheiten der Distributionspolitik von Dienstleistungsunternehmen	577
4.13	Planungsprozess der Distributionspolitik	579
4.14	Ziele der Distributionspolitik	580
4.2	Instrumente der Distributionspolitik	582
4.21	Gestaltung von Absatzkanalsystemen für Dienstleistungen	582
4.211	Direkte Distribution	583
4.212	Indirekte Distribution	587
4.213	Distribution durch E-Commerce und Self-Service-Technologien	592
4.214	Kombinierte Distribution	602
4.22	Gestaltung der physischen Distribution von Dienstleistungen	605
4.221	Gestaltung des physischen Umfelds der Dienstleistungserbringung	605
4.23	Gestaltung des logistischen Systems	611

5. Personalpolitik ... 618

5.1	Grundlagen der Personalpolitik	618
5.11	Zum Begriff der Personalpolitik	618
5.12	Besonderheiten der Personalpolitik von Dienstleistungsunternehmen	619
5.2	Internes Marketing als personalpolitisches Rahmenkonzept	621
5.21	Grundlagen des Internen Marketing als personalpolitisches Rahmenkonzept	621
5.22	Ansatzpunkte der Implementierung	625
5.23	Barrieren der Implementierung	628
5.3	Marktorientierter Einsatz personalpolitischer Instrumente	629
5.31	Personalpolitische Instrumente der Planungsphase	630
5.311	Bestimmung des Personalbestands und -bedarfs	631
5.312	Festlegung der Anforderungen an die interne Dienstleistungsqualität	643
5.32	Personalpolitische Instrumente der Durchführungsphase	644
5.321	Personaleinsatz	644
5.322	Personalveränderung	648
5.3221	Personalbeschaffung	649
5.3222	Personalentwicklung	658
5.3223	Personalfreistellung	663
5.323	Kundenorientierte Vergütungssysteme	665
5.33	Personalpolitisches Instrument der Personalprüfung in der Kontrollphase	670
5.4	Marktorientierter Einsatz interner Kommunikationsinstrumente	674
5.5	Personalorientierter Einsatz externer Marketinginstrumente	678

Kapitel 7
Implementierung des Dienstleistungsmarketing

1.	**Grundlagen der Strategieimplementierung**	685
1.1	Begriff und Inhalt der Strategieimplementierung	685
1.2	Besonderheiten bei der Implementierung des Dienstleistungsmarketing	688
1.3	Implementierungsbarrieren des Dienstleistungsmarketing	691
2.	**Betrachtungsebenen bei der Implementierung des Dienstleistungsmarketing**	694
2.1	Gestaltung der Unternehmensstruktur	694
2.2	Gestaltung der Unternehmenssysteme	700
2.3	Gestaltung der Unternehmenskultur	706

Kapitel 8
Controlling im Dienstleistungsmarketing

1.	**Grundlagen des Controlling im Dienstleistungsmarketing**	723
1.1	Begriff und Aufgaben des Dienstleistungsmarketingcontrolling	723
1.11	Begriff des Dienstleistungscontrolling	723
1.12	Begriff des Dienstleistungsmarketingcontrolling	727
1.13	Aufgaben des Dienstleistungsmarketingcontrolling	730
1.2	Organisatorische Stellung des Dienstleistungscontrolling	732
2.	**Controllingsystem im Dienstleistungsmarketing**	734
2.1	Controlling als Subsystem des Dienstleistungsmanagements	734
2.2	Relevante Subsysteme	735
3.	**Instrumente des Controlling im Dienstleistungsmarketing**	740
3.1	Kundenbeziehungen als Gegenstand des Controlling im Dienstleistungsmarketing	740
3.2	Erfolgskette als Ausgangspunkt des Controlling	741
3.3	Controlling von vorökonomischen Indikatoren	742
3.4	Controlling von ökonomischen Indikatoren	744
3.41	Verfahren zur Berechnung des Kundenwertes	744
3.411	Einperiodische Verfahren	744
3.412	Mehrperiodische Verfahren	753
3.42	Informationsbedarf des Controlling in verschiedenen Phasen des Kundenbeziehungszyklus	772
3.421	Akquisitionsphase	773
3.422	Bindungsphase	775
3.423	Rückgewinnungsphase	776

3.43	Planungsprozess des Kundenwertmanagements	777
3.5	Controlling mit integrierten Kontrollsystemen	787
3.51	Ansätze integrierter Kontrollsysteme	787
3.52	Integriertes Controlling mit Kundenbarometern	788
3.53	Balanced Scorecard	791
3.54	EFQM-Excellence-Modell	794
3.55	Kosten-Nutzen-Analyse	797

Kapitel 9
Internationales Dienstleistungsmarketing

1.	**Grundlagen des internationalen Dienstleistungsmarketing**	**805**
1.1	Bedeutung internationaler Dienstleistungen	805
1.2	Begriff des internationalen Dienstleistungsmarketing	807
1.3	Typologisierung internationaler Dienstleistungen	808
2.	**Informationsgrundlagen des internationalen Dienstleistungsmarketing**	**816**
2.1	Internationales Käuferverhalten im Dienstleistungsbereich	816
2.2	Internationale Marktforschung im Dienstleistungsbereich	818
3.	**Strategisches internationales Dienstleistungsmarketing**	**826**
3.1	Strategischer Planungsprozess des internationalen Dienstleistungsmarketing	826
3.2	Internationale Situationsanalyse	826
3.3	Internationale Marktwahlstrategie	829
3.4	Internationale Markteintrittsstrategie	835
3.41	Bestimmung der relevanten Entscheidungskriterien	836
3.42	Internationale Markterschließungsstrategie	838
3.43	Timing des Markteintritts	846
3.5	Internationale Marktbearbeitungsstrategie	848
4.	**Operatives internationales Dienstleistungsmarketing**	**853**
4.1	Implikationen aus der Notwendigkeit der Leistungsfähigkeit des Anbieters	854
4.2	Implikationen aus der Integration des externen Faktors	855
4.3	Implikationen aus der Immaterialität des Ergebnisses	856

Kapitel 10
Entwicklungstendenzen des Dienstleistungsmarketing

1. Entwicklung zur Dienstleistungsgesellschaft 863

2. Internationalisierung als bedeutender Wirtschaftsfaktor 864

3. Kundenbindung als zentrale Zielgröße von Dienstleistungsunternehmen 864

4. Kundenintegration mittels Social Media 865

5. Standardisierung vs. Individualisierung von Dienstleistungen 865

6. Interne Serviceorientierung in Dienstleistungsunternehmen 866

7. Implementierung von Strategien durch ein systematisches Internes Marketing 866

8. Profitabilitätsorientierung als erfolgsrelevante strategische Ausrichtung von Dienstleistungsunternehmen 867

9. Leitidee des „Total Quality Management" 867

10. Führung von Dienstleistungsmarken zum Aufbau von Vertrauen beim Kunden 868

Literaturverzeichnis 869

Stichwortverzeichnis 927

Kapitel 1
Gegenstand und Besonderheiten des Dienstleistungsmarketing

1.	**Bedeutung und Entwicklung des Dienstleistungsmarketing**	**3**
1.1	Bedeutung des Dienstleistungsmarketing in Wissenschaft und Praxis	3
1.2	Volkswirtschaftliche Betrachtung des Dienstleistungssektors	7
1.3	Betriebswirtschaftliche Betrachtung des Dienstleistungssektors	14
1.4	Entwicklungsphasen des Dienstleistungsmarketing	17
2.	**Begriff und Systematisierung von Dienstleistungen**	**23**
2.1	Begriffliche Definitionsansätze von Dienstleistungen	23
2.2	Leistungstypologische Einordnung von Dienstleistungen	27
2.3	Systematisierung von Dienstleistungen	36
3.	**Besonderheiten der Produktion von Dienstleistungen**	**45**
3.1	Faktoren der Dienstleistungsproduktion	45
3.2	Prozess der Dienstleistungsproduktion	51
4.	**Besonderheiten beim Absatz von Dienstleistungen**	**55**
4.1	Notwendigkeit der Leistungsfähigkeit des Dienstleistungsanbieters	55
4.2	Integration des externen Faktors in den Dienstleistungserstellungsprozess	56
4.3	Immaterialität des Leistungsergebnisses	58

1. Bedeutung und Entwicklung des Dienstleistungsmarketing

1.1 Bedeutung des Dienstleistungsmarketing in Wissenschaft und Praxis

Die marktorientierte Unternehmensführung steht seit geraumer Zeit vor großen Herausforderungen. Dabei hinterlässt vor allem der viel zitierte **"Marsch in die Dienstleistungsgesellschaft"** (Fourastié 1954, S. 397ff.) vielfältige Spuren. Diskussionen über "Service-Wüste" und „Service-Oase" zeigen schlagwortartig auf, dass viele Unternehmen einen Nachholbedarf im professionellen Dienstleistungsmarketing haben. Dies gilt nicht nur für jene Unternehmen, die in regulierten Märkten vom Wettbewerbsschutz profitiert haben (z. B. Versicherungen, Telekommunikation, Energieversorgung). Vielmehr haben sich in nahezu allen Branchen infolge der Globalisierung, Technisierung und Polarisierung der Märkte die Bedingungen und Spielregeln des Wettbewerbs verändert. Dienstleistungsunternehmen stehen hierdurch vor einer Vielzahl komplexer Entscheidungsprobleme. Auf der Grundlage der charakteristischen Besonderheiten des jeweiligen Dienstleistungsangebots ist über die Gewinnung der relevanten Marktinformationen, die Marktbearbeitungsstrategien, das Qualitätsmanagement, den Einsatz von Marketinginstrumenten, die Überwindung von Implementierungsbarrieren u. a. zu entscheiden. Dies verlangt ein hohes Maß an konzeptioneller und kreativer Arbeit, um den Markterfolg zu gewährleisten.

Die aktuelle Situation der Dienstleistungsmärkte stellt hohe Anforderungen an das Management von Dienstleistungsunternehmen. Dabei wird für das Dienstleistungsmarketing das Ziel formuliert, eine eng am Markt orientierte Analyse, Planung, Durchführung und Kontrolle sämtlicher Marktaktivitäten vorzunehmen. Die intensive Interaktion zwischen dem Dienstleistungsanbieter und -nachfrager bei der Leistungserstellung erfordert ein hohes Maß an **Kundenorientierung**: Diese beinhaltet den offenen Kontakt zum Kunden, die gezielte Erforschung von Kundenwünschen und die sich daraus ergebenden notwendigen Anpassungen im Dienstleistungserstellungsprozess. Erfahrungen auf vielen Dienstleistungsmärkten haben gezeigt, dass letztlich nur durch eine konsequente Kundenorientierung Chancen zur Erlangung von Wettbewerbsvorteilen bestehen.

Die Entwicklung des Marketinggedankens nahm seinen Ursprung im Konsumgüterbereich. Nach der Anwendung im Verbrauchsgüterbereich (z. B. Lebensmittel) erfolgte eine Übertragung auf den Gebrauchsgüterbereich (z. B. Autos). Eine Auseinandersetzung mit dem Objekt Dienstleistung fand zunächst jedoch nicht statt, so dass in diesem Bereich die zunehmende Praxisbedeutung zunächst keine ausreichende theoretische Würdigung fand.

Seit den 1980er Jahren wird dem Dienstleistungsmarketing vor dem Hintergrund der wachsenden volkswirtschaftlichen Bedeutung (vgl. Abschnitt 1.2) eine größere Relevanz beigemessen. Dies zeigt sich insbesondere in der zunehmenden Anzahl an spezifischen Publikationen zum Thema Dienstleistungen und Dienstleistungsmarketing (z. B. Falk 1980; Berekoven 1983; Kotler/Bloom 1984; Heskett 1986; Grönroos 1990, 2000a; Meyer 1994, 1998; Rust/Oliver 1994; Kleinaltenkamp 1995; Reckenfelderbäumer 1995; Swartz/Bowen/Brown

1995; Bruhn/Meffert 2001; Scheuch 2002; Zeithaml/Bitner 2003; Haller 2005; Kleinaltenkamp 2006; Corsten/Gössinger 2007; Benkenstein 2008; Meffert/Bruhn 2009; Bruhn/Stauss 2010). Dabei ist allerdings festzustellen, dass die grundlegende Diskussion, worin die **Charakteristika von Dienstleistungen** liegen und welche Bereiche zum Dienstleistungssektor zu zählen sind, immer noch nicht abgeschlossen zu sein scheint (Engelhardt/Kleinaltenkamp/Reckenfelderbäumer 1992; Woratschek 2001b; Gössinger 2005; Corsten/Gössinger 2007). Auffallend sind auch die Dominanz der branchenspezifischen Untersuchungen zum Dienstleistungsmarketing und die geringen Bemühungen, allgemein gültige Aussagen über den Dienstleistungsbereich im Sinne einer geschlossenen **„Theorie des Dienstleistungsmarketing"** zu entwickeln (Woratschek 2001b). Eine Begründung hierfür wird in der herrschenden Dienstleistungsvielfalt gesehen (Meffert 2001).

Durch die Heterogenität des Dienstleistungssektors (z. B. Banken, Touristik, freie Berufe, kulturelle Leistungen, öffentliche Dienste, Ausbildungswesen) ergeben sich in der Praxis wie in der Theorie Zweifel an der **Übertragbarkeit** allgemeiner Aussagen auf die unterschiedlichen Branchen und Anwendungssituationen. Auch stellen Dienstleistungen heute in nahezu allen Bereichen des produzierenden Sektors einen erheblichen Bestandteil der angebotenen Problemlösungen dar, da es keine Sachleistung gibt, die ohne einen bestimmten, wenn auch mitunter geringen, Dienstleistungsanteil abgesetzt wird (z. B. erklärungsbedürftige Gebrauchsgüter) (Hilke 1989b, S. 8). Die Betrachtung von Leistungsbündeln aus Sachgütern und deren Dienstleistungsanteilen trägt daher zusätzlich zur Komplexität und Schwierigkeit einer allgemein gültigen Beschreibung bei.

Damit wird offenkundig, dass in vielen Fällen keine trennscharfe Abgrenzung von Sachgütern und Dienstleistungen möglich ist. Vielmehr lässt sich ein kontinuierliches Spektrum tangibler und intangibler Wertbeiträge für verschiedene Leistungen darstellen. Die im Dienstleistungsbereich überwiegenden intangiblen Wertbeiträge (vgl. Schaubild 1-1-1) sind insbesondere durch eine geringere Beurteilbarkeit ihrer Qualität gegenüber den tangiblen Wertbeiträgen gekennzeichnet, so dass hier z. B. neue Ansätze zur Qualitätsmessung notwendig werden (Lovelock/Wirtz 2010, S. 29ff.). Für Konsumgüter-, Industriegüter- und Dienstleistungsmarketing lassen sich zwar in Bezug auf Untersuchungsgegenstand und Anwendungsspektrum erhebliche Schnittmengen aufzeigen.

Trotzdem ist wegen der starken Konsumgutorientierung des traditionellen Marketing und aufgrund der Besonderheiten von Dienstleistungen die Auseinandersetzung mit dem Dienstleistungsmarketing im Speziellen unumgänglich. Diese Argumentation wird durch die **steigende Dienstleistungsnachfrage** der Privathaushalte und gewerblichen Unternehmen unterstützt. Die vielfältigen Ursachen werden in Schaubild 1-1-2 im Überblick dargestellt.

Bedeutung und Entwicklung des Dienstleistungsmarketing

Schaubild 1-1-1 Theoriezyklen des sektoralen Marketing

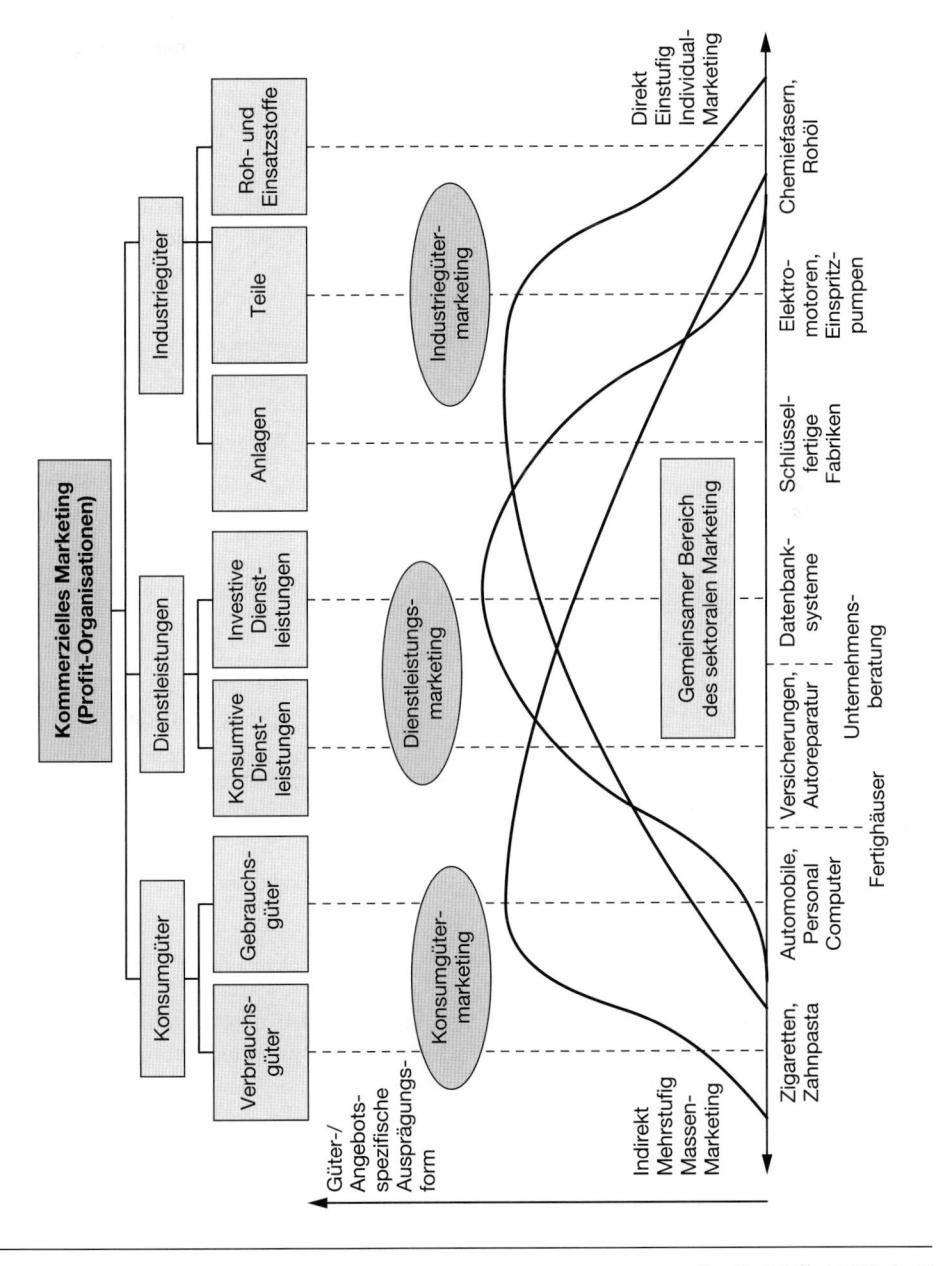

Quelle: Meffert 1986, S. 46

Schaubild 1-1-2 Ursachen der zunehmenden Nachfrage nach Dienstleistungen

Entwicklungen des Nachfragerverhaltens
- Trend zu Convenience
- Steigende Ansprüche an Dienstleistungsangebote
- Sinkende Loyalität
- Kundenforen im Internet

Technologische Entwicklungen
- Angebotsinduzierte Bedarfsweckung
- Komplexität moderner Sachgüter
- Internet/E-Business/E-Services

Demografische Entwicklungen
- Altersstruktur der Gesellschaft
- Steigende Lebenserwartung
- Erhöhte Nachfrage nach Pflege- und Freizeitdienstleistungen

Gesellschaftliche Entwicklungen
- Gestiegener Anteil erwerbstätiger Frauen
- Verkürzung der Arbeitszeit
- Entlokalisierung von geschäftlichen und privaten Kontakten

Entwicklungen der Märkte
- Zunehmende Konkurrenz
- Differenzierungsvorteile durch Zusatzleistungen
- Wachsende Bedeutung von Value Added Services
- Internationalisierung

Steigende Nachfrage nach Dienstleistungen

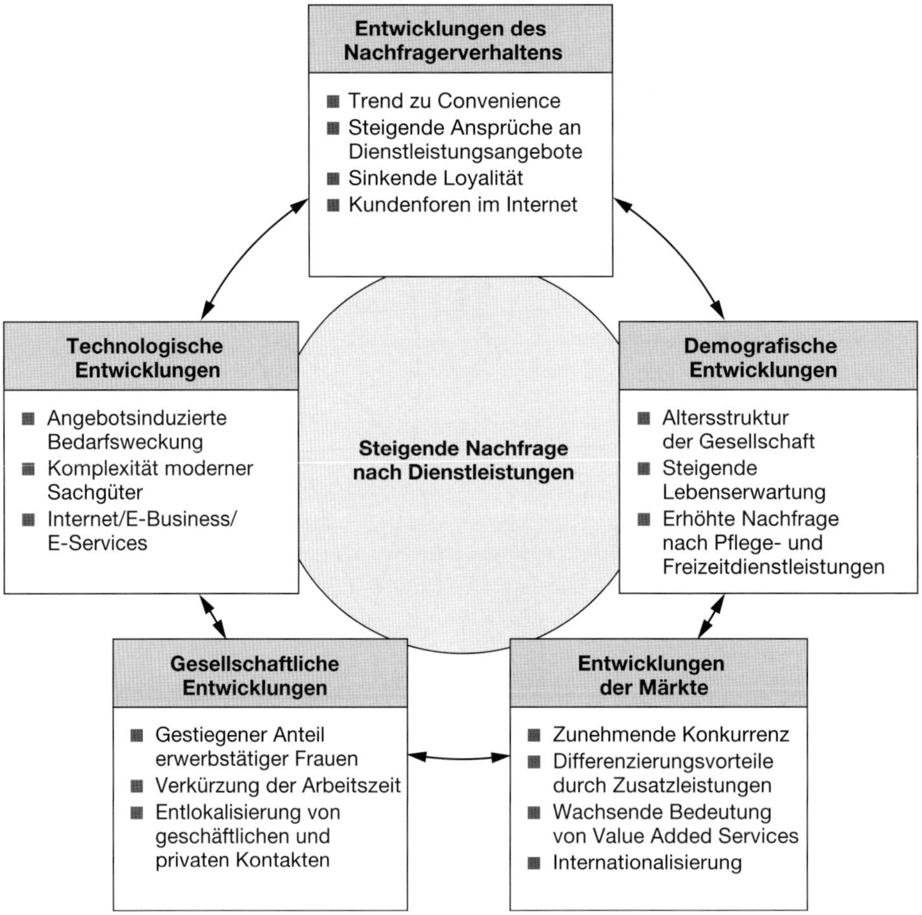

Zunächst sind generelle **gesellschaftliche Veränderungen** zu beobachten. So zieht beispielsweise der erkennbare Trend zur „Entlokalisierung" bzw. Internationalisierung von geschäftlichen und privaten Kontakten das Angebot zahlreicher Dienstleistungen aus dem Reisebereich, aber auch der elektronischen Datenübermittlung nach sich.

Zu den **Änderungen im Nachfragerverhalten** zählt unter anderem die Entwicklung hin zu mehr Komfort und Bequemlichkeit (Convenience, z. B. Facility Management), die durch das Angebot zahlreicher Dienstleistungen unterstützt wird.

Bei den **demografischen Veränderungen** ist insbesondere die Entwicklung der Altersstruktur in Deutschland mit einem relativ hohen Anteil älterer Menschen bei einer insgesamt steigenden Lebenserwartung zu nennen. Bei einer angenommenen konstanten Geburtenrate und einer konservativen Schätzung der Entwicklung der Lebenswartung wird sich der Anteil der über 65-Jährigen von einem Anteil von circa 20 Prozent an der Gesamtbevölkerung auf circa 34 Prozent im Jahre 2060 steigern (Statistisches Bundesamt 2009a). Dieses „goldene Segment" zeigt aufgrund seiner hohen Kaufkraft Interesse an hochwertigen Dienstleistungen im Bereich Tourismus, Fitness usw. In diesem Zusammenhang ist auch die wachsende Nachfrage nach Pflegeleistungen zu berücksichtigen.

Steigerungen der Dienstleistungsnachfrage werden vielfach allerdings erst durch **technologische Entwicklungen** ermöglicht. Herauszustellen ist die Verbreitung elektronischer Medien – insbesondere des Internet – in den vergangenen Jahren. Im Jahre 2009 hatten 75,3 Prozent aller deutschen Haushalte Zugang zum Internet (Internetworldstats 2010). Die Nutzung der elektronischen Medien ist für den Anbieter und für den Nachfrager mit ganz spezifischen Vorteilen verbunden, z. B. sind geschäftliche Transaktionen über Internet weder an Öffnungszeiten noch an eine Geschäftsstätte gebunden. Dabei wird eine Vielzahl von Produkten und Dienstleistungen über das Internet vertrieben (z. B. Bücher, CDs) bzw. selbst elektronisch erstellt (z. B. Online Banking, Reisebuchungen).

Darüber hinaus sind die **Entwicklungen der Märkte** anzuführen. Die wachsende Homogenität der von der Industrie angebotenen Produkte ist beispielsweise ein Grund für das steigende Angebot an so genannten „Value Added Services". Hersteller sehen gerade in produktbegleitenden Dienstleistungen die größte Chance für eine langfristig wirksame Wettbewerbsdifferenzierung, so dass davon auszugehen ist, dass der Dienstleistungsanteil an „Problemlösungspaketen" auch zukünftig kontinuierlich ansteigt (Simon 1993, S. 5ff.; Lay/Jung-Erceg 2002; Stille 2003).

Diese Entwicklungstendenzen finden in den volkswirtschaftlichen Kennziffern ihren Niederschlag, die auf der volkswirtschaftlichen Betrachtung des Dienstleistungssektors aufbauen.

1.2 Volkswirtschaftliche Betrachtung des Dienstleistungssektors

In Volkswirtschaften entwickelt sich gemäß der Drei-Sektoren-Theorie im Allgemeinen zunächst der primäre Sektor, zu dem die Land- und Forstwirtschaft sowie Viehzucht und Fischerei zählen. Später wächst die Bedeutung der industriellen Produktion bei der Erwirtschaftung des Bruttosozialproduktes. Schließlich nimmt der **tertiäre Sektor**, der vielfach vereinfachend als **Dienstleistungssektor** bezeichnet wird, eine dominante Stellung ein.

Eine substanzielle **volkswirtschaftliche Analyse** von Dienstleistungen wurde zuerst durch die klassische Nationalökonomie vorgenommen. Während Adam Smith in seinem Werk „Wohlfahrt der Nationen" den Dienstleistungen noch ihren produktiven Wert absprach, wurde ihnen diese Eigenschaft von Malthus bereits zugebilligt (Smith 1789; Malthus 1836). Allerdings ermöglicht erst eine nutzenorientierte Betrachtungsweise von Gütern, wie sie Say vornahm, verbunden mit der Unterteilung in eine materielle und immaterielle Produktion, eine intensive Auseinandersetzung mit dem Themenkreis Dienstleistungen (Say 1830).

Ebenfalls auf der Ebene des Nutzens für den Konsumenten argumentiert Mischler (1898) im Wörterbuch der Volkswirtschaft: „Unter persönlichen Dienstleistungen versteht man solche Arbeitsleistungen, welche, für sich allein betrachtet, Bedürfnisse zu befriedigen vermögen; sie unterscheiden sich von den übrigen Arbeitsleistungen dadurch, dass die letzteren die Herstellung eines Sachgutes bezwecken, welches erst die Bedürfnisbefriedigung ermöglicht [...]. Es kann mitunter ganz dasselbe Bedürfnis durch ein Sachgut oder durch eine Dienstleistung befriedigt werden, wie z. B. durch ein Buch bzw. einen Vortrag" (Mischler 1898, S. 548).

Die auf der Unterteilung der Volkswirtschaft in drei Sektoren aufbauende Beschreibung des Dienstleistungssektors rechnet mittels **Negativabgrenzung** sämtliche Leistungen, die nicht in den Bereich der Urproduktion oder der Weiterverarbeitung fallen, dem Dienstleistungssektor zu (Corsten 1985b, S. 230; Berekoven 1997, S. 6f.). Diese Abgrenzung von Dienstleistungen hat sich sowohl national als auch international durchgesetzt, bietet jedoch wenig marketingpolitische Ansatzpunkte.

Nach der **Systematisierung des Statistischen Bundesamtes** werden insgesamt die folgenden 16 Wirtschaftsbereiche unterschieden (Statistisches Bundesamt 2008):

Primärer Sektor
  A Land- und Forstwirtschaft, Fischerei

Sekundärer Sektor
  B Bergbau und Gewinnung von Steinen und Erden
  C Verarbeitendes Gewerbe
  D Energieversorgung
  E Wasserversorgung
  F Baugewerbe

Tertiärer Sektor
  G Handel, Instandhaltung und Reparatur von Kraftfahrzeugen
  H Verkehr und Lagerei
  I Gastgewerbe
  J Information und Kommunikation
  K Finanz- und Versicherungsdienstleistungen
  L Grundstücks- und Wohnungswesen
  M Freiberufliche, Wissenschaftliche und Technische Dienstleistungen
  N Sonstige Wirtschaftliche Dienstleistungen
  O Öffentliche Verwaltung, Verteidigung, Sozialversicherung
  P Erziehung und Unterricht
  Q Gesundheits- und Sozialwesen
  R Kunst, Unterhaltung und Erholung
  S Sonstige Dienstleistungen
  T Private Haushalte
  U Exterritoriale Organisationen und Körperschaften

Die Entwicklung bzw. **Veränderung des Dienstleistungsmarktes** seit 1950 lässt sich durch die Verlagerung der Beschäftigtenstruktur sowie die Investitionsentwicklung in den drei Sektoren dokumentieren. Die von Fourastié prognostizierte Situation, dass bis zum Ende des 20. Jahrhunderts in den hoch entwickelten Volkswirtschaften ein Beschäftigungsanteil von 80 Prozent für den tertiären Sektor gegenüber jeweils zehn Prozent für den primären und sekundären Sektor erreicht würde (Fourastié 1954, S. 268ff.), konnte zwar nicht realisiert werden, dennoch lag der Anteil der Erwerbstätigen im tertiären Sektor in Deutschland im Jahre 2009 immerhin bei 73,0 Prozent (Statistisches Bundesamt 2010b). Diese Entwicklung ging vorrangig zu Lasten der Landwirtschaft, während der sekundäre Sektor hiervon vergleichsweise wenig betroffen war. Die Entwicklung der Anzahl der Erwerbstätigen in den drei Wirtschaftssektoren seit dem Jahre 1950 ist in Schaubild 1-1-3 dargestellt. Im europäischen Vergleich liegt der Anteil des tertiären Sektors in Deutschland in einem mittleren Bereich (vgl. Schaubild 1-1-4). Der höchste Anteil an Beschäftigten im Dienstleistungsbereich besteht in Luxemburg mit rund 83 Prozent, gefolgt von überwiegend west- und nordeuropäischen Ländern (Niederlande, UK, Norwegen, Dänemark, Frankreich, Belgien, Zypern und Malta). Einen vergleichsweise niedrigen Anteil des tertiären Sektors verzeichnen neben Finnland, Irland, Österreich, Spanien und Italien insbesondere osteuropäische Länder.

Schaubild 1-1-3 Anteil der Erwerbstätigen in Deutschland nach Wirtschaftssektoren

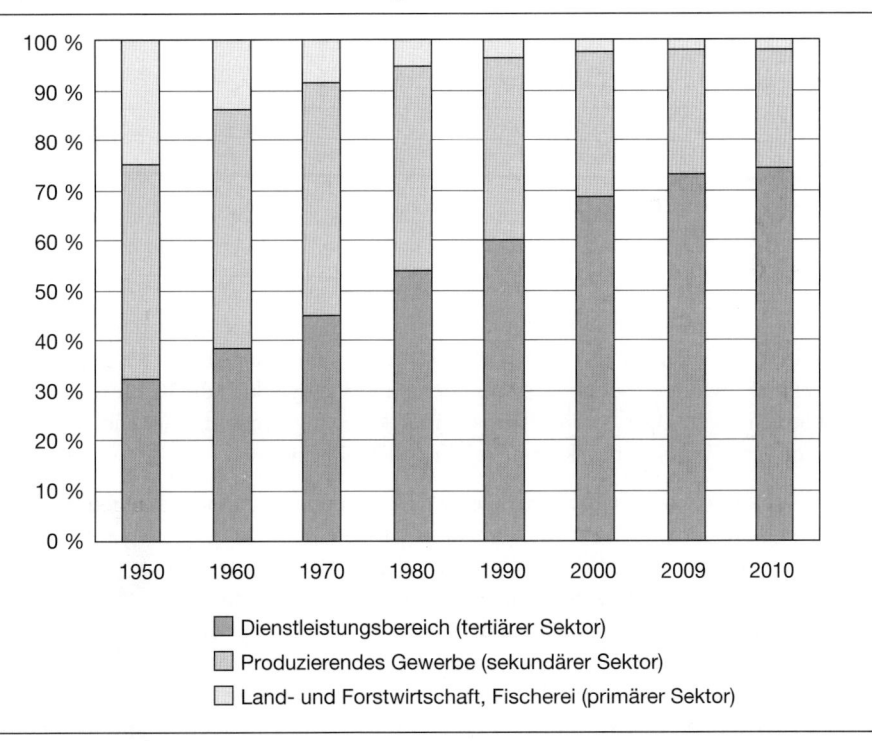

Quelle: Statistisches Bundesamt 2011

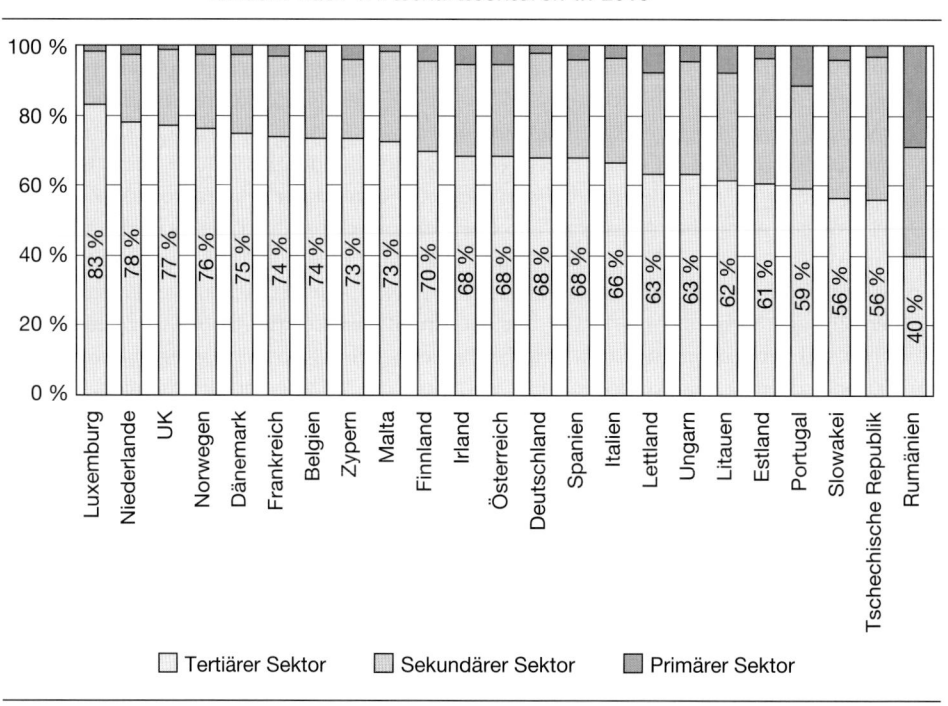

Schaubild 1-1-4 Anteil der Erwerbstätigen in verschiedenen europäischen Ländern nach Wirtschaftssektoren in 2010

Land	Tertiärer Sektor
Luxemburg	83 %
Niederlande	78 %
UK	77 %
Norwegen	76 %
Dänemark	75 %
Frankreich	74 %
Belgien	74 %
Zypern	73 %
Malta	73 %
Finnland	70 %
Irland	68 %
Österreich	68 %
Deutschland	68 %
Spanien	68 %
Italien	66 %
Lettland	63 %
Ungarn	63 %
Litauen	62 %
Estland	61 %
Portugal	59 %
Slowakei	56 %
Tschechische Republik	56 %
Rumänien	40 %

☐ Tertiärer Sektor ☐ Sekundärer Sektor ■ Primärer Sektor

Quelle: Europäische Kommission 2010

Andere Prognosen sehen jedoch einen Rückgang des sekundären Sektors vorher und errechnen für das Jahr 2030 lediglich einen Anteil an der Bruttowertschöpfung von 20 Prozent (Storbeck 2006).

Die absolute Bruttowertschöpfung in den drei Wirtschaftssektoren seit dem Jahre 2007 ist in Schaubild 1-1-5 dargestellt. Dabei zeigt sich, dass mit Ausnahme des primären Wirtschaftssektors sowohl im sekundären als auch im tertiären Sektor die Bruttowertschöpfung kontinuierlich steigt. Der tertiäre Wirtschaftssektor erwirtschaftete jedoch im Vergleich zum sekundären Wirtschaftssektor ungefähr das 2,5-Fache.

In der Literatur, die sich kritisch mit diesen Statistiken auseinander setzt, ist eine **kontroverse Diskussion** im Hinblick auf den tatsächlichen Bedeutungsanstieg von Dienstleistungen anzutreffen. So wird der „Weg in die Dienstleistungsgesellschaft" vielfach als ein größtenteils statistischer Effekt bezeichnet. Diese These wird mit dem Argument begründet, dass der in den amtlichen Statistiken ausgewiesene Effekt der Zunahme des tertiären Sektors lediglich auf einem Verlagerungseffekt zwischen Unternehmen der drei Sektoren beruht (Albach 1989). Dieser Erklärungsansatz wird als **„Theorie der industriellen Dienstleistung"** bezeichnet. Den Ausgangspunkt der Entwicklung bildet der hohe Wettbewerbs-

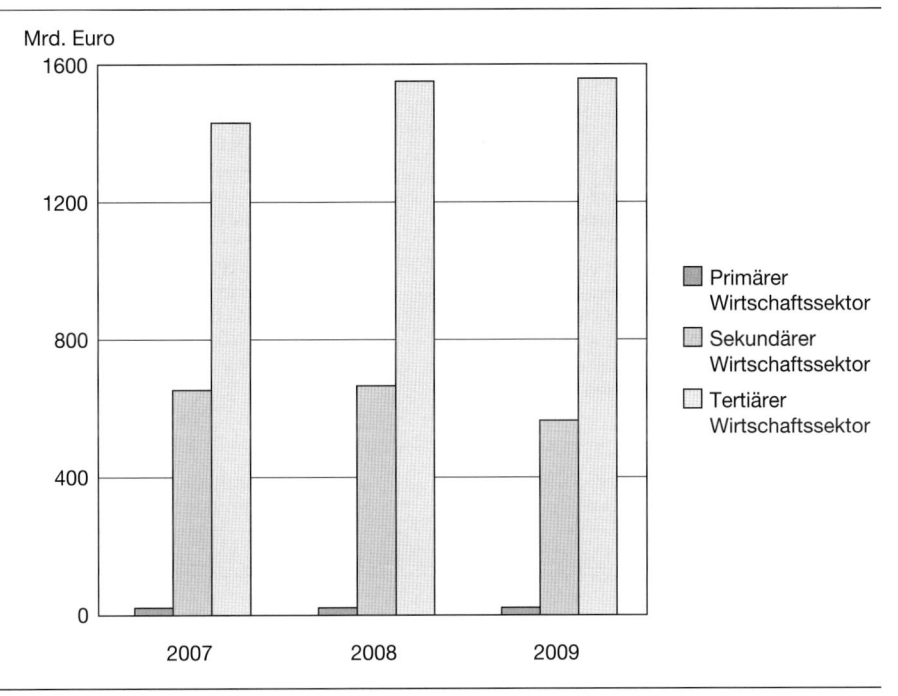

Schaubild 1-1-5 Bruttowertschöpfung in Deutschland nach Wirtschaftsbereichen (in Mrd. Euro)

Quelle: in Anlehnung an Bundesministerium für Wirtschaft und Technologie 2010

druck, mit dem sich die meisten Industrieunternehmen konfrontiert sehen. Daraus leitet sich für die Unternehmen unter anderem die Notwendigkeit ab, ihre Sachleistungen zur Förderung des Absatzes mit attraktiven Dienstleistungen anzureichern. Darüber hinaus sind die Unternehmen gezwungen, sich auf ihre Kernkompetenzen zu beschränken und bestimmte Prozesse auszulagern, die von externen Unternehmen kostengünstiger als im eigenen Hause erbracht werden. Zum einen betrifft dieses „Outsourcing" die Erstellung von Sachleistungen, zum anderen auch zahlreiche Dienstleistungen wie Marktforschungs-, Forschungs- & Entwicklungs- sowie Beratungsleistungen. Damit wird deren statistische Erfassung in den tertiären Sektor verlagert.

Als Gegenthese dazu wird formuliert, dass die frühere institutionelle Ausrichtung der amtlichen Statistik insgesamt zu einer **Unterschätzung des Dienstleistungssektors** führt (Corsten 1985b, S. 242f.). In diesem Zusammenhang ist zu berücksichtigen, dass bei einer Differenzierung nach den Dienstleistungsträgern funktionelle, d. h. von Sachleistungsbetrieben angebotene Dienste, und institutionelle, also von (reinen) Dienstleistungsunternehmen/ -institutionen angebotene Dienste differenziert werden (Meyer 2001; Schaubild 1-1-6). Somit lassen sich über den amtlich bestimmten tertiären Sektor hinaus Dienstleistungen auch

Schaubild 1-1-6 Funktionelles und institutionelles Dienstleistungsmarketing

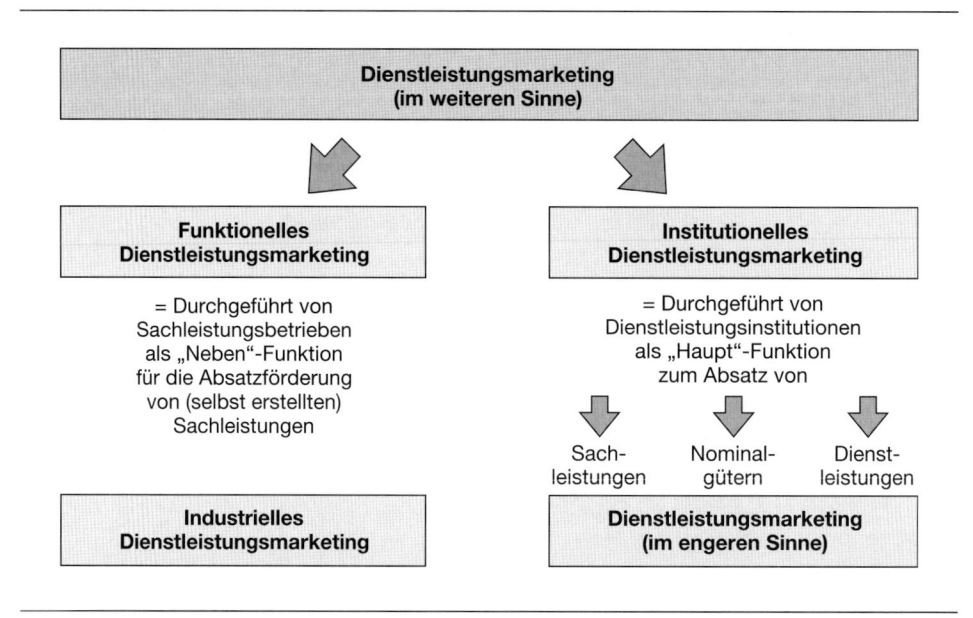

```
                    Dienstleistungsmarketing
                       (im weiteren Sinne)
                    ↙                    ↘
         Funktionelles              Institutionelles
      Dienstleistungsmarketing    Dienstleistungsmarketing

      = Durchgeführt von          = Durchgeführt von
      Sachleistungsbetrieben      Dienstleistungsinstitutionen
      als „Neben"-Funktion        als „Haupt"-Funktion
      für die Absatzförderung     zum Absatz von
      von (selbst erstellten)
      Sachleistungen              ⇓         ⇓         ⇓
                                Sach-    Nominal-   Dienst-
                              leistungen  gütern  leistungen

         Industrielles              Dienstleistungsmarketing
      Dienstleistungsmarketing         (im engeren Sinne)
```

im primären und sekundären Sektor nachweisen (z. B. die Hauslieferung in der Landwirtschaft oder der Kundendienst eines Produktionsbetriebes) (Meyer 2001).

In ähnlicher Weise wird die **Existenz einer deutschen „Dienstleistungslücke"** gegenüber den USA diskutiert. So basiert die Analyse des Instituts der deutschen Wirtschaft (IW) auf Arbeitsmarktstatistiken gemäß der Drei-Sektoren-Einteilung, während das Deutsche Institut für Wirtschaftsforschung (DIW) Ergebnisse des Sozioökonomischen Panels (SOEP) einbezieht, bei dem seit 1984 Beschäftigte nach den Tätigkeiten befragt werden, denen sie tatsächlich nachgehen. Auf diese Weise werden Beschäftigte, die in Industriebetrieben Dienstleistungen verrichten, zu den Dienstleistungsbeschäftigten gezählt (o. V. 1998; Stille/Preißl/Schupp 2003).

Die **Strukturverschiebungen** finden jedoch nicht nur zwischen den drei Sektoren statt. Vielmehr sind auch innerhalb des Dienstleistungsbereiches deutliche Verschiebungen erkennbar. In den letzten 20 Jahren ist der Anteil der Bruttowertschöpfung im Bereich Handel/Gastgewerbe/Verkehr kontinuierlich gesunken und der der öffentlichen und privaten Dienstleister relativ konstant geblieben (Schaubild 1-1-7). Der Anteil der Kategorie Finanzierung, Vermietung und Unternehmensdienstleister dagegen ist von rund 38 Prozent auf 43 Prozent angestiegen (Bundesministerium für Wirtschaft und Technologie 2010). Diese Veränderung in der Wertschöpfung wird zudem begleitet von inhaltlichen Weiterentwicklungen und Verschmelzungen der verschiedenen Dienstleistungsbranchen. Unternehmen, die vormals eindeutig einer Branche zuzuordnen waren, befinden sich mittlerweile im Schnittpunkt zweier oder mehrerer Bereiche. Banken und Versicherungen verändern sich zu umfassenden Finanzdienstleistungskonzernen, aber auch die Tourismusindustrie, das Transportwesen und andere Bereiche sind deutliche Beispiele dafür, dass die Grenzen der Dienstleistungsbranchen weiter verschwimmen.

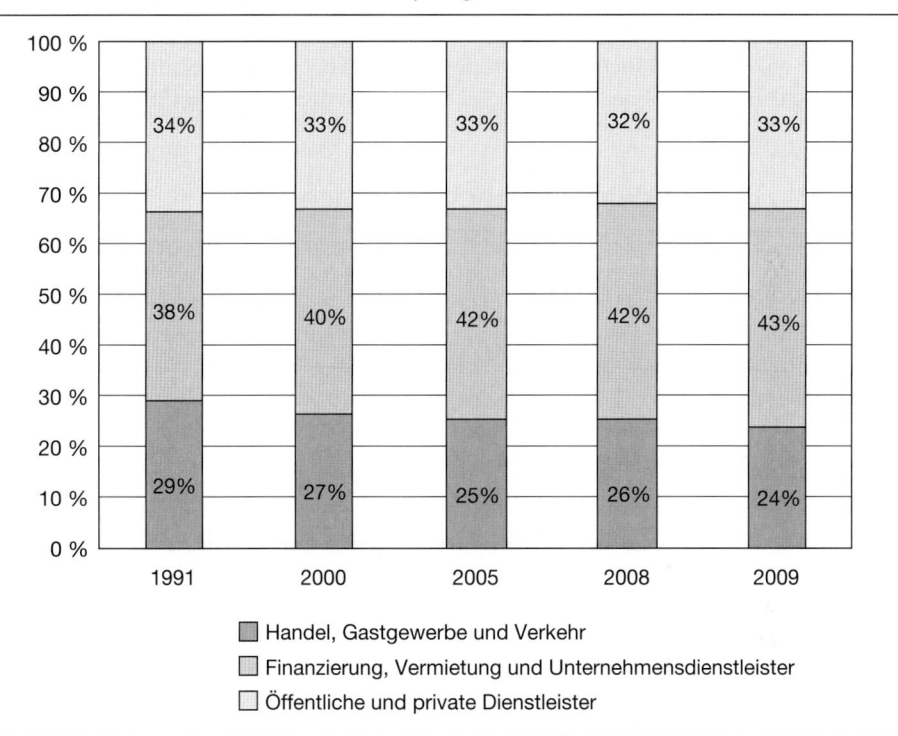

Schaubild 1-1-7 Anteil verschiedener Dienstleistungsbereiche an der Bruttowertschöpfung in Deutschland

Jahr	Handel, Gastgewerbe und Verkehr	Finanzierung, Vermietung und Unternehmensdienstleister	Öffentliche und private Dienstleister
1991	29%	38%	34%
2000	27%	40%	33%
2005	25%	42%	33%
2008	26%	42%	32%
2009	24%	43%	33%

Quelle: in Anlehnung an Bundesministerium für Wirtschaft und Technologie 2010

Schließlich lässt sich auch eine Umstrukturierung unter dem Gesichtspunkt der **„Wissensteilung"** beobachten. Dabei reduziert sich der Anteil der produktionsorientierten Tätigkeiten und arbeitsteiligen Dienstleistungen seit dem ausgehenden 20. Jahrhundert kontinuierlich, während der Bereich der wissensteiligen Dienstleistungen ein deutliches Wachstum verzeichnet. Hierunter werden im Allgemeinen Tätigkeiten wie z. B. Anlagensteuerung und -wartung, Bürotätigkeiten, Programmieren, Planung, Forschung, Entwicklung, Organisation, Management, Beratung und Ausbildung zusammengefasst (Helmstädter 2000, S. 13). Des Weiteren zeichnet sich eine Stagnation im Bereich der konsumorientierten Dienstleistungen ab (Staroske 1995, S. 89ff.; Bosch/Wagner 2002), während im Vergleich dazu die sozialen Dienstleistungen stark expandieren (Staroske 1995, S. 90f.; Helmstädter

2000, S. 13). So nehmen beispielsweise die Ausgaben im Gesundheitsbereich kontinuierlich zu. Lagen sie im Jahre 1999 in Deutschland noch bei 206 Mrd. Euro, stiegen sie im Jahre 2009 auf 263 Mrd. Euro (Statistisches Bundesamt 2010a). Dies spiegelt sich auch in der **Bedeutungszunahme des Nonprofit-Sektors** wider (Graßl 2000, S. 226ff.; Bender/Graßl 2004, S. 150ff.). Die Freie Wohlfahrtspflege, die die Gesamtheit aller sozialen Hilfen, die auf freigemeinnütziger Grundlage und in organisierter Form in Deutschland geleistet werden, zusammenfasst, beschäftigt in ihren Einrichtungen und Diensten ungefähr 1,4 Mio. Menschen hauptamtlich und zusätzlich schätzungsweise 2,5 bis 3 Mio. Menschen ehrenamtlich und zählt somit zu den größten Arbeitgebern in Deutschland (Bundesarbeitsgemeinschaft der Freien Wohlfahrtspflege 2009).

Neben der volkswirtschaftlichen Betrachtung stellt die betriebswirtschaftliche Betrachtung einen Ausgangspunkt bei der Auseinandersetzung mit dem Dienstleistungsmarketing dar.

1.3 Betriebswirtschaftliche Betrachtung des Dienstleistungssektors

Der seit Anbeginn der statistischen Erfassung festzustellende Bedeutungsanstieg des Dienstleistungssektors in Deutschland fand über Jahrzehnte hinweg keine entsprechende Berücksichtigung innerhalb der **betriebswirtschaftlichen Forschung**. So schrieb beispielsweise Nicklisch im Jahre 1922: „Die Betriebswirtschaft kennt nur Sachgüter." (Nicklisch 1922, S. 8) und verengte damit erkennbar den Horizont der betriebswirtschaftlichen Betrachtung von Absatzobjekten.

Gutenberg unterteilte dann bereits Güter in solche materieller und in solche immaterieller Art, die er mit den Begriffen Dienste bzw. Dienstleistungen belegte (Gutenberg 1979). Dabei beschränkte er sich aber im Wesentlichen auf institutionelle Dienstleister, wie z. B. Banken und Versicherungen, und beschäftigte sich hierbei hauptsächlich mit solchen Fragestellungen, die wieder mit dem Absatz von Sachgütern in Zusammenhang stehen.

Eine intensive Auseinandersetzung mit dem Begriff Dienstleistung erfolgte erstmals durch Berekoven, der bereits auf den prozessualen Charakter und den synchronen Kontakt zwischen Dienstleistungsanbieter und -nachfrager eingeht (Berekoven 1966, S. 314ff.). Zahlreiche Marketingwissenschaftler haben bis dato versucht, eine **allgemein gültige Definition des Dienstleistungsbegriffes** aufzustellen, ohne dabei jedoch zu einem Konsens zu gelangen.

Obwohl Versuche unternommen werden, eine **Betriebswirtschaftslehre für Dienstleistungsunternehmen** zu formulieren (Corsten 1988; Hilke 1984, 1989b), bleibt die Allgemeine Betriebswirtschaftslehre vornehmlich eine Industriebetriebslehre, die schwerpunktmäßig auf Sachgüter bezogen ist und sich lediglich am Rande mit den Besonderheiten der Erstellung und des Absatzes von Dienstleistungen beschäftigt.

Bestrebungen zur Unterstreichung der Bedeutsamkeit des Dienstleistungssektors und zur Verknüpfung mit der betriebswirtschaftlichen Betrachtungsebene lassen sich jedoch beispielsweise daran erkennen, dass sich die Gesetzgebung intensiv mit den **rechtlichen Aspekten der Dienstleistungsproblematik** beschäftigt (vgl. hier z. B. Rheinbay/Günther

2000). Dabei wurde unter Dienstleistung ursprünglich die Leistung einer Dienstvertragspartei (§§ 611 BGB), die abhängige, unselbständige Arbeit (z. B. § 19 Abs. 1 S. 1 Nr. 2, Abs. 2 EStG) oder die Erfüllung einer familienrechtlichen (z. B. § 1619 BGB), staatsbürgerlichen (z. B. § 48 Abs. 5 SGB VI), soldatischen (z. B. §§ 59 ff. SoldatenG) oder standesrechtlichen Pflicht (z. B. §§ 49 ff. GVG) verstanden (Reimer 2006, S. 38f.). Folglich liegt der Erstellung einer Dienstleistung im eigentlichen Sinne oft der bereits erwähnte so genannte **Dienstvertrag** (§ 611 BGB) zu Grunde, der meist zeitbestimmt ist, und den der Verpflichtete im Zweifel in Person zu leisten hat. Der Anspruch auf die Dienste ist in der Regel nicht mehr übertragbar (§ 613 BGB).

Daneben spiegelt das Privatrecht mit seinen zahlreichen, gesetzlich festgelegten Vertragstypen die Vielfalt von Dienstleistungen wider (Reimer 2006, S. 43). Ist beispielsweise die Leistung mehr ergebnisbetont, so wird sie durch einen **Werkvertrag** abgesichert, der sowohl die Herstellung oder Veränderung einer Sache als auch einen anderen durch Arbeit oder Dienstleistung herbeizuführenden Erfolg zum Gegenstand hat (§ 631 II BGB).

Der so genannte **Geschäftsbesorgungsvertrag** (§§ 675 ff. BGB) umfasst demgegenüber das Tätigwerden im Auftrage des Nachfragers zum Zwecke der Erledigung eines übertragenen Geschäftes. Der **Werklieferungsvertrag** (§ 651 BGB a. F.) enthält bereits Elemente des Kaufs und der Neuerstellung, da das Werk aus einem vom Anbieter zu beschaffenden Stoff herzustellen ist. Er beinhaltet sowohl autonome Auftragsproduktion als auch Installation und Montage an Objekten des Kunden.

Hiervon abzugrenzen ist der **Mietvertrag**, der eine Gebrauchsüberlassung und bestimmte Nebenpflichten (Instandhaltung usw.) umfasst (§ 535 BGB). Der **Verwahrungsvertrag** beinhaltet die reine Aufbewahrung von Sachen einschließlich bestimmter Sorgfaltspflichten (§ 688 BGB), und dem **Pachtvertrag** liegt schließlich die Gebrauchsüberlassung einschließlich der Nutzung der Erträge des Objektes zu Grunde (§ 581 BGB).

Des Weiteren setzt sich eine Vielzahl weiterer Vertragstypen mit verschiedenen Formen von Dienstleistungen auseinander. Zu diesen zählen beispielsweise der Dienstverschaffungsvertrag (Personal-Leasing), der Reisevertrag (§§ 651a ff. BGB), der Auftrag (§§ 662 ff. BGB), der Umzugsvertrag (§§ 451 ff. HGB) oder der Versicherungsvertrag (§§ 1 ff. VVG). Ergänzt werden diese gesetzlichen Regelungen durch so genannte Innominatverträge, die nicht ausdrücklich im Recht geregelte Verträge umfassen. Für den Bereich der Dienstleistungen sind hier z. B. der Consultingvertrag, der Franchisingvertrag oder der Facility-Management-Vertrag zu nennen (Martinek 1991, 1992, 1993; Reimer 2006, S. 43).

In Bezug auf die **betriebswirtschaftliche Betrachtung des Dienstleistungsbegriffs** wird auch die vom Deutschen Patentamt anlässlich des Inkrafttretens des **Gesetzes über die Eintragung von Dienstleistungsmarken** zum 01.04.1979 vorgenommene Einteilung der Dienstleistungen in elf Klassen, basierend auf der momentan gültigen neunten Auflage der so genannten Nizza-Klassifikation zur Klassifikation von Marken (Deutsches Patent- und Markenamt 2007, S. 7) herangezogen:

Klasse 35	Werbung; Geschäftsführung; Unternehmensverwaltung; Büroarbeiten
Klasse 36	Versicherungs-; Finanzwesen; Geldgeschäfte; Immobilienwesen
Klasse 37	Bau-; Reparaturwesen; Installationsarbeiten
Klasse 38	Telekommunikation
Klasse 39	Transportwesen; Verpackung und Lagerung von Waren; Veranstaltung von Reisen
Klasse 40	Materialbearbeitung
Klasse 41	Erziehung; Ausbildung; Unterhaltung; sportliche und kulturelle Aktivitäten
Klasse 42	Wissenschaftliche und technologische Dienstleistungen und Forschungsarbeiten und diesbezügliche Designerdienstleistungen; industrielle Analyse- und Forschungsdienstleistungen; Entwurf und Entwicklung von Computerhard- und -software
Klasse 43	Dienstleistungen zur Verpflegung und Beherbergung von Gästen
Klasse 44	Medizinische und veterinärmedizinische Dienstleistungen; Gesundheits- und Schönheitspflege für Menschen und Tiere; Dienstleistungen im Bereich der Land-, Garten- oder Forstwirtschaft
Klasse 45	Juristische Dienstleistungen; Sicherheitsdienste zum Schutz von Sachwerten oder Personen; von Dritten erbrachte persönliche und soziale Dienstleistungen betreffend individuelle Bedürfnisse

Im Rahmen des **WTO-Abkommens GATS** (General Agreement on Trade in Services) wurde 1995 eine weltweit einheitliche Klassifikation geschaffen, die 12 Klassen und 155 Unterklassen von Dienstleistungen darstellt (vgl. z. B. WTO 1999, S. 14; Deutscher Bundestag 2002, S. 146f.), da eine Einigung der verschiedenen beteiligten Parteien über einen gemeinschaftlichen Ansatz nicht erzielt wurde (Spelten 2005, S. 250). Die Klassifikation nach dem GATS beinhaltet folgende Klassen:

Klasse 1	Unternehmerische und berufsbezogene Dienstleistungen
Klasse 2	Kommunikationsdienstleistungen
Klasse 3	Bau- und Montagedienstleistungen
Klasse 4	Vertriebsdienstleistungen
Klasse 5	Bildungsdienstleistungen
Klasse 6	Umweltdienstleistungen
Klasse 7	Finanzdienstleistungen
Klasse 8	Medizinische und soziale Dienstleistungen
Klasse 9	Tourismus und Reisedienstleistungen
Klasse 10	Erholung, Kultur und Sport
Klasse 11	Transportdienstleistungen
Klasse 12	Sonstige nicht aufgeführte Dienstleistungen

Daneben wurden auch Bemühungen unternommen, den Begriff der Dienstleistung für diese Klassifizierung präziser zu bestimmen. Zum Begriff der Dienstleistung wird jede Art von Dienstleistung in jedem Sektor gerechnet mit Ausnahme von Leistungen, die in Ausübung hoheitlicher Gewalt erbracht werden, also keinem wirtschaftlichen Wettbewerb unterzogen werden (Art 1 Abs. 3b GATS). Dieser Ansatz zur Begriffsklärung führt jedoch zu keiner klar umrissenen Abgrenzung von Dienstleistungen, so dass – ausgehend von den 12 Klassen – das Prinzip der Negativliste verfolgt wird (Reimer 2006, S. 38).

Neben dieser Klassifikation des WTO-Abkommens GATS versucht das Gemeinschaftsrecht, das **Recht der Europäischen Gemeinschaft**, Dienstleistungen klarer zu definieren. Im Artikel 50 des Vertrags zur Gründung der Europäischen Gemeinschaft (EG-Vertrag) werden Dienstleistungen als Leistungen angesehen, die in der Regel entgeltlich erbracht werden. Für diese Leistungen existiert folglich ein Markt bzw. ist die Schaffung eines Marktes denkbar. Als Dienstleistungen gelten dabei beispielhaft gewerbliche, kaufmännische, handwerkliche und freiberufliche Tätigkeiten (Art. 50 EG). Zusätzlich unterliegen sie nicht den Vorschriften über den freien Warenverkehr; dies impliziert eine Abgrenzung gegenüber körperlichen Gegenständen wie beispielsweise Produktionsgütern. Für Leistungsbündel, die sowohl Produkte als auch Dienstleistungen umfassen, hat der Europäische Gerichtshof beschlossen, dass beide Vorschriften anwendbar sind. Daneben werden im Artikel 86 auch die Leistungen des Öffentlichen Dienstes, also alle Aktivitäten zur Sicherung der Infrastruktur und der Grundversorgung, unter dem Begriff der Dienstleistung subsumiert (Art. 50 Abs. 2 S. 1 EG). Somit wird zwar eine Abgrenzung einer gemeinwohlorientierten von einer wettbewerbsorientierten Wirtschaftstätigkeit vorgenommen, nicht aber die Abgrenzung einzelner Erscheinungsformen.

Die Betrachtung der Behandlung von Dienstleistungen im Rahmen der aufgeführten Rechtsquellen zeigt, dass eine eigene Dienstleistungsdefinition weder der nationalen noch der internationalen Einteilung zu Grunde liegt. Vielmehr wird versucht, das Problem durch eine dezidierte Auflistung von Dienstleistungsbezeichnungen zu umgehen (Meyer 2001, S. 9). Zu einer genauen Begriffsbestimmung der Dienstleistung oder gar zu einer Systematisierung der Dienstleistungsarten liefert somit auch die Gesetzgebung kaum einen Beitrag. Der Versuch einer Abgrenzung bleibt unscharf und teilweise willkürlich, da die Vertragsarten mehr über das Leistungsergebnis aussagen als über die Art und den Prozess der Leistungserstellung. Das bloße Vorliegen einer bestimmten Vertragsform berechtigt daher nicht, auf eine Dienstleistung zu schließen.

1.4 Entwicklungsphasen des Dienstleistungsmarketing

Ausgehend von der klassischen Auffassung des Begriffes Marketing wird auch das Dienstleistungsmarketing als **marktorientiertes, duales Führungskonzept** verstanden. Dies bedeutet zum einen eine Interpretation als Leitkonzept des Managements im Sinne einer gelebten Unternehmensphilosophie („Shared Values") und zum anderen als gleichberechtigte Unternehmensfunktion (vgl. Schaubild 1-1-8).

Schaubild 1-1-8 Entwicklungsrichtungen des Dienstleistungsmarketing

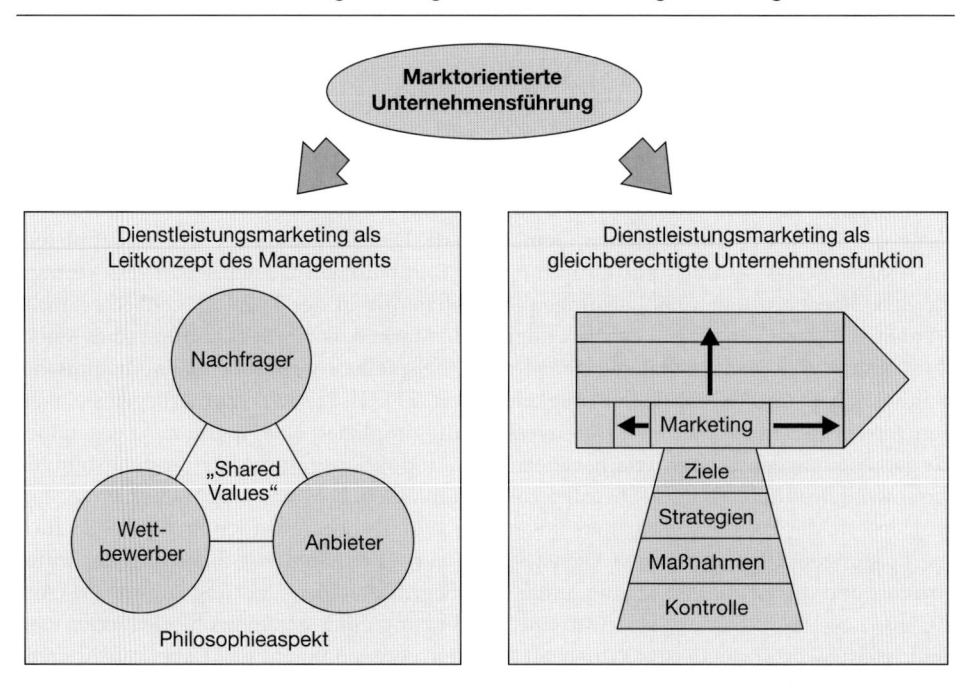

```
                    Marktorientierte
                    Unternehmensführung
                   ↙              ↘

   Dienstleistungsmarketing als        Dienstleistungsmarketing als
   Leitkonzept des Managements         gleichberechtigte Unternehmensfunktion

           Nachfrager                            ↑
              •                             ← Marketing →
         "Shared                              Ziele
          Values"                             Strategien
     Wett-         Anbieter                   Maßnahmen
     bewerber                                 Kontrolle

        Philosophieaspekt
```

Neben den Versuchen der genaueren Begriffsspezifizierung der Dienstleistung in der Volks- und Betriebswirtschaftslehre lassen sich im Hinblick auf die wissenschaftliche Auseinandersetzung mit dem Dienstleistungsmarketing in der Marketingwissenschaft verschiedene **Entwicklungsphasen des Dienstleistungsmarketing** unterscheiden (vgl. Schaubild 1-1-9).

In den USA haben sich Marketingwissenschaftler bereits seit Beginn der 1960er Jahre mit den Besonderheiten von Dienstleistungen und ihrer Erstellung auseinandergesetzt. Ausgangspunkt dieser ersten Untersuchungen war die Überlegung, über die Herausstellung der **Besonderheiten von Dienstleistungen** Ansätze für ein eigenes Dienstleistungsmarketing abzuleiten (Lovelock/Wirtz 2010).

Im deutschen Sprachraum wurde Dienstleistungsmarketing lange Zeit mit dem Marketing von technischen Kundendienstleistungen gleichgesetzt (Meffert 1987, S. 93). Mit dem Bedeutungszuwachs derartiger produktbegleitender Leistungen, der **Value Added Services**, im Rahmen der Wettbewerbsprofilierung von Unternehmen wurde die Forschung auf diesem Gebiet intensiviert. Ausgehend von der wachsenden Bedeutsamkeit der Value Added Services als Marketingerfolgsfaktoren (Laakmann 1995) ist seit Beginn der 1990er Jahre eine zunehmende Relevanz des industriellen Dienstleistungsmarketing zu beobachten. Die wachsende Anzahl empirischer Studien seit Ende der 1990er Jahre belegt die Professionalisierungsbemühungen und trägt diesem Bedeutungswandel Rechnung (vgl. z. B. Lay 1998; Werner 2002; Lorenz-Meyer 2004; Ivens 2005).

Schaubild 1-1-9 Entwicklungstendenzen des Dienstleistungsmarketing

```
Sachgüter-
  fokus

  │
  │  ┌─────────────┐  ┌─────────────┐  ┌─────────────┐  ┌─────────────┐
  │  │ Marketing von│→│ Value-added-│→│Besonderheiten│→│Professionali-│
  │  │ (technischen)│  │ Services als│  │ industrieller│  │ sierung des │──┐
  │  │ Kundendienst-│  │ Marketing-  │  │    Märkte    │  │ industriellen│  │
  │  │  leistungen  │  │ erfolgsfaktor│  │              │  │Dienstleistungs-│ │
  │  └─────────────┘  └─────────────┘  └─────────────┘  │  marketing  │  │
  │                                                      └─────────────┘  │
  │                                                                         ╲  ┌───────────┐
  │  ┌─────────────┐  ┌─────────────┐  ┌─────────────┐  ┌─────────────┐    │  │Entwicklung │
  │  │Entwicklung  │→│ Ansätze der │→│ Kundenbindung│→│ Weiterent-   │───→│  eines      │
  │  │    der      │  │ Messung und │  │ als zentrales│  │ wicklung und │    │ integrierten│
  │  │Zufriedenheits│  │ Erfassung der│  │  Konstrukt   │  │Differenzierung│   │  Service-   │
  │  │  forschung  │  │Servicequalität│  │              │  │ der Konstrukt-│   │  marketing  │
  │  └─────────────┘  └─────────────┘  └─────────────┘  │   forschung   │   └───────────┘
  │                                                      └─────────────┘  ╱
  │  ┌─────────────┐  ┌─────────────┐  ┌─────────────┐  ┌─────────────┐  │
  │  │ Adaption der │→│ Erste Ansätze│→│  Denken im  │→│Professionali-│──┘
  │  │amerikanischen│  │ eines Dienst-│  │Kundenlebens-│  │ sierung des │
  │  │Serviceliteratur│ │leistungsmarketing│ │ zyklus und  │  │institutionellen│
  │  │und der Nordic│  │ im deutsch-  │  │der Erfolgskette│ │Dienstleistungs-│
  │  │   School    │  │ sprachigen Raum│ │              │  │  marketing  │
  │  └─────────────┘  └─────────────┘  └─────────────┘  └─────────────┘
  │                                                                          → Jahre
  │  1960er    1970er    1980er    1990er    2000er    2010er    2020er
  ▼
„Reiner"
Dienst-
leistungs-
 fokus
```

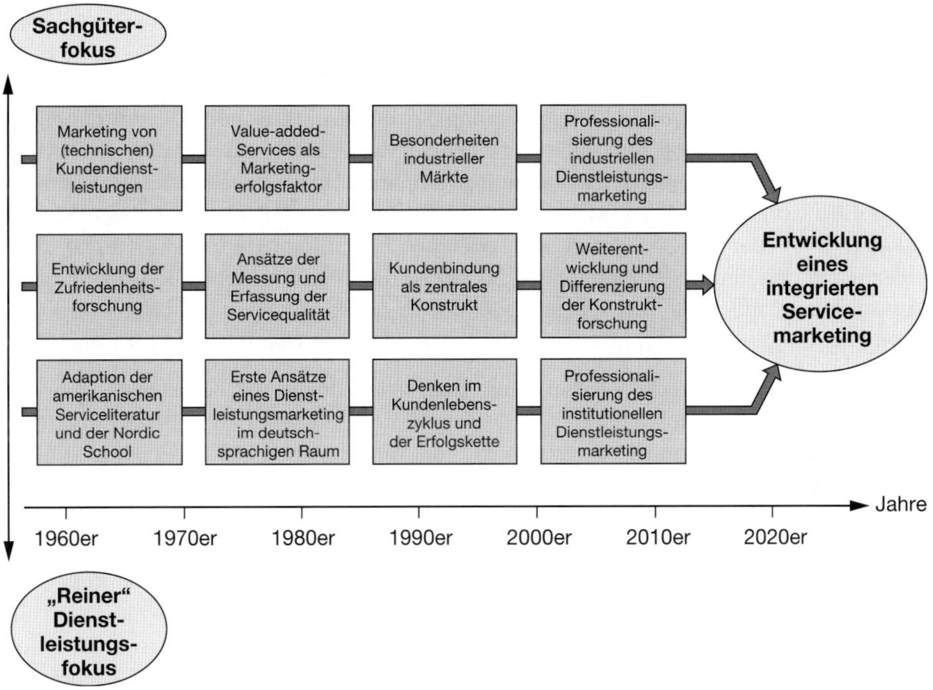

Als die Marketingwissenschaft begann, sich auch mit Fragestellungen des Social Marketing, d. h. mit Fragen nichtkommerzieller Aufgaben und Institutionen zu befassen (Kotler 2002; Bruhn 2005a), forcierten insbesondere Vertreter der Nordic School wie z. B. Grönroos und Gummesson ihre dienstleistungsspezifischen Forschungen, nicht zuletzt wegen der Bedeutung des staatlichen Sektors in den skandinavischen Ländern. Wissenschaftler aus dem deutschsprachigen Raum haben Ansätze der „Nordic School" und der amerikanischen Forschung aufgegriffen (Fassnacht/Homburg 2001, S. 289f.) und seit Mitte der 1970er Jahre zu einem eigenständigen, **institutionellen Dienstleistungsmarketing** weiterentwickelt (Hilke 1989b; Meyer 2001; Scheuch 2002). Zu Beginn dieses Entwicklungsprozesses stand die Diskussion über eine umfassende Charakterisierung, Systematisierung und Typologisierung der Dienstleistungen bzw. der konstitutiven Dienstleistungsmerkmale im Mittelpunkt. Seit Mitte der 1990er Jahre gilt dieses Forschungsgebiet im deutschsprachigen Raum als abgeschlossen (Fassnacht/Homburg 2001, S. 289). Im weiteren Verlauf erfolgte eine vollumfängliche Betrachtung des Marketing für Dienstleistungen. Dies führte zur Entwicklung eines systematischen Planungsprozesses für die notwendigen strategischen Entscheidungen und die daraus abgeleiteten operativen Maßnahmen bezüglich des Einsatzes der Instrumente des Marketingmix und trug somit zu einer Professionalisierung des institutionellen Dienstleistungsmarketing bei.

Auch im Rahmen der **Zufriedenheitsforschung** wurden seit den 1960er Jahren immer wieder Problemstellungen aufgegriffen, die den Dienstleistungsbereich betrafen. Insbesondere seit Anfang der 1980er Jahre wurden im Rahmen der Zufriedenheitsforschung spezifische Ansätze zur Messung und Erfassung der **Dienstleistungsqualität** abgeleitet (Bruhn 1982, 1998d, 2008; Parasuraman/Zeithaml/Berry 1985, 1988; Büker 1991; Burmann 1991; Hentschel 1992, 2000; Bruhn/Stauss 2000). Im weiteren zeitlichen Verlauf erfolgte eine zunehmende Weiterentwicklung und Differenzierung der Konstruktforschung. So wurden neben der Dienstleistungsqualität für weitere Konstrukte Messansätze entwickelt und empirisch überprüft, z. B. für die Beziehungsqualität (vgl. für einen Überblick Georgi 2000, S. 43), das Commitment (vgl. z. B. Allen/Meyer 1990; Morgan/Hunt 1994; Kumar/Scheer/Kleinaltenkamp 1995) oder das Image (vgl. z. B. Grönroos 1984; Bitner 1991; Meffert 1993). Auch in Bezug auf den Einfluss moderierender Variablen unter verschiedenen Bedingungen, die Wirkungsweise, mögliche Interdependenzen und Ergebnisgrößen, vollzog sich eine Spezifierung der aufgestellten Hypothesenmodelle (vgl. für einen Überblick Rust/Chung 2006).

Die zentrale Entwicklung im Dienstleistungsmarketing der letzten Jahre besteht in dem Versuch, die verschiedenen inhaltlichen Strömungen in ein Gesamtkonzept zu integrieren. In diese Entwicklung sind die Bemühungen von Vargo und Lusch einzuordnen, die die **„Service-Dominant Logic for Marketing"** in die wissenschaftliche Diskussion einbrachten. Im Kern propagiert der Ansatz einen Wechsel von der klassischen, produktzentrierten Marketingsichtweise hin zu einem servicezentrierten Marketingverständnis. Die Autoren versuchen, das Dienstleistungsmarketing, das Qualitätsmanagement und eine Reihe weiterer Marketingkonzepte wie z. B. das Relationship Marketing, die sich weitgehend unabhängig voneinander entwickelt haben, zusammenzuführen (Vargo/Lusch 2004; Stauss 2005; Lusch/Vargo 2006; Vargo 2008). Die daraus resultierende allgemeine Theorie des Marketing geht davon aus, dass im Grunde jede wirtschaftliche Aktivität aus Dienstleistungen („Services") in Form eines Austausches von spezialisierten Fähigkeiten und Wissen ist. Mit dieser allgemeinen, dienstleistungsorientierten Fundierung des Marketing ist ein Zusammenwachsen einzelner dienstleistungsbezogener Forschungsgebiete und der Entwicklung eines **integrierten Dienstleistungsmarketing** verbunden, das sowohl verschiedenen Leistungsarten (z. B. auch Zusatz-/Sekundärleistungen) als auch institutionell unterschiedliche Dienstleistungsbesonderheiten berücksichtigt. Allerdings ist zu beachten, dass mit einer steigenden Zahl an unterschiedlichen Untersuchungsobjekten, für die Ansätze eines integrierten Dienstleistungsmarketing Gültigkeit beanspruchen, die Aussagekraft der entstehenden Theorie zwangsläufig abnimmt (Meffert 2001).

Bei einer Bestandsaufnahme von **Forschungsfeldern im Dienstleistungsmarketing** anhand einer ganzheitlichen Literaturstudie der internationalen, wissenschaftlichen Veröffentlichungen zum Dienstleistungsmarketing im Zeitraum von 2000 bis 2008 wurden sechs Themenbereiche der gesichteten Publikationen identifiziert. Dabei lässt sich die Beziehung der gewählten Themenbereiche untereinander in Form eines Dreiecks modellieren. Ausgangspunkt der konzeptionellen Überlegungen liefern die Themenbereiche Service Operations, Customer und Relationship Marketing an den Eckpunkten des Dreiecks. Dahinter steht der Gedanke der Service Profit Chain (Heskett et al. 1994), dass Maßnahmen des Dienstleistungsmarketing im engeren Sinne (Service Operations) auf den Kunden zur Erreichung kundenspezifischer Ziele wie Kundenzufriedenheit und -bindung (Customer) gerichtet sind. Dazu wird eine Perspektive des Relationship Marketing zu Grunde gelegt, das sich als Grundkonzept des Dienstleistungsmarketing betrachten lässt (Grönroos 1990, 2000; vgl. Kapitel 2, Abschnitt 1). Die drei Schwerpunktthemen an den Eckpunkten determinieren weitere Schnittpunktthemen an den Seiten und in der Mitte des Dreiecks (Relationship Marketing Tools, Relationship Experience, Service Experience und Service Information, Controlling & Organisation). Schaubild 1-1-10 zeigt das Dreieck mit den sechs Themenfeldern. Die Werte in Klammern geben auf aggregierter Ebene Auskunft über die Summe der relativen Häufigkeiten der einem Themenbereich zugeordneten Schwerpunktthemen.

Schaubild 1-1-10 Relativer Anteil der Themenbereiche und Schwerpunktthemen der Dienstleistungsmarketingforschung

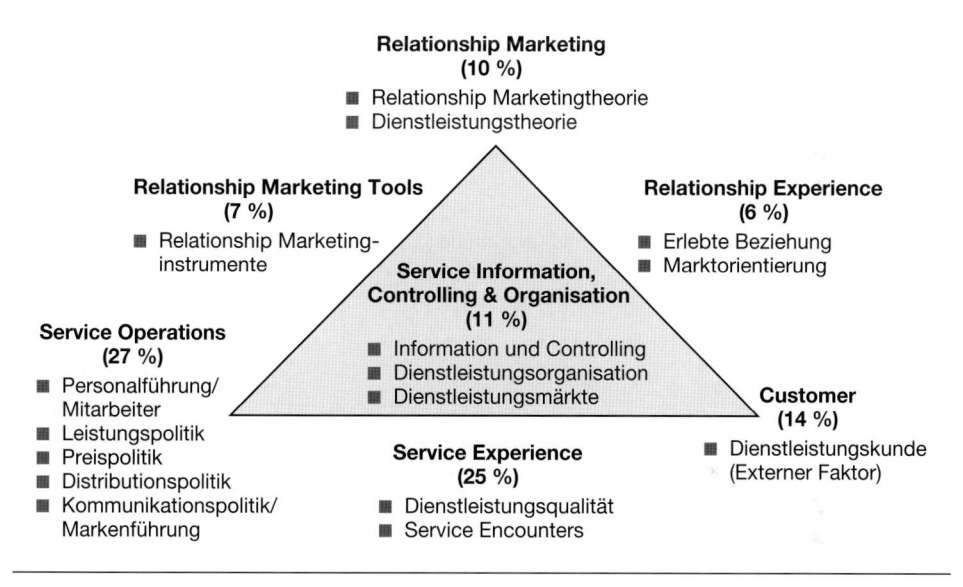

Relationship Marketing (10 %)
- Relationship Marketingtheorie
- Dienstleistungstheorie

Relationship Marketing Tools (7 %)
- Relationship Marketinginstrumente

Relationship Experience (6 %)
- Erlebte Beziehung
- Marktorientierung

Service Information, Controlling & Organisation (11 %)
- Information und Controlling
- Dienstleistungsorganisation
- Dienstleistungsmärkte

Service Operations (27 %)
- Personalführung/Mitarbeiter
- Leistungspolitik
- Preispolitik
- Distributionspolitik
- Kommunikationspolitik/Markenführung

Service Experience (25 %)
- Dienstleistungsqualität
- Service Encounters

Customer (14 %)
- Dienstleistungskunde (Externer Faktor)

Quelle: Bruhn/Mayer-Vorfelder/Maier 2012

Dabei zeigt sich, dass vor allem Schwerpunktthemen in Bezug auf die Themenbereiche Service Operations, Service Experience und Customer besonders häufig Gegenstand wissenschaftlicher Publikationen während des Untersuchungszeitraumes waren. So setzt sich eine Vielzahl der 1.539 gesichteten Beiträge zum Dienstleistungsmarketing mit Aspekten der Dienstleistungsqualität und des Dienstleistungskunden auseinander. Beide erweisen sich im Zeitverlauf als relativ stabile „Evergreens" der Dienstleistungsmarketingforschung. Das hohe Forschungsinteresse an beiden Themen dürfte sich mit großer Wahrscheinlichkeit in Zukunft fortsetzen. Inhaltlich liefern die Technologie- und Kommunikationsentwicklung der vergangenen Jahre die stärksten Impulse für die Dienstleistungsmarketingforschung. Themenfelder wie z. B. das Konsumentenverhalten im Internet, Value Added Services, Kundenintegration sowie Self-Service Technology zeigen in den letzten Jahren einen kontinuierlichen Anstieg. Die Weiterentwicklung der Informations- und Kommunikationstechnologien werden auch in Zukunft ein großes Potenzial zur Generierung innovativer Forschungsfragen aufweisen.

Basierend auf den theoretischen Erkenntnissen lassen sich für das Dienstleistungsmarketing verschiedene Dimensionen zur genaueren Differenzierung unterscheiden. Nach dem heutigen Verständnis wird das Dienstleistungsmarketing in eine marktgerichtete und eine unternehmensgerichtete Dimension unterteilt (vgl. Schaubild 1-1-11). Die **marktgerichtete Dimension** differenziert, ob der Abnehmer der Dienstleistung ein Endverbraucher (konsumtive Dienstleistung) oder ein gewerbliches Unternehmen (investive Dienstleistung) ist. Die **unternehmensgerichtete Dimension** gibt Auskunft darüber, ob die betrachtete Dienstleistung die Kernleistung des Unternehmens oder eine Zusatzleistung bzw. Sekundärdienstleistung darstellt.

Schaubild 1-1-11 Unternehmens- und marktgerichtete Dimensionen des Dienstleistungsmarketing

		Marktgerichtete Dimension	
	Abnehmer / Art der Dienstleistung	Endverbraucher	Gewerbliche Unternehmen
Unternehmensgerichtete Dimension	Kerndienstleistung des Unternehmens	Konsumtive Kerndienstleistungen	Investive Kerndienstleistungen
	Zusatzleistungen des Unternehmens	Konsumtive Sekundärdienstleistungen	Investive Sekundärdienstleistungen

Das Marketing für **konsumtive Kerndienstleistungen**, bei denen die Leistungen zwingend durch einen institutionellen Dienstleister (z. B. Autovermieter) erbracht werden, stellt das am intensivsten erforschte Feld des Dienstleistungsmarketing dar (Heskett 1986; Normann 1987; Grönroos 2000; Meyer 2001; Lovelock/Wirtz 2010).

Beim Marketing für **konsumtive Sekundärdienstleistungen** ist der Anbieter entweder ein institutioneller Dienstleister (z. B. Autovermieter, der zusätzlich Versicherungen anbietet) oder ein warenproduzierendes Unternehmen (z. B. Autohersteller, der Versicherungen anbietet). Hier lassen sich deutliche Schnittstellen zum Konsumgütermarketing erkennen. Während sich die Forschung in diesem Feld zunächst auf Kundendienstleistungen beschränkte (Meffert 1987), werden derartige Services gegenwärtig im Rahmen eines breiter angelegten Spektrums unter Value-Added-Gesichtspunkten, häufig mit einem speziellen Branchenfokus, diskutiert (Rosada 1990; Dyckhoff 1993; Rennert 1993).

Das Marketing für **investive Kerndienstleistungen** findet in der Marketingforschung bisher keine ähnlich intensive Behandlung wie der Bereich konsumtiver Dienstleistungen (Kotler/Bloom 1984). Allerdings wurde die Forschung hier in den letzten Jahren intensiviert, wie die steigende Zahl von Publikationen in diesem Bereich erkennen lässt. So finden sich beispielsweise Arbeiten zum Marketing von so genannten „Professional Service Firms", d. h. Business-to-Business-Unternehmen, wie z. B. Unternehmensberatungen oder Werbeagenturen (Ringlstetter/Kaiser/Bürger 2004).

Im Bereich des Marketing für **investive Sekundärdienstleistungen** ist zu bedenken, dass es sich beim dienstleistenden Unternehmen entweder um einen Dienstleister oder um einen Hersteller von Sachgütern handelt. Hier sind gegenwärtig diverse Forschungsbemühungen zu verzeichnen (Simon 1993, S. 1ff.; einen Überblick über empirische Untersuchungen zu diesem Gebiet geben Homburg/Garbe 1996; Mann 2000).

Angesichts der Heterogenität der sich aus den verschiedenen Bereichen ableitenden Fragestellungen lassen sich nur für bestimmte Fragen übergreifende Lösungen erarbeiten. Um dennoch alle Fragenkomplexe des Dienstleistungsmarketing erschöpfend zu behandeln, konzentriert sich dieses Buch primär auf das **Marketing für konsumtive Kerndienstleistungen**. Aufgrund des Zusammenwachsens von Güter- und Dienstleistungsmärkten wird aber darüber hinaus eine Übertragbarkeit der dargestellten Aussagen auf den Sekundärdienstleistungsbereich angestrebt. Investive Gesichtspunkte werden insoweit behandelt, als Schnittmengen mit dem konsumtiven Bereich bestehen.

2 Begriff und Systematisierung von Dienstleistungen

2.1 Begriffliche Definitionsansätze von Dienstleistungen

Die in der Literatur zum Dienstleistungsmarketing vorgenommenen **Definitionsansätze** zum Dienstleistungsbegriff lassen sich in drei Gruppen aufteilen (Corsten/Gössinger 2007, S. 21):

- Erfassung des Dienstleistungsbegriffes durch die Aufzählung von **Beispielen** (enumerative Definitionen),
- Abgrenzung des Dienstleistungsbegriffes über eine **Negativdefinition** zu Sachgütern,
- explizite Definition des Dienstleistungsbegriffes durch **konstitutive Merkmale**.

Zur Ableitung von Marketingimplikationen ist lediglich die zuletzt genannte Gruppe von Definitionsansätzen sinnvoll heranzuziehen. Hierbei lassen sich vier unterschiedliche **Definitionsansätze auf Basis konstitutiver Merkmale** unterscheiden:

1. Tätigkeitsorientierte Definition
2. Prozessorientierte Definition
3. Ergebnisorientierte Definition
4. Potenzialorientierte Definition

1. Tätigkeitsorientierte Definition

Eine sehr weite und umfassende Definition legt Schüller (1967, S. 19) vor: „Jede **menschliche Tätigkeit** ist im eigentlichen und ursprünglichen Sinne eine ‚Dienstleistung', d. h. eine Leistung im Dienste eigener und/oder anderer Interessen. Man kann auch sagen: Das, was der Mensch tut, um seine physische und psychische Arbeitskraft mit oder ohne Verbindung zur materiellen Güterwelt in den Zweckbereich der menschlichen Bedürfnisbefriedigung zu bringen, ist eine Dienstleistung". Er weist damit darauf hin, dass Dienstleistungen direkt am Menschen oder an materiellen Gütern erbracht werden können. Diese Definition ist allerdings mit erheblichen Schwierigkeiten verbunden, da die abstrakte, nicht unbedingt praxisnahe, anwendungsbezogene Ebene der Abgrenzung wenig Möglichkeiten bietet, dienstleistungsmarketingspezifische Besonderheiten abzuleiten.

2. Prozessorientierte Definition

In den Ausführungen von Berekoven wird dagegen der **Prozesscharakter** der Dienstleistung in den Vordergrund gestellt (Berekoven 1983, S. 23): „Dienstleistungen im weitesten Sinne sind der Bedarfsdeckung Dritter dienende Prozesse mit materiellen und/oder immateriellen Wirkungen, deren Vollzug und deren Inanspruchnahme einen synchronen Kontakt zwischen Leistungsgeber und Leistungsnehmer bzw. deren Objekten von der Bedarfsdeckung her erfordert". Daher wird der synchrone Kontakt der Marktpartner bzw. von deren Objekten als entscheidendes Merkmal von Dienstleistungen herausgestellt. Diese Definition ist eine Weiterentwicklung seiner Dienstleistungsdefinition von 1974, als er unter „synchron" noch einen zeitlich und räumlich synchronen Kontakt verstand (Berekoven 1974, S. 29). Meyer kritisiert diese Notwendigkeit der räumlich synchronen Dienstleistungserstellung und bemängelt weiter, dass Berekoven auch in seiner modifizierten Abgrenzung von 1983 sämtliche Arbeitsleistungen dem Dienstleistungsbegriff subsumiert (Meyer 2001, S. 12).

3. Ergebnisorientierte Definition

Eine **ergebnisorientierte Betrachtung** liegt der Definition von Maleri (1997, S. 4) zu Grunde: „Demnach kann […] Leistung nicht als ein Prozess, sondern nur als Ergebnis des Prozesses angesehen werden, denn nur dieses ist am Markt vertretbar". Darauf aufbauend definiert er Dienstleistungen „als für den Absatz produzierte immaterielle Wirtschaftsgüter". Der Umkehrschluss gelingt allerdings nicht: „Zwar zählen alle Dienstleistungen zu den immateriellen Gütern, nicht jedoch sind umgekehrt alle immateriellen Güter Dienstleistungen" (Maleri/Frietzsche 2008, S. 34). Trotz der Kritik von Meyer, dass einige Dienstleistungen, wie z. B. die Sprengung einer Fabrik, durchaus materielle Ergebnisse zur Folge haben können (Meyer 2001), haben zahlreiche Autoren die Definition von Maleri aufgegriffen und weiterentwickelt (vgl. dazu etwa Entgelter 1979, S. 116).

4. Potenzialorientierte Definition

Die **potenzialorientierte Dienstleistungsdefinition** beinhaltet die Auffassung, dass Dienstleistungen als die durch Menschen oder Maschinen geschaffenen Potenziale bzw. Fähigkeiten eines Dienstleistungsanbieters anzusehen sind, spezifische Leistungen beim Dienstleistungsnachfrager zu erbringen, wie z. B. das Hotelgebäude (vgl. Meyer/Mattmüller 1987, S. 187; Hentschel 1992, S. 19f.).

Zur kombinierten Betrachtung der konstitutiven Merkmale von Dienstleistungen ist eine **phasenbezogene Integration** der prozess-, ergebnis- und potenzialorientierten Interpretation der Dienstleistung geeignet (Hilke 1984, S. 17ff., 1989b, S. 10f.). Demnach ist der Charakter einer Dienstleistung nur zu erfassen, wenn alle drei Phasen durch jeweils ein gesondertes Merkmal in die Dienstleistungsdefinition eingehen (vgl. Schaubild 1-2-1). Erst aus den spezifischen Fähigkeiten und der Bereitschaft des Dienstleistungsanbieters zur Erbringung einer Dienstleistung (Potenzialorientierung) und der Einbringung des externen Faktors durch den Dienstleistungsnachfrager als prozessauslösendes und -begleitendes Element (Prozessorientierung) resultiert ein Dienstleistungsergebnis (Ergebnisorientierung).

Im Hinblick auf diesen integrierten Definitionsansatz bestehen in der Literatur Differenzen bezüglich der **relativen Bedeutung der drei Phasen**. Zum einen wird lediglich der Dienstleistungsprozess und die hieraus folgende Integration des externen Faktors als eine konkrete Besonderheit von Dienstleistungen angesehen (vgl. Engelhardt 1990, S. 278ff.; Rosada 1990, S. 20ff.). Zum anderen ist als Ergebnis eine Dienstleistung materieller Art möglich, wie z. B. bei Dienstleistungen eines Malers, einer Autoreparaturwerkstatt oder eines Friseurs (vgl. Meyer 2001, S. 12).

Trotz dieser Differenzen hat sich die Drei-Phasen-Auffassung von Dienstleistungen als geeignet erwiesen, zentrale Besonderheiten von Dienstleistungen herauszuarbeiten und im Rahmen des Dienstleistungsmarketing zu berücksichtigen. Somit wird der **Begriff Dienstleistung** folgendermaßen definiert:

> **Dienstleistungen** sind selbständige, marktfähige Leistungen, die mit der Bereitstellung (z. B. Versicherungsleistungen) und/oder dem Einsatz von Leistungsfähigkeiten (z. B. Friseurleistungen) verbunden sind (**Potenzialorientierung**). Interne (z. B. Geschäftsräume, Personal, Ausstattung) und externe Faktoren (also solche, die nicht im Einflussbereich des Dienstleisters liegen) werden im Rahmen des Erstellungsprozesses kombiniert (**Prozessorientierung**). Die Faktorenkombination des Dienstleistungsanbieters wird mit dem Ziel eingesetzt, an den externen Faktoren, an Menschen (z. B. Kunden) und deren Objekten (z. B. Auto des Kunden) nutzenstiftende Wirkungen (z. B. Inspektion beim Auto) zu erzielen (**Ergebnisorientierung**).

Obwohl der **Begriff „Services"** im deutschsprachigen Raum vielfach lediglich für Zusatzdienstleistungen von Konsumgüter- und Industriegüterherstellern Verwendung findet, wird er im Folgenden, um keine Differenzen zum angloamerikanischen Wortgebrauch entstehen zu lassen, synonym zum Dienstleistungsbegriff verwendet.

Die definitorische Abgrenzung des Dienstleistungsbegriffs hat nicht zum Ziel, eine Homogenität des Dienstleistungsbereiches vorzutäuschen. Im Gegenteil wird dessen Heterogenität durch die Systematisierung von Dienstleistungen des folgenden Abschnitts verdeutlicht.

Schaubild 1-2-1 Phasenbezogener Zusammenhang zwischen den drei konstitutiven Merkmalen von Dienstleistungen

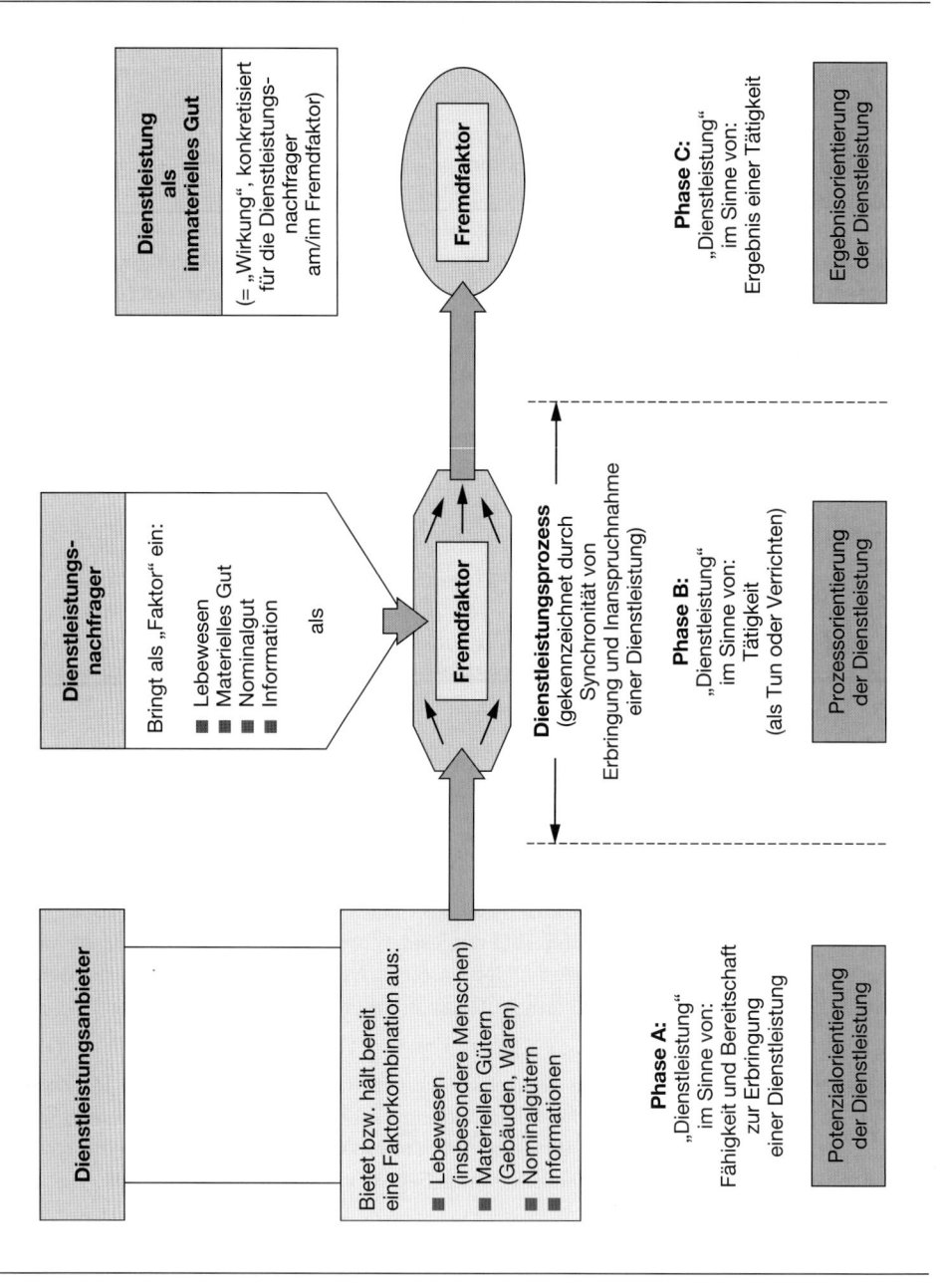

Dienstleistungsanbieter

Bietet bzw. hält bereit eine Faktorkombination aus:
- Lebewesen (insbesondere Menschen)
- Materiellen Gütern (Gebäuden, Waren)
- Nominalgütern
- Informationen

Phase A: „Dienstleistung" im Sinne von: Fähigkeit und Bereitschaft zur Erbringung einer Dienstleistung

Potenzialorientierung der Dienstleistung

Dienstleistungsnachfrager

Bringt als „Faktor" ein:
- Lebewesen
- Materielles Gut
- Nominalgut
- Information

als **Fremdfaktor**

Dienstleistungsprozess (gekennzeichnet durch Synchronität von Erbringung und Inanspruchnahme einer Dienstleistung)

Phase B: „Dienstleistung" im Sinne von: Tätigkeit (als Tun oder Verrichten)

Prozessorientierung der Dienstleistung

Dienstleistung als immaterielles Gut

(= „Wirkung", konkretisiert für die Dienstleistungsnachfrager am/im Fremdfaktor)

Fremdfaktor

Phase C: „Dienstleistung" im Sinne von: Ergebnis einer Tätigkeit

Ergebnisorientierung der Dienstleistung

Quelle: Hilke 1989b, S. 15

2.2 Leistungstypologische Einordnung von Dienstleistungen

Die Heterogenität von Dienstleistungen wird besonders deutlich, wenn versucht wird, eine leistungstypologische Einordnung von Dienstleistungen vorzunehmen. Auch wenn das Abgrenzungsproblem von Dienstleistungen gegenüber anderen Wirtschaftsgütern nicht immer eindeutig lösbar ist, lassen sich durch leistungsorientierte Abgrenzungen nähere Einsichten über verschiedene **Typen von Dienstleistungen** gewinnen. Um jedoch eine solche Abgrenzung vorzunehmen, ist es zur besseren Verständlichkeit sinnvoll, Dienstleistungen zunächst in eine allgemeine Gütersystematik einzuordnen (Schaubild 1-2-2). Dabei setzen die Wirtschaftswissenschaften als entscheidendes Charakteristikum eines Gutes die Fähigkeit der Nutzenstiftung voraus. Folglich werden alle Mittel als Güter bezeichnet, die in direkter oder indirekter Weise Bedürfnisse des Menschen befriedigen.

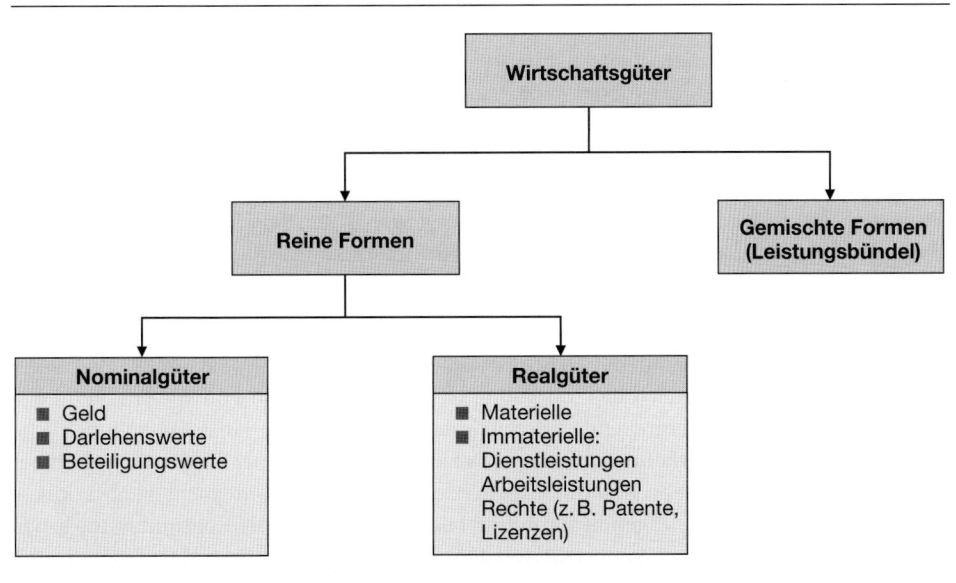

Schaubild 1-2-2 Gütersystematik

```
                    Wirtschaftsgüter
                   /                \
          Reine Formen        Gemischte Formen
         /            \        (Leistungsbündel)
   Nominalgüter      Realgüter
   ■ Geld            ■ Materielle
   ■ Darlehenswerte  ■ Immaterielle:
   ■ Beteiligungswerte   Dienstleistungen
                         Arbeitsleistungen
                         Rechte (z. B. Patente,
                         Lizenzen)
```

Quelle: in Anlehnung an Corsten/Gössinger 2007, S. 20

Dienstleistungen sind dem Realgüterbereich zuzuordnen und stellen im Gegensatz zu materiellen Gütern (z. B. Auto, Fernseher, Wohnzimmereinrichtung) überwiegend **immaterielle Leistungen** dar. Dienstleistungen und Arbeitsleistungen unterscheiden sich gegenüber den anderen immateriellen Gütern, d. h. **Rechten** (z. B. Lizenzen, Patente) und **Informationen** (z. B. Marktinformationen, Aktienberichte) durch ihren Verrichtungscharakter (Scheuch 2002, S. 16). So stellen Dienstleistungen und Arbeitsleistungen so genannte Verrichtungen dar, d. h., hier nimmt eine Person oder ein Automat eine Handlung an einem Objekt vor.

Hierbei erfährt allerdings die Abgrenzung von **Dienstleistungen und Informationen** in der Literatur eine kontroverse Diskussion (vgl. Corsten 1985a, S. 171), da Informationen sowohl das Resultat (Output) einer Dienstleistung (z. B. Unternehmensberatung), als auch den Gegenstand (Input) der Dienstleistung (z. B. Marktinformationen als Input für eine Marktanalyse eines Unternehmensberaters) darstellen. Die Information selbst stellt jedoch niemals eine Verrichtung dar.

Unterschiedlich wird auch die Abgrenzung von **Dienstleistungen und Arbeitsleistungen** vorgenommen. Zur Unterscheidung führt Entgelter (1979, S. 89f.) an, dass Arbeitsleistungen produktionsorientiert eher einen kausalen, Dienstleistungen dagegen einen finalen Charakter aufweisen. Corsten bemerkt hierzu jedoch, dass Dienstleistungen sowohl kausalen Charakter als auch finalen Charakter haben können. Als Beispiel sind hier zum einen investive Dienste, wie der Hardware Service, und zum anderen konsumtive Dienstleistungen, wie die Leistungen eines Friseursalons, anzuführen. Somit ist eine trennscharfe Abgrenzung zu den Arbeitsleistungen nicht möglich.

Eine präzisere Abgrenzung ist vielmehr darin zu sehen, dass Arbeitsleistungen als Input **originäre Faktoren** sind, während Dienstleistungen als **derivative Faktoren** bzw. als Ergebnis eines vorangegangenen Kombinationsprozesses aufzufassen sind. Wenn beispielsweise ein Arbeitnehmer seine Arbeitsleistung einer Reparaturwerkstatt zur Verfügung stellt, handelt es sich um einen originären Faktor, und durch die Kombination von Ausstattung, Personal usw. entsteht das Angebot einer Dienstleistung. Weiterhin ist zur Unterscheidung anzuführen, dass Arbeitsleistungen die von Menschen an einen Arbeitgeber vermieteten Leistungsfähigkeiten darstellen, die an – dem Arbeitgeber gehörenden – internen Faktoren (Anlagen, Maschinen, Werkstoffe usw.) erbracht werden. Dienstleistungen werden demgegenüber direkt an Nachfragern oder an von Nachfragern zur Verfügung gestellten Objekten erbracht, in beiden Fällen also an externen Faktoren.

Neben dieser Einordnung von Leistungen gemäß ihrem Gutcharakter werden Leistungen anhand von so genannten **Leistungstypologien** abgegrenzt. Generelles Ziel einer Leistungstypologie im Bereich des Marketing ist die Identifikation von spezifischen Leistungstypen, die typenübergreifend differenzierte, aber innerhalb eines Typs einheitliche Implikationen für das Marketing aufweisen. Der zentrale Vorteil einer Typologie gegenüber rein definitorischen Ansätzen ist darin zu sehen, dass die als relevant erachteten Merkmale eines Begriffs keiner eindeutigen Bestimmung bedürfen, sondern als Kontinuum zwischen ihren Extremausprägungen dargestellt werden. Typologien vermögen das Problem von Unschärfebereichen zwischen den „Reinformen" bestimmter Absatzobjekte abzubilden, ohne die Notwendigkeit, gleichzeitig zu dessen Lösung – im Sinne einer eindeutigen Zuordnungsvorschrift – beizutragen.

Ein Ansatz zur Typologisierung von Leistungen, der in der Literatur große Beachtung gefunden hat, geht auf Copeland (1932) zurück. Er nimmt dabei eine Typologisierung **nach dem Ablauf des Kaufprozesses** vor und unterscheidet nach Convenience Goods, Shopping Goods und Specialty Goods (Copeland 1932, S. 282ff.). Diese gewählten Begriffe rufen eine Assoziation zu materiellen Gütern hervor, dies liegt jedoch daran, dass zum Zeitpunkt der Entwicklung dieses Typologisierungsansatzes eine Unterscheidung zwischen Produkten und Dienstleistungen noch nicht vorgenommen wurde. Prinzipiell ist aber eine Typologisierung nach dem Ablauf des Kaufprozesses auch für Dienstleistungen anwendbar.

Bei **Convenience Services** (Leistungen des mühelosen Kaufs) erwirbt der Kunde die Leistung typischerweise regelmäßig und ohne einen vorausgehenden Entscheidungsprozess. Des Weiteren wird lediglich ein minimaler Vergleichs- und Einkaufsaufwand in Kauf genommen, da der Nutzen aus einem etwaigen Preis- oder Qualitätsvergleich niedriger eingeschätzt wird als der dafür notwendige Aufwand (z. B. notwendige Zeit für die Informationssuche oder zurückzulegende Wegstrecke). Zu den Convenience Services gehören Leistungen des täglichen Bedarfs. Klassicherweise sind dies z. B. Lebensmittel; im Dienstleistungsbereich sind z. B. die Inanspruchnahme der Telefonauskunft zu nennen.

Der Kauf von **Shopping Services** (Leistungen des Such- und Vergleichkaufs) ist dagegen durch Such-, Vergleichs- und Auswahlprozesse gekennzeichnet. Der Kunde unternimmt in der Regel eine aktive Informationssuche, um die unvollkommenen Informationen zu Beginn des Kaufentscheidungsprozesses in Bezug auf das nachgefragte Gut zu beseitigen. Als Beispiele für Shopping Services lassen sich z. B. Reisen nennen.

Schließlich sind unter **Specialty Services** (Leistungen des Spezialkaufs) Leistungen zu verstehen, die einen besonders eigenständigen Charakter aufweisen und deshalb nur schwer durch entsprechende Substitute austauschbar sind. Für diese Art von Leistungen nimmt der Kunde aufgrund ihrer herausragenden Bedeutung erhebliche Such- und Informationsanstrengungen auf sich. Die Sonderstellung der Specialty Services bedingt, dass sie normalerweise nur sehr selten gekauft werden, wie z. B. eine Lebensversicherung.

Die skizzierten Leistungstypen lassen sich im Hinblick auf bestimmte Merkmale des Kaufprozesses differenzieren (Ruhfus 1976, S. 22ff.) Diese sind in Schaubild 1-2-3 zusammenfassend dargestellt.

Der **Grad der finanziellen Mittelbindung** nimmt Einfluss auf den Leistungstyp. Darunter ist z. B. die Relation zwischen dem Preis der Leistung und dem zur freien Verfügung stehenden Einkommen zu verstehen. Je höher der Preis im Vergleich zum gesamten Einkommen ist, desto bedeutsamer ist der Kauf einer solchen Leistung und desto eingeschränkter ist der Kunde hinsichtlich alternativer Leistungen. Zur Bestimmung des Kaufentscheidungstyps sind weiterhin die **soziale Sichtbarkeit** der Leistung und die **Informationsbedürftigkeit** des Konsumenten hinsichtlich deren Anschaffung relevant. Der Aufwand der Kaufentscheidung steigt mit zunehmender sozialer Sichtbarkeit und Informationsbedürftigkeit an. Auch das **Ausmaß der Neuartigkeit** nimmt Einfluss auf die Zuordnung innerhalb dieser Leistungstypologisierung. Dabei ist das Ausmaß der Neuartigkeit gering, wenn der Kauf der Leistungen zu keinen erheblichen Veränderungen der Lebensweise des Konsumenten führt. Verursachen dagegen Leistungen einen spürbaren Einschnitt in der gewohnten Lebensweise, geht man davon aus, dass sie tendenziell seltener angeschafft werden. Des Weiteren werden als relevante Typologisierungsmerkmale die **Kaufhäufigkeit** und damit in Zusammenhang stehend der **Erfahrungsgrad** des Konsumenten mit dem Kaufobjekt angesehen.

Neben diesem Typologisierungsansatz anhand des Ablaufs des Kaufprozesses bietet sich eine Typologisierung von Dienstleistungen **basierend auf den drei konstitutiven Merk-**

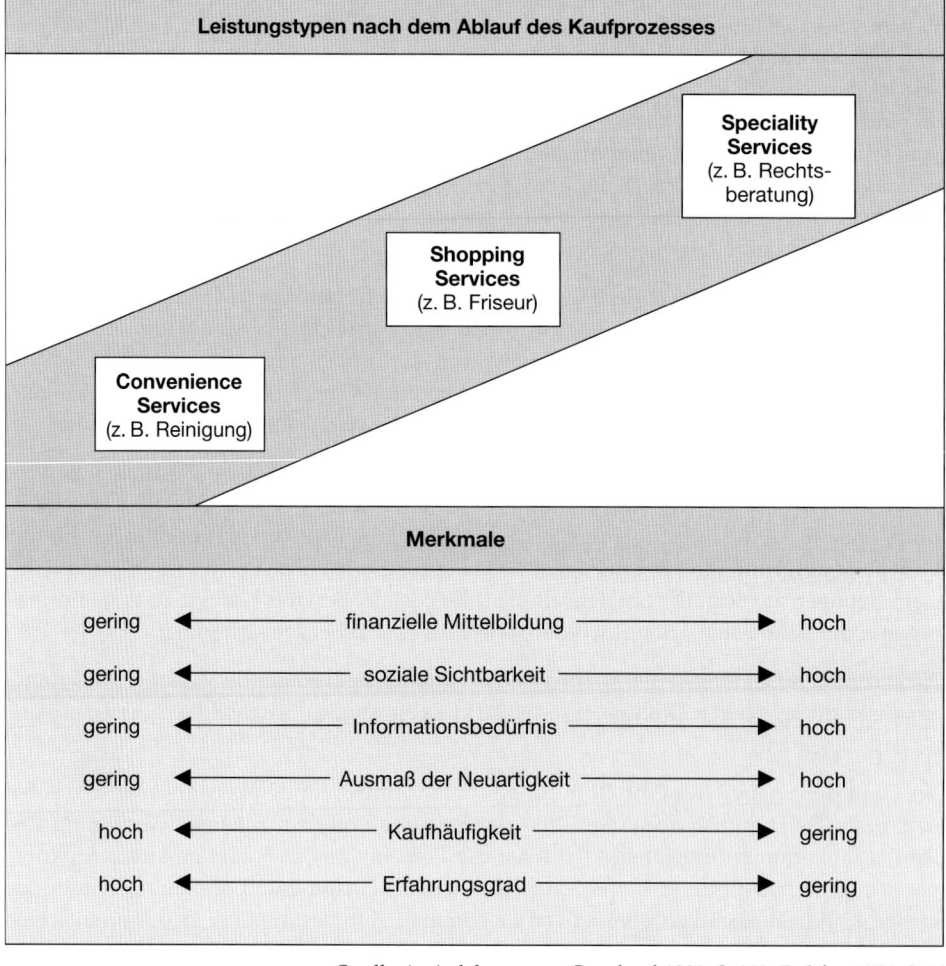

Schaubild 1-2-3 Leistungstypologie nach dem Ablauf des Kaufprozesses

Leistungstypen nach dem Ablauf des Kaufprozesses

- Speciality Services (z. B. Rechtsberatung)
- Shopping Services (z. B. Friseur)
- Convenience Services (z. B. Reinigung)

Merkmale

gering	← finanzielle Mittelbildung →	hoch
gering	← soziale Sichtbarkeit →	hoch
gering	← Informationsbedürfnis →	hoch
gering	← Ausmaß der Neuartigkeit →	hoch
hoch	← Kaufhäufigkeit →	gering
hoch	← Erfahrungsgrad →	gering

Quelle: in Anlehnung an Copeland 1932, S. 282; Ruhfus 1976, S. 23

malen von Dienstleistungen an. So nehmen etwa Knoblich/Oppermann eine Typologisierung anhand des Dienstleistungspotenzials, -prozesses und -ergebnisses vor und unterscheiden neben dem Typ Dienstleistung vier weitere Produkttypen (Typ I bis IV), die sich aus den unterschiedlichen und empirisch relevanten Kombinationen der drei Merkmale ergeben (vgl. Schaubild 1-2-4).

Produkttyp I ist durch ein körperliches Objekt in der Angebotsphase, keine Einsatzfaktoren der Nachfrager und ein materielles Ergebnis der Faktorkombination gekennzeichnet (z. B. Bier, Fahrräder). Aufgrund des hohen Materialitätsgrades dieses Produkttypen können die darunter zu fassenden Produkte als Sachleistungen bezeichnet werden.

Schaubild 1-2-4 Dienstleistung als Produkttyp

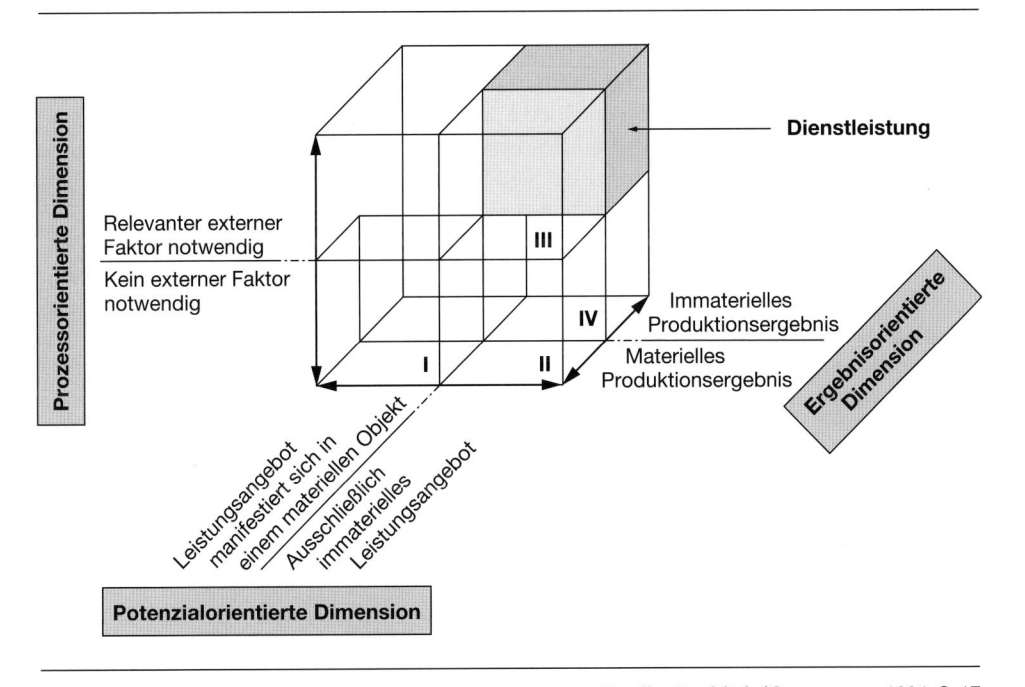

Prozessorientierte Dimension
- Relevanter externer Faktor notwendig
- Kein externer Faktor notwendig

Labels im Würfel: I, II, III, IV — Dienstleistung

Ergebnisorientierte Dimension
- Immaterielles Produktionsergebnis
- Materielles Produktionsergebnis

Potenzialorientierte Dimension
- Leistungsangebot manifestiert sich in einem materiellen Objekt
- Ausschließlich immaterielles Leistungsangebot

Quelle: Knoblich/Oppermann 1996, S. 17

Die Charakteristika von **Produkttyp II** sind kennzeichnend für standardisierte Produkte, die erst nach der Kaufentscheidung des Konsumenten, dann aber ohne eine weitere Integration des Konsumenten produziert werden (z. B. Hochzeitstorte). Diese Produkte lassen sich als Quasi-Sachleistungen bezeichnen, da im Unterschied zu reinen Sachleistungen die Materialität des Leistungsangebotes fehlt.

Zu **Produkttyp III** sind all jene Leistungen zu zählen, die in einer auftragsorientierten Produktion nach den individuellen Anforderungen des jeweiligen Konsumenten produziert werden und deren Ergebnis einen materiellen Charakter aufweisen (z. B. Anlagen, Schiffe). In diesem Sinne wird von Auftragsleistungen gesprochen.

Schließlich sind dem **Produkttyp IV** Leistungen zuzurechnen, die lediglich als (unkörperliche) Leistungsversprechen angeboten werden, ohne dass ein Fremdfaktor bei der Produktion benötigt wird. Das Ergebnis des Leistungserstellungsprozesses ist immaterieller Natur (z. B. Leistungen von Nachrichtenagenturen). Trotz der fehlenden Integration des Fremdfaktors ist die Nähe dieses Typs zum Typ Dienstleistung unverkennbar, so dass die Bezeichnung Quasi-Dienstleistungen für Leistungen dieses Typs sinnvoll erscheint.

Knoblich/Oppermann stellen zusammenfassend fest, dass eine Gegenüberstellung von Dienstleistungen und Sachleistungen zu kurz greift und Dienstleistungen aufgrund ihrer „Dreidimensionalität" nicht nur gegenüber Sachleistungen (Typ I), sondern auch gegenüber Quasi-Sachleistungen (Typ II), Auftragsleistungen (Typ III) und Quasi-Dienstleistungen (Typ IV) einer Differenzierung bedürfen (Knoblich/Oppermann 1996).

Eine weitere, im Bereich des Dienstleistungsmarketing viel diskutierte Leistungstypologie stellt die **Leistungstypologie nach Engelhardt/Kleinaltenkamp/Reckenfelderbäumer** dar (Engelhardt/Kleinaltenkamp/Reckenfelderbäumer 1992, S. 34ff.), die auf zwei Dimensionen beruht: dem Immaterialitätsgrad des Leistungsergebnisses sowie dem Integrationsgrad der betrieblichen Leistungsprozesse (vgl. Schaubild 1-2-5). Sie stützen sich dabei auf einen zweidimensionalen Ansatz von Meyer (1983, S. 137), der die Kriterien Integrationsintensität des externen Faktors und Materialität unterscheidet. Durch das Ausprägungskontinuum, das von „gering" bis „stark" reicht, wird ein erster Versuch zur Positionierung von Sach- und Dienstleistungen unternommen. Auf ähnlichen Überlegungen beruht der so genannte Verbundkasten, der das Ziel verfolgt, Produkte entsprechend dem Ausmaß an materiellen und immateriellen Komponenten auf einem Kontinuum anzuordnen (Shostack 1977, S. 74ff.; Haak 1982; Hilke 1989b, S. 8)

Schaubild 1-2-5 Leistungstypologie nach Engelhardt/Kleinaltenkamp/ Reckenfelderbäumer

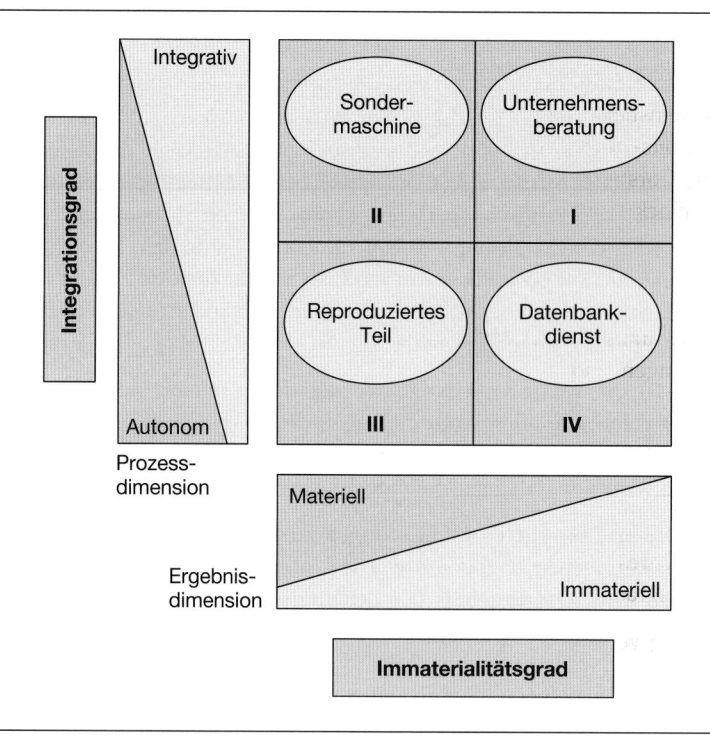

Quelle: Engelhardt/Kleinaltenkamp/Reckenfelderbäumer 1992, S. 35

Die Kombination der jeweiligen Extremausprägungen führt zu vier **Grundtypen von Leistungen**, für die sich konkrete Marketingimplikationen ableiten lassen:

1. Der **erste Leistungstyp** ist durch ein immaterielles Leistungsergebnis und eine starke Integration des externen Faktors in den Prozess der Leistungserstellung gekennzeichnet. Typisches Beispiel sind hier die Leistungen klassischer Unternehmensberatungen, die Problemlösungen im engen Kontakt mit ihren Kunden erarbeiten.

2. Demgegenüber weist der **zweite Leistungstyp** bei ebenfalls hohem Integrationsgrad ein materielles Leistungsergebnis auf, zum Beispiel eine im Kundenauftrag individuell angefertigte Sondermaschine.

3. Beim **dritten Leistungstyp** handelt es sich um typische, industriell gefertigte Massenprodukte. Sie sind durch ein materielles Leistungsergebnis bei gleichzeitig autonom gestalteten Leistungserstellungsprozessen gekennzeichnet. Hier sind die klassischen Produkte der Konsumgüterhersteller von Automobilen bis zu Lebensmittelprodukten einzuordnen.

4. Autonome Prozesse bei der Leistungserstellung sind auch für den **vierten Leistungstyp** charakteristisch, wobei das Leistungsergebnis hier jedoch immaterieller Natur ist. Datenbankdienste etwa zeichnen sich durch eine derartige Ausprägung der Leistungs- und Prozessmerkmale aus.

Zur weiteren Spezifizierung dieser Typologie mit dem Ziel der Ableitung von Ansatzpunkten für das Dienstleistungsmarketing wird eine **Zerlegung der Integrationsdimension** in den **Interaktions- und Individualisierungsgrad** vorgenommen (vgl. auch Wohlgemuth 1989, S. 339f.; Corsten/Gössinger 2007; vgl. für andere Erweiterungen der Grundtypologie Maister/Lovelock 1988; Woratschek 1996):

- Der **Interaktionsgrad** führt zu einer Differenzierung zwischen quasi-industriellem und interaktionsorientiertem Management.

- Der **Individualisierungsgrad** spannt ein Kontinuum zwischen der Standardisierung von Leistungen und der individuellen Kundenorientierung im Sinne einer „Customization" auf.

Die Unterteilung in diese beiden Teildimensionen ermöglicht eine eindeutige und hinsichtlich der Ableitung von Implikationen für die marktorientierte Unternehmensführung wertvolle Trennung in:

- **Integration des externen Faktors in den Leistungserstellungsprozess** im Sinne des Interaktionsgrades und

- **Ausrichtung von Wertaktivitäten** auf die Kundenbedürfnisse im Sinne des Individualisierungsgrades.

Der **Interaktionsgrad** bezieht sich auf jegliche Form der Einbindung des externen Faktors in den Leistungserstellungsprozess. Dabei kommen dem externen Faktor Unterstützungs-, aber auch Vollzugsfunktionen im Rahmen der Leistungserstellung zu. Demgegenüber kennzeichnet der **Individualisierungsgrad** die kundenbezogene Spezifität der Bereitstellungsleistung und des sich anschließenden Leistungserstellungsprozesses, ohne dass hiermit – mit Ausnahme von kundenbezogenen Informationen – gleichzeitig eine Einbindung des externen Faktors in die betriebliche Wertkette verbunden ist.

An dieser Stelle steht die **fehlende Unabhängigkeit** beider Teildimensionen in der Kritik. Es stellt sich die Frage, ob nicht jede Individualisierung von Leistungen zumindest mit einer informationsbedingten Integration des externen Faktors, also z. B. der Mitteilung individueller Körpermaße zur Herstellung eines Maßanzuges, verbunden ist (vgl. Engelhardt/Kleinaltenkamp/Reckenfelderbäumer 1995, S. 675f.).

Diesem Einwand ist zu entgegnen, dass es zum einen in **längerfristigen Kundenbeziehungen** auch bei einem hohen Individualisierungsgrad der Leistung nicht mit jedem Kaufakt einer erneuten informationsbedingten Integration bedarf. In diesem Fall ist also eine individuelle Leistungserstellung nicht gleichzeitig an eine Integration des externen Faktors im Sinne seiner Einbindung in den Leistungserstellungsprozess geknüpft.

Zum anderen ist es sinnvoll, an dieser Stelle neben dem bislang in der Literatur dominierenden objektiven einen **subjektiven Integrationsbegriff** einzuführen. Inwieweit ein Konsument sich in den Leistungserstellungsprozess eingebunden fühlt, hängt nicht direkt mit der Individualität der Leistung zusammen. Insbesondere neue Kommunikationstechnologien ermöglichen kundenindividuelle Leistungen bei einer seitens der Nachfrager nur als gering empfundenen Integration in den Leistungserstellungsprozess.

Durch die Aufteilung der Integrationsdimension entsteht eine **dreidimensionale Leistungstypologie** mit den Dimensionen Immaterialitätsgrad, Interaktionsgrad und Individualisierungsgrad (Meffert 1994, S. 524; vgl. Schaubild 1-2-6).

Woratschek schlägt vor, die Typologie von Engelhardt/Kleinaltenkamp/Reckenfelderbäumer geringfügig zu modifizieren und den Grad der Immaterialität durch den **Grad der Verhaltensunsicherheit** zu ersetzen (Woratschek 1996, S. 64ff., 1998b, S. 23ff.). Er begründet dies damit, dass alle Konsequenzen der Immaterialität mit Bewertungsunsicherheiten beider Marktseiten zusammenhängen, die letztendlich auf unterschiedliche Informationsstände der einzelnen Marktseiten zurückzuführen sind. Die Immaterialität führt beim Nachfrager zu mangelnder Wahrnehmbarkeit der Qualität einer Absatzleistung und in der Folge davon zu einer höheren Beschaffungsunsicherheit und zu mangelnder Vergleichbarkeit. Damit sind seines Erachtens die wesentlichen ökonomisch relevanten Konsequenzen aus Nachfragersicht genannt. Alle anderen der von Engelhardt/Kleinaltenkamp/Reckenfelderbäumer (1993) der Immaterialität zugesprochenen Konsequenzen gehen auf die Integrativität von Absatzleistungen zurück.

Bewertungsunsicherheiten entstehen nicht nur durch die Immaterialität, sondern z. B. auch durch die Komplexität eines Absatzobjektes, durch den Informationsstand der Kunden, durch die Wahrnehmungsfähigkeiten der Kunden usw. Die daraus resultierende Typologie von Dienstleistungen ist in Schaubild 1-2-7 dargestellt (Woratschek 2001b, S. 265).

Begriff und Systematisierung von Dienstleistungen 35

Schaubild 1-2-6 Typologie der Absatzobjekte nach Engelhardt/Kleinaltenkamp/ Reckenfelderbäumer und deren Erweiterung

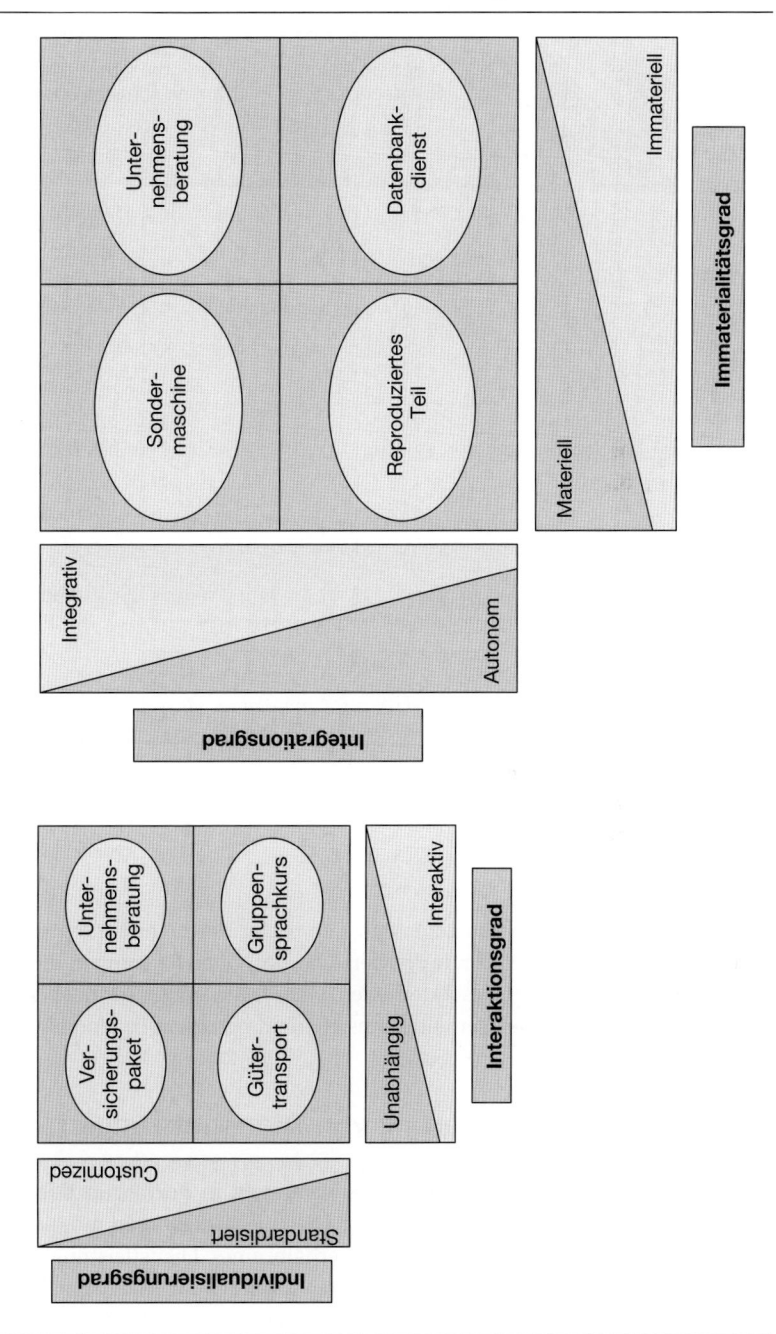

Quelle: Meffert 1993, S. 12

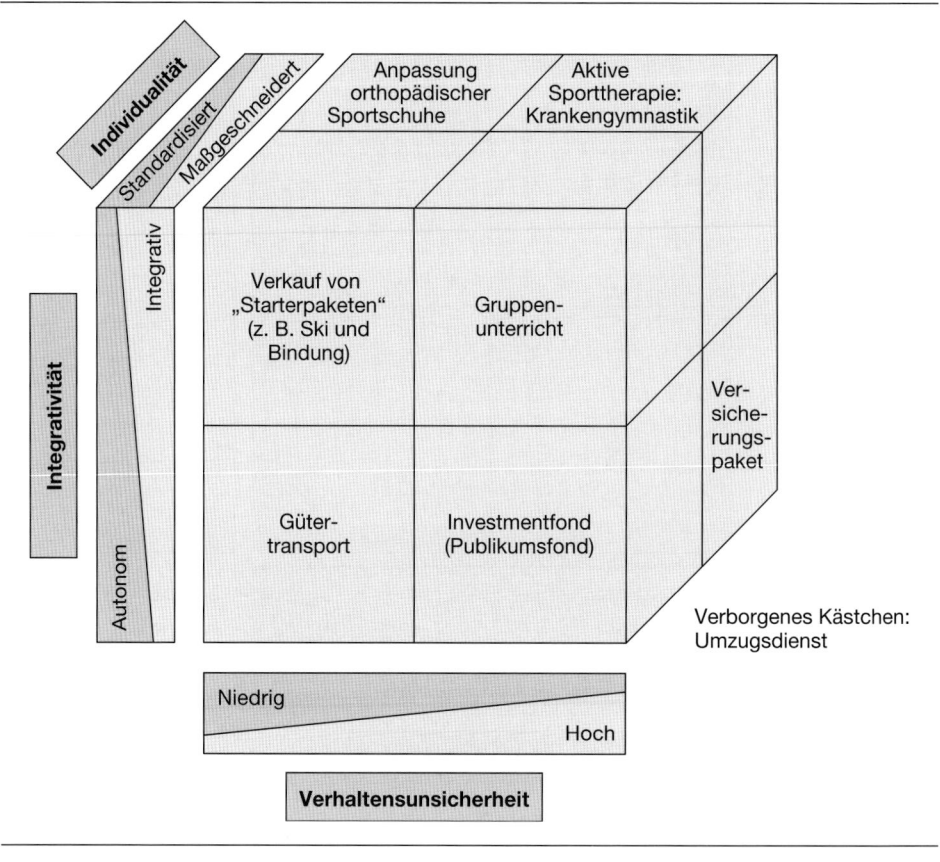

Schaubild 1-2-7 Informationsökonomische Typologie von Dienstleistungen

(Würfel-Darstellung mit Achsen:)
- **Integrativität**: Integrativ / Autonom
- **Individualität**: Standardisiert / Maßgeschneidert
- **Verhaltensunsicherheit**: Niedrig / Hoch

Beispiele in den Feldern:
- Anpassung orthopädischer Sportschuhe
- Aktive Sporttherapie: Krankengymnastik
- Verkauf von „Starterpaketen" (z. B. Ski und Bindung)
- Gruppenunterricht
- Versicherungspaket
- Gütertransport
- Investmentfond (Publikumsfond)
- Verborgenes Kästchen: Umzugsdienst

Quelle: Woratschek 2001b, S. 265

Auch innerhalb dieser Typologie lassen sich Sachgüter nicht eindeutig von Dienstleistungen abgrenzen. Jedoch erfahren die Bereiche der Dienstleistungen eine so weitreichende Einschränkung, dass die Besonderheiten eines Marketing für hoch integrative, maßgeschneiderte und mit hoher Verhaltensunsicherheit behaftete Leistungen aufgezeigt werden.

2.3 Systematisierung von Dienstleistungen

Durch eine Systematisierung von Dienstleistungen in Form von **Dienstleistungstypologien** ist die Identifizierung verschiedener Dienstleistungstypen möglich, die aus Sicht des Marketing einer differenzierten bzw. innerhalb eines Dienstleistungstyps einer einheitlichen Behandlung bedürfen. Die verwendeten Merkmale weisen deshalb notwendigerweise einen Marketingbezug auf, d. h., sie gewährleisten eine differenzierte Vorgehensweise im Rahmen des Dienstleistungsmarketing.

Daneben ist es notwendig, dass Typologien den folgenden generellen **Anforderungen** gerecht werden (Corsten/Gössinger 2007, S. 31f.):

- Die Forderung nach Echtheit ist zu erfüllen, indem mindestens zwei nichtleere Unterklassen existieren.

- Die zu betrachtenden Objekte sind vollständig zu erfassen, d. h., ein Element der Ausgangsklasse hat innerhalb der Unterklassen ebenfalls zu erscheinen. Demzufolge existiert eine Forderung nach Vollständigkeit.

- Als dritte Anforderung ist die Eindeutigkeit zu berücksichtigen. Die Unterklassen stellen in der Weise disjunkte Mengen dar, so dass ein Element nicht zwei oder mehr Unterklassen zuordenbar ist.

Dienstleistungstypologien lassen sich in drei Gruppen einteilen:

1. Eindimensionale Dienstleistungstypologien,
2. Zweidimensionale Dienstleistungstypologien,
3. Mehrdimensionale Dienstleistungstypologien.

Im Rahmen von **eindimensionalen Dienstleistungstypologien** werden verschiedene Dienstleistungstypen anhand der Ausprägungen eines Unterscheidungsmerkmals differenziert. Dabei ist eine Vielzahl unterschiedlicher Typologien vorstellbar, die sich aus unterschiedlichen spezifischen Untersuchungsschwerpunkten entwickelt haben. Schaubild 1-2-8 gibt einen Überblick über ausgewählte Systematisierungsansätze mit betriebswirtschaftlichem Fokus.

Im Folgenden werden detailliertere Ausführungen auf einzelne Unterscheidungsmerkmale mit kunden- und damit marketingstrategischen Differenzierungen eingeschränkt. Die Systematisierung von Dienstleistungen nach betriebswirtschaftlichen Funktions- oder Phasenbereichen erscheint beispielsweise für die Ableitung konzeptioneller oder strategischer Implikationen kaum geeignet.

Die Beziehung der Dienstleistung zum Leistungsspektrum eines Unternehmens bedarf unterschiedlicher kundenbezogener Marketingstrategien. So lassen sich komplementäre von substitutiven Dienstleistungen abgrenzen. Im Bankbereich wäre unter einer **komplementären Dienstleistung** etwa die Ausweitung des Geschäftsfeldes auf Lebensversicherungen zu verstehen. Ein Beispiel einer **substitutiven Dienstleistung** ist hingegen das Online Banking, das bezüglich zahlreicher Leistungen den Bankschalter ersetzt. Bei komplementären Dienstleistungen heben die Kommunikationsmaßnahmen eher den Zusatznutzen der angebotenen Leistung hervor, während bei substitutiven Leistungen ein Fokus auf Vorzügen gegenüber der traditionellen Leistung, wie beispielsweise Kosten- oder Zeitvorteilen, liegt.

Anhand des **Erstellers der Dienstleistung** wird eine Differenzierung in persönliche und automatisierte Dienstleistungen vorgenommen (vgl. Schaubild 1-2-9). Bei der erstgenannten Form dominiert die menschliche Leistung im Erstellungsprozess (z. B. Unternehmensberater, Rechtsanwalt, Arzt). Allerdings ist die Automatisierung zahlreicher ursprünglich

Schaubild 1-2-8 Ausgewählte eindimensionale Systematisierungsansätze mit betriebswirtschaftlichem Fokus

Merkmal	Erscheinungsform
Produktbeziehung	■ Komplementäre (sekundäre) Dienstleistungen ■ Substitutive Dienstleistungen
Leistungsverwertung	■ Konsumtive Dienstleistungen ■ Investive Dienstleistungen
Verwendungsbereich	■ Dienstleistungen zur unternehmensinternen Verwendung ■ Zum Absatz bestimmte Dienstleistungen
Ausprägung des Faktors menschliche Arbeitsleistung	■ Körperliche Dienstleistungen ■ Geistige Dienstleistungen
Integrationsgrad des externen Produktionsfaktors	■ Dienstleistungen mit direkter Abhängigkeit ■ Dienstleistungen mit indirekter Abhängigkeit
Kaufphase	■ Pre-Sales-Services ■ After-Sales-Services
Individualität	■ Individuelle Dienstleistungen ■ Standardisierte Dienstleistungen

Quelle: in Anlehnung an Corsten/Gössinger 2007, S. 32ff.

persönlicher Dienstleistungen möglich (z. B. Selbstbedienungsautomaten, Datenbanksysteme). Insbesondere durch den Boom des Internet werden Dienstleistungen zunehmend elektronisch erstellt (zu E-Services vgl. Kapitel 6, Abschnitt 1.23). Daneben wird beispielsweise der Mitschnitt eines klassischen Konzerts auf einem Tonträger gespeichert und wiederholbar gemacht. In diesem Fall liegt eine „veredelte" Dienstleistung vor (Meyer 2001). Im Gegensatz zu ihrer Bezeichnung handelt es sich bei diesen Dienstleistungen aufgrund ihres Sachgutcharakters um Produkte.

Weiterhin lassen sich Dienstleistungen gemäß dem **Gegenstand der Leistungserstellung** dahingehend unterscheiden (vgl. Schaubild 1-2-9), ob sich die Nutzen stiftende Verrichtung einer Dienstleistung auf die Veränderung an einem Objekt (z. B. Inspektion beim Auto) oder an einem Menschen (z. B. ärztliche Untersuchung) bezieht. Die Unterscheidung von objekt- und personengerichteten Dienstleistungen beinhaltet wesentliche Implikationen für die Organisation des Dienstleistungsprozesses. So liegt bei personengerichteten Dienstleistungen im Allgemeinen ein größerer Fokus auf der Interaktion während der Dienstleistungserstellung, wodurch unter anderem Überlegungen hinsichtlich der Gestaltung des Interaktionsumfeldes (so genannter Service Encounter) notwendig werden.

Begriff und Systematisierung von Dienstleistungen

Schaubild 1-2-9 Systematik von Wirtschaftsgütern (mit Beispielen)

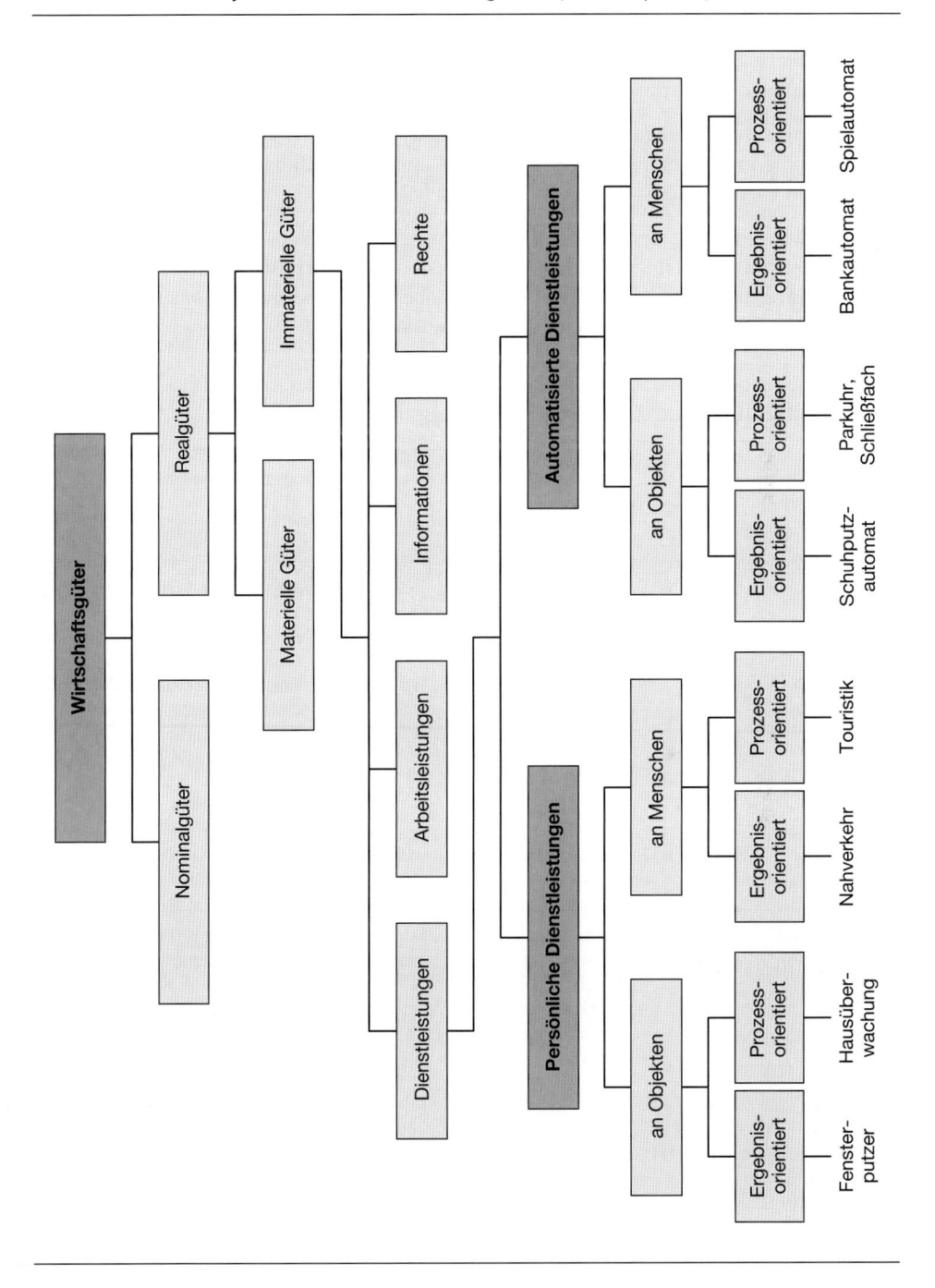

```
Wirtschaftsgüter
├── Nominalgüter
└── Realgüter
    ├── Materielle Güter
    └── Immaterielle Güter
        ├── Rechte
        ├── Informationen
        ├── Arbeitsleistungen
        └── Dienstleistungen
            ├── Persönliche Dienstleistungen
            │   ├── an Objekten
            │   │   ├── Ergebnisorientiert ── Fensterputzer
            │   │   └── Prozessorientiert ── Hausüberwachung
            │   └── an Menschen
            │       ├── Ergebnisorientiert ── Nahverkehr
            │       └── Prozessorientiert ── Touristik
            └── Automatisierte Dienstleistungen
                ├── an Objekten
                │   ├── Ergebnisorientiert ── Schuhputzautomat
                │   └── Prozessorientiert ── Parkuhr, Schließfach
                └── an Menschen
                    ├── Ergebnisorientiert ── Bankautomat
                    └── Prozessorientiert ── Spielautomat
```

Ferner ist anhand der **Phasenorientierung der Dienstleistung** eine Differenzierung zwischen ergebnis- und prozessorientierten Dienstleistungen möglich (vgl. Schaubild 1-2-9). Dieser Unterscheidung liegt die Fragestellung zugrunde, ob der Dienstleistungsnachfrager am Ergebnis (z. B. Reparatur eines Autos) oder aber am Erstellungsprozess (z. B. Theateraufführung) einer Dienstleistung interessiert ist.

Zur Bildung **zweidimensionaler Dienstleistungstypologien** werden jeweils zwei Unterscheidungsmerkmale herangezogen, aus deren Gegenüberstellung eine sinnvolle Differenzierung von Dienstleistungstypen resultiert.

Unter Berücksichtigung der besonderen Bedeutung des Denkens in Kundenbeziehungen im Dienstleistungsbereich erscheinen die Dimensionen **Leistungstransaktionen** und **Kundenbeziehungen** relevant. Auf dieser Basis ergeben sich eine transaktionsbezogene und eine beziehungsbezogene Dienstleistungstypologisierung.

Schaubild 1-2-10 Charakter des Dienstleistungsprozesses

Welchen Charakter hat der Dienstleistungsprozess?	Wer oder was ist der direkte Empfänger der Dienstleistung?	
	Mensch	**Objekt**
Berührbar (Tangible)	■ Dienste, die auf den menschlichen Körper gerichtet sind: – Gesundheitswesen – Schönheitssalons – Restaurants – Friseursalons ⬇ ■ Physische Präsenz des Kunden erforderlich	■ Dienste, die auf Güter oder andere physische Besitztümer gerichtet sind: – Fracht-/Transportwesen – Reparatur- oder Unterhaltungsservice – Reinigungsunternehmen – Müllverbrennungsunternehmen ⬇ ■ Physische Präsenz des Kunden nicht erforderlich
Unberührbar (Intangible)	■ Dienste, die auf den Intellekt des Menschen gerichtet sind: – Ausbildung – Rundfunk und TV – Informationsdienste – Theater ⬇ ■ Geistige Präsenz des Kunden erforderlich	■ Dienste, die auf unberührbare Vermögenswerte gerichtet sind: – Bankwesen – Steuerberater – Versicherungswesen – Rechtsberatung ⬇ ■ Geistige Präsenz des Kunden nur zeitweise erforderlich

Quelle: in Anlehnung an Lovelock/Wirtz 2010, S. 41

Im Rahmen einer **transaktionsbezogenen Typologisierung** wird unter Bezugnahme auf die Unterscheidung von personen- und objektbezogenen Dienstleistungen zwischen tangiblen und intangiblen Prozessen auf der einen Seite sowie Mensch- bzw. Objektbezug auf der anderen Seite differenziert (Lovelock/Wirtz 2010; vgl. Schaubild 1-2-10).

Diese Klassifikation liefert Antwort auf die Fragen der **physischen** oder **geistigen Präsenz** des Kunden (Lovelock/Wirtz 2010) während der Dienstleistungserstellung (z. B. ärztliche Behandlung) oder zur Initiierung bzw. Beendigung eines Dienstleistungsprozesses (z. B. Auto zur Reparatur bringen und anschließend wieder abholen). Die geistige Präsenz wird beispielsweise mit Hilfe von Kommunikationstechnologien trotz einer räumlichen Distanz aufrechterhalten.

Für eine **beziehungsbezogene Typologisierung** wird die Art der Beziehung zwischen Dienstleister und Kunde sowie die Art der Leistungserstellung herangezogen (vgl. Schaubild 1-2-11). Bezüglich der **Art der Beziehung** wird zwischen einer so genannten mitgliedschaftsähnlichen Beziehung und einer Verbindung ohne formale Beziehung unterschieden. Vorteilhaft an einer Dienstleistungsorganisation mit mitgliedschaftsähnlichen Kundenbeziehungen ist, dass sie über einen ständigen Einblick in das aktuelle Kundenkontingent verfügt und in der Regel feststellbar ist, inwieweit das Dienstleistungsangebot von den Kunden in Anspruch genommen wird. Hieraus ergeben sich Vorteile für eine Marktsegmentierung, für den gezielten Einsatz bestimmter Marketinginstrumente, wie Direct Mail, Telefonverkauf usw., sowie für Aktivitäten im Rahmen des Kundenbindungsmanagements.

Schaubild 1-2-11 Beziehungen zwischen Dienstleister und Konsument

Art der Dienstleistungs-erstellung	Art der Beziehung zwischen Dienstleister und Konsument	
	Mitgliedschaftsähnliche Beziehung	**Keine formale Beziehung**
Kontinuierliche Erstellung	■ Versicherung ■ Telefonanschluss ■ Kontoführung (Bank) ■ Autoclub	■ Polizei ■ Autobahnmeisterei ■ Feuerwehr ■ Öffentlicher Nahverkehr
Diskrete Erstellung	■ Theaterabonnement ■ Finanzamt ■ Lesezirkel ■ Vorlesung	■ Autoverleih ■ Post-Zustellwesen ■ Münzfernsprecher ■ Taxiunternehmen

Quelle: in Anlehnung an Lovelock/Wirtz 2010, S. 344

Im Hinblick auf die **Art der Leistungserstellung** findet eine Unterscheidung zwischen kontinuierlicher und diskreter Leistungserstellung statt. Bei diskreter Leistungserstellung wird eine Leistung vom Konsumenten in der Regel nur zu bestimmten Zeitpunkten beansprucht, während bei kontinuierlicher Leistungserstellung die Leistung durchgehend genutzt wird bzw. zumindest die Leistungspotenziale permanent einsatzbereit sind.

Bei **mehrdimensionalen Dienstleistungstypologien** werden mindestens drei Merkmale zur Typenbildung herangezogen. Hierbei lassen sich induktive und deduktive Typologien differenzieren (Benkenstein/Güthoff 1996).

Eine **induktive Typologie** wird durch das Heranziehen mehrerer der bei den eindimensionalen Typologien erwähnten Kriterien entwickelt. Hieraus resultieren Eigenschaftsprofile, die sich zur Beschreibung und zum Vergleich von Dienstleistungen eignen. Schaubild 1-2-12 zeigt beispielhaft einen Vergleich von Reinigungen, Gaststätten und Geld-/Kreditinstituten anhand eines Eigenschaftsprofils.

> **Beispiel: Typologisierung verschiedener Dienstleistungen**
>
> Das Gaststättengewerbe ist ohne Zweifel derzeit noch eine vorwiegend persönliche Dienstleistung. Sie wird am Menschen erbracht und sowohl als ergebnisorientiert (Hunger stillen) als auch als prozessorientiert (Aufenthalt in angenehmer, gemütlicher Atmosphäre) betrachtet. Es handelt sich dabei um einen materiellen und konsumtiven Prozess. Wenngleich intellektuelle Fähigkeiten unter Umständen nützlich sind, handelt es sich doch um eine vorwiegend handwerkliche Tätigkeit, deren Ergebnis allgemein weder individualisiert noch standardisiert ist. Erst bei der Betrachtung von einzelnen Betrieben wäre hier eine genaue Unterscheidung möglich (z. B. ein Spezialitätenrestaurant im Gegensatz zu einer Fast-Food-Kette). Die zu verrichtenden Tätigkeiten sind eher repetitiv und problemlos ausführbar. Die Öffnungszeiten einer Gaststätte weisen auf ein kontinuierliches Dienstleistungsangebot hin, wohingegen Mahlzeiten nur auf Wunsch erstellt werden, so dass sich bei dem angesprochenen Merkmal keine eindeutige Ausprägung festlegen lässt. Zum Konsumenten bestehen in der Regel keine formalen Beziehungen, und die Qualität der Dienstleistung hängt sowohl von personalen Faktoren, wie Freundlichkeit der Bedienung, als auch von ausrüstungsbezogenen Faktoren, wie Einrichtung, Aufmachung und Standort, ab.
>
> Als zweites Beispiel wird eine Kleiderreinigung herangezogen. Während diese Leistung weder als persönlich (z. B. Annahme und Auslösung der Kleider) noch als automatisiert (z. B. Reinigungsprozess) bezeichnet werden kann, ist sie eindeutig objekt- und ereignisorientiert. Die Reinigung hat sowohl konsumtiven als auch investiven Charakter. Der materielle Prozess ist als handwerklich, standardisiert und repetitiv zu bezeichnen. Der diskrete Ablauf wirft möglicherweise Probleme auf. In der Regel existiert keine formale Beziehung zwischen Leistungsanbieter und Leistungsnachfrager. In entsprechender Weise lässt sich das Geld- und Kreditgewerbe interpretieren.

Begriff und Systematisierung von Dienstleistungen

Bei **deduktiven Typologien** werden auf Basis theoretisch fundierter Überlegungen Differenzierungsmerkmale von Dienstleistungen bestimmt und zur Unterscheidung verschiedener Dienstleistungstypen herangezogen.

Schaubild 1-2-12 Eigenschaftsprofile ausgewählter Dienstleistungen

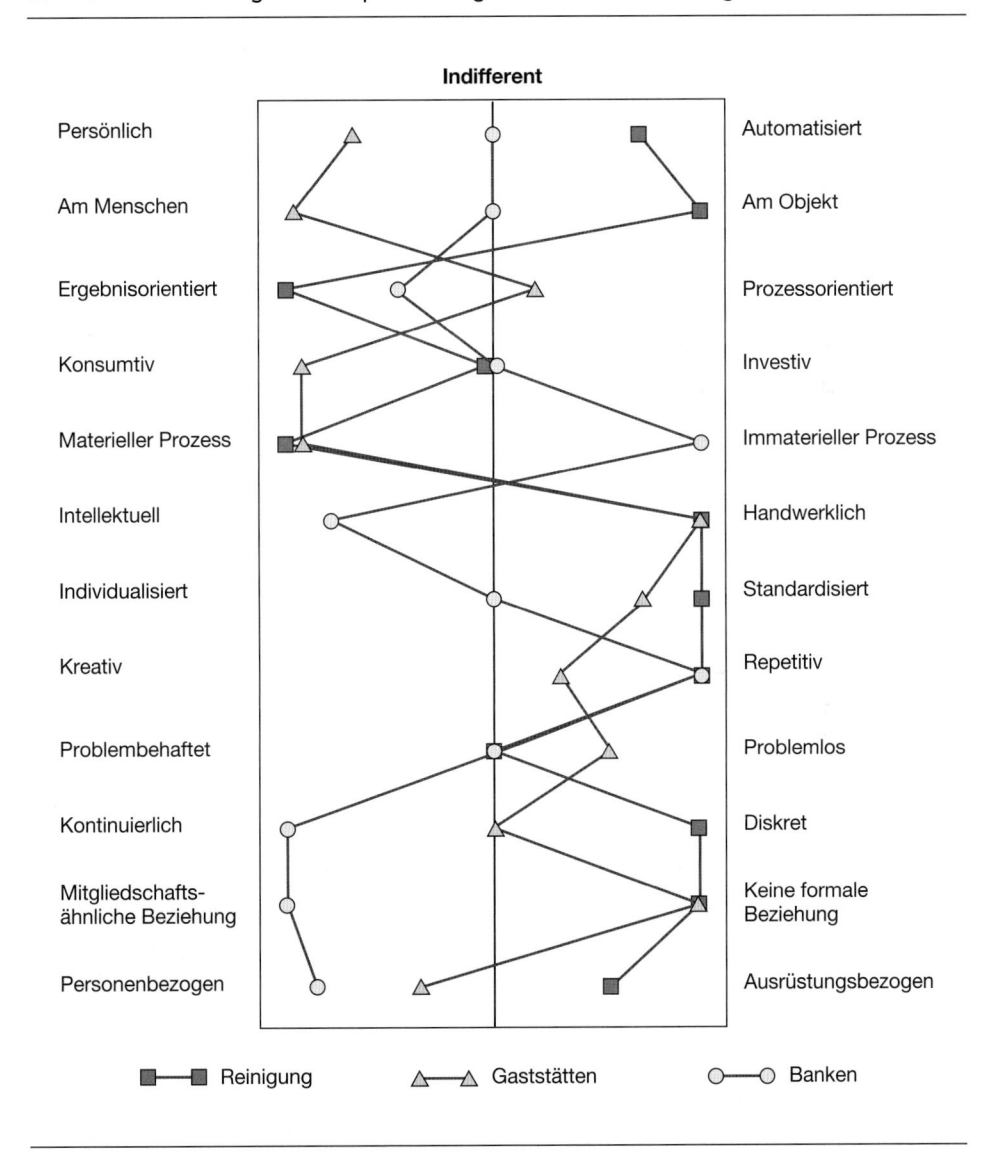

Persönlich	Automatisiert
Am Menschen	Am Objekt
Ergebnisorientiert	Prozessorientiert
Konsumtiv	Investiv
Materieller Prozess	Immaterieller Prozess
Intellektuell	Handwerklich
Individualisiert	Standardisiert
Kreativ	Repetitiv
Problembehaftet	Problemlos
Kontinuierlich	Diskret
Mitgliedschaftsähnliche Beziehung	Keine formale Beziehung
Personenbezogen	Ausrüstungsbezogen

■—■ Reinigung   △—△ Gaststätten   ○—○ Banken

**Beispiel: Dienstleistungstypologie auf der Grundlage
von Komplexitätsdimensionen**

Die Dienstleistungstypologie auf der Grundlage von Komplexitätsdimensionen ist als eine deduktive Typologie einzuordnen (vgl. auch im Folgenden Benkenstein/Güthoff 1996). Bei einer systemtheoretischen Interpretation der Dienstleistungserstellung kommt der Komplexität von Dienstleistungen eine besondere Bedeutung zu. Zur Typologisierung von Dienstleistungen vor dem Hintergrund ihrer Komplexität werden fünf Komplexitätsdimensionen herangezogen (vgl. Schaubild 1-2-13).

Anhand dieser fünf Kriterien lässt sich beispielsweise die Differenzierung der Dienstleistungen Geldausgabeautomat, Rechtsberatung und Herztransplantation vornehmen. Geldausgabeautomaten werden von Bankkunden als wenig komplex wahrgenommen, weil es sich hierbei um eine hoch standardisierte Leistung handelt, bei der es nicht zu einem persönlichen Kontakt zwischen Anbieter und Nachfrager kommt. Bei der Rechtsberatung ist aufgrund der hohen Individualität und der langen Erstellungsepisode eine höhere Komplexität anzutreffen. Schließlich weisen bei einer Herztransplantation sämtliche Komplexitätsdimensionen eine hohe Ausprägung auf.

Schaubild 1-2-13 Dienstleistungstypologie auf der Grundlage
von Komplexitätsdimensionen

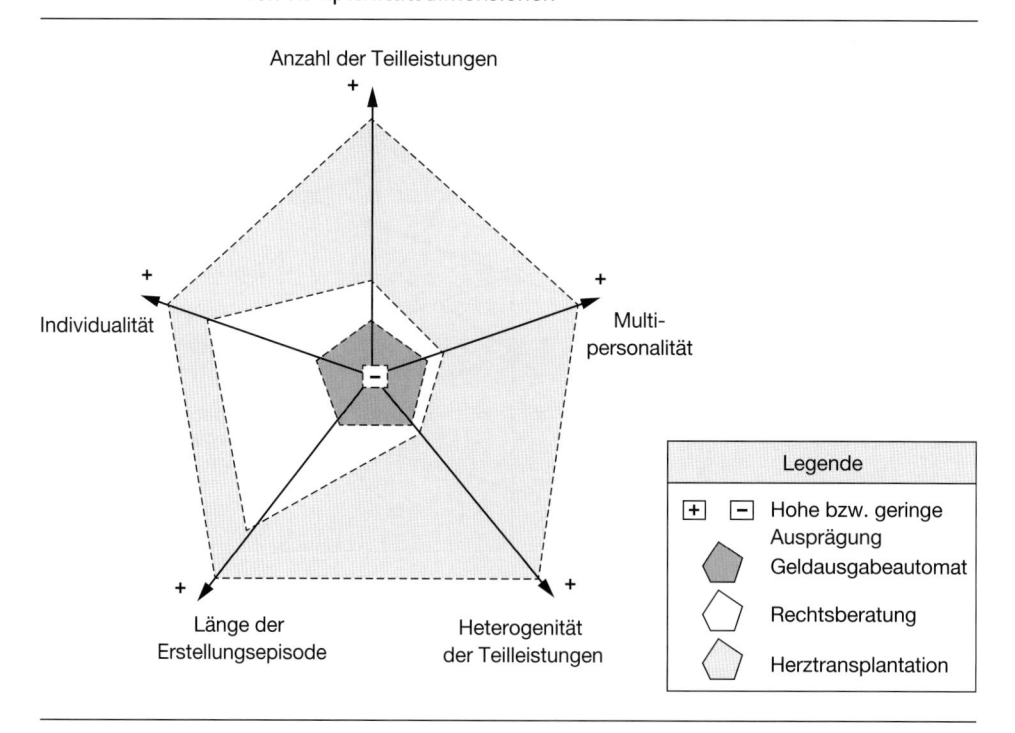

Quelle: Benkenstein/Güthoff 1996, S. 1502

Ziel der Typologiebildung ist letztlich durch eine – zumeist zweidimensionale – Beschreibung der heterogenen Erscheinungsformen die Identifizierung einer spezifischen Problemstruktur. In einem weiteren Schritt ist der Kaufentscheidungsprozess der Dienstleistung, z. B. hinsichtlich der Bedarfsrelevanz, Kaufunsicherheiten, Kaufentscheidungskriterien und -barrieren zu analysieren, um schließlich – aufbauend auf den Eigenschaften der Dienstleistung und den Spezifika des Kaufentscheidungsprozesses – Schlussfolgerungen für den Einsatz von Marketinginstrumenten für die Dienstleistungen abzuleiten.

3 Besonderheiten der Produktion von Dienstleistungen

Seit Anfang der 1970er Jahre findet eine theoretisch fundierte Auseinandersetzung mit der Spezifität der Produktion von Dienstleistungen statt (Altenburger 1980; Gerhardt 1987; Corsten 2007; Maleri/Frietzsche 2008).

Bei einer Betrachtung der generellen Begriffsabgrenzung der Produktion scheint eine Übertragbarkeit auf die Dienstleistungserstellung gegeben. Die Produktionstheorie will den mengenmäßigen Zusammenhang zwischen dem Produktionsergebnis (Output) und den dafür notwendigen Einsatzfaktoren (Input) aufzeigen (Heinen/Dietel 1991). Diesem Ziel der Produktionstheorie lassen sich verschiedene Begriffsinhalte der Produktion zuordnen:

- **Produktion im technischen Sinne:**
  Die Produktion wird als Faktorkombinationsprozess interpretiert.

- **Produktion als Phase des Betriebsprozesses:**
  Die Produktion wird als Phase zwischen Beschaffung und Absatz beschrieben.

- **Produktion im ökonomischen Sinne:**
  Die Produktion umfasst jegliche Wert schaffende Erzeugung, d. h. letztlich die Bereitstellung von Wirtschaftsgütern zum Zwecke des Verbrauchs.

Ausgehend von diesen Produktionsbegriffen lässt sich für den Dienstleistungsbereich die Forderung ableiten, dass die Simultaneität von Produktion und Verbrauch bei Dienstleistungen sowohl bei der Analyse der Produktionsfaktoren als auch im Hinblick auf den Produktionsprozess zu berücksichtigen ist.

3.1 Faktoren der Dienstleistungsproduktion

Durch die Simultaneität von Produktion und Konsumtion, die oft die Anwesenheit und die Integration des Nachfragers erfordert, erscheint eine Differenzierung von **internen und externen Produktionsfaktoren** für die Betrachtung der Besonderheiten im Dienstleistungsmarketing sinnvoll. Als interne Produktionsfaktoren sind zunächst die in der volkswirtschaftlichen Standardliteratur behandelten primären Produktionsfaktoren Boden und

Arbeit sowie der sekundäre Produktionsfaktor Kapital zu betrachten (Varian 2007, S. 326). Demgegenüber stehen die betriebswirtschaftlichen Produktionsfaktoren Arbeit, Betriebsmittel und Werkstoffe. Beide Ansatzpunkte wurden im Hinblick auf die Produktion von Sachgütern entwickelt (Corsten 2007, S. 4). Für die Erörterung von Produktionsfaktoren bei der Erstellung von Dienstleistungen sind einige Differenzierungen dieser grundlegenden Ansätze erforderlich.

Bezüglich des Faktors **Arbeit** ist insbesondere dessen Bedeutung als Potenzialfaktor herauszustellen. Die Nichtlagerfähigkeit der Arbeit bei der Dienstleistung bedeutet, dass die Verfügbarkeit sämtlicher (interner) Produktionsfaktoren in ausreichender Quantität und Qualität Voraussetzung ist, um eine ständige Leistungsbereitschaft für den Faktorkombinationsprozess zu gewährleisten. Diese ist aufgrund der Simultaneität von Leistungserstellung und -absatz unbedingt erforderlich.

Die Bedeutung von **Werkstoffen** im System der Dienstleistungsproduktionsfaktoren ist insgesamt als gering einzustufen (Corsten/Gössinger 2007, S. 114).

Zusätzlich ist anzumerken, dass die traditionelle volkswirtschaftliche Aufteilung der Produktionsfaktoren nicht auf zentrale Eigenschaften von Dienstleistungen eingeht. Während bei den originären Produktionsfaktoren dem Faktor Boden im Gegensatz zum Faktor Arbeit kaum Bedeutung zugesprochen wird, erscheint es gerade im Zusammenhang mit neueren Dienstleistungen sinnvoll, derivative Produktionsfaktoren – wie in der neueren volkswirtschaftlichen Literatur – in Kapital und technisches Wissen aufzuspalten (vgl. z. B. Siebert 2007, S. 42). Unter dem Faktor Wissen spielen im Dienstleistungsbereich insbesondere **Technologien** als interne Produktionsfaktoren eine wachsende Rolle.

> **Beispiel: Einsatz neuer Technologien bei virtuellen Banken**
>
> Bei virtuellen Banken – wie etwa der *DAB-bank AG* – zeigt sich, dass für die Erstellung vieler Dienstleistungen neue Technologien notwendig sind. Diese umfassen nicht allein das Internet als Plattform des Zusammentreffens von Dienstleistungsanbieter und -nachfrager, sondern ebenso Technologien zur automatisierten Durchführung von Abfragen und Transaktionen und nicht zuletzt zur Gewährleistung der Datensicherheit sowie zum Aufbau und zur Pflege komplexer Datenbanken. Die Motivation für den Einsatz entsprechender Technologien liegt zwar primär in den Kostenvorteilen für die Bank, die sich hauptsächlich aus den geringen Fixkosten für Personal und Anlagen ergeben. Diese lassen sich jedoch simultan mit größerer Flexibilität und Convenience für den Kunden realisieren. Zudem werden Kostenvorteile an den Kunden weitergegeben und somit auch aus Kundensicht ein strategischer Wettbewerbsvorteil erlangt.

Neue Technologien haben sich inzwischen zu Leistungsträgern in zahlreichen Dienstleistungsbranchen entwickelt. Die Bereiche Elektronik, Biotechnologie, Informationstechnologie und Software, aber auch interdisziplinäre Felder wie Ergonomie und Automatisierungstechnik stellen Innovationstreiber von Dienstleistungen dar. Der interne Produktionsfaktor der menschlichen Arbeitsleistung bei der Dienstleistungserstellung wird durch diese Technologien teils optimiert, teils substituiert. Zum einen erfordern Technologien durch ihre Komplexität ohnehin neue Beratungs- und Betreuungsdienstleistungen. Zum anderen erschließen sie auch neue Wege für die Erstellung von Dienstleistungen und ebenso neue Märkte, wie die vergangenen Jahre beispielsweise im Internet, Mobilfunk, den digitalen Medien und in medizinischen Behandlungsmethoden gezeigt haben. Als interner Produktionsfaktor hat die Technologie bzw. Technik (im Sinne technischer Ausstattung) meist lediglich eine zentrale Position im Erstellungsprozess (z. B. SIM-Karte im Mobiltelefon). Bisweilen repräsentiert sie aber auch einen Bestandteil des Leistungsergebnisses (z. B. medizintechnische Implantate).

Eine große Bedeutung bei der Produktion von Dienstleistungen kommt den **externen Faktoren** zu. In diesem Bereich lassen sich die folgenden Grundkonfigurationen unterscheiden (Maleri/Frietzsche 2008, S. 105):

- Der **Dienstleistungsabnehmer selbst** ist aktiv und/oder passiv an der Leistungserstellung beteiligt.
- In den Produktionsprozess des Dienstleistungsanbieters werden **reale und nominale immaterielle Güter des Abnehmers** eingebracht.
- In den Produktionsprozess des Dienstleistungsanbieters werden **reale materielle Güter (oder z. B. auch Tiere) des Abnehmers** eingebracht.

Die **Erscheinungsformen des externen Faktors** reichen dabei von menschlichen Arbeitsleistungen über materielle Objekte (z. B. Auto) bis hin zu immateriellen Objekten (Nominalgüter, Rechte, Informationen). Da erst durch die Einbeziehung des externen (Produktions-) Faktors der Dienstleistungserstellungsprozess umsetzbar ist, stellt sich die Frage nach seinem Leistungsverzehr.

Für die Dauer des Produktionsprozesses wird dem Nachfrager im Fall der Einbringung von Objekten in den meisten Fällen die **Verfügungsgewalt über den externen Faktor** entzogen. Dies geht einher mit einem zeitlichen Nutzungsausfall, der als Leistungsverzehr zu interpretieren ist. Der Leistungsverzehr wird folglich als ein Verbrauch von Nutzungsmöglichkeiten während des Einsatzes im Produktionsprozess aufgefasst (Maleri/Frietzsche 2008).

Liegt eine **passive Beteiligung des Dienstleistungsnachfragers** vor (z. B. Friseurbesuch, Krankenhausaufenthalt), ergibt sich der Leistungsverzehr aus der durch den Nachfrager aufzuwendenden Zeit. Fraglich ist allerdings, ob jeder Abnehmer einer Dienstleistung in der aufgewendeten Zeit einen Opportunitätsverlust sieht (z. B. wahrgenommener Zeitverlust bei Krankenhausaufenthalt vs. Kinobesuch). Die individuelle Bewertung ist abhängig von den entgangenen Nutzenvorstellungen während dieses Zeitraums. Wichtig für die Bewertung des Leistungsverzehrs ist also nicht die absolut verbrauchte Zeit, sondern die für die Dauer des Produktionsprozesses verlorengegangenen Handlungsalternativen.

Die **aktive Beteiligung des Nachfragers** ist zumeist dadurch gekennzeichnet, dass dieser im Rahmen der Dienstleistungsproduktion objektbezogene, menschliche Arbeitsleistungen erbringt, die ihm durch den Leistungsgeber im Zuge einer **Externalisierung** übertragen werden (z. B. Sprachkurs). In diesen Fällen gilt die aktive Beteiligung des Nachfragers ebenso wie die unternehmensintern erbrachten objektbezogenen, menschlichen Arbeitsleistungen als Produktionsfaktoren. Es ist jedoch auch in diesem Fall fraglich, inwiefern der Abnehmer seine Arbeitsleistung als ein knappes Gut ansieht und dementsprechend seine Handlungsalternativen bewertet (z. B. Verhör vs. Unternehmensberatung).

Der externe Faktor ist damit für die Dienstleistungsproduktion eine unabdingbare Voraussetzung. Handelt es sich beim externen Faktor um Personen und ihre Objekte, ergeben sich für den Anbieter Möglichkeiten für eine Externalisierung von Aktivitäten auf den Nachfrager bei gleichzeitiger Reduzierung seiner eigenen Aktivitäten. Vor diesem Hintergrund lässt sich ein **Aktivitätsgrad des Nachfragers** (AG_N) ermitteln, der sich wie folgt ergibt (Corsten 2000, S. 149ff.; Maleri/Frietzsche 2008, S. 107ff.):

$$AG_N = \frac{\text{Vom Nachfrager zu erbringende Aktivitäten}}{\text{Gesamtheit der zu erbringenden Aktivitäten}}$$

$AG_A = 1 - AG_N$ = Aktivitätsgrad des Anbieters

Schaubild 1-3-1   Isoleistungslinie zur Substitution der Arbeitsgrade von Anbieter und Nachfrager

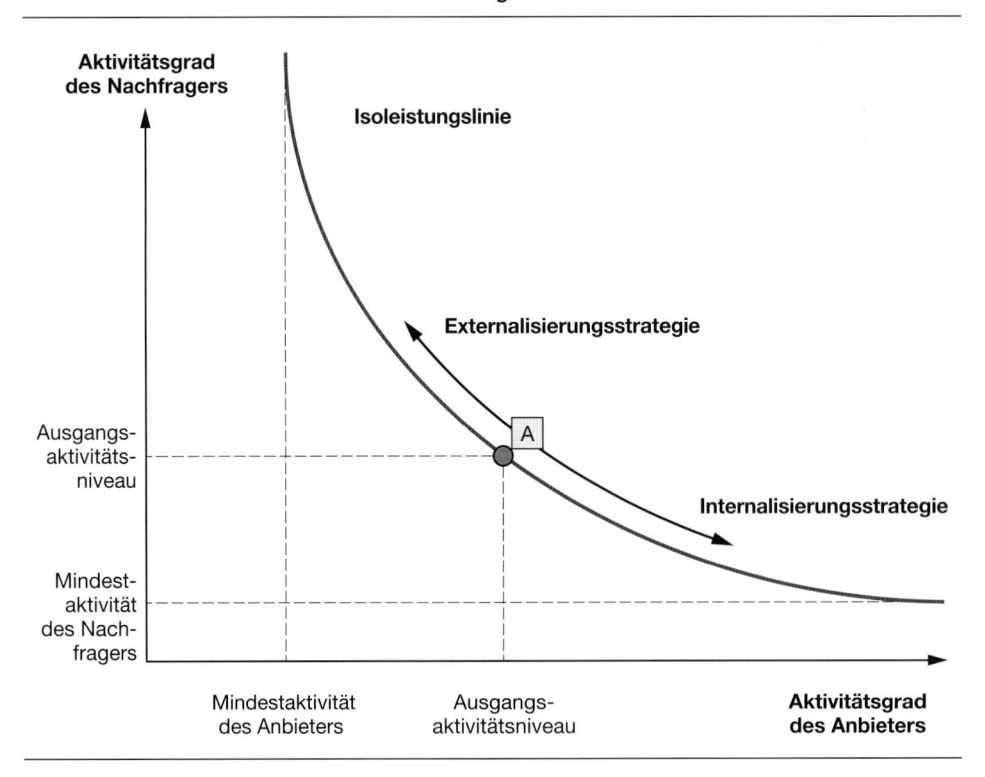

Die Aktivitätsgrade von Nachfrager und Anbieter stehen zumindest in Teilbereichen in einer **substitutionalen Beziehung** zueinander, d. h. je mehr Teilleistungen vom Nachfrager übernommen werden, desto geringer ist der Aktivitätsgrad des Anbieters (vgl. Schaubild 1-3-1). Ausgehend von Punkt A hat ein Unternehmen die Möglichkeit, eine Externalisierungs- oder eine Internalisierungsstrategie zu verfolgen. Eine Externalisierungsstrategie wird umgesetzt, indem die Unternehmensaktivitäten reduziert und mehr Teilleistungen auf den Kunden übertragen werden (z. B. Substitution des Ticketschalterverkaufs durch Automaten bei der Bahn). Eine Internalisierungsstrategie wird verfolgt, wenn von Punkt A nach rechts unten verschoben wird, indem Teilleistungen, die bisher durch den Kunden selbst erbracht wurden, neu in das Aufgabenfeld des Unternehmens fallen (z. B. Einführung eines Parkservice in einem Hotel).

Der Anbieter bringt immer eine gewisse Mindestaktivität ein, da eine vollständige Verlagerung auf den Nachfrager bedeuten würde, dass dieser die Dienstleistung in Eigenarbeit erstellt (Corsten 2000).

Schaubild 1-3-2 Beispielhafte Einordnung von Restaurantanbietern auf einer Isoleistungslinie

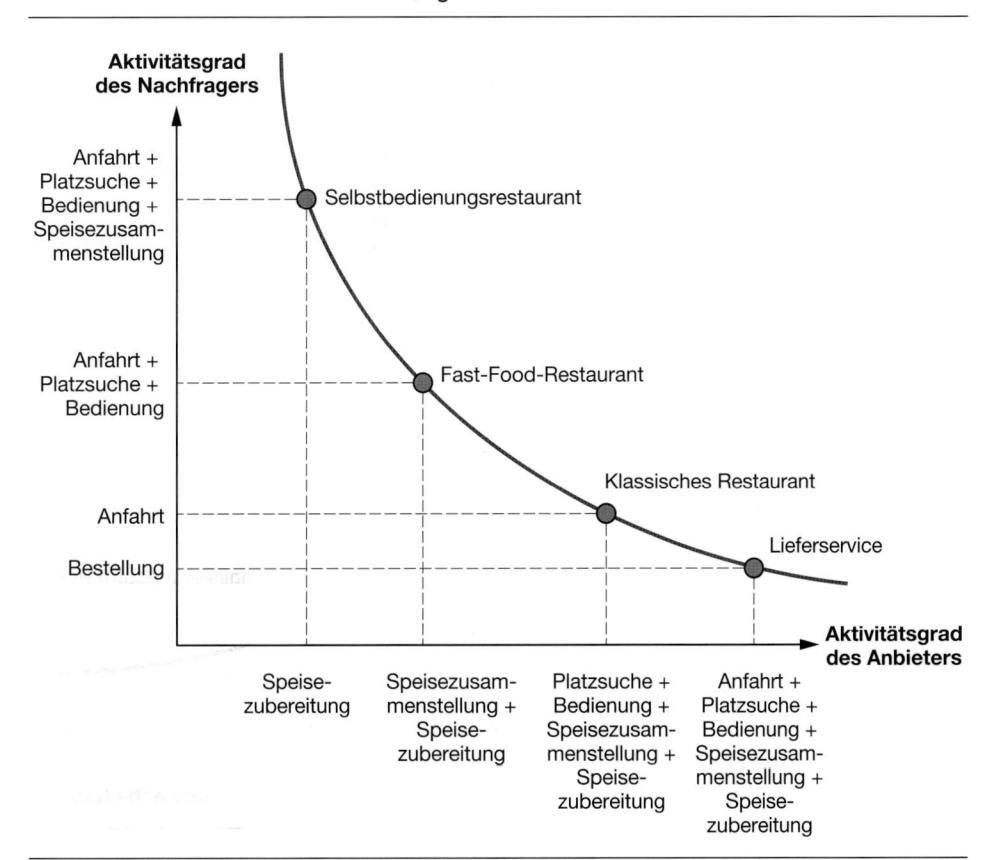

Die hier aufgezeigten Besonderheiten der Produktionsfaktoren im Dienstleistungserstellungsprozess haben zur Entwicklung von **Produktionsfaktorensystemen** für einzelne Dienstleistungsbereiche geführt, z. B. für die folgenden Dienstleistungsbereiche liegen **wirtschaftszweigbezogene Ansätze** vor (Corsten/Gössinger 2007, S. 121):

- Banken (vgl. z. B. Haak 1982, S. 129),
- Versicherungen (vgl. z. B. Eisen 1971, S. 413f.; Albrecht/Zemke 1987),
- Verkehrsunternehmungen (vgl. z. B. Diederich 1966),
- Handel (vgl. z. B. Marzen 1987, S. 53ff.),
- Krankenhäuser (vgl. z. B. Seelos 1993, S. 303ff.),
- Öffentliche Verwaltungen (vgl. z. B. Reichard 1977, S. 48) und
- Universitäten (vgl. z. B. Bolsenkötter 1977, S. 385).

Zur relativ allgemeinen Betrachtung von Dienstleistungsproduktionsfaktoren wurden darüber hinaus **wirtschaftszweigunabhängige Produktionsfaktorensysteme** entwickelt, die den Anspruch auf Gültigkeit für sämtliche Erscheinungsformen von Unternehmungen erheben. Diese Systeme versuchen somit, die wirtschaftszweigabhängigen Ansätze zu integrieren. Maleri (Maleri 1973, S. 76ff.; Maleri/Frietzsche 2008, S. 62ff.) entwickelte in diesem Zusammenhang ein Faktorsystem, das sowohl für den industriellen Produktionsbereich als auch für den Dienstleistungsbereich einen Anspruch auf Gültigkeit erhebt. Schaubild 1-3-3 gibt diesen Ansatz grafisch wieder.

Schaubild 1-3-3   Produktionsfaktorsystem

Produktionsfaktoren							
Externe Produktionsfaktoren				Interne Produktionsfaktoren			
Personen (aktive/ passive Beteiligung des Abnehmers)	Abnehmerseitige Nutzenbeeinträchtigung	Materielle Güter	Immaterielle Güter	Reale immaterielle Produktionsfaktoren	Reale materielle Produktionsfaktoren	Nominale Produktionsfaktoren
■ Zeit ■ Physische und psychische Energie	■ Gefahren ■ Risiken ■ Probleme	■ Immobile Sachgüter ■ Mobile Sachgüter	■ Informationen ■ Nominalgüter (Geld) ■ Rechtsgüter ■ Abnehmerseitige Arbeitsleistungen	■ Menschliche Arbeitsleistungen (physisch oder psychisch/ intellektuell) ■ Dienstleistungen Dritter ■ Informationen ■ Ökonomische Potenzen ■ Rechte an materiellen/ immateriellen Gütern	■ Betriebsmittel ■ Werkstoffe (z. B. Rohstoffe, Hilfs- und Betriebsstoffe)	■ Darlehens- und Beteiligungsrechte ■ Geld

Quelle: in Anlehnung an Maleri/Frietzsche 2008, S. 123f.

Zu den **internen Produktionsfaktoren** zählen reale immaterielle (z. B. Dienstleistungen, Informationen), reale materielle (z. B. Betriebsmittel, Werkstoffe) sowie nominale Produktionsfaktoren (z. B. Darlehenswerte, Geld). Die Einbeziehung der Nominalgüter (Geld) trägt zur Integration des Kredit- und Versicherungsbereichs bei. Die **externen Produktionsfaktoren** lassen sich in materielle Güter (z. B. immobile und mobile Sachgüter), immaterielle Güter (z. B. abnehmerseitige Arbeitsleistungen, Informationen) und in die Beteiligung von Personen in Form einer aktiven und/oder passiven Mitwirkung des Abnehmers (z. B. physische Energie, Zeit) unterscheiden. Darüber hinaus zählen Maleri/Frietzsche auch Nutzenbeeinträchtigungen wie Gefahren oder Risiken zu den externen Produktionsfaktoren.

Ein ähnliches, allgemein gültiges Produktionsfaktorsystem geht auf Kern (Kern/Fallaschinski 1978) zurück. Im Unterschied zum System von Maleri wird die **Umwelt als Produktionsfaktor** integriert. Zudem werden die Informationen als eigener Produktionsfaktor betrachtet und folglich alle Facetten dieses komplexen Faktors berücksichtigt. Darüber hinaus weist der externe Faktor einen höheren Differenzierungsgrad auf. Dennoch sind einige Aspekte dieses Ansatzes kritisch zu vermerken. Beispielsweise werden Tiere im Bereich des externen Faktors nicht berücksichtigt, so dass die Leistungen von Tiermedizinern streng genommen von diesem Ansatz nicht erfasst werden.

Schliesslich entwickelte Corsten (1985a, S. 80ff.) ein **modulbasiertes Produktionsfaktorsystem**. Das Fundament bildet ein Grundsystem mit den grundsätzlichen Erscheinungsformen der internen und externen Produktionsfaktoren. Darauf bauen unterschiedliche Produktionsfaktormodule (z. B. für Banken, Versicherungen, Verkehrsbetriebe oder Handel) mit branchenspezifischen Ausprägungen auf.

Neben den Produktionsfaktoren für Dienstleistungen weist auch der Prozess der Dienstleistungsproduktion einige Besonderheiten auf, die einer differenzierten Betrachtung bedürfen.

3.2 Prozess der Dienstleistungsproduktion

Die Faktorkombination stellt die Verbindung zwischen Input und angestrebtem Output her und ist somit Grundlage für den **Dienstleistungserstellungsprozess** (vgl. Schaubild 1-3-4).

Die **Produktion von Dienstleistungen** verläuft üblicherweise in zwei Phasen: Vorkombination und Endkombination (Corsten/Gössinger 2007). Im Rahmen der **Vorkombination** werden die notwendigen Leistungspotenziale aufgebaut. Dabei wird das generelle Leistungspotenzial als Kapazität bezeichnet; das sofort verfügbare Leistungspotenzial als Leistungsbereitschaft. Die **Leistungsbereitschaft** stellt somit das Ergebnis der Vorkombination dar. Als Beispiel lässt sich hier das Hotelwesen mit den jeweiligen Bettenkapazitäten, Personal, Kücheneinrichtungen, Empfangshalle usw. nennen. Die besondere Bedeutung der Leistungsbereitschaft liegt zum einen in den entstehenden fixen Kosten, die in Zeiten geringer Nachfrage zu Leerkosten führen. Zum anderen hat sie Einfluss auf die Bildung von Präferenzen (Gerhardt 1987).

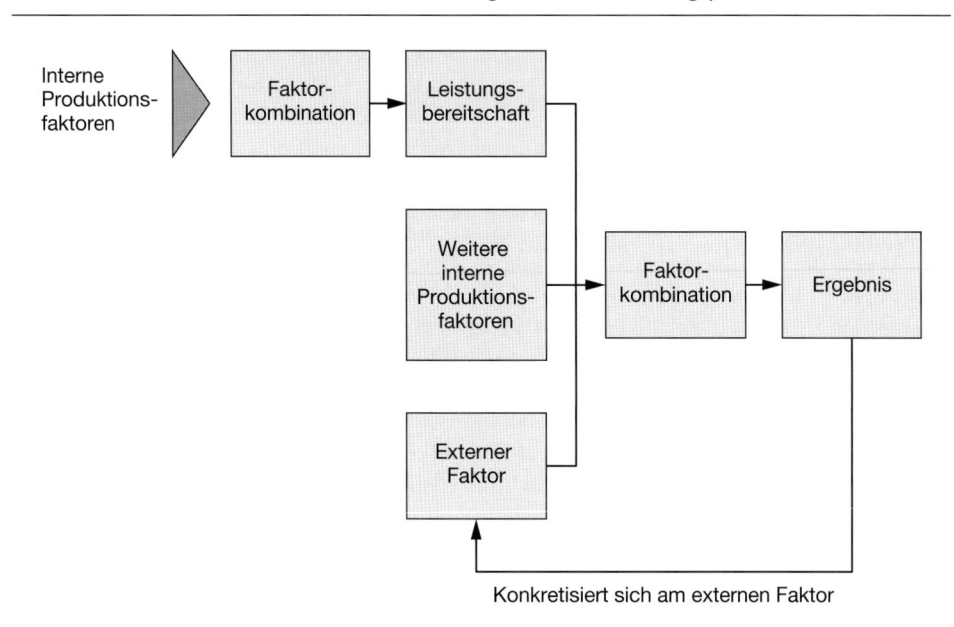

Schaubild 1-3-4 Grundmodell zur Erfassung der Dienstleistungsproduktion

Konkretisiert sich am externen Faktor

Quelle: in Anlehnung an Corsten/Gössinger 2007, S. 130

Die Nutzenstiftung der Leistungsbereitschaft lässt sich in die Komponenten Beanspruchungsnutzen und Bereitstellungsnutzen aufteilen. Während der **Beanspruchungsnutzen** durch die Nutzung der abgegebenen Leistung entsteht und damit für den Abnehmer „greifbar" ist, stellt der **Bereitstellungsnutzen** ein Konstrukt der latenten Wahrnehmung dar. Der Bereitstellungsnutzen wird dem Abnehmer häufig erst dann bewusst, wenn durch negative Erfahrung die Inanspruchnahme einer Leistung nicht im entsprechenden Umfang möglich ist.

Im Rahmen der **Endkombination** werden schließlich durch das Zusammenspiel von Leistungsbereitschaft, von weiteren internen Produktionsfaktoren sowie durch die Integration des externen Faktors Absatzleistungen erstellt.

Das Zusammentreffen der internen Produktionsfaktoren mit dem externen Faktor lässt sich anhand der **Integrationswirkung** (positiv, neutral, negativ), der **Integrationsintensität** (stark, mittel, schwach) und der **Integrationsform** (physisch, intellektuell, emotional) charakterisieren (Meyer 2001). Mit Hilfe dieser drei Größen ist die Beschreibung der Integration des externen Faktors exemplarisch möglich. Betrachtet man beispielsweise die Skigymnastik als Dienstleistung, so ist die physische Integrationswirkung aufgrund der notwendigen körperlichen Betätigung als sehr positiv einzustufen, wohingegen die intellektuelle und emotionale Integrationswirkung eher als neutral bis positiv zu bewerten ist. Demgegenüber ist eine Zahnbehandlung von Kindern durch äußerst negative emotionale und physische Integrationswirkungen gekennzeichnet, während die intellektuelle Integration als neutral eingestuft wird. Grundsätzlich ist festzuhalten, dass die Ausprägung der Variablen maßgeblich von der Gestaltung und Steuerung des Produktionsprozesses durch den Dienstleistungsanbieter und von den Erwartungen und Verhaltensweisen des Nachfragers selbst abhängig ist (Meyer 2001, S. 85ff.).

Auf ähnliche Weise lässt sich die Wirkung der **Interaktivität der Nachfrager** auf die Dienstleistungserstellung beschreiben. Diese Unterscheidung stellt auf die **Interaktionen zwischen den Nachfragern** und nicht auf die Interaktionen zwischen Nachfrager und Anbieter ab. So geht von rivalisierenden Fußballfans während eines Fußballspiels möglicherweise eine äußerst negative physische und emotionale Interaktivitätswirkung aus, während eine intellektuelle Interaktivität nicht gegeben ist. Im Falle von studentischen Lerngruppen ist die physische Interaktivitätswirkung neutral, wohingegen die intellektuellen und emotionalen Interaktivitätswirkungen in der Regel positiv sind.

Die Notwendigkeit der Einbeziehung des externen Faktors bedeutet für die Endkombination eine **Unsicherheitskomponente**, weil die sachliche Eignung dieser Faktoren und die räumlich-zeitliche Zuordnung nicht ausschließlich dem Dispositionsspielraum der Unternehmung überlassen ist. Damit verfügt die Produktion von Dienstleistungen über eine geringe produktionswirtschaftliche Elastizität. Demgegenüber ist das Absatzrisiko aufgrund der Zeitgleichheit von Produktion und Absatz gering (hohe Absatzelastizität). Das Problem der geringen produktionswirtschaftlichen Elastizität von Dienstleistungen wird noch verstärkt durch die Ausrichtung der Leistungsbereitschaft an dem zu erwartenden Spitzenbedarf.

Zur Steuerung der Leistungsbereitschaft werden die folgenden **Dimensionen der Leistungsbereitschaft** herangezogen (Corsten/Gössinger 2007, S. 164f., 329):

- Quantitative Dimension,
- intensitätsmäßige Dimension,
- zeitliche Dimension,
- qualitative Dimension und
- räumliche Dimension.

Da der Bestand an Potenzialfaktoren in der Regel eine gewisse Teilbarkeit aufweist, erscheint eine **quantitative Anpassung** grundsätzlich möglich. Dies trifft im Besonderen auf den Faktor menschliche Arbeitskraft zu. Hier ist an eine Umschichtung des Personals innerhalb der Unternehmung zu denken oder an eine Neueinstellung.

Eine **intensitätsmäßige Anpassung** hätte eine Variation der Arbeitsgeschwindigkeit zur Folge (z. B. Reduzierung der Durchlaufzeiten im Krankenhaus). Zur kurzfristigen Behebung von Spitzenbelastungen ist diese Maßnahme in ausgewählten Fällen vielleicht sinnvoll. Die Grenzen liegen aber zum einen in der intensitätsmäßigen Anpassung der Potenzialfaktoren (Krankenbett), zum anderen in den negativen Ausstrahlungseffekten auf den

Kunden, insbesondere für verrichtungsorientierte Dienstleistungen unter Einbeziehung externer Faktoren (Rechtsanwalt, Unternehmensberatung oder gar eine Theateraufführung).

Die **zeitliche Anpassung** wird in Form von Kurzarbeit und Überstunden umgesetzt. Dabei sind zum einen rechtliche Restriktionen (z. B. Öffnungszeiten) zu beachten, zum anderen auch die Intensitätsschwankungen der Mitarbeiterleistung. Diese Anpassungsform bietet sich besonders für Dienstleistungen an, bei denen der Kundenkontakt eine untergeordnete Rolle spielt.

Eine Vielzahl sehr unterschiedlicher Maßnahmen eröffnet die **qualitative Dimension**. Bezogen auf die menschliche Arbeitskraft ist es möglich, das Qualifikationsniveau an die Anforderungen der jeweiligen Aufgaben anzupassen. Die Anzahl hoch spezialisierter Fachleute ist dabei gering zu halten, um im Sinne einer Rollenflexibilität Bündelungen von Tätigkeiten zu ermöglichen (Multispezialist).

Außerdem ist zu überprüfen, inwiefern die Aufgabenerfüllung durch **Externalisierung** zu einer Verbesserung führt. Hier wäre sowohl an eine Übertragung auf den externen Faktor als auch an die Einschaltung von Dritten (z. B. Subunternehmen) zu denken.

Eine weitere Maßnahme der qualitativen Anpassung stellt die **Automation** und **Mechanisierung** dar (z. B. Schuhputzautomat, Expertensystem, Fahrkartenautomat).

Darüber hinaus ist auch eine **Standardisierung** innerhalb des Erstellungsprozesses geeignet, Einfluss auf die qualitative Dimension zu nehmen. Durch die Vereinheitlichung von Prozessen oder einzelnen Prozessschritten lässt sich eine konstante Qualität bei der Produktion von Dienstleistungen erreichen, die ansonsten durch die Integration des externen Faktors und die individuellen Abnehmerwünsche nicht immer gewährleistet wird. Die Integrativität im Rahmen der Dienstleistungserstellung ist dabei kein Ausschlusskriterium für eine Standardisierung (Haak 1982, S. 8ff.; Corsten 1985a, S. 35ff.; Schnittka 1998, S. 24ff.) (zur Standardisierung von Dienstleistungsprodukten vgl. Kapitel 4, Abschnitt 4.21).

Im Rahmen der **räumlichen Dimension** ist zwischen dem Standort und dem Produktionsort zu differenzieren. Eine zwar nicht allgemein gültige, jedoch häufig zu beobachtende Eigenart von Dienstleistungen ist, dass diese zwingend am Ort ihrer Verwertung produziert werden. Im Falle immobiler Leistungspotenziale des Anbieters und einer Mobilität des externen Faktors sind Standort und Produktionsort in jedem Fall identisch (z. B. Hotels, Krankenhäuser usw.). Die (bedingte) Standortgebundenheit der Dienstleistungsproduktion bedeutet aber nicht, dass auch der Absatz von Dienstleistungen standortgebunden ist (Maleri/Frietzsche 2008, S. 178).

Unter Berücksichtigung der Besonderheiten der Dienstleistungsproduktion wurden verschiedene branchenbezogene **Produktionsfunktionen für Dienstleistungen** abgeleitet, beispielsweise für Banken (Haak 1982), Versicherungen (Farny 1969), Informationen (Müller-Merbach 1985), Hochschulen (Stieger 1980) und allgemein für soziale und öffentliche Einrichtungen (Schellberg 2007).

4 Besonderheiten beim Absatz von Dienstleistungen

Ausgehend von den konstitutiven Merkmalen von Dienstleistungen lassen sich generelle **Besonderheiten des Dienstleistungsmarketing** ableiten, die auf die Notwendigkeit der Leistungsfähigkeit zur Erstellung von Dienstleistungen, die Integration des externen Faktors sowie die Immaterialität von Dienstleistungen zurückzuführen sind (Uhl/Upah 1979; Levitt 1981; Lovelock/Wirtz 2010 und speziell zur Markierungsproblematik vgl. Stauss 1994a, 2004; Stauss/Bruhn 2008) (vgl. Schaubild 1-4-1).

Schaubild 1-4-1   Besonderheiten von Dienstleistungen und Implikationen für das Dienstleistungsmarketing

Besonderheiten von Dienstleistungen	Implikationen für das Dienstleistungsmarketing
Leistungsfähigkeit des Dienstleistungsanbieters	▪ Dokumentation von Kompetenz ▪ Abstimmung der Leistungspotenziale ▪ Materialisierung der Fähigkeitspotenziale
Integration des externen Faktors	▪ Transport und Unterbringung des externen Faktors ▪ Standardisierungsprobleme bei bestimmten Dienstleistungen ▪ Marketingorientierung im Erstellungsprozess ▪ Reduzierung asymmetrischer Informationsverteilung ▪ Ausschluss unerwünschter Kunden
Immaterialität des Leistungsergebnisses ▪ Nichtlagerfähigkeit ▪ Nichttransportfähigkeit	▪ Materialisierung von Dienstleistungen ▪ Koordination von Kapazität und Nachfrage ▪ Flexible Anpassung der Kapazität ▪ Kurzfristige Nachfragesteuerung ▪ Breite Distribution bei Dienstleistungen des periodischen Bedarfs ▪ Selektive Distribution bei Dienstleistungen des aperiodischen Bedarfs

4.1 Notwendigkeit der Leistungsfähigkeit des Dienstleistungsanbieters

Die Notwendigkeit der **Leistungsfähigkeit des Dienstleistungsanbieters** ergibt sich insbesondere aus der Potenzialorientierung von Dienstleistungen. Die Erstellung einer Dienstleistung ist nur mit spezifischen Leistungsfähigkeiten (z. B. Know-how, körperliche Fähigkeiten, Technologie) möglich. Die notwendigen unternehmerischen Maßnahmen, sowohl für die tatsächliche Verfügbarkeit der Leistungsfähigkeit als auch für die Kommunikation der Leistungsfähigkeit gegenüber dem Kunden, sind von der Art des jeweils für die Dienstleistungserstellung entscheidenden Potenzials abhängig.

Aus der Notwendigkeit der Leistungsfähigkeit des Dienstleistungserstellers resultieren folgende Implikationen für das Dienstleistungsmarketing (vgl. Schaubild 1-4-1).

Bei fähigkeits- oder ausstattungsintensiven Dienstleistungsunternehmen ist die **Dokumentation von Kompetenzen** besonders bei herausragenden Vorteilen zu betonen (z. B. Softwareanbieter, Unternehmensberatung, Werbeagentur). Das gute Zusammenwirken von Personal und Ausstattung ist hervorzuheben, wenn die Ausstattung nicht mehr einzigartig, aber noch nicht allgemein verfügbar ist (z. B. Fluggesellschaften, Computer-Hardwarehäuser). Ist die Ausstattung allgemein üblich, sind das Personal, das Unternehmen an sich oder bestimmte profilierende Leistungselemente in den Vordergrund zu stellen (z. B. Banken, Restaurants, Reinigungsunternehmen).

Dienstleistungsunternehmen stehen verschiedene Herstellungskomponenten zur Verfügung, um Problemlösungspakete für den Endabnehmer zusammenzustellen. Dazu zählen Fähigkeiten und Ausstattung, Personal, das Methodeninstrumentarium und eine allgemeine Organisationskapazität. Dabei ist die **Abstimmung dieser Leistungspotenziale** zu einem branchen-, anbieter- und kundensegmentspezifischen Gesamtpotenzial notwendig. Dienste wie etwa Datenverarbeitung, Fluglinien oder Autoverleih werden zu einem großen Teil von der physischen Ausstattung bestimmt. Andere Dienste, wie eine ärztliche Behandlung, werden in der Regel von Personen dominiert.

Speziell bei potenzialintensiven Dienstleistungen ist über die **Materialisierung der Fähigkeitspotenziale**, insbesondere bei Humankapital, eine Wettbewerbsprofilierung anzustreben. Gerade der Bereich der Kommunikationspolitik ist gefordert, derartige Leistungsbeweise nach außen zu tragen. In diesem Zusammenhang spielt auch das Erscheinungsbild von Personal, Räumlichkeiten und Ausstattung des Dienstleisters eine wichtige Rolle.

4.2 Integration des externen Faktors in den Dienstleistungserstellungsprozess

In dem auf Veränderungen an bestehenden Objekten oder Menschen abzielenden Prozess der Dienstleistungserstellung ist die **Integration (Einbringung) eines externen Faktors**, d. h. die Einbeziehung des Dienstleistungskunden oder eines ihm gehörenden Objektes, zwingend notwendig. Jeder Erstellungsprozess einer Dienstleistung und dessen Ergebnis wird damit durch die Einwirkung eines Fremdfaktors mitbestimmt.

Der externe Faktor grenzt sich von den anderen Faktoren im Erstellungsprozess dadurch ab, dass er für den Dienstleistungsersteller nicht frei am Markt disponierbar ist. Weiterhin bleibt er vor, während und nach dem Erstellungsprozess zum Teil in der Verfügungsgewalt des Abnehmers der Dienstleistung. Schließlich gilt, dass auf diesen externen Faktor während der Leistungserstellung eingewirkt wird. Da aber in umgekehrter Richtung auch der Abnehmer von Dienstleistungen während der Leistungserstellung (oder bei objektgerichteten Dienstleistungen zumindest bei der Abgabe seiner Objekte zur Leistungserstellung) auf den Prozess der Erstellung der Dienstleistung einwirkt, wird von einer zweiseitigen (gegenseitigen) Einwirkung von Dienstleister und Abnehmer gesprochen.

Aus der Integration des externen Faktors lassen sich folgende Implikationen für das Dienstleistungsmarketing anführen (vgl. Schaubild 1-4-1).

Ein Problem, das aus der Einbeziehung des externen Faktors erwächst, ist dessen **Transport und eventuelle Unterbringung** (Ausprägung „Objekt": beispielsweise Lagerung von noch zu reparierenden Fernsehgeräten; Ausprägung „Mensch": Unterbringung von Kranken vor der Operation oder Warten von Patienten im Wartezimmer). Diese Problematik ist kennzeichnend für zahlreiche Dienstleistungen (z. B. Abholdienst für Reparatur- oder Dienstleistungsobjekte wie Auto oder Fernseher; ansprechende Gestaltung von Warteräumen oder die Einführung von Reservierungssystemen).

Aus der Integration des externen Faktors in die Dienstleistungserstellung resultiert der individualistische, personalintensive und **schwer standardisierbare Charakter vieler Dienstleistungen**. Für Dienstleistungen des täglichen Bedarfs besteht die Möglichkeit der Vermarktung als Massenprodukt, indem Potenziale, Prozesse und/oder Ergebnisse zumindest teilweise standardisiert werden (vgl. Kapitel 4, Abschnitt 4.21). Besonders Dienstleistungen, die im Zusammenhang mit neuen Informationstechnologien stehen, bieten große Standardisierungspotenziale bei gleichzeitiger Individualisierung bzw. Integration des externen Faktors.

Die Präsenz des Dienstleistungsnachfragers während des Erstellungsprozesses, sofern er selbst als externer Faktor auftritt, impliziert eine **kundenorientierte Ausrichtung des Dienstleistungsprozesses**. Zum einen sind die Bedürfnisse des Dienstleistungsnachfragers während der Erbringung der Dienstleistung zu berücksichtigen (z. B. angenehme Raumgestaltung, Gespräche mit dem Kunden beim Friseur, Hintergrundmusik). Zum anderen erlangt die sorgfältige Ausführung der Dienstleistungserstellung bei direktem Kontakt mit dem Nachfrager besondere Bedeutung. Diese ist im Rahmen des Qualitätsmanagements für Dienstleistungen sicherzustellen (vgl. hierzu Kapitel 5).

Bei der Dienstleistungsinteraktion bestehen sowohl für den Kunden als auch für den Dienstleistungsanbieter Handlungsspielräume, die zum eigenen Vorteil genutzt werden können. Aufgrund der Tatsache, dass dem Kunden (Dienstleistungsnachfrager) bedeutende Eigenschaften des Dienstleistungsanbieters unbekannt, nicht beobachtbar oder nicht beurteilbar sind, liegt der Dienstleistungsinteraktion in der Regel eine **asymmetrische Informationsverteilung** zwischen den am Interaktionsprozess Beteiligten zu Grunde (Lehmann 1998, S. 63ff.). Im Rahmen des Dienstleistungsmarketing ist die hieraus resultierende Unsicherheit und das damit einhergehende wahrgenommene Kaufrisiko durch Maßnahmen im Rahmen der Vertragsgestaltung sowie durch Nutzung weiterer Instrumente des Marketingmix zu reduzieren.

Die Integration des externen Faktors bewirkt, dass der Dienstleistungserstellungsprozess oft unter Anwesenheit weiterer Dienstleistungsnachfrager erfolgt (z. B. Kneipenbesuch, Urlaub, Sprachkurs). Die wahrgenommene Prozessdimension der Dienstleistung durch den

Kunden wird in diesem Fall entscheidend durch die Eigenschaften und das Verhalten der anderen Dienstleistungsnachfrager beeinflusst. Unerwünschte Kunden sind somit neben den Personen, die nicht den Kriterien der Zielgruppe entsprechen, besonders solche Nachfrager, die Kunden der Zielgruppe z. B. durch negative Kommunikation oder bestimmte Verhaltensweisen in ihrem Konsum einschränken. Entsprechend hat der Dienstleistungsanbieter dafür Sorge zu tragen, dass der **Ausschluss unerwünschter Nachfrager** von der Inanspruchnahme der Dienstleistung garantiert wird (Demarketing). Hierfür bietet sich für den Dienstleister die Möglichkeit, auf verschiedene Instrumente des Marketingmix zurückzugreifen. Dies ist z. B. im Rahmen der Kontrahierungspolitik die Forderung eines Nachweises über bestimmte Kundeneigenschaften (z. B. „Platzreife" bei Golfclubs) (Rößl 1991).

4.3 Immaterialität des Leistungsergebnisses

Dienstleistungen sind durch das Merkmal der **Immaterialität** gekennzeichnet. In der wissenschaftlichen Literatur wird vor allem die Frage der Immaterialität des Dienstleistungsergebnisses stark diskutiert. So stellt Maleri (1997, S. 83f.) fest, dass bei der Dienstleistungsproduktion keine Rohstoffe in Form körperlicher Substanzen eingesetzt werden, und somit das Ergebnis des Faktorkombinationsprozesses auch nicht in einem materiellen Objekt besteht. Knoblich/Oppermann (1996, S. 16) argumentieren in ähnlicher Weise und konstatieren, dass ein Dienstleistungsproduzent nicht auf die Herstellung eines physischen Objektes abzielt, sondern lediglich an einem gegebenenfalls materiellen, externen Faktor eine dienstleistende Verrichtung ausführt. Dabei ist es durchaus möglich, dass eine physische Veränderung des Fremdfaktors stattfindet; es wird aber kein körperlicher, greifbarer Gegenstand generiert. Beispielsweise zielt der Betreiber einer Autowaschanlage nicht darauf ab, saubere Kraftfahrzeuge als Solche zu produzieren. Vielmehr besteht seine Zielsetzung darin, die bereits existierenden Fahrzeuge seiner Kunden durch eine dienstleistende Handlung (waschen) in einen anderen (sauberen) Zustand zu versetzen. Das charakteristische Kennzeichen des Dienstleistungsergebnisses ist somit dessen Immaterialität.

Aus der Immaterialität der Dienstleistung resultieren zwei weitere Abgrenzungskriterien, so genannte **akzessorische Merkmale**, die Nichtlagerfähigkeit und die Nichttransportfähigkeit.

Die **Nichtlagerfähigkeit** impliziert, dass es dem Konsumenten nur im Moment der Produktion möglich ist, eine Dienstleistung in Anspruch zu nehmen. Dies schließt eine Vorproduktion des Leistungsergebnisses aus. Ein Friseur erstellt einen Haarschnitt (Leistungsergebnis) erst, wenn der Kunde in den Dienstleistungsprozess „Haareschneiden" integriert wird. Ebenso ist ein Hotelier zwar im Besitz von Übernachtungspotenzialen. Die Übernachtung eines Gastes als Ergebnis der Hotelleistung ist aber erst möglich, wenn der Gast sein Hotelzimmer bezieht. Die dafür notwendigen Potenziale stehen zu einem bestimmten Zeitpunkt zur Verfügung und verfallen, wenn sie nicht genutzt werden.

Ferner impliziert die Immaterialität von Dienstleistungen ihre **Nichttransportfähigkeit**. Die internen und externen Produktionsfaktoren treffen zwingend im Rahmen der Dienstleistungsproduktion aufeinander (**Uno-Actu-Prinzip**). Die Notwendigkeit der Präsenz und der Simultaneität beschränkt sich jedoch auf die Dienstleistungsproduktion. Die Produktion und der Absatz bzw. Konsum brauchen dagegen weder zeit- noch raumgleich zu erfolgen (z. B. Hotelbuchung im Reisebüro) (vgl. Frietzsche 2001, S. 131ff.).

Die genannte Einschränkung deutet bereits an, dass es Ausnahmen gibt, und dass die Allgemeingültigkeit der Nichttransportfähigkeit einer Einschränkung bedarf. Technologische Innovationen erlauben z. B. die Übertragung einer Theateraufführung durch das Fernsehen.

Aus der Immaterialität als Besonderheit von Dienstleistungen lässt sich eine zentrale Schlussfolgerung für das Dienstleistungsmarketing ziehen (vgl. Schaubild 1-4-1).

Die **Materialisierung von Dienstleistungen** hilft, um die Aufmerksamkeit des Kunden zu wecken und auf die Art und Qualität der Dienstleistung hinzuweisen (z. B. in Cellophan eingeschweißtes Besteck im Flugzeug zur Demonstration von Hygiene).

Aus der **fehlenden Lagerfähigkeit** resultieren die folgenden **Implikationen** (vgl. Schaubild 1-4-1).

Ein professionelles Dienstleistungsmarketing gewährleistet eine enge **Koordination von Produktionskapazität und Nachfrage**, um die Probleme der fehlenden Lagerfähigkeit des Dienstleistungsergebnisses zu bewältigen. In vielen Branchen stellt daher das Kapazitätsmanagement (z. B. durch Maßnahmen des Yield Managements) einen zentralen Bereich des Dienstleistungsmarketing dar.

Die **flexible Anpassung der Kapazität** für Dienstleistungen verwendet hauptsächlich die Funktion der Durchflussrate (beispielsweise „fließen" zu vermittelnde Dienstleistungen schneller durch das Unternehmen als solche, die im Unternehmen erbracht werden), die Möglichkeit, Dienstleistungen zurückzustellen (z. B. Änderungsschneiderei, ärztliche Hilfe), den Potenzialausbau (z. B. zusätzliche Teilzeitkräfte) und die Aufteilung der Kapazitäten (z. B. Reservierung).

Das **Management der kurzfristigen Nachfrage** nach Dienstleistungen geschieht hauptsächlich über preispolitische Maßnahmen, kommunikative Aktivitäten sowie das Angebot alternativer Dienstleistungsoptionen im Hause (z. B. besteht bei einem Kino mit mehreren Vorführräumen eine Ausweichmöglichkeit auf andere Filme).

Die **mangelnde Transportfähigkeit** führt zu folgenden **Implikationen** (vgl. Schaubild 1-4-1).

Dienstleistungen des **täglichen Bedarfs** bedürfen zur Aufrechterhaltung der Konkurrenzfähigkeit eine hohe Distributionsdichte, da die Erreichbarkeit des Dienstleistungsanbieters ein zentrales Auswahlkriterium der Nachfrager darstellt (z. B. Fast-Food-Ketten, Schlüsseldienste).

Bei Dienstleistungen des **aperiodischen Bedarfs** (z. B. Angebote einer Unternehmensberatung) ist eine selektive Distribution ausreichend, da der Verkauf durch Agenturen, per Telefon oder per Korrespondenz abwickelbar ist. Außerdem ist der Kunde bereit, Vorinformationen zu suchen und Wege in Kauf zu nehmen. Des Weiteren besteht auch die Möglichkeit, die Dienstleistung zum Kunden zu bringen.

Von den drei dargestellten Besonderheiten von Dienstleistungen kommt der **Integration des externen Faktors** sowohl aus Unternehmens- als auch aus Kundensicht eine besondere Bedeutung zu. Aus der Integration externer Faktoren in die Leistungserstellung resultieren Unsicherheiten sowie u. U. zusätzlicher Aufwand und Risiken. Für den Anbieter äußern sich diese beispielsweise in einer Unvorhersehbarkeit des Dienstleistungserstellungsprozesses und einer entsprechenden Unkalkulierbarkeit von Qualität und Kosten. Aus Nachfragersicht kann die Ungewissheit im Extremfall zu einem Verzicht auf die Leistungsinanspruchnahme führen (z. B. bei einer medizinischen Behandlung, wenn große Unsicherheit bezüglich des Behandlungsprozesses oder den Erfolgschancen bestehen). Dieser Bedeutung entsprechend hat sich in der Marketingliteratur in den vergangenen Jahren eine intensive Auseinandersetzung mit dem Thema der **Kundenintegration** entwickelt, die sich mit den Zielen, den Formen und den Gestaltungsmöglichkeiten der Integration externer Faktoren in die Dienstleistungserstellung befasst. In einem traditionellen Begriffsverständnis wird unter Kundenintegration eine Beteiligung des Kunden am Leistungserstellungsprozess verstanden und der Begriff folgendermaßen definiert:

> **Kundenintegration** ist die aktive Teilnahme des Nachfragers an einer vertraglich vereinbarten Leistungserstellung durch Einbringung externer Faktoren bzw. Übernahme von Teilleistungen, so dass die Leistungsaktivitäten des Anbieters beeinflusst bzw. partiell ersetzt werden (Büttgen 2007, S. 15).

Die Ziele einer aktiven Gestaltung der Kundenintegration im Rahmen der Leistungsprozesse richten sich unmittelbar auf eine Kostensenkung und Qualitätsverbesserung. **Kostensenkung** wird insbesondere über eine Produktivitätssteigerung durch Übertragung von Aufgaben an den Kunden realisiert (Lovelock/Young 1979; Narver/Slater 1990; Corsten 2000; Fließ/Kleinaltenkamp 2004). Die Produktivitätsgewinne werden entweder dadurch erreicht, dass der Kunde zusätzliche Aktivitäten übernimmt oder aber die ihm übertragenen Aufgaben effizienter ausführt (Büttgen 2007, S. 67). **Qualitätssteigerungen** aus Kundensicht sind dann zu erwarten, wenn der Kunde im Rahmen der Interaktion seine individuellen Bedürfnisse präzise artikuliert bzw. die ihm übertragene Teilleistung bedürfnisgerechter ausführt. Allerdings ist zu berücksichtigen, dass mit zunehmender Kundenintegration die Eingriffsmöglichkeiten der Kunden in die Leistungserstellung steigen und damit das Risikopotenzial für Qualitätsmängel, die außerhalb des Einflussbereichs des Anbieters liegen, ebenfalls zunimmt.

Die Beteiligung von Kunden an der Leistungserstellung ist in verschiedenen Formen – mit sehr unterschiedlichen Konsequenzen für das Management – möglich. Anhand der folgenden Dimensionen lässt sich eine **Systematisierung der Erscheinungsformen** vornehmen (vgl. auch den Systematisierungsansatz der Kundenintegration von Büttgen 2007, S. 17ff. und Schaubild 1-4-2):

- Festlegung der Kundenfunktion,
- Art der Kundenbeteiligung,
- Ausmaß der Kundenintegration,

- Gestaltungsformen der Kundenintegration,
- Phasenbetrachtung der Kundenintegration und
- Standardisiertheit der Kundenintegration.

Schaubild 1-4-2   Gestaltungsoptionen der Kundenintegration

Kundenfunktionen	■ Leistungsnachfrager ■ Produktivressource ■ Mitersteller ■ Innovator ■ Konkurrent	■ Kommunikator ■ Qualitätsprüfer ■ Führungsersatz ■ Ertrags- und Kostenfaktor	
Art der Kundenbeteiligung	■ Physisch	■ Intellektuell	■ Emotional
Ausmaß der Kundenbeteiligung	**Aktiv**		**Passiv**
	hoch — Eingriffstiefe — niedrig		
	hoch — Eingriffsintensität — niedrig		
	häufig — Eingriffshäufigkeit — selten		
	lang — Eingriffsdauer — kurz		
	regelmäßig — Eingriffszeitpunkte — sporadisch		
Gestaltungsform der Kundenbeteiligung	■ Direkte, persönliche Kommunikation	■ Mediale Interaktion	■ Interaktion durch Self-Service-Technologien
Phasenbetrachtung der Kundenintegration	■ Potenzial	■ Prozess	■ Ergebnis
Standardisiertheit der Kundenintegration	standardisiert ←		→ individualisiert

Quelle: in Anlehnung an Büttgen 2007, S. 17ff.

Eine erste Ebene der systematisierenden Betrachtung der Kundenintegration betrifft die **Rollen** bzw. **Funktionen des Kunden** im Rahmen des Kundenintegrationsprozesses (Bettencourt 1997; Dullinger 2001; Gouthier/Schmid 2001; Büttgen 2007). Prinzipiell übernimmt der Kunde zunächst intuitiv die Rolle des Nachfragers bzw. Verwenders, der als Leistungsempfänger die bestmögliche Erfüllung der Kundenbedürfnisse erwartet (Lehmann 1998; Dullinger 2001; Grün/Brunner 2002). Bei der Sichtweise des Kunden als Ressource („Productive Resource") steht die Funktion im Vordergrund, benötigte Ressourcen als externe Faktoren bereitzustellen. Als Mitersteller („Contributor") leistet der Kunde Beiträge zur Leistungserstellung und beeinflusst damit die Qualität der Leistungsergebnisse ähnlich einem Mitarbeitenden (Bitner et al. 1997). Wird der Kunde aktiv in die Entwicklung neuer Dienstleistungen eingebunden, übernimmt er die Rolle des Innovators oder „Co-Designers". Des Weiteren kommt dem Leistungsempfänger auch die Rolle eines Konkurrenten („Competitor") zu (Bitner et al. 1997; Zeithaml/Bitner 2003), sofern dieser die Möglichkeit hat, die Leistung ganz oder teilweise selbst zu erbringen (Lusch/Brown/Brunswick 1992). Zudem ist es denkbar, dem Kunden die Funktion eines Kommunikators oder „Co-Marketers" zuzusprechen, der durch Mund-zu-Mund-Kommunikation die Leistung anderen Kunden weiterempfiehlt (Bettencourt 1997; Dullinger 2001). Der Qualitätsprüfer (Bitner et al. 1997; Zeithaml/Bitner 2003) oder der Führungsersatz („Substitute for Leadership"), bei deren Ausübung die Kunden durch Rückmeldung die Mitarbeitenden motivieren (Schneider/Bowen 1995; Dullinger 2001), stellen weitere mögliche Funktionen dar. Letztlich übernimmt der Kunde zwangsläufig auch die Funktion eines Ertrags- und Kostenfaktors. Der Kunde verursacht Ressourcen-, Produktions- und Transaktionskosten, generiert aber durch den Erwerb der Leistung auch Erlöse (Lehmann 1998; Grün/Brunner 2002).

Der Kunde lässt sich auf unterschiedliche Weise in die Unternehmensabläufe einbinden. Dementsprechend sind verschiedene **Arten der Kundenbeteiligung** zu betrachten. Dabei ist zwischen einer physischen Beteiligung, die die körperliche Anwesenheit des Kunden während der Leistungserstellung betrifft, einer intellektuellen Beteiligung, bei der die Übermittlung, Verarbeitung oder Speicherung relevanter Informationen durch den Kunden gemeint ist, sowie der emotionalen Beteiligung, unter der die Identifikation des Kunden mit der Leistung verstanden wird, zu unterscheiden (Langeard 1981; Meyer 2001).

Eine weitere Dimension der systematischen Betrachtung bezieht sich auf das **Ausmaß der Kundenintegration**. Dabei wird zwischen der aktiven und einer passiven Integration unterschieden (Langeard 1981) (vgl. Abschnitt 3.1 des vorliegenden Kapitels). Eine zusätzliche Möglichkeit, das Ausmaß der Kundenintegration zu betrachten, ist die Verwendung von Kriterien, die den Einfluss des Kunden auf die Leistungsprozesse des Anbieters beschreiben. Engelhardt/Kleinaltenkamp/Reckenfelderbäumer (1993) nennen hier die Kriterien der Eingriffstiefe, -intensität, -dauer, -häufigkeit und -zeitpunkte. Die Eingriffstiefe gibt die Wertschöpfungsstufen an, in denen eine Kundeninteraktion stattfindet. Die Eingriffsintensität bezieht sich auf die Art und den Umfang der Einflussnahme des Nachfragers und misst die Anzahl integrativer Prozesse. Die Eingriffshäufigkeit zeigt auf, wie oft Integrationsprozesse stattfinden, während die Eingriffsdauer den Gesamtzeitraum angibt. Schließlich konkretisieren die Eingriffszeitpunkte die zeitliche Verteilung der Kundenintegration.

Die **Gestaltungsformen der Kundenintegration** beschreiben die Interaktionspotenziale zwischen Anbieter und Nachfrager. Die intensivste Form der Interaktion ist die direkte, persönliche Kommunikation, die hinsichtlich zeitlicher und örtlicher Aspekte zu differenzieren ist (Zeithaml/Bitner 2003). Während die zeitliche Koordination entweder nachfrager- oder anbieterbestimmt ist (Venkatesan/Anderson 1985; Meyer/Blümelhuber 1994), geht es bei der örtlichen Koordination darum, ob die direkte, persönliche Kommunikation beim Anbieter, beim Nachfrager oder an einem dritten Ort stattfindet (Dabholkar 1994; Meyer/Blümelhuber 1994; Meyer 2001). Nimmt die Gestaltungsform die Ausprägung der medialen Interaktion ein (Preissler 1999), reduziert sich die Interaktionsintensität erheblich und erreicht ihre niedrigste Ausprägung, wenn automatisierte Self-Service-Technologien eingesetzt werden (Leblanc 1990; Gabbott/Hogg 1998; Bitner/Brown/Meuter 2000; Meuter et al. 2000b).

Die Kundenintegration bezieht sich zudem auf unterschiedliche **Phasen der Dienstleistungserstellung** – Potenzial-, Prozess- und Ergebnisphase (Donabedian 1980). Handelt es sich bei dem Kundenbeitrag beispielsweise lediglich um eine Leistungsspezifikation, beschränkt sich die Kundenintegration auf die Potenzialphase, wohingegen der Kunde bei einem Friseurbesuch in alle drei Phasen der Dienstleistungserstellung integriert wird.

Schließlich gilt es, die Kundenintegration unter der Perspektive der **Standardisiertheit** zu betrachten. Zwar werden integrative Leistungsprozesse von Natur aus durch die Varietät der Kundenansprüche, ihrer Fähigkeiten und Verhaltensweisen beeinflusst, dennoch lassen sich unterschiedliche Grade der Standardisierung unterscheiden. Somit treten Integrationsprozesse vollkommen standardisiert, teilstandardisiert, bedingt standardisiert oder völlig individualisiert auf, wobei in der Praxis die Extremausprägungen selten auftreten (Gersch 1995; Büttgen 2007).

Aus der Kundenbeteiligung an Leistungsprozessen resultiert eine Fülle von **Managementkonsequenzen**. Dabei sind zwei Betrachtungsebenen zu unterscheiden. Zum einen sind Managemententscheidungen hinsichtlich der gewünschten Ausgestaltung der Kundenintegration zu fällen, die sich auf dem Kontinuum zwischen einer Externalisierung und einer Internalisierung der Aufgabenerfüllung bewegen. Zum anderen sind die Konsequenzen aus der Kundenbeteiligung für verschiedene unternehmerische Handlungsbereiche, insbesondere für das Kapazitätsmanagement, das Qualitätsmanagement, das Personalmanagement, das Umfeldmanagement, das Zeitmanagement, das Kundenprozessmanagement und die Kundenentwicklung (Stauss 2007) zu reflektieren.

Für das Dienstleistungsmarketing ergeben sich aus der Notwendigkeit der Leistungsfähigkeit, der Integration des externen Faktors sowie der Immaterialität von Dienstleistungen zahlreiche Implikationen. Diese werden in den Kapiteln 3 bis 8 näher spezifiziert, nachdem im Folgenden Konzepte und Ansatzpunkte einer theoretischen Fundierung des Dienstleistungsmarketing aufgezeigt werden.

Kapitel 2:
Grundlagen des Dienstleistungsmarketing

1.	Relationship Marketing als Grundkonzept des Dienstleistungsmarketing ...	67
2.	Theorien zur Erklärung und Gestaltung des Dienstleistungsmarketing	75
2.1	Erklärungsansätze der Neuen Institutionenökonomik	76
2.2	Psychologische Erklärungsansätze	89
2.3	Sozialpsychologische Erklärungsansätze	96
2.4	Organisationstheoretische Erklärungsansätze............................	99
3.	Zusammenfassende Würdigung der Ansätze	102
4.	Service Dominant Logic als neue Perspektive des (Dienstleistungs-) Marketing?	104

1. Relationship Marketing als Grundkonzept des Dienstleistungsmarketing

Die Theorien, die in den nachfolgenden Abschnitten näher erläutert werden, betrachten das Dienstleistungsmarketing aus unterschiedlichen Perspektiven. Aufgabe der Theorien ist es, einen Erklärungsbeitrag für die Problemstellungen des Dienstleistungsmarketing zu liefern. Diese Problemstellungen lassen sich in zwei grundsätzliche Bereiche untergliedern. Zum einen wird eine eher **statisch** orientierte Darstellung der Problembereiche vorgenommen, die den Zustand einer einmaligen oder erstmaligen Dienstleistungstransaktion kennzeichnet. Folgen auf eine einzelne Transaktion weitere Transaktionen zwischen denselben Marktteilnehmern, führt dies letztlich zu einer Beziehung zwischen den Transaktionspartnern, die durch den meist prozessualen Charakter der Dienstleistungserstellung und die Einbindung des Kunden in den Erstellungsprozess zusätzlich intensiviert wird. Die Entwicklung einer solchen Beziehung beinhaltet eine Vielzahl von Implikationen für das weitere Verhalten dieser Marktteilnehmer, zu dessen Erklärung die zu behandelnden Theorien zum großen Teil beitragen. Diese **dynamisch** orientierte Darstellung der Problembereiche ist Gegenstand des **Relationship Marketing**, das mit seinem Fokus auf die Steuerung von Kundenbeziehungen zu neuen Konzepten in der Marketingwissenschaft und der Unternehmenspraxis geführt hat. Vor diesem Hintergrund und auch unter der Zielsetzung, einen Rahmen für die dienstleistungsspezifische Marketinggestaltung zu schaffen, wird im Folgenden das Relationship Marketing den theoretischen Konzepten vorangestellt.

Unter Berücksichtigung der Auffassungen in der Literatur, dass sich das Relationship Marketing mit der Steuerung von Kundenbeziehungen befasst, wird folgende Definition zu Grunde gelegt:

> **Relationship Marketing** ist ein Prozess der Analyse, Planung, Durchführung und Kontrolle von Maßnahmen, die der Initiierung, Stabilisierung, Intensivierung und Wiederaufnahme von Geschäftsbeziehungen zu den Anspruchsgruppen – insbesondere zu den Kunden – des Unternehmens mit dem Ziel des gegenseitigen Nutzens dienen (Bruhn 2009a, S. 10).

Aus dieser Definition lassen sich die folgenden relevanten **Merkmale des Relationship Marketing** ableiten (Bruhn 2009a, S. 11ff.):

- Anspruchsgruppenorientierung,
- Managementorientierung,
- Zeitraumorientierung,
- Nutzenorientierung.

Dem Konzept des Relationship Marketing liegt eine **Anspruchsgruppenorientierung** zu Grunde; Gegenstand sind die Beziehungen eines Unternehmens zu seinen Anspruchsgruppen. Auch wenn sich Marketingaktivitäten auf unterschiedliche Anspruchsgruppen beziehen (vgl. Schaubild 2-1-1), stellen die Kunden die zentrale Anspruchsgruppe dar. Demnach lassen sich zwei Ausgestaltungsformen des Relationship Marketing differenzieren:

- Das **Relationship Marketing im engeren Sinne** betrifft ausschließlich Kundenbeziehungen.
- Das **Relationship Marketing im weiteren Sinne** umfasst die Beziehungen des Unternehmens zu sämtlichen Anspruchsgruppen.

Schaubild 2-1-1 Anspruchsgruppen des Marketing

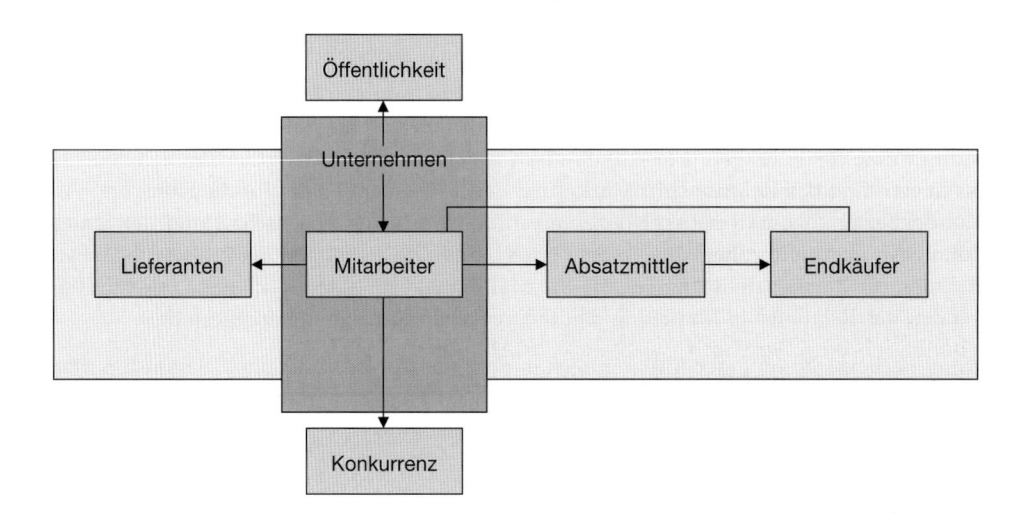

Quelle: in Anlehnung an Meffert 2000, S. 27

Für den Erfolg eines Unternehmens sind letztendlich die Kundenbeziehungen entscheidend, deren Qualität wiederum von den Beziehungen des Unternehmens zu den übrigen Anspruchsgruppen abhängt. Daher stehen die Kundenbeziehungen im Mittelpunkt der Ausführungen dieses Buches.

Weiterhin wird unter Relationship Marketing ein Managementansatz verstanden, der durch eine **Managementorientierung** Maßnahmen der Analyse, Planung, Durchführung und Kontrolle umsetzt. Damit stellt das Relationship Marketing einen integrierten Ansatz dar, unter dessen Dach sämtliche Marketingmaßnahmen eines Unternehmens gefasst werden. Außerdem ist auf diese Weise mit dem Konzept eine Handlungsorientierung verbunden. Es werden somit Maßnahmen festgelegt, die einer Steuerung von Beziehungen dienen.

Relationship Marketing beschäftigt sich nicht nur mit der Initiierung von Beziehungen (Kundenakquisition), sondern darüber hinaus mit ihrer Stabilisierung, Intensivierung

(Kundenbindung) und – im Falle einer Aufkündigung der Beziehung durch den Kunden – Wiederaufnahme (Kundenrückgewinnung). Die Steuerung von Kundenbeziehungen beinhaltet daneben aber auch eine vom Unternehmen herbeigeführte Beendigung der Beziehung, z. B. aus rechtlichen oder ökonomischen Gründen. Dieser **Zeitraumorientierung**, die den dynamischen Charakter von Kundenbeziehungen widerspiegelt, wird vor allem durch das Konzept des Kundenbeziehungslebenszyklus Rechnung getragen.

Schließlich verfolgt das Relationship Marketing eine **Nutzenorientierung**, indem der Nutzen für die Beziehungspartner im Vordergrund steht. Auf der Kundenseite liegt der Nutzen in der Bedürfniserfüllung durch das Unternehmen, während der Nutzen für das Unternehmen in der Profitabilität bzw. Wertschöpfung durch seine Kundenbeziehungen zu sehen ist.

Die Entwicklung zum Relationship Marketing wird teilweise als ein Paradigmenwechsel bezeichnet (Brodie et al. 1997). Aufgrund der Konstituierung einer Beziehung aus Einzeltransaktionen ist Relationship Marketing jedoch nicht als eine Neudefinition des Marketinggedankens, sondern vielmehr als eine **Weiterentwicklung des traditionellen Marketing** aufzufassen (Gummesson 2002; Zineldin/Philipson 2007). Diese Sichtweise wird durch eine Gegenüberstellung der Unterscheidungsmerkmale von Transaktionsmarketing auf der einen Seite und Relationship Marketing auf der anderen Seite deutlich (Bruhn 2010c, S. 31; vgl. Schaubild 2-1-2):

Schaubild 2-1-2 Vergleich zwischen Transaktionsmarketing und Relationship Marketing

Unterscheidungskriterien	Transaktionsmarketing	Relationship Marketing
Betrachtungsfristigkeit	Kurzfristigkeit	Langfristigkeit
Marketingobjekte	Produkt	Produkt und Interaktion
Denkschema	Produktlebenszyklus	Kundenlebenszyklus
Dominantes Marketingziel	Kundenakquisition	Kundenakquisition, Kundenbindung, Kundenrückgewinnung
Marketingfokus	Leistungsdarstellung	Leistung und Dialog
Ökonomische Erfolgs- und Steuergrößen	Gewinn, Deckungsspanne, Umsatz, Kosten	Zusätzlich: Kundendeckungsbeitrag, Kundenwert, Customer Lifetime Value

Quelle: in Anlehnung an Bruhn 2010c, S. 31

- Im Hinblick auf die **Betrachtungsfristigkeit** hat das Transaktionsmarketing einen eher kurzfristigen, das Relationship Marketing einen eher langfristigen Charakter. Während sich das Transaktionsmarketing auf die kurzfristige Initiierung von Leistungsverkäufen bezieht, steht beim Relationship Marketing die langfristige Gestaltung von Kundenbeziehungen im Vordergrund.

- Bezüglich des **Objektes der Marketingaktivitäten** steht das Produkt des Anbieters im Mittelpunkt der Maßnahmen des Transaktionsmarketing, während sich Relationship-Marketing-Maßnahmen sowohl auf das Produkt als auch auf die Interaktion mit den Kunden beziehen.

- Im Gegensatz zum **Denkschema** im klassischen Produktlebenszyklus des Transaktionsmarketing betrachtet das Relationship Marketing einen Kundenlebenszyklus, um die Kundenbeziehung dauerhaft aufrecht zu erhalten.

- Hinsichtlich der **dominanten Marketingziele** sind Maßnahmen des Transaktionsmarketing auf die Gewinnung neuer Kunden ausgerichtet. Dahingegen konzentriert sich das Relationship Marketing nicht nur auf die Kundenakquisition, sondern darüber hinaus auch auf die Kundenbindung und Kundenrückgewinnung.

- Der **Marketingfokus** vor dem Hintergrund eines Transaktionsmarketing bezieht sich auf die Leistungsdarstellung. Beim Relationship Marketing wird ein Dialog mit dem Kunden angestrebt, um die Leistungen des Anbieters an den individuellen Kundenbedürfnissen auszurichten.

- Schließlich treten beim Relationship Marketing neben die klassischen ökonomischen **Erfolgs- und Steuerungsgrößen** kundenindividuelle Kennziffern wie der Kundendeckungsbeitrag, der Kundenwert und der Customer Lifetime Value als zukunftsgerichteter Wert eines Kunden über die gesamte voraussichtliche Dauer der Geschäftsbeziehung.

Im Rahmen der Auseinandersetzung mit der Konzeption des Relationship Marketing findet eine Diskussion zur Anwendbarkeit des Relationship Marketing statt, innerhalb derer eine Differenzierung unterschiedlicher Leistungstypen sinnvoll erscheint. Im Dienstleistungsbereich werden als Kerndienstleistungen grundsätzlich konsumtive und investive Dienstleistungen unterschieden (z. B. Friseur vs. Unternehmensberatung, vgl. Kapitel 1, Abschnitt 1.3). Diese grundsätzlichen Leistungstypen werden bezüglich kontakt-, leistungs- und kundenbezogener Merkmale, die für den Dienstleistungsbereich charakteristisch sind, unterschieden (vgl. auch Kapitel 1, Abschnitt 4):

- Im Hinblick auf **kontaktbezogene Merkmale** wird Dienstleistungen ein hoher Integrations- und Interaktionsgrad zugeschrieben. Dienstleistungen sind häufig durch Informationsasymmetrien zu Ungunsten des Kunden gekennzeichnet. Der Kontakt zwischen Anbieter und Nachfrager ist meistens direkt, so dass die Kunden für das Unternehmen nicht anonym sind. Die relative Bedeutung eines Kunden ist bei einem Großteil der Dienstleistungen eher gering.

- Im Hinblick auf **leistungsbezogene Merkmale** ist die Bedeutung des Leistungserstellungspotenzials in der Kundenwahrnehmung relativ hoch. Dienstleistungen sind auch innerhalb einer Dienstleistungskategorie sehr heterogen. Darüber hinaus sind Dienstleistungen häufig komplex (Güthoff 1995) sowie weder lager- noch transportfähig.

- Bezüglich **kundenbezogener Merkmale** sind Dienstleistungen aufgrund eines tendenziell hohen Anteils an Erfahrungs- und Vertrauenseigenschaften durch eine relativ geringe Beurteilbarkeit gekennzeichnet (Darby/Karni 1973). Risiko und Involvement der Kunden sind oft hoch. Dennoch sind Beschaffungsprozesse nicht zwingend derart langfristig wie z. B. im Industriegüterbereich. Kaufentscheidungen erfolgen auf Basis emotionaler und rationaler Entscheidungen. Die Wechselbarrieren sind höher als im Konsumgüterbereich anzusehen.

Bei der **Konzeptionierung** des Relationship Marketing sind einige grundlegende Ansätze zu berücksichtigen, die die Basis einer Gestaltung des Relationship Marketing darstellen.

Dazu zählt das „Denken in Lebenszyklen", durch das die Kundenbeziehung im Zeitablauf betrachtet wird. Dabei nimmt der so genannte **Kundenbeziehungszyklus**, der in den letzten Jahren im Rahmen vieler Veröffentlichungen Beachtung gefunden hat, eine zentrale Rolle im Rahmen des Relationship Marketing ein. Der an den Produktlebenszyklus angelehnte Kundenbeziehungszyklus beschreibt hierbei die Stärke bzw. Intensität einer Kundenbeziehung in Abhängigkeit der Beziehungsdauer. Im Rahmen dieses Konzeptes werden grundsätzlich drei Phasen unterschieden, in denen unterschiedliche Aspekte der Kundenbindung in den Vordergrund der Betrachtung rücken. Während in der Phase der Neukundenakquisition das Fundament für die Beziehung zwischen Anbieter und Nachfrager gelegt wird, gewinnt in der zweiten Phase der Aspekt der Kundenbindung an Bedeutung. Zum Ende des Kundenbeziehungszyklus stellt sich für den Nachfrager die Frage einer Beendigung der Kundenbeziehung, so dass sich die Unternehmen auch mit der Rückgewinnung abwanderungsgefährdeter bzw. abgewanderter Kunden auseinander zu setzen haben. Schaubild 2-1-3 zeigt die Stärke bzw. Intensität einer Kundenbeziehung in Abhängigkeit der jeweiligen Phasen des Kundenbeziehungszyklus.

Schaubild 2-1-3   Phasen des Kundenbeziehungszyklus

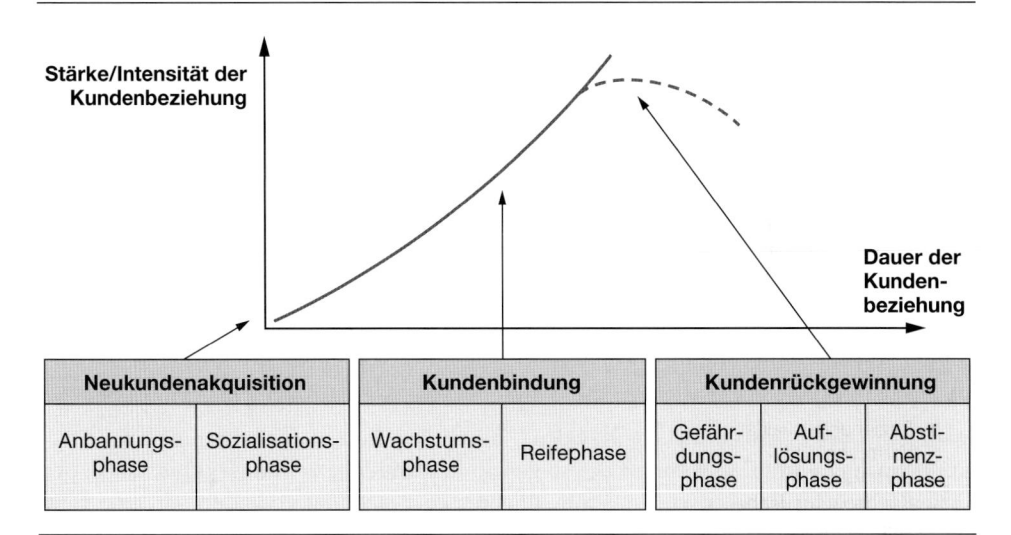

Neukundenakquisition		Kundenbindung		Kundenrückgewinnung		
Anbahnungs-phase	Sozialisations-phase	Wachstums-phase	Reifephase	Gefähr-dungs-phase	Auf-lösungs-phase	Absti-nenz-phase

Quelle: Stauss 2000c, S. 16; Bruhn 2009a, S. 60

Die Beziehungsintensität zwischen Anbieter und Kunde steigt im Verlauf der Kundenbeziehung bis zu dem Zeitpunkt an, an dem der Kunde seinen Austritt aus der Geschäftsbeziehung beschließt. Grundsätzlich wird die **Beziehungsintensität** durch eine Vielzahl von Faktoren beeinflusst. Die Messung bereitet in der Praxis erhebliche Operationalisierungsprobleme, so dass häufig psychologische, verhaltensbezogene und ökonomische **Indikatoren** – isoliert oder kombiniert – zur Beschreibung dieser Dimension herangezogen werden (vgl. Schaubild 2-1-4):

- Als **psychologische Indikatoren** der Beziehungsintensität werden beispielsweise das wahrgenommene Preis-Leistungs-Verhältnis, die Beziehungsqualität aus Kundensicht, die Kundenzufriedenheit oder das Commitment des Kunden zum Anbieter eingesetzt.

- Zu den **verhaltensbezogenen Indikatoren** zählen die Kundenbindung (anhand der Dimensionen Gebundenheit und Verbundenheit), das Informationsverhalten (z. B. Grad der Suche nach Informationen über Konkurrenzleistungen), das Integrationsverhalten (z. B. Offenlegung von für die Leistungserstellung relevanten Kundenmerkmalen und Informationen) und das Kommunikationsverhalten des Kunden (z. B. Mund-zu-Mund-Kommunikation über den Anbieter).

- Als **ökonomische Indikatoren** der Beziehungsintensität sind in statischer Hinsicht der Kundendeckungsbeitrag und in dynamischer Hinsicht der Kundenwert (Customer Lifetime Value) anzusehen. In Abhängigkeit von der Konzeptionalisierung des Kundenwertes sind in diesem auch psychologische und verhaltensbezogene Indikatoren enthalten.

Schaubild 2-1-4   Indikatoren für die Stärke der Kundenbeziehung

Stärke der Kundenbeziehung

Psychologische Indikatoren
- Wahrgenommene Leistungsqualität und wahrgenommener Wert
- Beziehungsqualität: Vertrauen und Vertrautheit
- Kundenzufriedenheit
- Commitment

Verhaltensbezogene Indikatoren
- Kaufverhalten: Wiederkauf, Cross Selling, Up Selling
- Kommunikationsverhalten: Mund-zu-Mund-Kommunikation
- Integrationsverhalten
- Informationsverhalten

Ökonomische Indikatoren
- Kundendeckungsbeitrag
- Kundenwert, Customer Lifetime Value
- Umsatz, Absatz
- Marktanteil
- Share of Wallet

Quelle: Bruhn 2009a, S. 61

Neben dem Konzept des Kundenbeziehungszyklus lassen sich zwei **weitere Lebenszyklen** differenzieren:

- **Kundenlebenszeitzyklus:** Dieser Zyklus stellt die unterschiedlichen Bedürfnisse dar, die bei einem Kunden zu verschiedenen Zeitpunkten bzw. Phasen seines Lebens auftreten. Hierbei strukturiert der Kundenalterszyklus die Lebenszeit anhand des biologischen Alters, der Kundenlebensphasenzyklus anhand der Lebensphasen eines Individuums.

- **Kundenepisodenzyklus:** Innerhalb der Leistungsinanspruchnahme durch den Kunden treten bestimmte Ereignisse wiederholt und/oder zu bereits im Vorfeld bekannten Zeitpunkten auf (z. B. wiederkehrender Bedarf nach bestimmten Leistungen). Die Ursache dieser Ereignisse ist bei Dienstleistungen durch den Nachfrager als externen Faktor selbst bedingt (z. B. regelmäßige ärztliche Vorsorgeuntersuchungen), saisonal bedingt (z. B. Urlaubsreise) oder durch gesetzliche Regelungen bedingt (z. B. Steuerberatung im Rahmen der jährlichen Steuererklärung). Aus der Kenntnis der Auslöser und der entsprechenden Episoden der Kundenbeziehung lassen sich Implikationen ableiten, insbesondere für die gezielte Steuerung der Beziehung.

Neben den stark phasenspezifischen Handlungsempfehlungen zur Gestaltung der Kundenbeziehung ist als theoretisches Konzept weiterhin die **Erfolgskette** von zentraler Bedeutung (vgl. eine exemplarische Erfolgskette in Schaubild 2-1-5). Hiernach ist der Kunde bei anhaltender Zufriedenheit mit den Unternehmensleistungen im Verlauf der Geschäftsbeziehung zunehmend bereit, sich an das Unternehmen zu binden. Auf einer zweiten Stufe spiegelt sich die so erreichte Kundenbindung auch im ökonomischen Erfolg des Unternehmens wider, da der Kunde im Verlauf der Beziehung beispielsweise bereit ist, zusätzliche Umsätze mit dem Unternehmen zu tätigen und sich seine Preisbereitschaft erhöht (vgl. ausführlich Kapitel 4.3.2). Die in Schaubild 2-1-5 dargestellte Erfolgskette ist als exemplarisch anzusehen, d. h. jedes Unternehmen hat individuell die für ihn relevanten Konstrukte zu spezifizieren.

Schaubild 2-1-5 Erfolgskette des Dienstleistungsmarketing

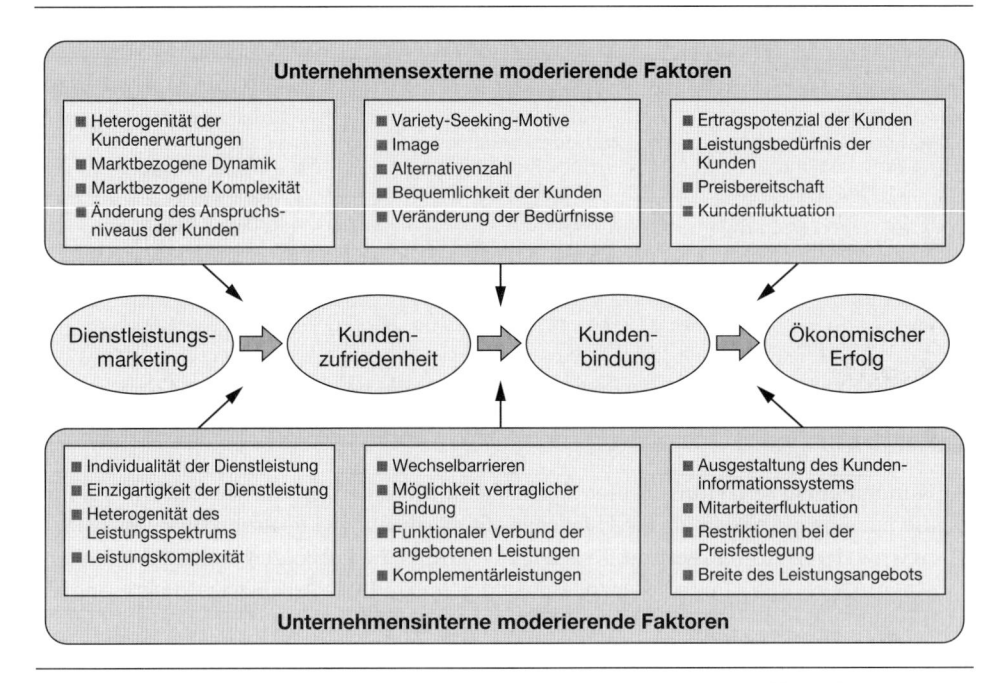

Unternehmensexterne moderierende Faktoren

- Heterogenität der Kundenerwartungen
- Marktbezogene Dynamik
- Marktbezogene Komplexität
- Änderung des Anspruchsniveaus der Kunden

- Variety-Seeking-Motive
- Image
- Alternativenzahl
- Bequemlichkeit der Kunden
- Veränderung der Bedürfnisse

- Ertragspotenzial der Kunden
- Leistungsbedürfnis der Kunden
- Preisbereitschaft
- Kundenfluktuation

Dienstleistungsmarketing → Kundenzufriedenheit → Kundenbindung → Ökonomischer Erfolg

- Individualität der Dienstleistung
- Einzigartigkeit der Dienstleistung
- Heterogenität des Leistungsspektrums
- Leistungskomplexität

- Wechselbarrieren
- Möglichkeit vertraglicher Bindung
- Funktionaler Verbund der angebotenen Leistungen
- Komplementärleistungen

- Ausgestaltung des Kundeninformationssystems
- Mitarbeiterfluktuation
- Restriktionen bei der Preisfestlegung
- Breite des Leistungsangebots

Unternehmensinterne moderierende Faktoren

Quelle: Bruhn 2009a, S. 67

Dieser auf Basis der Erfolgskette erhobene Wirkungszusammenhang wird durch eine Vielzahl von unternehmensexternen und -internen Faktoren beeinflusst. Eine aktive Gestaltung der Kundenbeziehung unter Berücksichtigung nahezu sämtlicher Einflussfaktoren stellt daher für viele Unternehmen eine große Herausforderung dar.

Auf Seiten der **unternehmensexternen Faktoren** führt die Heterogenität der Kundenerwartungen, verbunden mit einer umweltbezogenen Dynamik und Komplexität der Märkte, zu erheblichen Problemen bei der Schaffung und Erhaltung von Kundenzufriedenheit. Die Einführung eines Relationship Marketing garantiert dabei beispielsweise jedoch nicht, dass aus einer gesteigerten Kundenzufriedenheit zwangsläufig eine erhöhte Kundenbindung resultiert. So wirken etwa die Bequemlichkeit, ein niedriges Involvement des Kunden sowie mögliche Variety-Seeking-Motive einer Erhöhung der Beziehungsintensität und damit einer gesteigerten Kundenbindung entgegen. Letztendlich wird der ökonomische Erfolg eines Unternehmens auch davon beeinflusst, über welches Ertragspotenzial und welche Preisbereitschaft die einzelnen Kunden verfügen und wie hoch die Kundenfluktuation generell ist. Auf Seiten der **unternehmensinternen Faktoren** lassen sich beispielsweise die Individualität der Dienstleistung oder die Heterogenität des Leistungsspektrums eines Unternehmens als grundlegende Hemmnisse bei der Schaffung von Kundenzufriedenheit identifizieren.

Der Erfolg eines Dienstleistungsunternehmens hängt damit auch vom **Management der moderierenden Variablen** der Erfolgskette ab. Exzellente Dienstleistungsunternehmen zeichnen sich durch das Denken in der Erfolgskette aus, in dessen Zentrum ein professionelles Qualitätsmanagement steht. Darüber hinaus gelingt es ihnen, die externen und internen „Störfaktoren" der Erfolgskette durch den Einsatz von Beschwerde-, Kundenbindungs- und Kundenrückgewinnungsmanagement sowie Internes Marketing und Integrierte Kommunikation zu kontrollieren.

Es ist jedoch zu beachten, dass die in diesem Abschnitt dargestellten Glieder der Erfolgskette des Dienstleistungsmarketing **kein allgemein gültiges Konzept** liefern. Sie zeigen vielmehr exemplarisch auf, dass es die Aufgabe des Unternehmens ist, die relevanten vorökonomischen Größen, d. h. den Input in Form des Einsatzes von Marketingmixinstrumenten und deren Wirkung beim Kunden, zu analysieren. Die in der Erfolgskette enthaltenen (Erfolgs-) Größen variieren z. B. in Abhängigkeit der Branche. So spielt gerade auch in der Dienstleistungsbranche das Image eine bedeutende Rolle bei der Kaufentscheidung.

2. Theorien zur Erklärung und Gestaltung des Dienstleistungsmarketing

Die Aufgaben, die der theoretischen Fundierung einer Forschungsrichtung innerhalb der Betriebswirtschaftslehre zukommen, lassen sich unterteilen in die **Erklärungs-** und die **Gestaltungsaufgabe**. Die Erklärungsaufgabe vermittelt die theoretischen Überlegungen (explikative Ausgestaltung). Demgegenüber gibt eine Theorie aufgrund ihrer Gestaltungsaufgabe Handlungsempfehlungen im Rahmen eines bestehenden Zielsystems ab (normative Ausrichtung).

Vor dem Hintergrund der im vorangegangenen Kapitel aufgezeigten Besonderheiten des Dienstleistungsmarketing kommt einer tragfähigen theoretischen Basis eine hohe Bedeutung zu. Bisherige Ansätze der Marketingtheorie sind für das Dienstleistungsmarketing neu zu bewerten, da ihre Relevanz lediglich in eingeschränkter Form gegeben ist. Ansätze wie die Systemtheorie oder der entscheidungsorientierte Ansatz liefern nur wenige Erkenntnisse, die über Anwendungsfelder im allgemeinen Marketing hinausgehen und berücksichtigen die Besonderheiten des Dienstleistungsmarketing nicht ausreichend. Demgegenüber bietet die **Neue Institutionenökonomik** mit ihren Teilbereichen einen hohen

Erklärungsbeitrag, der sich vor allem auf die bestehenden Informationsasymmetrien im Dienstleistungsmarketing bezieht. Die weiteren theoretischen Ansätze, die im Folgenden erläutert werden, beziehen sich auf eine intrapersonelle, interpersonelle und organisationale Ebene. Die **psychologischen Ansätze** liefern einen Erklärungsbeitrag für die innerhalb eines Individuums ablaufenden Überlegungen, die schließlich das Verhalten im Rahmen der Interaktion beeinflussen. Die sozialpsychologischen Ansätze betrachten die Interaktionspartner und deren Beziehung zueinander, während sich die **organisationstheoretischen Ansätze** mit einem Unternehmen und den Beziehungen zu den relevanten Gruppen in dessen Umfeld auseinander setzen.

Die einzelnen theoretischen Erklärungsansätze tragen in unterschiedlicher Weise zum Verständnis von Dienstleistungen und der Entwicklung eines Dienstleistungsmarketing bei. Sie sind vor allem im Hinblick auf ihre Berücksichtigung der grundlegenden Besonderheiten von Dienstleistungen – der Bereitstellung von Leistungspotenzialen, der Integration des externen Faktors und der Immaterialität der Leistung – zu prüfen und heranzuziehen.

2.1 Erklärungsansätze der Neuen Institutionenökonomik

Die **Neue Institutionenökonomik** geht von der Annahme bestehender Informationsasymmetrien zwischen den Marktteilnehmern aus. Mit Hilfe von Institutionen wird versucht, die daraus resultierenden Unsicherheiten zu reduzieren (Richter/Furubotn 2003). Aus der Neuen Institutionenökonomik ergibt sich folglich für die „Institution Marketing" die Aufgabe, Unsicherheitsprobleme aus Informationsasymmetrien zu beseitigen (Kaas 1995a, S. 5). Bezogen auf das Dienstleistungsmarketing trägt diese Aufgabenerfüllung beispielsweise zur Erklärung der besonderen Bedeutung der Dienstleistungsmarke, des physischen Erscheinungsbildes des Dienstleistungsunternehmens oder der Qualifikation der Mitarbeitenden bei, da diese Aspekte vor dem Hintergrund der Immaterialität der Leistung unsicherheitsmindernd wirken. Gerade zu diesen Problemstellungen liefert die Neue Institutionenökonomik Lösungen sowohl auf explikativer als auch auf normativer Ebene.

Die Informationsprobleme im Dienstleistungsmarketing lassen sich grundsätzlich in zwei Bereiche unterteilen. Aufgrund der schlechten Beurteilbarkeit immaterieller Eigenschaften von Dienstleistungen besteht ein **leistungsbezogenes Informationsproblem** für den Kunden. Vor Inanspruchnahme der Leistung ist weder eine hinreichende Beurteilung des Erstellungsprozesses noch des Ergebnisses der Dienstleistung möglich. Diese Beurteilungsunsicherheit bleibt oft noch nach der Leistungserstellung bestehen.

Das **transaktionspartnerbezogene Informationsproblem** lässt sich auf spezifisches Wissen der Transaktionspartner zurückführen. Der Nachfrager einer Dienstleistung verfügt in der Regel über Informationen bezüglich des in die Dienstleistungserstellung einzubringenden externen Faktors, der sich in seinem Einflussbereich befindet. Er kennt die Ausgestaltung und damit den Individualisierungsbedarf, der durch seine Person oder seine Verfügungsobjekte bedingt ist. Der Anbieter auf der anderen Seite verfügt über einen Informationsvorsprung hinsichtlich seiner für die Dienstleistungserstellung einsetzbaren Potenzialfaktoren

(z. B. Mitarbeitende oder Sachressourcen). Untersuchungen zeigen, dass das Verhalten der Mitarbeitenden in der Interaktionssituation von den Kunden als wesentlicher Bestandteil, bei komplexen Leistungen unter Umständen sogar als Surrogat der gesamten Dienstleistung, angesehen wird. Beim Kunden besteht außerdem eine zusätzliche Informationsunsicherheit hinsichtlich der Absichten seines Transaktionspartners. Dieser Sachverhalt erfordert einen „Vertrauensvorschuss" von Seiten des Kunden, der vom Dienstleistungsanbieter ausgenutzt werden kann (vgl. insbesondere Abschnitt 2.13).

Die Funktion des Marketing wird von der Neuen Institutionenökonomik in der Förderung von Transaktionen bzw. Interaktionen gesehen. Marketing wirkt in diesem Sinne als eine Institution im Markt, die Unsicherheit reduziert, Anreize setzt und Transaktionskosten senkt (Kaas 1995a, S. 5; Woratschek 2001b, S. 265ff.; Erlei 2007). Marketing erzeugt zu diesem Zweck weitere Institutionen, zu denen die Neue Institutionenökonomik die nachfolgenden Theorieansätze entwickelt.

2.11 Ansätze der Informationsökonomik

Die **Informationsökonomik** setzt sich mit Fragestellungen der Überwindung von Informationsasymmetrien und dem Unsicherheitsphänomen bei der Informationssuche auseinander (Adler 1994, S. 34; Kaas 1995a, S. 4). Dabei bestehen leistungs- und transaktionspartnerbezogene Informationsprobleme. Somit weisen beide Marktteilnehmer, Anbieter und Kunde, bei jeder Erst- bzw. Einzeltransaktion zunächst ein Informationsdefizit auf (Spremann 1990, S. 578ff.; Grund 1998, S. 87).

Die Leistungsmerkmale eines Angebotes determinieren in hohem Maße die Beurteilungsmöglichkeiten und das Beurteilungsverhalten der Nachfrager. Die Informationsökonomik nimmt dabei eine Unterteilung in **Such-, Erfahrungs- und Vertrauenseigenschaften** einer Dienstleistung vor (Adler 1994, S. 52; Lovelock/Wirtz 2010, S. 61f.). In das durch diese Dimensionen aufgespannte Dreieck lassen sich je nach Umfang der betreffenden Eigenschaften Dienstleistungen einordnen (vgl. Schaubild 2-2-1).

Sucheigenschaften (auch: Inspektionseigenschaften) liegen vor, wenn die Eigenschaften der Leistung bereits vor Vertragsabschluss beurteilbar sind. Streng genommen ist dieser Fall bei Dienstleistungen ausgeschlossen, da die Leistung erst nach Vertragsabschluss entsteht.

Erfahrungseigenschaften lassen sich erst während bzw. nach der Leistungserstellung beurteilen. Dies ist beispielsweise bei einer Urlaubsreise der Fall, bei der erst während bzw. nach der Reise eine Beurteilung der in Anspruch genommenen Leistung möglich ist.

Eine Bewertung von **Vertrauenseigenschaften** ist für den einzelnen Nachfrager nicht oder zumindest nicht direkt möglich (Kaas 1991, S. 17ff.). Typische Beispiele für Leistungen mit hohem Anteil an Vertrauenseigenschaften sind ärztliche Leistungen, die in ihrer Qualität möglicherweise nie beurteilbar sind.

Mit steigendem Anteil an Erfahrungs- oder Vertrauenseigenschaften nimmt der Grad an Informationsdefiziten und an Unsicherheit zu. Mittels eines **„informationsökonomischen Dreiecks"** werden Leistungen auf dieser Basis je nach Dominanz einer Eigenschaft einem

Such-, Erfahrungs- oder Vertrauenskauf zugeordnet (Adler 1994) (explikative Funktion der Theorie) (vgl. Schaubild 2-2-1).

Schaubild 2-2-1 Informationsökonomische Einordnung von Dienstleistungen

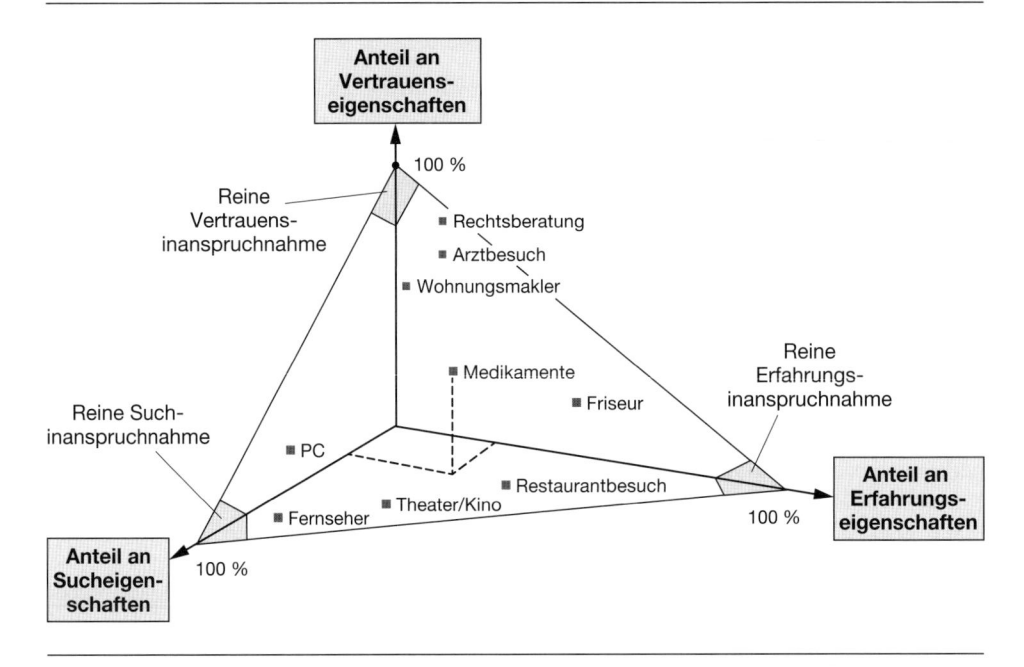

Quelle: in Anlehnung an Weiber/Adler 1995, S. 61

Je nach informationsökonomischer Einordnung einer Leistung lassen sich **Implikationen für das Dienstleistungsmarketing** ableiten. Die Ausgestaltung der Marketingaktivitäten eines Anbieters hat sich am Informationsbeschaffungs- und Auswahlverhalten der Nachfrager zu orientieren. Dabei ist es denkbar, dass eine Unternehmung eine Reihe von Leistungen anbietet, die im informationsökonomischen Dreieck unterschiedlich einzuordnen sind. Es würde sich in einem solchen Fall anbieten, über relativ unproblematische Leistungen mit einem hohen Anteil an Sucheigenschaften Neukunden zu gewinnen, um nach dem Erfahrungsaufbau das gewonnene Vertrauen des Nachfragers zu nutzen, um Erfahrungs- und Vertrauensgüter zu verkaufen (Weiber/Billen 2005).

Die Einordnung einer Leistung im informationsökonomischen Dreieck verändert sich aus Kundenperspektive mit der Dauer einer bestehenden **Geschäftsbeziehung**, da sich die Beurteilbarkeit der verschiedenen Eigenschaften ebenfalls verändert. Auch wenn der Anteil an Such-, Erfahrungs- und Vertrauenseigenschaften objektiv unverändert bleibt, geht die subjektiv empfundene Bedeutung von Erfahrungs- und Vertrauenseigenschaften im Verlauf der Kundenbeziehung zugunsten der Sucheigenschaften zurück. Damit entfallen bei längerer Dauer der Kundenbeziehung für einige Dienstleistungen eine Reihe der leistungsbezogenen Informationsprobleme.

Die informationsökonomischen Eigenschaftstypologien untersuchen sehr umfassend die Ursachen der Unsicherheiten des Konsumenten. Auf dieser Grundlage werden gezielte **Maßnahmen zum Abbau der Unsicherheit und des Kaufrisikos** entwickelt, die die transaktionsspezifischen Besonderheiten von Dienstleistungen differenziert berücksichtigen.

Um die bestehenden Informationsdefizite zu verringern, bieten sich für beide Marktseiten Informationsaktivitäten an, die sich in Signaling- und Screening-Maßnahmen unterscheiden lassen. **Signaling** bedeutet die Informationsübertragung von der besser zur schlechter informierten Marktseite, während mit **Screening** Informationsaktivitäten gekennzeichnet werden, die von der schlechter informierten Marktseite ausgehen (Stiglitz 2003, S. 594ff.) (vgl. Schaubild 2-2-2).

Schaubild 2-2-2   Beispiele für Informationsaktivitäten der Marktpartner

Perspektive \ Maßnahme	Signaling (Informationsaussendung)	Screening (Informationssuche)
Anbieter	■ Darstellung der eigenen Potenziale ■ Übernahme einer Garantie ■ Referenzkunden	■ Bonitätsprüfung von Kreditnachfragen ■ Marktforschung ■ Aufforderung zur Selbsteinordnung
Nachfrager	■ Preisgabe konkreter Informationen zum Individualisierungsbedarf ■ Angabe eines Kundenprofils ■ Bereitschaft zur Selbsteinordnung	■ Preisvergleiche ■ Qualitätsvergleiche ■ Mund-zu-Mund-Kommunikation

Signaling-Maßnahmen beinhalten die Übermittlung **glaubwürdiger Informationen**, die sich von reinen Informationen durch die Qualität und Vertrauenswürdigkeit der Aussagen unterscheiden (Kaas 1995b, S. 29; Roth 2001, S. 51ff.). Aus Sicht des anbietenden Unternehmens haben Signaling-Aktivitäten die Funktion, glaubwürdige Informationen über die Fähigkeiten des Unternehmens zu verbreiten. Dies erfolgt beispielsweise durch die Übernahme einer Garantie, da dies zur Vermeidung hoher Folgekosten nur für Anbieter einer hohen Qualität lohnt. Eine weitere Möglichkeit besteht in der Präsentation von Kunden, die eine bestimmte Dienstleistung bereits in Anspruch genommen haben und damit als Surrogate für die Leistungsfähigkeit des Unternehmens dienen. Signaling aus Unternehmenssicht geschieht somit vor allem mit Hilfe der Kommunikationspolitik. Der Wahrheitsgehalt unternehmensseitiger Signaling-Aktivitäten durch den Nachfrager ist jedoch erst nach der Inanspruchnahme einer Leistung beurteilbar (Kaas 1990, S. 541).

Die Möglichkeiten des **Reputationsaufbaus** durch wiederholtes Signaling gegenüber Kunden (Basdeo et al. 2006) sind Gegenstand mehrperiodischer Signalingmodelle des Marketing (Klein/Leffler 1981; Shapiro 1983; Woratschek 2001b). Machen die Konsumenten die positive Erfahrung, bei einem Anbieter über mehrere Perioden Leistungen mit hoher Qualität bezogen zu haben, korrigieren sie ihr Wahrscheinlichkeitsurteil nach oben und erwarten, dass auch in den folgenden Perioden eine hohe Qualität erstellt wird. Die Erwartungen einer hohen Qualität sind verbunden mit einer höheren Zahlungsbereitschaft dieser Konsumenten. Durch die höhere Preisbereitschaft werden Reputationsprämien abgeschöpft, die Anbieter mit einer hohen Dienstleistungsqualität davon abhalten, zugunsten kurzfristiger Gewinnerhöhungen das Niveau der Qualität zu senken (Rapold 1988, S. 25; Roth 2001, S. 53).

Signaling ist jedoch nicht dem Dienstleistungsanbieter vorbehalten. Auch **Nachfrager** entfalten vielfältige Signaling-Aktivitäten. Sie kommunizieren dem Anbieter relevante Informationen, die ihm eine Einschätzung über den Individualisierungsbedarf einer Leistung ermöglichen. Ein Beispiel für eine solche Art des Signaling ist in der Vorlage von Zeugnissen zu sehen, die einem Anbieter von Sprachkursen eine Einschätzung des Könnens des jeweiligen Interessenten vereinfachen und eine entsprechende Einordnung erlauben. Signaling-Aktivitäten der Nachfragerseite sind jedoch seltener als solche der Anbieterseite.

Unter **Screening** wird die aktive Informationsbeschaffung durch den schlechter informierten Marktpartner verstanden (Spence 1976, S. 592ff.).

Für den **Anbieter** ist das Screening jedes einzelnen Kunden möglicherweise sehr kostenintensiv. Als Beispiel sei hier die individuelle Bonitätsprüfung von Kunden vor einer Kreditvergabe genannt. Eine Möglichkeit des vereinfachten Screenings besteht in der Zuordnung des Nachfragers zu einem Kundensegment anhand einiger weniger Indikatoren. Hier ließe sich wiederum das Beispiel der Sprachschule aufgreifen, wenn der Anbieter Einstufungstests durchführt, die ihm die Zuordnung der Kunden zu unterschiedlichen Kursen ermöglichen. Häufig kommen Schemata der Selbsteinordnung in Betracht. So ordnen sich Kunden einer Versicherung entsprechend ihres besseren Wissens bezüglich ihrer Schadenswahrscheinlichkeit selbst einem der angebotenen Tarife zu (Woratschek 2001b, S. 266).

Auf der Kundenseite machen die Komplexität der angebotenen Leistungen und hohe Marktintransparenzen in vielen Dienstleistungsmärkten Screening-Aktivitäten notwendig. Als häufigste Form ist der Angebotsvergleich zwischen mehreren Anbietern zu nennen (Grund 1998, S. 87f.).

Screening und Signaling wurden bereits für die **Marketingmixinstrumente** Preis, Werbung, Garantien und Vertrieb getestet. Die Modellierung anderer Variablen, die im Dienstleistungsbereich zusätzlich relevant sind, wie z. B. die Prozesspolitik (Process), die Personalpolitik (Personal) und die Ausstattungspolitik (Physical Evidence) als Signaling-Instrumente steht noch aus (Roth 2001, S. 50ff.). Zusammenfassend sind die Informationsaktivitäten in Schaubild 2-2-3 dargestellt.

Schaubild 2-2-3   Screening und Signaling als Prozess der Marktinformation

		Anbieter	Nachfrager
Signaling	Information	Informationen für den Nachfrager ■ Leistungsqualität ■ Servicegarantien ■ Reputation/Image	Informationen für den Anbieter ■ Zahlungsfähigkeit ■ Zuverlässigkeit ■ Kooperationsfähigkeit
	Aktivität	■ Klassische Werbung ■ Direktmarketing ■ PR/Sponsoring	■ Nachweis der Zahlungsfähigkeit ■ Persönliche Kommunikation ■ Selbsteinordnung
Screening	Information	Informationen über den Nachfrager ■ Kundenzufriedenheit ■ Kundenerwartungen ■ Zahlungsfähigkeit	Informationen über den Anbieter ■ Leistungsfähigkeit ■ Preis-Leistungs-Niveau ■ Qualitätszertifikate
	Aktivität	■ Klassische Marktforschung ■ Persönliche Kommunikation ■ Beschwerdemanagement	■ Persönliche Kommunikation ■ Testkäufe/Preisvergleiche ■ Testzeitschriften/-institute

Quelle: in Anlehnung an Mann 1998, S. 111

Aus den hohen Aufwendungen für Informationsaktivitäten ergibt sich unmittelbar eine Begründung für den ökonomischen Nutzen einer Kundenbindung und somit einer **Geschäftsbeziehung** im Dienstleistungsmarketing. Bei Folgetransaktionen zwischen den gleichen Marktpartnern werden eine Vielzahl von Informationen nicht mehr benötigt, da zum einen die Leistungsfähigkeit des Anbieters, zum anderen der Individualisierungsbedarf des Nachfragers bekannt sind und die Glaubwürdigkeit des Anbieters steigt (Grund 1998, S. 89f.).

Zusammenfassend liegt der Fokus der Informationsökonomik im Hinblick auf die Betrachtung von dienstleistungsspezifischen Besonderheiten auf der Immaterialität der Leistung, die zu Unsicherheiten bei der Leistungsbewertung führt. Zur Reduktion der Unsicherheiten werden entsprechende Maßnahmen benannt. Mit Hilfe der Informationsökonomik lassen sich Implikationen für notwendige Kommunikationsstrategien von Dienstleistungsunternehmen ableiten. Allerdings berücksichtigt die Informationsökonomik weder das durch die Informationsasymmetrien tatsächlich verursachte Verhalten der Transaktionspartner noch weitere Besonderheiten von Dienstleistungen.

2.12 Ansätze der Transaktionskostentheorie

Die **Transaktionskostentheorie** beschäftigt sich mit Unsicherheiten im Rahmen von Transaktionen bzw. Beziehungen. Im Fokus steht die Berücksichtigung von Kostenaspekten, sowohl monetärer als auch nicht-monetärer Art (vgl. z. B. Coase 1937; Williamson 1975; 1985; Alchian/Woodward 1988; Kabst 2004). Für die Bestimmung der Höhe der Transaktionskosten sind neben den Kosten für Anbahnung, Aushandlung, Kontrolle und Durchsetzung von Verträgen auch schwer quantifizierbare ökonomische Nachteile (z. B. kognitive Anstrengungen, Zeit, Mühe, entgangene Gewinne usw.) relevant (Roth 2001, S. 54). Weiterhin lassen sich die Kosten nach dem Zeitpunkt ihrer Entstehung in Ex-ante- sowie Ex-post-Kosten einteilen (Kaas 1995a, S. 4; Rindfleisch/Heide 1997, S. 31).

Schaubild 2-2-4 gibt einen Überblick über die Elemente und Wirkungsbeziehungen des Transaktionskostenansatzes. Im Weiteren werden diese im Hinblick auf das Dienstleistungsmarketing konkretisiert.

Schaubild 2-2-4 Elemente und Wirkungsbeziehungen des Transaktionskostenansatzes

Transaktionsatmosphäre
- Rechtlicher Rahmen
- Soziale Umwelt/Kultur
- Technologische Entwicklung

Beschränkte Rationalität
- Unvollständige Informationsbeschaffung
- Limitierte Informationsverarbeitung

Transaktionsunsicherheit

Umweltunsicherheit
- Komplexität der Umweltfaktoren
- Ungewissheit durch dynamische Veränderungen

Opportunismus
- Nutzenmaximierendes Verhalten
- Ausnutzung von Schwächen des Transaktionspartners

Spezifität der Leistung

Wettbewerbssituation
- Marktstruktur
- Transaktionspartneralternativen

Transaktionshäufigkeit

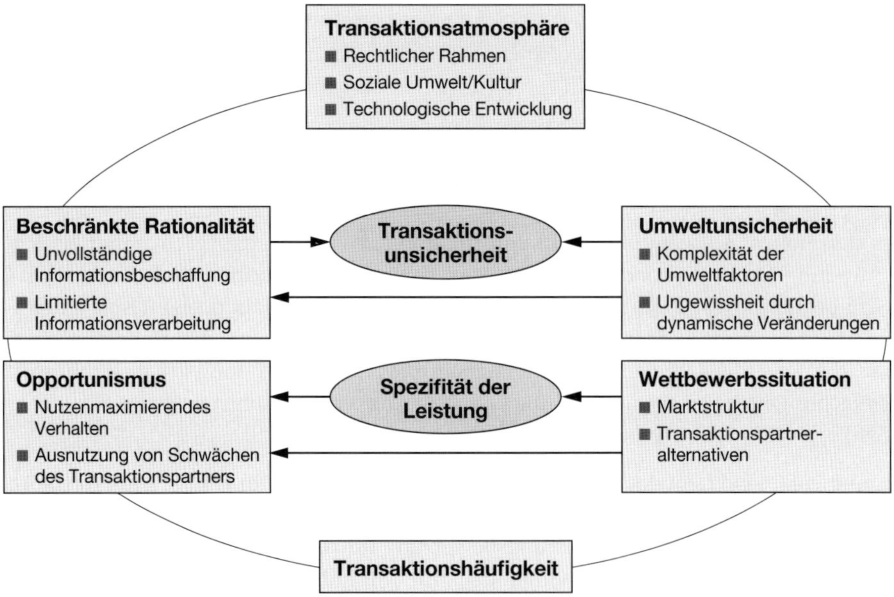

Quelle: Mann 1998, S. 126

Zunächst wird von grundlegenden Verhaltensannahmen der Transaktionspartner ausgegangen. Dies ist zum einen eine **beschränkte Rationalität** der Vertragspartner, die aus einer unvollständigen Informationsbeschaffung und einer begrenzten Kapazität des menschlichen Gehirns hinsichtlich der Informationsverarbeitung resultiert. Zum anderen wird ein **opportunistisches Verhalten** unterstellt, das die Maximierung des eigenen Nutzens anvisiert und dabei die Schwächen des Transaktionspartners ausnutzt. Umweltunsicherheit und Komplexität, die durch unvorhergesehene Veränderungen und durch mangelnde Kommunikation zwischen den Transaktionspartnern hervorgerufen werden, beeinflussen diese Verhaltensmuster. Daraus resultierende Informationsasymmetrien und Informationsprobleme führen zu hohen Transaktionskosten.

Daneben nehmen weitere Faktoren Einfluss auf die Transaktionskosten. Hier ist zunächst die **Spezifität von Dienstleistungen** zu nennen. Individualisierte Leistungsbestandteile führen zu einer größeren Abhängigkeit des Nachfragers, durch die ein nachträglicher Anbieterwechsel möglicherweise mit hohen zeitlichen oder monetären Kosten verbunden ist (z. B. ärztliche Untersuchungen, notwendige Folgeprojekte eines Beratungsauftrags). Aus den so entstehenden Verhandlungsspielräumen droht die Gefahr eines opportunistischen Verhaltens des Anbieters (Kaas 1995b, S. 34f.; Schumann/Meyer/Ströbele 2007). Daneben spielt die Spezifität im Rahmen der **Wettbewerbssituation** eine entscheidende Rolle. Bei einer begrenzten Anzahl von Transaktionspartneralternativen übernimmt sie beispielsweise ebenfalls eine kostentreibende Funktion.

Schließlich ist die **Transaktionshäufigkeit** als Einflussfaktor zu nennen. Aufeinander folgende Transaktionen im Rahmen einer Geschäftsbeziehung wirken sich für beide Transaktionspartner kostensenkend aus. Auf Unternehmensseite sinken die Kosten für weitere Vertragsabschlüsse mit den betreffenden Kunden, da deren konkreter Problemlösungs- und Individualisierungsbedarf sowie weitere Kundendaten (z. B. bei Bankgeschäften, Friseur) nicht mehr grundlegend neu zu ermitteln sind (Reichheld/Teal 2001). Für die Konsumenten entfallen bei wiederholter Inanspruchnahme desselben Dienstleistungsanbieters Such-, Wechsel- und Informationskosten. Durch die Entwicklung von Vertrauen als Grundlage von Geschäftsbeziehungen werden darüber hinaus Kontrollkosten reduziert (Grund 1998, S. 93f.). Vertrauen entwickelt sich dabei letztlich aus Erfahrungen, die im Rahmen einer wiederkehrenden Interaktion gemacht wurden. Als Resultat lässt sich eine hohe Bindungsintensität zwischen den Marktpartnern feststellen.

Neben den bereits im Rahmen der Informationsökonomik genannten und mit Transaktionskosten verbundenen Verfahren von Signaling und Screening kommt im Dienstleistungsbereich der Mund-zu-Mund-Kommunikation bestehender Kunden an potenzielle Neukunden eine besondere Bedeutung zu. Auf diese Weise lassen sich Transaktionskosten senken, da die eigene Leistungserfahrung durch die Leistungserfahrung Dritter ersetzt wird. Diese Eigenschaft der **Mund-zu-Mund-Kommunikation** bedeutet jedoch nicht, dass sie sich ausschließlich positiv für das betroffene Unternehmen auswirkt; lediglich die Kaufentscheidung der Kunden vereinfacht sich.

Im Falle einer Abhängigkeit des Anbieters vom Nachfrager befindet sich letzterer in der Position, mit einem Wechsel zu anderen Anbietern zu drohen. In einer solchen Situation kommt die Vorteilhaftigkeit von spezifischen **Investitionen in Humankapital** zum Tragen, aus der möglicherweise eine eindeutige Vorteilssituation gegenüber anderen Wettbewerbern bei Verhandlungen für Folgeverträge resultiert. Die Spezifität des Humankapitals ist insoweit vorteilhaft, da sie zwar zum einen eine individuelle Problemlösung ermöglicht, zum anderen einen anderweitigen Einsatz des Humankapitals jedoch nicht ausschließt. Williamson stellt daher die besondere Bedeutung von transaktionsspezifischem Human- gegenüber Sachkapital heraus (Williamson 1985; Schumann/Meyer/Ströbele 2007). Somit bietet die Transaktionskostentheorie einen Erklärungsbeitrag für die Bedeutung der Humanressourcen im Dienstleistungsmarketing.

Zu den weiteren dienstleistungsmarketingbezogenen Untersuchungsgegenständen der Transaktionskostentheorie zählen Untersuchungen über die unternehmensinterne Marketingorganisation sowie über internationale Markteintrittsstrategien (Rindfleisch/Heide 1997, S. 30). Darüber hinaus werden die Problemkreise Vertrauensmanagement, Potenzialpolitik und Management der Problemdefinition als weitere Untersuchungsfelder der Transaktionskostentheorie diskutiert.

Der zentrale Ansatz der Transaktionskostentheorie, sowohl alle im Zusammenhang mit einer Transaktion auszuführenden Tätigkeiten als auch Unsicherheitsfaktoren mit Kosten zu belegen, führt zu einem **differenzierten Kostenverständnis**, das zur Erklärung einiger dienstleistungsspezifischer Besonderheiten beiträgt. Die Transaktionskostentheorie beschränkt sich bei den Unsicherheiten im Gegensatz zur Informationsökonomik nicht auf Informationsasymmetrien, sondern berücksichtigt zusätzlich Unsicherheiten, die in Umweltbedingungen und -veränderungen begründet sind. Weiterhin bezieht sie die Spezifität der Leistung als verhaltenssteuernden Kostenfaktor mit ein. Im Vordergrund steht hier allerdings das opportunistische Verhalten, d. h. das Ausnutzen der Schwächen des Transaktionspartners. Dies wird durch ein geringes Angebot hervorgerufen oder auf einen hohen Individualisierungsgrad zurückgeführt. Zwar spielt die Bereitstellung von Leistungspotenzialen und auch die Integration des externen Faktors eine Rolle. Allerdings vermag die Transaktionskostentheorie weitere Einflüsse auf das Verhalten der Transaktionspartner – wie z. B. Involvement, Commitment und situative psychologische Faktoren – nicht direkt mit einzubeziehen. Wiederholte Transaktionen mit demselben Partner werden allein über die Abnahme von Transaktionskosten aufgrund des geringeren Informationsbedarfs erklärt, wodurch einige relevante Aspekte des menschlichen Verhaltens in Transaktionsbeziehungen außer Acht gelassen werden.

2.13 Ansätze der Principal-Agent-Theorie

Die Analyse von Auftragsbeziehungen zwischen Auftraggeber (Prinzipal) und Auftragnehmer (Agent) ist Gegenstand der **Principal-Agent-Theorie**. Sie geht von einem Informationsdefizit des Prinzipals unter der Annahme einer begrenzten Kontrollierbarkeit des Agenten aus (Grund 1998). Dem Agenten entstehen daher Handlungsspielräume, die bei eigennutzmaximierendem Verhalten die Möglichkeit des Missbrauchs bieten. Ziel der Principal-Agent-Theorie ist es, institutionelle Rahmenbedingungen so zu gestalten, dass der Agent im Interesse des Prinzipals handelt (Bergen/Dutta/Walker Jr 1992, S. 4ff.).

Bei Dienstleistungstransaktionen sind Rollenzuteilungen häufig nicht eindeutig festlegbar, da auf beiden Seiten Informationsdefizite bestehen. Der Kunde verfügt über eine bessere

Kenntnis hinsichtlich der Integration des externen Faktors, der Anbieter hinsichtlich seines eigenen Leistungspotenzials. Somit liegt oft eine alternierende, d. h. **wechselnde Principal-Agent-Rollenverteilung** vor (Bauer/Bayón 1995, S. 82f.). Aus Vereinfachungsgründen wird jedoch primär der Nachfrager als Prinzipal angesehen. Aus der Unsicherheit einer solchen Beziehung resultiert die Möglichkeit zu opportunistischem Verhalten. Dabei lassen sich drei **Grundtypen des opportunistischen Verhaltens** seitens des Agenten unterscheiden, Hidden Characteristics, Hidden Actions and Hidden Intentions (vgl. Schaubild 2-2-5), die einen Kontrollbedarf in einer Principal-Agent-Beziehung begründen (Arrow 1985; Alchian/Woodward 1988).

Schaubild 2-2-5 Grundtypen der Verhaltensunsicherheit

	Hidden Characteristics	Hidden Actions	Hidden Intentions
Informationsasymmetrie	Bessere Markt- und Produktkenntnis des Agenten	Aktivitäten des Agenten, die der Prinzipal nicht erkennen kann	Absichten des Agenten, die erst nach Kontraktabschluss feststellbar sind
Entstehungszeitpunkt	Vor der Interaktionsbeziehung	Während der Interaktionsbeziehung	Während der Interaktionsbeziehung
Gefahr für den Prinzipal	Adverse Selection	Moral Hazard	Hold Up
Bedeutung	Mangelhafte Qualitätseigenschaften	Mangelhafte Leistungserstellung	Verminderter Leistungswille des Personals

Quelle: in Anlehnung an Grund 1998, S. 97

Hidden Characteristics bezeichnen Leistungseigenschaften, die allein dem Agenten bekannt sind und opportunistisches Verhalten hervorrufen, wenn der Prinzipal nicht ausreichend informiert wird (Spremann 1990, S. 566; Woratschek 1998b). Gerade Dienstleistungen und insbesondere solche mit einem hohen Anteil an Erfahrungs- und Vertrauenseigenschaften führen möglicherweise zu Unsicherheiten über die Leistungsqualität oder die Qualifikation des Kontraktpartners. Als Ersatzindikator für eine nicht durchführbare Qualitätsüberprüfung verwenden Konsumenten daher häufig den Preis einer angebotenen Leistung. Stellt der Käufer jedoch nach der Inanspruchnahme fest, dass der vermutete Preis-Qualitäts-Zusammenhang nicht zutreffend ist, wird er bei seiner nächsten Wahlentscheidung lediglich das Angebot mit dem günstigsten Preis wählen. Im Laufe der Zeit führt das opportunistische Verhalten des Agenten möglicherweise dazu, dass tatsächlich nur noch qualitativ mangelhafte Angebote existieren, da teure und unter Umständen hochwertige Leistungen nicht mehr nachgefragt werden. Dieses Phänomen wird als **Adverse Selection** bezeichnet (Akerlof 1970) und erfährt seine Bedeutung für das Dienstleistungsmarketing letztlich aus der kaum möglichen Beurteilung von Leistungen vor dem Kauf.

Während die Hidden Characteristics aus der konstitutiven Beschaffenheit der Dienstleistung selbst resultieren, entstehen **Hidden Actions** aus dem Informationsdefizit des Prinzipals in Bezug auf das Verhalten des Agenten zur Erzielung des angestrebten Dienstleistungsergebnisses. Ziel des Agenten ist es, durch Vornahme von Handlungen, die für den Prinzipal unsichtbar bleiben, eigene Vorteile zu erlangen. Dieses eigennützige Verhalten wird als **Moral Hazard** bezeichnet (Kaas 1990; Spremann 1990; Woratschek 1998b).

Geheime Absichten des Agenten, die darauf abzielen, den Prinzipal während der Dienstleistungserstellung opportunistisch auszunutzen, werden **Hidden Intentions** genannt (Kaas 1995b). Im Gegensatz zu Hidden Actions sind Hidden Intentions nach Kontraktabschluss feststellbar (z. B. Kulanz und Fairness des Anbieters) (Woratschek 1998b). Dennoch hat der Prinzipal in der Regel kaum Möglichkeiten, die Beziehung zum Agenten zu beenden, da ein bestimmtes Bindungspotenzial, z. B. in Form eines abgeschlossenen Vertrags aufgebaut wurde. Die entstandene Lock-in-Situation eröffnet die Gefahr eines **Hold up** (Alchian/Woodward 1988; Herzig/Watrin 1995). Hold up bezeichnet das nachträgliche Verhandeln von Vertragsbedingungen zur eigenen Nutzenmaximierung.

Aufgrund der hohen Informationsasymmetrien im Dienstleistungsbereich sind alle drei Arten von Unsicherheit in einer Dienstleistungsbeziehung von hoher Relevanz. Im Hinblick auf die herausgestellte Vorteilhaftigkeit langfristiger Geschäftsbeziehungen ist es für Dienstleistungsunternehmen im Regelfall jedoch sinnvoll, opportunistisches Verhalten zu vermeiden und dies auch entsprechend zu signalisieren (Kumar/Scheer/Steinaltenkamp 1995, S. 59; Schmitz 1997, S. 42ff.). Als geeignete Signaling-Maßnahmen eignen sich ebenfalls die Übermittlung glaubwürdiger Informationen, die Übernahme von Garantien und der Aufbau einer positiven Reputation (Roth 2001) (vgl. Abschnitt 3.22). Besonders bei Dienstleistungen mit intensivem Kunden-Mitarbeiter-Kontakt ist daher auch opportunistisches Verhalten seitens des einzelnen Mitarbeitenden, z. B. durch **interne Sanktionsmechanismen**, wirkungsvoll zu verhindern (Grund 1998, S. 99).

Ähnlich wie bei der Transaktionskostentheorie liegt der Fokus der Principal-Agent-Theorie – basierend auf vorhandenen Informationsasymmetrien – auf dem Ausnutzen eigener Vorteile. Eine Berücksichtigung weiterer Verhalten steuernder Merkmale sowie tatsächlicher Verhaltensweisen, die für strategische Überlegungen des Dienstleistungsmarketing Anwendung finden, ist jedoch analog zur Transaktionskostentheorie nicht gegeben. Die aufgrund ihrer Immaterialität schwierige Beurteilbarkeit der Leistung eröffnet dem Agenten größere Spielräume, so dass es sinnvoll erscheint, die Typen opportunistischen Verhaltens bei Dienstleistungen umfassender zu berücksichtigen.

2.14 Ansätze der Property-Rights-Theorie

Im Mittelpunkt der Property-Rights-Theorie steht die Untersuchung der Wirkung und Übertragbarkeit von Handlungs- und Verfügungsrechten (Furubotn/Pejovich 1972, S. 1139; Fischer et al. 1993, S. 449f.; Göbel 2002, S. 66ff.). Entsprechend der Property-Rights-Theorie werden Güter (materiell und immateriell) als **Bündel von Verfügungsrechten** aufgefasst, die sich aus verschiedenen Einzelrechten ergeben. Der Nutzen konstituiert sich folglich nicht aus dem Gut selbst, sondern aus der Ausgestaltung der Verfügungsrechte. Dabei gelten als Verfügungsrechte das Recht, ein Gut zu nutzen, die Erträge daraus einzubehalten, die Form des Gutes zu verändern und das Recht, das Gut zu veräußern (Furubotn/Pejovich 1974).

In einer Situation knapper Ressourcen bedarf es solcher Verfügungsrechte, die den Zugriff und die Nutzung von Gütern regeln. Die **Verteilung** dieser Verfügungsrechte erfolgt zum einen durch übergeordnete Institutionen, wie den Staat in Form einer Verfassung und Gesetzen, zum anderen werden Verfügungsrechte häufig zwischen Individuen oder Gruppen in Form von Verträgen übertragen. Dies findet in ein- (Schenkung) und zweiseitiger (Tausch) Richtung statt (Diller/Haas/Ivens 2005). Im Dienstleistungsmarketing steht in der Regel die Übertragung von Verfügungsrechten an einer Dienstleistung im Tausch von Verfügungsrechten an einer monetären Gegenleistung im Vordergrund.

Die **zentrale Annahme** der Property-Rights-Theorie liegt darin, dass die Ausgestaltung von Verfügungsrechten auf vorhersehbare Weise die Allokation und Nutzung naturgemäß knapper gesellschaftlicher und betrieblicher Ressourcen (Güter und Dienstleistungen) und damit das ökonomische Geschehen beeinflusst (Furubotn/Pejovich 1972, S. 1139). Verfügungsrechte erzeugen in diesem Verständnis für Individuen wechselseitige Verhaltenserwartungen und reduzieren Unsicherheit, indem regelwidriges Verhalten sanktioniert und regelkonformes Verhalten belohnt wird. Property Rights erlauben eine Prognose des Verhaltens von Individuen in Abhängigkeit ihrer spezifischen Ausgestaltung. Dabei unterstellt der Property-Rights-Ansatz den eigennutzorientierten Umgang mit Rechten, der bei einer Ausnutzung von Informationsasymmetrien zu einem opportunistischen Verhalten führt.

Bei der Gestaltung, Zuordnung, Übertragung und Durchsetzung von Verfügungsrechten handelt es sich um **Transaktionen**, bei denen Transaktionskosten Nutzengrößen (monetäre Vorteile, Prestige, Macht usw.) gegenüberstehen. Die Wahl der Property Rights hängt von den zu erwartenden Transaktionskosten und -nutzen der am Tausch beteiligten Individuen ab. Folglich stellt der Markt ein dynamisches Netzwerk aus Verfügungsrechten dar, in dem die Marktteilnehmer sich bemühen, ihren Nettonutzen zu optimieren. Berücksichtigt ein Akteur bei der Ausübung seiner Verfügungsrechte nicht sämtliche ihn betreffende Kosten und Nutzen (opportunistisches Verhalten), ist auch die Schädigung Dritter durch daraus resultierende **externe Effekte** möglich. Dies ist der Fall, wenn die Ausübung von Verfügungsrechten den Nutzen Dritter nachteilig tangiert (Diller/Haas/Ivens 2005, S. 68). Ein Beispiel hierfür ist die Inanspruchnahme einer Dienstleistung, ohne diese nach der Leistungserbringung zu bezahlen.

Ähnlich dem Principal-Agent-Ansatz liefert die Property-Rights-Theorie einen Erklärungsbeitrag zur Entstehung von opportunistischem Verhalten und wahrgenommenem Risiko bei Kaufentscheidungen von Dienstleistungen vor dem Hintergrund der Integration des externen Faktors. Aufgrund der Tatsache, dass Dienstleistungen durch ihren hohen Anteil an Erfahrungs- und Vertrauenseigenschaften häufig auch ex post nicht durch den Kunden beurteilbar sind, ist davon auszugehen, dass die anbieterseitigen Informationsdefizite geringer ausfallen als beim Kunden und das Potenzial zu opportunistischem Verhalten dementsprechend stärker auf der Anbieterseite ausgeprägt ist. Wie bereits dargestellt, überwiegen jedoch die Vorteile langfristiger Geschäftsbeziehungen gegenüber den kurzfristigen Vorteilen aus opportunistischem Verhalten.

Die Property-Rights-Theorie zeigt zudem die Bedeutung einer möglichst vollständigen **Ausgestaltung von Verfügungsrechten** im Dienstleistungsmarketing, um asymmetrische Informationen zu reduzieren und den daraus resultierenden Verhaltensunsicherheiten im Vorfeld vorzubeugen. Aufgrund der Immaterialitätseigenschaft und der Simultaneität von Dienstleistungserstellung und -verbrauch (Uno-Actu-Prinzip) steigt der Anspruch an die Gestaltung der Verfügungsrechte. Je größer die immateriellen Anteile einer Dienstleistung sind, desto anspruchsvoller fällt die Gestaltung der Rechtsbündel aus. Schließlich lassen sich viele Dienstleistungen nach der Erstellung weder veräußern, in ihrer Form modifizieren, noch Ertrag bringend einsetzen.

2.15 Ansätze der Relational-Contracting-Theorie

Die **Relational-Contracting-Theorie**, bzw. die **Theorie der relationalen Vertragsformen**, befasst sich mit allen Formen des Austausches zwischen Individuen und/oder Organisationen (Ivens 2002, S. 18), wobei Austausch neben seinem ökonomischen Charakter auch durch vielfältige soziale Interaktionen gekennzeichnet ist (Macneil 1978). Obwohl die Relational-Contracting-Theorie über ein hohes Maß an allgemeiner Gültigkeit verfügt, liegt ihr Ausgangspunkt in der Auseinandersetzung mit der Bedeutung von Verträgen zur Gestaltung von (Geschäfts-) Beziehungen (Whitford 1985). Diese Formulierung verdeutlicht, dass die zunächst grundlegende juristische Perspektive um den relationalen Charakter der Transaktionen erweitert wurde (Ivens 2002, S. 18ff.), wobei eine Transaktion nicht isoliert zu betrachten ist, sondern im Kontext aller vorausgehenden und möglicherweise noch folgenden Transaktionen zwischen den Vertragsparteien zu verstehen ist (Macneil 1974, S. 694). Für diese Art von Geschäftsbeziehungen sieht die Relational-Contracting-Theorie relationale Vertragsformen vor, die auf einen kontinuierlichen Austausch unter sich verändernden Umweltbedingungen fokussieren (Ivens 2002, S. 20f.). In diesem Rahmen ist es nicht möglich, vollständige schriftliche Verträge zu formulieren, so dass sie einen expliziten (schriftlichen) und einen impliziten (auf einem Normenprinzip beruhenden) Teil umfassen (North 1984, S. 8; Palay 1984, S. 285f.). Anhand dieser Ausgestaltungsform werden die grundlegenden Ziele schriftlich fixiert, während eine Anpassung an Umweltveränderungen implizit mittels gesellschaftlicher Normen flexibel vorgenommen wird. In diesem Kontext ist jedoch zu berücksichtigen, dass diese Normen nicht eindeutig sind und erst der Akzeptanz der Vertragsparteien bedürfen (Cannon/Achrol/Gundlach 2000, S. 184).

Der Fokus der Relational-Contracting-Theorie auf **langfristige Geschäftsbeziehungen** orientiert sich stark an der grundsätzlichen Zielsetzung des Relationship Marketing (Ivens 2002, S. 23). Da das Relationship Marketing als Grundkonzept des Dienstleistungsmarketing verstanden wird (vgl. Abschnitt 1 dieses Kapitels), stellt die Übertragung dieser Theorie auf das Dienstleistungsmarketing eine logische Konsequenz dar. Beziehungen zwischen einem Dienstleistungsanbieter und dem Kunden umfassen häufig einen längeren Zeitraum und setzen sich aus mehreren Transaktionen zusammen (z. B. im Rahmen beratender Dienstleistungen). Durch die unmögliche vollständige schriftliche Fixierung aller denkbaren Vertragsaspekte entsteht bezüglich unvorhergesehener oder im Vertrag vernachlässigter Ereignisse wiederum die Gefahr eines opportunistischen Verhaltens. Ursache hierfür ist zum einen die Immaterialität der Leistung, da der Kunde vor der Leistungserstellung nicht in der Lage ist, exakte Aussagen über die Qualität des Ergebnisses zu treffen. Zum anderen entstehen durch die Integration des externen Faktors Unsicherheiten bezüglich der Leistungsbereitschaft des Kunden auf Seiten des Anbieters.

Zwischen dem theoretischen Erklärungsbeitrag der Relational-Contracting-Theorie und dem Beitrag der Transaktionskostentheorie lassen sich starke Parallelen ziehen. Dies zeigt sich auch in der Literatur, wo beide in der Regel in Kombination angewandt werden (Ivens 2002, S. 18).

2.2 Psychologische Erklärungsansätze

Anders als die bisher betrachteten mikroökonomisch geprägten Theorien setzen sich **psychologische Ansätze** mit dem tatsächlichen Verhalten von Personen auseinander. Verhaltenswissenschaften umfassen dabei sämtliche Wissenschaftsrichtungen, die sich auf das menschliche Verhalten beziehen. Dazu zählen in erster Linie die Psychologie, die Soziologie, die vergleichende Verhaltensforschung sowie physiologische Verhaltenswissenschaften (Kroeber-Riel/Weinberg/Gröppel-Klein 2009, S. 10ff.).

Erkenntnisziel verhaltenswissenschaftlicher Ansätze im Dienstleistungsmarketing ist die Erklärung von Ursachen und Wirkungen sowie die Gestaltung marketingpolitischer Maßnahmen mit Hilfe verhaltenswissenschaftlicher Konstrukte und darauf aufbauend die Entwicklung von Techniken zur Steuerung des menschlichen Verhaltens und im Speziellen von Wirtschaftssubjekten in Unternehmen und auf Märkten.

Um **realistischere Aussagen** über das **Verhalten** dieser Wirtschaftssubjekte in Unternehmen und auf Märkten zu erhalten, werden daher zunehmend verhaltenswissenschaftliche Erkenntnisse auf dienstleistungsmarketingspezifische Sachverhalte angewandt. Die verhaltensbezogene Marketingtheorie geht beispielsweise vom S-O-R-Schema aus. Die drei grundsätzlichen Variablenklassen setzen sich aus den auf den Organismus wirkenden Stimuli („S"), den beobachtbaren Reaktionen („R") und den so genannten intervenierenden Variablen, die in Form hypothetischer Konstrukte die nicht beobachtbaren psychischen Zustände sowie die Beziehungen im Organismus („O") zur Erklärung dieser Variablen abbilden, zusammen (vgl. Schaubild 2-2-6).

Nach dem **S-O-R-Modell** werden die absatzpolitischen Instrumente (S) in Abhängigkeit von den Erfahrungen, Wissensbeständen, Einstellungen, Motiven und Gefühlen des potenziellen Kunden (O) in jeweils anderer Weise erlebt und determinieren so unterschiedlich das Kaufverhalten (R). Für das Dienstleistungsmarketing gilt demnach, vom Kunden und seinen psychischen Vorgängen auszugehen, z. B. seine Erwartungen und Wünsche in ihrer Differenziertheit und ihrer Dynamik zu erkennen, um dann die absatzpolitischen Maßnahmen daraufhin auszurichten und ihn zielorientiert zu beeinflussen (von Rosenstiel/Neumann 2002, S. 73ff.).

Schaubild 2-2-6 Stimulus-Organismus-Reaktions-(S-O-R)Schema

Beobachtbare Sachverhalte	Theoretische Konstrukte	Beobachtbare Sachverhalte
S (Stimuli)	O (intervenierende Variablen)	R (Reaktion)
z. B. Mitarbeiter im Kundenkontakt	(a) Kognitive Prozesse z. B. Wissen (b) Affektive Prozesse z. B. Einstellung, Zufriedenheit, Vertrauen	z. B. Kauf, Wiederkauf, Weiterempfehlung

Ausgehend vom S-O-R-Modell wurden in der Marketingwissenschaft und insbesondere in der Konsumentenforschung seit den 1960er Jahren zahlreiche **theoretische Konstrukte** mit dem Ziel untersucht, das Verhalten von Konsumenten zu erklären, d. h., Gesetzmäßigkeiten über das Verhalten zu formulieren, zu prüfen und daraus Schlussfolgerungen für die Praxis zu ziehen (Kroeber-Riel/Weinberg/Gröppel-Klein 2009, S. 10). Gerade im Dienstleistungsmarketing haben solche Konstrukte die wissenschaftliche Diskussion in den letzten Jahren stark geprägt. Dienstleistungsqualität, Kundenzufriedenheit, Loyalität und Beziehungsqualität sind einige dieser Konstrukte, deren Konzeptualisierung und Operationalisierung Gegenstand zahlreicher empirischer Untersuchungen war und noch heute ist.

Zur **Entwicklung von Theorien** werden auf Basis der theoretischen Konstrukte mit Hilfe von Wenn-Dann-Aussagen **Hypothesen** gebildet. In Wenn-Dann-Aussagen werden ein bedingender und ein bedingter Sachverhalt miteinander verknüpft. Die Wenn-Elemente einer Theorie sind grundsätzlich Bedingungen äußerer Stimuli (S) (zum Beispiel das Auftreten eines Mitarbeitenden im Kundenkontakt) oder Bedingungen innerer Zustände (O) (zum Beispiel eine positive Einstellung des Kunden gegenüber dem Mitarbeitenden). Die Dann-Elemente sind Bedingungen innerer Zustände (O) (zum Beispiel Vertrauen zu einem Verkäufer) oder die Verhaltensreaktion (R) (zum Beispiel der Wiederkauf oder die Weiterempfehlung). Schaubild 2-2-7 verdeutlicht die Hypothesenbildung anhand der Erfolgskette des Dienstleistungsmarketing.

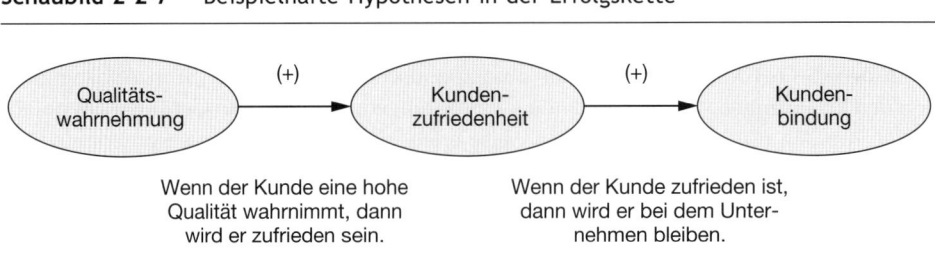

Schaubild 2-2-7 Beispielhafte Hypothesen in der Erfolgskette

Qualitätswahrnehmung →(+)→ Kundenzufriedenheit →(+)→ Kundenbindung

Wenn der Kunde eine hohe Qualität wahrnimmt, dann wird er zufrieden sein.

Wenn der Kunde zufrieden ist, dann wird er bei dem Unternehmen bleiben.

Ursprüngliches Ziel von Konsumentenforschern war es, mit Hilfe von Hypothesen, die auf der Verifizierung von Wenn-Dann-Aussagen beruhten, ein so genanntes **Totalmodell des Konsumentenverhaltens** zu schaffen, das das Konsumentenverhalten möglichst umfassend erklärt. Jedoch wurde der Anspruch einer formalisierten, bewährten und praktisch verwendbaren „totalen" Theorie aufgrund der Unterschiedlichkeit von Branchen, Unternehmen und Konsumenten gezwungenermaßen aufgegeben (vgl. Bagozzi 1979). Deshalb werden in der aktuellen Marketingforschung pragmatische, im Marketing umsetzbare **Teilmodelle mit Hypothesen** entwickelt und getestet, die folgende Eigenschaften enthalten (Trommsdorff 2009, S. 25ff.):

- Hypothesen, die sich mehrfach empirisch unter verschiedenen Bedingungen bewährt haben.

- Wenn-Bedingungen, die durch Marketingmaßnahmen steuerbar sind.

- Dann-Aussagen, die für die Marketingziele (z. B. Kundenzufriedenheit, -bindung) relevant sind.

- Aussagen, die für eine abgrenzbare Zahl von Marktsituationen gelten (Allgemeinheitsgrad „mittlerer Reichweite").

Zur empirischen Überprüfung dieser Teilmodelle ist der Einsatz der **Kausalanalyse** weit verbreitet. Sie dient der Darstellung und Analyse komplexer Ursache-Wirkungs-Strukturen, die die Wenn-Dann-Aussagen, die verifiziert oder falsifiziert werden, widerspiegeln. Innerhalb der Kausalmodelle werden so genannte **Strukturvariablen** als latente Konstrukte aufgefasst, die mehrdimensional anhand so genannter **Indikatorvariablen** gemessen werden, über deren Ausprägungen aus Kundensicht eine Ermittlung der Werte für die Strukturvariablen erfolgt. Typische Indikatorvariablen der Kundenbindung sind zum Beispiel die Wiederwahlbereitschaft und die Weiterempfehlungsbereitschaft.

Die Erkenntnisse dieser Teilmodelle finden im Dienstleistungsmarketing bei der Gestaltung sowohl von Dienstleistungen als auch von Geschäftsbeziehungen Anwendung. Konstrukte wie die Dienstleistungsqualität, Kundenzufriedenheit und Loyalität stellen zentrale Zielgrößen des Marketing dar, die zur Kundensegmentierung, zur Steuerung und Kontrolle eines Qualitätsmanagements usw. eingesetzt werden.

Nach den Ausführungen zum allgemein gültigen Forschungsparadigma im Rahmen der verhaltenswissenschaftlichen Forschung werden im Folgenden spezielle psychologische Theorien dargestellt, die als Erklärungsansätze für das Dienstleistungsmarketing von Relevanz sind. Dazu gehören vor allem die Lerntheorie, die Risikotheorie sowie die Dissonanztheorie.

2.21 Ansätze der Lerntheorie

Unter dem Begriff **Lernen** wird eine relativ überdauernde Veränderung auf Basis von Erfahrungen und/oder Erkenntnissen im Organismus verstanden, das durch psychische Dispositionen modifiziert und durch das Verhaltenspotenzial erneuert oder verändert wird. Es erfüllt eine Informationsfunktion, da es Informationen über Umweltzusammenhänge und Auswirkungen des eigenen Verhaltens auf die Umwelt umfasst. Die Verhaltensfunktion trägt dazu bei, anhand dieser Informationen das Verhalten den Erfordernissen anzupassen (Gröppel-Klein 2004, S. 461; Kaas 2001, S. 754; Solomon/Bamossy/Askegaard 2001, S. 89; Trommsdorff 2009, S. 242f.).

Die dabei ablaufenden Prozesse lassen sich in automatische und komplexe Lernvorgänge unterscheiden. Im Rahmen **automatischer Lernprozesse** werden Informationen unbewusst aufgenommen und gespeichert. In diesem Zusammenhang besagt die so genannte Mere-Exposure-Hypothese, dass die Bewertung eines Gegenstands umso positiver ausfällt, je häufiger dieser Gegenstand wahrgenommen wird. Diese Hypothese ist jedoch nur auf Low-Involvement-Stimuli übertragbar (Trommsdorff 2009, S. 242).

Dagegen weisen **komplexe Lernvorgänge** einen vernunftgesteuerten und kognitiven Charakter auf. Hier werden Informationen aktiv verarbeitet, um Wissensstrukturen aufzubauen und im Langzeitgedächtnis zu verankern. Der Wissenserwerb hängt neben den situativen Lernbedingungen und den persönlichen Fähigkeiten vom Involvement hinsichtlich der zu lernenden Botschaft ab (Gröppel-Klein 2004, S. 461f. Solomon/Bamossy/Askegaard 2001, S. 94).

Aufbauend auf diesen fundamentalen Überlegungen hat sich eine Vielzahl **unterschiedlicher Lerntheorien** entwickelt (vgl. für einen Überblick Bower/Hilgard 1984). Im Kontext des Dienstleistungsmarketing sei auf das **Lernen nach dem Verstärkungsprinzip** verwiesen. Verhaltensänderungen werden demnach durch die Konsequenzen hervorgerufen, die das Verhalten für ein Individuum hat. Diese Konsequenzen bestehen aus Umweltreizen, die auf das Individuum einwirken und entweder als positiv (belohnend) oder negativ (bestrafend) beurteilt werden (Kroeber-Riel/Weinberg/Gröppel-Klein 2009, S. 378f.; Solomon/Bamossy/Askegaard 2001, S. 94f.). Folglich werden Nutzen bringende Verhaltensweisen der Vergangenheit beibehalten und Verhaltensweisen, die wenig Nutzen gebracht haben, führen zu Verhaltensänderungen (Wilkie 1994; Engel/Blackwell/Miniard 2006). Auf Geschäftsbeziehungen bezogen bedeutet dies, dass Kunden diese wahrscheinlich beibehalten, wenn sie im Rahmen der Beziehung einen klaren Nutzen wahrnehmen bzw. mit der Beziehung zufrieden sind (Homburg/Bruhn 2010).

2.22   Ansätze der Risikotheorie

Die **Risikotheorie** besagt, dass Individuen versuchen, ihr subjektiv wahrgenommenes kaufspezifisches Risiko möglichst gering zu halten (Bauer 1960; Kroeber-Riel/Weinberg/Gröppel-Klein 2009). Das subjektiv empfundene Risiko beinhaltet zum einen die Bedeutsamkeit negativer Konsequenzen einer möglichen Fehlentscheidung. Zum anderen fließen auch Überlegungen hinsichtlich der Eintrittswahrscheinlichkeit dieser Negativfolgen ein (Bruhn 1982).

Es wird jedoch nicht von einer generellen Risikominimierung des Konsumenten ausgegangen. Bei einem geringen Involvement des Konsumenten tritt kaum eine Risikowahrnehmung auf (Solomon/Bamossy/Askegaard 2001, S. 256ff.). Diese kommt erst bei zunehmendem Involvement zum Tragen. Um eine Verhaltenswirkung auszulösen, ist folglich das Überschreiten einer individuellen Toleranzschwelle notwendig. Wird diese Schwelle erreicht, wendet der Konsument verschiedene Techniken zur **Risikoreduktion** an (Kroeber-Riel/Weinberg/Gröppel-Klein 2009, S. 435ff.). Zum einen wird versucht, nachteilige Konsequenzen zu verringern. Denkbar ist z. B. zunächst ein Testkauf, um die Qualität der Leistung besser einzuschätzen. Zum anderen wird der Abbau der Unsicherheit mittels subjektiver Informationsverarbeitung angestrebt. Diesbezüglich sei auf die Parallelen zur Dissonanztheorie verwiesen (für weitere Ausführungen vgl. nachfolgenden Abschnitt 2.23).

In der Literatur werden als mögliche **negative Konsequenzen** für den Konsumenten funktionelle, finanzielle, soziale, psychologische und psychische Risiken unterschieden (Kusterer/Diller 1992; Kroeber-Riel/Weinberg/Gröppel-Klein 2009, S. 436; Solomon/Bamossy/Askegaard 2001, S. 260). Funktionelle Risiken beziehen sich auf die Funktionalität einer Dienstleistung (eine Versicherung umfasst z. B. nicht alle vom Kunden erwünschten Leistungen). Das finanzielle Risiko bezieht sich auf einen möglicherweise überhöhten Preis gegenüber Konkurrenzangeboten. Die Ablehnung der Familie und des Umfelds bezüglich der erworbenen Leistung fällt schließlich unter die sozialen und psychischen Risiken.

Die Risikotheorie leistet einen Beitrag zur Erklärung von Geschäftsbeziehungen, da ein Kunde durch die Wiederholung einer ihm vertrauten Kaufentscheidung bzw. Anbieterwahl versucht, das Risiko einer potenziellen Unzufriedenheit so gering wie möglich zu halten (Hentschel 1991). Besondere Bedeutung kommt in diesem Zusammenhang der Markentreue zu. Sie trägt dazu bei, das wahrgenommene Risiko unter Kontrolle zu halten oder zu reduzieren (Kroeber-Riel/Weinberg/Gröppel-Klein 2009, S. 438).

2.23 Ansätze der Dissonanztheorie

Die bereits im Rahmen der mikroökonomischen Ansätze angesprochene Problematik unterschiedlicher Informationsniveaus zwischen Anbietern und Nachfragern von Dienstleistungen wird auch im Rahmen der **Dissonanztheorie** (vgl. Festinger 1957) untersucht. Hier steht weniger die ökonomische Bewertung möglicher Folgen im Mittelpunkt, sondern vielmehr die subjektive und individuelle Erfahrung mit der Unsicherheit über Handlungsfolgen. Diese Theorie geht davon aus, dass Individuen ein dauerhaftes Gleichgewicht ihres kognitiven Systems anstreben. In Bezug auf eine Geschäftsbeziehung bedeutet dies, dass nach einem Kauf versucht wird, Dissonanz erhöhende Informationen zu vermeiden. Gleichzeitig wird nach Dissonanz mindernden Informationen gesucht. Umbewertung, Ergänzung oder auch Verdrängung von Informationen sind typische Verhaltensweisen eines Kunden, um vorhandene Dissonanzen abzubauen (Kroeber-Riel/Weinberg/Gröppel-Klein 2009, S. 230f.; Trommsdorff 2009).

Das **Auftreten** und die **Stärke der Dissonanz** hängen von mehreren Faktoren ab. Der empfundene Konflikt verstärkt sich, je schlechter die eigene Kompetenz eingeschätzt wird. Ist der Konsument z. B. über die verschiedenen Alternativen und Leistungen beim Abschluss einer Versicherung schlecht informiert, werden nach Vertragsschluss erhebliche Zweifel an der Richtigkeit der Entscheidung auftreten. Einfluss auf die Stärke der Dissonanz nimmt in der Phase nach der Entscheidung auch die aktive Suche nach Informationen, bei denen die Gefahr besteht, dass sie im Widerspruch zu der getätigten Entscheidung stehen. Des Weiteren hängt die Dissonanz davon ab, welche Bedeutung die kognitiven Elemente für eine Person haben (Kroeber-Riel/Weinberg/Gröppel-Klein 2009, S. 231). Die Entscheidung über die Art einer medizinischen Behandlung ruft z. B. stärkere Dissonanzen hervor als die Auswahl eines Friseurs. Ein weiterer Einflussfaktor ist schließlich die subjektive Toleranz gegenüber kognitiven Ungereimtheiten (Gröppel-Klein 2004, S. 185). Der Druck, Dissonanz zu reduzieren, kann somit eher in Situationen mit hohem Involvement beobachtet werden (Solomon/Bamossy/Askegaard 2001, S. 160f.).

Insbesondere für Dienstleistungen, die eine **körperliche Integration** des Dienstleistungsnachfragers erforderlich machen, kommt dem subjektiven Erleben von Unsicherheit und Risiko eine besondere Bedeutung für die Entscheidungsfindung zu. Nehmen die kognitiven Dissonanzen und damit auch die Wechselabsicht im Laufe einer Geschäftsbeziehung ab, trägt die Dissonanztheorie zur Erklärung des Entstehens langfristiger Geschäftsbeziehungen bei (vgl. auch Kroeber-Riel/Weinberg/Gröppel-Klein 2009). In diesem Zusammenhang ist auf ein Problemfeld hinzuweisen: Geht man davon aus, dass kognitive Dissonanzen nach dem Erstkauf einer Leistung vorhanden sind, begründet die Dissonanztheorie die Wiederholung einer Erstentscheidung mit. Kritisch ist jedoch zu betrachten, ob ein Erklärungsbeitrag über diese Erstentscheidung hinaus gegeben ist. Studien aus den späten 1970er Jahren haben deutlich gezeigt, dass die Wahrscheinlichkeit des Vorhandenseins kognitiver Dissonanzen nach mehrmaligen Käufen nur noch sehr gering ist (von Rosenstiel/Ewald 1979).

2.24 Ansätze der Attributionstheorie

Die **Attributionstheorie** versucht, einen Beitrag zur Begründung der beobachtbaren Aktivitäten und Ergebnisse einer Interaktion zu leisten (Kelley 1973). Dabei sind die Interaktionspartner bemüht, diese beobachtbaren Sachverhalte zu erklären, indem sie die Ursachen auf das eigene Verhalten, das Verhalten des Interaktionspartners oder auf das Umfeld zurückführen (attribuieren).

Für die Vornahme der **Ursachenzuschreibung** werden die drei Kategorien Personen, Umweltstimuli/Objekte und Handlungsumstände/Situationen/Zeitpunkt angewandt. Wie exakt eine Ursache unter mehreren möglichen Ursachen einem Verhalten zugeordnet wird, ist davon abhängig, wie stark andere Personen in gleicher Weise attribuieren (Konsensus), wie deutlich sich die wahrgenommene Ursache von anderen Ursachen abhebt (Distinktheit) und wie konsistent die Beobachtung über einen längeren Zeitverlauf ist (Konsistenz) (Kelley 1967). Werden die Ursachen dem eigenen Verhalten zugeschrieben, führt dies zu einer Beeinflussung der eigenen Verhaltensweisen (Bem 1974).

Die Ansätze der Attributionstheorie finden bislang zahlreiche Anwendungen im Marketing und lassen sich auch zur Erklärung der Besonderheiten des Dienstleistungsmarketing heranziehen. Im Rahmen des Dienstleistungserstellungsprozesses ergeben sich durch die notwendige Integration des externen Faktors zahlreiche Anknüpfungspunkte für die Ursachenzuschreibung der Interaktionspartner (Dixon/Spiro/Jamil 2001). Durch den direkten Kontakt mit dem Mitarbeitenden wird eine **personenbezogene Attribution** des Kunden angestrebt. Liegt z. B. eine Attribution vor, die den Mitarbeitenden als kompetent, glaubwürdig und an einer Problemlösung interessiert einstuft, trägt dies zum Aufbau einer langfristigen Kundenbindung bei. Wird die Dienstleistung eher als situationsbedingtes, zufälliges Ergebnis beurteilt, führt dies nicht zum Aufbau einer Kundenbindung (Trommsdorff 2009, S. 263f.). Die Immaterialität der Dienstleistung führt zu Bewertungsunsicherheiten bezüglich der Leistungsqualität. Dies begründet die besondere Bedeutung der Weiterempfehlung im Dienstleistungsmarketing. Wird die empfehlende Person ebenfalls mit positiven personenbezogenen Attributen belegt, steigert dies die Glaubwürdigkeit der Informationen.

Bei der Betrachtung der Attributionstheorie ist jedoch die **Kritik** an dieser Theorie zu berücksichtigen. So wird der Einfluss der aus der Attributionstheorie abgeleiteten Erklärungen häufig überschätzt. Den Beurteilungen des Konsumenten liegen meist keine gedanklichen Aktivitäten zu Grunde, vielmehr laufen sie nach festgelegten Denkmustern weitgehend gedankenlos ab. Sie basieren somit nicht auf den kognitiven Einsichten, die von der Attributionstheorie unterstellt werden (Kroeber-Riel/Weinberg/Gröppel-Klein 2009, S. 348f.).

2.25 Ansätze der Balancetheorie

Die **Balancetheorie** setzt sich mit den Bestrebungen von Personen auseinander, ihre Überzeugungen, Einstellungen, Werte und Aktivitäten in Einklang miteinander zu bringen und in diesem Zustand zu halten (Festinger 1957; Heider 1958). Treten Widersprüche auf, wird versucht, diesen störenden Spannungszustand zu reduzieren und zu eliminieren.

Innerhalb einer Beziehung von zwei Personen liegt dieses gewünschte Gleichgewicht vor, wenn die beiden Personen im Hinblick auf ein Bezugsobjekt (z. B. einen Gegenstand, eine Leistung, eine Person) die **gleiche Einstellung** haben. Bei einem vorhandenen Ungleichgewicht wird eine der beiden Personen seine Einstellung anpassen, um das Gleichgewicht wiederherzustellen (Heider 1958, S. 245f.). Dieses interpersonelle Gleichgewicht lässt sich auf die Einstellung des Kunden und des Mitarbeitenden in Bezug auf das angestrebte Ergebnis einer Dienstleistung übertragen. Weisen die Interaktionspartner ähnliche Einstellungen auf, werden sie vergleichbare Anforderungen an ein zufrieden stellendes Dienstleistungsergebnis haben.

Im Rahmen der Balancetheorie wird davon ausgegangen, dass in einer Mitarbeiter-Kunden-Beziehung der Kunde seine Einstellung an die Einstellung des Mitarbeitenden anpasst. Die Einstellung des Kunden zu einem Unternehmen wird dadurch beeinflusst, dass der Kunde über einen längeren Zeitraum den Mitarbeitenden und die Konsequenzen aus dessen Einstellung zum Unternehmen beobachtet. Zur Begründung der Einstellung des Kunden zum Unternehmen dient der Mitarbeitende als Orientierungsgröße (vgl. z. B. Williams/Attaway 1996; Hurley 1998). Des Weiteren legt die Balancetheorie die empirisch überprüfte Annahme zu Grunde, dass der Mitarbeitende größeren Einfluss auf die Kundeneinstellung ausübt als umgekehrt (vgl. z. B. Grönroos 1980b; Schneider/Bowen 1985). Schließlich ist die Einstellung eines Mitarbeitenden zum Unternehmen in der Regel stabiler als diejenige des Kunden. Auf der Grundlage der Mere-Exposure-Hypothese wird die Stärke einer

Einstellung hinsichtlich eines Bezugsobjekts durch die Intensität des Kontakts beeinflusst (Obermiller 1985).

Aus diesen Annahmen lässt sich ableiten, dass eine Analyse von **Ähnlichkeiten zwischen dem Mitarbeitenden und dem Kunden** notwendig ist. Als Kriterien eines sozialen Vergleichs in Bezug auf die Ähnlichkeit kommen sämtliche Persönlichkeitsdeterminanten in Betracht. Jedoch wirken die Mitarbeitenden eines Dienstleistungsunternehmens auf ihren Gegenüber in unterschiedlicher Weise, so dass die Zufriedenheit der Kunden mit der Interaktion und mit der gesamten Dienstleistung – auch unter einer Ceteris-Paribus-Annahme – personenspezifisch variiert (Grund 1998). Ähnlichkeitsüberlegungen sprechen folglich für persönliche Mitarbeiter-Kunden-Beziehungen.

Die verhaltenswissenschaftlichen Ansätze liefern eine Reihe interessanter Erklärungsmuster, die insbesondere vor dem Hintergrund der Integration des externen Faktors im Dienstleistungsmarketing von hoher Bedeutung sind. Aufbauend auf dieser explikativen Funktion verhaltenswissenschaftlicher Theorieansätze lassen sich für das Dienstleistungsmarketing auch konkrete Handlungsempfehlungen ableiten (normative Funktion), die wesentlich differenzierter sind als die (z. T. pauschalisierenden) Aussagen der Neuen Institutionenökonomik. Die Immaterialität und Notwendigkeit der Bereitstellung von Leistungspotenzialen werden hier nicht explizit mit einbezogen. Trotzdem bietet zumindest die Risikotheorie ansatzweise Erklärungspotenzial hinsichtlich dieser Dienstleistungsbesonderheiten; beide bedeuten für die Kaufentscheidung des Konsumenten Risiken, die implizit berücksichtigt werden.

2.3 Sozialpsychologische Erklärungsansätze

Hinsichtlich einer **sozialpsychologischen Erklärung** von Fragestellungen des Dienstleistungsmarketing sind vor allem die Soziale Austauschtheorie, die Anreiz-Beitrags-Theorie und die Equitytheorie von Relevanz.

Im Mittelpunkt der sozialpsychologischen Ansätze steht die Analyse und Gestaltung von Interaktionen. Im Dienstleistungsmarketing sind dyadisch-personale Interaktionen relevant. Ansatzpunkt der Auseinandersetzung mit den sozialen Komponenten der Interaktion ist die Trennung der sachlichen Ebene der Interaktion von der sozialen Ebene. Aus der Perspektive des Kunden werden Mitarbeitende eines Dienstleistungsunternehmens und ihre Aktivitäten nicht vor dem Hintergrund einer neutralen und sachlichen Problemlösung interpretiert, sondern in einem Gesamtkontext mit affektiven Elementen (Backhaus/Voeth 2010).

Die hier betrachteten Theorien zu dyadisch-personalen Interaktionen gehen davon aus, dass das Verhalten einer Person im Rahmen einer Austauschbeziehung davon abhängt, ob und wie sie vom Interaktionspartner belohnt oder bestraft wird (Staehle 1999, S. 310).

2.31 Ansätze der Sozialen Austauschtheorie

Die **Soziale Austauschtheorie** (Homans 1961; Blau 1964) dient der Erklärung der Entstehung und des Fortbestehens sozialer Beziehungen und somit auch von Kundenbeziehungen (Bagozzi 1975; Meffert/Bruhn 1978). Zentraler Gegenstand von Austauschbeziehungen ist der gegenseitige **Austausch von Werten** (Bagozzi 1975; Houston/Gassenheimer 1987). Bei Zugrundelegung einer mittelfristigen Perspektive wird die Lieferung eines Wertes durch den einen Partner früher oder später durch die Lieferung eines Wertes durch den anderen Partner kompensiert.

Außerdem liegt den Austauschprozessen das **Ziel der Gleichheit** zu Grunde, d. h., beide Austauschpartner streben an, dass Gerechtigkeit zwischen ihnen herrscht (Homans 1961; Sahlins 1972). Dies impliziert nicht nur, dass ein Austauschpartner darauf achtet, dass er nicht vom anderen Austauschpartner übervorteilt wird; vielmehr ist dem jeweiligen Austauschpartner auch bewusst, dass eine Übervorteilung des anderen mit negativen Konsequenzen verbunden ist. Eine langfristige Kundenbindung ist z. B. nicht möglich, wenn der Kunde durch eine zu hohe Preisforderung des Anbieters benachteiligt wird. Bei einer Betrachtung unterschiedlicher Leistungstypen ist dies vor allem bei jenen Individualleistungen gegeben, bei denen die Kunden in der Lage sind, das Unternehmensverhalten aufgrund des engen Kontaktes zum Unternehmen umfassend zu bewerten.

Die Entscheidungsgrundlage eines Kunden im Hinblick auf den Verbleib in einer Kundenbeziehung stellt die **Beurteilung der Beziehung** aus Kundensicht dar. Zur Beurteilung von Beziehungen werden ökonomische Kalküle zu Grunde gelegt (Homans 1968, S. 58f.). Der Kunde erhält eine Beziehung zum Unternehmen dann aufrecht, wenn der Nettonutzen (Outcome = OC) aus der Beziehung positiv ist. Der Nettonutzen wiederum ergibt sich als Differenz zwischen dem Austauschnutzen (z. B. Leistungsqualität) und den Austauschkosten (z. B. Preis). Weiterhin postuliert die Theorie einen abnehmenden Grenznutzen bei wiederholten Austauschprozessen.

Bei der Modellierung des Beurteilungsprozesses wird angenommen, dass Beziehungspartner die Beziehung mittels eines **Beurteilungsmaßstabes**, des so genannten Comparison Levels (CL), bewerten (Thibaut/Kelley 1986). Anhand dieses Maßstabes legen die Beziehungspartner fest, wie hoch die Beziehungskosten und der Beziehungsnutzen ausgeprägt sind. Bei einem Vergleich entsteht Zufriedenheit, wenn OC über CL liegt. Die Ausprägung des Comparison Levels ist in wesentlichem Maße von den bisherigen Erfahrungen des Kunden mit der entsprechenden Leistungskategorie abhängig. Der Comparison Level stellt den Ausgangspunkt für die Betrachtung von Kundenzufriedenheit und wahrgenommener Dienstleistungsqualität dar, bei denen der Beurteilungsmaßstab durch die Kundenerwartungen repräsentiert wird.

Trotz der ökonomisch fundierten Modellierung des Beurteilungsprozesses betont die Austauschtheorie die **Relevanz sozialer Aspekte** für das Beziehungsverhalten. Dies wird dadurch realisiert, dass der Theorie eine breite Auffassung des Nutzens aus einer Beziehung zu Grunde liegt. So wird postuliert, dass zu den zentralen Nutzenelementen soziale Aspekte, wie Vertrauen, Anerkennung und Zuneigung, zählen (Klee 2000).

Ein bei der Gestaltung des Dienstleistungsmarketing wesentlicher Aspekt ist die **Bewertung verfügbarer Beziehungsalternativen** (Thibaut/Kelley 1986). Ein Kunde beurteilt die Beziehung zu einem Anbieter nicht nur auf Basis der Erfahrungen mit diesem Anbieter, sondern darüber hinaus auf der Grundlage von Erfahrungen mit anderen Anbietern in der entsprechenden Leistungskategorie. Ein Vergleich mit Alternativen wird durch die Gegenüberstellung von CL und einem alternativen Vergleichsniveau (CL_{alt}) vorgenommen.

2.32 Ansätze der Anreiz-Beitrags-Theorie

Zur Erklärung des interpersonellen Gleichgewichts trägt die **Anreiz-Beitrags-Theorie** bei (March/Simon 1958; Barnard 1970). Sie geht von einigen Grundannahmen aus. Diese besagen, dass die menschliche Informationsgenerierungs- und -verarbeitungskapazität begrenzt sind. Dies trifft auch auf die Rationalität der Entscheidungsträger zu. Des Weiteren wird angenommen, dass die Informationen entscheidender Personen unvollständig sind, und die Personen nur eine begrenzte Bereitschaft zeigen, sich für die eigene Organisation zu engagieren.

Vor diesem Hintergrund setzt sie sich mit dem **Entscheidungsverhalten von Organisationsteilnehmern** auseinander, die im Rahmen der Austauschbeziehung nach Gleichgewicht streben. Gleichgewicht existiert dabei, wenn die gebotenen Anreize mindestens den eigenen Beiträgen entsprechen. In Abhängigkeit von der Beurteilung des Anreiz-Beitrags-Verhältnisses werden unterschiedliche Verhaltensweisen angenommen (Staehle 1999, S. 432). Nimmt eine Person ein Gleichgewicht wahr, hat dies eine Entscheidung für das Austauschverhältnis und für den Eintritt in die Organisation zur Folge. Bei Ungleichgewicht folgt als Reaktion dagegen das Verlassen der Organisation bzw. eine Entscheidung gegen einen Eintritt. Durch die Schaffung gemeinsamer Werte und Normen, das Training und die Motivation der Mitarbeitenden und die Implementierung von Richtlinien ist eine Beeinflussung des Entscheidungsverhaltens durch das Unternehmen steuerbar (March/Simon 1993, S. 166; Simon 1997a, S. 9).

Obwohl die Anreiz-Beitrags-Theorie von Organisationsteilnehmern als Interaktionspartner ausgeht, lassen sich die Ausführungen zum Entscheidungsverhalten auf die Mitarbeiter-Kunde-Interaktion im Dienstleistungsbereich übertragen. Folglich wird der Konsument die Beziehung zum Dienstleistungsunternehmen aufrechterhalten, wenn die Leistung des Unternehmens mindestens seiner eigenen Gegenleistung (z. B. Preis, Zeitaufwand) entspricht.

2.33 Ansätze der Equitytheorie

Die **Equitytheorie** wurde ursprünglich zur Erklärung der Einkommensgerechtigkeit entwickelt (Adams/Rosenbaum 1962; Adams/Jacobsen 1964; Adams 1965). Sie beschäftigt sich somit ebenfalls mit der Gerechtigkeit von Austauschbeziehungen. Sie geht jedoch von der Annahme aus, dass Personen erhaltene Erträge (Outcome) und erbrachte Aufwendungen (Input) mit dem Input-Outcome-Verhältnis anderer Personen vergleichen (Adams 1965). Gerechtigkeit (equity) liegt folglich vor, wenn in einer Beziehung dieses Verhältnis zwischen den Austauschpartnern übereinstimmt (Homans 1968, S. 30). Ungerechtigkeit (inequity) wird hingegen empfunden, wenn die verglichenen Verhältnisse voneinander abweichen, wobei dies für eine Benachteiligung und eine Begünstigung gleichermaßen gilt (Homans 1968, S. 424). Zur Wiederherstellung von Gerechtigkeit ist eine Einstellungsänderung bezüglich Input bzw. Outcome, ein Abbruch der Beziehung, die Beeinflussung des Austauschpartners oder eine Veränderung des Inputs möglich (Adams 1965, S. 283ff.).

Innerhalb der Equitytheorie ist kritisch anzumerken, dass Input und Outcome meist nur mangelhaft präzisiert werden, und somit erhebliche Interpretationsspielräume existieren (Deutsch 1985). Daneben ist ihre Anwendbarkeit primär auf ökonomische Austauschbeziehungen beschränkt (Taylor/Moghaddam 1994, S. 117).

Die Prämisse der **Anwendbarkeit für ökonomische Austauschbeziehungen** wird für die Erklärung von Austauschbeziehungen im Marketing erfüllt. Hauptsächlich wird sie in diesem Rahmen auf Austauschbeziehungen zwischen Anbieter und Kunde angewandt. Dies liefert einen Erklärungsbeitrag für die dienstleistungsspezifische Besonderheit der Integration des externen Faktors. Als Forschungsschwerpunkte werden in diesem Zusammenhang die Konsequenzen empfunder (Un-) Gerechtigkeit auf die Kundenzufriedenheit (vgl. z. B. Huppertz/Arenson/Evans 1978; Oliver/Swan 1989), die Kundenloyalität (vgl. Blodgett/Hill/Tax 1997), das Preisverhalten (vgl. Koschate 2002; Stock 2005) sowie die Kundenrückgewinnung (vgl. z. B. Homburg/Sieben/Stock 2004) untersucht.

Die sozialpsychologischen Theorien weisen – ebenso wie die psychologischen – einen Bezug zum **konkreten Nachfragerverhalten** auf; mit der Erweiterung, dass die im Dienstleistungserstellungsprozess wichtige Interaktion zwischen den Transaktionspartnern im Vordergrund steht. Im Gegensatz zur Transaktionskostentheorie ist opportunistisches Verhalten nicht das zwingende Resultat von Informationsasymmetrien. Das Verhalten wird also nicht allein auf transaktionsbasierter, sondern außerdem auf sozialer Ebene erklärt. In diesem Bereich ist der Erklärungsgehalt der sozialpsychologischen Theorien höher zu bewerten als bei den Ansätzen der Neuen Institutionenökonomik.

2.4 Organisationstheoretische Erklärungsansätze

Bei den **organisationstheoretischen Ansätzen** steht das Unternehmen im Kontext des unternehmensrelevanten Umfelds im Mittelpunkt der Betrachtung. Wurde in den vorhergehenden Abschnitten auf die Interaktion zwischen zwei Personen fokussiert, ist nun die Beziehung des Unternehmens zu seinen Anspruchsgruppen relevant. Innerhalb der Vielzahl der Anspruchsgruppen wird der Schwerpunkt auf die Beziehung zur Anspruchsgruppe der (potenziellen) Kunden gelegt. Dabei tritt das Unternehmen nicht nur in Interaktion mit den Kunden, sondern befindet sich auch in einem Abhängigkeitsverhältnis, da den nachfolgenden Ausführungen zur theoretischen Fundierung des Dienstleistungsmarketing anhand der Resource-Dependence-Theorie und dem Resource-based View die Überlegung zu Grunde liegt, dass durch die notwendige Integration des externen Faktors in den Leistungserstellungsprozess der Kunde ebenfalls notwendige Ressourcen für ein Unternehmen liefert.

2.41 Ansätze der Resource-Dependence-Theorie

Das Fundament für die **Resource-Dependence-Theorie** lieferten die Arbeiten von Aldrich/Pfeffer (1976), Van de Ven (1976), Pfeffer (1972, 1982) und Pfeffer/Salancik (1978). Im Mittelpunkt dieser Theorie steht die **begrenzte Ressourcenverfügbarkeit** einer Unternehmung. Ausgangspunkt der Betrachtung ist die Fragestellung, inwieweit ein Unternehmen fähig ist, durch die Versorgung mit den benötigten Ressourcen das eigene Überleben sicherzustellen (Pfeffer/Salancik 1978, S. 258; Pfeffer 1982, S. 192).

Zur Erfüllung dieser bedeutsamen Aufgabe ist es notwendig, dass das Unternehmen mit unterschiedlichen Organisationen in Kontakt tritt, die über diejenigen Ressourcen verfügen, die zur langfristigen Existenzsicherung erforderlich sind. Somit werden die Aktivitäten der Unternehmung in gewissem Maße durch die Unternehmensumwelt beeinflusst (Aldrich/Pfeffer 1976, S. 79). Dabei lässt sich die Unternehmensumwelt entsprechend des Stakeholderansatzes (vgl. Freeman 1984) in unterschiedliche Bezugsgruppen unterteilen, zu denen z. B. die Gläubiger, die Lieferanten, die Mitarbeitenden, die Kunden, die Konkurrenz, der Staat und die Gesellschaft zählen. Folglich leisten auch die Kunden einen Beitrag, um das Unternehmen mit existenziellen Ressourcen zu versorgen. Dieses **Abhängigkeitsverhältnis** führt generell zu Unsicherheiten auf Unternehmensseite (Pfeffer/Salancik 1978, S. 68). Bei Dienstleistungsunternehmen erlangen sie allerdings durch die notwendige Integration des externen Faktors in den Leistungserstellungsprozess besondere Bedeutung.

Im Rahmen der Resource-Dependence-Theorie werden die verhaltens- und die erfolgsbezogene Abhängigkeit unterschieden (Pfeffer/Salancik 1978, S. 41). Bei der **verhaltensbezogenen Abhängigkeit** wird die Verhaltensweise einer Organisation durch das Verhalten einer anderen Organisation beeinflusst (Pfeffer 1982, S. 193). Für Dienstleistungsunternehmen bedeutet dies z. B., dass sich das Engagement der Mitarbeitenden im Kundenkontakt auf die Einsatzbereitschaft des Kunden im Leistungserstellungsprozess auswirkt. Ein positiv bewertetes Engagement trägt dazu bei, die Unsicherheit über den Willen des Kunden an der Mitwirkung zu reduzieren (Woratschek 1998b, S. 22).

Bei der **erfolgsbezogenen Abhängigkeit** wird zwischen kompetitiver und symbiotischer **Abhängigkeit** differenziert (vgl. Hawley 1950). Bei der erstgenannten Form greifen mehrere Unternehmen auf dieselben Ressourcen zurück, so dass der Erfolg einer Organisation vom Erfolg der anderen Organisation beeinflusst wird. Hat eine Person z. B. eine Friseurleistung in Anspruch genommen, wird sie nicht direkt bei einem anderen Friseur dieselbe Leistung beanspruchen.

Unter der **symbiotischen Abhängigkeit** versteht die Ressource-Dependence-Theorie explizit die Beziehung zwischen Anbieter und Kunde (Pfeffer 1982, S. 198), indem der Output des Unternehmens einen entsprechenden Input des Kunden voraussetzt. Folglich ist das Unternehmen ohne die Teilnahme des Kunden, eines Objekts in seiner Verfügungsgewalt oder Informationen nicht in der Lage, eine Leistung zu erstellen (z. B. medizinische Dienstleistung).

Dabei liegen der Resource-Dependence-Theorie die folgenden vier **Annahmen** zu Grunde. Die **Abhängigkeit des Anbieters** ist umso größer,

- je höher der Grad der Inanspruchnahme der Kundenressourcen,
- je höher die Verfügbarkeit der vom Anbieter benötigten Ressource beim Kunden ist,
- je höher die marktbezogene Unsicherheit ist,
- je geringer die Einflussmöglichkeiten auf die Nachfrage der Kunden sind.

Im Mittelpunkt der Resource-Dependence-Theorie steht die Abhängigkeit eines Unternehmens von externen Ressourcen, die sich in der Verfügungsgewalt verschiedener Stakeholdergruppen befinden. Anhand der unterschiedlichen Abhängigkeitsverhältnisse liefert sie folglich vor allem einen Erklärungsbeitrag zur notwendigen Integration des externen Faktors. Ohne die Ressourcen, die sich in der Verfügungsgewalt der (potenziellen) Kunden befinden, ist eine Leistungserstellung für das Unternehmen nicht möglich.

2.42 Resource-based View

Der **Resource-based View** setzt sich mit der internen Analyse der unternehmenseigenen Ressourcenausstattung auseinander und versucht zu erklären, wie diese zu dauerhaften Wettbewerbsvorteilen beiträgt (Barney 1986, 1991; Wernerfelt 1984). Für die Schaffung von dauerhaften Wettbewerbsvorteilen ist es zunächst erforderlich, dass die Ressourcen begrenzt, nicht substituierbar und schwer imitierbar sind (Barney 1991). Daneben trägt die Kombination der Ressourcen mit Hilfe eines erfolgreichen Veredelungsprozesses zur Aufrechterhaltung der Wettbewerbsfähigkeit des Unternehmens bei (Sanchez/Heene/Thomas 1996, S. 6ff.).

Die **Ressourcen** stellen somit die **Leistungsbereitschaft des Unternehmens** dar (Gersch/Freiling/Goeke 2005, S. 44). Um von diesen in marktrelevanter Weise Gebrauch zu machen, sind weitere interne Faktoren, z. B. in Form von organisationalen Kompetenzen, notwendig (vgl. Schaubild 1-3-4) (Teece/Pisano/Shuen 1997). Sie sind die Voraussetzung dafür, dass Zugangsmöglichkeiten zum Kunden identifiziert werden, um die kundenseitigen Potenziale zu nutzen (Freiling 2004). Wie in Schaubild 1-3-4 dargestellt, lässt sich erst durch die Integration des externen Faktors und die entsprechende Kombination der internen Produktionsfaktoren das Ergebnis des Leistungserstellungsprozesses realisieren. Folglich dienen die Ressourcen und die Kompetenzen dazu, eine Übereinstimmung zwischen den Leistungen des Unternehmens und der Zielnachfrage herbeizuführen. Die Bereitstellung von Leistungspotenzialen ist somit für die Erstellung von Dienstleistungen notwendig.

Darüber hinaus wird ein Erklärungsbeitrag für die Integration des externen Faktors geleistet (Engelhardt/Freiling 1995; Freiling 2006, S. 95). In Abhängigkeit von den **Ressourcen des (potenziellen) Kunden** ist eine Anpassung der Vor- und Endkombination vorzunehmen, um den Leistungserstellungsprozess zu realisieren. Diese Einflussnahme des Kunden wird vom Unternehmen als positiv oder negativ bewertet; je nachdem, ob der Kunde zu einer Erweiterung der Unternehmensfähigkeiten und der Schließung von Ressourcenlücken beiträgt oder ob das Unternehmen im Einsatz seiner Leistungspotenziale behindert wird (Freiling 2006, S. 94f.). Durch die Kundenintegration generiert das Unternehmen zusätzliches Wissen über den Kunden und ist so in der Lage, den Leistungserstellungsprozess besser auf die Bedarfssituation des Kunden auszurichten und generell kundennahe Leistungen anzubieten. Jedoch ist in diesem Zusammenhang zu berücksichtigen, dass durch die Integration neben den dargestellten Vorteilen auch ein Leistungserstellungsrisiko entsteht, da das Unternehmen über keine exakten Kenntnisse bezüglich des Leistungsvermögens des Kunden verfügt (Freiling 2006, S. 95).

Unter der Perspektive einer potenzialorientierten Charakterisierung von Dienstleistungen (vgl. Kapitel 1, Abschnitt 2.1) stellt die Integration des Kunden ebenfalls ein **Potenzial** dar, das im Zuge einer wiederholten Nutzung vermehrt wird (generatives Potenzial) (Moldaschl 2005, S. 55ff.), indem beziehungsspezifische Routinen aufgebaut werden, die die Zusammenarbeit erleichtern.

3. Zusammenfassende Würdigung der Ansätze

Die angesprochenen Theorieansätze werden in Schaubild 2-4-1 zusammenfassend bezüglich ihrer Erklärungspotenziale für die Auswirkungen der Dienstleistungsbesonderheiten dargestellt.

Die verhaltenswissenschaftlichen Erkenntnisse lassen eine Anwendung im ökonomischen Kontext, insbesondere für die Umsetzung einer verstärkten Kundenorientierung bei Anbieter und Vermittler, sinnvoll erscheinen. Die Darstellung sozialpsychologischer Austauschtheorien stellt generelle Determinanten von Interaktionen bereit. Interaktionsansätze des ökonomischen Kontexts vermögen darüber hinaus, spezifische Einflussfaktoren, wie z. B. Know-how, Vertrauen und Nähe, zu identifizieren. Mit den Principal-Agent-Ansätzen wird verstärkt auf den ökonomischen Aspekt des Verhaltens von Kunde, Vermittler und Anbieter Bezug genommen. Die organisationstheoretischen Ansätze betrachten das Unternehmen in seinem relevanten Umfeld und stellen das Abhängigkeitsverhältnis des Unternehmens von den verschiedenen Anspruchsgruppen, hier insbesondere der (potenziellen) Kunden, in den Mittelpunkt.

Weiterhin ist für die Beurteilung der einzelnen Ansätze zu beachten, dass die Berücksichtigung der Besonderheiten qualitative Unterschiede aufweist. Da Interaktionen im Rahmen der Integration des externen Faktors eine zentrale Bedeutung zukommt, ist das sehr differenzierte Erklärungspotenzial der sozialpsychologischen Ansätze diesbezüglich höher einzuschätzen als z. B. das der Transaktionskostentheorie.

Es wird insgesamt deutlich, dass die vorgestellten Theorieansätze durchaus in der Lage sind, einen Beitrag zu den zentralen Fragestellungen des Dienstleistungsmarketing zu leisten. Auch wenn sich der relevante Bereich häufig nur auf einzelne Besonderheiten des Dienstleistungsmarketing richtet, führt die Kombination der bekannten Ansätze doch zu einer weitgehenden Erklärung der Phänomene. Darüber hinaus geben sie eine Vielzahl von Hinweisen für eine erfolgreiche Ausgestaltung des unternehmensseitigen Dienstleistungsmarketing.

Schaubild 2-4-1 Beitrag von Theorien zur Erklärung der konstitutiven Merkmale von Dienstleistungen

		Bereitstellung von Leistungspotenzialen	Integration des externen Faktors	Immaterialität der Leistung
Ansätze der Neuen Institutionenökonomik	Informations-ökonomik	Notwendigkeit der Dokumentation von Kompetenzen		Abbau von Informations-asymmetrien
	Transaktions-kostentheorie	Spezifische Leistungs-potenziale zur Individuali-sierung/Integration	Opportunistisches Verhalten des Anbieters aufgrund leistungsbedingter Wechsel-barrieren	Erhöhter Informations-bedarf aufgrund von Transaktionsunsicherheiten
	Principal-Agent-Theorie		Opportunistisches Verhalten des Anbieters aufgrund leistungsbedingter Wechselbarrieren	
	Property-Rights-Theorie		Opportunistisches Verhalten des Anbieters aufgrund leistungsbedingter Wechselbarrieren	Abbau von Informations-asymmetrien
	Relational-Contracting-Theorie		Opportunistisches Verhalten des Anbieters aufgrund leistungsbedingter Wechselbarrieren	Abbau von Informations-asymmetrien
Psychologische Ansätze	Lern-theorie		Unsicherheit über Leistungsergebnis aufgrund der Integration	Habitualisierung bei unsicherheitsbehafteten Leistungen
	Risiko-theorie		Unsicherheit über Leistungsergebnis aufgrund der Integration	Risikoreduktion durch Wiederwahl bewährter Anbieter
	Dissonanz-theorie		Unsicherheit über Leistungsergebnis aufgrund der Integration	Dissonanzreduktion durch Wiederwahl bewährter Anbieter
	Attributions-theorie			Unsicherheitsreduktion durch personenbezogene Attribution
	Balance-theorie		Verhaltenssteuerung durch wahrgenommene Ähnlichkeiten bei der Integration/Interaktion	
Sozialpsychologische Ansätze	Soziale Austausch-theorie		Entstehung sozialer Beziehungen; Verhaltens-steuerung durch Austausch sozialer Werte	
	Anreiz-Beitrags-Theorie		Entstehung sozialer Beziehungen; Verhaltens-steuerung durch Gerechtig-keitsgedanken	
	Equity-theorie		Entstehung sozialer Beziehungen; Verhaltens-steuerung durch Gerechtig-keitsgedanken	
Organisations-theoretische Ansätze	Resource-Dependence-Theorie	Spezifische Leistungs-potenziale zur Integration	Unsicherheit über Leistungsergebnis aufgrund der Integration	
	Resource-Based View	Spezifische Leistungs-potenziale zur Integration	Unsicherheit über Leistungsergebnis aufgrund der Integration	

4. Service Dominant Logic als neue Perspektive des (Dienstleistungs-) Marketing?

Bislang wurde das Dienstleistungsmarketing lediglich als ein Teilbereich des Allgemeinen Marketing verstanden, das sich mit den speziellen Anforderungen des Marketing für Dienstleistungen und Dienstleistungsunternehmen auseinandersetzt. Vargo/Lusch (2004) sehen jedoch im Dienstleistungsmarketing den Ausgangspunkt einer neuen Marketingperspektive, indem sie eine Verlagerung vom Güteraustausch, umgesetzt durch den Einsatz der vier Instrumente des Marketingmix, hin zu einem Austausch von Dienstleistungen in Form von Spezialfähigkeiten und Wissen fordern. Durch diesen Perspektivenwechsel werden Konzepte wie das Relationship Marketing, das Qualitätsmanagement, das Supply Chain Management, die Netzwerkanalyse und besonders das Dienstleistungsmarketing, die sich seit den 1980er Jahren weitgehend unabhängig voneinander entwickelten, zu einem neuen, zentralen Marketingverständnis zusammengeschlossen. Dabei tritt das Dienstleistungsmanagement in Form einer **„Service Dominant Logic"** an die Stelle des Allgemeinen Marketing (Vargo/Lusch 2004).

Dieses neue Marketingverständnis beruhte anfangs auf acht fundamentalen Annahmen (Vargo/Lusch 2004, S. 6ff.), die im Zuge der geführten Diskussion auf zehn **Annahmen** erweitert wurden (Vargo 2008):

1. **Anwendung von spezialisierten Fähigkeiten und Wissen als Basiseinheit von Austauschprozessen:** Gegenstand von Austauschprozessen sind keine physischen Güter, sondern spezialisierte Fähigkeiten und Wissen. Physische Güter sind lediglich Beiprodukte einer Dienstleistung, die mit Hilfe dieser spezialisierten Fähigkeiten und Wissen erstellt werden.

2. **Die Basiseinheit von Austauschprozessen ist hinter indirekten Austauschformen verborgen:** Der anfänglich direkte Austausch zwischen zwei Parteien wird aufgrund der Spezialisierung durch indirekte und bürokratische Formen ersetzt. Prinzipiell erfolgt aber weiterhin der Austausch von Dienstleistungen, da z. B. Geld, Güter und Organisationen lediglich als Austauschmedien fungieren.

3. **Güter sind Distributionsmechanismen für die Bereitstellung von Dienstleistungen:** Physische Güter setzen eine „Verkörperung" von Fähigkeiten und Wissen um. Sie sind lediglich Mittel, die zur Bereitstellung von Dienstleistungen genutzt werden.

4. **Wissen ist die grundlegende Quelle von Wettbewerbsvorteilen:** Dauerhafte Wettbewerbsvorteile basieren auf Wissen, das eingesetzt wird, um den Wert anderer Ressourcen zu vervielfachen.

5. **Jede Wirtschaftstätigkeit ist Dienstleistungserstellung:** Da physische Güter lediglich als Distributionsmechanismen fungieren und der Austausch auf spezialisierten Fähigkeiten und Wissen basiert, ist jede wirtschaftliche Tätigkeit eine Dienstleistungsproduktion.

6. **Der Kunde ist immer Co-Produzent:** Im Rahmen des klassischen Güteraustausches waren Produzent und Kunde stets streng getrennt, während bei der servicezentrierten Perspektive der Kunde an der Wertgenerierung beteiligt ist. Diese Sichtweise ist auch auf Sachgüter anwendbar, da der Kunde durch die Nutzung des Produkts den Wertschöpfungsprozess fortsetzt.

7. **Ein Unternehmen gibt lediglich Wertangebote ab:** Der Wert einer Leistung wird durch den Kunden festgelegt. Folglich ist es Aufgabe des Marketing, mit dem Kunden als Co-Produzenten ein Wertangebot zu entwickeln.

8. **Eine servicezentrierte Perspektive ist kundenorientiert und relational:** Als zentrale Begriffe dieses neuen Marketingverständnisses gelten Integration, Kundenorientierung, Co-Produktion und Beziehung. Im Mittelpunkt stehen der Kunde und die Interaktion mit diesem. Somit ist jeder Kontakt durch die Interaktion und die Co-Produktion als relational einzustufen.

Aufgrund der Kritik, die am neuen Marketingverständnis geübt wurde, erfolgte eine Erweiterung um die folgenden zwei Annahmen (Vargo 2008):

9. **Alle wirtschaftlichen Einheiten tragen zur Integration von Ressourcen bei:** Es ist die Aufgabe wirtschaftlicher Einheiten, spezialisierte Fähigkeiten zusammenzufassen und daraus komplexe Services zu generieren, die am Markt nachgefragt werden.

10. **Der Wert wird immer durch den Empfänger bestimmt:** Der individuelle Nutzen einer Leistung für den Kunden führt zu unterschiedlichen Wahrnehmungen bezüglich des Wertes.

Aufbauend auf diesen Annahmen ergeben sich vier zentrale **Merkmale der servicezentrierten Sichtweise des Marketing** (Vargo/Lusch 2004, S. 5):

1. **Identifikation oder Entwicklung von Kernkompetenzen** einer ökonomischen Einheit in Form spezialisierter Fähigkeiten oder Wissen, die potenzielle Wettbewerbsvorteile repräsentieren.

2. **Identifikation anderer Einheiten** (potenzielle Kunden), die von diesen Kernkompetenzen profitieren.

3. **Pflege von Beziehungen**, die die Kunden in die Entwicklung von individuellen und im Wettbewerb überzeugenden Wertversprechen zur Befriedigung spezifischer Bedürfnisse involvieren.

4. **Messung des Markt-Feedbacks** durch die Analyse finanzwirtschaftlicher Ergebnisse des Austausches, um zu lernen, mit Hilfe welcher Maßnahmen eine Verbesserung der Angebote und der Leistung eines Unternehmens möglich ist.

Ausgehend von diesen veränderten Ausgangsbedingungen lassen sich **Implikationen für das Marketing** ableiten. So gilt das Marketing nicht mehr nur als Unternehmensfunktion, sondern stellt eine Kernkompetenz und die dominante Philosophie des Unternehmens dar. Dabei ist es Aufgabe des Marketing, die zentrale Rolle bei der marktorientierten Identifikation, Entwicklung und Koordination aller Kernkompetenzen zu übernehmen, wobei es als Koordinator in einem Netzwerk aus Spezialisten fungiert. Daneben ist im Rahmen der servicezentrierten Perspektive die Bereitstellung individualisierter Serviceleistungen durch die Anwendung der spezifischen Fähigkeiten und Wissen der wesentliche Zweck eines Unternehmens. Für das Strategische Marketing ergeben sich in diesem Zusammenhang neue Möglichkeiten, da der Markt nicht mehr über Output-Einheiten definiert wird, sondern über die Bereitstellung individueller Services.

Inwieweit sich dieser Marketingansatz, der dem Dienstleistungsmarketing einen zentralen Stellenwert beimisst, durchsetzt, ist zum momentanen Zeitpunkt nicht prognostizierbar. Für die Implementierung dieser servicezentrierten Perspektive ist es jedoch unumgänglich, die folgenden zentralen **Kritikpunkte** zu beachten.

Der servicezentrierte Ansatz verfügt lediglich über einen begrenzten Innovationsgrad, da in der direkten Gegenüberstellung das traditionelle Marketing verzerrt dargestellt wird, bzw. der so genannte neue Ansatz hinter dem Kenntnisstand des traditionellen Marketing zurückbleibt. Des Weiteren ist aufgrund der fehlenden theoretischen Fundierung zweifelhaft, ob das Marketing in der Praxis in der Lage ist, die generelle Verantwortung für die Identifikation und Entwicklung aller unternehmerischen Kernkompetenzen zu übernehmen. Vielmehr ist zu befürchten, dass die im Rahmen unterschiedlicher Marketingrichtungen gefundenen Erkenntnisse durch die Anwendung eines einheitlichen Ansatzes verloren gehen. In Bezug auf die Rolle des Kunden sind das Relationship Marketing und die neue Logik des Marketing identisch. Die Weiterentwicklung des traditionellen Marketing im Hinblick auf die Fokussierung der Beziehung zwischen Anbieter und Nachfrager vollzog sich bereits Anfang der 1990er Jahre (Gummesson 1994; Baker/Buttery/Richer-Buttery 1998). Auch dieser Sachverhalt drückt den begrenzten Innovationsgrad des neuen Ansatzes aus. Des Weiteren verdankt der neue Ansatz wesentliche Impulse dem Dienstleistungsmanagement. So sind die hervorgehobenen Prinzipien der Interaktion, Kundenintegration und Individualisierung klassische Komponenten des Dienstleistungsmarketing. Auch die Unterscheidung zwischen Gütern und Dienstleistungen, die bereits seit längerem als überholt gilt (z. B. Gummesson 1995, S. 250f.), wird durch die Service Dominant Logic aufgegriffen, ohne neue Aspekte zu integrieren. Die Leistungsdefinition, die dem neuen Ansatz zu Grunde liegt, bedingt eine Gleichsetzung unterschiedlicher Tatbestände und somit eine undifferenzierte Betrachtung dienstleistungsspezifischer und beziehungsbezogener Erkenntnisse. Des Weiteren werden durch den neuen Ansatz aktuelle Themen, wie z. B. die Industrialisierung oder Standardisierung von Dienstleistungen, vernachlässigt (Stauss 2005, S. 484ff.). Vor dem Hintergrund dieser ausführlichen kritischen Diskussion bleibt die weitere Entwicklung der Service Dominant Logic abzuwarten.

Kapitel 3:
Informationsgrundlagen des Dienstleistungsmarketing

1.	**Kaufverhalten im Dienstleistungsbereich**	**109**
1.1	Kaufentscheidungsprozess im Dienstleistungsbereich	109
1.2	Psychologische Wirkungsgrößen des Kaufverhaltens	113
1.3	Verhaltensgrößen des Kaufverhaltens	129
2.	**Marktforschung im Dienstleistungsbereich**	**133**
2.1	Besonderheiten der Marktforschung im Dienstleistungsbereich	133
2.2	Methoden der Marktforschung im Dienstleistungsbereich	141
3.	**Marktsegmentierung im Dienstleistungsbereich**	**149**

1. Kaufverhalten im Dienstleistungsbereich

1.1 Kaufentscheidungsprozess im Dienstleistungsbereich

Die Betrachtung des Kaufentscheidungsprozesses trägt neben den in den Abschnitten 1.2 und 1.3 dieses Kapitels detailliert dargestellten Größen zur Erklärung des Kaufverhaltens im Dienstleistungsbereich bei. Während des **Kaufentscheidungsprozesses** nimmt der Kunde eine Bewertung alternativer Dienstleistungen vor. Dieser wird idealtypisch in drei Phasen mit jeweils zwei Verhaltensschwerpunkten unterteilt (Foscht/Swoboda 2007, S. 38):

1. **Vorkonsumphase** mit Informationsaufnahme und Entscheidung

2. **Konsumphase** mit Kauf- und Nutzungsverhalten

3. **Nachkonsumphase** mit Ergebnisbewertung und -reaktion

In diesen Phasen des Kaufentscheidungsprozesses liefern die unterschiedlichen Typen der Kaufentscheidung weitere Einsichten in das Kaufverhalten im Dienstleistungsbereich. Anhand bestimmter **Merkmale des Kaufprozesses** lassen sich unterschiedliche Kaufentscheidungstypen differenzieren (vgl. Kapitel 1, Abschnitt 2.2 sowie Schaubild 1-2-3) (Ruhfus 1976, S. 22ff.). Die Ausprägung der einzelnen Merkmale, die auf einem Kontinuum von gering bis hoch liegen, nimmt dabei insbesondere Einfluss auf die Informationsbedürftigkeit des (potenziellen) Nutzers und den Entscheidungsprozess innerhalb der Vorkonsumphase.

Der **Grad der finanziellen Mittelbindung** – z. B. der Preis einer Dienstleistung in Relation zum frei verfügbaren Einkommen (Friseur vs. Urlaubsreise) – nimmt Einfluss auf die Kaufentscheidung. Bei einer geringen finanziellen Mittelbindung fällt die Vorkonsumphase unter Umständen weg, da eine Informationssuche aufgrund der Geringwertigkeit der Dienstleistung nicht notwendig wird.

Weitere relevante Merkmale sind die **soziale Sichtbarkeit** der angeschafften Dienstleistung und die **Informationsbedürftigkeit** des Konsumenten hinsichtlich der Anschaffung. Mit einer zunehmenden Ausprägung dieser beiden Merkmale wird die Kaufentscheidung aufwändiger, und die Vorkonsumphase weitet sich zeitlich entsprechend aus.

Auch das **Ausmaß der Neuartigkeit** der Dienstleistung nimmt Einfluss auf den Kaufprozess. Das Ausmaß der Neuartigkeit ist in der Regel gering, wenn die Dienstleistung keine große Veränderung der Lebensweise des Nutzers hervorruft. Dies lässt sich vor allem bei Wiederholungskäufen, also bei Dienstleistungen des täglichen Bedarfs, wie z. B. der Inanspruchnahme von Reinigungsdienstleistungen oder einer Autowaschanlage, beobachten. Nimmt dagegen die Dienstleistung einen starken Einfluss auf die Lebensweise des Nutzers, erhöht sich die Informationsbedürftigkeit und der Entscheidungsprozess verlängert sich.

Schließlich hängt der Kaufprozess von der **Kaufhäufigkeit** und, damit in Zusammenhang stehend, dem **Erfahrungsgrad** hinsichtlich der Dienstleistung ab (vgl. Schaubild 1-2-3).

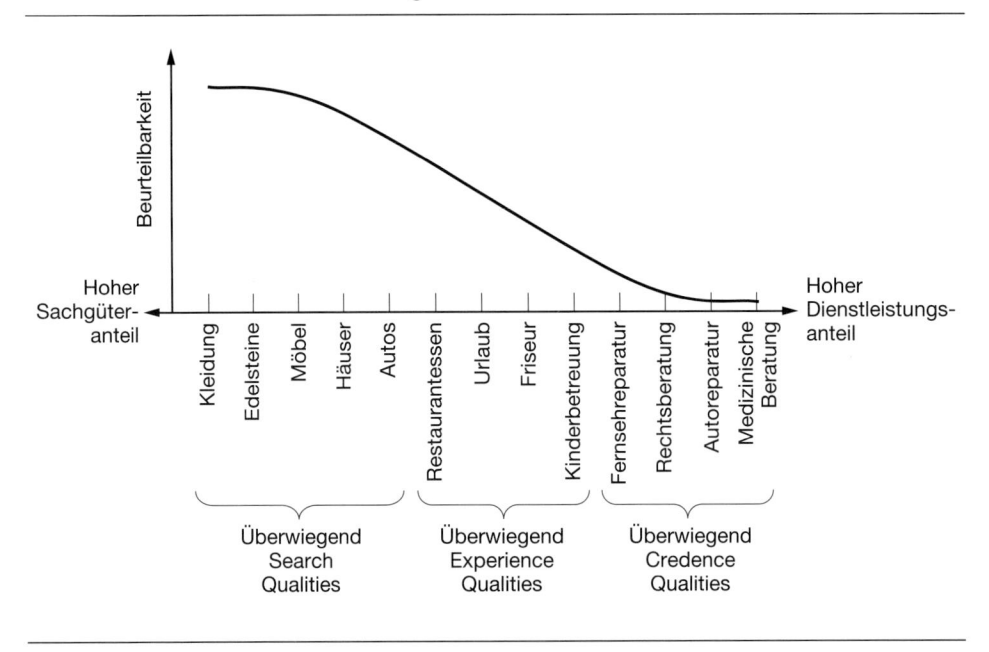

Schaubild 3-1-1 Möglichkeiten der Bewertung unterschiedlicher Sachgüter und Dienstleistungen

Beurteilbarkeit

Hoher Sachgüteranteil ← Kleidung, Edelsteine, Möbel, Häuser, Autos, Restaurantessen, Urlaub, Friseur, Kinderbetreuung, Fernsehreparatur, Rechtsberatung, Autoreparatur, Medizinische Beratung → Hoher Dienstleistungsanteil

Überwiegend Search Qualities | Überwiegend Experience Qualities | Überwiegend Credence Qualities

Quelle: in Anlehnung an Shostack 1977, S. 77

Zusammenfassend ist festzuhalten, dass bei Convenience Services (z. B. Autowaschen, Telefongespräch, Reinigung) die Informationsbedürftigkeit und die Zeitdauer für die Kaufentscheidung eher gering sind, während beim Kauf von Speciality Services (z. B. Rechtsberatung, ärztliche Behandlung) extensive Kaufentscheidungen vorliegen (Nelson 1970, S. 729ff.; Darby/Karni 1973, S. 67ff.).

Im Folgenden werden innerhalb der Phasen des Kaufentscheidungsprozesses dienstleistungsspezifische Probleme thematisiert. Dabei ist zu berücksichtigen, dass das Nachfragerverhalten nicht stets wie ein ausgedehnter Entscheidungs-/Beschaffungsprozess abläuft, der durch umfangreiche Informationsaktivitäten in der Vor- und Nach-Konsumphase gekennzeichnet ist. Das Verhalten der Nachfrager von Dienstleistungen ist vielmehr in besonders starkem Maße durch **Gewohnheitsbildung und Verhaltensroutinen** geprägt, die eine Konzentration auf die Aktivitäten der Konsumphase – Kauf und Nutzung – zur Folge haben (Kuhlmann 2001).

Zur Erläuterung der **Beurteilungsproblematik** in den einzelnen Phasen ist die Klassifikation der Leistungsmerkmale von Dienstleistungen in Such-, Erfahrungs- und Vertrauenseigenschaften relevant (vgl. auch Schaubild 2-2-1) (Darby/Karni 1973, S. 67ff.). Während sich Sachgüter in hohem Maße durch „**Search Qualities**" auszeichnen, die sich bereits vor dem Kauf einschätzen lassen, existiert eine Schnittmenge von Gütern und Dienstleistungen, die vor allem aus „**Experience Qualities**" bestehen und somit erst während oder nach der Konsumtion beurteilbar sind. Vor allem bei Dienstleistungen sind „**Credence Qualities**" zu beobachten (Zeithaml 1991, S. 40; Friedman/Smith 1993, S. 47ff.; Sharma/Patterson 1999, S. 152). Hierbei handelt es sich um Leistungsmerkmale, die auch nach Kauf und Konsumtion nicht beurteilbar sind; dies trifft beispielsweise für eine medizinische Diagnose, eine Weiterbildungsveranstaltung oder eine Risikolebensversicherung zu. Als Grund für diese Dienstleistungspositionierung wird angegeben, dass Dienstleistungen (überwiegend) immateriell und nicht standardisiert sind und dass ihre Produktion erst nach dem Kauf bzw. Vertragsabschluss vorgenommen wird (vgl. Schaubild 3-1-1).

Zusammenfassend ist herauszustellen, dass diese Beurteilungsproblematik in den Phasen des Kaufentscheidungsprozesses eine zentrale Rolle einnimmt.

Innerhalb der **Vorkonsumphase** leiten sich z. B. aus der Beurteilungsproblematik von Dienstleistungen Konsequenzen für die dienstleistungsspezifische **Informationsaufnahme** ab. Nachfrager informieren sich über Eigenschaften, die bereits vor dem Kauf/Vertragsabschluss zugänglich sind und eine ungefähre Qualitätsbeurteilung ermöglichen. Sie schließen vom Image einer Firma, von der Höhe des Dienstleistungspreises oder von der Qualität der Produktionsfaktoren (Potenzialqualität) auf die zu erwartenden Merkmale der Prozess- und Ergebnisqualität. In der Vorkaufphase informiert sich der Konsument also anhand von Suchmerkmalen, die zwar keinen unmittelbaren Aufschluss über die spätere Ergebnisqualität liefern, jedoch entweder die Ergebnisqualität aus früheren Transaktionen widerspiegeln (Image) oder als Indikatoren für die zu erwartende spätere Ergebnisqualität gelten (z. B. Innenausstattung des Dienstleisters, Preis, Qualifikation der Mitarbeitenden) (Lovelock/Wirtz 2010, S. 61). Daraus ergibt sich für den Anbieter die Konsequenz, Merkmale der Potenzialqualität möglichst greifbar zu gestalten, um dem Kunden beurteilbare Alternativen bei der Entscheidungsfindung zu bieten (Corsten/Gössinger 2007).

Nachfrager bevorzugen **glaubwürdige Informationsquellen** (z. B. Freunde, Bekannte, Kollegen), denen sie vertrauen, und die aufgrund eigener Erfahrungen mit dem Kauf/Konsum vergleichbarer Dienstleistungen hinreichendes Expertenwissen aufweisen. In diesem Zusammenhang kommt der positiven Mund-zu-Mund-Kommunikation (Weiterempfehlung) tatsächlicher Kunden eine zentrale Rolle zu (Bansal/Voyer 2000; Harris/Baron 2004).

Wichtiges Merkmal des Entscheidungsverhaltens ist die Reaktion des Nachfragers auf das **wahrgenommene Kaufrisiko**. Dieses resultiert aus den einer Dienstleistung inhärenten Eigenschaften: Zunächst bewirkt die Intangibilität von Dienstleistungen einen erhöhten Informationsbedarf und Erfahrungsaustausch mit anderen Nachfragern, wobei auch die Befolgung von Empfehlungen mit Risiken verbunden ist (z. B. bei der Fehldiagnose eines empfohlenen Arztes). Aufgrund der begrenzten Standardisierbarkeit von Dienstleistungen fällt die Dienstleistungserstellung (z. B. Sprachreise) möglicherweise sehr unterschiedlich aus (Dozenten, Unterbringung in Frankreich qualitativ schlechter als in Italien). Weiterhin stellt eine fehlende Garantie bei Dienstleistungsangeboten oftmals einen zusätzlichen Risikofaktor dar.

Der Dienstleistungskauf ist aufgrund der angesprochenen Beurteilungsproblematik mit einem höheren subjektiv empfundenen Risiko verbunden als der Kauf eines materiellen Gutes (Lovelock/Wirtz 2010, S. 62f.). Möglichkeiten der Risikobegrenzung liegen für den Konsumenten zum einen in erhöhter Markentreue und zum anderen in der Veränderung des Informationsverhaltens.

Folgende Gründe lassen sich für eine erhöhte **Dienstleistungsmarkentreue** beispielsweise nennen (Zeithaml 1991, S. 44f.):

- erhöhte Kosten bei Markenwechsel (z. B. Wiederholung aller Untersuchungen bei Wechsel des Arztes),

- problematische Ermittlung von Dienstleistungsalternativen (z. B. Zeitplan alternativer Transportmittel wie Bahn, Flugzeug),

- Markentreue (z. B. Stammkundschaft bei einer Bank) führt auf Dauer zu persönlichen Vorteilen (erhöhte Kreditlinie).

Das zum Kaufzeitpunkt vorhandene „**Evoked Set**" von Servicealternativen ist insgesamt stark begrenzt. Ursachen hierfür sind zum einen die aufgrund der Nichtlagerfähigkeit von Dienstleistungen weitgehend unmögliche Präsentation mehrerer Dienstleistungsalternativen zum Zeitpunkt der Kaufentscheidung. Zum anderen scheut sich der Konsument oftmals davor, mehrere Dienstleistungsanbieter aufzusuchen, da die Anbahnungskosten der Leistung – verursacht durch die mangelnde Beurteilbarkeit der Erfahrungs- und Vertrauenseigenschaften – höher ausfallen als bei Sachgütern (Zeithaml 1991, S. 43f.; Lovelock/Wirtz 2010, S. 60). Über die in der Entscheidungssituation zur Qualitätsprognose benutzten **Entscheidungs-/Bewertungskriterien** lassen sich keine generellen Aussagen treffen. Es ist offensichtlich nicht so, dass stets Preis und andere, leicht wahrnehmbare physikalische Merkmale im Vordergrund stehen (Zeithaml 1981). Bei einem Vergleich von Erfahrungs- (z. B. Friseur) und Vertrauensdienstleistungen (z. B. medizinische Beratung) ermittelten Ostrom/Iacobucci (1995), dass bei ersteren der Preis, bei letzteren hingegen die Qualität vornehmlich Beachtung finden. Die Bedeutung des Preises scheint besonders bei alltäglichen, der Erfahrung leicht zugänglichen Dienstleistungen ausschlaggebend zu sein. Die Zusammenstellung der Entscheidungskriterien wird also von so genannten Kontextvariablen stark beeinflusst.

In der **Konsumphase** baut das **Kaufverhalten** auf Gewohnheiten auf, wenn die Ergebnisqualität bei einem risikobehafteten Kauf in der Vergangenheit auf akzeptablem Niveau lag. Dies drückt sich in der angesprochenen Markentreue aus, die im Dienstleistungsbereich, in Ermangelung einer „Produkt"-Marke, häufig gegenüber dem Anbieter aufgebaut wird. Dieser Sachverhalt reduziert die Wahrscheinlichkeit eines Anbieterwechsels bei Dienstleistungskäufern und führt gleichzeitig dazu, dass Sofort- und Impulsivkäufe am Angebotsort selten beobachtbar sind.

Eine Definition der **Nutzung** von Dienstleistungen ist aufgrund ihrer Heterogenität schwer vorzunehmen. Abgrenzungsprobleme ergeben sich hinsichtlich Inhalt, zeitlichem Umfang und Integration des externen Faktors (Meyer/Blümelhuber/Pfeiffer 2000). Während sich z. B. die „Nutzung eines Hotelzimmers" bezüglich Inhalt und zeitlichem Umfang klar abgrenzen lässt, ist die „Nutzung einer Unternehmensberatung" kaum zufrieden stellend zu bestimmen. Des Weiteren gewinnt der Kunde während der Nutzung Erfahrungen mit der Prozess- und Ergebnisqualität einer Dienstleistung. Die Nutzung verschiedener Dienstleistungen erfordert meist auch eine bezüglich Inhalt und Intensität stark variierende Integration (Meyer/Westerbarkey 1995): Der Bankkunde erhält einen Kredit nach relativ kurzer Integration im Rahmen der Interaktion mit dem Kundenkontaktpersonal in der Kaufphase und ist während der Kreditnutzung weiterer Integration weitgehend enthoben, während der Rehabilitationspatient gefordert ist, sich gerade in der Zeit der Nutzungsphase Tag für Tag mit Ärzten, Pflegepersonal und Apparaten zu seinem eigenen Wohle, d. h., zur Erreichung einer zufrieden stellenden Ergebnisqualität, auseinanderzusetzen.

Intensive Integration in der Nutzungsphase bedeutet, dass der Kunde in häufiger und vielfältiger Interaktion mit Personal und Betriebsmitteln (z. B. Rechner, Medizintechnik, Trainingsgeräte usw.) des Anbieters steht. Von herausragender Bedeutung ist dabei, inwieweit der Kunde den Eindruck erhält, dass er diesen Interaktionsprozess selbst steuert und beherrscht (**interne Kontrolle**) oder aber der Steuerung und Beherrschung des Personals und der Ablauforganisation des Anbieters (**externe Kontrolle**) unterworfen ist (Rotter 1966). Art (intern/extern) und Ausmaß (stark/schwach) der wahrgenommenen Kontrolle über eine Situation bzw. die in ihr ablaufende Tätigkeit haben einen erheblichen Einfluss auf Bewertung (ex post), Zufriedenheit und Verhalten während der Tätigkeit (Bateson 1998).

In der **Nachkonsumphase** ist eine **Ergebnisbewertung** im Ganzen (z. B. Haarschnitt) oder in Teilen (z. B. Teil eines mehrjährigen Versicherungsvertrages) möglich, und der Kunde hat durch die Nutzung Einsichten über die Ergebnisqualität gewonnen.

Die Qualitätswahrnehmung wirkt sich über die Zufriedenheit bzw. Unzufriedenheit letztendlich auf das (Wieder-) Kaufverhalten aus (Cronin/Taylor 1992; Kelley/Davis 1994; Dabholkar 1995; Zeithaml/Berry/Parasuraman 1996; Zeithaml/Bitner/Gremler 2006; Corsten/Gössinger 2007). Die Ergebnisse zeigen, dass die Qualitätswahrnehmung selektiv auf bestimmte Leistungsbereiche (z. B. Empfang und Check-in im Hotel) und innerhalb dieser Bereiche wieder auf einzelne Merkmale (z. B. Sauberkeit im Bad) ausgerichtet ist. Dementsprechend lässt sich Un-/Zufriedenheit mit Einzelmerkmalen, Leistungsbereichen und der Dienstleistung insgesamt ermitteln. Eine wichtige Rolle bei der Qualitätsbewertung spielt die Rolle des physischen Umfeldes und in diesem Zusammenhang das Konzept der Service Encounter. Das Konzept besagt, dass die Ausgestalung des physischen Umfelds (Verkaufsräume, Parkplätze, Warteräume) eine entscheidende Rolle bei der Wahrnehmung der Dienstleistungsqualität durch den Konsumenten spielen (Lovelock/Wirtz 2010, S. 68). Für eine ausführliche Behandlung des Konzepts der Service Encounter vergleiche Kapitel 6 zum Thema Distribution in diesem Buch.

1.2 Psychologische Wirkungsgrößen des Kaufverhaltens

Entsprechend der Service-Erfolgskette lösen Aktivitäten des Dienstleistungsmarketing beim Kunden psychologische Wirkungen aus, die zu konkreten Verhaltenswirkungen führen und letztendlich den ökonomischen Erfolg des Dienstleistungsanbieters bestimmen.

Für den effektiven Einsatz der Marketingmaßnahmen ist deshalb die Berücksichtigung der Kundensicht unumgänglich. In diesem Abschnitt wird – basierend auf der Service-Erfolgskette – zunächst auf die psychologischen Wirkungsgrößen Kundenzufriedenheit, Image, wahrgenommene Dienstleistungsqualität, Beziehungsqualität und Commitment eingegangen. Dabei werden im Folgenden vor allem die in Schaubild 3-1-2 dargestellten Wirkungsgrößen einer vertiefenden kaufverhaltensrelevanten Analyse unterzogen.

Schaubild 3-1-2 Wirkungsgrößen des Kaufverhaltens im Dienstleistungsbereich entlang der Erfolgskette

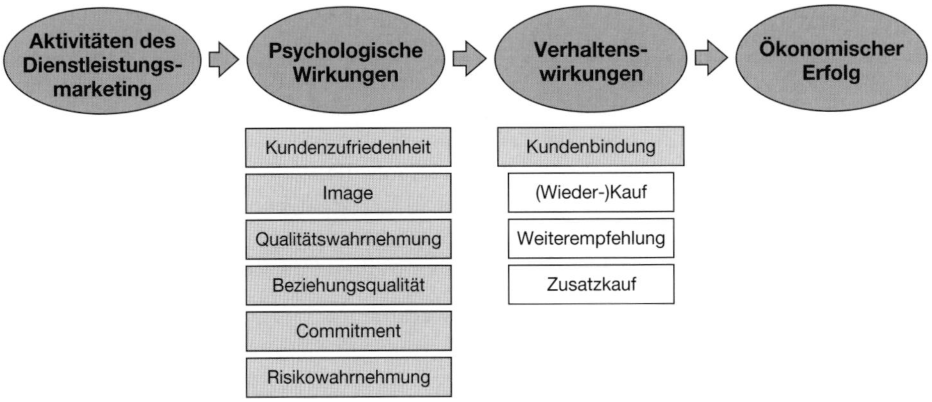

Aktivitäten des Dienstleistungsmarketing ⇨ Psychologische Wirkungen ⇨ Verhaltenswirkungen ⇨ Ökonomischer Erfolg

Psychologische Wirkungen:
- Kundenzufriedenheit
- Image
- Qualitätswahrnehmung
- Beziehungsqualität
- Commitment
- Risikowahrnehmung

Verhaltenswirkungen:
- Kundenbindung
- (Wieder-)Kauf
- Weiterempfehlung
- Zusatzkauf

1. Kundenzufriedenheit

> **Kundenzufriedenheit** ist das Ergebnis eines komplexen Vergleichsprozesses (Hunt 1977; Schütze 1992; Oliver 2000; Bruhn 2009a, S. 75). Die Kunden vergleichen die subjektiven Erfahrungen, die mit der Inanspruchnahme der Dienstleistung verbunden waren (IST-Komponente), mit ihren Erwartungen, Zielen oder Normen, die in Bezug auf die Leistungen des Anbieters bestehen (SOLL-Komponente).

Diese Erklärung zur Entstehung der Kundenzufriedenheit basiert auf dem so genannten (Dis-) Confirmation-Paradigma (Oliver 2000; Wirtz/Mattila 2001; Bruhn 2009a; vgl. Kapitel 5, Abschnitt 3.2221). Werden im Rahmen des Vergleiches die Erwartungen bei der Inanspruchnahme der Dienstleistung durch den Anbieter bestätigt (Confirmation), entsteht Kundenzufriedenheit (und vice versa). Führt der Vergleich zwischen Anspruchsniveau und Wahrnehmung sogar zu einer Übererfüllung der Kundenerwartungen, ist die Entstehung von **Kundenbegeisterung** möglich (Homburg/Giering/Hentschel 1999; Homburg 2003).

Die große Bedeutung, die der Kundenzufriedenheit zukommt, zeigt auch eine Studie von Hirschman (1974), die als grundlegende Reaktionen zufriedener und unzufriedener Kunden die Abwanderung, Mund-zu-Mund-Kommunikation (Luo/Homburg 2007) und Loyalität identifiziert. In Schaubild 3-1-3 sind die Reaktionen auf Un-/Zufriedenheit dargestellt.

Schaubild 3-1-3   Reaktionen auf Un-/Zufriedenheit

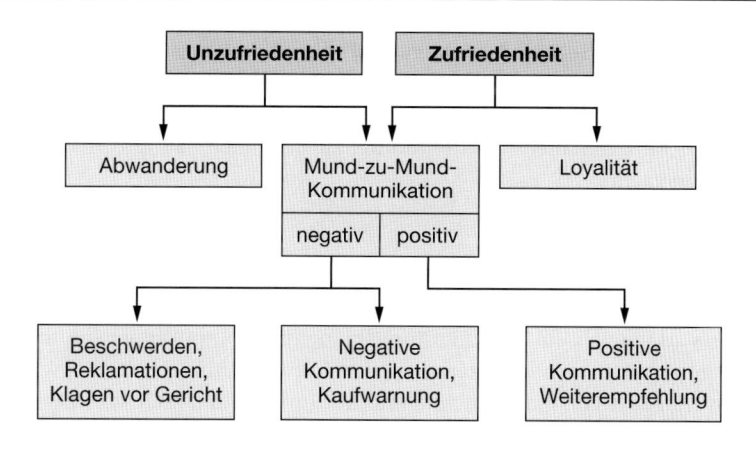

```
                    Unzufriedenheit        Zufriedenheit

         Abwanderung      Mund-zu-Mund-         Loyalität
                          Kommunikation
                         negativ   positiv

         Beschwerden,      Negative           Positive
         Reklamationen,    Kommunikation,     Kommunikation,
         Klagen vor Gericht Kaufwarnung       Weiterempfehlung
```

Quelle: in Anlehnung an Hirschman 1974

Neben diesen Reaktionen wurde durch eine neuere Studie belegt, dass die Kundenzufriedenheit auch einen positiven Einfluss auf die Fähigkeiten der Mitarbeitenden ausübt (Luo/Homburg 2007).

Es zeigt sich, dass bei Dienstleistungskäufern aufgrund des Wechselrisikos und der Wechselkosten Abwanderungen seltener zu beobachten sind und sich im Gegenzug Loyalität häufiger entwickelt als bei Sachgütern (Zeithaml 1981; Friedman/Smith 1993). Such- und Anpassungskosten des Anbieterwechsels werden ebenso hoch veranschlagt wie die Wahrscheinlichkeit, eine noch schlechtere Leistung zu erhalten. Unter diesen Prämissen sind langfristige Geschäftsbeziehungen zwischen dem Kunden und dem Dienstleister besonders häufig festzustellen, wenn das Unternehmen intensiv mit seinen Kunden interagiert und sich ihnen mit individuellen Leistungen anpasst. Kunden sind eher dazu bereit, eine fehlerhafte Leistung als einmaligen oder seltenen „Ausrutscher" in einer langen Kette von Transaktionen anzusehen (Czepiel/Gilmore 1987).

Eine hohe Kundenzufriedenheit wird häufig als ein zentraler Indikator für die Existenz von Kundenorientierung erachtet und im Zuge einer Neuausrichtung vieler Unternehmen in Richtung einer kundenorientierten Unternehmensführung sogar als ein wesentliches Unternehmensziel proklamiert. Entsprechend häufig ist die Kundenzufriedenheit Gegenstand empirischer Untersuchungen. In diesem Kontext sind vor allem so genannte **Kundenbarometer** zu nennen, die auf eine regelmäßige Erfassung der Kundenzufriedenheit abzielen. Der Kundenmonitor Deutschland (Service Barometer AG 2010) oder der American Customer Satisfaction Index (ACSI) sind Beispiele für die Kundenzufriedenheitsmessung einzelner Unternehmen und Branchen auf nationaler, der EPSI – der European Performance Satisfaction Index – ein Beispiel für die Zufriedenheitsmessung auf internationaler Ebene. Zudem lassen sich Tendenzen zu einer sowohl internen als auch externen Zufriedenheitsmessung durch unternehmensspezifische Kundenbarometer feststellen (vgl. Kapitel 5, Abschnitt 6.4).

Kundenzufriedenheit – differenziert nach Globalzufriedenheit (Zufriedenheit von Kunden mit einer Leistung) und Einzelzufriedenheiten (Zufriedenheit von Kunden mit bestimmten Leistungsdimensionen) – ist zum einen der zentrale und besonders intensiv untersuchte Bestimmungsfaktor der Kundenbindung, zum anderen wird der Einfluss der übrigen Wirkungsgrößen des Kaufverhaltens auf die Kundenzufriedenheit häufig zum Gegenstand der Untersuchung gemacht.

2. Image

Als weitere Wirkungsgröße des Kaufverhaltens mit psychologischer Wirkung ist das Image eines Anbieters zu nennen. Im Dienstleistungsmarketing kommt dieser Einflussgröße aufgrund der Eigenschaften der Immaterialität von Dienstleistungen, der Schwierigkeit des Wettbewerbsvergleichs vor Inanspruchnahme und der Simultanität von Dienstleistungserstellung und -verwendung besondere Bedeutung zu (Grönroos 1984; Bitner 1991; Meffert 1993, S. 13; zum Begriff Image allgemein vgl. Kroeber-Riel/Weinberg/Gröppel-Klein 2009; Trommsdorff 2009). Das Image eines Dienstleistungsanbieters trägt dazu bei, das mit der Kaufentscheidung von Dienstleistungen in Verbindung stehende Risikoempfinden des Nachfragers – das wahrgenommene Risiko ist aufgrund der oben genannten Eigenschaften der Dienstleistung erhöht – deutlich zu senken.

> **Image** ist die aggregierte und subjektive Form sämtlicher Einstellungen eines Kunden zu einem Dienstleistungsanbieter. Es stellt einen wesentlichen Indikator für die Qualitätsbeurteilung einer Dienstleistung dar und trägt zur Reduktion des empfundenen Kaufrisikos bei.

Der Zusammenhang von unter anderem **Image und Kundenzufriedenheit** wird von Lai/Griffin/Babin in einer Studie über einen der größten chinesischen Telekommunikationsanbieter untersucht (Lai/Griffin/Babin 2009). Ein Ziel der Untersuchung war es, die Bedeutung des Images für den wahrgenommenen Wert, die Kundenzufriedenheit und die Kundenbindung zu analysieren, wofür das Konstrukt Image durch vier Indikatoren operationalisiert wurde, die die Reputation und das Prestige des Unternehmens, die Reputation der Marke und die Reputation des Unternehmens im Vergleich zur Konkurrenz widerspiegeln. Die Untersuchungen ergaben einen hohen Erklärungsgehalt (R^2 i.H.v. 62,5 Prozent für das Image, 71,4 Prozent für den wahrgenommenen Wert und 87,3 Prozent für die Kundenzufriedenheit). Die Dienstleistungsqualität erklärt somit rund 63 Prozent des Images. Das Image hat einen **signifikanten positiven Einfluss** auf die Zufriedenheit. Auch andere Studien untermauern diesen Zusammenhang (z. B. Chih-Hon/Chia-Yu 2005; Aga/Safakli 2007). Neben diesem direkten Einfluss besteht über den wahrgenommenen Wert zudem ein indirekter Einfluss des Images auf die Zufriedenheit. Der Einfluss des Images auf die Kundenbindung erwies sich als nicht signifikant, allerdings besteht auch hier über den wahrgenommenen Wert und die Zufriedenheit ein mediierter Effekt. Das Modelldesign und die Ergebnisse sind in Schaubild 3-1-4 dargestellt.

Schaubild 3-1-4 Analyse des Zusammenhangs zwischen Image, Kundenzufriedenheit und Kundenbindung

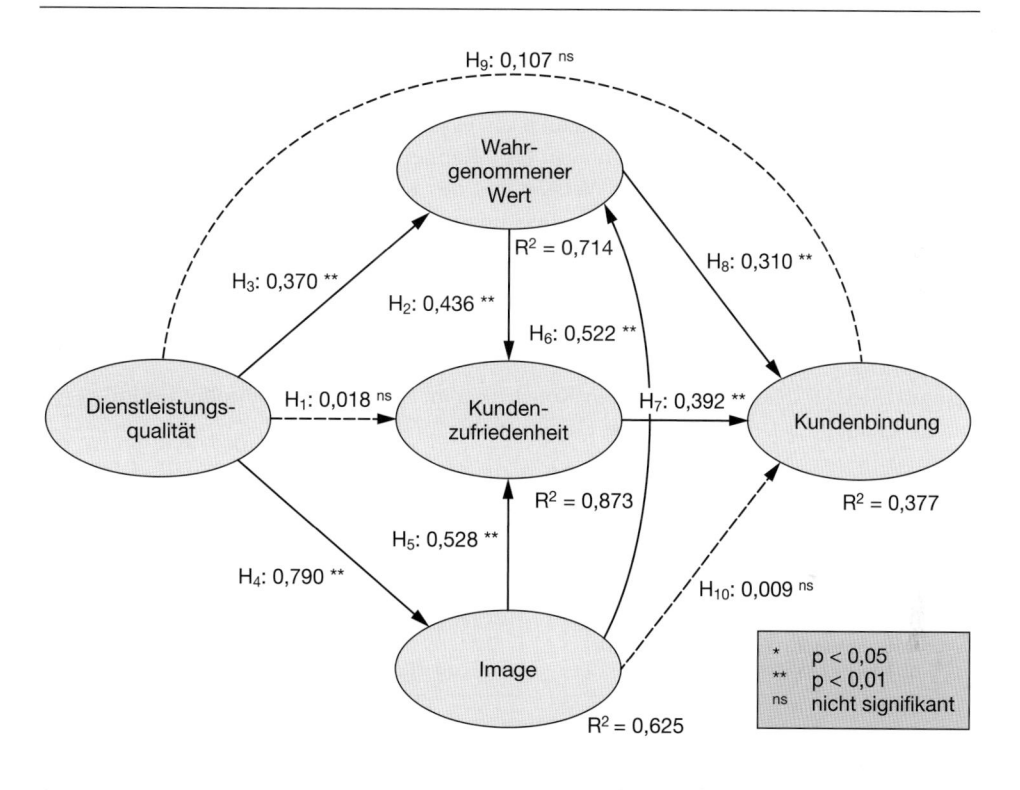

Diagramm:

- H_9: 0,107 ns (Dienstleistungsqualität → Wahrgenommener Wert, gestrichelt)
- H_3: 0,370 ** (Dienstleistungsqualität → Wahrgenommener Wert)
- H_2: 0,436 ** (Wahrgenommener Wert, $R^2 = 0{,}714$)
- H_8: 0,310 ** (Wahrgenommener Wert → Kundenbindung)
- H_6: 0,522 **
- H_1: 0,018 ns (Dienstleistungsqualität → Kundenzufriedenheit)
- H_7: 0,392 ** (Kundenzufriedenheit → Kundenbindung)
- Kundenzufriedenheit: $R^2 = 0{,}873$
- Kundenbindung: $R^2 = 0{,}377$
- H_5: 0,528 **
- H_4: 0,790 ** (Dienstleistungsqualität → Image)
- H_{10}: 0,009 ns (Image → Kundenbindung, gestrichelt)
- Image: $R^2 = 0{,}625$

* $p < 0{,}05$
** $p < 0{,}01$
ns nicht signifikant

Quelle: Lai/Griffin/Babin 2009, S. 984

Beispiel: Bedeutung des Image für die Gesamtwahrnehmung der Bank

Eine Studie im Online-Banking-Bereich zur Bedeutung des Images zeigt in ähnlich deutlicher Form wie die Untersuchungen von Lai, Griffin und Barbin den Einfluss von Imagefaktoren auf die Gesamtwahrnehmung der Bank und einzelner Dimensionen. Beispielsweise lässt sich eine hohe Interdependenz zwischen Reputation und wahrgenommener Sicherheit nachweisen. Der Aufbau eines starken „Corporate Image" wird in der Folge als strategische Managementaufgabe, insbesondere bei den hauptsächlich intangiblen Werten von Dienstleistungen, gesehen (Flavián/Torres/Guinal 2004).

Der positive Einfluss des Images auf die Kundenzufriedenheit sowie dessen Funktion zur Senkung des vom Dienstleistungskunden wahrgenommenen Kaufrisikos machen das Potenzial des Images als Erfolgsfaktor des Dienstleitunsgmarketing deutlich.

3. Wahrgenommene Dienstleistungsqualität

Die Erstellung einer hohen Dienstleistungsqualität führt im Rahmen der Service-Erfolgskette zu psychologischen Wirkungen. Diese ist abhängig von der **Qualitätswahrnehmung des Kunden**. Das Qualitätsurteil, das sich aus einer Gegenüberstellung von erwarteter und wahrgenommener Leistung ergibt, ist letztlich maßgebend für den Unternehmenserfolg (Buzzell/Gale 1989, S. 91; Sachdev/Verma 2002, S. 44; Hung/Huang/Chen 2004).

Ein Verständnis von Dienstleistungsqualität als Differenz eines Vergleichs des erwarteten mit dem wahrgenommen Leistungsniveau (vgl. Kapitel 5, Abschnitt 3.11) ähnelt stark dem in diesem Abschnitt beschriebenen Verständnis der Kundenzufriedenheit. Eine Abgrenzung zwischen den Begriffen der Dienstleistungsqualität und der **Kundenzufriedenheit** wird in der Literatur nicht einheitlich vorgenommen (Lovelock/Wirtz 2010, S. 74). Traditionellerweise wird die Kundenzufriedenheit jedoch eher einzelnen Transaktionen und damit einer transaktionalen Perspektive zugeordnet (Bitner/Booms/Tetreault 1990; Oliver 1996), während die Dienstleistungsqualität auf einer globalen Betrachtungsebene angesiedelt ist.

Festzustellen ist, dass sich die beiden Konstrukte im Zeitablauf gegenseitig beeinflussen, wie in Schaubild 3-1-5 dargestellt ist (Taylor/Baker 1994; Siefke 1997).

Schaubild 3-1-5 Zusammenhang von Dienstleistungsqualität und Kundenzufriedenheit

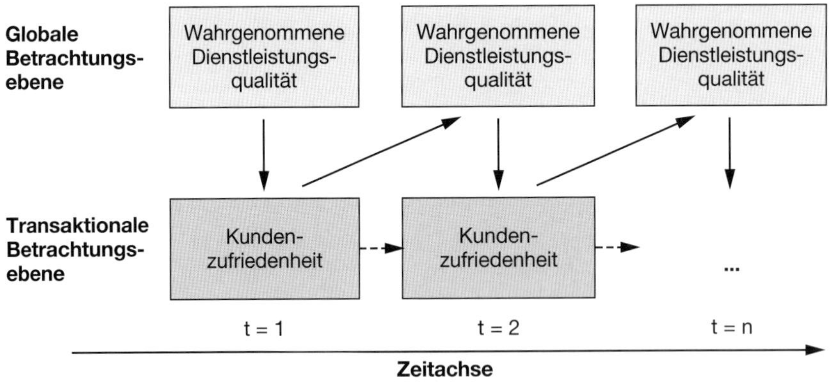

Quelle: Siefke 1997, S. 63

Dienstleistungsqualität lässt sich wie folgt definieren:

> **Dienstleistungsqualität** ist die Fähigkeit eines Anbieters, die Beschaffenheit einer primär intangiblen und der Kundenbeteiligung bedürfenden Leistung aufgrund von Kundenerwartungen auf einem bestimmten Anforderungsniveau zu erstellen. Sie bestimmt sich aus der Summe der Eigenschaften bzw. Merkmale der Dienstleistung, bestimmten Anforderungen gerecht zu werden (Bruhn 2010d, S. 38).

Die Koexistenz der verschiedenen in der Literatur existierenden begrifflichen Auffassungen der Dienstleistungsqualität erfordert eine Festlegung von relevanten **Dimensionen der Dienstleistungsqualität**, die die Vielzahl branchen- und typenspezifischer Qualitätsmerkmale umfassen und somit der Heterogenität des Dienstleistungssektors Rechnung tragen. In diesem Zusammenhang haben sich in der Literatur verschiedene Ansätze entwickelt (vgl. Bruhn 2010d, S. 49ff.).

Im Mittelpunkt der Ausführungen in der Marketingliteratur steht die Unterscheidung in eine Potenzial-, Prozess- und Ergebnisdimension (Donabedian 1980) der Dienstleistungsqualität: Die **Potenzialdimension** beinhaltet die Qualität der sachlichen, organisatorischen und persönlichen Leistungsvoraussetzungen des Dienstleistungsanbieters. Die **Prozessdimension** bezieht sich auf die Prozessqualität während der Leistungserstellung. In der **Ergebnisdimension** erfolgt die Beurteilung der erbrachten Leistung am Ende des Dienstleistungsprozesses.

Eine Unterscheidung der Qualitätsdimensionen ist aber auch in Bezug auf den Umfang und die Art der erstellten Leistung möglich (Grönroos 2000). Die **technische Dimension** beinhaltet den Umfang des Leistungsprogramms und fragt nach dem „Was" einer Dienstleistung. Die **funktionale Dimension** fragt dagegen nach dem „Wie" einer Dienstleistungserstellung, d. h. nach Art und Ausmaß des individuell wahrgenommenen Erstellungsprozesses.

Eine weitere Unterteilung der Dimensionen der Dienstleistungsqualität bezieht sich auf die Erwartungshaltung der Kunden im Hinblick auf das Dienstleistungsprogramm (Berry 1986): Zu der so genannten **Routinekomponente** gehören alle Eigenschaften, die normalerweise zu einer Dienstleistung zählen. Für eine Negativabweichung gibt der Kunde unter Umständen „Strafpunkte". Die **Ausnahmekomponente** beinhaltet dagegen Zusatzleistungen des Dienstleistungsanbieters, die vom Kunden nicht erwartet wurden und von ihm mit Bonuspunkten honoriert werden.

Die folgenden drei Qualitätsdimensionen beantworten dagegen die Frage, welche Nähe des Kunden zum Dienstleistungsprodukt bei der Beurteilung der Dienstleistungen gegeben ist (Zeithaml 1981, S. 186ff.): Bei der **Suchkomponente** („Search Qualities") sucht der Kunde nach Qualitätsindikatoren, die im Vorfeld einer erstmaligen Inanspruchnahme einer Dienstleistung wahrnehmbar und beurteilbar sind (z. B. Ort der Dienstleistungserstellung). Hinsichtlich der **Erfahrungskomponente** („Experience Qualities") ist der Kunde dagegen in der Lage, eine Qualitätsbeurteilung aufgrund von Erfahrungen während des Leistungsprozesses oder am Ende der Leistungserstellung vorzunehmen (z. B. Haarschnitt).

Die **Glaubenskomponente** („Credence Qualities") umfasst alle Qualitätsmerkmale einer Dienstleistung, die sich einer genauen Beurteilung entziehen bzw. erst später eingeschätzt werden können (z. B. Inspektion des Autos).

Das Ergebnis empirischer Prüfungen sind schließlich die fünf **Qualitätsdimensionen** Annehmlichkeit des tangiblen Umfeldes („Tangibles"), Zuverlässigkeit („Reliability"), Reaktionsfähigkeit („Responsiveness"), Leistungskompetenz („Assurance") sowie Einfühlungsvermögen („Empathy"), die in Wissenschaft und Praxis mittlerweile weite Verbreitung gefunden haben (Parasuraman/Zeithaml/Berry 1985, 1988; Zeithaml/Parasuraman/Berry 1992) (vgl. dazu ausführlich Kapitel 5, Abschnitt 3.11).

Die durch das Unternehmen angestrebte Dienstleistungsqualität ist nicht eindimensional und einseitig festlegbar, sondern ist an den Anforderungen der Wettbewerbsteilnehmer auszurichten. Vielmehr handelt es sich um einen mehrdimensionalen Vorgang, der sich an dem **Dreiecksverhältnis** Kunde, Wettbewerb und Unternehmen zu orientieren hat (Bruhn 2000a, S. 30).

Letztlich bestimmt der Kunde die Anforderungen an eine Dienstleistung und steht daher im Mittelpunkt der angestrebten Dienstleistungsqualität. Die Anforderungen aus Kundensicht sind definiert durch die spezifischen Erwartungshaltungen der aktuellen und potenziellen Kunden und stellen den zentralen Maßstab zur Bestimmung der Dienstleistungsqualität dar. Die Anforderungen aus Wettbewerbersicht beziehen sich auf die Überlegung, wie es einem Unternehmen gelingt, sich durch eine gezielte Qualitätsstrategie gegenüber den Hauptkonkurrenten im Sinne eines strategischen Wettbewerbsvorteils zu profilieren. Die Anforderungen aus Unternehmenssicht schließlich resultieren aus der Fähigkeit und der Bereitschaft des Dienstleistungsanbieters zur Erbringung eines bestimmten Niveaus der Dienstleistungsqualität.

4. Beziehungsqualität

Entsprechend der Erfolgskette ist neben der Kundenzufriedenheit die Beziehungsqualität eine relevante Zielgröße zur Steuerung von Kundenbeziehungen. Die Beziehungsqualität stellt die zentrale Größe zur Beurteilung einer Beziehung durch den Kunden dar. Das Relationship Marketing als Grundkonzept des Dienstleistungsmarketing dient der **Steuerung von Kundenbeziehungen**. Somit handelt es sich bei der Wahrnehmung der Beziehung durch den Kunden um eine zentrale Wirkungsgröße des Kaufverhaltens bzw. Erfolgsgröße des Dienstleistungsmarketing.

> **Beziehungsqualität** ist die wahrgenommene Güte der Beziehung zwischen Anbieter und Kunden als Ganzes – und somit die Qualität aller bisherigen Anbieter-Nachfrager-Interaktionen. Grundlage zur Beurteilung der Beziehungsqualität aus Kundensicht bildet das Vertrauen zu und die Vertrautheit mit dem Anbieter (Crosby/Evans/Cowles 1990, S. 70; Bitner 1995, S. 251; Smith 1998; Hennig-Thurau/Klee/Langer 1999; Hennig-Thurau 2000; Georgi 2000; Hadwich 2003).

Eine hohe Beziehungsqualität reduziert die Komplexität der Transaktionen und die Unsicherheit zwischen den Beziehungspartnern, erhöht die Interaktionseffizienz und stellt einen wichtigen Treiber der Kundenzufriedenheit und der Kundenbindung dar. Einer Studie eines IT-Dienstleistungsunternehmens zufolge fallen bei komplexen Dienstleistungen, wie z. B. IT-Beratungsprojekten, die Wirkungen der Beziehungsqualität besonders deutlich auf (Hadwich 2003). Dies liefert einen Hinweis darauf, dass bei komplexeren Dienstleistungen die eigentliche Qualität aufgrund der Komplexität des Leistungsprozesses durch den Kunden nicht mehr vollständig beurteilbar ist und die Einschätzung der Beziehungsqualität als so genannte „**Credence Quality**" für die Ergebnisevaluation (Kundenzufriedenheit) und die weitere Verhaltensabsicht (Kundenbindung) als Ersatzgröße herangezogen wird.

Eine Kennzeichnung des Gegenstandsbereichs der Beziehungsqualität lässt sich, wie in Schaubild 3-1-6 dargestellt, anhand von fünf Merkmalen vornehmen (Georgi 2000; Bruhn 2009a).

Schaubild 3-1-6   Konzeptionalisierungen der Beziehungsqualität

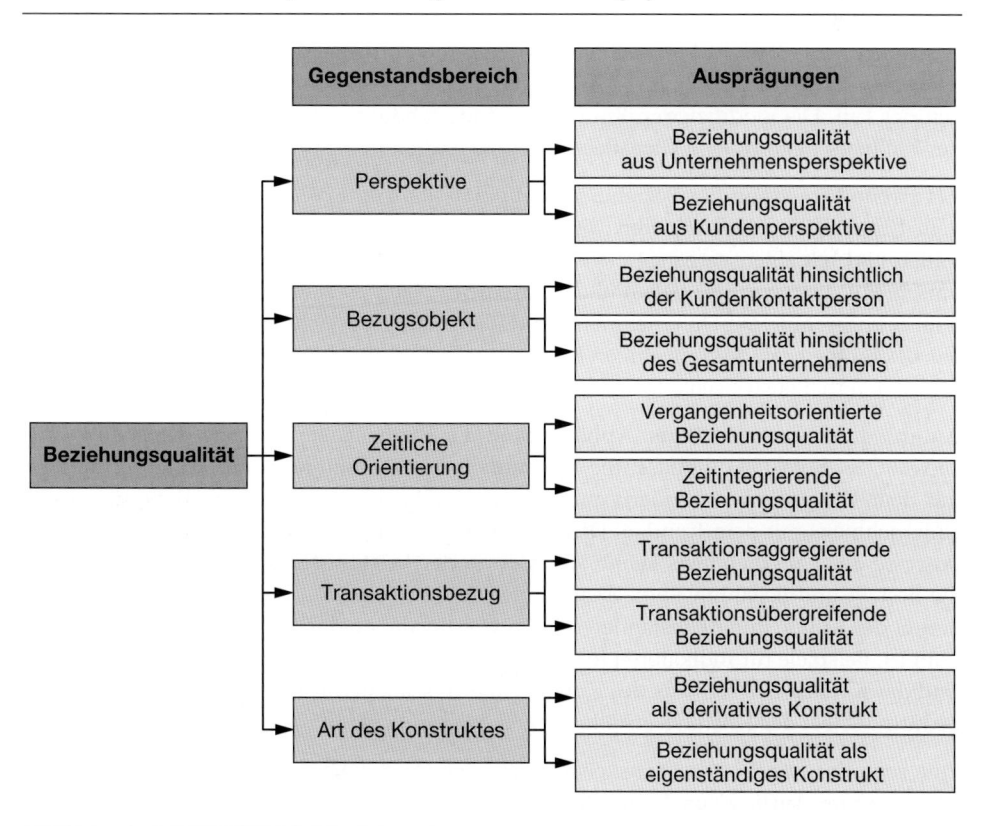

Gegenstandsbereich	Ausprägungen
Perspektive	Beziehungsqualität aus Unternehmensperspektive / Beziehungsqualität aus Kundenperspektive
Bezugsobjekt	Beziehungsqualität hinsichtlich der Kundenkontaktperson / Beziehungsqualität hinsichtlich des Gesamtunternehmens
Zeitliche Orientierung	Vergangenheitsorientierte Beziehungsqualität / Zeitintegrierende Beziehungsqualität
Transaktionsbezug	Transaktionsaggregierende Beziehungsqualität / Transaktionsübergreifende Beziehungsqualität
Art des Konstruktes	Beziehungsqualität als derivatives Konstrukt / Beziehungsqualität als eigenständiges Konstrukt

Quelle: Georgi 2000, S. 43

Bei der Beziehungsqualität handelt es sich um ein komplexes Konstrukt, dessen Wahrnehmung sich anhand von unterschiedlichen Dimensionen vollzieht. Generell lassen sich zwei **Dimensionen der Beziehungsqualität** differenzieren (Georgi 2000; Bruhn/Georgi/ Hadwich 2006):

1. Vertrauen des Kunden in das Unternehmen,
2. Vertrautheit zwischen Kunde und Unternehmen.

Das Konstrukt des **Vertrauens**, dessen zentrale Funktion die Komplexitätsreduktion in zwischenmenschlichen Beziehungen darstellt (Deutsch 1958; Loose/Sydow 1994; Gierl 1999; Gounaris 2005; vgl. für einen Überblick über Definitionen des Vertrauenskonstrukts O'Malley/Tynan 1997, S. 494), repräsentiert eine zukunftsorientierte Komponente der Beziehungsqualität. Vertrauen ist definiert als die Bereitschaft des Kunden, sich auf das Unternehmen im Hinblick auf dessen zukünftiges Verhalten ohne weitere Prüfung zu verlassen (in Anlehnung an Morgan/Hunt 1994, S. 23).

Die Voraussetzung der Vertrauensbildung ist Verletzbarkeit. Diese beinhaltet unsichere Entscheidungskonsequenzen, die für den Vertrauenden wichtig sind (Moorman/Zaltman/ Deshpandé 1992; Doney/Cannon 1997). Im Vergleich zu so genannten unmodifizierten Wiederkäufen („Straight Rebuys") kommt Vertrauen insbesondere bei modifizierten Wiederkäufen („Modified Rebuys") zum Tragen. Dies ist insbesondere bei Individualleistungen der Fall. Die modifizierten Kaufgegenstände erhöhen den Grad der Unsicherheit bei der Kaufentscheidung von Dienstleistungen zusätzlich (Johnston/Lewin 1996).

Als zweite Dimension der Beziehungsqualität lässt sich die **Vertrautheit** des Kunden mit dem Unternehmen identifizieren. Vertrautheit steht in engem Zusammenhang zum Vertrauen und hat einen vergangenheitsorientierten Charakter (Luhmann 1989). Vertrautheit umschreibt den Grad der Bekanntheit mit einem Objekt, einem Subjekt oder einer Situation. Bezogen auf eine Unternehmen-Kunde-Beziehung bezeichnet Vertrautheit den Grad der Bekanntheit mit dem jeweiligen Beziehungspartner im Hinblick auf dessen Einstellungen und Verhaltensweisen (Georgi 2000).

Aufgrund der **wechselseitigen Abhängigkeit** der Partner innerhalb einer Beziehung (Håkansson/Snehota 1993) umfasst die Vertrautheit des Kunden nicht nur seine Vertrautheit mit dem Unternehmen, sondern auch die durch ihn wahrgenommene Vertrautheit des Unternehmens mit dem Kunden. Dem Kunden ist es also zum einen wichtig, dass er die Prozesse des Unternehmens kennt, wenn er an der Leistungserstellung beteiligt ist (z. B. die Bestell- und Bezahlungsprozesse in einem Selbstbedienungsrestaurant). Zum anderen nimmt der Kunde unter Umständen sehr bewusst wahr, ob das Unternehmen mit ihm vertraut ist. Beispiele für Indikatoren für die Vertrautheit des Unternehmens mit dem Kunden sind das Kennen des Namens des Kunden, aber vor allem das Kennen seiner spezifischen Bedürfnisse bei der Leistungserstellung (z. B. Nichtraucherzimmer im Hotel).

Eine zentrale Aufgabe des Dienstleistungsmarketing ist deshalb bei individuellen Dienstleistungen im **Aufbau von Vertrautheit** zu sehen. Auch wenn sich Vertrautheit teilweise und bis zu einem gewissen Grade ohne eine Steuerung durch das Unternehmen einstellt (Georgi 2000), lässt sich durch entsprechende Maßnahmen die Entstehung von Vertrautheit fördern.

Je höher die Beziehungsqualität durch den Kunden wahrgenommen wird, desto weniger kritisch ist der Kunde im Einzelfall und desto eher lassen sich positive psychologische Konsequenzen beim Kunden realisieren.

5. Commitment

Für das Konstrukt Commitment hat sich bislang kein einheitliches Begriffsverständnis durchsetzen können, wobei aber zumindest Einigkeit darüber besteht, dass es im Kern die psychologische Bindung einer Person an ein Bezugsobjekt kennzeichnet (von Stenglin 2008, S. 8). Im Marketing lässt sich Commitment folgendermaßen definieren:

> **Commitment** ist der starke Glaube eines Kunden an die Wichtigkeit der Beziehung zum Unternehmen, dass er alle Anstrengungen unternehmen wird, die Beziehung aufrecht zu erhalten (Morgan/Hunt 1994, S. 23).

Das Commitment stellt ein zentrales beziehungsrelevantes Konstrukt dar, da es sich stets auf den Anbieter (bzw. die Beziehung mit dem Anbieter) bezieht und nicht auf einzelne Leistungen des Anbieters. Je positiver die Beurteilung der Beziehung zu einem Unternehmen ausfällt, desto höher ist das Commitment des Kunden und desto stärker fühlt sich der Kunde an das Unternehmen gebunden. Ein hohes Commitment stellt somit eine wesentliche (emotionale) Wechselbarriere dar.

Unterschieden wurde lange Zeit zwischen einem einstellungsbezogenen und einem verhaltensbezogenen Commitment. Im **einstellungsbezogenen Ansatz** resultiert das Commitment aus der Kongruenz von Werten und Zielvorstellungen eines Individuums mit denen des Bezugsobjekts. Der **verhaltensbezogene Ansatz** erklärt dagegen Commitment nicht anhand von psychologischen Größen, sondern im Sinne einer Pfadabhängigkeit anhand von bisherigem Verhalten und fokussiert auf die Bedingungen, unter denen ein bestimmtes Verhalten wiederholt wird und welche Auswirkungen dieses Verhalten auf Einstellungen ausübt (Meyer/Allen 1991; Mowday/Porter/Steers 1982). Aus diesen eindimensionalen Erklärungsansätzen entwickelten sich später mehrdimensionale Konstrukte, die sowohl einstellungs- als auch verhaltensbezogene Aspekte vereinen.

Generell lassen sich drei **Dimensionen von Commitment** differenzieren (Allen/Meyer 1990; Morgan/Hunt 1994; Kumar/Scheer/Steinaltenkamp 1995; von Stenglin 2008):

1. **Affektives Commitment** bezieht sich auf die emotionale Verbundenheit eines Individuums und basiert auf dem einstellungsbezogenen Commitment. Die Bindung an ein Unternehmen als Bezugsobjekt basiert z. B. auf positiven Gefühlen, Freundschaft, Vertrauen und einem Zugehörigkeitsgefühl.

2. **Fortsetzungscommitment** (auch kalkulatorisches Commitment) bezeichnet den Willen des Individuums, die Beziehung fortzusetzen, wobei die Gründe hierfür in kognitiven Kosten-Nutzen-Abwägungen und dem instrumentellen Wert einer Beziehung zu suchen sind.

Schaubild 3-1-7 Erklärungsmodell des Commitment in der Dienstleistungsbeziehung nach v. Stenglin

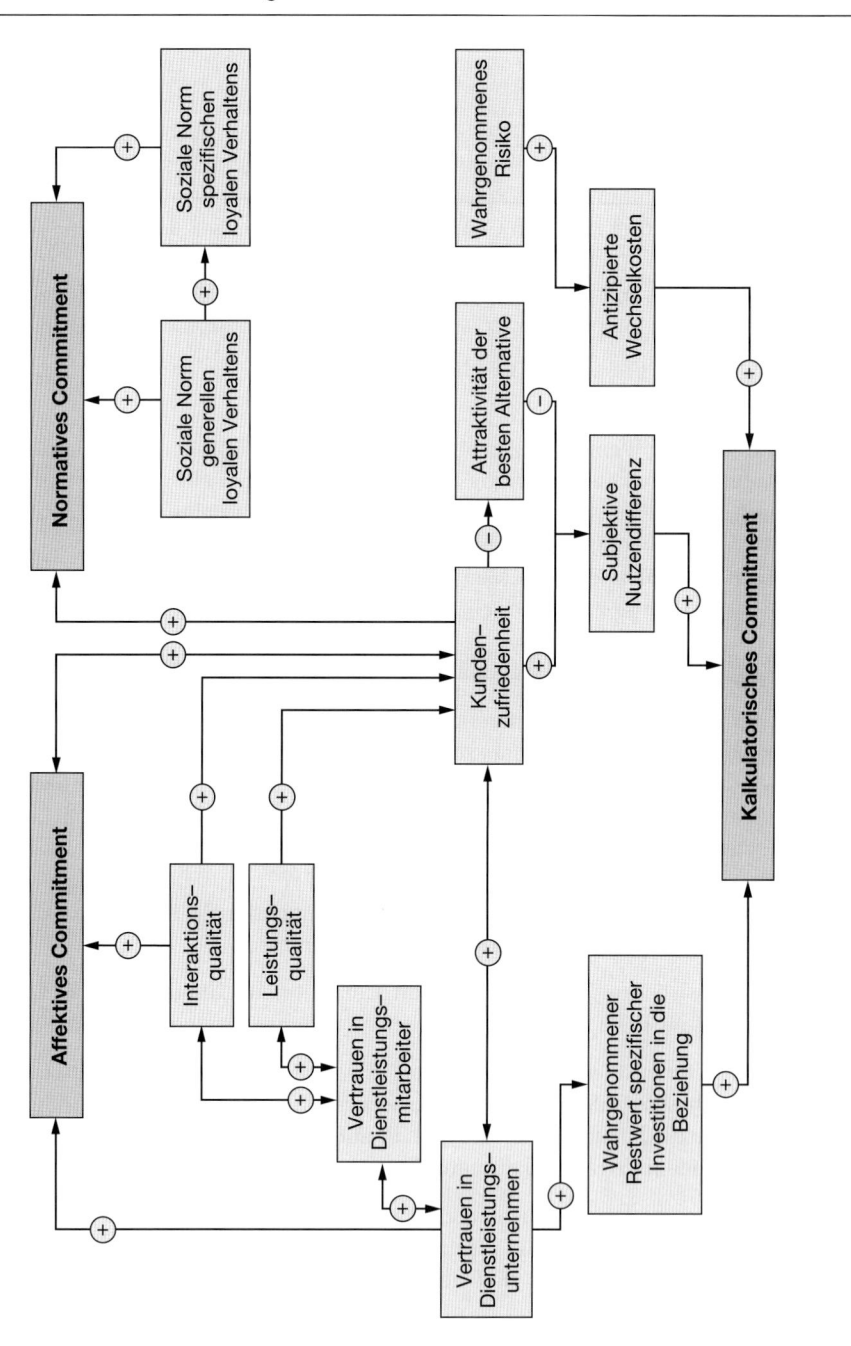

Quelle: von Stenglin 2008, S. 98

3. **Verpflichtungscommitment** (auch normatives Commitment) stellt eine Art erzwungenes Commitment dar, das aus einer normativen Wertvorstellung und einer moralischen Verpflichtung gegenüber dem Unternehmen entsteht, nach denen eine Beendigung der Beziehung vom Individuum als falsch eingestuft wird.

Von Stenglin überträgt diese dreidimensionale, in ihrer ursprünglichen Form allerdings organisationspsychologisch ausgerichtete Konzeptualisierung des Commitment auf den Dienstleistungskontext, identifiziert theorie- und literaturgeleitet relevante Einflussfaktoren sowie mögliche Auswirkungen auf Verhaltensabsichten der Kunden und geht dabei insbesondere auf die Integration des Kunden in die Leistungserstellungsprozesse als Besonderheit des Dienstleistungsmarketing ein (von Stenglin 2008, S. 15). Das Zusammenspiel einer Vielzahl verschiedener Einflussgrößen resultiert in dem in Schaubild 3-1-7 dargestellten Erklärungsmodell des Commitment in Dienstleistungsbeziehungen. Die Wirkungen der drei Commitmentdimensionen untergliedert die Autorin in notwendiges Kundenverhalten (Bindungsabsicht und Integrationsabsicht des Kunden) sowie freiwilliges Kundenverhalten, das sich in Weiterempfehlungsabsicht, Cross-Buying-Absicht, Toleranz gegenüber Unannehmlichkeiten sowie Innovations- und Hilfsbereitschaft äußert (von Stenglin 2008, S. 99ff.).

Während eine empirische Überprüfung des dienstleistungsspezifischen Modells von von Stenglin noch aussteht (von Stenglin 2008, S. 142), konnte die enge Verbindung des Commitment zu den Verhaltenskonsequenzen auf Kundenseite in einer anderen empirischen Untersuchung gezeigt werden, nach der ein hohes Commitment des Kunden zu einer gesteigerten Kaufabsicht und zu einem höheren Share-of-Customer führt (Lacey 2007, S. 328).

6. Risikowahrnehmung

Die Inanspruchnahme einer Dienstleistung stellt für den Kunden immer ein gewisses Risiko dar, da er im Vorfeld häufig nur schwer die Qualität bzw. das Ergebnis der Dienstleistungserstellung beurteilen kann. Je nach Art der Dienstleistungsqualität ist das wahrgenommene Risiko unterschiedlich hoch. Auch unterschiedliche Kunden haben häufig eine unterschiedliche Risikowahrnehmung bezüglich der Dienstleistung.

> Unter **wahrgenommenem Risiko** werden die als nachteilig empfundenen Folgen des Verhaltens verstanden, die vom Konsumenten nicht vorhersehbar sind (Meffert 1992a, S. 260ff.; Kroeber-Riel/Weinberg/Gröppel-Klein 2009, S. 435f.).

Das wahrgenommene Risiko stellt eine vielfach untersuchte Größe im Dienstleistungsmarketing dar (Lutz/Reilly 1973, S. 393ff.; Murray 1991, S. 10ff.; zu neueren Untersuchungen z. B. Chang/Hsiao 2008; Keh/Sun 2008), da die Immaterialität von Dienstleistungen zu Unsicherheit und einem von Kunden empfundenen Kaufrisiko führt (Burton 1990, S. 58; Eggert 2006, S. 554). Ein physisches Produkt kann i.d.R. nach dem Kauf umgetauscht werden, wenn es sich als unzufrieden stellend erweist. Diese Option ist bei Dienstleistungen normalerweise nicht gegeben (Lovelock/Wirtz 2010, S. 63). Vor allem im Vorfeld einer Geschäftsbeziehung, wenn der Kunde also noch keine eigenen Erfahrungen mit einem Dienstleistungsanbieter sammeln und Vertrauen aufbauen konnte, ist das wahrgenommene Risiko hoch (von Stenglin 2008, S. 89). Das wahrgenommene Risiko lässt sich in verschiedene **Risikoarten** aufgliedern, die in Schaubild 3-1-8 beschrieben sind.

Die Eigenschaften von Dienstleistungen und das daraus resultierende wahrgenommene Risiko führen zu einem **veränderten Informationsverhalten der Konsumenten** und insbesondere einer vermehrten Informationssuche (Murray 1991, S. 18f.; Kroeber-Riel/Weinberg/Gröppel-Klein 2009; Meyer/Brudler 2009, S. 1123):

- Bei Dienstleistungen bevorzugen Konsumenten eine **umfassendere Informationsbeschaffung** als bei Produkten und sind weniger bereit zu Spontankäufen.

- In der Vorkaufphase von Dienstleistungen haben Konsumenten eine höhere **Präferenz für persönliche Informationen**, als dies bei Produkten der Fall ist. **Unabhängige Informationsquellen** erweisen sich zudem bei Dienstleistungen als effektiver als bei Produkten.

- **Beobachtungen und Ausprobieren** haben als Risikoreduktionsstrategie bei Dienstleistungen eine geringere Bedeutung als bei Produkten. Dieses auf den ersten Blick erstaunliche Ergebnis wird allerdings der Tatsache zugeschrieben, dass bei Dienstleistungen Beobachtungen und Tests durch den Kunden nur eingeschränkt möglich sind.

- Nachfrager, die bereits selbst Erfahrungen mit der Leistung sammeln konnten, vertrauen bei Dienstleistungen in größerem Umfang auf ihre **eigenen Erfahrungen und ihr bestehendes Wissen** als bei Produkten.

Dienstleistungsanbieter haben die Möglichkeit, proaktiv die von Kunden wahrgenommene Risiken zu reduzieren, indem sie ihr Marketinginstrumentarium auf die Situation ausrichten und beispielsweise durch positive Nutzungserlebnisse, die Kommunikation überprüfbarer Leistungsversprechen sowie deren Absicherung durch Garantien ein positives Unternehmensimage und Vertrauensverhältnis aufbauen (Meyer/Tostmann 1995, S. 12f.). Folgende Maßnahmen können sich als geeignete **Risikoreduktionsstrategien** erweisen (Lovelock/Wirtz 2010, S. 64):

- Ermutigung von potenziellen Kunden, zur **Begutachtung**, d. h. die Dienstleistung und den Anbieter anhand von Informationsmaterial (Broschüren, Internet, Videos) oder einer Besichtigung der Räumlichkeiten, in denen die Leistung erbracht wird, vorab zu inspirieren.

- Einsatz von **Evidence Management**, in dessen Rahmen dem Kunden Qualitätsindikatoren präsentiert werden, die mit dem kommunizierten Image übereinstimmen (z. B. die Ausstattung der Räumlichkeiten und das Auftreten der Mitarbeitenden).

- Angebot von kostenlosen **Leistungsproben** bei Dienstleistungen mit hohem Anteil an Erfahrungseigenschaften (z. B. Testmonat bei Software).

- Angebot von **Dienstleistungsgarantien** (z. B. Geld-zurück-Garantie oder Leistungsversprechen).

Schaubild 3-1-8 Arten des wahrgenommenen Risikos beim Kauf und der Nutzung von Dienstleistungen

Art des Risikos	Beschreibung	Beispiele
Funktionales Risiko	Unzufriedenstellendes Leistungsergebnis	■ Wird der Weiterbildungskurs mir die Fähigkeiten vermitteln, die ich für eine bessere Anstellung benötige? ■ Wird diese Kreditkarte überall akzeptiert, wann und wo ich sie für Einkäufe nutzen will? ■ Wird diese Reinigung in der Lage sein, die Flecken aus der Kleidung zu entfernen?
Finanzielles Risiko	Monetäre Verluste, unerwartete Kosten	■ Werde ich Verluste erleiden, wenn ich der Empfehlung meines Anlageberaters folge? ■ Können meine Kontodaten gestohlen werden, wenn ich diesen Online-Einkauf tätige? ■ Erwarten mich in diesem Urlaub größere unerwartete Ausgaben? ■ Wird die Reparatur meines PKW mehr kosten als im Kostenvoranschlag vorgesehen?
Zeitliches Risiko	Zeitverschwendung, Folgen einer zeitlichen Verzögerung	■ Werde ich für den Besuch der Ausstellung lange anstehen müssen? ■ Wird die Bedienung in dem Restaurant schnell genug sein, damit ich pünktlich zu meinem Nachmittagstermin komme? ■ Werden die Renovierungsarbeiten zu Hause rechtzeitig abgeschlossen sein, bevor unser Besuch kommt?
Physisches Risiko	Verletzungsgefahr, Schäden an Eigentum	■ Werde ich mich in diesem Skiurlaub verletzen? ■ Wird der Inhalt dieses Pakets unversehrt beim Empfänger ankommen? ■ Drohen mir auf dieser Auslandsreise Krankheiten?
Psychologisches Risiko	Persönliche Befürchtungen, Emotionen	■ Wie kann ich sicher sein, dass dieses Flugzeug nicht abstürzt? ■ Wird dieser Berater mir das Gefühl geben, dumm zu sein? ■ Wird mich die Diagnose des Arztes aus der Fassung bringen?
Soziales Risiko	Reaktion Dritter	■ Was denken meine Freunde von mir, wenn ich mich in diesem billigen Hotel einquartiere? ■ Werden meine Verwandten mit der Wahl des Restaurants für die Familienfeier einverstanden sein? ■ Werden meine Kollegen mit der Wahl der unbekannten Anwaltskanzlei einverstanden sein?
Sensorisches Risiko	Unerwünschte Auswirkung auf eine Sinneswahrnehmung	■ Werde ich von dem Tisch im Restaurant einen Ausblick auf den Strand oder auf den Parkplatz haben? ■ Wird das Hotelbett bequem sein? ■ Wird mich der Lärm aus dem Nachbarzimmer wach halten? ■ Wird der Frühstückskaffee gut schmecken?

Quelle: in Anlehnung an Lovelock/Wirtz 2010, S. 63

▌ Implementierung sichtbarer **Sicherheitsvorkehrungen**, um Vertrauen aufzubauen z. B. Dokumentation regelmäßig durchgeführter Wartungsarbeiten an Fahrgeschäften in Vergnügungsparks).

▌ Präsentation von **Leistungsnachweisen** wie z. B. Qualitätspreisen, Ausbildungs-/Qualifikationsnachweisen oder auch die Dokumentation bisheriger Leistungsergebnisse (Empfehlung oder Darstellung bisheriger Kunden).

Die Bedeutung des wahrgenommenen Risikos auf die Verhaltensabsichten von Konsumenten verdeutlicht eine **empirische Studie**, in der die Wirkung der physischen Umgebung der Leistungserbringung, der Servicequalität und der vom Kunden wahrgenommenen Einflussmöglichkeiten bei der Leistungserbringung auf das wahrgenommene Risiko und die Verhaltensabsichten des Kunden untersucht werden (Grewal et al. 2007). Die Autoren untersuchen für medizinische Dienstleistungen mit mehreren aufeinander folgenden Interaktionen zwischen Anbieter und Nachfrager das wahrgenommene Risiko, das nach der ersten Interaktion bestehen bleibt. Das Untersuchungsmodell ist in Schaubild 3-1-9 wiedergegeben.

Schaubild 3-1-9 Einflussfaktoren und Wirkung des wahrgenommenen Risikos bei medizinischen Dienstleistungen (nach der ersten Leistungsinanspruchnahme)

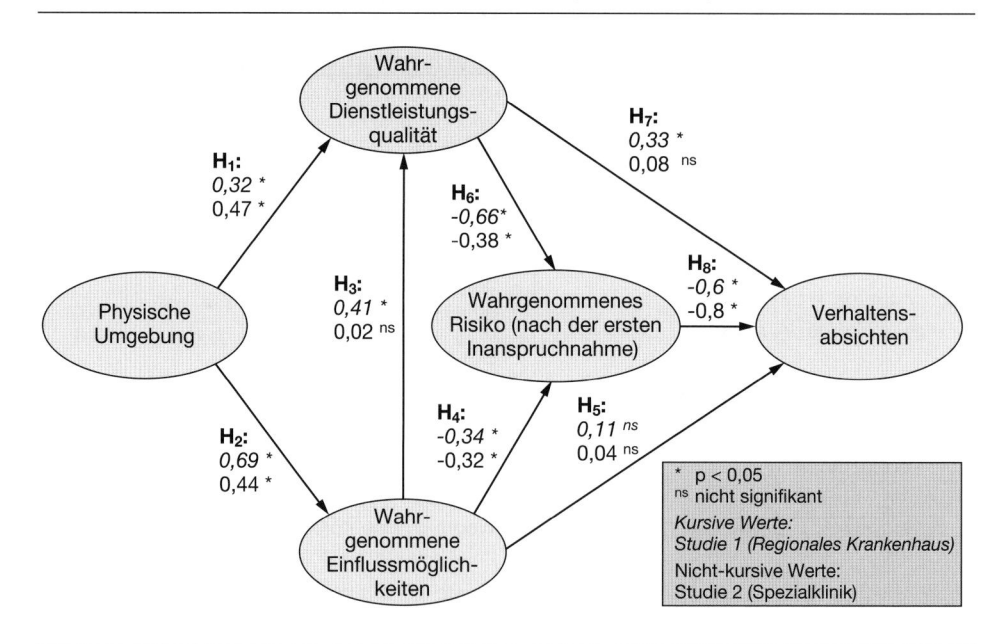

Quelle: in Anlehnung an Grewal et al. 2007, S. 251ff.

Die Zusammenhänge wurden in zwei Studien – zum einen in einem regionalen Krankenhaus (Studie 1), zum anderen in einer Spezialklinik mit alternativen Therapiemöglichkeiten (Studie 2) – analysiert. Die Ergebnisse zeigen, dass die physische Umgebung der Leistungserbringung einen positiven Einfluss auf die wahrgenommene Qualität und die vom Patienten wahrgenommenen Einflussmöglichkeiten ausüben. Sowohl die Dienstleistungsqualität als auch die Einflussmöglichkeiten seitens des Patienten haben einen negativen Einfluss auf das wahrgenommene Risiko, d. h. die Risikowahrnehmung ist geringer, je höher die Qualität und die eigenen Einflussmöglichkeiten eingeschätzt werden. Die Absicht, die in Anspruch genommene Dienstleistung auch zukünftig zu nutzen, nimmt in beiden Studien signifikant zu, je geringer das wahrgenommene Risiko ausfällt. Ein direkter Einfluss von Qualität und wahrgenommenen Einflussmöglichkeiten auf die Wiedernutzung konnte dagegen nur zum Teil nachgewiesen werden. Diese Ergebnisse zeigen die Bedeutung des wahrgenommenen Risikos insbesondere für den Aufbau von Kundenbeziehungen, da ein Dienstleistungsanbieter durch die Reduktion des Risikos die Wiederkaufwahrscheinlichkeit steigern kann.

1.3 Verhaltensgrößen des Kaufverhaltens

Das Erreichen der kundenbezogenen psychologischen Ziele, wie der Kundenzufriedenheit, trägt zur Realisierung von Kundenverhaltenszielen bei (Oliver 1996). Die **Kundenbindung** stellt diesbezüglich die zentrale Erfolgsgröße von Dienstleistungsunternehmen dar (Reichheld/Sasser 1991; Dick/Basu 1994; Oliver 1996; Bruhn/Homburg 2004; Krafft 2007). Dies wird auch durch die in jüngerer Zeit durchgeführten Forschungsbemühungen deutlich, die sich zunehmend mit Fragen des Käuferverhaltens bei der Inanspruchnahme von Dienstleistungen beschäftigten (z. B. Wirtz/Kum 2001; Johnson/Nilsson 2003; Wirtz/Mattila 2003; Laroche/Bergeron/Goutaland 2003; Fliess 2004). Als Ergebnis wurde vor allem die wiederholte Inanspruchnahme identifiziert, wodurch die Bedeutung der Kundenbindung ebenfalls untermauert wird. Als Begründung wurde genannt, dass zum einen viele Dienstleistungen existieren, die wiederholt und in regelmäßigen Abständen nachgefragt werden. Zum anderen ist aufgrund von Dienstleistungsbesonderheiten ein Wechsel des Anbieters oft mit größerem Aufwand verbunden. Kundenbindung lässt sich wie folgt definieren:

> **Kundenbindung** ist die Stabilisierung und Ausweitung der Kunde-Anbieter-Beziehung. Sie umfasst sämtliche Maßnahmen eines Dienstleistungsunternehmens, die darauf abzielen, sowohl die tatsächlichen Verhaltensweisen als auch die zukünftigen Verhaltensabsichten des Kunden gegenüber dem Anbieter positiv zu gestalten (Homburg/Bruhn 2010, S. 8).

Kundenbindung konkretisiert sich im bisherigen, gegenwärtigen und zukünftigen Kaufverhalten von Kunden. Üblicherweise werden bei der Messung des als komplex und multidimensional erachteten Kundenbindungskonstrukts zwei Dimensionen unterschieden. Die erste reflektiert das **bisherige Kundenverhalten** (Kaufverhalten und Weiterempfehlung).

Die zweite Dimension spiegelt die **Verhaltensabsichten** mit den Absichten des Wieder- und des Zusatzkaufs sowie der Weiterempfehlungsabsicht wider (vgl. Krafft 2007, S. 29ff.).

Ein wesentlicher Grund für die besondere Bedeutung der Kundenbindung liegt in ihren vielfältigen Einflüssen auf die ökonomischen Erfolgsgrößen. So wird die **Mengenkomponente** des Umsatzes durch im Zeitablauf erhöhte Kauffrequenzen und größere Absatzmengen positiv beeinflusst. Beide Wirkungen sind auf die wachsende Vertrautheit mit der Leistung sowie die Nutzung von Cross-Selling-Potenzialen zurückzuführen. Zudem lassen sich in einigen Branchen im Zeitablauf höhere Preise durchsetzen, da bei langjährigen Beziehungen die empfundene Risikoreduktion zu einer sinkenden Preiselastizität der Nachfrage führt.

Weiterhin bewirken dauerhafte Kundenbeziehungen auch eine **Reduzierung der Kosten**. Dieser Effekt beruht auf zunehmenden Lerneffekten bei der Interaktion zwischen dem Kunden und dem Kontaktpersonal, die langfristig zu einer Senkung der Kundenbetreuungskosten führen (Reichheld/Sasser 1991; Meffert 1993, S. 13ff.).

Schließlich nimmt auch die positive **Mund-zu-Mund-Kommunikation (Weiterempfehlung)** als Kommunikationsverhalten Einfluss auf die ökonomischen Erfolgsgrößen eines Dienstleistungsunternehmens. Diese wird wie folgt definiert:

> **Mund-zu-Mund-Kommunikation** ist die in unterschiedlichem Maße zweckorientierte Übermittlung von unternehmens- oder leistungsspezifischen Informationen und Bedeutungsinhalten durch Kunden eines Dienstleistungsunternehmens mit der Folge der Beeinflussung von Meinungen, Einstellungen, Erwartungen und Verhaltensweisen der Adressaten (Bruhn 1998d; Kroeber-Riel/Weinberg/Gröppel-Klein 2009, S. 342ff.).

Zum einen ist die positive Mund-zu-Mund-Kommunikation (Weiterempfehlung) bedeutsam, da personenbezogene Informationsquellen (z. B. Freunde) als besonders glaubwürdig eingestuft werden und somit einen größeren Einfluss auf das Kaufverhalten potenzieller Kunden ausüben (Murray 1991, S. 1ff.; Helm 2008).

Zum anderen stellen Kunden, die ein Unternehmen an Freunde, Bekannte und Kollegen weiterempfehlen, besonders loyale Kunden dar, die für das Unternehmen besonders profitabel sind. Eine besondere Bedeutung nimmt hier das Weiterempfehlungsverhalten von Konsumenten in sozialen Netzwerken (facebook, Blogs, twitter, usw.) ein, da hier Erfahrungen innerhalb kürzester Zeit an einen sehr großen Personenkreis weitergegeben werden können (vgl. zur Bedeutung von Weiterempfehlungsbereitschaft und Social Media ausführlich Abschnitt 2 in Kapitel 6 dieses Buches).

> **Beispiel: Mund-zu-Mund-Kommunikation auf der Internetseite Holidaycheck.de**
>
> Das Internet hat dem Verbraucher in Bezug auf die Mund-zu-Mund-Kommunikation im Rahmen von Testforen im Internet eine „neue Macht" verliehen. Ein Beispiel hierfür ist der deutsche Marktführer auf dem Gebiet der Hotelbewertungsseiten Holidaycheck.de. Auf Bewertungsportalen wie Holidaycheck.de geben Verbraucher unverblümt ihre Meinung über Hotels, Produkte, Bücher, Filme und neuerdings auch über Ärzte und Professoren ab. Auf Basis vieler subjektiver Einzelmeinungen entsteht im Idealfall schließlich ein repräsentatives Gesamturteil, das von vielen Anbietern nicht ignoriert werden kann. So teilen auf Holidaycheck.de pro Tag etwa 1.500 Benutzer authentisch Erfahrungen über ihren Urlaubsort mit (Drösser 2008, S. 38f.).

Bei der Kundenbindung sind wesentliche Bedeutungsunterschiede **in Abhängigkeit vom betrachteten Leistungstyp** festzustellen. Im Vergleich zu Standarddienstleistungen kommt der Kundenbindung bei individualisierten Dienstleistungen eine wesentlich höhere Bedeutung zu. Dies liegt z. B. in der häufig hohen relativen Bedeutung von Einzelkunden (z. B. Werbeagenturen) begründet. Zudem zeichnen sich solche Dienstleistungen in der Regel durch einen hohen Integrations- und Interaktionsgrad aus und liefern somit ein vergleichsweise hohes Potenzial zur Realisierung von Kostensenkungen durch Erfahrungskurveneffekte mit anhaltender Dauer der Kundenbeziehung. Darüber hinaus werden gebundene Kunden, die bereits Erfahrungen mit einer bestimmten Individualleistung gesammelt haben, in stärkerem Maße zu einer qualitativ hochwertigen Leistungserstellung beitragen als unerfahrene Kunden.

Eine isolierte Betrachtung der Erfolgsgröße Kundenbindung ist wenig sinnvoll. Vielmehr bedarf es einer Analyse der Kundenbindung stets in Verbindung mit der Kundenzufriedenheit, da diese als die zentrale Wirkungsgröße der Kundenbindung gilt. Der positive Zusammenhang zwischen **Kundenzufriedenheit und Kundenbindung** wurde sowohl durch theoretische (vgl. Fornell/Wernerfelt 1987; Bolton/Drew 1991; vgl. für einen Überblick Homburg/Becker/Hentschel 2008) als auch empirische Studien (vgl. z. B. Krüger 1997, S. 96ff.; Homburg/Giering/Hentschel 1999; Gerpott 2000, S. 28ff.; Fischer/Herrmann/Huber 2001; Homburg 2003; Chandrashekaran et al. 2007) belegt. Dabei sind vor allem die folgenden **Erkenntnisse** erwähnenswert:

- Erstens kommen hinsichtlich der **Einflussstärke der Kundenzufriedenheit** auf die Kundenbindung Unterschiede in Abhängigkeit der Branche zum Vorschein (Fornell 1992; Fornell et al. 1996). Mehrere Studien zeigen, dass die Werte umso höher liegen, je höher die Wettbewerbsintensität in einem Sektor ist (z. B. Automobilbranche).

- Zweitens wurden unterschiedliche Auswirkungen in Abhängigkeit des **Zufriedenheitsniveaus** auf die Kundenbindung nachgewiesen, woraus zu schließen ist, dass die Kunden keine homogene Einheit bilden (Herrmann/Johnson 1999, S. 595; Mittal/Kamakura 2001; Chandrashekaran et al. 2007). So fallen die Steigerungen der Kundenbindung nach einer Erhöhung der Kundenzufriedenheit niedriger aus, wenn schon zu Beginn niedrige bzw. mittlere Werte für die Zufriedenheit angesetzt werden.

▎ Drittens tritt eine Abflachung der Wirkung bei einem Übergang von hohen zu sehr hohen Werten für die Zufriedenheit in Erscheinung (Herrmann/Johnson 1999, S. 595). Dies lässt auf einen **asymptotischen Verlauf** des Zusammenhangs zwischen Zufriedenheit und Kundenbindung schließen (vgl. Schaubild 3-1-10). Wenngleich der funktionale Zusammenhang in der theoretischen Diskussion noch weitgehend ungeklärt ist, bestätigen die Erkenntnisse von Herrmann/Johnson (1999) Ergebnisse anderer Studien (vgl. Bloemer/Kasper 1995, S. 311ff.), dass zwischen den beiden Größen keine lineare Relation besteht (Homburg/Bucerius 2006).

Schaubild 3-1-10 Zusammenhang zwischen Kundenzufriedenheit und Kundenbindung

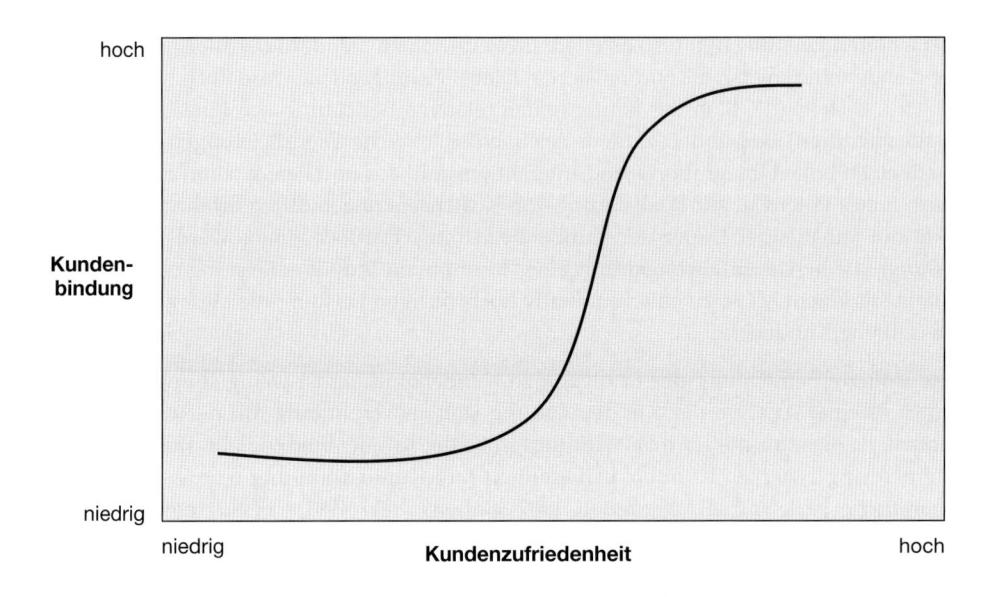

Quelle: Herrmann/Johnson 1999, S. 590

Obgleich die Zufriedenheit bedeutenden Einfluss auf die Kundenbindung ausübt, sind zufriedene Kunden nicht zwangsläufig loyale Kunden. Die Zufriedenheit stellt zwar auf der einen Seite keinen Garant für die Kundenbindung dar, auf der anderen Seite bedeutet aber starke Unzufriedenheit fast immer das Ende einer Beziehung (Mittal/Lassar 1998, S. 193; Oliver 1999; Szymanski/Henard 2001). Deswegen scheint die Zufriedenheit von Kunden eine zentrale Voraussetzung für deren Bindung zu sein. Allerdings gibt es eine Reihe von **moderierenden Variablen**, die den Zusammenhang zwischen Kundenzufriedenheit und Kundenbindung beeinflussen. Dies sind unter anderem das Wettbewerbsumfeld, das Bedürfnis nach Abwechslung und die Anbieteraktivitäten.

Da im Dienstleistungsbereich die Bedeutung der mitarbeiterbezogenen Faktoren besonders stark ausgeprägt ist, erfolgt die Bindung der Kunden vor allem über persönliche Beziehungen und unterstreicht auch die Bedeutung der Erfolgsgröße der Beziehungsqualität im Dienstleistungsbereich.

2. Marktforschung im Dienstleistungsbereich

Auch im Rahmen des Dienstleistungsmarketing ist die planmäßige Erforschung des Marktes Voraussetzung für ein zielgerichtetes Marketing. Die Marktforschung stellt ein Instrument zur Fundierung absatzpolitischer Entscheidungen dar, das zum Ziel hat, Chancen und Risiken aufzudecken. Strategischer Informationsbedarf besteht bezüglich der Umwelt- und Umfeldentwicklung sowie der Auswirkungen alternativer Marktbearbeitungsstrategien. Operative Entscheidungen werden durch die Möglichkeiten eines verbesserten, d. h. effektiveren, Einsatzes des Marketinginstrumentariums unterstützt.

2.1 Besonderheiten der Marktforschung im Dienstleistungsbereich

Da es erhebliche Unterschiede im Konsum, der Wahrnehmung und der Bewertungen von Dienstleistungen gegenüber materieller Güter gibt, ist es Aufgabe der Marktforschung, diese bei der Informationsgewinnung zu berücksichtigen.

> **Marktforschung** eines Dienstleistungsunternehmens ist die Analyse des Kundenverhaltens, der Wirkung von Marketingaktivitäten des Dienstleistungsanbieters sowie der innerbetrieblichen Sachverhalte.

Vor dem Hintergrund dieser Definition lassen sich die **Aufgaben der Marktforschung** in Dienstleistungsunternehmen wie folgt beschreiben (Meffert 1992a, S. 17):

- Die Marktforschung sorgt dafür, dass Risiken frühzeitig erkannt und abgeschätzt werden (**Frühwarnfunktion**).
- Sie trägt zur Aufdeckung und Antizipation von Chancen und Entwicklungen bei (**Innovationsfunktion**).
- Sie trägt im willensbildenden Prozess zur Unterstützung der Arbeit der Unternehmensführung bei (**Intelligenzverstärkerfunktion**).
- Sie trägt in der Phase der Entscheidungsfindung zur Präzisierung und Objektivierung der Sachverhalte bei (**Unsicherheitsreduktionsfunktion**).
- Sie fördert das Verständnis bei der Zielvorgabe und die Lernprozesse in der Unternehmung (**Strukturierungsfunktion**).

- Sie sorgt dafür, dass aus der umweltbedingten Informationsflut die für die unternehmerischen Ziel- und Maßnahmenentscheidungen relevanten Informationen selektiert und aufbereitet werden (**Selektionsfunktion**).

Innerhalb dieser allgemein gültigen Aufgaben ist – ausgehend von den Besonderheiten von Dienstleistungen – eine Betrachtung spezifischer Aufgabeninhalte der Marktforschung angezeigt. Die Relevanz der Leistungsfähigkeit des Anbieters, die Integration des externen Faktors sowie die Immaterialität führen zu Bewertungsunsicherheiten bei den potenziellen Nachfragern, deren Identifizierung Aufgabe der Marktforschung im Dienstleistungssektor ist (vgl. Schaubild 3-2-1).

Schaubild 3-2-1 Besonderheiten der Dienstleistungsmarktforschung

Besonderheiten von Dienstleistungen	Schwerpunkte in der Marktforschung
Leistungsfähigkeit des Anbieters	■ Analyse der Mitarbeiterfähigkeiten ■ Analyse der Mitarbeitermotivation
Integration des externen Faktors	■ Standortforschung ■ Analyse des Interaktionsverhaltens interner und externer Faktoren ■ Analyse des Integrationsverhaltens des externen Faktors
Immaterialität **(Nichtlagerfähigkeit,** **Nichttransportfähigkeit)**	■ Analyse des Kundenverhaltens (Nachfragehöhe, Nachfrageschwankungen, Öffnungszeiten) ■ Analyse von Kundenzufriedenheit und Image ■ Beschwerdeanalysen

Die Notwendigkeit der Leistungsfähigkeit eines Dienstleistungsanbieters und vor allem seiner Mitarbeitenden impliziert die Analyse der **Mitarbeiterfähigkeiten** und der **Mitarbeitermotivation** durch die Marktforschung (z. B. fachliche Kompetenz und kundenorientiertes Verhalten durch Mystery Shopper). Hier ist die Angemessenheit dieser beiden Größen gemäß den Kundenanforderungen und Leistungsspezifikationen des Anbieters zu untersuchen. Die entsprechenden Analyseergebnisse repräsentieren Ansatzpunkte für Maßnahmen der Personalpolitik (vgl. hierzu die Ausführungen in Kapitel 6).

Ferner lassen sich spezifische Problemstellungen aufgrund der **Integration des externen Faktors** herausstellen. In diesem Zusammenhang sind die Standortforschung sowie Analysen des Interaktions- und Integrationsverhaltens einzusetzen.

Bei standortgebundenen Dienstleistungsunternehmen kommt durch die notwendige Integration des externen Faktors der **Standortforschung** eine zentrale Bedeutung zu. Gerade bei Dienstleistungen mit hoher Bedarfshäufigkeit (Banken, Postdienste, Handel) hat die schnelle Erreichbarkeit besondere Relevanz für die vom Kunden wahrgenommene Dienstleistungsqualität. Im Rahmen von Standortanalysen sind Informationen über Standortpräferenzen der Konsumenten, Bedarf, Konkurrenz, Einkommen, Verkehrsanbindung, Größe des Einzugsgebietes usw. bereitzustellen. Bei Dienstleistungsunternehmen, die Versorgungs- (z. B. Essen auf Rädern, Energieversorgungsunternehmen), Sicherheits- (z. B. Polizei, Feuerwehr) oder technische Kundendienstleistungen anbieten, stellt sich die Standortproblematik aus einem anderen Blickwinkel dar. In der Regel wird bei diesen Diensten die Leistung vor Ort beim Kunden erbracht. Für die Standortwahl dieser Unternehmen ist es deshalb wichtig, ein möglichst dichtes Netz von Standorten aufzubauen, um die Dienstleistungen möglichst schnell zu erbringen. Hierbei spielt die Analyse der räumlichen Verteilung der Dienstleistungsnachfrager, die Verkehrsanbindung und das gegenwärtige Distributionsnetz eine große Rolle.

Zur Unterstützung der **Standortentscheidung** finden z. B. die folgenden Verfahren Anwendung:

- Scoringverfahren,
- Analogmethode,
- Gravitationsmodelle.

Insbesondere Scoringmodelle und die Analogmethode sind in der betrieblichen Praxis bereits weit verbreitet (Reilly 1931; Woratschek 2002).

Scoringverfahren

Scoringverfahren spielen bei der Regionensuche, der Standortbewertung und auch für die Frage nach der besten alternativen Geschäftslage eine Rolle. Punktbewertungen von Standortfaktoren werden folglich auf verschiedenen Ebenen der Standortentscheidung angewendet.

In das Scoringmodell werden dabei nur diejenigen allgemeinen und/oder unternehmensspezifischen Faktoren aufgenommen und bewertet, die für die Standortentscheidung relevant sind, d. h. Erlös- und Kostenkonsequenzen nach sich ziehen. Die Auswahl und Evaluierung dieser Faktoren stützt sich meist auf das Urteil von Experten.

> **Beispiel: Scoringmodell zur Standortwahl**
>
> Schaubild 3-2-2 zeigt das Beispiel eines Scoringmodells zur Standortwahl. Dabei wird in der ersten Spalte die Wichtigkeit eines jeden Merkmals für den Erfolg in Prozentwerten festgehalten, also z. B. die Anzahl der potenziellen Kunden mit 25 Prozent gewichtet. In der zweiten Spalte wird die Merkmalsausprägung mit Punkten bewertet (z. B. einen Punkt pro tausend erreichbaren Kunden). Die Wichtigkeit multipliziert mit der Ausprägung eines Merkmals ergibt den Gesamtpunktwert pro Merkmal in Spalte drei. Die Gesamtpunktwerte der einzelnen Merkmale werden für jeden der in die Bewertung integrierten Standorte addiert. Die so ermittelten Punktwerte pro Standort ergeben eine Präferenzreihenfolge, wobei der Standort mit der höchsten Punktzahl ausgewählt wird.

Schaubild 3-2-2 Beispiel eines Scoringmodells zur Standortwahl

Faktoren-kategorien	Einzelfaktoren	Standort A			Standort B			Standort C
		Gewicht	Einzel-punkte	Gesamt-punktwert	Gewicht	Einzel-punkte	Gesamt-punktwert	...
Konsumenten	Bevölkerungsgröße in Zone 1 Bevölkerungsgröße in Zone 1 Bevölkerungsgröße in Zone 1 Altersstruktur der Bevölkerung usw.							...
Konkurrenten	Anzahl der Konkurrenten Angebotsqualität der Konkurrenten usw.							...
Erreichbarkeit	Anbindung an den ÖPNV Straßenverkehrssituation Parkplatzsituation usw.							...
Kosten	Grundstückskosten Sonstige Kosten							...
usw.	usw.							...
		Σ · 100 %			Σ · 100 %			

Quelle: Woratschek 2001a, S. 425

Nachteil des Verfahrens ist, dass die Einschätzung von Sachverhalten durch Personen vorgenommen wird, die damit nur indirekt konfrontiert sind. Darüber hinaus werden die Vollständigkeit und die relative Gewichtung der Merkmale in einem Standortfaktorenkatalog niemals sichergestellt. Zwischen den Faktoren liegen möglicherweise inhaltliche Überschneidungen vor, die zu einer Verzerrung der Bewertung führen. Weiterhin handelt es sich bei Scoringmodellen um kompensatorische Modelle. Punktzahlen einzelner Faktoren gleichen sich hierbei aus. Es ist zwar möglich, Mindestpunktzahlen für besonders kritische Faktoren festzulegen. Die Gesamtbeurteilung und Auswahl des geeigneten Standortes anhand der höchsten erreichten Punktzahl ist dadurch jedoch nicht mehr ohne weiteres möglich und führt zu einer weniger klaren Aussage über die Standortentscheidung. Schließlich sind Scoringmodelle nicht in der Lage, Umsatzprognosen zu liefern, die eine Entscheidung für einen Standort ökonomisch rechtfertigen.

Dennoch finden Scoringmodelle in der Praxis breite Anwendung. Dies hängt mit dem **Vorteil** der Flexibilität und Einfachheit in der Handhabung der Verfahren zusammen. Das Durchlaufen verschiedener Planungsebenen ist nicht notwendig. Vielmehr wird ein Urteil über die Güte eines Standortes innerhalb eines Bewertungsansatzes gebildet. Von zentraler Bedeutung sind die Überlegungen darüber, welche Standortfaktoren Erfolg versprechend sind. Dies führt zu einem schärferen Problembewusstsein für die Aufgabe, einen Investitionsstandort zu wählen.

Analogmethode

Mit der Analogmethode wird das Ziel verfolgt, für eine Angebotsform an einem bestimmten Standort das Umsatzpotenzial zu prognostizieren. Als Prognosebasis dienen bereits bestehende Angebots-Standort-Kombinationen, die eine Analogie zu der spezifischen Angebots-Neustandort-Situation aufweisen.

Bei der Analogmethode ist es unverzichtbar, eine **grundlegende Analogie zwischen dem Vergleichsstandort** und dem geplanten Neustandort anhand umsatzrelevanter externer und interner Unternehmensfaktoren systematisch zu prüfen. In Frage kommen beispielsweise Geschäftscharakteristika, Konsumentencharakteristika (Einkaufs- bzw. Nutzungsverhalten) und das Konkurrenzniveau.

Jenes Unternehmen, das anhand dieser Merkmale mit dem eigenen Unternehmen vergleichbar ist, wird als Prognosebasis herangezogen. Dabei wird zunächst der gesamte Wochenumsatz des Referenzunternehmens festgestellt und anschließend die Zusammensetzung der Kunden in Bezug auf deren Wohnort und die wohnortspezifischen Umsatzdaten ermittelt. Diese Umsätze werden definierten Entfernungszonen des Standortes zugeordnet. Aus der Bevölkerungsstatistik lässt sich die Anzahl der Kunden pro Entfernungszone feststellen und der durchschnittliche Umsatz pro Entfernungszone errechnen (Schaubild 3-2-3).

Schaubild 3-2-3 Beispiel der Analogmethode für die Standortwahl

Analogmethode			
Einzugsbereich	Bevölkerung im Einzugsbereich	Durchschnittlicher Umsatz pro Einwohner: Wert aus analogen Angebotsorten	Geschätzter Umsatz
bis 2 km	5.000	30	150.000
2–5 km	10.000	20	200.000
über 5 km	20.000	10	200.000
Summe			**550.000**

Quelle: Woratschek 2002 S. 428.

Das zentrale **Problem** dieser Methode liegt darin, dass an zwei verschiedenen Standorten kaum analoge Bedingungen zu finden sind. Insbesondere die Konkurrenzsituation, das Käuferverhalten und die Infrastruktur sind als individuelles Standortspezifikum anzunehmen. Die Analogmethode liefert zwar Umsatzprognosen, leidet aber darunter, dass kaum vergleichbare Bedingungen an unterschiedlichen Standorten vorliegen und damit die Umsatzprognose unpräzise wird. Der **Vorteil** dieses Verfahrens liegt in der Prognose eines konkreten Zielwertes, dem Umsatz bzw. Umsatzpotenzial. Ferner werden auch unternehmensinterne Faktoren ins Kalkül gezogen, so dass die Analogmethode als weiterführender Ansatz bezeichnet wird und im Gegensatz zum vielfältig einsetzbaren Checklisten-Verfahren ein standorttypisches Planungsmodell darstellt.

Gravitationsmodelle

Neuere Modelle, die derzeit aber noch kaum Anwendung in der Praxis finden, sind die so genannten Gravitationsmodelle, von denen insbesondere die probabilistischen Modelle für die Standortentscheidung von Dienstleistungsunternehmen geeignet sind (Woratschek 2001a; Woratschek 2002).

Gravitationstheoretische Ansätze basieren auf der Idee, formaltheoretische Ansätze aus der Physik auf einen ökonomischen Gegenstand zu übertragen. Die theoretische Überlegung, die dem Gravitationsgesetz zu Grunde liegt, besteht in der Annahme, dass die Interaktion zwischen Menschen an einem Wohnort i und einem Standort j davon abhängt, welche Anziehungswirkungen beide Orte aufeinander ausüben und welche Entfernung zwischen diesen zu überwinden ist (vgl. Reilly 1931). Die Interaktion ist demnach eine Resultante aus anziehenden (Attraktivität) und abstoßenden Kräften (Distanz).

Zur Bewertung der ökonomischen Güte von Standorten wird in **probabilistischen Modellen** die Wahrscheinlichkeit bestimmt, mit der die Bewohner der Orte i (i = 1 bis m) alternative Einkaufsorte aufsuchen. Die Wahrscheinlichkeit hängt proportional von der Attraktivität und umgekehrt proportional von der Distanz zwischen dem Wohnort des Kunden und dem Standort des Dienstleisters ab. Die Attraktivität eines Standortes wird über die Verkaufsfläche operationalisiert. Die Distanz wird nicht als räumliche, sondern als zeitliche Distanz gemessen (Huff 1964) (Schaubild 3-2-4).

Schaubild 3-2-4 Reilly's Gesetz der Einzelhandelsgravitation für die Standortwahl

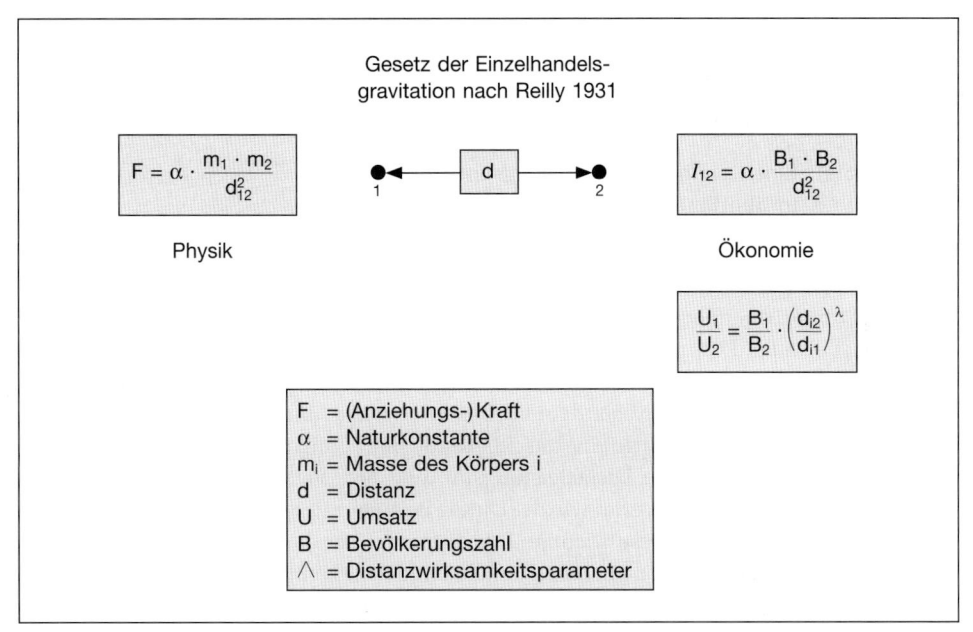

Gesetz der Einzelhandelsgravitation nach Reilly 1931

$$F = \alpha \cdot \frac{m_1 \cdot m_2}{d_{12}^2}$$

Physik

$$I_{12} = \alpha \cdot \frac{B_1 \cdot B_2}{d_{12}^2}$$

Ökonomie

$$\frac{U_1}{U_2} = \frac{B_1}{B_2} \cdot \left(\frac{d_{i2}}{d_{i1}}\right)^\lambda$$

F = (Anziehungs-) Kraft
α = Naturkonstante
m_i = Masse des Körpers i
d = Distanz
U = Umsatz
B = Bevölkerungszahl
∧ = Distanzwirksamkeitsparameter

Quelle: Woratschek 2001a, S. 430

Die probabilistischen Gravitationsmodelle ermöglichen genauere Umsatzprognosen, da sie für alternative Standorte sowohl „anziehende" als auch „abstoßende" Kräfte modellieren. Auf Basis der in diesen Modellen ermittelten Interaktionswahrscheinlichkeiten lassen sich Umsatzpotenziale schätzen, die denjenigen der Analogmethode überlegen sind.

Neben den Standortentscheidungen hat die Marktforschung in Dienstleistungsunternehmen folgende **weitere Analysen** besonders zu beachten:

- Analysen der Interaktionsprozesse,
- Analyse des Integrationsverhaltens,
- Kundenfrequenzanalysen,
- Analysen der Kundenzufriedenheit und des Images sowie
- Beschwerdeanalysen.

Analysen der Interaktionsprozesse

Zur Steuerung einer zielgerichteten Betreuung des Kunden während des Dienstleistungserstellungsprozesses (z. B. Angst eines Patienten vor einer Operation; kundengerechte Auswahl von Gesprächsthemen beim Friseur) sind Analysen der Interaktionsprozesse zwischen internen und externen Kontaktsubjekten vorzunehmen. Die Marktforschung stellt hier Daten über das Konsumentenverhalten, die Kaufprozesse und über das Verwendungsverhalten der Dienstleistungsnehmer bereit. Dabei geht es unter anderem auch darum, Aufschluss über das (Fehl-) Verhalten des Kontaktpersonals des Dienstleistungsunternehmens zu gewinnen.

> **Beispiel: Eintritt eines Versicherungsunternehmens in den Baufinanzierungsmarkt**
>
> Bei einem Versicherungsunternehmen, das in den Markt der Baufinanzierung einsteigen wollte, zeigte sich im Rahmen von Testberatungsgesprächen mit den Außendienstmitarbeitenden ein äußerst geringes Engagement beim Verkauf dieser neuen Dienstleistung. Dies manifestierte sich insbesondere darin, dass die Beratung für die Bausparverträge stark gekürzt wurde und eine Bedürfnisermittlung, Bedarfsweckung und -stabilisierung gegenüber dem Dienstleistungskonsumenten kaum stattfand. Neben der Beobachtung führte eine anschließende Befragung des Kontaktpersonals zum Ergebnis, dass das neue Dienstleistungsprodukt als „versicherungsfremd" und als „nicht ausgereift" abgewertet wurde. Dieses Beispiel zeigt deutlich, dass eine Analyse der Interaktionsprozesse wichtige Erkenntnisse über die Verhaltensweisen sowohl der externen als auch der internen Kontaktsubjekte erkennen lässt.

Die Kundeninterakion ist darüber hinaus hilfreich für das Innovationsmanagement. So hat eine empirische Studie gezeigt, dass Dienstleistungsunternehmen tendenziell erfolgreicher im Innovationsmanagement agieren, wenn die Kunden bereits frühzeitig im Innovationsprozess einen aktiven Part übernehmen (Martin/Horne 1993).

Analysen des Integrationsverhaltens

Dem Integrationsverhalten von Dienstleistungsnachfragern ist im Rahmen der Marktforschung ebenfalls große Bedeutung beizumessen. Im Mittelpunkt steht die Integrationsintensität, mit der der Dienstleistungskunde am Erstellungsprozess beteiligt ist (z. B. Beteiligung der Teilnehmer an einem Sprachkurs). Diese Information ist von besonderer Bedeutung für die mögliche Übertragung von Dienstleistungsfunktionen auf den externen Faktor. Weiterhin wird auf die bei verschiedenen Dienstleistungen entweder in Kauf genommene (z. B. Kinobesuch) oder bewusst gestaltete Interaktion (z. B. Tanzkurs) von verschiedenen externen Faktoren bzw. Personen hingewiesen. Die Qualität dieser Interaktionsprozesse hat mitunter erhebliche Auswirkungen auf die vom Konsumenten wahrgenommene Servicequalität.

Im Rahmen der Marktforschung resultiert aus der Immaterialität von Dienstleistungen der Einsatz von Analysen des Kundenverhaltens, Image- und Zufriedenheitsanalysen sowie Beschwerdeanalysen.

Kundenfrequenzanalysen

Insbesondere aufgrund der Nichtlagerfähigkeit ist im Rahmen der Marktforschung eines Dienstleistungsunternehmens die **zeitliche Nachfrageverteilung** zu untersuchen (Kundenfrequenzanalysen). Zur Prognose von Nachfrageschwankungen und der Nachfragehöhe einzelner Kunden ist das Kundenverhalten zu untersuchen. Darüber hinaus stellt auch die Kenntnis der günstigsten Öffnungszeiten für einen Dienstleistungsanbieter eine wichtige Information zur Planung der Dienstleistungskapazitäten dar.

Analysen der Kundenzufriedenheit und des Images

Weiterhin gelten aufgrund der Simultaneität von Dienstleistungsproduktion und -konsum spezifische Analysen der Kundenzufriedenheit und des Images. Zum einen lassen sich diese beiden Größen als Indikatoren für das zukünftige Kaufverhalten potenzieller (nur Image) und aktueller Kunden heranziehen. Zum anderen liefern die Analysen Ansatzpunkte für den Einsatz des Marketinginstrumentariums zur Erhöhung der Kundenzufriedenheit und Verbesserung des Images.

Beschwerdeanalysen

Eng verbunden mit der Analyse der Kundenzufriedenheit sind Beschwerdeanalysen. Diese ermöglichen die Identifikation unzufriedener Kunden und liefern Implikationen für notwendige Maßnahmen zur nachträglichen Zufriedenstellung (vgl. zum Beschwerdemanagement die Ausführungen im Kapitel 6). Weiterhin lassen sich anhand von Beschwerdeanalysen systematische Leistungserstellungsfehler feststellen, die bei Leistungsinnovationen und -verbesserungen zu berücksichtigen sind.

2.2 Methoden der Marktforschung im Dienstleistungsbereich

Vor der eigentlichen Datenerhebung und Auswertung ist einem Marktforschungsprojekt ein exploratives Design vorzuschalten. Diese Phase stellt eine Vorstudie dar und hilft, das Entscheidungs- und Marktforschungsproblem zu präzisieren (Fantapié Altobelli 2011, S. 16). Diesem explorativen Design kommt in der Dienstleistungsmarktforschung ein hoher Stellenwert zu. In dieser Phase werden z. B. Geschäftsprozesse, die Gegenstand des Forschungsvorhabens sind, in ihre Einzelaktivitäten zerlegt (z. B. mittels der Blueprinting-Technik, vgl. dazu Kapitel 5), um Fragestellungen konkreter Problembereiche zu entwerfen. Diese werden dann im Rahmen der Hauptstudie mittels Befragung, Beobachtung oder Experiment untersucht (Homburg/Krohmer 2009).

Im Hinblick auf die **Methoden der Marktforschung** eines Dienstleistungsunternehmens wird entsprechend der Art der Durchführung der Informationsgewinnung zwischen **Sekundär- und Primärforschung** differenziert (Fantapié Altobelli 2011, S. 18).

> **Sekundärforschung** ist die Auswertung vorhandener Informationsquellen im Hinblick auf einen im Voraus festgelegten Untersuchungszweck. Hierbei werden sowohl externe als auch interne Informationsquellen herangezogen.

Einen beispielhaften Überblick über **Informationsquellen der Sekundärforschung** liefert Schaubild 3-2-5.

Schaubild 3-2-5   Informationsquellen der Sekundärforschung im Dienstleistungsbereich

Interne Quellen	Externe Quellen
■ Kundendienstberichte ■ Außendienstberichte ■ Beschwerdestatistiken ■ Kundendateien ■ Produktions- und Lagerstatistiken ■ Kostenrechnung ■ Frühere Primärerhebungen ■ Auftragsstatistiken ■ Umsatzstatistiken usw.	■ Amtliche Statistiken ■ Branchenstatistiken ■ Statistiken von Wirtschaftsorganisationen, Verbänden, Ministerien, sonstigen Instituten ■ Institutsberichte ■ Datenbankrecherche ■ Fachpublikationen ■ Sonstige Quellen wie Prospekte der Konkurrenz, Geschäftsberichte usw.

Als unternehmensexterne Informationsgrundlagen werden z. B. Branchenstatistiken herangezogen; interne Daten sind z. B. Kundendateien und Datenbankrecherchen. Bei nur einmaliger Auswertung dieser Daten wird eine Querschnittsanalyse vorgenommen, bei wiederholter Erhebung wird der Längsschnitt betrachtet (vgl. Böhler/Hempe 2001, S. 269).

Das Kontaktpersonal eines Dienstleistungsanbieters bildet eine unternehmensinterne Quelle für kundenbezogene Informationen, die regelmäßig auszuwerten sind. Insbesondere durch das konstitutive Merkmal der Integration des externen Faktors in den Leistungserstellungsprozess eröffnet sich für die Mitarbeitenden im direkten Kundenkontakt die Möglichkeit, relevante Informationen des Kunden bezüglich der Dienstleistung zu erhalten. Dies gilt insbesondere, wenn die Dienstleistungserstellung vor Ort beim Kunden vorgenommen wird. Dabei werden Informationen über spezifische Bedürfnisse des Kunden im Rahmen von **Besuchsberichten** dokumentiert. Diese liefern wichtige Anregungen zu Leistungsverbesserungen und -neuentwicklungen.

Weiterhin repräsentieren **Beschwerdestatistiken** eine zentrale interne Sekundärquelle in der Dienstleistungsmarktforschung. Bei den zu erfassenden Informationen werden Beschwerdeinhaltsinformationen (z. B. Art des Beschwerdeproblems, Stammdaten des Kunden, Ausmaß der Verärgerung des Kunden) und Beschwerdebearbeitungsinformationen

(z. B. Zeitpunkt der Entgegennahme, Beschwerdeweg, Adressat der Beschwerde) unterschieden. Zur Erfassung dieser Beschwerdeinformationen ist eine konsequente Beschwerdestimulierung (z. B. telefonische Hotline, Beschwerde-Website im Internet, direkte Ansprache durch Kundenkontaktmitarbeitende) notwendig (Stauss/Seidel 2007).

Die Sekundärforschung stellt in erster Linie Ausgangsinformationen zur Verfügung, die durch eine anschließende **Primärforschung** vertieft werden.

> **Primärforschung** ist die speziell für bestimmte Problemstellungen des Dienstleistungsmarketing durchgeführte markt-, marktteilnehmer- und umfeldbezogene Erhebung.

Einen Überblick über die **Methoden der Primärforschung** und mögliche Anwendungsbeispiele bezüglich der vorhandenen Untersuchungsobjekte liefert Schaubild 3-2-6.

Schaubild 3-2-6 Anwendungsbeispiele der Methoden der Primärforschung im Dienstleistungsbereich bezüglich unterschiedlicher Untersuchungsobjekte

Methoden / Untersuchungsobjekt	Markt	Marktteilnehmer	Umfeld
Befragung	■ Expertenbefragung ■ Gruppendiskussion	■ Kundenbefragung ■ Mitarbeiterbefragung ■ Befragung der Intermediäre	■ Expertenbefragung ■ Gruppendiskussion
Beobachtung	■ Zeit-Distanz-Methode ■ Branchenbeobachtung	■ Kundenlaufstudie ■ Blickregistrierung ■ Mystery Shopping	■ Beobachtung der technischen Entwicklungen
Experiment	■ Lokaler Testmarkt ■ Regionaler Testmarkt	■ Servicetest ■ Werbemitteltest ■ Preistest	–
Panel	■ Marktstrukturanalyse ■ Einzugsgebietsanalyse	■ Haushaltspanel ■ Individualpanel ■ Servicepanel	■ Erhebung des Konsumklimas ■ Mediennutzungsverhalten

Die Methoden zur Erhebung originärer Daten umfassen die Befragung, die Beobachtung, das Experiment und als Spezialform die Erhebung mittels Panel. Diese lassen sich auf drei Untersuchungsobjekte anwenden. Die Gruppe der Marktteilnehmer umfasst dabei z. B. die Kunden, die Mitarbeitenden, die Konkurrenz und die Intermediäre. Im Rahmen des Untersuchungsobjekts Markt werden Erhebungen bezüglich des relevanten Marktes durchgeführt, der alle für die Kauf- und Verkaufsentscheidungen eines Dienstleistungsunternehmens bedeutsamen Austauschbeziehungen umfasst. Schließlich liefern umfeldbezogene Erhebungen wichtige Informationen über die wirtschaftlichen, technologischen, kulturellen, gesellschaftlichen, rechtlichen und politischen Rahmenbedingungen.

Im Rahmen der **Befragung** ist zwischen einer qualitativen und einer quantitativen Befragung zu unterscheiden. Bei der **qualitativen Methode** findet eine persönliche Befragung einer Einzelperson oder mehrerer Personen in Form eines Gruppeninterviews anhand eines nicht oder nur teilweise standardisierten Leitfadens statt. Die Anzahl der insgesamt befragten Personen ist relativ begrenzt. Ziel dieser Methode ist bei der Einzelbefragung die Gewinnung von Einstellungen oder Meinungen, beim Gruppeninterview hingegen die Sammlung möglichst umfassender Informationen zu einem bestimmten Untersuchungsgegenstand (Kepper 2008). So ist z. B. anhand des Untersuchungsobjekts Umfeld eine Expertenbefragung zur Prognose der Konjunktur oder anhand des Untersuchungsobjekts Marktteilnehmer eine Gruppendiskussion zu möglichen Dienstleistungsinnovationen denkbar (Fantapié Altobelli 2011, S. 43).

Die **quantitative Befragung** wird mittels der folgenden Arten durchgeführt:

- Persönliche Befragung (z. B. Zufriedenheit der Kunden mit den Leistungen einer Bank),
- Schriftliche Befragung (z. B. Beurteilungskarten im Hotel),
- Telefonische Befragung
  - automatischer Art (z. B. TED-Umfrage im Fernsehen),
  - nichtautomatischer Art (z. B. telefonisches Interview),
- Online-Befragung (z. B. Kundendienstumfragen bei EDV-Anwendern).

Generell verfolgt die quantitative Befragung das Ziel, mit Hilfe eines standardisierten Fragebogens die Befragung einer repräsentativen Stichprobe durchzuführen, um Aussagen über die Grundgesamtheit zu treffen (Fantapié Altobelli 2011, S. 42f.).

Beim **persönlichen Interview** ist ein unmittelbares Feedback möglich. Allerdings ist diese Erhebungsmethode sehr kostenintensiv, und es ist die Gefahr suggestiver Beeinflussungen durch den Interviewer gegeben. Häufig werden kurz nach dem Dienstleistungserstellungsprozess Zufriedenheitsumfragen durchgeführt, da hier eine Leistungsbeurteilung durch den Wegfall von Fahrtkosten und Fahrtzeiten relativ schnell und kostengünstig durchführbar ist.

Bei **schriftlichen Befragungen** entfällt der Interviewereinfluss, und für die Befragten besteht die Möglichkeit, überlegtere Antworten zu geben. Weiterhin sind schriftliche Befragungen im Gegensatz zu persönlichen Interviews mit einem geringeren zeitlichen und organisatorischen Aufwand verbunden. Allerdings ist die Rücklaufquote in der Regel geringer als bei mündlichen Befragungen.

Im Rahmen der **telefonischen Befragung** entwickelte sich in den letzten zwei Jahrzehnten das CATI-System (Computer Aided Telephone Interview). Bei der Anwendung dieses

CATI-Systems erscheinen die Frage- und Antwortkategorien auf dem Bildschirm des Interviewers, der diese per Telefon der befragten Person vorliest. Dabei werden die Antworten direkt in den Computer eingegeben. Je nach Antwort bei den so genannten „Filterfragen" steuert der Computer selbständig zur nächsten relevanten Frage. Als Vorteile der telefonischen Befragung mittels CATI-System lässt sich die sofortige Auswertbarkeit des abgeschlossenen Interviews und die unmittelbare Fehlerkontrolle nennen. Des Weiteren ist eine Individualisierung der Befragung durch die entsprechenden Filteranweisungen und eine Randomisierung des Frageverlaufs möglich (Kuß 2007, S. 115f.). Zu den generellen Vorteilen der telefonischen Befragung zählen die Reduzierung des organisatorischen und zeitlichen Aufwands sowie eine Reduzierung der Kosten.

Durch den Einsatz der Multimedia-Technik ergeben sich mit der **Online-Befragung** neue Befragungsformen und Verbesserungsmöglichkeiten. Das Multimediasystem übernimmt dabei die Rolle des Interviewers. Durch die Kombinationsmöglichkeit von Text, Ton, Bildern und Filmen werden die Probleme der klassischen Befragungsformen wie fehlende Darstellungs- und Steuerungsmöglichkeiten behoben (Theobald/Dreyer/Starsetzki 2003). Das Spektrum der Online-Erhebungsmethoden ist sehr breit. Der Einsatz dieses Befragungsinstrumentes erfolgt z. B. in Form eines standardisierten Fragebogens im Internet oder als per E-Mail versendete Umfrage. Nichtstandardisierte Meinungserhebungen, z. B. in Chatforen oder im Rahmen eines Beschwerdemanagements sind ebenso möglich. Als wichtigste Vorteile sind neben der Präsentationsvielfalt die guten Möglichkeiten der Datenerfassung, das Interesse großer Teile der Bevölkerung am Internet und eine entsprechend hohe Antwortbereitschaft sowie die – bei vorhandener Infrastruktur und einer relativ großen Anzahl an Auskunftspersonen – relativ geringen Kosten zu nennen. Ein weiterer Vorteil ergibt sich insbesondere bei Leistungen, die ebenfalls online erstellt werden, z. B. bei Direktbanken und Versicherungen, Internethändlern wie *Amazon*, virtuellen Marktplätzen usw. Diese sind durch einen rein medialen Kundenkontakt gekennzeichnet, wodurch die Befragung direkt im Medium der Erstellung der Leistung, zeitlich entkoppelt sowie unabhängig von der geografischen Distanz zum Befragten möglich wird.

Im Dienstleistungsmarketing nehmen Befragungen einen besonders hohen Stellenwert ein, weil sie aus **Kundensicht** zur Ermittlung des Dienstleistungsimages, der Dienstleistungsqualität und zur Erfassung der Kundenzufriedenheit einsetzbar sind.

Weiterhin ist es aus **Mitarbeitersicht** möglich, nicht nur Mitarbeiterfähigkeiten und die Mitarbeitermotivation sowie hiermit in Zusammenhang stehende Größen (z. B. Mitarbeiterzufriedenheit) zu messen, sondern auch die Kundeninteraktionen aus Perspektive der Mitarbeitenden zu beurteilen. Aufgrund des direkten Kontaktes zwischen Dienstleister und Dienstleistungsabnehmer bei der Erbringung von personenorientierten Diensten erhalten Mitarbeitende detaillierte Kundendaten und bauen ein differenziertes Wissen über Kundenanforderungen auf (Meyer 2004).

> **Beispiel: Informationen, die Mitarbeitende im Kundenkontakt durch Befragungen von Kunden generieren**
>
> - Besteht eine intensive Kundenbindung (regelmäßiger Besuch des Kunden)?
> - Ist der Kunde mit der Dienstleistung zufrieden (Äußerungen der Kunden nach der Dienstleistungserstellung, z. B. beim Friseur, Arzt, im Restaurant)?
> - Welche Optionen/Ansätze bestehen, die Dienstleistung aus Kundensicht zu verbessern?
> - Benötigt der Konsument noch weitere Dienstleistungen?
> - Wann wird der Kunde die nächste Dienstleistung in Anspruch nehmen?

Eine **Beobachtung** ist im Gegensatz zur Befragung nicht abhängig von der Auskunftsbereitschaft des Dienstleistungskunden und liefert Informationen mittels der Analyse des sinnlich wahrnehmbaren Verhaltens/der sinnlich wahrnehmbaren Veränderungen (Fantapié Altobelli 2007, S. 95). Im Zentrum steht meist das Untersuchungsobjekt der (potenziellen) Kunden, deren Reaktion auf Stimuli durch Feld- oder Laboratoriumsbeobachtungen registriert wird, um Rückschlüsse auf marketingrelevante Sachverhalte zu ziehen. Bei persönlichen Beobachtungen erfolgt die Datenerfassung direkt durch den Beobachter, bei apparativen Beobachtungsverfahren werden unterstützend technische Hilfsmittel eingesetzt (Böhler 2004, S. 102ff.). Als Beispiele sind die Kundenlaufstudie oder die Blickregistrierung zu nennen. Neben den Marktteilnehmern liefert auch die Beobachtung des Marktes (z. B. Branchenbeobachtung) oder des Umfeldes (z. B. Beobachtung der technischen Entwicklung) marketingrelevante Informationen. Ein Beispiel aus der Tourismusbranche zeigt, wie die Beobachtung als Marktorschungsmethode für Dienstleistungen eingesetzt wird.

> **Beispiel: Beobachtung als Instrument der Marktforschung einer Fluggesellschaft**
>
> Die Fluggesellschaft *Scandinavian Airlines System (SAS)* entwickelte neue Dienstleistungen, indem sie das Verhalten der Kunden am Flughafen durch installierte Videokameras beobachten ließ. Die Dienstleistung des Fluges wurde vom ersten Kontakt am Check-in-Schalter und dem Aufenthalt in Flughafenhalle zur Überbrückung der Wartezeit über das Gate bis zur Gepäckabholung nach dem Flug analysiert. Die Abläufe wurden in die Subkategorien „Persönliche Aktivitäten, Erholung, Arbeiten, Unterhaltung, Kontakte und Personal Care" eingeteilt und die Ergebnisse in neue Regeln und Produkte umgesetzt. So wurde z. B. ein Erfrischungsraum eingeführt, der es den Kunden ermöglicht, sich nach dem Flug für den nächsten Kundentermin frisch zu machen (Pikkemaat/Peters/Weiermair 2006, S. 72).

Das **Experiment** dient der Aufdeckung von Ursache-Wirkungs-Zusammenhängen. Dafür legt es ein bestimmtes Untersuchungsdesign bei der Datengewinnung fest. Die durchgeführten Marketingmaßnahmen stellen dabei die unabhängigen Variablen dar. Durch die Kontrolle möglicher Einflussfaktoren werden die Auswirkungen auf die abhängige(n) Variable(n) gemessen (Kuß 2007, S. 141). Diese Messungen finden als Labor- oder Marktexperiment statt. Im Rahmen des Laborexperiments wird ein künstliches Umfeld geschaffen, in dem z. B. Preis- und Werbemitteltests sowie die Ermittlung des Einführungserfolgs neuer Services durchgeführt werden (z. B. Abfrage von Präferenzen gegenüber alternativ ausgestatteten Kreditkarten und Auswertung durch eine Conjoint Analyse zur Ermittlung von Teilnutzenwerten; Schwan 1996).

Bei Marktexperimenten, wie dem lokalen bzw. regionalen Testmarkt, werden Marketingmaßnahmen in einem größeren Gebiet untersucht, um einen umfassenden Einblick in mögliche Reaktionen der Konsumenten und der Konkurrenz zu erhalten (Böhler 2004, S. 60). Aufgrund der Immaterialität von Dienstleistungen erweisen sich Experimente, in denen neue Dienstleistungen auf ihre Akzeptanz beim Konsumenten untersucht werden, jedoch als schwierig, weil der Konsument erst durch eine Inanspruchnahme der Dienstleistung eine konkrete Vorstellung von dieser Leistung erhält (z. B. Reisen, ärztliche Untersuchung). Für standardisierte Dienstleistungen sind bestimmte Testmethoden anwendbar, zur Beurteilung individualisierter und hochgradig integrativer Dienstleistungen ist der Einsatz experimenteller Designs jedoch nicht sinnvoll (vgl. Böhler/Hempe 2001, S. 272).

Als Sonderform der Datenerhebung gilt schließlich das **Panel**, das eine über einen längeren Zeitraum gleichbleibende Teilauswahl von Erhebungseinheiten umfasst, die in regelmäßigen Abständen zu einem gleichbleibenden Untersuchungsgegenstand befragt oder beobachtet werden (Böhler 2004, S. 69). Im Rahmen von Längsschnittanalysen lassen sich z. B. Aussagen über das Kaufverhalten der Kunden, über die Veränderung der Marktstruktur oder umfeldbezogen über das Konsumklima treffen. Spezielle, auf Dienstleistungen zugeschnittene, Panels sind die Consumer Scope von GfK. Diese Verbraucher-Panels erfassen kontinuierlich Informationen über Marktentwicklungen, Markt- und Einkaufsstättenanteile, Preise, Zielgruppen und deren Loyalitäts- und Wechselverhalten. Im Rahmen des Consumer Scope werden unter anderem Dienstleistungen aus dem Bereich Telekommunikation, Tourismus, Versandhandel und der Unterhaltungsindustrie untersucht (GfK Consumer Scope 2010).

Sämtliche durch die Marktforschung erhobenen Daten lassen sich im Rahmen eines so genannten **„Data Warehouse"** (vgl. z. B. Hippner 2004) organisieren sowie zur Nutzung im strategischen und operativen Dienstleistungsmarketing aufbereiten. Als technische Plattform für die Auswertung der Kunden- und Interessentendaten dienen zunehmend Data-Warehouses. Aus unterschiedlichen Datenquellen werden individuelle Daten beschafft, als Kunden-Datensätze auf ein einheitliches Format gebracht, in komplexen Datenbanken zusammengeführt und dann nach unterschiedlichen Fragestellungen analysiert. Diese Data-Warehouses werden i. d. R. extra für Zwecke der Kundengewinnung und -pflege erstellt und geführt. Über ein konsequentes **„Database-Marketing"** (Link 2001) werden wichtige Hinweise für den Einsatz der Marketinginstrumente abgeleitet. Durch ein effizientes und effektives Database-Management können wichtige Wettbewerbsvorteile in Bezug auf Individualisierung, Erzielung von Cross- und Upselling Potenzialen sowie Kostensenkungsvorteile erzielt werden (Diller 2010, S. 8f.). Database-Informationen ermöglichen zum einen eine gezielte Kommunikationsaktivität (z. B. Direct Mailing), zum anderen dient die Sammlung von Kundeninformationen einer Individualisierung im Leistungsmixbereich, die im Extremfall einem „Segment-of-One-Approach" gerecht wird.

> **Beispiel: Database-System bei Best Western Hotels**
>
> Das Database-System der Hotelkette *Best Western*, deren Hotels vor allem Geschäftsreise- und Tagungshotels sind, umfasst vier Elemente. Als „Unternehmensinformationen" werden der Name des Unternehmens, Adresse, Telefon, Datum der letzten Änderung usw. erfasst. Die Rubrik „Ansprechpartner" sammelt Informationen über den konkreten Ansprechpartner (z. B. Position, Unterscheidung Entscheider und Bucher) im Kundenunternehmen. In der „Aktivitäten-History" finden sich weitere Kontakte zum Kunden (z. B. auf Messen) wieder. Schließlich werden „Anfragen/Buchungen" verfolgt. Die Database-Informationen finden vor allem in der Distribution (z. B. telefonische und persönliche Kundenansprache), im Direktmarketing (z. B. mehrstufige, aufeinander aufbauende Mailingaktionen, die sich in Abhängigkeit der Kunden(nicht)reaktion „verzweigen"), im Telefonmarketing (z. B. Abrufen des nächsten Kontakttermins) und im Umsatzcontrolling (z. B. in Form von Kundenumsatzberichten) Anwendung (Schulze/Vieler 1997).

Das wohl bekannteste Instrument des Database Marketing ist die **Kundenkarte**. Durch den Einsatz solcher Karten wird die Kundenkenntnis erhöht, indem es dem Anbieter ermöglicht wird, zahlreiche kundenbezogene Daten zu sammeln und auszuwerten, die für ein gezieltes Database Marketing eingesetzt werden (Tomczak/Reinecke/Dittrich 2008). Zu den bekanntesten Kundenkarten zählen die *Deutschland Card* oder die *Lufthansa Miles and More*-Karte. Schaubild 3-2-7 zeigt eine Übersicht kundenspezifischer Daten, die häufig mit Hilfe von Kundenkarten gesammelt werden.

Schaubild 3-2-7 Beispiele kundenspezifischer Daten

	Kundenspezifische Daten
Stammdaten	Name, Vorname, Geschlecht, Straße, Wohnort, Telefonnummer, Altersgruppe, Haushaltsgröße, Ausbildungsabschluss, Kartennummer.
Geografische Daten	Wohngebiet, Entfernung zum nächsten Händler bzw. der nächsten Service- oder Reparaturwerkstätte, usw.
Marketing- und verkaufshistorische Daten	Form der Akquisition des Kunden, Reaktionen auf unterschiedliche Kommunikationsmittel und -medien, Beschwerdeverhalten, geäußerte Kundenpräferenzen, Anzahl geworbener Freunde und Bekannte, Datum und Uhrzeit des Kaufs, Kauffrequenz, Kaufmenge, Kaufort, Kaufwert, Art und Kombination der Leistungen, Nutzung von Sonderangeboten, Zahlungsverhalten.

Quelle: Tomczak/Reinecke/Dittrich 2008, S. 336

Bei der Sammlung und Speicherung von Kundendaten ist jedoch stets der **Datenschutz** zu beachten. Problematisch ist die Speicherung von Daten, die individuell einem einzelnen Kunden direkt zugeordnet werden können. Hier ist das Einverständnis der Datenspeicherung durch den Kunden erforderlich. Unbedenklich sind jedoch Daten, die in aggregierter Form gespeichert und dadurch einer Gruppe von Kunden zuzuordnen sind (z. B. Gruppenprofile, Clusterbildungen in Form von bestimmten Vorlieben/Verhaltensweisen einzelner Kundensegmente).

Die veränderte Mediennutzung, v.A. durch die gestiegene Popularität des Internet und den darin vorhandenen sozialen Netzwerken und Foren, ermöglicht es den Unternehmen, sehr detaillierte Kundendaten zu sammeln (Speck 2010, S. 106). Aufgrund dieser schnellen Entwicklung stoßen der Staat und die Gesetzgebung bei der Durchsetzung der Interessen bezüglich des Datenschutzes nach wie vor an ihre Grenzen. Aus diesen Gründen ist es Aufgabe der Unternehmen, unter ethischen Gesichtspunkten, eine für den Unternehmenserfolg angemessene Datensammlung und Speicherung zu praktizieren, ohne gegen moralische Normen zu verstossen (Speck 2010, S. 116), denn häufig zeigt sich aufgrund der unsicheren Rechtslage ein subjektives Sicherheitsgefühl der Kunden bei der Datenspeicherung auf sehr niedrigem Niveau. Eine empirische Studie hat gezeigt, dass 70 Prozent der Personen in Deutschland besorgt sind über einen möglichen Missbrauch ihrer Daten im Wirtschaftsumfeld (Jacob/Jost 2003, S. 623).

> **Beispiel: Kundenkarten und Datenschutz**
>
> Das Institut *Finanztest* hat bei einer Studie im Jahre 2008 bei 11 der 23 untersuchten Kundenkarten die Datenschutzerklärungen als „nicht akzeptabel" eingestuft. Den Anbietern gehe es oft nicht um die Kundenbindung, sondern vielmehr um die Verwendung der gespeicherten Daten zu Werbezwecken, so *„Finanztest"*. Die Rabatte sind dagegen meist gering und liegen zwischen 0,5 und drei Prozent. Wer auf Nummer sicher gehen wolle, solle stattdessen einfache Stempelkarten verwenden, wie sie viele Cafés und Friseure anbieten (z. B. den 10. Haarschnitt oder den 12. Kaffee gibt es umsonst) (Finanztest 2008).

Die im Rahmen der Marktforschung erhobenen Informationen spielen eine wichtige Rolle bei der Marktsegmentierung.

3. Marktsegmentierung im Dienstleistungsbereich

Unter **Marktsegmentierung** wird die Aufteilung eines Gesamtmarktes in bezüglich ihrer Marktreaktion intern homogene, untereinander jedoch heterogene Untergruppen (Marktsegmente) verstanden (Freter 1983; Meffert/Burmann/Kirchgeorg 2012, S. 193ff.). Zweck der Marktsegmentierung bei Dienstleistungen ist die Offenlegung von Unterschieden zwischen den Abnehmern und die Ableitung von Implikationen im Hinblick auf eine differenzierte Marktbearbeitung (Freter 2001a).

Ein guter Informationsstand bezüglich Strukturen und Gesetzmäßigkeiten des Marktes (z. B. saisonal bedingte Nachfrageschwankungen im Reisemarkt) erlaubt die proaktive Anpassung der Dienstleistungspotenziale und -angebote an die besonderen Ansprüche und Erwartungen genau definierter Käuferschichten. Aus dem Merkmal der Integration des externen Faktors ergibt sich zudem die Möglichkeit, segmentspezifische Anforderungen noch im Verlauf des Dienstleistungserstellungsprozesses zu erkennen und entsprechend umzusetzen. Damit umfasst die Marktsegmentierung sowohl die Markterfassungs- bzw. Informationsseite als auch die Marktbearbeitungsseite.

Um die Aufgabe der Bildung in sich homogener und untereinander heterogener Marktsegmente zu realisieren, haben die Segmentierungskriterien bestimmte **Anforderungen** zu erfüllen (Freter 2001b, S. 1074ff.; Kotler/Bliemel 2006, S. 451f.; Meffert/Burmann/Kirchgeorg 2012, S. 194f.):

1. Messbarkeit

Voraussetzung von Marktsegmentierungskriterien ist, dass sie mit vorhandenen Marktforschungsmethoden messbar und somit erfassbar sind. Dies ist eine wichtige Bedingung für den Einsatz mathematisch-statistischer Verfahren zur Identifikation von Marktsegmenten im Dienstleistungsbereich. Die Verwendung käuferverhaltenstheoretischer Konstrukte, wie Motive und Einstellungen, erfordert dabei ein hohes Maß an Expertenwissen.

2. Kaufverhaltensrelevanz

Als Kriterien sind geeignete Indikatoren für das zukünftige Käuferverhalten der Konsumenten auszuwählen. Es sind somit Eigenschaften und Verhaltensweisen zu erfassen, die eine Voraussetzung des Kaufes einer bestimmten Dienstleistung darstellen und anhand derer sich intern homogene, extern heterogene Marktsegmente abgrenzen lassen. Der gezielte, segmentspezifische Einsatz des Marketinginstrumentariums und die Möglichkeit einer Verhaltensprognose der ermittelten Marktsegmente sind vom Grad der Erfüllung dieser Anforderung abhängig. Insbesondere im Dienstleistungsbereich besteht die Gefahr, dass eine Segmentierung nach demografischen und/oder psychografischen Kriterien zu Clustern ohne hinreichende Verhaltensunterschiede führt (Rapp 1993, S. 135ff.).

3. Erreichbarkeit bzw. Zugänglichkeit

Segmentierungskriterien sind so zu wählen, dass sie die gezielte Ansprache der mit ihrer Hilfe abgegrenzten Segmente gewährleisten. Die Erfüllung dieser Anforderung beeinflusst das Ausmaß, in dem die Unternehmung mittels der segmentspezifischen Marketingaktivitäten eine direkte Ansprache der Konsumenten innerhalb eines Zielsegmentes erreicht. In diesem Zusammenhang kommt der Kommunikations- und Distributionspolitik besondere Bedeutung zu.

4. Handlungsfähigkeit

Nur wenn die Segmentierungskriterien die Ausgestaltung und den gezielten Einsatz des Marketinginstrumentariums ermöglichen, sind sie für eine Marktsegmentierung als geeignet anzusehen. Ist dies der Fall, wird die Verbindung zwischen Markterfassung und Marktbearbeitung geschaffen. Dabei sind dienstleistungsspezifische Ausgestaltungsoptionen der Marketinginstrumente zu beachten, die in Kapitel 6 dargestellt werden.

5. Wirtschaftlichkeit

Die Erhebung der Kriterien hat so zu erfolgen, dass der sich aus der Segmentierung ergebende Nutzen größer ist als die hierfür anfallenden Kosten. Sofern diese Anforderung ex ante nicht überprüfbar ist, ist es zumindest notwendig, dass die Kriterien wenigstens das Ausmaß der segmentspezifischen Nachfrage erkennen lassen.

6. Zeitliche Stabilität

Eine weitere Bedingung ist die weitgehende zeitliche Stabilität der Informationen, die mittels der Kriterien erhoben werden, über den Planungszeitraum hinweg. Eine Marktsegmentierung ist nur sinnvoll, wenn die Ergebnisse der Markterfassung für den Zeitraum der Durchführung und Wirkung der segmentspezifischen Marktbearbeitungsaktivitäten gültig sind.

7. Dienstleistungsbezug

Die Kriterien haben die Besonderheiten von Dienstleistungen zu berücksichtigen (Leistungsbereitschaft des Anbieters, Integration des externen Faktors, Immaterialität). Daher sind Ansätze zur Marktsegmentierung, wie sie im Konsum- und Industriegüterbereich eingesetzt werden, entsprechend zu modifizieren.

Zur Beurteilung der im Folgenden zu analysierenden Marktsegmentierungskriterien sind diese Anforderungen heranzuziehen. Dabei ist zu berücksichtigen, dass die Anforderungen der Messbarkeit und der zeitlichen Stabilität von jedem einzelnen Kriterium zu erfüllen sind. Die darüber hinausgehenden Anforderungen (z. B. Wirtschaftlichkeit) weisen für den zur Marktsegmentierung herangezogenen Kriterienkatalog gesamthafte Relevanz auf.

Die **Vielzahl der möglichen Segmentierungskriterien** lässt sich nach unterschiedlichen Gesichtspunkten zu Kriteriengruppen zusammenfassen (Freter 2001b; Kotler/Bliemel 2006, S. 430ff.; Becker 2006, S. 250ff.; Meffert/Burmann/Kirchgeorg 2012, S. 196ff.; Steffenhagen 2008, S. 42f.). Neben den klassischen Segmentierungskriterien, die auch im Dienstleistungsbereich Anwendung finden, werden zunehmend andere für das Kaufverhalten eher relevante Kriterien zur Segmentierung herangezogen. Schaubild 3-3-1 liefert einen Überblick über mögliche Segmentierungskriterien.

Schaubild 3-3-1 Segmentierungskriterien für Dienstleistungsmärkte

Segmentierungskriterien für konsumtive Dienstleistungen	Segmentierungskriterien für investive Dienstleistungen
1. Demografische Kriterien – Geschlecht – Alter – Familienlebenszyklus – Geografische Kriterien	1. Branchenbezogene Kriterien – Art der Branche – Konkurrenzintensität – Branchenkonjunktur – Bedarfshäufigkeit der Dienstleistung
2. Sozioökonomische Kriterien – Einkommen – Soziale Schicht – Beruf – Ausbildung – Customer Lifetime Value (CLV)	2. Unternehmensbezogene Kriterien – Umsatzgröße – Mitarbeiterzahl – Dienstleistungstechnologische Ausstattung – Budget für Dienstleistungen
3. Psychologische Kriterien – Motive – Einstellungen – Lifestyle	3. Gruppenbezogene Kriterien – Größe des Einkaufsgremiums – Rollenverteilung (Entscheider, Nutzer usw.) – Arbeitsaufteilung
4. Verhaltenskriterien – Dienstleistungsbezogene Kriterien – Kommunikationsbezogene Kriterien – Preisbezogene Kriterien – Einkaufsstättenbezogene Kriterien	4. Personenbezogene Kriterien – Demografische Kriterien – Sozioökonomische Kriterien – Psychologische Kriterien – Verhaltenskriterien

Quelle: in Anlehnung an Bruhn 2010b, S. 209

Die **demografischen** Kriterien stellen die „klassischen" Marktsegmentierungskriterien im konsumtiven Bereich dar. Beispiele für derartige Kriterien sind das Geschlecht, das Alter, der Familienlebenszyklus und geografische Kriterien (Becker 2006, S. 250ff.).

Das **Geschlecht** ermöglicht eine Grobaufteilung der Konsumenten. Die Eignung dieses Kriteriums hängt allerdings – wie im Konsumgüterbereich – vor allem von der Art der angebotenen Unternehmensleistung ab. So setzen Frauen z. B. andere Erwartungen an eine Finanzberatung als Männer. Sie sind sicherheitsorientierter und haben daher einen anderen Bedarf an Produkten aus dem Leistungsspektrum einer Bank oder Vermögensberatung.

Das **Alter** ist ein weiteres klassisches Segmentierungskriterium, das in bestimmten Bereichen sinnvoll zur Segmentierung genutzt wird. Dies wird besonders bei der Betrachtung von Bedarfslebenszyklen der Kunden deutlich.

> **Beispiel: Alter als Segmentierungskriterium bei Versicherungsunternehmen**
>
> Die *Debeka* Versicherung bietet Bausparverträge hauptsächlich jüngeren Kunden an. Kunden im Arbeitsalter werden Berufsunfähigkeitsversicherung und Maßnahmen der Altersvorsorge empfohlen. Versicherungen, die das persönliche Vermögen betreffen, werden insbesondere Personen im Ruhestand angeboten.

Oft erscheint es jedoch sinnvoller, nach **Lebensphasen** zu segmentieren, da sich daran Verhaltensunterschiede und somit Konsumgewohnheiten und Präferenzen besser unterscheiden lassen. Studien auf Basis des Haushaltspanels ConsumerScan der *GfK* zeigen deutliche Unterschiede im Konsumentenverhalten in Abhängigkeit unterschiedlicher Lebensphasen (vgl. Schaubild 3-3-2).

Schaubild 3-3-2 Veränderung der Ausgaben für Babynahrung in Abhängigkeit der Lebensphase

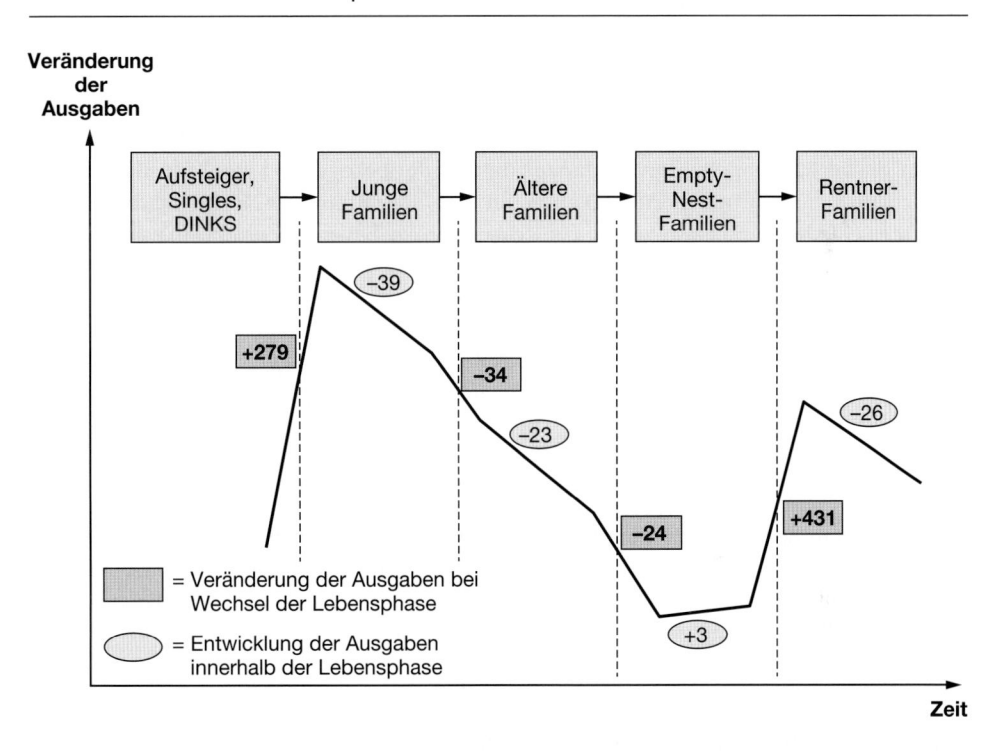

Quelle: Koschate 2008; Twardawa/Wildner 2008

Auch der **Familienlebenszyklus** ist für die Segmentierung verwendbar, da die Nachfrage nach bestimmten Dienstleistungen von der Phase im Familienlebenszyklus abhängt.

> **Beispiel: Der Familienlebenszyklus als Segmentierungskriterium**
>
> Die *Debeka* Versicherung differenziert ebenfalls z. B. zwischen Singles, Paaren und Familien, wobei für Paare und Familien besonders die Absicherung der Hinterbliebenen im Todesfall des Versicherungsnehmers im Angebotskatalog stehen. Auch in der Tourismusbranche lässt sich der Familienlebenszyklus als Segmentierungskriterium sinnvoll anwenden. Während z. B. Familien mit Kindern tendenziell nähere Reiseziele mit entsprechenden Aktivitätsmöglichkeiten bevorzugen, ist bei alleinstehenden Paaren das Interesse an Flugreisen in Übersee oder Kreuzfahrten stärker ausgeprägt. *L'tur* etwa berücksichtigt diese unterschiedlichen Präferenzen bei der Internetsuche nach einem geeigneten Urlaub für Familien und Singles.

Die **geografischen Kriterien** erlangen eine spezielle Bedeutung aufgrund kultureller Unterschiede (z. B. Norddeutsche, Bayern, Sachsen) und in Verbindung mit Kaufkraftkennziffern. Sie berücksichtigen darüber hinaus die Standortbezogenheit von Dienstleistungen, die sich aus der Nichttransportfähigkeit ergibt (z. B. Restaurants in Norddeutschland führen unterschiedliche Speiseangebote als Restaurants in Bayern). Zusätzlich werden auch mikrogeografische Kriterien angewandt. Dieser Ansatz beruht auf der Erkenntnis, dass sich Menschen mit ähnlichen Lebens- bzw. Konsumstilen häufig an bestimmten Wohnorten konzentrieren (z. B. Studentenviertel), was sich auch auf das Angebot an Dienstleistungen in diesen Gegenden auswirkt (siehe folgendes Beispiel zu *Tengelmann*). Durch die Verknüpfung regionaltypischer Kenndaten (z. B. Demografie, Beschäftigungs-, Wirtschafts- und Infrastruktur) mit Angaben zum Lebensstil lassen sich spezifische Marktsegmente ansprechen (z. B. Einteilung nach Regionen, Gemeindegrößenklassen, Stadt- und Landbevölkerung).

Eine besondere Bedeutung hat die regionale Segmentierung jedoch vor allem für Dienstleistungsunternehmen, die eine regionale Ausdehnung durch Filialisierung oder Franchising betreiben, so für Kreditinstitute, Lebensmittelfilialunternehmen und Fast-Food-Ketten. Mikrogeografische Segmentierungsüberlegungen können hier ebenfalls zu unterschiedlichen Strategien führen.

> **Beispiel: Positionierung von Handelskonzernfilialen**
>
> Handelskonzerne positionieren z. B. in verschiedenen Stadtteilen Filialen unterschiedlich. So ist es für *Tengelmann* denkbar, seine preislich im unteren Bereich liegende Filialkette *Plus* in Studentenvierteln mit niedrigerem Durchschnittseinkommen anzusiedeln, während die preislich höher positionierte Kette *Kaiser's* eher den Bedarf von Stadtvierteln mit höherem Durchschnittseinkommen trifft.

Aufgrund ihrer einfachen Erhebbarkeit und geringen Komplexität werden demografische Segmentierungskriterien sehr häufig eingesetzt und erklären sich bereits aus dem unterschiedlichen Bedarf von soziodemografischen Gruppen. In zahlreichen Branchen sagen diese Kriterien jedoch nur wenig über die kaufverhaltensrelevanten Eigenschaften aus und eignen sich nur zu einer Grobaufteilung der Konsumenten (Brogini 1998, S. 115). In Folge dessen werden vermehrt zusätzliche Kriterien zur Segmentierung herangezogen (Meffert/ Burmann/Kirchgeorg 2012, S. 200f.).

In engem Zusammenhang zu den demografischen Kriterien stehen die **sozioökonomischen** Segmentierungskriterien, zu denen beispielsweise das Einkommen, die soziale Schicht und der Customer Lifetime Value (CLV) zählen (Venkatesan/Kumar/Bohling 2007; Meffert/ Burmann/Kirchgeorg 2012, S. 199f.).

Das **Einkommen** gibt Aufschluss über die Kaufkraft. Besonders deutlich ist die Zweckmäßigkeit einer einkommensbezogenen Segmentierung wiederum im Finanzbereich. Aufgrund der geringeren möglichen Deckungsbeiträge von Kunden mit niedrigerem Einkommen werden diesen eher Standardleistungen und einfachere Beratungsleistungen angeboten als Kunden mit hohem Einkommen oder Vermögen. Im Private Banking, das eine Spezialisierung auf vermögende Kunden beinhaltet, steht im Extremfall dem Kunden ein eigener Berater zur Verfügung, der eine komplexere Vermögensplanung mit einem sehr differenzierten Angebotsspektrum durchführt.

Die **soziale Schicht** gibt häufig Auskunft über bestimmte Präferenzen und Kaufgewohnheiten. In unterschiedlichen sozialen Schichten gelten beispielsweise bestimmte Symbole als prestigeträchtig (in gehobenen Schichten z. B. exklusive Reisen, Urlaubsorte, öffentlichkeitswirksame Veranstaltungen, Golfclubs usw.). Allerdings ist bei den sozioökonomischen Kriterien ebenfalls die häufig fehlende Kaufverhaltensrelevanz zu kritisieren, die den Aussagewert von auf diesen Kriterien basierenden Marktsegmenten erheblich einschränkt und die Vorteile der relativ leichten und kostengünstigen Erfassung aufwiegt (Meffert/ Burmann/Kirchgeorg 2012, S. 200).

Die **psychologischen** Kriterien standen in den letzten Jahren im Mittelpunkt von Erklärungsmodellen des Käuferverhaltens im Dienstleistungsbereich. Als wichtigste Kriterien im Zusammenhang mit der Marktsegmentierung lassen sich die Kriterien Motive, Einstellungen und Lifestyle nennen (Becker 2006; Kroeber-Riel/Weinberg/Gröppel-Klein 2009; Trommsdorff 2009; Meffert/Burmann/Kirchgeorg 2012).

Motive stellen hypothetische Konstrukte dar, die den Konsumenten aktivieren bzw. sein Verhalten initiieren und steuern. Aufgrund der mangelhaften direkten Messbarkeit von Motiven treten mitunter Erhebungsprobleme auf. Deshalb findet in diesem Zusammenhang eine abgewandelte und aussagekräftigere Segmentbildung basierend auf dem Konzept der **Segmentierung nach Nutzenerwartungen** (Benefit Segmentation) Anwendung (vgl. Haley 1968, S. 30ff.; Mühlbacher/Botschen 1990, S. 159ff.; Brogini 1998, S. 130; Kotler/ Bliemel 2006). Die Benefit Segmentation geht von der Annahme aus, dass die Kaufentscheidung des Konsumenten anhand des gewünschten oder erwarteten Nutzens getroffen wird. Aufgrund der Immaterialität von Dienstleistungen erscheint eine solche Segmentierung geeignet, da die Kommunikation der den einzelnen Kundengruppen angepassten Leistungseigenschaften zur Dokumentation der Leistungsfähigkeit eine bedeutende Rolle spielt.

> **Beispiel: Benefit Segmentation bei Banken**
>
> Die Benefit Segementation beinhaltet oft hohe finanzielle und zeitliche Kosten. Sie wird z. B. auf der Basis einer – aufwändigen – Conjoint-Analyse erstellt. Trotzdem lohnt sich diese Segmentierung, wie eine Studie bei einer Bank zeigt. Diese belegt, dass mit einer Benefit Segementation sowohl eine gesteigerte Kundenzufriedenheit als auch eine höhere Kundenakquisitions- sowie Cross-Selling-Rate realisiert wurde. In anderen Dienstleistungsbranchen ist es allerdings denkbar, dass der ökonomische Nutzen einer solchen Segmentierung nicht den Aufwand kompensiert.

> **Beispiel: Segmentierung nach Motiven in der Tourismusbranche**
>
> Eine Segmentierung nach Motiven findet sich auch in der Tourismusbranche. So präsentiert die Hotelkette *Accor* ihre Urlaubsangebote in den sechs Segmenten „Sich bewegen", „Sich entspannen", „Gemeinsamkeit", „Entdeckungen", „Sich amüsieren" und „Sich verwöhnen". Diese stellen verschiedene mögliche Urlaubsmotive dar.

Bei den **Einstellungen** ist eine Trennung zwischen den allgemeinen, persönlichkeitsbezogenen Einstellungen, die z. B. zur Bildung von Verlagstypologien herangezogen werden (Berekoven/Bruchmann 1992), und den marken- bzw. dienstleistungsbezogenen Einstellungen, die im Zusammenhang mit mehrdimensionalen Einstellungsmodellen erhoben werden, vorzunehmen. Die Erhebung der letztgenannten Einstellungen ist zwar mit einem hohen finanziellen Aufwand verbunden, aufgrund ihrer großen Kaufverhaltensrelevanz verfügen sie jedoch sowohl für den Einsatz der Marketinginstrumente als auch für die Entwicklung geeigneter Wettbewerbsstrategien über einen hohen Aussagewert.

> **Beispiel: Einstellungsbezogene Segmentierung bei Restaurants**
>
> Eine einstellungsbezogene Segmentierung mit starker Kaufverhaltensrelevanz lässt sich z. B. im Hinblick auf das Umwelt- oder Gesundheitsbewusstsein verdeutlichen. So existieren Vollwertrestaurants, die etwa den ökologischen Anbau der verwendeten Produkte garantieren und sich dadurch auf das Segment umwelt- und gesundheitsbewusster Kunden spezialisieren. Weiterhin bieten zahlreiche Restaurants auf ihren Karten vegetarische Menüs an, um entsprechende Segmente differenziert anzusprechen.

Lifestyle-Kriterien lehnen sich eng an die allgemeinen Einstellungskriterien an und lassen sich anhand einer Vielzahl psychografischer Eigenschaften operationalisieren. Dabei spielen insbesondere Aktivitäten, Interessen und Meinungen eine wichtige Rolle.

> **Beispiel: Lifestyle und Kaufverhalten in der Tourismusbranche**
>
> Ein starker Zusammenhang zwischen Lifestyle und Kaufverhalten wird z. B. ebenfalls in der Tourismusbranche unterstellt. Einer Vielzahl von Lifestyle-Typen (z. B. Abenteurer, Hedonist, Romantiker, Kulturinteressierter usw.) werden aus einem breiten Spektrum möglicher Optionen spezifische passende Angebote zugeordnet (Vyncke 2002). Bei dem Reiseanbieter *GeBeCo* wird bei der Suche nach einem geeigneten Urlaub neben dem gewünschten Reiseziel und der Reisedauer außerdem der „Reisestil" erfragt und spezielle Privatreisen in Gruppen, Rundreisen, Reisen mit Mietwagenarrangements oder Hotels unterschiedlicher Klassen usw. angeboten.

Psychologische Segmentierungskriterien verfügen prinzipiell über eine hohe Relevanz bezüglich der Kaufentscheidung. Problematisch sind hier allerdings zum einen die Erhebbarkeit, d. h. die Identifikation der Zugehörigkeit potenzieller Kunden zu einzelnen Segmenten. Zum anderen wird, wie bei den demografischen und sozioökonomischen Kriterien, stets die Verhaltensabsicht untersucht. Über das tatsächliche Verhalten werden nur unter Einschränkungen Aussagen getroffen. Dabei sind Verzerrungen hinsichtlich der Segmentbildung nicht auszuschließen.

Bei den **Verhaltenskriterien** handelt es sich nicht um Einflussfaktoren auf mögliche Kaufentscheidungen, sondern um tatsächlich durchgeführte Aktivitäten im Rahmen des Kaufentscheidungsprozesses. Diesbezüglich sind dienstleistungsbezogene, kommunikationsbezogene, preisbezogene und einkaufsstättenbezogene Kriterien zu nennen (Freter 2001b; Becker 2006, S. 270ff.).

Die **dienstleistungsbezogenen Kriterien** stellen die Wahl der Dienstleistungsart, die Nutzungsintensität der Konsumenten, die Markenwahl sowie die Markentreue in den Vordergrund. Während sich die Wahl der Dienstleistungsart für eine Vorsegmentierung eignet, gewinnt die Nutzungsintensität besondere Bedeutung hinsichtlich der Bestimmung des Nachfrageverhaltens. Ferner liefert die Kenntnis der Verbrauchsintensitäten wertvolle Hinweise für den Einsatz leistungspolitischer Instrumente, insbesondere für die Mengendimensionierung. Ohne Kenntnis der Bestimmungsgründe des Dienstleistungsart- und Markenwahlverhaltens fehlen allerdings Hinweise auf eine wirksame Ansprache. Hier erscheint es ratsam, ergänzend auf sozioökonomische Kriterien zur Segmentbeschreibung zurückzugreifen.

> **Beispiel: Sozioökonomische Kriterien zur Segmentbeschreibung**
>
> Für Telekommunikationsunternehmen ist bei der Wahl der Dienstleistungsart für das Unternehmen beispielsweise relevant, ob der Kunde lediglich auf der Suche nach einem Festnetzanschluss ist oder ein Komplettpaket mit Internet und mobilen Services sucht. Eine Segmentierung anhand der Nutzungsintensität lässt die Konsumenten in Zielgruppen für Prepaid, Verträge mit besonderen Zeitkontingenten oder Flatrate-Angebote unterteilen. Informationen zum Markenwahlverhalten der Konsumenten unterstützen eine geeignete Ansprache, die zum einen über die Markenstärke oder über den Preis und über Leistungskriterien erfolgen kann. Die Markentreue gibt Auskunft über die Loyalität des Kunden und hilft dem Unternehmen dabei, ob Loyalitäts- und Bonusprogramme bei bestimmten Kundensegmenten sinnvoll eingesetzt werden können.

Bei den **kommunikationsbezogenen Kriterien**, die für die meisten Dienstleistungen lediglich eine geringe Kaufverhaltensrelevanz aufweisen, steht das Nutzungsverhalten einzelner Medien im Vordergrund.

> **Beispiel: Konsumentenansprache bei Tourismusunternehmen**
>
> Tourismusunternehmen sprechen Konsumenten, die sich hauptsächlich mit Hilfe des Internet über Reisen informieren, anhand Online-Werbung und E-Mails an. Das Kundensegment, das die Reiseplanung durch das Reisebüro abwickelt, wird anhand von Katalogen, Broschüren und Flugblättern von Reisebüros in der Nähe des Wohnortes angesprochen.

Der **Preis** ist in vielen Fällen das zentrale Kriterium für die Kaufentscheidung. Auf der Basis verschiedener Preisklassen bzw. des preisbasierten Kaufverhaltens lässt sich daher ebenfalls eine Segmentierung durchführen.

> **Beispiel: Kundengewinnung im Bankensektor**
>
> Preissensible Konsumenten im Bankensektor werden anhand einer kostenlosen Kontoführung gewonnen.

Die Segmentierung auf Basis der **Einkaufstättenwahl** bezieht sich hier auf die Positionierung der besuchten Dienstleistungsanbieter und auf die Nutzungsintensität, d. h. die Häufigkeit des Kaufs bei einzelnen Anbietern. Hinsichtlich der Erreichbarkeit der Konsumenten kommt den einkaufsstättenbezogenen Ansatzpunkten für die Marktsegmentierung eine besondere Bedeutung zu. Zugleich spielen sie aufgrund der Nichttransportfähigkeit sowie der Integration des externen Faktors bei Dienstleistungen eine zentrale Rolle. Weiterhin bieten derartig ermittelte Segmente Ansatzpunkte für distributionspolitische Maßnahmen.

Der Einsatz von Verhaltenskriterien erfolgt oft gleichzeitig mit anderen Segmentierungskriterien. Dabei ist zu prüfen, ob sich die Kriterien als aktive Variablen zur Segmentabgrenzung oder als passive Variablen zur nachträglichen Beschreibung von bereits erfassten Segmenten eignen. Eine nähere Charakterisierung der gebildeten Segmente mit Hilfe sozioökonomischer oder psychologischer Merkmale vermag zusätzliche Hinweise für die segmentspezifische Gestaltung des Marketingmix zu geben.

Neben der Marktsegmentierung kommt der **Positionierung von Dienstleistungen** eine besondere Rolle im Hinblick auf die Auswahl des zu bearbeitenden Marktes zu. Während bei der Marktsegmentierung Konsumenten anhand von konsumentenbezogenen Kriterien in Gruppen eingeteilt werden, sind im Rahmen der Positionierung Dienstleistungen anhand der Konsumentenwahrnehmung von leistungsbezogenen Merkmalen zu differenzieren. Dies erfolgt mit Hilfe so genannter Positionierungsmodelle, die hilfreiche Informationen über die aktuelle Positionierung der eigenen Dienstleistung im Vergleich zum Wettbewerb anhand der relevanten Kriterien geben (Schaubild 3-3-3) (vgl. hierzu die Ausführungen zur Positionierungsanalyse im Kapitel 4, Abschnitt 2.2) (Lovelock/Wirtz 2010, S. 81ff.).

Die marketingrelevanten Informationsgrundlagen bilden die Basis für Entscheidungen des strategischen Dienstleistungsmarketing, des Qualitätsmanagements für Dienstleistungen sowie des operativen Dienstleistungsmarketing.

Schaubild 3-3-3 Positionierungsmodell eines Hotels

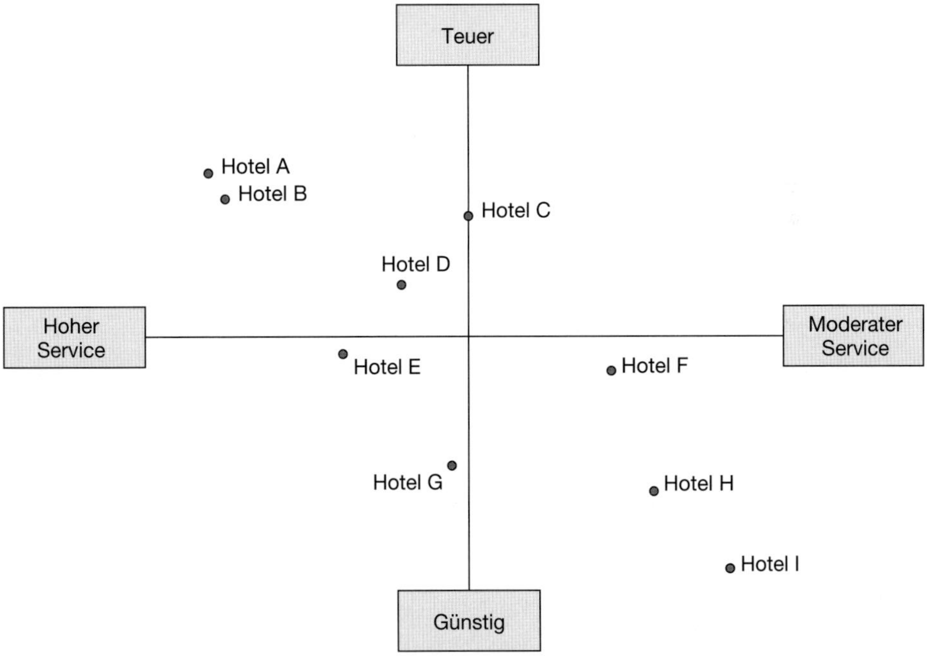

Quelle: Lovelock/Wirtz 2010, S. 96

Kapitel 4:
Strategisches Dienstleistungsmarketing

1. **Strategische Unternehmens- und Marketingplanung im Dienstleistungsbereich** 163

2. **Strategische Analyseinstrumente im Dienstleistungsmarketing** 166
   2.1 SWOT-Analyse 166
   2.2 Positionierungsanalyse 172
   2.3 Lebenszyklusanalyse 178
   2.4 Portfolioanalyse 186
   2.5 Wertkettenanalyse 191

3. **Ziele im Dienstleistungsmarketing** 199
   3.1 Zielarten im Dienstleistungsbereich 199
   3.2 Formulierung von Marketingzielen 201
   3.3 Unternehmensgerichtete Ziele 203
   3.4 Kundengerichtete Ziele 204
   3.5 Mitarbeitergerichtete Ziele 208

4. **Festlegung von Strategien im Dienstleistungsbereich** 210
   4.1 Geschäftsfeldstrategien 212
   4.2 Marktteilnehmerstrategien 249
   4.3 Marketinginstrumentestrategien 268

1. Strategische Unternehmens- und Marketingplanung im Dienstleistungsbereich

Die marktorientierte Ausrichtung und Führung eines Dienstleistungsunternehmens lässt sich nur konsequent verwirklichen, wenn eine individuelle und abgesicherte Marketingkonzeption erarbeitet wird (Palmer 2004, S. 66). Sie stellt für ein Unternehmen das Ergebnis detaillierter strategischer Analysen und Planungsprozesse dar und umfasst drei **Konzeptionsebenen** (Meffert/Burmann/Kirchgeorg 2012, S. 20f.):

- Zielebene,
- Strategieebene,
- Instrumentalebene.

Während sich **Dienstleistungsziele** als zukunftsbezogene Vorgaben verstehen lassen, stellen **Dienstleistungsstrategien** globale und langfristige Verhaltenspläne dar, innerhalb derer die Festlegung der **Marketinginstrumente** des Dienstleistungsunternehmens vorgenommen wird.

Die Festlegung von Zielen im Marketing ist vergleichsweise klar strukturiert. Hingegen besteht eine große Begriffsvielfalt bei der Abgrenzung von Strategien. Daher wird zunächst auf die hier verwendete Systematisierung von Marketingstrategien eingegangen, die auch im Dienstleistungsbereich problemlos anwendbar ist. Eine in der Literatur weit verbreitete Abgrenzung von Strategien ist die Unterscheidung zwischen Unternehmens-, Geschäftsfeld- und Marktteilnehmerstrategie (vgl. Meffert/Burmann/Kirchgeorg 2012, S. 233ff.).

> Eine **Unternehmensstrategie** gibt Antwort auf die Frage, in welchen Leistungsbereichen eine Tätigkeit des Dienstleistungsunternehmens sinnvoll ist. Eine **Geschäftsfeldstrategie** beinhaltet diejenigen Entscheidungstatbestände, die sich ausschließlich auf die Vorgehensweisen in den definierten bzw. zu definierenden Geschäftsfeldern beziehen. Ferner sind Entscheidungen zur Art des anzustrebenden Wettbewerbsvorteils zu treffen. Eine **Marktteilnehmerstrategie** legt die grundsätzlichen Verhaltensweisen gegenüber den übrigen Marktteilnehmern (Abnehmer, Konkurrenten, Absatzmittler u. a.) fest sowie den Grad der Bearbeitung von Marktsegmenten.

Auf Basis dieser Grundsatzentscheidungen lässt sich ein **Managementprozess** des Dienstleistungsmarketing eines Dienstleistungsunternehmens ableiten. Dieser unterscheidet sich in seinem grundsätzlichen Aufbau und Ablauf nicht von dem klassischen Planungsprozess des Marketingmanagements (vgl. Becker 2006; Bruhn 2010b); die inhaltliche Ausgestaltung weist jedoch einige Besonderheiten für Dienstleister auf (vgl. Schaubild 4-1-1).

Schaubild 4-1-1 Managementprozess des Dienstleistungsmarketing

Analysephase

Situationsanalyse

Analyse der Marktsituation

Externe Analyse (Chancen/Risiken)	Interne Analyse (Stärken/Schwächen)

Methoden der Situationsanalyse

SWOT-Analyse	Positionierungsanalyse	Lebenszyklusanalyse	Portfolioanalyse	Wertkettenanalyse	...

Planungsphase

Strategische Marketingplanung

Zielformulierung

Unternehmensziele	Kundenziele	Mitarbeiterziele

Geschäftsfeldstrategien

Marktfeldstrategie	Diversifikationsstrategie	Wettbewerbsvorteilsstrategie	Marktabdeckungsstrategie	Timingstrategie

Marktteilnehmerstrategien

Endabnehmerbezogen	Absatzmittlerbezogen	Anspruchsgruppenbezogen

Marketinginstrumentestrategien

Externe Instrumente				Internes Instrument
Leistung	Preis	Kommunikation	Distribution	Personal

Operative Marketingplanung

Qualitätsmanagement

Planung des Marketingmix

Leistung	Preis	Kommunikation	Distribution	Personal

Durchführungsphase

Durchführung der Maßnahmen

Leistung	Preis	Kommunikation	Distribution	Personal

Implementierung des Dienstleistungsmarketing

Gestaltung der Unternehmensstruktur	Gestaltung der Unternehmenssysteme	Gestaltung der Unternehmenskultur

Kontrollphase

Dienstleistungscontrolling

Controlling vorökonomischer Indikatoren	Controlling ökonomischer Indikatoren

Integrierte Controllingsysteme

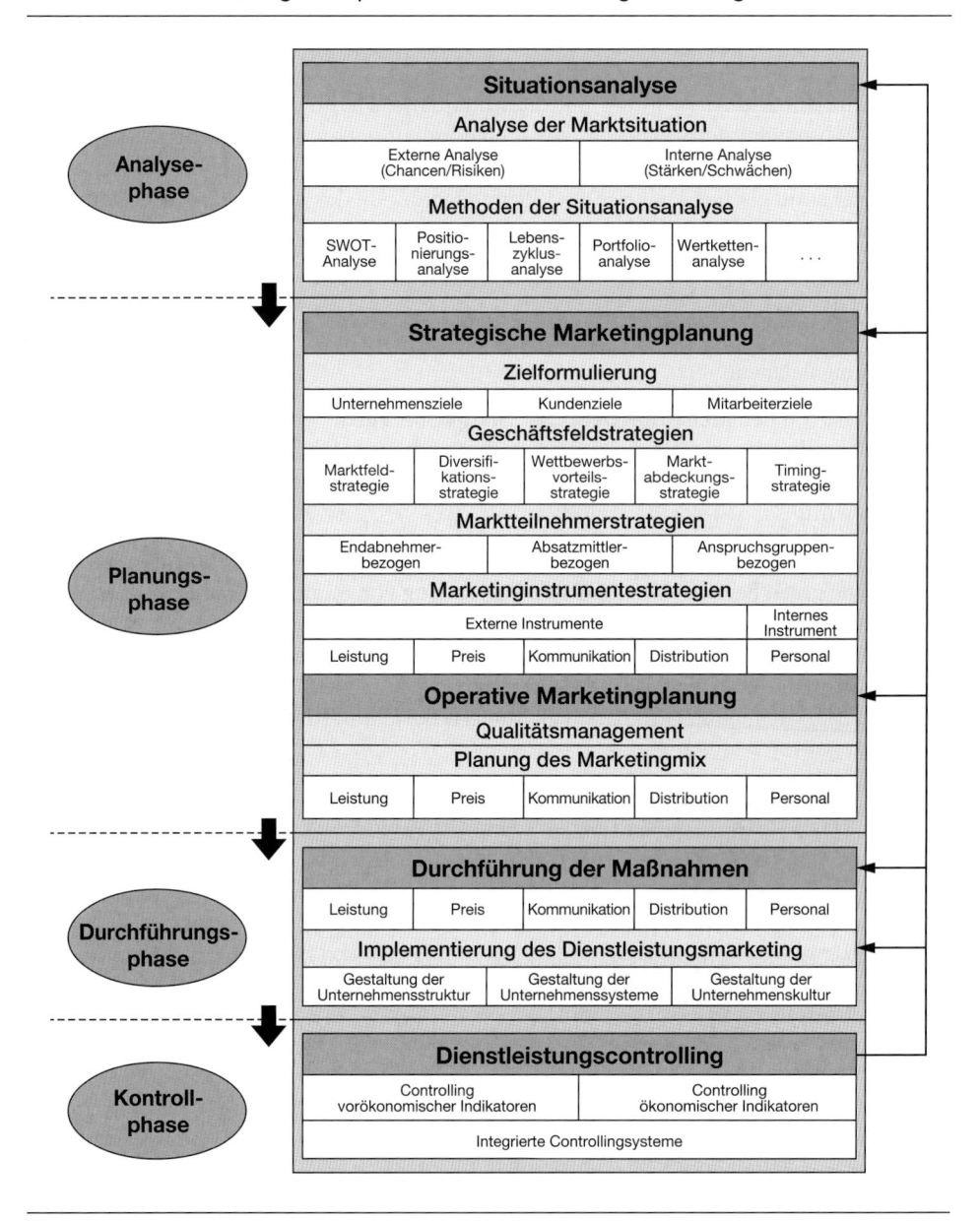

Der Managementprozess des Dienstleistungsmarketing beginnt im Rahmen der **Analysephase** mit der Analyse der externen und internen Umwelt. Dabei umfasst die externe Umwelt nicht nur den Absatzmarkt und somit die Nachfrager der Dienstleistung. Vielmehr sind hier auch Wettbewerber und sonstige Anspruchsgruppen wie z. B. der Staat, Verbände, Organisationen usw. Gegenstand der Analyse. Im Rahmen der Betrachtung der internen Bereiche werden die Entwicklung und gegenwärtige Situation der Ressourcen des jeweiligen Unternehmens untersucht und bewertet. Die in Kapitel 4, Abschnitt 2 behandelten strategischen Analyseinstrumente stellen das Bindeglied zwischen der beschriebenen Analyse der externen bzw. internen Umwelt des Unternehmens und den folgenden Planungsprozessen dar, da sie in der Regel eine Verdichtung der Ausgangsinformationen für den Planungsprozess vornehmen (vgl. Abschnitt 4 in diesem Kapitel).

Die **Planungsphase** umfasst zum einen die strategische und zum anderen die operative Marketingplanung. Im Rahmen der **strategischen Marketingplanung** gilt es, neben der Formulierung von Unternehmenszielen, Geschäftsfeldziele und -strategien festzulegen. Weiterhin beinhaltet der strategische Planungsprozess die Auswahl geeigneter Marktteilnehmer- und Marketinginstrumentestrategien sowie eine Budgetierung der getroffenen Entscheidungen bzw. der Geschäftsfelder hinsichtlich der geplanten Aktivitätsniveaus (vgl. Kapitel 4). Im Rahmen der **operativen Marketingplanung** gilt es, zum einen auf Basis eines systematischen Qualitätsmanagements, die Dienstleistungsqualität instrumenteübergreifend sicherzustellen (vgl. Kapitel 5). Zum anderen werden Instrumentalziele, Maßnahmen sowie die Budgetierung des festgelegten Aktivitätsniveaus auf Ebene der einzelnen Marketinginstrumente fixiert (vgl. Kapitel 6).

Im Rahmen der **Durchführungsphase** gilt es, die geplanten Marketingmaßnahmen durchzuführen. In diesem Bereich sind als besondere Herausforderungen eines Dienstleistungsunternehmens beispielsweise die Markenpolitik im Dienstleistungsbereich bzw. die Kommunikation von intangiblen Elementen zu nennen. Ein weiterer Aspekt der Durchführungsphase stellt die **Implementierung** der Dienstleistungsmarketingstrategie dar. Zu berücksichtigen ist hier, dass in Dienstleistungsunternehmen die hierarchisch vergleichsweise unten angesiedelten Mitarbeitenden über einen intensiven Kundenkontakt verfügen. Aus dieser Tatsache resultiert, dass die mitarbeiterorientierten Rahmenbedingungen wie z. B. Empowerment oder Entbürokratisierung einen besonders hohen Stellenwert einnehmen (Laakmann 1995, S. 33). Es lassen sich die drei Gestaltungsebenen der Implementierung der Struktur, Systeme und Kultur unterscheiden (vgl. Kapitel 7).

Im Mittelpunkt der **Kontrollphase** des strategischen Planungsprozesses steht das Controlling der Zielerreichung der Aktivitäten des Dienstleistungsmarketing. Dabei wird zwischen dem Controlling vorökonomischer und ökonomischer Größen sowie einem über sämtliche Glieder der Erfolgskette integrierten Controlling unterschieden (vgl. Kapitel 8). Die Ergebnisse der Kontrolle von Aktivitäten und Zielerreichungsgraden der Marketingmaßnahmen finden im Rahmen eines revolvierenden Prozesses wiederum Eingang in die Analyse der externen und internen Umwelt.

2. Strategische Analyseinstrumente im Dienstleistungsmarketing

Mit der zunehmenden strategischen Ausrichtung der Planung sind seit den 1960er Jahren eine Reihe von strategischen Analyse- und Planungsmethoden entwickelt worden, die vornehmlich im Sachgüterbereich Einsatz fanden. Die Evolution des Dienstleistungsmarketing als eigenständige Wissenschaftsdisziplin wurde begleitet von einem Transfer der Analyse- und Planungsmethoden vom Sachgüterbereich auf den Dienstleistungssektor (Fuchs et al. 2003). Diese Entwicklung war nicht nur durch einen hohen Verbreitungsgrad der strategischen Planung in ausgewählten Dienstleistungsbereichen gekennzeichnet, sondern auch auf den zunehmenden Diffusionsgrad zahlreicher strategischer Analysemethoden. Zu den strategischen Analysemethoden mit einem hohen Diffusionsgrad zählen insbesondere die SWOT-, Lebenszyklus-, Positionierungs- sowie Portfolioanalysen. In den letzten Jahren findet darüber hinaus die Wertkettenanalyse verstärkt Beachtung.

2.1 SWOT-Analyse

Bei der SWOT-Analyse handelt es sich um ein Strategieinstrument, das versucht, aufbauend auf einer internen und externen Situationsanalyse strategische Maßnahmen abzuleiten.

> Eine **SWOT-Analyse** (Strengths, Weaknesses, Opportunitites, Threats) dient der Gewinnung von Hinweisen zur Ableitung strategischer Stoßrichtungen bzw. zum Aufbau von Wettbewerbsvorteilen im Rahmen des strategischen Planungsprozesses. Bei der SWOT-Analyse handelt es sich um die Zusammenführung einer Umweltanalyse (Chancen-Risiken-Analyse) mit der Ressourcenanalyse (Stärken-Schwächen-Analyse) eines Dienstleistungsanbieters zu einer integrierten Methodik der strategischen Situationsanalyse im Marketing.

1. Chancen-Risiken-Analyse

Zunächst wird das für das Unternehmen relevante Umfeld anhand einer Chancen-Risiken-Analyse strukturiert.

> Eine **Chancen-Risiken-Analyse** deckt den Möglichkeitsraum der Strategieplanung eines Dienstleistungsunternehmens ab durch die Identifikation und Antizipation von Umfeldkräften, die im Rahmen der strategischen Planungsprozesse für Dienstleistungsunternehmen zukünftig von besonderer Bedeutung sind.

Als **Marktchancen** sind dabei insbesondere Wachstumsmöglichkeiten, ungenutzte Vertriebskanäle oder ein Bedarf für neue Dienstleistungen von Bedeutung. Die **Marktrisiken** beziehen sich hingegen auf negative Marktentwicklungen wie etwa Preisverfall, neue Wettbewerber, technologische Entwicklungen usw. Neben der reinen Analyse erfordert das Erkennen von Chancen und Risiken ein rechtzeitiges Agieren der betroffenen Unternehmen bzw. der Führungskräfte eines betroffenen Geschäftsfeldes, um Chancen zu nutzen und den sich abzeichnenden Risiken frühzeitig zu begegnen.

Branchenübergreifend sind folgende Entwicklungstendenzen als **Chancen für Dienstleistungsunternehmen** zu werten:

- Einsatzmöglichkeiten neuer Servicetechnologien und Entwicklung neuer Dienstleistungserlösmodelle im Internet,

- Kosteneinsparungen durch Verlegung bzw. Outsourcing von einzelnen Geschäftsprozessen (z. B. Rechnungswesen) oder der gesamten Dienstleistungserstellung in Niedriglohnländer (z. B. Programmierleistungen, IT-Services),

- Kosteneinsparung durch Zunahme der Externalisierung in der Dienstleistungserstellung und Internalisierung bei der Dienstleistungsentwicklung (Kundenintegration),

- Veränderungen im Konsumentenverhalten, wie z. B. ein steigendes Servicebewusstsein oder die Inanspruchnahme von Dienstleistungen zur Gewinnung und Nutzung von Freizeit,

- Steigende Bedeutung von Zusatzdienstleistungen (Value Added Services) sowohl für produzierende Unternehmungen als auch für institutionelle Dienstleister,

- Entwicklung eines funktionierenden Niedriglohnsektors auf dem Gebiet haushaltsnaher Dienstleistungen (z. B. Haushaltsarbeit, Kinderbetreuung, Reinigungs- und Pflegedienstleistungen) als Ergebnis der Zurückdrängung von Schwarzarbeit,

- Zunahme der Wachstumsraten im Bereich investiver Dienstleistungen durch Tertiarisierung der Volkswirtschaft.

Als **Risiken für Dienstleistungsunternehmen** sind folgende Punkte herauszustellen:

- Internationalisierung des Dienstleistungswettbewerbs,

- Abnahme der Loyalität gegenüber Dienstleistungsanbietern bestimmter Branchen,

- Zunehmende Konkurrenz für institutionelle Dienstleister durch Angebote der Konsum- und Industriegüterbranche (Differenzierung durch Value Added Services, z. B. die Bankdienstleistungsaktivitäten der Automobilhersteller),

- Preis- bzw. Margendruck durch Anstieg der Preistransparenz im Internet,

- Verschmelzen von Dienstleistungsmärkten (z. B. Versicherungs- und Bankleistungen),

- Sinkende Inanspruchnahme von Dienstleistungen durch steigendes Do-it-Yourself-Verhalten (z. B. in der Kosmetik- oder Heimwerkerbranche) und Zunahme von Schwarzarbeit.

- Verdrängung privater Dienstleistungsanbieter durch Zunahme von subventionierten Beschäftigungsprogrammen der Öffentlichen Hand im Niedriglohnbereich („1-Euro-Jobs").

Bei der Zusammenstellung der Chancen und Risiken wird deutlich, dass sich einige der zukünftigen Entwicklungen nicht eindeutig der Kategorie Chance oder Risiko zuordnen lassen. Vielmehr stellen beispielsweise Veränderungen im Konsumentenverhalten eine Chance für bestimmte Dienstleistungsunternehmen dar, für andere Unternehmen sind sie dagegen als Risiko zu klassifizieren. Damit erfolgt eine Konkretisierung von bestimmten Entwicklungen als Chance oder Risiko erst vor dem jeweiligen Hintergrund des betrachteten Unternehmens. Aus diesem Grund sind Chancen-Risiken-Analysen stets um **Stärken-Schwächen-Analysen** zu ergänzen.

Aus der Vielzahl der externen Einflüsse werden in der Literatur fünf **Bestimmungsfaktoren** genannt, die sich zur Systematisierung der Chancen-Risiken-Analyse heranziehen lassen. Diesen so genannten **„Triebkräften des Wettbewerbs"** liegt der Gedanke zu Grunde, dass die Chancen und Risiken eines Anbieters nicht nur von den Kunden und den direkten Konkurrenten, sondern auch von den Zulieferern sowie von Substitutionsgütern und darüber hinaus von der allgemeinen Umfeldsituation abhängen (vgl. zu den Triebkräften des Wettbewerbs allgemein Porter 2010; Meffert/Burmann/Koers 2005). Schaubild 4-2-1 zeigt beispielhaft die Triebkräfte des Wettbewerbs am Beispiel einer Chancen-Risiken-Analyse für den Luftverkehrsmarkt.

Schaubild 4-2-1 Chancen-Risiken-Analyse am Beispiel des Luftverkehrsmarktes

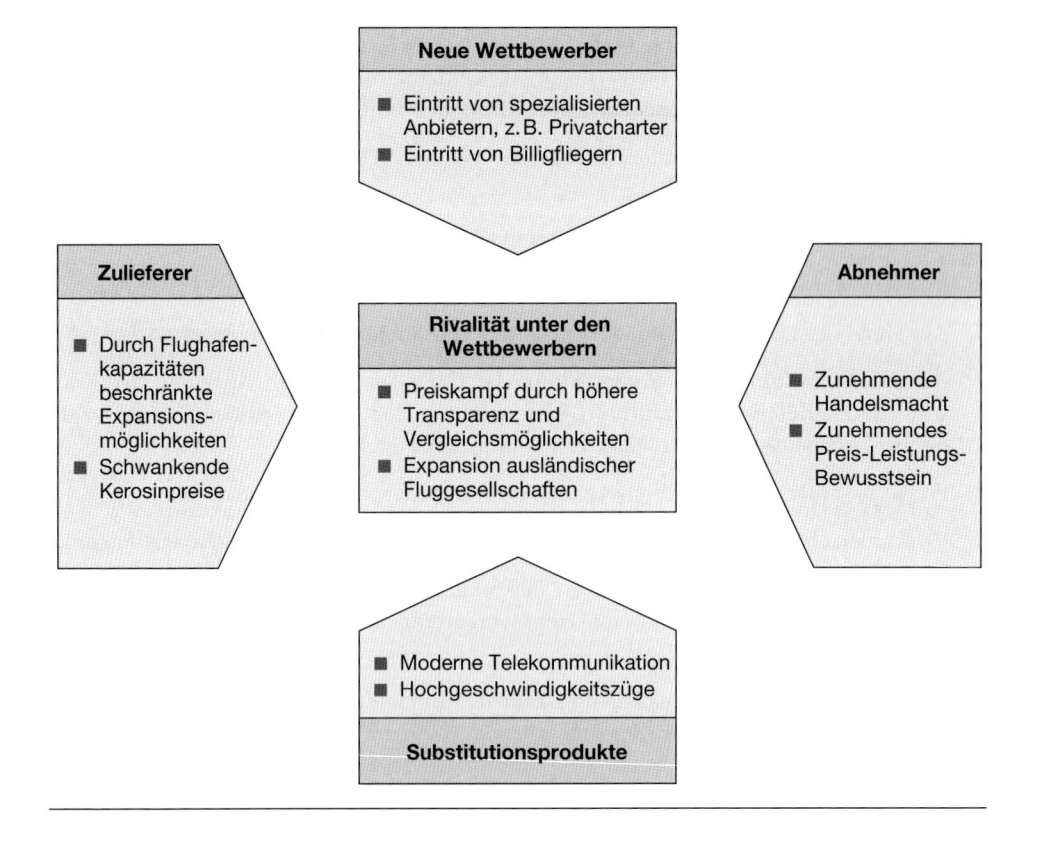

Neue Wettbewerber
- Eintritt von spezialisierten Anbietern, z.B. Privatcharter
- Eintritt von Billigfliegern

Zulieferer
- Durch Flughafenkapazitäten beschränkte Expansionsmöglichkeiten
- Schwankende Kerosinpreise

Rivalität unter den Wettbewerbern
- Preiskampf durch höhere Transparenz und Vergleichsmöglichkeiten
- Expansion ausländischer Fluggesellschaften

Abnehmer
- Zunehmende Handelsmacht
- Zunehmendes Preis-Leistungs-Bewusstsein

Substitutionsprodukte
- Moderne Telekommunikation
- Hochgeschwindigkeitszüge

> **Beispiel: Nischenanbieter im Luftverkehrsmarkt**
>
> Im Jahre 2001 waren es neben den Ereignissen des 11. September insbesondere preisgünstige Nischenanbieter (so genannte Discount Carrier), die die etablierten Luftfahrtunternehmen in eine tiefe Krise gestürzt haben. Mit der Nutzung von Nebenflughäfen sowie einem minimalen Serviceangebot konnten die Preise der „Big Player" drastisch unterboten und damit Marktzuwächse in zweistelliger Höhe verzeichnet werden. Als Reaktion darauf stiegen zunehmend auch etablierte Fluggesellschaften wie die *Deutsche Lufthansa AG* in das stark wachsende Billigfluggeschäft ein (Ebertle 2004, S. 13).

Es zeigt sich, dass eine Analyse der Chancen und Risiken für Dienstleistungsunternehmen allgemein nur auf einem sehr globalen Niveau durchführbar ist.

2. Stärken-Schwächen-Analyse (Ressourcenanalyse)

Differenziertere Erkenntnisse für ein einzelnes Unternehmen bzw. die Ableitung konkreter strategischer Stoßrichtungen lassen sich erst durch die Verbindung der Chancen-Risiken-Analyse mit einer Analyse der Ressourcen in Form einer Stärken-Schwächen-Analyse des Unternehmens gewinnen.

Die **Stärken-Schwächen-Analyse** (Ressourcenanalyse) dient der Feststellung, welche konkreten Aktivitäten unter Berücksichtigung der gegenwärtigen und zukünftigen Ressourcensituation vom Unternehmen zu ergreifen sind (Hinterhuber/Matzler 2006, S. 124f.; Meffert/Burmann/Kirchgeorg 2012, S. 235ff.).

Im Rahmen der an die Chancen-Risiken-Analyse anknüpfenden Stärken-Schwächen-Analyse sind die **Stärken** gleichzusetzen mit der Fähigkeit eines Unternehmens, die Marktchancen besonders gut zu nutzen bzw. den Marktrisiken zu begegnen. Bei den **Schwächen** eines Dienstleistungsunternehmens ergibt sich die Situation vice versa. Bezugsobjekt der Analyse sind dabei das Gesamtunternehmen, die einzelnen strategischen Geschäftsfelder oder auch die spezifischen Dienstleistungsprozesse.

In Dienstleistungsunternehmen trägt insbesondere die **Ressource Mitarbeitende** zur Realisierung von Stärken am Markt bei (Lienemann/Reis 1996, S. 257f.). Im Rahmen der Analyse werden jedoch nicht nur die konkret im Dienstleistungserstellungsprozess eingesetzten Ressourcen, wie z. B. Know-how, Personal und Ausrüstungen betrachtet, sondern auch die finanziellen, organisatorischen und technologischen Ressourcen des Unternehmens einer kritischen Bewertung unterzogen.

Die Bewertung der einzelnen Leistungspotenziale wird durch ein **Stärken-Schwächen-Profil** dargestellt und den Schlüsselanforderungen des Marktes gegenübergestellt (Becker 2006; Meffert/Burmann/Kirchgeorg 2012, S. 239). Dadurch gelingt es, Hauptstärken und Synergien als Grundlage einer erfolgversprechenden Strategie zu identifizieren, auf denen eine erfolgreiche Strategie basieren kann. Schaubild 4-2-2 zeigt beispielhaft ein Stärken-Schwächen-Profil von Schweizer Banken.

Schaubild 4-2-2 Stärken-Schwächen-Profil am Beispiel von Schweizer Banken

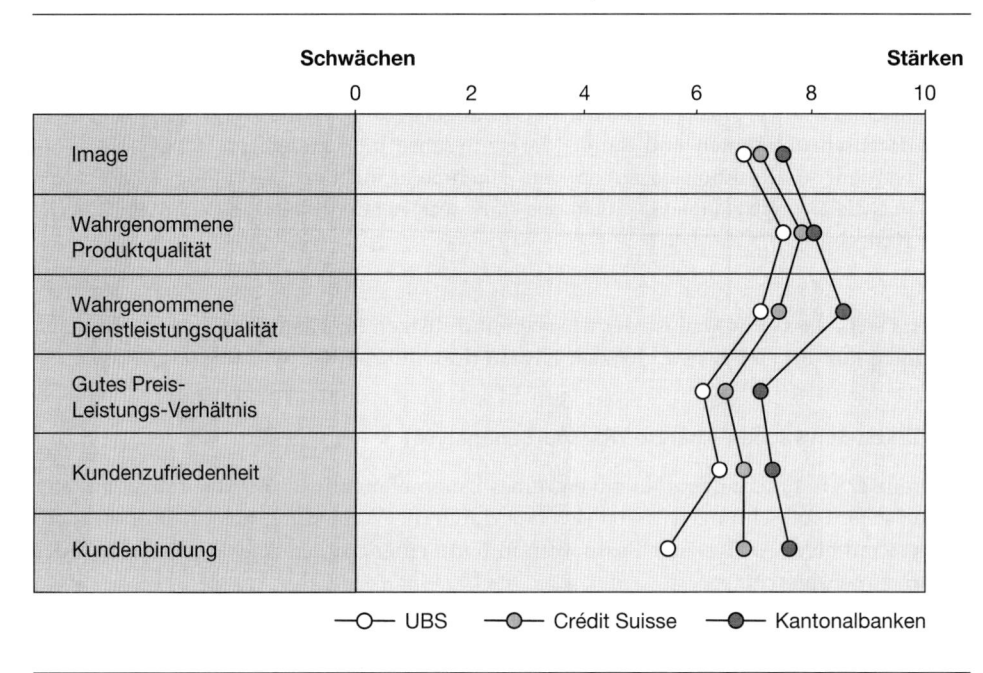

	Schwächen					Stärken
	0	2	4	6	8	10
Image					○◐●	
Wahrgenommene Produktqualität					○ ◐●	
Wahrgenommene Dienstleistungsqualität					◐● ●	
Gutes Preis-Leistungs-Verhältnis				○	◐ ●	
Kundenzufriedenheit					○◐●	
Kundenbindung				○	◐ ●	

—○— UBS   —◐— Crédit Suisse   —●— Kantonalbanken

Quelle: Bruhn, 1998c

Ein derartiges Stärken-Schwächen-Profil gibt konkrete Hinweise zur Ableitung strategischer Stoßrichtungen bzw. zum Aufbau von Wettbewerbsvorteilen. Zur Konkretisierung des Entscheidungsfeldes werden die Chancen-Risiken- sowie Stärken-Schwächen-Analyse parallel durchgeführt und die strategischen „Key Issues" in einer **SWOT-Matrix** abgebildet. In Schaubild 4-2-3 ist ein Beispiel für eine vereinfachte SWOT-Analyse am Beispiel einer Fluggesellschaft dargestellt.

Aus der SWOT-Analyse lassen sich so genannte **Normstrategien** ableiten, die das SWOT-Prinzip zu Grunde legen. Sie besagen, dass eine Strategie prinzipiell auf den Grundsatz der Stärkennutzung und Schwächenvermeidung abzielt. Im Vordergrund steht die Ableitung gegenwärtig erfolgsversprechender Strategien, wobei es zu vermeiden gilt, die langfristige Perspektive aus den Augen zu verlieren. In diesem Zusammenhang lässt sich die SWOT-Analyse auch zur Ableitung von Strategien heranziehen, die zukünftige Chancen und Schwächen nutzen bzw. minimieren (Welge/Al-Laham 2008, S. 448).

Schaubild 4-2-3   Vereinfachte SWOT-Analyse am Beispiel einer Fluggesellschaft

Chancen	Risiken
■ Liberalisierung von Marktzutrittsbeschränkungen ■ Zunehmende Freizeitorientierung der Bevölkerung ■ Fortschreitende wirtschaftliche Integration	■ Eintritt neuer preisaggressiver Wettbewerber in den Heimatmarkt ■ Zunehmende Bedeutung der Kommunikationstechnologien ■ Kerosinsteuer und steigende Treibstoffpreise
Stärken	**Schwächen**
■ Hoher nationaler und internationaler Bekanntheitsgrad ■ Marktführer im Heimatmarkt ■ Image geprägt durch Sicherheit/Zuverlässigkeit ■ Dichtes Streckennetz	■ Relativ ungünstige Kostenposition im Vergleich zu den Hauptwettbewerbern ■ Motivationsprobleme bei Flugbegleitern ■ Geringe Auslastung auf Kurzstrecken ■ Geringerer Marktanteil in stark wachsenden Marktsegmenten

3. Strategieformulierung auf Basis einer TOWS-Matrix

Ein Hilfsmittel, das sich zur einfachen Ableitung von Strategien auf Basis des „Stärken betonen – Schwächen vermeiden"-Prinzips eignet, stellt die so genannte **TOWS-Matrix** dar, die sich aus der Umstellung der Felder der SWOT-Matrix ergibt (vgl. auch im Folgenden Welge/Al-Laham 2008, S. 448f.). Analog – jedoch in umgekehrter Reihenfolge – zur Bezeichnung SWOT stehen die Buchstaben des Akronyms TOWS für Threats (Risiken), Opportunitites (Chancen), Weaknesses (Schwächen) und Strengths (Stärken). Aus der jeweiligen Gegenüberstellung der einzelnen Felder der TOWS-Matrix resultieren insgesamt vier Normstrategien (vgl. Schaubild 4-2-4).

Schaubild 4-2-4   Normstrategien auf Basis einer TOWS-Matrix

Interne Faktoren / Externe Faktoren	Strengths (S) Listen Sie hier 5–10 interne Stärken auf.	Weaknesses (W) Listen Sie hier 5–10 interne Schwächen auf.
Opportunities (O) Listen Sie hier 5–10 externe Chancen auf.	**SO Strategien** Erzeugen Sie hier Strategien, welche **Stärken** benutzen, um einen **Vorteil** aus **Chancen** zu erhalten.	**WO Strategien** Erzeugen Sie hier Strategien, welche einen **Vorteil** aus **Chancen** haben, indem sie **Schwächen** überwinden.
Threats (T) Listen Sie hier 5–10 externe Risiken auf.	**ST Strategien** Erzeugen Sie hier Strategien, welche **Stärken** benutzen um **Risiken** zu vermeiden.	**WT Strategien** Erzeugen Sie hier Strategien, welche **Schwächen** minimieren und **Risiken** vermeiden.

Quelle: Welge/Al-Laham 2008, S. 448

1. **SO-Strategien** zielen darauf, die vorhandenen Stärken des Dienstleistungsunternehmens zur Kapitalisierung von Umweltchancen zu nutzen. Bei solch einer Stärken-Chancen-Konstellation handelt es sich um einen Idealfall, bei dem die Stärken eines Unternehmens genau mit der Entwicklung der Marktchancen korrespondieren. Da davon auszugehen ist, dass es sich hierbei um einen begrenzten Zeitraum handelt, ist es von Unternehmen von zentraler Bedeutung, das offenstehende „strategische Fenster" effizient auszunutzen (Meffert/Burmann/Kirchgeorg 2012, S. 241).

2. **WO-Strategien** basieren auf dem Prinzip, interne Schwächen zu reduzieren, um die sich im Marktumfeld ergebenden Chancen zu realisieren. In einer mittelfristigen Perspektive steht das Ziel, Schwächen in Stärken zu transformieren, um die SO-Position zu erreichen.

3. **ST-Strategien** haben zum Ziel, durch den Einsatz der Unternehmensstärken, den Gefahren des Umfelds zu begegnen.

4. **WT-Strategien** beruhen auf dem defensiven Grundsatz, interne Schwächen zu minimieren und bestehenden Umweltrisiken zu entgehen, wobei solch eine Konstellation, in der sich ein Unternehmen mit internen Problemen und Marktrisiken konfrontiert sieht, nicht selten auf existenzielle Schwierigkeiten hindeutet. Mögliche Strategien stellen z. B. Fusionen oder die Einstellung oder der Verkauf einzelner Geschäftsfelder dar.

2.2 Positionierungsanalyse

Der **Positionierung von Dienstleistungen** kommt im Hinblick auf die Auswahl des zu bearbeitenden Marktes eine besondere Rolle zu. Während bei der Marktsegmentierung (vgl. Kapitel 3, Abschnitt 3) Konsumenten anhand von konsumentenbezogenen Kriterien in Gruppen eingeteilt werden, sind im Rahmen der Positionierung Dienstleistungen anhand der Konsumentenwahrnehmung von leistungsbezogenen Merkmalen zu differenzieren. Dies erfolgt in so genannten Positionierungsmodellen (Lovelock/Wirtz 2010, S. 104ff).

> Ein **Positionierungsmodell** teilt Marken bzw. Dienstleistungen aufgrund der wahrgenommenen Ausprägungen in relevanten Eigenschaften eine Position in einem mehrdimensionalen Eigenschaftsraum zu. Die Konsumenten lassen sich im selben Raum anhand ihrer Anforderungen an eine Idealmarke bzw. ideale Dienstleistungen positionieren.

Bei unterschiedlicher Wichtigkeit der Eigenschaften ist für jede Eigenschaft ein relatives Gewicht zur Kennzeichnung dieser Unterschiede zu bestimmen. Die Einzeldistanzen zwischen Real- und Idealpositionierung werden mit dem jeweiligen Bedeutungsgewicht multipliziert, bevor sich eine Verrechnung vornehmen lässt.

Zwischen der **Marktsegmentierung und der Positionierung** bestehen Wechselbeziehungen. Positionierungsmodelle werden häufig als **Grundlage der Marktsegmentierung** herangezogen. Hierbei bieten sich folgende Ansatzpunkte für eine **Einteilung der Konsumenten in homogene Segmente** an:

- Die Merkmale des Eigenschaftsraumes stellen geeignete Marktsegmentierungskriterien dar.

- Die Idealmarkenvorstellungen zeigen, welche Segmente überbesetzt und welche bisher durch keine Marke bzw. Dienstleistung direkt angesprochen wurden.

- Bei relativ homogenen Idealvorstellungen (wenn beispielsweise alle Konsumenten jeweils extreme Ausprägungen bei den einzelnen Eigenschaften bevorzugen) lassen sich die Bedeutungsgewichte als zusätzliche Segmentierungskriterien einsetzen.

Die Marken- bzw. Dienstleistungswahrnehmungen stellen somit eine weitere Möglichkeit zur Segmentierung dar. Im Rahmen einer **zweistufigen Marktaufteilung** werden zum Beispiel zunächst Idealmarken bzw. Idealdienstleistungsvorstellungen analysiert und anschließend die Wahrnehmung derjenigen Marken erfasst, die den Idealvorstellungen am nächsten kommen.

> **Beispiel: Positionierungsmodell von Tankstellen**
>
> Schaubild 4-2-5 zeigt ein mögliches Positionierungsmodell von Tankstellen. Hier lassen sich vier Gruppen unterscheiden (Meffert/Lasslop 2002, S. 596ff.). Die so genannten A-Marken (*Aral, Shell, Esso*) stehen sowohl in der Preis- als auch in der Qualitäts- und Servicewahrnehmung im oberen Bereich. Die höheren Preise können dabei zum einen durch das langfristig generierte Image der Marken sowie ihren Marktanteil und zum anderen durch Zusatzleistungen neben dem Kraftstoffverkauf durchgesetzt werden. Durch diese Zusatzleistungen versuchen die A-Marken, ihre Position als Qualitätsführer zu festigen. Die B-Marken (z. B. *JET, Total, Avia* und *Agip*) sind hinsichtlich des Preises ähnlich positioniert wie die A-Marken, verfügen jedoch in der Wahrnehmung der Kunden über ein niedrigeres Qualitäts- und Serviceniveau und dementsprechend ein schlechteres Image. Das Ziel der B-Marken ist es primär, die Kundenwahrnehmung in Richtung der A-Marken zu verändern („Trading Up"), indem sie die gleichen Strategien nutzen und beispielsweise das Spektrum ihrer Zusatzleistungen erhöhen und Modernisierungsmaßnahmen durchführen. In Schaubild 4-2-5 zeigt sich, dass die Marke *JET* versucht, durch niedrigere Preise und gleichzeitige Anstrengungen im Service- und Qualitätsbereich einen strategischen Wettbewerbsvorteil sowohl gegenüber den A-Marken als auch gegenüber den B-Marken zu erzielen. Die dritte Gruppe bilden freie Tankstellen, die sich sowohl im Preis als auch in der Qualitäts- und Servicewahrnehmung unter den A- und B-Marken befinden. Diese haben ebenfalls das Ziel, eine Profilierung im Sinne eines Trading Up zu erreichen, beispielsweise durch einen Zusammenschluss unter einer gemeinsamen Dachmarke („*Bund freier Tankstellen*"), die dem Positionierungsziel entsprechend für hohe Qualitäts- und Servicestandards steht. Eine vierte Gruppe stellen die Supermarkttankstellen dar, die bewusst eine Preisführerschaft anstreben und aus Kosten- und Effizienzgründen auf ein größeres Angebot an zusätzlichen Leistungen und Produkten verzichten. Hier ist allerdings, begründet durch ein verändertes Konsumentenverhalten, ebenfalls eine erste Tendenz zum Trading Up zu beobachten.

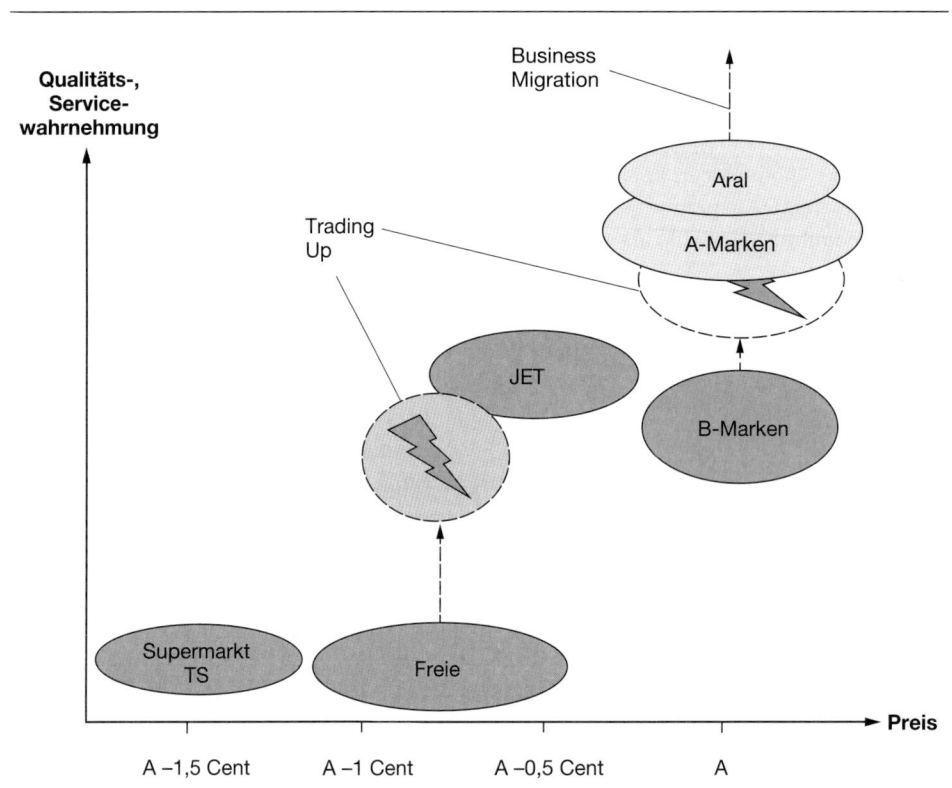

Schaubild 4-2-5 Positionierung deutscher Tankstellen nach Qualitäts- bzw. Servicewahrnehmung und Preis

Quelle: Meffert/Lasslop 2002, S. 597

Des Weiteren stellt die Positionierung häufig einen **Folgeschritt der Marktsegmentierung** im Rahmen der Marktauswahl dar. Positionierungsmodelle vermögen das Markenwahlverhalten bzw. den Dienstleistungskauf des einzelnen Konsumenten zu erklären. Die strategische Positionierung eines Dienstleistungsanbieters dient in diesem Zusammenhang der **Bestimmung der Soll-Marktposition**, in der das Unternehmen von den im Rahmen der Marktsegmentierung ausgewählten Marktsegmenten wahrgenommen werden soll. Dies ist dann Gegenstand der so genannten strategischen Positionierung bzw. der Positionierungsanalyse.

Die bereits in den 1970er Jahren entwickelte und im Konsumgütermarketing von zahlreichen Unternehmen angewandte Methode versucht, die subjektive Wahrnehmung des Kunden zum Dienstleistungsunternehmen oder anderer Wahrnehmungselemente abzubilden (Trommsdorff 2007).

> Die **strategische Positionierung** dient der Positionsbestimmung von Dienstleistungsmarken, -prozessen, strategischen Geschäftseinheiten oder ganzer Dienstleistungsunternehmen aufgrund der wahrgenommenen Ausprägungen von Eigenschaften (z. B. durch Kundenbefragung) in einem mehrdimensionalen Merkmalsraum. Ziel ist es, die Unternehmensleistung so zu gestalten, dass die von den Kunden wahrgenommenen Eigenschaften mit den von ihnen gewünschten SOLL-Eigenschaften in Übereinstimmung gebracht werden.

Die relevanten Positionierungsmodelle unterscheiden sich von den klassischen Positionierungsanalysen des Konsumgütermarketing insbesondere durch den **Prozesscharakter** der Dienstleistung sowie die **Integration der Kunden** in den Leistungserstellungsprozess. Daraus folgt, dass die Erfassung der für die Positionierung notwendigen kaufrelevanten Eigenschaften weitaus komplexer und dynamischer ist (Woratschek 1998a, S. 704; Lovelock/Wirtz 2010, S. 88). Zudem erschwert das Merkmal der **Immaterialität** einen Vergleich von Dienstleistungsattributen mit denjenigen der Konkurrenz, da Kunden die direkte Überprüfung der Leistungsmerkmale – wie im Fall von physischen Produkten – nicht möglich ist (Payne 1993, S. 102). Diese Restriktionen gilt es zu beachten, wenn Positionierungsmodelle zur Ableitung strategischer Stoßrichtungen von Dienstleistern herangezogen werden. Allerdings dienen Positionierungsmodelle dazu, das Markenwahlverhalten bestimmter Zielgruppen zu erklären und Hilfestellung bei Entscheidungen der Marktsegmentierung des Unternehmens zu geben, da die Merkmale des Eigenschaftsraums geeignete Segmentierungskriterien darstellen. Die Idealmarkenvorstellungen geben in diesem Zusammenhang Aufschluss darüber, welche Segmente noch nicht angesprochen wurden.

Mit der Positionierungsanalyse sind verschiedene **Ziele** verbunden (Brockhoff 1999; Lovelock/Wirtz 2010). Diese beinhalten zunächst, dass Informationen über die **Unternehmensposition** im Vergleich zu Hauptwettbewerbern hinsichtlich der aus Käufersicht relevanten Beurteilungskriterien (deskriptive Positionierung; Bildung von Realpunkten) gewonnen werden. Daraus lassen sich in einem weiteren Schritt Ansatzpunkte zur Differenzierung bzw. **Umpositionierung** von bestehenden Dienstleistungen ableiten oder **Positionierungslücken** identifizieren.

Die strategische Positionierung erfolgt im Rahmen eines **mehrstufigen Prozesses**, wobei unterstellt wird, dass der relevante Markt des Unternehmens bereits festgelegt und spezifiziert worden ist (Payne 1993, S. 108ff.; Woratschek 1998a, S. 706f.; Lovelock/Wirtz 2010, S. 81ff.). Im Folgenden werden fünf **Phasen der Positionierungsanalyse** unterschieden:

1. **Bestimmung des zu positionierenden Objektes:** Die Analyse bezieht sich auf einzelne Dienstleistungen bzw. Prozesse, strategische Geschäftseinheiten oder auf Dienstleistungsunternehmen.

2. **Festlegung der relevanten Leistungsmerkmale:** Hier stehen jene Merkmale im Vordergrund, die eine unmittelbare Kaufverhaltensrelevanz aufweisen. Als Informationsquellen werden Kundenstatements herangezogen, die sowohl mit Hilfe der multidimensionalen Skalierung (MDS) (Backhaus et al. 2008) als auch mittels faktoranalytischer

Verfahren analysiert werden, um schließlich die Position des Objektes im Merkmalsraum zu finden. Zur Positionierung von Dienstleistungsanbietern eignet sich insbesondere die Festlegung so genannter „Service Levels" bzw. Leistungsstandards in Bezug auf die relevanten Leistungsmerkmale der Dienstleistung. Dabei lassen sich qualitative (z. B. Freundlichkeit der Mitarbeitenden) und quantitative (z. B. Pünktlichkeit von Flügen) Service Levels unterscheiden. Im Gegensatz zu den quantitativen Service Levels, die einfach zu messen sind, besteht hinsichtlich der Positionierung auf Basis qualitativer Service Levels die Schwierigkeit, dass diese der subjektiven Einschätzung der befragten Kunden unterliegen. Hier bedarf es im Vorfeld der Festlegung umfassende Marktforschung, um die qualitativen Service Levels in all ihren Dimensionen bzw. Leistungsattributen ganzheitlich zu erfassen (Lovelock/Wirtz/Chew 2009, S. 64).

3. **Erstellung der IST-Positionierung:** Hierbei wird die Platzierung des eigenen sowie konkurrenzbezogenen Analyseobjektes im Merkmalsraum vorgenommen.

4. **Vergleich der IST-Position mit der SOLL-Position aus Kundensicht:** Die zentrale Anforderung an eine wettbewerbsfähige SOLL-Positionierung ist ihre Einzigartigkeit in der Wahrnehmung der Kunden. Eine effektive Positionierung basiert auf vier grundlegenden **Prinzipien** (Lovelock/Wirtz/Chew 2009, S. 65):

   - Der Dienstleistungsanbieter etabliert sich im Bewusstsein der Zielgruppe.
   - Die SOLL-Position zeichnet sich durch eine simple und konsistente Botschaft aus.
   - Die Positionierung distanziert den Dienstleistungsanbieter zu seinen Wettbewerbern.
   - Der Dienstleistungsanbieter fokussiert klar seine Aktivitäten auf den durch die Positionierung festgelegten Tätigkeitsraum.

   Zur Bestimmung der SOLL-Position empfehlen sich die Durchführung einer Markt-, Ressourcen- sowie Wettbewerbsanalyse. Im Rahmen der Marktanalyse geht es vor allem um die Identifikation des übergeordneten Nachfrageniveaus und -trends sowie um die geografischen Nachfragezentren. Die Ressourcenanalyse (vgl. Abschnitt 2.1) hat zum Ziel, die unternehmensinternen Ressourcen, Beschränkungen, Unternehmensziele und -werte im Hinblick auf die angestrebte SOLL-Positionierung zu identifizieren, wohingegen die Wettbewerbsanalyse darauf abzielt, die hinsichtlich einer bestimmten Positionierung relevanten Wettbewerber eingehend auf Stärken und Schwächen zu analysieren. Dabei geht es insbesondere darum, Ansatzpunkte zur Differenzierung gegenüber den direkten potenziellen Wettbewerbern zu identifizieren. Aus den integrierten Ergebnissen der Analysen lassen sich in einem Folgeschritt eine konkrete Positionierungsaussage im Sinne einer SOLL-Position gewinnen. Darauf aufbauend gilt es, einen konkreten Aktionsplan zu entwerfen (Lovelock/Wirtz/Chew 2009, S. 65ff.).

5. **Ableitung von strategischen Stoßrichtungen:** Hier werden strategische Schwerpunkte gesucht, wie z. B. die Besetzung einer lukrativen Marktnische oder die Repositionierung einer Dienstleistung.

Beispiel: Strategische Positionierung von Reiseveranstaltern

Eine mögliche strategische Positionierung von Reiseveranstaltern ist in Schaubild 4-2-6 dargestellt. Diese werden in Abhängigkeit der Breite ihres Leistungsspektrums und der Fokussierung auf einzelne Märkte positioniert. Studien gelangen zu der Auffassung, dass in Zukunft neben den auf allen wichtigen Touristikmärkten präsenten internationalen Unternehmen zukünftig nur noch zwei Geschäftstypen Wachstum verzeichnen bzw. erfolgreich sein werden. Zum einen sind dies solche Reiseveranstalter, die sich sowohl hinsichtlich der Dienstleistung als auch des Marktes spezialisieren, und zum anderen virtuelle Reiseveranstalter, die individuell kombinierbare Module für alle potenziellen Kundenwünsche anbieten (Mercer Management Consulting GmbH 2003). Diesem Wandel liegt eine grundlegende Veränderung im Konsumentenverhalten hin zu mehr Individualismus zu Grunde. Daher lassen sich die erwähnten Geschäftstypen, die einer größtmöglichen Individualisierung der Leistung entgegenkommen, auch auf andere Dienstleistungsbranchen, wie z. B. Finanzdienstleister, den Einzelhandel oder Softwareanbieter ausdehnen (z. B. Hagen 2003, S. 33). In Schaubild 4-2-6 ist nachvollziehbar dargestellt, dass sich die Anbieter weitgehend im rechten oberen Bereich und im linken unteren Bereich positioniert haben.

Schaubild 4-2-6 Positionierungsmodell ausgewählter Reiseveranstalter

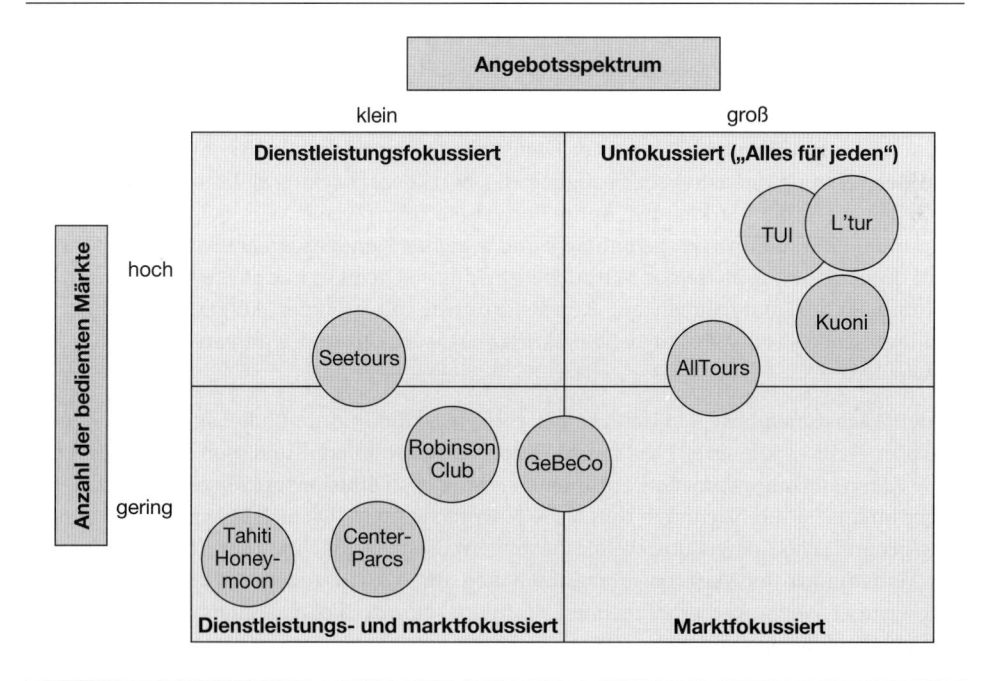

Quelle: In Anlehnung an Lovelock/Wirtz 2010, S. 81ff.

2.3 Lebenszyklusanalyse

Dienstleistungen bzw. Dienstleistungsunternehmen unterliegen während ihrer Marktpräsenz in der Regel ebenso wie Sachgüter einem Lebenszyklus (vgl. zum Lebenszykluskonzept auch Kapitel 2, Abschnitt 1). Es wird davon ausgegangen, dass das Lebenszykluskonzept im Dienstleistungsbereich noch größere **Bedeutung** als im Konsumgüterbereich aufweist. Der Grund hierfür wird in dem langsameren Ablauf des Entwicklungsprozesses bei Dienstleistungen, beispielsweise von einer Wachstums- in eine Stagnationsphase, gesehen. Diese These stützt sich auf die Verwandtschaft von Lebenszykluskonzept und **Diffusionsforschung** (Gierl 1987, S. 54).

> Die **Lebenszyklusanalyse** dient der Identifikation von Gesetzmäßigkeiten im Verlauf des Untersuchungsgegenstandes, um daraus Schlussfolgerungen für die Marktbearbeitung zu ziehen. In idealtypischer Weise lassen sich dabei mit Einführungs-, Wachstums-, Reife-, Sättigungs- und Verfallsphase fünf Stadien unterscheiden.

Im Rahmen der Lebenszyklusanalyse lässt sich zwischen einer Markt-, Dienstleistungs- und Kundenlebenszyklusanalyse differenzieren.

1. Marktlebenszyklus

Auf Basis des explikativen Lebenszyklusmodells lassen sich einige **normative Aussagen** für das Dienstleistungsmarketing ableiten. Schaubild 4-2-7 zeigt exemplarisch den Stand verschiedener Touristikleistungen in ihrem jeweiligen Marktlebenszyklus.

So ist in der **Einführungsphase** einer Dienstleistung eine schnelle Penetration und Diffusion der Leistung anzustreben. Bezüglich des Marktlebenszyklus stellt sich insbesondere die Frage, wann ein Markteintritt optimalerweise erfolgt (Pionier oder Folger), mit welcher Stärke der Markteintritt vorgenommen und welches Kundensegment konkret bearbeitet wird. In der Anfangsphase des Marktlebenszyklus erscheint es beispielsweise sinnvoll, die Kommunikationsmaßnahmen auf Kundengruppen mit größerer Aufgeschlossenheit gegenüber neuen Produkten zu richten, Anreize zu schaffen und wahrgenommene Risiken abzubauen.

In der **Wachstumsphase** – in der sich beispielsweise die Informatikdienstleistungsbranche befindet – gilt es, die erreichte Marktposition zu konsolidieren und weiterhin interpersonelle Kommunikationsprozesse zur Intensivierung des Diffusionsprozesses anzuregen. Darüber hinaus ist die Nachfrage durch die Ansprache neuer Dienstleistungssegmente oder eine geografische Ausweitung weiter zu steigern. Gleichzeitig sind Markteintrittsbarrieren zur Verteidigung der Marktposition aufzubauen, da in wachsenden Märkten mit dem Eintritt weiterer Wettbewerber zu rechnen ist. Intern wird der Fokus auf eine höchstmögliche betriebliche Effizienz verlagert.

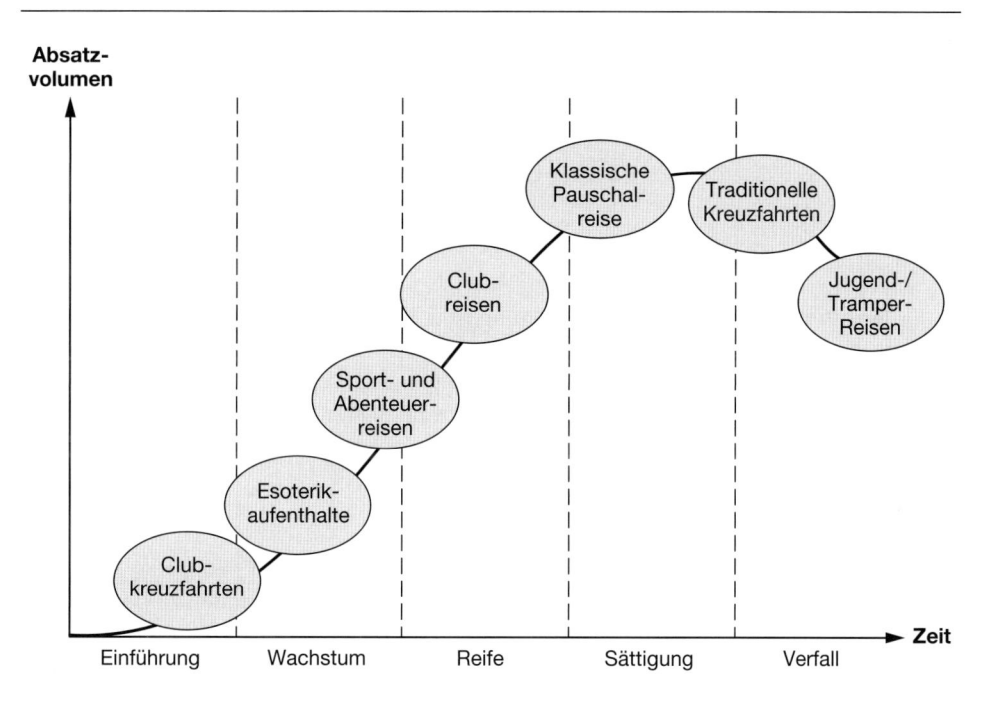

Strategische Analyseinstrumente im Dienstleistungsmarketing 179

Schaubild 4-2-7 Beispiele für eine Lebenszyklusanalyse von Touristikleistungen

```
Absatz-
volumen
         │         │         │         │         │
         │         │         │   Klassische        │
         │         │         │   Pauschal-  Traditionelle
         │         │         │     reise    Kreuzfahrten
         │         │    Club-                      │
         │         │   reisen                      Jugend-/
         │         │                               Tramper-
         │    Sport- und                           Reisen
         │   Abenteuer-
         │     reisen
         │  Esoterik-
         │  aufenthalte
         │
      Club-
   kreuzfahrten
         │
    Einführung  Wachstum    Reife    Sättigung   Verfall   → Zeit
```

In **reifen und gesättigten Märkten**, wie z. B. dem Banken- und Versicherungsbereich, sind Strategien auszuwählen, die für die Verteidigung und den Ausbau des Marktanteils zweckmäßig sind. Die Bemühungen der Versicherungsunternehmen, ihr Leistungsangebot weiter zu differenzieren und durch Diversifikation im Bereich der Finanzdienstleistungen neue Absatzchancen zu nutzen, zeigen exemplarisch Behauptungsstrategien für Unternehmen in gesättigten Märkten auf. Schwerpunktaktivitäten liegen hier in einer optimierten Marktsegmentierung und dem Angebot von Zusatzleistungen.

In der **Verfallsphase** (z. B. Scherenschleifer, Kaminfeger usw.) steht ein Unternehmen vor der strategischen Entscheidung, in welcher Form sich den auftretenden Wettbewerbskonfrontationen erfolgreich begegnen lässt. Unter Umständen ist in diesem Stadium eine Entscheidung über den Rückzug bzw. Marktaustritt zu fällen. Viele Dienstleister werden in dieser Phase allerdings verstärkt Überlegungen hinsichtlich einer Diversifikation oder Internationalisierung des Leistungsangebotes anstellen.

2. Dienstleistungslebenszyklus

Der Marktlebenszyklus bezieht sich auf die Gesamtheit angebotener Dienstleistungen in einem Markt (z. B. Sprach-, Internet- und Multimediaanwendungen im Mobilfunkmarkt). Die beim Marktlebenszyklus angestellten strategischen Überlegungen gilt es beim einzelnen **Dienstleistungslebenszyklus** weiter auszudifferenzieren. Der Verlauf eines Dienstleistungslebenszyklus hängt jedoch stark von der Phase des Marktlebenszyklus ab. So ist die Einführungsphase des Dienstleistungslebenszyklus zu Beginn des Marktlebenszyklus verlängert, während zum Ende des Marktlebenszyklus im Dienstleistungszyklus tendenziell ein schnellerer, aber weniger stark ausgeprägter Anstieg und eine kürzere Reife- und Verfallsphase zu erwarten ist.

In der **Einführungsphase** einer Dienstleistung ist z. B. generell ein höherer Kommunikationsaufwand erforderlich. Beim Markteintritt zu Beginn eines Marktlebenszyklus gewinnt diese Phase zusätzlich an Bedeutung, da für eine neue Art von Dienstleistungen zunächst Awareness und Vertrauen zu schaffen ist. Ein Beispiel hierzu stellen Leistungen im Internet dar, die Mitte der 1990er Jahre ein völlig neues Spektrum möglicher Dienstleistungen eröffneten.

> **Beispiel: Vertrauensaufbau bei virtuellen Banken**
>
> Die so genannten „First Mover" unter den virtuellen Banken standen zu Beginn ihrer Geschäftstätigkeit vor der Herausforderung, Vertrauen in die Qualität ihrer ohnehin immateriellen und risikobehafteten Leistungen ohne die Möglichkeit einer Face-to-Face-Interaktion zu erzeugen. Ähnliches gilt für die Anbieter anderer Leistungen wie auch Online-Händlern.

In der **Wachstumsphase** erhöht sich durch die Wirkungen des Marketing der Bekanntheitsgrad und es werden hohe Zuwachsraten erzielt, die sich durch den Einsatz zusätzlicher Absatzmittler verstärken lassen.

> **Beispiel: Kooperationen bei Internetunternehmen**
>
> Im Internet zeigt sich dies beispielsweise beim Online-Partnervermittlungsunternehmen „*Parship*", das zahlreiche Partner im Medienbereich, wie z. B. „*Spiegel*", „*DIE ZEIT*" und andere als zusätzliche Multiplikatoren gewonnen hat. Auch das Internet-Auktionshaus *Ebay* ist mit vielen anderen Anbietern Kooperationen eingegangen, die nun in ihren Internetseiten auf Angebote von Ebay verweisen.

Die **Reifephase** ist durch eine absolute Marktausdehnung, allerdings mit sinkenden Wachstumsraten, gekennzeichnet. Da auch die Wirkung der Marketinginstrumente abnimmt, dienen Leistungsverbesserungen oder -differenzierungen zur möglichst langen Aufrechterhaltung des Wachstums.

> **Beispiel: Kunden entscheiden über geeigneten Tarif**
>
> Der Schweizer Mobilfunkanbieter *Orange* bietet seinen Kunden mit dem Programm „Optima" an, die monatliche Rechnung jeweils auf das für sie günstigste Tarifmodell (d. h. der optimalen Kombination aus Grundgebühr und Gesprächskosten) anzupassen. Auch einige Stromanbieter bieten derartige Optionen, die dem Kunden die Überlegungen – und die mögliche Fehlentscheidung – über den geeigneten Tarif abnehmen.

In der **Sättigungsphase** des Dienstleistungslebenszyklus reduziert sich der Umsatz und die relative Bedeutung von Alternativangeboten steigt. Falls der Marktlebenszyklus zu diesem Zeitpunkt noch im Wachstum begriffen ist, ist häufig eine Preisreduktion erforderlich, um im Wettbewerb konkurrenzfähig zu sein und den Kundenanforderungen gerecht zu werden.

> **Beispiel: Druck auf traditionelle Finanzdienstleistungsunternehmen**
>
> Die traditionellen, d. h. nicht internet-basierten, Finanzdienstleistungsunternehmen haben seit dem Erscheinen der virtuellen Banken mit einem starken Preisdruck zu kämpfen. Da z. B. das Kredit- und Anlagevolumen im Allgemeinen als gesättigt angesehen wird, sind sie gezwungen, entweder ihre Kosten zu senken, auf andere Märkte auszuweichen oder Zusatzleistungen zu entwickeln, die eine virtuelle Bank nicht anbieten kann.

In der **Verfallsphase** nimmt der Umsatz stark ab. Um Kosten für die Aufrechterhaltung der Leistungsfähigkeit zu reduzieren, ergeben sich verschiedene Konsequenzen. Diese sind beispielsweise abhängig vom Marktlebenszyklus die Einführung einer neuen Leistung als Substitut oder der Marktaustritt zum Ende des Marktlebenszyklus.

> **Beispiel: Relaunch von Kreuzfahrten**
>
> Bei der „Renaissance" der Kreuzfahrten handelt es sich um ein Substitut. Hier haben Unternehmen mit neuen, auf spezielle Kundensegmente angepassten Konzepten, vor allem mit der Erschließung jüngerer Zielgruppen, traditionelle Kreuzfahrten einem Relaunch unterzogen (vgl. Schaubild 4-2-7).

Es ist jedoch nicht immer eindeutig abzugrenzen, wann ein Marktlebenszyklus beendet wird, da meistens Substitute mit ähnlichen Nutzenwirkungen für den Kunden entwickelt werden. Dennoch zeigen sich bei der Beobachtung des Marktlebenszyklus als Aggregation aller Dienstleistungslebenszyklen Tendenzen, die allein bei Berücksichtigung von einzelnen Dienstleistungslebenszyklen nicht erkennbar sind. Langfristige strategische Planungen des Angebotsspektrums sind daher vor allem am Marktlebenszyklus auszurichten.

Sofern sich Umweltentwicklungen kontinuierlich vollziehen, liefert das Lebenszykluskonzept Hilfestellungen für die Strategieformulierung und erleichtert Umsatz- sowie Absatzprognosen. Die Lebenszyklusanalyse verliert jedoch ihre Aussagekraft, wenn sich ein Dienstleistungsunternehmen unsystematischen und diskontinuierlichen Veränderungen, wie z. B. radikalen Änderungen der gesetzlichen Rahmenbedingungen, gegenübersieht.

Auf aggregierter Ebene lässt sich die Lebenszyklusanalyse trotz erheblicher Vorbehalte (z. B. Allgemeingültigkeit, fehlende Phasenabgrenzung usw.) zur Typologisierung strategisch relevanter Situationen eines Dienstleistungsunternehmens heranziehen (Schürmann 1993). Gleichzeitig ist aber die Bedeutung des Lebenszykluskonzeptes insofern einzuschränken, als Dienstleistungen aufgrund ihrer in der Regel beschränkten Standardisierbarkeit einem evolutorischen Anpassungsprozess unterliegen. Hier liegt die besondere Schwierigkeit in der Bestimmung des Zeitpunktes, zu dem eine Dienstleistung soweit variiert, dass ein neuer Lebenszyklus aus eben dieser veränderten Dienstleistung entsteht.

3. Kundenlebenszyklus

Im Zuge des Übergangs des Marketing von einer produktorientierten hin in Richtung einer kundenorientierten Sichtweise fand eine Übertragung des Lebenszykluskonzepts auf den Untersuchungsgegenstand der Kundenbeziehung statt (vgl. Stauss 2000c; Bruhn 2009a). Aufgrund der dienstleistungsspezifischen Besonderheit der Integration des externen Faktors bzw. der Kundenbeteiligung bei der Dienstleistungserstellung, kommt den Kundenbeziehungen im Dienstleistungsmarketing besondere Bedeutung zu. Dienstleistungen sind in der Regel von Natur aus beziehungsorientiert, weshalb das Dienstleistungsmarketing auf dem Grundkonzept des Relationship Marketing aufbaut (vgl. Kapitel 2, Abschnitt 1). Dienstleistungsmarketing ist folglich immer auch das **Management von Kundenbeziehungen**.

Im Hinblick auf den Untersuchungsgegenstand der Kundenbeziehungen lassen sich drei verschiedene **Formen von Lebenszyklen** unterscheiden (vgl. Bruhn 2009a):

- Kundenlebenszeitzyklus,
- Kundenepisodenzyklus,
- Kundenbeziehungszyklus.

Trotz ihrer – wie nachfolgend aufgezeigt – inhaltlichen Differenzierung, haben alle drei Konzepte die Grundüberlegung gemein, dass die Geschäftsbeziehung zwischen Dienstleistungsanbieter und Kunde idealtypischen Phasen unterliegt. Diese sind durch spezifische Merkmale gekennzeichnet, die auf das Management des zu Grunde liegenden kundenbeziehungsspezifischen Untersuchungsgegenstands Rückschlüsse zulassen.

Das Konzept des **Kundenlebenszeitzyklus** legt zu Grunde, dass ein Kunde an bestimmten Zeitpunkten seines Lebens unterschiedliche Bedürfnisstrukturen aufweist. Diese Bedürfnisse können zum einen von seiner Lebensphase (Kundenlebensphasenzyklus), zum anderen von seinem biologischen Alter (Kundenalterszyklus) abhängen.

Der Kundenlebenszeitzyklus hat zwei zentrale Funktionen innerhalb des Dienstleistungsmarketing (Bruhn 2009a). Zunächst kommt ihm eine **gegenwartsorientierte Steuerungs-**

funktion zu, in deren Rahmen die aktuelle Ausnutzung der Kundenpotenziale zu überprüfen ist. In diesem Zusammenhang gilt es, beispielsweise Cross-Selling-Potenziale eines Kunden zu realisieren oder eine Produktdifferenzierung nach dem spezifischen Bedarf des Kunden vorzunehmen. Daneben kommt dem Kundenlebenszeitzyklus eine **zukunftsorientierte Steuerungsfunktion** zu. Aus den Bedürfnissen des Kunden in den verschiedenen Lebensphasen lässt sich das mittel- bis langfristige Erfolgspotenzial eines Kunden für das Unternehmen ablesen (vgl. z. B. Javalgi/Dion 1999). Befindet sich der Kunde in einer Phase, in der er zukünftig starke Bedürfnisse in dem jeweiligen Markt hat (z. B. ein Studierender, der beabsichtigt, eine Managementkarriere einzuschlagen und eine Familie zu gründen), ist er für das jeweilige Unternehmen mittel- bis langfristig attraktiver als in anderen Phasen (z. B. ein 80-jähriger ehemaliger Arbeitsloser ohne Vermögen). Auf dieser Basis lassen sich eine frühzeitige Kundengewinnung („Lock-in"-Effekt) sowie eine Produktdifferenzierung nach dem spezifischen Kundenbedarf verwirklichen.

> **Beispiel: Bedarfslebenszyklus eines Kunden im Finanzdienstleistungsbereich**
>
> Schaubild 4-2-8 zeigt beispielhaft den Bedarfslebenszyklus eines Kunden, bezogen auf den Finanzdienstleistungsbereich. Während in jungen Jahren zunächst verschiedene Sparformen den Großteil der vermittelbaren Finanzdienstleistungen ausmachen, kann das Angebot in den darauf folgenden Lebensphasen um Versicherungen und liquiditätsunterstützende Services angereichert werden. Mit zunehmender Zukunftsorientierung geraten Finanzdienstleistungen in den Vordergrund, die auf die Absicherung der eigenen Person oder der Familie ausgerichtet sind. Mit derartigen Informationen lassen sich maßgeschneiderte Leistungsbündel für die potenziellen Kunden von Finanzdienstleistern zusammenstellen.

An den genannten Beispielen zeigt sich, dass die Lebenszeitzyklusphase für eine Prognose zukünftiger Erträge des Kunden nicht ausreichend ist. Vielmehr ist es notwendig, hierbei die Phase kombiniert mit anderen Kundenmerkmalen, z. B. sozioökonomischen oder demografischen Merkmalen, zu betrachten. Dennoch gibt der Kundenlebenszeitzyklus idealtypisch die Erfolgspotenziale eines bestimmten Kunden an.

Der **Kundenepisodenzyklus** legt zu Grunde, dass innerhalb der Kundenbeziehung mit einem Dienstleistungsanbieter sich wiederholende Ereignisse stattfinden können. Das Auftreten solcher wiederkehrenden Ereignisse lässt sich auf verschiedene Ursachen zurückführen. Häufig sind sie jedoch direkt auf das Nachfrageverhalten des Kunden (z. B. regelmäßige ärztliche Vorsorgeuntersuchungen) oder auf die Ausgestaltung einer konkreten Dienstleistung (z. B. regelmäßige Wartungsintervalle von Großrechnern) zurückzuführen. Darüber hinaus sind oft auch gesetzliche Bestimmungen Ursache für ein zyklisches Nachfrageverhalten. Als Beispiele hierfür sind die Nachfrage nach Steuerberatungsleistungen im Rahmen der jährlichen Einkommensteuererklärung oder gesetzliche Vorschriften zur regelmäßigen Durchführung einer Hauptuntersuchung von Kraftfahrzeugen zu nennen.

Sind dem Dienstleistungsanbieter die Auslöser und Zeitpunkte solcher Episoden innerhalb einer Kundenbeziehung bekannt, ermöglicht diese Kenntnis dem Anbieter, wichtige Impli-

Schaubild 4-2-8 Exemplarischer Kundenlebensphasenzyklus im Versicherungsbereich

Geburt	Ausbildung	Berufsbeginn	Heirat/Familie	Berufl. Aufstieg	Konsolidierung	Rentenalter
				Wohngebäude-versicherung	Wohngebäude-versicherung	Wohngebäude-versicherung
			Rechtsschutz-versicherung	Rechtsschutz-versicherung	Rechtsschutz-versicherung	Rechtsschutz-versicherung
		Kfz-Versicherung	Kfz-Versicherung	Kfz-Versicherung	Kfz-Versicherung	Kfz-Versicherung
		Haftpflicht-versicherung	Haftpflicht-versicherung	Haftpflicht-versicherung	Haftpflicht-versicherung	Haftpflicht-versicherung
		Hausrat-versicherung	Hausrat-versicherung	Hausrat-versicherung	Hausrat-versicherung	Hausrat-versicherung
		Unfall-versicherung	Unfall-versicherung	Unfall-versicherung	Unfall-versicherung	Unfall-versicherung
			Kranken-versicherung	Kranken-versicherung	Kranken-versicherung	Kranken-versicherung
		Berufsunfähigkeits-versicherung	Berufsunfähigkeits-versicherung	Berufsunfähigkeits-versicherung	Berufsunfähigkeits-versicherung	Privatrenten-versicherung
Unfall-versicherung	Moped-versicherung	Lebens-versicherung	Lebens-versicherung	Lebens-versicherung	Lebens-versicherung	Pflegerenten-versicherung
Ausbildungs-versicherung	Unfall-versicherung					
0–15	15–18	18–25	25–30	30–40	40–65	ab 65
Finanzielle Sicherheit, von Anfang an wachsender „Aktionsradius", Sport	Absicherung der zunehmenden Selbständigkeit, Moped	Volljährigkeit und erste eigene Wohnung, Beginn der Eigenvorsorge und Berufsunfähigkeitsschutz, Auto, Wohnungseinrichtung, Urlaub/Reisen	Steigender Vorsorgebedarf, auch Partner/Kinder, Investitionen in Hausrat, Kreditaufnahme	Wachsende Vorsorgelücken durch Eigenversorgung schließen, Absicherung des eigenen Lebensstandards und der erworbenen Vermögenswerte, Hausbau, Immobilienerwerb, Kreditsicherung, Renovierung, Modernisierung		Erhaltung des Lebensstandards

Quelle: Buxel/Buckler 2004, S. 66

kationen für das Dienstleistungsmarketing zu gewinnen. Insbesondere lassen sich Implikationen für die gezielte Auswahl und den zeitlichen Einsatz von Maßnahmen des operativen Dienstleistungsmarketingmix (vgl. Kapitel 6) generieren (siehe Schaubild 4-2-9).

Schaubild 4-2-9   Exemplarische Episodenzyklen im Produktlebens- und Kundenlebenszeitzyklus

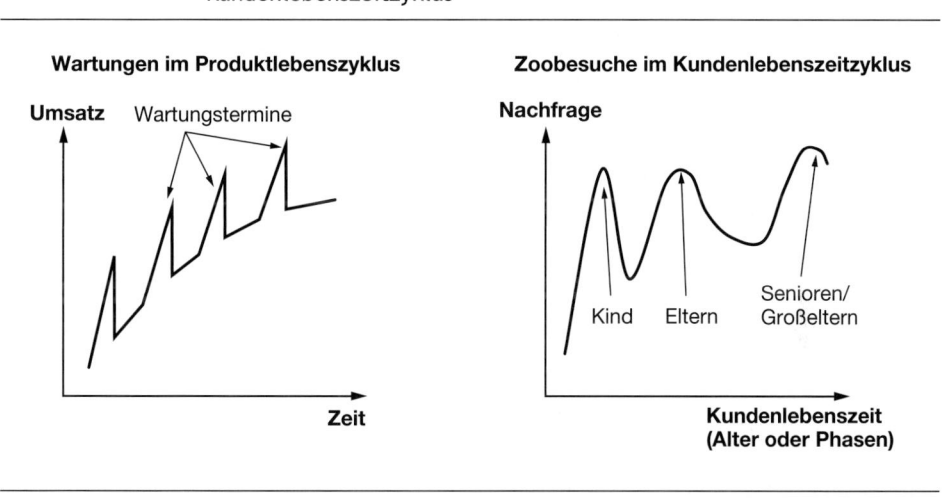

Quelle: in Anlehnung an Siems 2006, S. 41

Im Relationship Marketing hat sich unter den Lebenszykluskonzepten insbesondere das Konzept des **Kundenbeziehungszyklus** durchgesetzt. Ein Kundenbeziehungszyklus beschreibt die Intensität der Kundenbeziehung in Abhängigkeit von der Dauer der Beziehung zum Unternehmen. Der Kundenbeziehungszyklus unterteilt eine Kundenbeziehung idealtypisch in drei **Kernphasen**, die sich in Bezug auf die Intensität der Beziehung zwischen Kunde und Anbieter unterscheiden:

- Kundenakquisition,
- Kundenbindung,
- Kundenrückgewinnung.

In der Kundenakquisitionsphase ist die Beziehungsintensität zunächst schwach ausgeprägt, nimmt jedoch im Verlauf der Kundenbindungsphase stetig zu. In der Kundenrückgewinnungsphase ist in der Regel eine stagnierende oder sogar sinkende Beziehungsstärke festzustellen (vgl. Kapitel 2, Abschnitt 1; Bruhn 2009a, S. 59f.). Diese innerhalb der einzelnen Phasen durch potenzielle und aktuelle Kunden unterschiedlich stark wahrgenommene Kundenbeziehung führt entsprechend zu unterschiedlichen Erwartungen bezüglich der Kommunikation und der Ausgestaltung der anderen Marketinginstrumente. Beispielsweise hat ein neuer Kunde intensivere Beratungs- und Informationsbedürfnisse als ein langjährig gebundener Kunde. Dementsprechend sind modifizierte Dienstleistungsmarketingzielsetzungen für die einzelnen Phasen des Beziehungszyklus zu definieren.

2.4 Portfolioanalyse

Seit den 1970er Jahren zählen die Portfolioanalysen zu den weitverbreiteten Analyse- und Planungskonzepten im Marketing. Grundlage der Portfolioanalyse bilden die zuvor dargestellten Aussagen im Lebenszykluskonzept sowie die Kernaussagen zu der Realisierung von Erfahrungskurveneffekten (zu Grundlagen der Portfolioanalyse vgl. Welge/Al-Laham 2006, S. 461ff.).

> Eine **Portfolioanalyse** im Dienstleistungsmarketing dient der Positionierung von dienstleistungsbezogenen Analyseobjekten (z. B. Dienstleistungsunternehmen, Dienstleistungsmarke, Kunden usw.) nach internen und externen Erfolgsfaktoren in einer zweidimensionalen Matrix. Ziel ist die Ableitung von Normstrategien für eine strategische Neuausrichtung der Marketingprogramme.

Die beiden bekanntesten Portfolioansätze sind das **Marktanteils-Marktwachstums-Portfolio** (BCG-Portfolio) sowie das **Wettbewerbsvorteils-Marktattraktivitäts-Portfolio** (McKinsey-Portfolio). Beide Ansätze basieren auf den identischen Grundüberlegungen, die Vorgehensweisen zur Erstellung des jeweiligen Portfolios weichen jedoch voneinander ab.

Entgegen der Vorgehensweise des BCG-Portfolios werden z. B. bei der Erstellung eines McKinsey-Portfolios die Portfoliodimensionen durch Einflussfaktorenbündel beschrieben, die anschließend zu den Faktoren Marktattraktivität und relativer Wettbewerbsvorteil aggregiert werden. Diese multifaktorielle Vorgehensweise hat sich im Dienstleistungssektor sehr gut bewährt. Beim BCG-Portfolio werden ausschließlich die Dimensionen Marktwachstum und relativer Marktanteil unterschieden. Trotz der bestehenden Unterschiede ist beiden Ansätzen gemein, dass eine Achse (Abszisse) eine interne, beeinflussbare Variable und die andere Achse (Ordinate) eine externe, nicht beeinflussbare Variable repräsentiert.

Die Anwendbarkeit der Portfolioanalyse im Dienstleistungsbereich steht in enger Verbindung zu der Frage, inwieweit sich bei Dienstleistungsunternehmen Erfahrungskurven auf Basis von Lern- und Größendegressionseffekten vor dem Hintergrund der Besonderheiten von Dienstleistungen überhaupt realisieren lassen. Strategien, die auf die Erweiterung des relativen Marktanteils des Dienstleistungsanbieters zielen, basieren häufig auf Kostenvorteilen bzw. auf höheren Gewinnspannen gegenüber der Konkurrenz. Kostenvorteile wiederum sind in der Regel auf das Vorliegen und konsequente Ausnutzen von Erfahrungskurveneffekten zurückzuführen (Welge/Al-Laham 2008). Aufgrund der Integration des externen Faktors in den Dienstleistungserstellungsprozess und der damit verbundenen Individualität einer Dienstleistung sowie deren Nichtlagerfähigkeit ist die Ausnutzung von **Erfahrungskurveneffekten** beschränkt, insbesondere bei persönlichen Dienstleistungen (z. B. Friseur, Arzt, Rechtsanwalt). Hier lässt sich unter Umständen eine Degression der Personalkosten durch Lerneffekte erzielen (z. B. Bildungseinrichtungen mit konstanten Lehrinhalten). Demgegenüber lässt sich bei der Dienstleistungserstellung – insbesondere bei persönlichen Dienstleistungen – keine hohe Zeitersparnis erreichen, da der Zeitaufwand bei Dienstleistungen durch die Integration des externen Faktors in hohem Maße vom

Kunden abhängt oder, wie z. B. bei Bildungsangeboten oder medizinischen Leistungen, sogar vertraglich fixiert ist. Mit zunehmendem **Automatisierungs- und Standardisierungsgrad** von Dienstleistungen (z. B. Bankautomaten, Einsatz neuer Medien zur Informationsübermittlung) ist hingegen zu erwarten, dass sich Erfahrungskurveneffekte durch Größendegression, technischen Fortschritt und Rationalisierungen realisieren lassen.

> **Beispiel: Standardisierung bei Bankautomaten**
>
> Die Standardisierung von Dienstleistungen zeigt sich an Bankautomaten, die in Zukunft Kredite und Tagesgelder vergeben sowie an Serviceleistungen im Internet (o.V. 2003, S. 16). In diesen Fällen werden variable Personalkosten für jede erstellte Dienstleistung überwiegend zu Fixkosten für die dem Kunden zur Verfügung gestellte Infrastruktur, deren anteilige Kosten – wie bei Produktionsanlagen von Sachgütern – mit jeder erstellten Leistung abnehmen.

In Schaubild 4-2-10 sind beispielhaft Analyseergebnisse wiedergegeben, bei denen für Teilzahlungsbanken und Lebensversicherungen Erfahrungskurven nachgewiesen werden (Grum/Schneider/Frohmüller 2003). Ausgehend von der Heterogenität des Dienstleistungsbereiches empfiehlt es sich, die Relevanz der dem jeweiligen Portfoliokonzept zu Grunde liegenden Prämissen zu überprüfen.

Schaubild 4-2-10 Beispiele von Erfahrungskurven im Dienstleistungsbereich bei Banken

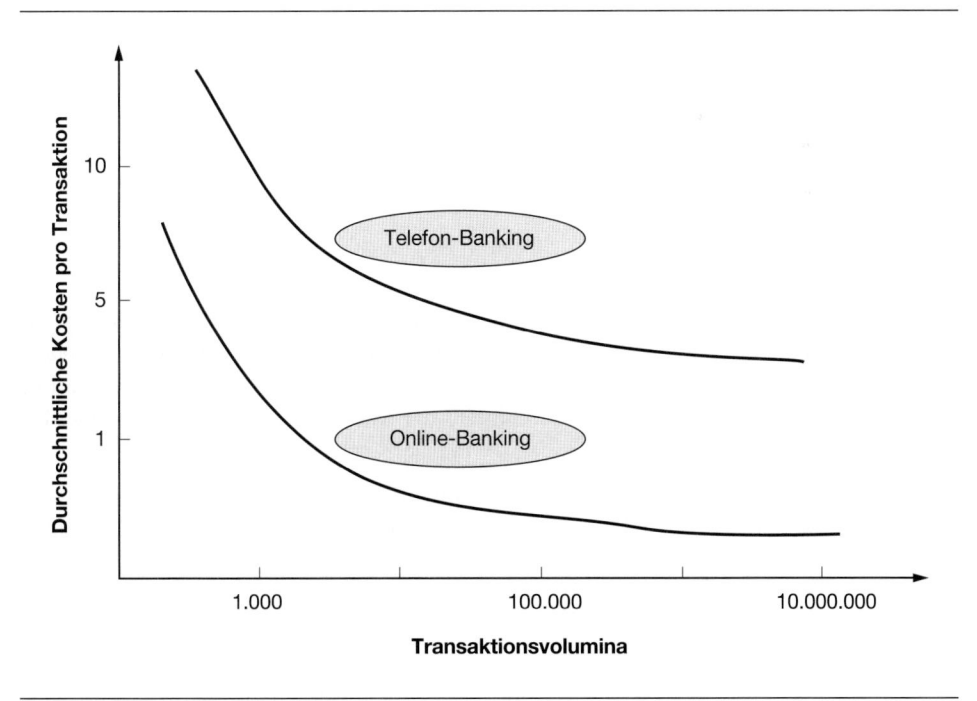

Quelle: in Anlehnung an Grum/Schneider/Frohmüller 2003, S. 25

Die Durchführung einer Portfolioanalyse erfolgt idealtypisch anhand folgender **Teilschritte**:

Schritt 1: Festlegung der Analyseobjekte: Neben der Betrachtung des Dienstleistungsunternehmens oder einzelner Dienstleistungsmarken ist das Objekt einer Portfolioanalyse auch der Dienstleistungsnachfrager. Die Erstellung von Kundenportfolios hat in den letzten Jahren einen starken Bedeutungszuwachs erfahren (vgl. Schaubild 4-2-11). Sie dienen z. B. der Fundierung von Entscheidungen im Kundenbindungsmanagement (Homburg/Bruhn 2010).

Schaubild 4-2-11 Beispiel für ein Kundenportfolio

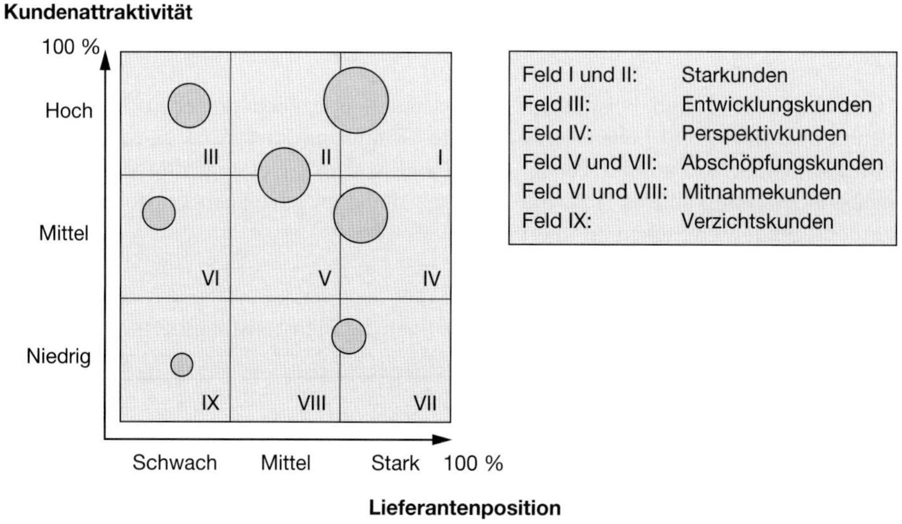
Kundenattraktivität
100 %
Hoch
Mittel
Niedrig
III
II
I
VI
V
IV
IX
VIII
VII
Schwach
Mittel
Stark
100 %
Lieferantenposition
Feld I und II: Starkunden
Feld III: Entwicklungskunden
Feld IV: Perspektivkunden
Feld V und VII: Abschöpfungskunden
Feld VI und VIII: Mitnahmekunden
Feld IX: Verzichtskunden

Quelle: Köhler 2008, S. 485

Schritt 2: Generierung der relevanten Informationen: Diese sind notwendig, damit sich die zu analysierenden Objekte im Portfolio positionieren lassen. Je nach Art des zu erstellenden Portfolios sind Informationen über die Kundenattraktivität, die Lieferantensituation, das Marktwachstum, den relativen Marktanteil, die Marktattraktivität oder die Wettbewerbsvorteile zu generieren.

Schritt 3: Positionierung der Objekte in die Portfoliomatrix: Entsprechend der Wahl des zu erstellenden Portfolios werden die Analyseobjekte gemäß ihrer derzeitigen Situation in den Merkmalsraum positioniert.

Beispiel: Portfoliokonzept bei einem Tagungshotel

Das Portfoliokonzept lässt sich an der Hotelbranche verdeutlichen. Der *Schindlerhof* – ein mit vielen Qualitätspreisen ausgezeichnetes Tagungshotel im fränkischen Boxdorf bei Nürnberg – vergleicht einmal im Jahr seine Leistungsfähigkeit mit ausgewählten Wettbewerbern, um so Informationen über seine relative Wettbewerbsposition zu erhalten. Die Ergebnisse dieser Analyse werden in einem Wettbewerbsvorteils-Marktattraktivitäts-Portfolio visualisiert. Schaubild 4-2-12 stellt die Ergebnisse der Wettbewerbsanalyse für das Jahr 2000 dar. Als Größen für die Beurteilung der externen, nicht direkt beeinflussbaren Dimension Marktattraktivität wurden unter anderem Marktvolumen, Marktrisiken und Wettbewerbsintensität herangezogen. Die Beurteilung der internen, beeinflussbaren Dimension der relativen Wettbewerbsvorteile erfolgte über Marktanteil, Qualität der angebotenen Produkte und Dienstleistungen, Image, Infrastruktur, Rentabilität und Effektivität des Marketing.

Schaubild 4-2-12 Wettbewerbsvorteils-Marktattraktivitäts-Portfolio des Hotels Schindlerhof

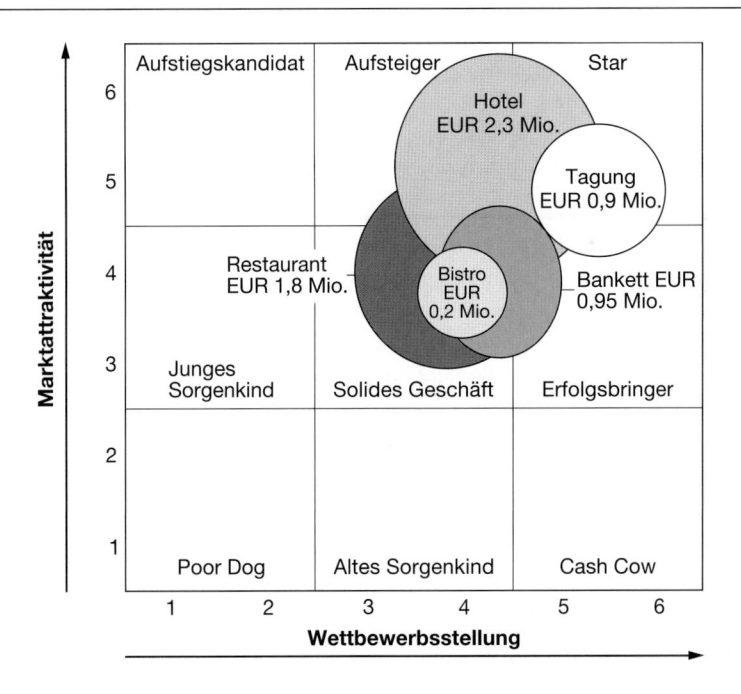

Quelle: Bruhn/Brunow/Specht 2002, S. 140

Schritt 4: Ableitung der Normstrategien: Je nach Ausgewogenheit des IST-Portfolios und der Stellung der Analyseobjekte im Merkmalsraum des Portfolios werden unterschiedliche Normstrategien empfohlen, d. h. es werden strategische Stoßrichtungen abgeleitet, durch die eine bessere Ausgewogenheit des Portfolios verfolgt wird. Das traditionelle BCG-Portfolio (vgl. Schaubild 4-2-13) unterscheidet folgende vier Normstrategien, die sich in Bezug auf ihre Empfehlungen zur Ressourcenallokation unterscheiden:

- **Stars** sind Geschäftsfelder, die sich durch einen hohen Marktanteil bei hohem Marktwachstum auszeichnen. Diese sind in der Regel sehr profitabel, benötigen jedoch stetige Ressourcenzuführungen, um die bestehende Position zu halten bzw. sogar auszubauen. Folglich ist für solche Geschäftsfelder ein intensiver Einsatz an Marketingressourcen gefordert (**Investitionsstrategie**).

- **Question Marks** sind solche Geschäftsfelder, die sich an einem strategischen Scheideweg befinden. Sie sind häufig unprofitabel, da sie in einem schnell wachsenden Marktumfeld nur einen geringen Marktanteil aufweisen und auf einen hohen Ressourceneinsatz angewiesen sind, um im aktuellen Marktumfeld zu bestehen. Hier gilt es zu prüfen, ob das Geschäftsfeld – bei entsprechendem Investitionsvolumen – das Potenzial aufweist, sich zum Star zu entwickeln oder sich bei Ausbleiben der Ressourcenzuführung gemäß dem Lebenszykluskonzept zum Poor Dog entwickelt (**Selektionsstrategie**).

- Bei **Poor Dogs** handelt es sich um Geschäftsfelder, die sich in einem schrumpfenden Marktumfeld befinden und nur über geringen Marktanteil verfügen. Für solche Einheiten ist sicherzustellen, dass sie zu keiner finanziellen Belastung für den Anbieter führen. Folglich ist hier aus strategischer Sicht der stufenweise Rückzug oder eine Beschränkung auf einzelne Marktnischen zu überprüfen (**Rückzugsstrategie**).

- **Cash Cows** zeichnen sich durch einen hohen relativen Marktanteil in einem tendenziell gesättigten Marktumfeld aus (**Abschöpfungsstrategie**). Diese generieren aufgrund ihrer starken Marktposition üblicherweise mehr Kapital als sie zum Erhalt ihrer eigenen Marktposition benötigen. In Bezug auf die so genannten Cash Cows liegt die strategische Handlungsempfehlung darin, dass die durch sie geschaffenen Ressourcen in Richtung der Aktivitäten eines Anbieters auf den Wachstumsmärkten (Stars und Question Marks) gelenkt werden.

Normstrategien sind allerdings vor dem Hintergrund der zahlreichen Einschränkungen zu bewerten, die grundsätzlich mit dem Portfoliokonzept verbunden sind (Festlegung der Grenzen, Bestimmbarkeit des Marktanteils, Vernachlässigung von Synergien zwischen den Geschäftsfeldern usw.) (Kreilkamp 1987).

Generell liegen die Vorteile der Portfoliomethode in der Anschaulichkeit, der leichten Operationalisierbarkeit und Handhabung sowie dem hohen Kommunikationswert. Allerdings sind die aus den Analysen abzuleitenden Normstrategien zu global gehalten, um dezidierte Aussagen bezüglich der Marktwahl-, Marktteilnehmer- und Marketinginstrumentestrategien abzuleiten.

Schaubild 4-2-13 Marktwachstums-Marktanteils-Portfolio

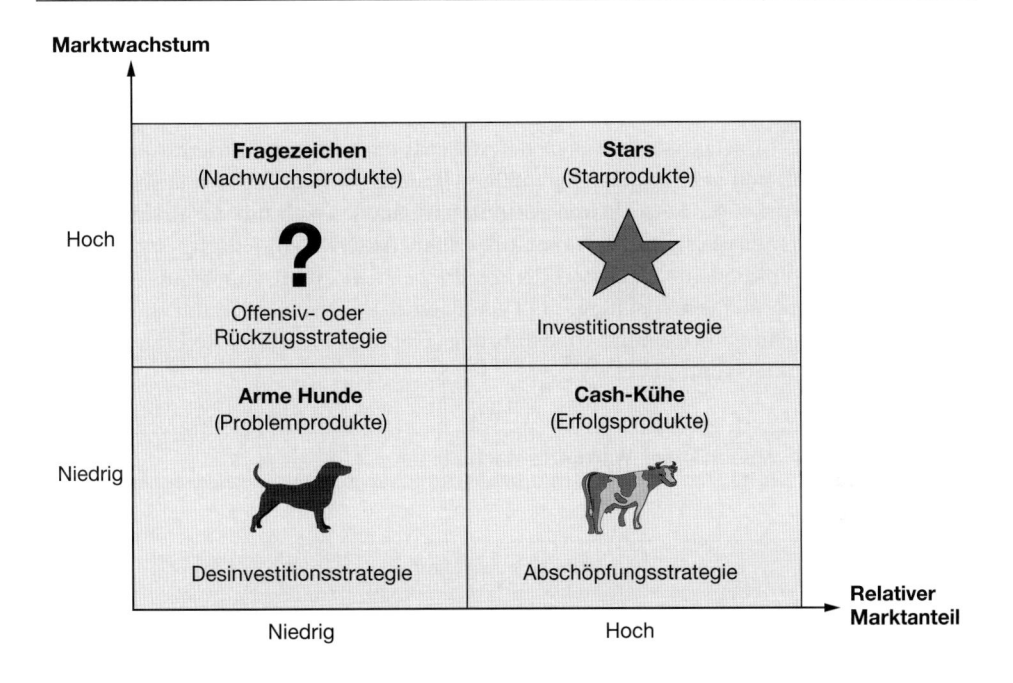

2.5 Wertkettenanalyse

Seit einigen Jahren sind im Marketing Bestrebungen zu beobachten, die rein funktionale Betrachtung zugunsten einer Prozessorientierung zu ergänzen bzw. abzulösen (vgl. z. B. Dekker 2003). Diese Tendenz ist im Dienstleistungssektor aufgrund des starken Prozesscharakters der zu erbringenden Leistungen besonders stark ausgeprägt. Die prozessorientierte Sicht findet auch zunehmende Beachtung bei der Anwendung strategischer Analyse- und Planungsmethoden, z. B. bei der auf Porter zurückgehenden **Wertkettenanalyse** (Porter 2010).

> Eine **Wertkettenanalyse** dient der strukturierten Analyse oder Darstellung der verschiedenen Prozesse eines Unternehmens mit dem Ziel, diese hinsichtlich ihrer Wertaktivitäten zu untersuchen. Der „Wert" spiegelt sich in der Zahlungsbereitschaft der Abnehmer wider, woraus sich demzufolge für den Unternehmer ein Gewinn ergibt, wenn von der Summe der „Einzelwerte" bzw. dem Gesamtwert (Verkaufspreis) die durch die Wertaktivitäten verursachten Kosten abgezogen werden.

Der so definierte Wert wird durch das Unternehmen mit all seinen betrieblichen Funktionen geschaffen. Deshalb fordert Porter eine ganzheitlich **kompetitive Analyse** des Unternehmens: „Jedes Unternehmen ist eine Ansammlung von Tätigkeiten, durch die sein Produkt entworfen, hergestellt, vertrieben, ausgeliefert und unterstützt wird. All diese Tätigkeiten lassen sich in einer Wertkette darstellen" (Porter 2010).

Wie Schaubild 4-2-14 zeigt, ist die Wertkette zunächst ein grob strukturiertes Abbild der Unternehmung mit den wichtigsten „Aktivitäten" (Funktionen), gegliedert nach dem physischen Durchlaufprinzip. Die **primären Aktivitäten** befassen sich mit der Erstellung der Kernleistung des Dienstleisters. Die **unterstützenden Aktivitäten** – Porter spricht auch von Versorgungsfunktionen – umfassen demgegenüber den „Kauf von Inputs" (Arbeitsmaterial), die Technologieentwicklung, die Personalwirtschaft sowie die Infrastruktur für das ganze Unternehmen (Gesamtgeschäftsführung, Planung, Finanzen, Rechnungswesen, Rechtsfragen, Qualitätskontrolle usw.).

Schaubild 4-2-14 Modell einer Wertkette nach Porter

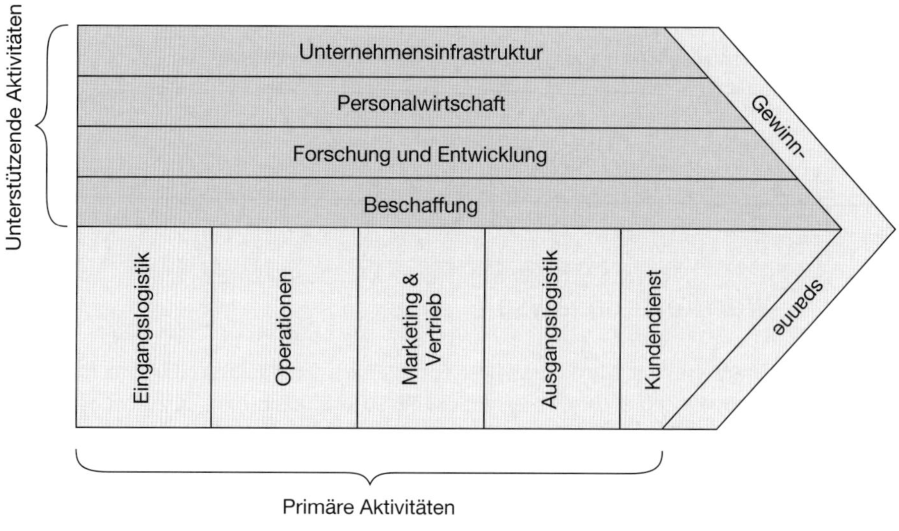

Quelle: Porter 2010, S. 66

Zur Anwendung der Wertkettenanalyse im Dienstleistungsmarketing sind einige **Besonderheiten** zu berücksichtigen (Fantapié Altobelli/Bouncken 1998, S. 287ff.). Beispielsweise ist der externe Faktor als „Abnehmeraktivität" in die Wertkette des Dienstleistungsanbieters zu integrieren. Darüber hinaus erfolgt die Anordnung der Wertaktivitäten vorzugsweise so, dass die Befriedigung des der Dienstleistung zu Grunde liegenden Bedürfnisses als Dienstleistungserstellungsprozess abgebildet wird. Fantapié Altobelli/Bouncken 1998, S. 287ff.) schlagen deshalb eine Aufgliederung der primären Aktivitäten in die folgenden Phasen vor:

Strategische Analyseinstrumente im Dienstleistungsmarketing

Schaubild 4-2-15 Wertkette am Beispiel einer Hochschule

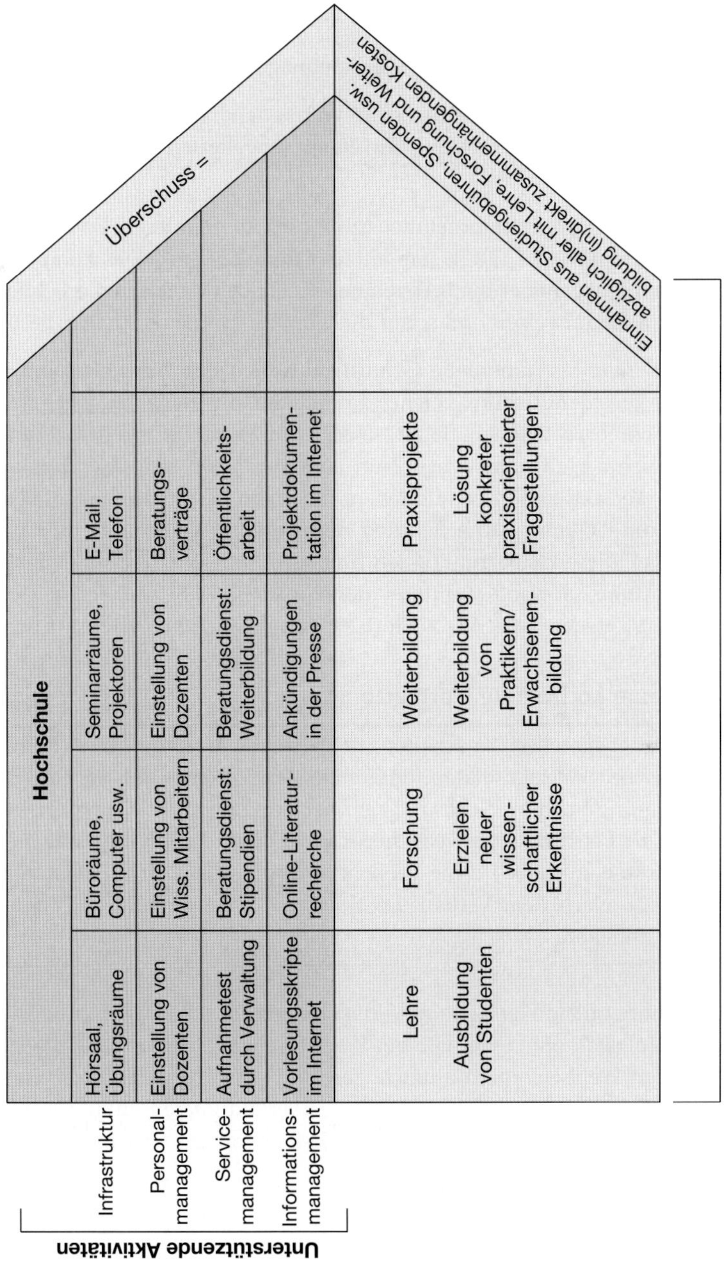

Hochschule					
Infrastruktur	Hörsaal, Übungsräume	Büroräume, Computer usw.	Seminarräume, Projektoren	E-Mail, Telefon	
Personalmanagement	Einstellung von Dozenten	Einstellung von Wiss. Mitarbeitern	Einstellung von Dozenten	Beratungsverträge	
Servicemanagement	Aufnahmetest durch Verwaltung	Beratungsdienst: Stipendien	Beratungsdienst: Weiterbildung	Öffentlichkeitsarbeit	
Informationsmanagement	Vorlesungsskripte im Internet	Online-Literaturrecherche	Ankündigungen in der Presse	Projektdokumentation im Internet	
	Lehre	Forschung	Weiterbildung		Praxisprojekte
	Ausbildung von Studenten	Erzielen neuer wissenschaftlicher Erkenntnisse	Weiterbildung von Praktikern/ Erwachsenenbildung		Lösung konkreter praxisorientierter Fragestellungen

Überschuss = Einnahmen aus Studiengebühren, Spenden usw. bezüglich aller mit Lehre, Forschung und Weiterbildung (in)direkt zusammenhängenden Kosten

Unterstützende Aktivitäten

Primäre Aktivitäten

- Akquisition (Marketingmix, Absatzmittler),
- Eingangslogistik (Lagerung von Inputs, außer- und innerbetrieblicher Transport),
- Kontaktphase (Beratung, Leistungserstellung, Service),
- Nachkaufphase (Nachkaufpflege, Beschwerdemanagement).

In Schaubild 4-2-15 ist ein Beispiel für eine Wertkettenanalyse im Nonprofit-Dienstleistungsbereich (Hochschule) dargestellt (zu einem erweiterten Beispiel einer privaten Hochschule vgl. Bicher-Mehler 1996).

Eine solche Wertkette ist jeweils unternehmensspezifisch zu definieren. Dabei sind die einzelnen Wertaktivitäten in solche Tätigkeiten aufzuspalten, die ein hohes kompetitives Differenzierungspotenzial gegenüber dem Abnehmer innehaben oder einen erheblichen bzw. steigenden Kostenanteil aufweisen und somit die Gewinnspanne nachhaltig beeinflussen.

Damit ergeben sich zwei instrumentelle **Grundfunktionen der Wertkettenanalyse**. Zum einen beinhaltet sie die Identifikation solcher Tätigkeiten, aus denen sich gegenüber dem Wettbewerber Abnehmervorteile im Sinne eines Zusatznutzens ergeben (Wertkette als Instrument der Abnehmernutzenanalyse). Zum anderen lassen sich jene Tätigkeiten und (höher aggregiert) Wertaktivitäten herausstellen, die einen besonders hohen Kostenanteil haben und damit die Gewinnspanne deutlich reduzieren (Wertkette als Instrument der Kostenanalyse). Über diese Grundfunktionen hinaus nimmt die Wertkettenanalyse auch noch eine Verknüpfungs- sowie Kommunikationsfunktion wahr (zu den verschiedenen Funktionen der Wertkettenanalyse vgl. Meffert 1989, S. 263ff.; Benkenstein/Uhrich 2009).

> **Beispiel für eine horizontale Wertkette**
>
> Eine Versicherungsgesellschaft schaltet zur „Sicherstellung des Versicherungsschutzes" die folgenden Wertaktivitäten hintereinander: Zunächst gilt es, eine Risikoanalyse und -beratung beim Versicherungsnehmer vorzunehmen. Bevor der Versicherer seine eigentliche Leistung – die Versicherungsdeckung – vollbringt und die Prämien an Kapitalmärkten anlegt, wird die Versicherungspolice – d. h. ein Leistungsversprechen – verkauft. Nach dem Verkauf lässt sich ein entsprechender Service (z. B. im Schadensfall) anbieten.

Eine so definierte horizontale Wertkette wird dazu eingesetzt, die kosten- und differenzierungsrelevanten Erfolgsfaktoren innerhalb der Wertaktivitäten des Versicherungsunternehmens gegenüber den Wettbewerbern aufzuzeigen und gezielt zu steuern. Ferner ermöglicht es dem Versicherer zu überdenken, spezielle Wertaktivitäten zukünftig nicht mehr oder intensiver zu bearbeiten (z. B. eine spezielle Risikoberatung vorzunehmen).

> **Beispiel für eine vertikale Wertkette**
>
> Die Wertkettenanalyse lässt sich ebenfalls auf die verschiedenen vertikalen Stufen in der „Versicherungspipeline" anwenden. Beispielsweise auf der Stufe des Rückversicherers, des traditionellen Erstversicherers oder auf der des (reinen) Versicherungs-

handels. Zusätzlich lassen sich im Rahmen der Einbindung des externen Faktors gewisse dienstleistungstypische Wertaktivitäten auf den Abnehmer übertragen. So besteht z. B. für den Direct-Mail-Versicherer die Möglichkeit, dem Kunden eine Risikoanalyse (von sich selbst) zu übertragen oder aber eine Selbstbeteiligung zu fordern, womit der Versicherungskunde einen Teil der Versicherungsdeckung übernimmt.

Die in Schaubild 4-2-16 abgebildete Wertkettenmatrix zeigt damit dem Versicherer zahlreiche Möglichkeiten, im horizontalen und vertikalen Wertschöpfungsprozess innovativ Schwerpunkte zu setzen bzw. zu diversifizieren.

Schaubild 4-2-16 Wertkettenanalyse am Beispiel von Versicherungen

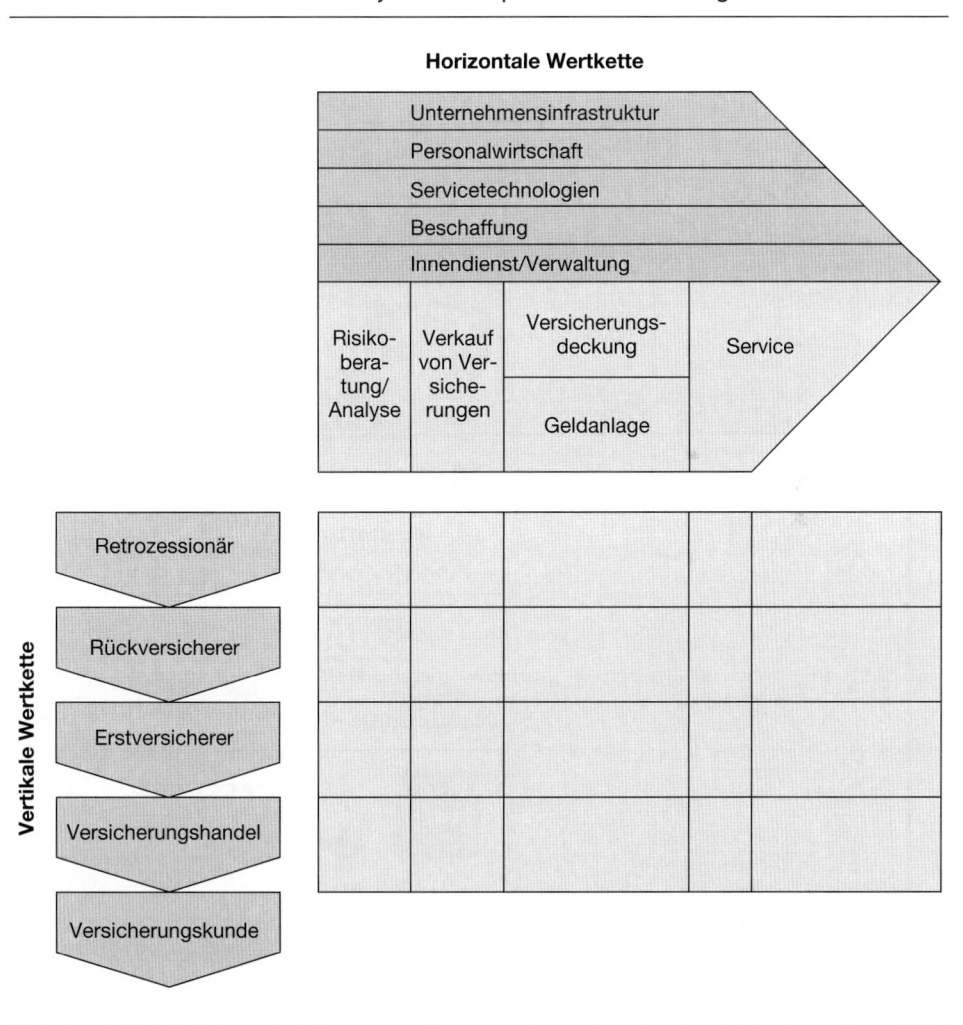

Im Gegensatz dazu lässt sich im Dienstleistungsbereich in den letzten Jahren vermehrt die Tendenz beobachten, dass die Aktivitäten sukzessive auf weitere Stufen der Wertschöpfungskette ausgedehnt werden, wie das Unternehmensbeispiel TUI verdeutlicht:

Kurzfallstudie: TUI AG

Der Mischkonzern *Preussag AG*, zunächst hauptsächlich im primären (z. B. Bergbau) und sekundären (z. B. Stahlproduktion, Anlagenbau) Sektor tätig, vollzog ab Mitte der 1990er Jahre einen grundlegenden Wandel zu einem reinen Dienstleistungskonzern mit dem Schwerpunkt im Tourismus. Der Reiseveranstalter *TUI Deutschland* und der Logistikkonzern *Hapag Lloyd* wurden aufgekauft und 1998 unter dem Dach der in *TUI AG* umbenannten *Preussag AG* vereint.

Schaubild 4-2-17   Marken in der vertikalen Wertschöpfungskette der TUI AG

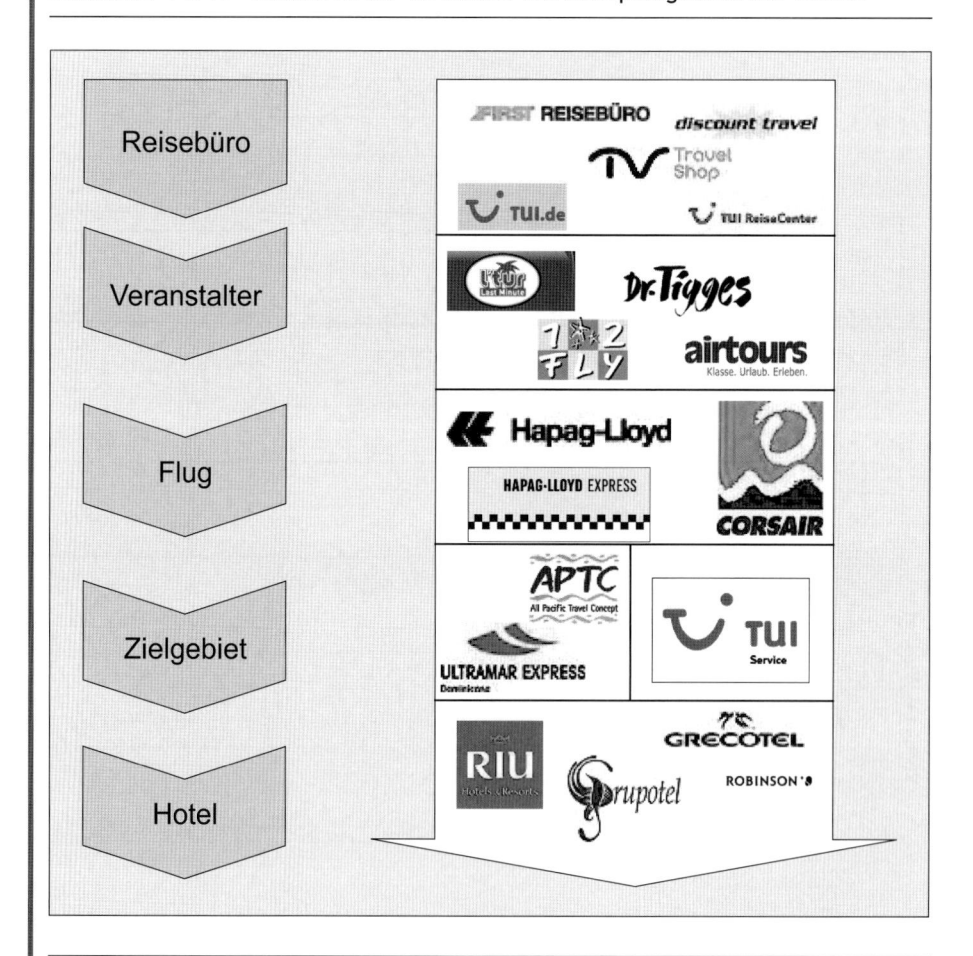

Quelle: in Anlehnung an Lambertz/Meffert 2002, S. 572

Bis Ende des Jahres 2007 folgten zahlreiche Übernahmen von europäischen Reiseunternehmen, wie z. B. der britischen *Thomson Travel Group*, des Touristikkonzerns *First Choice Holidays PLC* sowie Beteiligungen der *TUI AG* an weiteren Unternehmen der Tourismusbranche. Durch den Verkauf der Logistiksparte *Hapag-Lloyd AG* im Jahre 2008 fokussierte *TUI* seine Aktivitäten auf den Touristikbereich. In diesem verfügt die *TUI AG* heute über ein Portfolio von mehr als 170 Unternehmen, Veranstaltungs- und Vertriebsmarken, die in unterschiedlichen Märkten und Marktsegmenten etabliert sind. Im Touristikbereich erwirtschaftete die *TUI AG* im Jahre 2007 mit rund 38.000 Mitarbeitenden einen Umsatz von 15,3 Mrd. Euro (TUI 2010).

Mit den firmeneigenen Reisebüros und Reisebüros anderer Unternehmen sowie Buchungsmöglichkeiten über die Internetseite des Unternehmens ist die *TUI AG* bereits am Anfang der Wertschöpfungskette präsent. Zusätzlich besitzt sie über mehrere Airlines eine eigene Flugzeugflotte und Agenturen in vielen Zielgebieten ihrer Kunden. Weiterhin verfügt die *TUI AG* über eigene Hotelketten und Marken, wie z. B. den *RIU Hotels* und dem *Robinson Club*. Somit deckt sie seit einigen Jahren als „integrierter Konzern" (Selbstbeschreibung „World of *TUI*") alle Teile der Wertschöpfungskette von Touristikdienstleistungen ab. Wie diese Teile in Vertrieb, Veranstalter, Flug, Zielgebietsagenturen und Hotels ineinander greifen, stellt Schaubild 4-2-17 dar.

Schaubild 4-2-18 Touristische Wertschöpfungskette und Anteil am Umsatz einer Pauschalreise

Reiseveranstalter	Reisebüro	Flug	Zielgebietsagentur	Hotel
8	12	35	2	43 → 100
■ Erstellung Produkt ■ Preisgestaltung ■ Erstellung Katalog ■ Einkauf und Management Hotel- und Flugkapazitäten ■ Kommunikation	■ Beratung ■ Buchung ■ Abwicklung (Tickets) ■ Durchführung Promotions	■ Vermarktung Kapazität ■ Beförderung	■ Transfer ■ Reiseleitung ■ Ausflüge	■ Vermarktung Kapazitäten ■ Beherbergung ■ Verpflegung ■ Animation

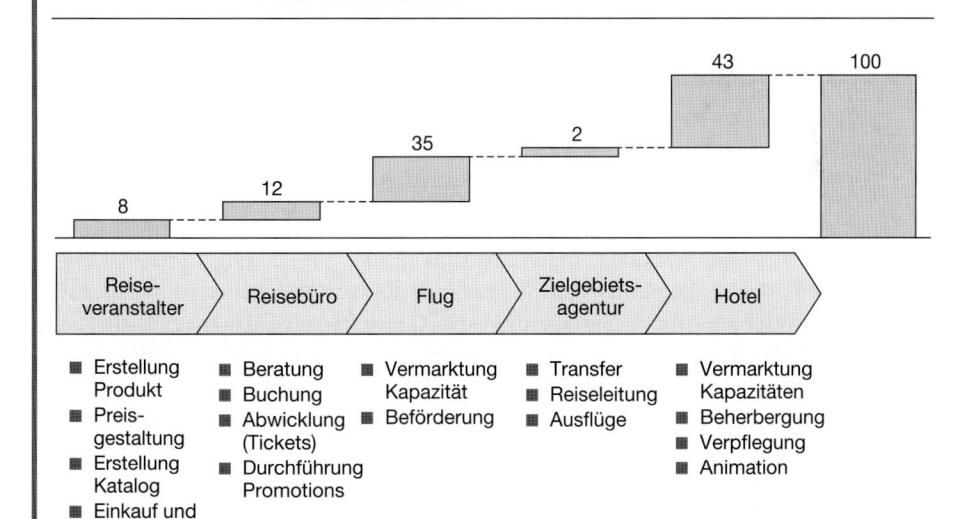

Quelle: in Anlehnung an Lambertz/Meffert 2002, S. 572

Durch die integrierte Wertschöpfungskette innerhalb des Konzerns ist die Einrichtung und zentrale Kontrolle einheitlicher Qualitätsstandards über rund 3.600 Reisebüros, 160 Flugzeuge und 237 Hotels in 50 Ländern möglich.

Im Einzelnen lassen sich die Stufen der Kette noch ausdifferenzieren. Die Reiseveranstalter wie *1-2-Fly, Gebeco, Robinson* u. a. sprechen unterschiedliche Zielgruppen an. Sie bündeln Einzelbausteine aus dem Leistungsspektrum der *TUI AG* zu Pauschalangeboten oder Individualreisen. Es lassen sich zwar durch die gemeinsame Administration Kosteneinsparungen erzielen. Aufgrund der unterschiedlichen Ausrichtungen der einzelnen Marken auf Club-Urlaub, Kreuzfahrten, Städtereisen werden die Images jedoch differenziert wahrgenommen. Beim Vertrieb und der Kommunikation sind neben dem Internetauftritt und den konzerneigenen Reisebüroketten der *TUI AG* zusätzlich das firmeneigene Call-Center sowie die Katalogerstellung und die Beteiligung am Fernsehsender voyages Reisekanal TV zu nennen. Die gemeinsame Nutzung der zum Konzern gehörenden Airlines durch die einzelnen Reiseveranstalter führt zu besserer Auslastung und zu Synergieeffekten für das Management der Flugzeugflotte. Freie Kapazitäten bei Flügen und Hotels werden an andere Reiseveranstalter weiterverkauft und ebenso notwendige zusätzliche Kapazitäten eingekauft. Die Koordination der Reiseleitung, des Transfers und der Programme und Leistungen vor Ort in den Zielgebieten findet ebenso wie die Koordination der Hotelkapazitäten von der Konzernzentrale aus statt. Hier lassen sich wiederum Kosteneffekte durch das übergreifende Management realisieren.

Das wichtigste Argument der integrierten Wertschöpfungskette mit den genannten Effekten ist allerdings der Kundennutzen. Aufgrund der zentralen Qualitätskontrolle kann das Risiko schlechter Organisation und Qualität einzelner Komponenten der Reise reduziert werden. Durch kombinierbare Einzelbausteine erhält der Kunde ein sehr breites Leistungsspektrum, das jedoch immer aus einer Hand angeboten wird. Kosteneinsparungen aus Synergieeffekten können zudem an den Kunden weitergegeben und so zusätzlich ein Wettbewerbsvorteil generiert werden.

Ein weiteres prozessorientiertes Analyseinstrument, das sehr häufig mit der Wertkettenanalyse von Porter gleichgesetzt wird, ist die insbesondere von Unternehmensberatungen propagierte **Geschäftsprozessanalyse** bzw. das **Geschäftsprozessmanagement** (Gierhake 2000). Im Gegensatz zur Porter'schen Wertkettenanalyse liegt hier jedoch der Fokus auf den repetitiven Abläufen innerhalb eines speziellen Dienstleistungsprozesses. Die Gesamtsicht eines Unternehmens wird nicht eingenommen. Für eine erfolgreiche Differenzierung im Wettbewerb sind die relevanten **Schlüsselprozesse** eines Unternehmens zu identifizieren, um anschließend Optimierungen vorzunehmen (Fischer 1993). Der Gesamteindruck einer Flugreise ergibt sich dabei aus der Summe sämtlicher Teilprozesse, die der Kunde wahrnimmt.

3. Ziele im Dienstleistungsmarketing

Die Formulierung von operationalen Marketingzielen ist ein wesentlicher Bestandteil der konzeptionellen Planung. Ihre explizite Formulierung erfüllt im Wesentlichen die Kontroll-, Koordinations- und Motivationsfunktion. Durch den Vergleich des geplanten mit dem tatsächlich erreichten Zustand lässt sich beispielsweise überprüfen, ob die gesetzten Ziele des Dienstleistungsunternehmens erreicht worden sind (**Kontrollfunktion**). Die **Koordinationsfunktion** von Zielen wird durch die gemeinsame Ausrichtung der Marketingziele sowie weiterer Bereichsziele an der Unternehmensmission sowie den Oberzielen des Dienstleistungsunternehmens erfüllt. Der Vorgabe sinnvoller und erreichbarer Ziele für das Dienstleistungsmanagement und insbesondere für die Mitarbeitenden im Kundenkontakt kommt darüber hinaus unter motivationalen Aspekten besondere Bedeutung zu (**Motivationsfunktion**).

3.1 Zielarten im Dienstleistungsbereich

Bei der **Festlegung der Ziele** steht einem Dienstleistungsanbieter eine Vielzahl möglicher Zielgrößen zur Auswahl, die sich z. B. in folgende zwei **Zielarten** gliedern lassen:

- Basiskategorien von Zielen,
- Potenzial-, prozess- und ergebnisorientierte Ziele.

Die Ziele eines Dienstleistungsunternehmens lassen sich grundsätzlich zu **Basiskategorien** zusammenfassen, die in Schaubild 4-3-1 dargestellt sind (Becker 2006; Meffert/Burmann/Kirchgeorg 2012, S. 247f.). In diesem Zusammenhang ist davon auszugehen, dass bei **gewinnorientierten Unternehmen** die Marktstellungs- sowie die allgemeinen ökonomischen Ziele Voraussetzung zur Erreichung der Rentabilitätsziele sind. Die finanziellen Ziele hingegen ermöglichen erst ein Agieren auf dem Markt. Die psychologischen Ziele sowie die Prestigeziele tragen mehr oder weniger stark zur Erreichung der Oberziele bei. Die sozialen und ökologischen Ziele haben eine starke Ausrichtung an bestimmten Anspruchsgruppen. Bei **Nonprofit-Organisationen** dominieren die sozialen und gesellschaftsorientierten Ziele und an die Stelle der klassischen Rentabilitäts- und Finanzziele treten andere, eher kosten-, versorgungs- und produktivitätsorientierte Zielsetzungen (Scheuch 1992).

Alternativ lassen sich die Ziele analog zu den verschiedenen Dienstleistungsdimensionen in potenzial-, prozess- und ergebnisorientierte Ziele untergliedern wie das Schaubild 4-3-2 zeigt (Meyer/Blümelhuber 1998, S. 180). Die **potenzialorientierten Ziele** beziehen sich dabei auf die Fähigkeit und Bereitschaft des Dienstleistungsunternehmens, bestimmte Ressourcen zur Verfügung zu stellen. Besondere Bedeutung nehmen in Dienstleistungsunternehmen die **prozessorientierten Ziele** ein. Diese beziehen sich auf die zentralen internen und externen Dienstleistungsprozesse des jeweiligen Anbieters. Des Weiteren können **ergebnisorientierte Ziele** definiert werden. Diese in der Regel aus Kundensicht formulierten Ziele beziehen sich auf ein gewünschtes Resultat nach der Inanspruchnahme des Dienstleistungsunternehmens.

Schaubild 4-3-1 Zielarten nach Basiskategorien im Dienstleistungsbereich

Zielart nach Basiskategorien	Beispiele
Ökonomische Ziele	■ Gewinn ■ Umsatz ■ Absatz ■ Deckungsbeitrag
Rentabilitätsziele	■ Return on Investment ■ Umsatzrentabilität
Marktstellungsziele	■ Marktanteil ■ Marktgeltung
Finanzielle Ziele	■ Liquidität ■ Kreditwürdigkeit ■ Kapitalstruktur
Psychologische Ziele	■ Zufriedenheit ■ Kundenbindung ■ Präferenzen
Prestigeziele	■ Image ■ Unabhängigkeit
Soziale Ziele (mitarbeiterorientiert)	■ Mitarbeiterzufriedenheit ■ Soziale Sicherheit
Soziale Ziele (gesellschaftsorientiert)	■ Dialog mit relevanten Anspruchsgruppen
Ökologische Ziele	■ Erfüllung ökologischer Auflagen

Schaubild 4-3-2 Zielarten nach Qualitätsdimensionen im Dienstleistungsbereich

Zielart nach Qualitätsdimensionen	Beispiele
Potenzialorientierte Ziele	■ Anzahl Mitarbeitende, Anzahl Fachkräfte ■ Anzahl und Ausstattung technologischer Hilfsmittel im Kundenkontakt
Prozessorientierte Ziele	■ Anzahl Neukunden pro Periode ■ Anteil langjähriger Kunden am Kundenstamm ■ Häufigkeit des Kundenkontaktes der Mitarbeitenden ■ Häufigkeit und Intensität der Kundenintegration in den Innovationsprozess
Ergebnisorientierte Ziele	■ Dauer der Bearbeitung eines Auftrags ■ Beschwerdehäufigkeit, Zufriedenheit der Kunden mit der Informationsauskunft

Ist eine Entscheidung über die für das Unternehmen geeignete Zielsystematisierung getroffen, sind die den verschiedenen Zielarten zugehörigen Ziele operational zu formulieren und zu konkretisieren, d. h. die festgelegten Ziele sind nach Zielinhalt, -ausmaß, -segment sowie -periode zu konkretisieren. Erfolgt dies nicht, ist eine Zielsteuerung in der gewünschten Form nicht möglich.

3.2 Formulierung von Marketingzielen

Im Rahmen der Zielformulierung gilt es, die Vielzahl der Marketingziele eines Dienstleistungsunternehmens in ein konsistentes **Zielsystem** zu integrieren. Die wesentliche **Stärke von Zielsystemen** ist die strukturierte Darstellung der Zusammenhänge zwischen den verschiedenen Zielen. Positive Zusammenhänge werden insbesondere bei folgenden Zielen unterstellt:

- Unternehmensgerichtete Ziele,
- kundengerichtete Ziele,
- mitarbeitergerichtete Ziele.

In Schaubild 4-3-3 sind die wesentlichen Ziele eines Dienstleistungsunternehmens in ein Zielsystem integriert.

Eine Strukturierung der unternehmens-, kunden- und mitarbeitergerichteten Ziele ist in Form von **Erfolgsketten** möglich, die auf dem Konzept der so genannten Service Profit Chain beruhen (Storbacka/Strandvik/Grönroos 1994; Heskett/Sasser/Schlesinger 1997; Anderson/Mittal 2000; Payne/Holt/Frow 2001; Kamakura et al. 2002; Bowman/Narayandas 2004; Bruhn 2009a; vgl. auch Kapitel 2, Abschnitt 1).

Die **Grundüberlegung** bei einer Erfolgskette ist die inhaltliche Verknüpfung von Input-Variablen (z. B. Aktivitäten eines Unternehmens) und Output-Variablen (z. B. Ökonomischer Erfolg eines Unternehmens), die miteinander in Zusammenhang stehen. Innerhalb der Kette werden die Wirkungen zwischen den Variablen dargestellt, um eine strukturierte Analyse und Maßnahmenableitung zu ermöglichen.

Ausgehend von den nachfrager- und anbieterbezogenen Überlegungen kann mit Hilfe dieser Erfolgsketten eine Verknüpfung von nachfrager- und anbieterbezogenen Aspekten gedanklich vorgenommen werden. Die **Grundstruktur einer Erfolgskette** besteht aus drei Gliedern (vgl. Schaubild 2-1-5):

1. Unternehmensaktivitäten als Input des Unternehmens,
2. Wirkungen der Unternehmensaktivitäten beim Kunden,
3. Ökonomischer Erfolg als Output des Unternehmens.

Wesentlich bei der Betrachtung einer Erfolgskette ist der **Link** zwischen unternehmens- und kundenbezogenen Größen. Auf der einen Seite ist zu untersuchen, mit welchen unternehmerischen Maßnahmen (Input) sich welche Wirkungen beim Kunden in welchem Ausmaß erzielen lassen. Auf der anderen Seite ist zu eruieren, welche Wirkungen beim Kunden zu welchen ökonomischen Erfolgswirkungen (Output) führen.

Bei der Zielformulierung gilt es, jeweils für unternehmens- (Abschnitt 3.3), kunden- (Abschnitt 3.4) und mitarbeitergerichtete (Abschnitt 3.5) Ziele zu konkretisieren.

Schaubild 4-3-3   Zielsystem eines Dienstleistungsanbieters

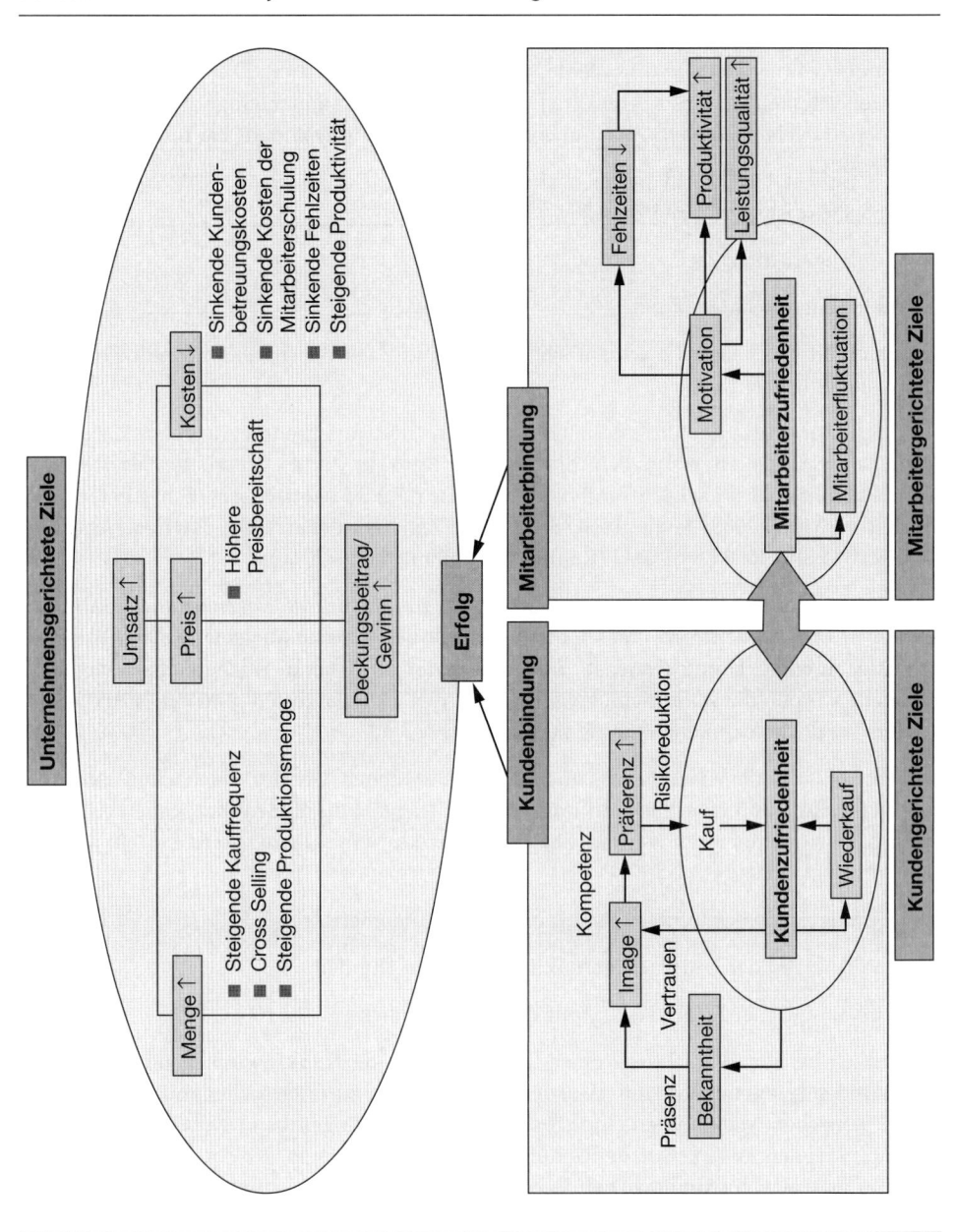

3.3 Unternehmensgerichtete Ziele

In erster Linie geht es bei der Geschäftstätigkeit eines Unternehmens darum, die unternehmensgerichteten Ziele zu erreichen.

> **Unternehmensgerichtete Ziele** eines Dienstleistungsanbieters sind diejenigen Ziele, die den ökonomischen Erfolg eines Dienstleistungsanbieters widerspiegeln und deren Erfüllung die Voraussetzung für einen Unternehmensfortbestand ist.

Zu bedeutenden unternehmensgerichteten Zielen zählen in diesem Zusammenhang im Wesentlichen die folgenden Ziele der Basiskategorien Ökonomische Ziele und Marktstellungsziele:

- Absatz,
- Marktanteil,
- Deckungsbeitrag,
- Umsatz,
- Gewinn.

Bei der Formulierung von Absatz-, Marktanteils- sowie Deckungsbeitragszielen ist im Dienstleistungsmarketing zunächst die Frage zu klären, durch welche Größen die „Absatzmengen" im Dienstleistungsbereich ausgedrückt werden. Zur **Ermittlung der Absatzmengen** werden beispielsweise die in Schaubild 4-3-4 wiedergegebenen **Maßzahlen** herangezogen.

Schaubild 4-3-4   Maßzahlen zur Ermittlung der Absatzmengen in verschiedenen Branchen des Dienstleistungssektors

Branche	Maßzahlen
Verbraucherzentrale	■ Kontaktzahl
Verkehrsbetriebe	■ Tourenzahl
Fluglinien	■ Passagierzahl
Krankenhäuser	■ Bettenauslastung
Hotelbetriebe	■ Übernachtungszahl
Arztpraxen	■ Behandelte Patienten
Behörden	■ Erledigte Akten
Hilfsdienste, Feuerwehr	■ Einsatzfahrten
Universitäten	■ Vorlesungen, Prüfungen, Veröffentlichungen

Bei der **Bestimmung der Absatzmengen** ist zu prüfen, inwieweit sich diese auf eine Gesamtdienstleistung oder aber auf einzelne Teilelemente einer Dienstleistung beziehen. Beispielsweise erfolgt die Behandlung eines Patienten in der Regel in mehreren Behandlungsschritten, wobei der Patient notwendigerweise bis zur vollständigen Erbringung der Dienstleistung (Wiederherstellung der Gesundheit) mehrmals den Arzt aufsucht. Ferner erschwert ein hoher Individualisierungsgrad von Dienstleistungen vielfach die Erfassung von gleichartigen Absatzmengen. Dies ist ein Grund dafür, dass die Ermittlung von einheitlichen Deckungsbeiträgen kaum möglich ist. Darüber hinaus behindert bei vielen Dienstleistungsunternehmen der hohe Anteil an Gemeinkosten bzw. die Erfassung eines Großteils der Kosten als Gemeinkosten (z. B. bei Banken, Krankenhäusern, Bahnen) die Ermittlung relativer Einzelkosten.

Für die **Ermittlung des Marktanteils** ist neben den eigenen Absatzmengen zudem die Bestimmung des wert- oder mengenmäßigen Gesamtabsatzes in dem für das Unternehmen relevanten Markt erforderlich. Während dies für Dienstleistungsunternehmen mit relativ standardisierten Produkten (z. B. Banken, Versicherungen, Bausparkassen, Transportunternehmen) kaum Schwierigkeiten bereiten dürfte, nimmt die Problematik der Abgrenzung des relevanten Marktes und Bestimmung des Marktanteils mit zunehmendem Individualisierungsgrad einer Dienstleistung zu. Als Beispiel sei hier die Bestimmung des Marktanteils eines Theaters oder eines Heilpraktikers angeführt.

Sind die Maßzahlen bestimmt, dann lassen sich die Deckungsbeitrags-, Umsatz- und Gewinnziele eines Dienstleisters problemlos nach den üblichen Berechnungen bestimmen und konkretisieren.

3.4 Kundengerichtete Ziele

Beziehungen des Unternehmens zu seinen Anspruchsgruppen – insbesondere zum Kunden – stehen im Zentrum des Relationship Marketing, das als Grundkonzept des Dienstleistungsmarketing anzusehen ist. Dementsprechend nehmen die kundengerichteten Ziele eine besondere Stellung im Zielsystem des Dienstleistungsmarketing ein.

Den Überlegungen zur Grundstruktur der Erfolgskette folgend löst die Erfüllung kundengerichteter Ziele durch unternehmerische Aktivitäten (Input) unternehmerischen Erfolg, also die Erfüllung unternehmensgerichteter Ziele (Output), aus. Aus diesem Grund lassen sich die kundengerichteten Ziele als vorökonomische Ziele bzw. als Determinanten des Kaufverhaltens betrachten, die den kundenseitigen Ablauf des Kaufprozesses maßgeblich sowohl auf psychologischer als auch auf verhaltensbezogener Ebene bestimmen und deren Erfüllung letztlich über unternehmerischen Erfolg oder Misserfolg entscheidet (vgl. auch Kapitel 3, Abschnitt 1).

> **Kundengerichtete Ziele** sind sämtliche Ziele, die bei den aktuellen sowie potenziellen externen Zielgruppen des Dienstleistungsanbieters angestrebt werden. In diesem Zusammenhang lassen sich **psychologische, verhaltensbezogene** und **ökonomische Ziele** differenzieren.

Zu den **kundenbezogenen psychologischen Zielen** zählen insbesondere Zielgrößen wie:

- Image,
- Wahrgenommene Dienstleistungsqualität,
- Kundenzufriedenheit,
- Beziehungsqualität,
- Commitment.

1. Image

Die besondere Bedeutung des **Images** im Dienstleistungsmarketing beruht auf den dienstleistungsspezifischen Besonderheiten der Immaterialität der Dienstleistung und der Simultaneität von Dienstleistungserstellung und -verwendung. Daraus resultiert, dass sich Dienstleistungen im Gegensatz zu Sachgütern vor dem Kauf keiner objektiven Prüfung durch den Kunden unterziehen lassen. Die Aufgabe des Images ist es, das sich aus der Immaterialitätseigenschaft von Dienstleistungen resultierende erhöhte Risikoempfinden des Nachfragers zu senken. Das Image wird somit in vielen Fällen zum Indikator für die vorab nicht überprüfbare Leistung und unterstreicht die Notwendigkeit der Formulierung eines positiven Imageziels (vgl. auch Kapitel 3, Abschnitt 1.2).

2. Wahrgenommene Dienstleistungsqualität

Das Ziel einer möglichst positiven **Wahrnehmung der Dienstleistungsqualität** lässt sich als „Leitziel" eines Dienstleistungsunternehmens ansehen. Dabei wird von einem weiten Qualitätsverständnis ausgegangen, das in Kapitel 3 (Abschnitt 1.2) und Kapitel 5 (Abschnitt 2.1) umfassend in seinen Dimensionen und Ausprägungen beschrieben wird. Zusammengefasst resultiert die wahrgenommene Dienstleistungsqualität aus einem Abgleich der Erwartungen an eine Dienstleistung mit der Wahrnehmung der tatsächlich erbrachten Dienstleistung auf verschiedenen Qualitätsdimensionen bzw. -eigenschaften der Dienstleistung. Im Rahmen empirischer Studien wurde der wahrgenommenen Dienstleistungsqualität insbesondere ein positiver Einfluss sowohl auf die Ertragskraft eines Dienstleistungsunternehmens als auch auf Verhaltensabsichten der Kunden wie z. B. der Weiterempfehlungsabicht nachgewiesen (Gupta/Zeithaml 2006). Aus Unternehmenssicht ist folglich sicherzustellen, dass die relevanten Qualitätseigenschaften erkannt und, daraus abgeleitet, die richtigen Subziele definiert werden.

3. Kundenzufriedenheit

Bei der **Kundenzufriedenheit** handelt es sich um ein Konstrukt, das der wahrgenommenen Dienstleistungsqualität sehr ähnlich ist. Die Kundenzufriedenheit wird ebenfalls als Ergebnis eines Vergleichsprozesses konzeptualisiert. Aus einem Vergleich der Erwartungen an die Inanspruchnahme einer Dienstleistung vor der Dienstleistungserstellung mit den im Rahmen der Inanspruchnahme der Dienstleistung tatsächlich gemachten Erfahrungen resultiert entweder Zufriedenheit oder Unzufriedenheit – je nach dem, ob die Erwartungen vom Anbieter erfüllt oder nicht erfüllt wurden (vgl. z. B. Oliver 2000). Die Kundenzufriedenheit bezieht sich jedoch eher auf einzelne Transaktionen, wohingegen die wahrgenommene Dienstleistungsqualität eine globale Betrachtungsebene einnimmt (vgl. dazu ausführlich Kapitel 3, Abschnitt 1.2).

In der Erfolgskette nimmt die Kundenzufriedenheit eine besondere Stellung ein, da sie als eine maßgebliche Determinante der Kundenbindung und somit des ökonomischen Erfolgs zu betrachten ist. Diese Zusammenhänge wurden jeweils durch eine Vielzahl empirischer Studien bestätigt (Gupta/Zeithaml 2006). Folglich gilt es für Dienstleistungsunternehmen, die Kundenzufriedenheit kontinuierlich zu erfassen und klare Kundenzufriedenheitsziele festzusetzen.

4. Beziehungsqualität

Die **Beziehungsqualität** stellt eine weitere relevante Zielgröße zur Steuerung von Kundenbeziehungen dar. Das Konstrukt der Beziehungsqualität drückt im Kern die wahrgenommene Güte der Beziehung zwischen Anbieter und Nachfrager aus, die sich anhand der beiden Konstruktdimensionen der Beziehungsqualität Vertrauen und Vertrautheit vollzieht (z. B. Hadwich 2003; vgl. dazu ausführlich Kapitel 3, Abschnitt 1.2). Da eine hohe Beziehungsqualität die Transaktionen zwischen Dienstleistungsanbieter und Kunde begünstigt, gilt es für Dienstleistungsanbieter, entsprechende Beziehungsqualitätsziele zu definieren.

5. Commitment

Commitment (Morgan/Hunt 1994) drückt den kundenseitigen Glauben an die Wichtigkeit der Beziehung zu einem Unternehmen aus. In der Folge dieses Beziehungsbekenntnisses wird er alle Anstrengungen aufbringen, um die Beziehung zum Anbieter aufrechtzuerhalten. Commitment wird stets dem Anbieter an sich und weniger den individuellen Leistungen bzw. Transaktionen entgegengebracht und wirkt innerhalb der Kundenbeziehung häufig als emotionale Wechselbarriere. Vor diesem Hintergrund ist es für Dienstleistungsanbieter angebracht, Commitment in das Zielsystem als weiteres kundenbezogenes psychologisches Ziel zu integrieren (vgl. auch Kapitel 3, Abschnitt 1.2).

In die Kategorie der **kundenbezogenen verhaltensgerichteten Ziele** fallen u. a. folgende Größen, die es im Kontext der Zielformulierung zu berücksichtigen gilt:

- Wiederkaufverhalten,
- Positive Mund-zu-Mund-Kommunikation/Weiterempfehlungsverhalten,
- Cross und Up Selling.

Dabei handelt es sich um Zielgrößen, die die **Kundenbindung** zu einem Anbieter zum Ausdruck bringen und in der Regel zu deren Messung herangezogen werden. Kundenbindung lässt sich an für den Anbieter positivem Kundenverhalten feststellen, worunter vor allem zum einen das historische Kauf- und Weiterempfehlungsverhalten der Kunden, zum anderen die in die Zukunft gerichteten Verhaltensabsichten zählen. Zu diesen zählen wiederum Absichten in Bezug auf den Wiederkauf, die Weiterempfehlung sowie Absichten in Bezug auf die gesteigerte Form des Wiederkaufs. Dieser lassen sich die zusätzliche Inanspruchnahme eines Kunden anderer Leistungen (Cross Selling) oder höherwertiger

Leistungen (Up Selling) aus dem Dienstleistungsangebot eines Anbieters subsumieren (vgl. dazu ausführlich Kapitel 3, Abschnitt 1.3).

Die **kundenbezogenen ökonomischen Ziele** sind vor allem im Zusammenhang mit Größen zur Steigerung des **Kundenwerts** zu sehen (vgl. Kapitel 8, Abschnitt 3.4). Dabei gilt es, die ökonomischen Oberziele bzw. Profitabilitätsziele auf der Ebene einzelner Kunden- bzw. Kundengruppen zu konkretisieren. Beispiele möglicher Zielgrößen in Bezug auf die Kundenprofitabilität sind der Kundendeckungsbeitrag, der Customer Lifetime Value sowie kundendeterminierte Einzelkosten.

Da die meisten kundenbezogenen psychologischen, verhaltensgerichteten sowie ökonomischen Ziele des Dienstleistungsmarketing selten für sämtliche Zielgruppen des Unternehmens die gleiche Bedeutung haben, wird vorzugsweise eine **Formulierung der Ziele nach Kundensegmenten** angestrebt. Neben einer kundensegmentspezifischen Formulierung der kundenbezogenen Marketingziele empfiehlt es sich, diese noch in Abhängigkeit von den Phasen des **Kundenbeziehungslebenszyklus** zu differenzieren, um den phasenspezifischen Bedeutungsunterschieden einzelner Zielsetzungen Rechnung zu tragen (vgl. Abschnitt 2.3 und Kapitel 2, Abschnitt 1):

In der **Kundenakquisitionsphase** werden Marketingmaßnahmen eingesetzt, um das Interesse der Kunden für das Unternehmen und seine Leistungen zu wecken, eine Aufmerksamkeit und Bekanntheit bezüglich der Leistungen zu erzielen sowie Präferenzen und ein positives Image auf Seiten der Kunden zu erreichen. Das Ziel ist hierbei die Steuerung des kundenseitigen Informationsverhaltens, um in der Folge die ökonomischen Zielgrößen zu verbessern. Weiterhin gilt es im Hinblick auf den Kundenkontakt, einen Dialog und Interaktionen zu initiieren.

In der **Kundenbindungsphase** dienen die Maßnahmen des Dienstleistungsmarketing der Sicherstellung einer positiven Qualitätswahrnehmung, einer hohen Kundenzufriedenheit und Beziehungsqualität sowie eines hohen Commitment des Kunden gegenüber dem Unternehmen. Über diese psychologischen Ziele wird angestrebt, eine Erhöhung der Kundenbindung und eine positive Mund-zu-Mund-Kommunikation zu realisieren, die die Basis für Umsatz und Gewinn darstellen.

In der **Kundenrückgewinnungsphase** geht es um die Identifizierung von Abwanderungsgründen. Ein Ergebnis kann das Ziel einer Verbesserung der Qualitätswahrnehmung und des Images sein, über die versucht wird, ein wiederholtes Wecken von Interesse und Präferenz beim abgewanderten Kunden zu erreichen. Auf diese Weise kann möglicherweise ein (wiederholter) Erstkauf, d. h. eine Wiederaufnahme der Beziehung, erzielt und negative Mund-zu-Mund-Kommunikation vermieden werden, um in der Folge höhere Umsätze und Gewinne zu realisieren.

Es zeigt sich, dass die Oberziele in den verschiedenen Phasen ähnlich sind. Allerdings unterscheiden sich die psychologischen kundenbezogenen Ziele und Kundenverhaltensziele, die zur besseren Realisierung der Oberzielgrößen dienen.

3.5 Mitarbeitergerichtete Ziele

Eine bedeutsame Grundlage zur Erreichung der unternehmens- und kundengerichteten Ziele bildet die Umsetzung der **mitarbeitergerichteten Zielgrößen** (Grund 1998). Vor allem in Dienstleistungsbereichen mit einem hohen Grad an Kundeninteraktionen (z. B. Banken und Handel) kommt den mitarbeitergerichteten Zielen eine vergleichsweise hohe Bedeutung zu.

> **Mitarbeitergerichtete Ziele** zielen im Wesentlichen auf die Steigerung der Motivation und Zufriedenheit der Mitarbeitenden durch extrinsische und intrinsische Leistungsanreize, um in der Folge die Produktivität und Leistungsqualität zu erhöhen sowie Fehlzeiten der Mitarbeitenden zu vermeiden und die Mitarbeitenden langfristig an das Unternehmen zu binden (Bruhn 1999a, S. 20).

Die Grundannahme mitarbeitergerichteter Ziele ist, dass zufriedene Mitarbeitende die Basis für den Aufbau von Kundenzufriedenheit und Kundenbindung sind. Zu den zentralen mitarbeitergerichteten Zielen eines Dienstleistungsunternehmens zählen:

- Mitarbeiterzufriedenheit,
- Mitarbeitermotivation,
- Leistungsfähigkeit/Produktivität von Mitarbeitenden,
- Mitarbeiterakzeptanz,
- Mitarbeiterbindung.

Die vergleichsweise hohe Bedeutung der mitarbeiterorientierten Ziele resultiert aus der Notwendigkeit einer Interaktivität von Kunde und Dienstleister sowie dem daraus folgenden Zusammenhang zwischen Personalmotivation, Leistungsqualität, Kundenzufriedenheit und ökonomischem Erfolg (Heskett et al. 1994, S. 50ff.; Baron/Harris 1995, S. 126ff., Rampersad 2004; Gleitsmann 2007, S. 35ff.; Stock-Homburg 2009). Vor diesem Hintergrund wurde in den letzten Jahren das Konzept des **Internen Marketing** entwickelt (vgl. Kapitel 6, Abschnitt 5).

Eine Befragung von Führungskräften im Gesundheits- und Sozialwesen hat gezeigt, dass das Engagement der Mitarbeitenden mit großem Abstand als wichtigster Erfolgsfaktor ihres Unternehmens gesehen wird. Erst auf Platz zwei folgt die Qualität des Angebots. Der Preis der Leistung ist erst an siebter Stelle zu finden. Dies zeigt die hohe Priorität der Mitarbeitermotivation auch in den Führungsetagen der Unternehmen (vgl. Schaubild 4-3-5).

Häufig werden finanzielle Anreize zur Mitarbeitermotivation eingesetzt (z. B. erfolgsabhängige Vergütung, Provisionen, Boni, usw.). Doch materielle Anreize alleine genügen oft nicht, um die Motivation und dabei auch die Zufriedenheit der Mitarbeitenden aufrecht zu erhalten. Es ist darauf zu achten, dass auf den Leistungswillen eines Mitarbeitenden nicht alleine durch materielle Mittel Einfluss genommen wird. Aufgrund motivationstheoretischer Grundlagen und aus wirtschaftlichen Gründen empfiehlt es sich, auch immaterielle Anreize (z. B. Anerkennung) in Erwägung zu ziehen. Für das Engagement und die Zufrie-

Ziele im Dienstleistungsmarketing

Schaubild 4-3-5 Bedeutung von Wettbewerbsfaktoren im Gesundheits- und Sozialwesen

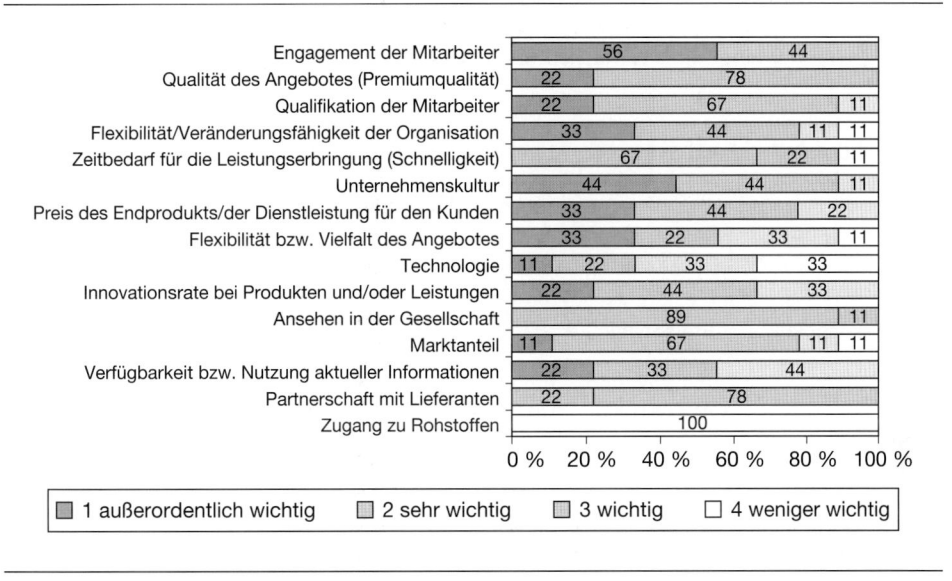

Wettbewerbsfaktor	1 außerordentlich wichtig	2 sehr wichtig	3 wichtig	4 weniger wichtig
Engagement der Mitarbeiter	56	44		
Qualität des Angebotes (Premiumqualität)	22	78		
Qualifikation der Mitarbeiter	22	67	11	
Flexibilität/Veränderungsfähigkeit der Organisation	33	44	11	11
Zeitbedarf für die Leistungserbringung (Schnelligkeit)		67	22	11
Unternehmenskultur	44	44		11
Preis des Endprodukts/der Dienstleistung für den Kunden	33	44	22	
Flexibilität bzw. Vielfalt des Angebotes	33	22	33	11
Technologie	11	22	33	33
Innovationsrate bei Produkten und/oder Leistungen	22	44	33	
Ansehen in der Gesellschaft		89		11
Marktanteil	11	67	11	11
Verfügbarkeit bzw. Nutzung aktueller Informationen	22	33	44	
Partnerschaft mit Lieferanten	22	78		
Zugang zu Rohstoffen			100	

Quelle: Hauser/Schuber/Aicher 2007, S. 236

denheit von größter Bedeutung sind immaterielle Variablen wie herausfordernde Tätigkeiten, Anerkennung und die Übertragung von Verantwortung. Schaubild 4-3-6 zeigt eine Übersicht über die zehn wichtigsten Einflussfaktoren der Mitarbeitermotivation.

Schaubild 4-3-6 Einflussfaktoren der Mitarbeitermotivation

Rang	Einflussfaktoren der Mitarbeitermotivation
1.	Interesse der Unternehmensleitung an den Mitarbeitenden
2.	Ausreichende Entscheidungsfreiheit
3.	Ruf des Unternehmens, soziale Verantwortung zu übernehmen
4.	Lern- und Entwicklungsmöglichkeiten
5.	Vorgesetzter weckt Begeisterung für die Arbeit
6.	Investitionen in innovative Produkte und Services
7.	Aufstiegs- und Karrieremöglichkeiten
8.	Einfluss auf Produkt-/Servicequalität
9.	Unternehmensleitung als Vorbild im Sinne der Unternehmenswerte
10.	Hohe persönliche Standards

Quelle: Towers-Perrin 2004, S. 11

Über die Festlegung der strategischen Ziele des Dienstleistungsanbieters hinaus ist ferner eine Konkretisierung der **operativen Ziele** erforderlich. Folglich sind leistungs-, preis-, distributions-, kommunikations- sowie personalpolitische Ziele definiert, operationalisiert und schriftlich zu fixieren. Eine konkrete Ausgestaltung von allgemeinen Marketingzielen sowie Zielen der eingesetzten Marketinginstrumente zeigt Schaubild 4-3-7.

Schaubild 4-3-7 Festlegung operativer Marketingziele (Beispiele)

Operative Marketingziele				
Externe Instrumente				Internes Instrument
Leistungspolitik	Preispolitik	Distributionspolitik	Kommunikationspolitik	Personalpolitik
Hohe Qualität hinsichtlich des Leistungsprogrammes Dienstleistungsinnovationen Erhöhung des Cross-Selling-Potenzials Verbesserung des Leistungsprogramms	Ausnutzung der Preissensibilität Erhöhung der Preise Durchsetzung der Preisdifferenzierung Ausnutzung der Intransparenz des Marktes	Erhöhung des Distributionsgrades Einführung neuer Vertriebswege Verbesserung der Beratungsqualität von Absatzmittlern Einsatz neuer Medien	Bekanntheit der Dienstleistungsmarke steigern Akquisition von Neukunden durch Direct-Mail-Aktionen Kundenbindung durch spezielle Events	Verbesserung bestimmter Verhaltensmerkmale: – Freundlichkeit – Zuverlässigkeit – Pünktlichkeit Erhöhung der Beratungsqualität des Kontaktpersonals

4. Festlegung von Strategien im Dienstleistungsbereich

Nachdem die Zielinhalte und das strategische Analyse- und Planungsinstrumentarium des Dienstleistungsmarketing herausgearbeitet wurden, ist im Folgenden auf konkrete Strategien im Dienstleistungsbereich einzugehen. In der Literatur zum Dienstleistungsmarketing findet sich eine Reihe von branchenbezogenen Strategiekonzepten (z. B. im Bereich Finanzdienstleistungen). Generelle Strategiesystematiken werden demgegenüber vergleichsweise wenig diskutiert. Im Folgenden wird deshalb versucht, einen Ansatz zur **Systematisierung von Dienstleistungsstrategien** zu erarbeiten, der für alle Dienstleistungsbranchen gleichermaßen Gültigkeit besitzt. Entsprechende Ansätze, wenngleich nicht speziell auf den Dienstleistungsbereich zugeschnitten, finden sich in zahlreichen Varianten in der Marketingliteratur (z. B. Müller-Stewens/Lechner 2005; Becker 2006).

Festlegung von Strategien im Dienstleistungsbereich

Schaubild 4-4-1 Zentrale strategische Fragestellungen und Strategieoptionen

Geschäftsfeldstrategien

- **Abgrenzung strategischer Geschäftsfelder:** Funktionen | Technologien | Kundengruppen | Regionen
- **Marktfeldstrategie:** Marktdurchdringung | Marktentwicklung | Dienstleistungsentwicklung | Diversifikation
- **Wettbewerbsvorteilsstrategie (eindimensional versus simultan):** Qualitätsvorteil | Innovationsvorteil | Markierungsvorteil | Programmbreitenvorteil | Kostenvorteil | Zeitvorteil
- **Marktabdeckungsstrategie:** Gesamtmarkt ↕ Nische / Unfokussiert ↕ Fokussiert
- **Timingstrategie:** Pionier ↕ Folger

Marktteilnehmerstrategien

- **Marktbearbeitungsstrategie:** Undifferenziert | Differenziert | Segment of One
- **Kundenstrategie:** Neukundenakquisition | Kundenbindung | Kundenrückgewinnung
- **Verhaltensstrategien:**
  - *Abnehmergerichtet:* Präferenzstrategien ↕ Preis-Mengen-Strategie
  - *Wettbewerbsgerichtet:* Ausweichen | Kooperation | Konflikt | Anpassung
  - *Absatzmittlergerichtet:* Umgehung/Ausweichen | Kooperation | Konflikt | Anpassung

Marketinginstrumentestrategien

Leistungspolitik | Kommunikationspolitik | Distributionspolitik | Preispolitik | Personalpolitik

> Eine **Dienstleistungsstrategie** stellt einen bedingten, langfristigen, globalen Verhaltensplan zur Erreichung der Unternehmens- und Marketingziele eines Dienstleistungsunternehmens dar. Strategien sind auf der Grundlage der Unternehmens- und Marketingziele zu entwickeln und dienen der Kanalisierung von Maßnahmen in den einzelnen Marketingmixbereichen eines Dienstleistungsunternehmens.

Eine Dienstleistungsstrategie bildet somit das zentrale Bindeglied zwischen den Zielen und der operativen Maßnahmenplanung. Der Diskussion einzelner Strategien bzw. strategischer Optionen wird die in Schaubild 4-4-1 dargestellte **Strategiesystematik** zu Grunde gelegt.

Zunächst gilt es, eine grundlegende **Geschäftsfeldstrategie** festzulegen (Abschnitt 4.1). Zu diesem Zweck erfolgt notwendigerweise die Festlegung der strategischen Geschäftsfelder einer Unternehmung (Abschnitt 4.11). Im Anschluss ist zu prüfen, welche marktfeldstrategische Option für die Unternehmung optimal ist (Abschnitt 4.12). Mit der vollzogenen Festlegung dieser Elemente wird anschließend in den Bereich der strategischen Marketingplanung übergewechselt, der die Geschäftsfelder als Bezugsgrößen voraussetzt und verwendet. Als weitere Elemente der Geschäftsfeldstrategie werden die Wettbewerbsvorteils- (Abschnitt 4.13), die Marktabdeckungs- (Abschnitt 4.14) sowie die Timing-Strategie (Abschnitt 4.15) diskutiert.

Im Rahmen der auf den Geschäftsfeldstrategien aufbauenden **Marktteilnehmerstrategien** (Abschnitt 4.2) sind dann für jedes Geschäftsfeld weitere Überlegungen anzustellen. Zunächst werden marktbearbeitungsspezifische Optionen (Abschnitt 4.21) und Kundenstrategien (Abschnitt 4.22) gewählt. Darüber hinaus werden marktteilnehmerbezogene Verhaltensstrategien formuliert. Zu den Marktteilnehmern werden in diesem Zusammenhang die Abnehmer (Abschnitt 4.23), die Wettbewerber (Abschnitt 4.24) sowie die Absatzmittler (Abschnitt 4.25) gezählt. Denkbar wäre weiterhin eine Berücksichtigung von sonstigen Anspruchsgruppen (vgl. Meffert/Burmann/Kirchgeorg 2012, S. 324).

Das abschließende Element der Strategiesystematik bildet die Festlegung von **Marketinginstrumentestrategien** (Abschnitt 4.3), die eine Konkretisierung der Strategien hinsichtlich des Instrumenteeinsatzes beinhalten.

4.1 Geschäftsfeldstrategien

4.11 Abgrenzung strategischer Geschäftsfelder

Um die strategischen Geschäftsfelder eines Unternehmens abzuleiten, ist zunächst der **Relevante Markt** festzulegen. In Bezug auf das Konzept des Relevanten Marktes existiert keine einheitliche Begriffsauffassung in der Marketingliteratur. Nach Homburg und Krohmer wird unter dem Relevanten Markt eines Anbieters der Markt verstanden, auf dem ein Anbieter aktiv sein möchte (Homburg/Krohmer 2009, S. 6). Allerdings handelt es sich dabei um eine enge Interpretation des Relevanten Marktes. Ein weiterer Definitionsansatz ist auf die Austauschbeziehung und Abgrenzungsdimensionen eines Marktes fokussiert. Der Relevante Markt umfasst demnach sämtliche für Kauf- und Verkaufsentscheidungen wesentliche Austauschbeziehungen zwischen Produkten oder Dienstleistungen in sachlicher, räumlicher und zeitlicher Hinsicht (Backhaus/Voeth 2010, S. 125ff.). Dabei erfolgt die Abgrenzung des Relevanten Marktes mit der Zielsetzung, das Beziehungsgeflecht zwischen Anbietern und Nachfragern sowie deren Wettbewerbssituationen untereinander zu erfassen und zu analysieren (Nieschlag/Dichtl/Hörschgen 2002, S. 85). Aus einer synoptischen Betrachtung bestehender Definitionsansätze lässt sich folgende Definition ableiten:

> Ein **Relevanter Markt** ist ein in sachlicher, räumlicher und zeitlicher Hinsicht abgegrenzter Teilmarkt, mit sämtlichen für Kauf- und Verkaufsentscheidungen relevanten Austauschbeziehungen zwischen Anbietern, Nachfragern und Wettbewerbern, auf dem ein Anbieter tätig sein möchte.

Die **räumliche Abgrenzung** des Relevanten Marktes befasst sich mit der Entscheidung bezüglich des Absatzgebietes von Dienstleistungen. Es gilt die Frage zu beantworten, ob die Dienstleistung lokal, regional, national oder international begrenzt ist bzw. global angeboten wird (Bruhn 2010c, S. 20f.). Gründe für die räumliche Begrenzung eines Marktes liegen sowohl in unternehmensinternen Restriktionen als auch in ökonomischen Barrieren, protektionistischen Handelshemmnissen, technischen Normen sowie im Konsumentenverhalten.

In Bezug auf die **zeitliche Abgrenzung** des Relevanten Marktes stehen die von Wettbewerbern zu unterschiedlichen Zeitpunkten offerierten Dienstleistungen im Zentrum der Betrachtung. Entscheidend ist bei der Abgrenzung des Relevanten Marktes unter zeitlichen Gesichtspunkten der Aspekt, ob Konsumenten zu abweichenden Zeitpunkten angebotene Dienstleistungen als Substitutionsprodukte ansehen oder nicht (Backhaus/Voeth 2010).

Die Vorgehensweise zur **sachlichen Marktabgrenzung**, die einen zentralen Stellenwert in der Festlegung des Relevanten Marktes einnimmt, ist bis heute umstritten und nicht endgültig geklärt (Sander 2004, S. 30ff.). Schaubild 4-4-2 gewährt einen Überblick über wesentliche sachliche Abgrenzungsansätze sowie deren Kernaussagen (RM = Relevanter Markt). Diese lassen sich in anbieter- und produktbezogene Ansätze von nachfragebezogenen Ansätzen unterscheiden (Sander 2004, S. 30ff.).

Ist der Relevante Markt definiert, erfolgt die Festlegung der **Strategischen Geschäftsfelder**, wobei von der Überlegung ausgegangen wird, dass der für ein Dienstleistungsunternehmen zu bearbeitende Markt in der Regel mehr Abnehmergruppen und Abnehmerbedürfnisse umfasst als sich mit den zur Verfügung stehenden Unternehmensressourcen befriedigen lassen. In Bezug auf das Konzept der Strategischen Geschäftsfelder besteht – analog zum Konzept des Relevanten Marktes – ebenfalls eine starke Begriffsheterogenität. Strategische Geschäftsfelder werden als nach außen eindeutig unterscheidbare, intern homogene Tätigkeitsfelder eines Unternehmens illustriert (Backhaus/Voeth 2010). Neben der Abgrenzung des Tätigkeitsfeldes eines Unternehmens, der internen Homogenität und externen Heterogenität, unterscheiden sich Strategische Geschäftsfelder demzufolge in ih-

Schaubild 4-4-2 Ansätze der sachlichen Abgrenzung des Relevanten Markts im Überblick

Orientierung	Konzept/Vertreter	Kernaussage
Sachliche, anbieter- und produktbezogene Ansätze	Konzept der physisch-technischen Ähnlichkeit (Marshall)	RM umfasst alle Produkte, die sich nach Werkstoff, Form, technischer Gestaltung gleichen.
	Konzept der Wirtschaftspläne (Schneider)	RM umfasst alle Konkurrenzprodukte, die ein Anbieter bei seinen Absatzplanungen berücksichtigt.
	Konzept der funktionalen Ähnlichkeit (Abott/Arndt)	RM umfasst alle Güter, die das gleiche Grundbedürfnis bzw. die gleiche Funktion erfüllen.
Sachliche, nachfragebezogene Ansätze	Konzept der Kreuzpreiselastizität (Triffin)	RM umfasst alle Produkte, die sich durch eine hohe Kreuzpreiselastizität auszeichnen.
	Konzept der subjektiven Austauschbarkeit (Dichtl/Andritzky/Schobert)	RM umfasst alle Produkte, die vom Verwender als subjektiv austauschbar angesehen werden.
	Substitution-in-use-Ansatz (Srivastva/Alpert/Shocker)	RM umfasst alle Produkte, die für den Verwender in einer bestimmten Ge- und Verbrauchssituation den gleichen Nutzen stiften.
	Kaufverhaltensansätze (Fraser/Bradford)	RM umfasst alle Produkte, die auf der Grundlage des realen Kauf- und Nutzenverhaltens als substituierbar zu kennzeichnen sind.
	Konzept der Kundentypendifferenzierung (Kotler)	RM umfasst alle Produkte, die von den gleichen Kundentypen nachgefragt werden.

Quelle: in Anlehnung an Sander 2004, S. 30ff.; Backhaus/Voeth 2007, S. 126ff.; Meffert/Burmann/Kirchgeorg 2012, S. 189ff.

ren abnehmerbezogenen Anforderungen und erfolgsrelevanten Charakteristika (Meffert/Burmann/Kirchgeorg 2012, S. 266).

Generell werden zur Abgrenzung von Strategischen Geschäftsfeldern überwiegend die folgenden **Dimensionen** herangezogen. Als fundamentale Anforderung gilt dabei die Minimierung von Überschneidungsbereichen einzelner Geschäftsfelder (Sander 2004, S. 304; Müller-Stewens/Lechner 2005).

- **Produkte:** Welche Dienstleistungen und Produkte werden in einem Geschäftsfeld gebündelt? Wie werden diese von den Abnehmern wahrgenommen?
- **Marktsegmente:** Nach welchen Kriterien findet die Einteilung der Kundengruppen statt und welche Kundengruppen lassen sich unterscheiden? Lassen sich ähnliche Kaufgewohnheiten feststellen und ist der Absatz über gleiche Vertriebskanäle möglich?
- **Kundennutzen:** Worin besteht der vom Abnehmer wahrgenommene Nutzen der Dienstleistung oder des Produktes?
- **Technologie:** Mit welcher Technologie werden die Kundenbedürfnisse befriedigt und welche Bedeutung hat die Technologie für die Geschäftsfeldabgrenzung?
- **Geografie:** Bietet sich bei der Geschäftsfeldabgrenzung eine geografische Einteilung an und wenn ja, handelt es sich um eine lokale, regionale, nationale, internationale oder globale Einteilung?
- **Kostenstruktur:** Existieren Unterschiede in den Kostenstrukturen der Produkte und Dienstleistungen? Welche Kosten sind fix und welche sind variabel? Kommen Skalen- oder Verbundeffekte vor?

Zur Abgrenzung Strategischer Geschäftsfelder lassen sich prinzipiell zwei verschiedene Perspektiven – Inside-Out und Outside-In – unterschieden.

Die **Inside-Out-Perspektive** geht von einem bestehenden Sortiment an Dienstleistungen aus und stellt diese in einer zweidimensionalen Matrix einzelnen Marktsegmenten bzw. Kundengruppen gegenüber. Die daraus resultierende Produkt-Markt-Matrix bildet einzelne Produkt-Markt-Kombinationen eines Unternehmens ab, die anschließend anhand strategischer unternehmensindividueller Kriterien, wie beispielsweise identisches Wettbewerbsumfeld oder gleichartige Technologien, zu Strategischen Geschäftsfeldern zusammengefasst werden. Diese Vorgehensweise ermöglicht sowohl eine gezielte Bearbeitung des aktuellen Tätigkeitsfeldes einer Unternehmung als auch die Identifikation potentieller Segmente (Müller-Stewens/Lechner 2005).

Solch eine **zweidimensionale Geschäftsfeldabgrenzung** lässt sich beispielsweise nach Leistungen und Abnehmergruppen vornehmen. Der Relevante Markt einer Bank lässt sich z. B. anhand von Abnehmergruppen in Privat-, Individual- und Firmenkunden unterteilen. Die zweite Dimension ist entsprechend den Dienstleistungsprodukten einer Bank z. B. in Kredit-, Spareinlagen-, Anleihen- oder Wertpapiergeschäfte zu unterteilen. Es entsteht ein zweidimensionaler Suchraum für Betätigungsschwerpunkte einer Bank (Schaubild 4-4-3).

Schaubild 4-4-3 Zweidimensionale Geschäftsfeldabgrenzung am Beispiel einer Bank

Kundensegmente	Kreditgeschäfte	Wertpapiergeschäfte
Privatkunden	Kreditgeschäfte mit Privatkunden	Wertpapiergeschäfte mit Privatkunden
Individualkunden	Kreditgeschäfte mit Individualkunden	Wertpapiergeschäfte mit Individualkunden
Firmenkunden	Kreditgeschäfte mit Firmenkunden	Wertpapiergeschäfte mit Firmenkunden

Allerdings besteht heute weitgehend Einigkeit darüber, dass es strategisch unzureichend ist, die für die Zukunft geplanten Aufgaben- und Tätigkeitsgebiete ausschließlich durch die klassischen Produkt-Markt-Kombinationen zu definieren. Abell (1980) schlägt vor diesem Hintergrund eine **dreidimensionale Geschäftsfeldabgrenzung** mit den folgenden Dimensionen vor:

- **Funktionen**, die das Unternehmen im Sinne einer zu erbringenden Marktleistung erfüllt,
- **Kundengruppen**, für die diese Funktionen erbracht werden,
- **Technologien**, unter Verwendung derer die Funktionserfüllung erfolgt.

Der Ansatz der dreidimensionalen Geschäftsfeldabgrenzung nach Abell (1980) nimmt die **Outside-In-Perspektive** ein, die sich maßgeblich an den Anforderungen von Kunden orientiert. Ausgangspunkt des Verfahrens ist – wie dargestellt – die Überlegung, dass ein Produkt mit Hilfe der Anwendung einer gewissen Technologie der Bedürfnisbefriedigung einer bestimmten Zielgruppe dient.

In Bezug auf die Bestimmung und die Auswahl relevanter Geschäftsfelder lässt sich aus der vorangegangenen Diskussion folgende Definition ableiten:

> Eine **Geschäftsfeldwahl** beinhaltet das Aufteilen des Gesamtmarktes in Strategische Geschäftsfelder. Strategische Geschäftsfelder sind nach den marktbezogenen Dimensionen Funktionserfüllung, Kundengruppe und Technologie eindeutig voneinander abgegrenzte, intern homogene Tätigkeitsfelder eines Unternehmens, die innerhalb des Relevanten Marktes den gesamten Geschäftsbereich des Unternehmens abbilden.

Kurzfallstudie: Deutsche Lufthansa AG

Am Beispiel der *Deutschen Lufthansa AG* lassen sich die im Marketing vorherrschenden Segmentierungsprozesse sowie deren Zusammenhänge illustrieren (vgl. Schaubild 4-4-4). Zur Abgrenzung des Relevanten Marktes der *Lufthansa AG* können in sachlicher, zeitlicher und räumlicher Hinsicht die nachstehenden Fragen gestellt werden:

- **Sachliche Abgrenzung:** Konkurriert die *Lufthansa AG* mit ihren Produkten bzw. Dienstleistungen aus Kundensicht mit Logistikkonzernen, Fluggesellschaften, Bahnunternehmen, Reisekonzernen oder Flugzeugherstellern?
- **Zeitliche Abgrenzung:** Wie lange bleiben die Konkurrenz- und Nachfragebeziehungen der *Lufthansa AG* bestehen?
- **Räumliche Abgrenzung:** Werden die Produkte bzw. Dienstleistungen auf dem Inlandsmarkt, EU-Markt oder dem Weltmarkt nachgefragt?

Durch Beantwortung o.g. Fragen mit dem Hauptaugenmerk auf der sachlichen Dimension wird der Relevante Markt der *Lufthansa AG* als Teilmarkt mit Dienstleistungen im Transportwesen abgegrenzt. Im Sinne einer Outside-In-Segmentierung lässt sich am Beispiel der *Lufthansa AG* nachstehende, denkbare Differenzierung der drei Dimensionen darstellen:

- **Funktionserfüllung:** Erfüllt das Produkt bzw. die Dienstleistung der *Lufthansa AG* für Abnehmer die Funktion Transport, Service oder Beratung/Know-how-Transfer?
- **Kundengruppen:** Werden Privatkunden, Geschäftskunden oder Konzerne als Kundengruppe angesprochen?
- **Technologien:** Welche Technologien (z. B. Flugzeuge, Logistiktechnik, Cateringtechnnologie u. a.m.) werden zur Leistungserbring eingesetzt?

Der Geschäftsbereich der *Lufthansa AG* kann dementsprechend in die sechs Strategischen Geschäftsfelder Passagierbeförderung, Logistik, Technik, IT-Services, Catering und Touristik unterteilt werden (vgl. Schaubild 4-4-4).

Strategische Geschäftsfelder resultieren aus der Segmentierung der Unternehmensumwelt und werden von **Strategischen Geschäftseinheiten** bearbeitet (Sander 2004, S. 305). Es handelt sich bei ihnen um nach unternehmensinternen, organisatorischen Gesichtspunkten gebildete, operativ autonome Planungseinheit eines Unternehmens, die mit eigener strategischer Planung und Zielsetzung ein oder mehrere Geschäftsfelder bearbeiten (Meffert/Burmann/Kirchgeorg 2012, S. 269ff.). Übertragen auf die *Deutsche Lufthansa AG* lassen sich exemplarisch aus dem Strategischen Geschäftsfeld der Passagierbeförderung die in Schaubild 4-4-4 dargestellten Geschäftseinheiten ableiten.

Ausgehend von der Abgrenzung des Relevanten Marktes sowie der Entstehung von Geschäftsfeldern mit ausreichender Größe wird die verbleibende Heterogenität des Marktes durch Zerlegung in homogene Teilmärkte bzw. in so genannte **Marktseg-**

Schaubild 4-4-4   Segmentierungsprozesse im Marketing am Beispiel der Lufthansa AG

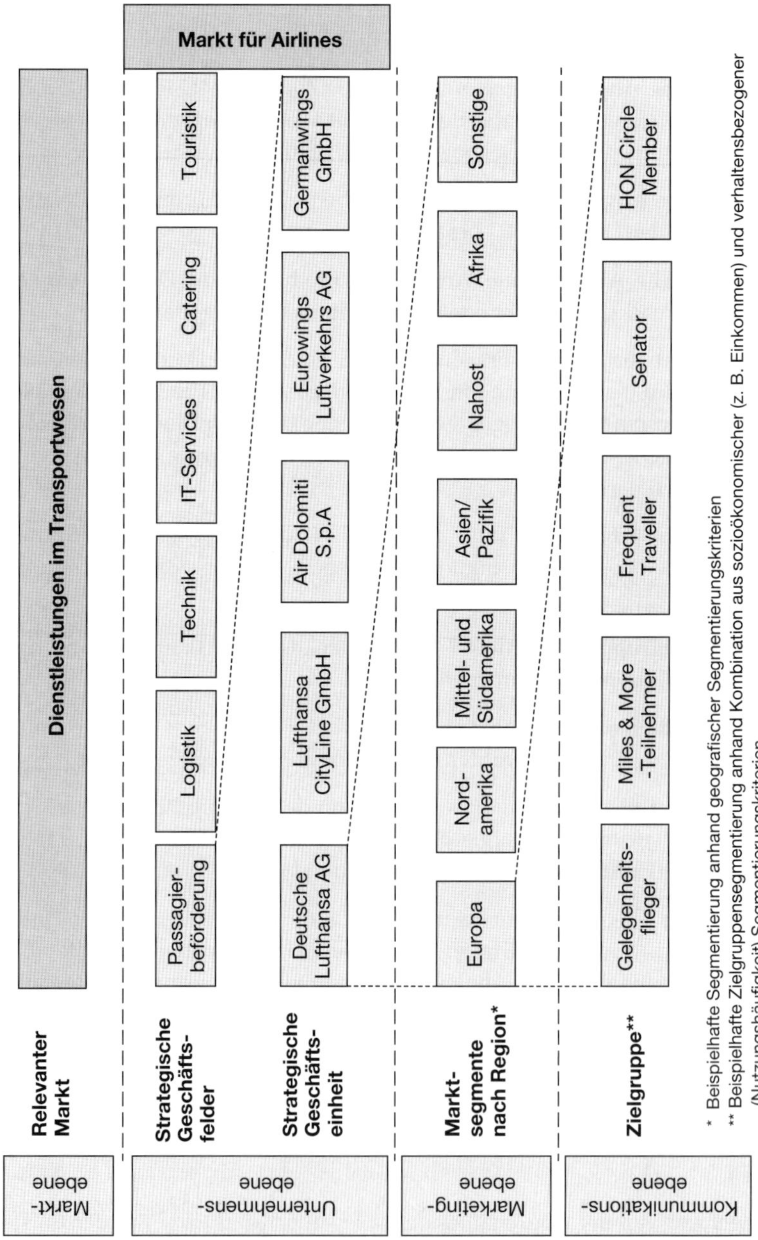

Markt für Airlines

Dienstleistungen im Transportwesen

Relevanter Markt (Marktebene)	Dienstleistungen im Transportwesen
Strategische Geschäftsfelder (Unternehmensebene)	Passagierbeförderung, Logistik, Technik, IT-Services, Catering, Touristik
Strategische Geschäftseinheit (Unternehmensebene)	Deutsche Lufthansa AG, Lufthansa CityLine GmbH, Air Dolomiti S.p.A, Eurowings Luftverkehrs AG, Germanwings GmbH
Marktsegmente nach Region* (Marketingebene)	Europa, Nordamerika, Mittel- und Südamerika, Asien/Pazifik, Nahost, Afrika, Sonstige
Zielgruppe** (Kommunikationsebene)	Gelegenheitsflieger, Miles & More -Teilnehmer, Frequent Traveller, Senator, HON Circle Member

* Beispielhafte Segmentierung anhand geografischer Segmentierungskriterien
** Beispielhafte Zielgruppensegmentierung anhand Kombination aus soziökonomischer (z. B. Einkommen) und verhaltensbezogener (Nutzungshäufigkeit) Segmentierungskriterien

Quelle: Lufthansa 2010

mente reduziert, um eine optimierte Marktbearbeitung zu gewährleisten (Bruhn 2010c, S. 58ff.). Unter Marktsegmentierung wird die Aufspaltung des in einzelne Geschäftsfelder unterteilten Relevanten Marktes in bezüglich ihrer Marktreaktion intern homogene und extern heterogene Teilmärkte sowie die Bearbeitung dieser Marktsegmente verstanden. Die Marktsegmentierung erfolgt in der Regel anhand von Kriterien, die nach soziodemografischen, psychologischen, geografischen und verhaltensorientierten Kategorien gruppiert werden.

Das Strategische Geschäftsfeld Passagierbeförderung der *Deutschen Lufthansa AG* lässt sich exemplarisch im Rahmen der Marktsegmentierung mit Hilfe makrogeografischer Merkmale in die nachstehenden Marktsegmente untergliedern (vgl. Schaubild 4-4-4):

- Europa inkl. Deutschland
- Nordamerika
- Mittel- und Südamerika
- Asien/Pazifik
- Nahost
- Afrika

Eine Kombination dieser geografischen Merkmale mit verhaltensrelevanten Kriterien wie beispielsweise Geschäfts- vs. Urlaubsreisende, national vs. international Reisende oder Vielflieger vs. Gelegenheitsflieger resultiert in einem detaillierten Marktbild mit Bezug zur Marktreaktion. Durch die weiterführende Unterteilung von Marktsegmenten werden Zielgruppen gebildet, die über spezifische Kommunikationsmaßnahmen angesprochen werden. **Zielgruppen** sind bezüglich ihrer Marktreaktion intern homogene Untergruppen eines Marktes, die im Rahmen der Unternehmens- und Marketingkommunikation mit einer bestimmten Kommunikationsbotschaft anzusprechen sind (Bruhn 2010b). Durch Kombination sozioökonomischer (z. B. Einkommen) und verhaltensorientierter (Nutzungshäufigkeit) Segmentierungskriterien werden am Beispiel der *Lufthansa AG* nachstehende Zielgruppen in Europa festgelegt:

- Gelegenheitsflieger
- Miles & More Teilnehmer
- Frequent Traveller
- Senator
- HON Circle Member

Die o. g. Zielgruppen werden jeweils über spezifische Kommunikationsbotschaften und -instrumente angesprochen.

In Bezug auf die Technologiekomponente ergeben sich im Zusammenhang mit der Anwendung der dreidimensionalen Geschäftsfeldabgrenzung **dienstleistungsspezifische Besonderheiten**. Aufgrund der Immaterialität der Dienstleistung empfiehlt es sich, Technologie, im Sinne einer produktbezogenen Problemlösung, nicht als Gegenstand bzw. Bestandteil eines Dienstleistungsprodukts und damit auch nicht zur Abgrenzung von Geschäftsfeldern aufzufassen.

Während die Dienstleistung also selbst keine Technologiekomponente beinhaltet, ist es vielmehr der **Dienstleistungserstellungsprozess**, in dem verstärkt Technologien eingesetzt werden. Um den Ansatz von Abell auf den Dienstleistungsbereich zu übertragen, ist daher von einem modifizierten Technologieverständnis auszugehen. Technologien stellen hier in der Regel alternative Möglichkeiten der Funktionserfüllung bzw. Hilfsmittel zur rationelleren Erstellung von Dienstleistungen dar.

Dennoch lässt sich eine wachsende Bedeutung von Technologien im engeren Sinne, d. h. technischer Verfahren bei der Erstellung von Dienstleistungen, vor allem im Zusammenhang mit den so genannten E-Services, feststellen (vgl. Kapitel 6, Abschnitt 1.23).

Ein auf diesen Überlegungen aufbauender **dienstleistungsbezogener Geschäftsfeldplanungsprozess** wird am Beispiel von Versicherungen dargestellt (Birkelbach 1988). Aufgrund der zentralen Bedeutung der Geschäftsfelddefinition bei der strategischen Unternehmensplanung und der zu erwartenden besonders komplexen Funktions-Technologie-Beziehung in der Assekuranz ist es sinnvoll, den Geschäftsfeldplanungsprozess in folgende aufeinander aufbauende **Teilstufen** zu untergliedern.

1. Abgrenzung grundsätzlicher Problemlösungsbereiche,
2. Feinabgrenzung eines strategischen Geschäftsfelds,
3. Entscheidungen zur Marktbearbeitung bzw. Marktabdeckung.

1. Abgrenzung grundsätzlicher Problemlösungsbereiche bei Versicherungen

Zur **Abgrenzung grundsätzlicher Problemlösungsbereiche** bei Versicherungen sind die Kernbedürfnisse („Basic Needs") der Kunden, die es zu bestimmen gilt, der Ausgangspunkt der funktions- und technologieorientierten Geschäftsfelddefinition. Da die grundsätzliche Leistung einer Versicherung in der garantierten Risikoübernahme für den Versicherungsnehmer besteht, lässt sich die Verbesserung der Risikosituation des Kunden, gleichbedeutend mit „Erhöhung der Sicherheit", als zentrales Kundenbedürfnis herausarbeiten. Somit wird im Sinne einer innovativen Geschäftsfelddefinition in **Stufe 1** zunächst ein strategischer Suchraum „Sicherheitsnachfrage" aufgebaut. Dieser Suchraum zur Lokalisierung von strategischen Geschäftsfeldern wird dann definitionsgemäß durch die drei Dimensionen abgegrenzt (vgl. Schaubild 4-4-5):

- Kundengruppen: Nachfrager nach Sicherheit,
- Funktion: Sicherheitsfunktionen,
- Technologie: Sicherheitstechnologien.

Als **Kundengruppe nach Sicherheit** lassen sich auf der Ebene einer Makrosegmentierung folgende Nachfrager unterscheiden: Groß-, Mittel- und Kleinbetriebe, Vereine und Organisationen, private Haushalte und auch Versicherungsunternehmen, die beispielsweise Sicherheit in Form von Rückversicherungsschutz nachfragen.

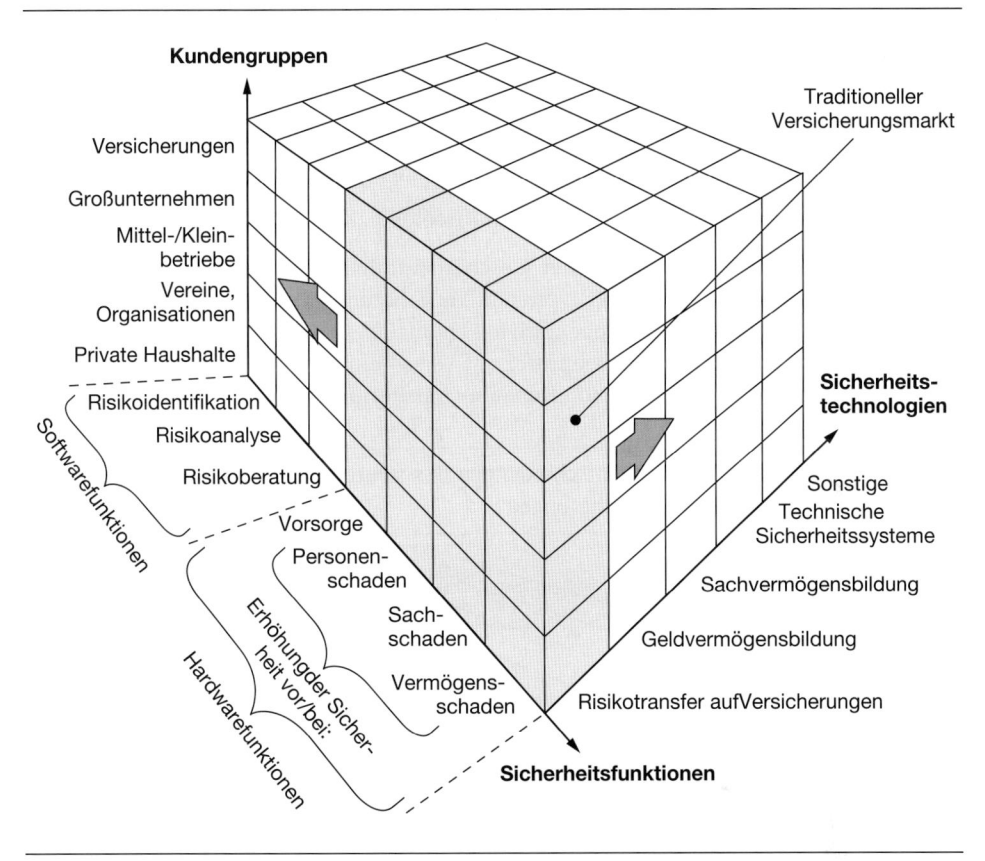

Schaubild 4-4-5 Strategischer Suchraum „Sicherheitsnachfrage"

Quelle: Birkelbach 1988, S. 234

Die **Sicherheitsfunktionen** leiten sich unmittelbar aus den Bedürfnissen der Sicherheitsnachfrager ab. Dabei lassen sich solche Sicherheitsfunktionen, die bei jedem Sicherheitsproblem „automatisch" mit zu bewältigen sind, wie z. B. die Risikoidentifikation, -analyse und -beratung (risikopolitische Softwarefunktionen) von solchen, die Bedürfnisse nach tatsächlicher, materieller Erhöhung der Sicherheit, z. B. die Erhöhung der Sicherheit bei Personen-, Vermögens- oder Sachschäden sowie bei der Altersvorsorge, unterscheiden (risikopolitische Hardwarefunktionen).

Im Sinne des erweiterten Technologieverständnisses stellen Sicherheitstechnologien alle Möglichkeiten dar, die oben genannten Sicherheitsfunktionen zu erfüllen. Beispiel ist der Risikotransfer auf eine Versicherungsgesellschaft. Denkbar ist ferner eine „Eigenversicherung" der Nachfrager, die durch Bildung finanzieller Rücklagen (Geldvermögensbildung) erfolgt. Mit der Operationalisierung der Kundengruppen-, Sicherheitsfunktions- und Sicherheitstechnologieachse wird der gewünschte strategische Suchraum „Sicherheitsnachfrage" dreidimensional zur Lokalisierung von strategischen Geschäftsfeldern aufgespannt.

Um eine detaillierte Definition der strategischen Geschäftsfelder zu ermöglichen, ist es zur Planungsvereinfachung sinnvoll, eine erste **Eingrenzung des Suchraumes „Sicherheitsnachfrage"** vorzunehmen. Dabei wird, unter Beachtung der eigenen Ressourcen und Unternehmensfähigkeiten, aus dem strategischen Suchraum eine bestimmte Auswahl von Nachfragern, Sicherheitsfunktionen und Sicherheitstechnologien ausgewählt und als zunächst nur grob bestimmtes strategisches Geschäftsfeld festgelegt. Diese erste Stufe der Geschäftsfeldwahl kann als „Basisauswahlentscheidung" bezeichnet werden.

2. Feinabgrenzung des strategischen Geschäftsfeldes „Konsumversicherungen"

Zur Darstellung der **zweiten Stufe der Geschäftsfelddefinition** wird der hypothetische Fall einer für den deutschen Markt typischen Versicherungsgruppe unterstellt. Diese hat sich entschlossen, der Kundengruppe „Private Haushalte" sämtliche Sicherheitsfunktionen hinsichtlich der Technologie „Risikotransfer auf Versicherungen" zu erfüllen. Dieser Suchraum repräsentiert das Geschäftsfeld **„Konsumversicherungen"** (vgl. Schaubild 4-4-6).

Schaubild 4-4-6 Basisauswahlentscheidungen des strategischen Geschäftsfeldes „Konsumversicherungen"

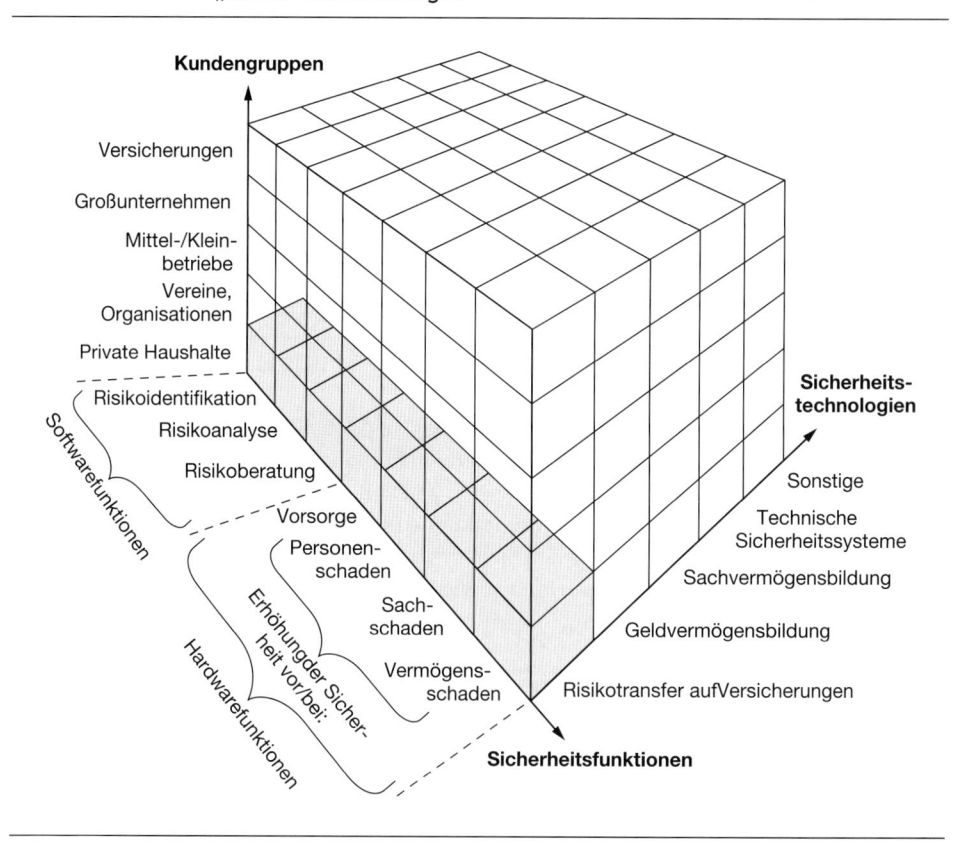

Quelle: Birkelbach 1988, S. 235

Die **Feinabgrenzung** des strategischen Geschäftsfeldes „**Konsumversicherungen**" wird notwendig, weil die nur globale Geschäftsfelddefinition noch nicht präzise genug ist, um zielsetzungsgerecht als Bezugsobjekt für funktionale Marketingstrategien zu dienen. Es bietet sich aufgrund der beschriebenen Vorzüge an, für die Abgrenzung des strategischen Geschäftsfeldes in der zweiten Definitionsstufe wiederum den dreidimensionalen Abgrenzungsvorschlag anzuwenden, dabei jedoch die ausgewählten Kundengruppen, Funktionen und Technologien in Untereinheiten zu differenzieren.

Bei der so fortentwickelten Geschäftsfelddefinition wird die in Stufe 1 ausgewählte Kundengruppe „**Private Haushalte**" in mehrere Sub-Kundengruppen (Nichterwerbstätige, Selbständige, Beamte usw.) segmentiert. Die Sicherheitsfunktionen werden ferner in **Versicherungsmarktleistungen** (Lebens-, Kranken-, Rechtsschutzversicherungen usw.) transformiert. An die Stelle der einzigen Sicherheitstechnologie „Risikotransfer auf Versicherungen" tritt eine Auswahl von **Subtechnologien**, hier die so genannten Servicetechnologien in Form alternativer Vertriebswege für Versicherungen. Das abgeleitete strategische Geschäftsfeld „Konsumversicherungen" stellt sich nun nach einer verfeinerten Analyse in Stufe 2 als ein dreidimensionales, jedoch wesentlich präziser definiertes Geschäftsfeld dar, das in Schaubild 4-4-7 wiedergegeben ist.

Schaubild 4-4-7 Präzisierung des strategischen Geschäftsfeldes „Konsumversicherungen"

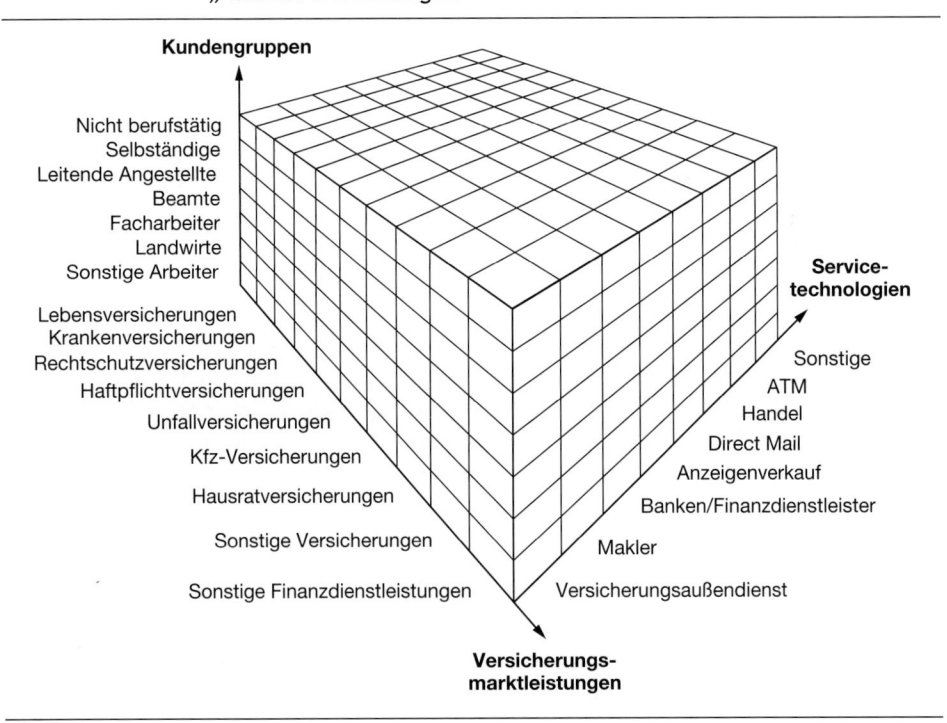

Quelle: Birkelbach 1988, S. 236

3. Entscheidungen zur Marktbearbeitung bzw. Marktabdeckung

Nachdem sich die Versicherungsgesellschaft grundsätzlich für die Bearbeitung des strategischen Geschäftsfeldes „Konsumversicherungen" entschieden und dieses präziser definiert hat, gilt es nun festzulegen, welche Segmente des strategischen Geschäftsfeldes Konsumversicherungen zu bearbeiten sind. Geht man vereinfachend davon aus, dass sich eine der Definitionsachsen jeweils vollständig abdecken lässt, ergeben sich acht **Typen von Marktwahlstrategien** (Abell 1980, S. 200f.):

Strategietyp 1: Das Versicherungsunternehmen bietet sämtlichen Kundengruppen des Sektors „Private Haushalte" eine breite Palette von Versicherungsmarktleistungen an. Dabei bedient es sich mehrerer alternativer Servicetechnologien.

Strategietyp 2: Der Versicherer bietet sämtlichen Kundengruppen die Möglichkeit, alle Versicherungsmarktleistungen bei ihm zu erhalten. Entlang der Servicetechnologiedimension erfolgt hingegen eine enge Abdeckung. Diese Strategie dürfte der Prototyp für die großen Versicherungsgruppen und -konzerne sein, die als Mehrspartenversicherer in der Regel alle Kundengruppen mit einem eigenen Versicherungsaußendienst bedienen.

Strategietyp 3: Entlang der Versicherungsmarktleistungsachse nimmt das Unternehmen eine enge Auswahl vor. Diese wird den Kundengruppen über ein breites Netz an Servicetechnologien angeboten. Beispiele einer solchen Strategie sind die Anbieter von Reiseversicherungspaketen, die in der Regel über den Handel, Reisebüros, Anzeigenverkauf usw. erhältlich sind.

Strategietyp 4: Bei der Spezialisierung auf eine Kundengruppe werden alle Versicherungsmarktleistungen über eine breite Palette von Servicetechnologien angeboten.

Strategietyp 5: Das Unternehmen vertreibt eine Versicherungsmarktleistung über eine Servicetechnologie an alle Kundengruppen. Diese Abdeckungsstrategie ist kennzeichnend für die meisten nicht in Versicherungskonzerne eingebundenen Versicherungsunternehmen.

Strategietyp 6: Eine Versicherungsmarktleistung wird einer Zielgruppe über alle Servicetechnologien angeboten.

Strategietyp 7: Der Versicherer spezialisiert sich auf eine Kundengruppe, der alle Versicherungsmarktleistungen über eine Servicetechnologie angeboten werden. Praktisches Beispiel hierfür ist die *HUK-Coburg*, die der Kundengruppe „Beamte" mehrere Versicherungsmarktleistungen anbietet. Dabei bedient sie sich der Servicetechnologie „nebenberufliche Versicherungsvertreter aus öffentlicher Verwaltung".

Strategietyp 8: Der Versicherer konzentriert sich auf eine Kundengruppen-/Versicherungs-/Servicetechnologie-Kombination. Eine solche „Nischenstrategie" verfolgte lange Zeit die *HUK-Coburg*, indem sie den Beamten nur Kfz-Versicherungen mit vorgenannter Servicetechnologie anbot.

Welche dieser Strategien vom Versicherer zu wählen ist, lässt sich durch eine branchen- und unternehmensindividuelle Auswahlanalyse ermitteln. Im Rahmen der branchenbezogenen Auswahlanalyse wird überprüft, inwieweit sich mit bestimmten Marktabdeckungsgraden intendierte Erfolgspositionen (z. B. Erfahrungskurveneffekte) im Dienstleistungs- und speziell Versicherungssektor erreichen lassen. Bei einer sich anschließenden unternehmensbezogenen Wahl der Marktabdeckungsstrategie hat der Versicherer zu prüfen, welche Strategie den besten „Fit" zu seinen Unternehmensressourcen und -fähigkeiten darstellt.

Erst nach der **stufenweisen Abgrenzung** erfolgt die endgültige Auswahl von Segmenten des durch Kundengruppen, Versicherungsmarktleistungen und Servicetechnologien aufgespannten strategischen Geschäftsfeldes „Konsumversicherungen".

Es bleibt festzuhalten, dass die sukzessive Auswahl von Segmenten entlang der drei Achsen eine geeignete Methode zur Abgrenzung strategischer Geschäftsfelder für Dienstleistungsunternehmen ist. Schaubild 4-4-8 veranschaulicht das **sukzessive Vorgehen bei der Auswahl eines strategischen Geschäftsfeldes** anschließend im Überblick (Birkelbach 1988, S. 237).

Schaubild 4-4-8   Sukzessives Verfahren der Geschäftsfeldwahl

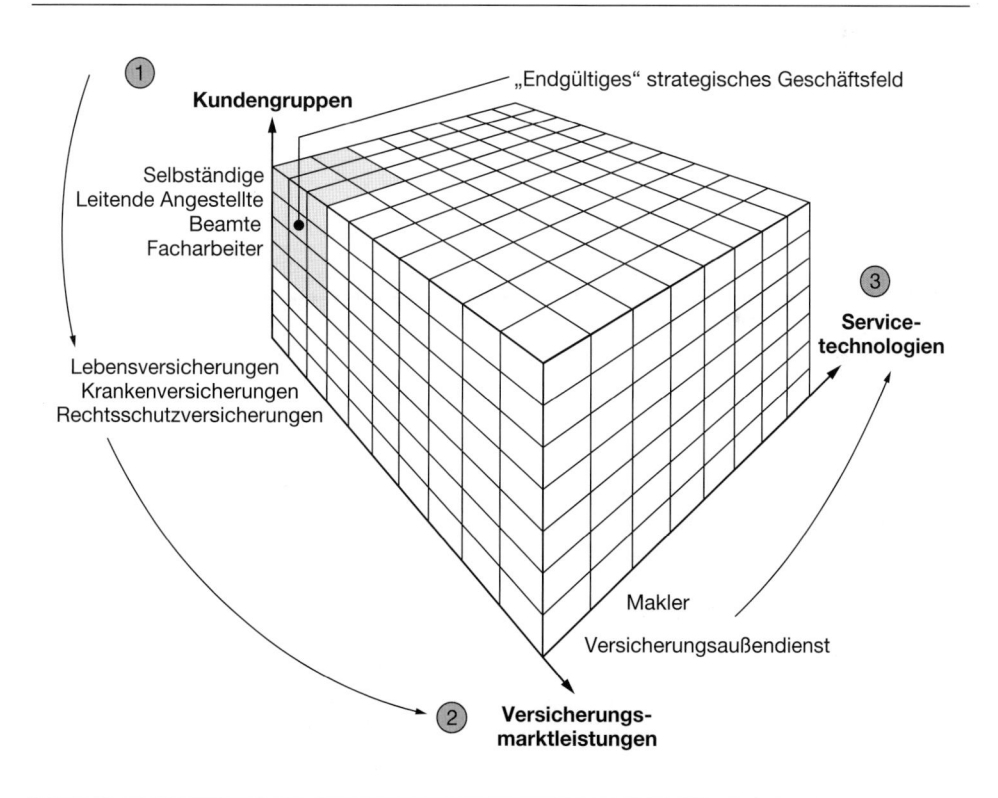

Quelle: Birkelbach 1988, S. 237

4.12 Marktfeldstrategie

Im Rahmen der Festlegung von Dienstleistungsstrategien erfolgt als zweiter Schritt die Bestimmung der generellen strategischen Stoßrichtung, deren Aufgabe es ist, die langfristige Erreichung der Unternehmensziele sicherzustellen. Für eine grobe Strukturierung möglicher Strategiealternativen lässt sich die klassische **Ansoff-Matrix** (Ansoff 1966, S. 13ff.) heranziehen. Auf den Dienstleistungsbereich übertragen (Johnson/Scheuing/Gaida 1986, S. 115) lassen sich die in Schaubild 4-4-9 dargestellten Basisstrategien ableiten.

Schaubild 4-4-9   Marktfeldstrategien im Dienstleistungsmarketing

Dienstleistungen \ Märkte	Gegenwärtig	Neu
Gegenwärtig	Marktdurchdringung ①	Marktentwicklung ②
Neu	Dienstleistungsentwicklung/-innovation ③	Diversifikation ④

> Eine **Marktdurchdringungsstrategie** zielt auf eine Intensivierung der Bemühungen, bei den vorhandenen Kunden die gegenwärtigen Leistungsarten eines Dienstleistungsunternehmens vermehrt abzusetzen.

Bei dieser Strategie ergeben sich im Wesentlichen drei Ansatzpunkte, die isoliert oder kombiniert verfolgt werden:

1. **Erhöhung der Dienstleistungsverwendung** bei bestehenden Kunden (z. B. Schaffung neuer Anwendungsbereiche, Beschleunigung des Ersatzbedarfes durch künstliche Obsoleszenz/Modetrends).

2. **Gewinnung von Kunden**, die bisher bei der Konkurrenz gekauft haben (z. B. durch Preisreduktion, Verkaufsförderungsaktionen, Dienstleistungsoptimierung, Einsatz des Marketinginstrumentariums). Diese Strategie verlangt insbesondere von Dienstleistungssektoren, bei denen eine intensive Bindung zwischen Dienstleistungsanbieter und -nachfrager besteht (Versicherungen, Bank, Steuerberater), besondere Anstrengungen, um einen Kunden zum Wechsel zu bewegen. Dies erklärt sich vor allem durch das als hoch empfundene Kaufrisiko bei vielen Dienstleistungen.

3. **Gewinnung bisheriger Nichtverwender** der Dienstleistung (z. B. durch intensivierte Kommunikation, Einsatz neuer Distributionskanäle). Als Beispiel lässt sich die Inan-

spruchnahme von Kreditkartenservices anführen. Einige der Kreditkartenanbieter versuchen, bisherige Nichtverwender durch Probeangebote zu stimulieren.

> Eine **Marktentwicklungsstrategie** strebt an, für die gegenwärtigen Dienstleistungen einen oder mehrere neue Märkte zu finden.

Ansätze für die Marktentwicklung finden sich insbesondere bei der Kundendimension des Abell'schen Schemas. Insgesamt sind im Rahmen der Suche nach neuen Marktchancen insbesondere zwei Vorgehensweisen möglich:

1. **Erschließung zusätzlicher Märkte** durch regionale, nationale oder internationale Ausdehnung (Stauss 1994a). Beispielhaft für die Internationalisierung des Dienstleistungsgeschäftes ist das Vordringen von Fast-Food- und Hotelketten auf internationale Märkte oder die weltweite Tätigkeit renommierter Unternehmensberatungen (McKinsey, Boston Consulting Group).

2. **Gewinnung neuer Marktsegmente**, z. B. durch speziell auf bestimmte Zielgruppen abgestimmte Dienstleistungsvarianten oder „psychologische" Leistungsdifferenzierung durch Kommunikationsmaßnahmen. Ein Beispiel ist die Ausweitung des Angebotes einer Linienfluggesellschaft um das Segment der Charterflüge oder „Billigflüge".

Im Rahmen der nationalen oder internationalen Ausdehnung des Dienstleistungsangebotes ist zu berücksichtigen, dass Dienstleistungen im Gegensatz zu Sachgütern häufig nicht transportfähig sind. Will sich ein bisher regional tätiges Dienstleistungsunternehmen über sein Einzugsgebiet hinaus ausdehnen, so ist ein Wachstum in der Regel nur über weitere Standorte möglich (Graumann 1983, S. 608). Ein „langsames Hineinwachsen" in internationale Märkte bzw. Massenmärkte, wie es z. B. mittels einer Exportstrategie für einen Konsumgüterhersteller möglich ist, wird für ein Dienstleistungsunternehmen damit ungleich schwieriger. So haben heute zahlreiche Banken, Versicherungen oder Handelsunternehmen, die auf internationalen Märkten tätig sind, ein Filialnetz im Auslandsmarkt errichtet, um dort mit ihrem Dienstleistungsangebot präsent zu sein (vgl. zu Fragen der Internationalisierung ausführlich Kapitel 9).

> Eine Strategie der **Dienstleistungsentwicklung** basiert auf der Überlegung, für die gegenwärtigen Kunden neue, innovative Dienstleistungen zu entwickeln.

Hier sind alternative Vorgehensweisen denkbar:

1. Schaffung von Dienstleistungen im Sinne von **echten Marktneuheiten**:
Unternehmensberatungen beschränken ihr Serviceangebot heute nicht mehr auf die Unternehmensanalyse und -beratung, sondern übernehmen zunehmend auch die Implementierung von Unternehmenskonzeptionen. Dabei verläuft die Grenze zwischen reinen Value Added Services (z. B. Kundenservice), die zusätzlich und aufbauend zur eigentlichen Leistung angeboten werden, und eigenständigen neuen Leistungen, wie sie im Rahmen der Diversifikationsstrategie angeboten werden, fließend.

2. Programmerweiterung durch das Angebot **zusätzlicher Dienstleistungsvarianten**: Das Unternehmen *American Express* bietet seinen Kunden in Verbindung mit der Kreditkarte eine Reihe weiterer Dienstleistungen an, z. B. einen Buchungsservice oder eine Lebens- bzw. Reiseversicherung. Die *Deutsche Post* erweiterte ihr Dienstleistungsprogramm, aufbauend auf dem Kerngeschäft Brief, durch die Übernahme zahlreicher Unternehmen aus dem Paket- bzw. Logistikbereich. Beispielsweise bietet das Post-Tochterunternehmen *DHL* in Kooperation mit dem Online-Auktionshaus *Ebay* diverse Dienstleistungen rund um die Versandabwicklung der auf *Ebay* gehandelten Waren an.

> Eine **Diversifikationsstrategie** ist durch die Ausrichtung der Unternehmensaktivitäten auf neue Dienstleistungen für neue Märkte charakterisiert.

Je nach Grad der mit dieser Strategie verfolgten Risikostreuung lassen sich drei **Diversifikationsformen** unterscheiden (Yip 1982, S. 129ff.; Meffert/Burmann 2005):

1. Bei der **horizontalen Diversifikation** wird das neue Dienstleistungsprogramm um Leistungen erweitert, die mit dem bestehenden Programm noch in Verbindung stehen, z. B. die Aufnahme von zusätzlichen Finanzdienstleistungen in das Angebot von Bausparkassen. Die Diversifikationsbemühungen eines Dienstleistungsanbieters beziehen sich dabei sowohl auf Dienstleistungen als auch auf Sachgüter. Beispielsweise könnte eine Versicherung neben dem Angebot von Versicherungsverträgen auch Alarm- und Sicherheitseinrichtungen anbieten, um das „Sicherheitsbedürfnis" des Kunden umfassend zu befriedigen.

2. Die **vertikale Diversifikation** stellt eine Vergrößerung der Wertschöpfungstiefe des Absatzprogramms eines Dienstleistungsunternehmens dar. Diese wird sowohl in Richtung Absatz der bisherigen Dienstleistungen als auch in Richtung Dienstleistungs-„Vorproduktion" vorgenommen. Eine vertikale Diversifikation würde z. B. vorliegen, wenn ein Verlagshaus eine eigene Buchhandelskette aufbauen würde.

3. Bei der **lateralen Diversifikation** stößt das Unternehmen in völlig neue Dienstleistungsmärkte vor. Ein Beispiel hierfür sind Handelsunternehmen wie *Aldi* oder *Tchibo*, die sich als Reiseveranstalter betätigen.

Als wesentliches Entscheidungskriterium für die Auswahl einer oder mehrerer Basisstrategien der Ansoff'schen Matrix wird der **Grad der Synergienutzung** angesehen. Während die Marktdurchdringungsstrategie das höchste Synergiepotenzial aufweist, lassen sich im Falle der Diversifikation kaum noch Synergien zum bestehenden Geschäft und Kundenkreis nutzen.

In diesem Zusammenhang bietet sich als Entscheidungshilfe für Diversifikationsbestrebungen die Erstellung einer **Synergie-Affinitäts-Matrix** an (vgl. Schaubild 4-4-10). Sie wird von den beiden Dimensionen „Kundengruppensynergie" und „Bezug zur Unternehmenskompetenz" aufgespannt. Dabei wird vom Kerngeschäft ausgegangen, das den Ausgangspunkt für die Bemessung von Kundengruppensynergien und Unternehmenskompetenzbezug darstellt (oberer rechter Quadrant).

Schaubild 4-4-10 Synergie-Affinitäts-Matrix

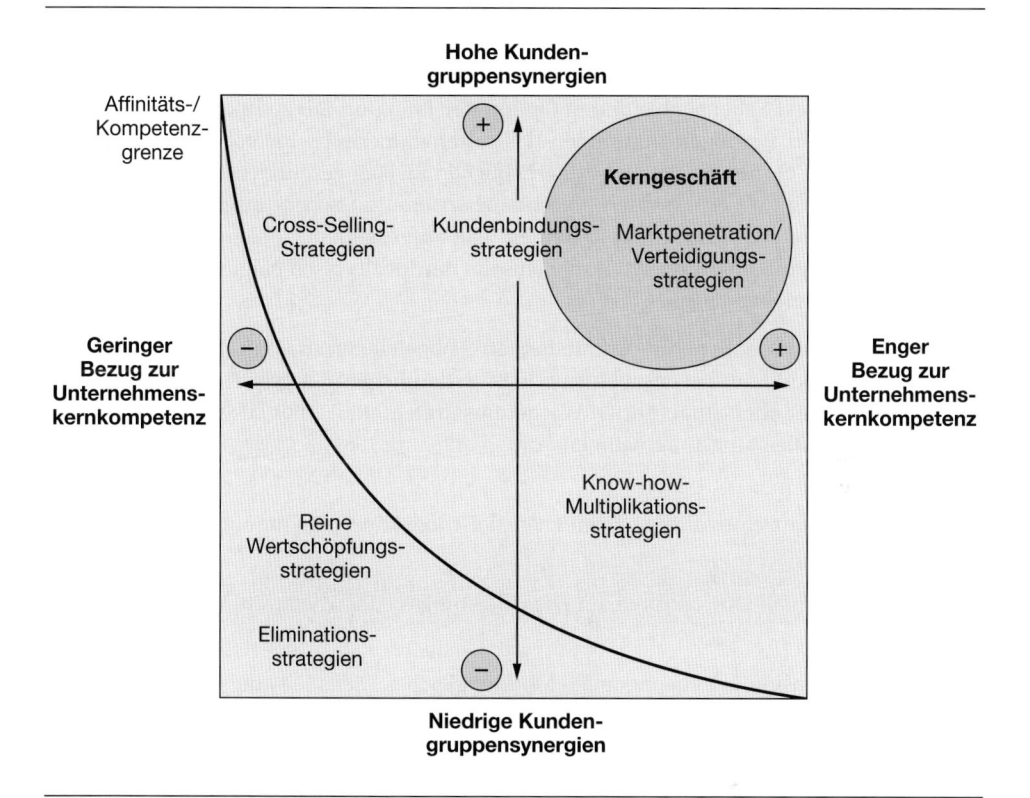

Hohe Kundengruppensynergien

Affinitäts-/Kompetenzgrenze

Kerngeschäft

Cross-Selling-Strategien
Kundenbindungsstrategien
Marktpenetration/Verteidigungsstrategien

Geringer Bezug zur Unternehmenskernkompetenz

Enger Bezug zur Unternehmenskernkompetenz

Know-how-Multiplikationsstrategien

Reine Wertschöpfungsstrategien

Eliminationsstrategien

Niedrige Kundengruppensynergien

Die im Folgenden aufgezeigten strategischen Optionen werden nachfolgend am **Beispiel** eines Pizza-Zustellservices verdeutlicht.

Eine **Marktpenetration/Verteidigungsstrategie** ist beispielsweise durch erhöhte Kommunikationsbemühungen des Pizza-Zustelldienstes (z. B. Direct Mail) realisierbar. Unter Ausnutzung der Kundengruppensynergie ist darüber hinaus eine **Kundenbindungsstrategie** denkbar, die beispielsweise Preisermäßigungen für Stammkunden als Instrument beinhaltet.

Bei Aktivitäten, die sich durch hohe Kundengruppensynergien und einen geringen Bezug zur Unternehmenskompetenz auszeichnen, sind **Cross-Selling-Strategien** einsetzbar. Beispielsweise könnte gegenwärtigen Kunden ein hochwertiger Partyservice angeboten werden. Die Akzeptanz dieser zusätzlichen Leistungen hängt jedoch in entscheidendem Maße von der Kompetenzzuweisung seitens der Kunden ab.

Als weitere strategische Option bietet sich dem Pizza-Zustelldienst ein Vordringen in neue Kundenfelder unter Ausnutzung der Unternehmenskompetenz an. Hier bietet sich insbesondere die Möglichkeit der räumlichen Ausweitung des Angebotes bzw. der Multiplikation von Geschäftsstellen (**Know-how-Multiplikationsstrategie**).

Im letzten Quadranten bestehen ein geringer Bezug zur Unternehmenskompetenz sowie eine geringe Kundengruppensynergie. Diese strategische Option entspricht weitgehend der aus dem Ansoff-Schema ableitbaren Option der **lateralen Diversifikation**. Ein Vorstoßen in dieses Feld verringert zum einen das unternehmerische Risiko, zum anderen ist diese strategische Option auch selbst mit erheblichen Risiken verbunden. Diese sind in den konsumentenseitig zu vermutenden Akzeptanzbarrieren zu sehen. Insgesamt handelt es sich hier um reine **Wertschöpfungsstrategien**. Die aufgezeigten Probleme treten bei allen unternehmerischen Bemühungen auf, die jenseits der idealtypisch eingezeichneten Affinitäts-/Kompetenzgrenze liegen.

Die von Ansoff und der Synergie-Affinitäts-Matrix abgeleiteten strategischen Optionen lassen sich auch anhand des Lebenszyklusmodells verdeutlichen. Langeard stellt die alternativen Sequenzen der oben aufgeführten **Wachstumsstrategien** in einer Lebenszyklusbetrachtung eines Dienstleistungsunternehmens dar (Langeard 1981, S. 239). Er führt folgende Wachstumsstufen an:

- **Stufe 1:** Existenz eines einzigartigen Dienstleistungskonzeptes für ein einzelnes Marktsegment.
- **Stufe 2:** Eventuelle Korrekturen am Dienstleistungssystem, Auswahl von Nebendienstleistungen.
- **Stufe 3:** Expansion in neue regionale Märkte, gleiches Dienstleistungskonzept mit gleichen Einrichtungen für neue soziodemografische Segmente, Umfangreiche, innovative Neugestaltung des bestehenden Dienstleistungssystems.
- **Stufe 4:** Einsatz eines neuen Dienstleistungssystems in dem bestehenden Marktsegment, mit neuen Konzepten in neue Marktsegmente, kombinierte Diversifikation mit neuen Konzepten in neue Marktsegmente.

Während in der ersten Phase des Lebenszyklus einer Dienstleistungsunternehmung häufig ein einzigartiges Dienstleistungskonzept (Innovation) für ein einzelnes Marktsegment besteht, wächst die Unternehmung in einer zweiten Phase durch standardisiertes Auftreten im Rahmen einer Multiplikation von Dienstleistungspotenzialen.

Diese von Langeard (1981) festgestellte Wachstumssequenz von Dienstleistungsunternehmen zeigt noch einmal deutlich, dass aufgrund der Nichttransportfähigkeit und Simultaneität von Produktion und Konsumtion einer Dienstleistung eine regionale Ausweitung des Dienstleistungsangebotes in der Regel nur durch „**Vervielfachung des Dienstleistungssystems**" möglich ist (begrenzte Mobilitätsbereitschaft des Nachfragers vorausgesetzt). Wenn die eigenen finanziellen und personellen Ressourcen einer Dienstleistungsunternehmung in dieser Phase der Expansion nicht ausreichen, so sind Franchisingkonzepte sehr gut geeignet, die Markt- und Unternehmenswachstumsraten zu harmonisieren (Combs/Ketchen Jr 2003; Hoffman/Preble 2004).

Erst wenn ein Dienstleistungsunternehmen im Rahmen der regionalen Expansion mit einzelnen Niederlassungen ein zuverlässiges Imageprofil aufgebaut und Kompetenzen erworben hat, wird eine Ausweitung und Anpassung des Dienstleistungsangebotes für die Ansprache neuer soziodemografischer Segmente von Langeard empfohlen. Hierbei ist unter Umständen eine umfangreiche **Neugestaltung des Dienstleistungssystems** (Organisation, Personal, Ausbildung) in Betracht zu ziehen. Als letzten Schritt der Wachstumssequenz führt Langeard die Produktentwicklungs- und Diversifikationsstrategie an, die als risikoreich bewertet wird.

4.13 Wettbewerbsvorteilsstrategie

Bei der Ableitung einer Geschäftsfeldstrategie kommt der Bestimmung des zu verfolgenden **Wettbewerbsvorteils** eine zentrale Rolle zu. In diesem Zusammenhang hat sich in Wissenschaft und Praxis die Ansicht durchgesetzt, dass die Eindimensionalität der von Porter geforderten Wettbewerbsvorteile, Kosten- versus Differenzierungsvorteil, heute nicht mehr ausreicht. Häufig ergeben sich Wettbewerbssituationen, in denen simultan mehrere Wettbewerbsvorteile zur Sicherung der Position am Markt zu verfolgen sind. Der Zeitkomponente kommt dabei eine immer größere Bedeutung zu. In Schaubild 4-4-11 sind daher drei Dimensionen zur Umsetzung von Wettbewerbsvorteilsstrategien berücksichtigt.

Schaubild 4-4-11 Dimensionen zur Umsetzung von Wettbewerbsvorteilsstrategien

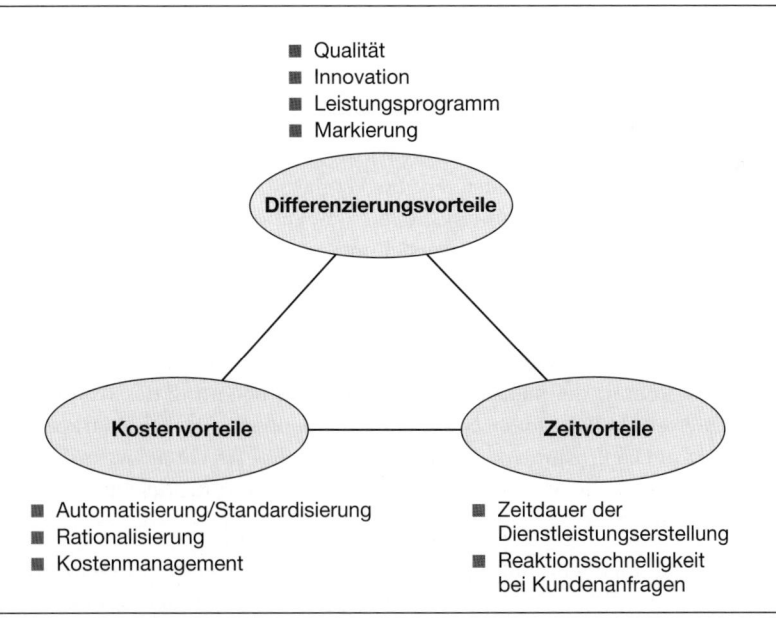

- Qualität
- Innovation
- Leistungsprogramm
- Markierung

Differenzierungsvorteile

Kostenvorteile

Zeitvorteile

- Automatisierung/Standardisierung
- Rationalisierung
- Kostenmanagement

- Zeitdauer der Dienstleistungserstellung
- Reaktionsschnelligkeit bei Kundenanfragen

1. Differenzierungsvorteile

Die Differenzierungsstrategie verfolgt das Ziel, durch Schaffung von Leistungsvorteilen bzw. durch Erhöhung des Serviceniveaus gegenüber der Konkurrenz die Marktstellung zu verbessern bzw. sich von den Wettbewerbern abzuheben. Diese Differenzierungsvorteile lassen sich auf verschiedene Basisfaktoren zurückführen. Die Erlangung einer aus Kundensicht überlegenen **Qualitätsposition** erweist sich im Dienstleistungsmarketing als ein komplexes, mehrdimensionales Optimierungsproblem. Die Mehrdimensionalität resultiert aus der Existenz verschiedener Dimensionen der subjektiv wahrgenommenen Dienstleistungsqualität. So gelangen Parasuraman, Zeithaml und Berry (Parasuraman/Zeithaml/Berry 1985, S. 29ff.) zu faktoranalytisch verdichteten **Qualitätsdimensionen**, die im Rahmen des SERVQUAL-Ansatzes zur Messung von Dienstleistungsqualität herangezogen werden (vgl. hierzu ausführlich Kapitel 5, Abschnitt 3.2221).

Eine Analyse des Zusammenhanges zwischen den relevanten Qualitätsdimensionen und den zu ihrer Beeinflussung geeigneten **Wertaktivitäten** verdeutlicht, wie komplex die Realisierung von Qualitätsvorteilen im Dienstleistungsmarketing ist. Jede primäre und unterstützende Aktivität in der spezifischen Wertkette von Dienstleistern bietet Ansatzpunkte zur Einwirkung auf die Dienstleistungsqualität. So kann etwa durch die unterstützende Wertaktivität „Beschaffung sachlicher Ressourcen" auf die drei Qualitätsdimensionen „Tangibles", „Responsiveness" und „Assurance" eingewirkt werden. Demgegenüber ist die Primäraktivität „Interaktive Operationen" mit Ausnahme der Gestaltung des tangiblen Umfeldes zu einer Beeinflussung sämtlicher Qualitätsdimensionen geeignet. Da zwischen diesen Einwirkungsmöglichkeiten zum Teil komplementäre, zum Teil substitutionale Beziehungen bestehen, steigt die Komplexität zusätzlich. Schaubild 4-4-12 gibt einen Überblick über relevante Qualitätsdimensionen im Dienstleistungsbereich und Möglichkeiten ihrer Beeinflussung anhand des Wertkettenmodells.

Darüber hinaus lassen sich Differenzierungsvorteile durch ein systematisches **Innovationsmanagement** des Dienstleisters realisieren. Im Vergleich zum Sachgüterbereich bestehen bei Dienstleistungsunternehmen zumeist größere Innovationspotenziale, da sich potenziell in sämtlichen Phasen des Dienstleistungserstellungsprozesses Neuheiten ergeben.

Neben der Entwicklung und Einführung echter Marktinnovationen lassen sich Innovationsvorteile durch spezielle Leistungsverbunde verwirklichen. Bei derartigen **Bundling-Innovationen** werden bereits bestehende Dienstleistungen in neuartiger Weise miteinander kombiniert. Dabei kommt der subjektiven Affinitätswahrnehmung des Kunden in Bezug auf die kombinierten Teilleistungen wesentliche Bedeutung für den Markterfolg neuer Leistungsbündel zu. Die Erosion von Branchengrenzen, wie sie vor allem im Finanzdienstleistungsbereich festzustellen ist, ist im Wesentlichen auf diese Art des Innovationswettbewerbs zurückzuführen.

Eine in engem Zusammenhang mit den Verbundvorteilen stehende Differenzierungsmöglichkeit basiert auf der Erlangung von **Leistungsprogrammvorteilen**, die sowohl an der Breite, als auch der Tiefe des angebotenen Leistungsprogramms anknüpfen. Programmbreitenvorteile äußern sich beispielsweise in dem Angebot so genannter „Lösungen aus einer Hand". Ziel dabei ist es, ein möglichst hohes Cross-Selling-Potenzial auszuschöpfen.

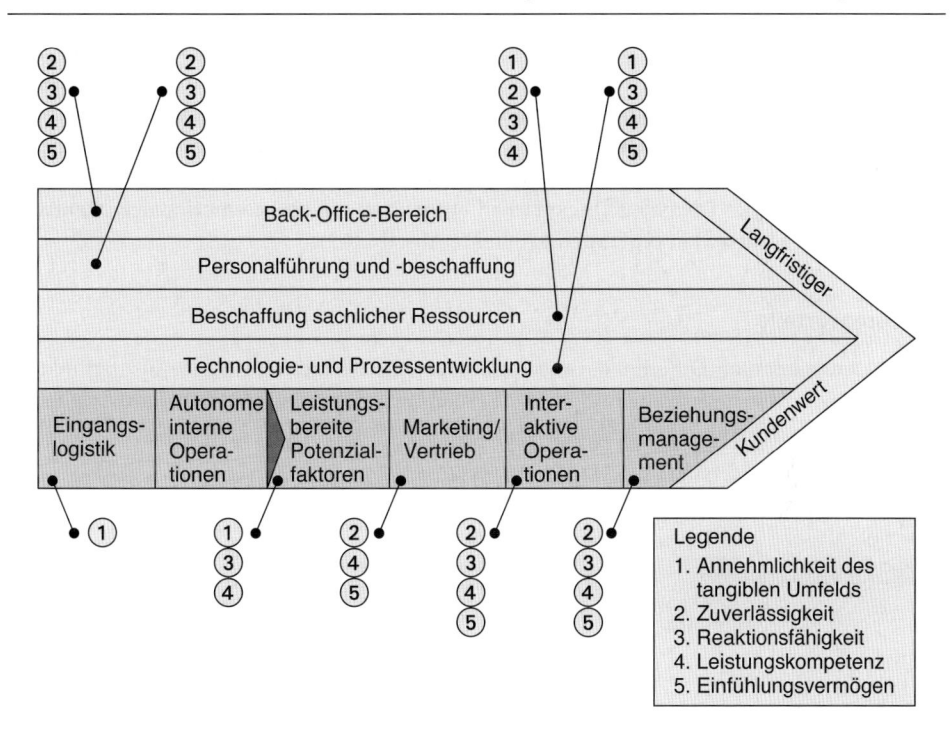

Schaubild 4-4-12 Qualitätsdimensionen und Möglichkeiten ihrer Beeinflussung

Die Tiefe des Leistungsangebotes führt ebenfalls zu Differenzierungsvorteilen. Viele Telefongesellschaften haben in den letzten Jahren ihr Leistungsprogramm derart vertieft, dass neben der klassischen Telefonauskunft zusätzliche Informationen, wie z. B. Adressen und Berufsbezeichnungen, angeboten werden.

Das zentrale **Risiko** einer Differenzierungsstrategie, die auf zu großen Leistungsprogrammvorteilen basiert, besteht in einer Abkehr von den Kernkompetenzen des jeweiligen Dienstleistungsunternehmens. Differenzierungsstrategien werden daher in jüngerer Zeit vor allem durch das Outsourcing von Zusatzleistungen oder Partnerschaften mit anderen spezialisierten Unternehmen realisiert. Die *Lufthansa AG* ist beispielsweise unter anderem Kooperationen mit Hotels, Autovermietungen und Finanzdienstleistern eingegangen (Eisenächer 2005).

Eine Differenzierung gegenüber den Wettbewerbern ist schließlich in Form von **Markierungsvorteilen** möglich (Mei-Pochtler 1998). Zum einen ist die Markierung von Dienstleistungen aufgrund des hohen wahrgenommenen Risikos als Kompetenznachweis von großer Bedeutung, zum anderen erweist sich die Identifikation geeigneter Markenträger (Gesamtunternehmen, Leistungsbündel, Einzelleistungen) und die damit verbundene Festlegung einer geeigneten Markenstrategie als schwierig. Grundsätzlich ist mit zunehmender Immaterialität der Leistung die produktbezogene Markenidentität durch die Unternehmensidentität zu ersetzen.

Aus der Entscheidung für eine konsequente Realisierung von Markierungsvorteilen ergeben sich besondere Anforderungen an die **Kommunikationspolitik** des Dienstleistungsunternehmens. Deren Aufgabe ist es, die Vorteile der jeweiligen Marke gegenüber den Zielgruppen zu verdeutlichen. Unternehmen, wie z. B. *McDonald's, Sixt, Lufthansa*, haben in der Vergangenheit starke Dienstleistungsmarken aufgebaut, die einen emotionalen Mehrwert für den Kunden darstellen (vgl. auch Kapitel 6, Abschnitt 2).

2. Kostenvorteile

Neben den genannten Differenzierungsvorteilen stellen ferner die Kosten Ansatzpunkt einer Wettbewerbsvorteilsstrategie dar. Die Kostenführerschaft beruht dabei auf folgenden Grundsätzen bzw. Voraussetzungen:

- Automatisierung/Standardisierung des Dienstleistungsprozesses,
- Rationalisierungen,
- Kostenmanagement.

Die eigenständige Bedeutung und vor allem Durchsetzbarkeit von Strategien der Kostenführerschaft im Dienstleistungsmarketing wird in der Wissenschaft kontrovers diskutiert (Reichheld/Sasser 1991, S. 111; Reiss 1992, S. 62). Die Autoren stellen isolierte Kostensenkungsstrategien insbesondere vor dem Hintergrund der Vorteile von Kundenbindungsstrategien in Frage, da letztere sowohl Kosten- als auch Erlösbestandteile positiv beeinflussen. Populäre Beispiele, wie z. B. der Handelskonzern *Aldi*, relativieren jedoch diese Aussagen. Vielmehr ist branchen- und unternehmensspezifisch zu entscheiden, ob sich eine Kostenführerschaftsstrategie sinnvoll einsetzen lässt.

In der Praxis des Dienstleistungsmarketing sind die kostensenkenden und produktivitätsfördernden Effekte einer **Automation und Standardisierung** vor allem bei objektbezogenen Dienstleistungen unbestritten (Meyer 1987, S. 30ff.). Levitt sieht in diesem Zusammenhang drei grundsätzliche **Ansatzpunkte der Automation** (Levitt 1972, S. 47ff.):

- Soft Technologies,
- Hard Technologies,
- Hybrid Technologies.

Im Bereich der „**Soft Technologies**" sind die individuellen Tätigkeiten in der Dienstleistungsproduktion durch systematisch geplante Leistungssysteme zu substituieren (z. B. Tätigkeit des Bedienungspersonals in Fast-Food-Restaurants; Vorgaben und Checklisten für einen Kundendienstmitarbeitenden bei Wartungsarbeiten). Durch „**Hard Technologies**" (Automaten) sind individuelle Leistungen – sofern es möglich ist – zu substituieren. Derartige Maßnahmen lassen geringere Qualitätsschwankungen erwarten. Die dabei anfänglich im Rahmen der notwendigen Investitionen anfallenden Kosten lassen sich langfristig durch eine höhere Produktivität und/oder durch Einsparung von Personalkosten zumindest ausgleichen (z. B. bei Autowaschanlagen, Geldautomaten, Münzwechslern). Als dritte Möglichkeit sind **„Hybrid Technologies"** zu erwähnen, die durch Kombination von Hard und Soft Technologies entstehen. Beispiele für den Einsatz von Hybrid Technologies ist der Kundendienstbereich für Computeranlagen, bei dem ein vom Kundendienstmitarbeitenden unterstützter Online-Wartungsservice durchgeführt wird oder auch Schlüsselausgabeautomaten von Autovermietungen.

Die stetige Verbesserung von so genannten „lernenden" und „intelligenten" Systemen erlaubt vermehrt eine **kundenindividuelle Massenproduktion** (Mass Customization) auch im Dienstleistungsbereich (van Well 2001). Der Einsatz von Hybrid Technologies wird in der Tourismus- und Finanzdienstleistungsbranche, bei Unternehmensberatungen und weiteren serviceintensiven Branchen forciert, da hier erhebliche Einsparungspotenziale vorliegen (z. B. Büttgen 2000; Beck 2004).

Corsten unterscheidet ebenfalls drei **Ansatzpunkte für die Standardisierung von Dienstleistungen** (Corsten 1998, S. 613ff.). Es wird differenziert zwischen:

- Potenzialstandardisierung,
- Prozessstandardisierung,
- Ergebnisstandardisierung.

Allerdings ist bei dieser Unterscheidung eine klare Trennung der Dimensionen nicht immer möglich. So ist es z. B. vergleichsweise schwer, eine Ergebnisstandardisierung ohne eine vorherige Prozess- und Potenzialstandardisierung zu erreichen (vgl. zu Arten der Standardisierung auch Abschnitt 4.21).

> **Beispiel: Prozess- und Potenzialstandardisierung**
>
> Eine reine Potenzialstandardisierung zeigt sich bei der Dienstleistung eines Friseurs, dessen Potenzial im Zeitablauf konstant ist. Die Prozesse sind dagegen aufgrund der Heterogenität des externen Faktors und der gewünschten Individualität des Ergebnisses sehr konsumentenspezifisch. Bei der Leistung eines Wirtschaftsprüfers sind die Potenziale und Prozesse weitgehend standardisiert, während das Ergebnis individueller Art ist. Als Beispiel für eine Standardisierung von Potenzialen, Prozessen und Ergebnissen lassen sich Fast-Food-Restaurants (z. B. *McDonald's*) heranziehen.

Des Weiteren führen auch **Rationalisierungen** (Corsten 1998, S. 607ff.) eines Dienstleistungsunternehmens zu Kostenvorteilen, die sowohl an den Prozessen, dem Potenzial als auch an dem Dienstleistungsergebnis ansetzen. Grundsätzlich ist dabei zwischen denjenigen Rationalisierungen zu unterscheiden, die für den Kunden sichtbar sind und anderen, die der Kunde nicht wahrnimmt.

Sichtbare Rationalisierungsbestrebungen eines Dienstleisters sind z. B.:

- Leistungsreduzierung,
- Zeitliche Beschränkung des Leistungsangebotes,
- Vollständiger Verzicht auf ausgewählte Dienstleistungsprozesse.

Als Beispiel für **nicht sichtbare Rationalisierungen** können angeführt werden (vgl. ausführlich Corsten 1998, S. 613):

- Arbeitsbündelung im Back-Office-Bereich,
- Strukturierung der Leistungsbereiche,
- Reihenfolgeplanung.

Allerdings darf nicht davon ausgegangen werden, dass Rationalisierungen in jedem Fall zu Kostenvorteilen führen. Empirische Untersuchungen in den USA belegen, dass z. B. Investitionen in neue Technologien nicht die beabsichtigten Personaleinsparungen im Verwaltungsbereich erbrachten (Roach 1991, S. 85f.). In der Folge verschlechterten sich die Kostenstrukturen in Richtung einer Fixkostendominanz. Zusätzlich sank die Flexibilität aufgrund der hohen Anlagenintensität.

Um das Ziel der Kostenführerschaft umzusetzen, weisen Homburg/Faßnacht ferner auf ein verstärktes **Kostenmanagement** im Dienstleistungssektor hin. Anzustreben ist hierbei ein optimales Verhältnis von Fixkosten zu variablen Kosten, das sich beispielsweise durch ein Outsourcing bestimmter Teildienstleistungen steuern lässt. Weitere Ansatzpunkte eines verbesserten Kostenmanagements sind in dem Einsatz von modernen Kostenrechnungsverfahren zu sehen, die dem Charakter des Dienstleistungserstellungsprozesses Rechnung tragen. Hier ist insbesondere die Prozesskostenrechnung relevant (Männel 1998). Aber auch statische Kennzahlensysteme tragen zu einem verbesserten Kostenmanagement bei.

Schließlich gilt es in einem weiteren Schritt zu klären, inwieweit **Interdependenzen** zwischen Kosten- und Leistungsvorteilen bestehen. Hierzu lassen sich die Leistungsvorteile hinsichtlich ihrer Kostenwirksamkeit differenzieren. Schaubild 4-4-13 zeigt, dass sich die Erhöhung des Serviceniveaus durch kostenerhöhende Maßnahmen, aber auch durch eine Reihe kostenreduzierender Maßnahmen, erreichen lässt (Heskett 1986, S. 45ff.).

Bei hohen Dienstleistungskosten und hohen Leistungsvorteilen liegt die Situation einer **Leistungsvorteilsstrategie mit Kostennachteilen** vor (Feld 1 in Schaubild 4-4-11).

Zahlreiche Ansatzpunkte für eine Leistungsführerschaft sind denkbar, die aber mit erhöhten Kosten verbunden sind:

- Individualisierung (Customization) von Dienstleistungen (z. B. Sprachkurse, die individuelle Leistungsunterschiede der Teilnehmer berücksichtigen),
- Angebot von Zusatzleistungen (z. B. Abholservice einer Reparaturwerkstatt),
- Verbesserung der Qualifikation des Dienstleistungspersonals (z. B. Unternehmensberatung, Anlageberatung einer Bank),
- Ausbau eines dichten Servicenetzes (z. B. bei Kunden-, Notfalldiensten).

Schaubild 4-4-13 Wirkung alternativer Dienstleistungsstrategien auf Kosten- und Dienstleistungsniveau

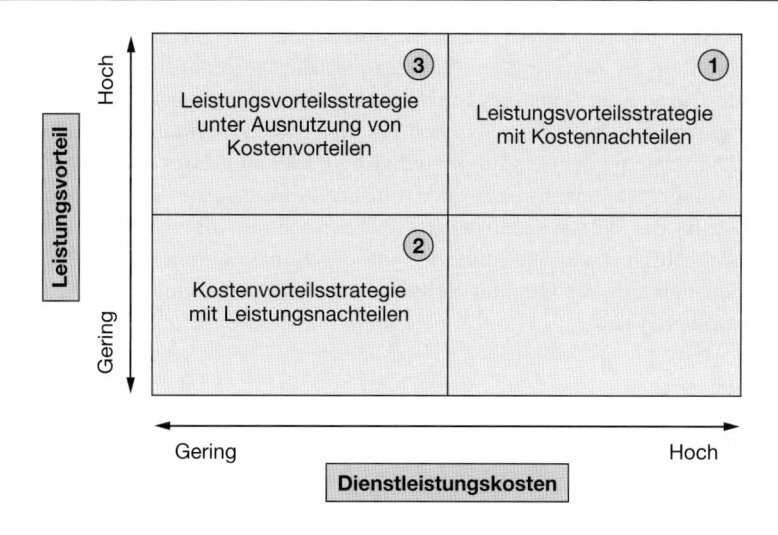

```
                    Hoch
                    ▲
                    │   ┌─────────────────────┬─────────────────────┐
                    │   │        ③            │        ①            │
  L                 │   │ Leistungsvorteils-  │ Leistungsvorteils-  │
  e                 │   │ strategie unter     │ strategie mit       │
  i                 │   │ Ausnutzung von      │ Kostennachteilen    │
  s                 │   │ Kostenvorteilen     │                     │
  t                 │   ├─────────────────────┼─────────────────────┤
  u                 │   │        ②            │                     │
  n                 │   │ Kostenvorteils-     │                     │
  g                 │   │ strategie mit       │                     │
  s                 │   │ Leistungsnachteilen │                     │
  v                 │   │                     │                     │
  o              Gering │                     │                     │
  r                 │   └─────────────────────┴─────────────────────┘
  t                 ▼
  e        ◄────────────────────────────────────────────────►
  i               Gering                              Hoch
  l                      Dienstleistungskosten
```

Quelle: in Anlehnung an Heskett 1986, S. 45ff.

Die **Kostenvorteilsstrategie mit Leistungsnachteilen** (Feld 2 in Schaubild 4-4-11) verfolgt das Ziel, durch Senkung der Stückkosten unter das Niveau der wichtigsten Wettbewerber eine Kostenführerschaft im Markt zu erreichen. Die Verfolgung dieser Strategie umfasst beispielsweise folgende Maßnahmen:

▮ Angebotsbeschränkung bzw. -standardisierung (z. B. beschränktes Standardsortiment der Euromaster-Reifenspezialwerkstätten),

▮ Kostenreduzierung durch Betriebsgrößenausweitung (z. B. der Einsatz von Großraumflugzeugen, -kinos, -bussen),

▮ Substitution von Servicepersonal durch Automaten,

▮ Übertragung von Dienstleistungsfunktionen auf den Nachfrager. (z. B. Selbstbedienungsgeschäfte (Kaufhäuser, Tankstellen), Frühstücksbuffet im Hotel, Do-it-Yourself-Werkstätten)

Wünschenswert ist ferner eine Strategie, bei der gleichzeitig die Kostensituation verbessert und Leistungsvorteile erzielt werden, also eine **Leistungsvorteilsstrategie unter Ausnutzung von Kostenvorteilen** (Feld 3 in Schaubild 4-4-11). Hier bietet sich ein Ansatzpunkt (Heskett 1986, S. 45ff.) in Form einer Realisation von Kostenvorteilen durch Standardisierung des Dienstleistungsprozesses bei gleichzeitiger Sicherstellung einer höheren Qualität der Dienstleistung. So werden beispielsweise bei automatisierten Transaktionen in Wertpapiergeschäften mögliche Fehlerquellen, z. B. bei der Aufnahme der Transaktionsdaten durch einen Sachbearbeiter der Bank, eliminiert und gleichzeitig entfallen die ursprünglichen variablen Kosten durch den Wegfall der manuellen Transaktionsverarbeitung durch den Mitarbeitenden.

Eine weitere Möglichkeit, Kostenvorteile zu nutzen, liegt in der **Übertragung von Leistungskomponenten** an den Kunden. Im Beispiel der automatisierten Banktransaktion übernimmt der Kunde die Dateneingabe in das System. Ein weiteres Beispiel ist das Ablesen des Energieverbrauchs, das inzwischen bei vielen Unternehmen ebenfalls der Kunde übernimmt. Die Strategie der Leistungsbeteiligung findet allerdings dort ihre **Grenzen**, wo der Dienstleistungserstellungsprozess den Einsatz komplizierter Technologien erfordert und/oder spezifisches Wissen voraussetzt. Weitere Nachteile dieser Strategie sind darin zu sehen, dass sich durch die aktive Einbeziehung des Konsumenten in den Erstellungsprozess einer Dienstleistung die Qualität nicht mehr in vollem Umfang vom Dienstleistungsanbieter kontrollieren lässt.

3. Zeitvorteile

Neben den Differenzierungs- und Kostenvorteilen kommt der **Zeit als strategischem Wettbewerbsvorteil** eine steigende Bedeutung zu (Backhaus/Schneider 2009, S. 149). Sie erhält dabei grundsätzlich hinsichtlich folgender Einzelaspekte Relevanz:

- Zeitdauer der Dienstleistungserstellung,
- Reaktionsschnelligkeit bei Kundenanfragen.

Bei der Inanspruchnahme von Dienstleistungen existieren in der Regel nicht kommunizierte Zeiterwartungen des Kunden an die **Dauer der Dienstleistungserstellung**.

Für die Durchführung eines Herrenhaarschnittes wird z. B. nicht länger als eine Stunde inklusive Wartezeit angesetzt. Würde diese Dienstleistung erheblich länger dauern, z. B. drei Stunden, ist die Gefahr einer Kundenabwanderung vergleichsweise hoch.

Durch die Optimierung des Erstellungsprozesses im Hinblick auf die jeweilige **Zeiterwartung der Kunden** lässt sich eine nachhaltige Verbesserung der relativen Wettbewerbsposition erreichen (Stauss 1991, S. 81ff.). Allerdings ist auch hier die branchenspezifische Situation zu beachten. Wirkt z. B. bei einem Tankstellenbesuch eine kurze Prozessdauer zufriedenheitssteigernd, so verhält es sich bei Pflege- oder Beratungsleistungen tendenziell umgekehrt. Die speziellen Zeiterwartungen der Kunden an bestimmte Dienstleistungsprozesse sowie deren Toleranzzonen sind folglich individuell zu eruieren.

Als besonders bedeutsam für den Aufbau eines Wettbewerbsvorteils ist ferner die **Reaktionsschnelligkeit** eines Anbieters auf Kundenanfragen zu werten. Bei der Ausführung von Reparaturanfragen ist beispielsweise nicht allein die Behebung des Schadens, sondern auch die Schnelligkeit für die Zufriedenheit des Kunden ausschlaggebend. Gleiches gilt für die Beschwerdereaktion eines Dienstleistungsunternehmens. Wird auf eine Beschwerde in kurzer Zeit reagiert, so wird in den meisten Fällen eine hohe Beschwerdezufriedenheit erreicht, die wiederum zu einer Bindung der Kunden führt.

4.14 Marktabdeckungsstrategie

Be der Auswahl der Marktabdeckungsstrategie gilt es, die Unternehmensressourcen in die Felder der größten Chancen und relativen Wettbewerbsvorteile zu lenken.

> Eine **Marktabdeckungsstrategie** zielt auf die Frage nach dem sinnvollen Grad der Abdeckung und Bearbeitung des relevanten Marktes von einem Dienstleistungsunternehmen.

Als Entscheidungshilfe dient das Strategieschema von Porter. Obwohl sich Porters Untersuchung ausschließlich auf gesättigte Märkte beschränkte und somit die von ihm abgeleiteten Strategien nicht für alle Dienstleistungsunternehmen allgemein gültig sind, wird hinsichtlich der Marktabdeckung generell zwischen zwei **Optionen** unterschieden:

- Gesamtmarktstrategie,
- Teilmarktstrategie.

Die beiden Strategien der Marktabdeckung werden im Konzept von Porter mit denen der Festlegung von Differenzierungs- oder Kostenvorteilen kombiniert. Diese Systematisierung wird in Schaubild 4-4-14 am Beispiel von Reiseveranstaltern verdeutlicht.

Schaubild 4-4-14 Systematisierung von Wettbewerbsvorteils-Marktabdeckungs-Strategien am Beispiel von Reiseveranstaltern

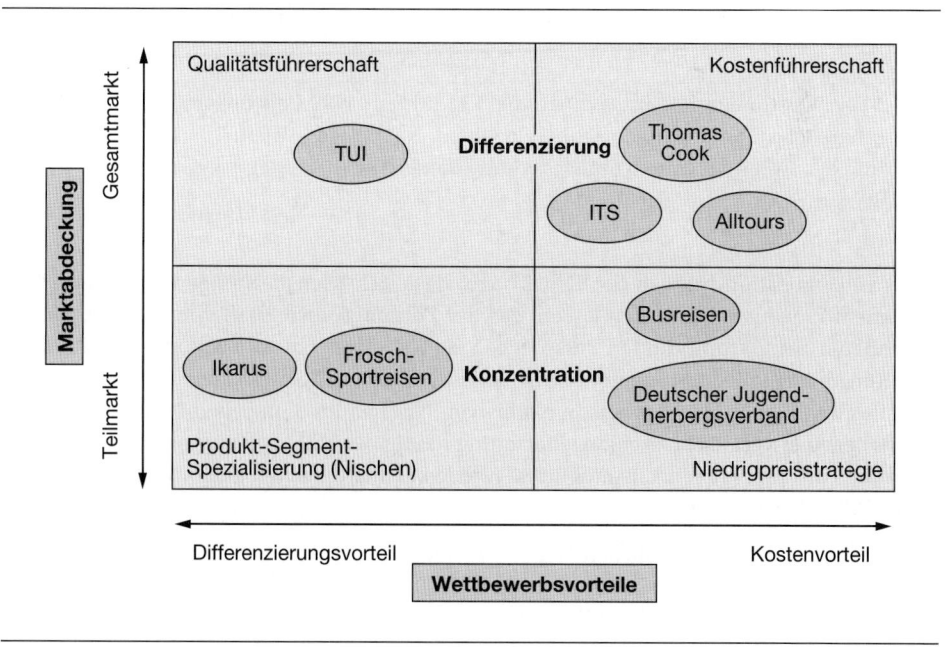

Etablierte, finanzstarke Dienstleistungsunternehmen – wie z. B. *McDonald's, American Express, Deutsche Bank* – versuchen, eine vollständige Marktabdeckung zu erreichen. Charakteristische Merkmale dieser **Gesamtmarktstrategie** sind ein eher breites Dienstleistungsangebot, die Nutzung von Know-how-Synergien sowie Größeneffekten, um Wettbewerbsvorteile und Eintrittsbarrieren gegenüber den Wettbewerbern aufzubauen.

Neben der Strategie der Gesamtmarktabdeckung ist für Dienstleistungsunternehmen insbesondere die **Nischenstrategie** von Interesse. Im Rahmen dieser Strategie versucht ein Dienstleistungsunternehmen, durch Spezialisierung auf spezifische Zielgruppen Wettbewerbsvorteile gegenüber jenen Konkurrenten zu erlangen, die eine breitere Marktabdeckung anstreben. Im Dienstleistungsbereich findet sich eine Vielzahl von Unternehmen, die diese Strategie verfolgen, wie z. B. Spezialitätenrestaurants oder Spezialwerkstätten.

Ausgehend von den Dimensionen Marktabdeckung (Teilmarkt vs. Gesamtmarkt) und der Natur des angestrebten Wettbewerbsvorteils (Differenzierungsvorteil vs. Kostenvorteil) ergeben sich insgesamt vier generische Normstrategien, die Schaubild 4-4-12 zu entnehmen sind.

Seit einigen Jahren hat der Begriff „Mass Customization" (kundenindividuelle Massenproduktion) als neuartiges wettbewerbsstrategisches Konzept (Piller 2006, S. 153ff.) Eingang in die Marketingwissenschaft gefunden, das das von Porter postulierte Konzept der alternativen, generischen Normstrategien überwindet. **Mass Customization** verbindet den an sich widersprüchlichen Grundgedanken der kundenindividuellen Leistungsgestaltung mit dem Aspekt der industriellen Fertigung. Folglich handelt es sich bei Mass Customization um eine hypride Wettbewerbsstrategie, die statt der alternativen – im Sinne Porters – eine simultane Verfolgung von Differenzierung und Kostenführerschaft entweder auf dem Gesamtmarkt oder auf Teilmärkten anstrebt (Piller 2006, S. 185).

> **Mass Customization** bezeichnet die Produktion von Leistungen, die den unterschiedlichen Bedürfnissen jedes einzelnen Nachfragers dieser Leistungen treffen, mit der Effizienz einer vergleichbaren Massen- bzw. Serienproduktion (vgl. Piller 2006, S. 161).

Mass Customization führt in der Regel dazu, dass sich Dienstleistungen auch langfristig auf einem **Preisniveau** anbieten lassen, das der Zahlungsbereitschaft von Kunden bei vergleichbaren Standardprodukten entsprechen würde. Mass Customization und die damit zusammenhängende Leistungsindividualisierung bedeutet demzufolge nicht zwangsläufig eine Positionierung des Angebots in exklusiven Nischen im Sinne einer **Nischenstrategie**, wie es bei einer vergleichbaren Einzelfertigung häufig der Fall ist. Voraussetzung hierfür ist allerdings das Erreichen höchstmöglicher Effizienz entlang der gesamten Wertschöpfungskette (Piller 2003b, S. 55).

Zur Auflösung des vermeintlichen **Widerspruchs** zwischen Effizienz und kundenindividueller Produktion durch das Konzept der Mass Customization bedarf es des Zusammenspiels von vier Ebenen (vgl. Schaubild 4-4-15), deren Ausgestaltung maßgeblich die Erlös- und Kostenwirkungen des Konzepts der Mass Customization bedingen (Piller 2003b, S. 61):

Festlegung von Strategien im Dienstleistungsbereich 241

Schaubild 4-4-15 Die vier Ebenen von Mass Customization

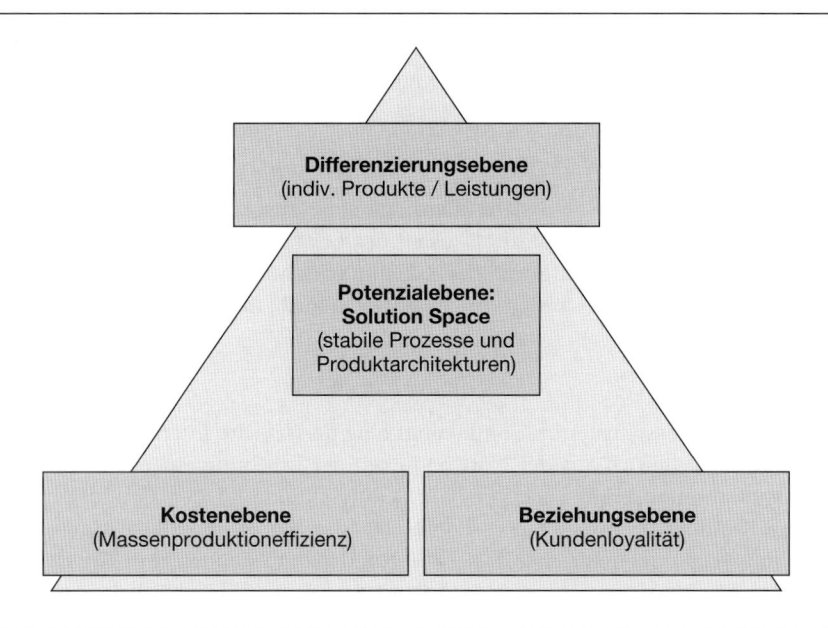

```
                    Differenzierungsebene
                    (indiv. Produkte / Leistungen)

                      Potenzialebene:
                      Solution Space
                      (stabile Prozesse und
                      Produktarchitekturen)

        Kostenebene                    Beziehungsebene
        (Massenproduktioneffizienz)    (Kundenloyalität)
```

Quelle: Piller 2003b, S. 61

1. Differenzierungsebene

Aufgrund der Leistungsindividualisierung erlangt der Anbieter einen Differenzierungsvorteil gegenüber den Wettbewerbern (vgl. Abschnitt 4.13). Die individualisierte Leistung ist in der Regel weniger vergleichbar als standardisierte Dienstleistungen, weshalb sie eine höhere Attraktivität ausstrahlen und dem Anbieter erlauben, aus dem Preiswettbewerb auszubrechen. Als Beispiel kann hier eine Unternehmensberatung angesehen werden, die ihre Beratungsleistung auf den jeweiligen Kunden, dessen Situation und Bedürfnisse abzustimmen hat.

2. Kostenebene

In Bezug auf die Kostenebene geht es um die Kostenwirkungen einer individuellen Leistungserstellung. Dabei sind prinzipiell zwei gegenläufige Wirkungsrichtungen zu unterscheiden. Sinkende Kosten einer Mass Customization von Dienstleistungen resultieren beispielsweise aus der Gewinnung kundenbezogener Informationen, die sich aus einer verstärkten Integration des Kunden ergibt. Dabei lassen sich vier **Grundtypen neuer Kostensenkungspotenziale** unterscheiden (Piller 2003a, S. 202f.):

- **Economies of Modularity:** Kostensenkung auf Basis des Einsatzes einzelner Leistungsmodule.

- **Economies of Decoupling:** Kostensenkung auf Basis einer einzelkundenspezifischen Leistungserstellung.

- **Economies of Integration:** Kostensenkung als Folge eines besseren Wissens über den Kunden aufgrund der Einbindung des Kunden in die Wertschöpfung.

- **Economies of Relationship:** Kostensenkung auf Basis einer gestiegenen Kundenbeziehung sowie zusätzlicher Kundenbindungspotenziale.

Den Kostensenkungspotenzialen steht allerdings auch zusätzlicher Aufwand gegenüber, der sich zum einen durch Komplexitätskosten der Leistungserstellung und zum anderen aus dem Anstieg der Kosten aufgrund der Zunahme der Informations- und Kommunikationsintensität ergibt. Beide Kostenwirkungen gilt es folglich, miteinander auszubalancieren.

3. Beziehungsebene

Das Konzept der Mass Customization bedingt eine persönliche Interaktion zwischen Anbieter und Kunde, die sich aus der Notwendigkeit der Erhebung einer kundenbezogenen Leistungskonfiguration ergibt. Die persönliche Interaktion legt den Grundstein für eine langfristige Kundenbeziehung, die es konsequent im Sinne eines Beziehungsmarketing zur Erzielung (vor-) ökonomischer Ziele wie Kundenzufriedenheit und Kundenbindung auszunutzen gilt. Für einen Finanz- und Anlageberater ist es beispielsweise von entscheidender Bedeutung, bereits zu Beginn der Geschäftsbeziehung mit dem Kunden durch persönliche Gespräche die individuelle Situation, die Bedürfnisse und Ziele des Kunden herauszufinden, um somit ein für den Kunden optimales Leistungsportfolio zusammenstellen zu können.

4. Potenzialgestaltung: Festlegung des Solution Space

Die vierte Ebene der Mass Customization beschäftigt sich mit der Festlegung des so genannten „Solution Space". Darunter versteht sich zum einen die generelle Leistungs- und Prozessarchitektur, zum anderen die Interaktionswerkzeuge, mit deren Einsatz die Kunden in die Wertschöpfungsprozesse zu integrieren sind. Die Ebene der Potenzialgestaltung steht in enger Verbindung zu den übrigen Ebenen der Mass Customization: Zum einen determiniert sie den Gestaltungsraum der anderen Ebenen, zum anderen führen Erfahrungen auf den drei Ebenen zu einer kontinuierlichen Weiterentwicklung des Leistungspotenzials.

Prinzipiell ist die Verfolgung einer **Mass-Customization-Strategie im Dienstleistungsbereich** möglich. Ein gutes Beispiel hierfür ist der Bekleidungsanbieter *Spreadshirt*, der über das Internet eine Individualisierung von T-Shirts durch individuelle, z. T. durch den Kunden selbstgestaltete Aufdrucke anbietet. Eine weitere Besonderheit des Anbieters liegt zudem darin, dass Kunden neben der individuellen Kreation eigener Kleidungsstücke diese auch in einem eigenen Shop-in-Shop weitervertreiben können (Piller 2006, S. 387; Spreadshirt 2009). Aufgrund des konstitutiven Merkmals der Integration des externen Faktors ergibt sich bei Dienstleistungen naturgemäß eine Leistungsindividualisierung, weshalb sich zum einen die Umsetzung von Mass Customization bei Dienstleistungen vereinfacht. Zum anderen setzt das Merkmal der Kundenintegration der durch das Mass Customization geforderten industriellen Massenfertigung auch Grenzen, da sich Dienstleistungen nur bis zu einem gewissen Grad standardisieren und somit massenindustriell erstellen lassen. Es ist folglich eine zentrale Herausforderung für das Dienstleistungsmarketing, einen **optimalen Standardisierungsgrad** einer Dienstleistung zu finden, der zum einen Mass Customization zulässt und zum anderen den Konsumentenpräferenzen an die Leistungsindividualisierung gerecht wird.

In einem engen Zusammenhang mit der Wahl des Grads der Marktabdeckung steht die Frage nach der **strategischen Fokussierung** der Aktivitäten des Dienstleistungsanbieters (Johnston 1996; Lovelock/Wirtz/Chew 2009), die häufig als strategischer Erfolgsfaktor von Dienstleistungsunternehmen betrachtet wird. Die ursprüngliche Idee der Fokussierung stammt aus der Industriebetriebslehre. Dort wurde aus strategischer Sicht postuliert, alle Aktivitäten einer Fabrik auf die Identifikation der Bedürfnisse eines spezifischen Markts auszurichten und alle Anstrengungen zu unternehmen, um auf Basis bewährter Technologien diese Bedürfnisse zu befriedigen. Fokus war folglich definiert als das Angebot eines engen Produktmixes für ein spezifisches Marktsegment (Skinner 1974).

Kurze Zeit später fand die Idee der **strategischen Fokussierung** für Dienstleistungen Eingang in die Literatur. Heskett (1986) kam zur Erkenntnis, dass die Beschränkung der Aktivitäten auf fokussierte Tätigkeiten die Voraussetzung des Erfolgs von Dienstleistungsorganisation darstellt. Nur erfolgreiche Dienstleistungsanbieter erkennen die Elemente, die über strategische Relevanz verfügen und konzentrieren ihre Anstrengungen darauf. Aufbauend auf diesen Überlegungen entstand der Vorschlag, dass Fokus entlang der zwei Dimensionen ,Umfang des Dienstleistungsangebots' und ,Anzahl der bearbeitenden Kundensegmente' erreicht wird (Heskett/Sasser/Hart 1990; Johnston 1996). Der Finanzdienstleister *MLP* fokussiert sich in der Dimension „Anzahl der bearbeitenden Kundensegmente" stark auf nur ein Segment, das der Hochschulabsolventen und Akademiker, während der „Umfang des Dienstleistungsangebots" mit Finanzdienstleistungen, Vorsorgeprodukte, Gesundheit, Versicherungen usw. sehr breit aufgestellt ist.

Fokus bedeutet für Dienstleistungsanbieter also, ihre Aktivitäten nicht auf alle potenziellen Kunden eines Marktes auszurichten, da die Bedürfnisse zwischen verschieden Kundengruppen häufig stark variieren. Der Grundgedanke der Fokussierung besteht für Anbieter folglich darin, sich auf diejenigen Kundengruppen bzw. Marktsegmente zu beschränken, deren Bedürfnisse sie durch eine spezifische und enge Produktpalette bestmöglich zu entsprechen wissen (vgl. auch im Folgenden Johnston 1996, S. 14ff.; Lovelock/Wirtz/Chew 2009, S. 58ff.).

Das **Ausmaß der Fokussierung eines Anbieters** lässt sich entlang zweier Dimensionen beschreiben (vgl. Schaubild 4-4-16):

- Marktfokus
- Dienstleistungsfokus

Schaubild 4-4-16 Grundtypen von Fokussierungsstrategien für Dienstleistungsanbieter

Anzahl der bedienten Märkte \ Breite des Dienstleistungsangebots	Eng	Weit
Viele	Dienstleistungsfokussiert	Unfokussiert („Alles für alle")
Wenige	Vollständig fokussiert (Dienstleistungs- und marktfokussiert)	Marktfokussiert

Quelle: Johnston 1996, S. 15

Marktfokus beschreibt das Ausmaß, zu dem ein Dienstleistungsanbieter auf einem (Gesamtmarkt) oder mehreren Märkten (Teilmärkte) aktiv ist, wohingegen der **Dienstleistungsfokus** die Breite der Produktpalette eines Anbieters zum Ausdruck bringt. Aus der Gegenüberstellung beider Dimensionen in einer Matrix ergeben sich insgesamt vier **Grundformen von Fokusstrategien**:

- **Vollständig fokussierte Strategie:** Eine vollständig fokussierte Dienstleistungsorganisation ist mit einem beschränkten Dienstleistungssortiment (ggf. sogar nur eine einzige Dienstleistung) auf einem engen, sehr spezifischen Marktsegment aktiv. Dieser Strategietyp entspricht dem weiter oben zu Grunde gelegten Strategietyp einer Nischenstrategie. Ein Beispiel für solch eine Strategieoption stellen Spezialkliniken für Sehkorrekturen durch Laserbehandlungen dar, die sich ausschließlich auf Privatpatienten konzentrieren. Diese Form der Fokussierungsstrategie birgt sowohl Chancen als auch Risiken. Zum einen resultiert aus der Fokussierung auf eine konkrete Dienstleistung schnell der Aufbau von Erfahrungseffekten, die als Markteintrittsbarriere für mögliche Wettbewerber fungieren. Zum anderen besteht das Risiko, dass das Marktvolumen durch die starke Fokussierung zu begrenzt ist, um ausreichend hohe Skalenerträge zu realisieren. Des Weiteren besteht eine Gefahr darin, dass das Aufkommen von Alternativangeboten (z. B. alternative Behandlungsmethoden) dem Dienstleistungsanbieter aufgrund mangelnder Diversifizierung des Angebots die Geschäftsgrundlage entzieht.

- **Marktfokussierte Strategie:** Dienstleistungsanbieter, die sich mit einem breiten Dienstleistungsangebot auf ein spezifisches Marktsegment fokussieren, verfolgen eine marktfokussierte Strategie. Ein Beispiel für diesen Strategietyp ist das Kreditkartenunternehmen *American Express*, das eine Vielzahl von Dienstleistungen anbietet, um international Reisende zu unterstützen. Die Umsetzung einer marktfokussierten Dienstleistungsstrategie setzt voraus, dass sich der Dienstleistungsanbieter bewusst ist, eine hohe Dienstleistungsqualität für die verschiedenen Dienstleistungsangebote sicherzustellen. Zudem ist es erforderlich, das Kaufverhalten der verschiedenen Käufergruppen gut zu kennen und zu verstehen.

- **Dienstleistungsfokussierte Strategie:** Dieser Strategietyp ist dadurch gekennzeichnet, dass Dienstleistungsanbieter eine relativ enge Leistungspalette gegenüber einem breiten Marktsegment anbieten. Beispielsweise spezialisiert sich die Werkstattkette *Euromaster* auf ein Dienstleistungsangebot rund um Reifen und Räder für Kraftfahrzeuge. Das Dienstleistungsangebot erstreckt sich dabei zum einen sowohl für Privat- als auch Geschäftskunden, zum anderen sowohl für PKW als auch für LKW. Beabsichtigt ein dienstleistungsfokussiertes Unternehmen jedoch seine Angebotspalette zu erweitern, dann steht es vor der Herausforderung, spezifische Fähigkeiten zu entwickeln bzw. anzueignen. Zudem bedarf es in solch einem Fall großer Vertriebsbemühungen, die dann häufig mit einem verstärkten Einsatz an Kommunikationsmaßnahmen verbunden sind.

- **Unfokussierte Strategie:** Unter diese Kategorie fallen Dienstleistungsanbieter, die mit einem breiten Dienstleistungsangebot relativ unfokussiert auf einem großen Markt antreten. Dieser Strategietyp kommt der weiter oben beschriebenen **Gesamtmarktstrategie** nahe und ist häufig mit dem Risiko verbunden, dass unfokussierte Anbieter in keinem der von ihnen angebotenen Dienstleistungsbereichen eine Führungsposition erreicht. Dass dies nicht zwangsläufig der Fall sein muss, beweist der Duisburger Dienstleistungskonzern *Haniel*, der erfolgreich mehrere Dienstleistungsbereiche u. a. Pharmagroßhandel, B2B-Versandhandel für Geschäftsausstattung, Recycling-Dienstleistungen sowie Hygiene- und Reinigungsdienstleistungen anbietet.

Wie die Ausführungen darlegen ist die Fokussierung der Dienstleistungsaktivitäten häufig die Grundlage für die Erreichung eines Wettbewerbsvorteils. Aus diesem Grund gilt es für Dienstleistungsanbieter zu vermeiden, eine vollständig unfokussierte Strategie anzustreben, da dies häufig mit einer Verdünnung der eigenen Anstrengungen und Ressourcen einhergeht. Für Dienstleistungsanbieter ist es ratsam, sich zumindest teilweise – sei es dienstleistungs- oder marktseitig – zu fokussieren (Lovelock/Wirtz/Chew 2009, S. 58ff.).

4.15 Timingstrategie

Neben der Entscheidung über die Marktabgrenzung ist die Festlegung des Markteintrittszeitpunkts bei der Strategiefestlegung von besonderer Bedeutung.

> Eine **Timingstrategie** kennzeichnet die Planung und Realisation des Markteintrittszeitpunktes eines Unternehmens.

Die Timingstrategie dient der Koordination zwischen der Unternehmens- und Marktdimension einer Innovation (Dalrymple/Parsons 1999). In diesem Sinne wird in der Literatur in Anlehnung an Abells Konzept des strategischen Fensters von einem „**Strategic Entry Window**" (Mattson 1985) bzw. „**Window of Opportunity**" (Sommerlatte/Layng/Oene 1986) gesprochen. Es wird damit die Bedeutung des Timing als „strategische Klammer" unternehmerischer Verhaltensweisen zum Ausdruck gebracht.

Neben dieser eher theoretischen Interpretation resultiert die Bewertung des **Timing als strategischem Schlüsselfaktor** aus der Struktur der jungen Märkte, in die eingetreten wird.

In der Literatur sind verschiedene Systematisierungen von Timingstrategien zu finden (Remmerbach 1988). Im Folgenden werden als **Grundtypen von Timingstrategien** unterschieden (Schnaars 1986; Remmerbach 1988; Crawford 1999):

1. **Pionierstrategie** (derjenige Anbieter, der eine Dienstleistungsinnovation als erster vermarktet),
2. **Frühe Folgerstrategie** (Anbieter, der kurze Zeit nach dem Pionier in den Markt eintritt),
3. **Späte Folgerstrategie** (Anbieter, der vergleichsweise spät in den Markt eintritt).

Eine Abgrenzung der Grundtypen wird unter Bezugnahme auf die Lebenszyklusphase des Eintrittsmarktes und den Strategieschwerpunkt zum Zeitpunkt des Markteintritts vorgenommen, wie in Schaubild 4-4-17 beispielhaft für den Telekommunikationsmarkt in der Schweiz dargestellt wird.

Schaubild 4-4-17 Abgrenzung von Timingstrategien am Beispiel des Schweizer Telekommunikationsmarktes

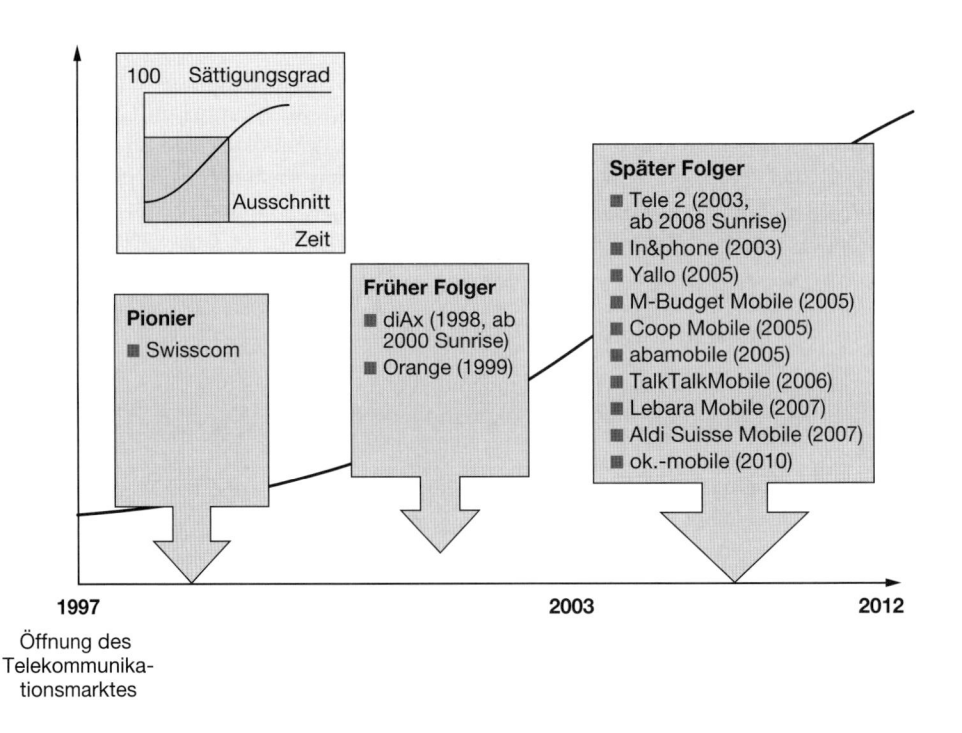

Pionier
- Swisscom

Früher Folger
- diAx (1998, ab 2000 Sunrise)
- Orange (1999)

Später Folger
- Tele 2 (2003, ab 2008 Sunrise)
- In&phone (2003)
- Yallo (2005)
- M-Budget Mobile (2005)
- Coop Mobile (2005)
- abamobile (2005)
- TalkTalkMobile (2006)
- Lebara Mobile (2007)
- Aldi Suisse Mobile (2007)
- ok.-mobile (2010)

1997 Öffnung des Telekommunikationsmarktes — 2003 — 2012

> **Beispiel: Timingstrategien im Schweizer Telekommunikationsmarkt**
>
> In der Schweiz traten nach der Liberalisierung des Telekommunikationsmarktes die Unternehmen *diAx* (heute unter dem Markennamen *sunrise* aktiv) und *Orange* als „frühe Folger" in den Markt der Privatkunden ein. Der bisherige Monopolist *Swisscom* wurde somit erstmalig einer Wettbewerbssituation ausgesetzt. Ab dem Jahr 2003 sind bis heute diverse weitere Unternehmen als „späte Folger" in den Schweizer Telekommunikationsmarkt eingetreten. Ein Fusionsversuch zwischen *Sunrise* und dem Konkurrenten *Orange* wurde gestartet, jedoch im April 2011 von der Wettbewerbskommission (WeKo) nicht genehmigt. Es wurde befürchtet, das neue Unternehmen könne im Wettbewerb eine beherrschende Stellung einnehmen, worunter die Schweizer Kunden zu leiden hätten.

Der **Pionier** tritt als erstes Unternehmen in einen entstehenden Markt ein. Hier gilt es, aufbauend auf den Besonderheiten des Käuferverhaltens bei Dienstleistungen, Möglichkeiten zur Risikoreduktion für Erstkäufer der Dienstleistung zu schaffen (z. B. durch Probeangebote, verbilligte Einführungspreise). Zudem wird in dieser Phase des Markteintrittes versucht, möglichst viele positive Mund-zu-Mund-Kommunikationskontakte zu initiieren und damit den Diffusionsverlauf zu beschleunigen.

Der Dienstleistungspionier hat nach seinem Markteintritt das Bestreben, den Eintritt neuer Wettbewerber durch den Aufbau von **Markteintrittsbarrieren** zu verhindern. Dieser Gesichtspunkt erlangt für Dienstleistungen besondere Bedeutung, da sie sich als immaterielle Produkte nur in eingeschränktem Umfang durch rechtliche Maßnahmen vor Imitationen schützen lassen. Einen weiteren Ansatzpunkt bildet zudem die Entwicklung und Patentierung der vom Dienstleistungsunternehmen im Erstellungsprozess eingesetzten Technologien (z. B. Diagnosesysteme für Reparaturdienste), um Leistungsvorteile langfristig zu sichern. Als weitere Markteintrittsbarrieren werden im Dienstleistungsbereich das spezifische Dienstleistungs-Know-how, Economies of Scale, die Verfügbarkeit eines dichten Dienstleistungsnetzes (Filial-, Kundendienstsystem), Einsatz von Kommunikationstechnologien sowie der Aufbau und die Auswertung einer Kundendatenbank genannt (Heskett 1986, S. 107ff.). Darüber hinaus können bei einer vergleichsweise geringen Wechselbereitschaft der Konsumenten im Rahmen einer frühzeitigen Marktdurchdringung Markteintrittsbarrieren durch den Pionier geschaffen werden. Das zentrale Problem der Pionierstrategie besteht somit in einer hohen **Imitationsgeschwindigkeit**, die aus den eingeschränkten Möglichkeiten zur Absicherung von Innovationsvorsprüngen resultiert.

Der **frühe Folger** tritt nach dem Pionier in den Markt ein. Er strebt dabei ebenfalls einen möglichst frühzeitigen Markteintritt an, ist jedoch entweder langsamer bei der Entwicklung einer Innovation, oder er imitiert aufgrund mangelnder eigener Innovationsfähigkeit das Produkt des Pioniers. Die Imitation stellt auch eine gezielte Strategie dar, eigene Entwicklungskosten gering zu halten und bei der Imitation zeitliche Nachteile des späteren Eintritts durch niedrigere Preise auszugleichen. Niedrigere Preise lassen sich möglicherweise durch geringere erforderliche Investitionen der Imitation gegenüber der Innovation realisieren (Pfahler/Böhnlein 2004, S. 478f.).

Die Take-off-Phase des Marktes bestimmt die Grenze des theoretisch möglichen Eintrittskontinuums. Damit stehen frühen Folgern alternative Eintrittsschwerpunkte in einem begrenzten Zeitraum zur Verfügung. Der Strategieschwerpunkt des frühen Folgers bestimmt zugleich den **Neustrukturierungs-(Shake out)-Zeitpunkt** auf der Anbieterseite. Dabei ist es unerheblich, ob sich die Neustrukturierung der Konkurrenzsituation in einem Tolerieren, Kooperieren oder im Extremfall in einem Verdrängungswettbewerb vollzieht. In jedem Fall tritt eine Veränderung der Konkurrenzsituation ein, zumal die Marktpositionen der einzelnen Wettbewerber in der Regel noch nicht endgültig verteilt sind. Als Besonderheit des Dienstleistungsmarktes ist hervorzuheben, dass durch die Heterogenität des externen Faktors eine **beschränkte Standardisierbarkeit** von Potenzialen, Prozessen und Dienstleistungsergebnissen besteht. Deshalb lassen sich die Leistungen der einzelnen Wettbewerber nicht immer miteinander vergleichen und stellen sich dem Kunden unter Umständen gleichfalls als unterschiedliche Leistungen dar.

Der **späte Folger** tritt nach dem frühen Folger frühestens nach Erreichen der Take-off-Phase in den Markt ein. In Analogie zu den obigen Ausführungen bestimmt sich der Eintrittszeitpunkt bzw. die Abgrenzung zum frühen Folger aus der Neustrukturierung des Wettbewerbs (Meffert/Burmann/Koers 2005). Der späte Folger kann auf bereits etablierte Standards zurückgreifen und hat keine Markterschließungskosten mehr zu tragen. Wie beim frühen Folger lässt sich diese Strategie zum einen auf mangelnde eigene Innovationsfähigkeit zurückführen. Zum anderen ist es denkbar, die Strategie eines späten Folgers zu wählen, um zunächst die Marktentwicklung zu beobachten und somit vor einem Eintritt die Rentabilität der Investitionen besser zu prognostizieren. Es werden also die Risiken des Scheiterns einer Innovation vermieden, da die Investitionen für den Markteintritt erst getätigt werden, wenn ersichtlich ist, dass die für eine bestimmte Rentabilität erforderliche Größe des Marktes erreicht wird. Gerade im Dienstleistungsbereich ist allerdings zu beachten, dass beträchtliche Anstrengungen erforderlich sind, um bestehende Präferenzstrukturen aufzubrechen.

Im Zusammenhang mit Timingstrategien im Dienstleistungsbereich kommt den **Konsumentenpräferenzen** eine besondere Bedeutung zu. Damit empfiehlt sich in vielen Fällen ein früher Markteintritt, um die entstehenden Kaufpräferenzen als entscheidende Markteintrittsbarrieren gegenüber den Folgern zu nutzen. Allerdings ist nicht zu übersehen, dass eine große Zahl „echter" Dienstleistungsinnovationen zunächst von eher kleinen Unternehmen angeboten wird, die vielfach nicht über die Finanzkraft für eine Multiplikation ihres Konzeptes verfügen. In diesen Fällen bietet sich eine Folgerstrategie mit dem Ziel der Standardisierung und Multiplikation der neuen Konzepte an (z. B. Büroraumvermietung, Gebäudeoptimierung).

4.2 Marktteilnehmerstrategien

> **Marktteilnehmerstrategien** dienen der Klärung, welche marktteilnehmerübergreifende Marktbearbeitung vorzunehmen ist und wie sich der Dienstleistungsanbieter innerhalb dieser Marktbearbeitungsstrategie optimalerweise gegenüber den übrigen Akteuren verhält.

Als relevante Marktteilnehmer sind in diesem Zusammenhang die Kunden sowie Wettbewerber, teilweise auch die Absatzmittler eines Dienstleistungsunternehmens, zu unterscheiden.

4.21 Marktbearbeitungsstrategie

Im Rahmen der **Marktbearbeitungsstrategie** lassen sich verschiedenen Strategiealternativen für ein Dienstleistungsunternehmen unterscheiden, die in Schaubild 4-4-18 unter Berücksichtigung der jeweiligen Voraussetzungen überblicksartig dargestellt sind:

- undifferenzierte Marktbearbeitung,
- differenzierte Marktbearbeitung,
- „Segment-of-One-Approach".

Schaubild 4-4-18   Marktbearbeitungsstrategien von Dienstleistungsunternehmen

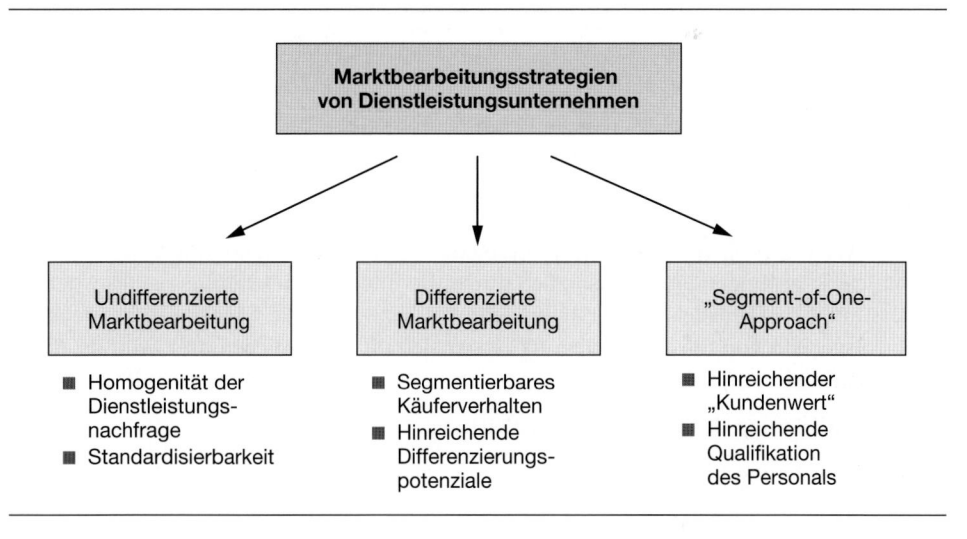

Marktbearbeitungsstrategien von Dienstleistungsunternehmen

Undifferenzierte Marktbearbeitung	Differenzierte Marktbearbeitung	„Segment-of-One-Approach"
■ Homogenität der Dienstleistungsnachfrage ■ Standardisierbarkeit	■ Segmentierbares Käuferverhalten ■ Hinreichende Differenzierungspotenziale	■ Hinreichender „Kundenwert" ■ Hinreichende Qualifikation des Personals

> Eine **undifferenzierten Marktbearbeitung** sieht die Bearbeitung sämtlicher Marktsegmente bzw. Kundengruppen mit einem einheitlichen Marketinginstrumenteeinsatz vor.

Eine undifferenzierte Marktbearbeitung erfolgt dabei häufig in Branchen mit ähnlichen Bedürfnisstrukturen der Kunden und demzufolge einem standardisierten Leistungsprogramm.

Beispiele für Unternehmen, die eine undifferenzierte Marktbearbeitung verfolgen, sind z. B. Dienstleister wie *McDonald's, Microsoft* und der *ADAC*, die durch ein **Standarddienstleistungsangebot** auf die Gemeinsamkeiten und nicht auf die Unterschiede in den Bedürfnissen und Verhaltensweisen der anvisierten Marktsegmente abstellen (vgl. Schaubild 4-4-19).

Schaubild 4-4-19   Beispiele für Marktbearbeitungsstrategien

Kundenorientierte Dienstleistungsstrategie	Beispiele
Undifferenzierte Marktbearbeitung	■ McDonald's ■ Microsoft ■ ADAC
Differenzierte Marktbearbeitung	■ Deutsche Bahn (1. und 2. Klasse) ■ Lufthansa (First Class, Business Class, Economy Class) ■ Privatkliniken ■ WDR (Regionalprogramme) ■ UPS
„Segment-of-One-Approach"	■ Unternehmensberatungen ■ Werbeagenturen

Weiterhin trägt die **Standardisierung von Dienstleistungsprodukten** zur Vereinheitlichung des Service- bzw. Qualitätsniveaus bei. Da hierbei vielfach die Prozesse Gegenstand der Standardisierungsbemühungen sind, wird gegenüber individuellen Erstellungsprozessen eine Verringerung von Qualitätsunterschieden erreicht. Das Standardisierungspotenzial von Dienstleistungen ist grundsätzlich durch die Intensität des Einflusses des externen Faktors auf den Dienstleistungserstellungsprozess bzw. auf die Dienstleistung determiniert. Ausgehend von dieser Überlegung lassen sich im Wesentlichen drei zentrale **Arten der Standardisierung** von Dienstleistungen hervorheben (Corsten 1998, S. 612ff.):

■ Standardisierung der gesamten Dienstleistung,

■ Standardisierung von Teilkomponenten einer Dienstleistung,

■ Standardisierung des Kundenverhaltens.

Die **Standardisierung der gesamten Dienstleistung** bietet sich an, wenn die Dienstleistung im Voraus exakt determiniert ist und der externe Faktor keinen direkten Einfluss auf die

Leistungserstellung hat. Beispiele: Kino- oder Theaterbesuch, Pauschalreise, Inanspruchnahme eines Linienbusses, -fluges, Abgas-Sonderuntersuchung.

Gewinnt der externe Faktor stärkeren Einfluss auf die Dienstleistung und den Erstellungsprozess, so lassen sich **Teilkomponenten einer Dienstleistung** standardisieren. Diese Standarddienstleistungsmodule lassen sich teilweise durch individuelle Leistungen ergänzen. Beispiele: Standardsoftware eines Softwareherstellers, die um benutzerspezifische Unterprogramme ergänzt wird; Standardversicherungspolicen (z. B. Reiseversicherungspakete) mit Zusatzleistungen.

Ein gewisses Maß an Standardisierungspotenzial lässt sich realisieren, wenn durch die **Standardisierung des Kundenverhaltens** der individuelle Einfluss des externen Faktors im Dienstleistungserstellungsprozess verringert wird. Beispiele: Auswahl von Teilnehmern an einem Ausbildungslehrgang anhand der Vorkenntnisse, Verhaltenshinweise für Patienten bei einer ärztlichen Untersuchung.

Einer Befragung von 2.300 Dienstleistungsunternehmen zu Potenzialen und Handlungsbedarf zur Standardisierung von Dienstleistungen ergab, dass Unternehmen insbesondere denjenigen Themenfeldern, die stark mit der Interaktion des Kunden in Verbindung stehen, einen hohen Standardisierungsbedarf zuschreiben (IAT der Universität Stuttgart 2002, S. 67).

> Die **differenzierte Marktbearbeitung** sieht die Bearbeitung ausgewählter Marktsegmente bzw. Kundengruppen durch den zielgruppenspezifischen Einsatz der Marketinginstrumente vor.

Diese Strategie entspricht den Grundprinzipien des Marketing, da sie versucht, sich auf die Besonderheiten der einzelnen Kunden(gruppen) bestmöglich einzustellen („**Service Customization**").

> **Beispiel: Unterschiedliche Strategien des „Service Customization"**
>
> Eine differenzierte Strategie betreibt z. B. die *Deutsche Bahn* durch das Angebot der BahnCard für Vielreisende, das Wochenendticket im Regionalverkehr für preisbewusste Gelegenheitsreisende und Spezialangeboten und -tarifen für Jugendliche und Senioren. Die *Lufthansa* versucht, durch eine Trennung von Business und Economy Class den gehobenen Ansprüchen der vielreisenden Geschäftsleute gerecht zu werden. Ein anderes Beispiel aus dem Bereich der Informationsanbieter stellt die Regionalisierung von Fernsehprogrammen zu bestimmten Tageszeiten dar.

> Der **„Segment-of-One-Approach"** zielt auf die Forderung, jede Leistung und jede Ansprache gezielt auf einen bestimmten Kunden zuzuschneiden.

In vielen Dienstleistungsbereichen wird dieser Ansatz durch die Art der Dienstleistung nahezu „automatisch" realisiert. Dies ist im Wesentlichen auf die durch das konstitutive Merkmal der Kundenbeteiligung hervorgerufene Kundenindividualität vieler Dienstleistungen zurückzuführen. Hier sind vor allem Dienstleistungen aus den Bereichen medizinische Untersuchung, Unternehmensberatung, Wirtschaftsprüfung als Beispiele anzuführen.

4.22 Kundenstrategien

Über die grundsätzliche Entscheidung zur Bearbeitung des Marktes hinaus ist ferner festzulegen, welche Kundenstrategie das Unternehmen primär verfolgen will. Grundsätzlich sind in Anlehnung an den Kundenbeziehungszyklus drei alternative **Kundenstrategien** zu unterscheiden (Bruhn 2009a):

1. Kundenakquisitionsstrategie,
2. Kundenbindungsstrategie,
3. Kundenrückgewinnungsstrategie,
4. Strategie der anbieterseitigen Beziehungsbeendigung,
5. Beziehungssegmentspezifische Differenzierung von Kundenstrategien.

1. Kundenakquisitionsstrategie

Insbesondere bei Dienstleistungsanbietern, die auf stark wachsenden, jungen Märkten agieren, steht in der Regel die **Neukundenakquisition** im Vordergrund (z. B. IT-Dienstleister oder Telekommunikationsanbieter). Hierbei wird durch gezielte Kundenakquisitionen versucht, den Gesamtmarkt zu erweitern bzw. den eigenen Marktanteil zu steigern. Ein Unternehmen kann aber ebenfalls versuchen, neue, bisher nicht bearbeitete Märkte zu erschließen. **Ziele** der Kundenakquisition sind unter anderem:

- Ausbau des (noch) geringen Kundenstammes,
- Kompensation der Kundenverluste,
- Verbesserung des Kundenstammes hinsichtlich der Profitabilität,
- Markterweiterung,
- Ausbau der Marktanteile gegenüber Wettbewerbern.

Eine Kundenakquisitionsstrategie bietet sich beispielsweise an, wenn das Unternehmen im Vergleich zu den Wettbewerbern relativ wenige Neukunden hinzugewinnt, einen noch geringen Kundenstamm hat, die aktuellen Kunden weniger profitabel sind als andere zu akquirierende Kunden sowie neue Kunden in den Markt eintreten, die profitabler sind als die aktuellen Kunden (Bruhn 2009a).

Bei der Kundenakquisition werden Marketingmaßnahmen eingesetzt, um das Interesse und die Aufmerksamkeit der potenziellen Kunden zu erreichen. Da Dienstleistungen einen hohen Anteil an Erfahrungs- und Vertrauenseigenschaften aufweisen, bietet es sich z. B. an, Präferenzen über ein positives Image oder eine glaubwürdige Informationsstrategie zu erzeugen. Die Akquisition von Kunden erfolgt zum einen durch Stimulierung, zum anderen durch Überzeugung. Neukundenakquisition durch **Stimulierung** beruht auf der Gewährung von Anreizen, deren Aufgabe darin besteht, potenzielle Kunden von der Inanspruchnahme der Unternehmensleistung zu überzeugen. Kundenakquisition durch argumentative **Überzeugung** beruht auf der Dokumentation der Leistungsfähigkeit des Unternehmens. Die Umsetzung dieser grundsätzlichen Strategietypen erfolgt entweder faktisch oder symbolisch. Im Gegensatz zur symbolischen Akquisitionsstrategie werden die Kunden bei Umsetzung einer faktischen Akquisitionsstrategie durch konkrete vorteilhafte Leistungsmerkmale des Unternehmens stimuliert oder überzeugt (Bruhn 2009a).

2. Kundenbindungsstrategie

Eine **Kundenbindungsstrategie** ist vermehrt in Märkten mit starkem Verdrängungswettbewerb zu beobachten (Homburg/Bruhn 2010). Ziel ist der Aufbau stabiler, auf Vertrauen beruhender Kundenbeziehungen, denn gemäß des Konzeptes der Erfolgskette ziehen diese einen Nutzen in den folgenden Kategorien nach sich:

- Steigerung der Profitabilität,
- Steigerung des „Share of Customer/Share of Wallet",
- Förderung der Weiterempfehlung,
- Ausnutzung von Cross-Selling-Potenzialen.

Somit lassen sich auch ökonomische Verbesserungen realisieren. Durch die Kompetenz eines Unternehmens, neue Kunden zu halten und größere Fluktuationen im Kundenstamm zu vermeiden, lassen sich Kostensenkungspotenziale nutzen und Transaktionskosten senken.

Dieser Strategietyp bietet sich z. B. an, wenn das Unternehmen zahlreiche Kunden hat, die ähnliche Leistungen zusätzlich noch bei anderen Anbietern beziehen. Bei der Identifikation der Zielgruppe, die das Unternehmen durch eine Kundenbindungsstrategie ansprechen will, spielt vor allem der **Kundenwert** eine bedeutende Rolle. Untersuchungen haben gezeigt, dass mehr als 60 Prozent der Kundenbeziehungen von Banken im „breiten" Privatkundengeschäft keinen positiven Deckungsbeitrag erbringen. Das Bemühen der Banken richtet sich daher verstärkt auf die Bindung vermögender Privatkunden sowie Kunden mit zukünftig zu erwartendem hohen Einkommen (Benkenstein/Stuhldreier/Uhrich 2006).

Nach den **Ursachen der Kundenbindung** lassen sich die Kundenbindung durch Gebundenheit und durch Verbundenheit differenzieren (Bliemel/Eggert 1998, S. 39ff).

Gebundenheit bezeichnet einen Bindungszustand, der für einen bestimmten Zeitraum fixiert ist. Auch wenn der Kunde in diesen Zustand mehr oder weniger freiwillig eintritt, ist er innerhalb dieses Zeitraums aufgrund von bestimmten Parametern (z. B. Vertrag) in seiner Entscheidungsfreiheit hinsichtlich der Nutzung von Leistungen des entsprechenden

Anbieters eingeschränkt. Es existieren drei **Formen der Gebundenheit** (in Anlehnung an Meyer/Oevermann 1995):

- vertragliche Gebundenheit (z. B. Mobilfunk-Verträge),
- technisch-funktionale Gebundenheit (z. B. technische Schnittstellen wie die Verbindung),
- ökonomische Gebundenheit.

> **Beispiel: Unterschiedliche Formen der Kundenbindung**
>
> Kundenbindung durch Laufzeitverträge im Mobilfunk ist ein klassisches Beispiel für vertragliche Gebundenheit. Technisch-funktionale Gebundenheit hingegen lässt sich beispielsweise am Online-Musikanbieter *iTunes* feststellen, bei dem Musik-Downloads ausschließlich mit einer speziellen Software möglich sind, die wiederum notwendig für den Betrieb des MP3-Players iPod der Computerfirma *Apple* ist. Ökonomische Gebundenheit zeigt sich häufig an hohen Wechselkosten, die bei einem Anbieterwechsel hervorgerufen werden (z. B. geringerer Rückkaufwert bei Kapitallebensversicherungen) und im Rahmen der Preisfestsetzung (z. B. Rabattsysteme, Preisbundling usw.).

Die Gebundenheit des Kunden wirkt sich direkt auf sein Wiederwahlverhalten aus. Innerhalb oder unabhängig von der Rahmenbedingung der Gebundenheit entsteht **Verbundenheit**, die einen Bindungszustand aufgrund von psychologischen Ursachen beschreibt (Meyer/Oevermann 1995; Bliemel/Eggert 1998, S. 39ff.) und auf Größen wie Vertrauen usw. zurückzuführen ist. Maßnahmen zur Sicherstellung einer positiven Qualitätswahrnehmung zielen letztlich auf eine hohe Kundenzufriedenheit und Beziehungsqualität ab. Diese Faktoren bewirken wiederum eine erhöhte (emotionale) Bindung des Kunden an die Unternehmensleistung. Über Verbundenheit wird eine **„freiwillige Kundenbindung"** hervorgerufen, die auf eine vom Kunden wahrgenommene Vorteilhaftigkeit der Beziehung zum Unternehmen im Vergleich zur Nichtexistenz dieser Beziehung und/oder Beziehungen zu anderen Unternehmen zurückzuführen ist.

Wenn der Kunde die Beziehung weder selbst wünscht noch Wechselkosten seine Abwanderung verhindern, wird er die Geschäftsbeziehung nicht aufrechterhalten (**Transaction Buying**). Ein Verbleiben bei einem Anbieter, das nur auf die positive Preiswahrnehmung zurückzuführen ist, wird auch als **„Cold Loyalty"** bezeichnet (Bruhn 2007b). Bleibt der Kunde lediglich aufgrund materieller Wechselkosten bei dem Anbieter, so führt diese „Muss-Bindung" zu einem inneren Zustand, der vom Kunden als negativ empfunden wird (**Ausbeutungsposition**) (Tomczak/Dittrich 1998). Dies gilt insbesondere dann, wenn sich nach dem Eingehen einer durch Wechselbarrieren abgesicherten Geschäftsbeziehung für den Kunden bessere Alternativen ergeben. In einer empirischen Studie konnte nachgewiesen werden, dass derart gebundene Kunden sowohl die Intensivierung der Geschäftsbeziehung als auch eine Weiterempfehlung des Anbieters häufiger annehmen als im Zustand der Gebundenheit (Eggert 2001, S. 95). Ohne das Vorhandensein von Verbundenheit wirkt sich Gebundenheit nur so lange auf die Kundenbindung aus, wie die vertraglichen, technisch-funktionalen oder ökonomischen Ursachen der Gebundenheit gegeben sind.

Im Vergleich zur Gebundenheit hat Verbundenheit einen **stärkeren Einfluss auf die Kundenbindung** (Liljander/Strandvik 1995; Bliemel/Eggert 1998, S. 43). Die Position der **positiven Gebundenheit** enthält sowohl „Will"- als auch „Muss"-Bindungen. Beispiele sind zufriedene Zeitungsabonnenten oder zufriedene Abnehmer von Zubehörteilen durch Just-in-Time-Fertigung. In diesen Fällen hat die Bindung nicht nur für den Verkäufer einen Vorteil, sondern auch für den Kunden. So erhält beispielsweise der Zeitungsabonnent bequem und ohne weiteres Zutun seine Zeitung für einen bestimmten Zeitraum zugestellt. Ihm entsteht somit ein Nutzen im Sinne von Zeitersparnis bzw. Bequemlichkeit. Oftmals sind mit der positiven Gebundenheit auch ökonomische Vorteile wie etwa Rabatte verbunden (z. B. Preisreduktion für Zeitungsabonnements im Vergleich zum Einzelbezug).

Schaubild 4-4-20 Typen von Kundenbindungsstrategien mit Beispielen

Gebundenheitsstrategie		
Vertragliche Gebundenheit	**Technisch-funktionale Gebundenheit**	**Ökonomische Gebundenheit**
Bindung von Zusatzleistung an Kernleistung: ■ Garantiebedingungen (Automobil) ■ Service-Verträge (EDV) Bindung bei Folgekäufen: ■ Abonnement (Zeitschriften, Theaterkarten) ■ Mindestbezugsvereinbarungen (Buchclub) ■ Langfristige Vertragsgestaltung (Sportvereine, Leasingverträge)	Technisch-funktional bedingter Verbund von Zusatz- und Kernleistung: ■ Kundendienst im Automobilbereich ■ Technischer Kundendienst und Schulung bei komplexen, individuell erstellten Produkten (EDV-Hard- und/oder Software) Technisch-funktionale Bindung bei Erweiterungs- bzw. Folgekäufen: ■ Bindung durch einheitliche Schnittstellen (Anschlussflüge) ■ Bindung durch technische Kompatibilität (LEGO)	Erhöhung der Wechselkosten: ■ Austrittsgebühren (Kontoauflösungen im Bankbereich) ■ Verlust von Vorteilen (geringer Rückkaufwert bei Kapitallebensversicherungen) ■ Bürokratische Austrittsverfahren (Versicherungsummeldung) Preissetzung: ■ Preisbundling (Pauschalreisen) ■ Anhebung fixer Eintrittskosten bei gleichzeitiger Ermäßigung der Folgekosten (Bahncard, Sportvereine) ■ Preisdegression in Abhängigkeit von Bindungsdauer (Schadensrabatte bei Versicherungen) ■ Rabattsystem (freie Leistungseinheit bei mehrmaligem Bezug, z. B. Sporteinrichtungen, Pizza-Service)
Verbundenheitsstrategie		
Bindung über Zufriedenheit: ■ Zielgerichteter, an Kundennutzen orientierter Einsatz der Marketingaktivitäten Bindung über spezielle Kundenbindungsinstrumente: ■ Kundenclub ■ Kundenkarte ■ Kundenzeitung ■ Beschwerdemanagement ■ Direct Marketing		

Auch ohne die Existenz von Gebundenheit führt die Verbundenheit zu Kundenbindung (**Fan-Position**). Der Kunde kauft in diesem Fall nicht aufgrund von ökonomischen Überlegungen wiederholt beim selben Unternehmen, sondern allein aufgrund eines positiven Zustands der Anerkennung und Wertschätzung (Eggert 2001, S. 94). Ziel ist es daher, bei vielen Kunden die Fan-Position oder die Position der positiven Gebundenheit anzustreben.

Ausgehend von der Differenzierung in eine verbundenheits- und eine gebundenheitsgetriebene Kundenbindung lassen sich in der Kundenbindungsphase eine Verbundenheits- und Gebundenheitsstrategie als **Typen von Kundenbindungsstrategien** differenzieren (vgl. Schaubild 4-4-20). Die **Verbundenheitsstrategie** strebt eine Kundenbindung über psychologische Determinanten an (z. B. Beziehungsqualität, Kundenzufriedenheit), während bei der **Gebundenheitsstrategie** versucht wird, Kundenbindung durch den Aufbau von Wechselbarrieren zu realisieren.

Im Vergleich zur Neukundenakquisitionsstrategie hat die Kundenbindungsstrategie den Vorteil, dass Unternehmen und Kunden sich bereits kennen. Aufgrund der gewonnenen Erfahrungen im Rahmen der Kundenbeziehung kann in der Marktbearbeitung auf vergangene Transaktionen Bezug genommen werden. Darüber hinaus sind die aktuellen Kunden für das Unternehmen leichter zu identifizieren als potenzielle Kunden.

3. Rückgewinnungsstrategie

Gelingt es nicht, den Kunden an das Unternehmen zu binden, wird der Kunde einen Anbieterwechsel in Betracht ziehen und bei vorhandenen besseren Alternativen zu einem Konkurrenzunternehmen abwandern. Die Kundenrückgewinnungsstrategie umfasst die emotionale Rückgewinnung so genannter abwanderungsgefährdeter Kunden sowie die faktische Rückgewinnung bereits abgewanderter Kunden.

Die Rückgewinnung abgewanderter Kunden dient der Erreichung folgender **Ziele**:

- Sicherung des Umsatzes und dem Erhalt der Cross-Selling-Möglichkeiten (**Profitabilitätsziel**),
- Verhinderung negativer Mund-zu-Mund-Kommunikation (**Kommunikationsziel**),
- Verbesserung der Informationsgrundlagen in Bezug auf Abwanderungsgründe und -prozesse, um zukünftig präventive Maßnahmen zu ergreifen (**Informationsziel**).

Die Auslöser für Abwanderungsgründe sind häufig sowohl unternehmensinterner als auch unternehmensexterner Natur. Unter **interne Auslöser** fallen z. B. das Fehlverhalten von Mitarbeitenden, mangelnde Qualität, lange Warte- und Prozesszeiten oder ein Vertrauensmissbrauch (z. B. durch die Weitergabe persönlicher Daten). Weiterhin gibt es **externe Auslöser**, beispielsweise durch einen Ortswechsel, Änderungen der persönlichen Präferenzen oder Lebensumstände, oder auch einen neuen Wettbewerber im Markt. Bei diesen externen Auslösern lässt sich nur in wenigen Fällen eine Abwanderung sinnvoll verhindern. Denkbar sind unter den genannten Beispielen lediglich Maßnahmen, um das Abwandern zu neuen Wettbewerbern zu verhindern (Michalski 2002).

Das **Erfolgspotenzial der Rückgewinnung** und der tatsächliche Rückgewinnungserfolg werden in der Literatur sehr unterschiedlich bewertet und sind in Abhängigkeit der Branche zu sehen (vgl. z. B. Homburg/Sieben/Stock 2004). So stehen z. B. der Schätzung eines Erfolgspotenzials im Bankensektor von bis zu 30 Prozent empirische Studien gegenüber, in denen die Quote tatsächlich zurückgewonnener Kunden annähernd Null beträgt (Michalski 2002).

Eine **systematische Rückgewinnungsstrategie** eignet sich besonders, wenn

- der Kundenstamm durch hohe Wechsel- bzw. Fluktuationsraten charakterisiert ist,
- die Gründe für diese hohe Wechselrate vom Unternehmen beeinflussbar sind und
- die Rückgewinnung profitabler erscheint als eine Neukundenakquisition.

Bei der Auswahl einer Rückgewinnungsstrategie gilt es zu entscheiden, wie das Ziel der Kundenrückgewinnung generell verfolgt wird und welche Zielgruppen anzusprechen sind. Strategische Optionen der Kundenrückgewinnung sind die Kundenrückgewinnung durch **Wiedergutmachung** und die Kundenrückgewinnung durch **Verbesserung** der zur Abwanderung führenden Probleme. Weiterhin lassen sich abwandernde (emotionale Rückgewinnung) oder bereits abgewanderte Kunden anvisieren.

Demzufolge ergeben sich vier grundlegende **Strategien der Rückgewinnung** (Bruhn 2009a):

- **Kompensationsstrategien** beinhalten eine Wiedergutmachung für eine mangelhafte Leistung. Solch eine Wiedergutmachung, z. B. durch eine Kompensationszahlung, verhindert eventuell die Abwanderung eines enttäuschten oder verärgerten Kunden.

- **Nachbesserungsstrategien** beschäftigen sich mit der Verbesserung oder Reparatur einer fehlerhaften Unternehmensleistung. Diese Strategie zielt ebenfalls auf abwanderungsentschlossene Kunden.

- **Stimulierungsstrategien** beziehen sich demgegenüber auf bereits abgewanderte Kunden. Durch Anreize, wie z. B. Rabatte oder kleine Geschenke, wird versucht, eine Wiederaufnahme der Geschäftsbeziehung zu erreichen.

- **Überzeugungsstrategien** werden den Verbesserungsstrategien subsumiert und versuchen, abgewanderte Kunden durch ein modifiziertes Leistungsangebot zu überzeugen (z. B. Innovation gemäß den Kundenbedürfnissen).

4. Strategie der anbieterseitigen Beziehungsbeendigung

Unter bestimmten Umständen ist es möglich, dass die Weiterführung der Kundenbeziehung aus Sicht des Anbieters nicht wünschenswert ist. In solchen Fällen empfiehlt es sich für den Anbieter, eine so genannte **Beziehungsbeendigungsstrategie** zu verfolgen (vgl. auch im Folgenden Bruhn 2009a, S. 139ff.). Mit dem Strategietyp der Beziehungsbeendigung werden folgende **Ziele** angestrebt (vgl. Lucco 2008, S. 223):

- Steigerung der Wirtschaftlichkeit durch Beendigung unprofitabler Beziehungen,

- Anpassung an veränderte rechtliche Rahmenbedingungen, zu denen die Beziehung bestimmter Kundengruppen nicht vereinbar ist,
- Vermeidung der Gefährdung „unkritischer" Kundenbeziehungen durch nicht tragbares (kriminelles oder unangenehmes) Verhalten bestimmter Kundengruppen.

> **Beispiel: Beziehungsbeendigungsstrategie bei American Express**
>
> Zur Bewältigung der Herausforderungen der weltweiten Finanzkrise der Jahre 2008/2009 sah sich das Kreditkartenunternehmen *American Express* zu bis dato außergewöhnlichen Maßnahmen und zur Anpassung des bisherigen Geschäftsmodells gezwungen. Bis zu Beginn der Krise war der Kreditkartenmarkt geprägt von hohen Prämien für den Abschluss neuer Kreditkartenverträge. Dies führte dazu, dass insbesondere amerikanische Kunden Kreditkarten mehrerer Anbieter besaßen und häufig nicht in der Lage waren, die in Anspruch genommenen Kreditrahmen auszugleichen. Zur Reduzierung ihrer Risikoposition unterbreitete *American Express* ihren Risikokunden das folgende freiwillige Angebot: Sollten diese innerhalb einer gegebenen Frist ihre Ausstände vollständig begleichen, würden sie im Gegenzug – verbunden mit einer Kündigung des Kreditkartenvertrags – eine Geschenkkarte im Gegenwert von $ 300 erhalten. Für den Fall, dass sie das Angebot nicht annehmen, würde ihr Konto trotzdem geschlossen (American Express 2009).

Im Rahmen der Beziehungsbeendigung werden Strategieoptionen dahingehend differenziert, ob der Rückzug aus der Beziehung durch den Anbieter „offen" oder „verdeckt" gegenüber dem Kunden erfolgt (Alajoutsijärvi/Möller/Tähtinen 2000).

In Bezug auf die **verdeckten Strategieoptionen** lassen sich vier Strategieoptionen unterscheiden, die sich aus der Dichotomie der beiden Dimensionen ‚Orientierung der Strategie' (kundenorientiert versus selbstorientiert) und ‚Aktivitätsgrad der Strategie' (passiv vs. aktiv) ergeben (vgl. Schaubild 4-4-21):

Schaubild 4-4-21 Strategien der verdeckten Beziehungsbeendigung

Aktivitätsgrad \ Orientierung	Kundenorientierung	Selbstorientierung
Passiver Rückzug	**Strategie der Deeskalation** Beispiel: ■ Pseudo-Weiterführung bei geringer Beziehungsintensität	**Eskalationsstrategie** Beispiel: ■ Re-Rentabilisierung durch Anhebung der Preise
Aktiver Rückzug	**Strategie des „Auslaufen lassen"** Beispiel: ■ Senkung der Investitionen in die Beziehung	**Rückzugsstrategie** Beispiel: ■ Abbau von Vertrauen und Vertrautheit

Quelle: in Anlehnung an Alajoutsijärvi/Möller/Tähtinen 2000, S. 1274

- Mit der **Strategie der Deeskalation** wird ein versteckter, passiver Rückzug aus der Kundenbeziehung angestrebt, der jedoch auf kundenorientierte Weise vollzogen wird. Diese Strategie kommt beispielsweise in Betracht, wenn die Fortführung der Kundenbeziehung nicht mehr der strategischen Ausrichtung eines Unternehmens entspricht, deren Fortführung aber auch – zumindest kurzfristig – keinen Schaden verursacht.

- Die **Eskalationsstrategie** erfolgt im Gegensatz zur Deeskalationsstrategie selbstorientiert. Dies bedeutet, dass der Anbieter versucht, die Kundenbeziehung z. B. durch Preiserhöhungen zu beenden, ohne dass dies aus Sicht des Kunden als aktiver Kündigungsversuch gewertet wird.

- Im Rahmen der **Strategie des „Auslaufen lassen"** wird ein aktiver, jedoch kundenorientierter Maßnahmenplan zur Beendigung der Beziehung verfolgt. Dabei wird angestrebt, durch bewusste Absenkung der Investitionsmaßnahmen die Kundenbeziehung sukzessive zum Erliegen zu bringen.

- Die so genannte **Rückzugsstrategie** peilt den aktiven, selbstorientierten Rückzug aus der Kundenbeziehung mit dem Ziel der Beziehungsbeendigung an. Ein Beispiel hierfür ist der bewusste Abbau von Vertrauen und Vertrautheit, wie er beispielsweise dadurch entsteht, wenn ein langjähriger Kundenbetreuer durch einen anderen Mitarbeitenden ersetzt wird.

Von den verdeckten strategischen Optionen der anbieterseitigen Beziehungsbeendigung lassen sich die **offenen Strategien** abgrenzen. Auf Basis der Dimensionen ‚Orientierung der Strategie' und ‚Endgültigkeit der Beendigung' ergeben sich wiederrum vier generische Typen offener Beendigungsstrategien (vgl. Schaubild 4-4-22):

Schaubild 4-4-22 Strategien der offenen Beziehungsbeendigung

Aktivitätsgrad \ Orientierung	Kundenorientierung	Selbstorientierung
Endgültige Beendigung	**Strategie der erklärten Beendigung** Beispiel: ■ Gespräch zur Erklärung der Gründe des Unternehmens	**Strategie der vollendeten Tatsachen** Beispiel: ■ Schriftliche Mitteilung an den Kunden
Wiederrufbare Beendigung	**Strategie des einvernehmlichen Gesprächs** Beispiel: ■ Senkung der Investitionen in die Beziehung	**Strategie des ergebnislosen Gesprächs** Beispiel: ■ Wiederaufnahme ohne Kompromisse seitens des Unternehmens

Quelle: In Anlehnung an Alajoutsijärvi/Möller/Tähtinen 2000, S. 1274

- Im Rahmen der **Strategie der erklärten Beendigung** wird eine unwiderrufliche Beendigung der Beziehung angestrebt, dabei jedoch versucht, dem Kunden die Gründe dafür zu erklären.

- Bei der **Strategie der vollendeten Tatsachen** wird dem Kunden offen die Beziehung für beendet erklärt.

- Die **Strategie des einvernehmlichen Gesprächs** lässt prinzipiell eine Option zur Wiederaufnahme der Kundenbeziehung offen, indem der Anbieter seine Kompromissbereitschaft bzw. die Bedingungen für die Fortführung der Beziehung erklärt.

- Eine **Strategie des ergebnislosen Gesprächs** sieht ebenfalls eine Möglichkeit zur Wiederaufnahme der Beziehung vor. Allerdings ist die Wiederaufnahme nicht an die Bedingung eines Kompromisses geknüpft.

Bei der Auswahl einer geeigneten Strategie der anbieterseitigen Beziehungsbeendigung ist sowohl nach den Gründen der Beendigung als auch nach den möglichen öffentlichkeitswirksamen Konsequenzen der Durchführung einer Beziehungsbeendigungsstrategie zu differenzieren. Dabei ist insbesondere dann mit Reputationsschäden zu rechnen, wenn eine offene Beziehungsbeendigungsstrategie gewählt wird, ohne dass der Öffentlichkeit nachvollziehbare Gründe für das Vorgehen geliefert werden. Im direkten Zusammenhang zur Problematik negativer Konsequenzen der Beziehungsbeendigung steht die Frage nach der wahrgenommenen Kündigungsqualität aus Kundensicht.

> **Kündigungsqualität** ist die Fähigkeit eines Unternehmens, die Kündigung einer Geschäftsbeziehung zu einem bestehenden Kunden aufgrund der transaktionsorientierten Erwartungen, die der Kunde an eine Kündigung erheben wird, auf einem bestimmten Anforderungsniveau zu erstellen. Sie bestimmt sich aus der Summe der Eigenschaften beziehungsweise Merkmalen des gesamten Kündigungsprozesses, bestimmten Anforderungen gerecht zu werden (Lucco 2008, S. 13).

Darauf aufbauend wird die **wahrgenommene Kündigungsqualität** verstanden als das Urteil eines Kunden hinsichtlich einzelner Interaktionen und Transaktionen, des Prozesses sowie über die persönliche Bilanz der Kündigung. Die wahrgenommene Kündigungsqualität ist demnach ein mehrstufiges Konstrukt, das verschiedene Transaktionen übergreift und die Komplexität der anbieterseitigen Kündigung umfasst (Lucco 2008, S. 77).

Die Wahrnehmung der Kündigung wird maßgeblich durch eine bestimmte **Erwartungshaltung** beeinflusst, die sich aus der Einstellung gegenüber dem Anbieter sowie den bisherigen Erfahrungen mit dem Anbieter ergeben. Vor diesem Hintergrund erwarten sie eine gerechte Kündigung und bewerten die Kündigung hinsichtlich der Interaktion, dem Kündigungsverfahren, der Nachvollziehbarkeit des Beendigungsgrunds sowie dem Endergebnis der Kündigung (Bruhn/Lucco/Wyss 2008, S. 234). Vor diesem Hintergrund wird die Kündigungsqualität anhand der Konstrukte Verteilungs-, Verfahrens- sowie der Interaktionsqualität wahrgenommen und entsprechend operationalisiert.

Die **Wirkung der Beziehungsbeendigung** auf den Kunden lässt sich primär an den Kundenemotionen feststellen, die sowohl positive als auch negative Ausprägungen in Form von Kundenzufriedenheit bzw. -unzufriedenheit einnehmen können. Da die Stärke der Kundenemotion den Aktivierungsgrad des Kunden durch die erfahrene Kündigung ausdrückt, ist zu erkennen, dass es eine möglichst geringe Aktivierung durch die Kündigung zu erreichen gilt, um beim Kunden trotz der Kündigung eine positive Einstellung zu erzielen bzw. zu erhalten. Auch die langfristige Wirkung der Kündigungsqualität zeigt sich an der Einstellung des Kunden. Diese wird jedoch unter anderem auch durch die während der aktiven Geschäftsbeziehung wahrgenommenen Beziehungsqualität determiniert (Lucco 2008, S. 189f.).

Vor dem Hintergrund des Wissens über die Determinanten und Wirkungen der wahrgenommenen Kündigungsqualität gilt es für Dienstleistungsanbieter, im Rahmen ihrer Beziehungsbeendigungsstrategie zu beachten, wie sich eine positive Einstellung – trotz anbieterseitiger Kündigung – beim Kunden bewahren und das Risiko imageschädigender Konsequenzen beispielsweise durch negative Mundkommunikation gekündigter Kunden reduzieren lassen.

5. Beziehungssegmentspezifische Differenzierung von Kundenstrategien

Zu beachten ist im Zusammenhang mit der Festlegung von Kundenstrategien insbesondere die **segmentspezifische Betrachtung**. Bei der traditionellen Kundensegmentierung werden die potenziellen, aktuellen oder auch die abgewanderten Kunden anhand der klassischen, soziodemografischen Segmentierungskriterien unterschieden (zielgruppenspezifische Kundensegmentierung). Unter Berücksichtigung der dargestellten Kundenstrategien ist jedoch ergänzend und vertiefend eine beziehungsorientierte Kundensegmentierung vorzunehmen.

Innerhalb der **Neukundenakquisition** wäre eine Beziehungssegmentierung (Bruhn 2009a, S. 107ff.) beispielsweise nach dem Erfolgspotenzial der Akquisition sinnvoll. Von „chancenreichen" Kundenbeziehungen ist zu sprechen, wenn die Neukundenakquisition – beispielsweise im Rahmen einer Direct-Mail-Aktion – auf Basis eines stark differenzierten Adressmaterials durchgeführt wird, wohingegen bei den so genannten „kalten" Adressen (undifferenzierte Adressauswahl) in der Regel nur geringe Akquisitionserfolge zu verzeichnen sind.

Die **kundenbindungsbezogene Beziehungssegmentierung** dient in erster Linie der Analyse der Gründe der Kundenbindung. Wie bereits erwähnt, lässt sich Kundenbindung auf die Ver- bzw. Gebundenheit eines Kunden zurückführen. Anhand dieser beiden Dimensionen lassen sich vier **Arten der Kundenbindung** unterscheiden:

- **Künstliche Kundenbindung** liegt bei geringer Verbundenheit und hoher Gebundenheit des Kunden vor.
- **Sichere Kundenbindung** entsteht durch gleichzeitiges Auftreten sowohl hoher Verbundenheit als auch hoher Gebundenheit.

- Eine nur **emotionale oder psychologische Kundenbindung** wird beobachtet, wenn Kunden zwar eine hohe Verbundenheit, aber keine Gebundenheit zum Unternehmen oder der Leistung aufweisen.

- **Keine Kundenbindung** liegt selbstverständlich vor, wenn Kunden weder ver- noch gebunden sind.

Weiterhin wird im Rahmen einer bindungsbezogenen Segmentierung analysiert, bei welchen Kundenbeziehungen eine hohe Kundenbindung auch zu einer Steigerung der ökonomischen Kennzahlen führt. So ist beispielsweise zu prüfen, ob es sich um Kunden mit „gesättigten" Beziehungen handelt (Dauer der Kundenbeziehung z. B. mehr als zehn Jahre und ausgeschöpftes Leistungsspektrum) oder ob sich die bestehende Kundenbeziehung, z. B. durch Cross Selling, noch steigern lässt. Geeignete ökonomische Kennzahlen zur Segmentierung sind z. B. das Beziehungsvolumen und die Beziehungsprofitabilität. Diese Kennzahlen stellen einen Indikator für den Beziehungserfolg dar (Bruhn 2009a).

Derartige Überlegungen sind auch bei der **rückgewinnungsbezogenen Beziehungssegmentierung** relevant. Hier ist die entsprechende Kundengruppe zum einen nach der Abwanderungswahrscheinlichkeit, bei bereits abgewanderten Kunden zum anderen nach der Rückgewinnungswahrscheinlichkeit zu differenzieren. Ab einer festgelegten Höhe der Abwanderungs- oder Rückgewinnungswahrscheinlichkeit folgen Maßnahmen im Rahmen der definierten Rückgewinnungsstrategie.

Auch im Zusammenhang mit einer **Beziehungsbeendigungsstrategie** ist eine Beziehungssegmentierung von Bedeutung. Hierbei lassen sich die Kunden beispielsweise hinsichtlich ihrer zu erwartenden Verhaltensreaktionen auf eine anbieterseitige Kündigung segmentieren. Je nach Risikopotenzial in Form von Auftrittswahrscheinlichkeiten negativer Mundkommunikation ließe sich die von der Kündigung betroffene Kundengruppe weiter differenzieren und die Auswahl der konkreten Kündigungsstrategien an die Charakteristika der beziehungsbeendigungsbezogenen Beziehungssegmente zielgruppenkonform ausrichten. Bei Kunden, die vornehmlich in Bloggs, Foren und sonstigen Social-Media-Plattformen präsent sind und aktiv ihre Meinung äussern, ist daher eine anbieterseitige Kündigung genau abzuwägen, da bei diesen Kunden die Wahrscheinlichkeit besonders hoch ist, dass negative Erfahrungen in der Öffentlichkeit mitgeteilt werden.

Bei Kenntnis der verschiedenen Beziehungssegmente kann zusammengefasst eine differenzierte Steuerung der Kundenbeziehungen erfolgen. Voraussetzung für die Durchführung derartiger Segmentierungsanalysen ist das Vorhandensein von umfangreichen kundenbezogenen Daten aus der Marktforschung sowie aus dem Rechnungswesen.

4.23 Abnehmergerichtete Verhaltensstrategie

Ausgangspunkt der abnehmergerichteten Verhaltensstrategien ist die Frage, durch welche Verhaltensweisen des Unternehmens das strategische Ziel der bestmöglichen Kundenbearbeitung erreicht wird. Im Kern geht es darum, in der Psyche des Abnehmers eine Vorzugsstellung zu erreichen, weshalb in diesem Zusammenhang von abnehmergerichteten

Strategien gesprochen wird (Meffert/Burmann/Kirchgeorg 2012, S. 307). Vor diesem Hintergrund wird der Begriff abnehmergerichtete Verhaltensstrategie wie folgt definiert:

> Eine **abnehmergerichtete Strategie** ist ein langfristiger Verhaltensplan, der die Steigerung des Kundennutzens und die Erzielung einer Vorzugsstellung in der Psyche des Abnehmers durch die Realisierung eines oder mehrerer Wettbewerbsvorteile im relevanten Markt zum Inhalt hat.

In diesem Zusammenhang ist von besonderer Bedeutung, wie die im Rahmen der Geschäftsfeldstrategien festgelegten Wettbewerbsvorteile (vgl. Abschnitt 4.13) aus Kundensicht wahrgenommen werden. Ein echter **Wettbewerbsvorteil** liegt dabei vor, wenn folgende **Bedingungen** erfüllt sind (Simon 1988, S. 4; Backhaus/Voeth 2010):

- Der Vorteil wird vom Kunden wahrgenommen (wahrgenommen).
- Es handelt sich um ein für den Kunden wichtiges Merkmal (relevant).
- Der Vorteil ist von der Konkurrenz kurzfristig nicht einholbar (verteidigungsfähig).

Je nach Wettbewerbsvorteil (Differenzierung, Kosten, Zeit) werden unterschiedliche Verhaltensweisen sinnvoll, die sich auf zwei **Strategieansätze** zurückführen lassen:

1. Präferenzstrategie,
2. Preis-Mengen-Strategie.

Die **Präferenzstrategie** beschreibt abnehmergerichtete Strategien, die die Leistungs- bzw. Differenzierungsvorteile gegenüber den Kunden in besonderer Weise verfolgen. Im Mittelpunkt der Präferenzstrategie steht die Zielsetzung, beim Abnehmer mehrdimensionale Präferenzen aufzubauen, deren Entstehung zwar nicht auf preisliche Aktionsparameter zurückzuführen ist, durch sie jedoch eine überdurchschnittliche Zahlungsbereitschaft beim Abnehmer erzielt wird. Die Maßnahmen des Dienstleistungsanbieters zielen darauf ab, dass er in der Kundenwahrnehmung gegenüber den Wettbewerbern eine Vorzugsstellung in Bezug auf die angestrebten Wettbewerbsvorteile einnimmt und sich so von den Wettbewerbern differenziert (Becker 2006, S. 182ff.; Meffert/Burmann/Kirchgeorg 2012, S. 307).

Demgegenüber steht die **Preis-Mengen-Strategie**, die sich auf den Aufbau eindimensionaler Präferenzen beschränkt. Im Mittelpunkt steht dabei die Herausstellung und Weitervermittlung der Kostenvorteile an den Kunden insbesondere durch die Konzentration der Marketingaktivitäten auf preispolitische Maßnahmen. Das Verhalten des Anbieters zielt darauf ab, den Kunden durch einen niedrigen Preis zum Erwerb der Dienstleistung zu bewegen. Durch einen niedrigeren Preis reduziert sich einerseits zwar der Stückgewinn, der jedoch im Idealfall durch einen Anstieg der Absatzmenge als Resultat des Niedrigpreisangebots überkompensiert wird (Meffert/Burmann/Kirchgeorg 2012, S. 307).

Diese Unterscheidung steht in engem Zusammenhang zu den generischen Strategieoptionen von Porter (Differenzierungs- versus Kostenführerschaftsstrategie). Unterschiede bestehen insofern, als die Wettbewerbsvorteile bei Porter immer in Relation zur Konkurrenz verstanden werden und die Porter'schen Wettbewerbsstrategien einen stärker funktionsübergreifenden Bezug gegenüber den vor allem auf das Marketing bezogenen Preis-Mengen- und Präferenzstrategien aufweisen.

4.24 Wettbewerbsgerichtete Verhaltensstrategie

Bei der Festlegung der Unternehmensstrategie sind neben den Kunden die Wettbewerber und deren Verhalten mit einzubeziehen und das eigene Verhalten ggf. diesem anzupassen.

> Eine **wettbewerbsgerichtete Verhaltensstrategie** legt die spezifischen Verhaltensweisen des Anbieters gegenüber seinen (Haupt-) Konkurrenten fest.

Die Wahl zwischen den verschiedenen **Optionen einer wettbewerbsgerichteten Verhaltensstrategie** hängt dabei von der Art und Intensität des Wettbewerbs im betrachteten Markt ab (Porter 2010). Die so genannten „Triebkräfte des Wettbewerbs", wie die Marktform, das Marktstadium und das Wettbewerbsgleichgewicht, sind in das Entscheidungskalkül des Unternehmens einzubeziehen. Ferner gilt es, unternehmensbezogene Determinanten zu berücksichtigen, wobei die eigenen Ressourcen und Fähigkeiten sowie die realistische Einschätzung der Wettbewerbsressourcen von besonderer Bedeutung sind. Hierzu zählen beispielsweise:

- Managementpotenziale,
- finanzielle Ressourcen,
- Erfahrungshorizont,
- Wachstumsfähigkeit,
- Reaktionsschnelligkeit,
- Anpassungsvermögen,
- Durchhaltevermögen.

Grundsätzlich ergeben sich für Dienstleistungsunternehmen folgende zwei **Verhaltensdimensionen** (Meffert/Burmann/Kirchgeorg 2012, S. 317f.). Die erste Dimension unterscheidet zwischen innovativem (aktivem) und imitativem (eher passivem) Verhalten des Dienstleisters. Ähnliche Systematiken unterscheiden häufig zwischen innovativem bzw. entrepreneurorientiertem und konservativem Verhalten (Miller/Friesen 1982; Murray 1984; Schnaars 1994; Im/Workman Jr 2004).

Die zweite Dimension unterscheidet zwischen wettbewerbsvermeidendem und wettbewerbsstellendem Verhalten. Hier kommen vor allem jene Kriterien zur Anwendung, die in der Literatur unter den Aspekten des offensiven und defensiven bzw. proaktiven und reaktiven Verhaltens diskutiert werden (Easton 1988; Meffert/Burmann 1996). Ein **wettbewerbsvermeidendes Verhalten** beruht in diesem Sinne auf der Anpassung der eigenen unternehmerischen Entscheidungen an die Handlungen der Wettbewerber. Demgegenüber liegt **wettbewerbsstellendes Verhalten** vor, wenn Dienstleister bereits auf erste „schwache

Signale" (Ansoff 1976, S. 129) im Vorfeld wettbewerblicher Anstrengungen der Konkurrenten reagieren.

Bei einer Kombination der beiden Verhaltensdimensionen lassen sich vier **wettbewerbsgerichtete Verhaltensstrategien** ableiten (vgl. Schaubild 4-4-23). Zu unterscheiden sind die folgenden Strategien:

- Kooperationsstrategie,
- Konfliktstrategie,
- Ausweichstrategie,
- Anpassungsstrategie.

Schaubild 4-4-23 Wettbewerbsgerichtete Verhaltensstrategien

Verhaltensdimensionen	Innovativ	Imitativ
Wettbewerbsvermeidend	Ausweichung	Anpassung
Wettbewerbsstellend	Konflikt	Kooperation

Kooperationsstrategien werden vor allem von Dienstleistern angestrebt, die über keinen deutlichen Wettbewerbsvorteil bzw. nicht über die Ressourcen verfügen, langfristige Konkurrenzauseinandersetzungen zu führen. Darüber hinaus herrscht auf Oligopolmärkten häufig ein mehr oder weniger ausdrückliches Einverständnis über das „Wettbewerbsgebaren" (informelle Kooperation) (Lambin 1987, S. 180). Im Rahmen einer formalen Kooperation wird häufig ein Vertrag zur Fixierung der Zusammenarbeit geschlossen. In diesem Zusammenhang sind Managementverträge, Joint Ventures sowie Lizenzverträge zu nennen. Gerade in den Bereichen Luftfahrt und Telekommunikation hat das Instrument der funktionsspezifischen Joint Ventures eine starke Bedeutung (Porter/Fuller 1989, S. 389ff.).

> **Beispiel: „Co-opetition" zwischen Deutscher Post und Lufthansa**
>
> Formen der so genannten „Co-opetition", d. h. einer Kooperation zwischen Wettbewerbern, sind in internationalen Verkehrs- und Logistikunternehmen zu beobachten. Eine Co-opetition dient meist zur gemeinsamen Bedienung von Märkten, d. h. zur Ausweitung des jeweils eigenen Tätigkeitsbereichs sowie zur besseren Auslastung der vorhandenen Kapazitäten. Unter dem Namen „Global Match" haben die *Deutsche Post World Net* und die *Deutsche Lufthansa AG* eine enge Kooperation ihrer im Luftfrachtbereich tätigen Tochtergesellschaften *Lufthansa Cargo* und *DHL International* etabliert (DHL 2004). Luftfahrtbündnisse im Personenverkehr gehören dagegen schon zu den klassischen Kooperationen. Sie vereinen neben einer gemeinsamen Leistungspalette oft zusätzlich ihre Kundenbindungsprogramme (z. B. „Miles and More") unter einem Dach (Handelsblatt-Online 2005).

Konfliktstrategien sind zumeist mit der Zielsetzung verbunden, durch ein im Vergleich zum Wettbewerber stark divergierendes (aggressives) Verhalten, Marktanteile zu gewinnen und möglicherweise die Marktführerschaft zu realisieren. Üblicherweise lässt sich ein solches Verhalten auf Märkten beobachten, die sich in der Stagnations- oder Schrumpfungsphase befinden, da hier eine Positionsverbesserung nur noch auf Kosten der Marktstellung anderer Anbieter möglich ist (Nullsummenspiel). Auch oligopolistische Märkte werden oft durch aggressives Wettbewerbsverhalten charakterisiert. Deutliche Beispiele für derartige Konfliktstrategien bieten derzeit die Anbieter für Breitband-Internet-Anschlüsse (DSL). Das konfliktäre Anbieterverhalten zeigt sich insbesondere an permanenten Preisunterbietungen und Leistungserhöhungen im Kampf um Marktanteile.

Ausweichstrategien sind dadurch gekennzeichnet, dass der Dienstleister versucht, einem erhöhten Wettbewerbsdruck durch innovative Aktivitäten zu entgehen. Im Einzelfall erfolgt dies durch abgeschirmte Marktsegmente, innovative Leistungen oder Leistungsprozesse sowie durch ausgeprägte Marketinganstrengungen. Im Dienstleistungsbereich ist in jüngster Zeit ein starker Anstieg der Online-Vertriebswege zu beobachten, was sich im weitesten Sinne als Ausweichstrategie interpretieren lässt. Zu denken ist an Direktversicherer, Online-Reiseveranstalter oder Online Banking.

Anpassungsstrategien zielen auf eine Erhaltung der realisierten Produkt-Markt-Position ab. Das eigene Verhalten wird auf die Reaktion der Wettbewerber abgestimmt. Diese wettbewerbsvermeidende, defensive Ausrichtung wird häufig nur so lange beibehalten, wie keine Schwächung der eigenen Position durch Vorstöße der Wettbewerber erfolgt. Im Tankstellengewerbe ist die Anpassungsstrategie häufig zu beobachten. Insbesondere hinsichtlich der Preisgestaltung von Marktführern fällt auf, dass die Wettbewerber rasch eine Anpassung der eigenen Strategien vornehmen.

4.25 Absatzmittlergerichtete Verhaltensstrategie

Neben den wettbewerbsgerichteten sind in einigen Branchen zudem absatzmittlergerichtete Strategieansätze zu formulieren.

> **Absatzmittlergerichtete Strategien** sind auf den Handel bzw. Vertriebspartner ausgerichtete Konzepte und Verhaltensweisen, die darauf abzielen, die eigene Position bei den Absatzmittlern zu stärken, um auf diese Weise indirekt auch der Absatzförderung der über die Absatzmittler angebotenen Leistungen zu dienen.

Relevanz erhalten absatzmittlergerichtete Strategien insbesondere in Branchen, in denen **Dienstleistungsversprechen** abgegeben werden (z. B. Konzertagentur, Catering-Service, Mobilfunkprovider), d. h., das Versprechen des Dienstleistungsanbieters gegenüber dem Dienstleistungsnachfrager, zu einem späteren Zeitpunkt bzw. Zeitraum bestimmte Dienstleistungen zu erbringen.

> **Beispiel: Kooperation zwischen T-Mobile und Apple**
>
> Eine absatzmittlergerichtete Strategie zeigt sich in der Kooperation des Computerherstellers *Apple* und dem Mobilfunkanbieter *T-Mobile* im Zusammenhang mit der Markteinführung des revolutionären Mobiltelefons iPhone in Deutschland, das ein Mobiltelefon, den populären MP3-Player iPod und ein Internet-Kommunikationsgerät miteinander vereint (Apple 2007). T-Mobile ist der exklusive Vertriebspartner des iPhone und knüpft den Verkauf des Geräts aufgrund dessen hoher Popularität an langfristige und hochpreisige Mobilfunkverträge. Der Hersteller *Apple* profitiert durch die Vergabe der Vertriebsexklusivität neben den Verkaufserlösen des iPhone von einer Beteiligung am Mobilfunkumsatz von *T-Mobile*-Kunden, der im Rahmen der iPhone-Mobilfunkverträge anfällt (o.V. 2007a).

Bei einer Kombination der Verhaltensdimensionen Aktivität/Passivität des Dienstleistungsanbieters in der Gestaltung der Absatzwege sowie Aktivität/Passivität in der Reaktion der Absatzmittler auf die Aktivitäten des Dienstleistungsanbieters werden die in Schaubild 4-4-24 dargestellten **absatzmittlergerichteten Strategien** unterschieden.

Schaubild 4-4-24 Absatzmittlergerichtete Verhaltensstrategien

Marketing des Dienstleisters	Passiv in der Gestaltung der Absatzwege	Aktiv in der Gestaltung der Absatzwege
Passiv in der Reaktion auf Marketingaktivitäten des Handels	Anpassung (Machtduldung)	Konflikt (Machtkampf)
Aktiv in der Reaktion auf Marketingaktivitäten des Handels	Kooperation (Machterwerb)	Umgehung/Ausweichung (Machtumgehung)

Ein privater Fernsehsender (z. B. *Pro7*, *RTL*) hat die Möglichkeit, sich in Bezug auf die Gestaltung seiner Absatzwege passiv zu verhalten und seine Informationen sowie Unterhaltungssendungen in ein vorhandenes Sendenetz einzuspeisen. Wenn er darüber hinaus auf mögliche Forderungen des „Handels" (Netzbetreiber) ohne Widerspruch eingeht, wird von einer **Anpassungsstrategie** gesprochen.

Eine kosten- und risikoreiche Strategie wäre für den Fernsehsender die **Umgehungsstrategie**, bei der durch Aufbau eines eigenen Sendenetzes die bestehenden Absatzmittler (Netzbetreiber) umgangen werden. Einige Dienstleistungsunternehmen haben sich ferner für den ausschließlichen Vertrieb der Leistung über direkte Absatzwege, z. B. über das Internet, entschieden. Diese werden ebenfalls in die Kategorie der Umgehungsstrategie eingeordnet, wobei deutlich wird, dass die Grenze zwischen wettbewerbs- und absatzmittlergerichteter Ausweichstrategie in einigen Branchen nicht trennscharf ist.

Im Rahmen der **Kooperationsstrategie** werden hingegen Leistungsversprechen vertraglich festgelegt, z. B. die Darstellung des Leistungsangebotes eines bestimmten Reiseveranstalters über Reisebüros.

Übernimmt ein Dienstleistungsanbieter hingegen eine aktive Rolle bei der Gestaltung der vorhandenen Absatzwege und versucht, seine Vorstellungen gegen die Interessen der Absatzmittler durchzusetzen (z. B. Verlängerung von Sendezeiten, Ausbau des Sendenetzes), so wird diese Vorgehensweise als **Konfliktstrategie** bezeichnet.

Die Mehrheit der Dienstleistungsunternehmen versucht allerdings, ein **eigenständiges Vertriebssystem** aufzubauen (z. B. ein Netzwerk von eigenen Versicherungsagenturen, Filialen eines Handelskonzerns, Autovermietungsstationen). Die Ableitung einer absatzmittlerorientierten Strategie im engeren Sinne ist in diesen Branchen somit nicht erforderlich. Vielmehr sind im Rahmen des Qualitätsmanagements Maßnahmen zur Steuerung und Kontrolle der Vertriebsorgane zu entwickeln.

4.3 Marketinginstrumentestrategien

Im Rahmen der strategischen Marketingplanung steht jedem Dienstleistungsunternehmen eine Reihe von marktbeeinflussenden Instrumenten zur Verfügung. Für sie gilt es, **Marketinginstrumentestrategien** zu entwickeln, mit deren Hilfe sich die formulierten Ziele und Strategien erfolgreich umsetzen lassen. Die Gesamtheit dieser Instrumente unterscheidet fünf Teilbereiche, in denen die folgenden Strategien abzuleiten sind (vgl. zur Einordnung Schaubild 4-4-1):

- Leistungspolitik,
- Preispolitik,
- Distributionspolitik,
- Kommunikationspolitik,
- Personalpolitik.

Im Vergleich zum Marketingmix von Konsumgüter- und Industriegüterunternehmen verlangt das Dienstleistungsmarketing einen modifizierten Einsatz einzelner Instrumente. Dies wird insbesondere vor dem Hintergrund der zentralen Zielgröße „Kundenbindung" deutlich. Aus diesem Grund werden den einzelnen Submixbereichen des traditionellen Marketingmix im Folgenden verschiedene **Arten der Kundenbindung** beispielhaft zugeordnet.

1. Leistungspolitik

Im Rahmen der Leistungsstrategie eines Dienstleistungsunternehmens wird entschieden, welche Dienstleistungen in welcher Qualität wie am Markt anzubieten sind, um die Unternehmensziele bestmöglich zu erreichen. Hinsichtlich des Ziels der Kundenbindung kommt hierbei der **technisch-funktionalen Kundenbindung** eine besondere Rolle zu. So stimuliert der Dienstleister den Kunden durch den Verbund von Zusatzleistungen an die Kerndienstleistung zu einer weiteren Dienstleistungsnachfrage. Der Hersteller von Software für die Mandantenbuchhaltung von Rechtsanwälten bietet z. B. zusätzlich zum Softwareprogramm auch die Schulung der Mitarbeitenden des Rechtsanwalts im Umgang mit der Software an.

Ferner lässt sich die Wiederkaufrate durch die technische Kompatibilität einzelner Dienstleistungen erhöhen. Für den Softwarehersteller bedeutet dies z. B., dass neben der Mandantenbuchhaltung weitere einzeln käufliche Softwaremodule, wie Kostenrechnung oder Textverarbeitung, angeboten werden könnten, die den Datenaustausch untereinander unterstützen.

2. Preispolitik

Der Dienstleister legt weiterhin fest, zu welchen Preisen und Konditionen die Dienstleistungen am Markt angeboten werden. Es ist in diesem Zusammenhang unter anderem zu analysieren, ob der Einsatz von Instrumenten der **ökonomischen Kundenbindung** sinnvoll ist. So besteht die Möglichkeit, durch eine Erhöhung der mit einem Anbieterwechsel verbundenen Wechselkosten die Kundenabwanderung zu reduzieren. Kreditinstitute erheben z. B. regelmäßig Vorfälligkeitsentschädigungen bei der frühzeitigen Kreditrückzahlung.

Auch die Preissetzung selbst führt häufig zur Erhöhung der Wiederkaufrate. Bewährt haben sich in diesem Zusammenhang Rabattsysteme (z. B. ein freier Kinobesuch bei Vorlage von zehn alten Kinokarten), Preisdegressionen in Abhängigkeit von der Bindungsdauer (z. B. Schadenrabatte bei Versicherungen) und die Erhebung fixer Eintrittskosten bei gleichzeitiger Ermäßigung der Folgekosten (z. B. BahnCard).

Auch der Einsatz von Instrumenten der **vertraglichen Kundenbindung** ist bei der Festlegung der Preisstrategie zu erwägen. Insbesondere bietet sich die vertragliche Bindung von Zusatzleistungen an die Kernleistung an. Serviceverträge und Garantiebedingungen, wie sie im Automobilhandel üblich sind, stellen typische Beispiele für die vertragliche Kundenbindung dar. Ferner lassen sich auch Folgekäufe vertraglich sichern, beispielsweise bei Zeitschriftenabonnements oder Mindestbezugsvereinbarungen von Buchclubs. Auch langfristige Vertragsgestaltungen, wie sie vielfach in Fitness-Clubs vorzufinden sind, stellen ein Instrument der vertraglichen Kundenbindung dar.

3. Distributionspolitik

Im Rahmen der Distributionsstrategie ist zu entscheiden, auf welchen Vertriebswegen und durch wen (Absatzmittler) die Dienstleistungen angeboten werden und in welcher Form der externe Faktor zu integrieren ist. In einigen Branchen erfolgt die Integration des externen Faktors vermehrt durch die Interaktion des Kunden mit Maschinen und Automaten (z. B. bei Banken mittels Geldautomaten). Das Kundenbindungsmanagement ist dann vor die Herausforderung gestellt, dass der persönliche Kontakt zum Kunden nicht verloren geht und trotz der Automatisierung die emotionale Bindung zum Dienstleister bestehen bleibt. Darüber hinaus sind es auch äußere Faktoren, wie z. B. der günstige Standort eines Anbieters, die eine Kundenbindung bewirken. In einer erweiterten Sicht wird dabei von **ökonomischer Kundenbindung** gesprochen, wenn trotz Unzufriedenheit die Transaktionskosten eines Anbieterwechsels aus Kundensicht zu hoch wären und aus diesem Grund der bisherige Standort weiter frequentiert wird.

4. Kommunikationspolitik

Bei der Festlegung der Kommunikationsstrategie ist der Frage nachzugehen, welche Informations- und Beeinflussungsmaßnahmen zu ergreifen sind, um die Dienstleistung abzusetzen. Im Rahmen der Kommunikationspolitik steht vor allem die Realisierung von **emotionaler Kundenbindung** im Vordergrund.

Durch die Auswahl und Gestaltung geeigneter Kommunikationsmaßnahmen gilt es, den Kunden derart emotional anzusprechen, dass er sich mit dem Dienstleistungsanbieter verbunden fühlt und diese Verbundenheit sich in seinem Kaufverhalten widerspiegelt. Der Konsument soll angeregt werden, weitere Dienstleistungen eines Anbieters in Anspruch zu nehmen oder die Häufigkeit der Inanspruchnahme zu erhöhen. In diesem Zusammenhang kommt vor allem dem Direct Marketing eine hohe Bedeutung zu. Aber auch durch den Einsatz von Kundenzeitungen, -karten oder -events lassen sich emotionale Bindungen zum Dienstleister herstellen bzw. verstärken.

Im Rahmen der Kommunikationspolitik gilt es zudem, das Weiterempfehlungsverhalten und die Mund-zu-Mund-Kommunikation – als Determinanten der Kundenbindung – aktueller und potenzieller Dienstleistungskunden zu beeinflussen. Hierzu eignen sich vor allem Maßnahmen der persönlichen Kommunikation.

Neben der emotionalen Kundenbindung lässt sich durch kommunikationspolitische Maßnahmen auch **ökonomische Kundenbindung** realisieren. Ein Beispiel hierfür sind einer Printanzeige beigefügte Coupons, die zur vergünstigten Inanspruchnahme einer Dienstleistung wie z. B. einem gratis Probetraining in einem Fitnessstudio berechtigen.

5. Personalpolitik

Nicht zuletzt ist auch die Personalpolitik des Unternehmens festzulegen. Hier besteht die besondere Herausforderung des Unternehmens darin, die kundenseitig gewünschte Verhaltensweise möglichst im Einklang mit den Mitarbeiterinteressen zu realisieren. Der Kundenbindungserfolg in Form einer stabilen und offenen Geschäftsbeziehung ist immer dann besonders hoch, wenn die Kunden eine persönliche Beziehung (emotionale Kundenbindung) zu den Kundenkontaktmitarbeitenden aufgebaut haben.

Die jeweilige Marketinginstrumentestrategie ergibt sich aus den im Rahmen der Geschäftsfeld- und Marktteilnehmerstrategien formulierten Schwerpunkten. Entschließt sich eine Dienstleistungsunternehmung beispielsweise für eine undifferenzierte Marktbearbeitungsstrategie, so wird sie sich in ihrer Kommunikation eher auf Direct Mailings konzentrieren, wohingegen bei einer differenzierten Marktbearbeitungsstrategie auch das Event Marketing für besonders bedeutsame Kunden zum Einsatz gelangt.

Da die Qualität im Rahmen der strategischen Grundausrichtung vieler Dienstleistungsunternehmen die Ausgangsbasis zur Erreichung der übrigen Ziel- und Strategiedimensionen bildet, ist ein geeignetes System zur Umsetzung der Qualitätsstrategie erforderlich. Die Einführung eines Qualitätsmanagements ist hierzu ein geeigneter Ansatz.

Das strategische Dienstleistungsmarketing wie hier beschrieben dient als Grundlage für die operativen Maßnahmen zur Umsetzung der Strategie, die in Kapitel 6 vorgestellt werden. Die Voraussetzung für eine erfolgreiche Implementierung ist ein entsprechendes Qualitätsmanagement, das im folgenden Kapitel vorgestellt wird.

Kapitel 5:
Qualitätsmanagement im Dienstleistungsmarketing

1. Bedeutung des Qualitätsmanagements. 275

2. Konzeptionelle Grundlagen des Qualitätsmanagements für Dienstleistungen 276
2.1 Begriff der Dienstleistungsqualität 276
2.2 Total Quality Management als Qualitätsphilosophie 282
2.3 Begriff und Bausteine eines Qualitätsmanagements 286
2.4 Customer Experience Management. 288

3. Analyse der Dienstleistungsqualität. 297
3.1 Modelle der Dienstleistungsqualität 297
3.2 Messung der Dienstleistungsqualität 311

4. Strategische Planung des Qualitätsmanagements für Dienstleistungen 371
4.1 Leistungsbezogenes Qualitätsmanagement 371
4.2 Erwartungsbezogenes Qualitätsmanagement 375

5. Operative Gestaltung des Qualitätsmanagements für Dienstleistungen 379
5.1 Operatives Qualitätsmanagement 379
5.2 Operatives Erwartungsmanagement. 386

6. Unterstützung des Qualitätsmanagements für Dienstleistungen. 393
6.1 Qualitätspreise für Dienstleistungsunternehmen 393
6.2 Zertifizierung von Dienstleistungsunternehmen 395
6.3 Nationale Kundenbarometer als Informationsgrundlage
   für Qualitätsmanagementsysteme. 396
6.4 Interne Servicebarometer. 398

7. Wirtschaftlichkeit des Qualitätsmanagements 401
7.1 Kosten des Qualitätsmanagements 402
7.2 Nutzenwirkungen des Qualitätsmanagements. 407
7.3 Ansatzpunkte für einen Kosten-Nutzen-Vergleich. 409

1. Bedeutung des Qualitätsmanagements

Die Sicherung einer hohen Dienstleistungsqualität hat sich in den vergangenen Jahrzehnten zu einem **zentralen Wettbewerbsfaktor** entwickelt. Angesichts der Tatsache, dass eine wesentliche Ausweitung des Marktvolumens in vielen Dienstleistungsmärkten ohne tiefgreifende Produkt- und Leistungsinnovationen kurz- und mittelfristig nicht mehr möglich ist, rückt die langfristige Bindung vorhandener Kunden neben der Gewinnung von neuen Kunden in das Zentrum der marketingpolitischen Überlegungen. Über eine Erfüllung der (heterogenen) Kundenanforderungen lässt sich häufig eine Steigerung der Kundenzufriedenheit realisieren, die wiederum kundenbezogene Verhaltenswirkungen, insbesondere die Kundenbindung, und damit den ökonomischen Erfolg positiv beeinflusst. Die **Sicherung einer überlegenen Dienstleistungsqualität** durch eine konsequente Erfüllung der Kundenanforderungen anhand der angebotenen Leistung ist somit die zentrale Forderung an ein erfolgreiches Qualitätsmanagement für Dienstleistungen und stellt zwingend eine Aufgabe aller am Wertschöpfungsprozess beteiligten Mitarbeitenden dar.

Weiterhin kommt dem Qualitätsmanagement aufgrund der konstitutiven Merkmale und den daraus abgeleiteten **Besonderheiten des Dienstleistungsmarketing** ein zentraler Stellenwert zu. Häufig ist durch die Immaterialität und die Integration des externen Faktors in den Leistungserstellungsprozess die Erbringung eines einheitlichen Qualitätsniveaus nicht möglich. Dieser Sachverhalt unterstreicht die besondere Relevanz des Qualitätsmanagements für Dienstleistungsunternehmen.

Dabei ist eine überlegene Dienstleistungsqualität keineswegs zwangsläufig mit höheren Kosten verbunden. Es ist im Gegenteil häufig so, dass eine qualitativ fehlerhafte Leistungserstellung Folgekosten für den Dienstleistungsanbieter verursacht, die die Kosten einer von vornherein qualitativ einwandfreien Leistungserstellung übersteigen (Crosby 1986, S. 28; Haist/Fromm 2002, S. 56ff.). So ermöglicht das Angebot qualitativ hochwertiger Dienstleistungen auch die Realisierung einer „**Überholstrategie**" (Outpacing), bei der unter Umständen sowohl in der Kostendimension (Kostenvorteile) als auch in der Qualitätsdimension (Qualitätsvorsprünge) Verbesserungen erreichbar sind. Nicht zu vernachlässigen ist auch die Tatsache, dass die Kompensation eines Qualitätsvorsprungs gegenüber der Senkung des Angebotspreises einer Leistung für Wettbewerber mit erheblich höheren Anstrengungen verbunden ist und zudem einen größeren Zeitaufwand erfordert.

> **Beispiel: Überholstrategien**
>
> Meist werden Überholstrategien über Technologiesprünge realisiert. Eine Überholstrategie lässt sich anhand des Beispiels virtueller Banken verdeutlichen. Hier lassen sich Geld- und Wertpapiertransaktionen automatisieren, d. h. schneller und kostengünstiger durchführen. So sind gleichzeitig eine Qualitätssteigerung und eine Kostensenkung möglich. Bei Operationen mittels minimal-invasiver Chirurgie (Operationen über Kamera und Miniaturinstrumente) lassen sich ebenfalls Vorteile generieren, da sie aufgrund minimaler Eingriffe weniger belastend für Patienten sind und dadurch gleichzeitig, zumindest hinsichtlich der notwendigen Folgebehandlungen, geringere Kosten verursachen.

Im **Spannungsfeld** von Kosten, Zeit und Qualität wird sich allerdings nur dann eine alle Faktoren optimierende Lösung finden lassen, wenn es dem einzelnen Unternehmen gelingt, die Beschäftigung mit dem Thema Qualität aus einer isolierten Zeitpunktbetrachtung herauszulösen und zum Gegenstand eines permanenten Qualitätsmanagementprozesses zu machen.

In diesem Kapitel wird die Dienstleistungsqualität in den Mittelpunkt gestellt, um Ansatzpunkte zur Handlungsseite der Kundenzufriedenheit herauszustellen. Dem Thema des Qualitätsmanagements wird hier bewusst ein eigenes Kapitel gewidmet, da eine Zuordnung des Qualitätsmanagements entweder zum strategischen (Kapitel 4) oder zum operativen Dienstleistungsmarketing (Kapitel 6) wenig sinnvoll erscheint. Schließlich liegen mit Hinblick auf das Qualitätsmanagement sowohl strategische als auch operative Entscheidungstatbestände des Dienstleistungsmarketing vor.

2. Konzeptionelle Grundlagen des Qualitätsmanagements für Dienstleistungen

Zu den konzeptionellen Grundlagen eines Qualitätsmanagements für Dienstleistungen gehören die Auseinandersetzung mit Ansätzen und Dimensionen des (Dienstleistungs-) Qualitätsbegriffs (Abschnitt 2.1), das Konzept des Total Quality Managements, das die dem Qualitätsmanagement zu Grunde liegende Managementphilosophie beschreibt (Abschnitt 2.2) sowie eine Auseinandersetzung mit dem Begriff und den einzelnen Bausteinen eines Qualitätsmanagements (Abschnitt 2.3).

2.1 Begriff der Dienstleistungsqualität

2.11 Begriff und Definitionsansätze der Dienstleistungsqualität

In Bezug auf den Begriff der **Qualität** liegt in der betriebswirtschaftlichen Literatur und vor allem in der betrieblichen Praxis ein kontroverses Verständnis vor. Die Heterogenität des Begriffsverständnisses zeigt sich beispielsweise an einer Auswahl prominenter Aussagen und Definitionen in Bezug auf den Begriff Qualität (siehe nächste Seite; o.V. 2007b, S. 8f.).

Die dargestellten Zitate bestätigen zwar eine ausgeprägte Verständnisvielfalt und eine meistens sehr individuelle Sichtweise des Qualitätsbegriffs, lassen sich aber dennoch auf die zentralen Gemeinsamkeiten reduzieren, dass eine hohe Qualität nicht von selbst entsteht, sondern das Ergebnis von konsequenten Anstrengungen und Bemühungen ist.

Die internationale Fachsprache des Qualitätsmanagements hat sich auf den Begriff der Qualität als „Grad, in dem ein Satz inhärenter Merkmale Anforderungen erfüllt" (DIN EN ISO 9000: 2005), festgelegt. Als „Beschaffenheit" werden dabei die einzelnen Merkmale der Einheiten, als „Einheiten" bzw. verschiedene materielle und immaterielle Gegenstände und als „Erfordernisse" die Qualitätsanforderungen verstanden. Eine ähnliche Definition liefert die **Deutsche Gesellschaft für Qualität e.V.** (1993):

Schaubild 5-2-1 Aussagen und Definitionen in Bezug auf den Begriff Qualität.

„Qualität, die; -, -en [lat. Qualitas = Beschaffenheit, Eigenschaft, zu: qualis = wie beschaffen]"	Duden
„Qualität beginnt damit, die Zufriedenheit des Kunden in das Zentrum des Denkens zu stellen."	John F. Akers, amerikanischer Manager
„Alles Vortreffliche ist ebenso schwierig wie selten."	Baruch de Spinoza (1632–1677), niederländischer Philosoph
„Über Qualität lässt sich trefflich streiten. Aber eines steht fest: Der Wurm muss dem Fisch schmecken – und nicht dem Angler".	Helmut Thoma, österreichischer Medienmanager
„Gutes muss geplant werden. Schlechtes passiert von selbst."	Philip B. Crosby (1926–2001), amerikanischer Qualitätsmanagement-Experte
„Es ist eine komische Sache mit dem Leben – wenn man sich weigert, irgendetwas anderes außer dem Besten zu akzeptieren, dann bekommt man es sehr oft."	William Somerset Maugham (1914–1993), englischer Schriftsteller
„Die Mittelmäßigen klopfen sich zu dem Zeitpunkt auf die Schulter, wo die Könner anfangen zu arbeiten."	Matthias Scharlach, deutscher Personalmanager
„Qualität besteht, wenn der Preis längst vergessen ist."	Henry Royce (1863–1933), Mitbegründer von Rolls-Royce
„Ein saftiges Bohnenkraut ist besser als ein trockener Hummer".	Paul Bocuse, französischer Sternekoch

Quelle: o. V. 2007b, S. 8f.

> „**Qualität** ist die Gesamtheit von Eigenschaften und Merkmalen eines Produktes oder einer Tätigkeit, die sich auf deren Eignung zur Erfüllung gegebener Erfordernisse bezieht."

Der Qualitätsbegriff wurde in der seit Dezember 2005 gültigen Begriffsnorm zum Qualitätsmanagement ISO 9000: 2005-12 neu gefasst und ist nun definiert als der „... Grad, in dem ein Satz inhärenter Merkmale Anforderungen erfüllt" (DIN EN ISO 9000: 2005). Mit den verschiedenen Definitionsansätzen, die sowohl für Dienstleistungen als auch für Sachgüter Gültigkeit besitzen, werden zwei zentrale **Ansätze des Qualitätsverständnisses** verbunden:

1. **Produktbezogener Qualitätsbegriff**

    Qualität ist die Summe bzw. das Niveau der vorhandenen Eigenschaften von Produkten bzw. Dienstleistungen. Ziel ist es, eine Messung der Qualität nach objektiven Kriterien vorzunehmen.

2. Kundenbezogener Qualitätsbegriff

Qualität ist definiert durch die Wahrnehmung der Produkteigenschaften bzw. Leistungen durch den Kunden. Eine Messung der Qualität erfolgt demnach anhand von subjektiven Kriterien (Bruhn/Hennig 1993, S. 216f.; Berry/Parasuraman 1997, S. 65).

Diesen beiden grundlegenden Qualitätsbegriffen lassen sich noch drei weitere Qualitätsauffassungen hinzufügen (Garvin 1984, S. 25ff.):

- Der **absolute Qualitätsbegriff** definiert Qualität als ein Maß für die Güte eines Produktes oder einer Leistung. Sie kann in verschiedene Klassen kategorisiert werden (gut, mittel, schlecht). Damit entspricht diese Definition weitgehend dem umgangssprachlichen Verständnis des Qualitätsbegriffes.

- Der **herstellungsorientierte Qualitätsbegriff** definiert Qualität als die Vorgabe von betrieblichen Standards, die als Basis für die Qualitätskontrolle einer Unternehmung dienen. Es bleibt offen, ob diese Maßstäbe durch objektive oder subjektive Indikatoren definiert werden.

- Der **wertorientierte Qualitätsbegriff** stellt die Frage nach dem Preis-Leistungs-Verhältnis aus Sicht des Kunden. Dieser beurteilt, ob die Leistung ihren Preis „wert" ist und demzufolge ein bestimmtes Niveau an Qualität erreicht.

Im Kern haben die verschiedenen dargestellten Definitionen und Verständnisse des Qualitätsbegriffs gemeinsam, dass sie die **Erfüllung von Anforderungen** in den Mittelpunkt der Betrachtung rücken. Dies wirft die Frage nach der Natur der zu erfüllenden Anforderungen auf.

Unternehmen sehen sich in ihrer Umwelt einer Vielzahl von Anforderungen an die Dienstleistungsqualität ausgesetzt. Neben Einflüssen der globalen Umwelt, wie z. B. technische und politisch-rechtliche Rahmenbedingungen, stehen vor allem die **Anforderungen aus Marktteilnehmersicht** im Vordergrund, denn sie entscheiden letztlich über den Erfolg der Unternehmung am Markt. Die Qualität einer Dienstleistung steht somit in einem Spannungsfeld, das sich aus der Sicht der Kunden, der Wettbewerber und des eigenen Unternehmens ergibt (Bruhn 2010d, S. 37ff.):

Trotz der geforderten Betonung der Kundenperspektive darf die Festlegung von Anforderungen an die Dienstleistungsqualität natürlich keinesfalls eindimensional bzw. einseitig aus Kundensicht erfolgen.

1. Anforderungen aus Kundensicht

Die Anforderungen aus Kundensicht sind definiert durch die spezifischen Erwartungshaltungen der aktuellen und potenziellen Kunden, sie stellen den zentralen Maßstab zur Bestimmung der Dienstleistungsqualität dar. Diese können sich auf die Potenzialdimension (z. B. Ausstattung eines Hotelzimmers), auf den Dienstleistungsprozess (z. B. Höflichkeit der Bankangestellten) und/oder auf das Ergebnis der Dienstleistungserstellung (z. B. Haarschnitt nach Friseurbesuch) beziehen. Die Erwartungshaltungen der Kunden werden dabei nicht nur durch die individuellen Bedürfnisse gebildet, sondern gleichzeitig von den Erfahrungen mit der Dienstleistung in der Vergangenheit, von Kommunikationsmaßnahmen des Dienstleisters oder von der Mund-zu-Mund-Kommunikation mit Kunden und anderen Personengruppen beeinflusst. Zusätzlich können sich die Bedeutungen einzelner wahrgenommener Qualitätsdimensionen im Zeitverlauf der Leistungsinanspruchnahme verändern. So werden z. B. tangible und ästhetische Elemente der Dienstleistung im Zeitverlauf tendenziell geringer gewichtet, während beispielsweise die Bedeutung des wahrgenommenen Nutzens der Leistung steigt (Crosby/DeVito/Pearson 2003, S. 20).

2. **Anforderungen aus Wettbewerbersicht**

Die Anforderungen aus Wettbewerbersicht beziehen sich auf die Überlegung, wie sich ein Unternehmen durch eine gezielte Qualitätsstrategie gegenüber den Hauptkonkurrenten profilieren kann; Dienstleistungsqualität wird somit als strategischer Wettbewerbsvorteil definiert. Konkrete Anforderungen an die Dienstleistungsqualität einer Unternehmung ergeben sich dabei beispielsweise aus dem Qualitätsniveau der von den wichtigsten Mitbewerbern angebotenen Dienstleistungen, aus der jeweiligen Qualitätsposition oder aus den unternehmensinternen Leistungspotenzialen der Konkurrenz.

3. **Anforderungen aus Unternehmenssicht**

Die Anforderungen aus Unternehmenssicht resultieren aus der Fähigkeit und der Bereitschaft des Dienstleistungsanbieters zur Erbringung bestimmter Niveaus der Dienstleistungsqualität. Dabei spielen unterschiedliche Faktoren eine Rolle, wie beispielsweise die Dienstleistungsmentalität der Mitarbeitenden, ihre fachliche Qualifikation und die Bedeutung der Qualitätspolitik für die Marketingstrategie des Dienstleistungsanbieters.

Die Erläuterung der einzelnen Anforderungen verdeutlicht, dass die Bestimmung der Dienstleistungsqualität nicht eindimensional und einseitig festgelegt werden kann. Vielmehr handelt es sich um einen mehrdimensionalen Vorgang, der sich an dem **Dreiecksverhältnis** Kunde, Wettbewerb und Unternehmen zu orientieren hat (Bruhn 2010d, S. 36f.). Letztlich bestimmt der Kunde die Anforderungen an eine Dienstleistung und steht daher auch im Mittelpunkt der Ansätze zur Messung der Dienstleistungsqualität. Wettbewerber dagegen setzen dem Qualitätsmanagement der Unternehmung Grenzen, indem sie sich eigenständig positionieren und Wettbewerbsvorteile schaffen. Der Dienstleistungsunternehmung sind durch ihr Qualitäts-Know-how und ihre Kapazitäten Rahmen gesetzt, die sie bei der Bestimmung ihrer Dienstleistungsqualität zu berücksichtigen hat.

Als Konklusion der genannten Qualitätsbegriffe wird – analog zu Kapitel 3, Abschnitt 1.2 – folgende **Begriffsauffassung** zu Grunde gelegt:

> **Dienstleistungsqualität** ist die Fähigkeit eines Anbieters, die Beschaffenheit einer primär intangiblen und der Kundenbeteiligung bedürfenden Leistung gemäß den Kundenerwartungen auf einem bestimmten Anforderungsniveau zu stellen. Sie bestimmt sich aus der Summe der Eigenschaften bzw. Merkmale der Dienstleistung, bestimmten Anforderungen gerecht zu werden. (Bruhn 2010d, S. 38).

Diese Begriffsauffassung verdeutlicht zum einen den produktorientierten Qualitätsbegriff: Dienstleistungsqualität ist die Beschaffenheit einer Leistung, die auf einem bestimmten Niveau – gut oder schlecht – erstellt werden kann. Zum anderen kommt der kundenorientierte Qualitätsbegriff dadurch zum Ausdruck, dass die Anforderungen an das Niveau vom Kunden festgelegt werden. Daher ist der Qualitätsbegriff auch relativ – aus der subjektiven Perspektive des Kunden – zu formulieren.

2.12 Dimensionen der Dienstleistungsqualität

In seltenen Fällen bezieht sich die Wahrnehmung der Dienstleistungsqualität auf die gesamte Dienstleistungsqualität. Sie wird in der Regel anhand mehrerer Dimensionen beurteilt. Zudem variieren die Qualitätsmerkmale einer Dienstleistung je nach Dienstleistungstyp. Folglich erscheint es notwendig, generische **Dimensionen der Dienstleistungsqualität** zu generieren, die verschiedene beurteilungsrelevante Qualitätsmerkmale in homogene Gruppen zusammenfasst und ihrer Gesamtheit greifbar machen. In diesem Zusammenhang wird als Qualitätsdimension „die Wahrnehmung unterschiedlicher Qualitätseigenschaften durch unternehmensinterne und -externe Zielgruppen" verstanden (Bruhn 2010d, S. 49ff.). In der Literatur haben sich verschiedene Ansätze der Dimensionierung der Dienstleistungsqualität durchgesetzt.

Den Ausgangspunkt der Diskussion liefert die Unterteilung des Dienstleistungserstellungsprozesses in eine Potenzial-, Prozess- und Ergebnisdimension (Donabedian 1980):

- In Bezug auf die **Potenzialdimension** steht die Wahrnehmung der sachlichen, organisatorischen und persönlichen Leistungspotenziale eines Dienstleistungsanbieters zur Erstellung der Dienstleistung im Vordergrund.

- Im Zusammenhang mit der **Prozessdimension** der Dienstleistungserstellung bezieht sich die Qualitätswahrnehmung des Kunden auf Qualitätsmerkmale, die im Zusammenhang mit dem Dienstleistungserstellungsprozess stehen.

- Die Perspektive der **Ergebnisdimension** rückt den Beurteilungsfokus auf die am Ende des Dienstleistungsprozesses tatsächlich erbrachte Leistung.

Für Nachfrager einer Dienstleistung ist es in der Regel schwierig, die Qualität der Leistung a priori zu beurteilen. Kunden suchen demzufolge bewusst nach äußerlich wahrnehmbaren Qualitätsindikatoren, wenn es für sie nicht möglich ist, die zu erwartende Dienstleistungsqualität einzuschätzen. Aufgrund des mehr oder weniger hohen Anteils an Erfahrungs- und Vertrauenseigenschaften ziehen Konsumenten oftmals die greifbaren, materiellen Komponenten der Leistungspotenziale („Tangibles") als Qualitätssurrogate heran, da sie zumeist eine objektive Beurteilung vor der Inanspruchnahme ermöglichen. Dementsprechend kommt der Qualität der Potenzialdimension von Dienstleistungen insbesondere für die Kundenakquisition eine zentrale Bedeutung zu. In einem engen Zusammenhang dazu steht der nächste Ansatz der Dimensionierung von Qualitätsdimensionen, der die Frage nach der **Nähe des Kunden** zum Dienstleistungsprodukt bei der Beurteilung der Dienstleistungen beantwortet (Zeithaml 1981, S. 186ff.; vgl. allgemein auch Kapitel 2, Abschnitt 2.11):

- Im Rahmen der **Suchkomponente** („Search Qualities") verfügt der Kunde noch über keine Erfahrung mit dem Dienstleistungsanbieter und sucht im Vorfeld Indikatoren zur Beurteilung der Dienstleistung. Oftmals stellen die Komponenten der Potenzialdimension Sucheigenschaften im Sinne der Informationsökonomie dar, die i. d. R. vor der Inanspruchnahme einer Leistung beurteilt werden können. Dementsprechend stellen das Umfeld, in dem eine Dienstleistungsbegegnung (Service Encounter) stattfindet, – die so genannte „**Servicescape**" (Bitner 1992) – wichtige Teilbereiche der Dienstleistungsqualitätsforschung dar. Dazu gehören zum einen die greifbaren Komponenten einer Dienstleistung („Tangibles"), die haptisch wahrgenommen werden, zum anderen aber auch alle anderen sinnlich erfassbaren Eigenschaften, die optisch, olfaktorisch, akustisch sowie gustatorisch wahrgenommen werden.

- Hinsichtlich den Qualitätsmerkmalen der **Erfahrungskomponente** („Experience Qualities") ist es dem Kunden möglich, eine Beurteilung aufgrund gesammelter Erfahrungen während des Leistungsprozesses oder am Ende der Leistungserstellung vorzunehmen.

- Qualitätsmerkmale einer Dienstleistung, die sich der genauen Beurteilung durch den Kunden sowohl vor, während als auch nach der Leistungserstellung weitgehend entziehen, werden in der **Glaubenskomponente** („Credence Qualities") zusammen gefasst.

Eine weitere Möglichkeit zur Unterscheidung von Qualitätsdimensionen in Bezug auf den Umfang und die Art der erstellten Leistung ist auf Grönroos (2000c) zurückzuführen. Er unterscheidet eine technische und eine funktionale Dimension der Dienstleistungsqualität.

- Die **technische Dimension** fragt nach dem „Was" einer Dienstleistung und zielt auf die Wahrnehmung des Umfangs des Leistungsprogramms ab.

- Die **funktionale Dimension** bezieht sich hingegen darauf, in welcher Form das Leistungsprogramm angeboten wird und fragt entsprechend nach dem „Wie" einer Dienstleistung.

Bei Betrachtung der Erwartungshaltung der Kunden im Hinblick auf das Dienstleistungsprogramm eröffnet sich eine weitere Möglichkeit zur Unterteilung der Dimensionen der Dienstleistungsqualität (Berry 1986).

- Die so genannte **Routinekomponente** umfasst alle Eigenschaften, die zum standardmäßigen Umfang einer Dienstleistung zählen. Werden die Erwartungen in Bezug auf die Eigenschaften der Routinekomponente nicht erfüllt, besteht das Risiko, dass der Kunde dies mit der Vergabe von imaginären „Strafpunkten" versieht.

- Zur **Ausnahmekomponente** zählen dagegen Zusatzleistungen des Dienstleistungsanbieters, die vom Kunden nicht erwartet wurden. Im Falle dieser Positivabweichung von den Erwartungen honoriert dies der Kunde mit „Bonuspunkten".

Ergebnis nicht nur konzeptioneller Überlegungen, sondern auch empirischer Prüfungen sind die folgenden fünf **Qualitätsdimensionen**, die alle aufgeführten Unterteilungen beinhalten (Parasuraman/Zeithaml/Berry 1985, 1988; Zeithaml/Parasuraman/Berry 1992):

1. Die **Annehmlichkeit des tangiblen Umfeldes** („Tangibles") bezieht sich auf das äußere Erscheinungsbild des Dienstleistungsortes. Dazu gehören zum einen alle materiellen Elemente (z. B. Maschinen, Geräte, technische Hilfsmittel, Gebäude, Inneneinrichtungen usw.), zum anderen aber auch das Erscheinungsbild der Mitarbeitenden.
2. Als **Zuverlässigkeit** („Reliability") wird die Fähigkeit des Dienstleistungsanbieters bezeichnet, die versprochenen Leistungen auch auf dem avisierten Niveau zu erfüllen.
3. Die **Reaktionsfähigkeit** („Responsiveness") stellt die Frage, ob das Dienstleistungsunternehmen in der Lage ist, auf spezifische Wünsche der Kunden einzugehen und sie zu erfüllen. Dabei spielen sowohl die Reaktionsbereitschaft als auch die Schnelligkeit der Reaktion eine Rolle.
4. Die **Leistungskompetenz** („Assurance") bezieht sich auf die Fähigkeiten des Anbieters zur Erbringung der Dienstleistung, insbesondere in Bezug auf das Wissen, die Höflichkeit und die Vertrauenswürdigkeit der Mitarbeitenden.
5. Das **Einfühlungsvermögen** („Empathy") kennzeichnet sowohl die Bereitschaft als auch die Fähigkeit des Dienstleistungsanbieters, jedem einzelnen Kunden die notwendige Fürsorge und Aufmerksamkeit entgegenzubringen.

Neben einer strukturierenden Funktion sind die aufgeführten Unterscheidungen von Qualitätsdimensionen in der Lage, erste Hinweise für die Gestaltung von Messkonzepten zur Erfassung der Dienstleistungsqualität zu liefern. Dazu ist es jedoch notwendig, die Dimensionen durch einzelne Merkmale der Dienstleistungsqualität zu konkretisieren (Stauss/Hentschel 1991, S. 240), denn aufgrund des Abstraktionsgrades, auf dem die Dimensionen abgegrenzt werden, sind sie einer unmittelbaren Messung kaum zugänglich (Benkenstein 1993, S. 1099).

2.2 Total Quality Management als Qualitätsphilosophie

Im Zusammenhang mit Fragestellungen zum Qualitätsmanagement fällt häufig der Begriff des Total Quality Management (TQM). Dabei ist eine theoretische und praktische Bestimmung des TQM-Begriffs dahingehend erschwert, dass dieser häufig mangels einer international abgestimmten empfohlenen Definition beliebig verwendet wird. Ein dennoch weit verbreitetes Verständnis begreift TQM als eine **umfassende Managementkonzeption**, bei der Qualität in das Zentrum des Denkens und Handelns aller Mitarbeitenden gestellt wird (Zollondz 2006, S. 211).

> **Total Quality Management** ist eine auf der Mitwirkung aller ihrer Mitglieder beruhende Führungsmethode einer Organisation, die Qualität in den Mittelpunkt stellt und durch die Zufriedenheit der Kunden auf den langfristigen Geschäftserfolg sowie auf den Nutzen für die Mitglieder der Organisation und für die Gesellschaft zielt (Deutsche Gesellschaft für Qualität e.V. 1995).

In diesem Zusammenhang wird der Nutzen für die Gesellschaft als die Erfüllung der Forderungen der Gesellschaft interpretiert.

Das Konzept des TQM findet seinen Ursprung in japanischen Qualitätskonzepten, die sich auch unter dem Begriff **Total Quality Control** zusammenfassen lassen (Dale/Lascelles/Plunkett 1990, S. 3ff.; Kamiske/Brauer 2006, S. 323). Dahinter steht die Annahme, dass eine totale Qualitätskontrolle zu einer kontinuierlichen Qualitätsverbesserung, einer größeren Effizienz, einer höheren Effektivität und zu geringeren Kosten führt. Zentrales Element dieses Ansatzes ist die Forderung, dass die Verantwortung für die Qualitätskontrolle von sämtlichen Mitarbeitenden in allen Bereichen der Unternehmung getragen wird (Wyckhoff 1988, S. 232).

Eine Weiterentwicklung stellt das Konzept des TQM insofern dar, als dass von einer Unternehmenskultur oder Führungsphilosophie ausgegangen wird, in deren Mittelpunkt die Kundenzufriedenheit steht (Frehr 1994; Bovermann 1997). Elemente dieser **Qualitätsmanagementphilosophie** sind (Mudie/Cottam 1997; Kamiske/Brauer 2006):

- Orientierung an dem Kunden und an seinem Urteil, sowohl in Bezug auf externe als auch interne Kunden (Mitarbeitende),
- kontinuierliche und dynamische Qualitätsverbesserung,
- Aufnahme der Qualität als oberstes Unternehmensziel,
- Forderung, dass jeder Mitarbeitende des Unternehmens „Qualitätsmanager" ist.

Damit sind für „Qualität" nicht nur spezifische Abteilungen zuständig, sondern sämtliche Mitarbeitende auf allen unternehmerischen Hierarchieebenen (Stauss 1993, S. 116).

Das für die Sachgüterproduktion entwickelte Konzept des TQM lässt sich auf Dienstleistungen und die Kundenzufriedenheit übertragen (Homburg 1998). Im Rahmen einer **integrierten Qualitätssicherung** hat eine Einbeziehung aller am Dienstleistungsprozess Beteiligten zu erfolgen (Bruhn 2010d, S. 78). Bausteine eines Total Quality Management im Dienstleistungsbereich sind:

- **Total** – die Einbeziehung aller an der Dienstleistung beteiligten Mitarbeitenden, Zulieferer und Kunden,
- **Quality** – die konsequente Orientierung des Dienstleistungsprozesses an den Qualitätsforderungen sämtlicher interner und externer Kunden,
- **Management** – die Übernahme einer Vorbildfunktion für die Dienstleistungsqualität mit einem partizipativ-kooperativen Führungsstil des Managements.

Zusammenfassend lässt sich TQM als eine integrierte, das gesamte Unternehmen mit allen Aktivitäten und Mitarbeitenden sowie die Unternehmensumwelt einbeziehende **Führungsstrategie** bezeichnen, deren Aufgabe die Vorgabe aus Kundenanforderungen abgeleiteter Qualitätsziele und deren Erfüllung ist (Kamiske/Brauer 2006).

> **Beispiel: Total Quality Management im Bankenbereich**
>
> Eine Studie im Bankenbereich belegt, dass Unternehmen, bei denen schon über längere Zeit TQM als Managementkonzept implementiert ist, eine bessere Performance aufweisen, als solche, die es noch nicht oder erst kurze Zeit umgesetzt hatten. In der Studie wurden vor allem die mit TQM verbundene größere Aufgeschlossenheit für Neues, eine bessere Prozessoptimierung sowie die Übertragung von mehr Verantwortung auch an Mitarbeitende unterer Hierarchiestufen als Erfolgsfaktoren angesehen (Lloréns Montes/Verdú Jover 2004).

Die „Gründungsväter" des Qualitätsmanagements betrachten die Philosophie des TQM als universell und damit prinzipiell sowohl für den Sachgüter- als auch für den Dienstleistungsbereich geeignet, obwohl die Ursprungsidee des TQM das produzierende Gewerbe adressierte. Dennoch erreicht die betriebliche Umsetzung des TQM bei Dienstleistungsorganisatoren nicht das Niveau, wie es bei Industrieunternehmen vorherrscht (Atul/Jason/Herath 2005). Eine mögliche Ursache hierfür wird in Barrieren bei der Implementierung des TQM in Dienstleistungsunternehmen gesehen. Dienstleistungsanbieter sind im Vergleich zu Industrieunternehmen stärker verändernden Kundenwahrnehmungen und -präferenzen ausgesetzt. Um diesen sich wechselnden Kundenanforderungen entsprechen zu können, bedarf es einer permanenten Anpassung der internen Leistungspotenziale. Die dafür gebundenen Ressourcen fehlen dem Anbieter wiederum bei der Anpassung der Organisationsstruktur, die mit der TQM-Umsetzung einhergeht (Huq 2005, S. 453).

Zu den bekanntesten Erweiterungen der TQM-Konzepte gehört unter anderem das **Kaizen-Konzept** als Ansatz einer permanenten, konsequenten Verbesserungsorientierung sämtlicher Prozesse im Unternehmen (Imai 2002). Kaizen bedeutet die „kontinuierliche Verbesserung von Proukten, Prozessen und Arbeitshandgriffen in kleinen Schritten durch die Mitarbeitenden selbst" (vgl. Zollondz 2006, S. 247). Kaizen versteht sich als japanische Führungsphilosophie, deren Ziel die kontinuierliche Weiterentwicklung ist. Der Ansatz ist dabei nicht nur auf das Ziel der eigentlichen Produktivitätsverbesserung ausgerichtet, sondern fokussiert zudem sowohl explizit den Kunden und strebt danach, das Denken und Handeln der in die Organisationsprozesse eingebundenen Mitarbeitenden in Richtung einer kontinuierlichen Verbesserung zu ändern. Im deutschen und im englischen Sprachraum findet sich das Kaizen-Konzept auch unter dem Stichwort „Kontinuierlicher Verbesserungsprozess (KVP)" bzw. „Continuous Improvement Process (CIP)" und wird in Unternehmen wie z. B. bei Volkswagen sehr effektiv eingesetzt (Zollondz 2006, S. 245ff.). dem KVP liegt die Methodik der systematischen Vorgehensweise des Planens, Durchführens, Checkens sowie des Agierens zur kontinuierlichen Verbesserung der Arbeitsabläufe und -verfahren zugrunde (vgl. Schaubild 5-2-2). dabei bedient sich der KVP-Ansatz dem „Urprinzip des Problemlösens", dass viele kleine Schritte dauerhafte Veränderungen hervorrufen können (Kosta/Kosta 2008, S. 13).

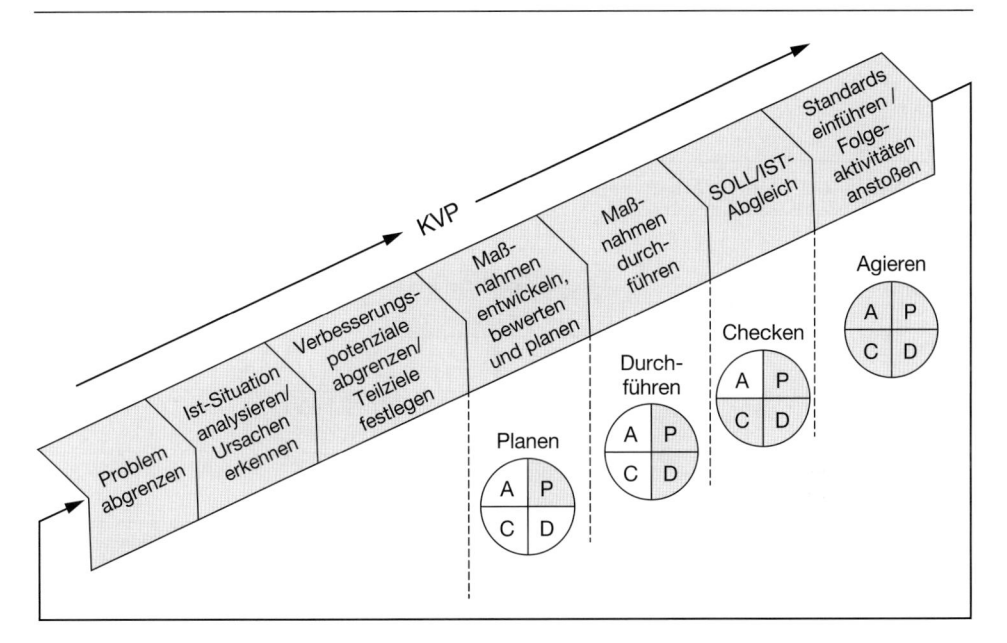

Schaubild 5-2-2 Kontinuierlicher Verbesserungsprozess

Quelle: Kosta/Kosta 2008, S. 14

Um eine speziell auf Dienstleistungsorganisationen zugeschnittene Adaption der TQM-Philosophie handelt es sich bei dem Konzept des **Total Quality Service** (TQS). Im Kern handelt es sich beim TQS um die Umsetzung des TQM-Ansatzes in Dienstleistungsunternehmen (Atul/Jason/Herath 2005, S. 389). Die Besonderheit des TQS liegt in seinem Ansatz, die Vielzahl an verschiedenen in Wissenschaft und Praxis individuell diskutierten Aspekte zum Qualitätsmanagement im Dienstleistungssektor in einem einzigen konzeptionellen Modell zu integrieren. Auf diese Weise lassen sich zwölf **erfolgskritische Dimensionen** für die Einführung von TQM im Dienstleistungsbereich identifizieren und in ein **TQS-Modell** konstituieren (vgl. Schaubild 5-2-3) (Sureshchandar/Rajendran/Anantharaman 2001):

1. Bekenntnis des Topmanagements und visionärer Führungsstil,
2. Human Resource Management,
3. technisches System,
4. Informations- und Analysesystem,
5. Benchmarking,
6. kontinuierliche Verbesserung,
7. Kundenorientierung,
8. Mitarbeiterzufriedenheit,

9. Gewerkschaftseinfluss,
10. soziale Verantwortung
11. Ort der „Dienstleistungsbegegnung" zwischen Anbieter und Kunde („Servicescapes"),
12. Dienstleistungskultur.

Schaubild 5-2-3   Integratives Rahmenkonzept für Total Quality Service

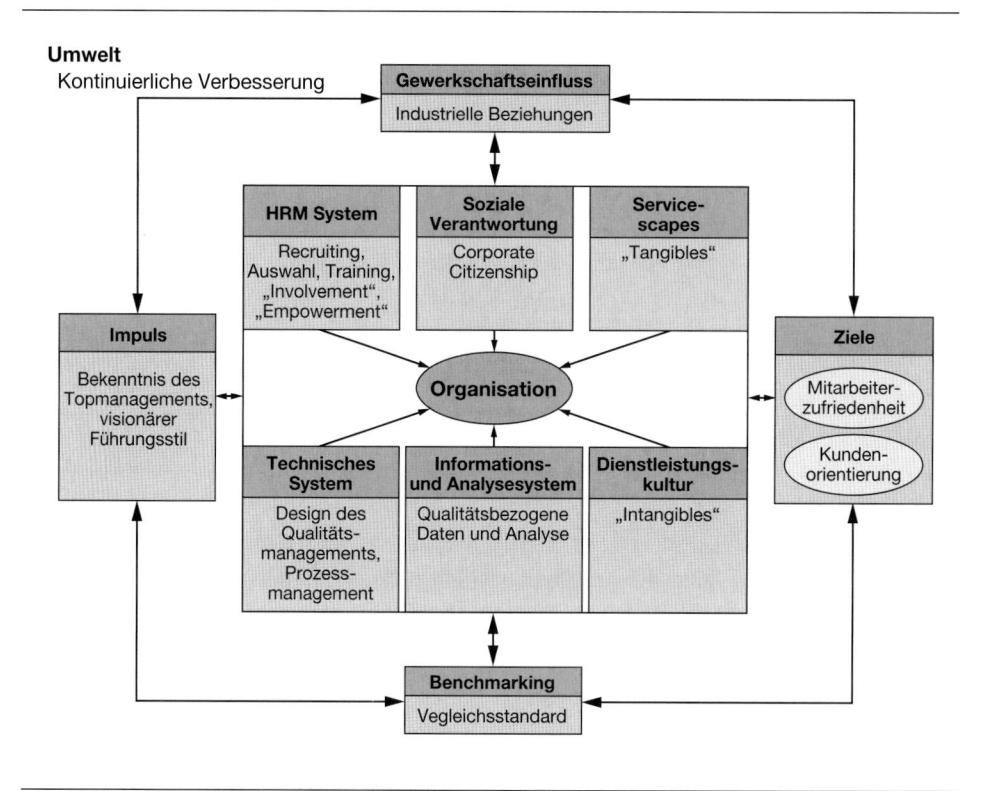

Quelle: Sureshchandar/Rajendran/Anantharaman 2001, S. 356

2.3 Begriff und Bausteine eines Qualitätsmanagements

Der Begriff **Qualitätsmanagement** wird in Wissenschaft und Praxis in vielfältiger Weise diskutiert (vgl. z. B. Stebbing 1990; Oess 1993; Stauss 1994b; Pfeifer 2001; Zollondz 2006; Bruhn 2010d). Die derzeit gültige Begriffsnorm zum Qualitätsmanagement DIN EN ISO 9000:2005 definiert Qualitätsmanagement als „Managementsystem zum Leiten und Lenken einer Organisation bezüglich Qualität".

Unter einem Qualitätsmanagementsystem werden die Aufbauorganisation, Verantwortlichkeiten, Abläufe, Verfahren und Mittel zur Verwirklichung des Qualitätsmanagements erfasst. Das Qualitätsmanagement ist hierbei nur so umfassend zu gestalten, wie dies zum Erreichen der Qualitätsziele unbedingt notwendig ist (Deutsche Gesellschaft für Qualität e.V. 1995, S. 36). Mit dieser Einschränkung ist beabsichtigt, die Rentabilität des entwickelten Qualitätsmanagementkonzeptes zu berücksichtigen und Kosten-Nutzen-Vergleiche vorzunehmen. Auf dieser Grundlage wird der **Begriff des Qualitätsmanagementsystems** wie folgt definiert:

> Unter einem **Qualitätsmanagementsystem** für Dienstleistungen ist die Zusammenfügung verschiedener Bausteine unter sachlogischen Gesichtspunkten zu verstehen, um unternehmensintern und -extern eine systematische Analyse, Planung, Organisation, Durchführung und Kontrolle von qualitätsrelevanten Aspekten des Leistungsprogramms eines Unternehmens sicherzustellen.

Gemäß dem TQM-Ansatz und den Prinzipien des Qualitätsmanagements für Dienstleistungsunternehmen lässt sich hier festhalten, dass ein Qualitätsmanagement für Dienstleistungen entsprechend den Anforderungen und Besonderheiten des Marktes anzupassen ist. Einen Schwerpunkt der Qualitätsbetrachtung stellen sämtliche Prozesse innerhalb der Dienstleistungskette sowie die Integration des externen Faktors dar (Bruhn 2010d). Ferner ist die wirtschaftliche Ausrichtung der qualitätsbezogenen Aktivitäten sicherzustellen.

Hauptaufgabe eines Qualitätsmanagementsystems ist die **Schaffung und Sicherstellung der Qualitätsfähigkeit** des Dienstleistungsunternehmens (Horváth/Urban 1990). Die Gestaltung des Qualitätsmanagementsystems ist an der Qualitätsfähigkeit zu orientieren. Hierzu ist eine Gliederung des Qualitätsmanagements für Dienstleistungen in vier Bausteine sinnvoll, die sich den Phasen des klassischen Managementprozesses – Analyse, Planung, Durchführung und Kontrolle – zuordnen lassen (vgl. Schaubild 5-2-4):

- **Analyse der Dienstleistungsqualität** als Informationsgrundlage des Qualitätsmanagements für Dienstleistungen (vgl. Abschnitt 3). Dieser Baustein umfasst zum einen die Auseinandersetzung mit den konzeptionellen Modellen der Dienstleistungsqualität, zum anderen werden verschiedene Ansätze der Messung von Dienstleistungsqualität vorgestellt.

- **Planung des Qualitätsmanagements** zur Festlegung der erforderlichen strategischen Qualitätsfähigkeit (vgl. Abschnitt 4).

- **Umsetzung des Qualitätsmanagements** mit einer Qualitätsplanung, -lenkung, -prüfung und -managementdarlegung zur Steuerung und Demonstration der Qualitätsfähigkeit in der Durchführungsphase (vgl. Abschnitt 5).

- **Controlling des Qualitätsmanagements** zur Informationsversorgung für eine Steuerung (vgl. Abschnitt 6) und Kontrolle (vgl. Abschnitt 7) der Qualitätsfähigkeit im weitesten Sinne einer modernen Controllingphilosophie.

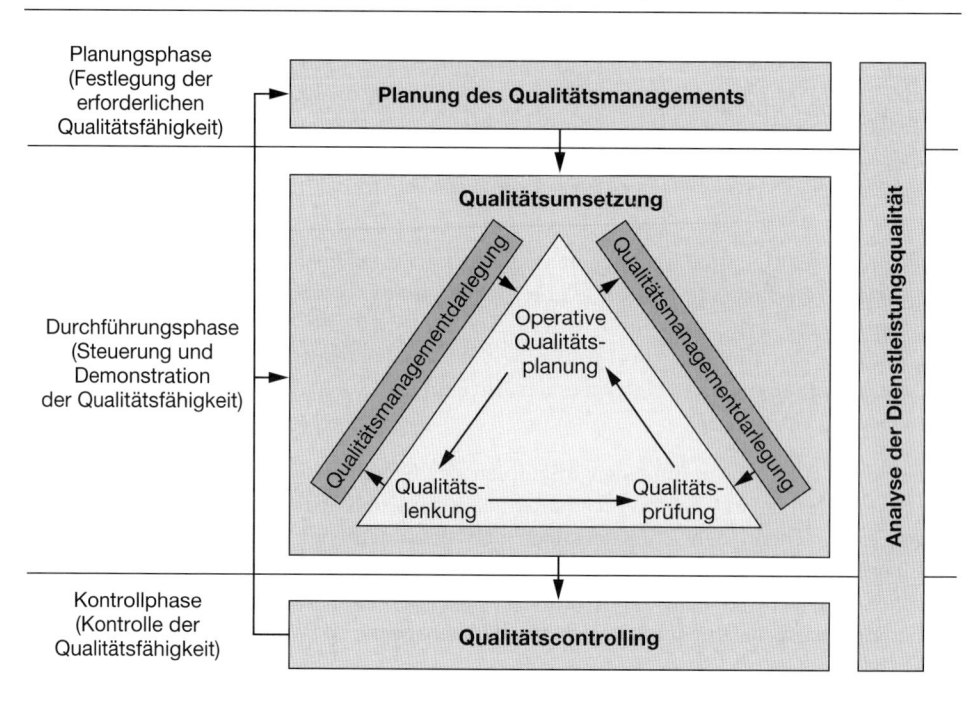

Schaubild 5-2-4 Bausteine eines Qualitätsmanagementsystems für Dienstleistungen

- Planungsphase (Festlegung der erforderlichen Qualitätsfähigkeit) → **Planung des Qualitätsmanagements**
- Durchführungsphase (Steuerung und Demonstration der Qualitätsfähigkeit) → **Qualitätsumsetzung**: Operative Qualitätsplanung, Qualitätslenkung, Qualitätsprüfung (Qualitätsmanagementdarlegung)
- Kontrollphase (Kontrolle der Qualitätsfähigkeit) → **Qualitätscontrolling**
- Analyse der Dienstleistungsqualität

Quelle: Bruhn 2010d, S. 86

Dem Qualitätsmanagement steht für die einzelnen Phasen des Managementprozesses eine Vielzahl unterschiedlicher Instrumente zur Verfügung. Ein professionelles Qualitätsmanagement für Dienstleistungen erfordert den systematischen Einsatz dieser Instrumente innerhalb jeder Phase. Es ist daher notwendig, sich mit deren Nutzungsmöglichkeiten auseinanderzusetzen. Dementsprechend folgt das Buch den Phasen des Managementprozesses und stellt in den folgenden Abschnitten jeweils die Instrumente und deren Einsatzmöglichkeiten dar.

2.4 Customer Experience Management

Seit einiger Zeit wird in der jüngeren Marketingforschung ein neuer kundenorientierter Ansatz mit der Bezeichnung **Customer Experience Management** (CEM) diskutiert (z. B. Schmitt 1999; Belz/Schögel/Tomczak 2007; Verhoef et al. 2009), der vor allem in der betrieblichen Praxis zunehmend an Bedeutung gewinnt und über das klassische Qualitätsmanagement hinausgeht. Dabei handelt es sich um ein kundenorientiertes Konzept, in dessen Mittelpunkt der Kunde und die Analyse des Kundenerlebnisses als Grundlage der

Schaubild 5-2-5 Definitionsansätze von „Customer Experience" im Überblick

Autoren	Bezeichnung	Definition	Interaktion	Stimuli	Reaktion	Subjektivität	Evaluierung	CTP
Pine/Gilmore 1999a, S. 13	Experience	"Experiences are events that engage individuals in a personal way"		X	X	X		
Haeckel/Carbone/Berry 2003, S. 18	Total Experience	"(...) the feelings customers take away from their interaction with a firm's goods, services, and atmospheric stimuli"		X	X			
Schmitt/Mangold 2004, S. 23	Kundenerlebnis	„Kundenerlebnisse sind „als private Ereignisse" konzipiert, die sich aus Reaktionen auf bestimmte Stimuli (z. B. von Marketingmaßnahmen vor, während und nach dem Kauf) ergeben. Erlebnisse resultieren oft aus direkten Beobachtungen und/oder der Teilnahme an Ereignissen"	X	X	X			X
Mascarenhas/Kesavan/Bernacchi 2006, S. 399	Total Customer Experience	"TCE is a totally positive, engaging, enduring, and socially fulfilling physical and emotional customer experience across all major levels of one's consumption chain and one that is brought about by a distinct market offering that calls for active interaction between consumers and providers"	X	X	X			X
Gentile/Spiller/Noci 2007, S. 397	Customer Experience	"The customer experience originates from a set of interactions between a customer and a product, a company, or part of its organization, which provoke a reaction. This experience is strictly personal and implies the customer's involvement at different levels (rational, emotional, sensorial, physical, and spiritual). Its evaluation depends on the comparison between a customer's expectation and the stimuli coming from the interaction with the company and its offering in correspondence of the different moments of contact or touch-points"	X	X	X	X	X	X
Meyer/Schwager 2007b, S. 118	Customer Experience	"Customer experience is the internal and subjective response customers have to any direct or indirect contact with a company"	X		X	X		X
Verhoef et al. 2009, S. 32	Customer Experience	"The customer experience construct is holistic in nature and involves the customer's cognitive, affective, emotional, social and physical responses to the retailer. The experience is created not only by those elements which the retailer can control (e. g., service interface, retail atmosphere, assortment, price), but also by elements that are outside of the retailer's control (e. g., influence of others, purpose of shopping)"		X	X	X		X

Quelle: Mayer-Vorfelder 2011, S. 50

Konzeption und Implementierung einer kundenzentrierten Unternehmensstrategie stehen. In der Literatur finden sich eine Reihe unterschiedlicher **Definitionsansätze** für den Begriff „Kundenerlebnis" oder „Customer Experience". Schaubild 5-2-5 zeigt eine Auswahl an Definitionen zentraler Arbeiten zum Themenbereich „Customer Experience".

Besonders weite Verbreitung hat der CEM-Ansatz von Schmitt gefunden (1999, 2003), der die Entwicklung des CEM-Ansatzes als konsequente Reaktion auf die kritische Auseinandersetzung mit klassischen kundenorientierten Marketingansätzen wie dem Qualitäts-, Kundenzufriedenheits- oder dem Customer-Relationship-Management sieht. Demnach sind die etablierten kundenorientierten Ansätze tatsächlich nur beschränkt kundenorientiert, da sie im Kern eher das Management von Produkten und Technologien als das Managment von Kunden in den Mittelpunkt stellten (Schmitt/Mangold 2005, S. 16). Dies zeigt sich z. B. daran, dass diese Ansätze emotionale Reaktionen des Kunden beim Konsum weitgehend unbeachtet lassen und den Fokus vor allem auf die Funktionalität von Produkten und Dienstleistungen legen (Schmitt/Mangold 2005, S. 20).

Der CEM-Ansatz ist folglich ein Ansatz, der sich nicht ausschließlich auf die Funktionalität und eine zufriedenstellende Qualität von Produkten und Dienstleistungsangeboten fokussiert, sondern ebenfalls auf emotionale Aspekte des Konsums achtet, um so den Kunden durch die Vermittlung einer einzigartigen Customer Experince zu begeistern und der Marke von Produkten oder Dienstleistungen einen Wettbewerbsvorteil zu verschaffen (Schmitt/Mangold 2005, S. 289ff.).

> **Customer Experience** entsteht aus einer Reihe von Interaktionen eines Kunden mit einem Produkt, einem Unternehmen oder Teilen des Unternehmens (Interaktion), die beim Kunden eine Reaktion hervorrufen. Customer Experience ist grundätzlich persönlicher Natur (subjektiv) und impliziert die Einbeziehung des Kunden auf verschiedenen Ebenen (rational, emotional, sinnlich, physisch, geistig). Ihre Bedeutung hängt ab vom Vergleich der Erwartungen mit dem Stimuli aus der Interaktion mit dem Unternehmen und dessen Angebot an den verschiedenen Kontaktmomenten oder Kundenkontaktpunkten.

Das **Ziel des Customer Experience Management** liegt demnach darin, dem Kunden an allen Berührungspunkten („Customer Touchpoints"), die er mit einem Anbieter hat, positive Kundenerlebnisse zu generieren und ein möglichst ganzheitliches (holistisches) Erlebnis zu generieren, um eine Kundenbegeisterung zu erzeugen und auf diesem Weg die Kunden nachhaltig an das Unternehmen zu binden (vgl. Schaubild 5-2-6).

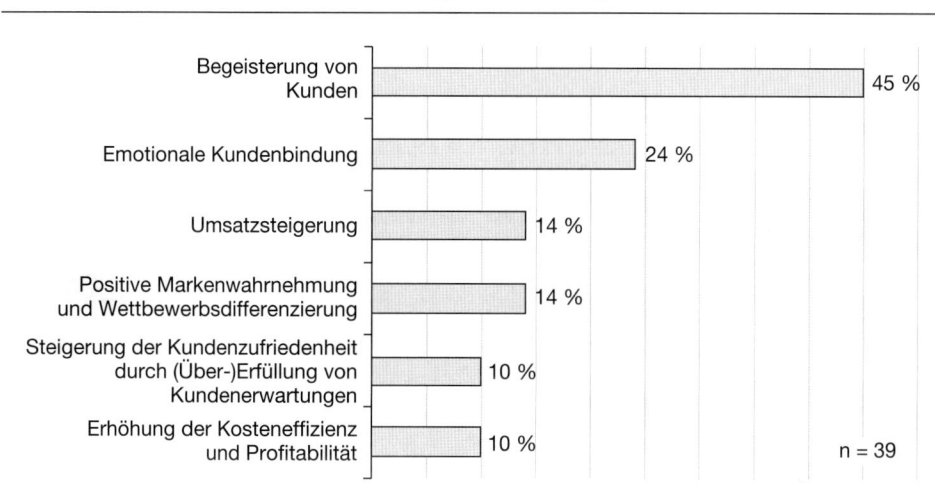

Schaubild 5-2-6 Ziele des Customer Experience Managements aus Unternehmenssicht

Ziel	Anteil
Begeisterung von Kunden	45 %
Emotionale Kundenbindung	24 %
Umsatzsteigerung	14 %
Positive Markenwahrnehmung und Wettbewerbsdifferenzierung	14 %
Steigerung der Kundenzufriedenheit durch (Über-)Erfüllung von Kundenerwartungen	10 %
Erhöhung der Kosteneffizienz und Profitabilität	10 %

n = 39

Quelle: Detecon International GmbH 2010, S. 24

Zum Aufbau einzigartiger Kundenerlebnisse empfiehlt es sich für Unternehmen, sich mit der Entstehung und dem Hintergrund von Kundenerlebnissen detaillierter auseinanderzusetzen. Grundsätzlich lassen sich die Kundenerlebnisse in **fünf Erlebnisdimensionen** einteilen, die in enger Beziehung zueinander stehen.

- **Sensorische Erlebnisse** entstehen während dem Dienstleistungserstellungsprozess durch die Aufnahme von Umeltreizen über die Sinnesorgane (Augen, Ohren, Zungen, Haut, Nase). Diese Reize lösen Erregungen aus, die dem Kunden als Empfindungen bewusst werden und eine sensorische Wahrnehmung hervorrufen. Sensorische Erlebnisse werden häufig in Handelsunternehmen eingesetzt, indem stimulierende Hintergrundmusik in den Verkaufsräumen gespielt wird, die unterschwellig zum Kauf anregen soll.

- Zu den **affektiven Erlebnissen** zählen Kundenreaktionen wie Emotionen und Stimmungen sowie die Einschätzung von Situationen. Sie zielen darauf ab, dem Kunden ein positives Gefühl bezüglich des Anbieters, der Marke oder der Dienstleistung zu vermitteln. Der Reiseveranstalter *TUI* setzt beispielsweis in seinen Werbespots auf die Vermittlung von Emotionen und Stimmungen, indem durch kurze Filme oder Plakate mit Urlaubsmotiven von Strandlandschaften die Urlaubsstimmung nach Hause transportiert wird.

- **Kognitive Erlebnisse** zielen auf den Intellekt des Konsumenten ab und beinhalten die Informationsaufnahme, -verarbeitung und -speicherung. Ihr Mehrwert liegt darin, dass sie den Kunden zur Kreativität und gedanklichen Auseinandersetzung mit der Marke animieren. Kognitive Erlebnisse werden häufig in der Werbung angeregt. Durch geheimnisvolle, provokative oder nicht eindeutige Werbeaussagen werden die Rezipienten dazu animiert, sich intensiver mit der Werbebotschaft und dem dahinter stehenden Produkt auseinanderzusetzen. Schaubild 5-2-7 zeigt ein Beispiel für provokative Werbung der Firma *Sixt*.

Schaubild 5-2-7   Provokative Werbung am Beispiel der Firma Sixt

Quelle: Auto Vermietungen 2010

- Bei **verhaltensbezogenen Erlebnissen** geht es um die Vermittlung von physischen Erlebnissen, Nutzungsarten, alternativen Lebensstilen oder auch von Interaktionsmöglichkeiten. Ziel der Vermittlung verhaltensbezogener Erlebnisse ist es, neben der Veränderung des rationalen Verhaltens auch den Wandel des Lebensstils des Konsumenten zu erreichen. Als Beispiel ist hier *Lufthansa* zu nennen, die durch die Vermittlung der Privilegien und Vorteile einer Miles-and-More-Mitgliedschaft (z. B. Zutritt zu Lufthansa-Lounges, bevorzugte Behandlung beim Check-in usw.) zur Teilnahme an diesem Bonusprogramm animieren.

- **Soziale Erlebnisse** entstehen durch Ereignisse der Interaktion, Kontakt- und Beziehungspflege. Es wird versucht, neben der Ermöglichung von Interaktion, dem Kunden durch eine soziale Identität und ein Gefühl der Zugehörigkeit einen Zusatznutzen zu generieren. Als typisches Beispiel ist hier *Harley-Davidson* zu nennen. Neben dem Kernprodukt – dem Motorrad – wird durch den Verkauf von Merchandising-Artikeln, Mitgliedschaften in Fan-Clubs, die Ausrichtung von Fantreffen und sonstigen Events der soziale Erlebnischarakter erhöht. Bei Dienstleistungen bietet sich der Aufbau von sozialen Erlebnissen v.a. für Unternehmen an, die ihre Kunden in Form von Mitgliedschaften binden (z. B. Fitnessstudios) und ebenfalls anhand Events, Merchandising usw. eine soziale Bindung zu den Kunden aufbauen.

Zum gezielten **Aufbau und zur Steuerung** einer einzigartigen Customer Experience wird eine fünfstufige Vorgehensweise vorgeschlagen. Diese beinhaltet folgende **Ablaufschritte**, deren Kernaussagen im Folgenden kurz aufgezeigt werden (Schmitt/Mangold 2005, S. 43f.):

1. Analyse des Kundenerlebnisses,
2. Entwicklung der Erlebnisplattform,
3. Design des Markenerlebnisses,
4. Gestaltung der Kundenkontaktpunkte,
5. Kundenorientierte Ausrichtung der Organisation.

1. Analyse des Kundenerlebnisses

Die erste Stufe beschäftigt sich mit der Analyse der Erlebniswelt des Kunden. Dies beinhaltet die Festlegung der genauen Zielgruppe des Erlebnisses, die Zerlegung der Erlebniswelt in einzelne Schichten und die Evaluierung des Erlebnisses an allen Kundenkontaktpunkten. Dazu empfiehlt sich die Durchführung von so genannten Erlebnis-Audits (Customer Experience Audits), Customer Insight-Analysen und Erlebnis-Benchmark-Analysen (Schmitt/Mangold 2005, S. 47ff.).

Im Rahmen von **Erlebnis-Audits** wird eine detaillierte Betrachtung des Kundenerlebnisses an den einzelnen Customer Touch Points (CTPs) aus Sicht des Kunden vorgenommen. Häufig werden hierzu Kunden vor, während und nach dem Leistungserstellungsprozess zu ihren Eindrücken und der Zufriedenheit an den einzelnen CTPs befragt. Dies kann schriftlich anhand eines Fragebogens oder mündlich in Form eines Interviews erfolgen.

Die im Rahmen des Audits gewonnenen Erkenntnisse fungieren als Grundlage einer anschließenden **Customer Insight-Analyse**. Dabei geht es vor allem um die Identifikation der zentralen Erlebnistreiber und somit operativen Stellhebel einzelner CTPs aus Kundensicht. Zu diesem Zweck gilt es, die Relevanz und die Wahrnehmung der einzelnen CTPs aus Kundensicht anhand geeigneter Maßnahmen der Marktforschung zu erheben, auszuwerten und schließlich zu interpretieren. Eine geeignete Methodik im Rahmen der Customer Insight Analyse ist die **Kausalanalyse**, mit deren Hilfe sich die Beziehungen zwischen Input-Größen (CTP-Gestaltung) und Output-Größen (Kundenwirkungen) eines Customer Experience Managements messen lassen. Entsprechend der Logik der Erfolgskette (vgl. Kapitel 2) lassen sich die Kundenwirkungen einer ansprechenden CTP-Gestaltung weiter differenzieren in psychologische (z. B. Kundenzufriedenheit) sowie in verhaltensbezogene Erfolgsgrößen (z. B. Kundenbindung) des Customer Experience Managements und im Rahmen einer Kausalanalyse entsprechend gesamthaft abbilden und schätzen. Innerhalb der Kausal- bzw. Strukturgleichungsmodelle werden diese Erfolgsgrößen bzw. Strukturvariablen als latente, also nicht direkt messbare, Variablen bzw. Konstrukte aufgefasst, die mehrdimensional anhand von Indikatorvariablen gemessen werden (z. B. Merkmale einer CTP-Qualität als Indikatoren für die wahrgenommene CTP-Qualität).

Schaubild 5-2-8 zeigt exemplarisch ein Strukturgleichungsmodell zur Messung der Wirkungen von Customer Touchpoints, wie sie im Rahmen einer Customer Insight Analyse häufig Anwendung findet.

Schaubild 5-2-8 Strukturgleichungsmodell zur Messung der Wirkungen von Customer Touchpoints

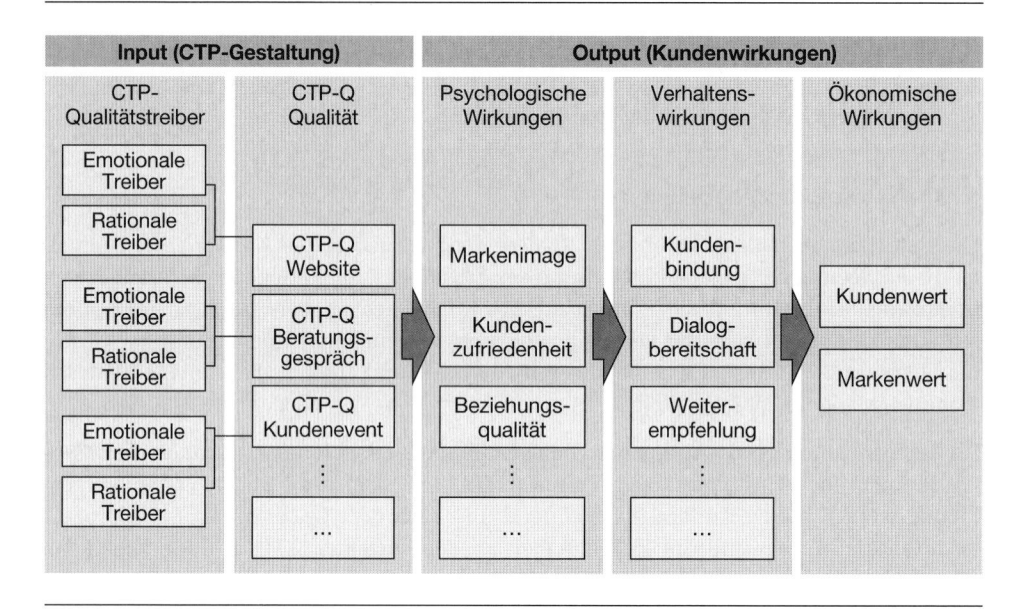

Input (CTP-Gestaltung)		Output (Kundenwirkungen)		
CTP-Qualitätstreiber	CTP-Q Qualität	Psychologische Wirkungen	Verhaltenswirkungen	Ökonomische Wirkungen
Emotionale Treiber / Rationale Treiber	CTP-Q Website	Markenimage	Kundenbindung	Kundenwert
Emotionale Treiber / Rationale Treiber	CTP-Q Beratungsgespräch	Kundenzufriedenheit	Dialogbereitschaft	
Emotionale Treiber / Rationale Treiber	CTP-Q Kundenevent	Beziehungsqualität	Weiterempfehlung	Markenwert
	...	...	...	

Häufig werden solche Customer Insight-Analysen unmittelbar nachdem ein bestimmter CTP in Anspruch genommen wurde durchgeführt. So ist es bei Call-Centern üblich, dass im Anschluss an ein Gespräch eine kurze telefonische Befragung zur Zufriedenheit mit dem Gespräch, Freundlichkeit des Gesprächspartners und Weiterempfehlungsabsicht durchgeführt wird. Auch Autohäuser setzen dieses Instrument regelmäßig ein. Wenige Tage nach dem Besuch des Autohauses bzw. der Werkstatt wird eine schriftliche oder telefonische Befragung hinsichtlich der Zufriedenheit mit der Durchführung und dem Ergebnis, der wahrgenommenen Qualität des Service und der Bereitschaft, weitere Serviceleistungen in dem Hause in Anspruch zu nehmen, durchgeführt.

Eine **Erlebnis-Benchmark-Analyse** wird eingesetzt, um einen Vergleich des Kundenerlebnisses im eigenen Unternehmen mit dem bei Konkurrenzunternehmen zu ermöglichen. Häufig empfiehlt sich ein Vergleich über Branchengrenzen hinaus, um so weitere hilfreiche Informationen zu erhalten. So haben z. B. Busunternehmen die Möglichkeit, die Kundenerlebnisse einer Busreise mit Flugreisen oder Taxiunternehmen zu vergleichen und aus dem Vergleich entsprechende Lehren zu ziehen. Die *Deutsche Bank* hat z. B. bei der Neugestaltung ihrer Bankfiliale *Q110* bewusst Gestaltungskonzepte von Cafés, Lounges und auch Boutiquen sowie Bekleidungsgeschäfte herangezogen, um ein optimales Kundenerlebnis in der neu gestalteten Filiale zu erreichen.

2. Entwicklung der Erlebnisplattform

Im Anschluss an die Kundenerlebnisanalyse erfolgt die Entwicklung der Erlebnisplattform. Hierbei handelt es sich um einen kreativen Schritt, der die Festlegung einer Erlebnispositionierung, eines Erlebnisversprechens sowie die Konzeption eines Implementierungsmotivs beinhaltet und verdeutlicht. Bei der Erlebnispositionierung handelt es sich um die auf das Vorstellungsbewusstsein abzielende Darstellung der Marke, wie sie der Kunde wahrzunehmen und zu erleben hat. Dem Erlebnisversprechen kommt besondere Bedeutung zu, da an dieser Stelle der Erlebniswert durch die einzelnen Erlebnismodule bestimmt wird und verdeutlicht, welchen erlebnisorientierten Nutzen die Kunden von der Marke erwarten können (Kroeber-Riel/Esch 2004, S. 80; Esch 2007, S. 112). So lässt sich beispielsweise das Erlebnisversprechen der *Sparkasse* durch „persönlich und nah" charakterisieren. Dieses Versprechen wird durch ein flächendeckendes Filialnetz (Nähe) und die individuelle Betreuung von persönlichen Finanzberatern (persönlich) erreicht.

3. Design des Markenerlebnisses

Auf die Konzeption der Erlebnisplattform folgt die Implementierung der Erlebnisstrategie. Dabei gilt es, zum einen zu überprüfen, ob die identifizierten Erlebnistreiber tatsächlich relevant sind. Zum anderen sind die Treiber so zu gestalten, dass aus ihnen ein Markenerlebnis resultiert (Schmitt/Mangold 2005, S. 44).

Das Design des Markenerlebnisses für Dienstleistungen beinhaltet das systematische Management und Design von Kundenerlebnissen durch die sorgfältige Planung der tangiblen und intangiblen Elemente im Dienstleistungserbringungssystem (Pullman/Gross 2004, S. 551). Vor diesem Hintergrund werden sechs zentrale **erlebniszentrierte Designelemente** vorgeschlagen (Zomerdijk/Voss 2010, S. 68ff.):

- Das Design erlebniszentrierter Dienstleistungen impliziert die Gestaltung einer **Abfolge von Service Encountern** und so genannter **„Schlüsselpunkte"**, die den Kontext, in dem Erlebnisse entstehen, formen. Diese Ansatzpunkte können in jeder Phase des Dienstleistungsprozesses entstehen und werden – sofern wahrgenommen – von Dienstleistungskunden zu ganzheitlichen Erlebnissen kombiniert.

- Vor dem Hintergrund, dass ein Kundenerlebnis umso wirksamer ist, je stärker es die Sinne der Konsumenten anspricht, gilt es im Rahmen eines erlebnisorientierten Dienstleistungsdesigns, die Dienstleistungselemente so zu entwickeln, dass **alle Sinne des Konsumenten** angesprochen werden.

- Der direkte Kontakt zwischen Mitarbeitenden und Kunden stellt bei Dienstleistungsunternehmen einen zentralen Ansatzpunkt dar, emotionale Reaktionen beim Kunden auszulösen. Im Rahmen eines erlebnisorientierten Dienstleistungsdesigns sind die Voraussetzungen für direkte **Mitarbeiter-Kunden-Interaktionen** zu schaffen.

- Die Erbringung von Dienstleistungen wird aufgrund ihres Ablaufs, der Dauer sowie der zugrunde liegenden Dramaturgie häufig gleichgesetzt mit der Inszenierung eines Dramas, bei der sich beispielsweise die Mitarbeitenden mit den Schauspielern, die Kunden mit den Zuschauern, und das tangible Umfeld mit einer Bühne vergleichen lassen. Folglich gilt es, der **dramaturgischen Struktur von Dienstleistungen** beim erlebniszentrierten Design Rechnung zu tragen.

- Das Erlebnis von Kunden wird nicht nur von der Interaktion mit dem Dienstleistungsanbieter beeinflusst, sondern auch durch die Anwesenheit anderer Kunden. Aus diesem Grund beinhaltet das erlebniszentrierte Dienstleistungsdesign auch das **Management der Anwesenheit anderer Kunden**.

- Bei der Gestaltung von Dienstleistungserlebnissen spielen nicht nur die Mitarbeitenden im Kundenkontakt eine wichtige Rolle („Frontline-Mitarbeiter"), sondern auch diejenigen Mitarbeitenden, die hinter der Sichtbarkeitslinie der Dienstleistungserbringung („Backoffice-Mitarbeiter") agieren. Diese üben eine wichtige Funktion bei der Bereitstellung der Gestaltungselemente ganzheitlicher Kundenerlebnisse aus. Dementsprechend bedarf ein erlebniszentriertes Dienstleistungsdesign die ausgewogene **Abstimmung von Frontline- und Backoffice-Mitarbeitern**.

4. Gestaltung der Kundenkontaktpunkte

An den Kundenkontaktpunkten wird der Kunde durch Interaktion zum Beziehungspartner für das Unternehmen (z. B. Point of Sale, Call-Center, Internet usw.). Besondere Bedeutung kommt hierbei so genannten **atmosphärischen Stimuli** zu, wie z. B. die innenarchitektonische Anordnung (Regale und Kassen in Supermärkten, Kundenschalter in Bank- und Postfilialen), das Design (Dekoration, Material, Bilder in Verkaufs- und Beratungsräumen) oder sonstige atmosphärische Elemente (Hintergrundmusik, Düfte usw.) zu (Pine/Gilmore 1999; Turley/Milliman 2000). Die Gestaltung der Kundenschnittstellen hat im Rahmen des CEM eine zentrale Funktion, da sie eine wichtige Rolle bei der Wahrnehmung des Erlebnisses spielen (Schmitt/Mangold 2005, S. 44).

5. Kundenorientierte Ausrichtung der Organisation

Für die erfolgreiche Umsetzung eines CEM bedarf es der Schaffung organisatorischer Voraussetzungen. Dies beinhaltet, dass entsprechende Ressourcen und Unternehmensstrukturen vor dem Hintergrund einer CEM-Strategie geschaffen werden. Zu den **Ansätzen kundenorientierter Unternehmensstrukturen** zählen beispielsweise die Bildung dezentraler Einheiten, eine verstärkte Prozessorientierung, die Förderung funktionsübergreifender Zusammenarbeit sowie eine Erweiterung von Entscheidungskompetenzen (Bruhn 2007b). Als eine der wichtigsten Ressourcen gilt dabei der Mitarbeitende, der bei der Ausgestaltung des Kundenerlebnisses eine zentrale Rolle spielt. Als bekanntes Beispiel sei hier die

Hotelkette *Ritz-Carlton* genannt. Demnach ist jeder Mitarbeitende des Hotels befugt, bis zu einem bestimmten Geldbetrag eigenständig Entscheidungen zu treffen, um die Zufriedenheit eines jeden Kunden und damit ein positives Kundenerlebnis sicherzustellen.

Ein weiterer wichtiger Punkt ist die Implementierung einer **Unternehmenskultur**, die Kundenerlebnisse als Fundament zur Erreichung von Wettbewerbsvorteilen begreift (Schmitt/Mangold 2005, S. 159ff.). Dabei besteht die zentrale Herausforderung darin, die Unternehmenskultur und damit die individuellen Werte- und Normvorstellungen sowie Denk- und Verhaltensmuster, die die Entscheidungen, Handlungen und Aktivitäten der Organisationsmitglieder prägen, in Richtung eines erlebnisorientierten Verständnisses der Leistungserbringung anzupassen (zum Begriff der Unternehmenskultur vgl. z. B. Pflesser 1999, S. 12ff.; Zeplin 2005, S. 34; Meffert/Burmann/Kirchgeorg 2012, S. 809).

3. Analyse der Dienstleistungsqualität

3.1 Modelle der Dienstleistungsqualität

Modelle der Dienstleistungsqualität versuchen, die Qualitätsbeurteilung aus Nachfragersicht und die angebotene Dienstleistung von Unternehmen im Gesamtzusammenhang abzubilden (Benkenstein 1993, S. 1107). Dabei lassen sich erste Implikationen bzw. Ansatzpunkte für Maßnahmen des Qualitätsmanagements eines Dienstleistungsunternehmens ableiten. In der Literatur haben sich im Laufe der Zeit verschiedene Modelle der Dienstleistungsqualität entwickelt. Im Folgenden werden die wichtigsten Modelle der Dienstleistungsqualität dargestellt.

3.11 GAP-Modell von Parasuraman/Zeithaml/Berry

Eine besonders weite Verbreitung fand das **GAP-Modell der Dienstleistungsqualität** (Zeithaml/Parasuraman/Berry 1985, 1990). Die Autoren gingen in den 1980er Jahren der Frage nach, welche Faktoren ursächlich für das Vorhandensein von Qualitätsschwächen in Dienstleistungsunternehmen sind. Das Ergebnis, das GAP-Modell, stellt ein umfassendes Rahmenkonzept zur Bestimmung der Dienstleistungsqualität aus Kunden- und Unternehmenssicht dar (Zeithaml/Parasuraman/Berry 1985, 1990). Es wurde auf Basis von Fokusgruppeninterviews mit Dienstleistungskunden und von Expertengesprächen mit Dienstleistungsanbietern in den Bereichen Banken, Kreditkartenunternehmen, Versicherungen, Broker und Reparaturdienstleister entwickelt. Als Ergebnis stellte sich heraus, dass Diskrepanzen, so genannte „**GAPs**", zwischen den Wahrnehmungen des Kunden hinsichtlich der Dienstleistungsqualität und dem Versuch der Unternehmen bestehen, Kundenerwartungen in Dienstleistungsspezifikationen umzusetzen. Die Dienstleistungsqualität wird dabei anhand der Diskrepanz der Kundenwahrnehmung von der ursprünglichen Kundenerwartung definiert (Kurtz/Clow 1998, S. 110ff.). Diese Diskrepanz (auch als GAP 5 bezeichnet) resultiert aus vier weiteren in einer Unternehmung auftretenden GAPs, die in Schaubild 5-3-1 dargestellt sind.

Schaubild 5-3-1 GAP-Modell der Dienstleistungsqualität

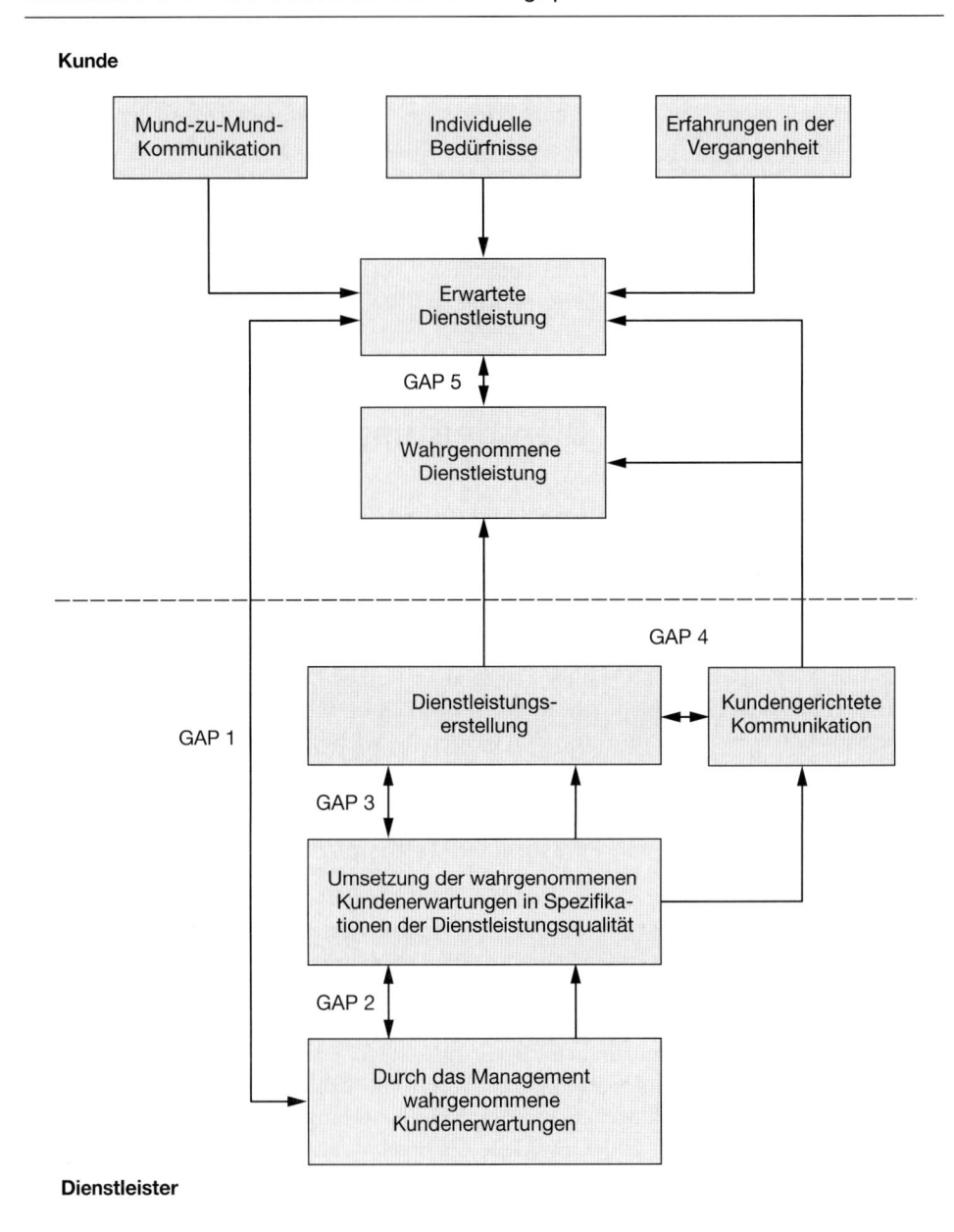

Kunde

- Mund-zu-Mund-Kommunikation
- Individuelle Bedürfnisse
- Erfahrungen in der Vergangenheit

→ Erwartete Dienstleistung

GAP 5

Wahrgenommene Dienstleistung

Dienstleister

GAP 4: Dienstleistungserstellung ↔ Kundengerichtete Kommunikation

GAP 1

GAP 3: Umsetzung der wahrgenommenen Kundenerwartungen in Spezifikationen der Dienstleistungsqualität

GAP 2: Durch das Management wahrgenommene Kundenerwartungen

Quelle: Zeithaml/Berry/Parasuraman 1988, S. 44

- **GAP 1:** Diskrepanz zwischen den Kundenerwartungen und deren Wahrnehmung durch das Management.
- **GAP 2:** Diskrepanz zwischen den vom Management wahrgenommenen Kundenerwartungen und deren Umsetzung in Spezifikationen der Dienstleistungsqualität.
- **GAP 3:** Diskrepanz zwischen den Spezifikationen der Dienstleistungsqualität und der tatsächlich erstellten Leistung.
- **GAP 4:** Diskrepanz zwischen tatsächlich erstellter Dienstleistung und der an den Kunden gerichteten Kommunikation über diese Dienstleistung.

Diese vier GAPs basieren auf einer Reihe von Faktoren, die im Rahmen einer Explorationsstudie ermittelt wurden und erste Ansatzpunkte für die Verbesserung der Dienstleistungsqualität liefern. Die meisten dieser Faktoren betreffen **Kommunikations- und Kontrollverfahren zur Personalführung** in Unternehmen. Andere Faktoren beinhalten die potenziellen Auswirkungen dieser Verfahren auf das Erstellen der Dienstleistungsqualität.

GAP 1 weist auf die Möglichkeit hin, dass Dienstleistungsunternehmen fehlende oder falsche Vorstellungen über die Bedeutung einzelner Merkmale für die Qualitätseinschätzung der Kunden und das von ihnen geforderte Leistungsniveau haben. Mögliche Ursachen dieser Lücke resultieren aus einer unzureichenden Orientierung an Marktforschungsergebnissen, einer unzulänglichen Kommunikation vom Kundenkontaktpersonal zum Management („Aufwärtskommunikation") und einer zu großen Anzahl von Hierarchiestufen.

GAP 2 analysiert die Umsetzung der wahrgenommenen Kundenerwartungen in Spezifikationen der Dienstleistungsqualität. Umsetzungsdefizite werden im Modell durch folgende Faktoren identifiziert: Eine mangelnde Entschlossenheit des Managements zur Servicequalität, unklare Zielsetzungen in Bezug auf die Dienstleistungsqualität, eine mangelnde Nutzung von Instrumenten und Verfahren zur Standardisierung von Leistungen sowie falsche Annahmen des Managements über das Ausmaß, in dem Kundenerwartungen überhaupt erfüllbar sind.

GAP 3 spiegelt das Ausmaß wider, in dem das Dienstleistungspersonal die Leistung nicht auf dem vom Management erwarteten Niveau erbringt. Verursachende Faktoren sind z. B. eine mangelnde Qualifikation der Mitarbeitenden, falsche Kriterien der Leistungsüberwachung sowie eine unzureichende Teamarbeit.

GAP 4 entsteht, wenn die Wahrnehmung des Kunden bezüglich der Dienstleistungsqualität durch übertriebene Versprechungen in der Unternehmenskommunikation oder durch fehlende Informationen derart beeinflusst wird, dass eine Diskrepanz zwischen tatsächlich erstellter und versprochener Leistung entsteht.

Die verschiedenen **Einflussfaktoren** der einzelnen GAPs werden in Schaubild 5-3-2 zusammenfassend dargestellt.

Schaubild 5-3-2 Einflussfaktoren des GAP-Modells

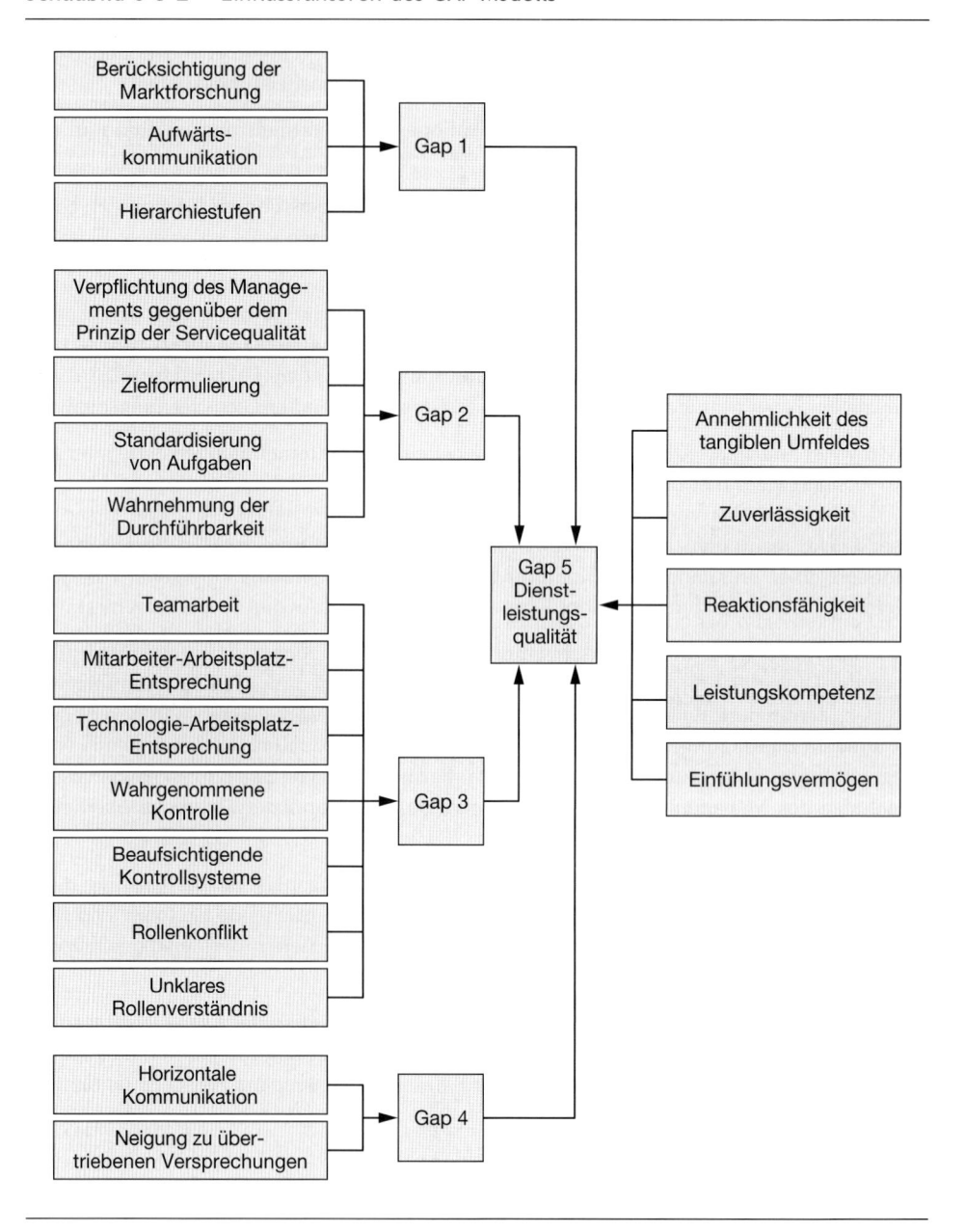

- Berücksichtigung der Marktforschung
- Aufwärtskommunikation
- Hierarchiestufen

→ Gap 1

- Verpflichtung des Managements gegenüber dem Prinzip der Servicequalität
- Zielformulierung
- Standardisierung von Aufgaben
- Wahrnehmung der Durchführbarkeit

→ Gap 2

- Teamarbeit
- Mitarbeiter-Arbeitsplatz-Entsprechung
- Technologie-Arbeitsplatz-Entsprechung
- Wahrgenommene Kontrolle
- Beaufsichtigende Kontrollsysteme
- Rollenkonflikt
- Unklares Rollenverständnis

→ Gap 3

- Horizontale Kommunikation
- Neigung zu übertriebenen Versprechungen

→ Gap 4

Gap 5 Dienstleistungsqualität

- Annehmlichkeit des tangiblen Umfeldes
- Zuverlässigkeit
- Reaktionsfähigkeit
- Leistungskompetenz
- Einfühlungsvermögen

Quelle: Zeithaml/Parasuraman/Berry 1990, S. 131

Besondere Relevanz weisen die Einflussfaktoren der zentralen **GAP 5** auf, die schließlich die wahrgenommene Dienstleistungsqualität als Diskrepanz zwischen der wahrgenommenen und der erwarteten Dienstleistung beschreibt. Aufgrund dieses Sachverhalts handelt es sich bei den Einflussfaktoren von GAP 5 folglich um einen weiteren Ansatz, neben den in Abschnitt 2.12 bereits vorgestellten Ansätzen zur Beschreibung der **Qualitätsdimensionen** von Dienstleistungen (Parasuraman/Zeithaml/Berry 1985, 1988; Zeithaml/Parasuraman/Berry 1992):

1. **Annehmlichkeit des tangiblen Umfeldes** („Tangibles"). Elemente des äußeren Erscheinungsbilds eines Dienstleistungsortes. Dazu zählen zum einen alle materiellen Elemente des Dienstleistungsortes, zum anderen aber auch das Erscheinungsbild der Mitarbeitenden (z. B. Uniform).

2. **Zuverlässigkeit** („Reliability"). Hierunter fällt die Fähigkeit des Dienstleistungsanbieters, die versprochenen Leistungen auch auf dem angestrebten Niveau zu erfüllen.

3. **Reaktionsfähigkeit** („Responsiveness"). Dieser Dimension werden Qualitätsmerkmale subsumiert, die sich auf die Fähigkeit eines Anbieters beziehen, individuelle Wünsche der Kunden zu erfüllen.

4. **Leistungskompetenz** („Assurance"). Diese Dimension umfasst Qualitätsmerkmale einer Dienstleistung, die die Fähigkeiten des Anbieters zur Erbringung der Dienstleistung, insbesondere in Bezug auf das Wissen, die Höflichkeit und die Vertrauenswürdigkeit der Mitarbeitenden, zum Ausdruck bringen.

5. **Einfühlungsvermögen** („Empathy"). Unter die Qualitätsdimension Einfühlungsvermögen werden die Qualitätsmerkmale eines Dienstleistungsanbieters in Bezug auf seine empathischen Fähigkeiten zusammengefasst, jedem einzelnen Kunden die notwendige Fürsorge und Aufmerksamkeit entgegenzubringen.

Neben einer strukturierenden Funktion sind die aufgeführten Unterscheidungen von Qualitätsdimensionen in der Lage, erste Hinweise für die Gestaltung von Messkonzepten zur Erfassung der Dienstleistungsqualität zu liefern. Dazu ist es jedoch notwendig, die Dimensionen durch einzelne Merkmale der Dienstleistungsqualität zu konkretisieren (Stauss/Hentschel 1991, S. 240), denn aufgrund des Abstraktionsgrades, auf dem die Dimensionen abgegrenzt werden, sind sie einer unmittelbaren Messung kaum zugänglich (Benkenstein 1993, S. 1099).

Die **Kritik am GAP-Modell** bezieht sich in erster Linie auf die Operationalisierung von GAP 5 durch den SERVQUAL-Ansatz (vgl. Abschnitt 3.2221). Darüber hinaus stellt sich die Frage, inwiefern das GAP-Modell überhaupt für sämtliche Dienstleistungsbereiche anwendbar ist. So sind die Struktur und die im Modell implizit unterstellten Dienstleistungsprozesse vor allem auf den empirisch erprobten Bereich der Finanz- und Reparaturdienstleistungen „zugeschnitten". Das GAP-Modell wurde daher zunächst hauptsächlich von Banken in die Praxis umgesetzt (Bruhn/Hennig 1993), findet aber heute vermehrt auch Anwendung im Gesundheitsbereich (z. B. Hanjoon et al. 2000), im Tourismus (z. B. Gionzález/Comesaña/Brea 2007), bei Nonprofit-Organisationen (Vaughan/Shiu 2001) sowie in letzter Zeit verstärkt im E-Business bzw. E-Commerce (z. B. Parasuraman/Zeithaml/Malhotra 2005; Fassnacht/Koese 2006).

Neben der verstärkt festzustellenden Umsetzung des GAP-Modells in verschiedenen Branchen haben sich mittlerweile verschiedene **Variationen des Modells** in der Literatur etabliert. Diese stellen zum einen inhaltliche Erweiterungen des GAP-Modells als Reaktion auf die Kritik am bestehenden Ursprungsmodell dar.

Eine derartige Erweiterung zum GAP-Modell ist beispielsweise auf Rosene (2002) zurückzuführen. So kann in einer übergeordneten, die Unternehmenskultur betreffenden Dimension ein weiteres GAP liegen (Rosene 2002). Diese als „**Selbstzufriedenheits-GAP**" (Contemplacy GAP) bezeichnete Dimension bezeichnet die Trägheit, nach einer bereits erfolgten, aber noch nicht optimalen Verbesserung weitere Qualitätsverbesserungen zu verfolgen (z. B. einer Reduzierung der Beschwerden um 20 Prozent). In diesem GAP kann die originäre Ursache für Mängel liegen, die sich in den vier bzw. fünf definierten GAPs zeigen (Rosene 2002, S. 53f.).

Zum anderen ist die Entwicklung verschiedener Variationen auf den Wunsch zurückzuführen, das Ursprungsmodell im Hinblick auf spezifische Kontexte zu konkretisieren. Als Beispiele für solche **kontextspezifischen GAP-Modelle** sind beispielsweise folgende Variationen zu nennen (Bruhn 2010d, S. 115ff.):

- GAP-Modell bei direktem Mitarbeiter-Kunde-Kontakt (Luk/Layton 2002),
- GAP-Modell bei mehrstufigen Dienstleistungen (Murmann 1999),
- GAP-Modell für interne Dienstleistungen (Frost/Kumar 2000).

3.12 Dienstleistungsqualitätsmodell von Grönroos

Das Dienstleistungsqualitätsmodell von Grönroos (1990) konzeptualisiert – ähnlich wie im GAP-Modell unterstellt – die wahrgenommene Qualität als Diskrepanz eines Abgleichs **zwischen der erwarteten und der erfahrenen Dienstleistungsqualität** (Grönroos 1984, S. 37ff., 2000c, S. 61ff.; vgl. Schaubild 5-3-3). Der Unterschied liegt darin, dass die wahrgenommene Dienstleistungsqualität nicht aus dem Abgleich der erwarteten und wahrgenommenen Dienstleistung, sondern aus einem Vergleich der erwarteten mit der erfahrenen Dienstleistungsqualität resultiert.

Dienstleistungsqualität wird umso stärker wahrgenommen, je stärker die erfahrene Qualität die erwartete Qualität übertrifft. Dies bedeutet, dass trotz des Vorliegens einer hohen erfahrenen Qualität die wahrgenommene Qualität gering ausfallen kann, sollten die Erwartungen an die Dienstleistungsqualität unrealistisch hoch ausfallen.

Nach Grönroos ist die **erwartete Qualität** die Funktion einer Reihe von verschiedenen Faktoren. Dazu zählen u. a. die Marktkommunikation des Anbieters, das Image, die Mund-zu-Mund-Kommunikation und die Kundenbedürfnisse.

In Bezug auf die **erfahrene Qualität** wird zwischen einer technischen und eine funktionalen Qualität unterschieden (vgl. auch Dimensionen der Dienstleistungsqualität, Abschnitt 2.12): Die Dimension **technische Qualität** fragt nach dem Leistungsergebnis (**Was?**) und lässt sich in der Regel objektiv messen und beurteilen (z. B. wiederhergestellte Funktions-

Analyse der Dienstleistungsqualität

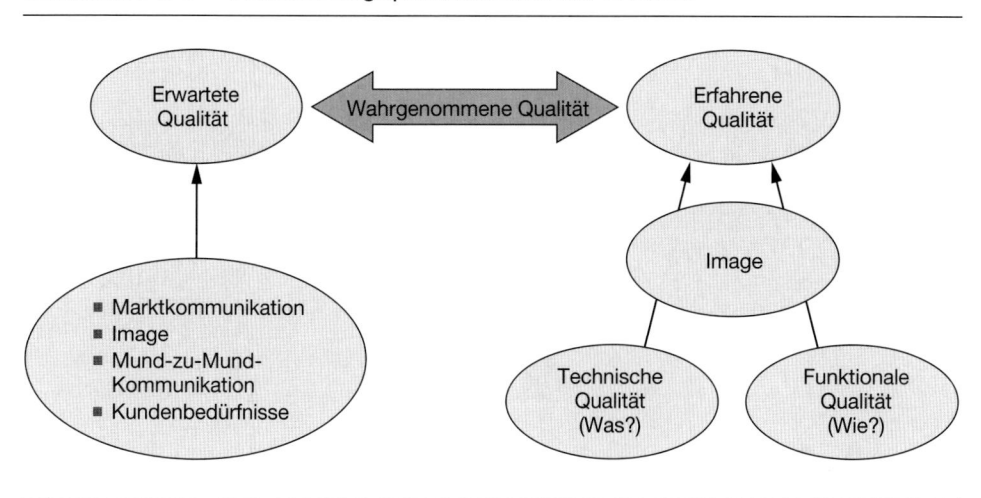

Schaubild 5-3-3 Dienstleistungsqualitätsmodell von Grönroos

[Diagramm: Erwartete Qualität ↔ Wahrgenommene Qualität ↔ Erfahrene Qualität; Einflussfaktoren auf erwartete Qualität: Marktkommunikation, Image, Mund-zu-Mund-Kommunikation, Kundenbedürfnisse; Einflussfaktoren auf erfahrene Qualität: Image, Technische Qualität (Was?), Funktionale Qualität (Wie?)]

Quelle: Grönroos 1990, S. 41

fähigkeit eines PKW nach einer Reparatur). Die Dimension der **funktionalen Qualität** fragt hingegen danach, in welcher Weise dieses Ergebnis zustande gekommen ist und entspricht im Vergleich zur technischen Qualität eher der subjektiven Wahrnehmung des Konsumenten. Darunter fallen z. B. Aspekte wie die Freundlichkeit des Personals oder die Erreichbarkeit des Dienstleistungsanbieters. Grönroos sieht in der funktionalen Qualität einen stärkeren Treiber im Hinblick auf die erfahrene Qualität, so dass diese unter Umständen Defizite in der Erbringung der technischen Qualität sogar auszugleichen vermag.

Schließlich wirkt das Image des Anbieters wie ein Filter, der die technische und funktionelle Qualität in deren Wirkung auf die erfahrene Qualität entweder verstärkt oder abschwächt. Dies bedeutet, dass kleinere Mängel in der Erbringung der technischen bzw. funktionalen Qualität verziehen werden, solange das Image des Anbieters noch intakt ist.

3.13 Dienstleistungsqualitätsmodell von Meyer und Mattmüller

Das Modell von Meyer und Mattmüller (1987) stellt zum einen eine Erweiterung der Qualitätsdimensionen von Donabedian (vgl. Abschnitt 2.12) dar und zum anderen eine Verbindung ihres Modells mit dem von Grönroos (vgl. auch im Folgenden Meyer/Mattmüller 1987). Sie unterscheiden folglich drei Qualitätsdimensionen (Potenzialqualität, Prozessqualität und Ergebnisqualität) und differenzieren für jede der drei Dimensionen, was ein Dienstleistungsnachfrager wie erhält bzw. was ein Dienstleistungsanbieter wie zu leisten vermag (vgl. Schaubild 5-3-4).

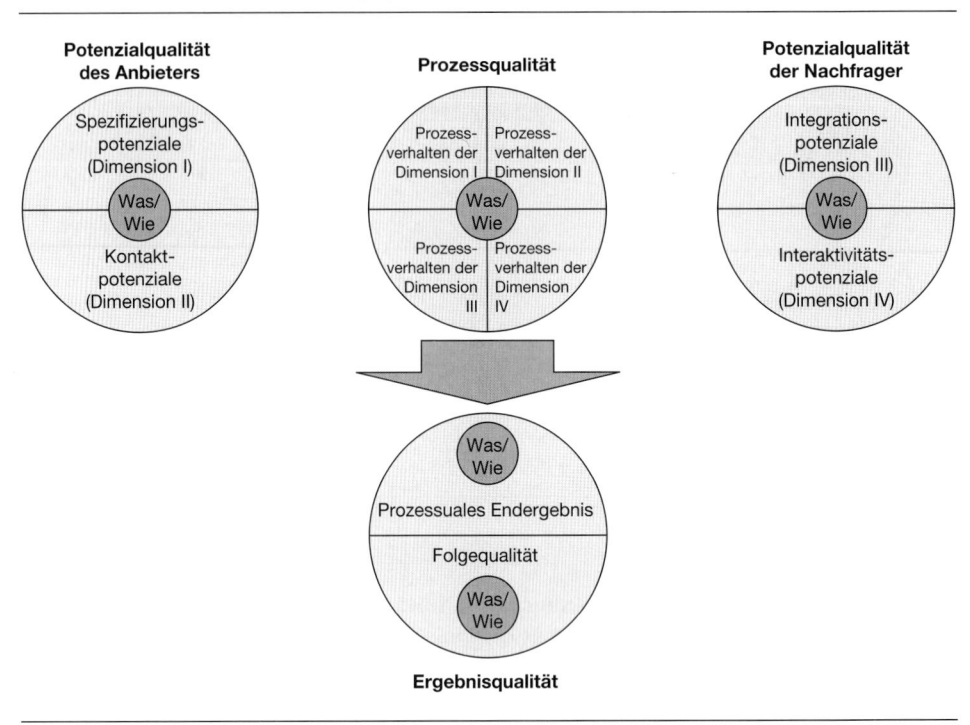

Schaubild 5-3-4 Dienstleistungsqualitätsmodell von Meyer/Mattmüller

Potenzialqualität des Anbieters
- Spezifizierungspotenziale (Dimension I)
- Was/Wie
- Kontaktpotenziale (Dimension II)

Prozessqualität
- Prozessverhalten der Dimension I
- Prozessverhalten der Dimension II
- Was/Wie
- Prozessverhalten der Dimension III
- Prozessverhalten der Dimension IV

Potenzialqualität der Nachfrager
- Integrationspotenziale (Dimension III)
- Was/Wie
- Interaktivitätspotenziale (Dimension IV)

- Was/Wie
- Prozessuales Endergebnis
- Folgequalität
- Was/Wie

Ergebnisqualität

Quelle: Meyer/Mattmüller 1987, S. 191

Die **Potenzialqualität** unterscheidet im Hinblick auf den Anbieter zwischen Spezifizierungs- und Kontaktpotenzialen und in Bezug auf den Nachfrager zwischen Integrations- und Interaktivitätspotenzialen. Die **Spezifizierungsdimension** steht für das Potenzial eines Anbieters, die ihm verfügbaren Leistungsfähigkeiten wie Dienstleister und Mitarbeitende und die ihn dabei unterstützenden Faktoren (z. B. Hilfsmittel, Technologie) durch Faktorkombination zu einer konkreten Dienstleistung zu spezifizieren. Das **Kontaktpotenzial** beschreibt die Fähigkeit eines Anbieters, stets eine hohe Kundenorientierung während der Kundenkontaktsituationen („Service Encounter") zu gewährleisten.

Die Potenzialqualität lässt sich in Bezug auf den Nachfrager in **Integrations- und Interaktivitätspotenziale** aufteilen. Ersteres bezieht sich auf die Grundeinstellungen des Kunden hinsichtlich seiner allgemeinen physischen, geistigen und gefühlsmäßigen Bereitschaft und Fähigkeit, sich in den Dienstleistungsprozess zu integrieren. Das Interaktivitätspotenzial berücksichtigt mögliche Wirkungszusammenhänge interaktiver Kontakte zwischen verschiedenen Kunden auf die Dienstleistungsqualität.

Die eingebrachten Potenziale des Anbieters und Nachfragers fließen in der **Prozessqualität** interaktiv zusammen und lassen sich als jeweilig spezifisches Prozessverhalten beschreiben. Das prozessuale Resultat aus dem Zusammentreffen stellt die **Ergebnisqualität** als eine zeitpunktorientierte Ergebnisbeobachtung und die Folgequalität als eine zeitraumorientierte Betrachtung dar.

Nach Meyer/Mattmüller ergibt sich die Dienstleistungsqualität in Abhängigkeit des **Verhältnisses der Prozess- gegenüber der Ergebnisdimension**. Das Modell unterstellt in diesem Zusammenhang eine kausale Beziehung zwischen den einzelnen Partialqualitäten, wodurch insbesondere verdeutlicht wird, dass personelle und interpersonelle Kontakte zwischen Mitarbeitenden und Kunden als Elemente der Potenzialqualitäten eine besondere Rolle spielen.

3.14 Dynamisches Prozessmodell von Boulding et al.

Das **dynamische Prozessmodell** der Servicequalität von Boulding et al. basiert auf der Annahme, dass sich die Erwartungen und Wahrnehmungen eines Kunden hinsichtlich der Dienstleistungsqualität im Zeitablauf verändern und unterschiedliche Verhaltensmuster gegenüber der Dienstleistungsunternehmung verursachen können (vgl. auch im Folgenden Boulding et al. 1993). Die **wahrgenommene Dienstleistungsqualität** eines Kunden wird vor allem von drei **Faktoren** beeinflusst (vgl. Schaubild 5-3-5):

Schaubild 5-3-5   Dynamisches Prozessmodell von Boulding et al.

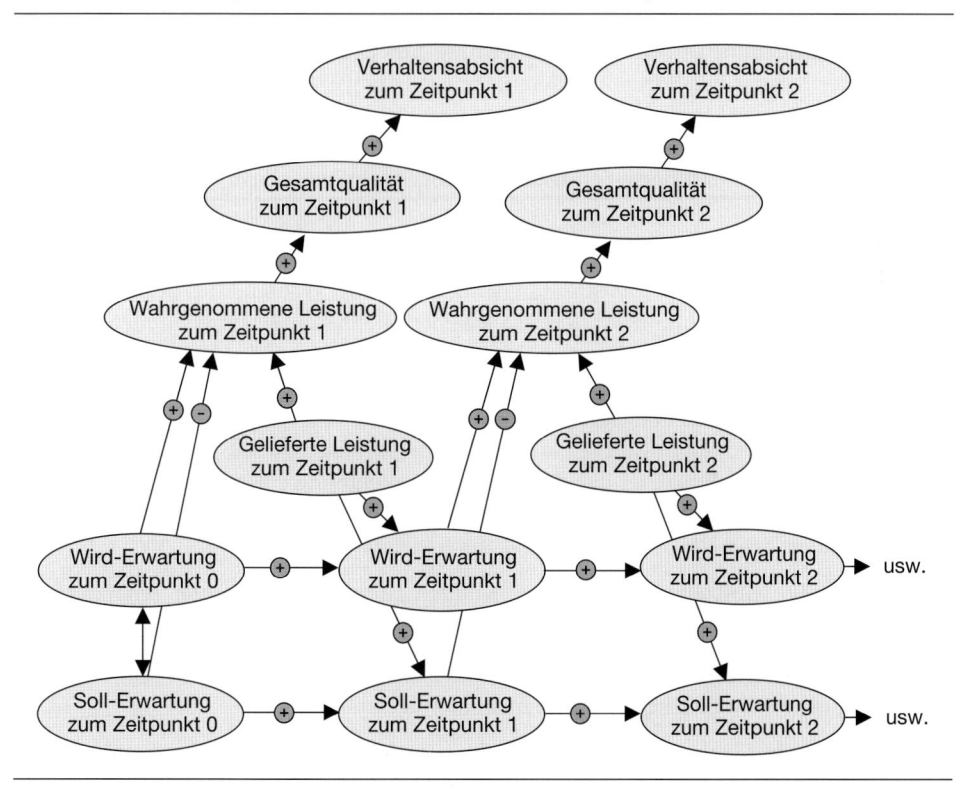

Quelle: Boulding et al. 1993, S. 12

- Die dem Dienstleistungsprozess vorangehenden **Soll-Erwartungen** über die Dienstleistungsqualität in Bezug auf: Was sollte passieren? Dies sind die Vorstellungen des Kunden hinsichtlich eines angemessenen, vom Dienstleistungsanbieter unter Umständen versprochenen Services (im Gegensatz zu den so genannten Idealvorstellungen über die Dienstleistungsqualität).
- Die dem Dienstleistungsprozess vorangehenden **Wird-Erwartungen** über die Dienstleistungsqualität in Bezug auf: Was wird passieren?
- Der gerade gelieferte Service während des Dienstleistungsprozesses bzw. während des Kontaktes mit dem Unternehmen.

Der Kunde verfügt bereits vor dem Dienstleistungsprozess über konkrete Vorstellungen hinsichtlich seiner Soll- und Wird-Erwartungen in jeder Dimension der Dienstleistungsqualität. Die **Addition dieser wahrgenommenen Qualitätsdimensionen**, die sich auf die Dimensionen des GAP-Modells beziehen, ergibt ein **globales Qualitätsurteil** über die Servicequalität der Unternehmung. Dieses Urteil veranlasst den Kunden zu einem bestimmten Verhaltensmuster, wie z. B. zur Loyalität gegenüber der Unternehmung.

Die **Erwartungen** des Kunden hinsichtlich der Dienstleistungsqualität sind also ein entscheidender Einflussfaktor für seine Wahrnehmung. Der Kunde ist in der Lage, diese im Zeitablauf zu revidieren, neu zu bilden oder zu bestätigen, indem er zum einen die Erfahrungen früherer Begegnungen mit dem Dienstleistungsanbieter nutzt und zum anderen relevante Informationen über die Dienstleistung aus externen Kommunikationsquellen, wie z. B. der Kommunikation mit anderen Dienstleistungskunden, heranzieht. Durch die Annahme, dass jeder Kunde über unterschiedliche Erwartungen in Bezug auf die Servicequalität verfügt, ist das Modell in der Lage, eine Begründung für unterschiedliche Wahrnehmungen von ein- und derselben Dienstleistungsqualität aus Sicht verschiedener Kunden zu liefern.

Darüber hinaus beinhaltet dieses dynamische Modell konkrete **Implikationen für das Qualitätsmanagement** einer Dienstleistungsunternehmung. Während das oben vorgestellte GAP-Modell indirekt impliziert, das Management könne die wahrgenommene Dienstleistungsqualität steigern, indem entweder die Erwartungen des Kunden gesenkt werden oder die betrachtete Leistung verbessert wird, trennt dieses Modell zwischen Soll- und Wird-Erwartungen und stellt das Management konkret vor die Aufgabe, diejenigen Erwartungen zu erhöhen, die die wahrgenommene Dienstleistungsqualität positiv beeinflussen und damit den Kunden zu einer den Zielen der Unternehmung entsprechenden Handlung beeinflussen (z. B. wiederholte Inanspruchnahme der Leistung). In Labor- und Feldexperimenten ergaben sich beim Test des Modells die folgenden Resultate:

- Je höher die „**Soll-Erwartungen**" des Kunden sind, desto schlechter schätzt er die wahrgenommene Dienstleistungsqualität ein.
- Je höher die „**Wird-Erwartungen**" des Kunden sind, desto besser wird von ihm auch die wahrgenommene Dienstleistungsqualität eingeschätzt.

Außerdem wurde festgestellt, dass der Einfluss der (Wird-) Erwartungen nach erfolgter Inanspruchnahme von Leistungen unterstützt wird. Es zeigt sich beispielsweise, dass die

Wiederkaufwahrscheinlichkeit in hohem Maß von den Wird-Erwartungen geprägt ist, die nach Erfahrungen mit der Leistung angepasst wurden. Es wurde festgestellt, dass sich auch bei Low-Involvement-Leistungen das prinzipiell niedrige Loyalitätspotenzial steigern lässt, wenn die Wird-Erwartungen sich durch die positiven Erfahrungen erhöht haben.

Das **Management** wird daher bestrebt sein, die Wird-Erwartungen zu steigern und die Soll-Erwartungen des Kunden zu senken oder zumindest konstant zu halten. Es scheint allerdings fraglich, ob geeignete Maßnahmen zur Erzeugung dieser gegenläufigen Erwartungsbildung beim Kunden existieren. Empirische Studien zeigen im Gegenteil eine Anspruchsinflation nach der (Über-) Erfüllung von Erwartungen. Dies bedeutet, dass positive Erfahrungen über mehrere Perioden in der Qualitätseinschätzung abgewertet werden (Palmer/O'Neill 2003, S. 266). Es ist daher fraglich, ob durch Maßnahmen zur Senkung der Soll-Erwartungen die Qualitätsbeurteilung zunimmt oder eher bereits vor der Inanspruchnahme der Leistung ein anderer Anbieter gewählt wird, der die Erfüllung höherer Soll-Erwartungen verspricht.

Der Erkenntniswert dieses Modells liegt demnach in den Aussagen über die Prozesse der Erwartungsbildung und Wahrnehmung von Kunden hinsichtlich der Qualität von Dienstleistungen.

3.15 Beziehungsqualitätsmodell von Liljander/Strandvik

Ein weiteres Modell, das auf dynamische Aspekte des Dienstleistungserstellungsprozesses Bezug nimmt, wurde von Liljander/Strandvik erarbeitet (vgl. auch im Folgenden Liljander/Strandvik 1993, S. 118ff., 1995, S. 141ff.). Anders als Boulding et al. versuchen Liljander/Strandvik nicht, ein originär statisches Qualitätsmodell zu dynamisieren, sondern beziehen zahlreiche Konstrukte in ihre Betrachtung ein, die in Zusammenhang zu der **Prozessorientierung** und der **Bedeutung der Kunden-Dienstleister-Beziehung** stehen. Ausgangspunkt ihres Modells ist die Annahme, dass eine positive Dienstleistungsqualität und Kundenzufriedenheit zu einer höheren Kundenbindung führen und somit bedeutende Determinanten für den Unternehmenserfolg darstellen. Kundenzufriedenheit entsteht in ihrem Modell nur aufgrund einer konkreten Kauferfahrung, wohingegen sich die Qualität auch beurteilen lässt, ohne dass der Kunde eine Leistung in Anspruch genommen hat. Das Kaufverhalten hängt nach Liljander/Strandvik eher von der Kundenzufriedenheit ab, die wiederum durch die Qualitätsbeurteilung beeinflusst wird.

Liljander/Strandvik unterscheiden **zwei Ebenen des Kontaktes** eines Dienstleisters zu seinen Kunden: Episoden und die Beziehung. Eine **Episode** wird definiert als ein Ereignis der Interaktion zwischen Kunde und Dienstleister mit einem eindeutig definierten Start- und Endpunkt. Sie repräsentiert den vollständigen Akt der Leistungserstellung und kann aus mehreren Transaktionen bestehen. Eine Episode ist gekennzeichnet durch einen finanziellen und sozialen Austausch sowie einen Leistungs- und Informationsaustausch. Eine **Beziehung** setzt sich generell aus mindestens zwei Episoden zusammen. Je nach Kontinuität und Häufigkeit der Inanspruchnahme der betrachteten Leistung kann eine Beziehung unterschiedlich ausgestaltet sein. Bei kontinuierlich in Anspruch genommenen Leistungen stellt die erste Episode meist den Beginn einer Beziehung dar, während bei wenig kontinuierlich und selten in Anspruch genommenen Leistungen die zweite Episode eine notwendige, jedoch keinesfalls hinreichende Bedingung für den Beginn einer Beziehung darstellt. Aufbauend auf diesen Überlegungen unterstellen die Autoren ein Modell der Beziehungsqualität, das in Schaubild 5-3-6 wiedergegeben ist.

Schaubild 5-3-6 Beziehungsqualitäts-Modell von Liljander/Strandvik

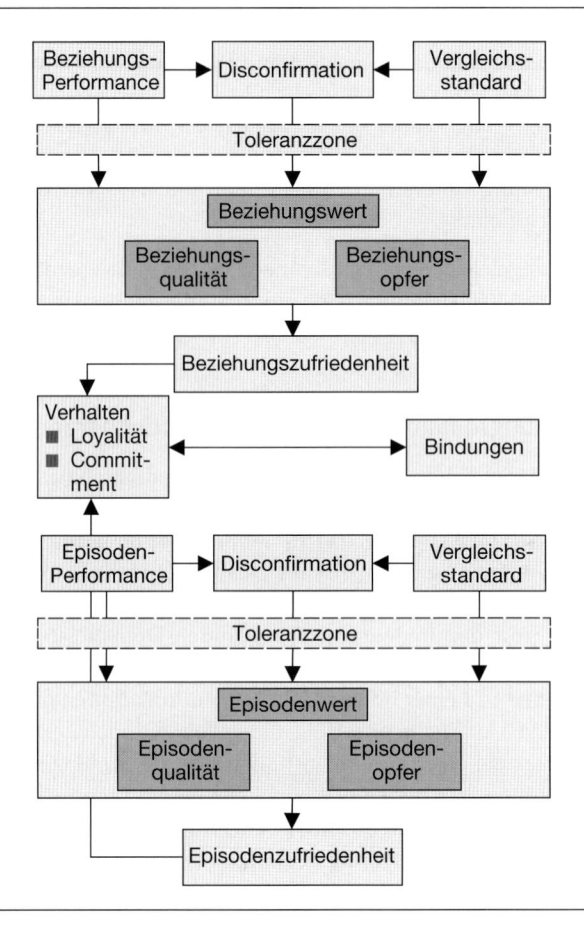

Quelle: Liljander/Strandvik 1995, S. 143

Ausgehend vom Disconfirmation-Paradigma wird angenommen, dass der Kunde auf beiden Ebenen des Kontaktes die jeweilige Performance an einem Vergleichsstandard misst. Unter Gewährung einer gewissen Toleranzzone nimmt er so eine bestimmte Qualität wahr. Diese wird dem jeweiligen „Opfer" des Kunden gegenübergestellt, wodurch sich (Un-)Zufriedenheit ergibt. Die sich ergebende **Beziehungszufriedenheit** ist eine wichtige Determinante des Kundenverhaltens, das durch die Konstrukte **Commitment** und **Loyalität** ausgedrückt wird. In engem Zusammenhang zum Verhalten stehen so genannte **Bonds (Bindungen)** zum Unternehmen. Dabei können solche Bonds bestehen, die sich als Austrittsbarrieren interpretieren lassen. Diese werden damit vom Kunden negativ wahrgenommen und sind außerdem vom Dienstleister kaum steuerbar (z. B. rechtliche, ökonomische, technologische, geografische oder zeitliche Bindungen). Demgegenüber lassen sich Wissens-, soziale, kulturelle, ideologische und psychologische Bindungen eher steuern.

Commitment wird verstanden als die Haltung einer Person gegenüber der Interaktion und daraus abgeleitete Handlungsintentionen. Da sowohl der Kunde als auch der Dienstleister ein positives, negatives oder indifferentes Commitment gegenüber der Beziehung aufweisen können, ergeben sich neun Commitment-Konstellationen, die zu unterschiedlichen Beziehungstypen zwischen Kunde und Dienstleister aus Kundensicht führen.

Positives Commitment: Geschätzte Beziehungen zeichnen sich durch ein hohes Commitment des Kunden aus. Je nach Stärke des Commitment des Dienstleisters liegt entweder gegenseitiges Commitment vor oder der Kunde wird trotz seines hohen Commitment vom Unternehmen wie alle anderen aktuellen und potenziellen Kunden bzw. sogar ablehnend behandelt. Letzteres ist z. B. dann der Fall, wenn eine Bank einen unprofitablen Kunden eigentlich nicht mehr bedienen möchte, dies sich aufgrund gesetzlicher Bestimmungen jedoch nicht vermeiden lässt.

Indifferentes Commitment: Indifferente Beziehungen sind dadurch gekennzeichnet, dass der Kunde weder ein positives noch ein negatives Commitment gegenüber der Beziehung zum Unternehmen an den Tag legt. Das bedeutet, dass er ein geringes Leistungsinvolvement aufweist, kaum Unterschiede zwischen den Angeboten unterschiedlicher Dienstleister wahrnimmt und sich nicht fest an das Unternehmen gebunden fühlt. Dies ist häufig der Fall, wenn der Kunde lediglich aus Gewohnheit die Leistung eines bestimmten Unternehmens in Anspruch nimmt. Diesem indifferenten Commitment des Kunden steht ein positives, ebenfalls indifferentes oder negatives Commitment des Unternehmens gegenüber.

Negatives Commitment: Weist der Kunde ein negatives Commitment gegenüber der Beziehung zum Dienstleister auf, spricht man von erzwungenen Beziehungen. Diese sind in formalen Bindungen oder im Mangel an Alternativen begründet. Hier kann der Dienstleister ein großes, kein bestimmtes oder gar kein Interesse an der Beziehung haben.

Das Modell liefert verschiedene **Implikationen für die Dienstleistungspraxis**. Erstens ist es notwendig, dass der Dienstleister eine Beziehung aus Kundensicht definiert. Zweitens ist es wichtig, die Beziehung zu profitablen Kunden zu stärken, wozu das Wissen um die Bestimmungsgründe des Commitment des Kunden unerlässlich ist. Schließlich wird die Relevanz einzelner Transaktionen im Rahmen einer Episode sowie bestimmter Episoden einer Beziehung deutlich.

Bei einer **kritischen Würdigung** des Modells ist die Messproblematik der Episoden-Performance zu nennen. Es ist schwierig, mit Hilfe einer einmaligen Messung auf die Beziehungsqualität zu schließen, da situative Einflussfaktoren sowohl auf Kunden- als auch auf Unternehmensseite das Ergebnis beeinträchtigen können.

3.16 Qualitatives Zufriedenheitsmodell von Stauss/Neuhaus

Im deutschsprachigen Raum hat sich vor allem Stauss mit dynamischen Aspekten von Qualität und Zufriedenheit im Dienstleistungsbereich beschäftigt. Im Rahmen der Entwicklung seines **Qualitativen Zufriedenheitsmodells** weist er auf Zweifel an der Grundannahme hin, dass eine hohe Zufriedenheit grundsätzlich zu hoher Kundenloyalität führt. Für entsprechende empirische Ergebnisse anderer Forscher macht er konkurrierende Bedürfnisse des Kunden, die Attraktivität von Leistungsalternativen sowie situative Faktoren verantwortlich. In dem Modell wird hypothetisiert, dass es unter zufriedenen Kunden emotionale, erwartungsbezogene und bindungsintentionale Gefährdungspotenziale gibt. In Anlehnung an das dynamische Modell der Arbeitszufriedenheit von Bruggemann (Bruggemann/Groskurth/von Huber 1975) unterscheiden Stauss/Neuhaus drei **Zufriedenheits-** und zwei **Unzufriedenheitstypen** (vgl. auch im Folgenden Stauss/Neuhaus 1995, 1997):

- Der **„Fordernd Zufriedene"** ist durch eine hohe Zufriedenheit mit dem Dienstleister gekennzeichnet; aufgrund der ständig wachsenden Kundenanforderungen hat sich letzterer jedoch stets darum zu bemühen, diese aufs Neue zu erfüllen.

- Anders als der erste Typ weist der **„Stabil Zufriedene"** ein passives Anspruchsverhalten auf.

- Der **„Resignativ Zufriedene"** weist eine gewisse Gleichgültigkeit gegenüber der Beziehung zum Dienstleister auf. Dies kann vor allem im Mangel an Alternativen begründet sein.

- Ähnlich wie der „Stabil Zufriedene" weist auch der **„Stabil Unzufriedene"** ein schwaches Aktivitätsniveau auf, er ist jedoch unzufrieden mit der Leistung.

- Der **„Fordernd Unzufriedene"** bringt dahingegen seine Unzufriedenheit dem Dienstleister gegenüber zum Ausdruck und würde sich nicht wieder für denselben Anbieter entscheiden.

Ausgehend von den Zufriedenheitstypen wird angenommen, dass die Globalzufriedenheit und die Typzugehörigkeit zusammenhängen. Außerdem hängt das **Gefährdungspotenzial** von der Typzugehörigkeit ab. So wird der „Resignativ Zufriedene" ein größeres Gefährdungspotenzial aufweisen als der „Fordernd Zufriedene" und beide ein größeres als der „Stabil Zufriedene". Es ist jedoch auch davon auszugehen, dass Kunden mit einer hohen Globalzufriedenheit eher zu den „Resignativ Zufriedenen" gehören. Dabei ist das Gefährdungspotenzial eine bedeutende Einflussgröße des jeweiligen Kundenverhaltens, das sich z. B. in Kundenbindung oder -loyalität äußert. So haben „Fordernd Zufriedene" und „Resignativ Zufriedene" wahrscheinlich eher schon einen Anbieterwechsel in Erwägung gezogen als der „Stabil Zufriedene" und sind weniger bereit, das Unternehmen weiterzuempfehlen.

Das Modell gibt Anlass zu einigen **Implikationen für die Dienstleistungspraxis**. Es wird deutlich, dass es bei Zufriedenheitsuntersuchungen nicht ausreicht, lediglich die Globalzufriedenheit zu erheben. Vielmehr ist es bedeutsam, das Gefährdungspotenzial zufriedener Kunden festzustellen. Ausgehend von diesen Analysen setzt das Marketinginstrumentarium vorzugsweise bei den Kunden an, die ein großes Gefährdungspotenzial aufweisen.

Im Rahmen einer **kritischen Würdigung** des Qualitativen Zufriedenheitsmodells ist insbesondere auf die globale Messung der Kundenzufriedenheit hinzuweisen. Dadurch, dass keine Einzelmerkmale der Leistung bewertet werden, entstehen zwei grundlegende Probleme. Im Rahmen der Zufriedenheitsmessung ist es fraglich, ob die Befragten eine Leistung bezüglich derselben Kriterien beurteilen. In engem Zusammenhang dazu steht das Problem, dass ein Dienstleister keine konkreten Anhaltspunkte erhält, mit welchen Teilleistungen die Kunden unzufrieden sind, so dass es schwer fällt, Bereiche zu identifizieren, in denen Modifikationen vorzunehmen sind.

3.2 Messung der Dienstleistungsqualität

3.21 Ansätze zur Messung der Dienstleistungsqualität im Überblick

Die Einnahme einer herausragenden Wettbewerbsposition ist als zentrale Bedingung zur Sicherung des Unternehmensbestandes in engen Märkten anzusehen. Um den Anforderungen der anspruchsvoller werdenden Kunden in Märkten mit intensivem Wettbewerb gerecht zu werden, ist die Qualitätsführerschaft als die zentrale Erfolgsstrategie zu verstehen, um einen Konkurrenzvorsprung zu erlangen bzw. zu verteidigen. „Gute" Dienstleistungsqualität entsteht nicht von selbst, sondern wird vielmehr im Rahmen eines ganzheitlichen Qualitätsmanagements geplant, implementiert und kontrolliert (Hentschel 2000). Die Messung der Anforderungen an die Dienstleistungsqualität steht somit an der Schnittstelle zwischen dem leistungserstellenden, „qualitätsproduzierenden" Unternehmen und den leistungsempfangenden, „qualitätswahrnehmenden" Kunden (Hentschel 2000, S. 294).

Um die **Anforderungen an die Dienstleistungsqualität** zu messen, bietet sich eine Vielzahl von Verfahren an, die in der Unternehmenspraxis unterschiedlichen Stellenwert einnehmen. Dabei sind grundsätzlich zwei Perspektiven zu unterscheiden, mit Hilfe derer sich die Anforderungen an die Dienstleistungsqualität messen lassen:

1. Mittels **kundenorientierter Messansätze** wird eine Messung aus Sicht der Kunden vorgenommen. Kundenorientierte Ansätze lassen sich nach dem Objektivitätsgrad der Messung unterscheiden. Folglich untergliedern sich die kundenorientierten Methoden zur Messung der Dienstleistungsqualität in objektive und subjektive Messansätze.

2. Mittels **unternehmensorientierter Messansätze** wird eine Messung aus Sicht von Unternehmensmitgliedern, entweder aus Sicht des Managements oder der Mitarbeitenden, vorgenommen.

Schaubild 5-3-7 zeigt eine hierauf aufbauende Systematisierung mit der im Folgenden vorgestellten Auswahl an **Instrumenten zur Messung der Dienstleistungsqualität** (vgl. für einen umfassenden Überblick Bruhn 2010d, S. 139ff.). Die wachsende Notwendigkeit der Berücksichtigung der Kundenperspektive im Dienstleistungsmarketing spiegelt sich dabei auch in der Zahl und dem Differenzierungsgrad der kundenorientierten Messkonzepte wider.

Schaubild 5-3-7 Systematisierung der Ansätze zur Messung der Dienstleistungsqualität

```
                    Ansätze zur Messung der Dienstleistungsqualität
                                    │
                    ┌───────────────┴────────────────┐
                    ▼                                ▼
            Kundenorientierte              Unternehmens-
                Messung                    orientierte
                                           Messung
              ┌────┴─────┐                  ┌─────┴──────┐
              ▼          ▼                  ▼            ▼
         Objektive   Subjektive        Management-   Mitarbeiter-
         Messung     Messung           orientierte   orientierte
                                       Messung       Messung
```

- Expertenbeobachtung
- Silent Shopper-Verfahren
- Dienstleistungstests

Subjektive Messung:
- Merkmalsorientiert
- Ereignisorientiert
- Problemorientiert

Merkmalsorientiert
- Multiattributive Verfahren
- Integrierte Qualitätsmessung
- Dekompositionelle Verfahren (z. B. Vignette-Methode)
- Willingness-to-pay-Ansatz
- Penalty-Reward-Faktoren-Ansatz/Kano-Methode

Ereignisorientiert
- Sequenzielle Ereignismethode (Blueprinting)
- Critical-Incident-Technik
- Critical Path-Analyse
- Root Cause-Analyse

Problemorientiert
- Problem-Detecting-Methode
- Frequenz-Relevanz-Analyse für Probleme (FRAP)
- Beschwerdeanalyse
- Analyse von Kunde-zu-Kunde-Kommunikation im Internet (Web 2.0)

Managementorientierte Messung
- Benchmarking
- Fehlermöglichkeits- und -einflussanalyse (FMEA)
- Fishbone-Ansatz
- Statistical Process Control

Mitarbeiterorientierte Messung
- Externe Qualitätsmessung durch Mitarbeiterbefragung
- Interne Qualitätsmessung
- Betriebliches Vorschlagswesen
- Poka-Yoke-Verfahren

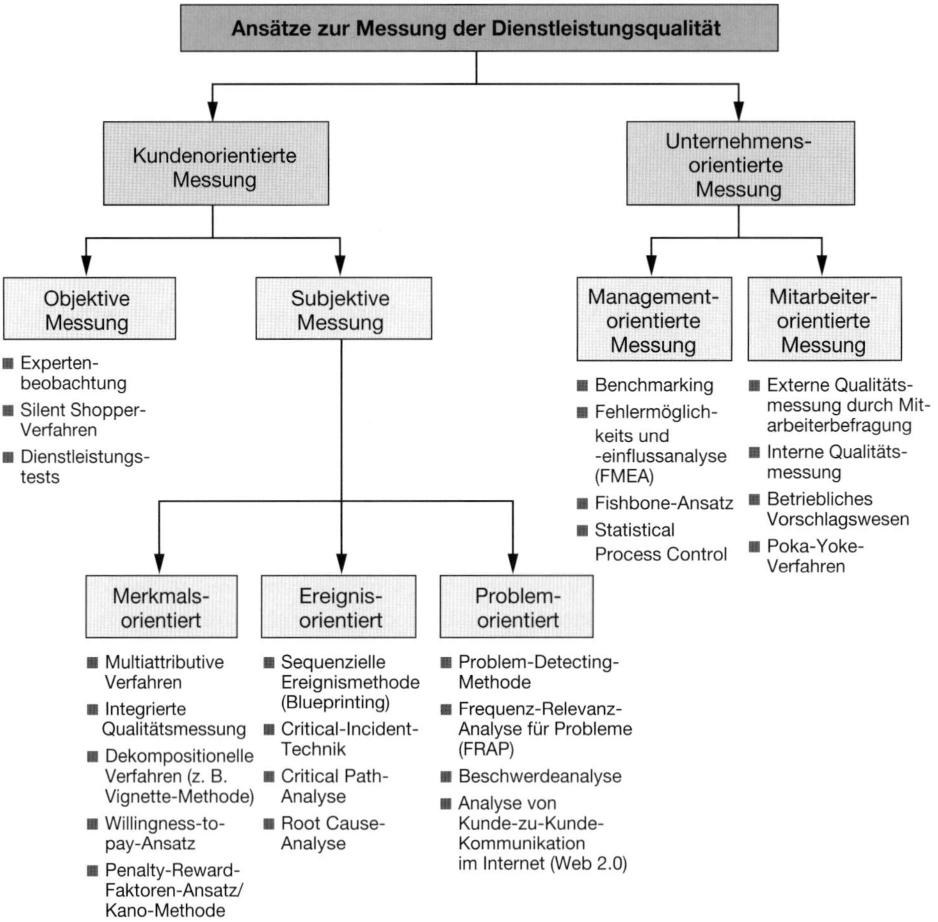

Quelle: Bruhn 2010d, S. 140

Der Einsatz von Verfahren zur Qualitätsmessung hat unter Berücksichtigung der Stärken und Schwächen einzelner Ansätze sowie unternehmensspezifischer Rahmenbedingungen zu erfolgen (Platzek 1998). Folgende **Kriterien** eignen sich zur Beurteilung der Verfahren:

- **Relevanz:** Sind die gemessenen Beurteilungskriterien der Dienstleistungsqualität in der Wahrnehmung der Kunden als Kaufentscheidungskriterium und damit für Marketingentscheidungen relevant?

- **Vollständigkeit:** Ermöglicht das Verfahren eine Messung aller aus Kundensicht relevanten Qualitätsdimensionen?

- **Aktualität:** Repräsentieren die Ergebnisse des Verfahrens aktuelle Beurteilungen der Qualität aus Kundensicht?

- **Eindeutigkeit:** Lassen die Messergebnisse dieses Verfahrens eindeutige Rückschlüsse auf die Qualitätsbeurteilungen der Dienstleistung durch den Kunden zu?

- **Steuerbarkeit:** Liefern die Ergebnisse gezielte Ansatzpunkte für eine Qualitätsverbesserung?

- **Kosten:** Rechtfertigen die Ergebnisse der Verfahren den finanziellen und personellen Aufwand, der mit der Messung verbunden ist?

Um die Qualitätsanforderungen zu erfassen, bedarf es Instrumente der externen und internen **Marktforschung** (Meyer/Ertl 1998). Dabei lassen sich auch die Merkmale einer Dienstleistung, wie z. B. die Integration des externen Faktors oder die Immaterialität der Dienstleistung, neben den genannten Kriterien zur Beurteilung der Verfahren heranziehen. Je stärker der Kunde in den Dienstleistungsprozess integriert wird, desto mehr gewinnt die Auswertung der Informationen des Kundenkontaktpersonals zur Qualitätseinschätzung an Bedeutung (Bruhn 1998c). Je intangibler die Dienstleistung ist, desto häufiger sind beispielsweise Zufriedenheitsmessungen oder Beschwerdestatistiken zu analysieren.

Im Folgenden werden zunächst die für Dienstleistungen bedeutsamen Verfahren der kundenorientierten Qualitätsmessung beschrieben. Anschließend folgt die Darstellung der unternehmensorientierten Methoden.

3.22 Kundenorientierte Messung der Dienstleistungsqualität

3.221 Messung nach objektiven Kriterien

Entsprechend dem produktorientierten Qualitätsbegriff ist eine **Messung nach objektiven Kriterien** möglich, sofern für einzelne Merkmale intersubjektiv nachprüfbare Qualitätsbewertungen mittels objektiver Indikatoren oder neutraler dritter Personen durchführbar sind. Beispiele für objektive Indikatoren sind die Beschaffenheit von eingesetzten Produkten oder die Wartezeit der Kunden bis zur Leistungserstellung (Bruhn 2000b, S. 37). Insgesamt sind die Komponenten der Potenzialdimension eines Dienstleistungsanbieters objektiv überprüfbar. So ist es für Kunden beispielsweise relativ leicht möglich, eine Einschätzung der Mitarbeitererscheinung sowie der Räume des Anbieters vor dem Kauf vorzunehmen. Dementsprechend wichtig ist es für Anbieter, diese Qualitätskomponenten nicht zu vernachlässigen, da sie ein objektives Bild von der zu erwartenden Dienstleistungsqualität vermitteln.

In Bezug auf den Einsatz neutraler dritter Personen lassen sich folgende **Verfahren** unterscheiden:

1. Expertenbeobachtung

Ziel dieses Verfahrens ist es, Hinweise auf offensichtliche Mängel im Dienstleistungserstellungsprozess und das daraus resultierende Kundenverhalten zu ermitteln, indem Experten, wie beispielsweise geschulte Sozialforscher, Kundenkontaktsituationen beobachten, um Verhaltensweisen von Kunden und Mitarbeitenden zu analysieren (Stauss 2000b, S. 329).

Die Einsatzmöglichkeiten der Expertenbeobachtung sind jedoch begrenzt, da sich viele Kundenkontaktsituationen nicht ohne Wissen der Beteiligten erfassen lassen, und deshalb unter Umständen Beobachtungseffekte auftreten. Aus einem beobachteten Verhalten lässt sich weiterhin nur unzureichend auf die Qualitätswahrnehmung von Kunden schließen. Zu berücksichtigen ist auch der hohe finanzielle und personelle Aufwand dieses Verfahrens, insbesondere wenn versucht wird, den Erstellungsprozess möglichst vollständig zu analysieren.

2. Silent-Shopper-Verfahren

Unter einem „Silent Shopper" (Schein- bzw. Testkunden, auch Mystery Shopper genannt) versteht man Beobachter und Testpersonen, die als Dienstleistungskunden auftreten, um durch das Erleben des Dienstleistungserstellungsprozesses Hinweise auf wesentliche Mängel zu erhalten (Bruhn/Hennig 1993, S. 220). Diese Testkaufmethode vermittelt nicht nur einen Überblick über die eigene Dienstleistungsqualität, sondern ermöglicht – in anonymer Form durchgeführt – auch einen Konkurrenzvergleich.

Fraglich ist jedoch, ob diese Scheinkunden in der Lage sind, die Wahrnehmungen und Empfindungen tatsächlicher Kunden nachzuvollziehen, vor allem da die Anzahl der zu untersuchenden situativen Faktoren und Verhaltensmerkmale des Kundenkontaktpersonals begrenzt ist (Stauss 2000b, S. 330). Der Erfolg des Einsatzes dieses Verfahrens ist daher abhängig vom Erfahrungsgrad des „Silent Shopper" sowie von der Erfüllung objektiv beurteilbarer Anforderungen zur Validität und Reliabilität (Matzler/Pechlaner/Kohl 2000, S. 172).

Vor allem im Bankenbereich und im Handel werden regelmäßig Scheinkunden eingesetzt, zunehmend aber auch in anderen Dienstleistungsunternehmen. Dabei haben einige Marktforschungsunternehmen sich inzwischen ausschließlich auf diese Form der Qualitätsmessung spezialisiert.

3. Dienstleistungstests

Weitergehende objektive Ergebnisse versprechen die Warentest-Untersuchungen von Dienstleistungen durch die Stiftung Warentest, die einen neutralen Überblick der Dienstleistungsqualität im Konkurrenzvergleich geben. Bereits seit 1974 widmet sich eine eigene Abteilung der Untersuchung von Dienstleistungen, und auch die Einführung der Zeitschrift *„Finanztest"* belegt die wachsende Bedeutung von Dienstleistungsuntersuchungen für die Stiftung (Rosenberger 2000). Bis ins Jahr 1994 belief sich die Anzahl Tests noch auf rund 2.600 (Stiftung Warentest 2007). Im Jahre 2006 blickt die Stiftung seit ihrem Bestehen auf über 5.800 Tests zurück, von denen sich rund 1.400 Tests explizit auf Dienstleistungen beziehen (Stiftung Warentest 2007). Im Jahre 2009 wurden insgesamt 4.915 Warentests durchgeführt, davon fielen 1.664 Tests auf Dienstleistungen. Dies zeigt, dass trotz rückläufiger Tests der Anteil und die absolute Zahl an Dienstleistungstests in den letzten zwei Jahren gestiegen ist (Stiftung Warentest 2010). Allerdings erschwert das hohe Maß an menschlicher Interaktion bei vielen Dienstleistungen eine objektive Analyse. Beratungsgespräche bei Banken oder Bausparkassen können so zwar simuliert werden, doch ergibt sich hieraus noch kein repräsentatives oder objektives Bild des gesamten Dienstleistungsangebotes.

Bei einer **Gesamtwürdigung** der objektiven kundenorientierten Verfahren zur Qualitätsmessung ist zu berücksichtigen, dass ihre Indikatoren kein alleiniger Maßstab für die Qualität einer Leistung sind, da die Relevanz und Vollständigkeit der herangezogenen Kriterien aus Kundensicht nicht bestätigt werden. Aufgrund des Einsatzes dritter Personen lässt sich nur von einer quasi-objektiven Messung sprechen, da die Wahrnehmung von subjektiven Kriterien, wie z. B. der Freundlichkeit eines Kundenberaters, durch „neutrale" objektive Personen auch einer Subjektivität unterliegt. Von Vorteil sind die Verfahren besonders bei der Ermittlung objektiver Kriterien (z. B. verwendete Grußformel, Anzahl des Telefonklingelns bevor ein Anruf beantwortet wird; Wilson 1998, S. 153). Um eine umfassende kundenorientierte Qualitätsmessung zu gewährleisten, sind die genannten Methoden um subjektive Messverfahren zu ergänzen, die im Folgenden genauer erläutert werden.

3.222 Messung nach subjektiven Kriterien

Wenn die Anforderungen an die Dienstleistungsqualität aus Kundensicht nach subjektiven Kriterien ermittelt werden, lassen sich merkmals-, ereignis- oder problemorientierte Messverfahren heranziehen. Während im Rahmen der **merkmalsorientierten Messung** (Werner 1998) die Gesamtdienstleistungsqualität sich aus der Bewertung einzelner Leistungselemente zusammensetzt, wird bei der **ereignisorientierten Messung** die Wahrnehmung der Dienstleistungsqualität in Bezug auf einzelne Kundenkontaktpunkte und bei der **problemorientierten Messung** die aus Kundensicht qualitätsrelevanten Problemfelder im Rahmen der Leistungserstellung untersucht.

3.2221 Merkmalsorientierte Messverfahren

1. Multiattributive Verfahren

Multiattributive Messverfahren kennzeichnen kundenorientierte, subjektive und differenzierte Methoden der Qualitätsmessung. Sie gehen von der Annahme aus, dass globale Qualitätseinschätzungen von Dienstleistungskunden auf der Einschätzung einzelner Qualitätsmerkmale beruhen (Stauss/Hentschel 1991, S. 240); ein globales Qualitätsurteil stellt somit die Summe einer Vielzahl (multi) bewerteter Qualitätsmerkmale (Attribute) dar.

Aus der Reihe der Anwendungsvarianten (Hentschel 1992, S. 116ff.; Kroeber-Riel/Weinberg 2003) lassen sich insbesondere die **einstellungs- und zufriedenheitsorientierte Messung** unterscheiden. Ferner wird auf den SERVQUAL-Ansatz von Parasuraman/Zeithaml/Berry eingegangen, der Erkenntnisse der Einstellungs- und Zufriedenheitsforschung in kombinierter Weise verwendet.

(a) Einstellungsorientierte multiattributive Qualitätsmessung

Die **einstellungsorientierte multiattributive Qualitätsmessung** basiert auf der Annahme, dass die Qualitätseinschätzung eines Kunden „als gelernte, relativ dauerhafte, positive oder

Schaubild 5-3-8 Varianten multiattributiver Messansätze der Kundenzufriedenheit

Typ 1: direkt, Einkomponentenansatz
Bitte beurteilen Sie Ihren letzten Besuch in der Wertpapierabteilung unserer Filiale xy auf der Grundlage der folgenden Kriterien, indem Sie jedem Kriterium einen Wert von 1 (nicht zufrieden) bis 7 (sehr zufrieden) zuordnen.
Der Berater bemüht sich, auf meine individuelle Situation einzugehen. 　　1 2 3 4 5 6 7 ☐☐☐☐☐☐☐
Typ 2: direkt, Zweikomponentenansatz
Bitte beurteilen Sie zunächst die Wichtigkeit, die die folgenden Kriterien für Sie haben. Bitte beurteilen Sie dann Ihren letzten Besuch in der Wertpapierabteilung unserer Filiale xy auf der Grundlage dieser Kriterien.
Die Geschäftsräume machen einen ordentlichen Eindruck 　　– Wichtigkeit + ☐☐☐☐☐☐☐ 　　– Zufriedenheit + ☐☐☐☐☐☐☐
Typ 3: indirekt, Einkomponentenansatz
Bitte geben Sie für die folgenden Kriterien zunächst an, was Sie von einer guten Wertpapierabteilung erwarten (1 = sehr wahrscheinlich, 7 = sehr unwahrscheinlich). Beurteilen Sie dann bitte Ihren letzten Besuch in der Wertpapierabteilung unserer Filiale xy auf der Grundlage dieser Kriterien, indem Sie jedem Kriterium einen Wert von 1 (trifft gar nicht zu) bis 7 (trifft voll zu) zuordnen.
Der Berater wird mir die Anlagemöglichkeiten leicht verständlich erläutern. 　　1 2 3 4 5 6 7 ☐☐☐☐☐☐☐
Der Berater in der Filiale xy hat mir die Anlagemöglichkeiten leicht verständlich erläutert. 　　1 2 3 4 5 6 7 ☐☐☐☐☐☐☐
Typ 4: indirekt, Zweikomponentenansatz
Bitte geben Sie für die folgenden Kriterien zunächst an, was Sie von einer guten Wertpapierberatung erwarten (1 = sehr wahrscheinlich, 7 = sehr unwahrscheinlich). Beurteilen Sie dann bitte Ihren letzten Besuch in der Wertpapierabteilung unserer Filiale xy auf der Grundlage dieser Kriterien, indem Sie jedem Kriterium einen Wert von 1 (trifft gar nicht zu) bis 7 (trifft voll zu) zuordnen. Teilen Sie uns bitte auch mit, wie wichtig diese Kriterien für Sie sind.
Der Berater wird mir die Anlageform verständlich erläutern. 　　1 2 3 4 5 6 7 ☐☐☐☐☐☐☐ 　　– Wichtigkeit + ☐☐☐☐☐☐☐
Der Berater hat mir die Anlageform verständlich erläutert. 　　1 2 3 4 5 6 7 ☐☐☐☐☐☐☐

Quelle: Schmitz 1996, S. 274

negative innere Haltung gegenüber einem Objekt" bzw. einer Dienstleistung zu bezeichnen ist (Trommsdorff 2009). Die Qualitätseinschätzung eines Dienstleistungskunden entsteht dabei durch Lernprozesse, die auf seine bisherigen Erfahrungen zurückgehen. Diese Erfahrungen sind entweder auf unmittelbare Erlebnisse mit der jeweiligen Dienstleistung zurückzuführen oder basieren auf Kommunikationsprozessen mit dem Dienstleistungsunternehmen oder anderen Konsumenten. Beim Einkomponentenansatz wird hierbei nur die Qualitätseinschätzung gemessen (Typ 1 in Schaubild 5-3-8). Im Rahmen von einstellungsorientierten Verfahren wird häufig auf den Zweikomponentenansatz bzw. die so genannte **Eindrucksmessung** zurückgegriffen. Neben der Beurteilung von Qualitätsmerkmalen erfolgt damit zusätzlich eine Einschätzung der Wichtigkeit auf Ratingskalen durch den Kunden (beispielsweise Typ 2 in Schaubild 5-3-8). Als Aggregationsalgorithmus dient ein Modell, das das Produkt aus der Bewertungs- (QB_i) und der Wichtigkeitskomponente (w_i) eines Qualitätsmerkmals (i) additiv verknüpft (Fishbein 1967; Benkenstein 1993, S. 1103).

(b) Zufriedenheitsorientierte multiattributive Qualitätsmessung

Die **zufriedenheitsorientierte multiattributive Qualitätsmessung** definiert die Zufriedenheit mit einer Dienstleistung als Reaktion auf eine Diskrepanz zwischen erwarteter und tatsächlich erlebter Dienstleistungsqualität. Damit wird im Ergebnis die Kundenzufriedenheit gemessen, um daraus Rückschlüsse auf die Ausgestaltung der Dienstleistungsqualität zu ziehen.

Die Operationalisierung des Konstruktes Kundenzufriedenheit wird in unterschiedlicher Weise vorgenommen (Homburg/Rudolph 1998; Stauss 1999; Szymanski/Henard 2001). Am Weitesten verbreitet ist die Interpretation von Kundenzufriedenheit als Vergleich einer in der Vorstellung des Konsumenten bestehenden Soll-Komponente mit der erlebten Leistung als Ist-Komponente, der auch als **„Confirmation/Disconfirmation-Paradigm"** (C/D-Paradigm) bezeichnet wird.

Die **Soll-Komponente** beinhaltet einen individuellen Vergleichsstandard, der sich nach Erfahrungsnormen, Erwartungen sowie Idealen bilden lässt. Erfahrungsnormen resultieren aus früheren Erfahrungen mit der Dienstleistung bzw. ähnlichen Angeboten. Der Konsument hat für das Heranziehen von Erfahrungsnormen die zu beurteilenden Eigenschaften einer Dienstleistung bereits zu kennen, bevor er die entsprechende Dienstleistung nutzt. Werden Erwartungen als Vergleichsstandard herangezogen, so impliziert dies, dass der Konsument schon vor der Erfahrung mit der Dienstleistung bestimmte Ansichten hinsichtlich einzelner Dimensionen besitzt. Stellen Ideale den Vergleichsmaßstab dar, so verwendet der Konsument als Vergleichsmaßstab ein aus seiner Sicht optimales Leistungsniveau.

Der zweite Teil des Zufriedenheitsurteils, die **Ist-Komponente**, ist definiert als die subjektiv wahrgenommene Erfahrung mit der zu beurteilenden Transaktion. Zufriedenheit ist dementsprechend das Ergebnis eines kognitiven Vergleichsprozesses beider Komponenten. Dieses Ergebnis führt über eine affektive Reaktion zu einem verhaltensauslösenden Prozess, wie in Schaubild 5-3-9 dargestellt.

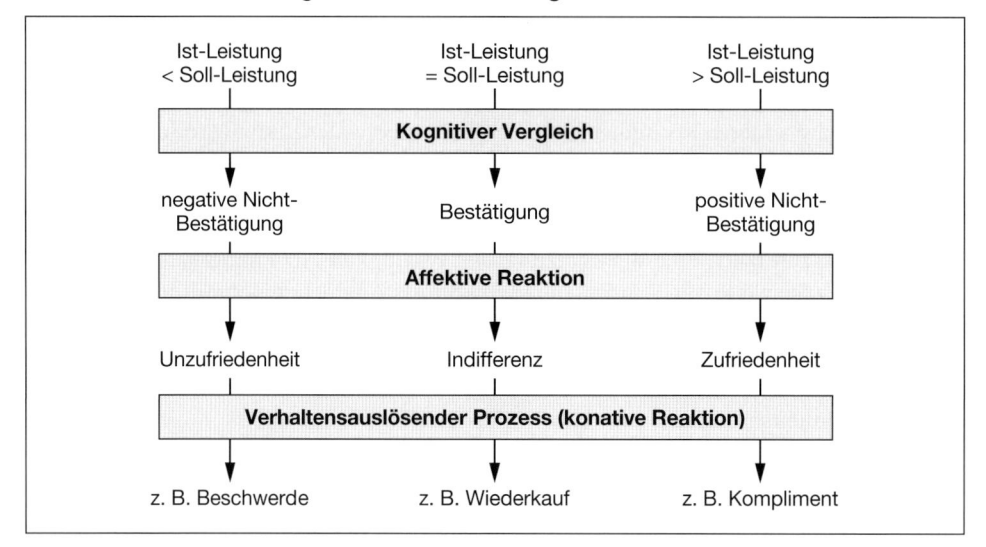

Schaubild 5-3-9 Wirkungsweise des C/D-Paradigmas

```
   Ist-Leistung          Ist-Leistung          Ist-Leistung
   < Soll-Leistung       = Soll-Leistung       > Soll-Leistung
         |                     |                     |
   ┌─────────────────────────────────────────────────────────┐
   │                   Kognitiver Vergleich                  │
   └─────────────────────────────────────────────────────────┘
         |                     |                     |
   negative Nicht-         Bestätigung         positive Nicht-
   Bestätigung                                 Bestätigung
   ┌─────────────────────────────────────────────────────────┐
   │                   Affektive Reaktion                    │
   └─────────────────────────────────────────────────────────┘
         |                     |                     |
   Unzufriedenheit        Indifferenz          Zufriedenheit
   ┌─────────────────────────────────────────────────────────┐
   │        Verhaltensauslösender Prozess (konative Reaktion) │
   └─────────────────────────────────────────────────────────┘
         |                     |                     |
   z. B. Beschwerde       z. B. Wiederkauf     z. B. Kompliment
```

Im Rahmen der so genannten **Divergenzmessung** werden neben der Qualitätsbeurteilung (QB_i) auch Qualitätserwartungen (QE_i) auf Ratingskalen erhoben und die Divergenzen als Maßstab für die Qualitätsbeurteilung herangezogen (vgl. die Typen 3 und 4 in Schaubild 5-3-8). Die Dienstleistungsqualität wird anschließend durch Addition der merkmalsbezogenen Einzeldiskrepanzen dargestellt (Benkenstein 1993, S. 1103).

Neben einer direkten Messung von Wichtigkeiten lassen sich bei gleichzeitiger Erhebung der Gesamtzufriedenheit mit Hilfe der Regressionsanalyse die Wichtigkeiten der einzelnen Merkmale als Beta-Koeffizienten ermitteln (Stauss 1999, S. 14).

Ein **Vergleich** zwischen einstellungs- und zufriedenheitsorientierter Messung der Dienstleistungsqualität macht deutlich, dass eine grundsätzliche Empfehlung für eine der Varianten nur bedingt möglich ist. Für eine Verwendung des einstellungsorientierten Ansatzes spricht, dass der Proband keine Erfahrung mit der Dienstleistung benötigt, da sich die Befragung nicht notwendigerweise auf ein spezifisches Konsumerlebnis bezieht. So kann ein Befragter durchaus die Einstellung haben, „Bank x gehöre zu den Qualitätsführern im Finanzdienstleistungsbereich", ohne mit dieser Bank eine Geschäftsbeziehung zu unterhalten. Dagegen erscheint der zufriedenheitsorientierte Ansatz dann sinnvoll, wenn Kunde und Dienstleistungsunternehmen erstmalig für einen begrenzten Zeitraum aufeinandertreffen (Hentschel 2000, S. 301ff.). Welcher der beiden Ansätze zur Qualitätsmessung zu verwenden ist, hängt demnach davon ab, inwiefern der Dienstleister Informationen über antizipierende, von dauerhaften Überzeugungen geprägte Einstellungen der Kunden erhalten oder konkrete zufriedenheitsorientierte Bewertungen seiner Dienstleistungsqualität erfahren möchte.

(c) SERVQUAL-Ansatz

Zu den Verfahren der Einstellungs- und Zufriedenheitsmessung zählt auch der in den 1980er Jahren entwickelte **SERVQUAL-Ansatz** (Parasuraman/Zeithaml/Berry 1985, 1988). Gegenstand der Beurteilung ist hier das Dienstleistungsunternehmen selbst.

Zur Messung der wahrgenommenen Dienstleistungsqualität aus Kundensicht dient ein standardisierter Fragebogen, in dem 22 Items die fünf **Qualitätsdimensionen** des GAP-Modells (vgl. Abschnitt 3.11) repräsentieren:

- Annehmlichkeit des tangiblen Umfeldes,
- Zuverlässigkeit,
- Reaktionsfähigkeit,
- Leistungskompetenz,
- Einfühlungsvermögen.

Zu jedem Item werden zwei Aussagen in Form einer **Doppelskala** formuliert. Mit der Aussage „so sollte es sein" werden die Erwartungen des Kunden hinsichtlich der Dienstleistungsqualität ermittelt, die Aussage „So ist es" fragt nach der erlebten Qualität eines Leistungsprozesses in Bezug auf eine spezielle Dienstleistungsunternehmung bzw. Dienstleistung. Auf einer 7er-Skala, die in Schaubild 5-3-10 an einem Beispiel dargestellt wird, werden die Probanden gebeten, ihr Urteil von „stimme vollkommen zu" (7) bis „lehne vollkommen ab" (1) abzugeben.

Die sich ergebende Differenz zwischen beiden Aussagen lässt sich als ein Wert zwischen –6 und +6 pro Item darstellen. Je größer dieser Wert ist, desto höher schätzt der Kunde die wahrgenommene Dienstleistungsqualität in Bezug auf das jeweilige Item ein.

Schaubild 5-3-10 Doppelskala im SERVQUAL-Ansatz

Beispiel für die Doppelskala (Item 16 im SERVQUAL-Fragebogen):	Lehne ich vollkommen ab						Stimme ich vollkommen zu
Mitarbeiter eines hervorragenden Service-Providers sind stets gleichbleibend höflich zu den Kunden	1	2	3	4	5	6	7
Mitarbeiter eines Service-Providers x sind stets gleichbleibend höflich zu den Kunden	1	2	3	4	5	6	7

Schaubild 5-3-11 zeigt exemplarisch am Beispiel eines Mobilfunkanbieters, wie diese fünf Dimensionen anhand 22 Items abgefragt werden können.

Schaubild 5-3-11 Erhebung der Qualitätsdimensionen nach dem SERVQUAL-Ansatz am Beispiel eines Mobilfunkanbieters

Annehmlichkeit des tangiblen Umfeldes („Tangibles")
1. Zu hervorragenden Service-Providern gehört eine moderne technische Ausstattung.
2. Die Einrichtung eines Service-Providers sollte angenehm ins Auge fallen.
3. Die Mitarbeiter eines Service-Providers sollten ansprechend gekleidet sein.
4. Hervorragende Service-Provider sollten ihre Broschüren und Mitteilungen für die Kunden ansprechend gestalten.

Zuverlässigkeit („Reliability")
5. Wenn hervorragende Service-Provider die Einhaltung eines Termins versprechen, wird der Termin auch eingehalten.
6. Bei hervorragenden Service-Providern sollte das Interesse erkennbar sein, ein Problem zu lösen.
7. Hervorragende Service-Provider sollten den Service gleich beim ersten Mal richtig ausführen.
8. Hervorragende Service-Provider sollten ihre Dienste zum versprochenen Zeitpunkt ausführen.
9. Hervorragende Service-Provider sollten fehlerfreie Belege für die Kunden besitzen.

Reaktionsfähigkeit („Responsiveness")
10. Mitarbeiter hervorragender Service-Provider können über den Zeitpunkt einer Leistungsausführung Auskunft geben.
11. Mitarbeiter eines hervorragenden Service-Providers werden Kunden prompt bedienen.
12. Hervorragende Service-Provider sollten stets bereit sein, den Kunden zu helfen.
13. Bei hervorragenden Service-Providern sind die Mitarbeiter nie zu beschäftigt, um auf Kundenanliegen einzugehen.

Leistungskompetenz („Assurance")
14. Bei hervorragenden Service-Providern weckt das Verhalten der Mitarbeiter Vertrauen bei den Kunden.
15. Bei Transaktionen mit hervorragenden Service-Providern fühlt man sich sicher.
16. Mitarbeiter eines hervorragenden Service-Providers sind stets gleichbleibend höflich zu den Kunden.
17. Mitarbeiter hervorragender Service-Provider verfügen über das Fachwissen zur Beantwortung von Kundeniragen.

Einfühlungsvermögen („Empathy")
18. Hervorragende Service-Provider widmen jedem ihrer Kunden individuell ihre Aufmerksamkeit.
19. Hervorragende Service-Provider bieten ihre Dienste zu Zeiten an, die allen Kunden gerecht werden.
20. Hervorragende Service-Provider haben Mitarbeiter, die sich den Kunden persönlich widmen.
21. Hervorragenden Service-Providern liegen die Interessen der Kunden am Herzen.
22. Die Mitarbeiter hervorragender Service-Provider verstehen die spezifischen Servicebedürfnisse ihrer Kunden.

Quelle: in Anlehnung an Zeithaml/Parasuraman/Berry 1992, S. 202ff.

Um ein globales Qualitätsurteil zu erhalten, wird zunächst der Durchschnitt aller zu einer Dimension gehörenden Items berechnet und dann anschließend der Mittelwert sämtlicher Dimensionen gebildet.

Trotz der empirischen Fundierung des Modells und seiner grundsätzlichen Eignung zur branchenübergreifenden Messung der Dienstleistungsqualität wurden in der Literatur mehrfach die begrifflichen und theoretischen Grundlagen sowie methodische Aspekte einer **kritischen Würdigung** unterzogen (Carman 1990; Hentschel 2000; Sachdev/Verma 2002; Meffert/Bruhn 2009, S. 203f.). So stellt die verwendete Doppelskala hohe Ansprüche an die Urteilsfähigkeit der Probanden, ihre jeweiligen Erfahrungen mit verschiedenen Dimensionen der Dienstleistung nachträglich in eine Erwartungs- und Wahrnehmungskomponente zu zerlegen. Weiterhin besteht die Gefahr einer so genannten „Anspruchsinflation", indem zu hohe Werte im Rahmen der „So sollte es sein"-Aussagen von den Probanden genannt werden (Hentschel 1990, S. 235).

In Bezug auf die Validität des Modells werden im Einzelnen eine zu geringe Reliabilität der Methode, die Konvergenzvalidität der einzelnen Indikatoren, die Mehrdeutigkeit des unterstellten Erwartungskonstrukts sowie die instabile Dimensionalität des SERVQUAL-ansatzes kritisiert (vgl. z. B. Chatterjee/Chatterjee 2005, S. 479; Tsai/Lui 2006, S. 641).

Ein wesentlicher Kritikpunkt betrifft die Differenzbildung des Modells. Für einen Dienstleistungskunden, der z. B. von den Mitarbeitenden einer Bankfiliale einen hohen Grad an Leistungskompetenz erwartet (Bewertung des erwarteten Service mit 7) und diesen auch erlebt (Bewertung des erlebten Service ebenfalls mit 7), ergibt sich als Differenz ein Wert von 0. Ein anderer Bankkunde erwartet dagegen nur eine Leistungskompetenz von 1, beurteilt aber die Kompetenz der Mitarbeitenden als sehr positiv mit einem Wert von 7. Seine wahrgenommene Dienstleistungsqualität in Bezug auf dieses Item besitzt damit einen Differenzwert von +6. Gemäß der Interpretation dieser beiden Werte nach SERVQUAL schätzt der zweite Kunde die Qualität des Dienstleistungsunternehmens in Bezug auf die Leistungskompetenz seiner Mitarbeitenden höher ein. Dieses Ergebnis führt aus Plausibilitätsgründen zu starker Kritik an dem vorgestellten Modell (Hentschel 1990, S. 236).

Darüber hinaus ist im SERVQUAL-Ansatz eine konstante Interpretation in Bezug auf die „So sollte es sein"-Erwartungen durch die Probanden nicht gewährleistet. Die Aussage „So sollte es sein" lässt sich von den Kunden interpretieren als (Teas 1993, S. 37f.):

- Reine Annahme über das Niveau der Dienstleistungsqualität („Forecasted Performance"),
- Gewünschtes Niveau der Dienstleistungsqualität („Deserved Performance"),
- Angemessenes Niveau der Dienstleistungsqualität („Equitable Performance"),
- Mindestniveau der Dienstleistungsqualität („Minimum Performance"),
- Idealniveau der Dienstleistungsqualität („Ideal Performance"),
- Ausdruck der Wichtigkeit dieser Dimension der Dienstleistungsqualität für den Kunden („Service Attribute Importance").

Unterschiedliche Messergebnisse werden daher auch durch unterschiedliche Interpretationen dieses Erwartungsbegriffes hervorgerufen (vgl. ausführlich Abschnitt 4.2 „Erwartungsbezogenes Qualitätsmanagement" sowie Schaubild 5-4-3 in diesem Kapitel).

Neuere Studien weisen zudem kritisch darauf hin, dass in einigen Branchen auch Modifikationen hinsichtlich der Dimensionen selbst notwendig sind. In einer Untersuchung der Fast-Food- und der Bankenbranche zeigte sich, dass die ursprünglich von SERVQUAL verwendeten Merkmale nicht immer auf die angenommenen Zieldimensionen wirkten (Sachdev/Verma 2002, S. 49ff.). Gerade aufgrund der großen Vielfalt von Dienstleistungen sind in spezifischen Branchen möglicherweise individualisierte Messkonzepte erforderlich.

Trotz dieser Einwände in Bezug auf die **Validität des Modells** hat sich der SERVQUAL-Ansatz vor allem in amerikanischen Banken zur Messung der Dienstleistungsqualität durchgesetzt, da hier zum ersten Mal ein Messmodell für die Dienstleistungsqualität entwickelt wurde, das einen konkreten Praxisbezug enthält und daher aus Sicht der Unternehmen durchführbar erscheint (z. B. Jiang/Klein/Carr 2002).

Eine Alternative zu der Doppelskala des SERVQUAL-Modells ist die Bildung einer Einfachskala, die den Probanden auffordert, lediglich das Niveau der wahrgenommenen Dienstleistungsqualität, beispielsweise für das Kriterium bzw. die Aussage „die Gestaltung der Geschäftsräume der Bank x ist sehr gut", zu beurteilen (z. B. Hentschel 1990, S. 239) und so eine implizite Erwartungsbewertung durch den Befragten anzunehmen (vgl. Schaubild 5-3-10). Dieser Alternativansatz, das so genannte **SERVPERF-Modell** (**Ser**vice-**Per**formance), begegnet auf diese Weise der Kritik am SERVQUAL-Modell, dass GAP 5 zwar als einstellungsähnliches Konstrukt interpretiert, aber anschließend zufriedenheitsorientiert gemessen wird (Cronin/Taylor 1992, S. 55f.). Darüber hinaus lässt sich argumentieren, dass für Implikationen hinsichtlich notwendiger Leistungsverbesserungen die Aussage „So sollte es sein" nicht direkt zu erheben ist. Stattdessen ist es möglich, mit der Bewertung einzelner Merkmale und der Gesamtbeurteilung einer Leistung über multivariate Verfahren die relative Bedeutung eines Merkmals für die wahrgenommene Gesamtqualität zu ermitteln. Somit ist die ohnehin kritisch zu betrachtende Doppelskala nicht mehr erforderlich.

2. Integrierte Qualitätsmessung

Bei einer **integrierten Qualitätsmessung** wird wie bei den multiattributiven Messverfahren von der Annahme ausgegangen, dass globale Qualitätseinschätzungen von Dienstleistungskunden das Ergebnis einer individuellen Einschätzung der verschiedenen Qualitätsmerkmale sind. Bei einer integrierten Messung wird darüber hinaus die Qualität unter Einbeziehung ihrer Wirkungen (z. B. Kundenzufriedenheit, Kundenbindung) erfasst. Dieser Vorgehensweise liegt die Überlegung zu Grunde, dass eine isolierte Messung der Dienstleistungsqualität – z. B. mittels des SERVQUAL-Ansatzes – lediglich eine Aussage über das Niveau der durch den Kunden wahrgenommenen Qualität eines Unternehmens zulässt, jedoch nur in beschränktem Maße die Ableitung von umfassenden Verbesserungspotenzialen und keine Aussage über die **Bedeutung der Qualität für das Kaufverhalten** der Kunden ermöglicht. Die integrierte Messung kann unternehmensunabhängig und unternehmensgesteuert erfolgen.

Eine **unternehmensunabhängige integrierte Qualitätsmessung** wird seit einiger Zeit in Form so genannter **Nationaler Kundenbarometer** vorgenommen (vgl. die ausführliche Beschreibung in Abschnitt 6.3 sowie Fornell 1992; Bruhn/Murmann 1998; Bruhn 2004b; Bruhn 2010d; Service Barometer AG 2010).

Die Methodik Nationaler Kundenbarometer nutzen Unternehmen zunehmend für eine **unternehmensgesteuerte integrierte Zufriedenheitsmessung** durch den Einsatz so genannter zufriedenheitsbezogener Indexsysteme. Die Vorgehensweise dieser **Indexsysteme** entspricht derjenigen der Nationalen Kundenbarometer. Zwischen den beiden Verfahren bestehen jedoch Unterschiede im Hinblick auf die Berücksichtigung von Unternehmensspezifika und die Nutzung der Ergebnisse. Da das Indexsystem für ein einzelnes Unternehmen spezifisch entwickelt wird, lässt sich eine exaktere Ausrichtung der einzubeziehenden Leistungsmerkmale auf die Besonderheiten des Unternehmens und seiner Kunden realisieren. Bezüglich der Nutzung der Ergebnisse ist zum einen kein Vergleich mit den Wettbewerbern möglich. Zum anderen erlaubt die spezifische Ausgestaltung des Modells eine Ableitung von konkretem Handlungsbedarf sowie den (internen) Vergleich verschiedener Unternehmensbereiche.

Indexsystemen liegen **Kausalmodelle** zu Grunde, in denen die Beziehungen zwischen affektiv-kognitiven und verhaltensbezogenen Größen ganzheitlich abgebildet werden. Innerhalb der Kausalmodelle werden diese **Strukturvariablen** als latente Konstrukte aufgefasst, die mehrdimensional anhand von **Indikatorvariablen** gemessen werden (z. B. Merkmale einer Dienstleistung als Indikatoren für die wahrgenommene Dienstleistungsqualität). Ein solches Kausalmodell wird auf Basis der beim Kunden erhobenen Ausprägungen der Indikatorvariablen mit Hilfe der **Kausalanalyse** geschätzt, die in zahlreichen Iterationen die bestmögliche Wiedergabe der „realen" Zusammenhänge zwischen den Variablen durch das Modell identifiziert. Als Ergebnis liefern entsprechende Statistikprogramme (z. B. LISREL, Amos) die Stärke der Beziehungen zwischen den Variablen des Modells. Die Stärke der Beziehungen zwischen den Strukturvariablen (z. B. Einfluss der Kundenzufriedenheit auf die Kundenbindung) werden durch Strukturparameter quantifiziert. Die Stärke der Zusammenhänge zwischen den Strukturvariablen und den jeweiligen Indikatorvariablen wird durch Messparameter zum Ausdruck gebracht (vgl. Schaubild 5-3-12). Eine **Nutzung der Ergebnisse** der Kausalanalyse für die integrierte Wirkungskontrolle kann in zweierlei Hinsicht erfolgen.

Zunächst kann eine **Bildung von Indizes** (z. B. Qualitätsindex, Zufriedenheitsindex, Kundenbindungsindex) vorgenommen werden, indem die Mittelwerte einer Strukturvariablen über eine Gewichtung mit Hilfe der Messparameter aggregiert werden.

Darüber hinaus kann eine **Zusammenhangsanalyse** zwischen den Größen der Erfolgskette durchgeführt werden. Auf diese Weise wird z. B. ersichtlich, in welchem Ausmaß die affektiv-kognitiven Zielgrößen zur Realisierung der verhaltensbezogenen Zielgrößen beitragen.

Im Rahmen der Wirkungskontrolle lassen sich durch **kundenbezogene Indexsysteme** die Wirkungen des Qualitätsmanagements bestimmen und analysieren. Auf Basis der Bewertung der Indikatorvariablen gilt es, Maßnahmen in die Wege zu leiten, die an den zentralen Defiziten ansetzen. Als Instrument zur Ermittlung des Handlungsbedarfes lässt sich ein **Aktivitätenportfolio** erstellen, durch das sich erste strategische Stoßrichtungen der zukünftigen Instrumentalstrategien erkennen lassen.

Schaubild 5-3-12 Beispiel eines Indexsystems

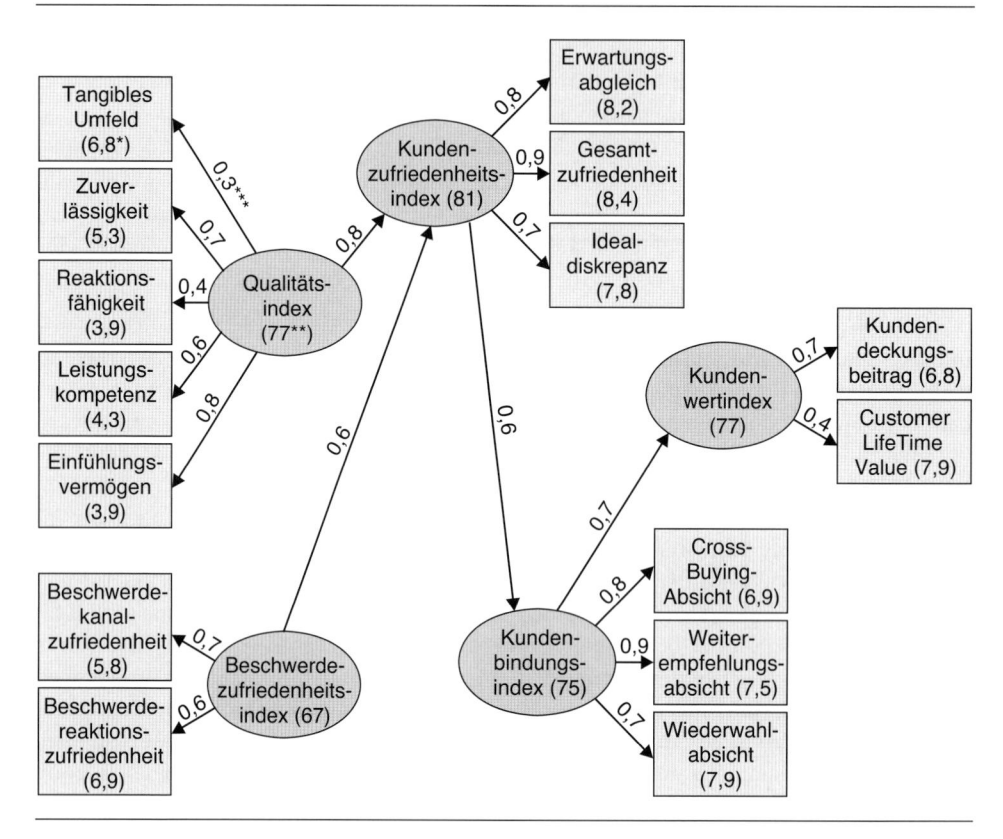

Innerhalb des Aktivitätenportfolios werden die ermittelten Kundenbeurteilungen sowie deren Bedeutung aus Kundensicht (Wichtigkeit) gegenübergestellt. Dabei werden die erfragten Indikatorvariablen (z. B. Zuverlässigkeit) mit der Kundenzufriedenheit in Beziehung gesetzt. Besteht ein hoher Zusammenhang zwischen Indikatorvariablen und Kundenzufriedenheit handelt es sich um ein wichtiges Merkmal. Besteht hingegen ein vergleichsweise geringer Zusammenhang ist das Merkmal als eher nicht wichtig einzustufen. Schaubild 5-3-13 zeigt beispielhaft ein Aktivitätenportfolio.

Schaubild 5-3-13 Beispiel eines Aktivitätenportfolios

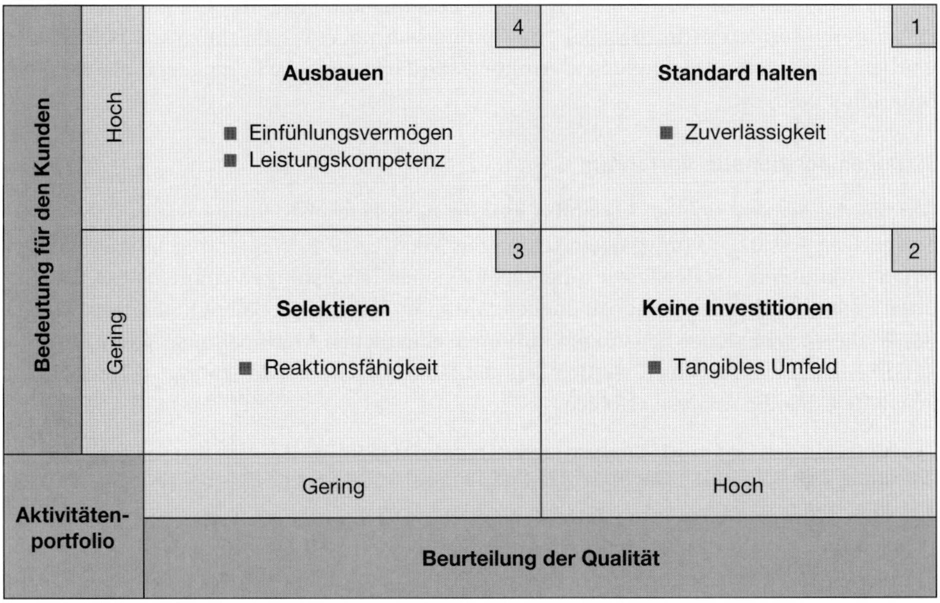

		Gering	Hoch
Bedeutung für den Kunden	Hoch	**4** Ausbauen ■ Einfühlungsvermögen ■ Leistungskompetenz	**1** Standard halten ■ Zuverlässigkeit
	Gering	**3** Selektieren ■ Reaktionsfähigkeit	**2** Keine Investitionen ■ Tangibles Umfeld
Aktivitäten-portfolio		Gering	Hoch
		Beurteilung der Qualität	

Quadrant 1

Im ersten Quadranten sind sämtliche Leistungsparameter eingeordnet, die bislang sehr gut erfüllt werden (im Beispiel „Zuverlässigkeit"). Dieser Standard ist in Zukunft aufrecht zu erhalten.

Quadrant 2

Hinsichtlich der Faktoren im zweiten Quadranten ist ebenfalls kein akuter Handlungsbedarf zu erkennen (im Beispiel „Tangibles Umfeld"). Die Kunden beurteilen die Leistungen des Dienstleistungsunternehmens in diesen Punkten als sehr gut. Allerdings sind diese Aspekte für die Kundenzufriedenheit weniger wichtig. In der Folge erscheint es wenig sinnvoll, in diesem Bereich neue Investitionen zu ergreifen.

Quadrant 3

Im dritten Quadranten sind Leistungsdimensionen mit geringer Qualität sowie eher geringer Wichtigkeit eingeordnet (im Beispiel „Reaktionsfähigkeit"). Als strategische Stoßrichtung wird eine Selektionsstrategie empfohlen, d. h. hinsichtlich der einzelnen Leistungsdimensionen gilt es zu prüfen, welche Maßnahmen kurzfristig, ohne übermäßige Investitionen ergriffen werden können.

Quadrant 4

Im vierten Quadranten befinden sich all jene Leistungsdimensionen, die mit erster Priorität zu verbessern sind (im Beispiel „Einfühlungsvermögen", „Leistungskompetenz"). Es wurden relativ hohe Wichtigkeiten ermittelt, die Leistung wurde hingegen als verbesserungsfähig beurteilt.

3. Dekompositionelle Verfahren

Bei den dekompositionellen Verfahren wird in umgekehrter Richtung wie bei den multiattributiven Ansätzen vorgegangen (Hentschel 2000, S. 297). Während sich bei multiattributiven Verfahren aus der Bewertung verschiedener Teilleistungen ein globales Qualitätsurteil ergibt, wird bei dekompositionellen Verfahren anhand globaler Qualitätsurteile eine Rangreihe verschiedener Leistungen mit unterschiedlichen Merkmalsausprägungen gebildet. In einem zweiten Schritt werden Teilqualitäten berechnet. Dies kann z. B. über eine so genannte Conjoint-Analyse erfolgen.

Die Methode der **Conjoint-Analyse** stellt ein dekompositionelles Verfahren dar. Sie basiert auf der Annahme, dass sich der Gesamtnutzen eines Produkts oder einer Dienstleistung aus dem Nutzen der Komponenten (Teilnutzenwerte) zusammensetzt. Sie wird hauptsächlich im Rahmen der Neuproduktplanung eingesetzt. Mit ihrer Hilfe soll auf Basis von Präferenzurteilen der befragten Kunden hinsichtlich verschiedener Kombinationen aus Eigenschaftsausprägungen (z. B. Kombinationen aus Preis, Wartezeit und Erstellungsdauer einer Dienstleistung) die für ein neues Produkt oder eine neue Dienstleistung relevanten Eigenschaften identifiziert und in eine Rangfolge entsprechend ihrer kundenseitigen Bedeutungsstärke gebracht werden (Backhaus et al. 2008, S. 451ff.).

Die Berechnung der Teilqualitäten bedingt jedoch – zumindest in qualitativer Hinsicht – die Bezeichnung der Merkmale. Die verschiedenen Leistungen werden folglich als Bündel der Merkmale in jeweils verschiedenen Ausprägungen erstellt.

Die **Vignette-Methode** (Haller 1998; Bruhn 2010d, S. 164ff.) geht davon aus, dass Qualitätsurteile auf einer relativ geringen Zahl von Faktoren basieren, die in der Wahrnehmung des Kunden relevant sind, deren spezifische Gewichtungen er aber nicht zu beurteilen vermag. Eine **Vignette** stellt dabei eine fiktive Situation dar, die sich anhand von bestimmten Charakteristika beschreiben lässt und die der Kunde gesamtheitlich beurteilt.

Voraussetzung für die Vignette-Methode ist die Ermittlung so genannter **„Critical Quality Characteristics" (CQCs)**, d. h. jener Attribute, die für die Qualitätsbeurteilung relevant sind. So lässt sich die Qualitätsbeurteilung, analog zu den Qualitätsdimensionen des SERVQUAL-Ansatzes, auf Faktoren basieren, die in Schaubild 5-3-14 am Beispiel einer Bankfiliale dargestellt sind. Die einzelnen Vignetten werden gebildet, indem jedem Faktor eines der zugehörigen Werturteile zugeordnet wird. Jede Vignette stellt damit eine Kombination unterschiedlicher Charakteristika und Werturteile dar.

Schaubild 5-3-14 „Critical Quality Characteristics" und die Werturteile einer Vignette

Critical Quality Characteristics	Werturteile
Annehmlichkeit des tangiblen Umfeldes: z. B. Ausstattung der Geschäftsräume	Ansprechend
	Nicht ansprechend
Zuverlässigkeit: z. B. Vermeidung von Fehlbuchungen	Hoch
	Niedrig
Reaktionsfähigkeit: z. B. schnelle Korrektur von Fehlbuchungen	Flexibel
	Unflexibel
Leistungskompetenz: z. B. Beratungskompetenz der Wertpapierberater	Kompetent
	Nicht kompetent
Einfühlungsvermögen: z. B. Berücksichtigung von individuellen Anliegen eines Privatkunden	Zuvorkommend
	Nicht zuvorkommend
Preis: z. B. Berücksichtigung unterschiedlicher Preisbereitschaften	Hoch
	Niedrig

Analog zur Conjointanalyse (Backhaus et al. 2008) wird der Kunde gebeten, die verschiedenen Vignetten zu beurteilen. Dies erfolgt beispielsweise auf einer Skala von „sehr gut" bis „sehr schlecht". Im Rahmen der Auswertung stellen die Charakteristika die unabhängigen Variablen und die Gesamtbeurteilungen die abhängigen Variablen dar. Somit lässt sich der Einfluss der einzelnen Attribute auf das globale Qualitätsurteil mittels eines Koeffizienten ausdrücken.

Das Ziel der Vignette-Methode ist damit die **Analyse der Rangfolge und Gewichtung von einzelnen Qualitätsattributen** der Dienstleistung und die **Ermittlung globaler Qualitätsurteile**. Als Nachteil des Verfahrens erweist sich der hohe Erhebungsaufwand, da aufgrund der hohen Anzahl von Vignetten viele Befragungen notwendig werden. Weiterhin besteht die Gefahr des Informationsverlustes, da die zahlreichen möglichen Qualitätsmerkmale einer Dienstleistung auf wenige „Critical Quality Characteristics" reduziert werden und damit die Möglichkeit differenzierter Aussagen verhindert wird (Haller 1993, S. 30).

Aufgrund der Nachteile des großen **Erhebungsaufwands** wurden Alternativen mit dem Ziel der Reduktion der Vignettenanzahl entwickelt. Eine Möglichkeit besteht darin, „unrealistische" Kombinationen von Ausprägungen zu eliminieren. Bei einer anderen Option werden jeweils zwei Vignetten einander gegenüber gestellt und die Präferenz für eine der beiden Vignetten befragt. Anwendung finden Vignetten in solcher Form vor allem bei komplexen Dienstleistungen und Produkten, wie z. B. strukturierten Anlageformen im Bankgeschäft, bei denen die Kunden eher in der Lage sind, das Gesamtprodukt zu bewerten, als aus der expliziten Bewertung einzelner Merkmale ein Gesamturteil zu bilden.

4. Willingness-to-Pay-Ansatz

Beim Willingness-to-Pay-Ansatz handelt es sich um ein Verfahren, das auf dem **wertorientierten Qualitätsbegriff** basiert (vgl. auch im Folgenden Haller 1998). Dabei wird davon ausgegangen, dass der Kunde zu seinem Qualitätsurteil hinsichtlich einer Leistung kommt, indem er die erhaltene Leistung mit den im Rahmen der Inanspruchnahme der Leistung in Kauf genommenen Opfern finanzieller, zeitlicher, psychischer oder physischer Art vergleicht. Diese „Opfer" werden meist durch den Preis der Leistung ausgedrückt. Die Beurteilung einer Leistung nach dem Willingness-to-Pay-Ansatz lässt sich in zweierlei Hinsicht vornehmen:

- Der **Nutzen** einer Leistung, der sich aus der gewichteten Bewertung einzelner Leistungsmerkmale zusammensetzt, wird zu dem Preis der Leistung in Beziehung gesetzt.
- Der **Preis** wird in die Merkmalsliste im Rahmen der oben genannten multiattributiven Verfahren aufgenommen.

Der Einsatz dieser Methode ist vor allem sinnvoll, wenn ein Unternehmen seine Dienstleistungen im Rahmen der Leistungspolitik variieren will. Dann lässt sich mittels des Willingness-to-Pay-Ansatzes feststellen, ob die Erweiterung oder Verbesserung eines Merkmals zu einer entsprechend höheren Zahlungsbereitschaft der Kunden führt.

Schaubild 5-3-15 Zahlungsbereitschaft (Willingness-to-Pay) eines Individuums in Abhängigkeit der wahrgenommenen Dienstleistungsqualität

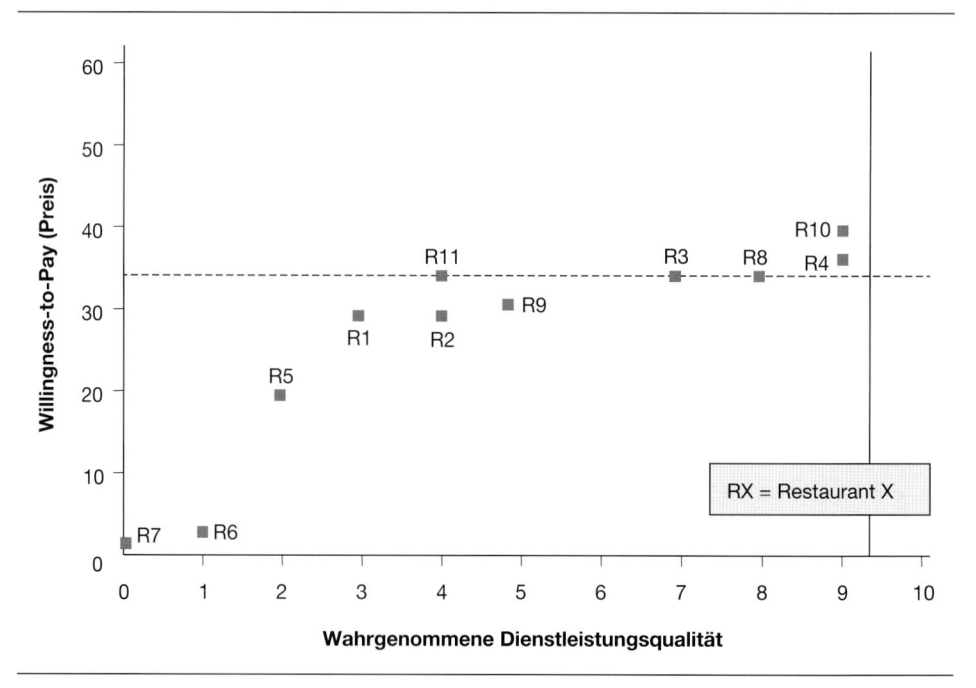

Quelle: Liljander/Strandvik 1992, S. 20

Es ist in **Experimenten zur Variation des Leistungsspektrums** beispielsweise auch eine Kombination des Willingness-to-Pay-Ansatzes mit der Vignette-Methode denkbar. Liljander/ Strandvik setzten diesen Ansatz in einem Experiment bezüglich der Zahlungsbereitschaft potenzieller Restaurantgäste ein (Liljander/Strandvik 1992, S. 15ff.). Die Probanden sollten sich vorstellen, dass sie eine fiktive Stadt besuchen und elf Restaurants (R1 bis R11 in Schaubild 5-4-14), die in Form von Vignetten beschrieben waren, zur Auswahl hätten. Um das „normale Qualitätsniveau" eines Restaurants für die jeweilige Befragungsperson zu ermitteln, sollten diese an ein Restaurant denken, in dem sie regelmäßig zu Mittag essen, seinen Namen und den „normalen Preis" nennen, den sie für ein Mittagessen in diesem Restaurant zahlen. Anschließend wurden die elf fiktiven Restaurants durch die Probanden beurteilt. Hierzu sollten sie erstens die Restaurants gemäß ihrer Beurteilung sortieren, zweitens den Preis für jedes Restaurant angeben, den sie zu zahlen bereit wären und drittens erklären, welches Restaurant sie zum „normalen Preis" besuchen würden. Im Rahmen der Auswertung wurde dann sowohl die Zahlungsbereitschaft des einzelnen Individuums (vgl. Schaubild 5-3-15) als auch die aggregierte Zahlungsbereitschaft analysiert (vgl. Schaubild 5-3-16). Erkenntnisse aus solch einer Erhebung lassen sich zusätzlich für Kosten-Nutzen-Analysen potenzieller Investitionen in einzelne Ausstattungsmerkmale oder Menügestaltungen des Restaurants verwenden.

Schaubild 5-3-16 Aggregierte Zahlungsbereitschaft als Resultat der Willingness-to-Pay-Methode

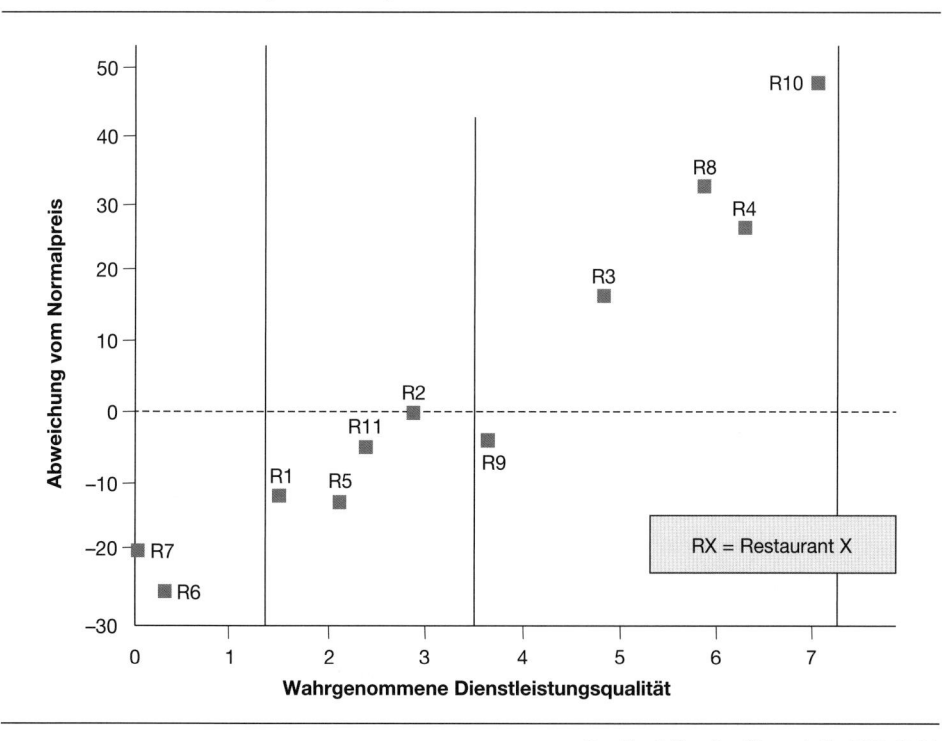

Quelle: Liljander/Strandvik 1992, S. 21

5. Penalty-Reward-Faktoren-Ansatz/Kano-Methode

Der **Penalty-Reward-Faktoren-Ansatz** ist ein den multiattributiven Verfahren sehr ähnlicher Ansatz und beruht auf einer Unterteilung der Dimensionen der Dienstleistungsqualität (vgl. Kapitel 3, Abschnitt 1.2) in Routine- und Ausnahmekomponenten (Berry 1986; Brandt 1987, S. 61ff., 1988, S. 35ff.). Er basiert auf der Annahme, dass bei jeder Dienstleistung Qualitätsfaktoren existieren, deren Nichterfüllung beim Kunden Unzufriedenheit hervorruft. Diese werden als Penalty-Faktoren bezeichnet, wohingegen die Reward-Faktoren Leistungen darstellen, die beim Kunden eine höhere Qualitätswahrnehmung und daher eine höhere Zufriedenheit erzeugen. Während der Kunde für die Reward-Faktoren „Bonuspunkte" verteilt, bestraft er das Unternehmen bei Nichtvorhandensein der Penalty-Faktoren mit so genannten „Demerits" (Brandt 1987, S. 61).

Ziel dieses Messansatzes ist, die Penalty-Faktoren zu identifizieren. Daher wird zunächst ein Gesamturteil für die Dienstleistung auf einer 5er-Skala von „sehr zufrieden" bis „sehr unzufrieden" erhoben. Anschließend werden die Kunden gebeten, die einzelnen Attribute der Dienstleistung auf einer Skala von „viel schlechter als erwartet" bis „viel besser als erwartet" zu bewerten. Mit Hilfe dieser Daten wird eine multiple Regressionsanalyse durchgeführt („Penalty-Reward-Contrast-Analyse"; Brandt 1987, S. 62ff.). Die Ergebnisse der Analyse hinsichtlich einzelner Merkmale werden wie folgt interpretiert:

- **Penalty-Faktoren** kennzeichnen diejenigen Attribute der Dienstleistungsqualität, bei denen der Kunde kein höheres globales Qualitätsurteil abgibt, obwohl die Leistung in Bezug auf das jeweilige Attribut besser als erwartet ausfiel. Dagegen sinkt das globale Qualitätsurteil, sofern die Qualität des jeweiligen Attributes schlechter als erwartet war.

- **Reward-Faktoren** zeichnen sich dadurch aus, dass das globale Qualitätsurteil steigt, sofern die Qualität des jeweiligen Attributes besser als erwartet eingeschätzt wurde, jedoch nicht sinkt, wenn die Leistung schlechter als erwartet gewesen ist.

In einer **Verfahrensvariante** des Penalty-Reward-Faktoren-Ansatzes werden befragte Kunden zunächst gemäß ihrer globalen Zufriedenheit mit der Qualität einer Leistung in zwei Gruppen – zufriedene und unzufriedene Kunden – unterteilt. Daraufhin wird bei jeweils jedem Leistungsmerkmal (bzw. Qualitätsdimension) untersucht, wie viele (global zufriedene/unzufriedene) Kunden eine positive Nichterfüllung (Leistungsmerkmal besser als erwartet), eine Erfüllung (Leistungsmerkmal wie erwartet) oder eine negative Nichterfüllung (Leistungsmerkmal schlechter als erwartet) wahrgenommen haben (vgl. auch im Folgenden Schaubild 5-3-17).

Hierbei wird unterstellt, dass ein Merkmal einen **„Satisfier"** darstellt, wenn der Anteil der Zufriedenen nur dadurch gesteigert werden kann, indem mehr Kunden eine positive Nichterfüllung (bzw. Nichtbestätigung) wahrnehmen. Ist bei einem Merkmal eine größere Anzahl Kunden nur in ihren Erwartungen bestätigt, so führt dies nicht zu höherer Zufriedenheit. **„Dissatisfiers"** werden hingegen daran erkannt, dass der Anteil der Unzufriedenen steigt, wenn mehr Personen eine negative Nichterfüllung wahrnehmen. Nehmen dahingegen mehr Kunden anstelle einer positiven Nichterfüllung nur eine Erfüllung wahr, so erhöht sich der Anteil der Zufriedenen nicht.

Analyse der Dienstleistungsqualität

Schaubild 5-3-17 Kategorisierung von Merkmalen nach der Methode von Brandt

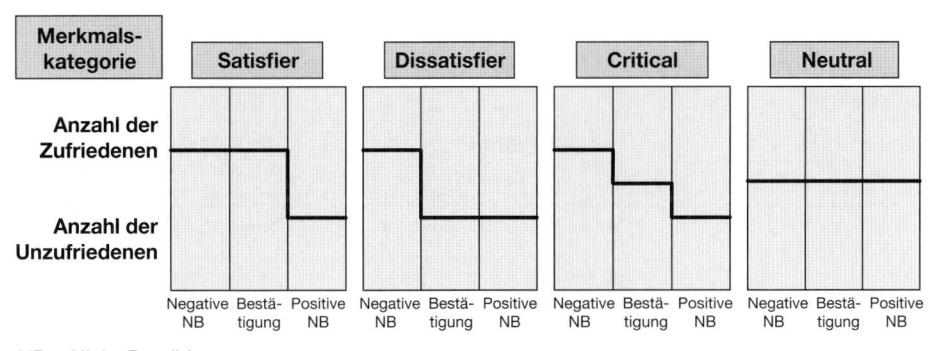

[Schaubild: Vier Diagramme für die Merkmalskategorien Satisfier, Dissatisfier, Critical und Neutral, jeweils mit Achsen "Anzahl der Zufriedenen" und "Anzahl der Unzufriedenen" sowie x-Achsen-Einträgen: Negative NB, Bestätigung, Positive NB.]

NB = Nicht-Bestätigung

Quelle: in Anlehnung an Brandt 1988, S. 38

„Criticals" liegen dann vor, wenn der Anteil der Zufriedenen am höchsten ist, falls eine positive Nichterfüllung wahrgenommen wird, und wenn der Anteil der Zufriedenen am geringsten ist, falls eine negative Nichterfüllung vorliegt. Leistungsmerkmale werden als „Neutrals" bezeichnet, wenn sich die Anteile der zufriedenen Kunden nicht voneinander unterscheiden. Selbst wenn mehr Personen eine positive bzw. negative Nichterfüllung wahrnehmen, führt dies nicht zu einer Steigerung des Anteils der Zufriedenen oder Unzufriedenen.

Durch die vorgenommene **Unterteilung der Qualitäts- bzw. Leistungsdimensionen** – bzw. aus dem Zusammenhang zwischen der positiven oder negativen Nichterfüllung und der Gesamtzufriedenheit – können Merkmale nach zwei Kriterien unterteilt werden. Zum einen stellt sich die Frage nach dem Potenzial eines Merkmals, Zufriedenheit bei Kunden zu bewirken. Zum anderen stellt sich die Frage, ob es Unzufriedenheit vermeidet. Aus der Sichtweise dieser Kriterien lassen sich innerhalb eines Merkmalsportfolios die unterschiedlichen Merkmalskategorien eintragen und entsprechende Handlungsempfehlungen für die unterschiedlichen Merkmalskategorien ableiten (vgl. Schaubild 5-3-18). Hierbei ist in den entsprechenden Merkmalskategorien die Beziehung zwischen attributspezifischer Nicht-Bestätigung (NB) und der Gesamtzufriedenheit verdeutlicht.

Der **Vorteil** dieses Messansatzes liegt darin, dass nicht nur die Qualität der Dienstleistung aus der Sicht des Kunden gemessen wird, sondern auch ein gezielter Einsatz des Qualitätsmanagements in Bezug auf die Penalty-Faktoren ermöglicht wird. Zunächst ist es Aufgabe des Unternehmens, mit diesen Dienstleistungsattributen den Kunden zufrieden zu stellen, erst dann gilt es, das Qualitätsmanagement auf zusätzliche „Bonusleistungen" zu konzentrieren (Haller 1993, S. 27).

Schaubild 5-3-18 Merkmalsportfolio unterschiedlicher Merkmalskategorien und entsprechende Handlungsempfehlungen

Reaktion auf Leistung \ Wahrnehmung der Leistung	Nein	Ja
Ja	**Satisfiers** Negative NB → Indifferenz Positive NB → Zufriedenheit *Bei einigen ausgewählten Merkmalen gute Leistungen bieten.*	**Criticals** Negative NB → Unzufriedenheit Positive NB → Zufriedenheit *Bei allen Merkmalen gute Leistungen bieten.*
Nein	**Neutrals** Negative NB → Indifferenz Positive NB → Indifferenz *Bei keinem dieser Merkmale gute Leistungen bieten.*	**Dissatisfiers** Negative NB → Unzufriedenheit Positive NB → Indifferenz *Bei allen Merkmalen mittelmäßige anstatt gute Leistungen bieten.*

Quelle: in Anlehnung an Gierl/Bartikowski 2003, S. 38

In ähnlicher Weise wie der Penalty-Reward-Faktoren-Ansatz untersucht auch die **Kano-Methode** die unterschiedliche kundenseitige Wahrnehmung von Leistungsmerkmalen, d. h. den Vergleich von Erwartung und Erfahrung (C/D-Paradigma). Sie unterscheidet Basisfaktoren, Leistungsfaktoren und Begeisterungsfaktoren. **Basisfaktoren** beinhalten Qualitätsmerkmale, die bei Erfüllung der Erwartung nicht positiv, bei Nicht-Erfüllung jedoch negativ bewertet werden. **Leistungsfaktoren** beeinflussen das Qualitätsurteil hingegen sowohl positiv (bei Übererfüllung der Erwartung) als auch negativ (bei Nicht-Erfüllung der Erwartung), während **Begeisterungsfaktoren** nicht erwartet und daher positiv bewertet werden, wenn sie vorhanden sind und zur Qualitätswahrnehmung des Kunden beitragen. Hierbei werden die befragten Kunden direkt danach gefragt, in welche Kategorie ein Merkmal fällt. Das Verfahren sieht vor, dass pro Merkmal bzw. Qualitätsdimension eine funktionale (Zufriedenheitsreaktion im Falle einer guten Qualität des Merkmals) und eine dysfunktionale Frage (Reaktion der Unzufriedenheit im Falle einer schlechten Qualität des Merkmals) gestellt wird.

> **Beispiel: Funktionale und dysfunktionale Fragestellung nach der Kano-Methode**
>
> Die Fragestellung in der Kano-Methode findet in funktionaler und dysfunktionaler Form statt. Im Anschluss werden verschiedene Möglichkeiten, die erwähnten Fragetypen zu beantworten, genannt. Die beispielhaften Fragestellungen beziehen sich auf ein fiktives Hallenbad „Aquamar". Das Leistungsmerkmal entspricht in diesem Fall einem Restaurationsbetrieb, das im Hallenbadgebäude integriert ist. Funktionale Form der Frage: „Wie denken Sie darüber, dass es im Hallenbad „Aquamar" eine Verpflegungsmöglichkeit gibt?"
>
> Dysfunktionale Form der Frage: „Wie denken Sie darüber, wenn es im Hallenbad „Aquamar" keine Möglichkeit zur Verpflegung gäbe?"
>
> Mögliche Antworten auf die jeweiligen Fragen:
>
> - „Das würde mich sehr freuen."
> - „Das setzte ich voraus."
> - „Das ist mir egal."
> - „Das könnte ich u. U. in Kauf nehmen."
> - „Das würde mich sehr stören."
>
> Quelle: in Anlehnung an Berger et al. 1993

Durch Kombination der Antwortalternativen lassen sich die Merkmale den unterschiedlichen Kategorien zuordnen. Hierbei ergeben sich neben „Satisfiers", „Criticals", „Neutrals" und „Dissatisfiers" auch so genannte „Reverse"- und „Questionable"-Kategorien (vgl. hierzu Sauerwein 2000).

Schaubild 5-3-19 zeigt beispielhaft ein **Merkmalsportfolio** eines Zoos auf Basis der Kano-Methode, die im Rahmen einer unveröffentlichten Studie des Lehrstuhls für Marketing und Unternehmensführung der Universität Basel in einem Schweizer Zoo durchgeführt wurde. Hier zeigt sich, dass beispielsweise das Kriterium „Einkaufsmöglichkeiten" als Indifferenzfaktor bewertet wurde, d. h. fehlende Einkaufsmöglichkeiten werden in einem Zoo nicht negativ bewertet, und eine große Auswahl an Einkaufsmöglichkeiten wird von den Kunden nicht honoriert. Es ist also nicht empfehlenswert für den Zoobetreiber, große Investitionen in Einkaufsstätten zu tätigen, da dies von den Kunden nicht geschätzt wird. Anders verhält es sich bei der artgerechten Tierhaltung (Quadrant oben rechts im Schaubild). Diese zählt zu den Leistungsfaktoren, d. h. eine artgerechte Tierhaltung wird von den Kunden sehr positiv bewertet. Versäumt es der Zoobetreiber, sich für eine artgerechte Haltung einzusetzten, wird dies sehr negativ von den Kunden angesehen.

Schaubild 5-3-19 Merkmalsportfolio eines Schweizer Zoos

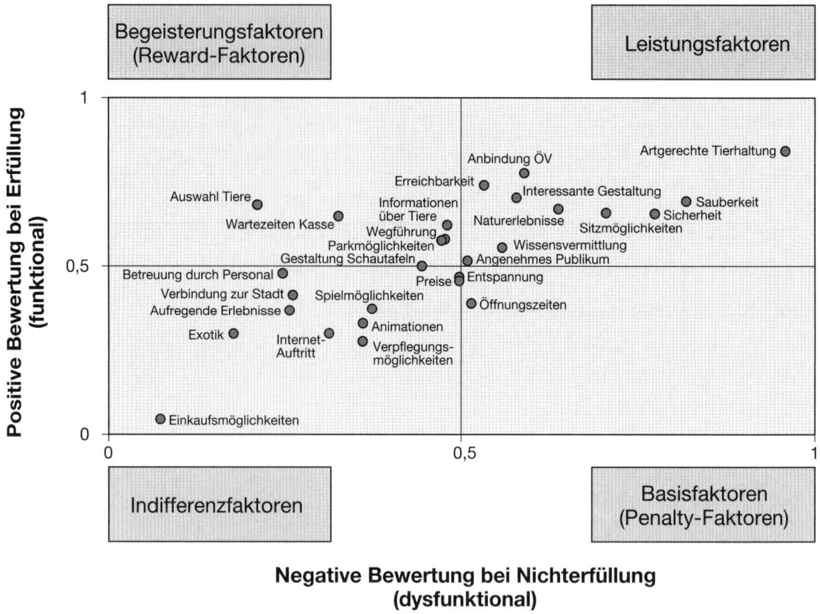

Bei einer abschließenden **Würdigung** der merkmalsorientierten Messverfahren lässt sich konstatieren, dass bei allen Ansätzen das Problem besteht, die einzelnen relevanten Attribute zu ermitteln und auszuwählen. Nicht der Kunde entscheidet offensichtlich, welche Kriterien er für qualitätsrelevant erachtet und im Rahmen der Messverfahren beurteilt. Das Unternehmen gibt vielmehr eine begrenzte Anzahl abstrakt formulierter Qualitätsmerkmale vor. Implizit setzen daher alle Verfahren voraus, dass eine Auswahl dieser Merkmale unter Berücksichtigung der Vollständigkeit und Qualitätsrelevanz durchführbar ist. Daher sind vorausgehende Studien, wie z. B. Expertenbefragungen, unbedingt erforderlich.

Merkmalsorientierte Verfahren eignen sich folglich nur bedingt für Ersterhebungen, sie ermöglichen jedoch bei regelmäßiger Durchführung eine valide Qualitätsmessung, sofern sie mit anderen Verfahren, wie beispielsweise der Beschwerdemessung, kombiniert werden. Ein weiterer Kritikpunkt der merkmalsorientierten Qualitätsmessung ist darin zu sehen, dass bei der Verwendung einer Vielzahl von Einzelmerkmalen die Befragten schnell überfordert werden. Daher ist die Anzahl der abgefragten Attribute gering zu halten. Dies führt wiederum zu einem verringerten Aussagegehalt der Ergebnisse.

3.2222 Ereignisorientierte Messverfahren

Ereignismessungen basieren auf der Überlegung, dass Kunden aus der Vielzahl von Situationen während eines Dienstleistungsprozesses bestimmte Standard- oder Schlüsselerlebnisse als besonders qualitätsrelevant wahrnehmen.

Die Messung der Qualität dieser Kundenereignisse bzw. -erlebnisse liefert somit Informationen darüber, welche Phasen des Dienstleistungsprozesses einer besonderen Aufmerksamkeit der Unternehmung im Hinblick auf ein gezieltes Qualitätsmanagement bedürfen. Da bei diesen Verfahren die Messung des Kontaktes zwischen Kunde und Dienstleistungspersonal im Vordergrund steht, werden sie auch als **Kontaktpunktanalysen** bezeichnet (Bruhn 2002b). Eine gestützte ereignisorientierte Messung erfolgt mit folgenden Verfahren:

1. Sequenzielle Ereignismethode (Blueprinting),
2. Critical-Incident-Technik,
3. Critical-Path-Analyse,
4. Root-Cause-Analyse.

1. Sequenzielle Ereignismethode (Blueprinting)

Die Sequenzielle Ereignismethode umfasst eine phasenorientierte Kundenbefragung, basierend auf der Erstellung eines so genannten **„Blueprints"**. Dieser beinhaltet die systematische Analyse des Dienstleistungsprozesses anhand eines grafischen Ablaufdiagramms, wie in Schaubild 5-3-20 dargestellt. Er ermöglicht eine vollständige Erfassung der verschiedenen Kundenkontaktsituationen (Stauss/Hentschel 1991, S. 242; Stauss 2000a).

Im Rahmen eines offenen, strukturierten Interviews werden hierbei die Kunden gebeten, den Ablauf ihres Dienstleistungserlebnisses noch einmal „gedanklich-emotional" zu rekonstruieren und ihre Eindrücke zu schildern. In Bezug auf jede einzelne Kundenkontaktsituation des Blueprints wird nach dem wahrgenommenen Ablauf, den Empfindungen und den jeweiligen Bewertungen gefragt (Stauss 2000b, S. 331).

Die so genannte **„Line of Visibility"** verdeutlicht dabei die Grenze zwischen den für den Kunden sichtbaren Bestandteilen der Dienstleistung und den unsichtbaren Elementen. Auch lassen sich die Kundenkontaktpunkte („Encounter Points") ermitteln, die für die „Augenblicke der Wahrheit" („Moments of Truth") von Bedeutung sind; jene Momente also, in denen ein direkter Kontakt des Kunden zum Dienstleister bzw. zu dessen Angeboten besteht (Albrecht 1993, S. 246f.).

Im Laufe der Zeit wurde die Methode des Blueprinting durch die Einführung weiterer Trennlinien mehrfach ergänzt und weiterentwickelt (Benkenstein/von Stenglin 2006, S. 58). Ein umfassender Ansatz stammt von Kleinaltenkamp, der insgesamt – neben der „Line of Visibility" – zwischen weiteren fünf Ebenen der Kundenintegration im Leistungsprozess unterscheidet und dies durch entsprechende Trennlinien im Blueprint darstellt (z. B. Kleinaltenkamp 1997, S. 89ff.; Benkenstein/von Stenglin 2006, S. 58f.):

Schaubild 5-3-20 Blueprint am Beispiel einer Flugreise

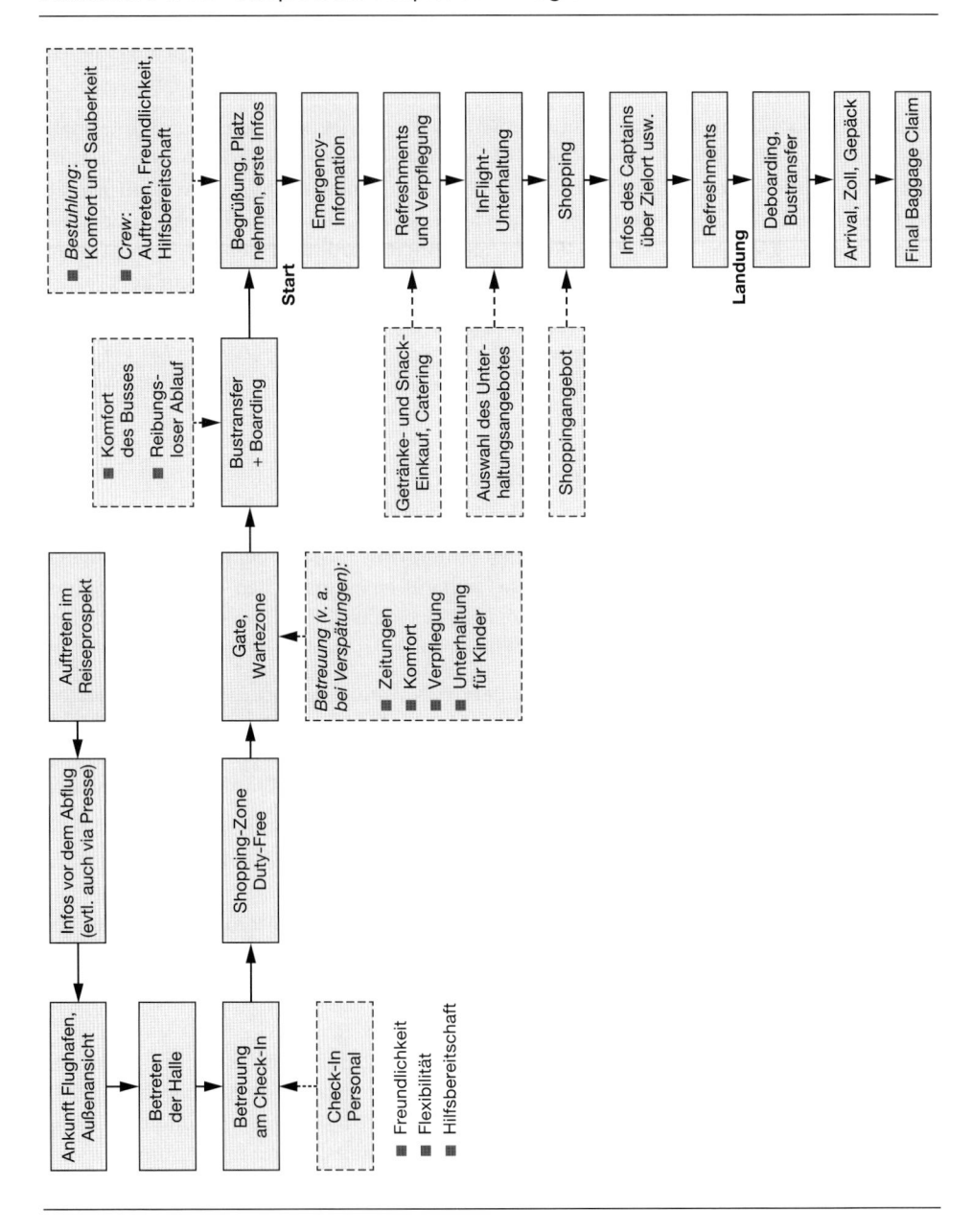

Die **„Line of Interaction"** trennt die Kundenaktivitäten von den anbieterseitig durchgeführten Prozessen. Bei der **„Line of Perception"** handelt es sich um eine Ausdehnung der „Line of Visibility" von sichtbaren Prozessen auf die insgesamt vom Kunden wahrnehmbaren Prozesse (z. B. Gerüche, Geräusche usw.). Die **„Line of Internal Interaction"** trennt die unmittelbar im Zusammenhang mit der Kundenintegration stehenden Prozesse von den so genannten Back-Office- bzw. Support-Prozessen. Die **„Line of Order Penetration"**, die Vorplanungslinie, dient zur Unterscheidung von Maßnahmen, die dem kundeninduzierten Leistungsprozess zuzuordnen sind, von denen, die auf das Leistungspotenzial des Anbieters abzielen. Schließlich handelt es sich bei der **„Line of Implementation"** um die Trennungslinie, die Aktivitäten der Ressourcenbereitstellung von Maßnahmen der Markterschließung separiert (vgl. Schaubild 5-3-21).

Auf der Grundlage eines solchen modifizierten Blueprints, in dem die für den Kunden sichtbaren Elemente des Leistungserstellungsprozesses in der üblichen Kontaktreihenfolge eingetragen sind, wird das Ziel verfolgt, dass die befragten Kunden in persönlichen Interviews die Phasen des Leistungserlebnisses nochmals gedanklich-emotional nachvollziehen. Mit Hilfe dieses „Nacherlebens" wird in vielen Fällen eine ausführliche Schilderung der Augenblicke der Wahrheit erreicht, wobei oftmals auch offene Fragen hilfreich sind.

Gegenüber dem Silent-Shopper-Verfahren und der Expertenbeobachtung (vgl. Abschnitt 3.21 dieses Kapitels) erweist sich die Sequenzielle Ereignismethode als vorteilhaft, da die einzelnen Phasen des Dienstleistungsprozesses aus aktueller und subjektiver Kundensicht bewertet werden. Demgegenüber sind jedoch der relativ hohe Erhebungs- und Auswertungsaufwand und die entsprechend hohen Durchführungskosten dieses Messansatzes als Kritikpunkte zu erwähnen.

2. Critical-Incident-Technik

Kritische Ereignisse versehen sich als **„Schlüsselereignisse"** eines Interaktionsprozesses zwischen Kunde und Dienstleistungsanbieter, die vom Kunden als außergewöhnlich positiv oder negativ empfunden werden (Bitner/Booms/Tetreault 1990, S. 71ff.).

Im Rahmen der Critical-Incident-Technik werden Kunden in offenen standardisierten Interviews gebeten, diese **kritischen Ereignisse während eines Dienstleistungsprozesses** zu schildern. Der Kunde wird dabei aufgefordert, die einzelnen Situationen mittels einer möglichst konkreten Beschreibung sämtlicher Details zu rekonstruieren. Die anschließende Interpretation der Fragebögen beinhaltet ein mehrstufiges Auswertungsverfahren, bei dem typische Erlebniskategorien gebildet werden und sich somit kategoriebezogen die Häufigkeiten der positiven oder negativen Erlebnisse aufzeigen lassen.

Als **Beispiel** für die Critical-Incident-Methode kann eine Studie von Bitner/Booms/Tetreault herangezogen werden (vgl. auch im Folgenden Bitner/Booms/Tetreault 1990). Bei dieser Untersuchung wurden in Restaurants, Hotels und bei Fluggesellschaften – als Branchen mit hohem Interaktionsgrad – Kundenbefragungen durchgeführt. Dabei wurden den Probanden die folgenden Fragen gestellt:

Schaubild 5-3-21 Service-Blueprint eines Verkaufsprozesses

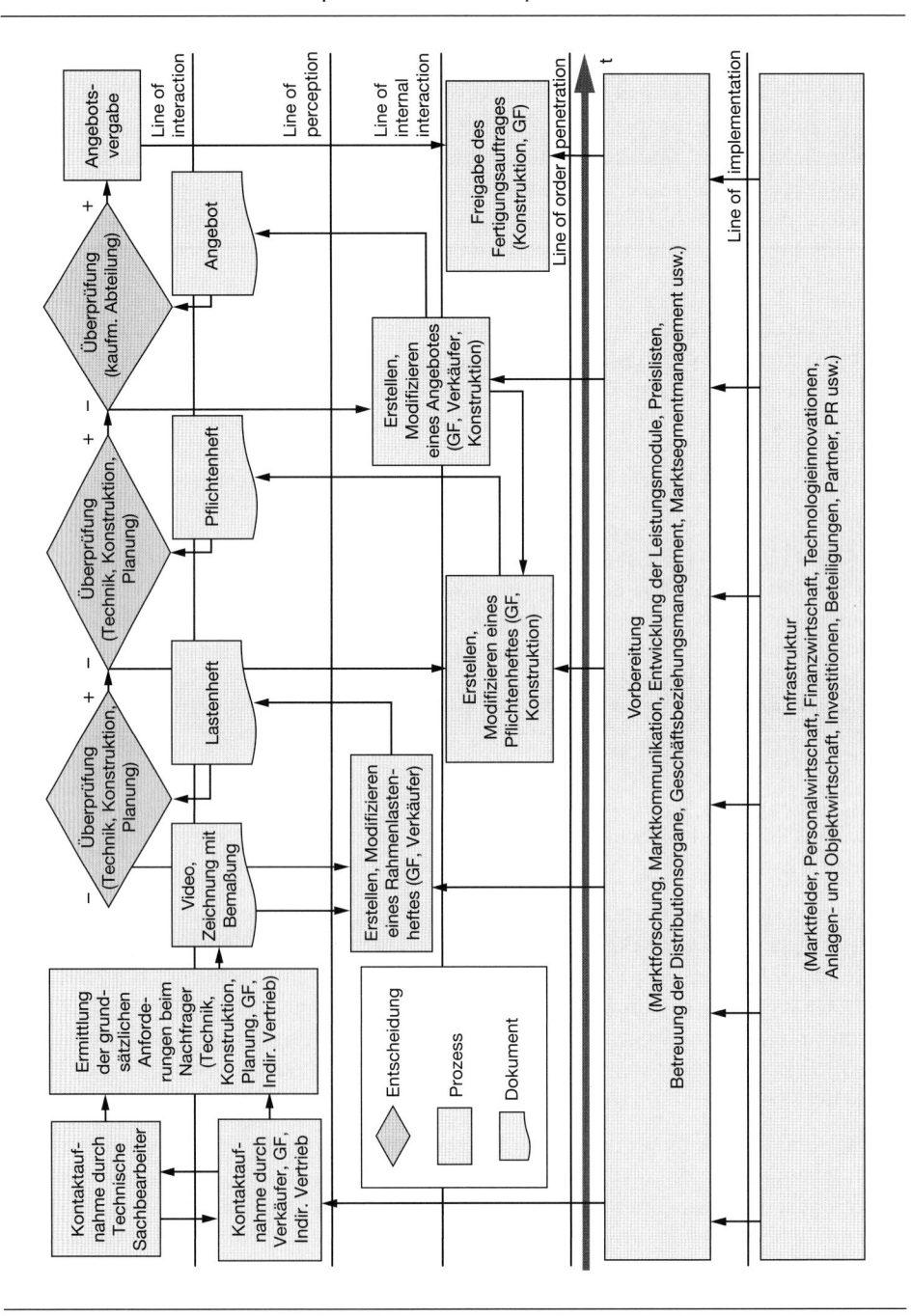

Quelle: Benkenstein/von Stenglin 2006, S. 59

- „Erinnern Sie sich an einen besonders (nicht) zufrieden stellenden Kontakt mit einem Angestellten eines Restaurants, Hotels oder einer Fluggesellschaft?"
- „Wann ereignete sich dies?"
- „Welche spezifischen Umstände führten zu dieser Situation?"
- „Was sagte oder machte der Angestellte genau?"
- „Was ereignete sich genau, so dass Sie den Kontakt als (nicht) zufrieden stellend empfanden?"

Dieses Verfahren liefert insofern aussagefähige Informationen, als dass sämtliche Aspekte des Dienstleistungsprozesses, die für den Kunden subjektiv relevant sind, erfasst werden (Bitner/Booms/Tetreault 1990, S. 71ff.). Damit sind nicht nur Aussagen über die Mindesterwartungen von Kunden bezüglich des Qualitätsniveaus von Dienstleistungen möglich, sondern auch Aussagen über ihre Erwartungen in Bezug auf das Reaktionsverhalten der Mitarbeitenden, z. B. bei Kundenbeschwerden (Bruhn/Hennig 1993, S. 224). Im Vergleich zu den Verfahren der merkmalsorientierten Messung beinhaltet die Methode der kritischen Ereignisse den entscheidenden **Vorteil** der Eindeutigkeit der Aussagen, da die befragten Kunden nicht aufgefordert werden, eine vorgegebene Anzahl von abstrakt formulierten Qualitätsmerkmalen (z. B. Leistungskompetenz, Freundlichkeit) zu beurteilen, sondern frei die für sie persönlich bedeutsamen Erlebnisse in eigenen Worten schildern können (Bruhn/Hennig 1993, S. 224; Meffert/Bruhn 2009 S. 208). Der **Nachteil** möglicherweise unvollständiger Kundenbeschwerden im Rahmen der Beschwerdeanalyse wird hierbei durch eine systematische Erfassung von Problembereichen aufgehoben. Analog zur Sequenziellen Ereignismethode ist jedoch auch hier ein nicht unerheblicher Aufwand des Verfahrens zu verzeichnen (Stauss 2000b, S. 333).

3. Critical-Path-Analyse

Bei diesem Instrument handelt es sich um eine methodische Weiterentwicklung der dargestellten Critical-Incident-Technik, bei der jedoch nicht die einzelne Transaktion, sondern die Beziehungsperspektive im Vordergrund steht (vgl. Roos/Strandvik 1997, S. 623; Roos 1999, S. 71ff.). Die Critical-Path-Analyse verfolgt dabei das Ziel, den gesamten Abwanderungsprozess – angefangen von einem bestimmten Auslöser, bis hin zur Aufnahme einer neuen Beziehung – abzubilden. Dieser Messansatz lässt sich somit als Ausgangspunkt der Konzeption eines Rückgewinnungsmanagements einsetzen. Schaubild 5-3-22 zeigt beispielhaft einen solchen Abwanderungsprozess aus der Sicht eines Versicherungsnehmers.

Schaubild 5-3-22 Analyse des Abwanderungsprozesses eines Versicherungskunden

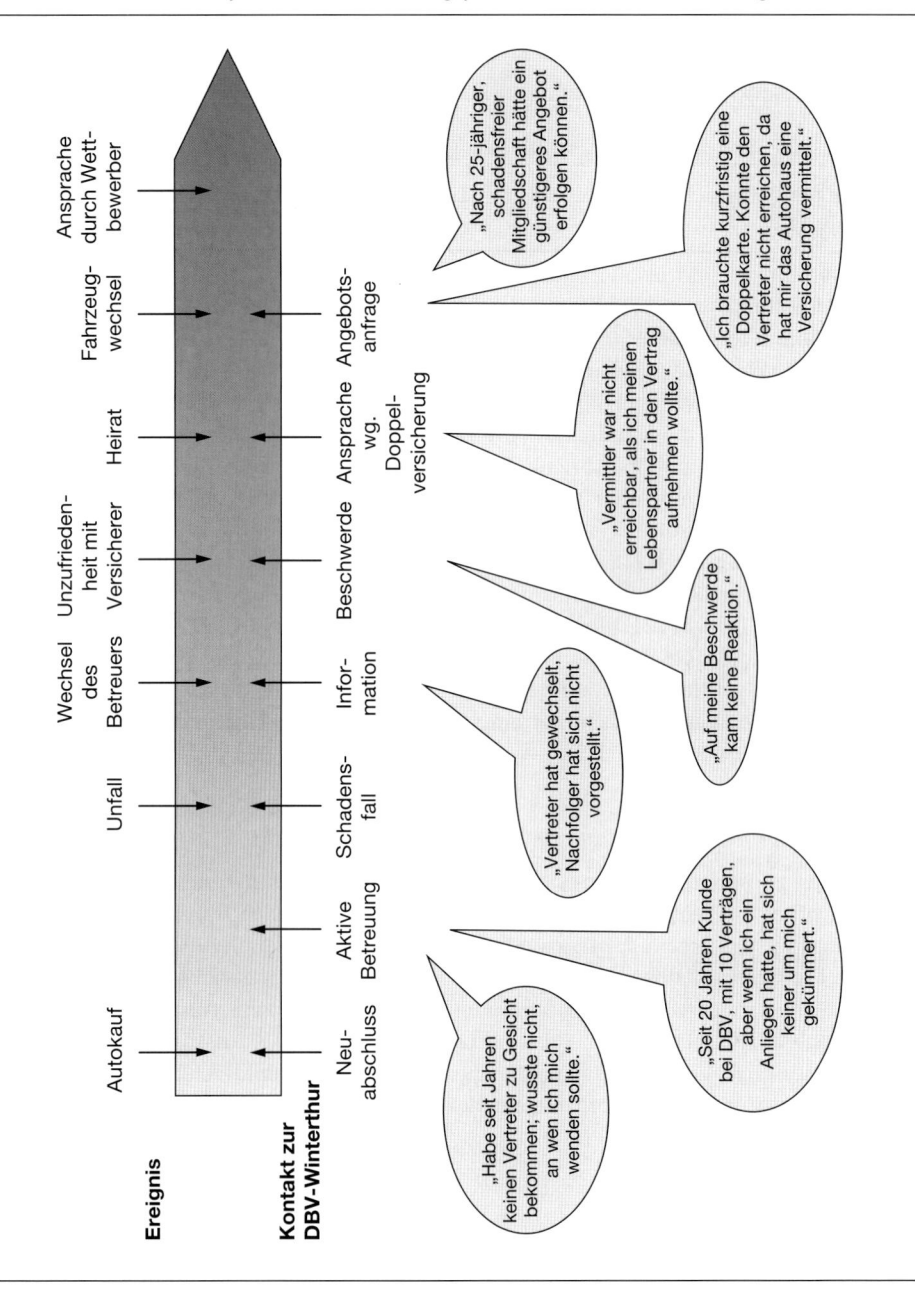

Ereignis	Kontakt zur DBV-Winterthur	Kundenaussage
Autokauf	Neuabschluss	„Habe seit Jahren keinen Vertreter zu Gesicht bekommen; wusste nicht, an wen ich mich wenden sollte."
	Aktive Betreuung	„Seit 20 Jahren Kunde bei DBV, mit 10 Verträgen, aber wenn ich ein Anliegen hatte, hat sich keiner um mich gekümmert."
Unfall	Schadensfall	„Vertreter hat gewechselt, Nachfolger hat sich nicht vorgestellt."
Wechsel des Betreuers	Information	„Auf meine Beschwerde kam keine Reaktion."
Unzufriedenheit mit Versicherer	Beschwerde	
Heirat	Ansprache wg. Doppelversicherung	„Vermittler war nicht erreichbar, als ich meinen Lebenspartner in den Vertrag aufnehmen wollte."
Fahrzeugwechsel	Angebotsanfrage	„Ich brauchte kurzfristig eine Doppelkarte. Konnte den Vertreter nicht erreichen, da hat mir das Autohaus eine Versicherung vermittelt."
Ansprache durch Wettbewerber		„Nach 25-jähriger, schadensfreier Mitgliedschaft hätte ein günstigeres Angebot erfolgen können."

Quelle: Schröder 1999, S. 23

Inhaltlich basiert das Instrument auf strukturierten, persönlichen Interviews mit abgewanderten Kunden. Schaubild 5-3-23 gibt einen Überblick über die verschiedenen Fragenkomplexe eines solchen Interviews.

Schaubild 5-3-23 Fragenkatalog einer Critical-Path-Analyse

Fragenkomplex	Beispiel
Abwanderungsentscheidung	Wann haben Sie erstmalig über eine Abwanderung nachgedacht?
Abwanderungsprozess	Wie lange hat sich die Entscheidung hingezogen?
Auslöser des Abwanderungsprozesses	Hat ein bestimmtes Ereignis den Abwanderungsprozess ausgelöst?
Vorherige Form der Geschäftsbeziehung	Wie war die Beziehung vor der Abwanderungsentscheidung?
Unternehmensverhalten nach Abwanderung	Wie hat das Unternehmen auf die Abwanderung reagiert?
Gründe für die Wahl des neuen Anbieters	Aus welchen Gründen wurde der neue Anbieter ausgewählt?
Vergleich der neuen mit der alten Beziehung	Wie ist die alte im Vergleich zur neuen Geschäftsbeziehung zu bewerten?

Quelle: Roos 1996; Roos/Strandvik 1997, S. 624

Im Zentrum des dargestellten Analyseinstruments steht somit die Aufgabe, entscheidungsrelevante Informationen zur Planung des Rückgewinnungsmanagements bereitzustellen. Neben dem Nutzen der verbesserten Informationsbasis zu Leistungsdefiziten und grundsätzlichen Erkenntnissen zu Abwanderungsprozessen dienen die Ergebnisse ferner der Festlegung von geeigneten Indikatoren zur Identifikation abwanderungsgefährdeter oder abgewanderter Kunden.

4. Root-Cause-Analyse

Die Root-Cause-Analyse ist ein Ansatz zur **Analyse von Abwanderungsgründen** (vgl. Wilson/Dell/Anderson 1993, S. 9; Ammermann 1998, S. 52ff.). Diese ist komplexer als vielfach angenommen. Der Grund hierfür ist in dem Prozesscharakter der Kundenabwanderung zu sehen, der dazu führt, dass die Beendigung der Geschäftsbeziehung in der Regel nicht auf ein isoliertes Ereignis zurückzuführen ist, sondern dass eine Vielzahl von kritischen Ereignissen innerhalb einer bestimmten Zeitspanne die Entscheidung des Kunden bedingen. Aus diesem Grunde sind die traditionellen Methoden der Marktforschung, wie z. B. eine schriftliche Befragung der Kunden zu ihren Abwanderungsgründen, nur bedingt geeignet, die wahren Ursachen der Abwanderung zu untersuchen. Die Ergebnisse derartiger Befragungen bleiben sehr allgemein und konkrete Maßnahmen lassen sich kaum ableiten. Entscheidend ist folglich nicht die Aufarbeitung unternehmensspezifischer Abwanderungskategorien (z. B. Preis, Service, Leistung), sondern die Erfassung und Beschreibung der individuellen Kontaktpunkte bzw. Erlebnisse eines Kunden innerhalb der kritischen Phasen des Kundenlebenszyklus.

Bei der Root-Cause-Analyse werden die Ursachen der Kundenabwanderung in einem **mehrstufigen Verfahren** differenziert identifiziert. Den Ausgangspunkt des Verfahrens bilden Hypothesen zu möglichen Abwanderungsgründen, die in einem zweiten Schritt im Rahmen detaillierter Ursachenbäume näher beschrieben werden. Hieran schließt sich eine telefonische Befragung abgewanderter Kunden auf Basis des Story-Telling-Ansatzes an, mit dessen Hilfe eine Kausalkette der spezifischen Erlebnisse bis zur Abwanderungsentscheidung darzustellen ist. Die Aufzeichnung sowie Auswertung der Kundengespräche erfolgt anschließend mit Hilfe einer computergestützten Befragungssoftware (vgl. Venohr/ Zinke 1999, S. 160). Das Ergebnis einer Root-Cause-Analyse zeigt Schaubild 5-3-24 am Beispiel einer Versicherung.

Neben den aufgezeigten **unternehmensbezogenen Abwanderungsgründen**, d. h. solchen Gründen, die durch das Unternehmen ausgelöst werden und somit auch beeinflussbar sind, basieren Abwanderungen ferner auf konkurrenz- sowie kundenbezogenen Gründen. Unter die **konkurrenzbezogenen Gründe** fallen beispielsweise Abwerbungsversuche der Wettbewerber, ausgelöst durch kommunikationspolitische Maßnahmen.

In die Kategorie der **kundenbezogenen Abwanderungsgründe** fallen sämtliche Beweggründe der Abwanderung, die nicht aufgrund von Unzufriedenheit, sondern durch eine Veränderung der persönlichen Situation des Kunden ausgelöst werden (z. B. Kontoauflösung aufgrund eines Wohnungswechsels).

Der wesentliche **Vorteil** der dargestellten **ereignisorientierten Messverfahren** ist die Möglichkeit, die aus der Kundenperspektive relevanten Attribute zu ermitteln. Im Gegensatz zu den merkmalsorientierten Verfahren ist bei diesen Verfahren die Anzahl der Einzelmerkmale nicht eingeschränkt. Vielmehr werden die Verfahren dazu genutzt, eine Vielfalt an Attributen zu ermitteln und somit die Vollständigkeit der Merkmale zu erreichen. Insofern eignen sich diese Verfahren insbesondere auch als Voruntersuchungen zu den merkmalsorientierten Verfahren, aber auch zur regelmäßigen Prüfung der Vollständigkeit bzw. Richtigkeit der mit den merkmalsorientierten Verfahren gemessenen Merkmale.

Als **Nachteil** lässt sich anführen, dass eine quantitative Messung im Sinne einer Benotung von Leistungsattributen nicht möglich ist. Folglich ist auch der Einsatz solcher Verfahren im Rahmen regelmäßig stattfindender Messungen der Dienstleistungsqualität zur Prüfung von Qualitätsverbesserungen nur bedingt möglich.

Analyse der Dienstleistungsqualität

Schaubild 5-3-24 Ergebnis einer Root-Cause-Analyse am Beispiel einer Versicherung

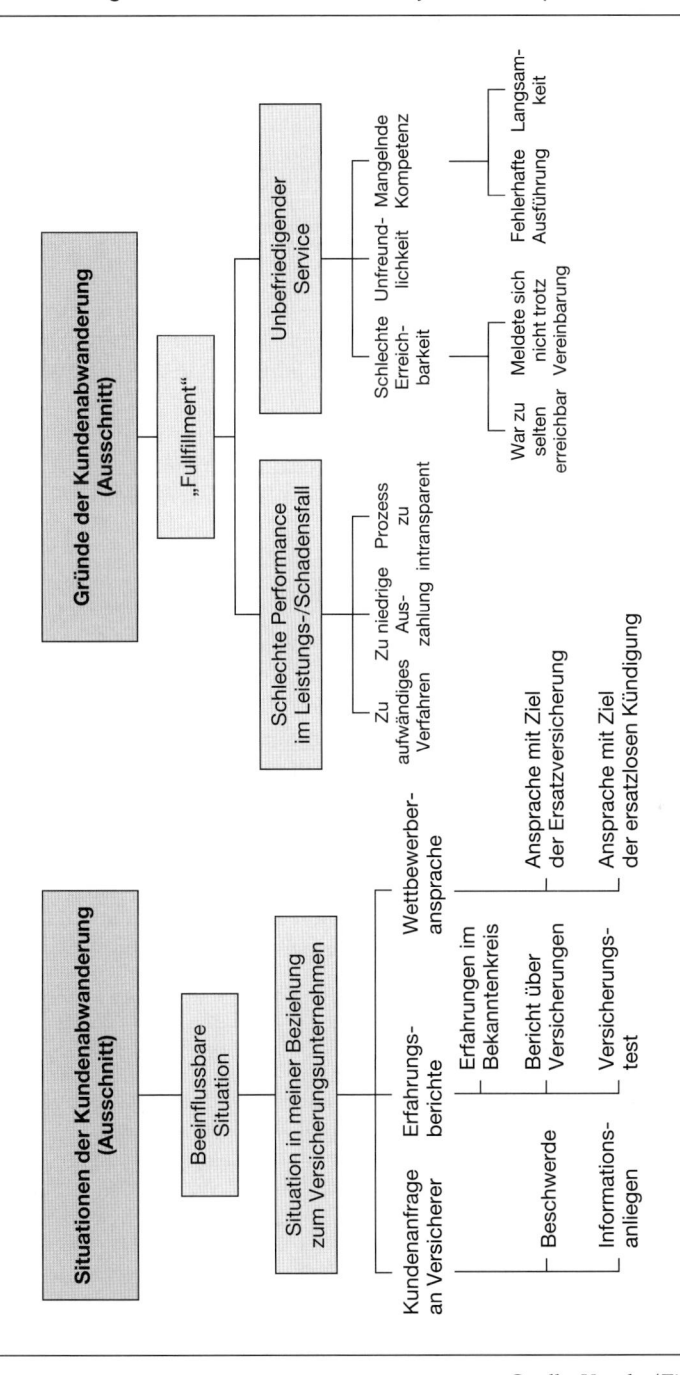

Quelle: Venohr/Zinke 1999, S. 160

3.2223 Problemorientierte Messverfahren

Im Rahmen der problemorientierten Ansätze werden aus Kundensicht qualitätsrelevante Problemfelder im Rahmen der Leistungserstellung betrachtet. Zu dieser Gruppe von Ansätzen gehören:

1. Problem Detecting-Methode,
2. Frequenz-Relevanz-Analyse für Probleme (FRAP),
3. Beschwerdeanalysen,
4. Analyse von Kunde-zu-Kunde-Kommunikation im Internet (Web 2.0).

1. Problem-Detecting-Methode

Einen Ansatz innerhalb der problemorientierten Verfahren stellt das Problem Detecting dar. Die Methode, die von der Werbeagentur Batten, Barton, Durstine & Osborn (BBDO) entwickelt wurde, stellt die Befragung von Kunden zu spezifizierten Problemfällen und deren Beurteilung in den Vordergrund. Im Mittelpunkt steht dabei zum einen die Häufigkeit, mit der ein Problem bei der Serviceerstellung auftritt, zum anderen wird die Valenz des Problems in der Wahrnehmung des Kunden untersucht. Einsetzen lässt sich das Verfahren allerdings nur in Fällen, in denen die entsprechenden Problemklassen bereits bekannt sind. Diese Klassen sind zuvor mit Hilfe geeigneter Verfahren (wie etwa der Critical-Incident-Technik) zu ermitteln (Stauss/Hentschel 1990, Stauss 2000a).

Praktische Anwendung fand das Problem Detecting bereits in vielfältigen empirischen Untersuchungen. Exemplarisch sei auf eine Erhebung verwiesen, die Lindqvist unter Kreuzfahrt-Teilnehmern durchgeführt hat (vgl. Beispiel). Dieser Dienstleistungsbereich ist aufgrund des Zusammenwirkens einer Vielzahl von Einzelleistungen (Personenbeförderung, Hotelunterbringung, Restaurantverköstigung, zollfreier Einkauf, Unterhaltung) besonders interessant und auch problemanfällig (Lindqvist 1987).

> **Beispiel: Anwendung der Problem-Detecting-Methode**
>
> Lindqvist ermittelte insgesamt 81 Problembereiche, die mit dem Lindqvist-Index bewertet wurden, der sich aus folgender Formel errechnen lässt:
>
> $$\text{Lindqvist-Index} = \frac{\sum_{i=1}^{n}(a_i + b_i)}{n}$$
>
> Die einzelnen Variablen in dieser Formel haben folgende Bedeutungen:
> - a_i gibt an, wie stark der Befragte dem jeweiligen Statement (i) zustimmt.
> - b_i gibt an, wie wichtig dem Befragten eine Beseitigung des angesprochenen Problems (i) ist.
> - n ist die Anzahl der Befragten.
>
> Ausgehend von der Berechnung der Indizes ordnete Lindqvist die Probleme nach der Höhe des Lindqvist-Indizes. Demnach führte das Problem „Es ist kein Platz zur Gepäckaufbewahrung nach Verlassen der Kabine vorhanden" die Problemliste mit einem Wert von 6,182 für den Lindqvist-Index an. Schaubild 5-3-25 zeigt Ausschnitte aus der Problemliste mit dem jeweiligen Lindqvist-Index.

Schaubild 5-3-25 Problemliste der Problem-Detecting-Methode am Beispiel einer Kreuzfahrtgesellschaft

Rang	Einzelprobleme	Lindqvist-Index
1	„Es gibt wenig Raum, um das Gepäck nach Verlassen der Kabine zu verstauen."	6,182
2	„Es nervt, wenn man zwei Stunden vor der Ankunft in Stockholm seine Kabine verlassen muss."	5,892
3	„Es ist schlecht, dass alle Einrichtungen an Bord bei der Ankunft in Mariehamm schließen."	5,833
4	„Es ist unmöglich, sich beim Essen zu unterhalten, wenn man nahe der Band sitzt."	5,625
5	„In den Kabinen herrscht Informationsmangel, was man an Bord unternehmen kann."	5,485
...	...	...
...	...	...
79	„Das Personal im Verkaufsbüro ist unfreundlich."	2,929
80	„Das Personal in den Terminals ist unfreundlich."	2,814
81	„In der Cocktailbar ist es langweilig ohne Discomusik."	2,749

Quelle: Lindqvist 1987, S. 18

2. Frequenz-Relevanz-Analyse für Probleme

Die **Frequenz-Relevanz-Analyse für Probleme** (FRAP) stellt eine Weiterentwicklung der Problem-Detecting-Methode dar, bei der versucht wird, Aussagen über die Dringlichkeit der Problembehebung zu ermitteln. Dabei basiert das Verfahren auf der Annahme, dass ein Problem um so dringender der Aufmerksamkeit durch das Management der Dienstleistungsunternehmung bedarf, je häufiger es auftritt und je ärgerlicher bzw. bedeutsamer sein Auftreten von den Kunden empfunden wird (Bruhn 2010d, S. 198ff.). In diesem Sinne werden die bereits im Rahmen einer anderen Methode (z. B. Critical-Incident-Technik) erfassten Probleme einer kundenseitigen Bedeutungsbewertung anhand geeigneter Frageformulierungen unterzogen.

Die FRAP-Analyse erfolgt analog zum Vorgehen der Problem-Detecting-Methode, beinhaltet allerdings folgende **Fragestellungen**:

- Ist das jeweilige Problem überhaupt aufgetreten?
- Wie groß ist das Ausmaß der Verärgerung?
- Wie erfolgt das faktische oder geplante Reaktionsverhalten des Kunden?

Den unterschiedlichen Kundenreaktionen, wie z. B. der Wechsel des Dienstleistungsunternehmens oder die Beschwerdeführung, werden anschließend Skalenwerte zugeordnet. Diese werden durch Multiplikation mit den Punktwerten für das Ausmaß der Verärgerung zu einem so genannten „Relevanzwert" verdichtet und dem Wert der Problemfrequenz in einer zweidimensionalen Matrix, analog zu Schaubild 5-3-26 gegenübergestellt (Stauss/Hentschel 1991, S. 242; Stauss 2000b; Woratschek/Roth 2004, S. 78).

Schaubild 5-3-26 Problemfrequenz/Problemrelevanz-Matrix (FRAP) am Beispiel eines Restaurants

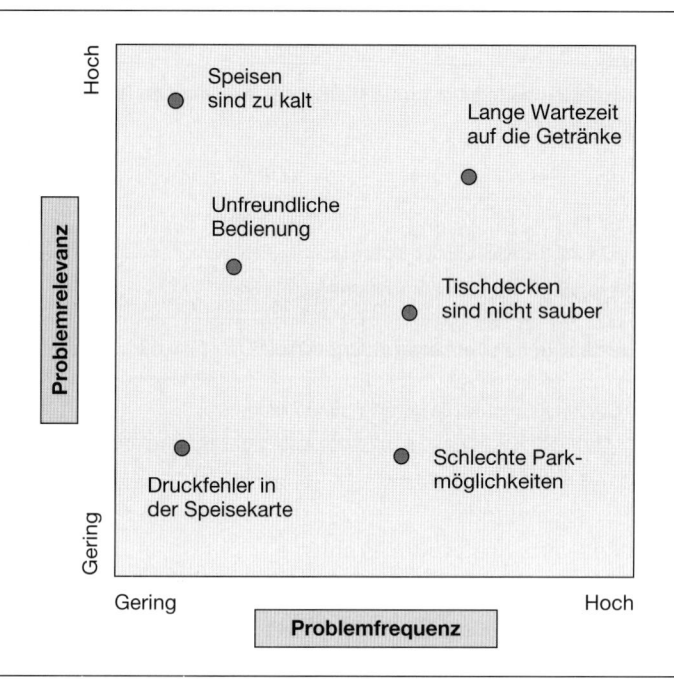

3. Beschwerdeanalyse

Ein wirksames Verfahren zur problemorientierten Messung der Dienstleistungsqualität ist die Beschwerdeanalyse.

> **Beschwerden** sind Artikulationen von Unzufriedenheit, die gegenüber dem Unternehmen mit dem Zweck geäußert werden, auf ein subjektiv als schädigend empfundenes Verhalten eines Anbieters auf merksam zu machen, Weidergutmachung für erlittene Beeinträchtigungen zu erreichen und/oder eine Änderung des kritisierten Verhaltens zu bewirken (Stauss/Seidel 2007, S. 49).

Durch eine **quantitative Beschwerdeanalyse** wird mittels Kreuztabellierungen und Frequenz-Relevanz-Analysen insbesondere die relative Bedeutung einzelner Kundenprobleme untersucht. Die **qualitative Beschwerdeanalyse** dient vor allem der Identifikation von genauen Ursachen der Kundenunzufriedenheit. Die häufige Nennung gleicher Ursachen der Unzufriedenheit zeigt Ansatzpunkte zur Leistungsverbesserung auf (Stauss/Seidel 2007).

Vorteile der Nutzung der **Beschwerdeanalyse** sind die Aktualität und Relevanz der Probleme, denn Kunden beschweren sich in der Regel sehr bald, sofern sie schwerwiegende Mängel der Servicequalität erfahren haben und der relative Kostenvorteil dieses Verfahrens, da die Beschwerden auf Initiative und Kosten der Kunden artikuliert werden (Meyer/Kantsperger 2005).

Bei der Beschwerdeanalyse treten vor allem zwei **Probleme** auf:

- Schwierigkeit der Initiierung von Beschwerden durch das Unternehmen,
- Unvollständigkeit der Beschwerdeerfassung.

Im Zuge der zunehmenden Verbreitung des Internet bedarf es neben der Messung und Analyse klassischer Beschwerden auch einer unternehmensseitigen Analyse und Messung von im Internet artikulierten Kundenmeinungen („**Internet-Kunde-zu-Kunde-Kommunikation**"). Das Internet ermöglicht es einem Kunden, seine Meinung zu einer Dienstleistung (Beschwerde, Lob, Anfrage) einer theoretisch unbegrenzten Anzahl an Internetnutzern beispielsweise über so genannte Meinungsportale (z. B. Ciao 2007) oder Online-Tagebücher (so genannte Weblogs) mitzuteilen. Für Unternehmen bedeutet dies zum einen, die im Internet geäußerten Kundenmeinungen analog zu den Beschwerden hinsichtlich qualitätsspezifischer Inhalte zu messen und zu analysieren und zum anderen, Vorkehrungen zur Vermeidung unkontrollierter Ausbreitung negativer Kundenartikulationen im Internet zu treffen (z. B. durch das Angebot moderierter Weblogs auf der eigenen Firmen-Website) (vgl. Stauss/Seidel 2007, S. 593ff.).

Für einen zielführenden und unternehmensweiten Einsatz der Beschwerdemessung und -analyse ist es notwendig, diese in ein systematisches und institutionalisiertes **Beschwerdemanagement** einzubinden.

> **Beschwerdemanagement** ist ein Maßnahmensystem, das darauf abzielt, die Artikulation von Unzufriedenheit der Kunden anzuregen, zu bearbeiten und Aktivitäten zur Behebung der Unzufriedenheitsursachen einzuleiten.

Dabei sind mit einem Beschwerdemanagement im Wesentlichen folgende **Zielsetzungen** zu verfolgen (Bruhn 1987; Stauss/Seidel 2007):

- Herstellung einer hohen (Beschwerde-) Zufriedenheit,
- Vermeidung von Kundenabwanderungen und negativer Mund-zu-Mund-Kommunikation,
- Beitrag zur Verbesserung des Dienstleistungsimages,

- Informationsgewinnung als Grundlage von Leistungsverbesserungen, -modifikationen und -differenzierungen,

- Erhöhung der Dienstleistungsqualität durch Reduzierung interner und externer Fehlerkosten.

Ein diesen Zielsetzungen gerecht werdendes Beschwerdemanagementsystem verfügt – neben dem Aufgabenbereich der Beschwerdemessung und -analyse – dabei noch mindestens über die folgenden **Phasen** (Schaubild 5-3-27; für eine umfassende Darstellung eines Beschwerdemanagementprozesses auch Stauss/Seidel 2007):

Schaubild 5-3-27 Phasen des Beschwerdemanagementsystems

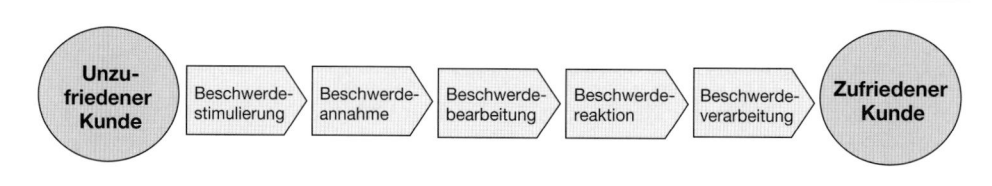

Unzufriedener Kunde → Beschwerdestimulierung → Beschwerdeannahme → Beschwerdebearbeitung → Beschwerdereaktion → Beschwerdeverarbeitung → Zufriedener Kunde

Quelle: in Anlehnung an Stauss/Seidel 2007, S. 82

(a) Beschwerdestimulierung

Um zu vermeiden, dass Dienstleistungsnachfrager ihre Beschwerden nicht artikulieren und stillschweigend zur Konkurrenz abwandern, ist eine entsprechende **Beschwerdestimulierung** durch Einrichtung leicht zugänglicher Beschwerdewege vorzunehmen.

In diesem Zusammenhang werden der persönliche und der mediale Beschwerdeweg unterschieden. Dabei kommt der **persönliche Beschwerdeweg** vor allem für Dienstleistungen mit einem hohen Integrationsgrad des externen Faktors in Betracht. Der **mediale Beschwerdeweg** wird u. a. differenziert nach folgenden Formen:

- Aus Kundensicht aktive **schriftliche Beschwerden** (z. B. Beschwerdebriefe und -Emails) und passive schriftliche Beschwerden (z .B. „Comment Cards" in Hotelzimmern),

- **telefonische Beschwerden** (z. B. durch Einrichtung gebührenfreier Telefonnummern),

- **Online-Beschwerden** (z. B. über Formulare auf der Internetseite des Unternehmens).

(b) Beschwerdeannahme

In dieser Phase werden die Beschwerden erfasst. Die zwei wesentlichen Aufgaben in dieser Phase liegen in der Organisation des Beschwerdeeingangs (klare Verantwortungsstrukturen) und in der Erfassung sämtlicher relevanter Beschwerdeinformationen. Hier werden häufig standardisierte Formblätter für die Erfassung sowie spezielle Beschwerdemanagement-Softwareprogramme eingesetzt. Durch den direkten Kundenkontakt bei vielen

Dienstleistungen lässt sich bei persönlichen Beschwerden bereits zu diesem Zeitpunkt die Unzufriedenheit des Kunden zumindest verringern. Dazu ist es notwendig, den Mitarbeitenden im Kundenkontakt durch Schulungen die gewünschten Verhaltensweisen in Beschwerdesituationen zu vermitteln.

(c) Beschwerdebearbeitung

Die Beschwerdebearbeitung betrifft die internen Prozesse in einem Dienstleistungsunternehmen, die als Konsequenz auf eine Kundenbeschwerde ausgelöst werden („Wer macht was bis wann in welcher Reihenfolge" (Stauss/Seidel 2007, S. 181)). Hier ist ein Beschwerdemanagementprozess festzulegen. Dabei sind die Bearbeitungsprozesse in einem logischen Aufbau zu definieren, Verantwortlichkeiten während der Beschwerdebearbeitung festzulegen, Bearbeitungstermine zu fixieren, Mechanismen zur Überwachung der Bearbeitung zu installieren, die interne Kommunikation zwischen den einzelnen am Beschwerdeprozess beteiligten Abteilungen sicherzustellen und die Beschwerdehistorie entsprechend zu dokumentieren.

(d) Beschwerdereaktion

Bei der Beschwerdereaktion steht prinzipiell die Problemlösung/Wiedergutmachung im Vordergrund. Die Problemlösung kann einerseits durch ein finanzielles Kompensationsangebot (Schadenersatz, Preisnachlass, usw.), einem materiellen Kompensationsangebot (Wiedergutmachung) oder einem immateriellen Kompensationsagebot (offizielle Entschuldigung, Erklärung der situativen Faktoren usw.) erfolgen. Es fließen jedoch alle Aktivitäten des Beschwerdemanagements mit ein, die der Kunde während der Beschwerdeabwicklung wahrnimmt und die sich deshalb auf die Beschwerdezufriedenheit auswirken. Zu diesen prozessbegleitenden Maßnahmen zählen z. B. eine zeitnahe Empfangsbestätigung der Beschwerde, der generelle Umgang mit dem Beschwerdeführer, regelmäßige Auskunft über den Stand der Beschwerde usw.

(e) Beschwerdeverarbeitung

Die Instrumente der Beschwerdeverarbeitung lassen sich in strukturelle, informatorische und personelle Maßnahmen unterteilen. Unter **strukturelle Maßnahmen** fällt zum einen die Implementierung einer Beschwerdekultur innerhalb des Unternehmens, d. h. es ist Aufgabe der Unternehmensleitung, unter den Mitarbeitenden ein Beschwerdebewusstsein zu schaffen, so dass die Beschwerde nicht als Last, sondern als Chance zur Verbesserung der Unternehmensleistung wahrgenommen wird. Zum anderen sind für den Beschwerdemanagementprozess verantwortliche Organisationseinheiten zu schaffen. Teil dieser Einheit ist der Process-Owner, der die Verantwortung über den gesamten Beschwerdemanagementprozess trägt und dafür zu sorgen hat, dass dieser Prozess reibungslos abläuft.

Informatorische Maßnahmen umfassen die Implementierung von Beschwerdesystemen (z. B. SAP-Programm) sowie Beschwerdemanagement-Tools wie z. B. das bereits erwähnte Beschwerdeformular zur Erfassung einzelner Beschwerden. Weiter ist dafür zu sorgen, dass alle am Beschwerdeprozess beteiligten Mitarbeitenden abteilungsübergreifend Zugriff zu den für die Bearbeitung der Beschwerde relevanten Informationen erhalten. Das Einbauen regelmäßiger Feedbackschleifen hat darüber hinaus die Aufgabe, dass der Kunde als Beschwerdeführer regelmäßig über den Stand der laufenden Beschwerde informiert wird.

Personelle Maßnahmen zielen darauf ab, eine entsprechende Mitarbeiterstruktur im Unternehmen zu schaffen, so dass genügend Mitarbeitende zur Verfügung stehen, den Beschwerdeprozess reibungslos abzuwickeln. Durch entsprechende Schulungen und Trainings werden die Mitarbeitenden ausgebildet. Dies hat vor allem für diejenigen Mitarbeitenden zu erfolgen, die in direktem Kundenkontakt stehen. Hier ist in erster Linie darauf zu achten, dass die Mitarbeitenden verständnisvoll, höflich und freundlich auftreten und sich in die Situation des beschwerenden Kunden versetzen können. Ein wichtiger Punkt ist hier auch die Vorbildfunktion der Führungskräfte. Die unter den strukturellen Maßnahmen etablierten Beschwerdekultur wird nur dann erfolgreich sein, wenn diese auch von den Führungskräften und dem oberen Management aktiv gelebt und verkörpert wird. Nur wenn das Thema Beschwerdemanagement von den Vorgesetzten gewürdigt wird, kann es auch von den einzelnen Mitarbeitenden entsprechend mitgetragen werden.

4. Analyse von Kunde-zu-Kunde-Kommunikation im Internet (Web 2.0)

In enger Verbindung zur Beschwerdeanalyse und unter dem Einfluss der mittlerweile weiten Verbreitung der Internetnutzung steht die unternehmensseitige Analyse der in der Regel öffentlich im Internet stattfindenden Kommunikation zwischen Kunden über Unternehmen im Allgemeinen oder über Produkte bzw. Dienstleistungen eines Anbieters im Speziellen. Dies wird durch den seit einigen Jahren festzustellenden Wandel im Nutzungsverhalten des Internet gefördert, der vor allem unter den Begriffen **Web 2.0** oder „Mitmach-Internet" bzw. **„nutzergenerierte Kommunikation"** diskutiert wird. Unter Web 2.0 wird folglich eine stärkere Partizipation und Einbindung der Internetnutzer in das Internetgeschehen verstanden, wobei Nutzer schon mit geringem Aufwand Inhalte selbst generieren und mit anderen teilen können (O'Reilly 2006). Das Internet wird folglich nicht mehr als reine Informationsquelle (Web 1.0) verstanden, sondern als Ausführungsplattform aufgefasst, um mit anderen Internetnutzern in Kontakt zu treten. Zunehmend häufiger produzieren und veröffentlichen Internetnutzer eigene Informationen im weltweiten Netz.

Durch diese technologische Weiterentwicklung des Internet in Verbindung eines sich ändernden Nutzungsverhaltens erlangen Kunden die Möglichkeit, ihre Konsumerlebnisse global gegenüber einer potenziell unbegrenzten Zahl an Internet-Nutzern zu kommunizieren. In diesem Zusammenhang findet die so genannte **„Internet-Kunde-zu-Kunde-Kommunikation"** überwiegend in privaten Weblogs (private blogs), Meinungsforen (Stauss/ Seidel 2007, S. 593) und zunehmend in so genannten sozialen Netzwerken wie z. B. *Facebook, Xing* oder *studiVZ* statt. In Bezug auf Produkte und Dienstleistungen werden hier oft Erfahrungen von Kunden ausgetauscht und so Meinungen und Urteile über die Qualität eines Produktes bzw. einer Dienstleistung generiert, die vom Unternehmen nur schwer beeinflusst werden können. Da Kunden dazu neigen, besonders negative Konsumerlebnisse zum Gegenstand persönlicher Kommunikation zu machen, ist diesen Kommunikationsplattformen eine starke Aufmerksamkeit zu widmen, da die Gefahr besteht, dass ein negatives Qualitätsimage des Unternehmens aufgebaut wird.

Bei den **privaten Weblogs** handelt es sich um Internet-Seiten (z. B. www.blogger.com), die im Stile von Tagebüchern geführt und deren Einträge häufig aktualisiert werden. Vornehmlich werden die privaten Weblogs zwar zu Zwecken der Unterhaltung oder zur persönlichen Selbstdarstellung eingesetzt, dennoch findet vermehrt auch ein Erfahrungsaustausch über Produkte und Dienstleistungen statt (Stauss/Seidel 2007). Die Erfahrungen beziehen sich dabei meist auf die wahrgenommene Qualität einer Leistung aus Kundensicht. Auch wenn es sich bei einer beschriebenen negativen Kundenerfahrung um einen Einzelfall handeln sollte, kann diese einseitige negative Darstellung zu Verzerrungen der Qualitätswahrnehmung bei anderen potenziellen Konsumenten führen.

Internet-Meinungsforen sind Kommunikationsplattforen, die in der Regel von kommerziell orientierten Unternehmen betrieben werden (z. B. www.ciao.de, www.dooyoo.de oder www.holidaycheck.de). Sie bieten den Internet-Nutzern die Möglichkeit, konsumentenseitige Meinungen und Erfahrungsberichte zu Produkten und Dienstleistungen zu lesen bzw. selbst zu veröffentlichen (Hennig-Thurau/Hansen 2001; Stauss/Seidel 2007, S. 606). Leser solcher Meinungsforen verfolgen in erster Linie das Ziel, sich anhand von Erfahrungsberichten in den Foren über die Qualität der Produkte und Leistungen eines bestimmten Dienstleistungsunternehmens zu informieren.

Soziale Netzwerke sind die größten und bekanntesten Plattformen des Web 2.0. Die Grundlage eines sozialen Netzwerks ist eine Plattform mit dem Ziel der Kontaktpflege und des gegenseitigen Austausches. Die Betreiber solcher Netzwerke stellen den Rahmen für die vielfältigen Anwendungsmöglichkeiten (z. B. Kontaktpflege, Datenaustausch, Kooperation u. a. m.) zur Verfügung, die Inhalte werden dann vorwiegend durch die User erstellt. Qualitätsrelevante Inhalte der Kunde-zu-Kunde-Kommunikation können Lob, Anfragen, gegenseitige Hilfe und Unterstützung sowie Beschwerden bzw. negative Erlebnisse mit Anbietern und/oder deren Dienstleistungen sein, wobei letztere den Schwerpunkt bilden (Stauss/Seidel 2007, S. 598f.). Häufig überwiegen bei der Artikulation von öffentlichen Meinungsäußerungen uneigennützige Motive (Hennig-Thurau/Hansen 2001; Hennig-Thurau et al. 2004), was sich positiv auf die Authentizität der Schilderungen auswirkt.

Die Möglichkeiten des Web 2.0 bieten nicht nur Kunden neue, erweiterte Möglichkeiten der Mitteilung von Erfahrungen mit Anbietern bzw. deren Leistungen an andere Kunden, sondern Anbietern auch neue Perspektiven für das Qualitätsmanagement. Dabei lassen sich die beiden nachfolgenden Perspektiven unterscheiden:

- Auswertung der Kunde-zu-Kunde-Kommunikation,
- Aktive Beteiligung an der Kunde-zu-Kunde-Kommunikation.

Im Rahmen der **Auswertung der Kunde-zu-Kunde-Kommunikation** im Internet erfolgt eine systematische Erfassung und Auswertung qualitätsrelevanter Kommunikationsinhalte, die Kunden im Internet veröffentlichen oder mit anderen Kunden kommunizieren. Ein wesentlicher **Vorteil** der Analyse von Kunde-zu-Kunde-Kommunikation im Rahmen der Qualitätsmessung von Dienstleistungen liegt in der Authentizität der im Internet verbreiteten Meinungsäußerungen. Analog zur Beschwerdeanalyse erhalten Dienstleistungsanbieter auf diese Weise unverzerrt kundeninitiierte Hinweise über die wahrgenommene Dienstleistungsqualität sowohl in Bezug auf die Gesamtleistung als auch in Bezug auf einzelne

Leistungskomponenten. **Nachteilig** ist der hohe Aufwand bei der Sichtung der zum Teil unstrukturiert verlaufenden Kunde-zu-Kunde-Kommunikation im Internet nach relevanten Inhalten, die adäquate Rückschlüsse über wahrgenommene Dienstleistungsqualität in Bezug auf das eigene Leistungsangebot zulassen (Stauss/Seidel 2007, S. 612ff.). Um diesem Nachteil zu begegnen, bietet beispielsweise das Bewertungsportal *HolidayCheck* Hotelmanagern verschiedene Funktionalitäten an, mit deren Hilfe sich die im Internet abgegebenen Hotelbewertungen systematisch auswerten lassen (vgl. folgendes Beispiel).

> **Beispiel: Qualitätsmanagement mit HolidayCheck**
>
> Das Bewertungsportal *HolidayCheck*, über das Kunden Hotels bewerten und Erfahrungen mit diesen (z. B. in Form von Erfahrungsberichten, selbstgedrehten Videos oder Fotos) an andere Nutzer kommunizieren können, bietet für Hotelbetreiber eine umfangreiche Funktionalität zur Auswertung der Bewertungen auf *HolidayCheck* im Rahmen des eigenen Qualitätsmanagements an.
>
> Im Rahmen der angebotenen **Statistikfunktion** ist es möglich zu überprüfen, wer das Hotel in der Vergangenheit bewertet hat. Dies eröffnet ein detailliertes Bild über die Gäste. Zudem lässt sich beobachten, wie sich die Gästezufriedenheit in den verschiedenen Kategorien oder über einen bestimmten Zeitraum entwickelt hat. Darüber hinaus ermöglicht der **Wettbewerbsmonitor** den Vergleich der eigenen Leistungsindikatoren mit denen von bis zu fünf selbst wählbaren Hotels, die sich ebenfalls nach Unterkategorien filtern lassen. Zudem besteht die Möglichkeit, bis zu sechs individuelle **Zusatzfragen** in allen Sprachen des Portals zu formulieren, die im Anschluss an die Bewertungsstrecke des jeweiligen Hotels bei *HolidayCheck* hinzugefügt werden. Die Antworten der Zusatzfragen lassen sich nur für den Nutzer des *HotelManagers* einsehen und ebenfalls mit Hilfe der Statistikfunktionen auswerten. Diese Funktionalität ermöglicht es Hotelmanagern, spezifische Fragen zu ihrem Hotel zu stellen und das Qualitätsmanagement zu ergänzen und zu individualisieren. Zudem lässt sich das Qualitätsmanagement durch die manuelle Eingabemöglichkeit von **Gästefragebögen** erweitern. Hierfür stellt *HolidayCheck* eine Druckvorlage des Gästefragebogens zur Verfügung, der die Fragen der *HolidayCheck* Hotelbewertungsstrecke beinhaltet. Die Gästefragebögen können in ausgedruckter Form in den Zimmern ausgelegt und von den Gästen schriftlich ausgefüllt werden. Anschließend werden die Fragebögen im *HotelManager* manuell eingegeben und zusammen mit den Online-Bewertungen oder separat im Statistikbereich ausgewertet (Quelle: HolidayCheck 2010, S. 6f.).

Im Rahmen der **aktiven Beteiligung** an der Kunde-zu-Kunde-Kommunikation im Internet stellt sich der Anbieter offen dem qualitätsrelevanten Dialog mit seinen Kunden auf den entsprechenden Kommunikationsplattformen des Web 2.0, um so die eigenen Qualitätsansprüche offensiv zu dokumentieren. Beispielsweise besteht in Facebook die Möglichkeit, Unternehmensprofile oder Gruppen („Fanpage") zu gründen, um über diese direkt mit den Kunden zu interagieren bzw. auf kritische Inhalte durch entsprechend geschulte Moderatoren zu reagieren. Darüber hinaus besteht die Möglichkeit, durch Angabe von Kontaktdaten des Kundenservices oder des Qualitätsmanagements, kritische Kunden direkt in

Analyse der Dienstleistungsqualität

Schaubild 5-3-28 Beurteilung der nachfragebezogenen Verfahren zur Messung der Dienstleistungsqualität

Beurteilungs-Kriterien/ Messverfahren	Quali-tätsrele-vanz	Vollstän-digkeit	Aktua-lität	Eindeu-tigkeit	Steuer-barkeit	Kosten	Dienstleistungs-spezifika	Gesamtwürdigung
Subjektive Verfahren								
Expertenbeobachtung	Nicht gegeben	Nicht vollständig	Aktuell	Nicht eindeutig	Steuerbar	Sehr hoch	Bei hohem Integrationsgrad des externen Faktors nicht geeignet	**Vorteil:** Verfahren kann Ansatzpunkte für den Einsatz subjektiver Verfahren liefern **Nachteil:** Gefahr von Beobachtungseffekten
Silent Shopperverfahren	Nicht gegeben	Nicht vollständig	Aktuell	Nicht eindeutig	Steuerbar	Hoch	Für alle Dienstleistungen geeignet	**Vorteil:** Ermöglicht Konkurrenzvergleich **Nachteil:** Verzerrte Wahrnehmung der Qualität durch Scheinkunden
Dienstleistungstests	Nicht gegeben	Nicht vollständig	Aktuell	Nicht eindeutig	Steuerbar	Hoch	Für alle Dienstleistungen geeignet	**Vorteil:** Ermöglicht Konkurrenzvergleich **Nachteil:** Verzerrte Wahrnehmung der Qualität durch Scheinkunden
Objektive Verfahren								
Merkmalsorientierte Verfahren	Nicht gegeben	Nicht vollständig	Nicht aktuell	Nicht eindeutig	Steuerbar	Hoch	Für alle Dienstleistungen geeignet	**Vorteil:** Große Anzahl von Befragungen **Nachteil:** Unternehmen gibt Merkmale vor
Ereignisorientierte Verfahren	Gegeben	Vollständig	Nicht aktuell	Eindeutig	Steuerbar	Sehr hoch	Für alle Dienstleistungen geeignet	**Vorteil:** Prozessorientierte Betrachtung einer Dienstleistung aus Kundensicht; Bildung von problemspezifischen Ereigniskategorien möglich **Nachteil:** Hoher Erhebungsaufwand
Problem-Detecting-Methode/FRAP	Abhängig von den vorausgehenden Verfahren				Steuerbar	Sehr hoch	Für alle Dienstleistungen geeignet	**Vorteil:** Sehr anschaulich **Nachteil:** Nur als Ergänzung zu den anderen Verfahren
Beschwerdeanalysen	Gegeben	Nicht vollständig	Aktuell	Eindeutig	Steuerbar	Niedrig	Besonders bei hoher Intangibilität	**Vorteil:** Qualitätsrelevante, aktuelle Ergebnisse bei geringen Kosten **Nachteil:** Problem der Beschwerdeaufforderung
Kunde-zu-Kunde-Kommunikation (Web 2.0)	Gegeben	Nicht vollständig	Aktuell	Nicht eindeutig	Nicht steuerbar	Hoch	Für alle Dienstleistungen geeignet	**Vorteil:** Authentische Äußerungen realer Kunden – keine „wünschenswerten" Aussagen, kein Beobachtungseffekt **Nachteil:** Sehr hoher Suchaufwand

unternehmenseigene Kanäle zu leiten. Eine weitere Möglichkeit für Anbieter besteht darin, eigene Weblogs (Corporate Blog) auf der Interneteite des Unternehmens zu betreiben und darüber mit den Kunden zu qualitätsrelevanten Inhalten zu kommunizieren. Ein gutes Beispiel hierfür ist der Anbieter von Tiefkühlprodukten *FRoSTA*, der neben einem eigenen Corporate Blog (www.frostablog.de) darüber hinaus noch eine so genannte „Fanpage" auf *Facebook* unterhält (www.facebook.com/frosta.de) und über die Micromedia-Plattform *Twitter* mit seinen „Followers" (Anhängern) über Kurznachrichten mit einer Maximallänge von 140 Zeichen kommuniziert.

Insgesamt erscheint es sinnvoll, die problemorientierten Verfahren als Messinstrumente von Dienstleistungsunternehmen – insbesondere aufgrund der Unvollständigkeit der berücksichtigten Attribute – lediglich ergänzend zur Ermittlung offensichtlicher Probleme bzw. Handlungsnotwendigkeiten heranzuziehen.

Bevor im Folgenden die unternehmensorientierten Verfahren genauer erläutert werden, stellt Schaubild 5-3-28 die Stärken und Schwächen der kundenbezogenen Messansätze zusammenfassend dar.

3.23 Unternehmensorientierte Messung der Dienstleistungsqualität

Beim Einsatz unternehmensorientierter Messansätze wird die Qualität nicht aus Sicht der Kunden, sondern aus dem Blickwinkel des Unternehmens beurteilt. Dies geschieht entweder durch das Management oder durch die Mitarbeitenden.

3.231 Managementorientierte Messansätze

Die managementorientierten Ansätze haben zum Ziel, aus der Sicht des Managements die für den Kunden qualitätsrelevanten Aspekte der Dienstleistung zu beleuchten. Zu dieser Gruppe von Ansätzen zählen 1. das Benchmarking, 2. die Fehlermöglichkeits- und -einflussanalyse (FMEA), 3. der Fishbone-Ansatz und 4. die Statistical Process Control-Verfahren.

1. Benchmarking

Benchmarking stellt einen managementorientierten Ansatz zur Messung der Dienstleistungsqualität dar, mit dem sich die unternehmenseigenen Prozesse und Ergebnisse relativiert und anhand bestimmter Vergleichsgrößen evaluieren lassen (Madu/Kuei 1995, S. 27ff.). Als Objekte eines unternehmensinternen bzw. -externen Vergleichs kommen dabei Unternehmen, Leistungen und Personen in Betracht (vgl. Bruhn 2010d, S. 318ff.):

(a) **Benchmarking von Unternehmen**

▌ **Benchmarking von Unternehmenseinheiten**
In diesem Fall werden die Ergebnisse einer Tochtergesellschaft, Niederlassung, Abteilung oder Leistungseinheit mit bestimmten Kennzahlen anderer unternehmensinterner Leistungseinheiten verglichen. So lässt sich beispielsweise die Leistung der Patentabtei-

lung eines Großkonzerns mit den Leistungen anderer Patentabteilungen in Zweigniederlassungen des Unternehmens vergleichen.

■ **Benchmarking des Unternehmens mit Hauptkonkurrenten**
In diesem Fall wird das gesamte Unternehmen oder eine kleinere Einheit z. B. im Hinblick auf die Marktauswahl oder Marktbearbeitung mit Leistungseinheiten der Konkurrenzunternehmen verglichen (Meyer/Kantsperger 2005).

(b) **Benchmarking von Leistungen**

■ **Benchmarking externer und interner Leistungen**
Ausgangsbasis bei dieser Form des Benchmarking sind multiattributive, merkmalsorientierte Messverfahren wie z. B. der SERVQUAL-Ansatz. Ein Vergleich von Leistungen eines Unternehmens, die externen Kunden angeboten werden, oder solcher Leistungen, die innerhalb der unternehmensinternen Kunden-Lieferanten-Beziehungen erstellt werden (z. B. durch interne Servicebarometer, Abschnitt 6.4), liefert wichtige Ansatzpunkte für detaillierte Verbesserungsmaßnahmen (Bruhn 2004b).

■ **Benchmarking innerhalb und außerhalb der Branche**
Dies ist der klassische Fall des Benchmarking. Die Leistungen eines Unternehmens werden mit weitgehend identischen Leistungen in anderen Unternehmen verglichen (z. B. durch Konkurrenzanalysen oder Nationale Kundenbarometer). Beispiele solcher Benchmarks sind Werte zur Kundenzufriedenheit, Kundentreue oder auch Produktivität eines Dienstleistungsanbieters. Diese Form des Benchmarking, die sich nur bei der Ausrichtung an „ehrlichen" Vergleichswerten als sinnvolles Instrument zur Messung der Dienstleistungsqualität darstellt, wird allerdings durch Vorbehalte konkurrierender Unternehmen bezüglich der Herausgabe von teilweise sensiblen Firmendaten erschwert.

Die Datenbasis eines branchenfremden Benchmarking lässt sich in der Regel einfacher schaffen. Hierbei werden zwar die gleichen Leistungen – beispielsweise die unternehmensinterne Verbuchung von Belegen oder das Telefonverhalten bei Anrufen – miteinander verglichen, doch erlaubt die Zugehörigkeit zu unterschiedlichen Branchen einen intensiveren – und offeneren – Datenaustausch. So kann ein Speditionsunternehmen beispielsweise ein Kreditkartenunternehmen als Benchmarkingobjekt für die Verbuchung von Belegen heranziehen.

(c) **Benchmarking von Personen**

■ **Benchmarking von Mitarbeitenden**
In diesem Fall werden die Führungskräfte und Mitarbeitende innerhalb einzelner Unternehmenseinheiten (z. B. Abteilungen) bzw. zwischen verschiedenen Unternehmenseinheiten (z. B. die Mitarbeitenden einer Filiale A mit denen der Filiale B) verglichen. Beispiele solcher Benchmarks sind Kennzahlen zur Mitarbeiterzufriedenheit, Mitarbeitertreue oder auch Leistungskennzahlen wie z. B. die Zahl der akquirierten Neukunden innerhalb eines Quartals.

▌ **Benchmarking von Kundenkontaktmitarbeitenden**
Der externe Vergleich von Mitarbeitenden mit denen der Konkurrenzunternehmen ist aufgrund der erschwerten Datengewinnung auf Mitarbeitende zu beschränken, die im Kundenkontakt stehen. Nur bei den Kundenkontaktmitarbeitenden ist es möglich, durch Kundenbefragungen oder Mystery-Shopping Daten zu gewinnen. Da die Kundeninteraktion in vielen Branchen von hoher Bedeutung für die Dienstleistungsqualität ist und zum Aufbau von entscheidenden Wettbewerbsvorteilen verwendet wird, nimmt diese Form des Benchmarking eine wichtige Funktion ein, die aber in der Unternehmenspraxis heute noch wenig Beachtung findet.

Eine besondere Rolle im Rahmen des Benchmarking nehmen **Kundenbarometer** ein, auf die in Abschnitt 6.3 dieses Kapitels ausführlich eingegangen wird.

2. Fehlermöglichkeits- und -einflussanalyse (FMEA)

In Dienstleistungsunternehmen ist der Fehlervermeidung besondere Aufmerksamkeit zu widmen, da eine nachträgliche Fehlerkorrektur oftmals nicht mehr möglich ist (z. B. bei der Verspätung eines Zuges) (Bruhn 2010d). Im Rahmen der **Fehlermöglichkeits- und -einflussanalyse (FMEA)** wird deshalb versucht, alle denkbaren Fehler und Irrtumsmöglichkeiten während eines Dienstleistungsprozesses systematisch aufzulisten, um so die Dringlichkeit vorbeugender Maßnahmen zu ermitteln und Lösungsansätze umzusetzen (Tlach 1993, S. 278; Masing 1995, S. 252; Pfeifer 2001, S. 59ff.).

Dabei wird anhand von vier **Phasen** vorgegangen:

▌ Fehlerbeschreibung,

▌ Risikobeurteilung,

▌ Festlegung von Maßnahmen der Qualitätsverbesserung,

▌ Erfolgsbeurteilung.

Im Rahmen der **Fehlerbeschreibung** gilt es, sämtliche potenzielle Fehler im Leistungserstellungsprozess, ihre Ursachen und Konsequenzen zu erfassen und verbal auszuformulieren. In der Phase der **Risikobeurteilung** werden die Bedeutung der Fehlerfolgen sowie die Wahrscheinlichkeiten des Fehlerauftretens und der Fehlerentdeckung auf einer Skala von 1 („bedeutungslos" bezüglich der Folgen, „unwahrscheinlich" hinsichtlich des Eintretens) bis 10 („katastrophal" bezüglich der Folgen, „wahrscheinlich" hinsichtlich des Eintretens) bewertet und anschließend wird durch Multiplikation der Werte eine „Risikoprioritätszahl" ermittelt. Je größer diese Zahl ist bzw. je größer die Einzelwerte sind, desto notwendiger erscheinen vorbeugende Maßnahmen im Unternehmen (Masing 1995, S. 252). Bei der **Festlegung von Maßnahmen für Qualitätsverbesserungen** existieren vier Ansatzpunkte:

▌ Vermeidung der Fehlerursachen,

▌ Reduzierung der Wahrscheinlichkeit des Fehlerauftretens,

- Reduzierung der Bedeutung der Fehlerfolgen,
- Erhöhung der Wahrscheinlichkeit der Fehlerentdeckung.

Dabei ist solchen Maßnahmen der Vorzug zu geben, die das Auftreten des Fehlers überhaupt verhindern. Eine **Erfolgsbeurteilung** lässt sich z. B. durch eine Zeitreihenanalyse der Fehlerprioritätszahl hinsichtlich der jeweiligen Fehler vornehmen.

Der FMEA-Ansatz wird in der Regel von Teams praktiziert, die aus erfahrenen Fachleuten des Unternehmens bestehen. Dabei ist die Erfahrung der Teilnehmer wichtige Voraussetzung für eine erfolgreiche FMEA (Frehr 1994, S. 235). Der Vorteil dieses Verfahrens liegt in der einfach zu verstehenden Methodik und in seiner Wirksamkeit, Fehlerquellen schon im Ansatz und in der Planungsphase zu erkennen und Maßnahmen zu ihrer Beseitigung zu entwickeln. Ein Nachteil dieses Messansatzes ist der erforderliche hohe Zeit- und Rechenaufwand, der sich allerdings durch den Einsatz von computergestützten Methoden reduzieren lässt (Frehr 1994, S. 235).

3. Fishbone-Analyse

Die Fishbone-Analyse beruht auf einem **Ursache-Wirkungs-Diagramm** („Ishikawa-Diagramm"), das der systematischen **Ermittlung von Qualitätsmängeln** innerhalb der Dienstleistungsunternehmung dient (Frehr 1994, S. 239). Dabei wird ein besonders dringlicher Qualitätsmangel stets in den Mittelpunkt der Untersuchung gestellt. Anschließend werden die Haupt- und Nebeneinflussgrößen dieses Problems erarbeitet und in Form einer „fischgrätenähnlichen" Grafik dargestellt.

Schaubild 5-3-29 zeigt, dass z. B. im Bereich der Finanzdienstleistungen der Qualitätsmangel „mangelhafte Beratungsleistung im Wertpapierbereich" durch die Hauptursachen „Personal" oder „technische Ausstattung" erklärbar ist. Das Problem „Personal" wird wiederum durch Nebenursachen wie fehlendes Qualitätsbewusstsein oder fachliche Inkompetenz der Mitarbeitenden hervorgerufen.

Der Vorteil des Ursache-Wirkungs-Diagramms liegt in der einfachen kommunikativen Darstellung von Qualitätsmängeln und ihren Einflussgrößen. Das qualitätsbezogene Hauptproblem wird durch die systematische Sammlung aller denkbaren Ursachen erklärt und nicht nur durch die Annahme einer oder zweier Einflussgrößen verdrängt (Frehr 1994, S. 239). Die einzelnen Ursachen werden dabei nicht empirisch ermittelt, sondern im Rahmen von Problemempfindungs- und -lösungstechniken, wie z. B. mit Hilfe eines „Brainstorming", erarbeitet (Birkelbach 1993, S. 98).

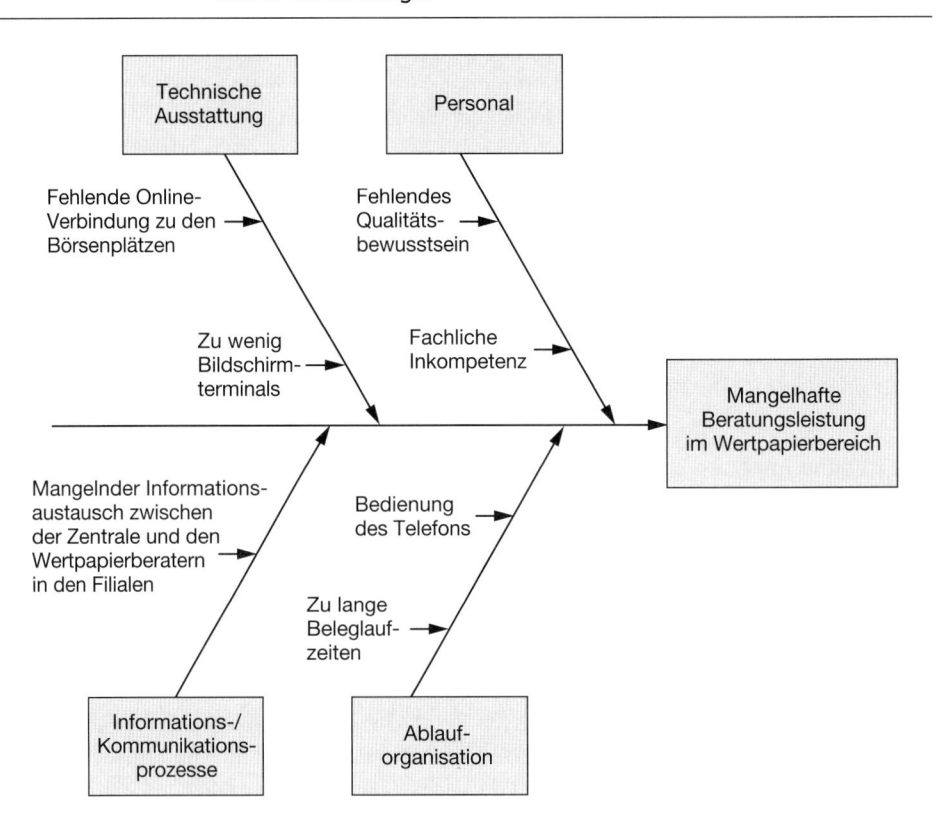

Schaubild 5-3-29 Beispiel einer Fishbone-Analyse im Bereich der Finanzdienstleistungen

4. Statistical Process Control

Die Verfahren der Statistical Process Control wurden bislang überwiegend im Sachgüterbereich eingesetzt (Haller 1998, S. 134ff.). Sie beziehen sich ausschließlich auf objektive Daten (z. B. Transportzeiten, Anzahl der Beschwerden, Wartezeiten der Kunden). Es handelt sich somit um ein Verfahren, das es dem Dienstleistungsunternehmen ermöglicht, Prozesse weitgehend zu standardisieren. Abweichungen und Fehlerquoten werden dabei möglichst auf ein Minimum reduziert. Das Ziel liegt darin, zu erklären, ob es bei der bisherigen Durchführung der Prozesse im Unternehmen möglich ist, zuvor festgelegten Standards zu entsprechen. Als weiterer Kontrollpunkt gilt, ob der Prozess den Anforderungen in jedem Zeitpunkt entspricht. Ist dies nicht der Fall, wird vielfach der Prozessablauf korrigiert.

Nach Wood/Preece (1993) werden unter der Vielzahl von statistischen Methoden drei **Kernverfahren** unterschieden (Wood/Preece 1993; Haller 1998, S. 134ff.):

(a) Pareto-Analyse

Dieses Verfahren basiert auf der Tatsache, dass Fehler und Irrtümer verschiedene Ursachen haben können, die unterschiedlich häufig auftreten und deren Folgen mehr oder weniger schwer sein können. Ziel dieser Analyse ist es, die wenigen Fehlerursachen mit gravierenden Folgen zu identifizieren und zu beseitigen. In der Regel werden dazu die Fehlerursachen in Form von Balkendiagrammen visualisiert, in denen die Probleme in absteigender Dringlichkeitsreihenfolge dargestellt werden.

(b) Shewart-Kontrollcharts

Hierunter wird die grafische Umsetzung eines Qualitätsmaßes im Zeitablauf verstanden. Signifikante Abweichungen von einer zuvor gesetzten Norm werden sichtbar gemacht durch die Über-/Unterschreitung von Kontrolllinien, die die Toleranzgrenzen solcher Abweichungen bilden. Für jede dieser Abweichungen werden die zugehörigen Ursachen ermittelt. Ziel ist es, einen Prozess im Zeitablauf zu überwachen und Trends sowie Veränderungen frühzeitig zu erkennen.

(c) Prozessfähigkeitsanalyse

Ziel dieser Analyse ist der statistische Beleg, wie konsistent der Prozess durchgeführt wird, d. h., ob das Ergebnis eines Prozesses innerhalb festgelegter Anforderungen liegt. So hat beispielsweise ein Freizeitcenter einen einzuhaltenden Standard („Service-Level") in Bezug auf die Entgegennahme von Telefonanrufen definiert. Hiernach haben 98 Prozent der Anrufe innerhalb von drei Klingelzeichen entgegengenommen zu werden. Es zeigt sich, dass die tatsächliche Wartezeit den vorgegebenen Standard deutlich überschritt (vgl. Schaubild 5-3-30). Lediglich 59 Prozent der Anrufe wurden in einem Zeitraum von bis zu drei Klingelzeichen beantwortet.

3.232 Mitarbeiterorientierte Messansätze

Durch den Einsatz mitarbeiterorientierter Messansätze wird die externe und interne Qualitätswahrnehmung einzelner Mitarbeitender erhoben. Zu diesen Verfahren können gezählt werden:

1. externe Qualitätsmessung durch Mitarbeiterbefragungen,
2. interne Qualitätsmessungen,
3. betriebliches Vorschlagswesen,
4. Poka-Yoke-Verfahren.

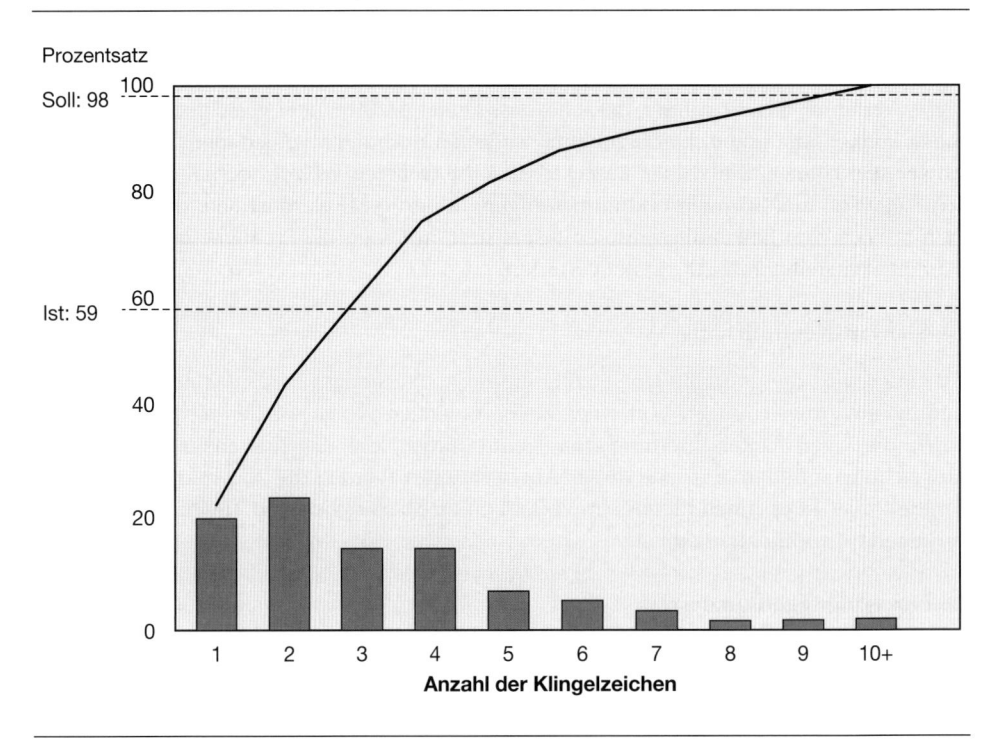

Schaubild 5-3-30 Prozessfähigkeitsanalyse am Beispiel eines Freizeitcenters

Quelle: Bruhn 2010d, S. 213

1. Externe Qualitätsmessung durch Mitarbeiterbefragungen

Ähnlich wie bei den kundenorientierten merkmalsorientierten Ansätzen kann eine externe Qualitätsbeurteilung auch aus Sicht der Mitarbeitenden mittels merkmalsorientierten Ansätzen vorgenommen werden. Durch die Übernahme der Kundenperspektive durch die Mitarbeitenden lassen sich gegebenenfalls „falsche" Vorstellungen des Managements in Bezug auf die Kundenerwartungen der Dienstleistungsqualität revidieren (Zeithaml/Parasuraman/Berry 1992) und Anhaltspunkte über die Anforderungen an die Dienstleistungsqualität z. B. durch **qualitätsgerichtete Mitarbeiterbefragungen** aus Sicht des Kundenkontaktpersonals und von Führungskräften ermitteln. Auf diese Weise können insbesondere im Hinblick auf die Kunden-Mitarbeiter-Interaktionen Informationen gesammelt werden, die für die Qualitätsplanung zukünftiger Dienstleistungen Relevanz verfügen (Haist/Fromm 2002, S. 75ff.). Dabei stehen folgende **Fragestellungen** im Vordergrund:

▌ Welche Facetten der Dienstleistungserstellung werden nach Einschätzung der Mitarbeitenden besonders positiv (negativ) wahrgenommen?

- Wie wird die erstellte Dienstleistungsqualität direkt durch die Mitarbeitenden beurteilt?
- Welches Wissen ist auf Seiten der Mitarbeitenden zum Thema „Qualität" vorhanden?
- Inwieweit ist bei den Mitarbeitenden ein grundsätzliches Qualitätsbewusstsein vorhanden?

Solche Befragungen sind als Instrument der Mitarbeiterkommunikation im Rahmen der aufwärtsgerichteten Kommunikationsströme einzuordnen (Dotzler/Schick 1995, S. 281). Ihre Relevanz im Rahmen einer nach innen gerichteten Marktforschung wird allerdings auch in Dienstleistungsunternehmen noch immer unterschätzt. Um Probleme im Rahmen der Serviceerstellung zu identifizieren, wird von zwei zentralen Fragen ausgegangen:

- „Welches ist das größte Problem, das sich Ihnen in Ihrem täglichen Bemühen um ein hochqualitatives Angebot an Ihre Kunden stellt?"
- „Wenn Sie für einen Tag Vorsitzender Ihrer Gesellschaft wären und dürften nur eine einzige Entscheidung in Bezug auf die Verbesserung der Qualität treffen, welche Entscheidung würden Sie treffen?"

Diese Fragestellungen sind insbesondere im Hinblick auf die Notwendigkeit einer prioritätsgeleiteten Identifizierung der wichtigsten Problembereiche hilfreich. Dabei gilt zu beachten, dass ein solches Vorgehen keine umfassende Problemaufdeckung gewährleistet, und dass die so gewonnenen Erkenntnisse die subjektiven Meinungen der befragten Mitarbeitenden widerspiegeln. Des Weiteren ist bei der Gestaltung des Erhebungsdesigns die Anonymität der befragten Mitarbeitenden sicherzustellen, so dass sie die Fragen offen und ohne Rücksicht auf mögliche berufliche Konsequenzen beantworten können.

> **Beispiel: Mitarbeiterbefragung von Kundenkontaktmitarbeitern eines Zoos**
>
> Im Rahmen einer Studie zur Dienstleistungsqualität des Lehrstuhls für Marketing und Unternehmensführung der Universität Basel mit einem Zoologischen Garten in der Schweiz wurde eine Mitarbeiterbefragung durchgeführt. Dabei wurden die Mitarbeitenden gebeten, eine Qualitätseinschätzung bezüglich verschiedener Leistungsfaktoren sowohl aus persönlicher Sicht als Mitarbeitender als auch aus Kundensicht im Sinne einer Perspektivenübernahme zu tätigen. Auf diese Weise lassen sich Annahmen der Kundenkontaktmitarbeiter bezüglich der Zufriedenheit der Zoobesucher offenlegen. Aus den Analyseergebnissen kann das Management zum einen Erkenntnisse über das allgemeine Leistungsniveau aus Sicht der Mitarbeitenden identifizieren. Zum anderen lassen sich aus der Gegenüberstellung der persönlichen Meinung der Mitarbeitenden mit der Einschätzung zur Meinung der Besucher aus Mitarbeitersicht Diskrepanzen („GAPs") zwischen beiden Sichtweisen ermitteln. Auf Basis dieser Erkenntnisse kann das Management den Handlungsbedarf zur Qualitätsverbesserung identifizieren und priorisieren (vgl. Schaubild 5-3-31).

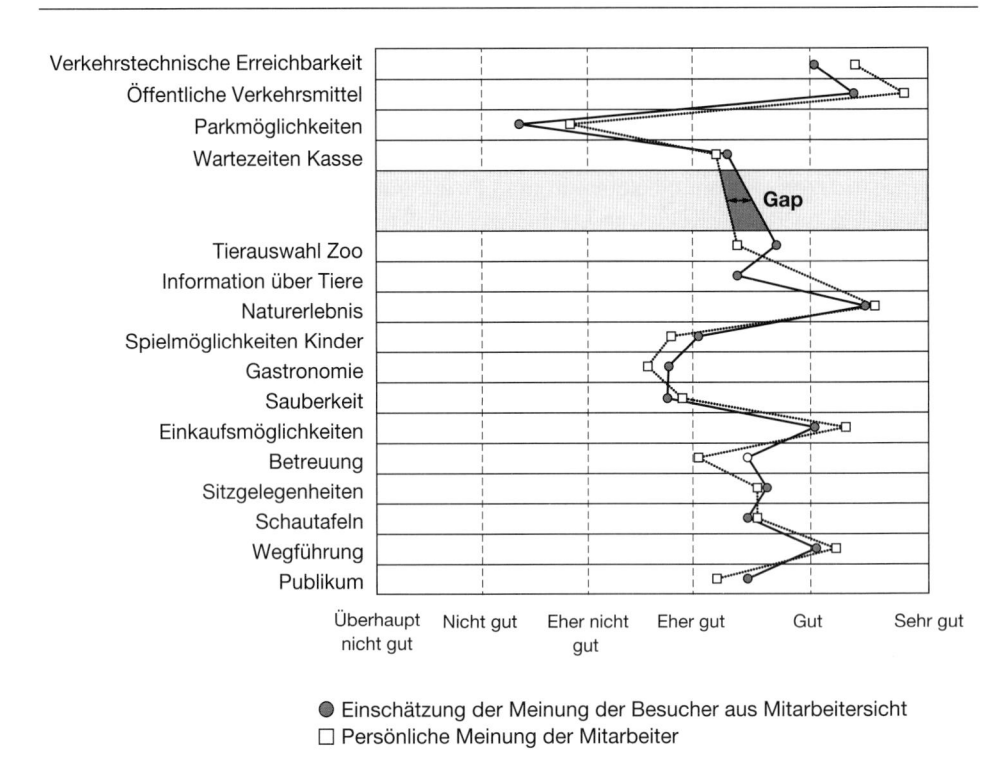

Schaubild 5-3-31 GAP-Analyse auf Basis einer Befragung von Zoomitarbeitern

[Diagramm mit folgenden Kategorien auf der y-Achse: Verkehrstechnische Erreichbarkeit, Öffentliche Verkehrsmittel, Parkmöglichkeiten, Wartezeiten Kasse, Tierauswahl Zoo, Information über Tiere, Naturerlebnis, Spielmöglichkeiten Kinder, Gastronomie, Sauberkeit, Einkaufsmöglichkeiten, Betreuung, Sitzgelegenheiten, Schautafeln, Wegführung, Publikum. x-Achse: Überhaupt nicht gut, Nicht gut, Eher nicht gut, Eher gut, Gut, Sehr gut. Gap eingezeichnet.]

● Einschätzung der Meinung der Besucher aus Mitarbeitersicht
☐ Persönliche Meinung der Mitarbeiter

Quelle: Bruhn 2010c, S. 217

2. Interne Qualitätsmessung

Da die Qualität unternehmensinterner Leistungen in erheblichem Maße die externe Qualität gegenüber den Kunden beeinflusst, ist es notwendig, dass in Dienstleistungsunternehmen regelmäßig bei den Mitarbeitenden, d. h. den unternehmensinternen Kunden und Lieferanten, interne Qualitätsmessungen, z. B. mittels Befragungen, durchgeführt werden (Haist/Fromm 2002, S. 75ff.).

Im Rahmen dieser **internen Kundenbefragungen** wird die Zufriedenheit der Mitarbeitenden mit den Vorleistungen interner Lieferanten, d. h. „direkter" Kollegen in der eigenen Abteilung oder der eigenen Geschäftsstelle, aber auch von Mitarbeitenden anderer Geschäftsstellen oder Partnerunternehmen, erfasst (zum Einsatz ausgewählter Verfahren der Qualitätsmessung im Rahmen des Internen Marketing vgl. Bruhn 1999b).

Zur Bestimmung der Internen Dienstleistungsqualität werden vielfach **Interne Servicebarometer** als Messinstrumente herangezogen. In diesem Zusammenhang wird das Prinzip der Erfolgskette Nationaler Kundenbarometer auf die unternehmensinternen Leistungen übertragen. Es wird davon ausgegangen, dass die Beurteilung interner Leistungen durch interne Kunden die (interne) Kundenzufriedenheit beeinflusst; ebenso, dass es eine interne Kundenbindung im Sinne einer Verbundenheit mit bestimmten internen Anbietern gibt, die aus der Leistungsbeurteilung und/oder der Kundenzufriedenheit resultiert (Bruhn 2004b; Bruhn/Siems 2004, S. 563f.). Als zentrale Modellgrößen werden daher bei internen Servicebarometern die interne Dienstleistungsqualität, die interne Kundenzufriedenheit und die interne Verbundenheit angesehen, wobei eine Wirkung der Dienstleistungsqualität auf die Kundenzufriedenheit und eine Wirkung beider Größen auf die Verbundenheit festgelegt wird.

Da es sich bei den erwähnten drei Modellgrößen um komplexe, latente **Konstrukte** handelt, erfolgt ihre Messung – analog zu den Verfahren im Rahmen der Nationalen Kundenbarometer – nicht direkt, sondern indirekt über Indikatoren (Bruhn/Murmann 1998). Schaubild 5-3-32 verdeutlicht die Idee dieses Ansatzes (siehe auch Abschnitt 6.4 in diesem Kapitel).

Schaubild 5-3-32 Struktur- und Messmodelle von Internen Servicebarometern

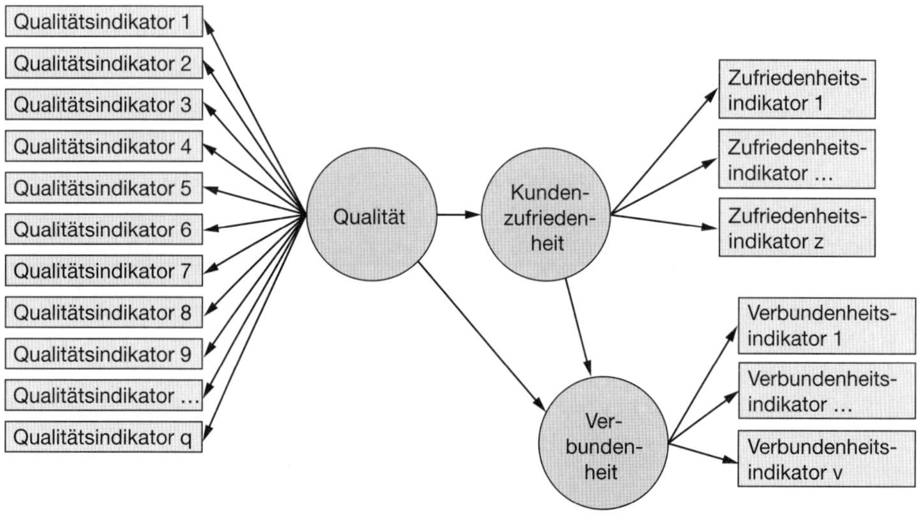

Quelle: Bruhn/Siems 2004, S. 563

Zur Ermittlung geeigneter **Indikatoren**, die letztlich als Grundlage für die Formulierung eines Fragebogens im Rahmen einer schriftlichen Befragung dienen, werden qualitative Vorstudien durchgeführt, in denen sowohl Anbieter als auch Nachfrager interner Dienstleistungen dazu befragt wurden, welche Kriterien für die Qualitätswahrnehmung generell relevant sind und worin sich eine Verbundenheit mit einem Anbieter einer internen Dienstleistung widerspiegeln könnte (vgl. zu diesem Vorgehen z. B. Homburg/Giering 1996, S. 11).

Für die Messung der **Kundenzufriedenheit** wird auf die in zahlreichen Kundenbarometern bewährten drei Indikatoren „Gesamtzufriedenheit", „Zufriedenheit verglichen mit den Erwartungen" und „Zufriedenheit verglichen mit dem Ideal" zurückgegriffen (Bruhn/Murmann 1998, S. 61ff.).

Schaubild 5-3-33 zeigt auf der Basis mehrerer Studien zweier Unternehmen in der Pharmabranche (vgl. Bruhn 2004b; Bruhn/Siems 2004), welche konkreten Indikatoren vielfach zur Messung der Konstrukte verwendet werden. Die Gegenüberstellung der Operationalisierung der Konstrukte in den beiden unterschiedlichen Unternehmen Pharma 1 und Pharma 2 verdeutlicht außerdem die Gültigkeit der Operationalisierung, zumal – trotz unabhängig voneinander durchgeführter Vorstudien und Unterschieden in der Organisationsstruktur beider Unternehmen – sich nahezu identische Indikatoren ergeben haben, die zudem entsprechend den Vorstudien für alle unterschiedlichen internen Dienstleistungen gleichermaßen als mögliche Indikatoren in Frage kommen.

Aus der Implementierung eines Internen Servicebarometers bzw. der Messung der internen Dienstleistungsqualität resultiert in erster Linie die **Bewertung von Leistungsmerkmalen einzelner interner Dienstleistungen**. Hierbei werden anhand der Mittelwerte für die Indikatoren Ansatzpunkte für Verbesserungsmaßnahmen definiert. In folgendem Beispiel wird exemplarisch das Ergebnis eines – im Vergleich zum Gesamtunternehmen relativ schlecht bewerteten – internen Dienstleisters in der Pharmabranche illustriert.

> **Beispiel: Ergebnisse der Qualitätsmessung eines internen Dienstleisters**
>
> Das Ergebnis des internen Dienstleisters zeigt die Mittelwerte der bewerteten Indikatoren – der so genannten Satisfaction Driver – auf einer Skala von eins bis zehn. Der Begriff „Satisfaction Driver" verdeutlicht den Zusammenhang zwischen den Leistungsindikatoren der internen Dienstleistung und der – durch die Erfüllung der jeweiligen Indikatoren – induzierten Zufriedenheit. Dabei zeigt sich z. B., dass die Flexibilität der Mitarbeitenden mit 5,55 nicht nur relativ schlecht bewertet wird, sondern auch die größte Abweichung zum Durchschnittswert für das Gesamtunternehmen (7,85) aufweist (vgl. Schaubild 5-3-34). Hier ist folglich dringender Handlungsbedarf geboten, der für Schulungen, Anreizsysteme usw. spricht.

Schaubild 5-3-33 Indikatoren zur Operationalisierung der Messkonstrukte eines Internen Servicebarometers

	Pharmaunternehmen 1	Pharmaunternehmen 2	
Qualität	Kompetenz	Kompetenz	Fachkompetenz
			Sozialkompetenz
	Erreichbarkeit	Erreichbarkeit	
	Freundlichkeit	Freundlichkeit	
	Flexibilität	Flexibilität	
	–	Diskretion/Vertraulichkeit	
	Zuverlässigkeit	Zuverlässigkeit	
	Schnelligkeit	Zeitbedarf Leistungserbringung	
	–	Einhaltung Termine	
	Reaktionszeit	Reaktionszeit	
	Preis-Leistungs-Verhältnis	Preis-Leistungs-Verhältnis	
	Kostentransparenz	Kostentransparenz	
	–	Umfang Leistungsangebot	
	–	Übereinstimmung Auftrag/Resultat	
	Individualität	Erfüllung spezieller Kundenwünsche	
	–	Effizienz	
	Transparenz Leistungsangebot	Transparenz Leistungsangebot	
	–	Kontinuität	
	Mehrwert	Nutzung von Vorteilen (Added Value)	
	–	Qualität des Leistungsangebotes	
Kundenzufriedenheit	Gesamtzufriedenheit	Gesamtzufriedenheit	
	Zufriedenheit entsprechend den Erwartungen	Zufriedenheit entsprechend den Erwartungen	
	Zufriedenheit entsprechend dem Ideal	Zufriedenheit entsprechend dem Ideal	
Verbundenheit	Wiederwahl bei Entscheidungsfreiheit	Wiederwahl bei Entscheidungsfreiheit	
	Weiterempfehlungsabsicht	Weiterempfehlungsabsicht	
	Gedanke an anderen Anbieter oder Selbsterfüllung der Aufgabe	Wunsch nach anderem Anbieter	
	Wiederwahl beim nächsten Mal	Wiederwahl beim nächsten Mal	
	Veränderung in Intensität der Zusammenarbeit	Veränderung in Intensität der Zusammenarbeit	
	Cross-Buying-Absicht	–	

Quelle: Bruhn/Siems 2004, S. 569

Schaubild 5-3-34 Mittelwerte der Satisfaction Driver für einen internen Dienstleister

Kriterium	Strategische Unternehmenseinheit	Unternehmen gesamt
Mitarbeitende: Diskretion/Vertraulichkeit	8.21	8.43
Mitarbeitende: Freundlichkeit	7.19	8.53
Mitarbeitende: Zuverlässigkeit	7.13	8.31
Zeitlicher Verlauf: Einhaltung Termine	7.07	8.17
Dienstleistung: Kontinuität	6.83	7.70
Dienstleistung: Übereinst. Auftrag/Resultat	6.81	7.93
Mitarbeitende: Sozialkompetenz	6.80	8.00
Mitarbeitende: Fachkompetenz	6.79	8.22
Dienstleistung: Umfang Leistungsangebot	6.49	7.67
Mitarbeitende: Erreichbarkeit	6.35	7.89
Zeitlicher Verlauf: Zeitbedarf Leistungserb.	6.28	7.86
Kosten: Preis-/Leistungsverhältnis	6.20	6.79
Zeitlicher Verlauf: Reaktionszeit	6.12	7.78
Dienstleistung: spez. Kundenwünsche	6.04	7.69
Dienstleistung: Effizienz	6.01	7.80
Dienstleistung: Transparenz Leistungsangebot	5.65	7.09
Mitarbeitende: Flexibilität	5.55	7.85
Kosten: Kostentransparenz	5.45	6.21

Skala: 10 = Sehr gut, 1 = Sehr schlecht

Quelle: Bruhn 2004b, S. 289

Detaillierte **Ergebnisse von Internen Servicebarometern** sind im erwähnten Zusammenhang ausschließlich den betroffenen Abteilungen bzw. Filialen zuzusenden. Die zentralen Resultate sämtlicher Mitarbeiterbefragungen, wie z. B. unternehmensübergreifende interne Zufriedenheitsindizes, sind beispielsweise in den unternehmensinternen Kommunikationsmedien zu veröffentlichen. Hierbei ist ein „Ranking" der besten Abteilungen und Geschäftsstellen aus Gründen der Anerkennung und der Vorbildfunktion oftmals zweckmäßig (siehe auch Abschnitt 6.4 in diesem Kapitel).

Von besonderer Wichtigkeit ist zudem die regelmäßige Ermittlung der generellen Mitarbeiterzufriedenheit, d. h. der Zufriedenheit der Mitarbeitenden mit ihrem Arbeitsplatz. Da die Zufriedenheit bzw. Unzufriedenheit der Mitarbeitenden mit ihren täglichen Aufgaben die Qualität der Dienstleistungserbringung gegenüber den Kunden maßgeblich beeinflussen kann, erscheint es sinnvoll, regelmäßig bei Mitarbeitenden Erkenntnisse über ihre Tätigkeiten, das Verhältnis zu Kollegen u. Ä. zu gewinnen. Idealerweise werden hierbei sämtliche Mitarbeitende der verschiedenen Geschäftsstellen des Dienstleistungsunternehmens periodisch befragt, wobei aus Kostengründen eine Beschränkung auf repräsentative Untersuchungen bei ausgewählten Filialen möglich ist. Dies ist allerdings eher als Minimalanforderung im Rahmen eines umfassenden Qualitätsmanagements anzusehen. Langfristig ist es zweckmäßig, eine Art **„Internal Customer Satisfaction Tracking System"** einzuführen, um die Qualität der unternehmensinternen Dienstleistungen periodisch zu messen, permanent zu überwachen und zu optimieren. Erfolgreiche Dienstleistungsunternehmen, wie beispielsweise *AVIS Deutschland* oder die *Deutsche Lufthansa*, nutzen bereits derartige Systeme, um Erwartungen, Einstellungen, Zufriedenheit bzw. Unzufriedenheit ihrer Mitarbeitenden kontinuierlich zu erfassen.

3. Betriebliches Vorschlagswesen

Zur Verbesserung der Dienstleistungsqualität und der Leistungsprozesse ist es notwendig, dem Kundenkontaktpersonal jederzeit zu ermöglichen, sich an das Management zu wenden, sofern qualitätsrelevante Probleme in der Dienstleistungsunternehmung auftreten oder auftreten könnten. Zur Förderung dieses Bottom-up-Prozesses ist es sinnvoll, ein **Bonifikationssystem für Verbesserungsvorschläge** der Mitarbeitenden einzurichten (Dotzler/Schick 1995, S. 281). Im Rahmen eines solchen Vorschlagsprogramms dokumentiert der Mitarbeitende seine Vorschläge auf einem Formblatt, indem er beschreibt, wo Qualitätsprobleme im Unternehmen aufgetreten sind und wie sich diese Probleme innerhalb der Unternehmung lösen lassen. Bei Annahme des Vorschlags ist eine Prämierung anzustreben, die sich in der Regel an den eingesparten Kosten orientiert. Darüber hinaus bietet es sich an, prämierte Vorschläge z. B. in Mitarbeiterzeitschriften zu veröffentlichen, um anderen Mitarbeitenden Anreize zur Beteiligung am Vorschlagsprogramm zu geben (Haist/Fromm 2002, S. 74). Parallel zum Beschwerdemanagement als kundenorientiertes Messinstrument stellt das Vorschlagswesen damit ein zentrales Instrument der Qualitätsbestimmung dar. Es fördert die Motivation und Sensibilität des Kundenkontaktpersonals, qualitätsrelevante Probleme zu erkennen und sich für deren Lösung zu engagieren und erfordert dabei nur einen relativ geringen personellen und finanziellen Aufwand.

4. Poka-Yoke-Verfahren

Zu den mitarbeiterbezogenen Verfahren ist auch Poka Yoke zu zählen. Dieses Instrument ist dem Kaizen verwandt und hat ebenfalls die **permanente Qualitätsverbesserung** der für den Absatz bestimmten (Dienst-) Leistungen zum Inhalt. Im Zentrum steht die möglichst weitgehende **Prävention** von beabsichtigten wie unbeabsichtigten und zufälligen Fehlern mit dem Ziel der Realisierung des Null-Fehler-Prinzips (Bühner 1993, S. 37; Flood 1993, S. 28ff.; Shingo 1995).

Die von Shingo (1991) entwickelte Vorgehensweise sieht in einem ersten Schritt vor, jede einzelne Phase der Dienstleistungserstellung zu analysieren und zu identifizieren, wo und wann Fehler unterlaufen können. Die Erreichung des Anspruches einer permanenten Verbesserung der erstellten Dienstleistungsqualität setzt eine in die einzelnen Leistungserstellungsphasen integrierte Prüfung an der Quelle („Source Inspection") voraus (Bühner 1993). Diese Fehlerquellen-Inspektion ist bei Dienstleistungen insbesondere aufgrund des Uno-Actu-Prinzips erforderlich, da die Nachbesserung einer fehlerhaften Dienstleistung i. d. R. nur während des Leistungserstellungsprozesses möglich ist. Ein Blueprint (vgl. Abschnitt 3.222 in diesem Kapitel) liefert bei der Fehlerquellen-Inspektion oftmals wertvolle Hilfestellung, um Kundenkontaktpunkte, in denen es zu Interaktionen zwischen Dienstleistungsanbieter und Konsument kommt, und mögliche Fehler zu ermitteln. Dabei werden zwei

Schaubild 5-3-35 Methodik des Poka-Yoke-Verfahrens am Beispiel einer Autoreparaturwerkstatt

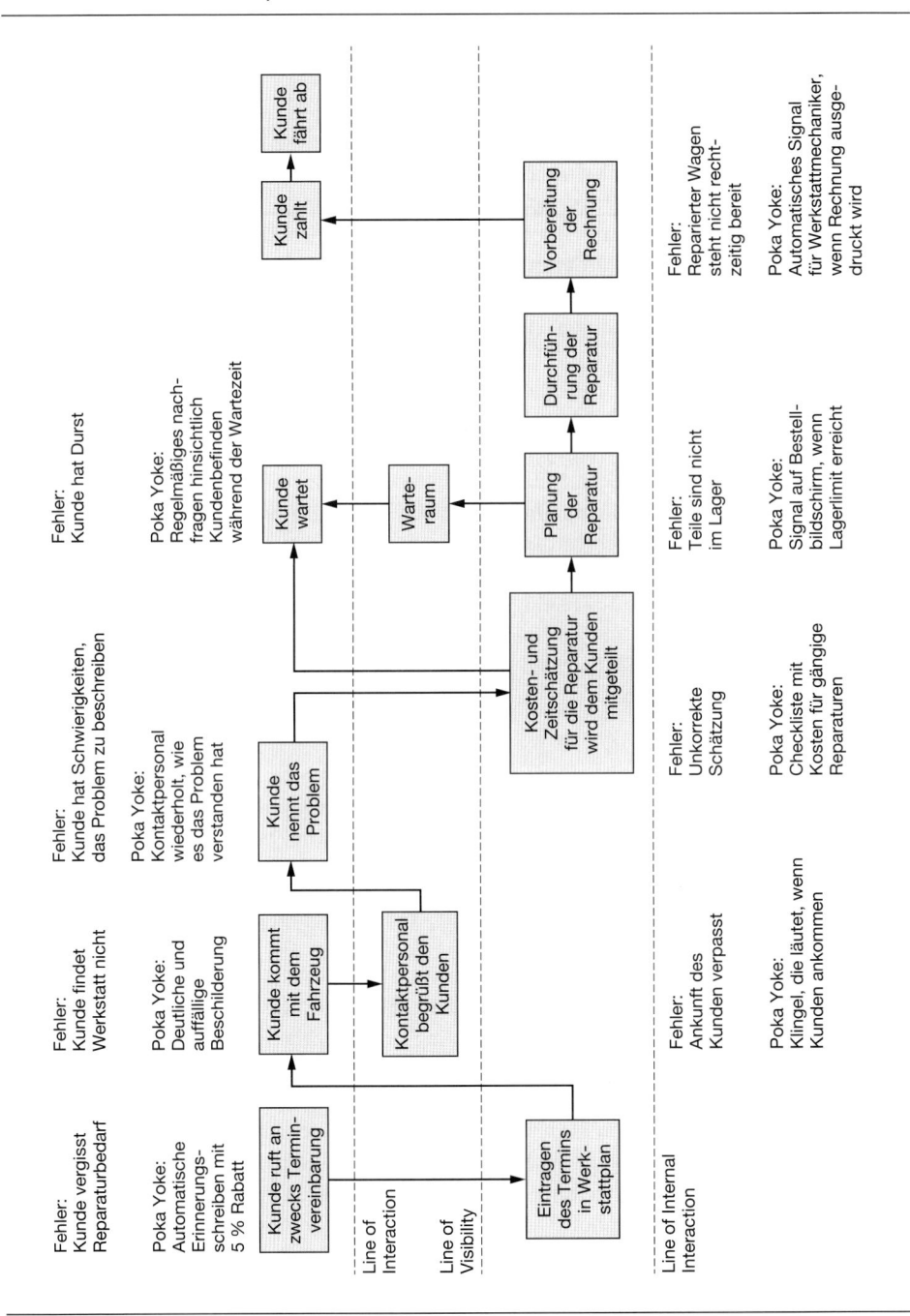

Quelle: Chase/Stewart 1994, S. 40f.

Arten von Fehlern unterschieden. Zum einen gibt es Fehler, die auf Vergesslichkeit beruhen und von den Mitarbeitenden erst während ihrer Entstehung bemerkt werden, zum anderen solche, deren Entstehen die Mitarbeitenden übersehen (Shingo 1991; Brinkmann 1993; Chase/Stewart 1994). In einem weiteren Schritt werden die möglichen Fehlerursachen ermittelt und Regeln zur Fehlervermeidung, so genannte Poka-Yoke, formuliert. Schaubild 5-3-35 zeigt am Beispiel einer Autoreparaturwerkstatt die Vorgehensweise des Poka-Yoke-Verfahrens.

Kritik an diesem Ansatz ist insofern zu üben, als die soziale Komponente sowohl im Hinblick auf die Beziehungen zwischen den Dienstleistungsnachfragern und den Mitarbeitenden als auch bezüglich der innerbetrieblichen Prozesse keine Berücksichtigung findet. So wird der insbesondere in Dienstleistungstransaktionen wesentliche menschliche Faktor auf teilweise rein mechanistisch fehlervermeidende Elemente reduziert (Flood 1993).

Die Darstellung der Ansätze zur Messung der Dienstleistungsqualität zeigt, dass einem Dienstleistungsunternehmen eine Vielzahl von Methoden zur Verfügung steht, um zum einen die Qualität seiner Leistung zu messen und zum anderen qualitätsmindernde Fehler bzw. Problemfelder im Rahmen der Erstellungsprozesses zu identifizieren und zu vermeiden. Schaubild 5-3-36 zeigt eine Übersicht über die Stärken und Schwächen der unternehmensbezogenen Verfahren der Qualitätsmessung.

Schaubild 5-3-36 Beurteilung der unternehmensbezogenen Verfahren zur Messung der Dienstleistungsqualität

Beurteilungs-Kriterien/ Messverfahren	Qualitätsrelevanz	Vollständigkeit	Aktualität	Eindeutigkeit	Steuerbarkeit	Kosten	Dienstleistungsspezifika	Gesamtwürdigung
Managementorientierte Messung								
Benchmarking	Nicht gegeben	Nicht vollständig	Nicht aktuell	Nicht eindeutig	Nicht steuerbar	Hoch	Für alle Dienstleistungen geeignet	**Nachteil:** Schwierige Datenerhebung
FMEA-Methode	Nicht gegeben	Nicht vollständig	Nicht aktuell	Nicht eindeutig	Steuerbar	Niedrig	Für alle Dienstleistungen geeignet	**Nachteil:** Nur als Ergänzung zu den anderen Verfahren
Fishbone-Ansatz	Nicht gegeben	Nicht vollständig	Nicht aktuell	Nicht eindeutig	Steuerbar	Niedrig	Für alle Dienstleistungen geeignet	**Vorteil:** Sehr anschaulich **Nachteil:** Nur als Ergänzung zu den anderen Verfahren
Statistical Control Prozess	Nicht gegeben	Nicht vollständig	Nicht aktuell	Nicht eindeutig	Steuerbar	Niedrig	Für alle Dienstleistungen geeignet	**Vorteil:** Ermöglicht die Standardisierung von Prozessen **Nachteil:** Nur als Ergänzung zu den anderen Verfahren
Mitarbeiterorientierte Messung								
Mitarbeiterbefragung	Nicht gegeben	Nicht vollständig	Nicht aktuell	Nicht eindeutig	Steuerbar	Hoch	Für alle Dienstleistungen geeignet	**Vorteil:** Große Anzahl von Mitarbeiterbefragungen möglich **Nachteil:** Unternehmen gibt Qualitätsmerkmale vor
Interne Qualitätsmessung	Nicht gegeben	Nicht vollständig	Nicht aktuell	Nicht eindeutig	Steuerbar	Hoch	Für alle Dienstleistungen geeignet	**Vorteil:** Große Anzahl von Mitarbeiterbefragungen möglich **Nachteil:** Unternehmen gibt Qualitätsmerkmale vor
Betriebliches Vorschlagswesen	Nicht gegeben	Nicht vollständig	Aktuell	Eindeutig	Steuerbar	Hoch	Für alle Dienstleistungen geeignet	**Vorteil:** Dient nicht nur zur Qualitätsmessung, sondern auch zur Qualitätsverbesserung (Motivation) **Nachteil:** Problem der Vorschlagsaufforderung
Poka-Yoke-Verfahren	Nicht gegeben	Nicht vollständig	Nicht aktuell	Nicht eindeutig	Steuerbar	Niedrig	Für alle Dienstleistungen geeignet	**Vorteil:** Systematische Aufstellung der Fehlerquellen **Nachteil:** Menschliche Faktoren auf mechanische Elemente reduziert

4. Strategische Planung des Qualitätsmanagements für Dienstleistungen

Die zentrale Zielgröße des Qualitätsmanagements für Dienstleistungen stellt die Steigerung der wahrgenommenen Dienstleistungsqualität dar. Dabei wird die wahrgenommene Qualität zum einen anhand der **tatsächlich gelieferten Leistung** und zum anderen an den **Kundenerwartungen** bzw. anhand der Diskrepanz beider Komponenten beurteilt (Boulding et al. 1993; Abschnitt 2). Mit anderen Worten nehmen Kunden eine hohe Dienstleistungsqualität dann wahr, wenn die tatsächlich gelieferte bzw. in Anspruch genommene Leistung zumindest den Erwartungen entspricht, die Kunden an die Dienstleistung stellen (Parasuraman/Zeithaml/Berry 1988, S. 16). Als Konsequenz ergeben sich **zwei strategische Ansatzpunkte** für die Steuerung der wahrgenommenen Dienstleistungsqualität im Rahmen des Qualitätsmanagements für Dienstleistungen (Bruhn 2010d, S. 236):

- leistungsbezogenes Qualitätsmanagement,
- erwartungsbezogenes Qualitätsmanagement.

4.1 Leistungsbezogenes Qualitätsmanagement

Im Rahmen der Planung eines Qualitätsmanagements für Dienstleistungen gilt es, den grundsätzlichen Handlungsrahmen des Qualitätsmanagements und somit die qualitätsbezogene strategische Ausrichtung des Dienstleistungsunternehmens in Abstimmung mit der Unternehmensstrategie festzulegen. Somit kommen der strategischen Planung eines Qualitätsmanagements für Dienstleistungsunternehmen vier grundlegende **Aufgaben** zu:

1. Festlegung der strategischen Qualitätsposition,
2. Festlegung der Qualitätsstrategie,
3. Festlegung von Qualitätsgrundsätzen,
4. Bestimmung der Qualitätsziele.

1. Festlegung der strategischen Qualitätsposition

Die Bestimmung der strategischen Qualitätsposition des Dienstleistungsunternehmens bildet die wesentliche Grundlage für den Entwurf eines Qualitätsmanagementkonzeptes, da – je nach momentaner und zukünftig angestrebter Qualitätsposition gegenüber den Wettbewerbern am Markt – im Rahmen des Qualitätsmanagements unterschiedliche Schwerpunkte zu setzen sind (Carlzon 1990, S. 62).

Zur Festlegung der Qualitätsposition lassen sich so genannte **Qualitätsportfolios** heranziehen, die die strategische Position des Unternehmens in Bezug auf die Dienstleistungsqualität einzelner strategischer Geschäftsfelder darlegen (Horváth/Urban 1990, S. 32; Bruhn

2010d, S. 239). Eine Konkretisierung der aktuellen Qualitätsposition des Dienstleistungsunternehmens und ein Aufzeigen von Ansatzpunkten für die Erreichung der Soll-Position wird z. B. mittels der qualitätsbezogenen SWOT-Analyse vorgenommen (Bruhn 2010d, S. 239f.).

2. Festlegung der Qualitätsstrategie

Ausgehend von den qualitätsbezogenen Stärken und Schwächen sowie Chancen und Risiken wird die **Qualitätsstrategie** festgelegt, mit der versucht wird, die angestrebte Qualitätsposition zu erreichen. Wettbewerbsorientierte Qualitätsstrategien zeigen die grundsätzliche Ausrichtung eines Dienstleistungsunternehmens und seines Qualitätsmanagements auf, die idealtypisch zu einer eindeutigen Positionierung des Unternehmens am Markt führen und gleichzeitig helfen, ein Gewinn bringendes Marktpotenzial zu erschließen (Heskett 1988, S. 47).

Eindeutig formulierte, intern und extern orientierte Qualitätsstrategien zeigen unterschiedliche Richtungen für die Schaffung von Dienstleistungsqualität auf (Bruhn 2010d, S. 241) und ermöglichen es, konkrete Aufgaben für die Qualitätslenkung und -prüfung abzuleiten.

3. Festlegung von Qualitätsgrundsätzen

Ausgehend von der gewünschten Qualitätsposition und der gewählten Qualitätsstrategie des Dienstleistungsunternehmens werden Qualitätsgrundsätze festgelegt. Diese konkretisieren die Qualitätsstrategie für die tägliche Qualitätsarbeit im Dienstleistungsunternehmen.

Schaubild 5-4-1 Qualitätsgrundsätze des Landhotels Schindlerhof

- Unsere Gäste sollen nicht nur zufrieden, sie sollen begeistert sein.
- Wir führen unser Unternehmen ehrlich, zuverlässig und fair.
- Den hohen Ansprüchen unserer Gäste stellen wir uns ohne Einschränkung.
- Wir erfüllen unsere gesellschaftliche und soziale Verpflichtung.
- Wer bekennen uns zu unserer Umwelt-Verantwortung.
- Wir verfolgen gemeinsame und gemeinsam erarbeitete Unternehmensziele.
- Wir haben unser Unternehmen klar gegliedert und Verantwortungsbereiche abgesteckt.
- Zwischen unserem hohen Anspruch und unserer tatsächlichen Leistung besteht kein Unterschied.
- Wir erzielen einen Gewinn, der das Unternehmen finanziell weitestgehend unabhängig macht.
- Wir wollen Erfolg, denn: ohne Erfolg wenig Freude. Unsere Mitbewerber nehmen wir trotzdem ernst.

Quelle: Bruhn/Brunow/Specht 2002

Die Formulierung verbindlicher **Qualitätsgrundsätze** bildet gewissermaßen das Fundament für die im Dienstleistungsunternehmen durchzuführenden Qualitätslenkungs- und Verbesserungsmaßnahmen. Dementsprechend ist es Aufgabe der Unternehmensleitung,

d. h. der jeweiligen Geschäftsführer und Geschäftsstellenleiter, zusammen mit Führungskräften verschiedener Hierarchiestufen konkrete Qualitätsgrundsätze zu entwickeln und in den Unternehmensleitlinien festzuschreiben (Frehr 1994, S. 42f.). Als Beispiel sind die in Schaubild 5-4-1 dargestellten zehn Qualitätsgrundsätze des Landhotels *Schindlerhof* zu nennen, mit denen das Unternehmen dokumentieren möchte, dass der Kunde stets im Mittelpunkt sämtlicher Unternehmensaktivitäten steht. Der *Schindlerhof* ist eines der „Erste-Adresse-Hotels" in der deutschen Tagungshotellerie und hat im Jahre 1998 den Preis der „Business-Excellence" der European Foundation for Quality Management (EFQM) für unabhängige kleine und mittelständische Unternehmen und das deutsche Pendant zum EFQM-Preis, den Ludwig-Erhard-Preis, gewonnen.

4. Bestimmung der Qualitätsziele

Die vorgestellten allgemeinen Qualitätsgrundsätze und -leitlinien sind im Rahmen der strategischen Qualitätsplanung der Dienstleistungsunternehmung für die verschiedenen Geschäftsstellen, Abteilungen und Funktionsbereiche zu konkretisieren, d. h., von der Unternehmensleitung als lang- und kurzfristig zu erreichende **Qualitätsziele** zu bestimmen.

Die Ziele des Qualitätsmanagements sind in der Hierarchie der Unternehmensziele von übergeordneten Unternehmenszielen wie Gewinn, Rentabilität und Sicherung von Wettbewerbsvorteilen abzuleiten (Weber 1989, S. 56f.). Diesen Zusammenhang gibt Schaubild 5-4-2 wieder. Demnach lassen sich Qualitätsmanagementziele den Marketingzielen unterordnen.

Innerhalb der Ziele des Qualitätsmanagements lassen sich sowohl marktgerichtete als auch unternehmensgerichtete Ziele identifizieren, die sich jeweils nach psychologischen und ökonomischen Zielen gliedern. Es wird angenommen, dass das Erreichen psychologischer marktgerichteter Ziele, wie die Steigerung von Kundenzufriedenheit und Kundenbindung sowie die damit verbundene Schaffung von Markteintrittsbarrieren, sich positiv auf den Realisierungsgrad ökonomischer Ziele auswirkt (Anderson/Fornell/Lehmann 1994; Heskett/Sasser/Schlesinger 1997). **Unternehmensgerichtete Ziele** eines Qualitätsmanagements sind die Verankerung von Kundenorientierung und die Schaffung eines Qualitätsbewusstseins bei den Mitarbeitenden sowie die damit einhergehende Senkung von Qualitätskosten, die eine Effizienzsteigerung im Rahmen der Dienstleistungserstellungsprozesse bewirkt (Rucci/Kirn/Quinn 1998).

Zur Realisierung der marktgerichteten Ziele ist es erforderlich, dass dem Unternehmen Informationen über die kundenrelevanten Dimensionen bzw. Kriterien der Dienstleistungsqualität und ihrer Beurteilung vorliegen. Die zentrale marktgerichtete Aufgabe des Qualitätsmanagements ist es daher, diese **Kundenanforderungen** durch Methoden der Marktforschung und Mittel der internen Kommunikation zu ermitteln und in Anforderungen an die qualitätsrelevante Leistungserstellung umzusetzen. Dazu gehören auch Maßnahmen der externen Kommunikation, die dazu dienen, die Qualitätserwartungen der Kunden zu bilden und zu bestätigen sowie als Profilierungsinstrument gegenüber dem Wettbewerb zu dienen.

Schaubild 5-4-2 Ziele und Aufgaben des Qualitätsmanagements im Zielsystem von Dienstleistungsunternehmen

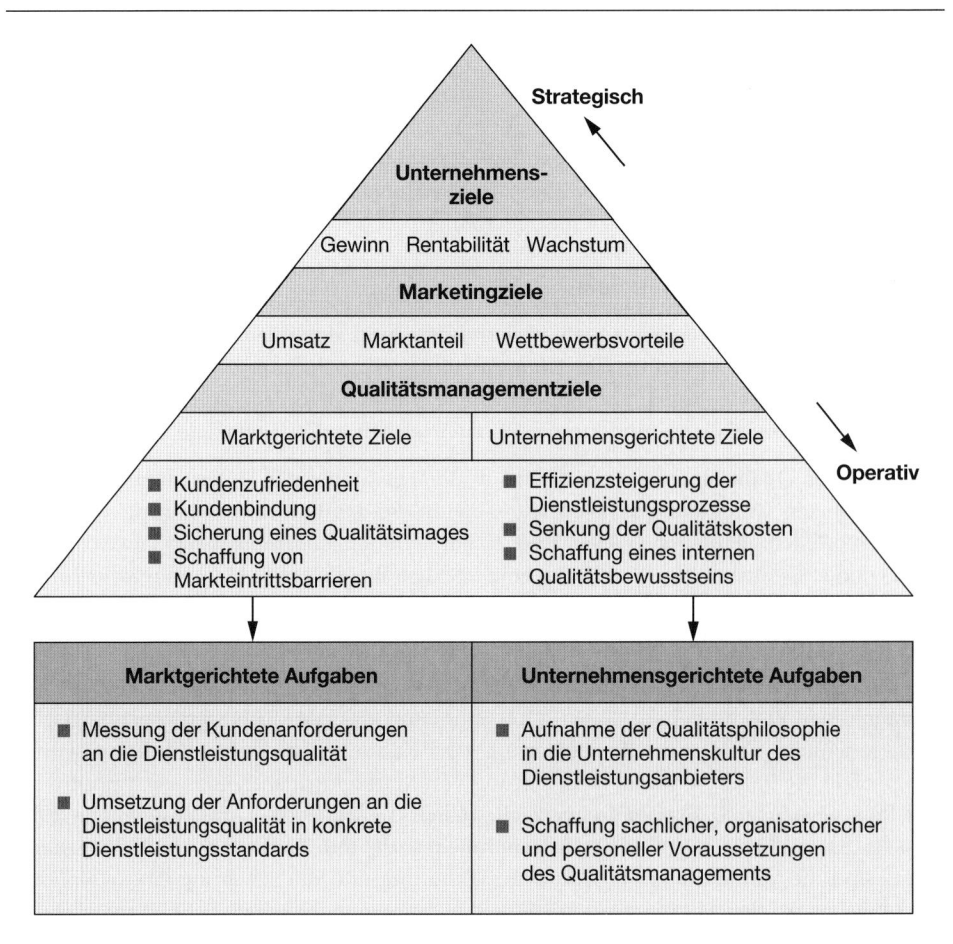

```
                        Strategisch
                            ▲
                             ╲
                  Unternehmens-
                      ziele
            Gewinn  Rentabilität  Wachstum
                  Marketingziele
         Umsatz   Marktanteil   Wettbewerbsvorteile
              Qualitätsmanagementziele
      Marktgerichtete Ziele    Unternehmensgerichtete Ziele
                                                                Operativ
   ■ Kundenzufriedenheit      ■ Effizienzsteigerung der
   ■ Kundenbindung              Dienstleistungsprozesse
   ■ Sicherung eines          ■ Senkung der Qualitätskosten
     Qualitätsimages          ■ Schaffung eines internen
   ■ Schaffung von              Qualitätsbewusstseins
     Markteintrittsbarrieren
```

Marktgerichtete Aufgaben	Unternehmensgerichtete Aufgaben
■ Messung der Kundenanforderungen an die Dienstleistungsqualität ■ Umsetzung der Anforderungen an die Dienstleistungsqualität in konkrete Dienstleistungsstandards	■ Aufnahme der Qualitätsphilosophie in die Unternehmenskultur des Dienstleistungsanbieters ■ Schaffung sachlicher, organisatorischer und personeller Voraussetzungen des Qualitätsmanagements

Zu den unternehmensgerichteten Aufgaben gehört die Verankerung der **Qualitätsphilosophie** des Dienstleistungsanbieters in der Unternehmenskultur (Meffert 1998). Voraussetzung hierfür ist ein „Vorleben" der Qualitätsphilosophie und die Vorbildfunktion der Führungskräfte im Dienstleistungsunternehmen selbst.

Eine Effizienzsteigerung der Dienstleistungsprozesse sowie eine generelle Kostenreduzierung lassen sich nur realisieren, wenn entsprechende **qualitätsbezogene Voraussetzungen** im Unternehmen gegeben sind. In diesem Zusammenhang sind sachliche, organisatorische und personelle Voraussetzungen zu schaffen. Ferner ist die Installation qualitätsorientierter Kommunikations- und Kontrollsysteme erforderlich (Bruhn 2000b).

4.2 Erwartungsbezogenes Qualitätsmanagement

Die Steuerung von Kundenerwartungen bietet eine sinnvolle Möglichkeit, die wahrgenommene Dienstleistungsqualität zu erhöhen. Häufig lassen sich weitere Qualitätsverbesserungen der eigentlichen Leistung selbst durch den Einsatz eines professionellen Qualitätsmanagements nur noch in Verbindung mit einem sehr hohen Ressourcenaufwand realisieren. Daher empfiehlt es sich, das Qualitätsmanagement neben der Verbesserung der Leistungsqualität auch zur Steuerung der Kundenerwartungen einzusetzen, um im „Endeffekt" eine gesteigerte wahrgenommene Dienstleistungsqualität beim Kunden zu erzielen.

Generell werden Erwartungen eines Individuums als ein psychologischer Zustand aufgefasst, der sich auf zukünftige Verhaltenskonsequenzen für das Individuum bezieht (van Raaij 1991, S. 401f.). Bezogen auf die Leistungen eines Unternehmens bezeichnen die Kundenerwartungen einen psychologischen Zustand, der die zukünftige Inanspruchnahme der Leistungen eines Dienstleisters betrifft. Bei einer Konkretisierung des Begriffs der Kundenerwartungen wird bereits bei einer Betrachtung des allgemeinen Sprachgebrauchs deutlich, dass die Definition der Kundenerwartungen vielschichtiger ist. Fordert der Vorgesetzte von seinem Mitarbeitenden „Ich erwarte den Bericht bis Mittwoch!", wird eine andere Form der Erwartung angesprochen als bei der Voraussage des Vorgesetzten „Ich erwarte nicht, dass er den Bericht bis Mittwoch fertig hat."

Dieser Differenzierung des Erwartungsbegriffs im allgemeinen Sprachgebrauch folgend werden grundsätzlich zwei **Typen von Kundenerwartungen** unterschieden (Liljander 1994; Ngobo 1997, S. 63f.; Bruhn 2010d, S. 41ff.; vgl. Schaubild 5-4-3):

1. prädiktive Erwartungen,

2. normative Erwartungen

Prädiktive Erwartungen bringen zum Ausdruck, welches Leistungsniveau der Kunde vor der Leistungsinanspruchnahme für wahrscheinlich hält bzw. vorhersieht. Sie haben folglich antizipierenden Charakter. Prädiktive Erwartungen führen tendenziell zu einer **positiven** wahrgenommenen Dienstleistungsqualität. Kunden bilden ihre Einschätzung in Bezug auf die zukünftig zu erhaltende Leistung. Im Falle, dass diese Einschätzung durch die erbrachte Leistung nicht bestätigt wird, passt der Kunde die Wahrnehmung der erhaltenen Leistung an seine prädiktiven Erwartungen an, um seinen „Erwartungsirrtum" zu korrigieren.

Normative Erwartungen entsprechen Forderungen des Kunden an den Dienstleistungsanbieter und bezeichnen das Leistungsniveau, das der Kunde vom Anbieter einfordert. Normative Erwartungen und die wahrgenommene Dienstleistungsqualität hängen tendenziell **negativ** miteinander zusammen, da der Kunde bei Nichterfüllung seiner Forderungen durch die Leistung den Anbieter quasi mit einer schwächeren Qualitätswahrnehmung „bestraft". Hinzu kommt, dass es für einen Anbieter umso schwieriger ist, eine hohe Qualität zu liefern, je höher dessen normativen Erwartungen ausgeprägt sind.

Aus einer strategischen Perspektive gilt es, das **kundenbezogene Erwartungsniveau** festzulegen und zu bestimmen, ob die Erwartungen nach unten oder nach oben zu steuern oder auf dem bestehenden Niveau zu halten sind (Richter 2005, S. 181f.). Zudem ist im

Schaubild 5-4-3 Überblick über Erwartungstypen

Autoren	Definition	Erwartungstyp	Zugehörigkeit zu den Grundtypen	Art der Einordnung auf einer Leistungsniveauskala	Bezugsobjekt Unternehmensübergreifend	Bezugsobjekt Unternehmensbezogen
Miller 1977; Tse/Wilton 1998; Hamer 1996; Sudharshan et al 1996	Vorstellung von einer nicht zu übertreffenden Leistung	Idealniveau	Normativ	Gegeben (Hoch)	X	
Parasuraman et al. 1988; Boulding et al. 1993; Szymanski/Henard 2001	Leistungsniveau, das der Kunde sich wünscht bzw. das der Anbieter liefern sollte	Erwünschtes Niveau	Normativ	Gegeben		X
Cadotte/Woodruff/Jenkins 1987	Vorstellung von der Qualität der Leistungen des aus Kundensicht besten Anbieters einer Kategorie	Best-Brand-Niveau	Normativ	Gegeben	X	
Cadotte/Woodruff/Jenkins 1987; Laroche et al. 2005	Vorstellung von der typischen oder durchschnittlichen Qualität sämtlicher dem Kunden bekannten Leistungen einer Kategorie	Product-Type-Niveau	Normativ	Gegeben	X	
Zeithaml et al. 1993	Leistungsniveau, das der Kunde gerade noch akzeptiert wird realistischerweise akzeptiert	Angemessenes Niveau	Normativ	Gegeben	X	
Miller 1997; Hamer 1996	Leistungsniveau, das vom Kunden gerade noch akzeptiert wird	Minimal tolerierbares Niveau	Normativ	Gegeben (Gering)	X	
Fisk/Young 1985; Oliver/Swan 1989	Vorstellung von dem Niveau, das der Kunde unter Berücksichtigung seines eigenen Aufwands und den gegebenen Möglichkeiten verlangt	Verdientes Niveau	Prädiktiv	Nicht gegeben		X
Swan/Trawick 1980; Oliver 1981; Prakash 1984; Spreng/Dixon 1992; Boulding et al. 1993; Szymanski/Henard 2001; Laroche et al. 2005	Vorstellung von der Qualität der Leistungen eines bestimmten Anbieters	Vorhergesehenes Niveau	Prädiktiv	Nicht gegeben		X
Miller 1977; Diehl/Poynor 2010	Wahrscheinlichkeit des Auftretens eines Ereignisses	Wahrscheinliches Niveau	Prädiktiv	Nicht gegeben		X

[1] In dieser Übersicht sind Autoren geführt, die die jeweiligen Erwartungstypen in der Literatur eingeführt bzw. ihre Verwendung stark vertreten haben. Überblicke über Erwartungstypen finden sich zudem z. B. bei Liljander/Strandvik 1993; Oliver 1996; Ngobo 1997; Harner 2006.

Quelle: in Anlehnung an Bruhn/Georgi 2000, S. 188

Rahmen des strategischen Erwartungsmanagements zu berücksichtigen, dass die Ziele des Erwartungsmanagements ja nach Konsumphase des Kaufprozesses variieren. Schaubild 5-4-4 zeigt die Ziele des Erwartungsmanagements sowie die Einflussfaktoren auf die Erwartungssteuerung in Abhängigkeit der Phase des Kaufprozesses. In der Vorkaufphase zielt das Erwartungsmanagement auf die Steuerung der Kaufabsicht, in der Kaufphase auf die Leistungsbeurteilung sowie in der Nachkaufphase auf die Steuerung der Kundenbindung ab.

Schaubild 5-4-4 Konsumphasenbezogene Ziele eines Erwartungsmanagements und Haupteinflussfaktoren auf die Erwartungssteigerung

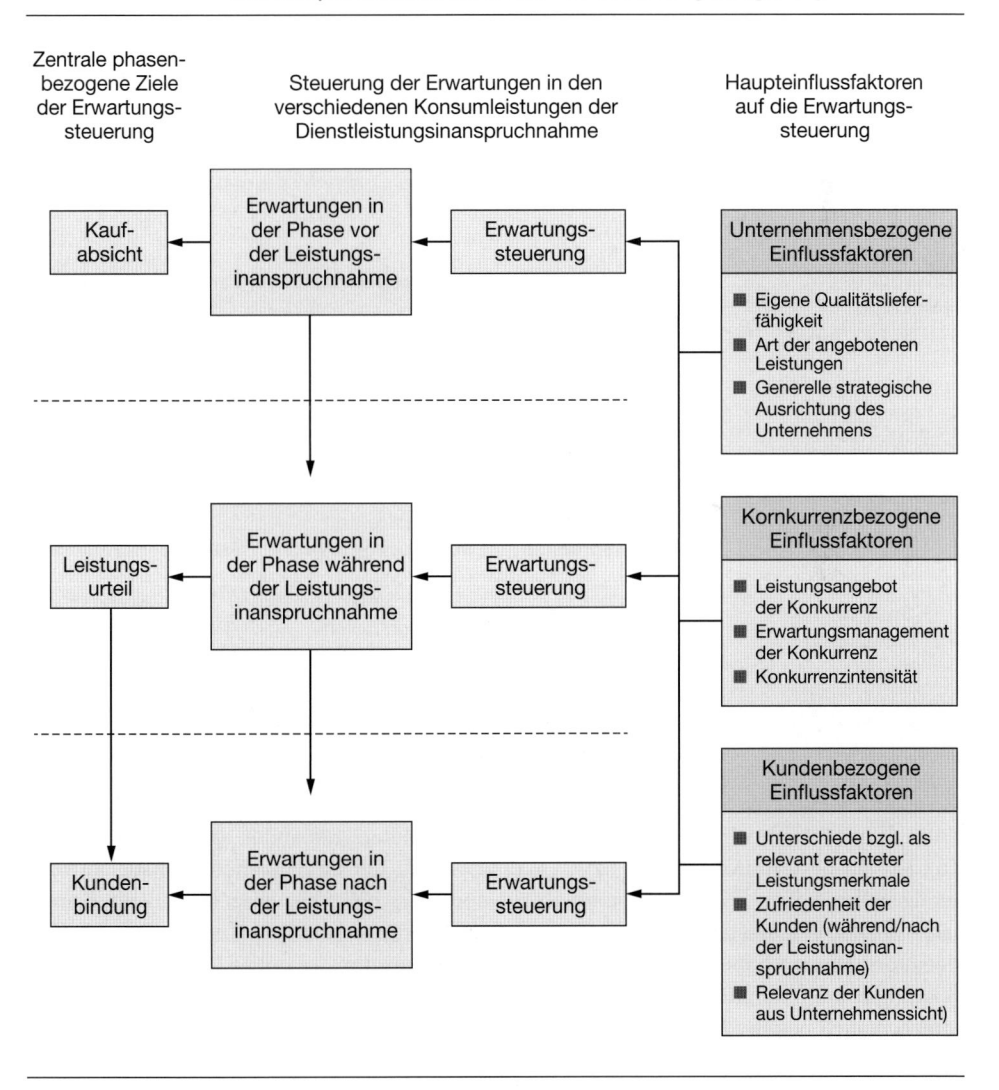

Zentrale phasenbezogene Ziele der Erwartungssteuerung	Steuerung der Erwartungen in den verschiedenen Konsumleistungen der Dienstleistungsinanspruchnahme	Haupteinflussfaktoren auf die Erwartungssteuerung
Kaufabsicht	Erwartungen in der Phase vor der Leistungsinanspruchnahme ← Erwartungssteuerung	**Unternehmensbezogene Einflussfaktoren** ■ Eigene Qualitätslieferfähigkeit ■ Art der angebotenen Leistungen ■ Generelle strategische Ausrichtung des Unternehmens
Leistungsurteil	Erwartungen in der Phase während der Leistungsinanspruchnahme ← Erwartungssteuerung	**Kornkurrenzbezogene Einflussfaktoren** ■ Leistungsangebot der Konkurrenz ■ Erwartungsmanagement der Konkurrenz ■ Konkurrenzintensität
Kundenbindung	Erwartungen in der Phase nach der Leistungsinanspruchnahme ← Erwartungssteuerung	**Kundenbezogene Einflussfaktoren** ■ Unterschiede bzgl. als relevant erachteter Leistungsmerkmale ■ Zufriedenheit der Kunden (während/nach der Leistungsinanspruchnahme) ■ Relevanz der Kunden aus Unternehmenssicht)

Quelle: Richter 2005, S. 192

Im Rahmen des **strategischen Erwartungsmanagements** geht es primär darum, beim Kunden ein realistisches Erwartungsniveau zu etablieren. Darauf aufbauend gilt es, durch die Erbringung einer qualitativ hochwertigen Dienstleistung, die wahrgenommene Dienstleistungsqualität zu steigern. Einem systematischen Erwartungsmanagement ist die Wirkungsweise der Erwartungsbildung sowie die Unterscheidung zwischen prädiktiven und normativen Erwartungen zu Grunde zu legen. Des Weiteren ist der Einfluss der Erwartungen als Determinante der wahrgenommenen Dienstleistungsqualität bei der Ausgestaltung des operativen Instrumentariums der Erwartungssteuerung zu berücksichtigen. Zu beachten ist dabei die Einschränkung, dass lediglich diejenigen Erwartungsdeterminanten, die durch das Dienstleistungsunternehmen beeinflussbar sind, Ansatzpunkte einer systematischen Steuerung der Kundenerwartungen darstellen. Das VIP-Modell von Bruhn/Georgi (2000) unterteilt diese Determinanten in Serviceversprechen (V), Serviceinformation (I) und Serviceperformance (P) (vgl. Schaubild 5-4-5).

Schaubild 5-4-5 VIP-Modell des Erwartungsmanagements

Art der Erwartungssteuerung \ Maßnahmen	V Serviceversprechen	I Serviceinformation	P Serviceperformance
Direkte Erwartungssteuerung	Direkte Serviceversprechen Beispiel: Einseitige Unternehmenskommunikation	Direkte Serviceinformation Beispiel: Zweiseitige Kommunikation	Direkte Serviceperformance Beispiel: Zufriedenstellung aktueller Kunden
Indirekte Erwartungssteuerung	Indirekte Serviceversprechen Beispiel: Tangible Leistungselemente, Preis	Indirekte Serviceinformation Beispiel: Unpersönliche Mund-zu-Mund-Kommunikation durch Öffentlichkeitsarbeit	Indirekte Serviceperformance Beispiel: Positive Mund-zu-Mund-Kommunikation durch Zufriedenstellung aktueller Kunden

Quelle: Bruhn/Georgi 2000, S. 186

Unter Serviceversprechen werden Aussagen der Anbieter verstanden, die gegenüber den Kunden ein bestimmtes Service- bzw. Qualitätsniveau der angebotenen Dienstleistungen herausstellen sollen. Fastfoodrestaurants versprechen beispielsweise, dass kein Kunde nach Abgabe der Bestellung länger als fünf Minuten auf sein Essen warten muss. Serviceinformationen haben erklärenden Charakter, indem die Gesamtleistung oder einzelne Leistungsaspekte tangibel gemacht werden. Diese können im Unterschied zu Serviceversprechen auch negative Aspekte enthalten. Unternehmen können z. B. Informationen über erfolgreiche Testberichte in Broschüren abdrucken oder in den Verkaufsräumen ausstellen.

Die Serviceperformance verlangt einen direkten Kontakt zwischen Anbieter und Kunden und wird durch eigene Erfahrungen des Kunden bei der Leistungserstellung gebildet, also z. B. Erfahrungen bei früheren Besuchen in einem Friseursalon oder aus Beratungsgesprächen mit einem Finanzberater in der Vergangenheit.

5. Operative Gestaltung des Qualitätsmanagements für Dienstleistungen

Analog zur strategischen Planung des Qualitätsmanagements von Dienstleistungen empfiehlt sich im Rahmen der operativen Gestaltung des Qualitätsmanagements von Dienstleistungen, ebenfalls zwischen dem klassischen Qualitätsmanagement zur Qualitätsverbesserung der eigentlichen Leistung (Abschnitt 5.1) und dem Erwartungsmanagement zur Steuerung der Erwartungen an die Dienstleistungsqualität (Abschnitt 5.2) zu unterscheiden. Schließlich handelt es sich bei der tatsächlich gelieferten und wahrgenommenen Dienstleistung zum einen und bei den Erwartungen an die Dienstleistung zum anderen um die zentralen Determinanten der wahrgenommenen Dienstleistungsqualität, deren Steigerung im Mittelpunkt eines ganzheitlichen Qualitätsmanagements steht.

5.1 Operatives Qualitätsmanagement

5.11 Regelkreis des Qualitätsmanagements

Die Umsetzung des Total-Quality-Management-Konzeptes in der Dienstleistungsunternehmung erfordert die Entwicklung von konkreten Instrumenten eines integrierten Qualitätsmanagements (Algedri 1998; Boutellier/Masing 1998). In diesem Zusammenhang wird von einem **Regelkreis** des Managements der Qualität (Lehmann 1995; Pfeifer 2001, S. 300f.) gesprochen. Von diesem Konzept ausgehend haben sich die Unternehmen mit einem implementierten Qualitätsmanagementsystem in der Vergangenheit vielfach eigene Systeme nach ihren spezifischen Bedürfnissen aufgebaut (vgl. die Qualitätsmanagementsysteme verschiedener Dienstleistungsunternehmen in Bruhn/Meffert 2002). Idealtypisch lässt sich ein Qualitätsmanagementsystem nach dem Regelkreiskonzept an den klassischen Managementfunktionen Planung, Durchführung und Kontrolle orientieren. Hierbei lassen sich die vier **Phasen** unterscheiden (Schmidt/Tautenhahn 1996; DIN EN ISO 9000:2005 2005):

1. Qualitätsplanung,
2. Qualitätslenkung,
3. Qualitätsprüfung,
4. Qualitätsmanagementdarlegung.

An diesen Phasen orientieren sich die folgenden Ausführungen bezüglich der Instrumente des Qualitätsmanagements (vgl. Schaubild 5-5-1).

Schaubild 5-5-1 Phasen eines Qualitätsmanagementsystems

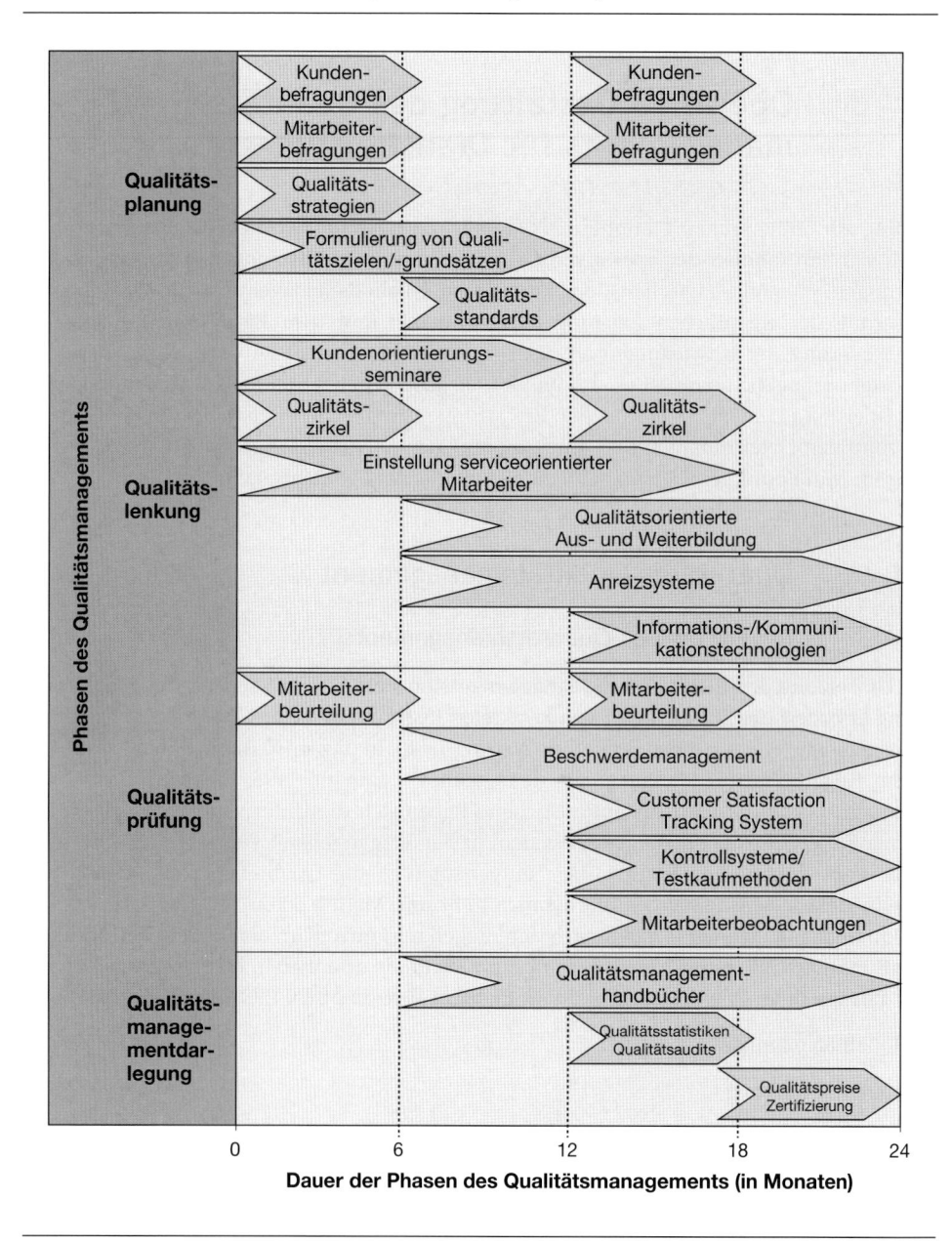

Phasen des Qualitätsmanagements

Qualitätsplanung
- Kundenbefragungen
- Mitarbeiterbefragungen
- Qualitätsstrategien
- Formulierung von Qualitätszielen/-grundsätzen
- Qualitätsstandards
- Kundenbefragungen
- Mitarbeiterbefragungen

Qualitätslenkung
- Kundenorientierungsseminare
- Qualitätszirkel
- Einstellung serviceorientierter Mitarbeiter
- Qualitätszirkel
- Qualitätsorientierte Aus- und Weiterbildung
- Anreizsysteme
- Informations-/Kommunikationstechnologien

Qualitätsprüfung
- Mitarbeiterbeurteilung
- Mitarbeiterbeurteilung
- Beschwerdemanagement
- Customer Satisfaction Tracking System
- Kontrollsysteme/Testkaufmethoden
- Mitarbeiterbeobachtungen

Qualitätsmanagementdarlegung
- Qualitätsmanagementhandbücher
- Qualitätsstatistiken Qualitätsaudits
- Qualitätspreise Zertifizierung

Dauer der Phasen des Qualitätsmanagements (in Monaten): 0, 6, 12, 18, 24

Quelle: Bruhn 2010d, S. 422

Kurzfallstudie

Auf das Beratungsunternehmen *McKinsey* ist der integrierte Qualitätsmanagementansatz mit dem Namen **„House of Service Quality"** zurückzuführen, der insgesamt folgende sechs **Prinzipien** zugrunde legt (McKinsey 2007, S. 58ff.)

1. Qualität und deren kontinuierliche Weiterentwicklung gehören zu den zentralen **Führungsaufgaben**, die folglich an oberster Stelle auf der Prioritätenliste der Chefetage stehen sollten. In diesem Zusammenhang sind Kundenzufriedenheit, Produktivität sowie Rentabilität als die Folge und nicht als die Bedingung von Qualität anzusehen.

2. Zur permanenten Verbesserung der Leistung und der Prozesse bedarf es der Erfahrung und des **Rückhalts der gesamten Belegschaft**. Qualitätsverbesserungen lassen sich insbesondere in der Organisationsform gemischter Teams realisieren. Daher empfiehlt es sich, für jede Organisationseinheit eigene fünf- bis siebenköpfige Qualitätszirkel zu gründen, innerhalb derer Verbesserungsthemen entwickelt und bearbeitet werden.

3. Damit sich nachhaltige Verbesserungen realisieren lassen, ist es notwendig, moderne **Qualitätstechniken** zu beherrschen und einzusetzen. Dabei ist zu berücksichtigen, dass die Anforderungen an die Fähigkeiten und Fertigkeiten innerhalb des Prozesses variieren. Dies macht den Einsatz eines systematischen Trainingsprogramms zur „Qualitätsentwicklung" erforderlich. Bausteine solch eines Trainingsprogramms umfassen beispielsweise Coaching für Führungskräfte, Trainings zur Moderation von Qualitätszirkeln oder auch On-the-job-Trainings zu Six Sigma.

4. Die Stärke von **Qualitätszirkeln** liegt darin, dass sich Qualitätsprobleme nachhaltig und systematisch beseitigen lassen. Dies setzt allerdings voraus, dass alle Mitarbeitende das dafür notwendige strukturierte Vorgehen kennen und beherrschen. In diesem Zusammenhang ist das so genannte End-to-End-Verständnis relevant. Dies drückt aus, dass Qualitätssteigerungen mit der Erhebung der Kundenmeinung beginnen und bei der durch die Maßnahme erzielten Wirkung am Kunden enden. Zur Definition, Priorisierung, und Umsetzung der Maßnahmen lassen sich die in Schaubild 5-5-1 dargestellten Werkzeuge einsetzen.

5. Für die nachhaltige Erfolgswirksamkeit von Maßnahmen zur Qualitätssteigerung ist es notwendig, dass die durch einzelne Mitarbeitende und Teams entwickelten **Best-Practices** im Unternehmen sichtbar gemacht werden und so zur Nachahmung veranlassen. Damit dies erreicht wird, gilt es, geeignete Formate zur internen Kommunikation der Qualitätserfolge zu finden. Mögliche Maßnahmen hierzu stellen beispielsweise CEO-Awards für die beste Verbesserungsidee, Qualitäts-Konferenzen und -newsletter oder auch Benchmarking-Workshops dar. Unabhängig von der Wahl und der exakten Ausgestaltung der Maßnahme ist es von zentraler Bedeutung, dass das Kommunikationsformat zum einen Bewusstsein für die Qualitätsproblematik schafft und zum anderen vor allem aber auch wachhält.

6. Qualitätssteigerungen sind nur realisiert, wenn sich diese auch tatsächlich messen lassen. Zudem wird in der Regel auch nur das beachtet, was sich messen lässt. Aus diesem Grund bedarf es eines **Qualitätscontrolling**, das in regelmäßigen Reportings den Qualitätsfortschritt anhand geeigneter Qualitätskennzahlen – so genannte Quality Performance Indicators (QPIs) – dokumentiert. Wichtig ist, dass die QPIs zudem verknüpft sind mit zum einen Mitarbeiter- und Kundenzufriedenheitskennzahlen und zum anderen mit finanziellen Erfolgsgrößen.

5.12 Instrumente der Qualitätsplanung

Die Qualitätsplanung ist notwendige Voraussetzung eines gezielten Qualitätsmanagements. Sie wird von der Deutschen Gesellschaft für Qualität (DGQ-Lenkungsausschuss Gemeinschaftsarbeit (LAG) der Deutschen Gesellschaft für Qualität e.V. 1995) wie folgt definiert:

> Die **Qualitätsplanung** umfasst alle Maßnahmen des Auswählens, Klassifizierens und Gewichtens der Qualitätsmerkmale sowie des schrittweisen Konkretisierens aller Einzelforderungen an die Beschaffenheit einer Leistung zu Realisierungsspezifikationen im Hinblick auf die durch den Zweck der Einheit gegebenen Erfordernisse, auf die Anspruchsklasse und unter Berücksichtigung der Realisationsmöglichkeiten.

Dementsprechend beinhaltet diese erste Phase des Qualitätsmanagements bei Dienstleistungsunternehmen die Planung und Weiterentwicklung der Qualitätsforderung an die verschiedenen Dienstleistungen des Unternehmens. Nicht die Qualität der Dienstleistungen selbst, sondern die verschiedenen Qualitätsanforderungen sind zu planen.

5.13 Instrumente der Qualitätslenkung

Die Qualitätslenkung basiert auf den Ergebnissen der Qualitätsplanung und beinhaltet alle Tätigkeiten, die zur Erfüllung der Anforderungen an die Dienstleistungsqualität aus Kunden- und Unternehmenssicht erforderlich ist.

> Die **Qualitätslenkung** (auch „Quality Control") umfasst sämtliche „vorbeugenden, überwachenden und korrigierenden Tätigkeiten bei der Realisierung einer Einheit", mittels derer „unter Einsatz von Qualitätstechniken die Qualitätsforderungen" zu erfüllen sind (DGQ-Lenkungsausschuss Gemeinschaftsarbeit (LAG) Deutsche Gesellschaft für Qualität e.V. 1993).

Ein mitarbeiterbezogenes Instrument der Qualitätslenkung ist die **Einstellung neuer Mitarbeitenden**, bei der insbesondere auf die Erfüllung qualitätsrelevanter Anforderungen des Unternehmens durch die Bewerber wie beispielsweise Servicementalität und Kommunikationsfähigkeit zu achten ist (Benkenstein 1998, S. 451f.). Die aktuellen Mitarbeitenden sind im Rahmen von **Schulungen** als weiterem Qualitätslenkungsinstrument ständig weiterzuqualifizieren. Schließlich sind bezüglich der mitarbeiterbezogenen Maßnahmen **Anreizsysteme** zu nennen, die der Steigerung der Mitarbeitermotivation hinsichtlich eines kunden- und serviceorientierten Verhaltens dienen (Hentze/Lindert 1998).

Ein wichtiges Instrument der Qualitätslenkung stellen **Qualitätszirkel** dar, die stellenübergreifend eingerichtet werden (Deutsche Gesellschaft für Qualität e.V. 1996). Grundgedanke dieses aus der industriellen Fertigung stammenden Ansatzes ist es, das bisher weitgehend ungenutzte Problemlösungspotenzial der Mitarbeitenden zu aktivieren (Corsten 1987, S. 196). Insbesondere das Kundenkontaktpersonal ist aufgefordert, die Schwierigkeiten, die sich im täglichen Umgang mit den Kunden ergeben, aufzugreifen und hierzu Lösungsvorschläge zu erarbeiten.

> **Beispiel: Qualitätszirkel im Tagungshotel Schindlerhof**
>
> Der *Schindlerhof* ist ein mit vielen Qualitätspreisen ausgezeichnetes Tagungshotel im fränkischen Boxdorf bei Nürnberg. Ein Instrument des Qualitätsmanagementsystems, das im *Hotel Schindlerhof* Einsatz findet, sind Qualitätszirkel, die die Abteilungsleiter je nach Bedarf einberufen. Es werden dabei Qualitätszirkel unterschieden, die der abteilungsübergreifenden Behandlung spezieller Vorkommnisse dienen, und Qualitätszirkel, die sich mit abteilungsspezifischen Fragestellungen auseinandersetzen. Die Moderation der Qualitätszirkel wird durch den Abteilungsleiter oder durch einen externen Moderator durchgeführt (Bruhn/Brunow/Specht 2002, S. 165).

In der Definition der **„General Principles of the Quality Circle"** wird ein Qualitätszirkel als „eine kleine Gruppe von Mitarbeitenden, die freiwillig Qualitätssicherungsaktivitäten innerhalb des gleichen Arbeitsfeldes betreibt" bezeichnet (Oess 1993, S. 286f.). Dabei handelt es sich meist um vier bis fünf Mitarbeitende der gleichen Hierarchiestufe, die innerhalb ihrer Gruppe folgende **Aufgaben** bearbeiten (Corsten 1987, S. 198):

- Erkennen von Schwachstellen im eigenen Arbeitsbereich,
- Ursachenermittlung,
- Entwicklung von Problemlösungen,
- Präsentation der Ergebnisse vor dem Management,
- Realisation der Lösung,
- Laufende Überwachung.

Entscheidender Vorteil dieses Konzeptes ist seine Eignung als Instrument eines partizipativen Führungsstils (Corsten 1987, S. 199), das den Gedanken des Total Quality Managements, dass grundsätzlich jeder Mitarbeitende Qualitätsmanager des Unternehmens ist, positiv unterstützt (Oess 1993, S. 286ff.).

Schließlich ist für eine erfolgreiche Qualitätslenkung die qualitätsorientierte Anpassung der **Informations- und Kommunikationssysteme** des Dienstleistungsunternehmens unerlässlich.

5.14 Instrumente der Qualitätsprüfung

Der **Qualitätsprüfung** sind sämtliche Maßnahmen zu subsumieren, die im Rahmen des Qualitätsmanagements eingesetzt werden, um die Erfüllung der Qualitätsforderungen durch eine Einheit festzustellen, d. h., sämtliche qualitätsbezogenen Elemente, Prozesse und Tätigkeiten eines Dienstleistungsunternehmens im Hinblick auf die Erreichung der geplanten Qualitätsziele zu testen (Deutsche Gesellschaft für Qualität e.V. 1995, S. 108).

Qualitätsprüfungen werden i. d. R. permanent in verschiedenen Bereichen der Unternehmung durchgeführt, d. h. an einem Dienstleistungsprodukt bzw. -ergebnis, während des Dienstleistungsprozesses oder auch bei der Potenzialdimension der Dienstleistungsqualität (DGQ-Lenkungsausschuss Gemeinschaftsarbeit (LAG) der Deutschen Gesellschaft für Qualität e.V. (1993, S. 97).

Im Rahmen einer internen Qualitätsprüfung kommen sowohl objektive als auch subjektive Verfahren der unternehmensorientierten Qualitätsmessung zum Einsatz. Im Gegensatz dazu orientieren sich die Instrumente der externen Qualitätsprüfung an den qualitätsbezogenen Kundenwahrnehmungen und umfassen dabei insbesondere die kontinuierliche Beobachtung der Kundenzufriedenheitsentwicklung (Customer Satisfaction Tracking Systems) und das Beschwerdemanagement (vgl. die entsprechenden vorangegangenen Abschnitte).

5.15 Instrumente der Qualitätsmanagementdarlegung

Schließlich ist am Ende des Kreislaufs im Qualitätsmanagementsystem die Phase der Qualitätsmanagementdarlegung zu beachten. Diese lässt sich wie folgt definieren:

> Die **Qualitätsmanagementdarlegung** (auch „Quality Assurance") beinhaltet „alle geplanten und systematischen Tätigkeiten, die innerhalb des Qualitätsmanagementsystems verwirklicht und wie erforderlich dargelegt sind, um angemessenes Vertrauen zu schaffen, dass die angebotenen Dienstleistungen die jeweilige Qualitätsforderung erfüllen werden" (DGQ-Lenkungsausschuss Gemeinschaftsarbeit (LAG) der Deutschen Gesellschaft für Qualität e.V. 1993, S. 132).

Ein **Qualitätsmanagementsystem** dient letztlich der Strukturierung und systematischen Umsetzung von Qualitätsaufgaben in einer Dienstleistungsunternehmung. So entsteht ein System vernetzter Regelkreise auf sämtlichen betrieblichen Ebenen, indem Ziele, Strukturen, Verantwortlichkeiten, Verfahren, Prozesse und die zur Durchführung erforderlichen Mittel zur Sicherung der Qualität festgelegt werden (Kamiske/Brauer 2006, S. 210). **Elemente eines Qualitätssicherungssystems** sind beispielsweise (Oess 1993, S. 98):

Operative Gestaltung des Qualitätsmanagements für Dienstleistungen

- Genau festgelegte Qualitätsziele,

- Exakte Aufgaben- und Verantwortungsbereiche,

- Hinweise über Rolle und Bedeutung von Dokumentation, Qualitätsprüfung, Audits, Qualitätskosten, Prüfmittelüberwachung u. a.

Schaubild 5-5-2 Beispielhafte Darstellung eines Phasenkonzeptes des Qualitätsmanagements für Dienstleistungsunternehmen

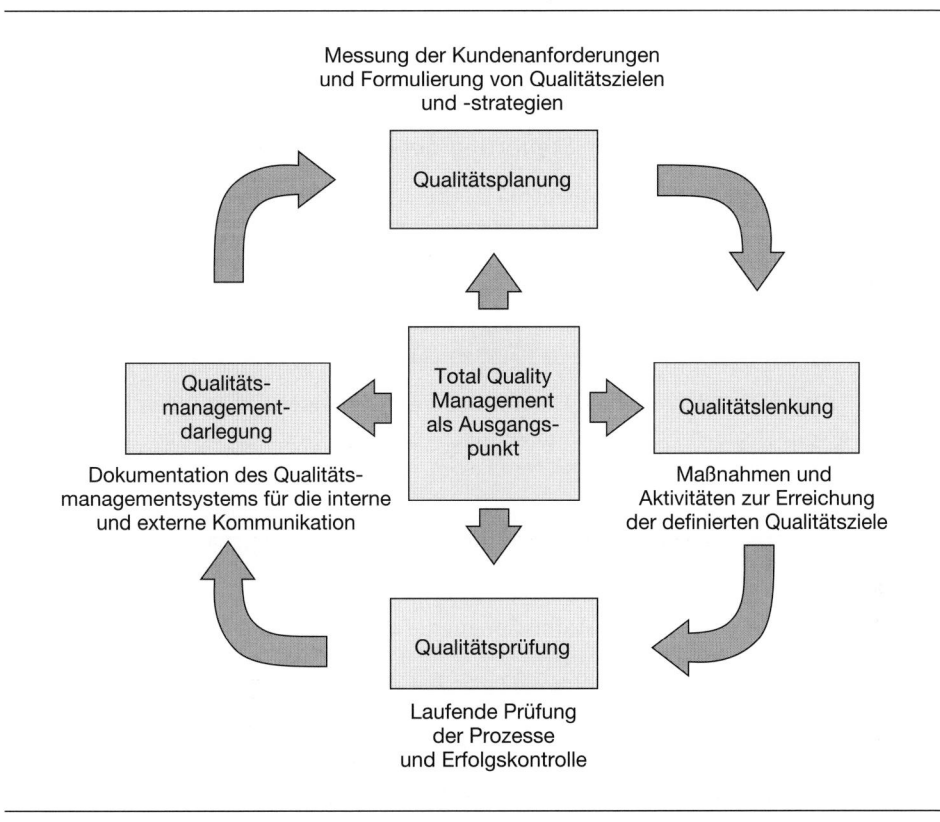

```
                    Messung der Kundenanforderungen
                    und Formulierung von Qualitätszielen
                           und -strategien

                          ┌──────────────────┐
                          │  Qualitätsplanung │
                          └──────────────────┘

   ┌──────────────┐      ┌──────────────┐      ┌──────────────┐
   │  Qualitäts-  │      │ Total Quality│      │              │
   │ management-  │ ◄─── │  Management  │ ───► │Qualitätslenkung│
   │  darlegung   │      │ als Ausgangs-│      │              │
   └──────────────┘      │    punkt     │      └──────────────┘
   Dokumentation des     └──────────────┘      Maßnahmen und
   Qualitätsmanagement-                        Aktivitäten zur Erreichung
   systems für die interne                     der definierten Qualitätsziele
   und externe Kommunikation

                          ┌──────────────────┐
                          │ Qualitätsprüfung │
                          └──────────────────┘
                           Laufende Prüfung
                             der Prozesse
                          und Erfolgskontrolle
```

Gestaltung und Umfang eines Qualitätsmanagementsystems werden nur unternehmensspezifisch festgelegt und sind in Form von Qualitätsmanagement- (Qualitätssicherungs-) **Handbüchern** zu dokumentieren (Kamiske/Brauer 2006, S. 208f.). Diese definieren den Ist-Zustand des Qualitätsmanagementsystems und gelten gleichzeitig als Entwicklungsrichtlinie für die Zukunft (o.V. 1993). Darüber hinaus ermöglichen sie eine regelmäßige Überprüfung des Qualitätsmanagementsystems in Bezug auf Wirksamkeit und Funktionsfähigkeit im Rahmen von Qualitätsaudits. Die genannte Qualitätsmanagementdarlegung dient in erster Linie Zwecken der internen und externen Kommunikation. Sie dient dazu, den Mitarbeitenden und Führungskräften des Dienstleistungsunternehmens Vertrauen in die eigene Qualitätsfähigkeit zu geben und ist auch als Motivationsinstrument einzusetzen. Nach außen erfüllt sie Profilierungszwecke und dient beispielsweise als Basis für die Erteilung eines **Zertifikats**, das der Unternehmung die Erfüllung ihrer Qualitätsanforderungen bescheinigt (DGQ-Lenkungsausschuss Deutsche Gesellschaft für Qualität e.V. 1993).

Ein abschließendes Beispiel für die Ausgestaltung des Phasenkonzeptes des Qualitätsmanagements für Dienstleistungsunternehmen ist in Schaubild 5-5-2 dargestellt.

5.2 Operatives Erwartungsmanagement

5.21 Ansatzpunkte zur Steuerung der Kundenerwartungen

Maßnahmen des Erwartungsmanagements lassen sich sowohl vor als auch nach der Inanspruchnahme einer Dienstleistung realisieren, da Erwartungen im Zeitablauf in der Regel instabil sind. Insbesondere bei Dienstleistungen mit direktem Kundenkontakt bedarf es Maßnahmen des Erwartungsmanagements während der Kauf- bzw. Erstellungsphase, da Erwartungen auch im Laufe des Erstellungsprozesses häufig Veränderungen unterliegen und somit zu diesem Zeitpunkt bereits Ansätze zur Steuerung aufweisen.

Die in Schaubild 5-5-3 dargestellten **Determinanten der Kundenerwartungen** liefern mögliche Ansatzpunkte einer Erwartungssteuerung, an denen sich die Maßnahmen des Erwartungsmanagements entsprechend ansetzen lassen.

Die Determinanten der Kundenerwartungen lassen sich auf einer aggregierten Ebene verdichten zu drei wesentlichen **Steuerungshebeln eines Erwartungsmanagements** (Richter 2005, S. 213f.):

1. Erwartungsrelevante **Serviceinformationen**, die dem Unternehmen implizit und explizit vom Kunden zugetragen werden.

2. Die wahrgenommene Qualität der **bisherigen Erfahrungen** mit dem Anbieter und dessen Leistungen aus Kundensicht.

3. **Empfehlungen** im Sinne erwartungsrelevanter Informationen über den Anbieter, die dem Kunden durch andere Personen zugetragen werden.

Auf Basis dieser Unterteilung besteht ein Erwartungsmanagement für Dienstleistungen aus den Bereichen der **Informationssteuerung**, der **Erfahrungssteuerung** und der **Empfehlungssteuerung**. Als weiteres Unterteilungsmerkmal des Erwartungsmanagements für Dienstleistungen lässt sich das Merkmal der Direktheit der Wirkungen der Maßnahmen des Erwartungsmanagements auf die Kundenerwartungen heranziehen. Somit lassen sich ein direktes und ein indirektes Erwartungsmanagement als Formen des Erwartungsmanagements differenzieren (vgl. Schaubild 5-5-4).

Operative Gestaltung des Qualitätsmanagements für Dienstleistungen 387

Schaubild 5-5-3 Determinanten der Kundenerwartungen

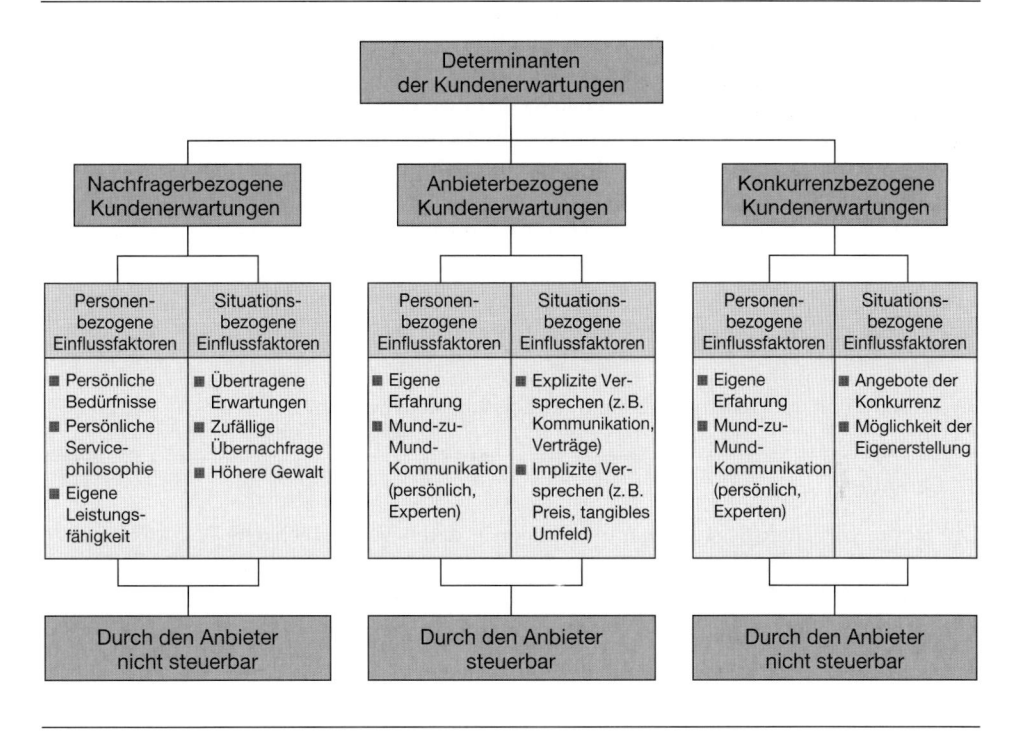

```
                     Determinanten
                  der Kundenerwartungen
        ┌───────────────┼───────────────┐
  Nachfragerbezogene  Anbieterbezogene  Konkurrenzbezogene
  Kundenerwartungen   Kundenerwartungen  Kundenerwartungen
```

Nachfragerbezogene Kundenerwartungen		Anbieterbezogene Kundenerwartungen		Konkurrenzbezogene Kundenerwartungen	
Personenbezogene Einflussfaktoren	Situationsbezogene Einflussfaktoren	Personenbezogene Einflussfaktoren	Situationsbezogene Einflussfaktoren	Personenbezogene Einflussfaktoren	Situationsbezogene Einflussfaktoren
▪ Persönliche Bedürfnisse ▪ Persönliche Servicephilosophie ▪ Eigene Leistungsfähigkeit	▪ Übertragene Erwartungen ▪ Zufällige Übernachfrage ▪ Höhere Gewalt	▪ Eigene Erfahrung ▪ Mund-zu-Mund-Kommunikation (persönlich, Experten)	▪ Explizite Versprechen (z.B. Kommunikation, Verträge) ▪ Implizite Versprechen (z.B. Preis, tangibles Umfeld)	▪ Eigene Erfahrung ▪ Mund-zu-Mund-Kommunikation (persönlich, Experten)	▪ Angebote der Konkurrenz ▪ Möglichkeit der Eigenerstellung
Durch den Anbieter nicht steuerbar		Durch den Anbieter steuerbar		Durch den Anbieter nicht steuerbar	

Quelle: In Anlehnung an Zeithaml/Berry/Parasuraman 1993, S. 8

Schaubild 5-5-4 Direktes versus indirektes Erwartungsmanagement für Dienstleistungen

Direktes Erwartungsmanagement		Indirektes Erwartungsmanagement			
Informationssteuerung		Erfahrungssteuerung		Empfehlungssteuerung	
Explizit	Implizit	Leistungssteuerung	Beziehungssteuerung	Empfehlungsfundierung	Empfehlungsstimulation

Quelle: Richter 2005, S. 183

5.22 Direktes Erwartungsmanagement

Maßnahmen des direkten Erwartungsmanagements wirken sich unmittelbar auf die Kundenerwartungen aus. Deshalb wird das direkte Erwartungsmanagement auch als Erwartungsmanagement im engeren Sinne bezeichnet (vgl. auch im Folgenden Richter 2005, S. 220ff.). Beim direkten Erwartungsmanagement werden Erwartungen anhand von so genannten Instrumenten der **Informationssteuerung** beeinflusst. Die Informationssteuerung ermöglicht sowohl eine Steigerung als auch eine Stabilisierung oder Senkung von prädiktiven und normativen Erwartungen. Maßnahmen der Informationssteuerung beziehen sich auf explizite und auf implizite Serviceinformationen. In Bezug auf explizite Serviceinformationen lassen sich folgende Maßnahmen unterscheiden:

1. Garantien,
2. Serviceaussagen,
3. Präsentation von Testergebnissen oder Leistungsnachweisen.

1. Garantien

Die Stärke von Dienstleistungsgarantien liegt in deren Verbindlichkeit. Das Aussprechen von Garantien verpflichtet Unternehmen, das nach außen kommunizierte Garantieversprechen tatsächlich auch einzuhalten. Ein Beispiel für eine Servicegarantie sind Versprechen bezüglich der Pünktlichkeit von Passagiertransportunternehmen. Von der damit einhergehenden Glaubwürdigkeit von Garantien geht eine hohe erwartungssteuernde Wirkung aus, die sich jedoch eher zur Erwartungssteigerung als zur Erwartungssenkung heranziehen lassen.

2. Serviceaussagen

Serviceaussagen eignen sich im Gegensatz zu Garantien sowohl zur Steigerung als auch zur Senkung von Kundenerwartungen. Dieser Zusammenhang lässt sich am Beispiel einer Sprachschule verdeutlichen. Weist ein Anbieter beispielsweise auf den exzellenten Ruf seines Abschlusszertifikates hin, dann handelt es sich bei solch einer Serviceaussage um ein Serviceversprechen, mit dem sich die Erwartungen des Kunden steigern lassen. Mit Hilfe von Serviceaussagen lassen sich allerdings auch Erwartungen senken. Eine Sprachschule könnte beispielsweise die Erwartungen senken, indem sie darauf hinweist, dass im Sprachgrundkurs lediglich die Grundlagen der Fremdsprache vermittelt werden und dass größere Lernfortschritte erst durch den Besuch eines Aufbaukurses zu erwarten sind.

Allerdings ist im Rahmen der Erwartungssenkung zu berücksichtigen, dass es die normativen Erwartungen in der Regel stärker zu senken gilt als die prädiktiven Erwartungen. Konkret ließe sich die Forderung nach einer differenzierten Erwartungssenkung in einer Sprachschule durch folgende Aussage umsetzen: „Im Grundkurs werden zwar lediglich die Grundlagen vermittelt, die Sprachfortschritte werden jedoch im Vergleich zu Konkurrenzangeboten deutlich höher ausfallen". Zusammengefasst hängt der Erfolg von Serviceaussagen zu Erwartungsänderungen vordergründig von der Glaubwürdigkeit der Serviceaussagen ab.

3. Präsentation von Testergebnissen oder Leistungsnachweisen

Zur glaubhaften Unterstützung von Serviceaussagen eignet sich vor allem die Kommunikation von Testergebnissen (z. B. Gütesiegel, Sterne bei einem Restaurant, Testergebnisse von Waren- bzw. Dienstleistungstests usw.). Testergebnisse sind in der Regel neutral und objektiv. Aus diesem Grund strahlen Testergebnisse eine hohe Glaubwürdigkeit aus.

Im Zusammenhang mit der Kommunikation von Testergebnissen oder Leistungsnachweisen werden vor allem die prädiktiven Erwartungen der Kunden gesteigert. Dabei hängt das Ausmaß der Steuerungswirkung von der Kommunikation von Testergebnissen vor allem davon ab, wie bekannt und zuverlässig die Institution ist, die die eingesetzten Testergebnisse veröffentlicht.

Zu den **impliziten Serviceinformationen** zählen insbesondere der Preis der Leistung, das tangible Umfeld, das Vertriebssystem sowie die Reputation des Anbieters bzw. dessen Leistung.

Schaubild 5-5-5 Beispielhafte Maßnahmen der Informationssteuerung

Phase / Aufgabe	Vor der Dienstleistungsinanspruchnahme	Während der Dienstleistungsinanspruchnahme	Nach der Dienstleistungsinanspruchnahme
Explizite Serviceinformationen	Beispiele: ■ Formulierung von Werbeversprechen ■ Einbinden von Testergebnissen in die Kommunikationsbotschaften	Beispiele: ■ Serviceaussagen zur Ergebnisqualität im Rahmen der persönlichen Kommunikation zwischen Kunde und Mitarbeiter ■ Garantieversprechen während des Beratungsgesprächs	Beispiele: ■ Abgabe von Garantien ■ Entschuldigung für eventuelle Servicemängel
Implizite Serviceinformationen	Beispiele: ■ Preisfestlegung ■ Gestaltung des Vertriebssystems	Beispiele: ■ Gestaltung des tangiblen Umfeldes ■ Internalisierung/Externalisierung	Beispiele: ■ Zusenden einer Imagebroschüre über den Anbieter ■ Zusenden exklusiver Geschenke zum Geburtstag der Kunden

Quelle: Richter 2005, S. 228

Stark ausgeprägte implizite Serviceinformationen wirken als positiver Qualitätsindikator, wodurch die Kundenerwartungen steigen. Kunden bilden insbesondere dann auf Basis impliziter Serviceinformationen ihre vorläufigen Erwartungen, wenn sie keine Erfahrungen mit einem Dienstleistungsanbieter haben oder wenn sie alternativ über keine glaubwürdigen Informationsquellen verfügen. Dies ist insbesondere bei Dienstleistungen aufgrund eines hohen Anteils an Erfahrungs- und Glaubenseigenschaften häufig der Fall. Allerdings ist zu beachten, dass eine zielgerichtete Erwartungssteuerung auf Basis impliziter Serviceinformationen – mit Ausnahme des Preises – einem zum Teil schwierigen und langwierigen Prozess unterliegt.

Schaubild 5-5-5 zeigt beispielhaft Maßnahmen zur expliziten und impliziten Informationssteuerung.

5.23 Indirektes Erwartungsmanagement

Die Maßnahmen des indirekten Erwartungsmanagements zur Steuerung der Kundenerwartungen wirken sich nicht unmittelbar auf die Kundenerwartungen aus. Auf aggregierter Ebene lassen sich zwei wesentliche Steuerungshebel des indirekten Erwartungsmanagements identifizieren (vgl. auch im Folgenden Richter 2005, S. 213ff.).

1. Erfahrungssteuerung und
2. Empfehlungssteuerung.

1. Erwartungsmanagement durch Erfahrungssteuerung

Maßnahmen der Erfahrungssteuerung wirken indirekt auf die Kundenerwartungen über eine positiv bzw. negativ wahrgenommene Kontaktsituation mit dem Anbieter. Die Grundüberlegung des **Erwartungsmanagements durch Erfahrungssteuerung** ist, dass die Höhe der Kundenerwartungen mit der Anzahl positiver Erfahrungen in der Vergangenheit mit einem Anbieter korreliert. Durch Erfahrungssteuerung lassen sich sowohl prädiktive Erwartungen (Boulding et al. 1993) als auch – zu einem geringeren Maß – normative Erwartungen beeinflussen. Positive Erfahrungen mit einem Anbieter beeinflussen vor allem das normative Erwartungsniveau des Kunden. Vice versa sinken die Erwartungen bei negativen Erfahrungen mit einem Dienstleister bzw. einem Dienstleistungsangebot.

Im Mittelpunkt der Erfahrungssteuerung stehen die zentralen Aufgaben der **Steuerung der Leistung und Beziehung zu den Kunden**. Die Erfahrungssteuerung lässt sich vor allem zur Steigerung von Erwartungen einsetzen, indem die Dienstleistung sukzessiv und konsequent verbessert wird. In Bezug auf die Beziehungssteuerung eignen sich vor allem Maßnahmen des Relationship Marketing zur Unterhaltung individueller Geschäftsbeziehungen. Maßnahmen der Leistungs- und der Beziehungssteuerung lassen sich jeweils in der Vorkonsum-, Konsum- und Nachkonsumphase ergreifen. Schaubild 5-5-6 zeigt mögliche Maßnahmen der Erfahrungssteuerung in Abhängigkeit der Konsumphase einer Dienstleistung im Überblick.

Schaubild 5-5-6   Beispielhafte Maßnahmen der Erfahrungssteuerung

Phase / Aufgabe	Vor der Dienstleistungs-inanspruchnahme	Während der Dienstleistungs-inanspruchnahme	Nach der Dienstleistungs-inanspruchnahme
Leistungs-steuerung	Beispiele: ■ Probeweise Nutzung der Leistung ■ Angebot einer kundenindividuellen Leistungserstellung	Beispiele: ■ Hinzufügen von innovativen Servicebestandteilen ■ Optimierung von Leistungsbestandteilen	Beispiele: ■ Anbieten von After-Sales-Services ■ Beschwerde-management
Beziehungs-steuerung	Beispiele: ■ Einsatz von kostenlosen Servicenummern ■ Angebot an Informationsmöglichkeiten	Beispiele: ■ Empowerment der Mitarbeiter (um diesen die Möglichkeit zu geben, die Beziehung zu den Kunden bewusst zu gestalten) ■ Enger persönlicher Kontakt mit dem selben Mitarbeiter während der kompletten Leistungserstellung	Beispiele: ■ Versenden von Glückwunschkarten zu Geburtstagen des Kunden oder ähnlicher persönlicher Anlässe ■ Einladungen zu besonderen Events und Anlässen beim Anbieter

Quelle: Richter 2005, S. 216

2. Erwartungsmanagement durch Empfehlungssteuerung

Neben der Erfahrungsteuerung ist im indirekten Erwartungsmanagement die **Empfehlungssteuerung** anzusiedeln. Empfehlungen können Kundenerwartungen sowohl im positiven als auch im negativen Sinne beeinflussen; unabhängig davon, ob sie von Freunden und Bekannten oder auch von unabhängigen Experten abgegeben werden. Empfehlungen bestimmen zum einen die prädiktiven Kundenerwartungen, da sich der Kunde auf Basis von Empfehlungen ein konkreteres Bild über das Leistungsangebot eines Unternehmens machen kann (vgl. Boulding et al. 1993). Zum anderen lassen sich über Empfehlungen auch normativen Erwartungen steuern, indem Kunden Leistungseigenschaften, die sie durch Mund-zu-Mund-Kommunikation über bestimmte Anbieter erfahren, auch von diesen einfordern.

Folglich ist es die zentrale **Aufgabe der Empfehlungssteuerung**, eigene Kunden zur Abgabe positiver Empfehlungen anzuregen (vgl. auch im Folgenden Richter 2005, S. 216f.). Die Voraussetzung hierfür ist die Realisierung einer hohen Leistungsqualität. Letztlich hängt die Bereitschaft zur Abgabe positiver Mund-zu-Mund-Kommunikation maßgeblich davon ab, ob der Kunde bereits positive Erfahrungen mit einem Anbieter gesammelt hat.

Folglich ist die Realisierung einer hohen Leistungsqualität eine zentrale Erfolgsvoraussetzung für das Empfehlungsmanagement. Aus diesem Grund wird im Zusammenhang mit der Empfehlungssteuerung auch von einer Empfehlungsfundierung gesprochen (Bruhn 2000a, S. 1045).

Eine weitere Aufgabe der Empfehlungssteuerung stellt eine offensive **Stimulation der Mund-zu-Mund-Kommunikation** dar. Hierbei geht es um die Aktivierung des Empfehlungspotenzials der Kunden. Dies lässt sich zum einen auf Basis von finanziellen Anreizen (z. B. Lancierung von „Kunden-werben-Kunden-Aktionen") oder zum anderen auf Basis intrinsischer bzw. altruistischer Motive aktivieren.

Eine Möglichkeit hierfür ist die Einrichtung von **Kundenforen im Internet**, in denen Kunden aus uneigennützigen Motiven über ihre Erfahrungen mit einem Dienstleistungsanbieter berichten. Zudem ist auch der Einsatz von so genannten „Professional Rumor Managers" denkbar. Dabei handelt es sich um professionelle Agenturen, die im Auftrag des Dienstleistungsanbieters positive Mund-zu-Mund-Kommunikation verbreiten oder versuchen, auf öffentlichen Plätzen die Erwartungsbildung der potenziellen bzw. aktuellen Kunden zu beeinflussen (Richter 2005, S. 218f.). Schaubild 5-5-7 zeigt beispielhaft Maßnahmen der Empfehlungssteuerung in Abhängigkeit der jeweiligen Phase der Inanspruchnahme einer Dienstleistung.

Schaubild 5-5-7 Beispielhafte Maßnahmen der Empfehlungssteuerung

Phase / Aufgabe	Vor der Dienstleistungsinanspruchnahme	Während der Dienstleistungsinanspruchnahme	Nach der Dienstleistungsinanspruchnahme
Empfehlungsfundierung	Beispiele: ■ Leistungsbeschreibung mit Detailinformationen über Besonderheiten des Anbieters ■ Preisausschreiben	Beispiele: ■ Aufzeigen von Referenzlisten mit namhaften Kunden, die von der Leistung oder dem Dienstleister überzeugt sind	Beispiele: ■ Versenden von Spezialinformationen über die Vorteilhaftigkeit der Leistung an Teilnehmer von Kunden-werben-Kunden-Aktionen
Offensive Empfehlungsstimulation	Beispiele: ■ Lobbying ■ Public-Relations-Maßnahmen	Beispiele: ■ Persönliche Aufforderung zur Weiterempfehlung ■ Aufmerksamkeit auf Kunden-werben-Kunden-Aktionen lenken	Beispiele: ■ Einrichten von interaktiven Kundenforen ■ Zusenden von Unterlagen für neu geworbene Kunden

Quelle: Richter 2005, S. 220

Einem Dienstleistungsanbieter stehen zusammengefasst eine Vielzahl unterschiedlicher Maßnahmen der Informations-, Erfahrungs- sowie Empfehlungssteuerung im Rahmen eines Erwartungsmanagements zur Steuerung der Kundenerwartungen zur Verfügung. Diese Maßnahmen lassen sich jedoch nicht unabhängig voneinander einsetzen. Vielmehr gilt es, die Instrumente im Sinne eines **integrierten Konzeptes** miteinander abzustimmen, um durch einen koordinierten Einsatz Synergieeffekte in Bezug auf eine höhere Steuerungswirkung der Maßnahmen zu realisieren und gegenläufigen Effekten der einzelnen Instrumente vorzubeugen (vgl. Richter 2005, S. 228f.). Schließlich ist es notwendig zu beachten, dass ein Erwartungsmanagement nicht losgelöst vom klassischen Qualitätsmanagement zu betrachten ist, da die wahrgenommene Dienstleistung zum einen maßgeblich die Erwartungsbildung – wie insbesondere im Kontext der Erfahrungs- und Empfehlungssteuerung gezeigt wurde – hat. Zum anderen handelt es sich neben der tatsächlich wahrgenommenen Dienstleistung bei der erwarteten Dienstleistung um die zweite Determinante der wahrgenommenen Dienstleistungsqualität. Folglich bedarf es im Rahmen eines ganzheitlichen Qualitätsmanagements eines koordinierten Einsatzes von Qualitäts- und Erwartungsmanagement, um die wahrgenommene Dienstleistungsqualität nachhaltig zu steigern.

6. Unterstützung des Qualitätsmanagements für Dienstleistungen

Neben den in den vorangegangenen Abschnitten besprochenen Instrumenten der Qualitätsplanung, -lenkung, -prüfung und -managementdarlegung haben sich in den letzten Jahren Qualitätspreise, Zertifikate und Nationale Kundenbarometer als Ansätze zur Unterstützung und Demonstration der Qualitätsfähigkeit von Dienstleistungsunternehmen etabliert.

6.1 Qualitätspreise für Dienstleistungsunternehmen

Einen Ansatzpunkt für die Berücksichtigung der Kundenwahrnehmungen liefern Qualitätspreise (auch „Quality Awards"). Diese Qualitätspreise werden national oder international ausgeschrieben und an solche Unternehmen vergeben, die Qualitätsmanagementkonzepte in herausragender Weise umgesetzt haben (Stauss 2001a). In Deutschland wird seit 1997 der Ludwig-Erhard-Preis als nationaler Qualitätspreis vergeben, internationale Preise sind der japanische Deming Prize, der **EFQM Excellence Award (EEA)** und der **Malcolm Baldrige National Quality Award (MBNQA)** als bedeutsamster amerikanischer Qualitätspreis (George 1992; Oess 1993, S. 66; Stauss/Scheuing 1994; Kamiske/Brauer 2006, S. 172ff.).

Während bereits die Bewerbung für einen Qualitätspreis insbesondere interne Wirkungen durch erhöhte Motivation und Leistungsbereitschaft der Mitarbeitenden hervorruft, so manifestiert sich der **Nutzen** für Gewinner von Qualitätspreisen bei hoher Aufmerksamkeitswirkung und Publizität der Preisverleihung in einer Verbesserung der mitarbeiterbezogenen, prozessbezogenen und kundenzufriedenheitsbezogenen Indikatoren (Stauss 2001a). Demgegenüber darf der teilweise nicht unerheblich finanzielle und personelle Aufwand für die Bewerbung zu einem Qualitätspreis nicht außer Acht bleiben.

Kurzfallstudie:
Bewertungskriterien des Malcolm Baldrige National Quality Award (MBNQA)

Der Malcolm Baldrige National Quality Award (MBNQA) ist ein wettbewerbsorientierter Qualitätspreis und bescheinigt nicht exzellente Produkt- oder Servicequalität, sondern zeigt, in welchen Bereichen und auf welche Weise ein Qualitätsmanagementsystem eingesetzt wurde.

Um zu bewerten, inwieweit die Unternehmen, die sich um den Preis bewerben, diese Grundsätze beachten, werden im Rahmen des MBNQA **sieben Qualitätskategorien** herangezogen, die dann wieder in Subkategorien und Einzelpunkte unterteilt werden, wobei unterschiedliche Gewichtungen die relative Bedeutung des jeweiligen Qualitätskriteriums angeben (vgl. Schaubild 5-6-1).

Schaubild 5-6-1 Bewertungsschema des Malcolm Baldrige National Quality Award

Kategorie/Subkategorie	Maximal erreichbare Punktzahl
1. Unternehmensführung	**120**
1.1 Oberste Führungsebene	70
1.2 Führungssystem und soziale Verantwortung	50
2. Strategische Planung	**85**
2.1 Strategieentwicklung	40
2.2 Strategieumsetzung	45
3. Kundenorientierung	**85**
3.1 Kunden- und Marktkenntnisse	40
3.2 Kundenbeziehungen und Kundenzufriedenheit	45
4. Messung, Analyse und Wissensmanagement	**90**
4.1 Messung, Analyse und Verbesserung der Unternehmenseffizienz	45
4.2 Management von Information, Wissen und Informationstechnologie	45
5. Mitarbeiterorientierung	**85**
5.1 Arbeitssysteme	35
5.2 Mitarbeiterentwicklung und Motivation	25
5.3 Mitarbeiterwohl und Mitarbeiterzufriedenheit	25
6. Prozessmanagement	**85**
6.1 Wertschöpfungsprozess	45
6.2 Unterstützungsprozesse und operative Planung	40
7. Geschäftsergebnisse	**450**
7.1 Produkt- und Leistungsergebnisse	100
7.2 Kundenbezogene Ergebnisse	70
7.3 Ergebnisse aus dem Finanz- und Marktbereich	70
7.4 Mitarbeiterbezogene Ergebnisse	70
7.5 Ergebnisse in Bezug auf die Prozesseffizienz	70
7.6 Führungsbezogene Ergebnisse	70
Totale Punktzahl	**1000**

Quelle: Baldrige National Quality Program 2009, S. 3

6.2 Zertifizierung von Dienstleistungsunternehmen

Eine steigende Zahl von Unternehmen und Unternehmensverbänden fordert von ihren Lieferanten bzw. Mitgliedern Qualitätsnachweise. Daher gewinnt das internationale Normensystem **DIN ISO 9000ff.** zum Qualitätsmanagement an Bedeutung (Stauss 1994b). In der aktuell gültigen Ausgabe gehören zur Normenfamilie der DIN ISO 9000ff. die Normen DIN ISO 9000 (Ausgabe 2005) sowie die Normen 9001 (2008) und 9004 (Ausgabe 2009).

Unter einer **Zertifizierung** wird die Durchführung eines umfassenden Qualitätsaudits durch einen unabhängigen Dritten verstanden. Bei einem positiven Auditergebnis wird durch die Zertifizierungsstelle ein Zertifikat ausgestellt, das die Eignung des Qualitätsmanagementsystems der Unternehmung nach außen dokumentiert. Seit 1985 existiert auch in Deutschland eine solche Zertifizierungsstelle, die Deutsche Gesellschaft zur Zertifizierung von Qualitätssicherungssystemen (DQS). Während Qualitätssicherungsnormen international bereits standardisiert wurden (DIN ISO 9000ff.), arbeiten die Zertifizierungsstellen der Länder in der EU weiterhin auf nationaler Ebene, erkennen allerdings die jeweiligen Zertifizierungen untereinander an.

Grundlagen zum Aufbau und Betrieb eines Qualitätsmanagementsystems und damit auch Basis eines Qualitätsaudits sowie einer Zertifizierung ist die **Norm DIN ISO 9001**. Bei ihr handelt es sich um die eigentliche Zertifizierungsnorm. Die Normen mit der Bezeichnung ISO (International Standard Organization) charakterisieren, dass diese Normenreihe nicht nur in Deutschland, sondern weltweit in 40 Ländern verbindlich anerkannt ist.

Während ISO 9000 Definitionen, Konzepte sowie eine Zusammenfassung für die Auswahl und Anwendung der Normen umfasst, sind in ISO 9001 die Anforderungen an eine **Auditierung** enthalten. Diese sind in die vier Hauptabschnitte „Verantwortung der Leitung", „Management von Ressourcen", „Produktrealisierung" und „Messung, Analyse und Verbesserung" eingeteilt. ISO 9004 enthält einen Leitfaden zum Übertreffen der Forderungen der ISO 90001 im Sinne der kontinuierlichen Leistungsverbesserung und dient als Hilfe zur praktischen Umsetzung eines Qualitätsmanagements nach ISO 9001. Bei ISO 9001 und ISO 9004 handelt es sich folglich um ein konsistentes Normenpaar (vgl. Zollondz 2006, S. 268).

Neben dem Zeugnis eines systematischen Qualitätsmanagements liefert eine Zertifizierung die Basis für **kontinuierliche Qualitätsverbesserungen** des Dienstleistungsprozesses, indem sie Chancen zur Effizienzsteigerung und Kostensenkung aufzeigt. Unternehmensintern ist sie als Motivationsinstrument für die Mitarbeitenden nutzbar und unternehmensextern dient sie als Verkaufsargument gegenüber dem Wettbewerb sowie als Mittel zur Vertrauenssteigerung beim Kunden. Der Nutzen von Zertifikaten aus Kundensicht ist dabei nicht unumstritten, sondern die Wirkungen sind durchaus differenziert zu betrachten (Haas 1998). Insbesondere gilt zu beachten, dass der Zertifizierung kein spezifisches Qualitätsniveau von Leistungen zugrunde liegt, sondern lediglich die Fähigkeit eines Anbieters testiert wird, ein gewisses Qualitätsniveau leisten zu können.

6.3 Nationale Kundenbarometer als Informationsgrundlage für Qualitätsmanagementsysteme

Auch Nationale Kundenbarometer berücksichtigen in starkem Maße die qualitätsbezogenen Erwartungen und Wahrnehmungen der Kunden (Bruhn/Murmann 1998; Hansen/Korpiun/Henning-Thurau 1998). 1989 startete das Swedish Customer Satisfaction Barometer (SCSB) mit der Untersuchung der Zufriedenheit mit den größten Unternehmen Schwedens in verschiedenen Branchen (Fornell 1992; Meyer/Dornach 1995, S. 444f.). 1994 wurde erstmals der American Customer Satisfaction Index (ACSI) ermittelt, der sich eng an der Konzeption des schwedischen Vorbildes orientiert (Fornell/Everitt Bryant 1998; Zuba 1998).

> Ein **Nationales Kundenbarometer** ist eine branchenübergreifende Untersuchung durch eine neutrale Institution, die mittels periodischer Erhebungen die Kundenzufriedenheit sowie damit zusammenhängende Fragestellungen in zahlreichen Sektoren, Branchen und Unternehmen einer Nation bzw. eines Wirtschaftsraumes misst (in Anlehnung an Bruhn/Murmann 1998, S. 49f.).

Auch in Deutschland werden seit 1992 Daten zur Kundenzufriedenheit erhoben. Der **Kundenmonitor Deutschland** (ehemals „Deutsches Kundenbarometer"), initiiert von der Deutschen Marketing Vereinigung e.V. und der damaligen *Deutschen Bundespost AG* als Exklusivsponsor, verfolgt u. a. folgende Ziele (Meyer/Dornach 1998, S. 292; Service Barometer AG 2010):

- Bereitstellung von qualitätsbezogenen Kennziffern für Führungskräfte, Entscheider und Aufsichtsgremien in Unternehmen, Verbänden, Organisationen, Institutionen und Gesellschaft.

- Identifikation von Bestleistungen und Champions der Kundenorientierung in einzelnen Branchen und Leistungsbereichen, um die Voraussetzungen für ein Benchmarking zu schaffen.

- Sensibilisierung schlecht bewerteter Branchen und Anbieter für eine verbesserte Kundenorientierung durch das Aufzeigen der Leistungsdefizite aus Kundenperspektive.

- Steigerung von Qualität und Kundenzufriedenheit durch das Bewusstmachen der Unterschiede zwischen Markt- und Selbsteinschätzung.

- Schnelle und flexible Anpassung an die Erwartungen sowie Wünsche der Nutzer des Kundenbarometers und damit Unterstützung bei der Realisierung von mehr Kundennähe.

Gegenstand der Erhebung ist die Kundenzufriedenheit von privaten Endverbrauchern und deren Auswirkungen auf die zukünftige Kundenbeziehung. Die Ermittlung der Kundenzufriedenheit erfolgt dabei zum einen auf der Ebene der Globalzufriedenheit, zum anderen auf der Ebene der einzelnen Leistungsfaktoren (Meyer/Dornach 1998, S. 298).

Zur Ermittlung der **Globalzufriedenheit** werden den Befragten Einzelfragen zu einem Unternehmen, einem Produkt oder auch der Leistung einer Institution vorgelegt, die mit ganzzahligen Zufriedenheitswerten zwischen „1" (sehr zufrieden) und „5" (unzufrieden) beantwortet werden sollen. Für den Kundenmonitor 2010 wurden 26 Branchen anhand von Einzelinterviews mit ca. 32.000 Kunden untersucht (Service Barometer AG 2010, S. 2ff). Die Ergebnisse von 2010 sind in Schaubild 5-6-2 dargestellt.

Wie die Ergebnisse zeigen, haben Onlineshops überdurchschnittlich gut abgeschnitten. Die Branche Buchversand und -club erreicht mit einer Globalzufriedenheit von 1,62 die Spitzenposition, gefolgt von Versandapotheken mit einem Wert von 1,74. Zu den am besten bewerteten Unternehmen gehören hierbei *Amazon* (1,44) und *medikamente-per-klick.de* (1,49). Betrachtet man die Veränderungen zum Vorfahr (Werte in Klammern) so zeigt sich, dass die Gasversorger mit +21 Basispunkten (entspricht 0,21 in der Globalzufriedenheit) den mit Abstand weitesten Schritt nach vorne gemacht haben. Trotz allem befindet sich die Branche mit einem Wert von 2,54 nach wie vor an drittletzter Stelle. Die stärkste Verschlechterung ist bei den Online-Kontaktnetzwerken festzustellen (–18 Basispunkte).

Einzelne **Leistungsfaktoren der Kundenzufriedenheit** (z. B. Freundlichkeit, Schnelligkeit, fachliche Kompetenz usw.) werden für den jeweils genutzten Anbieter bzw. ein spezifisches Angebot erhoben. Zudem werden die Zusammenhänge zwischen der Kundenzufriedenheit und der Kundenbindung untersucht. Die Ergebnisse der Studie zeigen, dass es eindeutige Zusammenhänge zwischen der globalen Zufriedenheit und den einzelnen Faktoren der Kundenbindung gibt (Meyer/Dornach 1998, S. 299f.).

Ein **Vorteil** des Kundenmonitor Deutschlands im Vergleich zu den amerikanischen und schwedischen Modellen ist aufgrund seines ausgeprägteren betriebswirtschaftlichen Bezugs, dass die Daten für die betroffenen Unternehmen direkte, umsetzungsorientierte Rückschlüsse zulassen. Zu kritisieren bleibt, dass die ermittelten – absoluten – Globalzufriedenheitswerte insbesondere im Bereich der mittleren Zufriedenheit sehr wenig differenzieren (vgl. Schaubild 5-6-2). Die Eindrücke, die ein Ranking über alle Branchen vermittelt, relativieren sich vor diesem Hintergrund. Auch wäre es verfehlt, aus den Bewegungen in den vergangenen Jahren allzu große und tiefgreifende Tendenzen abzuleiten. Der Kundenmonitor wird seit 2006 ebenfalls in der Schweiz und seit 2008 in Österreich durchgeführt. Dadurch wird erstmals der komplette deutschsprachige Raum in Europa abgedeckt und ermöglicht eine Vergleichbarkeit zwischen den einzelnen Ländern.

Zentraler **Nachteil** der aufgeführten Nationalen Kundenbarometer ist, dass ein internationaler Vergleich der Daten verschiedener Nationaler Kundenbarometer – mit Ausnahme der Länder Deutschland, Österreich und Schweiz – nahezu unmöglich ist, da in den meisten Ländern unterschiedliche Ansätze zur Messung der Kundenzufriedenheit verfolgt werden. Diese Situation ist insbesondere für international aktive Unternehmen äußerst unbefriedigend.

Vor diesem Hintergrund fand im Jahre 1999 – initiiert durch die Europäische Kommission und organisiert durch die European Organisation for Quality (EOQ) sowie die European Foundation for Quality Management (EFQM) – eine Pilotmessung im Rahmen des **European Customer Satisfaction Index** (ECSI, heute als European Performance Satisfaction

Schaubild 5-6-2 Globalzufriedenheit der Kunden in verschiedenen Branchen nach dem Kundenmonitor Deutschland in 2010

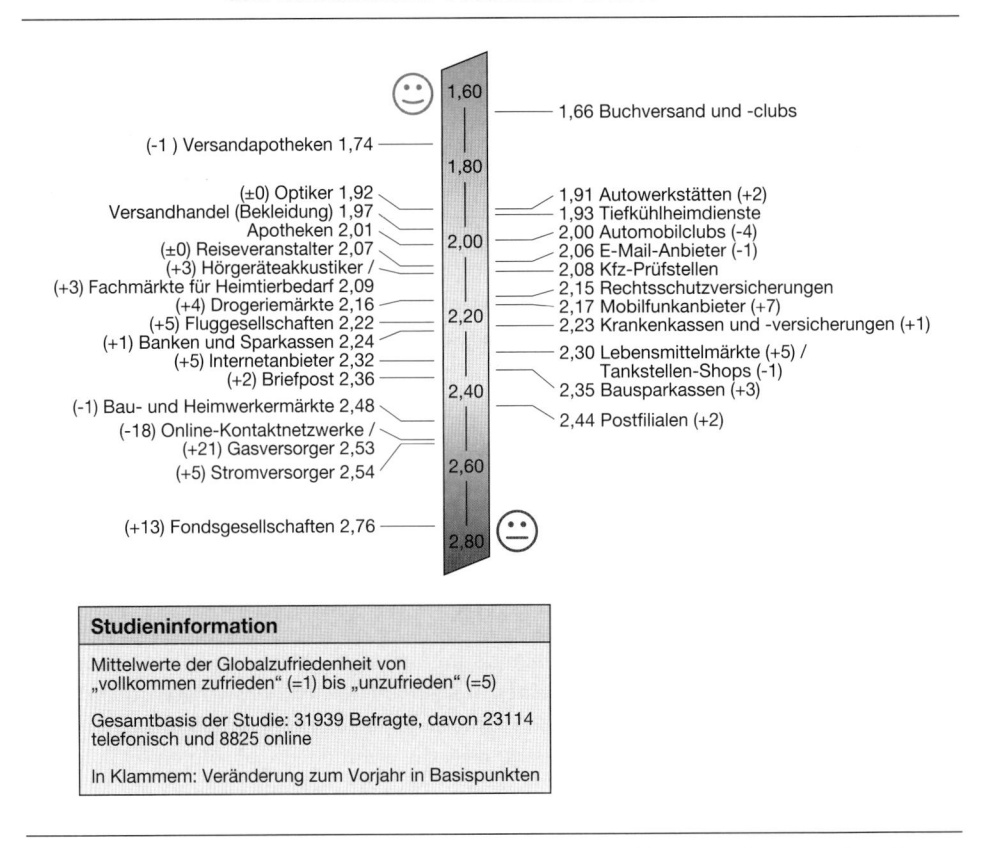

(-1) Versandapotheken 1,74
(±0) Optiker 1,92
Versandhandel (Bekleidung) 1,97
Apotheken 2,01
(±0) Reiseveranstalter 2,07
(+3) Hörgeräteakkustiker /
(+3) Fachmärkte für Heimtierbedarf 2,09
(+4) Drogeriemärkte 2,16
(+5) Fluggesellschaften 2,22
(+1) Banken und Sparkassen 2,24
(+5) Internetanbieter 2,32
(+2) Briefpost 2,36
(-1) Bau- und Heimwerkermärkte 2,48
(-18) Online-Kontaktnetzwerke /
(+21) Gasversorger 2,53
(+5) Stromversorger 2,54
(+13) Fondsgesellschaften 2,76

1,60
1,66 Buchversand und -clubs
1,80
1,91 Autowerkstätten (+2)
1,93 Tiefkühlheimdienste
2,00 Automobilclubs (-4)
2,06 E-Mail-Anbieter (-1)
2,08 Kfz-Prüfstellen
2,15 Rechtsschutzversicherungen
2,17 Mobilfunkanbieter (+7)
2,20
2,23 Krankenkassen und -versicherungen (+1)
2,30 Lebensmittelmärkte (+5) /
Tankstellen-Shops (-1)
2,35 Bausparkassen (+3)
2,40
2,44 Postfilialen (+2)
2,60
2,80

Studieninformation

Mittelwerte der Globalzufriedenheit von „vollkommen zufrieden" (=1) bis „unzufrieden" (=5)

Gesamtbasis der Studie: 31939 Befragte, davon 23114 telefonisch und 8825 online

In Klammern: Veränderung zum Vorjahr in Basispunkten

Quelle: Service Barometer AG 2010, S. 6

Index (EPSI) geführt) statt. Die jüngste Benchmarking-Studie zu den Kundenzufriedenheitswerten von 14 europäischen Ländern – ohne der Beteiligung Deutschlands – stammt aus dem Jahr 2009 (EPSI Rating 2010).

6.4 Interne Servicebarometer

Neben der externen (Markt-) Perspektive– der Dienstleistungsqualität wird seit einigen Jahren auch der Transfer auf die internen Prozesse eines Unternehmens thematisiert (z. B. Gremler/Bitner/Evans 1994; Bruhn 2004b; Bruhn 2010a). Es ist zum einen offensichtlich, dass die Qualität interner Prozesse auch die Dienstleistungsqualität für den externen Kunden beeinflusst. Zum anderen wird auch im Sinne einer Mitarbeiterorientierung ein **Qua-**

litätsmanagement für interne Dienstleistungen gefordert. Diese impliziert zunächst die Messung der internen Dienstleistungsqualität (z. B. Frost/Kumar 2000).

> **Interne Servicebarometer** sind Messungen der Kundenzufriedenheit, ihrer Determinanten sowie ihrer Wirkungen bei internen Abteilungen, die durch eine neutrale Institution regelmäßig in einem Unternehmen durchgeführt werden.

Schaubild 5-6-3   Strukturgleichungsmodell eines internen Servicebarometers

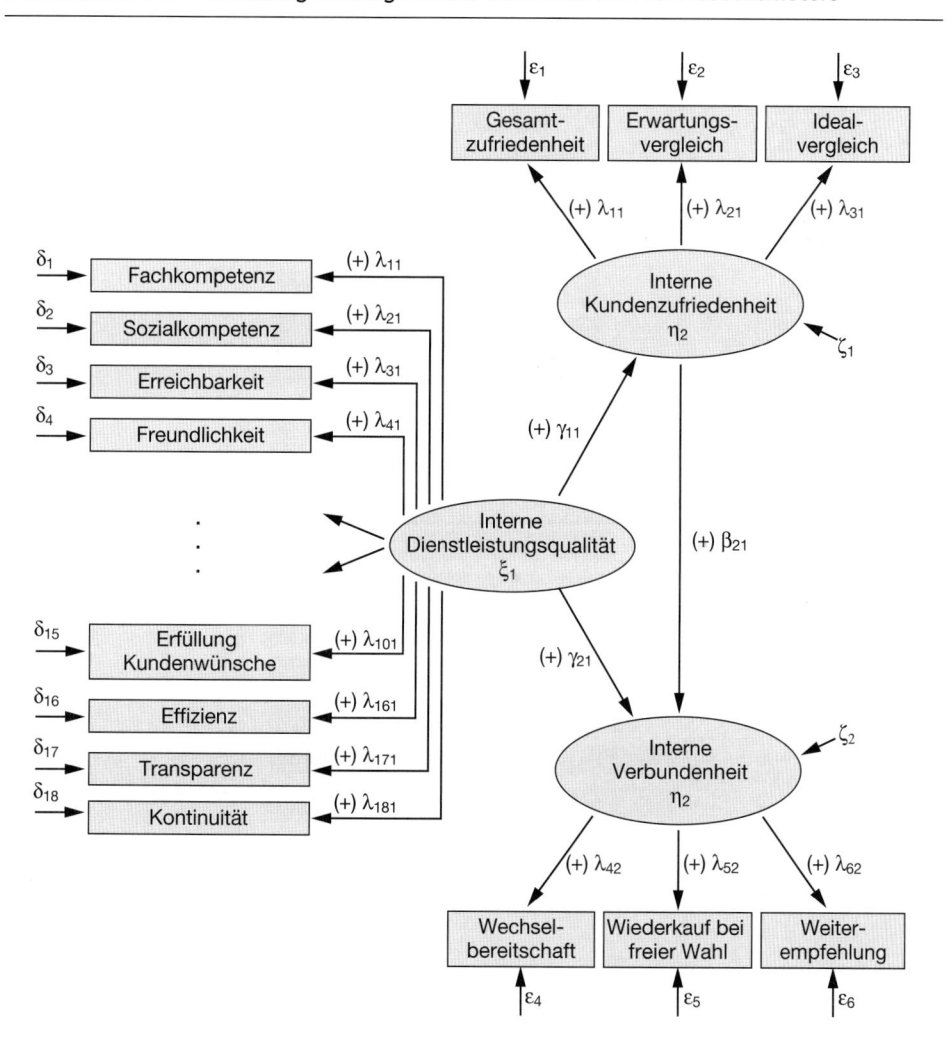

Schaubild 5-6-4 Indexbildung für ein internes Benchmarking

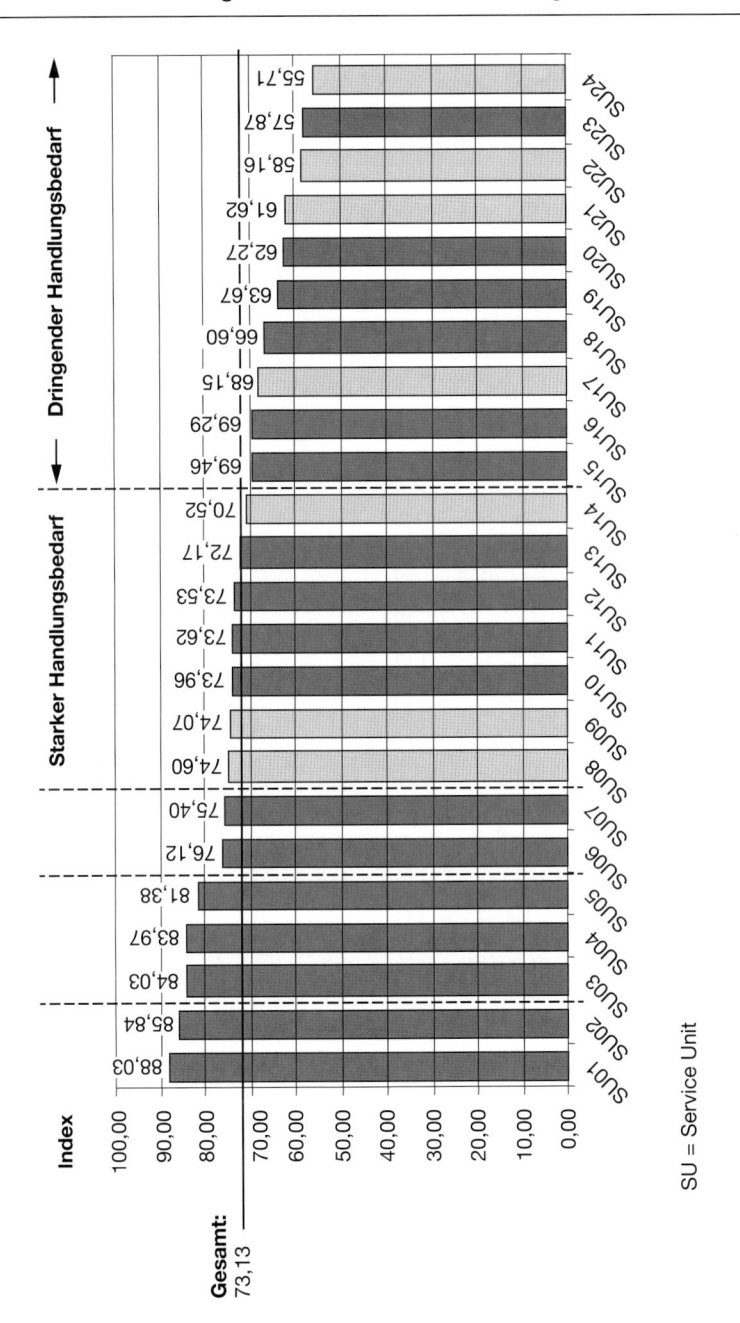

Service Unit	Index
SU01	88,03
SU02	85,84
SU03	84,03
SU04	83,97
SU05	81,38
SU06	76,12
SU07	75,40
SU08	74,60
SU09	74,07
SU10	73,96
SU11	73,62
SU12	73,53
SU13	72,17
SU14	70,52
SU15	69,46
SU16	69,29
SU17	68,15
SU18	66,60
SU19	63,67
SU20	62,27
SU21	61,62
SU22	58,16
SU23	57,87
SU24	55,71

Gesamt: 73,13

Starker Handlungsbedarf ← → Dringender Handlungsbedarf

SU = Service Unit

Ebenso wie bei externen Kundenbarometern wird zur Messung ein **Strukturgleichungsmodell** aufgestellt, dessen Dimensionen (Satisfaction Driver) bei internen Barometern zusätzlich an die spezielle Dienstleistung anpassbar sind. Hierzu werden in qualitativen Interviews relevante Indikatoren für die Qualitätswahrnehmung erfragt (bei der IT-Abteilung z. B. der Online-Support für eingesetzte Software). So bieten sie einen detaillierten Aufschluss über Ursachen der Kundenzufriedenheit oder -unzufriedenheit (Reynoso/Moores 1995, S. 528). Zudem lässt sich anhand konkreter Defizite einzelner Leistungsmerkmale die interne Dienstleistungsqualität steuern. Obwohl interne Dienstleister meist über einen „Monopolistenstatus" verfügen, da die Wahl eines externen Anbieters im Allgemeinen nicht besteht, lässt sich auch die Kundenbindung, d. h. die Verbundenheit, insofern messen, als die internen Kunden z. B. gefragt werden, ob sie sich bei gegebener Wahlfreiheit ebenfalls für den internen Dienstleister entscheiden würden (Bruhn 2004b, S. 287f.). Ein entsprechendes Modell ist in Schaubild 5-6-3 dargestellt (vgl. zu internen Servicebarometern auch Abschnitt 3 „Interne Qualitätsmessung" in diesem Kapitel, sowie Kapitel 6.4 in diesem Buch).

Gegenüberstellungen externer und interner Servicebarometer weisen darauf hin, dass sich die so ermittelten Qualitäts- und Zufriedenheitswerte interner und externer Dienstleistungen aufgrund unterschiedlicher Perspektiven (wie z. B. der mangelnden Wahlfreiheit, Preisbereitschaft u. a.) nicht ohne Weiteres vergleichen lassen. So schneiden interne Anbieter von Dienstleistungen grundsätzlich schlechter ab als externe. Aus diesem Grund bietet sich ein internes Benchmarking an (Bruhn 2004b, S. 290f., Bruhn 2010a, S. 312). Hier lassen sich zusätzlich zu den dienstleistungsspezifisch ermittelten Satisfaction Drivers interne Indizes erfassen, anhand derer sich die Dringlichkeit hinsichtlich des Handlungsbedarfs für einzelne Abteilungen innerhalb des Unternehmens aufzeigen lässt (Schaubild 5-6-4).

7. Wirtschaftlichkeit des Qualitätsmanagements

Die Wirtschaftlichkeit eines Qualitätsmanagementsystems stellt eine zentrale betriebswirtschaftliche Anforderung und Voraussetzung für die Implementierung eines solchen Systems dar (Deutsche Gesellschaft für Qualität e.V. 1995; Bruhn 1998d). Doch insbesondere das unzureichende Verständnis der Kosten- und Erlöswirkungen von Qualitätsmanagementmaßnahmen kann zu einer zentralen Implementierungsbarriere werden (Wildemann 1992).

Die in Wissenschaft und Praxis zunehmend geforderte Auseinandersetzung mit der dienstleistungsspezifischen **Wirtschaftlichkeitsproblematik von Qualitätsmanagementsystemen** (z. B. Edvardsson/Gustavsson 1991, S. 324; Dale/Plunkett 1993; Atkinson/Hamburg/Ittner 1994; Bruhn 1998d) verlangt, dass hier nicht nur einzelne Aspekte untersucht werden. Es sind vielmehr systematisch Kosten- und Nutzenkategorien abzuleiten, deren Einflussfaktoren zu analysieren sowie wirtschaftlichkeitsrelevante Zusammenhänge aufzuzeigen sind (Bruhn/Georgi 1999).

7.1 Kosten des Qualitätsmanagements

Wesentlicher Ansatzpunkt zur Bestimmung der Wirtschaftlichkeit von Maßnahmen des Qualitätsmanagements in Dienstleistungsunternehmen bildet das **Konzept der Qualitätskosten** (z. B. Dale/Plunkett 1993; Campanella 2000).

> Den **Qualitätskosten** bzw. qualitätsbezogenen Kosten werden sämtliche Kosten subsumiert, die „vorwiegend durch Qualitätsforderungen verursacht sind, d. h. (...) durch Tätigkeiten der Fehlerverhütung, durch planmäßige Qualitätsprüfungen sowie durch intern oder extern festgelegte Fehler sowie durch die externe Qualitätsmanagementdarlegung verursacht sind" (Deutsche Gesellschaft für Qualität e.V. 1995).

Darüber hinaus werden auch „die Verluste infolge des Nichterreichens zufriedenstellender Qualität" (AQS Ausschuss Qualitätssicherung und angewandte Statistik im Deutschen Institut für Normung e.V. 1992, S. 31) als Qualitätskosten erfasst. Grundsätzlich lassen sich drei **Arten von Qualitätskosten** unterscheiden (Steinbach 1999):

- Zu den **Fehlerverhütungskosten** zählen die Kosten der Qualitätsplanung und -sicherung (z. B. Kosten für Schulungsmaßnahmen für Mitarbeitende).

- **Prüfkosten** ergeben sich bei der Durchführung von Qualitätsanalysen und -kontrollen (z. B. Kosten für die Durchführung von Kundenbefragungen).

- Die **Fehlerkosten** werden in externe und interne Fehlerkosten unterteilt. Interne Fehlerkosten treten bei Beseitigung der Qualitätsmängel vor der Integration des Kunden in den Erstellungsprozess auf, externe Fehlerkosten entstehen hingegen bei einer nachträglichen Wiedergutmachung von Fehlern. Nach Einschätzung von Feigenbaum lassen sich Fehlerkosten auf bis zu 20 Prozent des Umsatzes beziffern (Friemel 2007, S. 34).

Die Verluste infolge des Nichterreichens zufrieden stellender Qualität stellen **qualitätsbezogene Opportunitätskosten** dar, die vor allem im Dienstleistungsbereich von besonderer Bedeutung sind. Da sich Qualitätsmängel im Dienstleistungsunternehmen oft direkt auf den Kunden auswirken, führen sie nicht selten zu Kundenabwanderungen und damit auch zu Erlöseinbußen.

Diese Opportunitätskosten sind nicht ausgabewirksam und somit nur schwer quantifizierbar. Ihnen stehen weiterhin Qualitätssicherungs- bzw. Vorbeugungskosten gegenüber. Diese entwickeln sich gegenläufig zueinander, so dass ein **Qualitätskostenminimum** zu ermitteln ist, das zumindest theoretisch, wie in Schaubild 5-7-1 dargestellt, exakt bestimmbar ist.

Schaubild 5-7-1 Traditionelle Sichtweise des Qualitätsoptimums

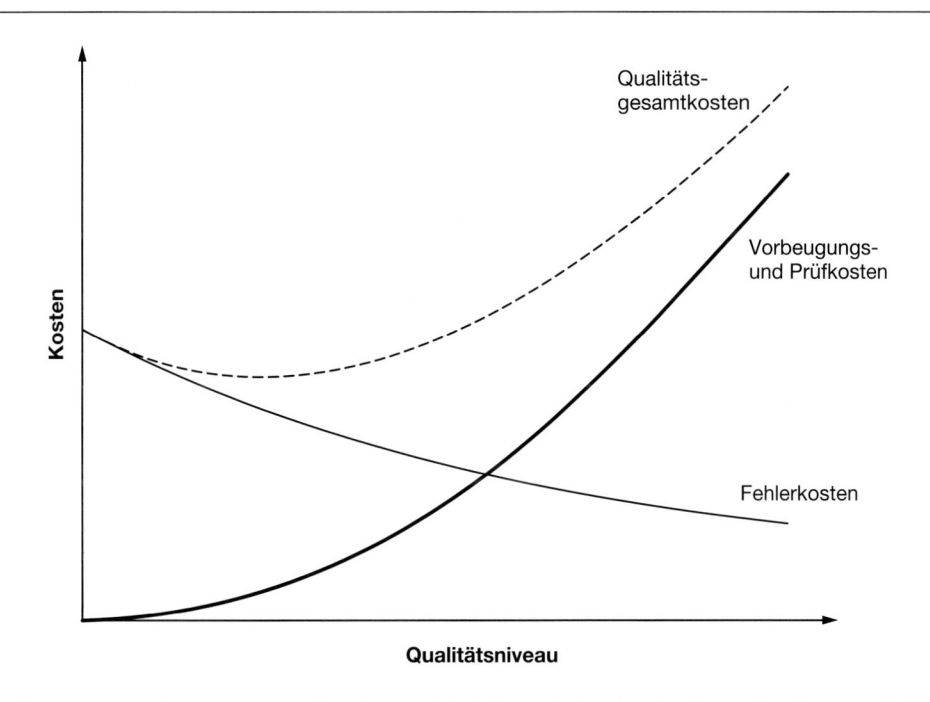

[Diagramm: Kosten (y-Achse) über Qualitätsniveau (x-Achse) mit den Kurven Qualitätsgesamtkosten, Vorbeugungs- und Prüfkosten sowie Fehlerkosten]

Quelle: Rust/Zahorik/Keiningham 1994, S. 94

Diese traditionelle Sichtweise geht demnach davon aus, dass eine **Null-Fehler-Strategie** wenig sinnvoll ist, weil ab einem bestimmten Qualitätsgrad die Gesamtkosten wieder steigen. Das Problem dieser Sichtweise liegt in der Unterschätzung der mit schwacher Qualität einhergehenden Kosten. So haben Untersuchungen in den USA ergeben, dass diese Kosten in Dienstleistungsunternehmen 30 bis 50 Prozent des Umsatzes betragen. Daher geht eine neue Sichtweise der Qualitätskosten davon aus, dass die Gesamtkosten kontinuierlich abnehmen. Dieser Zusammenhang, der in Schaubild 5-7-2 wiedergegeben ist, führt zu der Forderung an Dienstleistungsunternehmen, eine möglichst hohe Qualität zu erstellen.

Schaubild 5-7-2 Neue Sichtweise des Qualitätsoptimums

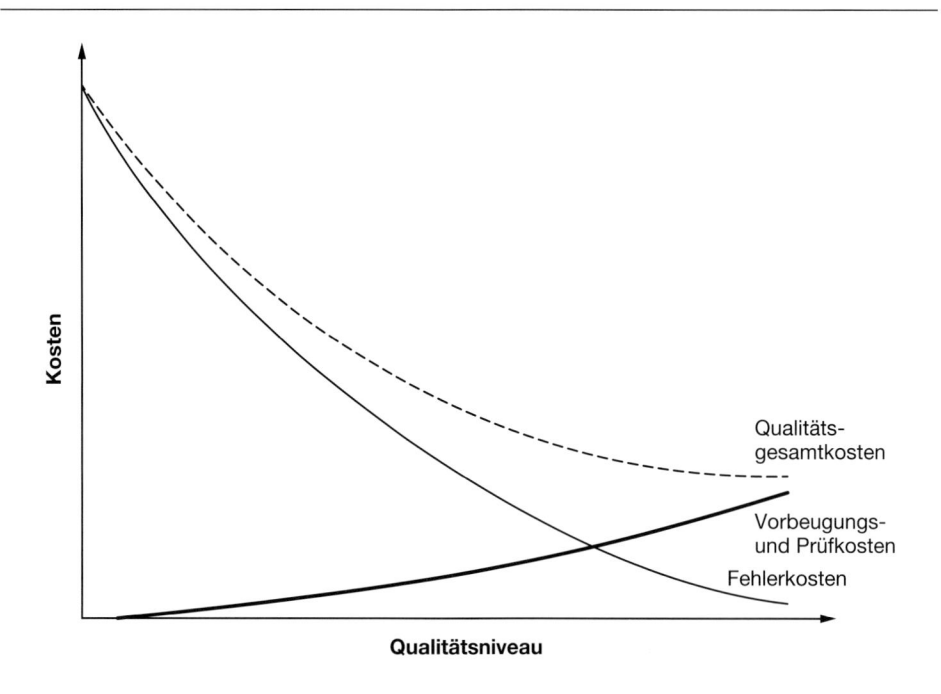

Quelle: Rust/Zahorik/Keiningham 1994, S. 95

Trotz dieser Sichtweise des Qualitätsoptimums ist es in der Regel zweckmäßig, ein optimales Ausfallsicherheitsniveau der Dienstleistung festzulegen. Ein Dienstleistungsanbieter mit einer schwach ausgeprägten Dienstleistungsqualität erreicht in der Regel schon mit einfachen Maßnahmen einen signifikanten Qualitätsanstieg, wohingegen nahezu fehlerfreie Unternehmen einen weiteren Qualitätsanstieg häufig nur unter hohem Kapitaleinsatz realisieren. In der Regel fallen die Kosten zur Wiedergutmachung von Dienstleistungsfehlern geringer aus als die Kosten, die durch unzufriedene Kunden entstehen. Daher empfiehlt sich die Verfolgung einer Strategie, mit der Qualitätsverbesserungen bis zu einem Niveau angestrebt werden, an dem die marginalen Qualitätsverbesserungen den Grenzkosten der Maßnahmen der Fehlerkosten entsprechen (vgl. Schaubild 5-7-3).

Schaubild 5-7-3   Bestimmung des optimalen Qualitätsniveaus

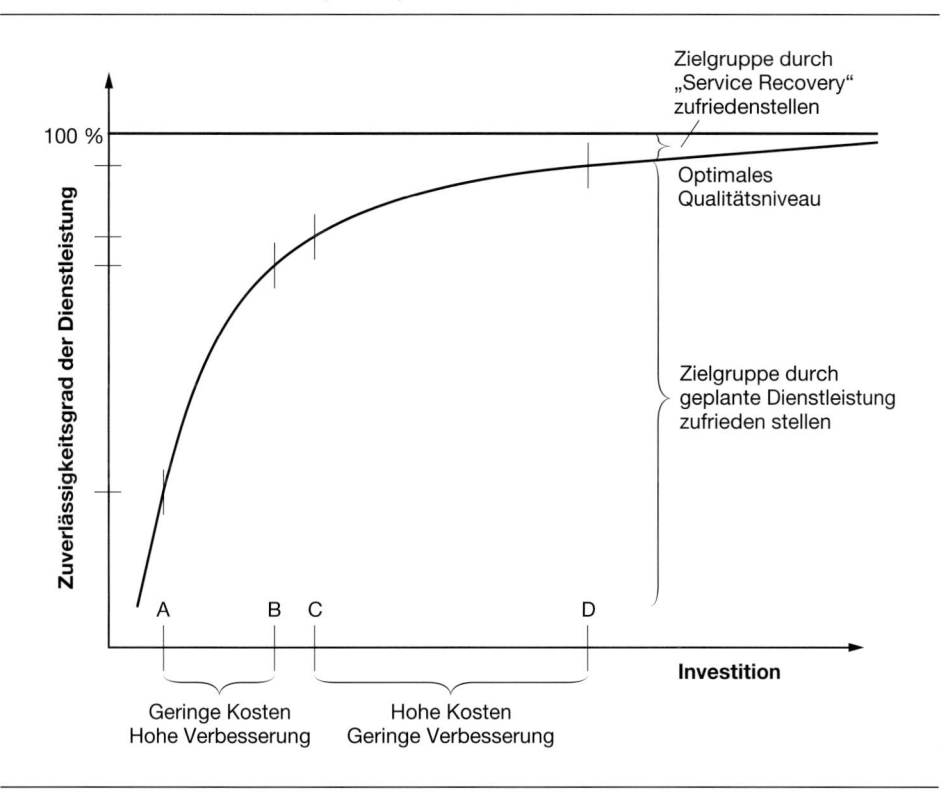

[Diagramm: Zuverlässigkeitsgrad der Dienstleistung (y-Achse, bis 100 %) in Abhängigkeit von Investition (x-Achse). Kurve steigt zunächst steil an und flacht dann ab. Markierungen A, B, C, D auf der x-Achse. Bereich A–B: „Geringe Kosten, Hohe Verbesserung"; Bereich C–D: „Hohe Kosten, Geringe Verbesserung". Beschriftungen: „Optimales Qualitätsniveau", „Zielgruppe durch ‚Service Recovery' zufriedenstellen", „Zielgruppe durch geplante Dienstleistung zufrieden stellen".]

Quelle: Lovelock/Wirtz 2010, S. 422

Obwohl diese Strategie in der Regel nicht dazu führt, dass ein „Null-Fehler-Zustand" erreicht wird, besteht für den Dienstleistungsanbieter immer noch die Möglichkeit, 100 Prozent der Kunden zufriedenzustellen. Dieser Zustand lässt sich entweder dadurch erreichen, dass diese entweder die Dienstleistung wie geplant erhalten, oder dass die Kunden – im Falle des Vorliegens von Mängeln – eine zufriedenstellende Wiedergutmachung erhalten (Lovelock/Wirtz 2010, S. 420f.). In der Praxis setzen Unternehmen eher an der Fehlerprüfung als an der Fehlervermeidung an. Dies liegt darin begründet, dass die Qualitätsprüfung häufig an das Ende des Leistungserstellungsprozesses bzw. einzelner Teilschritte angeschlossen ist. Um Fehler zu vermeiden, ist jedoch der gesamte Dienstleistungsprozess neu zu planen und zu konzipieren. Dies ist zunächst mit einem höheren finanziellen und personellen Aufwand verbunden, weshalb zahlreiche Unternehmen diesen Schritt scheuen. So ergibt es sich, dass ein Großteil der Fehler auf Designprobleme bzw. Fehler bei Zuliefererleistungen zurückzuführen ist.

Die **Qualitätskostenerfassung** in Dienstleistungsunternehmen wirft zahlreiche Probleme auf. So lässt sich zunächst feststellen, dass Qualitätskosten in traditionellen Kostenrechnungssystemen nicht als eigenständige Kostenart ausgewiesen werden (Weidner 1992, S. 900). Demzufolge werden Sonderrechnungen erforderlich, die diejenigen Kostenkategorien als Qualitätskosten ausweisen, die im Rahmen der traditionellen Kostenrechnung unter anderen Kostenarten erscheinen, insbesondere also Fehlerverhütungs- und Prüfkosten sowie interne Fehlerkosten (Carr 1992, S. 74). Voraussetzung für ein auf Kundenbindung gerichtetes Qualitäts- und Zufriedenheitsmanagement ist darüber hinaus eine kundenbezogene Ausrichtung des Rechnungswesens (Köhler 1999).

Da „Nachbesserungen" häufig noch während des Dienstleistungserstellungsprozesses vorgenommen werden, liegen oft nur wenige Informationen über die Häufigkeit und Art der im direkten Kundenkontakt aufgetretenen Fehler vor. Demzufolge können qualitätsbezogene Kosteninformationen über Nachbesserungen in kundennahen Bereichen nur sehr schwer von den Herstellkosten getrennt erfasst werden.

Schaubild 5-7-4 Berechnung der Nichtqualitäts-Kosten am Beispiel dreier Schweizer Großbanken

1.	**Allgemeine Unternehmensdaten**		
1.1	Anzahl der Mitarbeiter		55.827
1.2	Bilanzsumme		521,3 Mrd. CHF
1.3	Operativer Gewinn		2.524 Mio. CHF
2.	**Annahmen für die Schätzung der Nichtqualitäts-Kosten**		
2.1	Ungewollte Kundenfluktuation/Kundenbestand		1,8 %
2.2	Unzufriedene Kunden/Kundenbestand		20 %
2.3	Gewinnbeitragspotenzial ungewollt verlorener Kunden/ Operativer Gewinn		15 %
2.4	Gewinnabschlag auf das Gewinngefährdungspotenzial bei unzufriedenen Kunden/Operativer Gewinn		6 %
2.5	Materielle Ausschusskosten/Bilanzsumme		0,2 %
2.6	Arbeitszeit für die Korrektur fehlerhafter Ausführungen/Gesamtarbeitszeit		10 %
2.7	Ungewollte Mitarbeiterfluktuation/Mitarbeiterbestand		3 %
2.8	Unzufriedene Mitarbeiter/Mitarbeiterbestand		10 %
2.9	Pauschaler Personalkostenabschlag für unzufriedene Mitarbeiter		20 %
2.10	Durchschnittliche Fluktuationskosten/Mitarbeiter		60.000 CHF
2.11	Durchschnittliche Personalvollkosten/Mitarbeiter		110.000 CHF
3.	**Berechnung der Nichtqualitäts-Kosten**		
3.1	Kosten ungewollt verlorener Kunden	= (2.3) · (1.3)	= 379 Mio. CHF
3.2	Kosten unzufriedener Kunden	= (2.4) · (1.3)	= 151 Mio. CHF
3.3	Materielle Ausschusskosten	= (2.5) · (1.2)	= 104 Mio. CHF
3.4	Immaterielle Ausschusskosten	= (2.6) · (2.11) · (1.1)	= 614 Mio. CHF
3.5	Kosten ungewollt verlorener Mitarbeiter	= (2.7) · (2.10) · (1.1)	= 100 Mio. CHF
3.6	Kosten unzufriedener Mitarbeiter	= (2.8) · (2.9) · (2.11) · (1.1)	= 123 Mio. CHF
Gesamtsumme der Nichtqualitäts-Kosten			**1.471 Mio. CHF**

Quelle: von Werne 1994, S. 239

Darüber hinaus stellen in der Interaktion zwischen Anbieter und Kunde Aspekte wie Höflichkeit, Freundlichkeit und Einfühlungsvermögen zentrale Qualitätsdeterminanten und damit auch Kosteneinflussgrößen dar, die sich jedoch mangels direkt messbarer Indikatoren einer objektiven Erfassung weitgehend entziehen (Rosander 1989, S. 141).

Schließlich sind auch Qualitätsfolgekosten, die durch das Kundenverhalten nach dem Prozess der Dienstleistungserstellung entstehen, schwer zu ermitteln, da der Nachweis eines eindeutigen Ursache-Wirkungs-Zusammenhangs nicht immer gelingt (Hart/Heskett/Sasser Jr 1990, S. 82). Beispielsweise lässt sich eine kausale Beziehung zwischen wahrgenommener Dienstleistungsqualität und Weiterempfehlung oder Wiederwahl des Dienstleistungsunternehmens nur bedingt ermitteln und noch weniger kostenbezogen quantifizieren.

Schaubild 5-7-4 zeigt eine Beispielberechnung der Nichtqualitäts-Kosten, die von Werne am Beispiel dreier Schweizer Großbanken durchgeführt hat.

Zusammenfassend lässt sich festhalten, dass die Erfassung der Qualitätskosten für Dienstleistungen mit zahlreichen Operationalisierungs- und Zurechnungsschwierigkeiten verbunden ist. Hier sind durch die Kostenrechnung und durch das Dienstleistungsmarketing weitere Forschungsarbeiten notwendig, um die Probleme der Quantifizierung qualitätsbezogener Kosten zu lösen.

7.2 Nutzenwirkungen des Qualitätsmanagements

Im Hinblick auf die Nutzenwirkungen eines Qualitätsmanagements für Dienstleistungsunternehmen lassen sich kostensenkende und erlössteigernde Nutzenwirkungen unterscheiden.

1. Kostensenkende Nutzenwirkungen

Häufig wird die Ansicht vertreten, dass höhere Qualität auch steigende Qualitätskosten verursache und damit über verteuerte Leistungen den Absatz negativ beeinflusst. Hierbei werden allerdings langfristig wirkende Kostensenkungseffekte nicht berücksichtigt (Harris 1989, S. 144; Bruhn 2010d, S. 565).

Eine Erhöhung der Dienstleistungsqualität ist zum einen immer mit steigenden Qualitätsanpassungskosten, zum anderen aber mit langfristig sinkenden Qualitätsabweichungskosten verbunden (Hentschel 1992, S. 51f.). Werden im Rahmen des Qualitätsmanagements Investitionen zur präventiven Fehlerverhütung forciert, so steigen die Fehlerverhütungskosten. Gleichzeitig aber verringern sich auch die Fehlerhäufigkeit und damit auch die Höhe der Fehlerkosten. Zudem ergibt sich ein kostensenkender Effekt auf die Prüfkosten, da sich mit steigendem Qualitätsniveau auch die Zahl der Prüfungen reduzieren lässt (Haist/Fromm 2002, S. 58).

2. Erlössteigernde Nutzenwirkungen

Während kostensenkende Nutzenwirkungen eines wirtschaftlichkeitsorientierten Qualitätsmanagements eher als Sekundäreffekte betrachtet werden, stellen erlössteigernde Nutzenwirkungen das primäre Ziel qualitätsbezogener Aktivitäten dar (Primäreffekte). Über qualitätsbedingte Wettbewerbsvorteile wird angestrebt, Marktanteile auszuweiten und damit die Erlössituation des Unternehmens zu verbessern (Buzzell/Gale 1989; Engelhardt 1991, S. 399; Bruhn 2010d).

Dies lässt sich vor allem über die Steigerung der Kundenbindung realisieren. Der Nutzen der **Kundenbindung** ist erst in den letzten Jahren erkannt worden. Im Rahmen von Wirtschaftlichkeitsüberlegungen ist insbesondere die Profitabilität der Bindung auf kundenindividueller Ebene und damit die Höhe des abzuschöpfenden Kundenwertes zu berücksichtigen (Krüger 1997).

Bisher war der Großteil der Marketingmaßnahmen und damit auch der Maßnahmen des Qualitätsmanagements auf die Gewinnung neuer Kunden ausgerichtet. Zur Bestimmung des Nutzens der Kundenbindung lassen sich insbesondere die Problem-Impact-Tree-Analyse sowie Segmentierungsschemata heranziehen. Die **Problem-Impact-Tree-Analyse** kombiniert Wahrscheinlichkeitsüberlegungen bezüglich potenzieller Leistungserstellungsprobleme und ihrer Lösung mit dem Konzept des Kundenwertes. Zunächst werden die Wahrscheinlichkeiten für das Auftreten und das Erkennen von Problemen sowie die Lösung dieser Probleme geschätzt. Diese Wahrscheinlichkeiten lassen sich grafisch in einem Baumdiagramm darstellen, das in Schaubild 5-7-5 beispielhaft skizziert ist. Multipliziert man die jeweiligen Wahrscheinlichkeiten mit dem Kundenwert, kann an der jeweiligen Stelle festgestellt werden, in welcher Höhe sich Veränderungen für den Kundenwert ergeben.

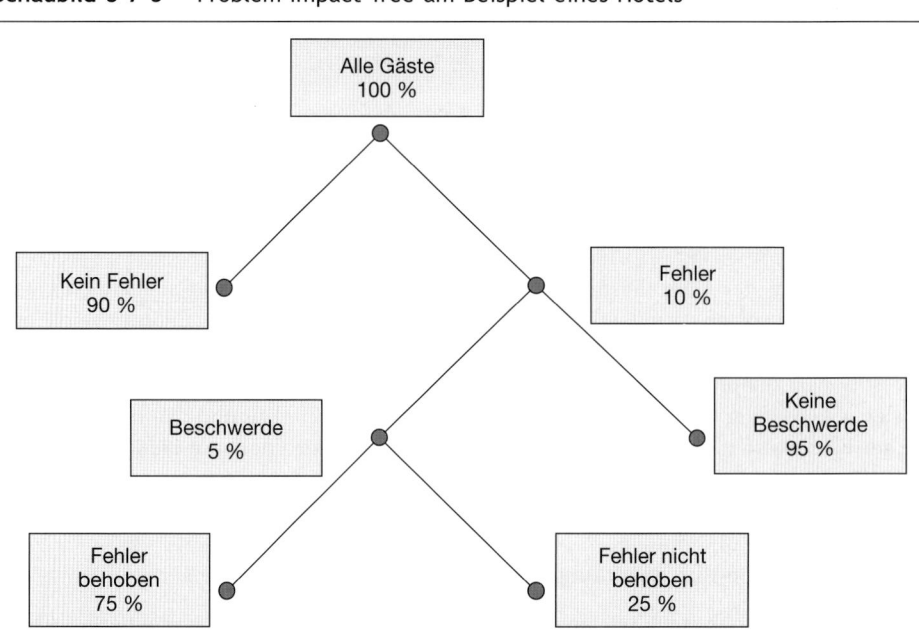

Schaubild 5-7-5 Problem Impact Tree am Beispiel eines Hotels

7.3 Ansatzpunkte für einen Kosten-Nutzen-Vergleich

Ansatzpunkte für den Kosten-Nutzen-Vergleich von Maßnahmen des Qualitätsmanagements für Dienstleistungen ergeben sich mit Hilfe verschiedener Instrumente. Hier sind vor allem folgende **Verfahren** hervorzuheben:

- Kennzahlensysteme,
- Wirtschaftlichkeitsrechnungen,
- Qualitätsbilanzen.

Werden **Kennzahlensysteme** (Preßmar/Bielert 1995) im Hinblick auf ihre Eignung als Instrumente eines qualitätsbezogenen Kosten-Nutzen-Vergleichs untersucht, lassen sich drei Kategorien qualitätsbezogener Wirtschaftlichkeitskennzahlen ableiten (Wildemann 1992, S. 771):

- Mittels **kostenbezogener Kennzahlen** wird der Prozess der Qualitätskostenoptimierung abgebildet. Zu diesem Zweck werden Kennzahlen gebildet, die eine Beziehung zwischen den einzelnen Qualitätskostenkategorien (z. B. Fehlerverhütungskosten) und geeigneten Bezugsgrößen (z. B. Gesamtqualitätskosten, Umsatz) herstellen.

- Aufgabe der **erlösbezogenen Kennzahlen** ist es, sowohl die unternehmensinternen, kostensenkenden (z. B. Anzahl der Reklamationen) als auch die unternehmensexternen, erlössteigernden Nutzenwirkungen (z. B. Anzahl der Weiterempfehlungen) des Qualitätsmanagements zu erfassen.

- Schließlich ist es hilfreich, auch **qualitätsfähigkeitsbezogene Kennzahlen** zur Verfügung zu stellen, mit denen sich zeigen lässt, wie sich die Fehlerverhütungsfähigkeit des Unternehmens verändert (Stebbing 1990, S. 37; Haist/Fromm 2002, S. 117f.; Wildemann 1992, S. 780).

Ein Ansatz, der sowohl Kosten als auch Nutzen in einer Kennzahl kombiniert, ist der **„Return on Quality"** (ROQ). Diesem Ansatz liegen insgesamt vier zentrale Annahmen zu Grunde (Rust/Zahorik/Keiningham 1994; Coelho/Vilares 2010):

1. Qualität ist ein Investment.
2. Qualitätsinitiativen müssen finanziell messbar gemacht werden.
3. Es besteht die Möglichkeit, zu viel in Qualität zu investieren.
4. Nicht alle Qualitätsaufwendungen sind gleichberechtigt.

Diese Annahmen machen es notwendig, eingesetzte Maßnahmen zur Qualitätsverbesserung in Relation zu antizipierten Profitabilitätsverbesserungen zu setzen. Dies bedeutet, dass zur Bestimmung der Wirtschaftlichkeit einer Maßnahme zum einen die Kosten für Qualitätsverbesserungsmaßnahmen im Vorfeld sorgfältig zu bestimmen sind und zum anderen, dass die möglichen Wirkungen in Bezug auf das Kundenverhalten abzuschätzen sind. Dabei gilt es auszuwerten, inwiefern sich die eingesetzten Qualitätsmaßnahmen auf Nutzenwirkungen wie die Zunahme des „Share-of-Wallets" bestehender Kunden, auf die

Gewinnung neuer Kunden (beispielsweise als Wirkung positiver Mundkommunikation) oder den Rückgang von Qualitätsmängel bemerkbar machen (Lovelock/Wirtz 2010, S. 420f.).

Im Gegensatz zu qualitätsbezogenen Wirtschaftlichkeitskennzahlen, deren Aufgabe es ist, die Gesamteffizienz eines Qualitätsmanagements in Dienstleistungsunternehmen darzustellen, können **qualitätsbezogene Wirtschaftlichkeitsrechnungen** zur Identifikation effizienter Investitionsalternativen herangezogen werden (Bruhn/Georgi 1998; Rust/Zahorik/Keiningham 1998; Coelho/Vilares 2010).

Genau wie materielle Investitionen im Industriegüterbereich führen auch qualitätsbezogene, materielle und immaterielle Investitionen in Dienstleistungsunternehmen kurzfristig zu „Anschaffungsauszahlungen" und erst langfristig zu „laufenden Einzahlungen", die zusammen die Rentabilität einer Investition bestimmen. In Bezug auf die Einzahlungen gilt es vor allem, sowohl die immateriellen Effekte, wie z. B. erhöhte Kundenbindung und Mitarbeitermotivation, als auch die materiellen Effekte, wie z. B. geringere Fehlerhäufigkeit, und damit geringere Fehlerkosten bzw. gesteigerte Nachfrage und damit höhere Gewinne, zu erfassen.

Ein weiteres Instrument zur Gegenüberstellung von Kosten- und Nutzenwirkungen des Qualitätsmanagements stellt die so genannte **Qualitätsbilanz** dar (Wildemann 1992, S. 780). Hierbei werden unternehmensspezifisch die verschiedenen Qualitätskosten- und Nutzenkategorien systematisch gegenübergestellt, um langfristig eine vergleichende Beurteilung und Analyse qualitätsbezogener Maßnahmen vornehmen zu können, qualitätsbezogene Trends abzuleiten und darauf aufbauend zukünftige Qualitätsbudgets zu planen (Campanella 2000). Die Qualitätskosten werden differenziert nach den Kosten der Übereinstimmung und der Abweichung. Qualitätsleistungen beschreiben den Nutzen der Qualitätsmaßnahmen und werden häufig anhand Qualitätskennzahlen dargestellt. Die Qualitätsbilanz hat lediglich die Aufgabe, einen strukturierten Überblick über die Qualitätskosten- und leistungen darzustellen, eine Beurteilung hinsichtlich der Wirtschaftlichkeit ist dagegen kaum möglich.

Die vorgestellten Instrumente zur Wirtschaftlichkeit des Qualitätsmanagements werden im Rahmen eines Qualitätscontrolling in einen Regelkreis eingebunden (Töpfer 1998). Um die Sicherstellung einer hohen Dienstleistungsqualität sicherzustellen, ist darauf zu achten, dass die Grundsätze eines erfolgreichen Qualitätsmanagements in der operativen Umsetzung des Dienstleistungsmarketing sichergestellt sind.

Kapitel 6:
Operatives
Dienstleistungsmarketing

1.	**Leistungspolitik**	**416**
1.1	Grundlagen der Leistungspolitik	416
1.2	Instrumente der Leistungspolitik	422
2.	**Kommunikationspolitik**	**474**
2.1	Grundlagen der Kommunikationspolitik	474
2.2	Instrumente der Kommunikationspolitik	483
3.	**Preispolitik**	**525**
3.1	Grundlagen der Preispolitik	525
3.2	Preispolitische Strategien und Instrumente	542
4.	**Distributionspolitik**	**577**
4.1	Grundlagen der Distributionspolitik	577
4.2	Instrumente der Distributionspolitik	582
5.	**Personalpolitik**	**618**
5.1	Grundlagen der Personalpolitik	618
5.2	Internes Marketing als personalpolitisches Rahmenkonzept	621
5.3	Marktorientierter Einsatz personalpolitischer Instrumente	629
5.4	Marktorientierter Einsatz interner Kommunikationsinstrumente	674
5.5	Personalorientierter Einsatz externer Marketinginstrumente	678

Auf Grundlage der Marketingstrategien sowie unter Einbeziehung von Ergebnissen der Marktforschung und der darauf aufbauenden Marktsegmentierung sind die Marketinginstrumente hinsichtlich ihres zielgerichteten Einsatzes zu bestimmen. Grundsätzlich ist eine **Systematisierung der Marketinginstrumente** in die vier Mixbereiche, die so genannten „4 Ps", möglich (Hilke 1984, S. 822; Heskett 1988; Scheuch 2002):

- Leistungspolitik („Product"),
- Kommunikationspolitik („Promotion"),
- Vertriebspolitik („Place"),
- Preispolitik („Price").

In der Literatur des Dienstleistungsmarketing besteht keine Einigkeit darüber, ob die klassische Systematisierung deckungsgleich auf den Dienstleistungsbereich übertragbar ist. In der deutschen Literatur wird diese Einteilung häufig vom Sachgüter- auf den Dienstleistungsbereich transferiert (Hilke 1989a, S. 16ff.; Corsten/Gössinger 2007, S. 341ff.). Zahlreiche Autoren, vor allem in den USA, vertreten jedoch die Auffassung, dass die Aufteilung in die dargestellten vier klassischen Mixbereiche den Besonderheiten des Dienstleistungsmarketing nicht gerecht wird (Magrath 1986; Beaven/Scotti 1990).

In diesem Zusammenhang wird im Dienstleistungsmarketing eine **Erweiterung des Marketingmix** um die folgenden Bereiche diskutiert (Booms/Bitner 1981; Magrath 1986; Cowell 1993, S. 99ff.; Payne 1993, S. 24):

- Personalpolitik („Personnel"),
- Ausstattungspolitik („Physical Facilities"),
- Prozesspolitik („Process Management").

Die Gegenüberstellung des klassischen und des erweiterten Marketingmix ist in Schaubild 6-1-1 wiedergegeben.

Gegen eine solch weite Fassung des Dienstleistungsmarketingmix spricht die **klassische Marketingdefinition**, die lediglich Aktivitäten zur Verhaltensbeeinflussung des (externen) Kunden berücksichtigt (Meffert/Burmann/Kirchgeorg 2012). Diese Begriffsfassung entstand für das klassische Marketing von Konsum- und Industriegüterherstellern und hat in diesen Bereichen ihre volle Berechtigung.

Im Bereich des Dienstleistungsmarketing hat sich in den letzten Jahren deutlich gezeigt, dass die Anwendung eines kundenorientierten Marketing als Leitidee auch der Berücksichtigung **interner Kunden** bedarf (Bruhn 1999a, S. 17; Zeithaml/Bitner/Gremler 2006; Lovelock/Wirtz 2010, S. 336ff.). Daraus ergibt sich die Fragestellung, ob die Personalpolitik von Dienstleistungsunternehmen als eigenständiges (internes) Marketinginstrument zu betrachten ist. Für diese Sichtweise lassen sich folgende Argumente anführen:

- Die Notwendigkeit einer permanenten Bereitstellung des **Leistungspotenzials** impliziert das Erfordernis der Aufrechterhaltung und kontinuierlichen Verbesserung des

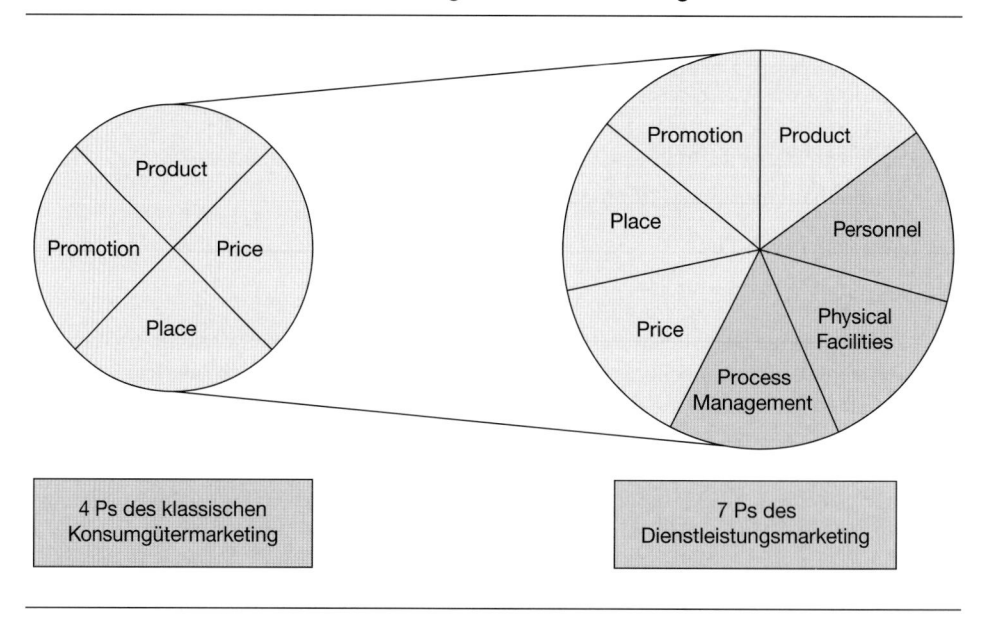

Schaubild 6-1-1 Erweiterter Marketingmix im Dienstleistungsbereich

4 Ps des klassischen Konsumgütermarketing: Product, Promotion, Price, Place

7 Ps des Dienstleistungsmarketing: Promotion, Product, Personnel, Physical Facilities, Process Management, Price, Place

Quelle: Magrath 1986, S. 45

Fähigkeitenpotenzials der Mitarbeitenden des Dienstleisters (Engelhardt/Kleinaltenkamp/Reckenfelderbäumer 1992, S. 51f.; Lovelock/Wirtz 2010, S. 326f.).

- Aufgrund der **Integration des externen Faktors** stehen Kunde und Mitarbeitender vielfach in direktem Kontakt. Mit anderen Worten bringt der Kunde einen externen Faktor in den Erstellungsprozess einer Dienstleistung ein. Externe Faktoren sind beispielsweise Lebewesen (Kunde beim Arztbesuch), materielle Güter (Waschmaschinen bei Reparaturdienstleistungen), nominale Güter (Geld oder Aktienportfolios bei Finanzdienstleistungen) oder Informationen (bei Beratungsdienstleistungen einer Unternehmensberatung). Dadurch haben Maßnahmen der Personalpolitik einen direkten Einfluss auf das Verhalten des (externen) Kunden (Corsten/Gössinger 2007, S. 336).

- Die **Immaterialität** von Dienstleistungen bedingt, dass das Ergebnis am Ende eines Leistungserstellungsprozesses für den Kunden nicht greifbar ist, und dass die Mitarbeitenden des Dienstleisters häufig als Surrogat der eigentlichen Leistung angesehen werden (Engelhardt/Kleinaltenkamp/Reckenfelderbäumer 1992, S. 48; Lovelock/Wirtz 2010, S. 311).

Aus Gründen der Zweckmäßigkeit wird somit im Folgenden von vier **externen Instrumenten** des Dienstleistungsmarketing, den klassischen Mixbereichen Leistungs-, Kommunikations-, Preis- und Distributionspolitik sowie einem **internen Instrument** des Dienstleistungsmarketing, der Personalpolitik, ausgegangen (vgl. Schaubild 6-1-2). Dabei erfolgt die Betrachtung der Personalpolitik jedoch nicht im Sinne eines umfassenden Personalmanagements. Vielmehr werden lediglich jene personalbezogenen Aspekte beleuchtet, die bei der Erstellung von Dienstleistungen aus Marketingsicht zu berücksichtigen sind.

Schaubild 6-1-2 Marketingmix von Dienstleistungsunternehmen

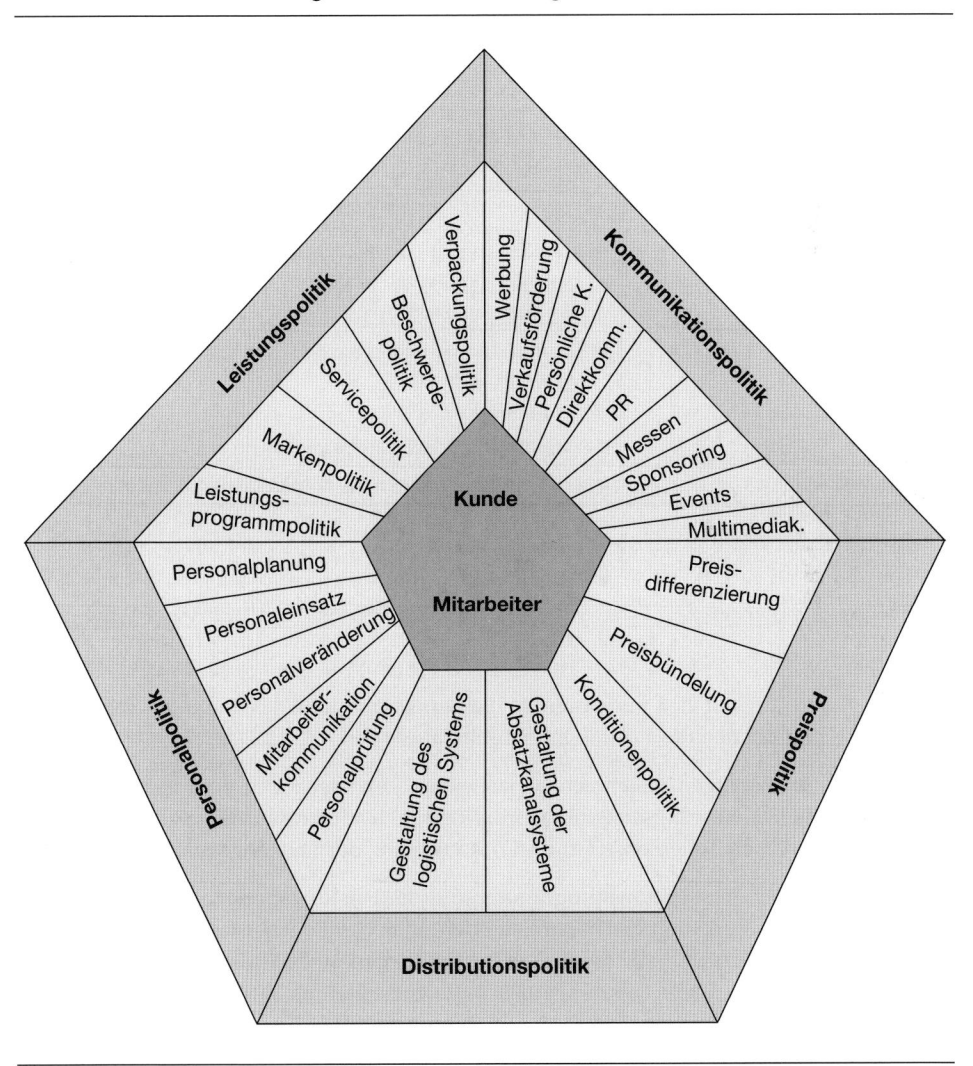

1. Leistungspolitik

1.1 Grundlagen der Leistungspolitik

1.11 Besonderheiten der Leistungspolitik von Dienstleistungsunternehmen

Aufgrund der Notwendigkeit der permanenten Bereitstellung des Leistungspotenzials, der Integration des externen Faktors und der Immaterialität von Dienstleistungen ergeben sich zahlreiche Besonderheiten der Leistungspolitik von Dienstleistungsunternehmen gegenüber derjenigen von Sachgüteranbietern (z. B. Verbrauchs-, Gebrauchs-, Industriegüter). Einen Überblick über diese Besonderheiten gibt Schaubild 6-1-3.

Schaubild 6-1-3 Besonderheiten der Leistungspolitik von Dienstleistungsunternehmen

Besonderheiten von Dienstleistungen	Implikationen für die Leistungspolitik
Leistungsfähigkeit des Dienstleistungsanbieters	■ Automatisierung bei Standardleistungen ■ Berücksichtigung der Leistungspotenziale bei der Planung des Leistungsprogramms
Integration des externen Faktors	■ Externalisierung und Internalisierung im Rahmen der Leistungsvariation ■ Zeitabhängige Variation ■ Vereinfachte Beschwerdestimulierung
Immaterialität (Nichtlagerfähigkeit, Nichttransportfähigkeit)	■ Leistungsdimensionen als Ansatzpunkte für Variationen und Innovationen ■ Leistungsbündelung ■ Hohe Bedeutung der Markenpolitik aufgrund erhöhter Kaufunsicherheit und leichter Imitierbarkeit

Aus der Notwendigkeit der **permanenten Leistungsfähigkeit** des Anbieters lassen sich folgende Besonderheiten der Leistungspolitik herausstellen:

■ Bei Standardleistungen bietet sich bis zu einem gewissen Grad eine teilweise **Automatisierung** des Leistungserstellungsprozesses an. Dadurch wird eine gleichbleibende Leistungsbereitschaft demonstriert und die Konstanz der Leistungsqualität erhöht.

■ Bei der Planung des Leistungsprogramms sind die **Leistungspotenziale** des Anbieters in Form der Qualifikation der Mitarbeitenden oder vorhandener tangibler Einrichtungen zu berücksichtigen. Auf diese Weise wird sichergestellt, dass der Dienstleister in der Lage ist, die geplante Leistung auf dem gewünschten Qualitätsniveau zu erstellen.

Die **Integration des externen Faktors** in den Leistungserstellungsprozess lässt folgende Schlussfolgerungen für die Leistungspolitik zu:

- Im Bereich der Programmplanung werden neben Variationen, Differenzierungen und Eliminierungen mögliche **Externalisierungen** bzw. **Internalisierungen** von Aktivitäten in Betracht gezogen.

- Da die Anwesenheit des Kunden bei der Leistungserstellung teilweise unerlässlich ist, ergeben sich im Rahmen der Leistungsprogrammpolitik Ansatzpunkte hinsichtlich einer **zeitabhängigen Variation** von Leistungen.

- Aufgrund des direkten Kontaktes zwischen dem Dienstleister und dem Kunden wird die **Beschwerdestimulierung** im Rahmen der Beschwerdepolitik vereinfacht.

Aus der **Immaterialität** von Dienstleistungen ergeben sich folgende Besonderheiten:

- Die Planung von **Leistungsinnovationen bzw. -variationen** setzt an der Potenzial-, Prozess- und/oder Ergebnisdimension einer Dienstleistung an.

- Zur Abgrenzung von der Konkurrenz bietet sich eine **Leistungsbündelung** an. Diese verfolgt die Profilierung gegenüber den Wettbewerbern, wenn die eigentliche Kernleistung der unterschiedlichen Anbieter weitgehend homogen ist und kaum Ansatzpunkte zur Differenzierung liefert. Somit wird die Vergleichbarkeit unterschiedlicher Leistungen für den Kunden eingeschränkt.

- Aufgrund der fehlenden Patentierbarkeit von Dienstleistungen sind sie vergleichsweise leicht imitierbar. Darüber hinaus ist die Konsumtion für den Kunden mit Unsicherheiten verbunden. Vor diesem Hintergrund hat insbesondere die **Markenpolitik** zur Profilierung eines Anbieters bzw. dessen Leistung und als Vertrauensanker für den Konsumenten einen hohen Stellenwert. Auch das Image einer Leistung und des Dienstleistungsanbieters gewinnt in diesem Zusammenhang an Bedeutung.

1.12 Festlegung des Leistungsprogramms

Die wachsende Anzahl der im Dienstleistungsbereich tätigen Unternehmen und die gestiegene Wettbewerbsintensität machen deutlich, dass eine zweckmäßige und attraktive Gestaltung des **Dienstleistungsprogramms** für die Erfolgsposition des Dienstleistungsanbieters im Wettbewerb, sein Unternehmenswachstum und die langfristige Unternehmensexistenz von zentraler Bedeutung ist. Der **Prozess der Festlegung des Leistungsprogramms** findet auf zwei **Ebenen** statt (vgl. Schaubild 6-1-4). Es wird zwischen Grund- und Zusatznutzen einer Leistung differenziert (Meffert/Burmann/Kirchgeorg 2012, S. 387).

Schaubild 6-1-4   Ebenen bei der Festlegung des Leistungsprogramms am Beispiel eines Pizza-Lieferservices

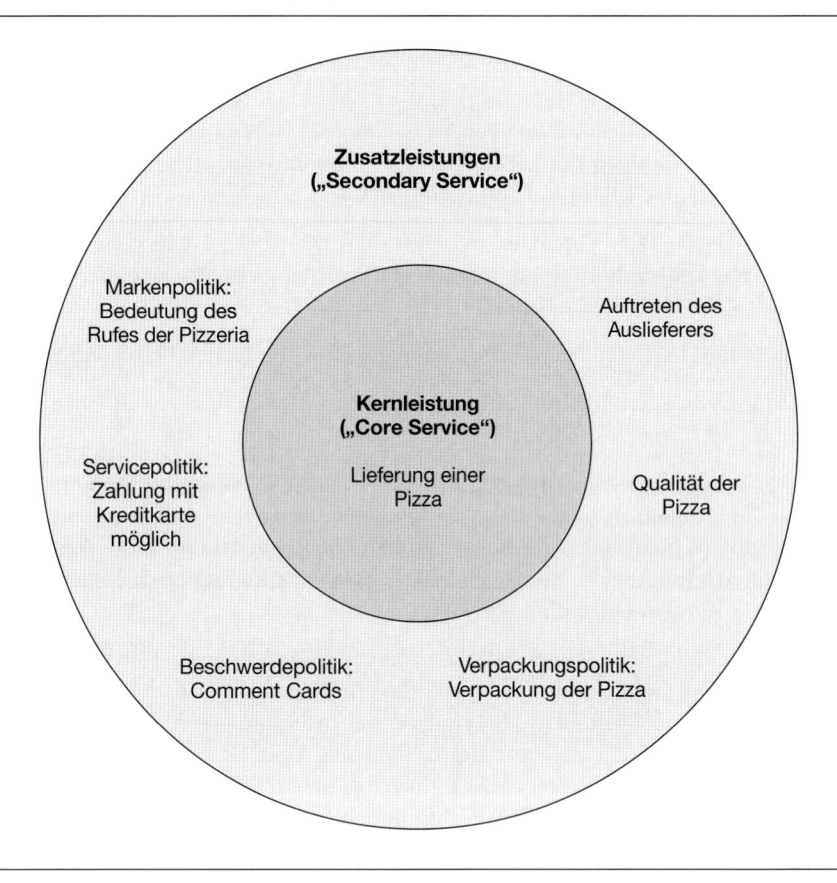

Zusatzleistungen („Secondary Service")

Markenpolitik: Bedeutung des Rufes der Pizzeria

Auftreten des Auslieferers

Kernleistung („Core Service")
Lieferung einer Pizza

Servicepolitik: Zahlung mit Kreditkarte möglich

Qualität der Pizza

Beschwerdepolitik: Comment Cards

Verpackungspolitik: Verpackung der Pizza

Quelle: in Anlehnung an Palmer 2004, S. 44

Im Rahmen dieses Prozesses werden dabei wegen der hohen Interaktivität des Leistungserstellungsprozesses Kunden- und Unternehmensperspektive miteinander verbunden.

1. Ebene der Kernleistung („Core Service Level")

Um sich von der Konkurrenz abzugrenzen und die eigene Leistung für den Kunden attraktiv zu gestalten, stellt der Kundennutzen den Ausgangspunkt der Festlegung des Leistungsprogramms dar. Der Grundnutzen resultiert aus der in der amerikanischen Literatur bezeichneten Kernleistung („Core Service") (Palmer/Cole 1995, S. 68). Hierdurch wird bereits ein USP (Unique Selling Proposition) aufgebaut, sofern die Leistung einen höheren Nutzen als diejenige konkurrierender Dienstleistungen stiftet. So wurde durch den Nutzen eines Pizza-Lieferservices bei einigen Konsumenten der Besuch einer Pizzeria substituiert. In diesem Zusammenhang ist jedoch zu berücksichtigen, dass die Herausstellung des Grundnutzens zwar vergleichsweise einfach ist, jedoch zur Profilierung eines Anbieters vielfach nicht mehr ausreicht. Dies wird durch ein Beispiel aus dem Luftverkehr verdeutlicht: so stehen dem Kunden allein auf der Flugstrecke Frankfurt – New York täglich sieben Nonstop-Flüge (identische Kernleistung) von vier verschiedenen Anbietern zur Auswahl. Dabei sind die Kernleistungen der unterschiedlichen Anbieter heute – unter anderem aufgrund fortgeschrittener Technologien – nicht mehr eine Domäne der Anbieter im oberen Preissegment, sondern werden in vielen Fällen zu relativ niedrigen Kosten auch von anderen Anbietern erstellt. Als Resultat der als gleich wahrgenommenen Kernleistungen verschiedener Anbieter wird die Kaufentscheidung häufig nur noch aufgrund des Preises getroffen. Eine Differenzierung außerhalb des Preises verlagert sich daher vor allem auf die Ebene der Zusatzleistungen (Butcher/Sparks/O'Callaghan 2003, S. 192f.; Bruhn 2010b).

2. Ebene der Zusatzleistungen („Secondary Service Level")

Diese zweite Ebene ersetzt die im Rahmen der Festlegung des Leistungsprogramms von Konsumgüterherstellern unterschiedenen Phasen der Gestaltung des Produktes und der Erstellung des Leistungsprogramms (Palmer/Cole 1995, S. 67). Ausgehend von der angestrebten Einzigartigkeit der Leistung wird die Kernleistung um Zusatzleistungen („Secondary Service") ergänzt, die unterschiedliche Dimensionen von Zusatznutzen stiften (Palmer/Cole 1995, S. 68). Aufgrund der konstitutiven Dienstleistungsmerkmale ist die Herausstellung der Zusatzleistung bzw. des Zusatznutzens jedoch mit Problemen behaftet. Anders als bei Sachgütern lassen sich die den Zusatznutzen determinierenden Eigenschaften nur schwierig darstellen, wodurch die Möglichkeit eines Vergleichs mit anderen Leistungen durch die Kunden weitgehend eingeschränkt wird. Unterschiedliche Dimensionen hinsichtlich der Stiftung von Zusatznutzen ergeben sich insbesondere in folgenden Bereichen:

- Positionierung der Leistung,
- Design/Verpackung der tangiblen Elemente,
- Einsatz von Humankapital,
- Qualität der Leistung,
- Markierung,
- Value Added Services,
- Umgang mit Beschwerden.

Insbesondere die durch den technischen Fortschritt und die Neubewertung von Unternehmensstrategien zu beobachtenden Verknüpfungsprozesse zwischen einzelnen traditionellen Dienstleistungsbranchen (z. B. Banken und Versicherungen, Verkehrs- und Tourismusdienstleistungen) stellen Dienstleistungsunternehmen vor die Herausforderung, ihr Leistungsangebot ständig neu zu überdenken.

1.13 Planungsprozess der Leistungspolitik

Zur systematischen Regelung des Ablaufes der Leistungspolitik eines Dienstleistungsunternehmens wird der folgende **Prozess der Leistungsplanung** unterstellt (Bruhn 2010c, S. 126f.):

1. Die **Situationsanalyse des Leistungsprogramms** gibt Aufschluss darüber, inwiefern es Handlungsbedarf für Veränderungen des Programms gibt. Dabei sind die Kundenbedürfnisse, die Leistungen der Konkurrenz, der Erfolg der eigenen Leistungen sowie die Zusammenstellung des eigenen Leistungsprogramms zu berücksichtigen.

2. Die **Ziele der Leistungspolitik** sind aus den Unternehmens- und Marketingzielen abzuleiten. Dabei ist auf Zielüberschneidungen mit anderen Zielen des Marketingmix zu achten.

3. Durch die **Entwicklung leistungspolitischer Strategien** wird festgelegt, wie die Ziele der Leistungspolitik zu erreichen sind. Mögliche Ansatzpunkte der Strategie sind die Qualität oder der Preis der Leistung.

4. Bei der Bestimmung des **Budgets der Leistungspolitik** sind verschiedene Kostenbereiche zu berücksichtigen, z. B. Kosten für Marktforschungs- und Beratungsleistungen oder die Entwicklung von Prototypen für tangible Elemente.

5. Mittels der Planung des **Einsatzes der leistungspolitischen Instrumente** wird festgelegt, auf welchem Wege die Strategie umgesetzt wird. Hierbei sind die Leistungsprogrammpolitik, die Markenpolitik, die Servicepolitik, die Beschwerdepolitik sowie die Verpackungspolitik zu berücksichtigen.

6. Im Rahmen der **Kontrolle des Leistungsprogramms** erfolgt die Festlegung, inwiefern die Ziele der Leistungspolitik erreicht wurden bzw. werden. Bei Nichtrealisierung von Zielen sind unter Umständen Anpassungsmaßnahmen vorzunehmen.

1.14 Ziele der Leistungspolitik

Im Rahmen der Leistungspolitik besteht die Zielsetzung, mit den zur Verfügung stehenden Möglichkeiten ein **optimales Leistungsprogramm der Dienstleistungsunternehmung** zusammenzustellen (Becker/Günther 2001; Becker 2006; Meffert/Burmann/Kirchgeorg 2012). Dabei ist zunächst die Orientierung an den Oberzielen des Unternehmens und den daraus abgeleiteten Marketingzielen notwendig (für einen Überblick über die Vielzahl der möglichen operationalen Marketingziele im Rahmen der konzeptionellen Planung vgl. Kapitel 4 Abschnitt 3). Zusätzlich sind die Besonderheiten von Dienstleistungen bei der Formulierung der leistungspolitischen Ziele und die Wirkungsgrößen des Kaufverhaltens (vgl. Kapitel 3 Abschnitt 1) bei der Festlegung der Ziele ins Kalkül einzubeziehen, um eine Entscheidung des Kunden für die Leistungen des eigenen Unternehmens hervorzurufen.

Im Zusammenhang mit den psychologischen Wirkungsgrößen des Kaufverhaltens verfügt die Qualitätswahrnehmung über einen erheblichen Einfluss auf die Kaufentscheidung. Diese entsteht, wenn die Erwartungen an die Dienstleistung bei der Inanspruchnahme erfüllt werden. Folglich ist bei der Leistungserstellung die Realisierung einer entsprechend hohen **Leistungsqualität** zu garantieren. Im Bereich der Potenzialdimension nimmt die Qualität der sachlichen, organisatorischen und persönlichen Leistungsvoraussetzungen Einfluss auf das Leistungsergebnis. Bei der Prozessdimension ist die Prozessqualität während der Leistungserstellung zu berücksichtigen, wobei die Integration des externen Faktors eine nicht steuerbare Größe darstellt.

Einen Einfluss auf das Kaufverhalten nimmt auch das **Image** eines Unternehmens. In Bezug auf die Leistungspolitik eines Dienstleistungsunternehmens spielt der Imageaufbau eine besondere Rolle, da durch die Eigenschaft der Immaterialität, die Schwierigkeit des Leistungsvergleichs unterschiedlicher Anbieter vor Inanspruchnahme sowie das höhere subjektiv empfundene Kaufrisiko das Image als Vertrauensanker dient. Eine Umsetzung dieses Ziels wird vor allem mit Hilfe der Markenpolitik angestrebt (vgl. Abschnitt 1.22 in diesem Kapitel).

Ebenso haben Bekanntheitsziele Einfluss auf das Kaufverhalten von Kunden. Sie lassen sich z. B. dadurch erreichen, dass die Leistungspolitik und die Kommunikationspolitik sorgfältig aufeinander abgestimmt werden. Eine Verstärkung des Werbedrucks in den Medien der entsprechenden Zielgruppen ist – zumindest kurzfristig – in der Lage, Bekanntheitsgrade zu erhöhen und gegebenenfalls den Absatz einer Dienstleistung anzukurbeln.

Zur Erreichung der Verhaltensgröße der **Kundenbindung** ist die Leistungspolitik ebenfalls geeignet. Diese wird durch eine Attraktivitätssteigerung des Leistungsprogramms gehalten oder sogar erhöht. Zur Umsetzung dieses Ziels eignen sich die Gestaltungsinstrumente der Leistungsprogrammpolitik, wie die Variation oder Innovation. Durch die Ergänzung der Kernleistung („Core Service") um eine entsprechende Zusatzleistung („Secondary Service") (vgl. Abschnitt 1.12) lässt sich z. B. der wahrgenommene Wert für den Kunden und somit die Attraktivität des Angebots erhöhen. Zum Angebot solcher Sekundärleistungen (Zusatzleistungen) zählen beispielsweise Kundenzeitschriften, die Mitgliedschaft in einem Kundenclub sowie komplementäre E-Services.

Die Leistungspolitik bietet sich darüber hinaus vor allem zur **Profilierung gegenüber der Konkurrenz** an. Ziel ist dabei die Abgrenzung der eigenen Leistungen von den zum Teil kaum differenzierbaren Konkurrenzleistungen (z. B. in der Mobilfunkbranche). Auch hierfür eignen sich die Gestaltungsmöglichkeiten der Leistungspolitik.

Nach der Festlegung der Ziele wird eine entsprechende leistungspolitische Strategie zur Realisierung der Ziele entwickelt. Für die Operationalisierung ist der Einsatz des relevanten Instrumentariums zu planen. Hierbei sind die Leistungsprogrammpolitik, die Markenpolitik, die Servicepolitik, die Beschwerdepolitik sowie die Verpackungspolitik zu berücksichtigen. Im folgenden Abschnitt wird deshalb die Darstellung der möglichen Instrumente der Leistungspolitik vorgenommen.

1.2 Instrumente der Leistungspolitik

Im Rahmen der Leistungspolitik von Dienstleistungsunternehmen sind zahlreiche Entscheidungen zu treffen, die mit Hilfe des folgenden Instrumentariums umgesetzt werden. Die **Leistungsprogrammpolitik** beschäftigt sich mit der Umsetzung der geplanten Leistungsprogrammgestaltung. Dazu zählen insbesondere Programminnovationen und -variationen sowie die Eliminierung einzelner Programmelemente. Des Weiteren trägt die **Markenpolitik** zur Implementierung der festgelegten Strategien bei. Aufgrund der mixübergreifenden Wirkungen der Markenpolitik sind hierbei die Interdependenzen zu anderen Instrumenten zu berücksichtigen. Vor dem Hintergrund der neuen Entwicklungstendenzen in der Informations- und Kommunikationstechnologie kommt dem Bereich der **E-Services** als Instrument der Leistungspolitik eine wachsende Bedeutung zu. Eine wichtige Rolle für Dienstleistungsunternehmen spielt im Rahmen der Leistungspolitik aufgrund der Integration des externen Faktors ferner die Beschwerdepolitik. Hierbei werden oftmals professionelle Beschwerdemanagementtools in Dienstleistungsunternehmen implementiert, die meist zentral von einer outgesourcten betriebseigenen Organisationseinheit gesteuert und betreut werden.

1.21 Leistungsprogrammpolitik

Aufgrund der Immaterialität von Dienstleistungen sind nicht materielle Güter Gegenstand von programmpolitischen Entscheidungen, sondern die **Entwicklung und Veränderung von Dienstleistungspotenzialen, -prozessen und -ergebnissen** (Meyer 2004). Hier ergeben sich ähnliche Probleme wie bei der in Kapitel 4, Abschnitt 4.21 diskutierten Standardisierung von Dienstleistungen. Bei einer Veränderung innerhalb einer der drei Bereiche ist vielfach auch eine Anpassung zumindest einer der beiden anderen Bereiche erforderlich. So ist beispielsweise die Verbesserung des Ergebnisses eines Sprachkurses in der Regel an eine verbesserte Qualifikation des Lehrpersonals (Potenziale) und/oder an eine Veränderung des Unterrichts (z. B. verstärkte Einbeziehung der Lernenden; Prozesse) gebunden.

Bei leistungsprogrammpolitischen Entscheidungen stehen im Dienstleistungsbereich folgende Ansatzpunkte im Vordergrund: die materielle und personelle Ausstattung, die Verrichtungs- bzw. Ablaufprogramme sowie im Zusammenhang damit die räumliche und zeitliche Planung der Dienstleistungskapazitäten.

Dabei stehen der **Leistungsprogrammgestaltung** drei grundlegende **Optionen** zur Verfügung: die Leistungsvariation mit den Ansatzpunkten der Modifikation und Differenzierung, die Leistungsinnovation und die Leistungseliminierung. Der Begriff der Leistungsinnovation konzentriert sich im Wesentlichen auf die Neuentwicklung von Leistungen. Unter einer Leistungsvariation ist hingegen die Veränderung bereits bestehender Dienstleistungen zu verstehen. In der Regel werden bereits bestehende Leistungen verbessert. Es sind aber auch Modifikationen denkbar, die nicht eine Leistungsverbesserung, sondern – beispielsweise aus Rationalisierungsgründen – eine Reduktion des Leistungsumfangs (Leistungseliminierung) zum Ziel haben. Zum Verständnis der hinter den Optionen stehenden Motivationen und zur Klärung etwaiger Abgrenzungsprobleme werden die folgenden Ausführungen am Beispiel einer Fluggesellschaft veranschaulicht.

Unter einer **Leistungsvariation** ist die Veränderung einer bereits bestehenden Dienstleistung zu verstehen, wobei einzelne Teileigenschaften ausgewählt und verbessert werden. Als Beispiel hierfür lässt sich die Verkürzung der Flugzeit einer Flugverbindung durch neue Überflugrechte nennen. Daneben sind auch **Modifikationen** denkbar, die nicht primär eine Leistungsverbesserung, sondern – z. B. aus Rationalisierungsgründen – eine Reduktion des Leistungsumfangs zum Ziel haben. So hat die *Deutsche Lufthansa AG* einer erhöhten Preissensitivität der Kunden als wichtiges Beurteilungskriterium dadurch Rechnung getragen, dass die Bordverpflegung in der Economy Class auf innerdeutschen Flügen deutlich reduziert und gleichzeitig die Flugpreise gesenkt wurden. Im Rahmen der **Leistungsdifferenzierung** (Service Customization) wird der Heterogenität der Konsumenten Rechung getragen. Diese differenzierte Ausgestaltung des Leistungsprogramms trägt dazu bei, dem Bedarf bestimmter Zielgruppensegmente besser gerecht zu werden (Meffert/Burmann/Kirchgeorg 2012, S. 445ff.). Voraussetzung der Leistungsdifferenzierung ist in der Regel die Aufteilung des Gesamtmarktes in einzelne Marktsegmente, die durch unterschiedliche Bedürfnisse der Nachfrager klassifiziert werden. Die neuen Varianten werden zusätzlich im Programm geführt. Als Beispiel ist das Angebot alternativer Buchungsklassen (First, Business und Economy Class) zu nennen. Der Begriff der **Leistungsinnovation** konzentriert sich im Wesentlichen auf die Neuentwicklung von Leistungen, hierfür ist beispielsweise die Einrichtung neuer Non-Stop-Verbindungen anzuführen. Bei der **Leistungseliminierung** werden hingegen Dienstleistungen aus dem Programm genommen, die nicht mehr rentabel sind. Im Falle der Fluggesellschaft würde dies zur Streichung bestimmter Flugverbindungen führen.

Diese drei grundlegenden Optionen finden innerhalb des Unternehmens auf unterschiedlichen Ebenen Anwendung: Die weitreichensten Entscheidungen betreffen das Leistungsprogramm, das die Gesamtheit aller Leistungen des Unternehmens umfasst (Bruhn/Hadwich 2006). Änderungen in diesem Bereich bedürfen der Einbindung des Managements. Unter diesem Programm ist die Ebene der einzelnen Geschäftsfelder angesiedelt. Innerhalb eines Geschäftsfeldes sind Dienstleistungen zusammengefasst, die aufgrund bestimmter Kriterien in enger Beziehung zueinander stehen. Durch die enormen Auswirkungen, die durch die Möglichkeiten der Variation, Innovation und Eliminierung von Geschäftsfeldern hervorgerufen werden, sind Entscheidungen auf dieser Ebene ebenfalls der strategischen Planung zuzurechnen. Schließlich beziehen sich Entscheidungen auch auf einzelne Dienstleistungen. Hier wird ebenfalls auf die Instrumente der Variation, Innovation und Eliminierung zurückgegriffen. Der Planungshorizont ist meist auf die operative Planung beschränkt.

Im Folgenden schließt sich zunächst die Diskussion der Leistungsprogrammvariation an. Danach werden diejenigen Entscheidungstatbestände aufgegriffen, die darüber hinaus überwiegend bei der Gestaltung von Dienstleistungsinnovationen auftreten. Schließlich wird auf die Leistungseliminierung eingegangen.

1.211 Variation im Dienstleistungsprogramm

Angesichts der Immaterialität von Dienstleistungen stellt sich die Frage, in welcher Form eine Veränderung bestehender Leistungen umsetzbar ist. Bereits einleitend wurde hervorgehoben, dass sich die Veränderungen von Dienstleistungen auf Potenziale, Prozesse und Ergebnisse beziehen (vgl. Schaubild 6-1-5).

Als **Auslöser für Variationsentscheidungen** dienen Anregungen und Impulse verschiedener unternehmensinterner und -externer Quellen (vgl. Schaubild 6-1-5):

- Hierzu ist die **Marktforschung** zu zählen, die beispielsweise Trends im Konsumentenverhalten aufzeigt und im Rahmen von Kundenzufriedenheitsbefragungen spezielle Defizite ermittelt. Darüber hinaus können wertvolle Informationen in sogenannten Social-Media-Plattformen gewonnen werden. Hier besteht die Möglichkeit, zum einen konkrete Beurteilungen der eigenen Unternehmensleistungen durch die Internetnutzer und zum anderen generelle Trends im Konsumverhalten zu erforschen (zu den Möglichkeiten des Social Media vgl. auch Abschnitt 2 in diesem Kapitel).

- Im Rahmen des betriebsinternen **Controlling** lassen sich darüber hinaus Daten ableiten, die eine Variation des Leistungsprogramms empfehlen.

- Eine weitere wichtige Quelle von Anregungen sind die bei der Erstellung von Dienstleistungen im Kundenkontakt stehenden **Mitarbeitenden**. Diese verfügen über detaillierte Kenntnisse der Kundenwünsche und den gegenwärtigen Grad der Bedürfnisbefriedigung (Zeithaml/Parasuraman/Berry 1992; Grönroos 2000; Cristofolini 2005, S. 93f.).

- Schließlich ist auf die besondere Bedeutung des **Beschwerdemanagements** und der dort abgeleiteten Anregungsinformationen für die Ausgestaltung der Leistungsvariation hinzuweisen (vgl. Kapitel 5, Abschnitt 3.2223).

Auf Basis der gewählten Informationsquelle ist zu entscheiden, durch welche Maßnahmen eine Variation des Dienstleistungsprogramms vorzunehmen ist. Dazu stehen – wie in Schaubild 6-1-5 dargestellt – fünf **inhaltliche Ansatzpunkte für eine Variation** zur Verfügung, die für fast jedes Dienstleistungsunternehmen anwendbar sind:

1. Angebot von Zusatzleistungen,
2. Art und Umfang der Einbeziehung des externen Faktors,
3. Automatisierung und Veredelung der Dienstleistung,
4. zeitliche Veränderungen des Dienstleistungsprozesses,
5. Veränderung symbolischer Eigenschaften.

Diese Alternativen von Dienstleistungsvariationen werden im Folgenden ausführlich erläutert.

Aufgrund einer zunehmenden Austauschbarkeit der Kernleistung („Core Service") (Palmer/Cole 1995, S. 68) in vielen Branchen (z. B. Luftverkehr, Banken) gewinnt das **Angebot**

Leistungspolitik 425

Schaubild 6-1-5 Entscheidungstatbestände der Variation von Dienstleistungsprogrammen

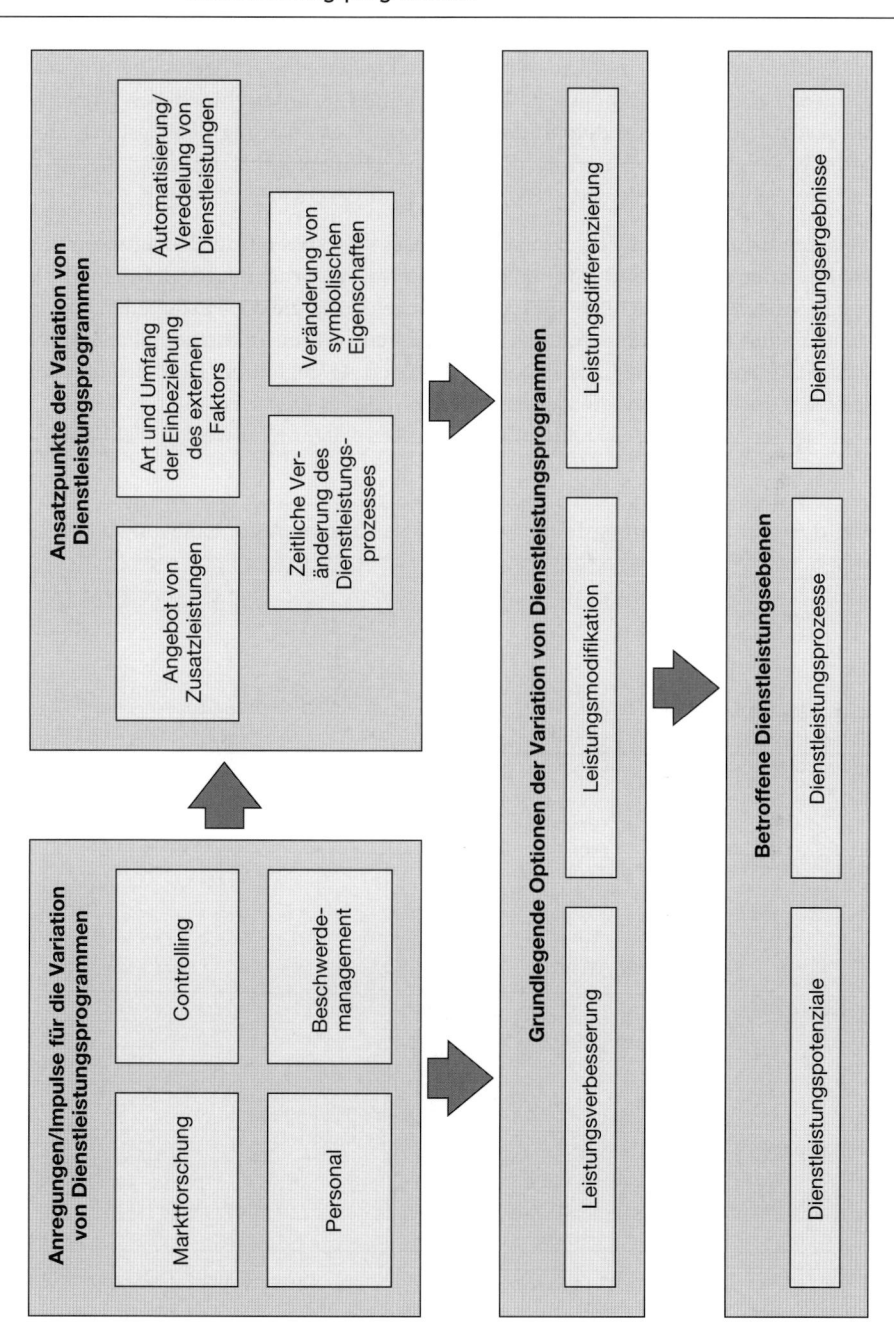

Anregungen/Impulse für die Variation von Dienstleistungsprogrammen
- Marktforschung
- Controlling
- Personal
- Beschwerdemanagement

Ansatzpunkte der Variation von Dienstleistungsprogrammen
- Angebot von Zusatzleistungen
- Art und Umfang der Einbeziehung des externen Faktors
- Automatisierung/Veredelung von Dienstleistungen
- Zeitliche Veränderung des Dienstleistungsprozesses
- Veränderung von symbolischen Eigenschaften

Grundlegende Optionen der Variation von Dienstleistungsprogrammen
- Leistungsverbesserung
- Leistungsmodifikation
- Leistungsdifferenzierung

Betroffene Dienstleistungsebenen
- Dienstleistungspotenziale
- Dienstleistungsprozesse
- Dienstleistungsergebnisse

an **Zusatzleistungen** („Secondary Service") Butcher/Sparks/O'Callaghan 2003, S. 192f.; Bruhn 2010c) zur Wettbewerbsdifferenzierung an Bedeutung (vgl. Abschnitt 1.12). Hierbei wird zwischen materiellen Zusatzleistungen bzw. -produkten (z. B. Teilnehmer eines Sprachkurses erhalten Trainings-CDs und Bücher) und/oder immateriellen Zusatzleistungen bzw. -diensten (z. B. Kreditkartenangebote schließen eine Reiseversicherung mit ein) unterschieden (Corsten/Gössinger 2007). Diese stiften in unterschiedlichen Dimensionen einen Zusatznutzen, insbesondere in den Bereichen Positionierung der Leistung, Design/Verpackung der tangiblen Elemente, Einsatz von Humankapital, Qualität der Leistung, Markierung, Value Added Services und Umgang mit Beschwerden.

Eine **Systematisierung von Zusatzleistungen** lässt sich anhand der Dimensionen Erwartungshaltung der Kunden und Affinität zur Kernleistung vornehmen (vgl. Schaubild 6-1-6). Geringe Profilierungsmöglichkeiten existieren im Feld I, da die diesbezüglichen Leistungen von den Kunden als selbstverständlich vorausgesetzt werden und eine hohe Affinität zur Primärleistung besteht. Eine Chance zur Differenzierung gegenüber Konkurrenzunternehmen bieten jedoch insbesondere Zusatzleistungen, die in dieser Form vom Kunden nicht erwartet werden und keinen direkten Bezug zur Kernleistung aufweisen (Feld III).

Schaubild 6-1-6 Profilierungsfelder von Services für eine Automobilwerkstatt

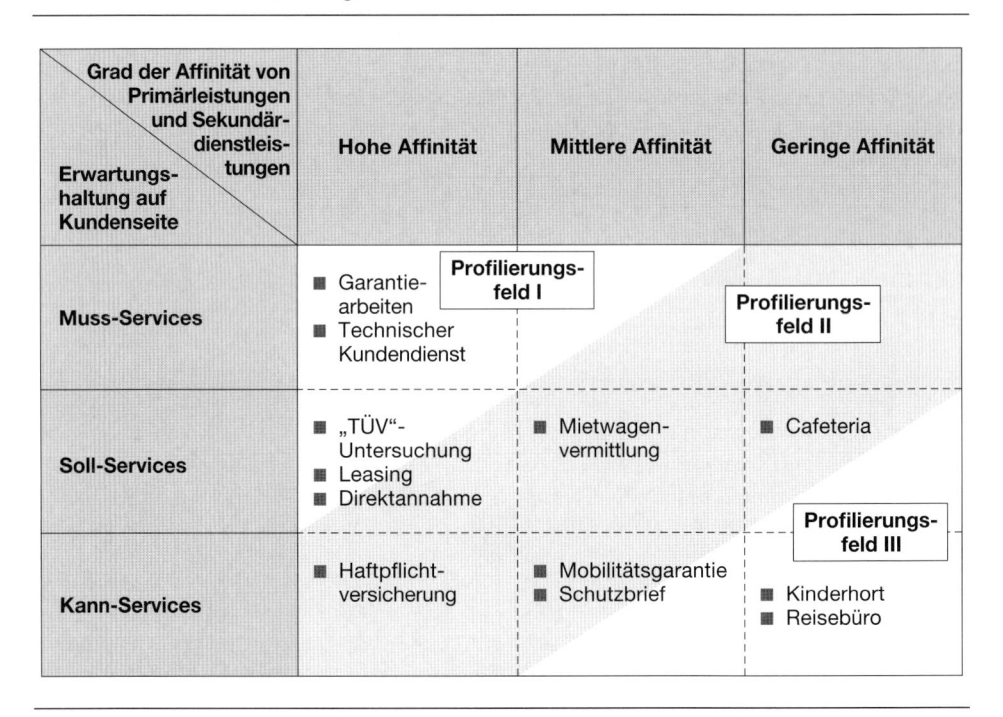

Grad der Affinität von Primärleistungen und Sekundärdienstleistungen / Erwartungshaltung auf Kundenseite	Hohe Affinität	Mittlere Affinität	Geringe Affinität
Muss-Services	■ Garantiearbeiten ■ Technischer Kundendienst — **Profilierungsfeld I**		**Profilierungsfeld II**
Soll-Services	■ „TÜV"-Untersuchung ■ Leasing ■ Direktannahme	■ Mietwagenvermittlung	■ Cafeteria
Kann-Services	■ Haftpflichtversicherung	■ Mobilitätsgarantie ■ Schutzbrief	**Profilierungsfeld III** ■ Kinderhort ■ Reisebüro

Quelle: Laakmann 1995, S. 19

Hinsichtlich der zu erfüllenden **Funktionen** von Zusatzleistungen wird folgende Differenzierung vorgenommen (Jugel/Zerr 1989, S. 163; Meyer/Dullinger 1998, S. 728; Zielke 2003, S. 45; Corsten/Gössinger 2007, S. 228):

- **Obligatorisch ergänzende Leistungen** sind für die Erstellung der Kernleistung zwingend notwendig (Check-in, Boarding im Luftverkehr) und somit auf die Erfüllung des Grundnutzens fokussiert. Eine Wettbewerbsdifferenzierung ist hierdurch kaum möglich.

- **Unmittelbar fakultativ ergänzende Dienstleistungen** sind keine notwendigen Bestandteile einer Dienstleistung, beziehen sich jedoch auf eine verbesserte Funktionserfüllung der Kernleistung und steigern somit deren Attraktivität (z. B. Verpflegung an Bord, Gepäck-Check-in einer Fluggesellschaft am Bahnhof). Sie sind zur Differenzierung geeignet, allerdings durch den Wettbewerber vergleichsweise einfach imitierbar.

- **Mittelbar fakultativ ergänzende Dienstleistungen** stehen in keinem Zusammenhang zur Kernleistung und unterstützen die emotionale Bindung des Kunden an den Anbieter. Aufgrund der psychologischen Dimension ist der geschaffene Zusatznutzen zur Profilierung besonders geeignet (z. B. *Lufthansa*-Kreditkarten).

Als besonders erfolgreich erweisen sich zudem **Mischformen**, die sowohl unmittelbar als auch mittelbar fakultativen Charakter haben. So dienen Vielfliegerprogramme von Luftverkehrsgesellschaften zum einen dem Aufbau einer emotionalen Bindung und ermöglichen zum anderen über einen bestimmten Status (z. B. *Lufthansa Frequent Traveller, Lufthansa Senator*) oder gegen die Einlösung von Prämienmeilen eine Steigerung der Attraktivität der Kernleistung, z. B. durch die Nutzung von Lounges oder Upgradings in eine höhere Buchungsklasse.

Zusatzleistungen setzen dabei an den drei **Dimensionen** einer Dienstleistung an (Donabedian 1980) (vgl. Kapitel 1, Abschnitt 2.1):

- Potenzialdimension (z. B. Reservierung eines Hotelzimmers),
- Prozessdimension (z. B. Fernsehapparate in den Zügen der *Deutschen Bahn*) und
- Ergebnisdimension (z. B. Garantien).

Eine zentrale Herausforderung für den Dienstleistungsanbieter stellt die Kreation geeigneter **Leistungs-** bzw. **Preisbündel** anhand der Kernleistung und der möglichen Zusatzleistungen dar (Corsten/Gössinger 2007). Zur Umsetzung stehen drei alternative Strategien (Friege 1995, S. 52ff.) zur Auswahl:

- Im Rahmen des **Unbundling** enthält eine Dienstleistung lediglich das Kernangebot, bestehend aus der Kernleistung und den obligatorisch ergänzenden Leistungen. Darüber hinaus hat der Kunde die Möglichkeit, ergänzende Zusatzleistungen zu kaufen. Meyer spricht in diesem Zusammenhang von einem modularen Angebotssystem (Meyer/Dullinger 1998, S. 730).

- Alle fakultativ unmittelbar und gegebenenfalls auch mittelbar ergänzenden Leistungen werden im Rahmen des **Pure Bundling** zu einem einzigen Angebot verknüpft (z. B.

„All-Inclusive"-Angebote in der Touristikbranche). Hierbei besteht jedoch langfristig die Gefahr, dass die Zusatzleistungen für den Kunden keinen echten Wert darstellen und er diese bei freier Entscheidung nicht beziehen würde. Wenn er in einem solchen Fall nicht bereit ist, mit dem Kaufpreis auch die nicht gewünschte Zusatzleistung zu bezahlen, wird er sich gegen den Kauf entscheiden. Folglich sind Kostenvorteile aus der Bündelung der Leistungen gegen derartige Nachteile abzuwägen.

▌ Eine partiell freie Auswahl der Zusatzleistungen wird dem Kunden durch das **Mixed Bundling** ermöglicht. Hierbei existieren bestimmte Leistungsbündel, die um weitere, individuell wählbare Zusatzleistungen ergänzbar sind.

In Schaubild 6-1-7 sind Beispiele der alternativen Formen des Angebotsverbundes abgebildet.

Schaubild 6-1-7 Formen des Angebotsverbundes bei unterschiedlichen Bezugsobjekten von Zusatzleistungen

	Formen der Leistungs-/Preisbündelung		
	Unbundling	**Mixed Bundling**	**Pure Bundling**
Value Added Service bei Sachgütern	■ Haftpflichtversicherung und Automobil ■ Telefon und Telefondienstanbieter	■ Kundendienstsparpaket und Neuwagen ■ EDV-Gerät und Softwareinstallation	■ Erweiterte Garantie und Automobil ■ Kopiergerät und Ersatzteilservice
Value Added Service bei Dienstleistungen	■ Gastronomie in Erlebnisparks ■ Tenniskurs und Tauchkurs im Rahmen einer Pauschalreise	■ Skipass und Hotel ■ Antiviren- und Antispam-Software ■ LKW-Vermietung und Umzugsservice	■ Serviceleistung im Rahmen von Kundenclub-Konzepten ■ Zeitschriftenangebot bei Linienflügen

Quelle: in Anlehnung an Laakmann 1995, S. 63

Die Vorteilhaftigkeit eines Leistungsbündels wird dem Kunden insbesondere dann deutlich, wenn die angebotenen Zusatzleistungen individuell einen echten Mehrwert spenden. Von daher ist die pauschale Verwendung des Begriffes **„Value Added Services"** für jegliche Arten von Zusatzleistungen zu relativieren und einer individuellen Prüfung zu unterziehen. Vielmehr ist darauf zu achten, dass ein Leistungsbündel gegenüber der Kernleistung einen deutlichen Nutzenzuwachs stiftet.

Ein weiterer Ansatzpunkt für die Variation des Leistungsprogramms von Dienstleistungsunternehmen ist die Veränderung von **Art und Umfang der Einbeziehung des externen Faktors** (vgl. Schaubild 6-1-5), der vielfach in der Person des Dienstleistungsnachfragers selbst auftritt. In diesem Zusammenhang stellen Internalisierung und Externalisierung mögliche Optionen dar (Corsten 2000; Corsten/Gössinger 2007). Bei jeder Dienstleistung ist ein Ist-Integrationsgrad festzustellen. Eine Zunahme der Aktivitäten des Kunden wird als Externalisierung bezeichnet. Unter Internalisierung wird die Übernahme bisher vom

Kunden durchgeführter Aktivitäten durch das Unternehmen verstanden. Beide Optionen bieten aus Sicht des Dienstleistungsanbieters bestimmte Vorteile, die im Folgenden kurz beleuchtet werden.

Eine **Internalisierung** von Leistungen durch das Unternehmen ermöglicht die Realisierung von Convenience-Vorteilen für den Konsumenten (z. B. Abholen des Fahrzeuges durch die Reparaturwerkstatt). Eine derartige Vergrößerung der Wertschöpfungstiefe, die im Grunde auf einer Ausweitung des Dienstleistungsangebotes basiert, beeinflusst zum einen Umsatz und Gewinn direkt positiv. Zum anderen ergibt sich eine Steigerung der Kundenbindung. Des Weiteren ist ein Abbau des empfundenen Kaufrisikos möglich, falls die auf Unternehmensseite neu integrierten Wertschöpfungsaktivitäten aus Kundensicht mit entsprechenden Erstellungsrisiken verbunden sind (z. B. Abschluss von Kurssicherungsgeschäften durch die Bank bei Geldanlage im Ausland).

Eine **Externalisierung** von Leistungen dagegen bedeutet eine Verlagerung von Wertschöpfungsaktivitäten auf den Dienstleistungsnachfrager, die nur dann sinnvoll erscheint, wenn sie vom Kunden gewünscht wird und dieser ausreichende Fähigkeiten zur Übernahme der Aktivitäten aufweist. Das ist insbesondere bei einem individuellen („customized") Leistungsergebnis der Fall. In diesem Zusammenhang wird vielfach vom „Customer as a Co-Producer" bzw. von der Entwicklung des Konsumenten hin zum „Prosumenten" gesprochen (Normann 1987; Meffert/Birkelbach 1992). Durch die verstärkte Einbeziehung des Konsumenten in den Erstellungsprozess erfolgt eine Intensivierung der sozialen Kontakte zwischen Dienstleistungsanbieter und -nachfrager, die bei entsprechend positiver Beurteilung durch den Nachfrager ebenfalls die Kundenbindung steigert (Grund 1998). Zusätzlich trägt die Integration des Kunden zu einer erhöhten Qualitätswahrnehmung und in der Folge zu einer höheren Kundenzufriedenheit bei (Anitsal/Schumann 2007, S. 356f.) Des Weiteren erhöht sich die Transparenz des Leistungserstellungsprozesses aus Kundensicht. Schließlich wird auch die Realisierung von Preisvorteilen durch die mit der Externalisierung verbundenen Kosteneinsparungen ermöglicht (Neumann/Hennig 1999).

Hinsichtlich der Diskussion um den **optimalen Integrationsgrad** ist jedoch zu beachten, dass insbesondere mit den Vorteilen der Externalisierung erhebliche Risiken verbunden sind. So verliert der Anbieter die Kontrolle über die entsprechenden Prozessphasen und die Gewährleistung der Qualitätskonstanz wird erschwert. Es ist daher zu überprüfen, ob der Kunde zur Übernahme bestimmter Aktivitäten überhaupt fähig ist.

Letztlich sind jedoch keine generellen Empfehlungen im Bezug auf die beiden Alternativen möglich. Vielmehr ist es notwendig, im Einzelfall die Kundenwünsche und -fähigkeiten sowie das Einsparungspotenzial zu berücksichtigen.

Während im Rahmen der Diskussion von Integrationsoptionen der externe Faktor im Mittelpunkt der Analyse steht, sind bei der Frage nach der **Automatisierung** (in Form von z. B. Self-Service-Technologien) und **Veredelung** der Dienstleistung die internen Faktoren von besonderer Bedeutung.

Im Rahmen der Automatisierung werden bisher von menschlichen Leistungsträgern durchgeführte Dienstleistungsprozesse durch entsprechende Maschinen ersetzt. Dabei ist eine graduelle Abstufung der Automatisierung möglich. Durch ein hohes Maß an **Hete-**

rogenität des externen Faktors ist eine Automatisierung nur durch technisch sehr komplexe Einrichtungen möglich. Dabei ist zu berücksichtigen, dass diese Bestrebungen nur sinnvoll erscheinen, wenn die automatisierte Dienstleistung besser und/oder billiger als die entsprechende von Menschen ausgeführte Leistung erbracht wird. Folglich bietet sich eine Automatisierung besonders dann an, wenn der Dienstleistungsprozess weitestgehend standardisierbar ist.

> **Beispiel: Automatisierung in der Bankenbranche**
>
> Auch in der traditionell durch einen hohen Interaktionsgrad geprägten Bankenbranche wird der Industrialisierung und damit der Automatisierung der Geschäftsprozesse eine große Bedeutung beigemessen. So ist z. B. eine Kreditvergabe denkbar, bei der Standardprodukte verkauft oder Pakete aus Standardmodulen automatisch zusammengestellt werden. Beim Wertpapierverkauf ist die Automatisierung aufgrund der Verbreitung des Online-Banking schon relativ weit vorangeschritten. Zahlreiche Banken zielen nach eigenen Angaben mit Prozessautomatisierungen allerdings nicht auf Personalabbau im Servicebereich ab, sondern versprechen sich hauptsächlich im Back-Office-Bereich Rationalisierungserfolge.

Überblicksartig werden folgende **Vor- und Nachteile der Automatisierung** festgehalten (Meyer 1987; Scheuch 2002; Büttgen 2007, S. 37ff.):

Vorteile:

- Verringerung der Personalkosten (z. B. Fahrkartenautomaten der *Deutschen Bahn AG*),
- Unabhängigkeit von Öffnungszeiten (z. B. Geldautomat),
- leichte Multiplizierbarkeit bei Bewährung der Dienstleistung (z. B. Automaten zum Drucken von Visitenkarten),
- relative Unabhängigkeit des Leistungsergebnisses von der Heterogenität des externen Faktors (z. B. Autowaschanlage),
- bei Dienstleistungen mit Schwellenängsten bleibt Anonymität gewahrt (z. B. Kondomautomat).

Nachteile:

- teilweise hohe Investitionskosten,
- Fehlen persönlicher Kontakte zum Aufbau von Kundenbindung und zur Realisierung von Cross-Selling-Potenzialen,
- geringe Möglichkeit des Ausgleichs von Kapazitätsüberhängen durch eine intensitätsmäßige Anpassung der Maschine,
- Unmöglichkeit des Aufbaus von Markteintrittsbarrieren wegen leichter Imitierbarkeit durch Wettbewerber,

- fehlende Möglichkeit der Nachbesserung,
- Berührungsängste vieler Nachfrager mit Maschinen.

Als zweite Option existiert neben der Automatisierung die **Veredelung** von Dienstleistungen. Mittels dieser Vorgehensweise wird versucht, konstitutive Merkmale von Dienstleistungen zu umgehen. Dazu gehören die Integration des externen Faktors und die Immaterialität der Dienstleistung. Im Rahmen der Veredelung wird eine Speicherung (z. B. Konservierung eines Konzertes auf einem Tonträger) und anschließende Multiplikation einer menschlichen Leistung vorgenommen (Meyer 1987). Das Marketing derartig veredelter Dienstleistungen entspricht weitgehend dem Marketing für Konsumgüter.

Die Option der Veredelung ist in der Regel auf Leistungen mit informativem, kommunikativem oder künstlerischem Inhalt begrenzt. Neben den Vorteilen der Massenproduktion, der leichten Markierbarkeit der Leistung und der Möglichkeit der Vorratshaltung geht jedoch der persönliche Kontakt zum Nachfrager verloren. Darüber hinaus treten gerade bei Leistungen, die sowohl als originäre Dienstleistung als auch als veredelte Leistung vermarktet werden (z. B. Konzerte), mitunter ungewollte Kannibalisierungseffekte zu Lasten der originären Leistung auf.

Die **zeitliche Veränderung des Dienstleistungsprozesses** stellt eine weitere grundlegende Option bei der Ausgestaltung des Leistungsprogramms, besonders bei der Variation von Leistungen, dar (Aleff 2002). Darüber hinaus führt der fokussierte Einsatz des Zeitmanagements möglicherweise zu innovativen Leistungen (Stauss 1991; Otto/Reckenfelderbäumer 1993).

Im Rahmen der Dienstleistungskonsumtion stiftet die verbrachte Zeit bei den Kunden heterogenen Nutzen. Hierbei unterscheidet man in diesem Zusammenhang drei grundsätzliche **Arten von Dienstleistungen** (Treis/Oppermann 1998, S. 795;):

1. Zunächst existieren Dienstleistungen, deren primärer Nutzen der **Zeitvertreib** ist (z. B. Besuch eines Freizeitparks).

2. Weiterhin bestehen Dienstleistungen, deren zentraler Nutzen in der **Zeitersparnis** zu sehen ist (z. B. Kurierdienste).

3. Darüber hinaus gibt es Dienstleistungen, bei denen die subjektive Einschätzung der Zeit stark **heterogen** ist und von der Person des Dienstleistungsnachfragers bestimmt wird. So wird der Besuch eines Friseurs entweder als willkommener Zeitvertreib oder als notwendiger Zeitverlust aufgefasst.

Das subjektive Empfinden der Zeit wird jedoch nicht nur von der Art der Dienstleistung, sondern auch von der jeweiligen Phase der Leistungserstellung bestimmt (Haynes 1990, S. 21). Daher bildet eine Aufteilung der mit der Inanspruchnahme der Dienstleistung verbundenen Kundenzeiten die Basis eines kundenorientierten Zeitmanagements. Stauss (1991) unterscheidet vier verschiedene **Zeitarten**, die sich über die drei Phasen Vor-Konsumphase, Konsumphase und Nach-Konsumphase erstrecken. Schaubild 6-1-8 zeigt den Zusammenhang der einzelnen Zeitarten.

Schaubild 6-1-8 Kundenzeiten des Dienstleistungskonsums

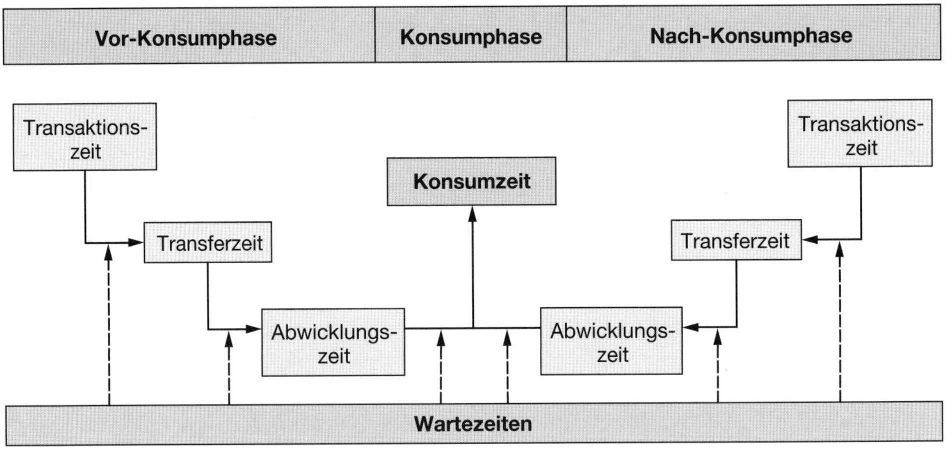

| Vor-Konsumphase | Konsumphase | Nach-Konsumphase |

- Transaktionszeit
- Transferzeit
- Abwicklungszeit
- Konsumzeit
- Abwicklungszeit
- Transferzeit
- Transaktionszeit
- Wartezeiten

Quelle: in Anlehnung an Stauss 1991, S. 82

Im Folgenden werden die Kundenzeiten am Beispiel einer Theateraufführung verdeutlicht:

Beispiel: Kundenzeiten bei einer Theateraufführung

Die Transaktionszeit beschreibt den zeitlichen Aufwand, der zur Vor- und Nachbereitung der Dienstleistungserstellung benötigt wird. Im Zusammenhang mit einer Theateraufführung zählen hierzu die Reservierung der Tickets im Vorfeld der Aufführung, das Bestellen von Bahntickets sowie das Lesen von Theaterkritiken nach der Veranstaltung. Transferzeiten entfallen auf den Transport zum Dienstleister (Vor-Konsumphase) und wieder zurück (Nach-Konsumphase). Im Rahmen des gewählten Beispiels ist darunter die Zeit für die Fahrt zum Theater und wieder nach Hause zu verstehen, die mit verschiedenen Verkehrsmitteln durchgeführt wird. Dabei fällt die Transferzeit unterschiedlich lang aus und wird unterschiedlich positiv bzw. negativ bewertet. Die Abwicklungszeit wird zur Erledigung sämtlicher Formalien benötigt, die zwar mit der Dienstleistung in direktem Zusammenhang stehen, aber nicht selbst Bestandteil der Dienstleistung sind. Diese können sowohl vor, während und nach der Kerndienstleistung erfolgen. Bezogen auf das gewählte Beispiel ist das die für den Kauf der Tickets und die an der Garderobe verbrachte Zeit. In den Wartezeiten, in der Theaterpause oder vor Beginn der Vorführung, finden keinerlei Transaktionen statt. In diesem Zeitraum hat der Dienstleister die Gelegenheit zum Angebot weiterer Dienstleistungen entgeltlicher oder unentgeltlicher Art (z. B. Sektangebot), die zu einer positiven Wahrnehmung der Gesamtleistung beitragen. Die Konsumzeit schließlich beschreibt den Zeitraum für die eigentliche Erbringung der Dienstleistung bzw. für den Kern des Interaktionsprozesses, in diesem Fall die Theateraufführung.

Leistungspolitik 433

Ziel des Zeitmanagements ist folglich die Minimierung der in der Regel als negativ empfundenen Transaktions-, Transfer-, Abwicklungs- und Wartezeiten. In Anlehnung an die Ausführungen von Graham (1981) und Stauss (1991) lassen sich darauf aufbauend die in Schaubild 6-1-9 dargestellten strategischen Stoßrichtungen für Zeitstrategien ableiten.

Zum einen ist die Verfolgung einer **„Linearen Zeitstrategie"** möglich. Diese geht generell von einem knappen Zeitbudget des Nachfragers aus und versucht deshalb neben der

Schaubild 6-1-9 Zeitorientierte Dienstleistungsstrategien

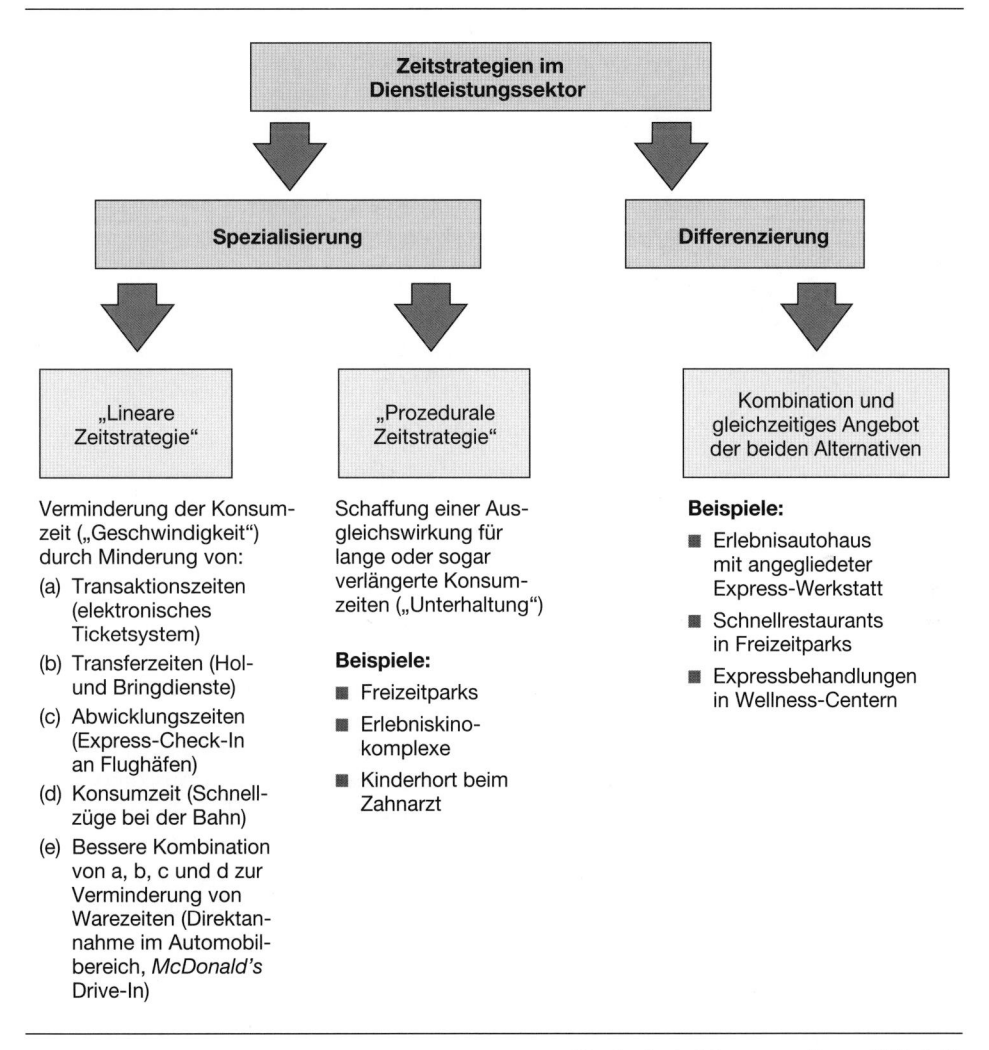

```
                    Zeitstrategien im
                   Dienstleistungssektor
                    ↙            ↘
            Spezialisierung      Differenzierung
             ↙         ↘               ↓
      „Lineare      „Prozedurale   Kombination und
     Zeitstrategie" Zeitstrategie" gleichzeitiges Angebot
                                   der beiden Alternativen
```

„Lineare Zeitstrategie"	„Prozedurale Zeitstrategie"	Kombination und gleichzeitiges Angebot der beiden Alternativen
Verminderung der Konsumzeit („Geschwindigkeit") durch Minderung von: (a) Transaktionszeiten (elektronisches Ticketsystem) (b) Transferzeiten (Hol- und Bringdienste) (c) Abwicklungszeiten (Express-Check-In an Flughäfen) (d) Konsumzeit (Schnellzüge bei der Bahn) (e) Bessere Kombination von a, b, c und d zur Verminderung von Warezeiten (Direktannahme im Automobilbereich, *McDonald's* Drive-In)	Schaffung einer Ausgleichswirkung für lange oder sogar verlängerte Konsumzeiten („Unterhaltung") **Beispiele:** ■ Freizeitparks ■ Erlebniskinokomplexe ■ Kinderhort beim Zahnarzt	**Beispiele:** ■ Erlebnisautohaus mit angegliederter Express-Werkstatt ■ Schnellrestaurants in Freizeitparks ■ Expressbehandlungen in Wellness-Centern

Quelle: in Anlehnung an Stauss 1991, S. 85

Transaktions-, Transfer-, Abwicklungs- und Wartezeit auch die Konsumzeit zu verkürzen. Zusätzlich ist die subjektive Zeitwahrnehmung durch nicht-zeitliche Gestaltungsmittel positiv zu beeinflussen (Haynes 1990, S. 22ff.; Stauss 1991, S. 86f.).

Zum anderen ist die **„Prozedurale Zeitstrategie"** zu nennen. Generelle Zielsetzung ist die Schaffung eines möglichst hohen Zeitnutzens, in bestimmten Fällen sogar eine verlängerte Konsumzeit.

Schließlich ist auch eine **Kombination der beiden Strategien** denkbar. Ein Erlebnisautohaus mit angegliederter Express-Werkstatt stellt ein Beispiel für eine derartige Vorgehensweise dar. Zu bedenken ist dabei allerdings, dass die Schaffung von Erlebnissen auf eine Verlängerung der Verweildauer der Kunden abzielt. Durch eine gleichzeitige Zeitreduktion werden derartige Bemühungen konterkariert. Richten sich die prozeduralen und linearen Strategieelemente an verschiedene Zielgruppen, um dieser Gefahr vorzubeugen, ist möglicherweise ein inkonsistentes Erscheinungsbild die Folge.

Als weiterer Ansatzpunkt zur Variation des Dienstleistungsprogramms dient die **Veränderung symbolischer Eigenschaften**. Sie zielt in der Regel auf Elemente der Markenpolitik ab und wird in Abschnitt 1.22 dieses Kapitels diskutiert.

Im Laufe der Diskussion wurde deutlich, dass Schnittmengen zwischen den Problemfeldern der Variation und Innovation bestehen. Daher werden im Folgenden nur die bisher nicht behandelten Besonderheiten der Innovation im Dienstleistungsbereich diskutiert.

1.212 Innovation im Dienstleistungsprogramm

Im Rahmen der Leistungspolitik von Dienstleistungsunternehmen zielen Innovationen darauf ab, bisherige Leistungen zu ersetzen, die bearbeiteten Geschäftsfelder zu erweitern sowie die Produktivität der Dienstleistungserstellung im Unternehmen zu erhöhen und die angebotene Qualität zu verbessern (Licht et al. 1997).

Hinsichtlich der Bezugsobjekte wird eine Differenzierung zwischen Leistungs- und Angebotsinnovationen vorgenommen. **Leistungsinnovationen** beinhalten eine tatsächliche Neuerung der Potenziale, Prozesse und Ergebnisse; **Angebotsinnovationen** hingegen umfassen die neuartige Bündelung, Gestaltung und/oder Vermarktung bestehender Angebote (Meyer/Blümelhuber 1998, S. 811). Vor diesem Hintergrund haben Angebotsinnovationen vielmehr den Charakter von Variationen (vgl. vorausgehenden Abschnitt 1.211). Zur näheren Beschreibung einer Dienstleistungsinnovation werden deshalb vier weitere Dimensionen herangezogen (Meffert/Burmann/Kirchgeorg 2012, S. 396ff.). Dabei wird die Subjektdimension festgelegt und ebenso die Frage nach der Intensitätsdimension beantwortet (Laakmann 1994, S. 93ff.). Ferner sind sowohl Zeit- als auch Raumdimension zu bestimmen.

Der relative Charakter von Innovationen deutet bereits darauf hin, dass die Beurteilung dessen, was als neu zu bezeichnen ist, von der subjektiven Wahrnehmung einer Person abhängt. Die **Subjektdimension** unterscheidet dementsprechend zunächst in Hersteller- und Kundeninnovationen. Neuigkeiten, die sich lediglich auf den Anbieter beziehen („New to the Company") eröffnen dem Unternehmen den Eintritt in einen neuen Markt (Berry et al. 2006), während eine wirkliche Marktneuheit („New to the World") einen neuen Markt schafft.

Die Diskussion um den **Innovationsgrad** wird vor allem vor dem Hintergrund von „Technology-Push"- und „Market-Pull"-Innovationen geführt. „Technology-Push"-Innovationen bemessen den Innovationsgrad am technischen Fortschritt, der mit einer Innovation verbunden ist. „Market-Pull"-Innovationen orientieren sich an den Wünschen und Bedürfnissen der Kunden, wobei der psychologischen Natur des wahrgenommenen Neuartigkeitsgrads besondere Bedeutung zukommt (Benkenstein 2001). Da Dienstleistungen meist nicht selbst Träger des technischen Fortschritts sind, ist der „Market-Pull" im Dienstleistungsbereich vorherrschend (Stauss/Bruhn 2004, S. 7).

Die **Zeitdimension** kennzeichnet den Zeitraum, in dem eine Innovation nach der Markteinführung als neu gilt. Da Dienstleistungsinnovationen von Kunden zunächst individuell erfahren werden (Erfahrungseigenschaften), dauert der Adaptions- und Diffusionsprozess entsprechend lange.

Die **Raumdimension** des Innovationsbegriffes beschreibt den Sachverhalt, dass eine bereits in einem Gebiet verkaufte Dienstleistung für ein anderes Gebiet möglicherweise noch eine Neuheit darstellt. Insbesondere bei nur gering standardisierbaren Dienstleistungen treten räumliche Asymmetrien auf, da z. B. zunächst die Eröffnung einer Filiale am Wohnsitz des Kunden notwendig wird.

Der **Erfolg einer Innovation** ist von vier **übergeordneten Problembereichen** abhängig. Diese lassen sich zunächst aus den unterschiedlichen Anforderungen der Anspruchsgruppen Kunden, Konkurrenz und Mitarbeitende ableiten. Ein weiterer Problembereich ergibt sich aufgrund der unternehmensinternen Systeme (Meyer/Blümelhuber 1998, S. 811).

- Die **Akzeptanz durch den Kunden** stellt die bedeutendste Herausforderung an eine Innovation dar. Diese lässt sich bereits im Vorfeld überprüfen, indem zum einen eine innovationsorientierte Marktforschung Anwendung findet. Zum anderen trägt das Wissen der Mitarbeitenden im Kundenkontakt gezielt zu einer Steigerung der Akzeptanz des Kunden bei, da die (latenten) Kundenbedürfnisse gezielt im Innovationsprozess umgesetzt werden (Cristofolini 2005, S. 93f.). Außerdem fördert die direkte Integration des Kunden in die Innovationsentwicklung die Akzeptanz, da hierbei Barrieren frühzeitig erkannt und abgebaut werden.

- Zur Sicherung des Innovationserfolges ist zudem ein ausreichender **Schutz vor Imitation durch die Konkurrenz** notwendig. Aufgrund der Immaterialität und der fehlenden Möglichkeiten des Schutzes durch Patente und rechtliche Grundlagen erscheinen Nachahmungen bei Dienstleistungen besonders einfach (Oke 2004, S. 39).

- Da mit der Einführung von Innovationen die Bereitstellung entsprechender Potenzialfaktoren verbunden ist, beschreiben die **Fähigkeiten der Mitarbeitenden** einen weiteren Problembereich bei Dienstleistungsinnovationen. Diese sind durch entsprechende Schulungsmaßnahmen innerhalb eines Unternehmens rechtzeitig aufzubauen. Innovationen lassen sich ferner durch eine zunehmende Externalisierung realisieren. In diesem

Zusammenhang ist zu überprüfen, ob Kunden über ausreichende Fähigkeiten verfügen, die ihnen übertragenen Aufgaben zu erfüllen (Corsten 1989, S. 30ff.).

▌ Schließlich erfordern Innovationen häufig auch spezifische maschinelle Fähigkeiten. Aufgrund der wachsenden Bedeutung der Vernetzung aller Informations- und Kommunikationssysteme innerhalb von Unternehmen sind diese technischen Veränderungen auch hinsichtlich ihrer **Systemkompatibilität** mit den bestehenden Systemen zu überprüfen. Bei der Entwicklung eines neuen Kundenbetreuungsprogramms einer deutschen Großbank wurde beispielsweise die Erstellung einer eigenen Software notwendig, die jedoch zur Erlangung der relevanten Informationen mit allen bisherigen Systemen zu verknüpfen war.

Den dargestellten Anforderungen ist vor dem Hintergrund der Notwendigkeit eines effizienten Einsatzes der Unternehmensressourcen durch ein **systematisches Innovationsmanagement** Rechnung zu tragen (Stauss/Bruhn 2004, S. 3; Meffert/Burmann/Kirchgeorg 2012, S. 400ff.). Dieses wird als institutionalisierter Planungs-, Steuerungs- und Kontrollprozess definiert, der alle mit der Entwicklung, Durchsetzung und Einführung von neuen Dienstleistungen verbundenen Aktivitäten betrieblicher Führungspersonen umfasst. Im Rahmen dieses Prozesses lässt sich ein deutliches Defizit der Marketingforschung im Dienstleistungsbereich in Bezug auf die Analyse und Konzeptionierung feststellen. Ansätze zur Gestaltung sind im Bereich des Dienstleistungsmarketing noch weitgehend unterrepräsentiert (Donnelly/Berry/Thompson 1985; Bacon/Butler 1998; Kawasaki/Moreno 2000; Drejer 2004), wobei Shostack (1984) und Heskett (1986, 1988) in der Immaterialität von Dienstleistungen zentrale Gründe für einen derartig unterschiedlichen Forschungsstand sehen. Dabei ist es jedoch unmöglich, die Qualität von Dienstleistungen zu gewährleisten, ohne eine detaillierte Planung zugrunde zu legen. Schaubild 6-1-10 zeigt beispielhaft den von Scheuing und Johnson (1989) entwickelten Planungsprozess für Dienstleistungsinnovationen. Als Elemente des Entwicklungsprozesses lassen sich die folgenden Kernstufen unterscheiden (Meffert/Burmann/Kirchgeorg 2012):

Die in der **Ideengewinnungsphase** (vgl. Phasen 1 und 2 in Schaubild 6-1-10) notwendige Kreativität zur Entdeckung von Informationen aus internen und externen Datenquellen stellt eine große Herausforderung für die Unternehmen dar. Aufgrund des direkten Kontaktes zwischen Anbieter und Kunde während der Leistungserstellung ergeben sich für Dienstleistungsunternehmen neben der Nutzung externer Quellen wie Berater oder Institutionen jedoch zahlreiche Chancen, Innovationen durch den Kunden selbst in das Unternehmen tragen zu lassen. Dabei wird der Kunde selbst Lieferant und Co-Produzent von Innovationen. Eine neue Form der Umsetzung dieser interaktiven Wertschöpfung wird als Open Innovation bezeichnet. Die gemeinschaftliche Generierung von Ideen erfolgt durch eine gezielte, jedoch weitgehend informale und partizipative Koordination des Interaktionsprozesses mit einer Vielzahl an Kunden. Das Wissen der Kunden und die entsprechenden Aktivitäten werden systematisch in die Ideengenerierung integriert und führen idealerweise zu ersten Lösungsansätzen (Piller/Reichwald 2006, S. 96).

Leistungspolitik

Schaubild 6-1-10 Planungsprozess für Dienstleistungsinnovationen

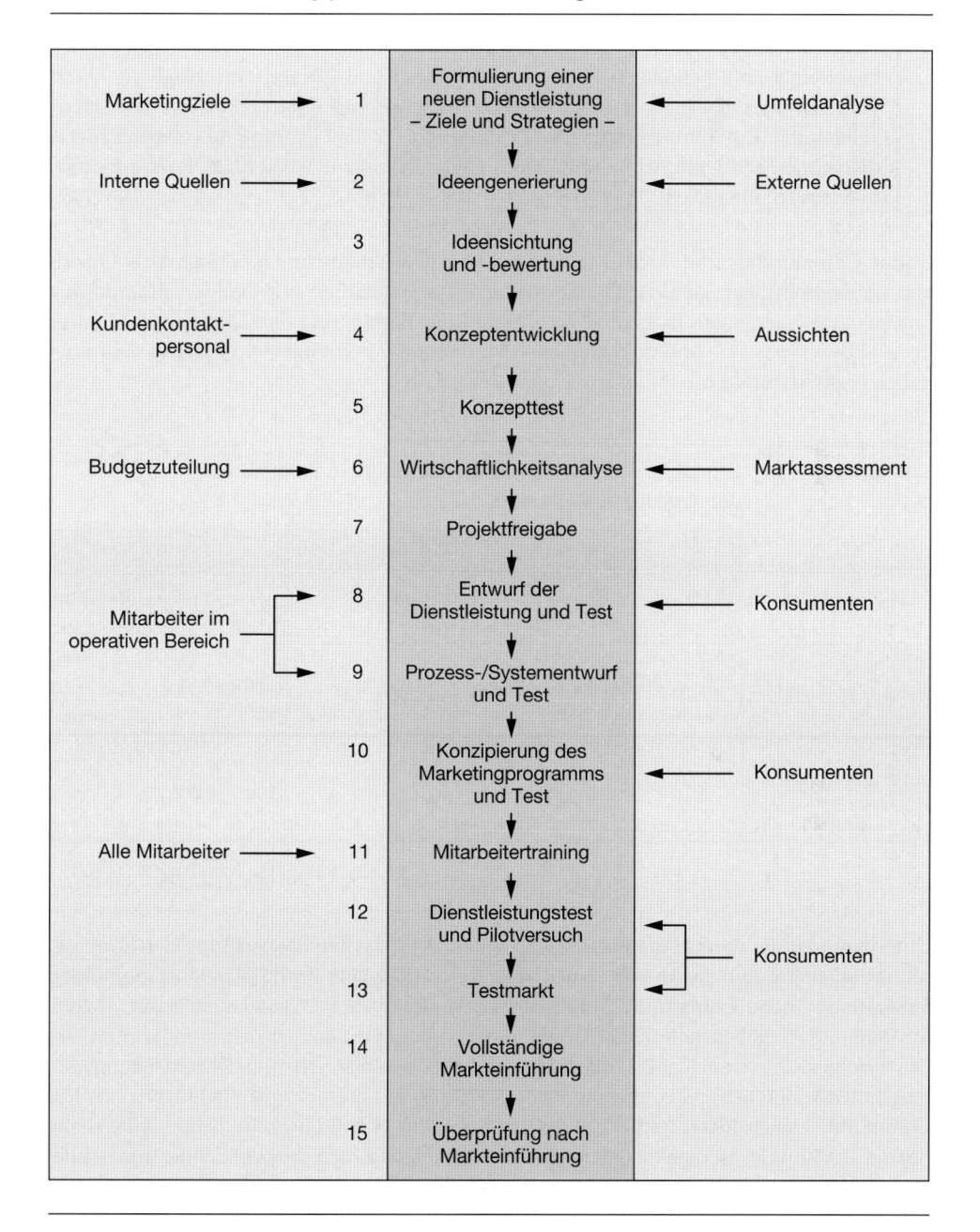

Marketingziele →	1	Formulierung einer neuen Dienstleistung – Ziele und Strategien –	← Umfeldanalyse
Interne Quellen →	2	Ideengenerierung	← Externe Quellen
	3	Ideensichtung und -bewertung	
Kundenkontaktpersonal →	4	Konzeptentwicklung	← Aussichten
	5	Konzepttest	
Budgetzuteilung →	6	Wirtschaftlichkeitsanalyse	← Marktassessment
	7	Projektfreigabe	
Mitarbeiter im operativen Bereich →	8	Entwurf der Dienstleistung und Test	← Konsumenten
	9	Prozess-/Systementwurf und Test	
	10	Konzipierung des Marketingprogramms und Test	← Konsumenten
Alle Mitarbeiter →	11	Mitarbeitertraining	
	12	Dienstleistungstest und Pilotversuch	← Konsumenten
	13	Testmarkt	
	14	Vollständige Markteinführung	
	15	Überprüfung nach Markteinführung	

Quelle: Scheuing/Johnson 1989, S. 30

> **Beispiel: Open-Innovation-Strategie bei der BMW Group**
>
> So schuf die *BMW Group* eine eigene virtuelle Innovations-Agentur (2006) zur Umsetzung einer Open-Innovation-Strategie. Das amerikanische Unternehmen *InnoCentive* bietet einen internationalen Marktplatz für Ideen und Lösungsvorschläge an. Diese Plattform wird beispielsweise von Konzernen wie *Boeing, Procter & Gamble* oder Henkel genutzt (InnoCentive Hrsg. 2007). Als Anreiz für die Lieferung umsetzbarer Ideen dienen, je nach Unternehmen, Belohnungen von bis zu 70.000 EUR (www.innocentive.com) (Gillies 2006).

Online Communities und Social Media wird von den Unternehmen vermehrt als Quelle von Innovationsideen genutzt. Die Form der Zusammenarbeit mit Online Communities unterscheidet sich einerseits vom Aktivitätsgrad der Einbindung der Community Mitglieder – aktiv vs. passiv – und dem zeitlichen Horizont der Aktivität – einmalig vs. kontinuierlich (vgl. Schaubild 6-1-11).

Schaubild 6-1-11 Grundtypen der Kooperation mit Online-Communities und geeignete Methoden

		Kontinuität	
		Einmalig	Kontinuierlich
Aktivitätsgrad	Aktiv	Community Based Innovation	Innovation Community
	Passiv	Netnografie	Netnografie

Quelle: Füller/Jawecki/Bartl 2009, S. 453

Unter **Netnografie** wird in diesem Zusammenhang die passive Beobachtung der Community-Mitglieder durch das Unternehmen verstanden (Kozinets 1999; 2002). Die Einbindung innovativer Online Community-Mitglieder in das Innovationsmanagement kann sowohl für konkrete Aufgabenstellungen (einmalig) oder über einen langen Zeitraum (kontinuierlich) erfolgen. Die einmalige Einbeziehung wäre z. B. denkbar, wenn ein Dienstleistungsunternehmen konkrete Serviceangebote verbessern will und diesbezüglich in entsprechenden Communities nach Ideen und Anregungen sucht. Eine kontinuierliche Netnografie dient dazu, Communities in regelmäßigen Abständen zu beobachten, um stets neue Trends und Kundenanforderungen zu erkennen und in den Innovationsprozess einfließen zu lassen. Sowohl bei der einmaligen als auch bei der kontinuierlichen Netnografie sind folgende Schritte zu betätigen (Füller/Jawecki/Bartl 2009, S. 456):

- Bestimmung des Teilnehmerprofils,
- Identifikation geeigneter Online-Communities,
- Observation und Datengewinnung,
- Analyse und Interpretation.

Im Rahmen einer aktiven Integration der Community-Mitglieder wird zwischen einer Community Based Innovation und einer Innovation Community unterschieden. Bei einer einmaligen Aktion im Rahmen einer **Community Based Innovation** werden die Mitglieder in enger Abstimmung mit den Community-Leitern kontaktiert und gebeten, sich aktiv an dem Innovationsprozess zu beteiligen. Die Unternehmen haben dabei die Möglichkeit, sich über Onlinefragebogen, E-Mails, Postings, Banner-Gewinnspiele und Wettbewerbe mit der Frage- bzw. Aufgabenstellung an die Mitglieder zu wenden (Füller/Jawecki/Bartl 2009, S. 459). Es handelt sich dabei im Vergleich zur Netnografie also nicht nur um eine Beobachtung, sondern es ist das Ziel, einen Dialog zwischen dem Unternehmen und den Community-Mitgliedern zu starten. Soll dieser Dialog auf lange Frist aufrecht erhalten bleiben, werden so genannte **Innovation Communities** gebildet. Dabei handelt es sich um Plattformen, die von Unternehmen im Internet mit dem Ziel gebildet werden, Konsumenten kontinuierlich in den Innovationsprozess einzubeziehen. Dabei haben Konsumenten die Möglichkeit, neue Produkt- oder Serviceideen vorzustellen, zu diskutieren und weiterzuentwickeln. Dadurch wird erreicht, auf einem kostengünstigen Wege möglichst viele Konsumenten in den Innovationsprozess einzubeziehen und dadurch Produktideen zu generieren. Ein Beispiel hierfür ist die Plattform mystarbucksidea.com, die von der Kaffeehauskette *Starbucks* eingerichtet wurde.

> **Beispiel: Konsumenten als Innovationsgestalter am Beispiel von Starbucks**
>
> Die Kaffeehauskette *Starbucks* hat eine Internetseite www.mystarbucksidea.com eingerichtet, die dazu dient, einen Dialog zwischen den Konsumenten und dem Unternehmen, sowie zwischen den Konsumenten untereinander zu gestalten. Die Konsumenten sind aufgefordert, Ideen zu Produktinnovationen (neue Geschmacksrichtungen von Kaffees, Smothies oder Muffins), aber auch zu neuen Verkaufsformen und Serviceleistungen (z. B. Größe der Kaffeebecher, Treuekarten usw.) vorzuschlagen und aktiv zu diskutieren. Zusätzlich wird auf der Seite von *Starbucks* regelmäßig Feedback zur Umsetzung der von den Konsumenten vorgeschlagenen Innovationsideen gegeben. So wurden beispielsweise auf Grundlage von Konsumentenvorschlägen kürzlich für Smothies die neuen Geschmacksrichtungen Orange, Mango und Banane eingeführt. Darüber hinaus hat *Starbucks* den Vorschlag verwirklicht, Kalorienbroschüren für die angebotenen Speisen in den Filialen auszulegen.

Zusätzlich lässt sich auch das Wissen der Mitarbeitenden im direkten Kundenkontakt zur Gewinnung von Leistungsinnovationen nutzen, da sie durch den engen Kontakt im Rahmen der Leistungserstellung in der Lage sind, sich ein umfassendes Bild von den Kundenbedürfnissen zu machen (Matusik 2002, S. 459; Cristofolini 2005, S. 93f.). Diese Möglichkeit unterscheidet sich vom innerbetrieblichen Vorschlagswesen, bei dem der Mitarbeitende selbst, motiviert durch entsprechende Anreize, Lieferant neuer Ideen ist. Schließlich liefert das **Beschwerdemanagement** im Sinne einer Verfolgung negativer Meinungsäußerungen in vielen Dienstleistungsunternehmen (z. B. Großbanken, Luftverkehrsgesellschaften) einen weiteren Anknüpfungspunkt für eine konkrete Ideengewinnung.

Der Stufe der Ideengewinnung folgt die **Ideenprüfungsphase** (vgl. Phasen 3 bis 7 in Schaubild 6-1-10). Ziel dieser Phase ist die Minimierung des Misserfolgsrisikos. Hierbei sind insbesondere die Aspekte der Kundenakzeptanz, der Mitarbeiterfähigkeiten und der Möglichkeit des Innovationsschutzes zu erörtern. Aufgrund der Kundenintegration während der Dienstleistungserstellung empfiehlt sich eine **Einbeziehung des Kunden** z. B. im Rahmen von Fokusgruppengesprächen bereits in der Vorauswahlphase (Reckenfelderbäumer/Busse 2003, S. 158ff.), um die Gefahr zu vermeiden, den Anforderungen des Marktes nicht gerecht zu werden (vgl. Hofmann/Meiren 1998, S. 83). Erfolg versprechende Dienstleistungsideen sind in einem nächsten Schritt in einem Serviceentwurf („**Service Blueprint**") zu konkretisieren. Dieser grafische Serviceentwurf – ergänzt durch Informationen weiterer Analyseverfahren wie beispielsweise Arbeitsablaufplänen, Netzplantechniken und Entscheidungsanalysen – wird als „Prototyp" einer Dienstleistungsinnovation aufgefasst. In einem solchen Plan wird festgelegt, welche Vorgänge während der Bereitstellung einer neuen Dienstleistung ablaufen, welche Potenzialfaktoren für den Erstellungsprozess notwendig sind und wie der zeitliche Rahmen für die Dienstleistungserstellung gestaltet wird. Dabei verfügt der „Service Blueprint" über zahlreiche Vorteile. In einem frühen Planungsstadium werden Serviceideen und Dienstleistungserstellungsprozesse konkretisiert und visualisiert. Der Ablaufplan gibt Hinweise zur Disposition der personellen und materiellen Einsatzfaktoren. Kundenkontaktpunkte, die so genannten „Moments of Truth", werden sichtbar und es wird erkennbar, an welchen Teilprozessen Einsparpotenziale für Kosten vorliegen, z. B. durch Automatisierung.

In neueren Bestrebungen wird der „Service Blueprint" auch mit problemorientierten Messverfahren wie der FMEA-Analyse (Fehlermöglichkeits- und Einflussanalyse bzw. Failure Mode and Effects Analysis) kombiniert, um möglicherweise auftretende Fehlerquellen bereits während des Planungsprozesses zu identifizieren. Ziel ist die Entwicklung einer Dienstleistungsinnovation, die weitgehend frei von typischen „Kinderkrankheiten" ist (Chuang 2007).

Darüber hinaus lässt sich ein Vergleich von konkurrierenden Dienstleistungen und den eigenen Leistungen in Form eines Blueprints vornehmen. Des Weiteren liefern Service Blueprints in Ergänzung zu der bereits dargestellten Wertkettenanalyse einen weiteren Ausgangspunkt für Überlegungen über mögliche Produktivitätssteigerungen (Shostack 1984, 1987; Reckenfelderbäumer/Busse 2003, S. 160). Im Rahmen der sich anschließenden ersten Wirtschaftlichkeitsanalysen sind vor der Markteinführung sowohl die notwendigen Aktivitäten (Teilprozesse) als auch die Kapazitäten in qualitativer und quantitativer Hinsicht festzulegen. Die Disziplin des **„Service Engineering"** beschäftigt sich mit dieser Planung und der Entwicklung neuer Dienstleistungen (Bullinger/Scheer 2003, S. 4; Sakao/Shimomura 2007). Bei diesem Prozess finden die organisatorischen Gegebenheiten des Unternehmens (z. B. permanente oder temporäre Einrichtung einer Arbeitsgruppe zur Entwicklung neuer Dienstleistungen), das Personalmanagement (z. B. Kompetenz der mit dieser Aufgabe betrauten Mitarbeitenden) und die technische Ausstattung Berücksichtigung (Bullinger/ Fähnrich/Meiren 2003).

Die **Implementierung von Dienstleistungsinnovationen** (vgl. Phasen 8 bis 15 in Schaubild 6-1-10) umfasst die endgültige Festlegung der Leistungsmerkmale und die Anpassung der zum Angebot einer Dienstleistung vom Anbieter bereitzustellenden Leistungspotenziale sowie die eigentliche Markteinführung. Diese Phase stellt sowohl an das externe als auch an das interne Marketing veränderte Anforderungen. Im Rahmen des externen Marketing steht der Aufbau von Vertrauen im Mittelpunkt, da bei der Konsumtion einer Dienstleistungsinnovation ein noch größeres Kaufrisiko, im Vergleich zu einer etablierten Dienstleistung, besteht. Das Vertrauen in ein Unternehmen wird beispielsweise durch den rechtzeitigen Einsatz von Testimonials erreicht, wie es der *Hagebaumarkt* mit Mike Krüger oder *Unilever* mit Dieter Bohlen bei der Kampagne für das neue *Becel pro-activ* erfolgreich vollzogen haben. Unternehmensintern sind die technischen Systeme und insbesondere die personellen Fähigkeiten durch Weiterbildungsmaßnahmen oder durch die Akquisition neuer Mitarbeitender aufzubauen. Dabei ist neben der rein fachlichen Qualifikation insbesondere die Identifikation der Mitarbeitenden mit der neuen Leistung und deren Überzeugung hinsichtlich der Vorteilhaftigkeit notwendig.

Weiterhin erfordert der Beschluss über die Einführung neuer Leistungsangebote eine Entscheidung über die bereitzustellenden Kapazitäten (Scheuch 2002). Die Kapazitätsplanung hat die potenzielle Inanspruchnahme in Bezug auf die Menge und die Zeit zu berücksichtigen. Hier treten bei Dienstleistungen häufig große Prognoseprobleme auf.

Im Anschluss an diesen Planungsprozess ist der **Erfolg der Innovation** am Markt zu überwachen und Abweichungen von ursprünglichen Zielen im Rahmen eines revolvierenden Prozesses erneut zu überdenken (Brown/Haynes/Saunders 1993).

1.213 Eliminierung im Dienstleistungsprogramm

Eine **Leistungsprogrammreduzierung** bzw. **-straffung** erfolgt durch eine Leistungseliminierung, mittels derer sich das Dienstleistungsunternehmen von unrentablen oder veralteten Leistungsarten trennt. Durch die Freisetzung von Ressourcen materieller, finanzieller und personeller Art werden ein Kostenabbau und eine effizientere Verwendung begrenzter Mittel angestrebt (Meffert/Burmann/Kirchgeorg 2012, S. 454). Dabei lassen verschiedene **quantitative und qualitative Kriterien** eine Eliminierung ratsam erscheinen (Meffert/Burmann/Kirchgeorg 2012, S. 457f.):

Quantitative Kriterien:

- sinkender Umsatz und/oder Marktanteil,
- geringer Umsatzanteil am Gesamtumsatz,
- sinkender Deckungsbeitrag.

Qualitative Kriterien:

- negativer Einfluss auf das Firmenimage,
- Änderung gesetzlicher Vorschriften,
- Änderung der Bedarfsstruktur,
- Einführung besserer Leistungen durch die Konkurrenz.

Eliminierungsentscheidungen werden in der Regel durch eine simultane Betrachtung verschiedener Kriterien, z. B. im Rahmen eines klassischen Punktbewertungsverfahrens, getroffen. In diesem Zusammenhang werden zunehmend strategische Analyse- und Planungskonzepte eingesetzt, wie sie in Kapitel 4, Abschnitt 2 diskutiert wurden.

> **Beispiel: Leistungseliminierung bei McDonald's**
>
> Der US-amerikanische Film „Supersize Me", der auf die negativen gesundheitlichen Auswirkungen von Produkten der Fastfood-Kette *McDonald's* hinwies, führte dazu, dass die Unternehmensleitung Teile des Angebotsspektrums eliminierte, um einer nachteiligen Imagebeeinflussung entgegenzuwirken. Zudem druckte das Unternehmen Kalorientabellen auf die Tablettauflagen, um dem Vorwurf zu begegnen, es fördere wissentlich Übergewicht und gesundheitliche Probleme aufgrund der Zusammensetzung seiner Menüs.

Allerdings ist an dieser Stelle darauf hinzuweisen, dass notwendige Eliminierungen aufgrund verschiedener **Barrieren** nicht immer durchführbar sind. Folgende Barrieren von Eliminierungsentscheidungen lassen sich identifizieren:

- Prestige-/Imagegründe,
- Synergieeffekte bzw. Cross-Selling-Potenziale mit anderen Leistungen,
- Vorleistungen für andere Leistungen,
- soziale Gründe.

Liegen derartige Barrieren bei Eliminierungsentscheidungen vor, ist zu untersuchen, inwiefern eine Eliminierung mit Hilfe alternativer Vorgehensweisen, die sich zumindest in dieselbe Richtung auswirken, zu umgehen ist.

1.22 Markenpolitik

Das Markengesetz betrachtet die Unterscheidungsfähigkeit eines Kennzeichens generell als hinreichendes Kriterium für eine Eintragung beim Deutschen Patentamt (§ 3, Abs. 1 MarkenG). Auf der Grundlage dieser Gesetzgebung werden seit dem 1. April 1979 Dienstleistungsmarken beim Deutschen Patentamt eingetragen und genießen den gleichen zeichenrechtlichen Schutz wie Warenzeichen (Stauss 1994a, S. 90ff.; Meyer 2001). Spätestens seit Beginn der 1990er Jahre wird die Bedeutung der Marke im Dienstleistungsbereich als erfolgreiches Instrument zur Profilierung gegenüber den Wettbewerbern hervorgehoben (Turley/Moore 1995). So machten 2008 Dienstleistungsmarken insgesamt 47,8 Prozent und somit fast die Hälfte der gesamten Markenanmeldungen aus (Deutsches Patent- und Markenamt 2008). Dabei sind Dienstleistungsmarken als Werte aufzufassen, die einen erheblichen Vermögensbestandteil von Dienstleistungsunternehmen darstellen. Schaubild 6-1-12 zeigt exemplarisch die **Markenwerte von Dienstleistungsunternehmen** nach Berechnungen der Agentur Interbrand (Interbrand 2008).

Schaubild 6-1-12 Markenwerte von Dienstleistungsunternehmen

Dienstleistungsmarke	Wert (Mrd. USD)	Top 100 Rang
Microsoft	59,01	3
McDonald's	31,04	8
Disney	29,25	9
Google	25,59	10
American Express	21,94	15
Citi	20,17	19
Oracle	13,83	23
HSBC	13,14	27
UPS	12,61	30
SAP	12,23	31
Merill Lynch	11,40	34
JPMorgan	10,77	37
Goldman Sachs	10,33	38
UBS	8,74	41
Morgan Stanley	8,70	42
eBay	7,99	46
Accenture	7,95	47
MTV	7,19	52
AIG	7,02	54
AXA	7,00	55
Amazon.com	6,43	58
Yahoo!	5,50	65
Allianz	4,03	82

Quelle: in Anlehnung an Interbrand 2010

1.221 Begriff und Formen der Dienstleistungsmarke

Die skizzierte wachsende praktische Relevanz machte eine wissenschaftlich fundierte Auseinandersetzung mit dem Begriff der Dienstleistungsmarke erforderlich. Als Ausgangsbasis der theoretischen Überlegungen wurde zunächst die **klassische Markenartikeldefinition** von Mellerowicz (1964) zugrunde gelegt. Diese besagt, dass nur diejenigen Waren als Marken bezeichnet werden, die bestimmten konstitutiven Anforderungen entsprechen. Dazu zählen:

- das Vorliegen einer Fertigware,
- mit einer Markierung als physische Kennzeichnung der Ware,
- in gleichbleibender oder verbesserter Qualität,
- in gleichbleibender Menge,
- in gleichbleibender Aufmachung,
- in einem größeren Absatzraum,
- mit kommunikativer Unterstützung beim Verbraucher und
- Anerkennung im Markt.

Eine ähnliche Auffassung vertrat Domizlaff (1992). Auch hier zählten ausschließlich Fertigwaren zu den markierungsfähigen Gütern, sofern sie dem Konsumenten mit konstantem Auftritt und Preis in einem größeren Verbreitungsraum dargeboten werden.

Diese statische Sichtweise, die eine Existenz der Marke ausschließlich von der Erfüllung oben genannter Kriterien abhängig macht, schließt Dienstleistungen aufgrund ihrer Immaterialität aus. Daher werden im Folgenden Dienstleistungen in der Markenartikeldefinition mit berücksichtigt. So wird als Marke ein Zeichen verstanden, „das der Kennzeichnung von Sachgütern oder Dienstleistungen dient. Aufgabe der Marke ist es, die Herkunft des Produkts bzw. der Dienstleistung zu dokumentieren (Herkunfts- bzw. Identifizierungsfunktion) und das markierte Produkt bzw. die markierte Dienstleistung von anderen Produkten und Dienstleistungen abzuheben (Individualisierungsfunktion)" (Graumann 1983). Im Rahmen der Differenzierung wird die Notwendigkeit einer Erweiterung der traditionell herstellerbezogenen Perspektive um die Konsumentenwahrnehmung bereits angedeutet. So wird die Definition der Marke von weiteren Vertretern auf alle Güter und Dienstleistungen bezogen, die von den Konsumenten als Marke wahrgenommen werden (Meffert 1979). Daraus ergibt sich die für den Dienstleistungsanbieter wichtige Frage, welche Beschaffenheit einer Leistung erforderlich ist, um diese Wahrnehmung in der Verbrauchersicht zu erreichen. Eine allgemein gültige Antwort auf diese Frage existiert jedoch nicht, da die Wahrnehmung und Interpretation der Marke immer auch von situativen Bedingungen abhängig ist. Vor diesem Hintergrund ist eine **erweiterte Interpretation des Markenbegriffs** erforderlich:

> Eine **Marke** ist eine unterscheidungsfähige Markierung, die durch ein systematisches Absatzkonzept im Markt ein Qualitätsversprechen gibt, das eine dauerhaft werthaltige, Nutzen stiftende Wirkung erzielt und bei der relevanten Zielgruppe in der Erfüllung der Kundenerwartungen einen nachhaltigen Erfolg im Markt realisiert bzw. realisieren kann (Bruhn 2004a, S. 21).

Auch eine **Dienstleistungsmarke** beschreibt ein in der Psyche des Konsumenten verankertes, unverwechselbares Vorstellungsbild von einer Dienstleistung (Meffert/Burmann/Koers 2005). Unter formal rechtlichen Aspekten sind Dienstleistungsmarken Marken für die

Güter, welche in den Dienstleistungsklassen des Markenrechts aufgeführt werden. Diese Tatsache ist unabhängig davon, ob der Markenträger ein Dienstleister oder ein Sachgüterproduzent ist. Zudem sind Dienstleistungsmarken definiert als Marken für Güter der Unternehmen, die nach der amtlichen Statistik dem Dienstleistungssektor zugeordnet werden oder als Marken für Güter, die durch ein hohes Maß an Intangibilität und die Notwendigkeit der Integration eines externen Faktors charakterisiert sind (Stauss 2004, S. 98f.; Bruhn/ Stauss 2008, S. 6f.).

Aufgrund der Besonderheiten von Dienstleistungen, insbesondere der Immaterialität, ergeben sich drei wesentliche **Problemstellungen**, zu deren Lösung die Einführung einer Marke geeignet erscheint (Stauss 2001b, S. 556f.; Stauss/Bruhn 2004, S. 103f.):

Hinsichtlich der Intangibilität, d. h. des hohen Anteils von Erfahrungs- und Vertrauenseigenschaften sowie der damit einhergehenden schwierigen Bewertbarkeit der Leistung, empfinden Dienstleistungskunden ex-ante tendenziell ein **höheres subjektives Kaufrisiko**. Starke Dienstleistungsmarken dienen als Vertrauensanker und stellen als Informationssubstitute und Qualitätssurrogate ein Mittel dar, um intangible Angebote greifbar zu machen. Sie tragen so zur Minderung des wahrgenommenen Risikos bei, indem sie gewissermaßen eine Garantiefunktion übernehmen (Benkenstein/Uhrich 2008).

Eine weitere Folge der Intangibilität ist die „Vergänglichkeit" der Dienstleistung, die sich in einem erhöhten **Risiko des schnellen Vergessens** äußert. Da die Dienstleistung nach der Erstellung im Allgemeinen nicht mehr physisch präsent ist, finden vor einer weiteren möglichen Transaktion keine Kontakte mehr mit dem Anbieter statt. Über markenbezogene Marketingmaßnahmen lässt sich die Kontakthäufigkeit und folglich die Erinnerungswirkung erhöhen (Stauss 2004, S. 104).

Der Schutz von Dienstleistungen vor Imitationen ist vergleichsweise problematisch. Folglich entsteht das **Risiko einer Multiplikation von Angebotsideen**, die durch den Kunden nur schwer zu unterscheiden sind (z. B. Mobilfunkanbieter). Dienstleistungsmarken schützen so vor Nachahmungen, dienen der Profilierung gegenüber Wettbewerbern und tragen zur Differenzierung des Angebotes bei (Wieseke 2008, S. 79).

Neben diesen besonderen Aufgaben von Dienstleistungsmarken ist es die übergeordnete Anforderung an eine Marke, die erforderliche Hilfeleistung und Sicherheit bei der Kauf- und Auswahlentscheidung zu vermitteln (Meffert/Burmann/Kirchgeorg 2012, S. 359ff.). Dafür ist insbesondere der Aufbau einer starken **Markenidentität** erforderlich, wobei zur Vermeidung von verwässerten Markenidentitäten eine Homogenität von Selbstbild und Fremdbild der Marke notwendig ist (Meffert/Burmann 1996, S. 13ff.) In diesem Zusammenhang wird auch von einer **identitätsbasierten Markenführung** gesprochen (Meffert/ Burmann/Becker 2010, S. 73). Hierbei steht die Planung, Steuerung und Kontrolle der internen Markenidentität (Selbstbild) im Mittelpunkt der Markenführung (vgl. Welling 2006). Das Konzept des identitätsbasierten Markenmanagements erweitert somit die einseitige Betrachtung der unternehmensexternen Wahrnehmung der Marke (Outside-In-Perspektive) um eine unternehmensinterne (Inside-out-) Perspektive (Meffert/Burmann/Becker 2010, S. 73). Diese betrachtet das **Selbstbild** der Marke aus Sicht der internen Zielgruppen des markenführenden Unternehmens (**Markenidentität**). Aufgrund des intensiven

Kundenkontakts der Mitarbeitenden ist das Selbstbild in der Dienstleistungsbranche für die externe Markenwahrnehmung durch die Konsumenten von großer Bedeutung. Daher sind die internen Leistungspotenziale durch das Markenmanagement besonders zu berücksichtigen. Das **Fremdbild** der Markenidentität ergibt sich hingegen aus der Perspektive externer Anspruchsgruppen und wird mit dem **Markenimage** gleichgesetzt. Da bei Dienstleistungen vor einer erstmaligen Inanspruchnahme die Unsicherheit bei den Kunden besonders hoch ist und diese vielfach durch eine gezielte Informationssuche bei Bekannten, Verbraucherverbänden oder sonstigen Meinungsführern reduziert wird, stellt auch das Fremdbild einen wesentlichen Ansatzpunkt für das Markenmanagement dar. Ziel des identitätsbasierten Markenmanagements ist die Formulierung eines **kaufverhaltensrelevanten Nachfragernutzens**, den die Marke zu erfüllen hat und im täglichen Verhalten der Mitarbeitenden tatsächlich gelebt wird (vgl. Schaubild 6-1-13).

Schaubild 6-1-13 Definition von Marke, Markenidentität und Markenimage

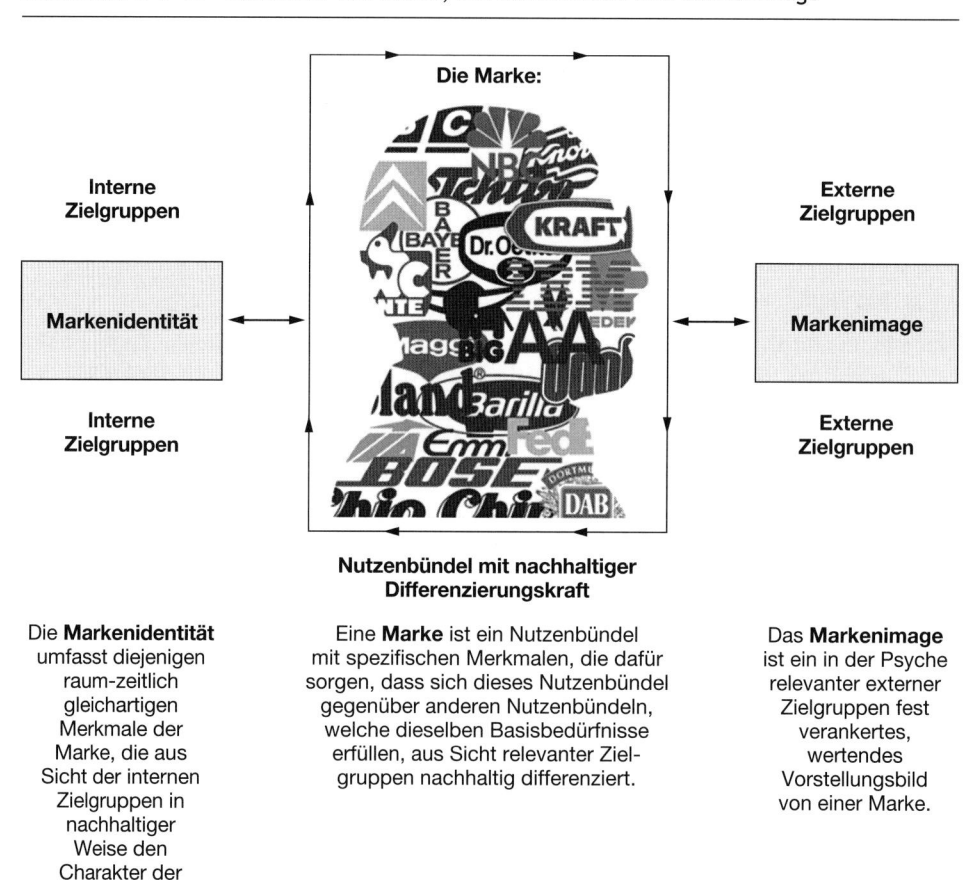

Die **Markenidentität** umfasst diejenigen raum-zeitlich gleichartigen Merkmale der Marke, die aus Sicht der internen Zielgruppen in nachhaltiger Weise den Charakter der Marke prägen.

Eine **Marke** ist ein Nutzenbündel mit spezifischen Merkmalen, die dafür sorgen, dass sich dieses Nutzenbündel gegenüber anderen Nutzenbündeln, welche dieselben Basisbedürfnisse erfüllen, aus Sicht relevanter Zielgruppen nachhaltig differenziert.

Das **Markenimage** ist ein in der Psyche relevanter externer Zielgruppen fest verankertes, wertendes Vorstellungsbild von einer Marke.

Quelle: in Anlehnung an Burmann/Blinda/Nitschke 2003, S. 6

Von besonderer Bedeutung in der Markenpolitik ist darüber hinaus eine Differenzierung der **Funktionen** einer Marke nach den Marktbeteiligten. In Schaubild 6-1-14 sind die wichtigsten Funktionen aus Sicht der Anbieter, Vermittler und Nachfrager von Dienstleistungen wiedergegeben. Die Dienstleistungsanbieter streben die Bündelung und Fokussierung ihrer Leistungen durch eine Dienstleistungsmarke an, um Vertrauens- und Qualitätssignale an die Abnehmer zu senden. Auch die Dienstleistungsvermittler (z. B. Versicherungsmakler, Reisebüros, Intermediäre) nutzen die Dienstleistungsmarke des Anbieters zu ihrer eigenen Profilierung. Schließlich dient die Dienstleistungsmarke den Dienstleistungsnachfragern zur Orientierung und Schaffung von Vertrauen, indem vor der Kaufentscheidung die Marke als Qualitätssignal und -versprechen interpretiert wird (Bruhn 2001).

Schaubild 6-1-14 Funktionen von Dienstleistungsmarken für die Marktbeteiligten

Dienstleistungsanbieter	Dienstleistungsvermittler	Dienstleistungsnachfrager
■ Kommunikationsfunktion ■ Profilierungsfunktion ■ Imageträgerfunktion ■ Innovationsfunktion ■ Unterstützungsfunktion im Marketingmix ■ Stabilisierungsfunktion	■ Risikominderungsfunktion ■ Renditefunktion ■ Vorverkaufsfunktion ■ Entlastungsfunktion im eigenen Marketingmix ■ Profilierungsfunktion ■ Stabilisierungsfunktion	■ Orientierungsfunktion ■ Informationsfunktion ■ Vertrauensfunktion ■ Identifikationsfunktion ■ Qualitätssicherungsfunktion ■ Risikominderungsfunktion ■ Prestigefunktion

Quelle: Bruhn 2001, S. 216

Auf der Grundlage der genannten Funktionen von Dienstleistungsmarken sind die **markenpolitischen Ziele** abzuleiten. Hier sind globale, ökonomische und psychologische Zielgrößen der Markenpolitik von Relevanz (Bruhn 2001):

1. **Globale Ziele der Markenpolitik**
   ▪ Steigerung des Markenwerts,
   ▪ Aufbau strategischer Wettbewerbsvorteile,
   ▪ Aufbau von Markentreue bzw. Kundenbindung.

2. **Ökonomische Ziele der Markenpolitik**
   ▪ Umsatz, Absatz, Marktanteil,
   ▪ Erhöhung des akquisitorischen Potenzials,
   ▪ Schaffung eines preispolitischen Spielraums,
   ▪ Erzielung einer absatzfördernden Wirkung,
   ▪ Möglichkeit der differenzierten Marktbearbeitung.

3. **Psychologische Ziele der Markenpolitik**
   ▪ Steigerung der Markenbekanntheit,
   ▪ Aufbau eines Markenimages,
   ▪ Schaffung von Präferenzen,

- Schaffung von Identifikationspotenzialen bei den Mitarbeitenden, Lieferanten und Vermittlern,
- Schaffung von Vertrauen.

Eine Klassifizierung der **Formen von Dienstleistungsmarken** ist nach verschiedenen Kriterien möglich (Stauss 1994a, S. 87ff.):

Markierungsmittel:
- Wortmarken (z. B. *Burger King, MTV, Credit Suisse, Yahoo!*),
- Bildmarken (z. B. Schrägstrich der *Deutschen Bank*, lachendes Gesicht von *TUI*),
- Kombinationsmarken (z. B. Name „*Starbucks Coffee*" im Logo als Bildmarke und Erkennungszeichen, *Hilton* als Wortmarke mit „H" als Logo).

Wirtschaftssektor des Markenträgers:
- Dienstleistungsmarke eines Dienstleisters (z. B. *Lufthansa*),
- Dienstleistungsmarke eines Handelsunternehmens (z. B. *PAYBACK Card* von *Galeria Kaufhof*),
- Dienstleistungsmarke eines Konsumgüterherstellers (z. B. *Camel Reisen*).

Markeninhalt:
- Firmenmarken (z. B. *TUI, McDonald's, Lufthansa*),
- Leistungsmarken (z. B. *Mister Minit*),
- Phantasiemarken (z. B. Namen von Diskotheken, *Robinson Club*).

Anwendungsbereich bzw. der Zahl der markierten Güter:
- Einzelmarken (Individual- oder Monomarken, z. B. *Robinson Club*),
- Gruppenmarken (Familienmarken, z. B. *Steigenberger Hotels*; Mehrmarken, z. B. *DERTOUR*; Dachmarken, z. B. *McKinsey, Hilton*).

1.222 Dienstleistungsspezifische Markierungsprobleme

Als Voraussetzung zur Erreichung der aufgeführten markenpolitischen Ziele und Funktionen sowie zur Etablierung einer erfolgreichen Marke sind in Abhängigkeit von den dienstleistungsspezifischen Merkmalen die folgenden grundsätzlichen **Problembereiche für das Markenmanagement** zu berücksichtigen (Stauss 1994a, S. 93ff.; Stauss/Bruhn 2008, S. 13ff.):

- Realisierung einer Einzelmarkenstrategie,
- Gewährung von Qualitätskonstanz,
- Visualisierung des Markenzeichens,
- Visualisierung des Markenvorteils,
- Notwendigkeit einer internen Markenführung,
- Steuerung des Markenpreises,
- Aufbau und Pflege von Marken-Konsumenten-Beziehungen.

Zunächst ist für Dienstleistungen die **Realisierung einer Einzelmarkenstrategie** problematisch. Obwohl Dienstleistungsunternehmen grundsätzlich sämtliche markenstrategische Optionen zur Verfügung stehen (Einzelmarkierung, Mehrmarkenstrategie, komplexe Markenarchitekturen usw.), ist es bemerkenswert, dass bei Dienstleistungsunternehmen primär eine Firmenmarkierung zum Einsatz kommt (Lambertz/Meffert 2002; Esch 2007). Die Firmenmarke ermöglicht gegenüber einer Einzelmarkierung die Positionierung des gesamten Angebots. Dies erleichtert eine konsistente Kommunikation gegenüber Kunden und Mitarbeitenden (McDonald/de Chernatony/Harris 2001, S. 338) und trägt dazu bei, dass die Marke als Vertrauensanker für eine Vielzahl von Leistungen angesehen wird. Die Signalisierung einer generellen Qualität für alle Unternehmensleistungen reduziert somit die Informationssuche des Kunden (de Chernatony/McDonald 2000, S. 222). Schließlich ist die Verwendung einer Firmenmarke angezeigt, wenn die Profilierung von Einzelleistungen einen unverhältnismäßigen Aufwand darstellt (Turley/Moore 1995, S. 44).

Weiterhin stellt die **Gewährung von einer markenartikelgemäßen Qualitätskonstanz** ein Problem dar, da durch den Dienstleistungsanbieter nur die Potenzialqualität autonom kontrollierbar ist. Hieraus leiten sich die ständigen Bemühungen des Anbieters ab, einen hohen Standard aller internen Potenzialfaktoren zu gewährleisten, indem eine dauernde Schulung und Kontrolle aller Mitarbeitenden und eine ständige Wartung und Kontrolle aller maschinellen Einsatzfaktoren durchgeführt wird. Die Gefährdung einer gleichbleibenden Qualität resultiert neben der mangelnden qualitativen Konstanz der Inputfaktoren vor allem aus der Heterogenität des externen Faktors (Corsten 1998; Meyer 2001; Woratschek/Roth 2004, S. 365) und dessen Integrationsbereitschaft und -fähigkeit (de Chernatony/Dall'Olmo Riley 1999, S. 188; Tomczak/Brockhoff 2000, S. 496). Das Ergebnis einer Dienstleistung fällt umso unterschiedlicher und schwankender aus, je stärker die Mitarbeitenden die Leistung persönlich beeinflussen und in der Lage sind, diese an die jeweiligen Kundenbedürfnisse individuell anzupassen. Vor diesem Hintergrund streben Dienstleistungsunternehmen vielfach ein Angebot standardisierter Leistungen an. Hier ist die Potenzialqualität der internen Faktoren weitgehend gewährleistet und die Risiken, die sich durch eine situative Abhängigkeit von der Leistungsfähigkeit des externen Faktors ergeben, werden reduziert. Die Leistung wird folglich von den Kunden bei jeder Inanspruchnahme als konstant gut wahrgenommen. Neben der Standardisierung wird die Markenidentität jedoch auch durch die Individualität der angebotenen Leistung geprägt, wobei eine hohe Qualität durch die Fähigkeit des individuellen Eingehens auf Kundenwünsche und der kundenspezifischen Anpassung des Leistungsangebots realisiert wird.

> **Beispiel: Individualisierung von Dienstleistungen in der Luftverkehrsbranche**
>
> Ein Höchstmaß an Individualität und Qualität bei Luftverkehrsdienstleistungen gewährleistet die Schweizerische Fluggesellschaft *„Jet Aviation"*. Diese hat sich auf das Chartergeschäft von Geschäftsreiseflugzeugen spezialisiert und ermöglicht ihren Kunden, unabhängig von Flugplänen, von fast allen Flugplätzen der Welt direkt zum individuell gewählten Zielflughafen zu fliegen. Allerdings ergeben sich aus der Notwendigkeit zur Einhaltung der versprochenen Qualität hohe Kosten, die nur im Rahmen einer Premium-Preisstrategie umsetzbar sind.

Aus der mangelnden Greifbarkeit einer Dienstleistung für den Leistungsnehmer resultiert auch das Problem der **Visualisierung des Markenzeichens**, da eine Dienstleistungsmarkierung zwar im absatzpolitischen, jedoch nicht im technischen Sinne umsetzbar ist. So ist es beispielsweise möglich, einem Haarschnitt einen Namen zu geben und diesen mit Hilfe absatzpolitischer Maßnahmen im Markt durchzusetzen, jedoch ist diese Dienstleistung nicht mit einem „Aufkleber" zu versehen. Um eine erfolgreiche Viusalisierung umzusetzen, kommt häufig der markenpolitische Dreiklang zur Anwendung.

1.223 Der markenpolitische „Dreiklang"

Der markenpolitische Dreiklang dient einer Visualisierung der Marke durch den Einsatz eines prägnanten Markennamens, eines Markenlogos und eines Markenslogans (vgl. Schaubild 6-1-15).

Ziel des markenpolitischen Dreiklangs ist die Gestaltung und Integration verbaler (Name und Slogan) und visueller (Logo) Informationen (Esch/Langner 2004, S. 1135).

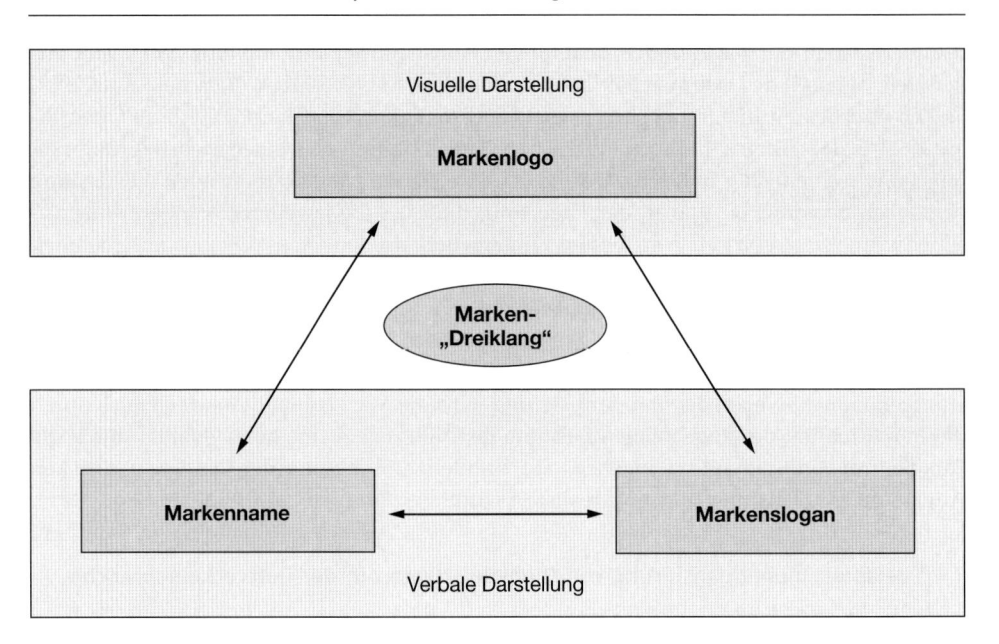

Schaubild 6-1-15 Der markenpolitische Dreiklang

Quelle: in Anlehnung an Esch/Langner 2004, S. 1134

Der **Markenname** nimmt eine entscheidende Rolle ein. Durch die Wahl eines einprägsamen Markennamens lässt sich der Bekanntheitsgrad sowie die Erinnerung an eine Marke erhöhen. Hierbei gibt es unterschiedliche **Anforderungen**, die bei der Wahl des Markennamens zu beachten sind (vgl. Schaubild 6-1-16).

Schaubild 6-1-16 Anforderungen an Markennamen

Eigenständigkeit	■ Abgrenzung von Konkurrenzmarken ■ Alleinstellung und Individualität ■ Aufbau einer Markenpersönlichkeit ■ Negativbeispiel: Brotaufstrich Nusspli, Nutoka
Seriosität	■ Name soll Vertrauen erzeugen ■ Name sollte positive Assoziationen auslösen ■ Name sollte zur Produktart passen ■ Keine negativen Bedeutungen in anderen Sprachen ■ Negativbeispiel: Chevrolet Nova: No va = spanisch „geht nicht"
Innovationskraft	■ Für den Namen stehen nur 26 Buchstaben zur Verfügung ■ Originalität; Ungewöhnlichkeit; Abwechslung, Neuigkeit ■ Positives Beispiel: Yahoo!
Merkfähigkeit	■ Unverzichtbare Anforderung ■ Unabhängig von der Länge des Namens ■ Empirisch: je bildhafter, desto einprägsamer ■ Steigerung der Einprägsamkeit durch auffällige Morphologie (z. B. Mexx) ■ Positives Beispiel: Burger King
Juristische Schutzfähigkeit	■ Markenname muss sich gegen Nachahmung verteidigen können ■ Voraussetzung ist die Unterscheidungskraft ■ Negativbeispiel: nicht schutzfähig ist z. B. Bank

Quelle: in Anlehnung an Kircher 2005, S. 589ff.

In Schaubild 6-1-17 werden beispielhaft Dienstleistungsmarken aufgezeigt, die nach den Kriterien „Assoziation zur Produktkategorie", „Positionierung" usw. verfahren sind.

Besonders geeignet zur Unterstützung der Visualisierung sind deskriptive Markennamen, die einen Hinweis auf den Markenvorteil bieten (z. B. *Allianz Versicherungen*), und Markennamen, die den Namen der Eigner oder Partner aufgreifen. Diese stehen mit ihrem Namen für die Qualität der Leistungen ein (z. B. *McKinsey* Unternehmensberatung, *Roland Berger* Unternehmensberatung) (Turley/Moore 1995; Esch 2007, S. 213f.).

Des Weiteren erleichtert die Wahl des **Logos** die Tangibilisierung. Bei der Auswahl des Logos wird teilweise die Meinung vertreten, auf die Verwendung abstrakter Markenlogos zu verzichten, die keinen ikonischen Bezug zu einem realen Gegenstand bzw. Markenvorteil aufweisen (Esch 2007, S. 223ff.). Grundsätzlich ist bei der Gestaltung eines Logos auf folgende **Gestaltungsfaktoren** zu achten (Esch/Langner 2004, S. 615ff.):

Schaubild 6-1-17 Herkunft und Bedeutung verschiedener Marken im Dienstleistungsbereich

Logo	Markenname	Branche	Markenherkunft
Globus – Da ist die Welt noch in Ordnung.	Globus	Einzelhandel	Positionierung: groß, weltweit
CREDIT SUISSE	Credit Suisse	Finanz-dienstleistungen	Positionierung: Schweiz
IKEA	IKEA	Einzelhandel	Initialien des Gründers: **I**ngavar **K**amprad + **E**lmtaryd (sein Hof) + **A**gunnaryd (sein Dorf)
FITNESS COMPANY	Fitness Company	Fitnessstudios	Assoziation zur Kernleistung: Fitness
WeightWatchers	Weight Watchers	Ernährungs-beratung	Assoziation zur Kernleistung: „Gewichts-beobachtung"
inlingua	Inlingua	Sprachschule	Lingua = Sprache auf italienisch

- **Symmetrie:** Symmetrische Formen werden rascher verarbeitet, gefallen besser und werden besser erinnert.
- **Komplexität:** Ein Reiz, der eine zu hohe Komplexität aufweist, wird schlechter erinnert als weniger komplexe Reize.
- **Figur-Grund-Kontrast:** Ein klar und deutliches Abheben des Logo vom jeweiligen Hintergrund fördert die Wahrnehmung desselben.
- **Geometrische Grundstruktur:** Abstrakte Formen, die sich leicht in einfache geometrische Grundformen zerlegen lassen, werden rascher verarbeitet und besser erinnert.
- **Formqualität:** Spitzwinklige Formen wirken aktiv und mächtig, rechtwinklige Formen eher passiv und mächtig und runde Formen transportieren eher passive und schwache Assoziationen.
- **Farbton:** Einfluss auf die Aktivierungskraft einer Farbe, die empfundene Wärme des Farbtons und somit der ästhetischen Bevorzugung unterschiedlicher Farbtöne.
- **Farbsättigung:** Einfluss auf die empfundene Erregung und die Gefallenswirkung. Je gesättigter ein Farbreiz ist, desto besser gefällt er.
- **Farbhelligkeit:** Einfluss auf die von der Farbe vermittelten Assoziationen und die Gefallenswirkung. Hellere Farben gefallen besser als dunklere Farben (Wright/Rainwater 1962).

Besonders bei komplexen Dienstleistungen, wie z. B. einem persönlichen Versicherungspaket, ist die Visualisierung des Markenvorteils, also des individuellen Nutzens für den Kunden, kaum umsetzbar. Um der Abstraktheit entgegenzuwirken, sind Dienstleistungsunternehmen gefordert, immaterielle Leistungsbestandteile als Objekt greifbar zu machen (George/Marshall 1984, S. 409; de Chernatony/McDonald 2000, S. 222f.; McDonald/de Chernatony/Harris 2001, S. 345f.). Diese Objektivierung der Leistungsbestandteile erfolgt häufig in der Gestaltung eines entsprechenden Logos, wie das folgende Beispiel verdeutlicht.

> **Beispiel: Objektivierung der Leistung im Firmenlogo**
>
> So verkörpert der Wasserturm im Markenzeichen der *Hamburg-Mannheimer Versicherung* oder die Burg der *Nürnberger Versicherung* den mit einer Inanspruchnahme der Leistung verbundenen Nutzen in Form einer Schutzfunktion, die drei Schlüssel im Logo der *UBS* die Merkmale Vertrauen, Sicherheit und Diskretion und die Steine der *Schwäbisch-Hall Bausparkasse* symbolisieren die Realisierung des Eigenheims.

Als dritte Komponente des markenpolitischen Dreiklangs kommt der **Slogan** zum Einsatz. Ein Slogan wird definiert als gesprochene, gesungene oder geschriebene Programmformel (Kroeber-Riel/Esch 2004, S. 121). Ein Slogan soll helfen, den Konsumenten die Besonderheit der Marke gegenüber Konkurrenzmarken zu vermitteln (Keller 2008, S. 204). Dies gelingt vor allem dann, wenn ein Slogan folgende **Voraussetzungen** erfüllt (vgl. Kroeber-Riel/Esch 2004, S. 121):

- kommunizierbar in elektronischen Medien,
- unterlegt mit einprägsamen Jingles (z. B. *McDonald's*),
- kurz, prägnant und bildhaft formuliert (z. B. „Auf diese Steine können sie bauen: *Schwäbisch Hall*"),
- eng an die Marke gekoppelt, bzw. der Markenname im Slogan enthalten (z. B. „Ich geh' den Leonberger Weg").

Die Suche nach alternativen Markierungsobjekten, auf denen das Markenzeichen im technischen/physischen Sinne angebracht wird, ist ebenfalls Aufgabe der Markenführung. Für die Visualisierung der Dienstleistungsmarke sind deshalb Anhaltspunkte zu schaffen, die berührbare Evidenzbeweise liefern. Demnach ist einem Inhaber einer Dienstleistungsmarke in erster Linie daran gelegen, jene Objekte seiner Leistung zu identifizieren und zu markieren, anhand derer sich die Leistungsnehmer orientieren (Schaubild 6-1-18).

Schaubild 6-1-18 Ansätze zur physischen Markierung von Dienstleistungen

		Kontaktträger	
		Kontaktobjekte (Dinge)	Kontaktsubjekte (Menschen)
Verfügungsbereich	Extern	**Externe Kontaktobjekte** ■ Schild am Kleidungsstück nach einer Textilreinigung ■ Hänger am Autospiegel nach einer Reparatur	**Externe Kontaktsubjekte** ■ Stempelaufdruck beim Besuch einer Diskothek ■ Textile Merchandising-Artikel (z. B. Mütze mit McDonald's Aufdruck)
	Intern	**Interne Kontaktobjekte** ■ Markierung von Gebäuden, Flugzeugen, Zügen usw. ■ Architektonische Gestaltung von Gebäuden (z. B. Chrysler Building)	**Interne Kontaktsubjekte** ■ Einheitliche Bekleidung bei Fluggesellschaften ■ Namensschilder mit Firmenemblem für die Mitarbeitenden

Quelle: in Anlehnung an Meyer 2001, S. 98

Als **Träger des Markenzeichens** für Dienstleistungen bieten sich, wie in Schaubild 6-1-18 dargestellt, sowohl interne als auch externe Kontaktobjekte und -subjekte an (Meyer 2001). Da der Konsument zur Dienstleistungserstellung den Ort der Leistungserstellung, z. B. eine Bankfiliale, aufsucht, stehen zunächst das Gebäude, die Einrichtung und die technischen Objekte als Markierungsobjekte zur Verfügung (**interne Kontaktobjekte**). Hierbei ist insbesondere auf die einheitliche Verwendung des Markenzeichens zu achten. Die Forderung eines homogenen Erscheinungsbildes dieser Elemente wird vielfach im Rahmen von Corporate-Identity-Diskussionen aufgegriffen. Aufgrund der persönlichen Interaktion zwischen Kundenkontaktpersonal und Kunden bietet sich auch die Markierung der Mitarbeitenden an (**interne Kontaktsubjekte**). Insbesondere eine einheitliche Kleidung wird von Dienstleistungsanbietern häufig umgesetzt. Ein weiterer Ansatzpunkt zur Markierung ergibt sich durch den Kunden selbst. So ist zumindest eine temporäre Markierung am Kundenobjekt möglich (**externe Kontaktobjekte**). Sofern Kunden ein starkes Bedürfnis haben, den Dienstleistungskonsum, z. B. bei prestigeorientierten Dienstleistungen, nach außen zu dokumentieren, eignet sich auch die Aushändigung markierter Objekte. Häufig geschieht dies in Form kleiner Präsente, jedoch lässt sich auch eine zunehmende Zahlungsbereitschaft für Produkte dieser Art beobachten (Stauss 2001b, S. 564).

> **Beispiel: Der „Lufthansa Sky Shop"**
>
> So hat die *Deutsche Lufthansa AG* eigens einen *„Lufthansa Sky Shop"* eröffnet, der auf dem Versandwege von Reisegepäck über Schmuck, Spielzeug bis zum Bürobedarf verschiedene mit der Marke *„Lufthansa"* versehene Artikel offeriert. Diese geben den Kunden die Möglichkeit, den inneren Kontakt zur Dienstleistung aufrechtzuerhalten, die Erinnerung zu pflegen und den Konsum gegenüber Dritten zu demonstrieren (Graumann 1983, S. 161f.; Fassnacht 2004, S. 2172f.).

Bei einem besonders stark ausgeprägten Wunsch des Kunden, seine Beziehung zum Dienstleistungsanbieter zu unterstreichen, erfolgt auch eine Markierung des Kunden selbst (**externe Kontaktsubjekte**). Dazu werden beispielsweise Textilien eingesetzt, auf denen die entsprechende Markierung abgebildet wird. Vielfach geht mit einer solchen Markierung auch der Wunsch eines Imagetransfers vom Anbieter auf den Kunden einher.

Der Einsatz von Dienstleistungsmarken begründet für das Unternehmen weiterhin die **Notwendigkeit einer internen Markenführung**, da der Markeneindruck durch alle Elemente geprägt wird, mit denen der Kunde während des Leistungserstellungsprozesses in Berührung kommt (z. B. Räumlichkeiten des Dienstleisters, Interaktion mit den Mitarbeitenden) (Stauss 2000b). Unter interner Markenführung ist die unternehmensinterne Verankerung der Marke und ihrer Identität bei den Mitarbeitenden mit dem Ziel der Erzeugung eines mit der Markenidentität und dem Markennutzenversprechen konformen Verhaltens der Mitarbeitenden zu verstehen (Piehler 2010, S. 39). **Ziel der internen Markenführung** ist somit die Vermittlung eines durchgehend konstistenten Markenbildes an allen Kundenkontaktpunkten, indem alle Beteiligten die Marke und deren Identität kennen und sich ihr verpflichtet fühlen und im Einklang mit der Marke handeln (Esch et al. 2005, S. 987). In diesem Zusammenhang wird von dem Aufbau eines markenkonformen Mitarbeiterverhaltens gesprochen (Bruhn/Batt 2010, S. 328f.), auf das sich das **Konzept des Brand Citizenship Behavior** (BCB) stützt. Das BCB beschreibt ein freiwilliges Verhalten von Mitarbeitenden außerhalb ihrer Rollenerwartungen, das zur Stärkung der Markenidentität beiträgt und ein geschlossenes und konsistentes Markenbild nach außen transportiert (Burmann/Zeplin 2005, S. 1025f.). Dieses Verhalten lässt sich anhand von sieben **Dimensionen** beschreiben, die in Schaubild 6-1-19 dargestellt sind.

Schaubild 6-1-19 Dimensionen des Brand Citizenship Behavior

Dimensionen	Erklärungen	Beispiele
Hilfs-bereitschaft	Positive Einstellung, Freundlichkeit, Unterstützung und Empathie gegenüber internen und externen Kunden; Übernahme von Verantwortung für Aufgaben außerhalb des eigenen Verantwortungsbereichs, falls notwendig	▪ Authentische Freundlichkeit in der Kundenintegration, keine abgespulten Floskeln ▪ Abschließende Verfolgung von Beschwerden und Reklamationen
Marken-bewusstsein	Befolgung von markenbezogenen Verhaltensleitlinien und Berücksichtigung der Auswirkungen von Aussagen und Verhaltensweisen auf die Marke in allen Situationen, auch ohne Beobachtungen oder Überwachung	▪ Markenkonsistentes Verhalten auch in privaten Situationen ▪ Keine persönliche Arbeitserleichterung auf Kosten der Marke
Marken-enthusiasmus	Besonderes Engagement bei markenbezogenen Tätigkeiten, das weit über das von internen und externen Kunden geforderte oder erwartete Maß hinausgeht	▪ Inkaufnahme unbezahlter Überstunden zur termingerechten Fertigstellung eines Kundenauftrags ▪ Sorgfältige Qualitätsprüfung markenrelevanter Tätigkeiten ▪ Auch private Nutzung der eigenen Marke
Leidens-bereitschaft	Keine Klagen über Schwierigkeiten und lästige Pflichten des Engagements für die Marke; ausgeprägte Absicht, das Engagement für die Marke auch bei hohen Opportunitätskosten fortzusetzen	▪ Festhalten am Arbeitsplatz auch wenn Konkurrenzunternehmen besser bezahlen würde ▪ Verteidigung der Marke auch bei Kritik aus dem privaten Umfeld
Marken-missionierung	Empfehlung der Marke gegenüber anderen, auch in nicht arbeitsbezogenen Situationen; Weitergabe der Markenidentität an neue Mitarbeitende	▪ Empfehlung der Marke ggü. Freunden ▪ Übernahme einer Mentorenrolle für neue Mitarbeitende
Selbstverwirklichung	Bereitschaft, kontinuierlich markenbezogene Kenntnisse, Fähigkeiten und Fertigkeiten weiterzuentwickeln	▪ Feedback erfragen von Kunden und Kollegen ▪ Lesen von Fachzeitschriften, Handbüchern
Marken-entwicklung	Beitrag zur Weiterentwicklung der Markenidentität	▪ Weitergabe von Kundenfeedback ▪ Innovative Ideen für neue Produkte und Prozessverbesserungen

Quelle: in Anlehnung an Zeplin 2005, S. 81f.

Diese markenkonforme Verhalten wird jedoch nur erreicht, wenn über geeignete **Instrumente der internen Markenführung** ein entsprechendes Markencommitment bei den Mitarbeitenden erreicht wird, die zu einer positiven Markenbeurteilung führt. Schaubild 6-1-20 zeigt eine Systematisierung der Instrumente und Maßnahmen einer internen Markenführung mit möglichen Beispielen.

Schaubild 6-1-20 Instrumente und Maßnahmen der internen Markenführung

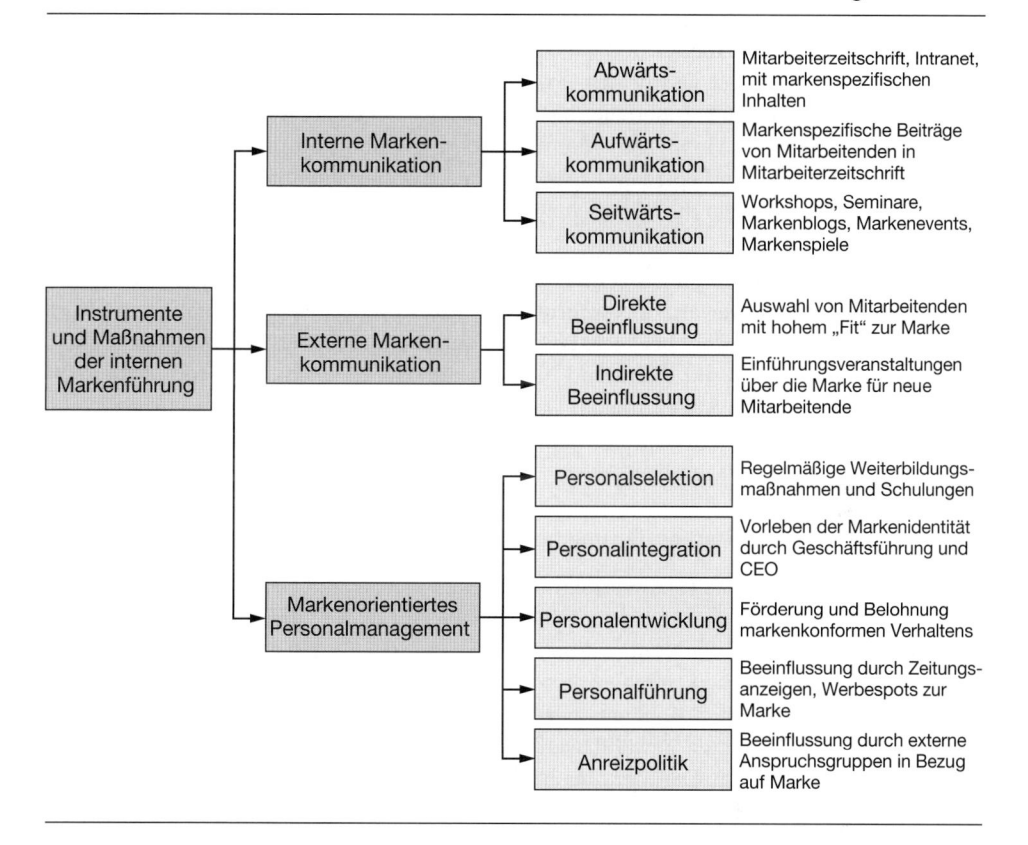

Instrumente und Maßnahmen der internen Markenführung	Interne Markenkommunikation	Abwärtskommunikation	Mitarbeiterzeitschrift, Intranet, mit markenspezifischen Inhalten
		Aufwärtskommunikation	Markenspezifische Beiträge von Mitarbeitenden in Mitarbeiterzeitschrift
		Seitwärtskommunikation	Workshops, Seminare, Markenblogs, Markenevents, Markenspiele
	Externe Markenkommunikation	Direkte Beeinflussung	Auswahl von Mitarbeitenden mit hohem „Fit" zur Marke
		Indirekte Beeinflussung	Einführungsveranstaltungen über die Marke für neue Mitarbeitende
	Markenorientiertes Personalmanagement	Personalselektion	Regelmäßige Weiterbildungsmaßnahmen und Schulungen
		Personalintegration	Vorleben der Markenidentität durch Geschäftsführung und CEO
		Personalentwicklung	Förderung und Belohnung markenkonformen Verhaltens
		Personalführung	Beeinflussung durch Zeitungsanzeigen, Werbespots zur Marke
		Anreizpolitik	Beeinflussung durch externe Anspruchsgruppen in Bezug auf Marke

Im Zuge der **externen Markenkommunikation** bietet sich an, die Mitarbeitende direkt in eine Werbekampagne einzubeziehen, um so ein höheres Commitment und eine höhere Identifikation der Mitarbeitenden mit der Marke zu erreichen.

Beispiel: Mitarbeitende in einem TV-Spot von Obi

Obi hat 2007 mit dem Claim „Wie, wo, was weiß Obi" einen TV-Spot lanciert, in dem Mitarbeitende der Baumarktkette ihre Version des Queen-Klassikers „We will rock you" darstellen. Seitdem wird der TV-Spot flankiert durch Angebotsbeilagen, Prospekte, Poster, Pos-Materialien und ist auch online zu sehen.

> **Beispiel: „You & Us-Kampagne" der UBS**
>
> Im Rahmen einer Werbekampagne der UBS wurden auf Werbeplakaten UBS-Mitarbeitende in einer Hobby- und Freizeitsituation gezeigt. Headline der Anzeige war ein in großen Lettern gedrucktes „Sie & ...", gefolgt vom Namen des Mitarbeitenden sowie seiner Funktion innerhalb der Bank. Unterhalb des Bildmotivs befand sich der Copytext, der das Hobby des Mitarbeitenden mit dem Job und der Dienstleistung verknüpfte. Die Werbeplakate variierten je nach Mitarbeitendem, die Kernbotschaft, nämlich den Kunden die Mitarbeitenden der Bank vorzustellen, blieb jedoch gleich.

Die beiden Beispiele zeigen, dass gerade im Dienstleistungssektor die interne Markenführung von besonderer Relevanz ist. Aufgrund des häufigen und engen Kontaktes der Kunden mit Mitarbeitenden ist es bei Dienstleistungsunternehmen von besonderer Wichtigkeit, dass die Mitarbeitenden die Werte und Normen der Marke genau kennen und diese als Markenbotschafter nach Außen tragen. Das folgende Beispiel der *Singapore Airlines* zeigt, wie eine konsequente und professionelle interne Markenführung zum Unternehmenserfolg eines Dienstleisters beitragen kann.

> **Beispiel: Interne Markenführung bei Singapur Airlines**
>
> Die *Singapore Airlines* (SIA) verfolgt die Mission, stets den bestmöglichen Service anzubieten und den Konsumenten eine Dienstleistung auf höchstem Niveau zu bieten; mit dem Ziel, die Nummer eins der internationalen Fluggesellschaften zu sein. Um dies zu erreichen, werden verschiedene interne markenbezogene Maßnahmen umgesetzt. So wird z. B. bereits bei der Personalauswahl darauf geachtet, dass nur diejenigen Kandidaten gewählt werden, die sich mit den Normen und Werten der Marke identifizieren. Darüber hinaus erhalten alle Servicemitarbeitende entsprechende Schulungen. Regelmäßige Events mit der Geschäftsleitung, tragen ebenso dazu bei, das Markenimage in den Köpfen und dem Verhalten der Mitarbeitenden zu verankern. Empirische Studien zur Kundenzufriedenheit bei Fluggesellschaften in den letzten Jahren belegen den Erfolg dieser Maßnahmen. Seit 2005 befindet sich die *Singapore Airlines* durchgehend unter den ersten drei Plätzen (zweiter Platz in 2010) und in der Kategorie „Kabinenpersonal" – der Hauptzielgruppe dieser Internen Markenführungskampagne – belegte die SIA in 2010 den ersten Platz (World Airline Awards 2010; Chong 2007).

Neben der internen Markenführung sind zur Etablierung und Aufrechterhaltung eines konsistenten Markenbildes nach Außen der **Einsatz weiterer Instrumente** hilfreich. Hierzu zählen die Instrumente der Leistungs- und Kommunikationspolitik. Darüber hinaus sind die Abstimmung des Umfeld-, Prozess-, Personal- und Kundenmanagements sicherzustellen (Stauss 2002).

Im Rahmen des **Umfeldmanagements** beeinflussen bei einer Dienstleistungserstellung beim Anbieter vor Ort tangible Elemente, wie z. B. die Raumgestaltung oder die Einrichtung, nachhaltig das Markenbild des Kunden. Deshalb ist es für das Markenmanagement von zentraler Bedeutung, dass das physische Umfeld die angestrebte funktionale und emotionale Positionierung im Dienstleistungssektor kommuniziert (Bruhn/Stauss 2008, S. 18f.).

Des Weiteren erfolgt der **Prozess** bis zur Erbringung einer Dienstleistung meist mit einer Fülle von Einzelschritten, die sowohl einzeln als auch in ihrer Gesamtheit das Markenbild prägen. Diese Tatsache führt zu einer komplexen Markenwahrnehmung bei Dienstleistungen. Deshalb hat das Markenmanagement stets darauf zu achten, dass konfliktäre Botschaften vermieden und der Prozess konsistent gestaltet wird.

Ferner determiniert das Verhalten und Erscheinungsbild der Mitarbeitenden eines Dienstleistungsunternehmens entscheidend den Markeneindruck des Kunden, sofern die Leistungserstellung in persönlicher Interaktion zwischen Mitarbeitenden und Kunden erfolgt. Dementsprechend ist es Aufgabe des **Personalmanagements**, Einfluss darauf zu nehmen, dass eine markengerechte Personalrekrutierung, Personalentwicklung und Personalbeförderung erfolgt (vgl. hierzu auch Abschnitt 5, „Entscheidungen der Personalpolitik" in diesem Kapitel). So wird sichergestellt, dass die Mitarbeitenden über die erforderliche fachliche Qualifikation, über eine dienstleistungsorientierte Einstellung und die notwendige Sozial- und Emotionalkompetenz verfügen (Bruhn/Stauss 2008, S. 19).

Im Rahmen des **Kundenmanagements** ist es notwendig, Maßnahmen zur Steuerung des Kundenverhaltens in der Kontaktsituation durch beispielsweise Kundeninformation, Kundenentwicklung und durch die Gestaltung adäquater Anreize zu berücksichtigen (McDonald/de Chernatony/Harris 2001, S. 348). Ein Markenerleben bei Mitgliedern des gewünschten Kundensegments darf nicht dadurch beeinträchtigt werden, dass Kunden unerwünschter Zielgruppen anwesend sind bzw. sich bei der Leistungserbringung störend verhalten. Daher hat das Kundenmanagement dafür Sorge zu tragen, dass ein größtmöglicher Fit zwischen Kunden- und Markenidentität entsteht.

Auch bei Dienstleistungsmarken spielt der Preis innerhalb der markenpolitischen Ausgestaltung des Marketingmix eine bedeutende Rolle. Der Markenpreis bestimmt zum einen den direkten finanziellen Erfolg einer Marke. Zum anderen übt er für den Konsumenten eine Informationsfunktion aus. Ein hoher Preis suggeriert z. B. eine hohe Qualität, während ein niedriger Preis eine geringere Qualität impliziert. Das Preis-Leistungs-Verhältnis wird dabei von der subjektiven Beurteilung des Konsumenten beeinflusst. Vor dem Hintergrund der Intangibilität und der Nichtlagerfähigkeit von Dienstleistungen kommt der **Steuerung des Markenpreises** vor allem dahingehend Bedeutung zu, kurzfristige Leistungsengpässe zu vermeiden und die Auslastung zu koordinieren (Stauss/Bruhn 2008, S. 21). In diesem Zusammenhang ist jedoch generell zu beachten, dass der festgelegte Markenpreis mit den Qualitätsvorstellungen der Marke vereinbar ist, um eine Verwässerung des Markenwertes langfristig zu vermeiden.

Aufgrund der notwendigen Integration des externen Faktors in den Leistungserstellungsprozess liegen im Dienstleistungsbereich häufig enge Kunde-Mitarbeiter-Beziehungen vor. Daneben wird der Aufbau einer Markenbindung angestrebt, um die Marke als Partner der Geschäftsbeziehung zu etablieren. Hierfür ist es notwendig, den Aufbau und die Pflege einer ausreichenden Markenbeziehungsqualität sicherzustellen:

> **Markenbeziehungsqualität** beschreibt die aus Kundensicht wahrgenommene Fähigkeit der Markenführung, eine Beziehung zwischen der Marke und dem Konsumenten aufzubauen, die die Anforderungen des Konsumenten an eine solche Beziehung erfüllt (in Anlehnung an Eichen 2010, S. 63).

Die Marke übernimmt hierbei ganz wesentliche Funktionen, um die Beziehung zwischen Mitarbeitenden und Kunde zu vereinfachen. Diese Konstellation liegt vorwiegend auf Dienstleistungs- und Industriegütermärkten vor, in denen die Initiierung und Pflege einer direkten, persönlichen Kundenbeziehung aufgrund der Marktcharakteristika als strategische Option für ein Unternehmen besteht und die Beziehung zwischen Mitarbeitenden und Kunde ausschlaggebend für den Unternehmenserfolg ist (für die Relevanz der Marke in Dienstleistungsunternehmen vgl. z. B. Bauer/Huber/Heß 2007; Benkenstein/Uhrich 2008; Bruhn/Stauss 2008; Huber/Vollhardt/Vogel 2008). Die Relevanz der Markenbeziehungsqualität resultiert aus der Annahme, dass sich die **Initiierung und Pflege von Marken-Konsumenten-Beziehungen** in positiven Verhaltenswirkungen (z. B. Markentreue, Weiterempfehlung) niederschlägt und darüber zu ökonomischem Erfolg (Umsatz, Marktanteil, Profitabilität) führt.

Die konstitutiven Merkmale von Dienstleistungen, wie das direkte Angebot von Potenzialen in Form von Leistungsfähigkeiten, die Immaterialität des Dienstleistungsobjektes und die Integration des externen Faktors, bedingen einen hohen Individualisierungsgrad und damit einhergehend vielfältige Interaktionsmöglichkeiten (Eichen 2010, S. 26). Dies erleichtert eine enge Interaktion zwischen Anbieter sowie Nachfrager und erhöht tendenziell die Relevanz und Notwendigkeit zur Steigerung der Markenbeziehungsqualität.

Bei der **Markenbeziehungsqualität als Konstrukt** handelt es sich um eine latente, nicht direkt beobachtbare Größe, die aus Kunden- und Unternehmenssicht unterschiedlich interpretiert werden kann. Während mit dem Begriff der Markenbeziehung zum einen primär eine affektive Bindung an eine bestimmte Marke assoziiert wird, die sich aus den Erfahrungen mit der Marke ergibt (z. B. Erfahrungen mit einem Reiseveranstalter während einer Urlaubsreise), konstituiert sich für andere Konsumenten ihre Markenbeziehung insbesondere aus der wechselseitigen Interaktion mit Markenmitarbeitern (z. B. Beratungsgespräch mit einem Finanzberater einer Bank), anderen Kunden (z. B. Erfahrungsaustausch mit anderen Kunden persönlich oder über Online-Foren) oder computergestützten, dialogfähigen Systemen (z. B. Internetauftritt einer Bank) der Marke. Dieser Aspekt der unterschiedlichen Interpretation ist bei der Konzeptionalisierung und anschließenden Messung der Markenbeziehungsqualität zu beachten.

Die Markenbeziehungsqualität wird demnach aufgespalten in die Qualität der Marke-Kunde-Interaktion (**Qualität der Marke als Beziehungspartner**) und die Qualität der Stellvertreter-Kunde-Interaktion (Qualität der Marke als Interaktionsplattform). Diese Dimensionen werden wiederum jeweils durch drei unabhängige Indikatoren auf der Faktorebene definiert, so dass sich die Markenbeziehungsqualität als Konstrukt dritter Ordnung darstellt (vgl. 6-1-21), das im Folgenden erläutert wird.

Leistungspolitik

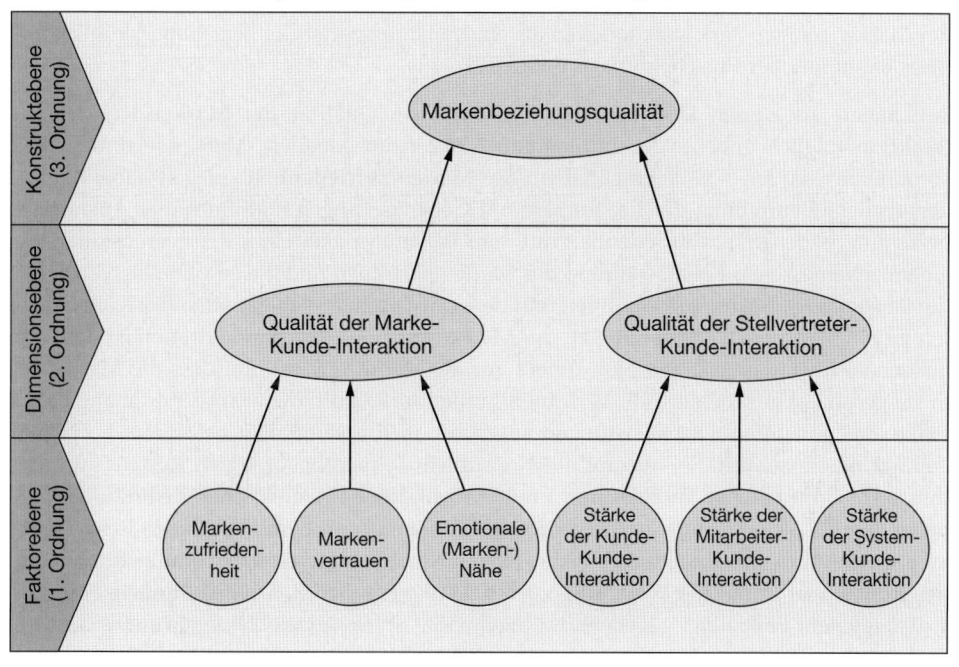

Schaubild 6-1-21 Konzeptualisierung der Markenbeziehungsqualität

Konstruktebene (3. Ordnung): Markenbeziehungsqualität

Dimensionsebene (2. Ordnung): Qualität der Marke-Kunde-Interaktion; Qualität der Stellvertreter-Kunde-Interaktion

Faktorebene (1. Ordnung): Markenzufriedenheit; Markenvertrauen; Emotionale (Marken-)Nähe; Stärke der Kunde-Kunde-Interaktion; Stärke der Mitarbeiter-Kunde-Interaktion; Stärke der System-Kunde-Interaktion

Quelle: Eichen 2010, S. 150

Zunächst ist darauf hinzuweisen, dass in der Sozialpsychologie zwei grundlegende Arten von Beziehungen existieren: die Austausch- und die Gemeinschaftsbeziehungen (Gröppel-Klein/Königstorfer/Terlutter 2008, S. 56ff.). Im Rahmen von **Marken-Konsumenten-Interaktionen** sind grundsätzlich beide Formen denkbar (Gröppel-Klein/Königstorfer/Terlutter 2008, S. 57). Der Nutzen einer **Austauschbeziehung** ergibt sich aus der Differenz der Belohnungen und Kosten, die im Zusammenhang mit der Beziehung stehen. Der Eigennutzen steht hier im Vordergrund (Clark/Mills 2004, S. 246). So besteht bei einem Beratungsgespräch eines Finanzdienstleisters mit einem Konsumenten der Nutzen der Austauschbeziehung für den Berater in erster Linie im Abschluss eines profitablen Geschäftes, während auf Seiten des Kunden z. B. der Nutzen in einer profitablen Geldanlage oder in günstigen Kreditkonditionen liegt. **Gemeinschaftsbeziehungen** (z. B. Freundschafts- und Familienbeziehungen) zeichnen sich hingegen durch eine altruistische Motivation aus, indem nicht nur die persönlichen Gewinne im Vordergrund stehen, sondern auch die Bedürfnisse des Beziehungspartners (Harvey/Wenzel 2006, S. 39). Ein Finanzberater mit dieser Motivation wird z. B. versuchen, dem Kunden einen optimalen Finanzplan vorzustellen, ohne seine eigenen Interessen in den Vordergrund zu stellen. So wird er dem Kunden von einem risikoreichen Investment, bzw. einer großen Investition, die über dessen finanziellen Möglichkeiten liegt, abraten, auch wenn er dadurch auf eine attraktive Provision zu verzichten hätte. Ein Kunde, der eine gemeinschaftliche Beziehung zu einer Marke aufgebaut hat (z. B. durch ein positives Verhältnis zu einem Mitarbeitenden), wird im Rahmen von Marken-Konsumenten-Beziehungen beispielsweise vereinzelte negative Erfahrungen mit der Marke weniger stark sanktionieren als ein Konsument, der die Beziehung lediglich auf Basis ökonomischer Entscheidungen definiert.

Aufbauend auf diesen Überlegungen lässt sich die **Qualität der Marken-Kunden-Interaktion** folglich anhand der Indikatoren Markenzufriedenheit, Markenvertrauen und emotionale (Marken-) Nähe beschreiben. Die **Markenzufriedenheit** spiegelt dabei die angesprochene Beurteilung der Leistungen und Gegenleistungen im Sinne einer Austauschbeziehung wider (z. B. Zufriedenheit mit dem Leistungspaket eines Reiseveranstalters zu einem angemessenen Preis), während das Markenvertrauen und die emotionale Nähe eher die Beurteilung anhand von Gefühlen und dem psychischen Wohlbefinden des Konsumenten im Hinblick auf die Beziehung zu der Marke beschreibt. **Markenvertrauen** ist dadurch gekennzeichnet, dass sich der Konsument auf die Marke verlässt und dass die Marke das in sie gesetzte Vertrauen erfüllt. Vertrauen in die Marke hilft, das wahrgenommene Kaufrisiko, das gerade bei Dienstleistungen aufgrund der Immaterialität besonders hoch ausgeprägt ist, zu senken. So vertraut ein Konsument seinem bevorzugten Restaurant, dass dieses stets mit frischen Zutaten und unter einwandfreien hygienischen Bedingungen arbeitet, so dass keine gesundheitlichen Komplikationen nach dem Besuch des Restaurants zu erwarten sind. Eine emotionale Nähe entsteht durch ein psychisches Wohlbefinden, das der Konsument durch die Beziehung zu der Marke empfindet. Eine emotionale Nähe ist z. B. bei einem Fußballfan gegeben, der regelmäßig Spiele seines Lieblingsvereins besucht und sich zu diesem emotional hingezogen fühlt.

Da die Marke ein lebloses Objekt darstellt, bedarf es **Markenbeziehungsstellvertreter**, die eine wechselseitige Interaktion stellvertretend für eine Marke übernehmen und auf Aktivitäten des Konsumenten stellvertretend für die Marke reagieren (Eichen 2010, S. 110). Die **Qualität der Stellvertreter-Kunde-Interaktion** beschreibt die Fähigkeit einer Marke bzw. ihrer Stellvertreter, die Kundenerwartungen an die Marke als Interaktionsplattform für wechselseitige Kontakte zu erfüllen. Diese Interaktionsplattform setzt sich aus der Kunde-Kunde-Interaktion, der Mitarbeiter-Kunde-Interaktion und der System-Kunde-Interaktion zusammen. Für **Kunde-Kunde-Interaktionen** bilden insbesondere Markengemeinschaften (Brand Communities) und Kundenclubs eine geeignete Plattform (Patterson/O'Malley 2006, S. 14ff.; Donaldson/O'Toole 2007, S. 152). Brand Communities stellen Markennetzwerke mit Konsumenten dar, die ein gemeinsames Interesse an einer Marke teilen und deshalb aktiv werden, indem sie miteinander online (z. B. über Chats, Blogs, Foren) oder offline (z. B. im Rahmen von gemeinsamen Treffen, Urlauben, Betriebsbesichtigungen) interagieren (Baumgartner 2007; S. 19). Seitens des Unternehmens besteht die Möglichkeit, über Kundenclubs die Kunde-Kunde-Interaktion zu fördern und zu unterstützen. Anhand dieser Klubs wird von dem Unternehmen für die Kunden bewusst eine Plattform zum Austausch mit anderen Kunden geschaffen. Die Direktbank *Cortal Consors* hat z. B. eine Online-Community geschaffen, die mittlerweile mehr als 87.000 Mitglieder zählt. Dort besteht die Möglichkeit, mit anderen Mitgliedern über den Aktienmarkt zu diskutieren, die Performance der eigenen Anlagestrategie mit anderen Mitgliedern zu vergleichen und sich in einem Wettbewerb mit den anderen Mitgliedern zu messen (Cortal Consors 2011).

Einen Beitrag zur **Mitarbeiter-Kunde-Interaktion** leisten alle Maßnahmen der persönlichen Kommunikation zwischen Mitarbeitenden und Kunden, die einen direkten (Face-to-Face-Kommunikation) oder indirekten Austausch über Medien (z. B. Telefon, Post, Computer) ermöglichen. Der direkte Austausch erfolgt an allen Kundenkontaktpunkten wie z. B. ein Verkaufs- oder Beratungsgespräch, bei Events und Sponsoringanlässen oder auf Messen und Ausstellungen (Bruhn/Ahlers 2007, S. 397f.). Insbesondere für Dienstleistungen spielt diese Art der Interaktion eine besondere Rolle, da der Kunde bei der Leistungserstellung häufig in sehr engem Kontakt mit den Mitarbeitenden tritt und die Qualität der erbrachten Dienstleistung zu einem hohen Maße von der Interaktion zwischen Mitarbeitenden und Kunden abhängt. Als Beispiel ist hier die *Deutsche Telekom* zu nennen. Kunden haben die Möglichkeit per Hotline, E-Mail, Rückrufservice usw. mit den Mitarbeitenden des Kundenservice in Verbindung zu treten. Darüber hinaus besteht die Möglichkeit eines persönlichen Face-to-Face-Kontakts mit den Mitarbeitenden in den ca. 800 Telekom-Shops in Deutschland (Telekom 2011).

Bei der **System-Kunde-Interaktion** handelt es sich um computergestützte wechselseitige Austauschbeziehungen zwischen Konsumenten und der Marke, wie z. B. Markenwebsites oder virtuelle Verkaufsberater. Ziel dieser Interaktion ist es, dem Kunden möglichst individuelle Inhalte, Angebote und Funktionen zu vermitteln. Hierfür wird der Kunde aufgefordert, durch Angabe von persönlichen Interessen und Bedürfnissen mit der Marke in einen Dialog zu treten (Kollmann 2007, S. 42f.). Als Beispiel ist hier das Versandhaus *Amazon.de* zu nennen, das auf Grundlage von persönlichen Daten sowie in der Vergangenheit getätigten Käufen des registrierten Kunden diesem individualisierte Produktempfehlungen und Produktneuheiten zum Kauf vorschlägt.

> **Beispiel: Virtueller Verkaufsberater von Ikea**
>
> Auf der Homepage von *Ikea* besteht die Möglichkeit, den Service „Frag einfach Anna" zu nutzen. Anna ist eine virtuelle Verkaufsberaterin, die den Kunden hilft, die passenden Produkte im Sortiment zu finden. Kunden haben die Möglichkeit, Anna konkrete Fragen zu stellen. Nach Eingabe der Frage wird der Kunde zu der entsprechenden Seite auf der Homepage weitergeleitet (vgl. Schaubild 6-1-22).

Eine **empirische Untersuchung** in verschiedenen Konsum- und Dienstleistungsmärkten kommt zu dem Ergebnis, dass die Markenbeziehungsqualität vor allem im Dienstleistungssektor einen hohen Einfluss auf die Markenbindung hat (vgl. Schaubild 6-1-23). So zeigt sich, dass die Markenbeziehungsqualität bei Kfz-Versicherungs- und Mobilfunkprovidermarken einen deutlich höheren Einfluss auf die Markenbindung aufweist als in Märkten der Konsumgüterindustrie wie z. B. in Märkten für Bier, Konserven und Taschentücher (Eichen 2010, S. 279). Neben des Einflusses auf die Markenbindung ermittelten weitere empirische Studien einen signifikanten Zusammenhang zwischen der Markenbeziehungsqualität und der Weiterempfehlungsabsicht (Algesheimer 2004; Zeplin 2005), Wiederkaufabsicht (Kressmann et al. 2003) und Markenerweiterungsakzeptanz (Park/Kim/Kim 2002).

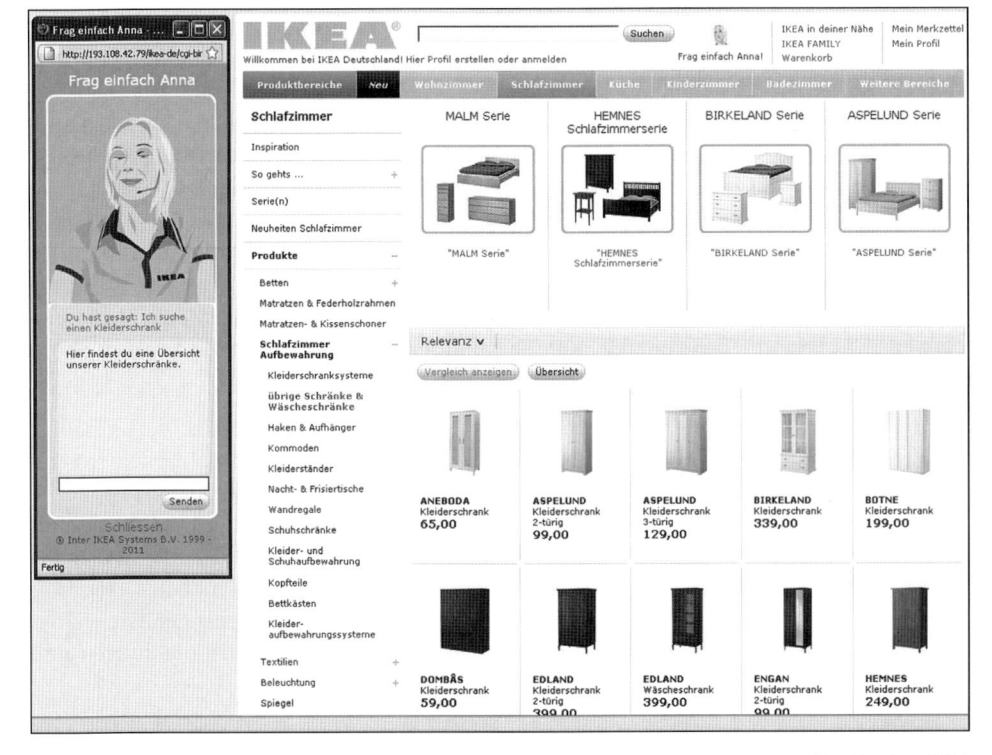

Schaubild 6-1-22 Virtueller Verkaufsberater von Ikea

Quelle: Ikea 2011

Der Aufbau einer hohen Markenbeziehungsqualität bei Dienstleistungsunternehmen ist sowohl in der Vorkaufphase als auch während der Leistungserstellung mit entsprechenden Maßnahmen zu gewährleisten. Im Rahmen der **Vorkaufphase** sind der Aufbau von Markenbekanntheit, die Entwicklung eines positiven Markenimages und aufgrund der Intangibilität von Dienstleistungen die Vermittlung der Leistungsfähigkeit und des Qualitätsniveaus der angebotenen Leistung notwendig. Dies gelingt zum einen durch die verschiedenen Arten der Mitarbeiter-Kunde-Interaktion, wie z. B. Ansprache von potenziellen Kunden auf Messen und Ausstellungen oder durch System-Kunde-Interaktionen, indem potenzielle Interessenten über attraktive Markenwebsites angesprochen werden. **Während der Leistungserstellung** wird bei Dienstleistungsunternehmen eine hohe Markenbeziehungsqualität vor allem durch ein markenkonformes Verhalten der Mitarbeitenden erreicht (Bruhn/Eichen 2007). Diese erfolgt z. B. in Beratungsgesprächen oder bei der umittelbaren Leistungserbringung, z. B. durch das Servicepersonal in einem Restaurant. Zum Aufbau einer langfristigen Markenbindung trägt zudem ein individuelles und flexibles Leistungsangebot sowie Interaktivität und Dialogbereitschaft der Mitarbeitenden bei.

Leistungspolitik

Schaubild 6-1-23 Beurteilung der Markenbeziehungsqualität aus Kundensicht

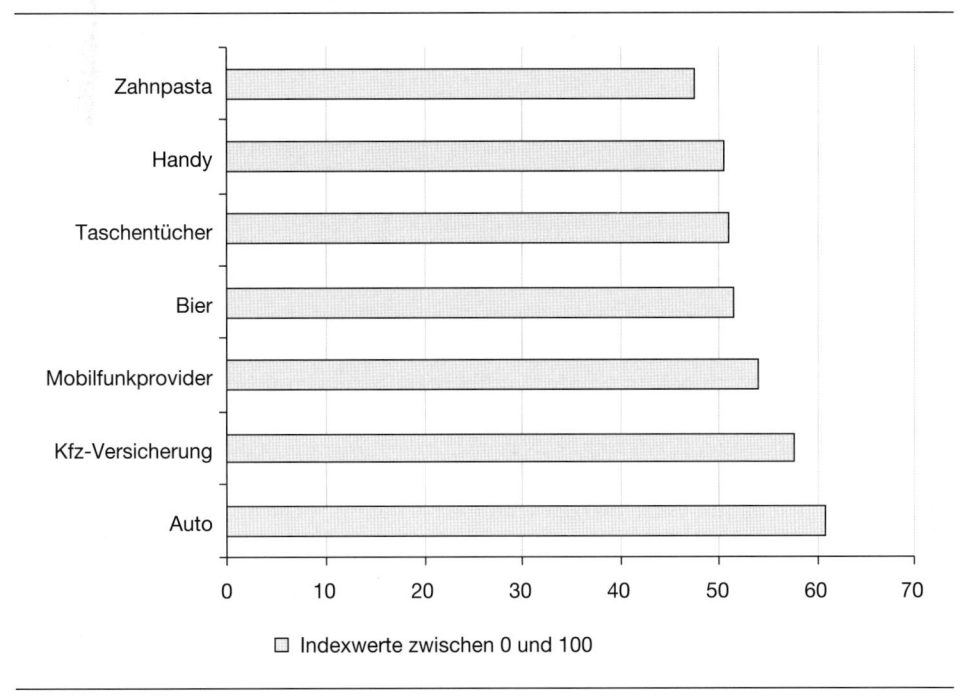

[Balkendiagramm mit Indexwerten:
- Zahnpasta: ~48
- Handy: ~51
- Taschentücher: ~51
- Bier: ~52
- Mobilfunkprovider: ~54
- Kfz-Versicherung: ~58
- Auto: ~61

Skala 0 bis 70, Indexwerte zwischen 0 und 100]

Quelle: Eichen 2011, S. 5

1.224 Markenstrategische Optionen im Dienstleistungsmarketing

Die Frage, ob die Führung einer oder mehrerer Dienstleistungen unter einer Marke Ziel führend ist, gehört zu den zentralen markierungspolitischen Problemstellungen im Dienstleistungsmarketing. Grundsätzlich werden die folgenden **markenstrategischen Optionen** im Hinblick auf ihre Anwendung im Dienstleistungsbereich diskutiert (Meffert 1992b, Stauss 1994a; Bruhn 2001; Bieberstein 2006, S. 239f.):

1. Dachmarkenstrategie,
2. Markenfamilienstrategie,
3. Einzelmarkenstrategie,
4. Mehrmarkenstrategie,
5. Markentransferstrategie,
6. Tandemmarkenstrategie.

Im Dienstleistungsbereich zeichnet sich eine starke Dominanz der Dachmarkenstrategie ab. Deshalb wird im Folgenden ausführlicher auf diese Strategieoption eingegangen, während bei den anderen Strategien vor allem die dienstleistungsspezifischen Besonderheiten herausgestellt werden.

Im Rahmen einer **Dachmarkenstrategie** werden sämtliche Leistungen eines Unternehmens unter einer Marke zusammengefasst. Der größte Teil der Dienstleistungsunternehmen verwendet eine Dachmarke zur Markierung seiner Leistungen. Da im Rahmen dieser Strategie häufig der Name des Anbieters als Markenname oder zumindest als Teil des Markennamens Verwendung findet, birgt diese Vorgehensweise das Risiko negativer Ausstrahlungseffekte zwischen verschiedenen Leistungsarten, z. B. bei Qualitätsmängeln.

Insbesondere bei der **Einführung neuer Leistungsarten** wird der Goodwill oder das Vertrauenskapital, das beim Dienstleistungsnachfrager aufgrund der bisherigen Inanspruchnahme von Diensten aufgebaut wurde, auf die Folgeleistungen übertragen. Bei allen persönlichen Dienstleistungen (z. B. Unternehmensberatungen *McKinsey, Kienbaum, Arthur D. Little*), der Hotellerie (z. B. *Mövenpick, Sheraton, Hilton, Maritim*) oder dem Bankgewerbe (z. B. *Deutsche Bank, Dresdner Bank, Credit Suisse*) dominieren Firmenmarken als Dachmarken. In Kombination mit Einzelmarken wird hierbei häufig versucht, Einzelleistungen unter dem gemeinsamen Markendach ein eigenständiges Profil zu verleihen.

Aufgrund des Vorrangs von Dachmarken im Dienstleistungsbereich erlangt die Wahl eines geeigneten **Dachmarkennamens/-symbols** besondere Bedeutung, da langfristig der Markenname das Spektrum möglicher Dienstleistungen eines Anbieters begrenzt. Zudem ist es sinnvoll, dass der Markenname im Hinblick auf eine mögliche Internationalisierung der Geschäftstätigkeit länderübergreifend einsetzbar ist. Ein Beispiel dafür ist die *easyGroup*. Sie bietet unter dem easy-Dach verschiedene Dienstleistungen an, wie z. B. Flüge (*easyJet*), Autovermietung (*easyCar*), Bankdienstleistungen (*easyMoney*) und Online-Shops (*easy Value*).

Die **Markenfamilienstrategie** ist dadurch gekennzeichnet, dass mehrere Leistungen unter einer Marke geführt werden, wobei innerhalb eines Unternehmens durchaus mehrere Markenfamilien nebeneinander existieren. Dabei sind für die Leistungen innerhalb der Markenfamilie ähnliche bzw. konsistente Marketingmixstrategien und ein gleichwertiges Qualitätsniveau anzustreben. Durch die gegenseitige Stützung der „Familienmitglieder" wird die schnellere Akzeptanz eines neuen Angebots erreicht. Die Nutzung von Synergien setzt die Kosten der Markenbildung wesentlich herab. Wenn allerdings Bedingungen, wie z. B. konstante Qualität und Ähnlichkeit der Leistungen, nicht eingehalten werden, ergeben sich negative Ausstrahlungseffekte auf die anderen Leistungen der Markenfamilie. Wie bei der Einzelmarkenstrategie wirft auch die Markenfamilienstrategie für Dienstleistungen Probleme, insbesondere hinsichtlich des Anbieterbezugs, auf.

Bei der **Einzelmarkenstrategie** wird jede Dienstleistung im Programm unter einer eigenen Markenbezeichnung geführt. Der Hersteller tritt als solcher nicht in Erscheinung. Die wesentlichen Vorteile dieser Strategie liegen in der Möglichkeit der individuellen Gestaltung von Dienstleistungen und der gezielten Ansprache einzelner Kundensegmente ohne die Gefahr negativer Ausstrahlungseffekte auf andere Marken. Diese Gefahr ist insbesondere bei der Neueinführung von Marken mit hohem Misserfolgsrisiko gegeben. Für die jeweilige Dienstleistung wird ein optimales Markenimage aufgebaut, da ein Imagetransfer zu anderen Dienstleistungen weitgehend ausbleibt. Nachteilig sind bei einer solchen Vorgehensweise die hohen Kosten, da für jede Dienstleistung die Konzeption einer eigenen Marke und deren Durchsetzung am Markt erforderlich werden. Weiterhin ist die Loslösung der Einzelmarke von der Unternehmung zu nennen. Aufgrund des starken Anbieterbezugs bei Dienstleistungen lässt sich dies nur begrenzt realisieren. Deshalb bietet sich eine Einzelmarkierung hauptsächlich in dem Fall an, dass ein Dienstleister über heterogene und standardisierte Angebote für verschiedene Kundensegmente verfügt (Stauss/Bruhn 2008, S. 15).

Da mit einer Ausdehnung des Leistungsspektrums unter einer Dachmarke das Risiko eines zunehmend unscharfen Profils ursprünglich konturierter Marken verbunden ist, gewinnt die Marktbearbeitung mit mehreren, parallel auf dem Absatzmarkt ausgerichteten Marken und somit die Ausübung einer **Mehrmarkenstrategie** zunehmend an Bedeutung (Kapferer 1992, S. 203f.). So offeriert die *TUI* ihre touristischen Leistungen neben der Stammmarke *TUI* über Marken wie *Airtours, 1-2-Fly, Wolters Reisen, Spinout Sportreisen* und *Robinson Club*. Im Flugverkehr tritt die *Lufthansa* den rückläufigen Marktanteilen mit der Einführung eines abgespeckten „No-Frills-Angebots" unter eigener Markierung (*Germanwings*) entgegen. Wesentliches Charakteristikum der Mehrmarkenstrategie ist die Ausrichtung der Marken des Markenportfolios auf dem gleichen Gesamtmarkt. Dabei unterscheiden sich die Marken durch ihre heterogene Positionierung, die aus einer Differenzierung der unter den Marken angebotenen Dienstleistungen und der Ausgestaltung der Marketinginstrumente resultiert.

Mehrmarkenstrategien ermöglichen dem Dienstleistungsanbieter insbesondere eine verbesserte Marktdurchdringung und Marktabsicherung. Zudem reduziert sich durch eine breite Streuung das Marktrisiko des Portfolios. Ein wesentliches nachfragergerichtetes Ziel liegt in der Erhöhung der Kundenbindung, da die Kunden durch eine unterschiedliche Positionierung zum Teil über den gesamten Lebenszyklus hinweg gehalten werden. So werden jüngere Menschen bei der *TUI* bereits mit der Marke „*1-2-Fly*" gewonnen und im weiteren Verlauf, z. B. als junge Familie mit der Marke „*Robinson Club*" oder im Alter und bei entsprechendem Einkommen mit der Marke „*Airtours*" an das Unternehmen gebunden. Unternehmensintern existieren zahlreiche Synergiepotenziale, die zu erheblichen Kosteneinsparungen führen. Auch Standardisierungspotenziale durch Mehrmarkenstrategien sind in Dienstleistungsunternehmen insbesondere dann vorhanden, wenn sich ein hoher Anteil kostenintensiver Arbeit auf für den Kunden nicht sichtbare Elemente bezieht. So ist die gesamte Zahlungsverkehrsabwicklung in der *Deutschen Bank-Gruppe* weitgehend standardisiert.

Gefahren ergeben sich für den Dienstleistungsanbieter hinsichtlich der Mehrmarkenstrategie überwiegend durch die hohen Kosten der parallelen Marktbearbeitung und eine mögliche Kannibalisierung durch die gegenseitige Marktanteilssubstitution (Meffert/Perrey 2005, S. 822). Wenngleich die Bedeutung von Mehrmarkenstrategien bei Dienstleistungen in der Vergangenheit eher gering gewesen ist, wird ihr künftiger Stellenwert aufgrund der angestrebten Marktausdehnung vieler Unternehmen deutlich zunehmen.

Als weitere markenstrategische Option werden Strategien des Markentransfers diskutiert, d. h., Markenimage und Bekanntheitsgrad bereits eingeführter Marken werden von den bestehenden Angeboten auf andere Angebotskategorien ausgedehnt (Meffert/Heinemann 1990). Ausgangspunkt ist die Überlegung, bereits für eine Marke bestehende Präferenzen auch für weitere Dienstleistungen nutzbar zu machen.

Der Markentransferstrategie vergleichbar ist die **Tandemmarkenstrategie**. Sie liegt vor, wenn Dienstleister, häufig mittels Lizenzvergabe, Sachgüter unter Zuhilfenahme ihrer erfolgreichen Dachmarke anbieten (Stauss 1994a, S. 88). Sie unterscheidet sich vom Markentransfer durch das Ziel, das Image einer Dienstleistungsmarke auf eine Sachgütermarke anstatt auf eine andere Dienstleistungsmarke zu übertragen. Beispiele für diese Strategie sind vor allem im Gastronomiebereich anzutreffen (z. B. *Mövenpick*-Marmelade, -Speiseeis; Käfer-Pizza).

1.23 E-Services

Durch die Entwicklung von neuen Informations- und Kommunikationstechnologien entstand zur Umsetzung der Ziele der Leistungspolitik ein neues Instrumentarium. Für den **Begriff von E-Services** wurde allerdings in der wissenschaftlichen Literatur noch keine einheitliche Definition gefunden (für einen Überblick vgl. Bruhn 2002a, S. 7), so dass unterschiedliche Ansätze zur Konzeptualisierung von E-Services zu finden sind. Eine mögliche Definition findet sich bei Rust, Zeithaml und Lemon, die E-Services beschreiben als „[…] as providing a superior experience to consumers with respect to the interactive flow of information" (Rust/Zeithaml/Lemon 2000, S. 86). Dieses eher allgemeine Begriffsverständnis von Online-Dienstleistungen dient als Grundlage für die weitere Betrachtung. Eine genauere Definition von E-Services wird im NetOffer Modell von Grönroos et al. vorgestellt. Hier findet eine Dreiteilung der E-Services in Kern-, Unterstützungs- und Zusatzservices statt (Grönroos 2000, S. 243ff.). Während Unterstützungsservices an die Kerndienstleistung gekoppelt sind, stiften Zusatzdienstleistungen eigenen Nutzen. Bei der Begriffsfindung ist zudem auffallend, dass selbst bezüglich des Transaktionsgegenstands noch keine Einigkeit erzielt wurde. Auf einem Kontinuum von Leistungen, die direkt über das Internet erstellt werden und somit auf die Vermittlung von Informationen beschränkt sind (Hünerberg/Mann 1999, S. 281) bis zu Leistungen, die lediglich über das Internet veräußert werden, erfolgt eine Einordnung des Transaktionsgegenstands (Bruhn 2002a, S. 6; Bruhn/Georgi 2006, S. 325).

Bei dem vor diesem Hintergrund notwendigen Versuch einer begrifflichen Abgrenzung von E-Services empfiehlt es sich, zunächst eine Prozess- und eine Ergebnisdimension zu unterscheiden (Berry/Parasuraman 1992). Diese beiden Dimensionen sind auch in der Definition von Zeithaml/Parasuraman/Malhotra (2002) zu finden, die jedoch zusätzlich eine dritte Servicekomponente einbeziehen, die sämtliche Aspekte beinhaltet, die vor der eigentlichen Dienstleistungserbringung relevant sind. Folglich lautet die Definition von E-Services „[…] all cues and encounters that occur before, during and after the transactions" (Zeithaml/Parasuraman/Malhotra 2002, S. 362). Um alle Phasen eines Dienstleistungserbringungsprozesses im Internet abzubilden, ist von den klassischen Dimensionen der

Potenzial-, Prozess- und Ergebnisdimension von Dienstleistungen auszugehen. Auf dieser Grundlage werden E-Services wie folgt definiert:

> **E-Services** sind selbständige, marktfähige Leistungen, die durch die Bereitstellung von elektronischen Leistungsfähigkeiten des Anbieters (Potenzialdimension) und durch die Integration eines externes Faktors mit Hilfe eines elektronischen Datenaustauschs (Prozessdimension) an den externen Faktoren auf eine nutzenstiftende Wirkung (Ergebnisdimension) abzielen (Bruhn 2002a, S. 6).

In der Literatur sind zahlreiche **Merkmale** zur näheren Beschreibung von E-Services zu finden. Die Besonderheiten des Internet beeinflussen alle Phasen des Dienstleistungserstellungsprozesses, die Dienstleistung selbst und die beteiligten Transaktionspartner. Schaubild 6-1-24 verdeutlicht die wesentlichen Unterschiede zwischen klassischen, nichtelektronischen Dienstleistungen und E-Services. Diese unterscheiden sich hauptsächlich im Hinblick auf die Leistungsfähigkeit sowie die Notwendigkeit der Präsenz des Anbieters, den Virtualisierungsgrad der Leistungen, die Verfügbarkeit des Angebots, die Art des Service Encounters sowie hinsichtlich der Kundenansprache. Klassische Dienstleistungen, die nur in Teilen online erstellt oder gar nur beworben werden, sind in einem Unschärfebereich anzusiedeln (Bruhn/Georgi 2006, S. 161f.). Typische Anwendungsfelder der E-Services liegen in der Online-Beratung bzw. -Information, im Bereich der Aus- und Weiterbildung und im Online-Kundendienst. Bei der Online-Beratung bzw. -Information steht nicht die aktivierende und zu Kaufhandlungen motivierende Information im Mittelpunkt der Aktivitäten, sondern vielmehr das Interesse, auf die konkreten Wünsche des Kunden einzugehen und die aufbereitete Information über Kernleistungen zum Kunden zu transportieren. Das Electronic Customer Relationship Management beispielsweise, kurz das E-CRM, wird innerhalb der Marketingfunktion als eine Ergänzung des Instrumentariums Customer Relationship Management angesehen und so das ursprüngliche CRM mit der Internettechnologie verknüpft (Manschwetus/Rumler 2002). Dies bedeutet, dass mit Hilfe der elektronischen Medien, insbesondere des Internet, die gezielte Planung, Analyse und Steuerung der Kundenbeziehungen vereinfacht sowie auf die Bedürfnisse und Wünsche der Kunden besser und individueller eingegangen wird (Holland 2009, S. 315). Ferner findet der Begriff „E-Business" oftmals als Oberbegriff für den gesamten elektronischen Geschäftsprozess, der über das Internet abläuft, Anwendung. Darin enthalten sind sämtliche Transaktionen mit den Kunden und Lieferanten sowie alle an diesem Prozess beteiligten Personen.

Für Anbieter von Serviceleistungen ergibt sich bei zahlreichen **Einsatzfeldern** die grundsätzliche Frage der Substitution ihres klassischen Services, der nicht-elektronisch angeboten wird, durch die neuen Möglichkeiten des E-Services, die zur Gewinnung neuer Kundensegmente beitragen (Bitner/Ostrom/Meuter 2002). Dabei ist es zweckmäßig, sowohl bei dem klassischen Service als auch bei dem E-Service zwischen einem vorhandenen und einem neuen Service zu unterscheiden, um die Möglichkeiten der Substitution bzw. Erweiterung des klassischen durch E-Services aufzuzeigen. Schaubild 6-1-25 stellt eine entsprechende Matrix mit den Möglichkeiten dar.

Schaubild 6-1-24 Abgrenzung der E-Services von klassischen Dienstleistungen

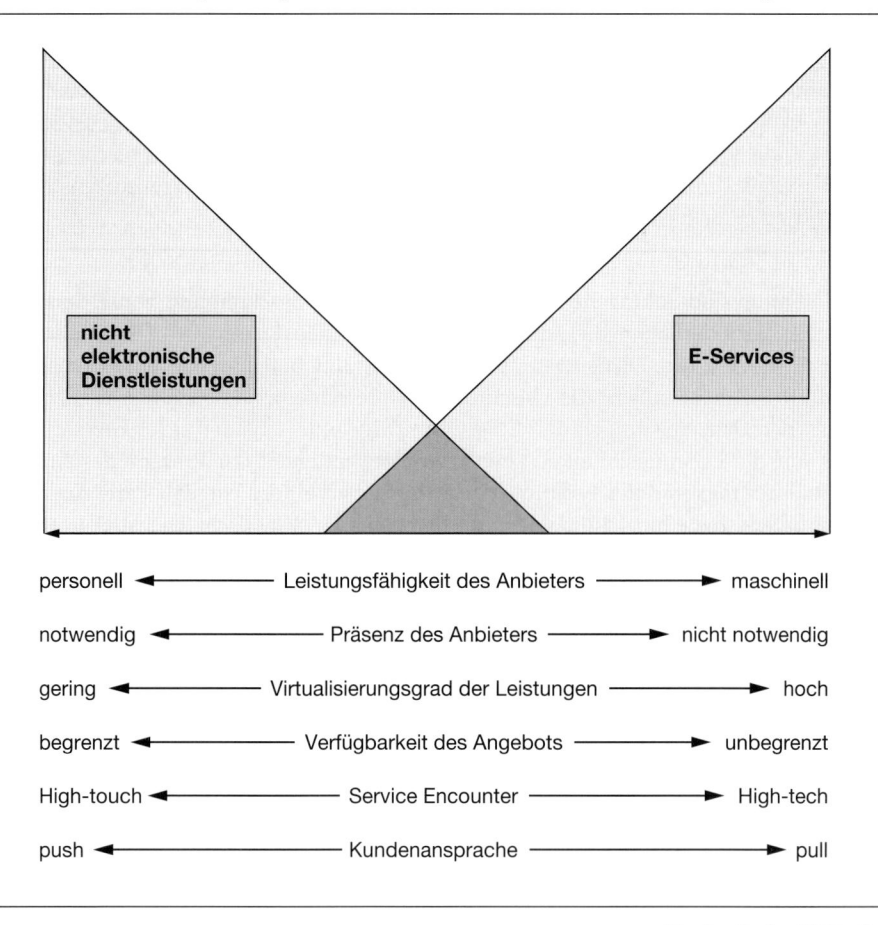

nicht elektronische Dienstleistungen

E-Services

personell	← Leistungsfähigkeit des Anbieters →	maschinell
notwendig	← Präsenz des Anbieters →	nicht notwendig
gering	← Virtualisierungsgrad der Leistungen →	hoch
begrenzt	← Verfügbarkeit des Angebots →	unbegrenzt
High-touch	← Service Encounter →	High-tech
push	← Kundenansprache →	pull

Quelle: Bruhn 2002a, S. 12

Schaubild 6-1-25 Matrix der Kombination des klassischen Service mit E-Services

		E-Serviceangebot	
		Vorhanden	Neu
Angebot an klassischen Services	Neu	**Serviceerweiterung** Erweiterung des Angebots durch neue klassische Services bei bestehender elektronischer Unterstützung	**Serviceinnovationen** Vollkommen neue Serviceleistungen mit vollkommen neuer elektronischer Unterstützung
	Vorhanden	**Serviceunterstützung** Unterstützung des bestehenden Service durch vorhandene E-Services	**Servicesubstitution** Erweiterung/Substitution des klassischen durch neue E-Services

Quelle: Bruhn 2002a, S. 26

Die **Servicesubstitution**, eine mögliche Kombination des klassischen Service mit E-Services, ist gekennzeichnet durch ein vorhandenes Angebot an klassischen Services und einem neuen E-Service-Angebot. Als Beispiel wird das Online Banking angesehen. Das neue Online-Angebot bietet dem Anbieter eine Vielzahl von Vorteilen, wie eine steigende Effizienz und damit sinkende Kosten der Kundenbetreuung oder die Erschließung weiterer Kundengruppen. Vor diesem Hintergrund wurden Direktbanken gegründet. Diese agieren ohne Filialnetz und ohne der Möglichkeit eines persönlichen Kontaktes zwischen dem Kunden und Mitarbeitenden der Bank. Die Geschäftsprozesse werden ausschließlich auf elektronischem Wege über das Internet abgewickelt und nur in besonderen Fällen wird der Postweg genutzt. Persönliche Kontakte zwischen Kunden und Mitarbeitenden sind die Ausnahme. Dadurch wird es den Banken ermöglicht, günstige Konditionen zu bieten, die von klassischen Banken mit Filialgeschäft nicht gehalten werden können. Eine repräsentative Umfrage im Jahre 2007 hat ergeben, dass bereits 16 Prozent der geschäftsfähigen Deutschen Kunde bei einer Direktbank sind, während die Zahl im Jahre 2006 noch bei sechs Prozent lag (Bankenverband 2007). Dem stehen allerdings Gefahren entgegen, z. B. der Verlust von Vertrauen aufgrund des fehlenden Kundenkontakts oder eine unzureichend individualisierte Kundenbearbeitung und damit das Risiko einer sinkenden Kundenbindung.

Die zweite Kombinationsmöglichkeit der **Serviceunterstützung** ist dadurch charakterisiert, dass ein vorhandenes Angebot von klassischen Services durch vorhandene E-Services unterstützt wird. Als Beispiel wird der Vertrieb eines PCs angeführt, für den ein Online Support, z. B. in Form von FAQs (Frequently Asked Questions), angeboten wird (z. B. *Dell*). Ein solches Angebot ist sinnvoll, wenn durch die E-Services ein höherer Nutzen generiert wird.

Die dritte Kombinationsmöglichkeit der **Serviceerweiterung** zeichnet sich dadurch aus, dass ein neues Offline-Angebot mit einem vorhandenen E-Service kombiniert wird. Dieser Fall liegt beispielsweise vor, wenn ein Unternehmen wie *Amazon* als elektronischer Buchhandel zusätzlich reale Verkaufsstätten eröffnet. Eine solche Serviceerweiterung reduziert die Nachteile, die mit dem bestehenden E-Service-Angebot zwangsläufig einhergehen (z. B. mangelnder Kundenkontakt). Zudem lässt sich der Nutzen für den Kunden durch die Kombination mit bestehenden E-Services steigern (z. B. durch eine Online-Beschwerdemöglichkeit) und somit die Bezugs- und Nutzenbasis des Offline-Services erweitern.

> **Beispiel: Online-Rezeptservice von Maggi**
>
> Der Nahrungsmittelproduzent *Nestlé* hat unter dem Namen seiner Marke *Maggi* ein Serviceangebot etabliert, das neben 3.500 Rezeptvorschlägen auch einen Videoabruf („Look and Cook") als Kochhilfe anbietet. Durch die Verwendung der eigenen Marken in den Rezeptvorschlägen generiert das Unternehmen durch den kostenlosen Zusatzservice einen potenziell hohen Wert. Eine ebenfalls personalisierte Seite unter dem Namen „Mein Rezeptbuch" erlaubt darüber hinaus eine Kundenbindung an das virtuelle Angebot wie auch an die physischen Produkte des Unternehmens.

Die letzte Kombinationsmöglichkeit, die **Serviceinnovation**, ist durch das Angebot eines neuen Offline-Services in Kombination mit einem neuen E-Service gekennzeichnet. Als Beispiel ist die Einführung eines Kundenbindungsmanagements zu nennen, in dessen Rahmen ein Kundenclub eröffnet wird, der sowohl eine Zeitschrift als auch ein Online-Informationsangebot sowie eine Online-Bestellmöglichkeit umfasst. Im Bereich der Value Added Services ist dieses Vorhaben unter der Zielsetzung der Profilierung gegenüber der Konkurrenz sinnvoll, im Bereich der Stand Alone Services unter dem Gesichtspunkt einer Diversifikation.

Unabhängig von der gewählten Kombination mit klassischen Services entscheidet letztlich das zugrunde liegende **Geschäftsmodell** über den Erfolg oder Misserfolg von E-Services. Als komplexer Planungsprozess zur Etablierung einer Dienstleistung umfasst die Definition eines Geschäftsmodells die Spezifizierung der Kunden und Wettbewerber, die Festlegung des Angebotes sowie die Ausgestaltung des Distributions- und Erlösprogramms. Bei genauerer Betrachtung lassen sich die vielfältigen Entscheidungen auf die drei Dimensionen Nutzenstiftung, Erlösmodell und Architektur zurückführen (vgl. Ahlert/Backhaus/Meffert 2001).

Die Frage der **Nutzenstiftung** als Ausgangspunkt des Marketing ist den Dimensionen Erlösmodell und Architektur gedanklich vorgelagert. Erlösmodelle werden vielmehr als eine Präzisierung des Geschäftsmodells angesehen, wobei das Erzielen von Erlösen wiederum eine Wirkung auf die Gestaltung des Geschäftsmodells ausübt (Woratschek/Roth/Pastowski 2002, S. 58). Ein überlegener Nutzen beruht entweder auf einem höheren Leistungsnutzen oder bei gleichem Nutzen auf einem geringeren Leistungsentgelt.

Durch den Einsatz von E-Services hat sich eine Vielzahl neuer Geschäftsmodelle im Internet etabliert, wobei in Abhängigkeit vom Einsatz die Entwicklung dieser Modelle noch nicht abgeschlossen ist (Hammer/Wieder 2003, S. 64). Die relevanten Vertreter werden jedoch im Folgenden beispielhaft betrachtet.

Als Erstes ist das **werbefinanzierte Geschäftsmodell** zu nennen (Hammer/Wieder 2003, S. 86), das sich die Internet-Suchmaschine „Google" zu Nutze gemacht hat. Durch die Bereitstellung einer kostenlosen Dienstleistung, die für den Besucher dieser Internetseite einen Mehrwert darstellt, in diesem Fall die Internet-Suchmaschine, ist er bereit, die Werbung auf dieser Seite in Kauf zu nehmen. Die eingegebenen Suchbegriffe liefern darüber hinaus zusätzliche Informationen über den Nutzer, so dass eine spezifische und effizientere Werbeansprache möglich ist (Woratschek 2002, S. 580f.).

Des Weiteren existiert das **Maklermodell**, das in vielen Ausprägungsvarianten Anwendung findet. Als erfolgreiches Beispiel gilt das amerikanische Internet-Auktionshaus *eBay*. Ziel dieses Modells ist die Vertragsvermittlung zwischen Anbieter und Nachfrager. Durch transaktionsabhängige Gebühren oder Provisionen erfolgt die Finanzierung der Handelsplattform. Anbieter und Nachfrager profitieren auf der anderen Seite von geringeren Transaktions- und Suchkosten (Hammer/Wieder 2003, S. 65).

Schließlich etablierte sich auch im Internet ein **Vertriebsmodell**, das sich am klassischen Modell des Handels orientiert. Online-Händler zielen auf den eigenständigen Abschluss von Verträgen mit Anbietern und Nachfragern ab. Vor allem der Bereich der Kontaktanbahnung und der Bestellung birgt großes Einsparungspotenzial im Rahmen der Transaktionskosten. Bei der Distribution lassen sich hingegen nur Vorteile generieren, wenn die Leistungen in elektronischer Form vorliegen, bei materiellen Leistungen ist nur der traditionelle Weg möglich (Woratschek 2002, S. 586f.).

Durch das Internet als Plattform sind in den letzten Jahren zahlreiche **E-Service-Branchen** entstanden, die es davor in dieser oder ähnlicher Form nicht gab. Zu nennen sind hier Chatrooms, elektronische Börsen, Online-Singlebörsen und die Entwicklung von „Distributed Virtual Environments", so genannten virtuellen Umgebungen, für bestimmte Mitglieder, die über die Welt verteilt leben und trotzdem dort die Möglichkeit haben, live in diesen Welten miteinander zu kommunizieren und zu interagieren (Schmid 2002). Ein bekanntes Beispiel ist die Plattform *Second Life*, die seit 2003 betrieben wird. Es handelt sich um eine Online-3D-Infrastruktur für virtuelle Welten, die von den Benutzern selbst gestaltet werden. Die Nutzer interagieren mit Avataren indem sie miteinander kommunizieren, Handel treiben und sich anderweitig austauschen. Momentan verfügt das System über 21 Mio. registrierte Benutzerkonten, von denen im Durchschnitt ca. 60.000 Nutzer gleichzeitig in dem System unterwegs sind (gridsurvey 2011).

Obgleich die Gestaltung der Architektur in der Regel dem Nutzen- oder Erlösgedanken nachgelagert ist, sind interne Anstöße für E-Services auch in Entscheidungen über die **Leistungs- und Informationsströme** begründet. Eine innovative Business-to-Business-Architektur hat die *Deutsche Post* mit der Online Solution „Mailing Factory" realisiert: Als Komplettlösung für die Durchführung adressierter Werbesendungen integriert die Plattform die Angebote angeschlossener Dienstleister und erleichtert die für die Mailingerstellung notwendigen Arbeitsschritte der Wertschöpfungskette von der Konzeption und Gestaltung bis zur Produktion und zum Versand.

Auch wenn unter Marketingaspekten dem Kundennutzen eine prioritäre Bedeutung zukommt, zeigt die Praxis, dass E-Services vornehmlich technologieinduziert sind: Als wichtigster Treiber neuer Geschäftsmodelle lassen sich **Fortschritte im informations- und kommunikationstechnologischen Bereich** identifizieren. Durch die Möglichkeit, über Handy, Laptop usw. an jedem Ort und zu jeder Zeit Internetzugang zu haben, wird die Relevanz und die Einsatzmöglichkeiten des E-Services in naher Zukunft weiter erhöhen. Dennoch zeigt eine Untersuchung des Marketing Centrum Münster der Universität Münster, dass sich erfolgreiche E-Business-Dienstleister durch eine stärkere Markt- und Kundenorientierung von den weniger erfolgreichen Unternehmen abgrenzen. Sie sind in der Regel innovativer und haben eine stärkere ökonomische Fokussierung, d. h., sie priorisieren Umsatz- und Gewinnsteigerung als Oberziele. Darüber hinaus unterscheiden sie sich hinsichtlich der Dimensionen Nutzen, Erlös und Architektur stärker vom bestehenden Angebot am Markt (Ahlert/Backhaus/Meffert 2001).

2. Kommunikationspolitik

2.1 Grundlagen der Kommunikationspolitik

2.11 Besonderheiten der Kommunikationspolitik von Dienstleistungsunternehmen

Grundsätzlich ergeben sich aus den konstitutiven Dienstleistungsmerkmalen zahlreiche Implikationen für die Gestaltung der Marketinginstrumente, so auch für die Kommunikationspolitik. Demzufolge ergeben sich aus den Besonderheiten beim Absatz von Dienstleistungen, d. h. der Bereitstellung der Leistungsfähigkeit des Anbieters und der Integration des externen Faktors sowie der Immaterialität, Nichtlagerfähigkeit und Nichttransportfähigkeit von Dienstleistungen, vielfache **Gestaltungs- und Handlungsempfehlungen für die Kommunikationspolitik** eines Dienstleistungsunternehmens, die in Schaubild 6-2-1 wiedergegeben sind.

Schaubild 6-2-1 Besonderheiten der Kommunikationspolitik von Dienstleistungsunternehmen

Besonderheiten von Dienstleistungen	Implikationen für die Kommunikationspolitik
Leistungsfähigkeit des Dienstleistungsanbieters	■ Dokumentation spezifischer Dienstleistungskompetenzen ■ Materialisierung des Fähigkeitenpotenzials
Integration des externen Faktors	■ Hinweis auf eventuelle Abholmöglichkeit des externen Faktors ■ Darstellung interner Faktoren ■ Darstellung externer Faktoren ■ Einsatz der Kommunikationspolitik im Rahmen des Leistungserstellungsprozesses ■ Erklärung von Problemen im Leistungserstellungsprozess ■ Durchführung individueller Kommunikation zum Aufbau enger Kunden-Mitarbeiter-Beziehungen sowie zur Erleichterung der Erhebung von Kundendaten
Immaterialität	■ Materialisierung von Dienstleistungen durch die Darstellung tangibler Elemente ■ Visualisierung von Dienstleistungen durch die Hervorhebung tangibler Elemente ■ Wecken von Aufmerksamkeit mittels materieller Leistungskomponenten ■ Verbesserung des Unternehmens-/Leistungsimages
Nichtlagerfähigkeit	■ Unterstützung der kurzfristigen Nachfragesteuerung ■ Hinweis auf Maßnahmen zur Kapazitätsaufteilung ■ Ausnutzung von Cross-Selling-Potenzialen
Nichttransportfähigkeit	■ Bekanntmachung von Leistungserstellungsbedingungen (Ort, Zeit usw.) ■ Bekanntmachung und Information bei großer räumlicher Distanz von Leistungsangebot und -nachfrage ■ Ausnutzung von Cross-Selling-Potenzialen ■ Kooperation zwischen Dienstleistungsanbietern

Aus der Notwendigkeit der permanenten **Bereitstellung der Leistungsfähigkeit** des Dienstleistungsanbieters werden folgende Implikationen für die Dienstleistungskommunikation abgeleitet:

- Die nicht darstellbare Leistungsfähigkeit macht die Dokumentation spezifischer Dienstleistungskompetenzen notwendig (z. B. Aufhängen der Meisterurkunde eines Friseurs im Salon).

- Ferner ist die Darstellung des Fähigkeitspotenzials Aufgabe der Kommunikationspolitik (z. B. Hinweis auf eine besondere Klanganlage eines Kinos vor Filmbeginn).

- Durch die stetige Bereitstellung der Leistungsfähigkeit eines Dienstleistungsunternehmens wird das wahrgenommene Kaufrisiko und damit einhergehend die so genannten Qualitätsunsicherheiten seitens der Kunden geschmälert (z. B. höhere Investitionen in Werbung mit Testimonials, Meinungsführern und Prominenten, die Vertrauen suggerieren und für die Leistungsfähigkeit und -bereitschaft des Unternehmens einstehen oder das Anführen von Ergebnissen unabhängiger Tests sowie erhaltener Qualitätszertifikate bei Kommunikationsmaßnahmen).

Aus der **Integration des externen Faktors** folgen weitere Besonderheiten der Dienstleistungskommunikation:

- Die Anwesenheit des externen Faktors in Form eines Objektes bzw. eines Menschen am Ort der Leistungserstellung ist für bestimmte Dienstleistungen zwingend notwendig. Der Dienstleister hat hierfür die Möglichkeit, einen Transport anzubieten. Dies ist mit Hilfe entsprechender Maßnahmen zu kommunizieren. Dafür eignet sich z. B. die Anzeige einer Autoreparaturwerkstatt mit einem Hinweis auf die Abholmöglichkeit eines zu reparierenden Fahrzeuges durch die Werkstatt.

- Da der Leistungserstellungsprozess aufgrund der Integration des externen Faktors nur schwer standardisierbar ist, werden in Kommunikationsmaßnahmen häufig lediglich die internen Faktoren präsentiert, z. B. durch Darstellung der Stewardessen im Werbespot einer Fluggesellschaft.

- In einigen Dienstleistungsbereichen ist ferner die beispielhafte Darstellung des externen Faktors möglich, z. B. mittels Kampagnen mit prominenten Kunden.

- Aufgrund der Integration des externen Faktors bietet sich bei Dienstleistungen der Einsatz von Kommunikationsmaßnahmen im Rahmen der Erstellung an, z. B. das Angebot einer Reiseversicherung während eines Beratungsgesprächs bezüglich einer Autoversicherung.

- Außerdem dient die Kommunikation im Laufe der Leistungserstellung zur Erklärung von Problemen, z. B. durch die Vorwarnung bezüglich möglicher Wartezeiten bei der telefonischen Vereinbarung eines Arzttermins.

- Schließlich ist aufgrund der sich aus der Integration des externen Faktors ergebenden Interaktivität eine individuelle Kommunikation möglich, die zum Aufbau enger Kunden-Mitarbeiter-Beziehungen (z. B. Kellner-Gast-Beziehung im Restaurant) sowie zur Erleichterung der Erhebung von Kundendaten (z. B. Kenntnis des Hausarztes über sämtliche medizinische Probleme eines Patienten) führt. Grundsätzlich gewinnt die persönliche Kommunikation im Rahmen der Kommunikationspolitik in Dienstleistungsunternehmen aufgrund der Integration des externen Faktors sowie der oftmals stark ausgeprägten Individualität bei der Erbringung der Dienstleistungen an Bedeutung.

Aus der **Immaterialität** (bzw. der Intangibilität) von Dienstleistungen resultieren folgende Konsequenzen für die Kommunikationspolitik:

- Komplexe Dienstleistungen sind dem Kunden meistens nicht vollständig darstellbar. Gleichermaßen sind Dienstleistungen für den Kunden nicht greifbar, d. h. es liegen keine materiellen Güter am Ende des Leistungserstellungsprozesses vor. Daher ist es Aufgabe der Kommunikation, zumindest teilweise eine Materialisierung der Leistungen zu realisieren, um somit greifbare Resultate für die Zielgruppe zu erreichen. Dies ist durch die Darstellung tangibler Elemente sowie durch den Rückgriff auf materielle Surrogate möglich (z. B. Vorher-Nachher-Darstellung von Personen bei Diätprogrammen oder die Darstellung eines „erholten" Gastes nach dessen Urlaubsreise).

- Zusätzlich bietet sich die Visualisierung tangibler Leistungselemente (z. B. die Darstellung von Mitarbeitenden als Potenzialfaktoren in Werbespots oder die Darstellung hochwertig eingerichteter Hotelzimmer einer Hotelkette in Printmedien) (Lovelock/Wirtz 2010, S. 192) an.

- Ferner dient die Kommunikation dazu, die Aufmerksamkeit für neue oder auch bereits bekannte Leistungen mittels materieller Leistungskomponenten zu wecken (z. B. Gestaltung von Hinweisschildern in einem Hotel).

- Schließlich spielt aufgrund der Immaterialität das Unternehmens- oder Leistungsimage eine besondere Rolle bei der Leistungsbeurteilung durch den Kunden. Daher wird das Ziel verfolgt, mit entsprechenden Kommunikationsmaßnahmen die Verbesserung des Images anzustreben (z. B. Vortrag eines Bankvorstandes vor Unternehmern).

Aus der **Nichtlagerfähigkeit** (mit anderen Worten, der „Verderblichkeit") von Dienstleistungen werden folgende Implikationen für die Kommunikation abgeleitet:

- Mit Hilfe unterschiedlicher Marketingmaßnahmen lässt sich in verschiedenen Dienstleistungsbereichen eine kurzfristige Nachfragesteuerung erreichen. In diesem Zusammenhang kommt der Kommunikation eine unterstützende Funktion zu (z. B. Bewerbung von Billigtarifflügen in einer Zeitungsanzeige).

- Ferner unterstützt die Kommunikation Maßnahmen zur Kapazitätsaufteilung (z. B. Hinweis auf eine gewünschte Reservierung in einem Hotelprospekt).

- Schließlich ist es aufgrund der Nichtlagerfähigkeit empfehlenswert, mit Hilfe von Kommunikationsmaßnahmen Cross-Selling-Potenziale auszunutzen (z. B. Hinweis in Rechtsberatungsgesprächen auf Steuerberatungsleistungen einer Kanzlei).

Durch die **Nichttransportfähigkeit** von Dienstleistungen erhält die Kommunikationspolitik die folgenden Aufgaben:

- Es besteht die Notwendigkeit, dem Dienstleistungskunden gewisse Bedingungen der Leistungserstellung, wie Ort, Zeitpunkt der Erstellung usw., mitzuteilen (z. B. Bekanntmachung der Filmvorführungstermine von Kinos in Tageszeitungen oder eine Wegbeschreibung zur Konzerthalle auf der Rückseite einer Eintrittskarte).

- Liegen Leistungsangebot und -nachfrage räumlich weit auseinander, werden Kommunikationsmaßnahmen durch den Anbieter erforderlich (z. B. Versenden der Leistungsbeschreibung einer Unternehmensberatung).

- Die Nichttransportfähigkeit bedingt, ähnlich wie die Nichtlagerfähigkeit, die Notwendigkeit, Cross-Selling-Potenziale auszunutzen (z. B. Frage einer Friseurin, ob außer einem Haarschnitt zusätzliches Färben erwünscht ist).

- Schließlich lässt sich die Nichttransportfähigkeit mittels kooperativer Kommunikationsmaßnahmen mehrerer Leistungsersteller umgehen (z. B. Gewährung einer Preisreduktion in Verbindung mit einem Flug bei einer bestimmten Fluggesellschaft als verkaufsfördernde Maßnahme einer Autovermietung).

2.12 Begriff der Dienstleistungskommunikation

Neben den Aktivitäten im Bereich der Leistungspolitik kommt den kommunikationspolitischen Maßnahmen im Dienstleistungsmarketing eine wichtige Rolle zu.

So ist die Kommunikationspolitik mit der Lösung der Aufgabe betraut, eine immaterielle Dienstleistung bzw. das Dienstleistungspotenzial, den Dienstleistungsprozess und das Dienstleistungsergebnis durch Visualisierungen oder eine andere Verdeutlichung für den Dienstleistungskunden verständlich und „sichtbar" zu machen (Scheuch 2002; Corsten/Gössinger 2007). Generell ist unter **Kommunikation** die Übermittlung von Informationen und Bedeutungsinhalten zum Zweck der Steuerung von Meinungen, Einstellungen, Erwartungen und Verhaltensweisen bestimmter Adressaten gemäß spezifischer Zielsetzungen zu verstehen (Bruhn 2010b, S. 3; Meffert/Burmann/Kirchgeorg 2012, S. 606).

Während der Kommunikationsbegriff als solcher nur das Gestaltungsspektrum kommunikativer Aktivitäten absteckt, geht es beim **Begriff der Kommunikationspolitik** um zielgerichtete Entscheidungen (Politik als zielgerichtetes Verhalten) betreffend der konkreten Ausrichtung der Kommunikation:

> **Kommunikationspolitik** eines Dienstleistungsunternehmens ist die Gesamtheit der Kommunikationsinstrumente und -maßnahmen, die eingesetzt werden, um das Unternehmen und seine Leistungen den relevanten Zielgruppen der Kommunikation darzustellen und/oder mit den Anspruchsgruppen eines Unternehmens in Interaktion zu treten.

Die Kommunikationspolitik eines Dienstleistungsunternehmens umfasst dabei Maßnahmen der marktgerichteten, **externen Kommunikation** (z. B. Anzeigenwerbung), der innerbetrieblichen, **internen Kommunikation** (z. B. Intranet, Mitarbeiterzeitschrift) und der **interaktiven Kommunikation** zwischen Mitarbeitenden und Kunden (z. B. Kundenberatungsgespräch) (Bruhn 2010c, S. 192). Schaubild 6-2-2 veranschaulicht diese Erscheinungsformen der Kommunikation von Dienstleistungsunternehmen.

Schaubild 6-2-2 Erscheinungsformen der Kommunikation von Dienstleistungsunternehmen

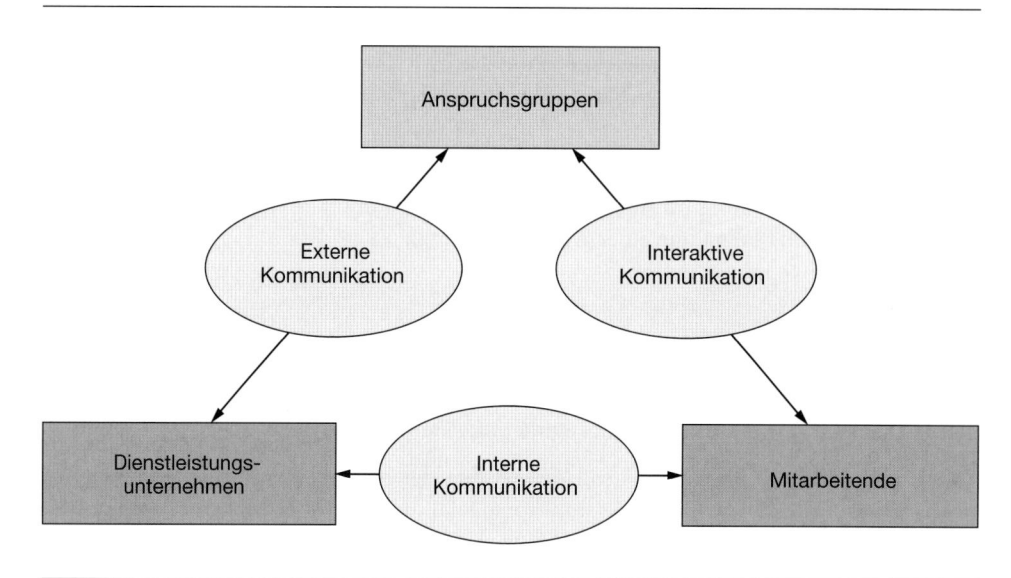

Kommunikation stellt im Rahmen des Dienstleistungserstellungsprozesses zum einen ein wichtiges Leistungsmerkmal dar (z. B. Rechtsberatung, ärztliche Beratung), dem weniger die kommunikationspolitischen als vielmehr die leistungspolitischen Zielsetzungen (z. B. Erreichung einer hohen Servicequalität) zugrunde gelegt werden. Zum anderen wird die Kommunikation auch als reines Instrument im Sinne der Kommunikationspolitik zur Leistungsdarstellung eingesetzt (z. B. klassische Werbung, Sponsoring). In diesem Zusammenhang ist zu unterscheiden, ob die Maßnahmen in direktem Kontakt oder indirekt kommuniziert werden. Die daraus folgenden kommunikationspolitischen Ausprägungen sind in Schaubild 6-2-3 beispielhaft dargestellt.

Grundsätzlich kommt den Formen der **direkten Kommunikation** im Rahmen des Dienstleistungsmarketing eine besondere Relevanz zu, um dem Kunden mögliche Leistungsbeweise zu dokumentieren und ein entsprechendes Vertrauensverhältnis zur Reduktion des Kaufrisikos bei immateriellen Dienstleistungen aufzubauen.

Schaubild 6-2-3 Kommunikationspolitische Ausprägungen im Dienstleistungsbereich

	Direkter Kontakt	**Indirekter Kontakt**
Mittelbare (unpersönliche) Kommunikation	■ Leistung: – Telefonische Beratung – Informationsgestaltung ■ Kommunikation: – Telefonwerbung – Direct Mail	■ Leistung: – Aufklärungswirkung (z. B. Aids-Kampagne) ■ Kommunikation: – Werbung (klassisch) – Sponsoring
Unmittelbare (persönliche) Kommunikation	■ Leistung: – Rechtsberatung – Ärztliche Beratung ■ Kommunikation: – Persönlicher Verkauf – Auftritt bei Messen/Ausstellungen	■ Leistung: – Szenensponsoring – Sponsoring einer Sportveranstaltung ■ Kommunikation: – Mund-zu-Mund-Kommunikation – Kommunikation über Intermediäre

Die Wettbewerbsbedingungen von Dienstleistungsunternehmen gestalten sich zunehmend schwieriger und unterliegen einem permanenten Wandel. Durch ein stetig wachsendes Leistungsangebot, eine zunehmende Homogenisierung von Produkten und Dienstleistungen bzw. austauschbarer Marken sowie hohe Sättigungsgrade auf Konsumentenseite wird der klassische Produkt- und Dienstleistungswettbewerb um einen steigenden **Kommunikationswettbewerb** ergänzt. Dienstleistungsunternehmen sehen sich somit mehr denn je mit der Aufgabe konfrontiert, durch den professionellen Einsatz des kommunikationspolitischen Instrumentariums die Aufmerksamkeit ihrer Zielgruppen zu erlangen und von diesen differenziert wahrgenommen zu werden, um Präferenzen für die eigenen Dienstleistungen zu erzeugen. Die Kommunikationsbedingungen, unter denen diese Aufgabe zu erfüllen ist, haben sich jedoch zunehmend verschärft. Die Anspruchsgruppen – in erster Linie die Kunden – haben gestiegene Anforderungen an Unternehmen, artikulieren individuelle Kommunikationsbedürfnisse und erwarten einen zielgruppengerechten Einsatz von Kommunikationsinstrumenten. Im Vordergrund des Interesses steht nicht länger die Optimierung des getrennten Einsatzes einzelner Kommunikationsinstrumente, sondern vielmehr die Wertsteigerung der Kommunikation durch den integrierten Einsatz unterschiedlicher Instrumente.

2.13 Integrierte Kommunikation als strategisches Kommunikationskonzept

Die Vielzahl der Hierarchieebenen innerhalb eines Unternehmens und die Vielfalt der möglichen Kommunikationsinstrumente und -mittel machen die Koordination aller kommunikationspolitischen Aktivitäten notwendig. Vor dem Hintergrund der Bestrebungen des Konzepts Corporate Identity wird eine Abstimmung der Kommunikationsaktivitäten mit der Unternehmenskultur und dem Erscheinungsbild gefordert (Melewar/Karaosmanoglu/Paterson 2005; Balmer/Greyser 2006) und die Notwendigkeit der Integration herausgestellt. Diese Forderungen werden durch die Umsetzung einer **Integrierten Kommunikation** des Dienstleistungsanbieters erfüllt (Congram/Czepiel/Shanahan 1987; Piercy/Morgan 1990; vgl. für einen Überblick Bruhn 2010b, S. 89ff.).

> **Integrierte Kommunikation** ist ein strategisch orientierter Prozess der Analyse, Planung, Durchführung und Kontrolle, der darauf ausgerichtet ist, aus den differenzierten Quellen der internen und externen Kommunikation von Unternehmen eine Einheit herzustellen, um ein für die Zielgruppen der Kommunikation konsistentes Erscheinungsbild des Unternehmens bzw. eines Bezugsobjektes der Kommunikation zu vermitteln (Bruhn 2010b, S. 93).

Mit diesem Begriffsverständnis der Integrierten Kommunikation sind verschiedene **Merkmale** verbunden. Die folgenden Aspekte lassen sich besonders hervorheben (Bruhn 2010b, S. 94):

- Zunächst ist die Kommunikationsarbeit so zu gestalten, dass eine **strategische Positionierung** des Unternehmens bzw. einer Marke im Kommunikationswettbewerb möglich und als Wettbewerbsfaktor nutzbar gemacht wird.

- Die Integration der Kommunikationspolitik setzt einen **Managementprozess** voraus, der die Analyse, Planung, Umsetzung und Kontrolle der notwendigen Instrumente beinhaltet.

- Bei der Planung der Kommunikationsaktivitäten ist darauf zu achten, dass die vorgelagerte strategische Entscheidung der **Markenstrategie** Berücksichtigung findet.

- Die Integrierte Kommunikation umfasst die **Instrumente der internen und externen Kommunikation**. Zu deren Integration bedarf es der Erfassung und Analyse ihrer Spezifika hinsichtlich Zielgruppen, Funktionen und Aufgaben.

- Integrierte Kommunikation bezieht sich auf **sämtliche Zielgruppen** des Unternehmens. Sowohl externe als auch interne Anspruchsgruppen (Stakeholder) haben im Rahmen des Prozesses der Integrierten Kommunikation Berücksichtigung zu finden.

- Die Integrierte Kommunikation zielt darauf ab, eine **Einheit in der Kommunikation** herzustellen. Diese Einheit stellt die gemeinsame übergeordnete Zielrichtung und den Orientierungsrahmen für die Integration sämtlicher Kommunikationsinstrumente dar.

- Die Integrierte Kommunikation steigert die **Effizienz** und **Effektivität** der Kommunikation.

- Die Wirksamkeit der Integrierten Kommunikationsarbeit ist daran zu messen, ob durch den gemeinsamen Auftritt **Synergiewirkungen** erzielt werden und damit ein effektiver sowie effizienter Einsatz des Kommunikationsbudgets erfolgt.

- Die Integrierte Kommunikation ist im Ergebnis darauf bezogen, ein inhaltlich, formal und zeitlich **einheitliches Erscheinungsbild** bei den Zielgruppen zu erzeugen.

Zur Meisterung der komplexen Aufgabe der Koordination der Kommunikationsinstrumente und -maßnahmen für unterschiedliche Zielgruppen und für alternative Szenarien, unter Beachtung der zu erfüllenden Merkmale, ist eine strategische Planung der Gesamtkommunikation als Top-down-Planung und der einzelnen Kommunikationsinstrumente als Bottom-up-Planung notwendig, die sich auf den Ebenen der Gesamtkommunikation und der einzelnen Kommunikationsfachabteilungen vollzieht. Unter der Zielsetzung einer besseren Abstimmung sind die Prozesse dieser beiden Ebenen in einem ganzheitlichen Planungsansatz als **iterative Down-Up-Planung** zusammenzuführen. Die konkrete Umsetzung erfolgt im Anschluss im Rahmen der taktischen Kommunikationsplanung (Bruhn 2010b, S. 69). Die verschiedenen Kommunikationsstrategien auf den unterschiedlichen Unternehmensebenen sind in Schaubild 6-2-4 dargestellt.

Schaubild 6-2-4   Kommunikationsplanung auf unterschiedlichen Ebenen

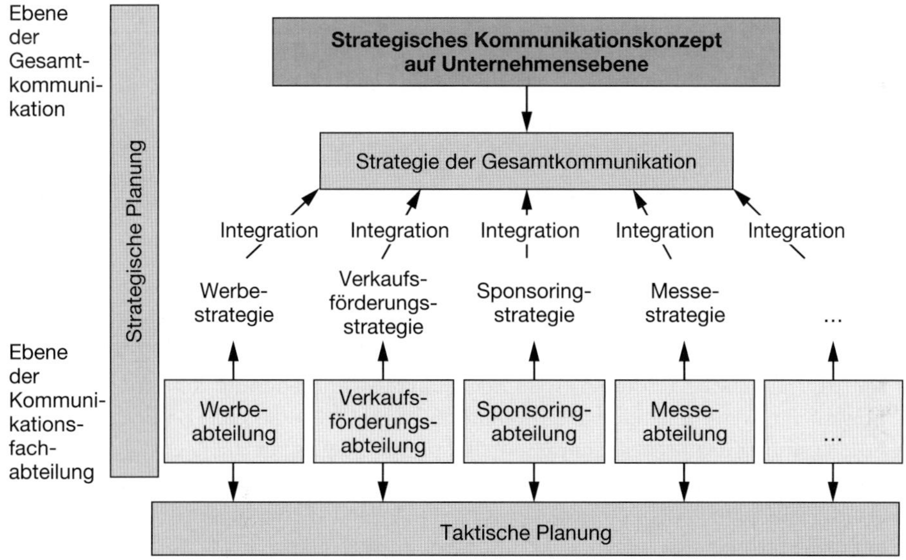

Quelle: Bruhn 2010b, S. 71

2.14   Ziele der Kommunikationspolitik

Kommunikative Aktivitäten werden stets dazu eingesetzt, bestimmte **Ziele** zu erreichen. Diese Ziele sind vielfältiger Natur. Eine gängige Systematisierung kommunikationspolitischer Ziele wird durch eine Zweiteilung in ökonomische und psychografische Ziele repräsentiert. Die kommunikative Steuerung der Dienstleistungsnachfrage im Zeitablauf orientiert sich zunächst an unternehmensgerichteten ökonomischen Zielsetzungen. Diese beziehen sich auf Größen wie Marktanteil, Umsatzexpansion, Anzahl der Kunden, Kostenersparnis, Rentabilität, Gewinn usw. (vgl. Kapitel 4 Abschnitt 3). Da diese ökonomischen Wirkungen jedoch nicht eindeutig den kommunikativen Maßnahmen zuzuordnen sind, erlangen im Rahmen der Kommunikationspolitik insbesondere psychologische Kommunikationsziele eine zentrale Bedeutung. Zu diesen zählen beispielsweise die Erhöhung der Marken- und Unternehmensbekanntheit, die Verbesserung der Einstellungen und Images, die Steuerung von bestimmten Verhaltensweisen und letztlich das Ziel einer einzigartigen Positionierung mit außerordentlichen Verkaufsunterschieden im Markt, die durch eine Unique Selling Proposition bzw. eine Unique Advertising Proposition erreicht wird. Nach den Stufen der Kundenreaktion lassen sich hierbei im Allgemeinen kognitiv-, affektiv- und konativ-orientierte Zielsetzungen unterscheiden (vgl. z. B. Steffenhagen 2000, S. 8ff.; Kotler/Bliemel 2006, S. 891f.). Einen Überblick über diese Kategorien von Zielsetzungen liefert Schaubild 6-2-5.

Schaubild 6-2-5 Kategorien von Kommunikationszielen

Kognitiv-orientierte Ziele	Affektiv-orientierte Ziele	Konativ-orientierte Ziele
■ Kontakt mit der Zielgruppe ■ Aufmerksamkeitswirkung ■ Erinnerungswirkung ■ Wissensvermittlung	■ Gefühlswirkung ■ Positive Hinstimmung ■ Interessenweckung ■ Imagewirkung	■ Auslösung von Kaufhandlungen ■ Beeinflussung des Informationsverhaltens ■ Beeinflussung des Weiterempfehlungsverhaltens

Die **kognitiven** Ziele betreffen die Erkenntnis und zielen z. B. auf die Wahrnehmung eines Werbespots, die Kenntnis von Marken oder das Wissen über eine Leistung ab. In Bezug auf die psychologische Wirkungsgröße der Qualitätswahrnehmung des Kunden ist z. B. der Einsatz der Kommunikationsinstrumente so zu gestalten, dass das Wissen des Kunden über die leistungsspezifischen Charakteristika und in Folge über die Dienstleistungsqualität positiv beeinflusst wird. Des Weiteren wird versucht, die Aufmerksamkeit des Rezipienten auf das Unternehmen bzw. die Leistung zu lenken und die diesbezüglichen Informationen im Gedächtnis des (potenziellen) Kunden zu speichern.

Affektive, das Gefühl betreffende Kommunikationsziele, sind die Schaffung eines positiven Images und das Wecken von Interesse oder Emotionen. Wie bereits im Rahmen der Leistungspolitik herausgestellt wurde, kommt dem Image eines Unternehmens aufgrund der Besonderheiten von Dienstleistungen eine herausragende Bedeutung zu (vgl. Abschnitt 1.12 in diesem Kapitel). Demzufolge ist bei der kommunikationspolitischen Zielformulierung insbesondere auf eine positive Imagewirkung zu achten.

Schließlich zielt die **konative** Komponente, die eine Aktivität des Kunden hervorruft, darauf ab, Kaufabsichten und Kaufhandlungen auszulösen und das Informationsverhalten zu beeinflussen. Neben dem Erstkauf werden der Wiederkauf und der Zusatzkauf des Kunden in Form von Cross Selling angestrebt. Des Weiteren versuchen Maßnahmen in diesem Bereich, ein positives Weiterempfehlungsverhalten gebundener Kunden hervorzurufen.

Nach der Festlegung der Kommunikationsziele ist die Definition der **relevanten Zielgruppen** notwendig, wobei als Hauptzielgruppen Kunden, Mitarbeitende und die Öffentlichkeit zu unterscheiden sind (Bruhn 2010b, S. 75ff.). In Abhängigkeit dieser Entscheidungen wird die Auswahl und Kategorisierung von geeigneten Kommunikationsinstrumenten vorgenommen. Eine ausführliche Darstellung erfolgt im nächsten Abschnitt.

2.2   Instrumente der Kommunikationspolitik

Gegenstand der Kommunikationspolitik ist die Realisierung relevanter Kommunikationsziele bei ausgewählten Zielgruppen. Dafür ist der Einsatz einer Vielzahl von Kommunikationsinstrumenten denkbar. Zur Klassifizierung der Instrumente eignet sich eine Unterteilung nach Hartley und Pickton (1999). Als Kriterien werden die einseitige – zweiseitige und persönliche – unpersönliche Kommunikation gegenübergestellt, die sich an Individuen oder ein anonymes Massenpublikum wendet. Auf dem Kontinuum zwischen unpersönlicher und persönlicher Kommunikation erfolgt eine Unterteilung in die Bereiche Unternehmens-, Marketing- und Dialogkommunikation, wobei jedoch die Grenzen zwischen diesen Bereichen fließend und Überschneidungen möglich bzw. nicht vermeidbar sind. Im Folgenden werden die Kommunikationsinstrumente diesen drei Kategorien schwerpunktmäßig zugeordnet und auf die Besonderheiten ihrer Anwendung im Rahmen der Dienstleistungskommunikation eingegangen. Einen Überblick über die Kommunikationsinstrumente und ihre charakteristischen Merkmale liefert Schaubild 6-2-6.

2.21   Instrumente der Unternehmenskommunikation

Die Instrumente der **Unternehmenskommunikation** verfolgen primär die Ziele, ein einheitliches institutionelles Erscheinungsbild des Unternehmens zu prägen, die Bekanntheit und den Goodwill des Unternehmens zu steigern, ein positives Firmenimage aufzubauen sowie eine anvisierte Positionierung umzusetzen. Daneben gelten als weitere Kommunikationsziele der Aufbau von Vertrauen und Glaubwürdigkeit sowie die Demonstration der Kompetenzen und der Leistungsfähigkeit des Unternehmens. Als typische Kommunikationsinstrumente in diesem Bereich finden die Öffentlichkeitsarbeit (Public Relations), das Sponsoring, die Mitarbeiterkommunikation und die institutionelle Mediawerbung Anwendung, die durch eine weitgehend einseitige, unpersönliche Kommunikation gekennzeichnet sind. Im Folgenden werden diese Instrumente dargestellt und auf die Besonderheiten im Zusammenhang mit der Kommunikation von Dienstleistungen eingegangen.

1. Öffentlichkeitsarbeit (Public Relations)

Das vorrangige Ziel der Öffentlichkeitsarbeit ist nicht die Förderung des Absatzes einer bestimmten Dienstleistung, sondern in erster Linie die Gestaltung und Pflege der Beziehungen zur Öffentlichkeit sowie die Schaffung von Verständnis und Vertrauen bei ausgewählten Zielgruppen. Aufgrund der Immaterialität der Leistung ist die Imagewirkung der Unternehmenskommunikation für Dienstleistungsunternehmen und somit die Öffentlich-

Schaubild 6-2-6 Charakteristische Merkmale der Unternehmens-, Marketing- und Dialogkommunikation

	Unternehmenskommunikation	Marketingkommunikation	Dialogkommunikation
Funktion(en)	Prägung des institutionellen Erscheinungsbildes des Unternehmens	Verkauf von Produkten und Dienstleistungen des anbietenden Unternehmens	Austausch mit Anspruchsgruppen durch direkte Formen der Kommunikation
Zentrale Kommunikationsziele	Positionierung, Goodwill, Unternehmensimage, Unternehmensbekanntheit	Ökonomische (z. B. Absatz, Umsatz, Marktanteil), psychologische (z. B. Image) Ziele	Aufbau/Intensivierung des Dialogs zur Kundenakquise, -bindung und -rückgewinnung
Weitere typische Kommunikationsziele	Aufbau von Vertrauen und Glaubwürdigkeit, Demonstration von Kompetenz	Abbau von Informationsasymmetrien, Vermittlung zuverlässiger Produktinformationen	Vertrauensaufbau, Pflege von Geschäftsbeziehungen, Information über Leistungsspezifika
Primäre Zielgruppen	Alle Anspruchsgruppen des Unternehmens	Aktuelle und potenzielle Kunden des Unternehmens, weitere Entscheidungsträger	Aktuelle und potenzielle Kunden, Kooperations- und Marktpartner
Typische Kommunikationsinstrumente	Institutionelle Mediawerbung, Corporate Sponsoring, Corporate Public Relations, Mitarbeiterkommunikation	Mediawerbung, Produkt-PR, Verkaufsförderung, Sponsoring, Event Marketing	Persönliche Kommunikation, Messen/Ausstellungen, Multimediakommunikation, Direct Marketing

Quelle: in Anlehnung an Bruhn 2010b, S. 365

keitsarbeit (Public Relations) von großer Bedeutung. Dabei wird der Öffentlichkeitsarbeit folgende Definition zugrunde gelegt:

> **Öffentlichkeitsarbeit** (Public Relations) als Kommunikationsinstrument ist die Analyse, Planung, Durchführung und Kontrolle aller Aktivitäten eines Unternehmens, um bei ausgewählten Zielgruppen (extern und intern) um Verständnis sowie Vertrauen zu werben und damit gleichzeitig kommunikative Ziele des Unternehmens zu erreichen (Bruhn 2010b, S. 417).

Die **Erscheinungsformen** der Public Relations sind vielfältig (Naundorf 1993, S. 605ff.; Köhler/Schaffranietz 2005). Grundsätzlich lassen sich leistungsbezogene (z. B. Zeitungsartikel über die Anlageberatung einer Bank), unternehmensbezogene (z. B. Bericht über die Hauptversammlung einer Versicherung) und gesellschaftsbezogene Öffentlichkeitsarbeit (z. B. Stellungnahme des Vorstandsvorsitzenden zum Wirtschaftsstandort Deutschland) klassifizieren. Schaubild 6-2-7 zeigt mögliche Maßnahmen der leistungs-, unternehmens-, und gesellschaftsbezogenen Erscheinungsformen des Public Relations auf.

Schaubild 6-2-7 Erscheinungsformen und Maßnahmen der Public Relations im Dienstleistungsbereich

Erscheinungs-formen	Leistungsbezogene PR	Unternehmens-bezogene PR	Gesellschafts-bezogene PR
Pressearbeit, Medienarbeit	z. B. Presseartikel zur Einführung eines neuen Produktes in einer Fachzeitschrift	z. B. Interview mit dem Vorstandsvorsitzenden einer Bank zur Finanzkrise in diversen Medien und Talkshows	z. B. Pressemitteilung über besonderes Engagement eines Unternehmens in Zusammenhang mit dem Umweltschutz
PR-Maßnahmen des persönlichen Dialogs	z. B. Vorstellung von speziellen Dienstleistungen des Unternehmens durch Mitarbeitende bei speziellen Veranstaltungen	z. B. Tag der offenen Tür für die Allgemeinheit in der Firmenzentrale des Unternehmens	z. B. Vortrag eines Unternehmenssprechers über soziale Verantwortung auf einem Kongress
PR-Aktivitäten für ausgewählte Zielgruppen	z. B. Vorstellung von Dienstleistungen des Unternehmens durch Mitarbeitende bei speziellen Veranstaltungen (z. B. Vortrag eines Fitnesstrainers in einem Gesundheitsforum)	z. B. Einladung von Key Accounts zu einer Reise und Besichtigung einer Auslandsniederlassung	z. B. Aktion von McDonalds auf Marktplätzen, zur Demonstration der regionalen Herkunft der verwendeten frischen Zutaten (Salat, Gemüse usw.)
PR-Maßnahmen im Rahmen der Mediawerbung	z. B. Beispielkalkulation der Preisgestaltung einer Dienstleistung in Zeitungsanzeigen zur Erhöhung der Preisakzeptanz durch die Konsumenten	z. B. Werbespot über das Image und die Persönlichkeit eines Unternehmens und dessen Mitarbeitenden	z. B. Image-Kampagne mittels Plakaten und TV-Spots über die Fortschritte beim Umweltschutz in der täglichen Arbeit des Unternehmens
Unternehmensinterne PR-Maßnahmen	z. B. Artikel/Mitteilungen über die neuesten Dienstleistungen des Unternehmens in der Mitarbeiterzeitschrift bzw. im Intranet	z. B. Veranstaltung von Mitarbeiterevents und gemeinsamen Ausflügen und Feierlichkeiten mit allen Mitarbeitenden	z. B. Wohltätigkeitslauf für Mitarbeitende eines Finanzdienstleistungskonzerns

Der Einsatz der Öffentlichkeitsarbeit setzt zunächst eine Analyse von Ansatzpunkten voraus, die zur positiven Darstellung des Unternehmens in der Öffentlichkeit geeignet sind bzw. einer Korrektur bei den Zielgruppen bedürfen. Die Maßnahmen der Öffentlichkeitsarbeit der Vergangenheit sind in solchen Situationsanalysen zu berücksichtigen. Im Anschluss daran erfolgt die Festlegung der **Ziele**. Im Vordergrund stehen die Verbesserung des Unternehmens- und Leistungsimages, die Kontaktpflege zu unternehmensrelevanten Personen sowie die Beeinflussung gesellschaftlicher Meinungen und Einstellungen (Beger/Gärtner/Mathes 1989, S. 64ff.). Diese Ziele sind an den Anspruchsgruppen, wie aktuellen und potenziellen Mitarbeitenden, aktuellen und potenziellen Kunden sowie an der Öffentlichkeit, auszurichten. Nachdem die Strategie und das Budget festgelegt wurden, werden in einem nächsten Schritt die einzelnen Maßnahmen der Public Relations bestimmt.

Obwohl die Ziele der Öffentlichkeitsarbeit im Konsumgüter-, Industriegüter- und Dienstleistungsbereich weitgehend identisch sind, lassen sich aufgrund der Besonderheiten von Dienstleistungen zusätzliche spezifische **Implikationen** ableiten:

- Aufgrund der Immaterialität von Dienstleistungen zieht der Kunde das **Image** bei der Beurteilung der Leistung verstärkt als Ersatzkriterium heran. Die Öffentlichkeitsarbeit trägt zur Unterstützung einer Imageprofilierungsstrategie bei.

- Die Immaterialität der Leistungen führt zu einem verstärkten Einsatz von **Firmenmarken**, die als Vertrauensanker für das gesamte Angebot des Unternehmens fungieren. Die Öffentlichkeitsarbeit ist besonders geeignet, Firmenmarken zu kommunizieren.

- Die **Mitarbeitenden** stellen bei vielen Dienstleistungen ein wesentliches Beurteilungsmerkmal für die Kunden dar. Die Öffentlichkeitsarbeit trägt zum Aufbau eines vertrauensvollen Verhältnisses zwischen Unternehmen und Mitarbeitenden bei. Diese positive Einstellung kommuniziert der Mitarbeitende im direkten Kontakt mit dem Kunden („Multiplikatorwirkung" der Mitarbeitenden).

- Der Schaffung von Vertrauen und Verständnis, vor allem bei den aktuellen und potenziellen Kunden und der Öffentlichkeit, kommt im Dienstleistungsbereich aufgrund der Bedeutung der Mund-zu-Mund-Propaganda besondere Relevanz zu.

2. Corporate Sponsoring

Sponsoring entwickelte sich in den letzten Jahren zu einem etablierten Instrument der Kommunikationspolitik (Bruhn 2009b; Bruhn 2010b). Dabei wird Sponsoring wie folgt definiert:

> **Sponsoring** ist die Analyse, Planung, Durchführung und Kontrolle sämtlicher Aktivitäten, die mit der Bereitstellung von Geld, Sachmitteln, Dienstleistungen oder Know-how durch Unternehmen und Institutionen zur Förderung von Personen und/oder Organisationen in den Bereichen Sport, Kultur, Soziales, Umwelt und/oder den Medien verbunden sind, um damit gleichzeitig Ziele der eigenen Kommunikationspolitik zu erreichen (Bruhn 2010b, S. 429).

Sponsoring lässt sich sowohl für das Gesamtunternehmen (Corporate Sponsoring) als auch für Produkte bzw. Marken (Product Sponsoring) einsetzen. Je größer das Unternehmen und je heterogener das Leistungsprogramm (z. B. bei Großbanken, Versicherungskonzernen), desto häufiger ist neben einem produktbezogenen Sponsoring auch ein Corporate Sponsoring zu beobachten. Hierbei engagiert sich die Zentrale bei Sponsorships (vor allem in den Bereichen Sport und Kultur), die wiederum den Geschäftsbereichen und Produktsparten zur Nutzung angeboten werden. Es bedarf keiner besonderen Begründung, dass bei diesen Engagements in der Praxis häufig divergierende Interessen zwischen den zentralen und dezentralen Unternehmenseinheiten auftreten.

Die vielfältigen **Erscheinungsformen** des Sponsoring lassen sich in die Bereiche Sport-, Kultur-, Umwelt-, Sozio- und Mediensponsoring einordnen. Schaubild 6-2-8 zeigt verschiedene **Erscheinungsformen des Sponsoring** mit Beispielen von Dienstleistungsunternehmen.

Schaubild 6-2-8 Erscheinungsformen und Beispiele von Sponsoring durch Dienstleistungsunternehmen

Erscheinungsformen	Kommunikationsträger	Beispiele
Sportsponsoring	Sponsoring von Einzelpersonen, Sportmannschaften, Sportveranstaltungen, Sportarenen	z. B. Allianz-Arena in München
Kultursponsoring	Sponsoring von Einzelkünstlern, Kulturgruppen, Kulturorganisationen, Kulturveranstaltungen, Stiftungen	z. B. Sponsoring der Vincent van Gogh Ausstellung im Kunstmuseum Basel durch die Schweizer Bank UBS
Umweltsponsoring	Sponsoring lokaler, nationaler und internationaler Umweltschutzorganisationen	z. B. Spenden durch die Firma Fielmann für die Stiftung „Wald in Not" in der Stadt Bingen
Soziosponsoring	Sponsoring von unabhängigen Institutionen im sozialen Bereich sowie von staatlichen, wissenschaftlichen, bildungspolitischen u. a. m. Institutionen	z. B. Verleihung von Forschungspreisen für besondere Forschungsprojekte an Universitäten durch die Bertelsmann- und Heinz-Nixdorf-Stiftung
Mediensponsoring	Sponsoring von Programmen in Fernsehen und Radio, von Printmedien, Internet, Kino	z. B. Sponsoring des Wetterberichts bei ARD und ZDF durch die Commerzbank

Darüber hinaus stehen zur Gestaltung des einzelnen Sponsoringengagements zahlreiche Variationsmöglichkeiten zur Verfügung, die sich z. B. auf die Art der Sponsorenleistung (Sponsoring mit Geld, Sachmitteln oder Dienstleistungen bzw. Know-how), die Anzahl der Sponsoren (z. B. Exklusiv- oder Co-Sponsorship) oder die Art der gesponserten Individuen/Gruppen (prinzipiell drei Grundtypen: Professionelle, Halb-Professionelle sowie Amateure, jeweils bezogen auf Einzelsportler oder Mannschaft) beziehen.

Ausgehend von den Zielen der Kommunikationspolitik verfolgt das Sponsoring sowohl psychologische als auch ökonomische Ziele. Damit eine Erfolgskette im Sponsoring in Gang gesetzt wird, sind zunächst vorgelagerte psychologische Ziele umzusetzen. Bei den psychologischen Zielen sind die Steigerung des Bekanntheitsgrades sowie die Veränderung von Meinungen und Einstellungen der Zielgruppen hinsichtlich des Images eines Dienstleistungsunternehmens oder bestimmter Marken zentral. Ökonomische Zielgrößen beinhalten monetäre wirtschaftliche Größen, wie beispielsweise Gewinn oder Umsatz und Kosten.

Durch die Besonderheiten von Dienstleistungen ergeben sich **Implikationen** für den Einsatz des Sponsoring:

- Das Sponsoringengagement dient der Unterstützung einer Imageprofilierungsstrategie. Es trägt somit der Bedeutung des **Images** als Ersatzkriterium zur Beurteilung der immateriellen Leistung Rechnung.

- Aufgrund der Immaterialität der Leistung besteht beim Kunden Unsicherheit bezüglich der Dienstleistungsqualität. Die positive Wahrnehmung des Sponsoringengagements bzw. des Gesponserten trägt zur **Reduktion des subjektiven Kaufrisikos** bei. Ferner führt eine positive Wahrnehmung der gesponserten Personen, Aktivitäten oder Leistungen zu einem Vertrauenstransfer bei aktuellen und potenziellen Kunden.

- Die Immaterialität führt zu Schwierigkeiten bei der **Visualisierung** der Dienstleistung. Durch Sponsoring lässt sich eine Verknüpfung der Dienstleistung mit dem Gesponserten bzw. der gesponserten Veranstaltung und damit eine Visualisierung bestimmter Eigenschaften erzeugen.

- Die häufige Verwendung von Firmenmarken bei Dienstleistungsunternehmen entspricht den Zielen des Sponsoring. Gerade bei diesem Kommunikationsinstrument reduziert sich die Darstellung des Unternehmens meist auf die Firma. Während Konsumgüterhersteller, die häufig über eine Vielzahl von einzelnen Marken verfügen, nicht in der Lage sind, klare Synergieeffekte zu nutzen, werden Dienstleistungsunternehmen ganzheitlich präsentiert.

3. Institutionelle Mediawerbung

Im Rahmen der Unternehmenskommunikation kommt der institutionellen Mediawerbung die Aufgabe der Imagevermittlung, der Erhöhung der Unternehmensbekanntheit sowie des Goodwills zu. Zusätzlich werden als weitere Ziele der Aufbau von Vertrauen, Glaubwürdigkeit und die Demonstration der Kompetenzen des Unternehmens verfolgt. Vor diesem Hintergrund gelten prinzipiell alle Anspruchsgruppen des Unternehmens als Zielgruppen der institutionellen Mediawerbung, da die Verbesserung der Beziehungen zu allen Anspruchsgruppen angestrebt wird.

Zur Übermittlung der Botschaften bedient sich die Mediawerbung unterschiedlicher **Erscheinungsformen**, zu denen z. B. die Print-, Fernseh-, Radio-, Plakat-, Kino- und Online-Werbung zählen. Diese werden von Kommunikations- bzw. Werbeträgern (z. B. Zeitschriften, Zeitungen, Radio, Fernsehen oder Internet) übertragen und mit Kommunikations- bzw. Werbemitteln (z. B. Anzeigen, Werbemittel, Spots) belegt (Bruhn 2010b, 373f.). Durch die Gestaltung der Botschaften wird eine positive Meinungsbeeinflussung der Öffentlichkeit im Hinblick auf das Unternehmen angestrebt. Dabei wird häufig der Standpunkt des Unternehmens zu öffentlich diskutierten Streitpunkten, wie z. B. Umweltdiskussionen oder Diskussionen zur Arbeitsplatzpolitik, aufgegriffen und kommuniziert (Bruhn 2005b, S. 785).

Die Auswahl der Kommunikationsmittel hängt von der anzusprechenden Zielgruppe ab. Wird angestrebt, die breite Öffentlichkeit zu erreichen, um generell ein positives Bild des Unternehmens zu vermitteln, eignen sich z. B. TV-Spots.

> **Beispiele: Kommunikation gesellschaftlicher Verantwortung über TV-Spots**
>
> Das Textilunternehmen *Trigema* stellt im Rahmen seiner Fernsehspots die Aussage in den Mittelpunkt, dass es am Produktionsstandort Deutschland festhält. Es unterstreicht somit seine gesellschaftliche Verantwortung der Arbeitsplatzsicherung und -schaffung sowie der Stärkung des Wirtschaftsstandorts Deutschland (Trigema GmbH & Co. KG 2008). Als weiteres Beispiel ist die *Krombacher* Brauerei zu nennen. Sie warb von 2002 bis 2008 in Fernsehspots für ihr Regenwaldprojekt. Für jeden verkauften Getränkekasten übernam die Brauerei die Kosten zum Schutz von 1 m² Regenwald und signalisierte damit ihre Verantwortung für den Umweltschutz (Krombacher Brauerei 2008).

Daneben besteht durch die Auswahl entsprechender Kommunikationsmittel die Möglichkeit, gezielt bestimmte Zielgruppen anzusprechen.

> **Beispiel: Klar definierte Zielgruppenansprache bei Mobilcom**
>
> Durch die Schaltung einer Anzeige bedankte sich *Mobilcom* bei unterschiedlichen, explizit genannten internen und externen Zielgruppen für die Rettung des Unternehmens. Die Auswahl der Zeitungen bzw. Zeitschriften ermöglicht die zielgruppenspezifische Ansprache. Denkbar sind in diesem Fall regionale Zeitungen im Einzugsgebiet des Unternehmens oder Mitarbeiterzeitschriften.

2.22 Instrumente der Marketingkommunikation

Die Instrumente der **Marketingkommunikation** streben den Verkauf von Dienstleistungen an und verfolgen ökonomische Ziele wie Absatz- und Umsatzsteigerung sowie psychologische Ziele wie den Aufbau von Imagekomponenten. Daneben dienen sie dem Abbau von Informationsasymmetrien, die bei Dienstleistungen aufgrund der konstitutiven Merkmale häufig besonders ausgeprägt auftreten, indem sie zuverlässige Informationen über die Leistung vermitteln. Anwendung finden in diesem Bereich hauptsächlich die klassische Mediawerbung, die Verkaufsförderung, das Sponsoring und das Event Marketing.

1. Klassische Mediawerbung

Vergleichbar zur Mediawerbung im Konsumgüterbereich spielt die klassische Dienstleistungswerbung eine zentrale Rolle in der Marketingkommunikation. Dabei liegt der Mediawerbung folgende Definition zugrunde:

> **Mediawerbung** (auch als „klassische Werbung" bezeichnet) ist der Transport und die Verbreitung werblicher Informationen über die Belegung von Werbeträgern mit Werbemitteln im Umfeld öffentlicher Kommunikation gegen ein leistungsbezogenes Entgelt, um eine Realisierung unternehmens- und marketingspezifischer Kommunikationsziele zu erreichen (Bruhn 2010b, S. 373).

Die **Erscheinungsformen** der klassischen Mediawerbung entsprechen denjenigen der institutionellen Mediawerbung. Durch die vielfältigen Gestaltungsmöglichkeiten liegt jedoch bei der klassischen Mediawerbung der Fokus auf der Absatzförderung, während bei der institutionellen Mediawerbung eine Image- und Akzeptanzförderung im Mittelpunkt steht (Bruhn 2010b, S. 426). Dabei hat das durch die Mediawerbung vermittelbare Image vor der Inanspruchnahme der eigentlichen Dienstleistung eine Schlüsselposition im Rahmen der Kaufentscheidung potenzieller Erstkäufer. Des Weiteren erfüllt die Imagebildung bei potenziellen Wiederkäufern eine Bestätigungs- und Habitualisierungsfunktion (Meyer 2001).

Die Planung des Einsatzes der klassischen Dienstleistungswerbung erfolgt anhand der Phasen des **entscheidungsorientierten Planungsprozesses** (Meffert/Burmann/Kirchgeorg 2012, S. 606ff.; Bruhn 2010c, S. 202ff.). Die einzelnen Phasen werden im Folgenden am Beispiel der Werbung kurz aufgegriffen. Es wird an dieser Stelle darauf hingewiesen, dass ein solcher Planungsprozess für den Einsatz sämtlicher Kommunikationsinstrumente, die im Rahmen der Kommunikationspolitik von Dienstleistungen Anwendung finden und in diesem Abschnitt dargestellt werden, gleichermaßen gilt.

In einem ersten Schritt geht es im Rahmen der **Analyse der Kommunikationssituation** um die Untersuchung der Einsatzmöglichkeiten der Mediawerbung. Hierbei ist es sinnvoll, möglichst viele Informationen aus den Bereichen Markt, Kunde, Absatzmittler, Wettbewerb, Umfeld und Dienstleistungsunternehmen zu sammeln, zu strukturieren und zu analysieren, um das kommunikative Problem des Dienstleistungsunternehmens genau zu definieren.

Danach ist die **Festlegung möglicher Werbeziele** vorzunehmen, wobei eine Orientierung an Werbewirkungsmodellen sinnvoll ist. Im Zuge der Auswahl verschiedener Kommunikationsinstrumente, wie hier bei der Mediaplanung, zielen Dienstleistungsunternehmen darauf ab, bestimmte Wahrnehmungs-, Emotions-, Informations-, Einstellungs- sowie Verhaltenswirkungen auszulösen.

In einem nächsten Schritt, der **Planung der Zielgruppen**, werden diejenigen Rezipienten bestimmt, die durch den Einsatz der Mediawerbung anzusprechen sind. Dabei wird anfangs die relevante Unternehmenszielgruppe identifiziert, die anschließend anhand von Merkmalen zu beschreiben ist. Im Rahmen einer solchen Zielgruppenidentifikation werden spezielle Zielgruppenkriterien für konsumtive oder investive Dienstleistungen herangezogen. Solche Zielgruppenkriterien für konsumtive Dienstleistungen sind beispielsweise demografische, sozioökonomische sowie psychografische Kriterien oder Kriterien des beobachtbaren Kaufverhaltens. Zu den Kriterien der investiven Dienstleistungen zählen zum Beispiel objektive oder subjektive Bedarfsmerkmale, organisations- und dienstleistungsdemografische Merkmale sowie Merkmale des Buying Center. Letztlich wird die Zielgruppenerreichbarkeit analysiert, um festzustellen, mit welchen Werbeträgern die entsprechenden Personen und Gruppen erreichbar sind.

Im Anschluss daran erfolgt die **Festlegung der Werbestrategie**. Sie besteht aus Verhaltensplänen unterschiedlicher Fristigkeit, die Intensität, Gewichtung und Gestaltung der Werbemaßnahmen festlegen, durch deren Einsatz die Werbeziele des Dienstleistungsunternehmens zu realisieren sind. Im Mittelpunkt der Strategieentwicklung steht die Festlegung der Kernbotschaft, die das Unternehmen den Zielgruppen kommuniziert. Ferner werden die Kernmedien im Rahmen einer Intermediaselektion bestimmt, durch deren Einsatz die Zielgruppen erreicht werden.

Bevor die festgelegte Strategie umgesetzt wird, ist der finanzielle Rahmen – die **Höhe des Werbebudgets** – abzustecken. In diesem bewegen sich die Ausgaben für Werbemaßnahmen innerhalb einer Planungsperiode. Darüber hinaus ist innerhalb der Werbestreuplanung das Budget auf die Einzelleistungen, Zielgruppen, Regionen, Werbemaßnahmen, Planungsperioden usw. aufzuteilen.

Nach Festlegung und Verteilung des Werbebudgets ist in einem nächsten Schritt die Gestaltung der Werbebotschaft vorzunehmen. Aufgrund der Immaterialität von Dienstleistungen bereitet die Umsetzung der Werbestrategie in konkrete Werbemaßnahmen Visualisierungs- und Argumentationsprobleme. Eine bildliche Darstellung oder gar eine materielle

Schaubild 6-2-9 Entscheidungsfelder der Mediaplanung im Dienstleistungsbereich (mit Beispielen)

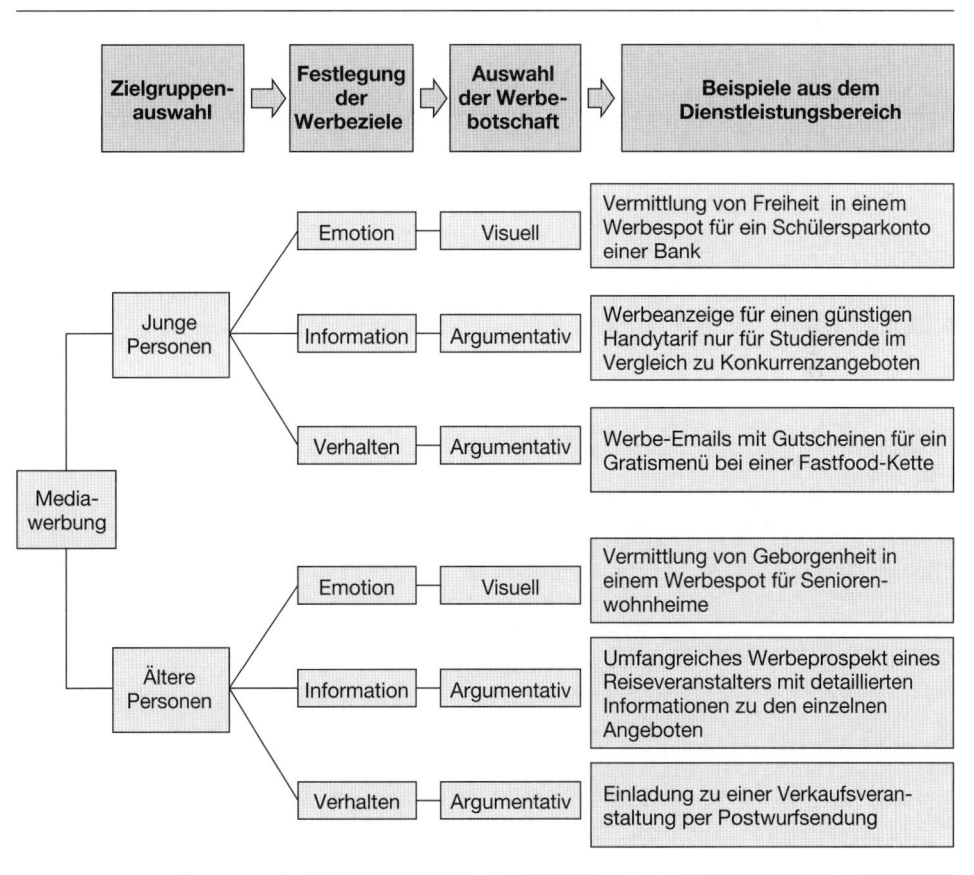

Präsentation sind, abgesehen vom Spezialfall der veredelten Dienstleistung, nicht möglich (Corsten 2000; Meyer 2001; Scheuch 2002). Deshalb bietet es sich an, für die bildliche Darstellung der Dienstleistung Surrogate, wie z. B. Führungskräfte oder Mitarbeitende eines Dienstleistungsunternehmens, Meinungsführer usw. zu verwenden. Schaubild 6-2-9 zeigt eine Übersicht über Entscheidungsfelder des Mediaplanungsprozesses mit Beispielen aus dem Dienstleistungsbereich.

Am Ende eines solchen Planungsprozesses steht die Phase der systematischen **Werbewirkungskontrolle** (vgl. z. B. Schweiger/Schrattenecker 2005, S. 318ff.). Die Messung der Werbewirkung erfolgt beispielsweise anhand von Absatzzahlen oder, je nach Werbekampagne, anhand der gestützten bzw. ungestützten Erinnerungswirkung.

Für die klassische Mediawerbung ergibt sich vor dem Hintergrund der dienstleistungsspezifischen Besonderheiten eine Reihe von **Implikationen**:

- Der Einsatz der klassischen Mediawerbung zur Kommunikation immaterieller Dienstleistungen setzt eine Visualisierung, bzw. Materialisierung der Dienstleistung voraus. Dies ist durch den Einsatz von **Surrogaten** möglich. So ist eine Materialisierung durch die Darstellung des externen Faktors (z. B. Vorher-Nachher-Darstellung des externen Faktors zur Darstellung eines Fitness-Programms) oder des internen Faktors (z. B. Darstellung von Maschinen oder Gebäuden) denkbar. Ähnliche Effekte ruft die Strategie der Personifizierung hervor (z. B. Darstellung von Referenzkunden, Meinungsführern, Prominenten oder Mitarbeitenden) (vgl. Schaubild 6-2-10).

- Die Immaterialität der Dienstleistung führt zu Bewertungsunsicherheiten bezüglich der Dienstleistungsqualität. Die Mediawerbung verbessert durch die Kommunikation leistungsspezifischer Informationen den eigenschaftsbezogenen Kenntnisstand des Konsu-

Schaubild 6-2-10 Surrogatbezogene Gestaltungsoptionen der Mediawerbung für Dienstleistungen

Dargestellte Faktoren \ Gestaltungsziel	Materialisierung	Personifizierung
Externe Faktoren	■ Vorher-Nachher-Darstellung ■ Verpackung des Dienstleistungsobjektes ■ Darstellung der Bedürfnisbefriedigung	■ Referenzkunden ■ Testimonials ■ Prominente
Interne Faktoren	■ Materielle (sachbezogene) interne Faktoren ■ Objektproben ■ Einsatz von Sinnbildern ■ Herausstellung des Trägermediums	■ Führungskräfte ■ Mitarbeiter (mit oder ohne Kundenkontakt) ■ Darstellung des Dienstleistungsprozesses

menten (Stauss 1989, S. 49; Kaas 1991, S. 360f.; Weiber/Adler 1995, S. 47f.; Roth 2001, S. 50ff.) und trägt zum **Abbau vorhandener Informationsasymmetrien** bei. Für diese Aufgabe eignen sich ebenfalls die surrogatsbezogenen Gestaltungsoptionen der Materialisierung und Personifizierung.

2. Verkaufsförderung

Neben der Mediawerbung nimmt vor allem die Verkaufsförderung im Rahmen des Kommunikationsmix eine zentrale Position ein. So haben auch Dienstleistungsunternehmen seit einigen Jahren die Bedeutung der Verkaufsförderung im Kommunikationsmix erkannt (Payne 1993, S. 158). Ursprünglich wurde sie im Konsumgüterbereich zur Vermarktung von Produkten eingesetzt. Sie umfasst dabei sowohl Ansätze der Kommunikationspolitik als auch der Preis-, Vertriebs- und Leistungspolitik. Die Verkaufsförderung umfasst die Planung, Organisation, Durchführung und Kontrolle zeitlich begrenzter und neben der klassischen Media- und Direktkommunikation stehender Aktionen, bei denen im direkten Kontakt mit dem Kunden oder Vertriebspartnern Kommunikationsziele unterstützt werden (Winkelmann 2008a). Meist wird bei der Verwendung des Begriffs der Verkaufsförderung eine Art Kurzfristcharakter der Verkaufsaktionen unterstellt, d. h., die kommunikativen Werbemaßnahmen zielen darauf ab, den Absatz von Produkten und Dienstleistungen kurzfristig zu beeinflussen und zu einem schnellen und kurzfristigen Erfolg zu führen. Für die weiteren Ausführungen findet folgende Definition Anwendung, die sich auf die Realisierung kommunikativer Ziele konzentriert:

> **Verkaufsförderung** (auch Sales Promotions oder Promotions genannt) ist die Analyse, Planung, Durchführung und Kontrolle meist zeitlich befristeter Maßnahmen mit Aktionscharakter, die das Ziel verfolgen, auf nachgelagerten Vertriebsstufen durch zusätzliche Anreize Kommunikations- und Vertriebsziele eines Unternehmens zu realisieren (Bruhn 2010b, S. 384).

Bei den **Erscheinungsformen** lässt sich eine unmittelbare und eine mittelbare Verkaufsförderung unterscheiden. Unter der unmittelbaren Verkaufsförderung werden solche Maßnahmen subsumiert, die gänzlich vom Dienstleistungsunternehmen kontrolliert werden. Dabei handelt es sich zum einen um Aktionen, die außerhalb einer Verkaufsstätte durchgeführt werden (z. B. in einer Fußgängerzone oder auf der Straße). Zum anderen sind zu dieser Gruppe Maßnahmen zu zählen, die am Point of Sale (POS) durchgeführt werden, sofern die Leistung durch das Unternehmen direkt an einem Ort verkauft wird (z. B. Gutschein vom Friseur) oder es sich um ein Unternehmen mit einem Filialsystem handelt, z. B. Preisausschreiben am Weltspartag durch Banken.

Bei der mittelbaren Verkaufsförderung übt das Unternehmen zumindest nicht vollständig Einfluss auf die Durchführung der Maßnahmen aus. Zu dieser Gruppe gehören Aktionen, die in den Räumen eines Absatzmittlers stattfinden (z. B. POS-Material von Reiseveranstaltern in Reisebüros). Weiterhin werden hierzu kooperative Verkaufsförderungsmaßnahmen gerechnet, die in Verbindung mit einem anderen Unternehmen durchgeführt werden (z. B.

Hinweisschild und Prospekte für ein Restaurant in der Empfangshalle eines Hotels) (vgl. Schaubild 6-2-11).

Schaubild 6-2-11 Erscheinungsformen der Verkaufsförderung im Dienstleistungsbereich

Erscheinungs-formen	Unmittelbare Verkaufsförderung		Mittelbare Verkaufsförderung	
	Maßnahmen in Unternehmens-filialen	Maßnahmen außerhalb der Verkaufsstätte	Maßnahmen durch Absatzmittler	Kooperative Maßnahmen
Geschenke/ Merchandising	z. B. Spielzeug in Junior-Tüte bei McDonald's, Universitäts-T-Shirt	z. B. Taschen-rechner bei Versicherungs-abschluss	z. B. exklusives Geschenk bei Werben um neue Kreditkartenmit-glieder	z. B. Verteilung von Fähnchen mit Logo des Unter-nehmens bei Sportveranstaltung
Preisreduktion/ Coupons	z. B. Seniorentarif der Deutschen Bahn	z. B. Miles-and-More-Programm der Lufthansa; Qualifyer der Swiss	z. B. Zusatzver-sicherung bei Abschluss einer bestimmten Anzahl von Ver-trägen	z. B. Preisnach-lass von einigen Hotels in Verbin-dung mit Lufthansa-Flug, Gutscheine für Fachgeschäfte durch Parkticket
Demonstra-tionen	z. B. Frisuren-schau im Friseur-salon	z. B. Vorstellung von Zirkustieren in der Fußgänger-zone	z. B. Videoter-minal von „Pre-miere" im Fern-sehfachhandel	z. B. Videovor-führung lokaler Ausflugveranstal-ter im Hotel
Wettbewerbe	z. B. Sparwettbe-werb einer Bank zum Weltspartag	z. B. Fußball-Quiz im Rahmen von „ran" in SAT 1	z. B. Preisaus-schreiben von Reiseveranstalter über Reisebüros	z. B. Preisaus-schreiben von *Varta* mit James-Bond-Kinokarten als Gewinn
POS-Material	z. B. Bildschirm mit Börsenkursen in Bankfiliale	z. B. Verteilung von Prospekten mit Angeboten von Volkshoch-schulkursen	z. B. Videovorfüh-rung im Reisebüro über *Lufthansa*-destinationen	z. B. Hinweis auf Restaurant im Hotel mit Prospekten inkl. Speisekarte

Bezüglich der mit der Verkaufsförderung primär verfolgten Kommunikationsziele werden operative (kurzfristige) und strategische (langfristige) Zielsetzungen unterschieden. Dabei haben die kurzfristigen Ziele eher kognitiven oder konativen, die langfristigen vor allem affektiven Charakter. So zählen zu den **Zielen der Verkaufsförderung** auf der operativen Ebene die kurzfristige Steigerung des Abverkaufs und die Zahl der Wiederholungskäu-fe. Des Weiteren dienen Verkaufsförderungsmaßnahmen der Bekanntmachung sowie der Information über neu eingeführte Leistungen des betreffenden Unternehmens. Im strate-gischen Bereich hingegen ist es das Ziel, das Image bei Absatzmittlern und Konsumenten sowie die Markenprofilierung, vor allem bei den Konsumenten, zu verbessern. Grundsätzlich lassen sich bei der Verkaufsförderung drei unterschiedliche **Zielgruppen** unterscheiden: Endkonsumenten (Verbraucher), Absatzmittler (Handel) und Außendienst (vgl. Kloss 2007, S. 543). Die verbrauchergerichtete Verkaufsförderung versucht, Endkonsumenten z. B. durch Gutscheine, Kundenkarten oder Treueprämien zum Kauf zu motivieren. Die absatzmittlergerichteten Maßnahmen der Verkaufsförderung richten sich an die Händler und Absatzmittler des Groß-und Einzelhandels (z. B. Händlerschulungen oder Verkaufsnachlässe). Verkaufsförderungsaktivitäten richten sich aber auch direkt an die eigene Vertriebsmannschaft des Dienstleistungsunternehmens (z. B. Verkaufstrainings oder Schulungen) (vgl. Hofbauer/Hohenleitner 2005, S. 191; Schweiger/Schrattenecker 2005, S. 112ff.; Kotler/Keller/Bliemel 2007, S. 759ff.).

Aufgrund der Besonderheiten von Dienstleistungen kommt einigen **Verkaufsförderungsmaßnahmen** eine besondere Bedeutung zu:

- Wegen der Immaterialität von Dienstleistungen streben Unternehmen im Rahmen der Kommunikation eine Materialisierung der Leistung oder zumindest einzelner Leistungselemente an. Hierfür sind vor allem **Geschenke** und **Display-Material** am POS geeignet. Geschenke tragen dazu bei, dass sich der Konsument an das Unternehmen und seine Leistung erinnert (z. B. Spielzeug in der Junior-Tüte von *McDonald's*). Mit Hilfe von Display-Material am POS wird eine positive Hinstimmung des Kunden zur Leistung erreicht (z. B. Plakate von Reisezielen in Reisebüros).

- Aufgrund der Immaterialität der Dienstleistung ist es vorteilhaft, den Kunden zu einer geistigen Auseinandersetzung mit der Leistung zu bewegen. Dies wird durch **Wettbewerbe** und **Preisausschreiben** erreicht, bei denen der Kunde sich unbewusst mit der Leistung beschäftigt (z. B. Sparwettbewerb einer Bank für Kinder anlässlich des Weltspartages).

- Des Weiteren lässt sich aus der Immaterialität die Durchführung von **Demonstrationen** in einigen Dienstleistungsbereichen ableiten (z. B. Videovorführung lokaler Ausflugsveranstalter in der Empfangshalle eines Hotels, „Schnuppertage" für längere Ausbildungsprogramme).

- Die Nichtlagerfähigkeit von Dienstleistungen bedingt eine kurzfristige Nachfragesteuerung. Hierfür bieten sich preispolitische **Verkaufsförderungsmaßnahmen** an, wobei reine Preisreduktionen (z. B. Studentenermäßigung), Coupon-Maßnahmen (z. B. Miles-and-More-Programm der *Lufthansa*) und Sampling-Aktionen unterschieden werden. Bei der letztgenannten Gruppe ist das Sampling von Leistungen/Leistungselementen (z. B. Zusatzversicherung bei Abschluss einer bestimmten Anzahl von Versicherungsverträgen) vom Sampling von Kunden (z. B. Familienticket für den Besuch eines Zoos) zu trennen.

- Im Zusammenhang mit der Nichttransportfähigkeit von Dienstleistungen wurden in den letzten Jahren **kooperative Verkaufsförderungsmaßnahmen** durchgeführt. Dabei wird der Kunde während bzw. nach der Inanspruchnahme einer Leistung auf eine andere, kontextbezogene Leistung hingewiesen (z. B. Preisnachlass in Hotels und bei

Autovermietungen im Zusammenhang mit einer Buchung bei einer bestimmten Fluggesellschaft).

■ Zahlreiche Verkaufsförderungsmaßnahmen sind aufgrund der **Integration des externen Faktors** in den Leistungserstellungsprozess mit Problemen verbunden. Obwohl für einige Leistungen die Möglichkeit einer Demonstration besteht, ist nicht gewährleistet, dass die Leistung bei einem anderen Kunden auf gleiche Weise verrichtet werden kann (z. B. Frisurenschau im Friseursalon).

3. Event Marketing

Beim Event Marketing handelt es sich um ein Kommunikationsinstrument, dessen Bedeutung in den letzten Jahren zugenommen hat, da immer mehr Unternehmen aus unterschiedlichen Branchen zunehmend erlebnisorientierte Veranstaltungen als Medium für die Vermittlung von Kommunikationsbotschaften entdecken. Zum besseren Verständnis ist zunächst eine begriffliche Abgrenzung zwischen **Events** als solchen und dem Instrument **Event Marketing** vorzunehmen.

> Ein **Event** ist eine besondere Veranstaltung oder ein spezielles Ereignis, das multisensitiv vor Ort von ausgewählten Rezipienten erlebt und als Plattform zur Kommunikation von Unternehmen genutzt wird (Bruhn 2010b, S. 463).

Da es im Rahmen einer systematischen Kommunikationsplanung unerlässlich ist, den Einsatz von Events als eigenes Instrument zu verstehen, bietet sich eine Zusammenfassung unter dem Begriff Event Marketing an:

> **Event Marketing** ist die zielgerichtete, systematische Analyse, Planung, Inszenierung und Kontrolle von Veranstaltungen als Plattform einer erlebnis- und dialogorientierten Präsentation einer Dienstleistung oder eines Unternehmens, so dass durch emotionale und physische Stimuli starke Aktivierungsprozesse in Bezug auf Dienstleistungen oder Unternehmen mit dem Ziel der Vermittlung von unternehmensgesteuerten Botschaften ausgelöst werden (Bruhn 2010b, S. 464).

Grundsätzlich lassen sich drei **Erscheinungsformen von Events** im Rahmen des Event Marketing unterscheiden. Beim anlassbezogenen Event steht die Darstellung des Unternehmens im Mittelpunkt (z. B. Firmenjubiläum eines Dienstleistungsunternehmens). Der anlass- und markenorientierte Event fokussiert auf die Vermittlung leistungs- bzw. markenbezogener Botschaften innerhalb eines zeitlich festgelegten Anlasses (z. B. Einführung einer neuen Dienstleistung durch ein Event). Der markenorientierte Event zielt schließlich auf eine emotionale Positionierung der Marke und eine dauerhafte Verankerung in der Erlebniswelt der Zielgruppe ab (z. B. Durchführung einer Erlebnisreise mit dem *Marlboro Abenteuer Team*) (Bruhn 2010b, S. 465). Eine Übersicht der möglichen Erscheinungsformen mit Beispielen ist in Schaubild 6-2-12 dargestellt.

Schaubild 6-2-12 Erscheinungsformen des Event Marketing im Dienstleistungsbereich

Anlass \ Zielgruppe	Kunden	Mitarbeitende	Geschäftspartner	Allgemeinheit/ Öffentlichkeit
Anlassorientiertes Eventmarketing	z. B. Incentive-Reisen mit wichtigen Kunden nach einem erfolgreichen Geschäftsjahr	z. B. Interne Feierlichkeiten zu einem Firmenjubiläum	z. B. Tag der offenen Tür für Lieferanten	z. B. Pressekonferenz zur Eröffnung einer neuen Niederlassung
Anlass- und markenorientiertes Eventmarketing	z. B. POS-Aktionen zur Einführung einer neuen Dienstleistung	z. B. POS-Aktionen zur Einführung einer neuen Dienstleistung	z. B. Händlerpräsentation von neuen Dienstleistungen	z. B. Pressekonferenz zur Einführung einer neuen Dienstleistung
Markenorientiertes Eventmarketing	z. B. Road Shows in verschiedenen Städten mit Markenpräsentation	z. B. interne Workshops zur Etablierung und Verankerung der Markenwerte bei den Mitarbeitenden	z. B. Markenschulungen für Absatzmittler und -helfer	z. B. öffentliche Ausstellung über die Geschichte der Marke

Das Event Marketing ermöglicht einen unmittelbaren und persönlichen Kundenkontakt und Dialog mit dem Kunden und verfolgt damit **Ziele** wie beispielsweise die Erhöhung des Bekanntheitsgrades, die Verbesserung des Images, die erhöhte Aufmerksamkeit für die Marke oder die Akquisition von Neukunden. Grundsätzlich werden die Ziele des Event Marketing auf zwei Stufen betrachtet. Auf der ersten Stufe wird angestrebt, die gewünschten Teilnehmer durch die Kontaktaufnahme zu einem Besuch des Events zu bewegen. Auf der zweiten Stufe werden insbesondere affektiv-orientierte Zielsetzungen verfolgt, indem der Kunde das Unternehmen in einem von ihm als positiv empfundenen Umfeld kennenlernt und dadurch das Unternehmen und seine Leistungen mit diesen positiven Eindrücken assoziiert. Nach der anzusprechenden **Zielgruppe** lassen sich offene (unternehmensexterne) und geschlossene (unternehmensinterne) Events sowie Handelsevents unterscheiden. Interne Events richten sich in erster Linie an eine vorgegebene, klar definierte Zielgruppe, wie z. B. Führungskräfte und Mitarbeitende aller Hierarchieebenen, und werden in Form von Konferenzen, Präsentationen, Veranstaltungen und Festakten ausgestaltet (vgl. Hofbauer/Hohenleitner 2005, S. 184f.; Kloss 2007, S. 556). Offene Events sprechen dagegen ein eher breites Publikum an. Zielgruppen sind hierbei Konsumenten und die so genannte Primärzielgruppe. Es handelt sich um sportliche bzw. kulturelle Veranstaltungen, Gewinnspiele usw. Handelsevents richten sich im Allgemeinen auch an die Öffentlichkeit als Ganzes.

Aus den Besonderheiten von Dienstleistungen lassen sich **Implikationen** für den Einsatz von Event-Marketing-Maßnahmen ableiten:

- Durch den Einsatz tangibler Elemente im Rahmen des Events (z. B. durch die Gestaltung des Eventortes) erfolgt eine **Materialisierung** und **Visualisierung** der immateriellen Leistung, z. B. in Form einer Unterstreichung des Exklusivitätsanspruchs eines Dienstleisters durch das Engagement erstklassiger Künstler.

- Aufgrund der Immaterialität fehlen objektive Kriterien zur Leistungsbeurteilung. Im Rahmen des Events werden für die Rezipienten **Erlebnisse** geschaffen. Der Transfer dieser positiven Emotionen auf die Leistungstransaktion mit dem Unternehmen trägt zu einer positiven Leistungsbeurteilung bei (die *Berliner Morgenpost* unterstützt z. B. die Jugendmesse YOU in Berlin, um von den Jugendlichen positiv wahrgenommen zu werden). Dabei wird vorausgesetzt, dass der Event derart konzipiert ist, dass der Kunde beim nächsten Kontakt mit dem Unternehmen an den Event erinnert wird.

- Die erfolgreiche Integration des externen Faktors wird durch den **Aufbau einer engen Kunden-Mitarbeiter-Beziehung** unterstützt. Im Rahmen eines Events ist es möglich, mit dem Kunden in Kontakt zu treten und den Dialog zu fördern (während einer „Tag der offenen Tür"-Veranstaltung treten z. B. Mitarbeitende eines Fitnessstudios in Kontakt mit den Besuchern).

2.23 Instrumente der Dialogkommunikation

Mit den Instrumenten der **Dialogkommunikation** werden der Aufbau und die Intensivierung des Dialogs mit potenziellen und aktuellen Kunden durch eine individuelle Kommunikation anvisiert. Zusätzlich dienen sie dem Vertrauensaufbau, der Pflege von Geschäftsbeziehungen und der Information über Leistungsspezifika. Da der Prozess der Dienstleistungserstellung als Interaktion zwischen Mitarbeitenden des Dienstleistungsunternehmens und Dienstleistungskunden aufgefasst wird, spielt die Dialogkommunikation eine bedeutende Rolle (Mann 2004). In diesem Zusammenhang gilt es zu berücksichtigen, dass der Mitarbeitende durch die Ausrichtung des eigenen kundengerichteten Kommunikationsverhaltens unmittelbaren Einfluss auf das Ergebnis des Interaktionsprozesses nimmt. Zur Umsetzung der Ziele der Dialogkommunikation stehen Instrumente wie Persönliche Kommunikation, Messen und Ausstellungen, Direct Marketing und die Online-Kommunikation, die gerade in jüngster Zeit an Bedeutung gewinnt, zur Verfügung. Im Folgenden werden diese Kommunikationsinstrumente näher erläutert.

1. Persönliche Kommunikation

Unter verschärften Wettbewerbsbedingungen auf Märkten mit Sättigungstendenzen und zunehmend ausgereiften Angeboten stellt die Kommunikation im Kundenkontakt einen entscheidenden Erfolgsfaktor der Zukunft dar. So nimmt im Rahmen der Kommunikationspolitik von Dienstleistungsanbietern die Persönliche Kommunikation eine bedeutende Stellung ein. Diese Bedeutung leitet sich vor allem aus der bereits beschriebenen Überschneidung von kommunikativen Aktivitäten zur Leistungserbringung und kommunikativen Aktivitäten zur Leistungsdarstellung ab. So ist die Persönliche Kommunikation durch den Dienstleistungsanbieter bei der Erbringung von persönlichen Dienstleistungen aufgrund des unmittelbaren Kontaktes mit den Kunden ein zentrales Kommunikationsinstrument. Eine kontinuierliche, intensive, direkte und Persönliche Kommunikation ist wichtig, um die Kundenbeziehung zwischen Kunde und Dienstleistungsunternehmen aufzubauen bzw. zu verbessern, und dadurch eine stärkere Kundenbindung zu realisieren. Für die Persönliche Kommunikation wird folgende Definition zugrunde gelegt:

> **Persönliche Kommunikation** ist die Analyse, Planung, Durchführung und Kontrolle sämtlicher unternehmensinterner und -externer Aktivitäten, die mit der wechselseitigen Kontaktaufnahme bzw. -abwicklung zwischen Anbieter und Nachfrager in einer durch die Umwelt vorgegebenen Face-to-Face-Kontaktsituation verbunden sind, in die bestimmte Erfahrungen und Erwartungen durch verbale und nonverbale Kommunikationshandlungen eingebracht werden, um damit gleichzeitig vorab definierte Ziele der Kommunikations- und Vertriebspolitik zu erreichen (Bruhn 2010b, S. 445).

Als Hindernis der Persönlichen Kommunikation wird der Trend zur Automatisierung und Technisierung von Dienstleistungen angeführt, der zu einer „Entpersonalisierung" des Dienstleistungserstellungsprozesses (z. B. Bankautomaten) führt und damit zu einer Verringerung des direkten Kundenkontaktes.

Im Rahmen der Persönlichen Kommunikation sind vielfältige **Erscheinungsformen** möglich. Prinzipiell lässt sich eine verbale (z. B. Sprachstil) und eine nonverbale (z. B. Mimik, Gestik) Persönliche Kommunikation unterscheiden, wobei als Beteiligte Anbieter (z. B. Kundenkontaktpersonal), Nachfrager und Personen im Umfeld (z. B. Meinungsführer, Familie) fungieren. Daneben wird eine Kategorisierung anhand der Inhalte vorgenommen (z. B. Sachinhalte, menschlich-emotionale Inhalte). Des Weiteren ist eine Klassifizierung in Bezug auf die Dauer und Intensität der Interaktionen möglich. Schließlich wird unterschieden, ob vornehmlich eine einseitige Information des Kunden durch das Kundenkontaktpersonal erfolgt, oder ob eine ausgeglichene Kommunikationsbeziehung zwischen Anbieter und Kunde besteht (Bruhn 2010b, S. 445ff.). Schaubild 6-2-13 zeigt eine Übersicht der Erscheinfungsformen der Persönlichen Kommunikation.

Im Rahmen der Persönlichen Kommunikation werden kognitiv-orientierte **Ziele** verfolgt, indem der Kunde über die Leistungen des Unternehmens informiert oder auf neue Leistungsangebote aufmerksam gemacht wird. Ferner ist es bei entsprechendem Verhalten der Mitarbeitenden möglich, beim Kunden eine positive Einstellung zum Unternehmen zu erzeugen (affektiv-orientierte Zielsetzung). Schließlich wird bei einer konativ-orientierten Zielsetzung versucht, durch eine Persönliche Kommunikation den Abverkauf zu steigern und das Informationsverhalten des Kunden zu beeinflussen. Durch ein direktes Feedback zwischen Dienstleistungskunde und -anbieter entstehen in der Regel erst die Voraussetzungen, um in hohem Maße individualisierte Dienstleistungen zu erstellen und zu verkaufen.

Anhand der Besonderheiten von Dienstleistungen lassen sich für die Persönliche Kommunikation folgende **Implikationen** ableiten:

Schaubild 6-2-13 Erscheinungsformen der Persönlichen Kommunikation

Dimensionen	Formen		Beispiele
Art der Persönlichen Kommunikation	Verbal		Sprachstil, Argumentationsstil
	Nonverbal		Haltung, Gestik, Mimik, Lautstärke
Träger der Persönlichen Kommunikation	Anbieter		Kundenkontaktpersonal, Führungskräfte
	Nachfrager		Kunden, Mitarbeitende
	Personen im Umfeld		Meinungsführer, Familie
Richtung der Persönlichen Kommunikation	Unternehmens-extern gerichtet	Horizontal	Austausch von Marktinformationen zwischen Wettbewerbern
		Vertikal	Kommunikation zwischen Verkäufer und Kunden
		Lateral	Persönliche Beziehung zu Behörden, Medien
	Unternehmens-intern gerichtet	Horizontal	Beziehung zwischen Marketingleiter und Leiter Vertrieb
		Vertikal	Beziehung zwischen Filialleiter und Schalterpersonal
		Lateral	Kommunikation zwischen Personalsachbearbeiter und Marketingleiter
Inhaltliche Ebene der Persönlichen Kommunikation	Sachproblemebene		Informationsaustausch, Preisverhandlung
	Organisationsebene		Kommunikationskanäle, Informationslogistik
	Machtebene		Abhängigkeit zwischen Vorgesetztem und Mitarbeitenden
	Mensch-emotionale Ebene		Wertetransaktion (Ideen, Meinungen usw.)
Dauer/Intensität der Persönlichen Kommunikation	Zeithorizont der Persönlichen Kommunikation	Kundenkontakt	Kundenanfrage bezüglich Hotelparkplatz
		Episode	Kommunikation beim Check-In
		Transaktion	Kommunikation während einer Flugreise
		Beziehung	Langjähriger Austausch zwischen Berater und Kunde
	Häufigkeit der Persönlichen Kommunikation	Gering	Kommunikation zwischen Meldebehördebeamten und Kunde
		Mittel	Kommunikation zwischen Kfz-Mechaniker und Kunde
		Hoch	Kommunikation zwischen Stammbäcker und Kunde
Symmetrie der Persönlichen Kommunikation	Asymmetrisch		Vornehmlich einseitige Information der Kunden durch den Verkäufer
	Symmetrisch		Ausgeglichene Kommunikationsbeziehung zwischen Gesprächspartnern

Quelle: Bruhn 2011, S. 890

- Die Persönliche Kommunikation führt durch glaubwürdige Hinweise zur **Erhöhung des eigenschaftsbezogenen Kenntnisstands** beim potenziellen Dienstleistungskunden. Sie trägt somit zur Reduzierung der Bewertungsunsicherheit aufgrund der Immaterialität der Dienstleistung bei. Besonders relevant ist dies bei Dienstleistungen, die über ausgeprägte Vertrauenseigenschaften verfügen (z. B. Versicherungsleistung, medizinische Dienstleistung).

- Die Schaffung und Stabilisierung angebotsbezogenen **Vertrauens** erfolgt durch Qualitätssignale. Im Gegensatz zur Massenkommunikation sind persönlich transportierte Qualitätssignale glaubwürdiger (Kaas 1973, S. 54ff.; Murray 1991, S. 13ff.), da die Kontaktintensität vergleichsweise hoch und die Distanz zwischen Sender und Empfänger relativ gering ist. Gerade bei der Erbringung sehr komplexer Dienstleistungen ist ein gegenseitiges Vertrauen von besonderer Bedeutung.

- Aus der notwendigen Integration des externen Faktors ergibt sich die Aufgabe, **kommunikative Integrationshilfen** bereitzustellen. Dem Dienstleistungskunden ist zu vermitteln, wie er im Prozess der Leistungserstellung zu einem aus seiner Sicht optimalen Dienstleistungsergebnis beiträgt (z. B. Hinweise zu Einkommensverhältnissen oder zur persönlichen Risikopräferenz bei der Inanspruchnahme von Finanzdienstleistungen). Vor dem Hintergrund, dass die dienstleistungsspezifische Zufriedenheit des Kunden zunächst ansteigt, ab einem bestimmten Ausmaß kommunikativer Hilfestellungen jedoch wieder absinkt, ist es notwendig, den Unterstützungsbedarf des Kunden in Abhängigkeit von der Häufigkeit vergangener Inanspruchnahmen zu ermitteln. In verschiedenen Situationen, z. B. bei Routinedienstleistungen wie Bargeldbezug in der Bankfiliale, ist es sinnvoll, die Kontaktintensität auf ein notwendiges Minimum zu reduzieren, da weitere Hinweise vom Dienstleistungskunden als lästig empfunden werden.

- Aus der Integration des externen Faktors resultiert weiterhin die Aufgabe, den Interaktionsprozess auf **personenbezogene Inhalte** zu lenken. Im Mittelpunkt der Kommunikation stehen Probleme, Anforderungen, das generelle Befinden des Dienstleistungskunden usw. Durch die Dokumentation von Interesse an der Person des Dienstleistungskunden wird eine emotionale Kundenbindung erzielt. Darüber hinaus lassen sich wichtige Erkenntnisse zum Kundenprofil sowie zur aktuellen Kundenzufriedenheit bzw. -unzufriedenheit gewinnen.

Die praktische Umsetzung der Dialogkommunikation ist neben der Persönlichen Kommunikation auch durch Instrumente der Online-Kommunikation realisierbar (vgl. Punkt (4) innerhalb dieses Abschnittes), da vor allem das Internet direkte Antwortmöglichkeiten in Echtzeit liefert (Rust/Chung 2006, S. 568).

2. Messen und Ausstellungen

Messen und Ausstellungen sind geeignet, das vorhandene Informationsbedürfnis (potenzieller) Kunden bezüglich der Leistungen eines Unternehmens zu befriedigen. Vor allem für Unternehmen, deren Dienstleistungen einen High-Involvement-Charakter aufweisen (wie z. B. im Tourismus- oder Bildungsbereich), stellt die Teilnahme an Messen und Ausstellungen eine sinnvolle Ergänzung des Kommunikationsmix dar (vgl. ausführlich Kirchgeorg et al. 2003). Bei Messen und Ausstellungen wird das kommunikationspolitische Ziel verfolgt, die Leistung eines Unternehmens im Rahmen von Veranstaltungen zu inszenieren und bekannt zu machen. Folgendes Begriffsverständnis wird für die weiteren Ausführungen zugrunde gelegt:

> **Messen und Ausstellungen** als Kommunikationsinstrumente sind die Analyse, Planung, Durchführung, Kontrolle und Nachbearbeitung aller Aktivitäten, die mit der Teilnahme an einer zeitlich und räumlich festgelegten Veranstaltung verbunden sind, deren Zweck in der Möglichkeit zur Leistungspräsentation, Information eines Fachpublikums und der interessierten Allgemeinheit, Selbstdarstellung des Unternehmens und Möglichkeit zum unmittelbaren Vergleich mit der Konkurrenz liegt, um damit gleichzeitig spezifische Marketing- und Kommunikationsziele zu erreichen (Bruhn 2010b, S. 454).

In der Praxis existiert eine Vielzahl an **Erscheinungsformen** von Messen und Ausstellungen. Eine Systematisierung der unterschiedlichen Arten ist anhand verschiedener Kriterien durchführbar. Zunächst ist eine Kategorisierung bezüglich der geografischen Herkunft der Aussteller möglich (z. B. Weiterbildungsmesse einer einzelnen Ausbildungsinstitution oder für ein überregionales Einzugsgebiet). Auch die Breite des Angebotes lässt sich zur Strukturierung heranziehen(z. B. Fachmesse für Hotellerie und Gastronomie oder die deutsche Erlebnismesse Infa als Messe für verschiedene Branchen mit Erlebnisrelevanz). Schließlich erscheint eine Unterteilung nach der Funktion der Veranstaltung (Informations- und Ordermessen) und der Zielgruppe zweckmäßig (z. B. Internationale Tourismus-Börse in Berlin für Fach- und Privatbesucher) (Strothmann/Roloff 1993, S. 715; Kirchgeorg 2003, S. 66; Bruhn 2010b). Schaubild 6-2-14 zeigt eine Kategorisierung von Messen und Ausstellungen anhand der genannten Kriterien.

Zu den **Zielen** eines Messeeinsatzes zählen die Bekanntmachung der Dienstleistungen und des Dienstleistungsunternehmens, die Bereitstellung von Informationen und die Auslösung einer Kaufhandlung. Ferner verfolgen Dienstleistungsunternehmen mit Messen das Ziel, die Konkurrenzfähigkeit des eigenen Dienstleistungsangebotes zu überprüfen, neue Märkte und Marktnischen kennenzulernen und zu entdecken, Erfahrungen auszutauschen, Kooperationen anzubahnen sowie Entwicklungstrends zu erkennen (Pepels 1999, S. 496; Pepels 2003, S. 496; Hofbauer/Hohenleitner 2005, S. 192f.; Kloss 2007, S. 551).

Aufgrund der dienstleistungsspezifischen Besonderheiten ergeben sich für dieses Kommunikationsinstrument folgende **Implikationen**:

- Die Immaterialität der Dienstleistung führt zu kundenseitigen Informationsasymmetrien bezüglich der Beschaffenheit von Erfahrungs- und Vertrauenseigenschaften. Die Erläuterungen zu den dargestellten Dienstleistungen verbessern den eigenschaftsbezogenen Kenntnisstand der (potenziellen) Kunden. Dies bewirkt die **Reduzierung des subjektiv wahrgenommenen Kaufrisikos**.

Schaubild 6-2-14 Kategorisierung von Messen und Ausstellungen
im Dienstleistungsbereich

Kategorie	Formen	Beispiele
Geografische Herkunft der Aussteller	Internationale Messe	„International Travel Fair": Internationale Messe für Reisen
	Regionale Messe	„Ostseemesse": Verbraucherschau des Nordens
Breite des Angebots	Fachmesse	„Internorga": Messe für Hotellerie und Gastronomie
	Universalmesse	„IBO": Frühlingsmesse am Bodensee zu verschiedenen Themenbereichen
Funktion der Veranstaltung	Ordermesse	„Euronics": Messe für Produkte und Dienstleistungen der Kommunikationsbranche
	Informationsmesse	Informationsmesse im Auswärtigen Amt zur Karriere in internationalen Organisationen
Zielgruppe	Fachpublikum	„Tourismus-Forum Rheingau-Taunus": Tourismusmesse ausschließlich für ein Fachpublikum
	Privatbesucher	„Trau Dich": Hochzeitsmesse in Düsseldorf

- Die Intangibilität und Immaterialität von Dienstleistungen beeinflussen die Entscheidungen hinsichtlich der **Präsentation** des Unternehmens und seiner Leistungen. Je nach Art der Leistung ist es möglich, die Potenzial-, Prozess- und/oder Ergebnisdimension darzustellen. Die Potenzialdimension umfasst z. B. die Darstellung tangibler Elemente oder der Mitarbeitenden des Unternehmens. Die Ergebnispräsentation eignet sich z. B. für Leistungen, die zu physischen Veränderungen führen (z. B. kosmetische Behandlung).

- Aufgrund der Immaterialität stellt die **Gestaltung des Messestands**, wie z. B. die Standlage, die Standart, die Standgestaltung und das Standpersonal, ein wichtiges Beurteilungssurrogat dar (vgl. Pepels 2000, S. 683ff.; Hofbauer/Hohenleitner 2005, S. 192f.). Je immaterieller eine Leistung beschaffen ist, desto eher erfolgt die Bewertung anhand der äußeren Beschaffenheit tangibler Elemente.

3. Direct Marketing

Das Direct Marketing war in der Phase der Distributionsorientierung des Marketing durch die verschiedenen Ausgestaltungsformen des direkten Verkaufs geprägt und wurde als absatzpolitisches Einzelinstrument dem Vertrieb zugeordnet. Im Laufe des Wandels zu einem nachfrageorientierten Marketing entwickelte sich das Direct Marketing zu einem effizienten Kommunikationsinstrument (Bruhn 2010b, S. 403). Für die folgenden Ausführungen wird dem Direct Marketing deshalb eine Definition zugrunde gelegt, die den Kommunikationsbereich fokussiert (Deutscher Direktmarketing Verband 1995; Dallmer 2002, S. 6):

> **Direct Marketing** ist die gezielte Einzelansprache mit sämtlichen Kommunikationsmaßnahmen, die darauf ausgerichtet sind, einen direkten Kontakt zum Adressaten herzustellen und einen unmittelbaren Dialog zu initiieren oder durch eine indirekte Ansprache die Grundlage eines Dialogs in einer zweiten Stufe zu legen, um Kommunikations- und Vertriebsziele eines Unternehmens zu erreichen.

Je nach Art der Responsemöglichkeit des Rezipienten werden die **Erscheinungsformen** der Direktkommunikation in eine passive (z. B. die klassische Form der adressierten Werbesendung, Standardwerbebrief einer Bank), eine reaktionsorientierte, aktive (z. B. Werbebrief eines Fitnessstudios mit Gutschein für Saunabenutzung) und eine interaktionsorientierte Direktkommunikation (z. B. Telefonmarketing von Mobilfunkanbietern oder auch beim Online-Marketing) eingeteilt (Hilke 1993, S. 11f.; Holland 2009, S. 5ff.). Schaubild 6-2-15 zeigt Erscheinungsformen des Direct Marketing im Dienstleistungsbereich.

Schaubild 6-2-15 Erscheinungsformen von Direct Marketing im Dienstleistungsbereich

Art der Interaktion	Art der Medien	Beispiele
Passives Direct Marketing	Gedruckte Medien	z. B. Standardbrief einer Bank, durch den die Kunden über neue Leistungen der Bank informiert werden
	Elektronische Medien	z. B. Werbe-Email eines Telekommunikationsanbieters mit Informationen über Handys, Tarife usw.
Reaktionsorientiertes Direct Marketing	Gedruckte Medien	z. B. Zeitungsbeilage eines Finanzdienstleisters mit einer Antwortkarte zur Terminvereinbarung für ein kostenloses Beratungsgespräch
	Elektronische Medien	z. B. Versenden einer Email durch einen Reiseveranstalter mit Link zur Bestellmöglichkeiten von Informationsmaterial
Interaktionsorientiertes Direct Marketing	Gedruckte Medien	z. B. Zeitungsbeilage eines Finanzdienstleisters mit einer Antwortkarte zur Terminvereinbarung für ein kostenloses Beratungsgespräch
	Elektronische Medien	z. B. Werbeanrufe von Telekommunikationsanbietern zum Abschluss eines Vertrages

Mit Hilfe des Direct Marketing werden insbesondere kognitiv- und konativ-orientierte **Ziele** verfolgt. Hinsichtlich der kognitiven Orientierung wird vor allem eine zielgruppenspezifische und selektive (individuelle) Ansprache ohne Streuverluste, eine gezielte und ausführliche Informationsvermittlung und eine hohe Aufmerksamkeitswirkung angestrebt. Der konative Bereich umfasst die Ziele, eine interaktive Kommunikation und eine direkte Kaufhandlung auszulösen.

Für das Direct Marketing ergeben sich aufgrund der Besonderheiten von Dienstleistungen folgende **Implikationen**:

- Die Immaterialität einer Dienstleistung führt zu Informationsdefiziten bezüglich der Dienstleistungsqualität. Das Direct Marketing strebt die individuelle Ansprache potenzieller Kunden an. Die Aussendung zielgruppenspezifischer Informationen trägt zur **Verbesserung des Kenntnisstands** des Kunden bei. Des Weiteren sind die Botschaften persönlich zugeschnitten, was zu einer hohen Akzeptanz und Beachtung der Leistung bei der Zielgruppe beiträgt. Ferner hilft die direkte Ansprache des Kunden beim Aufbau einer kontinuierlichen Beziehung, was in einer gesteigerten Kundenbindung zum Ausdruck kommt.

- Die Integration des externen Faktors trägt zu anbieterseitiger Unsicherheit bezüglich der Leistungsbereitschaft und -fähigkeit des Kunden bei. Maßnahmen der interaktionsorientierten Direktkommmunikation sind geeignet, diesbezügliche Informationen über den Kunden zu erhalten. Als Folge verfügt das Unternehmen über eine größere **Planungssicherheit im Bezug auf den Leistungserstellungsprozess**. Dies führt zu einer höheren Dienstleistungsqualität.

Im Rahmen des Direct Marketing ist es für Unternehmen unerlässlich, über eine breite Datenbasis seiner aktuellen Kunden und unter Umständen seiner potenziellen Kunden zu verfügen. Aus diesem Grunde hat das **Database Marketing** an Bedeutung gewonnen (Dallmer 2002, S. 549f.).

> **Database Marketing** ist das computer- und datengestützte Dialog-Marketing (Wilde 1989), bei dem in Abhängigkeit von den in einer Kundendatei des Dienstleistungsanbieters gespeicherten Kundenmerkmalen (z. B. Soziodemografie, Aktions- und Reaktionsdaten) ein „maßgeschneidertes" Kommunikations- und Verkaufsförderungspaket erstellt wird.

Aufgrund der gespeicherten Informationen ist die Ansprache mittels vom Kunden präferierter Medien möglich (z. B. E-Mail). Darüber hinaus sind in Abhängigkeit des bisherigen Nachfrageverhaltens die Bestimmung einer entsprechenden Anspracheerhäufigkeit und die Auswahl kundenrelevanter Informationen realisierbar. Auf der Grundlage des Database Marketing lässt sich somit eine spezifische individuelle Kundenansprache umsetzen.

4. Social Media-Kommunikation

Das Internet als Kommunikations- und Informationsmedium ist in den letzten Jahren zu einem festen Bestandteil des Alltags der Konsumenten geworden. Je nach Art der zu treffenden Entscheidung wird das Internet mehr oder weniger stark als Informationsquelle herangezogen. Die Kunden greifen dabei auf Webseiten zu, deren Inhalt entweder von Unternehmen selbst oder anderen Internetnutzern generiert wird. Neben der Informationssuche zählen die Kommunikation (z. B. Chats oder das Schreiben von E-Mails) und das E-Commerce zu den am stärksten verbreiteten Tätigkeiten im Internet. Weltweit nutzen mehr als eine Milliarde Menschen das Internet und 750 Mio. Menschen auf der gesamten Welt sind im so genannten **Social Web** aktiv. Der Begriff Social Web bezeichnet die Verbindungen und Interaktionen zwischen Nutzern im World Wide Web, die auf den Social Media-Plattformen basieren. Somit verbindet das Social Web Menschen, aber nicht nur diese, sondern auch Organisationen und Konzepte. Von den rund 82 Mio. Bundesbürgern in Deutschland haben etwa 45 Mio. bereits einen eigenen Zugang zum World Wide Web. Davon sind wiederum 27 Mio. im Social Web aktiv.

Die Nutzer des Social Web sind von ihrem Profil her attraktiv für viele Unternehmen. Beispielsweise sind im Social Web alle Altersklassen vertreten. Bei *Youtube* und *Facebook* dominieren die jüngeren Anwender, bei *Twitter* hingegen sind die meisten Anwender über 40 Jahre alt. Ferner sind zirka 90 Prozent der 18 bis 29-Jährigen in einer Community vertreten, d. h., sie sind Mitglied einer Netzgemeinschaft (Vierpartner 2009, S. 2). Darüber hinaus verdeutlicht eine Studie zur **Nutzung des Internet als Werbe- und Verkaufsmedium** die herausragende Bedeutung des Internet für das Dienstleistungsmarketing. Bei dieser Studie handelt es sich um einen Expertenpanel, in dessen Rahmen seit 1989 regelmäßig ca. 150 Werbeleiter zur Nutzung des Internet für den E-Commerce befragt wurden (GfK-WirtschaftsWoche-Werbeklima I 2000). Von den befragten Unternehmen nutzten Anfang 2000 im Konsumgüterbereich nur 30 Prozent das Internet als Verkaufsmedium, im Industriegüterbereich waren es 49 Prozent. Demgegenüber gaben 60 Prozent der Vertreter aus der Dienstleistungsbranche an, ihr Unternehmen nutze das Internet als Verkaufsmedium. Dieser Trend hat sich auch in den Folgejahren fortgesetzt. So kam die Befragung im Jahre 2005 zu dem Ergebnis, dass im Industriegüterbereich 74 Prozent, im Konsumgüterbereich 64 Prozent und im Dienstleistungssektor 88 Prozent der Werbeleiter planten, in den nächsten Jahren verstärkt Online-Werbung zu betreiben (GfK 2005, S. 3).

Im Folgenden werden die einzelnen **Entwicklungsphasen** bis hin zu einer Social Media-Kommunikation kurz dargestellt. Die reine Informationssuche, die Kommunikation via E-Mails sowie das E-Commerce gehören den Web 1.0-Aktivitäten an. In jüngster Zeit erfreut sich der Begriff des Web 2.0 großer Aufmerksamkeit, wenngleich bis heute der Umfang des Begriffs nicht klar umrissen ist und keine einheitliche Definition existiert. O'Reilly verbindet mit dem Begriff des Web 2.0 eine stärkere Partizipation und Einbindung der Internetnutzer in das Internetgeschehen. Nutzer können mit geringem Aufwand Inhalte selbst generieren und mit anderen teilen (O'Reilly 2006). Man entfernt sich von der Auffassung, das World Wide Web (WWW) als reine Informationsquelle zu verstehen (Holland 2009, S. 93ff.). Vielmehr wird das WWW als Ausführungsplattform gesehen, um mit anderen Internetnutzern in Kontakt zu treten. Zunehmend häufiger produzieren und veröffentlichen

Internetnutzer eigene Informationen im weltweiten Netz. Im Ergebnis kristallisieren sich immer stärker so genannte **soziale Netzwerke** heraus, in denen sich Kunden – teilweise weltweit – miteinander über Inhalte und Informationen, die das Unternehmen und dessen Marken betreffen, austauschen. Schaubild 6-2-16 veranschaulicht den unterschiedlichen Informationsfluss im klassischen Web (dem Web 1.0) und im Web 2.0.

Schaubild 6-2-16 Vergleich des Informationsflusses im klassischen WWW (Web 1.0) mit dem Web 2.0

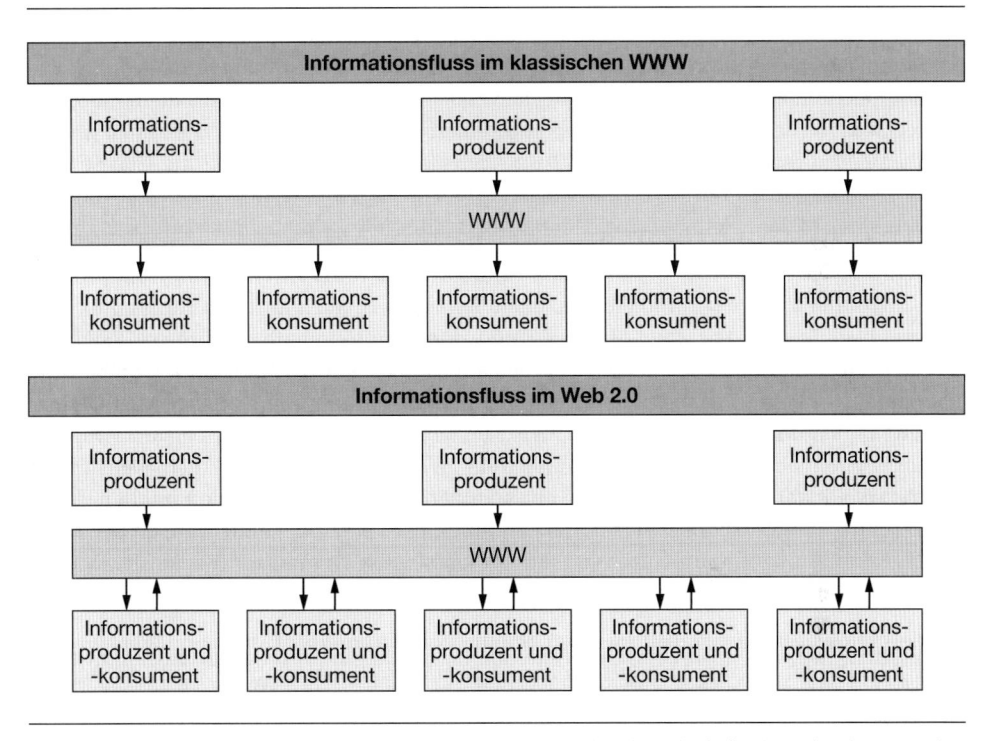

Informationsfluss im klassischen WWW

Informationsproduzent → Informationsproduzent → Informationsproduzent → WWW → Informationskonsument, Informationskonsument, Informationskonsument, Informationskonsument, Informationskonsument

Informationsfluss im Web 2.0

Informationsproduzent → Informationsproduzent → Informationsproduzent → WWW ↔ Informationsproduzent und -konsument, Informationsproduzent und -konsument, Informationsproduzent und -konsument, Informationsproduzent und -konsument, Informationsproduzent und -konsument

Quelle: Schiele/Hähner/Becker 2008, S. 5

Mit Hilfe der Social Software treten die Nutzer des Internet sowohl als Informationskonsumenten als auch als Informationsproduzenten auf. **Social Media-Kommunikation** nutzt diese Social Software des Web 2.0 und wird im Weiteren wie folgt definiert:

> **Social Media-Kommunikation** vollzieht sich auf online-basierten Plattformen und kennzeichnet sowohl die Kommunikation als auch die Zusammenarbeit zwischen Unternehmen und Social Media-Nutzern sowie deren Vernetzung untereinander. Die Social Media-Kommunikation erfolgt sowohl aktiv als auch passiv, mit dem Ziel des gegenseitigen Austausches von Informationen, Meinungen, Eindrücken und Erfahrungen sowie des Mitwirkens an der Erstellung von unternehmensrelevanten Inhalten, Produkten oder Dienstleistungen (Bruhn 2009, S. 473).

Social Media besitzt verschiedene Einsatzmöglichkeiten als Instrument und als Einflussgröße der Marketing- und Unternehmenskommunikation. Dies ist auf die nachfolgend aufgeführten spezifischen **Merkmale der Social Media-Kommunikation** zurückzuführen, die sämtlichen Kommunikationsaktivitäten der Social Media-Kommunikation gemeinsam sind:

1. Die **eingeschränkte Kontrollierbarkeit** stellt eine zentrales Merkmal der Social Media-Kommunikation dar. Sowohl Botschaften der Sender (z. B. Unternehmen oder Kunden) als auch die Reaktionen der Empfänger (z. B. Kunden oder Unternehmen) auf die publizierten Botschaften lassen sich nicht oder nur eingeschränkt kontrollieren. Den Sendern ist es kaum möglich nachzuverfolgen, über welche Plattformen und mit welcher Bewertung ihre Kommunikationsinhalte weitergetragen werden. Darüber hinaus bietet die Social Media-Kommunikation eine Vielzahl an Möglichkeiten, sich über den Sender auszutauschen, wohingegen es für den Sender selbst kaum kontrollierbar ist, auf welchen Plattformen und zu welcher Zeit dies geschieht. So besteht für Dienstleistungsunternehmen die Gefahr, dass unzufriedene Kunden negative Äußerungen in Bezug auf eine negative Dienstleistungserfahrung über soziale Netzwerke verbreiten, ohne auf diese zeitnah einwirken zu können.

2. Weiter zeichnet sich die Social Media-Kommunikation als **interaktives Kommunikationsinstrument** aus. Sie ermöglicht es allen Teilnehmern, sich an einer Kommunikation aktiv zu beteiligen und befähigt die Adressaten, dem Kommunikator über einen Rückkanal ihrerseits Botschaften zu übermitteln. Es entsteht somit ein zweiseitiger Kommunikationsprozess. Dies bedeutet zum einen, dass die Unternehmen mit den Konsumenten Dialoge führen können und ein Rollenwechsel zwischen Sender und Empfänger entsteht. Darüber hinaus entsteht aber auch eine Kommunikation zwischen den Konsumenten. Dem Unternehmen bleibt dabei selbst überlassen, ob es an der Kommunikation teilnimmt. Insgesamt ist von einer Abkehr des klassischen Sender-Empfänger-Prinzips zu sprechen, da Die Social Media-Kommunikation, im Gegensatz zu den klassischen Kommunikationsinstrumenten, auf der Interaktion ihrer Nutzer beruht.

3. Die online-basierten Plattformen der Social Media-Kommunikation ermöglichen eine **hohe Flexibilität in der Darstellung der Kommunikationsinhalte**. Die Social Media-Kommunikation vollzieht sich mittels Wort-, Bild-, Audio- und/oder Videozeichen (z. B. integrierte Audio- und Video-Streams innerhalb der Plattformen). Ebenso kann die Information in einem Text oder über gestaltetes Bildmaterial übermittelt werden. Die *Deutsche Bank* setzt beispielsweise verschiedene Darstellungsformen der Social Media-Präsenz ein. So ist es den Internet-Usern möglich, über *Youtube* verschiedene Werbe- und Imagevideos über die *Deutsche Bank* anschauen, sich über *Twitter* die Topnews bezüglich der *Deutschen Bank* in Textform betrachten oder über *flickr.com* verschiedene Bildergalerien der *Deutschen Bank* betrachten (Deutsche Bank 2010b).

4. Die Social Media-Kommunikation zeichnet sich im Gegensatz zu den anderen Kommunikationsinstrumenten sowohl durch die **Form der persönlichen als auch der unpersönlichen Kommunikation** aus. Die persönliche Kommunikation erfolgt durch den unmittelbaren zwischenmenschlichen Kontakt innerhalb der online-basierten Plattformen.

Diese Form ist beispielsweise typisch für den Kommunikationsträger *Twitter*. Corporate Weblogs, über die Unternehmen die Konsumenten mit Informationen konfrontieren, stellen aufgrund einer zeitlichen Trennung der am Kommunikationsprozess Beteiligten eine Form der unpersönlichen Kommunikation dar. Nutzen die Konsumenten die Rückkopplungsmöglichkeiten dieser Corporate Weblogs, geht die Kommunikation in eine persönliche Kommunikation über.

5. Betrachtet man die Adressaten der Social Media-Kommunikation, so zeigt sich, dass sich das Kommunikationsinstrument an ein mehr oder weniger **abgegrenztes Publikum** richtet. Corporate Weblogs richten sich beispielsweise an ein breites Publikum. Wer die Empfänger der Kommunikationsinhalte sind, entzieht sich bei diesem Kommunikationsträger der Kenntnis des Senders. Wird von einem Unternehmen hingegen eine Interessensgruppe in einem Netzwerk betreiben, so richtet sich das Unternehmen mit seinen Kommunikationsinhalten an die Mitglieder der betrachteten Gruppe und damit an eine abgegrenzte und eindeutig identifizierbare Personengruppe (siehe Schaubild 6-2-17).

6. Ferner ist der Einsatz der Social Media-Kommunikation sowohl **öffentlich als auch geschlossen möglich**. Wird beispielsweise der Kommunikationsträger Video auf online-basierten Plattformen wie *Youtube.com* verwendet, so ist die Empfängerschaft weder begrenzt noch personell definiert, wodurch die Social Media-Kommunikation eine Form der öffentlichen Kommunikation darstellt. Demgegenüber erfolgt beispielsweise die Kommunikation innerhalb von Gruppen in geschlossenen Netzwerken, und zwar zwischen jenen Personen, die Teil der Gruppe sind.

7. Darüber hinaus ist mit Hilfe der Social Media-Kommunikation eine Form der direkten und indirekten Kommunikation möglich. Bei der **direkten Kommunikation** sind zwischen Sender und Empfänger keine Elemente (z. B. Personen und Plattformen) geschaltet. Die **indirekte Kommunikation** zeichnet sich dadurch aus, dass Elemente zur Botschaftsstreuung eingesetzt werden. Der Vorteil der indirekten und unternehmensbezogenen Kommunikation liegt darin, dass deren Inhalte aufgrund der online-basierten Plattformen in kürzester Zeit verbreitet werden. Die Nutzung der raschen Informationsverbreitung, hervorgerufen durch die enormen Vernetzungen von Individuen im Internet, wird häufig als **„Virales Marketing"** bezeichnet.

8. Im Gegensatz zu den anderen Kommunikationsinstrumenten ermöglicht die Social Media-Kommunikation eine **schnelle, einfache und kostengünstige Informationsdiffusion** der Botschaft (Virales Marketing). Dieses Merkmal beruht auf den online-basierten Plattformen und der damit einhergehenden Kommunikationsvernetzung ihrer Nutzer.

9. Social Media-Kommunikation enthält sowohl **unternehmensgesteuerte**, d. h. von den Unternehmen selbst erstellte, als auch **nutzergenerierte** (User Generated Contents, UGC) Kommunikationsinhalte.

Schaubild 6-2-17 Beispiel für eine geschlossene Interessensgruppe der Hotelkette Marriott auf der Internetplattform xing.com

```
                        Marriott
        Welcome to the mighty and powerful world of Marriott
              The „Marriott Community" – a nice place to be!
```

"Die Gruppe hat den Zweck, ehemalige Mitarbeiter von Marriott auf einer Plattform zusammen zufassen, damit man alte Kollegen wiederfindet und Kontakte auch weiterhin pflegen kann."
Herwig Mayr und Oliver Friedrich (Gruender und Moderatoren), Muenchen im September 2008

Bei XING gibt es viele Mitglieder, die Marriott als einen Ihrer Arbeitgeber in ihrem Profil gelistet haben!

Die XING Gruppe "Marriott Community" soll ehemalige und aktive Mitarbeiter von Marriott in einer aktiven und großen Community zusammen bringen und "unter einem Dach" vereinen.

Die Betreiber dieser Plattform moechten diesen interaktiven Dialog besonders foerdern und einfach gestalten. Als Mitglied haben Sie innerhalb weniger Augenblicke die Moeglichkeit alte Kollegen wiederzufinden und wertvolle Kontakte zu pflegen.

Sie haben auch bei Marriott gearbeitet und sind noch nicht Mitglied in dieser Gruppe? Treten Sie jetzt bei und treffen Sie alte Bekannte wieder!

Gerade in der Hotellerie ist Networking sehr wichtig! Diese Plattform bietet hierzu eine einfache und ausgezeichnete Möglichkeit in Kontakt zu bleiben, da ehemalige Kollegen, durch die Internationalität der Berufe bedingt, oft weit über die ganze Welt verteilt sind.

Keep alive the "Spirit to Serve". Join now :-)

10. Die Social Media-Kommunikation erfolgt sowohl über **interne als auch externe Kommunikationsträger**. Unternehmen haben zum einen die Möglichkeit, selbst eigene Kommunikationsträger aufzubauen (z. B. Corporate Weblogs). Zum anderen gibt es für die Unternehmen zahlreiche Möglichkeiten, sich externen Kommunikationsträgern anzuschließen, um ihre Botschaften zu übermitteln (z. B. Werbespots auf *Youtube.com* oder Informationen über ihr Unternehmen bei *Wikipedia* veröffentlichen).

Die Kommunikationsträger der Social Media-Kommunikation sind sämtliche onlinebasierten Plattformen, die in der Lage sind, die Kommunikationsbotschaft zu übermitteln und stellen somit das Transportmittel der Information dar. Diese Kommunikationsbotschaft kann beispielsweise ein über *Twitter.com* übermittelter Kommentar, eine bei *Holidaycheck.de* abgegebene Bewertung oder eine über *Last.fm* veröffentlichte Information sein. Aufgrund der Vielfalt und der kontinuierlichen Entstehung von Kommunikationsträgern wird eine pragmatische Abgrenzung anhand des Abgrenzungskriteriums „Nutzermotiv der Botschaftsübermittlung" durchgeführt. In der Praxis haben sich folgende neun **Erscheinungsformen der Social Media-Kommunikation** herausgebildet, auf die im Folgenden eingegangen wird:

1. Weblogs,
2. Virtuelle Netzwerke,
3. Webforen,
4. Micromedia,
5. Bookmarks,
6. Wikis,
7. Podcasts,
8. Videos und Pictures sowie
9. Bewertungsportale.

Schaubild 6-2-18 verdeutlicht die facettenreichen Handlungsspielräume bei der Platzierung der Botschaft im Rahmen des Einsatzes der Social Media-Kommunikation und zeigt für die verschiedenen Erscheinungsformen exemplarisch Kommunikationsträger auf.

Schaubild 6-2-18 Erscheinungsformen und Kommunikationsträger der Social Media-Kommunikation

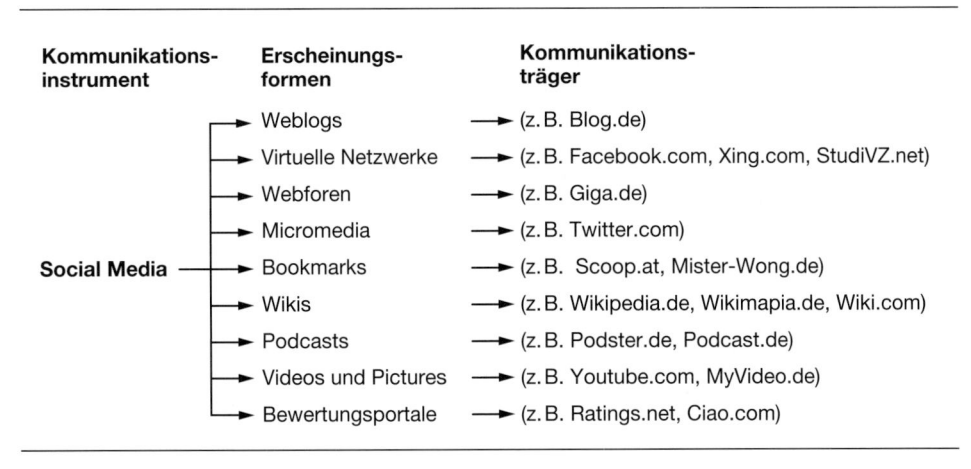

Kommunikationsinstrument	Erscheinungsformen	Kommunikationsträger
Social Media	Weblogs	(z. B. Blog.de)
	Virtuelle Netzwerke	(z. B. Facebook.com, Xing.com, StudiVZ.net)
	Webforen	(z. B. Giga.de)
	Micromedia	(z. B. Twitter.com)
	Bookmarks	(z. B. Scoop.at, Mister-Wong.de)
	Wikis	(z. B. Wikipedia.de, Wikimapia.de, Wiki.com)
	Podcasts	(z. B. Podster.de, Podcast.de)
	Videos und Pictures	(z. B. Youtube.com, MyVideo.de)
	Bewertungsportale	(z. B. Ratings.net, Ciao.com)

Im Folgenden wird eine Beschreibung der **Erscheinungsformen der Social Media-Kommunikation** hinsichtlich ihrer Bedeutung, Ausprägungen und Besonderheiten vorgenommen.

1. Weblogs

Weblogs stellen Online-Publikationen dar, die persönliche Inhalte des Autors kommunizieren und durch den Autor regelmäßig aktualisiert werden (Fleck et al. 2008, S. 236). Der Unterschied zu einer herkömmlichen Homepage liegt darin, dass Weblogs neben Informationen auch Meinungen des Weblog-Autors und der Besucher des jeweiligen Weblogs beinhalten (Eck 2007, S. 16). **Corporate Blogs** sind eine besondere Form von Weblogs und werden von Unternehmen generiert und gesteuert (Fleck et al. 2008, S. 236). Aus Sicht des Unternehmens bieten Corporate Blogs die Möglichkeit des **direkten und persönlichen Kontakts** sowohl mit den Kunden als auch mit sämtlichen Stakeholdern. Durch den Blog erfahren die Stakeholder Neuigkeiten und Stellungnahmen aus dem Unternehmen, die die Stakeholder direkt kommentieren und über die sie sich mit anderen Stakeholdern austauschen können. Dem Unternehmen bietet sich wiederum die Möglichkeit, unmittelbar Informationen über die Meinung der Stakeholder zu erhalten und auf ihre Kommentare zu reagieren (Holland 2009, S. 95).

> **Beispiel: Der Einsatz von Weblogs in der Hotellerie**
>
> Das *Berlin Plaza Hotel* verfolgt mit der Einrichtung eines Weblogs folgende Ziele: „Warum ein Weblog? Das *Berlin Plaza Hotel* hat doch schon eine Website. Warum jetzt noch einen Weblog und was macht den Unterschied zu der Website aus? Dieser Weblog öffnet einen Blick hinter die Kulissen des täglichen Geschehens im und rund um das Hotel. Hier werden persönliche Eindrücke geschildert, Momentaufnahmen geliefert, Tipps zum Einkaufen gegeben, Wettervorhersagen versucht, wird Insiderwissen vermittelt, Hintergründiges recherchiert, Aktuelles kommentiert, Kurioses gesammelt und Anderen die Möglichkeit geboten, Kommentare einzugeben. Die Protagonisten dieses Blogs: das Hotel, der Kurfürstendamm, Berlin, der Autor: Frank Hägele und viele Kommentatoren." (Quelle: Berlin Plaza Hotel 2010)

Corporate Weblogs haben sich in den vergangenen Jahren zu einer wichtigen und Erfolg versprechenden Erscheinungsform der Unternehmenskommunikation entwickelt. Mittlerweile existieren viele unterschiedliche Formate und Bezeichnungen von Weblogs (Fleck et al. 2008, S. 236). So finden sich sowohl in der wissenschaftlichen Literatur als auch im alltäglichen Gebrauch zahlreiche Begrifflichkeiten, wie Knowledge-Blogs, Flogs, Voterblogs, CEO-Blogs u. v. m., sowie Einsatzmöglichkeiten von Corporate Weblogs. Einen umfassenden **Systematisierungsversuch** von Corporate Weblogs bietet die Klassifikation gemäß Zerfaß (2004a). Die verschiedenen Arten von Weblogs werden dabei zwei Dimensionen zugeordnet. Die erste Dimension unterscheidet zwischen den Handlungsfeldern der Corporate Weblogs. Diese können im Unternehmen selbst (interne Kommunikation), in der Marktöffentlichkeit und im politisch-soziokulturellen Umfeld zum Einsatz kommen. Die zweite Dimension differenziert nach den Unternehmenszielen, die mit dem Einsatz des

Weblogs verfolgt werden. Hierbei unterscheidet man zwischen informativen Vorgehensweisen, persuasiver und argumentativer Kommunikation. Schaubild 6-2-19 zeigt die Klassifikation von Corporate Weblogs im Überblick (Zerfaß 2004a, S. 4).

Schaubild 6-2-19 Systematisierung von Corporate Weblogs

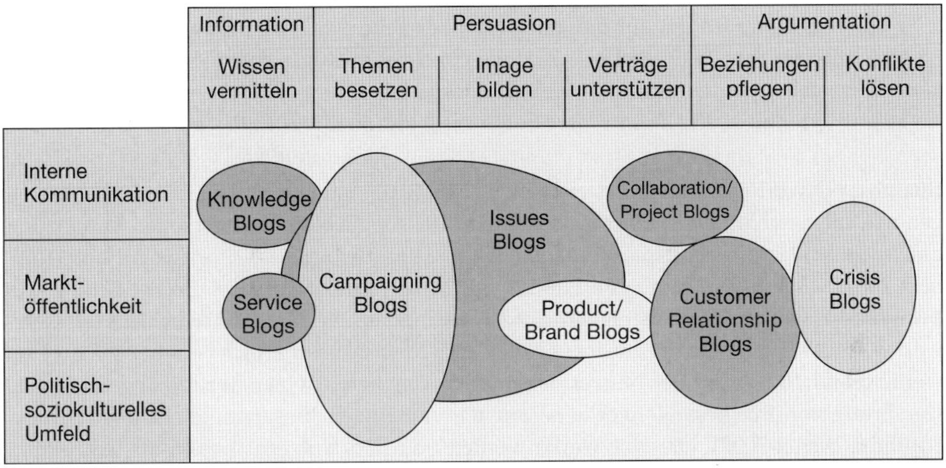

Quelle: Zerfaß 2004a, S. 4

2. Virtuelle Netzwerke

Ein Netzwerk einer Person umfasst im Allgemeinen alle Beziehungen, über die eine Person offline und online verfügt (Kielholz 2008, S. 64). Mittels virtuellen Netzwerken wird der Aufbau und die Pflege von Kontakten über das Internet ermöglicht. Des Weiteren ermöglichen sie das Sammeln von Kontaktdaten, Diskussionsgruppen, den Informationsaustausch bis hin zur Einbindung von Fotos, Videos und Blogs. Netzwerk-Plattformen werden als Network Services oder Communities bezeichnet. Grundsätzlich lassen sich zwei **Typen von Netzwerken** unterscheiden:

- Social Networks und
- Business Networks.

Social Networks dienen primär zur Pflege von privaten Kontakten und weisen vielfältige Zielgruppen auf. So existieren Plattformen für Studierende (z. B. *studiVZ*), Schüler (*schueler.cc*), Singles (z. B. *iLove*), Geschäftsleute (z. B. *Xing*) und Plattformen ohne spezifische Ansprache einer Zielgruppe (z. B. *Facebook, MySpace*). Die genannten Social Networks stellen offen gehaltene Netzwerke dar, bei der es jeder Person möglich ist, sich anzumelden. Demgegenüber existieren geschlossene Netzwerke (z. B. *asmallworld, brands4friends*), bei denen interessierte Personen nur durch Einladung eines bereits existierenden Nutzers der Community beitreten können.

> **Beispiel: Wie Unternehmen das Social Network Facebook.com nutzen**
>
> Das mit nach eigenen Angaben ca. 500 Millionen Nutzern weltweit größte soziale Netzwerk ist *Facebook*. Es wurde im April 2004 gegründet und ist mittlerweile in 74 Sprachen verfügbar. Unternehmen nutzen *Facebook*, indem sie für ihre Produkte und Marken eigene Profile anlegen und auf diesen Profilen regelmäßig über Neuigkeiten zu ihren Produkten oder zum Unternehmen im allgemeinen berichten. *Starbucks* beispielsweise informiert auf diesem Wege über neue Produkte bzw. neue Geschmacksrichtungen, berichtet über sein soziales und nachhaltiges Engagement und lädt zu Veranstaltungen ein wie z. B. Weihnachtsspecials in verschiedenen *Starbucks*-Restaurants oder zu kostenlosen Kaffee-Seminaren. (Starbucks 2010)

Business Networks werden in erster Linie für den Aufbau und die Pflege von Beziehungen genutzt, die geschäftlich nützlich sein können. Die Möglichkeit der virtuellen Vernetzung mit interessanten Geschäftspartnern macht die Attraktivität dieser Netzwerke aus (Kielholz 2008, S. 64). Einer Studie von Fittkau und Maaß (2006) zufolge ist die Bedeutung von Business Networks stetig ansteigend. So zeigt sich, dass 55 Prozent der bestätigten Netzwerk-Kontakte innerhalb der Business Netzwerks *Xing* als geschäftlich bedeutsam bewertet werden, und 16 Prozent der Nutzer haben über *Xing* bereits einen Vertrag abgeschlossen. Der Erfolg von Business Networks ist auf die vielfältigen Einsatzmöglichkeiten zurückzuführen (Vogel 2007). Die Netzwerke werden von den Nutzern sowohl als Recruiting-Instrument eingesetzt sowie zur Identifizierung neuer Geschäftspartner oder von Experten eines bestimmten Gebietes. Personalverantwortliche nutzen die Netzwerke, um sich vorab über die Bewerber zu informieren. Schließlich dienen Business Networks, wie auch Social Networks, der einfachen Kontaktpflege. Demgegenüber sind Business Networks aber auch mit Risiken verbunden. Bei Mitarbeitenden, die ein Profil auf einem Business Netzwerk pflegen, besteht die Möglichkeit, dass sie von Dritten abgeworben werden. Hinzu kommt, dass interne Kontakte und Organisationsstrukturen eruierbar sind (Kielholz 2008, S. 64).

3. Webforum

Als Webforum bezeichnet man den Teil einer Website, für den zumeist eine Registrierung erforderlich ist, um einen Zugang zu bekommen. Die registrierten Mitglieder tauschen innerhalb des Webforums Gedanken, Erfahrungen und Meinungen aus. Sie bilden eine Online Community. Die Mitglieder haben die Möglichkeit, bestimmte, im Forum diskutierte Themengebiete, so genannte „Topics", zu abonnieren. Dadurch werden sie per Email immer auf dem neusten Stand gehalten, sobald zu dem Themengebiet ein neuer Beitrag veröffentlicht wird. Die von den registrierten Mitgliedern des Forums verfassten Beiträge werden als „Postings" bezeichnet.

Nach der Strukturierung der Beiträge lassen sich zwei **Erscheinungsformen von Foren** unterscheiden (Koch/Richter 2007, S. 35):

(a) In **klassischen Webforen** werden die Beiträge innerhalb eines Themas sowohl in hierarchischer als auch in chronologischer Struktur dargestellt. Es ist somit erkennbar, welcher Beitrag als Antwort auf welchen anderen Beitrag geschrieben wurde.

(b) Im Gegensatz zum klassischen Webforum werden in **Bulletin Boards** alle Beiträge zu einem Thema rein chronologisch gesammelt. Das Thema wird nach einer festgelegten Anzahl an Beiträgen auf einer Folgeseite weiter diskutiert.

Bei komplexeren Diskussionsthemen, bei denen sich mehrere Teildiskussionen entwickeln, werden Bulletin Boards unübersichtlich, da nicht ersichtlich ist, auf welchen Beitrag ein Diskussionsteilnehmer mit seinem Beitrag antwortet. Hierin liegt ein Nachteil gegenüber dem klassischen Webforum. Sowohl das Webforum als auch Bulletin Boards existieren in moderierter und unmoderierter Form. Bei moderierten Webforen werden die Postings zunächst gespeichert und erst nach der Zustimmung der Moderatoren freigeschaltet und veröffentlicht. Bei unmoderierten Foren hingegen sind die Postings sofort nach der Absendung für alle Mitglieder des Forums lesbar (Echtzeit-Foren).

> **Beispiel: ikea-fans.de – Die Community von und für Ikea-Fans**
>
> In diesem Forum haben Konsumenten die Möglichkeit, sich über verschiedene Themen rund um *Ikea* auszutauschen. Hier werden Erfahrungsberichte bezüglich *Ikea*-Möbel ausgetauscht, Produktvorschläge diskutiert, und es hat sich auch eine Art Tauschbörse für gebrauchte *Ikea*-Möbel entwickelt. Das Besondere an diesem Forum ist, dass die Betreiber in keiner Beziehung zu dem Unternehmen *Ikea* stehen, sondern diese Idee einzig aus der Motivation von *Ikea*-Fans entwickelt wurde (Ikea-Fans 2010).

4. Micromedia

Die wesentliche Grundlage von Micromedia, oder auch **Microblogging** genannt, ist eine auf weniger als 200 Zeichen begrenzte, vom Nutzer veröffentlichte Nachricht. Die einzelne, mit SMS-vergleichbare Kurznachricht, ist zumeist in der Ich-Perspektive verfasst und von anderen Nutzer unmittelbar kommentierbar (Echtzeit-Kommunikation). Der Nutzer kann die Nachrichten öffentlich oder geschlossen, beispielsweise lediglich an eine Freundesgruppe, versenden. Alle Nachrichten sind in einem sogenannten Log, d. h. einer abwärts chronologisch sortierten Liste durch den Micromedia-Dienst, erfasst. Diese Dienste sind weltweit per Website, Smartphone, Widgets oder Webbrowser-Plug-in erreichbar.

Der bekannteste Micromedia-Anbieter ist **Twitter**, weshalb *Twitter* häufig auch als Synonym für Micromedia verwendet wird. Die Anzahl der Zeichen einer Textnachricht ist auf 140 begrenzt. Das Verfassen von Textnachrichten auf *Twitter* wird als „twittern" bezeichnet, die Textnachrichten als solches als „Tweets". Wird ein Tweet von einer anderen Person wiederholt und weiterverbreitet, so wird dieser Vorgang als „ReTweet" bezeichnet. Überdies ist es möglich, die Tweets einer anderen Person zu abonnieren, um damit kontinuierlich über deren Kommunikation informiert zu werden. Solche Leser, die die Beiträge eines bestimmten Autors abonniert haben, werden als „Follower" bezeichnet. Die *Deutsche Bank* ist auf *Twitter* sehr aktiv mit 2.416 „Tweets", 5.229 „Follower" und ist selbst 616 mal „Follower" bei anderen *Twitter*-Accounts (Stand: 22.11.2011).

5. Bookmarks

Bookmarking bietet den Nutzern die Möglichkeit, die Lesezeichen (Bookmarks) bei einem gewünschten Online-Dienst abzuspeichern, abzurufen oder zu durchsuchen (Emrich 2008, S. 185). Die besuchten Websites können hierdurch per Mausklick, mit einer persönlich verfassten Beschreibung und der jeweiligen URL gespeichert werden. Durch die Verwendung von Bookmarks wird es dem Nutzer ermöglicht, eine Desktopanwendung zur Verwaltung von Daten und Informationen ortsunabhängig und benutzerfreundlich einzusetzen und andere dabei einzubeziehen (Koch/Richter 2007, S. 47). Die interaktive Komponente zeichnet sich durch die öffentliche Zugänglichkeit der Bookmarks aus, wodurch die einzelnen Bookmarks vernetzt sind. Hierdurch ist neben der Popularität einer Homepage (Was finden andere gut?) auch die Verknüpfung zu weiteren thematisch verbundenen Seiten gegeben (Was ist in diesem Zusammenhang noch interessant?). Ein Beispiel für einen Social Bookmarking Service in Deutschland ist *Mister Wong* (vgl. Schaubild 6-2-20).

Schaubild 6-2-20 Social Bookmarking von Mister Wong

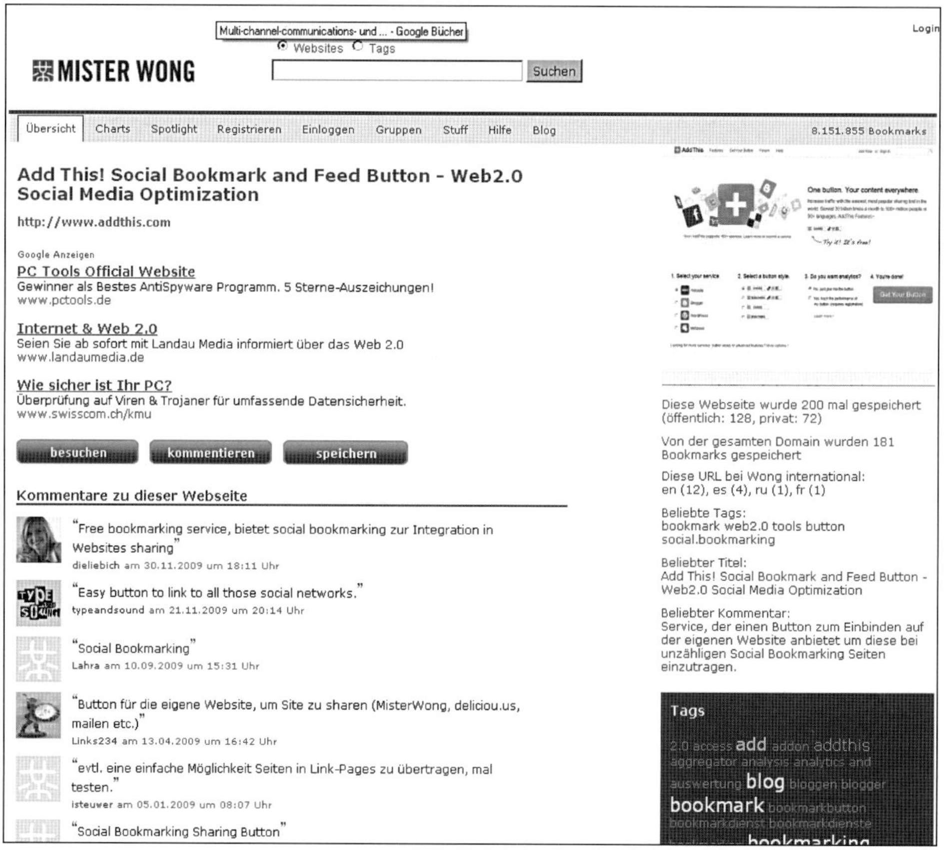

Quelle: Mister Wong 2010

6. Wikis

Ein Wiki ist eine einfache und leicht zu bedienende Plattform, auf der Nutzer kooperativ an Texten und Hypertexten arbeiten. Es ist ein Online Nachschlagewerk, bei dem jeder Nutzer Einträge editieren kann. Das Ziel ist die Schaffung kollektiver Intelligenz, durch die Erfahrung und das Wissen der Nutzer bzw. Autoren. Hinter den Wikis steht das Prinzip, dass die Entscheidung vieler Nutzer in der Summe zu besseren Ergebnissen führt, da durch Quantität Qualität sichergestellt wird („Wisdom of Crowds") (Alpar/Blaschke 2008, S. 311).

> **Beispiel: Wie Unternehmen das Wiki von Wikipedia nutzen**
>
> *Wikipedia* als freie, unentgeltliche Online-Enzyklopädie, ist in zahlreichen Sprachen verfügbar. Die Artikel der Enzyklopädie werden von einer weltweiten Autorengemeinschaft zusammen erstellt. Jeder Internet-Nutzer hat die Möglichkeit, die Artikel zu lesen, zu erstellen und zu bearbeiten. Veröffentlicht wird letztlich, was von der Gemeinschaft der Autoren akzeptiert wird. Unternehmen nutzen *Wikipedia*, indem sie beispielsweise einen Artikel über ihr Unternehmen mit seiner Geschichte, seinen Leitlinien, Marken usw. verfassen. Sucht man nach der Fastfoodkette *Burger King*, findet man auf der Seite bei *Wikipedia* detaillierte Informationen zu den Gründern, der Geschichte, den wichtigsten Zahlen und Fakten, detaillierte Informationen über die Produkte und Bilder zu dem Unternehmen. Häufig findet sich am rechten Bildrand der Seite eine Infobox (Factsheet), auf der die wichtigsten Informationen zu dem Unternehmen kompakt zusammengefasst sind. Schaubild 6-2-21 zeigt das Infobox von dem Unternehmen *Burger King*.

Schaubild 6-2-21 Factsheet von Burger King auf Wikipedia

Burger King Corporation	
Unternehmensform	Aktiengesellschaft
ISIN	US1212082010
Gründung	1954
Unternehmenssitz	Miami-Dade County, Florida
Unternehmensleitung	John Chidsey CEO
Mitarbeiter	• 37.000 (markenweit) • 340.000 (2006) (mit Franchise-Nehmern)
Umsatz	• 2,05 Mrd. US$ (2006) • ≈11 Mrd. US$ (2006)
Branche	Nahrungsmittel, Gastronomie
Produkte	Fastfood, Hamburger, Pommes frites, Milchshakes
Website	www.burgerking.com

Quelle: Wikipedia 2011

7. Podcasts

Mit Podcast wird in der Regel eine Serie von Beiträgen, so genannten Episoden, bezeichnet (Koch/Richter 2007, S. 36). Die Bezeichnung Podcast entstammt den beiden Wörtern iPod (MP3-Player der Firma *Apple*) und Broadcasting (englische Bezeichnung für Rundfunk). Podcasts bezeichnen Audiobeiträge von Privatpersonen und Unternehmen, die zumeist unentgeltlich verfügbar sind. Die Themenwahl von Podcasts ist vielfältig und betrifft alle erdenklichen Inhalte und das Erstellen und Publizieren ist für jeden Nutzer möglich.

Durch die Verbreitung mobiler MP3-Player (z. B. iPod) und der technologischen Entwicklung von Mobiltelefonen sind die Inhalte der über das Internet generierten Podcasts überall konsumierbar. Eine spezielle Form von Podcasts ist die audiovisuelle Variante, der so genannte Videocast. Auf der Basis der Akteure auf Produzentenseite lassen sich drei **Erscheinungsformen von Podcasts** unterscheiden (Clement/Papies 2008, S. 341ff.):

(a) **Persönliche Podcasts** werden von Privatpersonen erstellt. Die meisten dieser Podcasts erreichen lediglich wenige Nutzer. Manche jedoch haben mehr als 10.000 Abonnenten. Beispiele hierfür sind Annik Rubans „Schlaflos in München" sowie das in der Berliner U-Bahn gedrehte „Undertube". Aufgrund der großen Nutzerzahl ist eine zukünftig wachsende Bedeutung dieser Podcasts zu erwarten, da sie einen Ansatzpunkt für die Werbung, aber auch für Sponsoring und Product Placement bieten.

(b) **Redaktionelle Podcasts** stellen Podcast-Angebote von Zeitungshäusern oder Fernseh- und Radiosendungen dar. So stammt die Hälfte der Top-100-Podcasts bei *iTunes* von etablierten Medienunternehmen (Holahan 2006).

(c) **Unternehmenspodcasts** sind von Unternehmen angebotene Podcasts, die nicht allein werblicher Natur sind. Grund hierfür ist, dass die Nutzer den Podcast abrufen müssen. Hierfür bedarf es der Stiftung eines substanziellen Nutzens für den Anwender. Eine weitere Voraussetzung für einen erfolgreichen Unternehmenspodcast ist der Fit zwischen der Zielgruppe und dem Inhalt des Podcasts.

> **Beispiel: Unternehmenspodcast eines Kreditinstituts**
>
> Der Podcast eines Finanzdienstleisters wird gezielt eingesetzt, um auf die Fragen der weltweiten Hörer einzugehen und diese in den Podcast-Episoden aufzugreifen. Ziel ist es, bestehenden Kunden durch das Angebot an Bild-, Text- sowie akustischen Formaten Wissenswertes über das Unternehmen mitzuteilen. Das Kreditinstitut verspricht sich damit die Kunden stärker an das Unternehmen zu binden und zudem neue Kunden zu gewinnen. Daher wird die Internetpräsenz über die Servicerubrik um die Serviceleistung „Podcast" für das Privatkundengeschäft erweitert. Der Podcast dient in diesem Fall als klassischer Unternehmenspodcast zur Unterstützung der externen PR (Markenpodcast).

8. Videos und Pictures

Video- und Fotoalben sind Plattformen, auf die die Nutzer eigene Videos und Fotos in das Internet hochladen und diese in Alben mit bestimmten Tags veröffentlichen können. Videos und Fotoalben anderer Nutzer können angesehen, kommentiert oder bewertet werden. Je nachdem, ob es sich um öffentliche oder geschlossene Plattformen handelt, bedarf es, wie auch bei Webforen, der Freischaltung durch den Moderator. Überdies ist es möglich, dass Fotos und Videos zensiert werden (Alby 2007, S. 111). Insbesondere Videoportale werden von Unternehmen und Agenturen vielfach genutzt, um **Virales Marketing** durchzuführen (Holland 2009, S. 95). Die bekannteste und meist genutzte Video-Plattform ist *Youtube.com*. Dort werden täglich mehr als 65.000 Video-Clips sowohl von Unternehmen als auch von anderen Nutzern online gestellt und über 100 Mio. Videos-Clips angesehen. Jede Minute wächst *Youtube.com* um 20 Stunden Videomaterial (Der Standard 2010). Sieht sich ein Nutzer einen Videoclip bis zum Ende an, so erscheint nach Beendigung des Videos ein Fenster, das den Nutzer befragt, ob er das Video anderen empfehlen möchte. Wird dieser so genannte „Share-Button" betätigt und die Anfrage somit bejaht, wird der Nutzer in einem nächsten Schritt befragt, wie er den Link zum Video versenden möchte. Hierzu wird dem Nutzer direkt auf der Homepage von *Youtube.com* die Möglichkeit gegeben, das Video über verschiedene Kommunikationsträger der Social Media-Kommunikation, wie beispielsweise über das Social Network *Facebook.com*, an andere zu versenden (Zitaki 2008, S. 73). Diese Empfehlungsskripte werden auch als „Send-a-Friend"-Skripte bezeichnet.

> **Beispiel: Youtube-Channel: Der firmeneigene Videokanal auf Youtube.com**
>
> Der Erfolg der Videoplattform „*Youtube*" hat dazu geführt, dass viele Unternehmen verstärkt diesen Kanal in ihre Kommunikationstätigkeiten integrieren. Unternehmen – und vor allem Medienhäuser – nutzen die Möglichkeit, eigene Filme hochzuladen, um durch eine umfassende Präsenz für ihre Produkte, Leistungen oder auch das Unternehmen im Allgemeinen zu informieren. Auf der *Youtube*-Seite „*Vodafonedeutschland*" finden sich Videos in verschiedenen Kategorien wie „*Vodafone* Karriere", „Tutorials/Anleitungen", sowie diverse Werbespots aus dem TV. (vgl. Schaubild 6-2-22). Eine ähnliche Strategie verfolgt die *Deutsche Telekom*. Ferner nutzt die *Deutsche Bank* beispielsweise ihren eigenen „Fernsehkanal" auf *Youtube*, um dort Werbespots, Interviews mit Führungskräften, aber auch andere Unternehmensinformationen wie soziales Engagement, Sportförderung usw., in Videoform zu präsentieren.

9. Bewertungsportale

Bewertungsportale sind Plattformen, auf denen Verbraucher **Erfahrungen und Informationen** zu Dienstleistungen und Produkten austauschen und sich über die Meinungen anderer Konsumenten informieren. Dabei handelt es sich nicht um Experteninformationen, sondern individuelle, subjektive Meinungen der Konsumenten werden veröffentlicht. Erfahrungen anderer Konsumenten werden systematisiert und sind für alle Nutzer über die Bewertungsportale zugänglich. Da Dienstleistungen aufgrund ihrer Immaterialität sehr

Schaubild 6-2-22 Einsatz von Youtube als Kommunikationskanal anhand verschiedener Beispiele aus dem Dienstleistungsbereich

Quelle: Youtube 2011

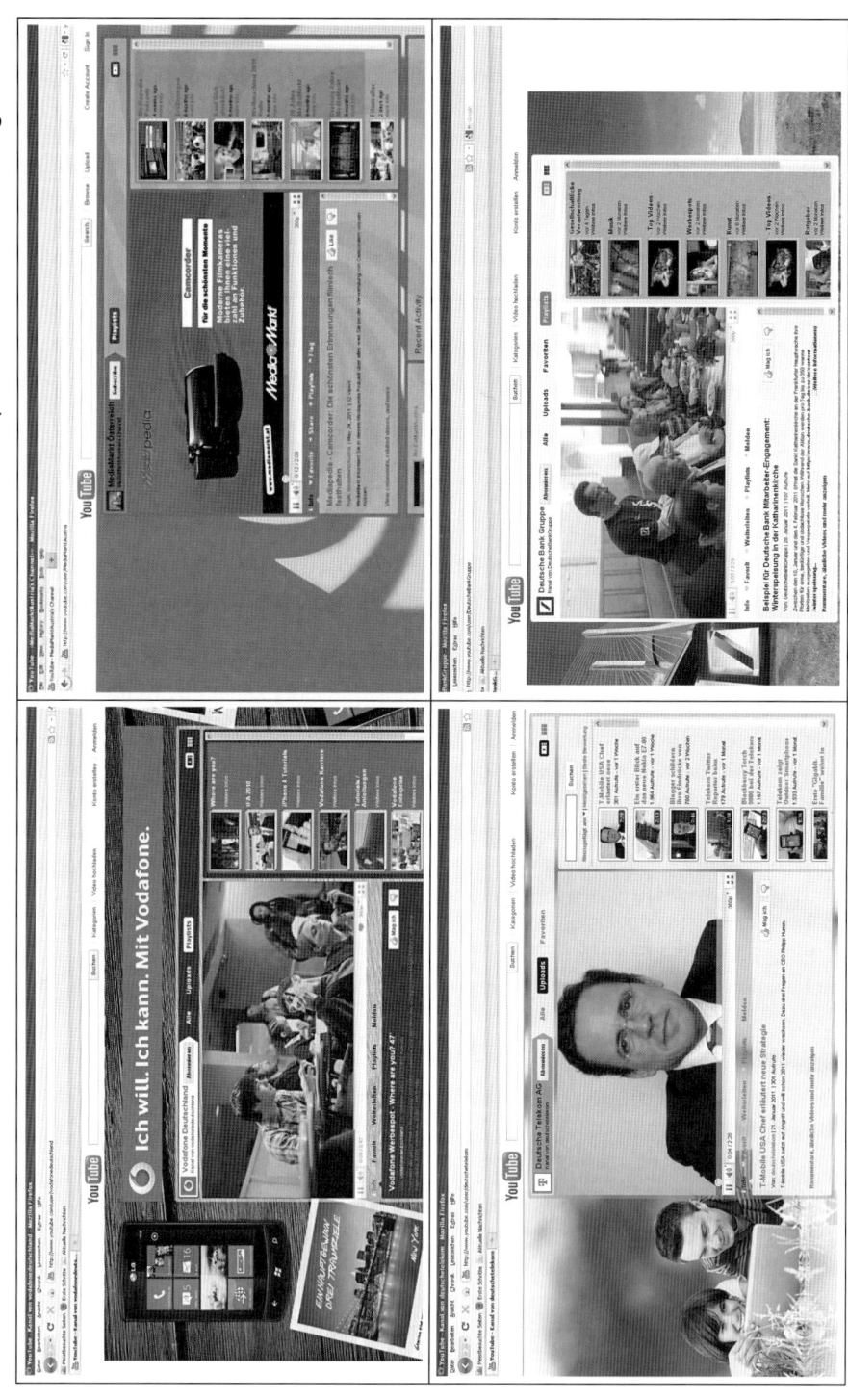

schwer im Vorfeld zu beurteilen sind und eine Beurteilung häufig auf Erfahrungs- und Vertrauenseigenschaften beruhen, haben hier Bewertungsportale besondere Relevanz. Fehlen eigene Erfahrungen mit einem bestimmten Dienstleister, kann so auf die Erfahrungen anderer Konsumenten zurückgegriffen werden. Zur Steigerung der Qualität der einzelnen Bewertungen haben die Nutzer die Möglichkeit, die Erfahrungs- und Testberichte auf einer Skala von „sehr hilfreich" bis „nicht hilfreich" zu bewerten. Solche Bewertungsportale existieren zu unterschiedlichen Leistungen von Unternehmen, sowohl im Business-to-Consumer als auch im Business-to-Business Bereich, und lassen sich nach den Schwerpunkten der Bewertungsobjekte systematisieren (Komus/Wauch 2008, S. 30). Die am meisten verbreiteten Portale befassen sich mit der „Produkt- und Leistungsbewertung" sowie der „Preisleistungsfunktionalität". Ein prominentes Beispiel solcher Bewertungsportale ist *Holidaycheck.de*. Dort haben Urlauber die Möglichkeit, ein Hotel, ein Schiff oder eine komplette Reise zu bewerten, bzw. sich Bewertungen anderer Reisender anzuschauen und sich dadurch im Vorfeld ein Urteil bilden. Zusätzlich haben Bewertende die Möglichkeit, Bilder und Videos des bewerteten Objektes hochzuladen, um ein umfassenderes Bild darzustellen (Holiday Check 2010).

Die **Bedeutung** der einzelnen genannten Erscheinungsformen wird allein durch die Nutzer der Sozial Media-Kommunikation definiert. Unternehmen haben hierauf keinen Einfluss. Die genannten Erscheinungsformen der Social Media-Kommunikation sind der dynamischen Entwicklung in diesem Bereich ausgesetzt und es ist damit zu rechnen, dass **neue Erscheinungsformen** entstehen bzw. andere Formen an Bedeutung verlieren werden. Fest steht, dass zukünftig zahlreiche Unternehmen der Dienstleistungsbranche verstärkt Formen der Social Media-Kommunikation einsetzen werden.

Die *Deutsche Bank* stellt ein gutes Beispiel dar. Alle aktiven sozialen Kommunikationsstränge erhält der Kunde als eigene Sub-Seite innerhalb des Webauftrittes angeboten. Von diversen Social Networks wie *Facebook, Youtube, Twitter* bis hin zu RSS Feeds ist alles übersichtlich dargestellt. Die *Deutsche Bank* hat aber nicht nur einen Account in den Netzwerken, sondern bei den meisten gleich mehrere mit klarer Zielausrichtung (Investement, Karriere oder auch Corporate Communication) bei der Kundenadressierung. Schaubild 6-2-23 zeigt den beispielhaften Aufbau der Sub-Seite innerhalb des Webauftrittes der *Deutschen Bank* für sämtliche Social Media-Anwendungsformen.

Wie bereits erwähnt, stellt die **begrenzte Kontrollierbarkeit** ein wesentliches Merkmal dieses Kommunikationsinstruments dar. Dienstleistungsunternehmen gehen mit dieser im Vergleich zu den anderen Kommunikationsinstrumenten geringen Kontrollierbarkeit um, indem sie sowohl aktive als auch passive **Social Media-Strategien** verfolgen. Aktive Social Media Kommunikation beinhaltet neben der Formulierung der Kommunikationsbotschaft, die Auswahl der einzusetzenden Erscheinungsformen und Kommunikationsträger sowie die Form (Wort-, Bild-, Audio- und/oder Videozeichen), über die sich die Kommunikation vollzieht. Im Rahmen der passiven Social Media-Kommunikation geht es um die Auswahl der Erscheinungsformen und Kommunikationsträger, auf denen das Monitoring betrieben wird und im Weiteren um die Frage, wie das Unternehmen mit den gesammelten Informationen umgeht und ob es zu einer aktiven Kommunikation übergeht.

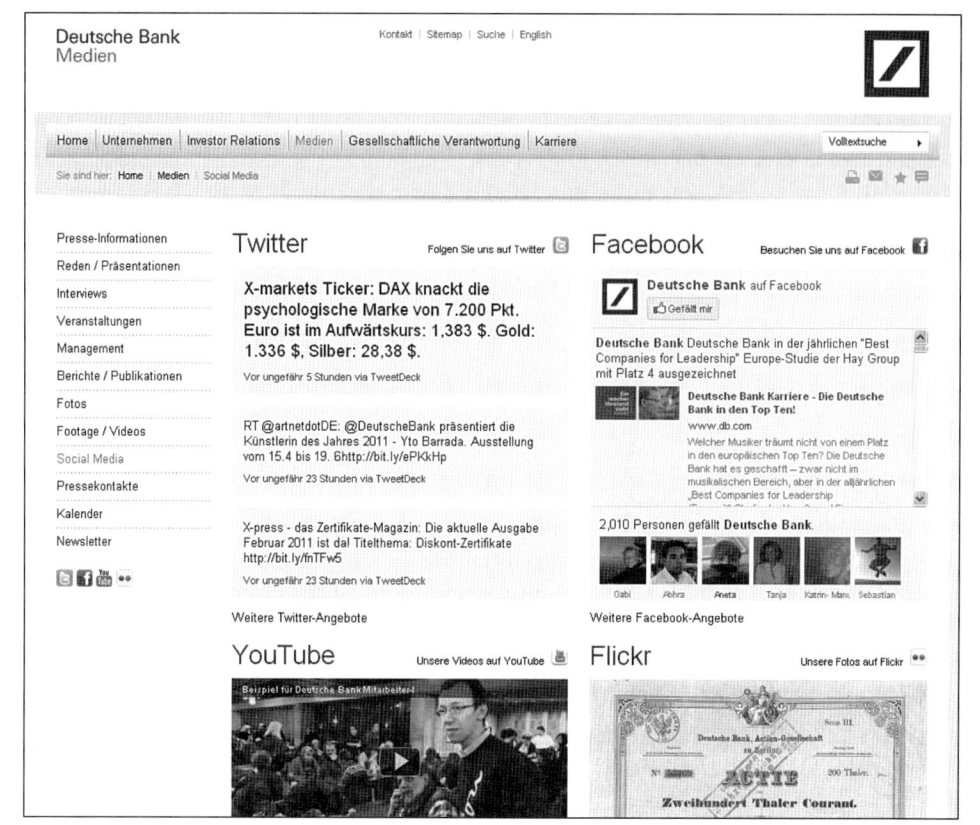

Schaubild 6-2-23 Social Media-Anwendungen der Deutschen Bank

Quelle: Deutsche Bank 2010b

Für den Erfolg des Instruments Social Media-Kommunikation ist eine **passive Social Media-Strategie** zu Beginn wesentlich. Für die Unternehmen ist es zunächst von Relevanz, zuzuhören. Verfolgt das Unternehmen eine passive Social Media-Strategie, wird es seine Aufmerksamkeit stark auf konsumentengenerierte Inhalte richten. Ein Monitoring des Informationsaustauschs zwischen den verschiedenen Nutzern hilft dem Unternehmen, konsumentenbezogene Informationen zu empfangen bzw. der Kommunikation zwischen Konsumenten und Meinungsführern zu folgen. Des Weiteren ist das Ziel, die für die Zielgruppe relevanten Themen und Social Media-Plattformen zu identifizieren. Hierdurch erhalten die Unternehmen authentische und direkte Informationen über ihre Produkte und Leistungen.

Führt ein Dienstleistungsunternehmen die **aktive Social Media-Strategie** durch, ist es von Bedeutung, die passive parallel zur aktiven weiterzuverfolgen, um die Veränderungen kontinuierlich wahrnehmen und darauf entsprechend reagieren zu können. Die aktive Strategie ist gerade im Hinblick auf die Notwendigkeit einer aktiven Einflussnahme der

Kommunikationspolitik von Unternehmen von Relevanz. Um vorgegebene kommunikationspolitische Zielsetzungen zu erreichen, stellt das Unternehmen den Nutzern relevante und unternehmensbezogene Botschaften auf Plattformen online zur Verfügung. Diese Botschaften sind sowohl auf den Absatz- als auch den Meinungsmarkt gerichtet. Es wird dabei von einem Erstkontakt, der durch das Unternehmen initiiert wird, ausgegangen. Im Rahmen der aktiven Social Media-Strategie erhoffen sich Unternehmen zahlreiche psychologische Zielgrößen zu erreichen. Schaubild 6-2-24 gibt einen Überblick über mögliche **psychologische Zielgrößen** der Social Media-Kommunikation.

Schaubild 6-2-24 Psychologische Zielkategorien einer aktiven Social Media-Kommunikation

Kognitive Ziele	Affektive Ziele	Konative Ziele
■ Aufmerksamkeit und Wahrnehmung des Unternehmens und dessen Marken, Produkte und Dienstleistungen ■ Kenntnis von Marken, Leistungen und Produkten des Unternehmens (Bekanntheit, Namenskenntnis, Problemlösungskenntnis) ■ Verbesserung des Informationsstandes, z. B. Wissen über Produktinnovationen und -variationen ■ Erinnerung von Markennamen, Preisen, Slogans und Produktvorteilen ■ Kenntnis der Vorteile gegenüber Konkurrenzprodukten u.a.m.	■ Interesse an Produkten und Leistungsangeboten ■ Einstellung zu Marken, Produkten und Unternehmen ■ Aufbau, Pflege und Veränderung des Marken- und Unternehmensimage ■ Produkt- und Markenpositionierung (gegenüber der Konkurrenz) ■ Emotionales Erleben der Marke ■ Verbindung emotionaler Elemente (z. B. Sportlichkeit, Lebensfreude, Lifestyle u.a.m.) mit Produkten und Leistungen ■ Glaubwürdigkeit des Unternehmens bzw. der Marke ■ Vertrauensbildung u.a.m.	■ Aktives Informationsverhalten der Konsumenten (z. B. Konsumenten treten mit dem Unternehmen über Social Media-Plattformen in Interaktion und fordern Informationen an) ■ Kaufabsichten ■ Beschwerdeverhalten und aktives, kritisches Feedback ■ Kundenbindung ■ Weiterempfehlung von Produkten und Leistungen ■ Anregung zum positiven Electronic-Word-of-Mouth ■ Förderung von Wiederkauf und Cross Selling u.a.m.

Sämtliche Kommunikationsinstrumente, vor allem Public Relations oder Sponsoring, die in einem öffentlichen Diskurs stehen, werden durch die Social Media-Kommunikation im Web 2.0 besonders beeinflusst. Als Beispiel ist hier erneut die *Deutsche Bank* zu nennen, die auf ihrem firmeneigenen Videokanal auf *Youtube* mit mehreren Filmen auf ihre Sponsoringaktivitäten in verschiedenen Sportbereichen aufmerksam macht.

Hat sich ein Dienstleistungsunternehmen für den Einsatz eines Kommunikationsinstrumentes (z. B. Mediawerbung, Social Media-Kommunikation, Sponsoring, Public Relations) entschieden, geht es im weiteren Vorgehen um die Gestaltung der Botschaft, die über dieses Instrument zu transportieren ist.

Zukünftige Aufgabe von Dienstleistungsunternehmen ist es, neue Entwicklungen aufzugreifen und ein Community-Marketing als gelebte Kultur vollständig in die Organisation zu integrieren. Eine Herausforderung seitens der passiven Social Media-Strategie wird es sein, die Internet-Nutzer in den Mittelpunkt der Marketingaktivitäten zu stellen und den Kunden und Stakeholdern aktiv zuzuhören. Voraussetzung hierfür ist eine von Unternehmensseite klar definierte Social Media-Strategie und **Roadmaps für den richtigen Umgang mit Social Media**. Damit einher geht eine Sensibilisierung und Ausbildung der Mitarbeitenden für den Umgang mit Social Media innerhalb der Unternehmensorganisation. Im Rahmen der aktiven Social Media-Strategie lassen sich bereits heute vereinzelte Pilotprojekte identifizieren. Aufbauend auf solche Pilotprojekte geht der Trend zu unternehmenseigenen Social Media-Plattformen und speziell darauf ausgerichtete Infrastrukturen mit dem Ziel, einen Dialog zu den Kunden aufzubauen und von der „Energie der Massen" (Crowdsourcing) zu profitieren. Durch neue Medien und die Interaktion auf Kommunikationsplattformen ist der Kunde nicht mehr nur passiver Teilnehmer, sondern wird selbst zum Ko-Produzenten. Die Aufgabe der Unternehmen wird es sein, Lehren aus dem Informationsaustausch der Kunden zu ziehen und entsprechende Maßnahmen zu ergreifen. Besondere Bedeutung kommt dabei der Interaktion mit und zwischen den Kunden zu. Die Leistungsbeurteilung durch Dritte ist aufgrund der Immaterialität der Dienstleistung für potenzielle Konsumenten eine wichtige Informationsquelle.

In Zukunft wird die **Anforderung an das Dienstleistungsmarketing** darin liegen, die klassischen Kommunikationsinstrumente mit neuen medialen Möglichkeiten (Social Media) in Form von **integrierten und cross-medialen Markenkampagnen** abzustimmen. Durch die Integration von Social Media besteht die Möglichkeit, den Kundendialog sowie den Erstkontakt vor der physischen Veranstaltung, z. B. auf einer Messe oder einem Event, zu initiieren und auch danach weiter aufrechtzuerhalten.

Da diese physische Verankerungen bei Dienstleistungen aufgrund ihrer **Intangibilität und Immaterialität** nur schwer umzusetzen ist, hat Social Media eine besondere Relevanz. Durch den Einsatz von Social Media wird die **Integration des externen Faktors**, also des Kunden, bereits vor und nach der eigentlichen Leistungserstellung ermöglicht. Social Media-Plattformen wie Blogs, Bewertungsportale, Foren usw. werden sich als wichtige Informationsquelle für den Konsumenten entwickeln. Dazu tragen der hohe Anteil an Erfahrungs- und Glaubenseigenschaften bei der Beurteilung von Dienstleistungen durch den Konsumenten bei. Grundsätzlich wird in Zukunft für einzelne Konzernbereiche wie das Management, das Marketing im Allgemeinen, die Unternehmenskommunikation sowie die Investor Relations ein wichtiger Bestandteil der Arbeit darin liegen, sich aktiv mit der Social Media-Kommunikation zu beschäftigen, sich den damit verbundenen neuen Herausforderungen zu stellen und für ihre Arbeit zu nutzen (Uniplan 2009, S. 4ff.).

3. Preispolitik

3.1 Grundlagen der Preispolitik

3.11 Zum Begriff der Preispolitik

Preispolitische Entscheidungen beeinflussen den Umsatz und damit unmittelbar die Gewinnsituation von Unternehmen und der Preis gilt als effektivster Gewinntreiber aller Marketinginstrumente (Fassnacht 2009, S. 8f.) Preise sind das Ergebnis einer Übereinstimmung von Angebot (Leistung des Unternehmens) und Nachfrage (Gegenleistung der Abnehmer). Die Fähigkeit zur Durchsetzung von Preisen gilt daher als Indikator für die Marktstellung eines Unternehmens.

> Die **Preispolitik** beschäftigt sich mit der Festlegung der Art von Gegenleistungen, die die Kunden für die Inanspruchnahme der Leistungen des Unternehmens entrichten (Bruhn 2010c, S. 165).

Sie umfasst die Bestimmung und das Aushandeln von Preisen und sonstigen Kauf- und Vertragsbedingungen. Da es bei der Preispolitik nicht ausschließlich um die Preishöhe, sondern auch um weitere Bedingungen (z. B. Zahlungs- und Lieferbedingungen, preisähnliche Maßnahmen wie Rabatte, Boni und Skonti u. a.) geht, die mit einer Leistungsinanspruchnahme verbunden sind, wird sie auch als **Kontrahierungspolitik** bezeichnet (vgl. z. B. Sander 2004, S. 438). Die Preispolitik stellt eine komplexe Managementaufgabe dar, die eine Vielzahl strategischer und operativer Entscheidungsparameter umfasst (Diller 2003, S. 3f.). Die wachsende strategische Bedeutung der Preispolitik steht in Zusammenhang mit steigenden **Risiken des Preismanagements** auf Seiten des Anbieters (Kalkulationsrisiken, Marktreaktionsrisiken, Auftragserlangungsrisiken u. a.), aber auch auf Abnehmerseite. Dazu zählen z. B. soziale Risiken beim Kauf günstiger Produkte mit geringem Prestige oder Preisgünstigkeitsrisiken, wenn das Produkt an einem anderen Ort bzw. bei einem anderen Händler günstiger angeboten wird (Diller 2003, S. 8f.; Diller 2008, S. 139). Aufgabe des Preismanagements ist es daher u. a., die Risiken auf Anbieter- und Nachfragerseite zu minimieren.

3.12 Besonderheiten der Preispolitik von Dienstleistungsunternehmen

Ebenso wie bei den zuvor vorgestellten Entscheidungstatbeständen der Leistungs- und Kommunikationspolitik nehmen die **dienstleistungsspezifischen Besonderheiten** auch Einfluss auf die Preispolitik von Dienstleistungsunternehmen (Woratschek 2001a, S. 609; Docters et al. 2004, S. 23; Lovelock/Wirtz 2010, S. 158; Diller 2008, S. 485ff.; Siems 2009, S. 290ff.; Simon/Fassnacht 2009, S. 415ff.). Die wesentliche Besonderheit besteht in der – im Gegensatz zum Konsum- und Industriegüterbereich – seltenen Verwendung des Begriffs Preis im Zusammenhang mit Dienstleistungen. Vielmehr werden je nach Dienstleistungsbranche für die vom Konsumenten zu erbringende materielle Gegenleistung Begriffe wie Honorar, Provision, Tarif, Gebühr, Porto usw. verwendet (Simon/Fassnacht 2009, S. 415). Schaubild 6-3-1 zeigt einen Überblick über dienstleistungsspezifische Besonderheiten der Preispolitik, die im Folgenden erläutert werden.

Schaubild 6-3-1 Besonderheiten der Preispolitik von Dienstleistungsunternehmen

Besonderheiten von Dienstleistungen	Implikationen für die Preispolitik
Leistungsfähigkeit des Dienstleistungsanbieters	■ Schwierige Kostenzurechnung bei der Preisgestaltung ■ Preis- und Konditionenpolitik als Instrument zur Steuerung der Kapazitätsauslastung
Integration des externen Faktors	■ Heterogenität innerhalb der Preisfestsetzung ■ Preisgestaltung mit Berücksichtigung von Selbstbeteiligungen des Dienstleistungsnachfragers ■ Qualität des externen Faktors als Determinante der Preiskalkulation
Immaterialität (Nichtlagerfähigkeit, Nichttransportfähigkeit)	■ Preis als Qualitätsindikator ■ Dokumentation des Preis-Leistungs-Verhältnisses schwierig ■ Schwierige Ermittlung der Preisbereitschaft

Die Notwendigkeit der permanenten **Leistungsfähigkeit** führt zu folgenden Besonderheiten der Preispolitik von Dienstleistungsunternehmen:

- Die Aufrechterhaltung der Leistungsbereitschaft des Dienstleistungsanbieters führt zu einem hohen Anteil von fixen Bereitstellungskosten (Corsten/Gössinger 2007), die in der Regel Gemeinkostencharakter aufweisen (z. B. Personalkosten im Hotelgewerbe, Kosten für die Bereitstellung von Transportmitteln bei Verkehrsdienstleistungen) und denen verhältnismäßig geringe variable Nutzungskosten gegenüberstehen (Haase/Salewski/Skiera 1998, S. 1054). Diese im Dienstleistungsbereich besonders ausgeprägte Kostenstrukturproblematik verhindert eine **verursachungsgerechte Verteilung auf die Kostenträger** und erschwert so kostenbasierte Ansätze der Preisfestlegung.

- Der **Kapazitätsauslastung** über die Instrumente der Preis- und Konditionenpolitik (z. B. Last-Minute-Tickets; vgl. Abschnitt 3.23) kommt eine besondere Erfolgsrelevanz zu, da aufgrund des hohen Fixkostenanteils der Auslastungsgrad eine maßgebliche Erfolgsgröße darstellt.

Die **Integration des externen Faktors** hat folgende Konsequenzen für die Preispolitik:

- Die Integration des externen Faktors führt bei Dienstleistungen mit einem hohen Individualisierungsgrad zum **Problem der Festlegung einheitlicher Preise** für die Inanspruchnahme einer Dienstleistung (Scheuch 2002, S. 244). Aus der fehlenden

Standardisierbarkeit von Preisen resultiert bei Dienstleistungen häufig eine geringe **Preistransparenz** für den Nachfrager (Simon/Fassnacht 2009, S. 415ff.). Daraus ergibt sich die Notwendigkeit des Erklärens einzelner Preise und Preiskomponenten. Zudem lässt sich der Gesamtpreis bei manchen Dienstleistungen nicht selten erst nach der Erbringung der Dienstleistung endgültig beziffern (Siems 2009, S. 295).

- Verschiedene Dienstleistungsanbieter lösen dieses Problem, indem sie mit jedem Kunden Rahmenregelungen für die Entlohnung einer Dienstleistung festlegen und erst nach Abschluss des Dienstleistungsvollzugs die endgültige Fixierung des Dienstleistungspreises vornehmen. Zur Begrenzung des Preisrisikos der Kunden stellt in diesem Zusammenhang die Erstellung von Kostenvoranschlägen eine besonders effektive Maßnahme dar (Diller 2008, S. 495).

- Der bewussten **Auslagerung von Teilaktivitäten** des Dienstleistungserstellungsprozesses auf den externen Faktor (Customer as Co-Producer) gilt es auch in der Preispolitik Rechnung zu tragen (z. B. Preisnachlass von Friseuren, wenn der Kunde die Haare selbst fönt).

- Die **Qualität des externen Faktors** ist zum Teil eine bedeutende Preisdeterminante, etwa weil sie das Ausmaß der für ein vereinbartes Ergebnis einzusetzenden Ressourcen determiniert (z. B. Nachhilfeunterricht mit Erfolgsgarantie).

Aus der **Immaterialität** von Dienstleistungen folgt:

- Aufgrund der fehlenden sichtbaren Leistungsmerkmale wird die Preiswürdigkeit einer Dienstleistung erst nachträglich oder überhaupt nicht beurteilbar. Dem Preisniveau einer Dienstleistung wird folglich als **Ersatzkriterium zur Qualitätsbeurteilung** beim Dienstleistungskauf eine hohe Bedeutung beigemessen (z. B. Restaurants, Hotels). So ist es trotz der Schwierigkeiten der Ermittlung einer Preisresponse-/-absatzfunktion bei Dienstleistungen als notwendig anzusehen, mögliche Preis-/Qualitäts-/Absatzmengenzusammenhänge zu ermitteln (Steenkamp/Hoffmann 1994).

Die Nichtlager- und die Nichttransportfähigkeit eröffnen in Verbindung mit dem Uno-Actu-Prinzip einen breiten Spielraum für Preisdifferenzierungsstrategien, da hier eine Arbitrage, d. h. die Möglichkeit von Kunden, die Differenzierung zu umgehen, in vielen Fällen ausgeschlossen ist (Simon/Fassnacht 2009, S. 418).

- Ein direkter Preisvergleich wird im Allgemeinen nicht erfolgen und ohne die tatsächliche Inanspruchnahme einer Dienstleistung (z. B. Durchführung einer Urlaubsreise, Ausführung eines neuen Modehaarschnitts) lässt sich auch das **Preis-Leistungs-Verhältnis** nur mit großer Unsicherheit beurteilen (Cannon/Morgan 1990).

- Aufgrund der Immaterialität von Dienstleistungen erweist es sich als schwierig, die **Preisbereitschaft** für neue Dienstleistungen aus Sicht der Dienstleistungsnachfrager zu erfassen, da sich der die Preisbereitschaft determinierende Nutzen einer innovativen Dienstleistung nur schwer vermitteln lässt (z. B. Preisbereitschaft für das Angebot einer Komplettreise „Tür-zu-Tür" durch die *Deutsche Bahn*).

Eine weitere Systematik zur **Identifikation preispolitischer Besonderheiten** im Dienstleistungsmarketing basiert auf Diller (2008). Als Grundlage zur Ableitung von **Preisproble-**

men von **Dienstleistungsanbietern**, die sich zum Teil mit den oben beschriebenen überschneiden, werden folgende drei Dimensionen herangezogen:

1. Unsicherheit bei Leistungsbeurteilung,
2. Intransparenz der Preisstruktur,
3. Zeitpunkt der endgültigen Preisfixierung.

1. Unsicherheit bei Leistungsbeurteilung

Die Stärke der Ausprägung der Unsicherheit bei der Beurteilung von Dienstleistungen hängt von der Standardisiertheit der Dienstleistungsqualität, dem Ausmaß der Integration des externen Faktors, der Komplexität der Leistungsstruktur einer Dienstleistung sowie dem Grad der Immaterialität einer Dienstleistung ab.

2. Intransparenz der Preisstruktur

Die typischen Dienstleistungsmerkmale der Individualität und der Intangibilität eröffnen den Dienstleistungsanbietern Möglichkeiten einer transparenzmindernden Preis- und Konditionenpolitik wie z. B. der Preisbündelung oder der Preisdifferenzierung. Dabei lassen sich Dienstleistungen nach dem Grad der Intransparenz ihrer Preisstruktur differenzieren. Zu Dienstleistungen mit geringer Intransparenz der Preisstruktur zählen z. B. Postdienste. Dienstleistungen wie Reiseangebote oder Versicherungen zeichnen sich in der Regel hingegen durch eine intransparente Preisstruktur aus.

3. Zeitpunkt der endgültigen Preisfixierung

Aufgrund der Integration des externen Faktors und der damit einhergehenden Individualität lassen sich bei Dienstleistungen häufig die Preise erst nach Erbringung der Dienstleistung endgültig festlegen. Diesbezüglich besteht eine klare Abgrenzungsmöglichkeit von Dienstleistungen in zwei Kategorien: Diese sind Dienstleistungen mit einer Preisstellung vor (z. B. Kinovorstellung) bzw. nach dem Kaufentscheid (z. B. Taxifahrt, Umzugsdienste, Architektenhonorar). Aus dem Sachverhalt einer **nachträglichen Preisfixierung** resultiert vor allem das Problem einer erheblichen Preisunsicherheit des Kunden (vgl. auch Abschnitt 3.14). In diesem Zusammenhang kommt der Preiszuverlässigkeit eine zentrale Bedeutung zu, da insbesondere bei negativen Preisüberraschungen (z. B. bei Autoreparaturen) die Preiszufriedenheit, und damit die Gesamtzufriedenheit mit einer Dienstleistung, stark beeinträchtigt werden kann.

Die drei hier dargestellten Besonderheiten führen letztlich dazu, dass Dienstleistungskunden einem im Vergleich zum Sachgüterbereich höheren **Preisrisiko** ausgesetzt sind. Das Preisrisiko wiederum beeinflusst maßgeblich das **Preisverhalten** von Kunden (Diller 2008, S. 487). Dies zeigt sich beispielsweise an einem gedämpften Preisinteresse, das häufig auch darauf zurückzuführen ist, dass eine hohe Bedarfsdringlichkeit (z. B. Abschleppdienste, Rechtsberatung) keinen extensiven Anbieter- bzw. Preisvergleich zulässt. Des Weiteren beeinflusst das Preisrisiko die Preisaufmerksamkeit auf Indikatoren wie das Preisimage oder den Preis als Qualitätsindikator, die das wahrgenommene (Preis-) Risiko von Dienstleistungskunden zu senken vermögen.

Die Heterogenität des Dienstleistungssektors erschwert dabei generelle Aussagen über die preispolitischen Besonderheiten des Dienstleistungsmarketing. Je nachdem, in welchem Ausmaß die Charakteristika permanente Aufrechterhaltung der Leistungsbereitschaft, Integration des externen Faktors und Immaterialität für eine spezifische Dienstleistung sowie daraus abgeleitet die Unsicherheit bei Leistungsbeurteilung, die Intransparenz der Preisstruktur sowie die Besonderheit des Zeitpunkts der Preisfestlegung Gültigkeit verfügen, variiert auch die individuelle Relevanz der aufgezeigten Spezifika der Preispolitik.

In diesem Zusammenhang wird die Notwendigkeit einer Weiterentwicklung der klassischen Preispolitik dahingehend diskutiert, dass es bei der preispolitischen Ausrichtung **Preiszufriedenheit** zu erzeugen gilt, die ihrerseits die Gesamtzufriedenheit beeinflusst (Diller 1997, 2000, 2008; Simon/Tacke/Buchwald 2000; Siems 2003). Als strategische Grundsätze zur Erreichung dieses Ziels werden insbesondere der Verzicht auf Preisschönungen und versteckte Zusatzkosten, übersichtliche, verständliche und nachvollziehbare Tarifsysteme und eine Beachtung des Kundenurteils über den Preis genannt (Diller 2000, S. 580). Eine hohe Preiszufriedenheit spielt auch hinsichtlich des Kommunikationsverhaltens der Konsumenten eine wichtige Rolle. Eine Studie zum **Kommunikationsverhalten** von Passagieren zeigte, dass der Preis der am häufigsten diskutierte Thema einer Kunden-zu-Kunde-Kommunikation darstellt (vgl. Schaubild 6-3-2). Dies gilt sowohl für ein positives als auch für ein negatives Preisempfinden. Da gerade bei Dienstleistungen die Empfehlungen und Erfahrungen von Bekannten eine wichtige Informationsquelle darstellt ist darauf zu achten, dass bei den Konsumenten eine positive Preiszufriedenheit erreicht wird.

In enger Verbindung dazu steht eine Studie, die verschiedene Dimensionen des (als multidimensional eingeschätzten) Konstrukts des Dienstleistungspreises identifiziert und deren Auswirkungen auf die Kundenzufriedenheit untersucht (Salvador et al. 2007). Dabei lassen sich die Komponenten des Dienstleistungspreises in eine **objektive** und **wahrgenommene Preiskomponente** unterteilen. Erstere bezieht sich auf den monetären Preis für die Dienstleistung und die Kosten bzw. Gebühren, die im Zusammenhang mit ihrer Inanspruchnahme stehen. Die zweite Preiskomponente (wahrgenommener Preis) ist auf die Frage gerichtet, in welchem Verhältnis ein Kunde die Qualität einer Dienstleistung relativ zum monetären Preis gewichtet (Salvador et al. 2007, S. 9ff.). Die Ergebnisse dieser Studie bestätigen zum einen die Multidimensionalität des Dienstleistungspreises. Zum anderen wird deutlich, dass vor allem die objektive Preiskomponente, also der monetäre Preis, einen positiven Einfluss auf die Kundenzufriedenheit ausübt (Salvador et al. 2007, S. 48).

Des Weiteren wird diskutiert, inwieweit sich die Preispolitik heranziehen lässt, um die **Gewinnung** und **Bindung** von Kunden zu steigern. Als eine Möglichkeit werden hier insbesondere Preisdifferenzierungsstrategien (vgl. Abschnitt 3.221) genannt, d. h., bei Instrumenten wie der BahnCard handelt es sich ebenso um eine Kundenbindungsmaßnahme wie Treuerabatte u. a. Simon et al. stellen hierzu z. B. fest, dass durch den Erwerb einer BahnCard die Nutzung der Dienstleistung Bahn bei diesen Kunden vermehrt erfolgt (Simon/Tacke/Buchwald 2000, S. 324). Auch bei Preisbündelungstrategien (vgl. Abschnitt 3.222)

Schaubild 6-3-2 Mund-zu-Mund-Kommunikation von Preisen

„Wenn Sie mit Freunden/Bekannten über die Verkehrsdienstleistung sprechen, welche Informationen tauschen Sie dabei aus"

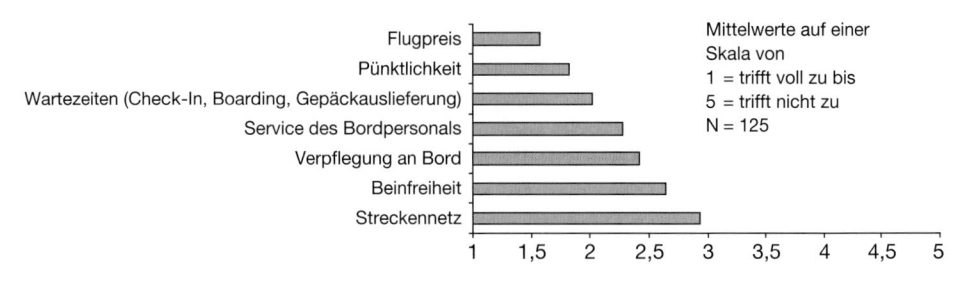

- Flugpreis
- Pünktlichkeit
- Wartezeiten (Check-In, Boarding, Gepäckauslieferung)
- Service des Bordpersonals
- Verpflegung an Bord
- Beinfreiheit
- Streckennetz

Mittelwerte auf einer Skala von
1 = trifft voll zu bis
5 = trifft nicht zu
N = 125

„Ich kommuniziere meine Eindrücke über den Flugpreis, wenn ich..."

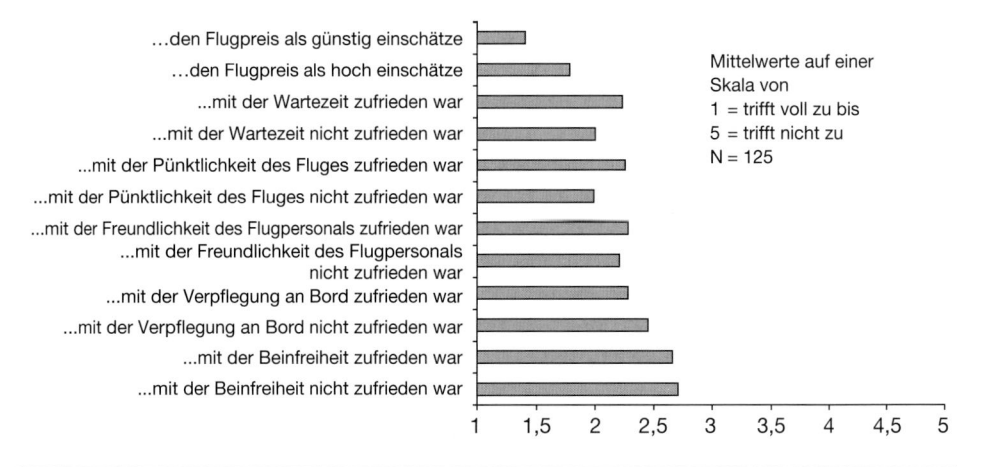

- ...den Flugpreis als günstig einschätze
- ...den Flugpreis als hoch einschätze
- ...mit der Wartezeit zufrieden war
- ...mit der Wartezeit nicht zufrieden war
- ...mit der Pünktlichkeit des Fluges zufrieden war
- ...mit der Pünktlichkeit des Fluges nicht zufrieden war
- ...mit der Freundlichkeit des Flugpersonals zufrieden war
- ...mit der Freundlichkeit des Flugpersonals nicht zufrieden war
- ...mit der Verpflegung an Bord zufrieden war
- ...mit der Verpflegung an Bord nicht zufrieden war
- ...mit der Beinfreiheit zufrieden war
- ...mit der Beinfreiheit nicht zufrieden war

Mittelwerte auf einer Skala von
1 = trifft voll zu bis
5 = trifft nicht zu
N = 125

Quelle: in Anlehnung an Siems/Gerstandl 2009, S. 51f.

besteht das Potenzial zur Intensivierung der Kundenbindung. So zeigen empirische Studien im Bankenbereich, dass mit steigender Anzahl bei einer Bank erworbener Produkte die Wahrscheinlichkeit eines Anbieterwechsels sinkt (Koderisch et al. 2007, S. 272).

Eine weitere Möglichkeit, die Kundenbindung durch die Preispolitik zu beeinflussen, besteht darin, die Kundenbindung über eine positive Preisbeurteilung zu verbessern (Diller 2000). Dieser Effekt wurde von Diller (2000) und Siems (2003) empirisch im Dienstleistungsbereich für unterschiedliche Dienstleistungen nachgewiesen. Kritisch anzumerken ist jedoch, dass eine durch den Preis verursachte Kundenbindung zum Teil als **„Cold Loyalty"** anzusehen ist, d. h., auf diese Art erzeugte Kundenbindung hält bei einem Teil der Kunden nur so lange an, wie der monetäre Anreiz besteht (Siems 2003).

3.13 Planungsprozess der Preisfestlegung

Vergleichbar mit der Planung des Einsatzes anderer Marketinginstrumente lässt sich die Preisfestlegung anhand verschiedener Phasen strukturieren (Bruhn 2010c, S. 168ff.).

1. Analyse des preispolitischen Spielraums

Um unter Berücksichtigung sämtlicher Einflussfaktoren eine sinnvolle Preisfestlegung vornehmen zu können, ist zunächst eine Situationsanalyse mit dem Ziel durchzuführen, den preispolitischen Spielraum des Unternehmens zu eruieren (z. B. Kostensituation des Unternehmens, Zahlungsbereitschaft der Konsumenten, staatliche Reglementierungen, Wettbewerbssituation).

2. Bestimmung preispolitischer Ziele

In der nächsten Phase gilt es, die preispolitischen Ziele des Dienstleistungsunternehmens festzulegen. Bei Zielkonflikten zwischen einzelnen Zielen, insbesondere zwischen unternehmens- und marktorientierten Zielen, ist zunächst zu prüfen, ob die konfliktäre Zielbeziehung durch geeignete Maßnahmen veränderbar ist. Ist dies nicht der Fall, sind Prioritäten zu setzen, um die Verfolgung einer widersprüchlichen Strategie zu vermeiden.

3. Festlegung preispolitischer Strategien

Bei der Festlegung von Preisstrategien können verschiedene Strategiedimensionen unterschieden werden:

- Hinsichtlich der **Preispositionierung** des Unternehmens ist in Verbindung mit dem Leistungsniveau eine Hoch-, Mittel- oder Niedrigpreisstrategie denkbar.

- Betrachtet man den **Preiswettbewerb**, lassen sich Strategien der Preisführerschaft, des Preiskampfes sowie der Preisfolgerschaft abgrenzen. So ist z. B. in den letzten Jahren vermehrt zu beobachten, dass Billig-Fluggesellschaften wie z. B. die irische *Ryanair*, die britische *Easyjet* oder die deutschen Gesellschaften *Germanwings* und *AirBerlin* in das europäischen Fluggeschäft einsteigen und es hierdurch vermehrt zu einem Preiskampf mit den etablierten Fluglinien wie der *Lufthansa* kommt.

- Angelehnt an das Konzept des Produkt- bzw. **Leistungslebenszyklus** kann gemäß der Phasenabhängigkeit des Preises zwischen einer Penetrations- und einer Skimmingstrategie differenziert werden.

- Bezüglich der **Variabilität** der Preise können eine Festpreisstrategie, eine flexible Preisstrategie sowie eine pulsierende Preisstrategie verfolgt werden.

- Aufgrund ihrer besonderen Bedeutung im Dienstleistungsbereich wird auf die Strategien der **Preisdifferenzierung** und **Preisbündelung** später noch ausführlicher eingegangen.

4. Festlegung preispolitischer Maßnahmen

Zu den preispolitischen Maßnahmen zählen:

- Die genaue Festlegung der **Höhe** des von den Kunden zu entrichtenden Preises.

- Im Fall einer Preisdifferenzierungsstrategie die Festlegung der **Art der Differenzierung**, der **Differenzierungskriterien** und der unterschiedlichen **Preisstrukturen**.

- Im Fall einer Strategie der Preisbündelung die Festlegung der **Art der Bündelung** und der zugehörigen **Preisstrukturen**.

- Die Festlegung von allen noch nicht im Rahmen von Preisdifferenzierungs- oder Preisbündelungsmaßnahmen festgelegten **Preisnachlässen** (z. B. Boni, Skonti) und **Preiszuschlägen** (z. B. Entgelte für Sonderleistungen, Mindermengenzuschläge).

5. Kontrolle im Rahmen der Preispolitik

Im Rahmen der Preispolitik ist es zum einen notwendig, den Zielerreichungsgrad der preispolitischen Maßnahmen zu kontrollieren. Ein Reiseveranstalter z. B. hat unter anderem zu prüfen, ob und in welchem Umfang Frühbucherrabatte, Gruppenermäßigungen und Preisnachlässe für bestimmte Marktsegmente (z. B. Kinder) von den Kunden in Anspruch genommen werden. Die Kontrolle umfasst allerdings auch die regelmäßige Überprüfung der Preisbereitschaft für die Dienstleistung, um festzustellen, inwieweit bestehende Preispotenziale ausgeschöpft wurden.

Zum anderen ist zu kontrollieren, inwieweit Veränderungen der Unternehmens-, Wettbewerbs- und sonstiger Umweltbedingungen eingetreten sind, die eine Anpassung der Preispolitik erfordern (Lauszus/Kalka 1998, S. 179).

Im Folgenden werden mögliche Ziele der Preispolitik eines Dienstleistungsunternehmens als Ausgangspunkt der Preisfestlegung ausführlicher diskutiert.

3.14 Ziele der Preispolitik

Zur Sicherstellung einer stringenten Ausrichtung preispolitischer Maßnahmen ist die Vorgabe preispolitischer Ziele unabdingbar. Dabei kommt dem Ziel der Gewinnmaximierung ein besonderer jedoch nicht der alleinige Stellenwert der Preispolitik zu. Ausgehend vom Gewinnziel lassen sich die **Zielsetzungen** preispolitischer Maßnahmen in unternehmensgerichtete Ziele, die stärker auf die Kostenkomponente als dem negativen Gewinnbestandteil abzielen, und marktgerichtete Ziele, die stärker auf den Umsatz als positivem Gewinnbestandteil gerichtet sind, unterscheiden (Meffert/Burmann/Kirchgeorg 2012, S. 470ff.; Bruhn 2010c, S. 170f.). Zu den **unternehmensgerichteten Zielsetzungen** zählen unter anderem:

- Möglichst hohe und gleichmäßige **Auslastung der aufgebauten Dienstleistungskapazitäten** durch eine preisbezogene Nachfragesteuerung im Rahmen eines „Yield Managements" (Enzweiler 1990; Krüger 1990; Smith/Leimkuhler/Darrow 1992).

- **Maximierung des Marktanteils** einhergehend mit der Realisierung von Kostensenkungen auf Basis von Erfahrungskurven.

Zu den **marktgerichteten Zielen** zählen unter anderem:

- **Förderung der Einführung neuer Dienstleistungen** durch preis- und konditionenpolitische Maßnahmen (z. B. niedrigpreisiges oder kostenloses Angebot zur Nutzung der Dienstleistung).

- **Abschöpfung von Preisbereitschaften** (z. B. durch Maßnahmen der Preisdifferenzierung und nutzenorientierte Preisfestlegung).

- Positive **Beeinflussung psychologischer Einflussfaktoren des Kaufverhaltens**, z. B. Verbesserung der wahrgenommenen Dienstleistungsqualität, falls der Preis von Kunden als Qualitätsindikator verwendet wird (Imagewirkung des Preises), Erhöhung der Kundenzufriedenheit durch Verbesserung der Zufriedenheit mit dem Preis (Preiszufriedenheit), Gewinnung neuer Kunden durch preispolitische Kundengewinnungskonzepte (z. B. kostenlose Einstiegsvarianten von Softwarepaketen, kostenfreie Probenutzung eines Internetanbieters, Kundenempfehlungsaktionen), Steigerung der Kundenbindung durch preispolitische Kundenbindungsmaßnahmen (z. B. Bonusprogramme, Serviceverträge, Mehr-Personen-Tarife u. a. m.) (Siems 2003; Diller 2008).

- **Sicherstellung von Preisstabilität** auf dem Markt zur Vermeidung von Preiskämpfen sowie die Abwehr des Markteintritts neuer Wettbewerber (Avlonitis/Indounas 2005, S. 48).

Die Ergebnisse einer Studie zu den Bedeutungsunterschieden der Ziele der Preispolitik im Dienstleistungsbereich zeigen, dass Dienstleistungsunternehmen eher qualitative als quantitative Ziele im Rahmen ihrer Preispolitik verfolgen. So stehen insbesondere Ziele wie die Neukundenakquisition, die Bindung von Bestandskunden sowie die Befriedigung der Kundenbedürfnisse – noch vor dem Ziel der langfristigen Existenzsicherung – im Vordergrund preispolitischer Bemühungen (Avlonitis/Indounas 2005, S. 53).

Des Weiteren gelten die genannten Ziele in erster Linie für Dienstleistungsunternehmen, die privatwirtschaftlich organisiert sind und damit dem erwerbswirtschaftlichen Prinzip unterliegen. Für **öffentliche Dienstleistungsunternehmen**, wie z. B. Krankenhäuser, Theater, Museen, Schwimmbäder und öffentliche Verkehrsunternehmen, rücken **andere Zielsetzungen** der Preispolitik in den Mittelpunkt. Derartige, nicht ausschließlich durch preispolitische Maßnahmen realisierbare Ziele sind beispielsweise:

- Erschließung der Dienstleistung für eine breite Bevölkerungsschicht (z. B. Theater, Museen),

- Verminderung von Kosten im Gesundheitswesen (z. B. Schwimmbäder, Sportstätten),

- Zurückdrängen des Individualverkehrs aus den Innenstädten (z. B. öffentlicher Nahverkehr).

Im Zusammenhang mit dem Absatz von Nonprofit-Leistungen ist die Verwendung des Terminus Preis allgemein eher selten anzutreffen. Dies liegt hauptsächlich daran, dass die geforderten Gegenleistungen für Nonprofit-Leistungen häufig nicht durch marktliche Mechanismen zustande kommen, sondern aufgrund von politischen oder sozialen Überlegungen festgelegt werden. Neben die genannten gemeinwohlorientierten Ziele tritt angesichts der angespannten Finanzsituation öffentlicher Haushalte allerdings in immer stärkerem Maße die Verlustminimierung oder **Kostendeckung als notwendige Nebenbedingung** der Preispolitik öffentlicher Dienstleistungsunternehmen.

Preisentscheidungen unterteilen sich je nach Neuartigkeit der Leistung in Preisentscheidungen für neue Leistungen und in Preisentscheidungen für bereits vorhandene Leistungen. Im Zusammenhang mit der Festlegung von Preisentscheidungen ist zu beachten, dass im Dienstleistungsbereich vielfach **Preisnormierungen** anzutreffen sind (Meyer 1994; Corsten/Gössinger 2007). Hierbei handelt es sich weniger um einen preispolitischen Entscheidungstatbestand als vielmehr um eine von außen vorgegebene Restriktion bei der Preisfestlegung. Normpreise werden als Einheitspreis, Höchstpreis, Mindestpreis, Spannenpreis oder Richtpreis entweder von staatlicher Seite durch Gesetze und Verordnungen oder durch Vereinbarungen von Berufsverbänden festgesetzt.

Als **Beispiele für Preisnormierungen** lassen sich Gebührenordnungen von Ärzten, Rechtsanwälten oder Steuerberatern aufführen, die von den Berufsverbänden in Zusammenarbeit mit staatlichen Stellen festgesetzt werden. In ehemals staatlichen, monopolistischen Unternehmen spielen ebenfalls regulative Beschränkungen bei den Preisfestlegungen eine Rolle (z. B. Telekommunikation, Bahn, Post, Energieversorger). So wurde die *Deutsche Telekom* zur Abgabe von Kapazitäten an Wettbewerber und zur Einhaltung festgelegter Höchstpreise verpflichtet. Damit ist nach dem Grad der Entscheidungsfreiheit des Dienstleistungsunternehmens in regulierte und freie Preisentscheidungen zu unterscheiden. Im Weiteren wird auf die Diskussion der Preisnormierung sowie damit verbundener Probleme verzichtet und nur die freie Preisentscheidung als Ansatzpunkt der Preisfestlegung betrachtet.

Im Rahmen der Preisfestlegung sind zahlreiche Einflussfaktoren zu berücksichtigen. Dabei lassen sich die **Preisdeterminanten** in fünf Gruppen unterteilen (vgl. auch Tzokas et al. 2000; Avlonitis/Indounas 2006):

1. Zu den **unternehmensbezogenen Faktoren** zählen die Kosten der Leistungserstellung, die Gewinnspannen und Deckungsbeiträge, die Unternehmensziele, die angestrebte Positionierung des Unternehmens, das Lebenszyklusstadium der betrachteten Leistung, die strategische Rolle des Preises für das Unternehmen bzw. in seiner Branche sowie die Kapazitätsplanung des Dienstleisters.

2. Den **konsumentenbezogenen Determinanten** des Leistungsentgeltes lassen sich die Zahl der Nachfrager, die Substituierbarkeit der Leistung durch die Konkurrenz bzw. durch die Konsumenten selbst (Michel 1996), die Preisvorstellungen und Preisbereitschaft der Konsumenten, Preisbeschwerden, aufgrund von Preisen abgewanderte Kunden, die Preiselastizität der Nachfrage, die Möglichkeit einer preisabhängigen Qualitätsbeurteilung sowie die allgemeine wirtschaftliche Lage subsumieren.

3. Bei indirekt vertriebenen Leistungen sind hinsichtlich der Vertriebspartner insbesondere die Stellung und das Ansehen des Unternehmens und seiner Leistungen als **absatzmittlerbezogene Einflussfaktoren** zu berücksichtigen.

4. Bei den **konkurrenzbezogenen Einflussfaktoren** sind vor allem die aktuellen und historischen Wettbewerberpreise, Wettbewerberreaktionen auf Preisänderungen sowie die Wettbewerbssituation zu erwähnen.

5. Besonders im Dienstleistungsbereich sind bezüglich der **umfeldbezogenen Faktoren** Regulierungen des Preises zu nennen (z. B. durch politische Entscheidungen) sowie auch Einflüsse auf die Preisentscheidung durch konjunkturelle Entwicklungen, gesetzliche Auflagen u. a.

Schaubild 6-3-3 zeigt die Ergebnisse einer empirischen Studie im Dienstleistungsbereich, bei der insgesamt 170 Dienstleistungsunternehmen zu den verschiedenen im Rahmen der Preispolitik herangezogenen Informationsgrundlagen bzw. Einflussfaktoren und den Häufigkeiten derer Berücksichtigung bei der Preisfestlegung befragt wurden (Avlonitis/Indounas 2006, S. 350).

Schaubild 6-3-3 Informationsgrundlagen der Preispolitik bei Dienstleistungsunternehmen

Informationsgrundlage der Preispolitik bei Dienstleistungsunternehmen	Durchschnittswert (Minimum: 1, Maximum: 5)
Aktueller Wettbewerbspreis	4,05
Unternehmensziele	3,92
Preisvorstellung	3,87
Nachfrage nach der Dienstleistung	3,85
Kundenbedürfnisse	3,80
Kapazitätsauslastung	3,72
Preisbedingte Kundenabwanderung	3,67
Preisbeschwerden	3,62
Variable Kosten	3,62
Gewinnspanne	3,38
Deckungsbeitrag	3,28
Marktanteil der Wettbewerber	3,28
Fixkosten	3,24
Absatz in verschiedenen Perioden	3,19
Makroökonomische Umfeldfaktoren	3,17
Absatz in verschiedenen Märkten	3,15
Wettbewerberreaktionen	3,06
Wettbewerbersituation	2,76
Historisches Pricing-Verhalten der Wettbewerber	2,54

Quelle: Avlonitis/Indounas 2006, S. 350

Das Ergebnis der Studie macht deutlich, dass vor allem konkurrenzbezogene Determinanten bei der Preisgestaltung bei Dienstleistungsunternehmen vorherrschen. Aber auch den konsumentenbezogenen Determinanten wie der Preisbeurteilung und der Preiszufriedenheit wird eine hohe Bedeutung zugesprochen. In Verbindung mit der Steuerung dieser Determinanten werden eine Reihe weiterer, vorgelagerter Konstrukte diskutiert (Müller/Klein 1993; Diller 2000, 2008; Siems 2003):

Diesbezüglich lässt sich zunächst festhalten, dass die Preisbeurteilung selbst auf verschiedene Urteilsarten zurückgeführt werden kann. Wird ein Preisurteil ausschließlich auf Basis preislicher Aspekte – also ohne Einbezug einer Leistungs- bzw. Qualitätsbeurteilung – gebildet, wird dies als **Preisgünstigkeitsurteil** bezeichnet. Für den Dienstleistungsbereich wird vermutet (Müller/Klein 1993, S. 1ff.), dass diese Art der Preisbeurteilung bei einem Individuum umso relevanter wird,

- je größer der Standardisierungsgrad der Dienstleistung bei allen Anbietern dieser Dienstleistung ist,
- je geringer die Differenz zwischen einzelnen Leistungsmerkmalen zwischen den Anbietern ist und
- je mehr Erfahrung das Individuum mit der jeweiligen Dienstleistung bereits hat.

Werden neben preislichen Aspekten auch Leistungsaspekte – insbesondere die Leistungsqualität – in das Preisurteil einbezogen, spricht man von **Preiswürdigkeitsurteilen** (Diller 2008, S. 148f.). Generell gilt das Preiswürdigkeitsurteil, das oft mit der Beurteilung des Preis-Leistungs-Verhältnisses gleichgesetzt wird, nicht nur als Determinante der Preisbeurteilung und der Preiszufriedenheit, sondern auch als wichtiges Entscheidungsmerkmal eines Kunden für die Wahl eines Anbieters. Gleichzeitig wird – wie bereits erwähnt – gerade bei Dienstleistungen insbesondere aufgrund der Immaterialität die Ex-ante-Beurteilung des Preis-Leistungs-Verhältnisses durch den Kunden als schwierig eingestuft.

Eine weiterführende Erklärung, wie Preisurteile entstehen, liefert die **Theorie des Ankerpreises** (auch Referenzpreis) (Winer 1988; Kalyanaram/Winer 1995; Hruschka 1996, S. 135ff.). Demnach vergleichen Individuen beobachtete Preise mit internen Preisnormen („Ankerpreisen"). Den Ankerpreis unterschreitende Preise führen entsprechend dieser Theorie zu einer positiven Beurteilung durch das Individuum („Gewinn"), während ein den Ankerpreis überschreitender Preis eine negative Bewertung („Verlust") zur Folge hat und einen entsprechenden Anreiz zum Bezug der Leistung darstellt. Zur Entstehung eines Ankerpreises gibt es unterschiedliche Theorien. Entsprechend der verhaltenstheoretischen Adaptionsniveau-Theorie (Helson 1964) resultiert der Ankerpreis aus der Preisgeschichte, d. h. den bisherigen Erfahrungen des Individuums, sowie seinen Erwartungen an zukünftige Preise. Vereinfachend lässt sich der Referenzpreis dann auch als „normal gezahlter Preis" eines Produktes interpretieren (Müller/Klein 1993, S. 20). Daneben existiert eine Vielzahl weiterer Theorien, z. B. dass für bestimmte Leistungen insbesondere der Konkurrenzpreis – z. B. der Preis des Marktführers – ausschlaggebend für den Ankerpreis ist (Simon 1997b; Siems 2003).

Neben dem Ankerpreisurteil ist die wahrgenommene **Preisfairness** als Determinante des Preisurteils zu nennen. Zur Erklärung dieses Konstrukts wird insbesondere die Equity-Theorie herangezogen (Homans 1961; Boyd/Bhat 1998; Herrmann/Wricke/Huber 2000; Siems 2003). Demnach vergleicht ein Individuum sein Ergebnis eines Austauschprozesses mit dem seines Austauschpartners sowie gegebenenfalls den Ergebnissen anderer Individuen. Für den Dienstleistungsbereich i. V. m. der Preiswahrnehmung heißt dies, dass das Urteil eines Kunden über die Preisfairness eines Anbieters davon abhängt, wie der Kunde das Verhältnis seiner eigenen Aufwand-Nutzen-Relation zu der des Anbieters sowie zu der anderer Kunden einstuft (Martins/Monroe 1994, S. 75f.; Herrmann/Wricke/Huber 2000, S. 134). Entsprechend fungiert auch hier ein interner Referenzpreis bei einem Kunden als Maßstab, mit dem der zu beurteilende Preis als fair oder unfair bewertet wird (Martins/Monroe 1994, S. 75f.; Bolton/Lemon 1999; Varki/Colgate 2001, S. 237).

Ein weiterführender Ansatz zur Erklärung der Preisfairness findet sich bei Diller (2008, S. 164ff.), der mit Beachtung von Gesichtspunkten wie Verteilungsgerechtigkeit, Verfahrensgerechtigkeit, Interaktionsgerechtigkeit und Machtasymmetrie eine Weiterentwicklung des Equity-Ansatzes aufgreift und darauf basierend von Preisfairness als einem mehrdimensionalen Konstrukt mit den Komponenten Preisgerechtigkeit, Konsistenz, Preiszuverlässigkeit, Preisehrlichkeit, Einfluss- und Mitspracherecht, Respekt und Achtung gegenüber dem Partner und Kulanz ausgeht. Unter **Preisgerechtigkeit** versteht Diller dabei die Nähe zum marktüblichen Preis-Leistungs-Verhältnis, unter Konsistenz den Verzicht auf ein einseitiges Abweichen eines der Interaktionspartner von Gesetzmäßigkeiten (z. B. eine Änderung des Verfahrens der Preisfestlegung durch den Hersteller), unter Preiszuverlässigkeit die Einhaltung von bei Vertragsabschluss in Aussicht gestellten Preisen und unter Preisehrlichkeit die Klarheit und Wahrheit von Preisinformationen.

In letzter Zeit wird in der Preisforschung dem allgemeinen Trend im Marketing, insbesondere im Dienstleistungsmarketing folgend, emotionale Aspekte stärker zu berücksichtigen, (Forberger 2000; O'Neill/Lambert 2001; Siems 2003), verstärkt Beachtung geschenkt. In diesem Zusammenhang wird von **Preiserlebnissen** und **-emotionen** gesprochen. In Anlehnung an die Terminologie des Konsumentenverhaltens werden diese als positive oder negative, bewusste oder unbewusste Empfindungen über Preise oder mit dem Preis in Verbindung stehende Tatbestände (z. B. Rabatte) verstanden (Siems 2003; Diller 2008). Beispiele für Preiserlebnisse sind Preisfreude (z. B. ausgelöst durch eine vorübergehende, überraschende Preisreduktion), Preiseuphorie (z. B. bei Schlussverkäufen), Preisstolz (z. B. nach erfolgreichen Preisverhandlungen) oder Preisneid (z. B. bei Nichtpartizipationsmöglichkeit an Preisvergünstigungen, von denen andere profitieren) (Diller 2008).

Insgesamt lässt sich festhalten, dass die Preiswahrnehmung eine Vielzahl von Aspekten umfasst und sowohl wissensbasierte (kognitive) als auch subjektive, emotionale (affektive) Komponenten aufweist (Siems 2003). Hier besteht ein breites Spektrum an Ansatzmöglichkeiten für Dienstleistungsunternehmen, durch preispolitische Maßnahmen die Preiswahrnehmung zu beeinflussen und so (potenzielle) Kunden zu gewinnen bzw. an das Unternehmen zu binden.

In der Marketingliteratur werden zahlreiche **Methoden der Preisfestlegung** diskutiert (Simon 1992a, S. 86ff.; Avlonitis/Indounas 2005, 2006; Diller 2008, S. 307ff.; Bruhn 2010c, S. 174ff.; Meffert/Burmann/Kirchgeorg 2012, S. 513ff.). Diese lassen sich einteilen in:

1. Methoden der kostenorientierten Preisfestlegung (Inside-out-Perspektive),
2. Methoden der marktorientierten Preisfestlegung (Outside-in-Perspektive).

1. Methoden der kostenorientierten Preisfestlegung

Die kostenorientierte Preisfestlegung wird auf Basis der Kostenträgerrechnung des Dienstleistungsunternehmens durchgeführt (Diller 2008, S. 309). Wird die **Vollkostenrechnung** als Kalkulationsgrundlage verwendet, berechnet sich der Preis für die Leistung, indem zu den Selbstkosten der Leistung ein Gewinnzuschlag addiert wird. Voraussetzung für eine solche Preisfestlegung ist damit die Verteilung der gesamten Gemeinkosten des Unternehmens auf die einzelnen Leistungseinheiten. Ein grundsätzliches Problem bei der kostenorientierten Preisfestlegung für Dienstleistungen ist im hohen Anteil der fixen Kosten mit Gemeinkostencharakter an den Gesamtkosten zu sehen (vgl. Schaubild 6-3-4). Die Festlegung eines Kostenverteilungsschlüssels, um eine geeignete Kalkulationsgrundlage für die kostenorientierte Preisfestsetzung zu erlangen, gestaltet sich ungeachtet der Fortschritte in der Prozesskostenrechnung somit als besonders schwierig (Bieberstein 2006, S. 305f.). Bei vielen Dienstleistungen wird die zeitliche Inanspruchnahme der Dienstleistungskapazitäten durch den externen Faktor (z. B. zeitbezogene Verrechnungssätze von Unternehmensberatungen, Telefongebühren) als Verteilungsschlüssel gewählt.

Schaubild 6-3-4 Fixe und variable Kostenfaktoren verschiedener Dienstleistungen

Kostenart Branche	Fix	Variabel
Restaurants	▪ Gebäudewartung ▪ Miete, Zinsen ▪ Personalkosten für Köche, Bedienung	▪ Nahrungsmittel ▪ Spülkosten ▪ Aushilfskräfte
Banken	▪ Personalkosten ▪ Gebäudewartung ▪ Werbung	▪ Provisionen ▪ Papier ▪ Porto
Fluggesellschaften	▪ Flugzeugwartung ▪ Overheads	▪ Flughafensteuer ▪ Verpflegung der Gäste
Friseursalons	▪ Gebäudewartung ▪ Personalkosten ▪ Miete, Zinsen	▪ Shampoo ▪ Haarspray ▪ Wasser

Quelle: Palmer 2004, S. 349

Die Verrechnungsproblematik lässt sich bei Verwendung der **Teilkostenrechnung** als Grundlage der kostenorientierten Preisfestlegung entschärfen. Bei dieser Methode wird eine Unterteilung in Einzel- und Gemeinkosten vorgenommen, wobei sich der Preis aus den Einzelkosten und einem Deckungsspannenzuschlag zusammensetzt. Eine isolierte Orientierung an den Einzelkosten birgt angesichts der aufgezeigten Kostenstruktur allerdings das Risiko nicht gesamtkostendeckender und damit verlustbringender Preise.

Unabhängig von Teil- oder Vollkostenorientierung erschwert die Tatsache, dass bei vielen Dienstleistungen die Preise festzulegen sind, bevor die Leistung erstellt wird und somit, bevor die entstehenden Kosten bekannt sind (z. B. Preisfestlegung einzelner Speisen eines Restaurants, bevor bekannt ist, wie viel Zeit- und Personalaufwand die Bedienung eines Gastes in Anspruch nimmt), eine kostenorientierte Preisfestlegung.

Insgesamt stellt die Methode der kostenorientierten Preisfestlegung angesichts der Kostenstruktur ein nur bedingt taugliches Verfahren zur Preisbildung im Dienstleistungsbereich dar. Allenfalls für die Berechnung von Preisuntergrenzen lassen sich Kosteninformationen als relevante Entscheidungsgrundlage heranziehen.

2. Methoden der marktorientierten Preisfestlegung

Ausgangspunkt einer marktorientierten Preisfestlegung ist die Tatsache, dass die Kaufentscheidung des Konsumenten von seiner subjektiven Beurteilung des **Nettonutzens** der zur Disposition stehenden Alternativen abhängt. Der Nettonutzen ergibt sich dabei als Differenz aus positivem Leistungsnutzen und in der Regel (Ausnahmen ergeben sich z. B. bei einer preisabhängigen Qualitätsbeurteilung) negativem Nutzen des Preises. Der Preis markiert somit aus Konsumentenperspektive das für die Inanspruchnahme einer Dienstleistung zu erbringende Opfer. Notwendige Bedingung für eine Transaktion zwischen Dienstleistungsanbieter und -nachfrager ist ein vom Konsumenten wahrgenommener positiver Nettonutzen. Als hinreichende Bedingung tritt hinzu, dass der Nettonutzen größer zu sein hat als derjenige der relevanten Wettbewerber. Vor diesem Hintergrund ist es für die Preisfestlegung zunächst erforderlich, den positiven Leistungsnutzen der eigenen Leistung sowie den Gesamtnutzen der relevanten Wettbewerber zu ermitteln. In Kenntnis dieser Größen ist der Preis als **wettbewerbsorientierter Nutzenpreis** so festzulegen, dass der Nettonutzen der eigenen Leistung größer ist als jener der Wettbewerber (Friege 1997, S. 9f.). Da bei einer solchen Betrachtungsweise zunächst nur die Kunden- und Wettbewerbsperspektive berücksichtigt werden, erfordern diese zur Ermittlung optimaler Preise eine Ergänzung um eine Inside-out-Betrachtung. So wäre es etwa denkbar, dass der für eine spezifische Zielgruppe ermittelte wettbewerbsorientierte Nutzenpreis im Hinblick auf die Kostensituation nicht zu realisieren ist oder dieser Preis nicht konform mit der ansonsten verfolgten Preisstrategie ist.

Die **Ermittlung wettbewerbsorientierter Nutzenpreise** ist im Dienstleistungsbereich mit einigen Problemen behaftet. Die hohe Varianz des Leistungsspektrums und die damit einhergehende Intransparenz des Preisgefüges erschwert im Dienstleistungsbereich zunächst die Vergleichbarkeit des Wettbewerbsangebotes und somit sowohl für Nachfrager als auch Anbieter die Identifikation des Wettbewerbspreises. Darüber hinaus bereitet auch die Ermittlung des nutzenäquivalenten Preises aufgrund der bei vielen Dienstleistungen nur sehr geringen Nutzentransparenz für den Konsumenten nicht unerhebliche Schwierigkeiten. Die zahlreichen Vertrauens- und Erfahrungseigenschaften erschweren für den Konsumenten eine zuverlässige Prognose des Nutzens vor Inanspruchnahme der Dienstleistung. Der Konsument kann insofern die Angemessenheit des Preises im Verhältnis zu seinem Nutzen nur schwer beurteilen.

Schaubild 6-3-5 gibt zur Veranschaulichung eine Klassifizierung von Dienstleistungen anhand der Kriterien **Nutzentransparenz** und **Preistransparenz** wieder. Je größer Preis- und Nutzentransparenz einer Dienstleistung sind, umso eher lässt sich der Ansatz des wettbewerbsorientierten Nutzenpreises verfolgen.

Schaubild 6-3-5 Klassifizierung von Dienstleistungen nach den Nutzen- und Preistransparenzen

Nutzentransparenz \ Preistransparenz	Niedrig	Hoch
Niedrig	Beispiele: ■ Banken ■ Versicherungen ■ Beratung	Beispiele: ■ Chemische Reinigung ■ Telekommunikation
Hoch	Beispiele: ■ Hotels ■ Gesundheitsbereich ■ Urlaubsreisen	Beispiele: ■ Autowäsche ■ Spedition ■ Luftverkehr (Standardrouten)

Quelle: Simon 1992b, S. 567

Neben der Unsicherheit über das Ausmaß der Nutzenstiftung einer Dienstleistung beeinflussen auch der Zeitpunkt der Preisfestlegung sowie die Heterogenität der Dienstleistung das wahrgenommene Risiko eines Dienstleistungsnachfragers. In Schaubild 6-3-6 sind aus der Kombination unterschiedlicher **Heterogenitätsgrade** und dem **Zeitpunkt der endgültigen Preisfestlegung** vier verschiedene Ausgangssituationen der Preispolitik dargestellt.

Aus der Einordnung verschiedenartiger Leistungen in die Felder der Matrix lassen sich unterschiedliche **preispolitische Optionen** ableiten, die im Wesentlichen auf das vom Konsumenten empfundene Kaufrisiko zielen (Zeithaml 1991; Müller/Klein 1993). Grundsätzlich ist davon auszugehen, dass das Risiko umso höher eingeschätzt wird, je später der endgültige Preis feststeht, je höher die Heterogenität der Dienstleistung und je schwieriger die Leistungsbeurteilung aus Konsumentensicht ist.

Schaubild 6-3-6 Klassifizierung von Dienstleistungen nach dem Zeitpunkt der Preisfestsetzung und der Heterogenität der Dienstleistung

		Zeitpunkt der Preisfestlegung	
		A priori	**A posteriori**
Heterogenität der Dienstleistung	Niedrig	① Zum Beispiel ■ Kino ■ Kleiderreinigung	② Zum Beispiel ■ Telefon ■ Sondermüllentsorgung
	Hoch	③ Zum Beispiel ■ Komplettpakete ■ Pauschalreise	④ Zum Beispiel ■ Kfz-Reparatur ■ Beratungsleistung

Quelle: Simon 1992b, S. 567

Im einfachsten Fall von Schaubild 6-3-6 (**Feld 1**) erfolgt die Preisfestlegung ähnlich wie bei Sachleistungen. Im Fall eines Kinobesuchs oder einer Kleiderreinigung kann der Konsument die Leistung aufgrund der geringen Heterogenität relativ gut beurteilen. Zudem ist der Preis im Voraus bekannt, so dass das Kaufrisiko in der Regel als begrenzt zu bezeichnen ist.

Das Gegenteil ist der Fall, wenn eine Preisfestlegung erst nach Erbringung der Dienstleistung erfolgt und sowohl Dienstleistungsprozesse als auch -ergebnisse zwischen unterschiedlichen Anbietern sehr heterogen ausfallen (**Feld 4**). Hier ist das Kaufrisiko generell als hoch zu bezeichnen.

Daraus lassen sich zwei grundsätzliche **preispolitische Stoßrichtungen** ableiten. Zum einen kann der Dienstleister den Grad der Heterogenität der Dienstleistung abschwächen, d. h., sich in Richtung **Feld 2** bewegen. Derartige Optionen fallen in den Bereich der Leistungspolitik. Am Beispiel von Beratungsleistungen würde das bedeuten, dass die Dienstleistung „Beratung" in klar strukturierte Leistungsmodule unterteilt wird (z. B. das Paket der Gemeinkostenwertanalyse einer Unternehmensberatung). Eine derartige Vorgehensweise bietet sich aber nicht für alle Dienstleistungen an.

Der einfachere und gängige Weg ist eine Bewegung in Richtung **Feld 3**. Am Beispiel der Kfz-Reparatur wäre hier ein Angebot von Komplettpreispaketen oder die Abgabe von verbindlichen Kostenvoranschlägen empfehlenswert. Dabei ist die auf die Heterogenität der individuell eingebrachten Faktoren zurückzuführende unterschiedliche Kostenbelastung mit dem Risiko eines im Einzelfall nicht kostendeckenden Preises bewusst in Kauf zu nehmen und im Rahmen einer Mischkalkulation auszugleichen.

Vor dem Hintergrund der unterschiedlichen Ansatzpunkte zur Festlegung von Preisen für Dienstleistungen werden nachfolgend wichtige preispolitische Strategien des Dienstleistungsmarketing erörtert.

3.2 Preispolitische Strategien und Instrumente

Die kurzfristige Einsetzbarkeit und Wirksamkeit preipolitischer Entscheidungen verleitet dazu, in diesem Instrument lediglich ein taktisches Hilfsmittel zu sehen, bei dessen Einsatz langfristige Überlegungen keine Rolle spielen. In der Realität nehmen jedoch die strategischen Aspekte der Preispolitik einen bedeutenden Stellenwert ein, so dass im Vorfeld eine preispolitsche Strategie herauszuarbeiten ist.

> **Preispolitische Strategien** dienen der Festlegung grundsätzlicher Ausrichtungen im Rahmen der Preispolitik. Im Zentrum stehen dabei die Frage der Preispositionierung (Hoch-, Mittel- und Niedrigpreisstrategie), die Festlegung der relativen Preiswettbewerbsposition (z. B. Preisführerschaft) sowie die Frage nach der Wahl der Preisstrategie in Abhängigkeit von der Lebenszyklusphase einer Dienstleistung (Penetrations- vs. Skimmingstrategie) (Bruhn 2010c, S. 171ff.).

Diese können zum einen in preisbezogene Strategien und zum anderen in konditionenbezogene Strategien unterteilt werden. Als **Formen von preisbezogenen Strategien und Instrumenten** lassen sich unterscheiden:

- Preisdifferenzierung,
- Preisbündelung und Preisbaukästen,
- Electronic Pricing,
- dienstleistungsspezifische Aspekte der Wahl preispolitischer Strategien.

Diese Strategien und Instrumente werden im nächsten Abschnitt näher erläutert.

3.21 Preisbezogene Strategien

3.211 Preisdifferenzierung

Ziel der Preisdifferenzierung ist es, unterschiedliche Zahlungsbereitschaften abzuschöpfen, um so den Gewinn gegenüber der Einheitspreissetzung zu steigern. Preisdifferenzierung findet statt, wenn ein Unternehmen für die gleiche beziehungsweise eine nur leicht veränderte Leistung von den Kunden in den verschiedenen Marktsegmenten unterschiedliche Preise fordert (Simon/Fassnacht 2009, S. 257).

Die Preisdifferenzierung ist im Dienstleistungsmarketing zum einen ein wichtiges Instrument zur Beeinflussung des Nachfrageverhaltens der Konsumenten mit dem Ziel einer gleichmäßigeren Auslastung der Dienstleistungskapazitäten und damit der Vermeidung von Leerkosten (Fassnacht/Homburg 1997; Corsten/Gössinger 2007). Zum anderen trägt die Preisdifferenzierung unter Berücksichtigung der spezifischen Bedingungen (z. B. Preisbereitschaft, Preisreaktionsfunktion) in einzelnen Zielgruppensegmenten zur besseren **Ausschöpfung von Marktpotenzialen** bei (Olbrich/Battenfeld 2007, S. 107ff.; Simon/Fassnacht 2009, S. 259).

Zur Differenzierung lassen sich verschiedene **Kriterien**, die in Schaubild 6-3-7 dargestellt sind, isoliert oder kombiniert heranziehen:

1. räumliche Kriterien (z. B. regionale Differenzierung),
2. zeitliche Kriterien (z. B. Zeitpunkt der Inanspruchnahme sowie der Bestellung von Dienstleistungen),
3. abnehmerorientierte Kriterien (z. B. Alter, Geschlecht, soziale Stellung),
4. mengenorientierte Kriterien (z. B. Inanspruchnahme von Einzelleistungen versus Dauer- oder Mehrfachleistungen).

Schaubild 6-3-7 Formen der Preisdifferenzierung

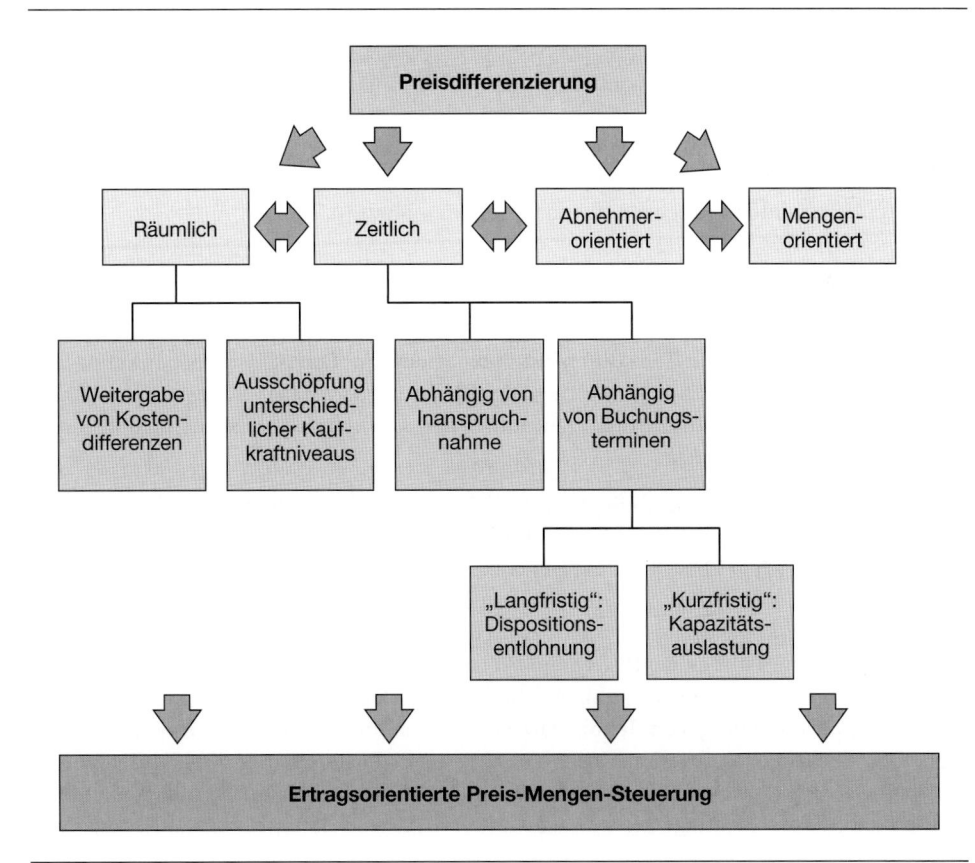

1. Räumliche Preisdifferenzierung

Bei der räumlichen Preisdifferenzierung werden die Dienstleistungen auf **geografisch unterschiedlichen Märkten** zu verschiedenen Preisen angeboten. Eine häufig vorzufindende Form der räumlichen Preisdifferenzierung ist bei Dienstleistungen gegeben, die der Dienstleistungsanbieter direkt vor Ort beim Kunden erbringt (z. B. Wartungsarbeiten, Pizza-Service). Hier werden häufig – je nach Entfernung des Dienstleistungsnachfragers vom Firmenstandort – unterschiedliche Tarifklassen für die Erstellung von Dienstleistungen vorgesehen bzw. differenzierte Anfahrtskosten in die Gesamtrechnung einbezogen.

Bei Reiseveranstaltern werden beispielsweise für Flugreisen in Abhängigkeit des gewählten Flughafens vielfach unterschiedliche Preise festgelegt. Im Rahmen einer derartigen Vorgehensweise werden Kostendifferenzen zumindest teilweise auf die Preise übertragen. Hier bieten sich beispielsweise Möglichkeiten, angesichts der zunehmenden verkehrstechnischen Probleme von Großflughäfen die Kapazitäten kleiner Flughäfen unter gleichzeitiger Verbesserung der Servicequalität (z. B. Vermeidung von langen Wartezeiten beim Check-in) besser auszunutzen. Vielfach wird auch eine **regionen- oder länderspezifische Differenzierung** der Preisforderungen vorgenommen, um unterschiedlichen Kaufkraftniveaus gerecht zu werden.

> **Beispiel: Räumliche Preisdifferenzierung in der Luftfahrt**
>
> Dem „Billigflieger" *Ryanair* wurde Anfang 2005 untersagt, Preisvergleiche mit Wettbewerbern durchzuführen, die von Großflughäfen abfliegen. Die Preisdifferenzierung war nach Ansicht eines Gerichts vor allem auf räumliche Gesichtspunkte zurückzuführen, da *Ryanair* zu günstigen, teilweise quersubventionierten Preisen Flughafenkapazitäten auf abgelegenen kleinen Flughäfen nutzt (o.V. 2005).

2. Zeitliche Preisdifferenzierung

Insbesondere die zeitliche Preisdifferenzierung dient im Dienstleistungsmarketing als wichtiges Instrument zur Steuerung der Dienstleistungsnachfrage. Dabei werden Preisdifferenzierungen häufig nach dem **Zeitpunkt der konkreten Inanspruchnahme** einer Dienstleistung vorgenommen.

So werden z. B. bei Reiseveranstaltungen in Zeiten höherer Nachfrage nach Reiseangeboten (z. B. Feiertage, Ferienzeiten) höhere Preise gefordert, während in nachfrageschwächeren Zeiten die gleichen Dienstleistungsangebote zum Teil wesentlich günstiger angeboten werden. Häufig findet sich auch eine zeitbezogene Preisdifferenzierung nach Haupt-, Vor- und Nebensaison. Bei Kurzreisen findet zum Teil sogar eine wochen- (Wochenende, Wochenmitte) bzw. tagesbezogene (Feiertage) Preisdifferenzierung Anwendung (z. B. Skipässe, Ferienwohnungen). Dienstleistungen, die nur stundenweise in Anspruch genommen werden (z. B. Vermietung von Tennisplätzen, Unterhaltungsdienste wie Kino-, Theater-, Diskothekenbesuche) sind vielfach nach verschiedenen Tageszeiten im Preis differenziert. Darüber hinaus lässt sich für Dienstleistungen, die stundenweise in Anspruch genommen werden und deren Nachfrage sowohl tageszeiten- und wochentagsbezogene als auch saisonale Schwankungen aufweist (z. B. Ski- oder Segelkurse, deren Inanspruchnahme insbesondere vormittags, an Wochenenden und in Schulferien präferiert wird), ein komplexes zeitbezogenes Preisdifferenzierungssystem aufbauen, bei dem mehrere Differenzierungskomponenten Berücksichtigung finden.

Neben der Preisdifferenzierung nach der zeitlichen Inanspruchnahme finden sich im Dienstleistungsbereich zahlreiche Beispiele dafür, dass eine Preisdifferenzierung in **Abhängigkeit des Zeitraumes** zwischen der Buchung einer Dienstleistung bzw. dem Kauf eines Dienstleistungsversprechens und dem Beginn des Dienstleistungserstellungsprozesses vorgenommen wird. In diesem Zusammenhang „entlohnt" der Dienstleistungsanbieter den ihm vom Kunden zur Verfügung gestellten Dispositionsspielraum, da er im Rahmen der so ermöglichten frühzeitigen Planung seine variablen Dienstleistungskapazitäten der Nachfrage kostengünstig anpassen kann. Ein Beispiel hierfür ist die Fahrzeugdisposition von Autovermietungen. Die kurzfristige Stimulierung von Dienstleistungsnachfragern zur Teilnahme am Erstellungsprozess durch **Preisnachlässe** (z. B. Stand-by-Flüge) stellt eine zweite vom Zeitpunkt der Buchung abhängige Variante der Preisdifferenzierung zur Optimierung der Auslastung von Dienstleistungskapazitäten dar.

Bei dieser Form der ertragsorientierten Preis-Mengen-Steuerung, dem **Yield Management**, handelt es sich um eine Sonderform der zeitlichen Preisdifferenzierung, die in den letzten Jahren intensiv diskutiert wurde (Smith/Leimkuhler/Darrow 1992; Kirstges 1996; Wübker 2001; Berman 2005; Jinhong/Gerstner 2007; Diller 2008; Simon/Fassnacht 2009). Unter Yield Management wird die technologiegestützte, ertragsorientierte Steuerung der Mengen und Preise von Dienstleistungen verstanden, die zum einen vorausbuchbar sind und zum anderen auf Kundengruppen mit unterschiedlichen Preisbereitschaften abzielt, verstanden (Daudel/Vialle 1992; Diller 2008, S. 497;). Diese bietet insbesondere Dienstleistungsanbietern mit unflexiblen Kapazitäten und hohen Fixkosten (z. B. Fluglinien, Transport- und Reiseunternehmen) Vorteile. Hinter diesem Begriff, der sich mit **Ertragsmanagement** übersetzen lässt, verbirgt sich folglich ein preisgesteuertes Kapazitätsmanagement.

Die **Grundidee** besteht darin, dass preissensiblen Nachfragern (z. B. Privatreisende) die Leistungen zu niedrigen Preisen als preisunsensibleren Nachfragern (z. B. Geschäftsreisende) angeboten werden, wobei zu verhindern ist, dass preisunsensible Nachfrager auf die preisgünstigen Leistungsvarianten zugreifen. In diesem Zusammenhang wird auch von einem **Value Based Pricing (VBP)** gesprochen (Michel/Pfäffli 2009b, S. 26). So wird beispielsweise von Unternehmen der Luftfahrtindustrie ausgenutzt, dass Privatreisende im Gegensatz zu Geschäftsreisenden ihre Flüge meist deutlich vor dem Abflugzeitpunkt buchen und oft auch eine Reise über das Wochenende hinweg durchführen. Folglich wird die Zahlungsbereitschaft der Geschäftsreisenden abgeschöpft, was sich auch daran zeigt, dass die Preise für Linienflüge meist kurz vor dem Abflugzeitpunkt ansteigen und deutlich teurer sind als Flüge, die über das Wochenende hinausgehen. Darüber hinaus wird die Kapazität preisgünstiger Sitze mit zunehmender Ausbuchung einer Maschine zugunsten von teuren Sitzen zurückgefahren. Dies führt dazu, dass die Kapazität optimal, nicht aber zwangsläufig immer maximal ausgelastet wird. Letzteres ist nur der Fall, wenn die maximale Auslastung auch zum maximalen Gewinn (z. B. ein Flug mit mehrheitlich preisunsensiblen Geschäftsleuten zu Wochenbeginn) führt (Wübker 2001, S. 1921).

Im Detail beruht das Yield Management auf folgenden **Optimierungsschritten** (Friege 1996; Tillmans 2003; Diller 2008). Am Anfang steht die Bestimmung verschiedener Kundensegmente in Abhängigkeit der individuellen Preiselastizität eines Kunden. Diese bilden dann den Ausgangspunkt für verschiedene Buchungsklassen, die nach unterschiedlichen Buchungsvoraussetzungen wie Zeitpunkt, Zeitraum der Nutzung, Umbuchbarkeit usw. abgegrenzt werden. In Abhängigkeit der zu erwartenden Nachfragemenge werden jeder Buchungsklasse einzelne Mengenkontingente im Sinne eines Reservierungskorridors (Friege 1996, S. 618) zugeschlagen. Diese passen sich an die Buchungssituation an, je näher die Zeit an den Verfallszeitpunkt (z. B. Abflugdatum) vorrückt. Kommt es innerhalb dieser Korridore zu Nachfrageausbrüchen nach oben oder nach unten, wird durch Anpassung der Preise versucht, die Nachfrage für eine Buchungsklasse entsprechend zu erhöhen oder zu senken. Eine ertragsoptimale Kapazitätsaufteilung zwischen einzelnen Preiskategorien oder Buchungsklassen ist dann erreicht, wenn die Durchschnittserlöse, gewichtet mit den aktuellen Nachfragewahrscheinlichkeiten, für alle Buchungsklasse gleich hoch sind (Diller 2008, S. 497f.). Schaubild 6-3-8 zeigt den Einsatz von Yield Management am Beispiel einer Fluglinie.

Schaubild 6-3-8 Preissetzung durch Yield Management am Beispiel einer Fluglinie

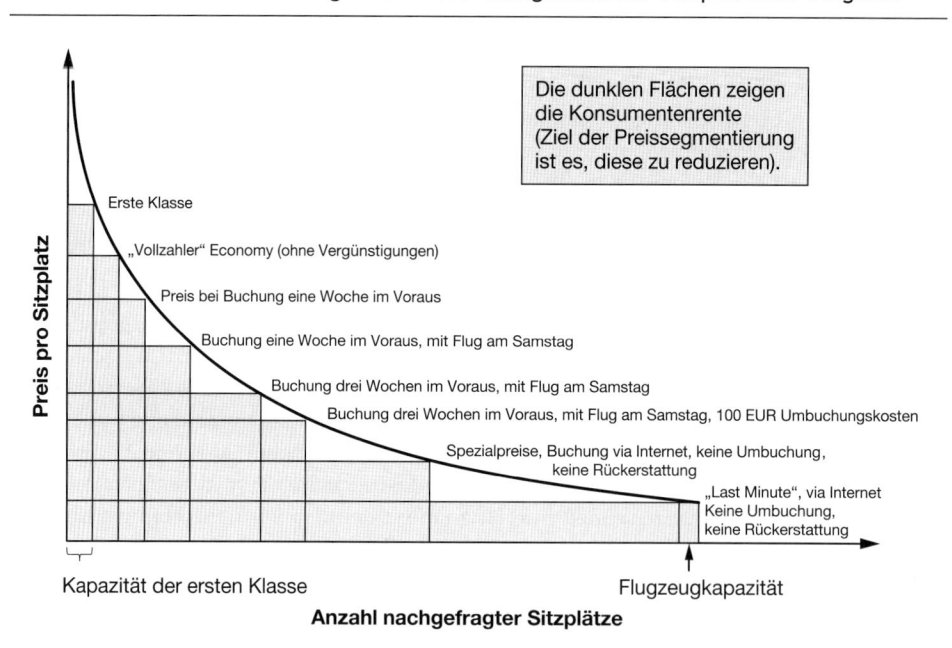

Quelle: Lovelock/Wirtz 2010, S. 171

> **Beispiel: Yield Management bei deutschen Mobilfunknetzbetreiber**
>
> Mit Überlegungen zum Yield Management ist auch die Abgabe von Kapazitäten der vier deutschen Mobilfunknetzbetreiber (*T-Mobile, Vodafone, O2* und *E-Plus*) an neue Wettbewerber im Mobilfunkmarkt ohne eigene Infrastruktur wie *Aldi* oder *Tchibo* zu erklären. Auf diese Weise lassen sich zusätzliche Kunden ansprechen, die zu den Preisen des Netzbetreibers dessen Leistungen nicht nutzen würden. So lassen sich Überkapazitäten nutzen und mögliche Konflikte mit der eigenen angestrebten Markt- und Markenpositionierung als Premiumanbieter vermeiden. Dennoch besteht die Gefahr, dass diese Strategie Kannibalisierungseffekte in Bezug auf einen Anbieterwechsel der eigenen Kunden auslöst.

Vereinzelt wird das Yield Management bereits als „Wunderwaffe für jeden Dienstleister" gepriesen (Enzweiler 1990). Allerdings ist zu bedenken, dass es sich hier im Wesentlichen um eine – wenn auch profitablere – Form der Preisdifferenzierung handelt, die bereits seit längerer Zeit zum Einsatz kommt (Berman 2005, S. 172). Gegenwärtig wird Yield Management von zahlreichen Fluggesellschaften und Hotelketten betrieben. Aus diesem doch recht begrenzten Branchenfokus wird bereits erkennbar, dass ein Einsatz des Yield Managements nicht für alle Dienstleistungsunternehmen geeignet ist (Desiraju/Shugan 1999; für einen Branchenüberblick vgl. Berman 2005, S. 171).

> **Beispiel: Einsatz des Yield Management bei American Airlines**
>
> Eine Preispolitik auf Basis des Yield Managements wurde erstmals bei *American Airlines* umgesetzt. Das Unternehmen war Ende der 1970er Jahre aufgrund der Deregulierung des amerikanischen Luftverkehrsmarktes mit einer steigenden Anzahl kleinerer Fluggesellschaften als Wettbewerber konfrontiert, die sich durch Niedrigpreisstrategien im Markt zu etablieren versuchten. Durch den Einsatz des Yield Managements konnte *American Airlines* diese Bedrohung meistern und eine Umsatzsteigerung von 1978 bis 1988 um 221 Prozent erreichen (Desiraju/Shugan 1999).

Die angeführten Beispiele (Theaterkartenvorverkauf, Last-Minute-Flüge usw.) zeigen, wie sich **Preisänderungen im Zeitablauf** auf Basis einer Verlagerung von Dispositionspotenzialen von Anbieter und Nachfrager ergeben. So verlagern sich durch eine frühzeitige Buchung einer Dienstleistung die Dispositionsspielräume vom Nachfrager auf den Anbieter (und vice versa). Der Anbieter realisiert so einen Kostenvorteil durch Vermeidung des Verfalls der bereitstehenden Dienstleistungspotenziale im Fall der Nichtnutzung. Der Nachfrager wiederum möchte den Verzicht seiner Dispositionsspielräume entsprechend durch einen günstigeren Preis vergütet bekommen (et vice versa).

Trotz vieler erfolgreicher Beispiele kommt in den Unternehmen noch überwiegend die kostenorientierte Preisfestlegung zum Einsatz. Eine Umfrage in Schweizer Unternehmen kam zu dem Ergebnis, dass lediglich 34 Prozent eine kundenorientierte Preisstrategie verfolgen, währen 69 Prozent die kostenorientierten Ansatz wählen (Hofstetter/Miller 2009, S. 32f.). Die Ursache hierfür sind zentrale **Implementierungsbarrieren**, denen die Unternehmen bei der Implementierung eines Value Based Pricing gegenüberstehen. Dabei gelten der Aufwand für die Schätzung des Kundenwerts und Gefahr der Preiserosion durch Arbitrage als die größten Implementierungsbarrieren (Michel/Pfäffli 2009a, S. 27ff.).

Der **Aufwand für die Schätzung des Kundenwerts** erfordert intensive Marktforschungsstudien, um einzelne Kundensegmente sowie deren Zahlungsbereitschaften zu identifizieren. Häufig wird von den Unternehmen die Conjoint-Analyse eingesetzt. Diese erfordert jedoch sehr viel Expertenwissen und die Durchführung ist sehr aufwändig und kostenintensiv. **Die Gefahr der Arbitrage** ergibt sich dann, wenn Kunden mit höherer Zahlungsbereitschaft in den Genuss von ungewollten Preisreduktionen kommen, die für Kunden mit einer niedrigeren Zahlungsbereitschaft bestimmt sind. Ein Negativbeispiel eines gescheiterten Yield Management aufgrund von Arbitragemöglichkeiten zeigt folgendes Beispiel:

> **Beispiel: Pricing-Fehler eines Cargo-Unternehmens?**
>
> Ein europäisches Luftfahrtunternehmen hat vor einigen Jahren ein eigenes Yield Management beim Cargo-Geschäft eingeführt. Insbesondere war die Absicht, das Risiko von ungenutzten Kapazitäten den Kunden, u. a. globalen Logistikunternehmen, zu übertragen. Aus diesem Grund wurden fixe Kapazitäten Monate im Voraus zu günstigen Konditionen angeboten, während für Expressaufträge kurz vor Abflug sehr hohe Tarife zu zahlen waren. Zur großen Enttäuschung des Managements hat sich dieses Preissystem jedoch als problematisch erwiesen. Die mächtigen Kunden haben erstens die günstigen Reservationen nur für Strecken gebucht, die sich durch eine hohe Auslastung auszeichneten und daher kein Risiko darstellten. Zweitens haben sie gebuchte, aber nicht benötigte Kapazitäten vertragswidrig kurzfristig storniert. Die vertraglich vereinbare Stornogebühr wurde ihnen zwar in Rechnung gestellt, konnte aber wegen der Verhandlungsmacht der Großkunden nicht durchgesetzt werden. Das Resultat war faktisch, dass die Kunden tiefere Preise realisiert haben, ohne effektiv Kapazitätsrisiken zu übernehmen (Michel/Pfäffli 2009a, S. 28).

Wichtig für Unternehmen ist es daher, sich dieser Implementierungsbarrieren bewusst zu werden und entsprechende Voraussetzungen zu schaffen, diese Barrieren zu überwinden. Für einen sinnvollen Einsatz des Yield Managements ist der Einbezug folgender **Kriterien** notwendig (Daudel/Vialle 1989; Friege 1996, S. 616f.; McMahon-Beattie/Donaghy 2001, S. 233ff.; Berman 2005, S. 171):

- Die Leistungspotenziale verfallen bei Nicht-Inanspruchnahme der Dienstleistung (z. B. Linienflug).

- Eine Kontrahierung ist bereits vor Inanspruchnahme der Dienstleistung möglich (z. B. handelbares Leistungsversprechen; nicht möglich bei Steuerberatungen).

- Die Nachfrage unterliegt hohen Schwankungen, die a priori weitgehend unbekannt sind, d. h., ohne systematische Erfassung von Buchungsverläufen schwer zu prognostizieren sind.

- Eine Stimulierung der Nachfrager durch Variationen der Preisgestaltung ist grundsätzlich möglich (preiselastische Nachfrage; nicht möglich z. B. bei Krankenhäusern, Ärzten).

- Der Dienstleistungsanbieter sieht sich mit einem hohen Fixkostenblock konfrontiert.
- Der Dienstleistungsanbieter verfügt über eine bestimmte Größe, so dass sich der erforderliche, kostenintensive IT-Einsatz lohnt.

Bei Erfüllung dieser Voraussetzungen lässt sich dann ein **Yield-Management-System** durch Überführung der Grundüberlegungen zum Yield Management in einen IT-gestützten Optimierungsprozess implementieren, das sinnvollerweise über folgende Teilmodule verfügt (Daudel/Vialle 1989; Wübker 2001, S. 1922; Okumus 2004, S. 65ff.; Berman 2005, S. 173ff.; Simon/Fassnacht 2009, S. 432ff.):

- **Datenerfassungs-, -aufbereitungs- und -bereitstellungsmodul**
  Eine Aufgabe dabei besteht in der Erfassung historischer Daten. Dazu zählt die Kundenhistorie mit sämtlichen Daten zur Dienstleistungsnutzung inklusive der vorgenommenen Stornierungen. Falls die Dienstleistung in Kooperation mit anderen Anbietern erfolgt, sind alle Daten bezüglich dieser Zusammenarbeit zu erfassen. Neben den historischen Daten sind über ein Buchungssystem die aktuellen Anfragen und Buchungen zu erfassen. Weiterhin ist es erforderlich, dass die Datenbank Informationen zu den Kapazitäten des Dienstleisters enthält.

- **Analysemodul**
  Im Rahmen dieses Moduls werden den historischen Daten die Gegenwartsdaten gegenübergestellt. In diesem Zusammenhang werden auch Prognosen beispielsweise über die zukünftig zu erwartenden Buchungseingänge, über allgemeine und personenspezifische Stornierungsraten sowie die für wahrscheinlich erachteten Buchungsverläufe erstellt. Die so ermittelten Nachfrage- und Stornoprognosen ermöglichen die Kalkulation der zu erwartenden Erlöse und des Gewinns auf Basis des kalkulierten Kundenaufkommens. Durch Lösungsalgorithmen werden dann unter Berücksichtigung der Deckungsbeiträge oder Umsätze pro Engpasseinheit Entscheidungen hinsichtlich der Vergabe der knappen Einheiten und ihrer Preise getroffen und für jede Buchungsklasse optimale Mengenkontingente ermittelt. Dabei führt das System einen Abgleich zwischen dem Fehlmengen- und dem Leerkostenrisiko durch, woraus eine nachfragegerechte und gewinnoptimale Feinsteuerung des Angebots resultiert (Diller 2008, S. 498).

> **Beispiel: Auslastungsplanung bei Fluglinien**
>
> Liegt beispielsweise die Auslastung der Business Class eines Fluges einige Wochen vor dem Abflugzeitpunkt über dem prognostizierten Wert, wird das Mengenkontingent der Economy Class entweder zugunsten der Business Class reduziert oder die Preise für die Sitze in der Economy Class erhöht. Gegen Ende der Buchungsfrist steigen die Preise für alle Buchungsklassen kontinuierlich, da zum einen in der Regel nur noch kurzfristig dringende, und somit preisunelastisch, Flüge nachgefragt werden. Zum anderen werden Kunden abgewehrt, die auf so genannte Last-Minute-Preise spekulieren (Tillmans 2003, S. 547).

■ **Ausgabemodul**
Im Anschluss an den Optimierungsprozess erfolgt je nach Problemstellung eine Angebotserstellung bzw. eine Entscheidung hinsichtlich der Annahme oder Ablehnung einer Anfrage. Diese Entscheidung wird entweder mündlich vom Personal des Dienstleistungsanbieters überbracht oder – entsprechende technische Ausstattung des Nachfragers vorausgesetzt – mittels Datenaustausch zwischen Yield-Management-System und EDV des Nachfragers transferiert.

Diese Unterteilung stellt selbstverständlich nur ein Grobraster dar, das von dem betreffenden Unternehmen noch individuell den eigenen Belangen anzupassen ist (Smith/Leimkuhler/Darrow 1992).

Trotz guter **Erfolge** derartiger Yield-Management-Systeme insbesondere im Luftfahrtsbereich (vgl. Desiraju/Shugan 1999), lässt sich mit einem Yield Management nicht das Problem chronischer Überkapazitäten beheben. Zudem gilt es zu vermeiden, dass Kunden die Struktur der Preisanpassungen allzu einfach antizipieren und somit ihr Kaufverhalten dementsprechend danach ausrichten. Dies würde dann insgesamt sogar zu Ertragseinbußen durch das Yield Management führen (Berman 2005, S. 178). Den Umsatzsteigerungen sind jedoch zu einer abschließenden Beurteilung die durch den Einsatz des Systems entstehenden Kosten gegenüber zu stellen. Insgesamt lässt sich das Yield Management als innovative und effiziente Gestaltung bisher eher heuristischer Vorgehensweisen im Rahmen der Preispolitik bewerten (vgl. Becker 2005).

3. Abnehmerorientierte Preisdifferenzierung

Die **abnehmerorientierte Preisdifferenzierung** knüpft in der Regel an die mit verschiedenen abnehmerbezogenen Merkmalen (z. B. Alter, Familienstand, Geschlecht, soziale Stellung) variierende Preisbereitschaft bei der Inanspruchnahme von Dienstleistungen an. Hierbei wird auf die im Rahmen der Marktsegmentierung gebildeten Zielgruppensegmente und deren Preisbereitschaft Bezug genommen.

> **Beispiele:** Typische Formen für differenzierte Preise sind gewerbliche und private Zeitungsanzeigen. In Abhängigkeit des Abnehmermerkmals „Alter" bieten auch öffentliche Verkehrsträger mit Junioren- und/oder Seniorentarifen ein preislich differenziertes Dienstleistungsangebot an.

Neben dem Vorliegen von **unterschiedlichen Preisbereitschaften** für eine Dienstleistung führen auch Unterschiede in Bezug auf die Kostenintensität verschiedener Kundengruppen beim Dienstleistungsanbieter zu einer abnehmerorientierten Preisdifferenzierung. Besonders bei Versicherungen sind daher abnehmerorientierte Preisdifferenzierungen vorzufinden. So verursachen z. B. vor allem junge männliche Autofahrer überdurchschnittlich viele Verkehrsunfälle oder Frauen hingegen haben durchschnittlich höhere Krankenversicherungskosten, was durch eine Differenzierung nach Geschlecht und Alter Berücksichtigung findet. Mit solchen Preisdifferenzierungen gehen möglicherweise wiederum Überlegungen zur Preisbereitschaft der Kunden einher. Es ist anzunehmen, dass die Abwanderungsgefahr von Kunden steigt, wenn sie erkennen, dass sie mit ihren Versicherungsprämien zum großen Teil die hohen Kosten anderer Versicherungsnehmer zu tragen haben.

Eine weitere Motivation zur abnehmerorientierten Preisdifferenzierung ergibt sich neben der kundenseitigen Preisbereitschaft aus **sozialen** oder **kundenbindungsbezogenen Gesichtspunkten**. So existieren bei den meisten Freizeitangeboten günstige Preise für Kinder und Jugendliche, Auszubildende und Studierende sowie Rentnern. Hiermit kommen die Anbieter dem durchschnittlich geringen Einkommen dieser Kundengruppen entgegen. Banken hingegen bieten für Studierende meist günstige Konditionen an (Studentenkonten), um diese im Hinblick auf ein zukünftig überdurchschnittliches Einkommen und dementsprechend höhere Profitabilität an sich zu binden.

4. Mengenorientierte Preisdifferenzierung

Schließlich bieten sich Dienstleistungsunternehmen noch Formen der **mengenorientierten Differenzierung** an. Preisdifferenzierungen werden hier in Abhängigkeit von der Anzahl der nachgefragten Dienstleistungseinheiten vorgenommen. In diesem Zusammenhang sei auf den Kauf von Abonnements, Dauerkarten oder Mengenkarten für Kinobesuche oder Gruppenreisen verwiesen.

Häufig erfolgt eine **kombinierte Anwendung** der vorgestellten Kriterien im Dienstleistungsmarketing. So wird beispielsweise im Bereich der Nonprofit-Organisationen (z. B. Museen, Theater, Schwimmbäder) hauptsächlich nach den Kriterien Abnehmer und Menge differenziert (Bruhn 2005a). Zum einen bezahlen Kinder, Schüler, Studierende, Lehrlinge und Rentner verminderte Eintrittspreise für die genannten Einrichtungen. Zum anderen werden gleichzeitig Abonnements, Dauer- und Zehnerkarten zu einem reduzierten Preis angeboten (mengenbezogene Preisdifferenzierung). Hier wird deutlich, dass es beim Einsatz verschiedener Arten der Preisdifferenzierung häufig zu Überschneidungen kommt, deren Behandlung a priori vom Dienstleistungsanbieter festzulegen ist („doppelte", d. h. kumulierte vs. „einfache" Ermäßigung). Zudem leidet möglicherweise beim Einsatz mehrerer Differenzierungsarten die Transparenz der Preisbildung, wodurch die Akzeptanz beim Konsumenten gefährdet ist. Gleichzeitig profilieren sich hier innovative Dienstleister, indem sie als Zwischenhändler (z. B. Reisebüro) oder als reiner Berater (z. B. Preisagenturen) die für den jeweiligen Kunden günstigsten Anbieter herausfiltern.

Im Bankenbereich wird häufig eine Preisdifferenzierung nach den Kriterien Abnehmer, Zeit und Menge vorgenommen. So erhalten Privatkunden oftmals ungünstigere Konditionen als Firmenkunden. Diese Vorgehensweise hat gleichzeitig aber auch einen indirekten Bezug zum Geschäftsvolumen und damit zum Differenzierungsmerkmal „Menge". Längerfristige Anlageformen von Geld erbringen höhere Zinsen (Zeit) und höhere Kreditbeträge sind in der Regel günstiger zu erhalten als kleinere (Menge). Im Bankenbereich lassen sich zunehmend auch Tendenzen einer räumlichen Preisdifferenzierung feststellen. Dabei ist hauptsächlich von Bedeutung, ob die Leistung vom Mitarbeitenden in der Filiale oder vom Kunden selbst online erstellt wird. Dies erklärt die zum Teil deutlichen Unterschiede zwischen Filial- und Online-Konditionen. So bieten einige Anbieter auch Transaktionen zu Fixkosten an, so dass bei großen Handelsvolumina die anteiligen Transaktionskosten sinken.

Neben der Überschneidung im Rahmen der Anwendung (kombinierter Einsatz mehrerer Differenzierungsmechanismen) sind also auch Überschneidungen der Zielsetzungen einzelner Differenzierungsarten denkbar und üblich.

Eine Sonderform der mengenorientierten Preisdifferenzierung ist die **nicht-lineare Preisbildung**. Hierbei sinkt der Preis pro Einheit mit zunehmender gekaufter Menge (Sebastian/Kolvenbach 2000, S. 64). Diese Art der Preisbildung ist nur möglich, wenn sich die Absatzmenge einer Dienstleistung anhand eines geeigneten Maßstabes (z. B. zurückgelegte Flugkilometer) quantifizieren lässt.

Folgende **Formen nicht-linearer Preisbildung** sind gebräuchlich (Sebastian/Kolvenbach 2000, S. 64; Olbrich/Battenfeld 2007, S. 120ff.):

1. **Mengenrabatte** werden auf größere Abnahmemengen oder Umsätze gemäß einer Rabattstaffel gewährt, so dass der tatsächlich zu zahlende Durchschnittspreis mit zunehmender Menge bzw. zunehmendem Umsatz sinkt.

2. **Bonusprogramme** zielen auf eine Steigerung der Kundenbindung ab und beinhalten Vergünstigungen, die der Anbieter je nach Dauer der Kundenbeziehung oder dem Maß an Loyalität gewährt. Prominente Beispiele für Bonussysteme sind die Vielfliegerprogramme, bei denen Punkte gesammelt werden, die sich in Kombination mit Partnerunternehmen zu Freiflügen, kostenlosen Übernachtungen oder kostenlosen Mietwagen nutzen lassen.

3. **Mehrstufige Preissysteme** basieren auf einem einmalig pro Periode zu zahlenden Grundpreis und einem (festen) Preis pro Einheit (Beispiele sind Mietwagengebühren, Clubgebühren, Telefon- und Stromtarife usw.). Bei so genannten Blocktarifen wählen die Kunden unter verschiedenen Preisstrukturen je nach individueller Bedarfssituation, um so den für sie günstigsten Preisfall zu nutzen.

> **Kurzfallstudie: Preisbündelung im Mobilfunkmarkt**
>
> Im Mobilfunkmarkt spielt für den Kunden bei der Auswahl eines geeigneten Tarifs der Preis eine wichtige Rolle. Ein potenzieller Mobilfunkkunde kann in Deutschland aus einer Vielzahl von mehreren hundert unterschiedlichen Tarifen wählen, die entweder direkt von den vier Netzbetreibern *T-Mobile, Vodafone, E-Plus* und *O2* oder indirekt von so genannten Wiederverkäufern (z. B. *Mobilcom*) vertrieben werden. Die Vielfalt unterschiedlicher Tarife und der damit verbundenen Preisintransparenz führen beim Verbraucher häufig zu einem hohen **wahrgenommenen Risiko** hinsichtlich der Auswahl eines des individuellen Nutzungsverhaltens entsprechenden Tarifs. Aus diesem Grund orientieren sich Konsumenten bei der Tarifwahl an objektiven Vergleichstests, die regelmäßig von unabhängigen Verbraucherorganisationen wie der Stiftung Warentest angeboten werden. Auch die Anbieter selbst bieten im Internet Tarifrechner an, um dem hohen wahrgenommenen Kaufrisiko – hervorgerufen durch

die Notwendigkeit einer langfristigen Vertragsbindung – zu begegnen. Diese Tarifrechner erstellen in Interaktion mit dem potenziellen Kunden ein Gesprächsprofil, das das Gesprächsaufkommen in verschiedene Zeitzonen mit unterschiedlichen Tarifen, die Aufteilung zwischen angewählten Fest- und Mobilfunknetzen sowie weitere Aspekte beinhaltet. Aufbauend darauf wird aus den angebotenen Tarifen der günstigste ermittelt.

Mobilfunktarife setzen sich in erster Linie aus folgenden fixen bzw. variablen **Bestandteilen** zusammen:

- Bestandsgebühren (z. B. eine monatliche Grundgebühr),
- Nutzungsgebühren (z. B. Minutenpreise).

Die Unterscheidung in Bestands- und Nutzungsgebühren kann als Preisdifferenzierung nach der Menge, hier in der Form eines **zweiteiligen Tarifs**, charakterisiert werden. Aufgrund der sich durch unterschiedliche monatliche Gesprächsvolumina ergebenden durchschnittlichen Minutenpreise wird dies auch als nicht-lineare Preisbildung bezeichnet. Jeder Mobilfunkanbieter bietet mehrere Tarife an, wobei Bestands- und Nutzungsgebühren negativ miteinander korrelieren. Eine niedrige Bestandsgebühr wird durch hohe Nutzungsgebühren „erkauft" und richtet sich damit an Wenigtelefonierer, der umgekehrte Fall begünstigt Vieltelefonierer. Als weiterer Bestimmungsfaktor der Höhe eines Mobilfunktarifs ist der Preis eines neuen Mobiltelefons, das ein Neukunde bei Abschluss eines Mobilfunkvertrages mit festgelegter Laufzeit erwerben kann. Je länger die Laufzeit eines Vertrages ist, desto günstiger ist in der Regel der Preis für den Erwerb eines neuen Mobiltelefons, dessen Preis durch den Mobilfunkanbieter subventioniert wird. Des Weiteren geht der Trend zunehmend in die Richtung von Mobilfunkverträgen, die an keine Vertragslaufzeit gebunden sind und auf eine monatliche Grundgebühr verzichten (so genannte Prepaid-Tarife). Im Gegenzug für den Verzicht einer festen Vertragsbindung wird den Kunden von Prepaid-Tarifen in der Regel kein vergünstigtes Mobiltelefon angeboten.

Vor diesem Hintergrund lässt sich das Tarifgefüge des Schweizer Mobilfunkbetreibers *Orange* hinsichtlich der monatlichen Gesamtkosten in Abhängigkeit des Telefonierverhaltens analysieren. *Orange* bietet seinen Kunden die Möglichkeit, zwischen verschiedenen Preisplänen – den so genannten Optima-Preisplänen – zu wählen. In Abhängigkeit des gewählten Tarifs fällt eine monatliche Grundgebühr an (z. B. 25 CHF bei Optima 30), bei der jeweils eine bestimmte Anzahl an Gratisminuten inkludiert ist (z. B. 30 Minuten bei Optima 30). Jede über die Anzahl der Inklusivminuten hinausgehende Gesprächsminute wird mit einem Einheitstarif in Höhe von 0,45 CHF verrechnet. Schaubild 6-3-9 zeigt die grafische Auswertung der Tarife für eine monatliche Gesprächsdauer von 200 Minuten. In der Auswertung wurden neben den Laufzeitverträgen Optima noch das Prepaid-Angebot OrangeClick einbezogen, bei dem die Gesprächsminute mit 0,39 CHF berechnet wird.

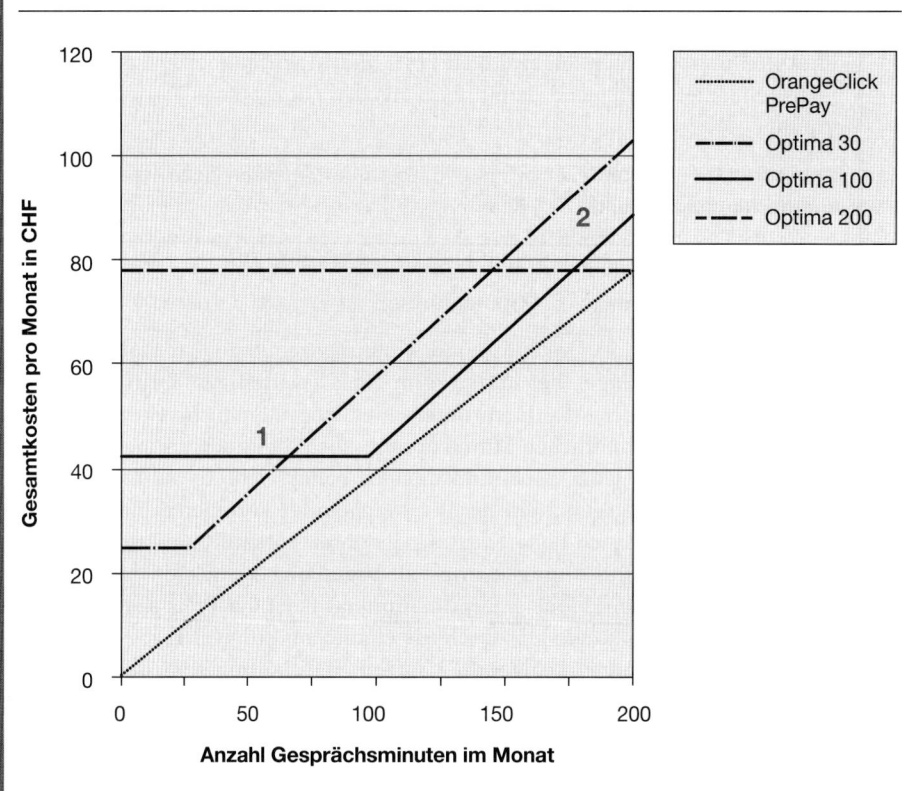

Schaubild 6-3-9 Vergleich der Orange Tarife Orangeclick, Optima 30, 100 und 200

Legende:
- OrangeClick PrePay
- Optima 30
- Optima 100
- Optima 200

Y-Achse: Gesamtkosten pro Monat in CHF
X-Achse: Anzahl Gesprächsminuten im Monat

Wie Schaubild 6-3-9 zeigt, lohnt sich der Abschluss von Optima 100 bei einer monatlichen Nutzung von 65 Minuten (siehe Break-Even-Punkt 1), Optima 200 sogar erst bei einer monatlichen Nutzung von 177 Minuten (siehe Break-Even-Punkt 2). Des Weiteren zeigt sich, dass sich die Wahl des Prepaid-Tarifs stets als die günstigste Variante herausstellt. Allerdings verzichtet der Nutzer in diesem Fall auf ein subventioniertes Mobiltelefon.

Eine weitere Unsicherheitskomponente wird bei den Kunden dadurch verursacht, dass das eigene Gesprächsprofil zeitlichen Schwankungen unterliegen kann. Somit besteht bei Abschluss eines Mobilfunkvertrages stets Unsicherheit darüber, ob man auch in Zukunft den jeweils günstigsten Tarif ausgewählt hat. *Orange* umgeht dies durch eine geschickte **„Tarifautomatik"**. Diese zeichnet sich dadurch aus, dass der *Orange*-Kunde nach Ablauf einer Rechnungsperiode den günstigsten Optima-Tarif ex post in Rechnung gestellt bekommt.

Die Bedeutung der Preisdifferenzierung insbesondere für die erfolgskritische Auslastungssteuerung auf der einen und die besondere Eignung von Dienstleistungen für den Einsatz verschiedener Formen der Preisdifferenzierung auf der anderen Seite haben im Ergebnis in vielen Dienstleistungsbereichen zu einem extensiven Einsatz des Preisdifferenzierungsinstrumentariums geführt.

Den Chancen einer derart stark differenzierten Preispolitik, etwa im Hinblick auf eine optimierte Auslastung oder abgeschöpfte Konsumentenrente, steht allerdings das Risiko einer übermäßigen **Tarifkomplexität** gegenüber, von dem in der Literatur Opportunitätskosten in Form entgangener Erlöse vermutet werden (Fassnacht 1996, S. 147). Ein allzu komplexes Preissystem verringert für den Kunden die Transparenz des Preis-Leistungs-Verhältnisses und führt im Ergebnis dazu, dass Kunden zu anderen Leistungsanbietern mit für sie nachvollziehbareren Kosten-Nutzen-Relationen abwandern (Berry/Yadav 1997, S. 61). Andererseits besteht eine sinnvolle Lösung des Problems der Preiskomplexität auch nicht in einer Vereinfachung der Preise im Sinne eines Einheitspreises, da der Nutzen dieser Maßnahme in keinem angemessenen Verhältnis zu den entgangenen Gewinnen durch den vollständigen Verzicht auf Preisdifferenzierung besteht. Dennoch lassen sich vor allem auf Telekommunikationsmärkten zunehmend Tendenzen zum Angebot solcher Einheitspreise bzw. zum Verzicht auf jede Form der Preisdifferenzierung feststellen. So bieten mehrere Mobilfunkanbieter grundgebührfreie Tarife zu einheitlichen Minutenpreisen zu jeder Tageszeit in jedes Telefonnetz an. Ein anderes Extrem solcher Einheitspreise stellen die so genannten **Pauschaltarife** (Flat Rates) dar, bei denen mit der Bezahlung einer monatlichen Gebühr eine unbegrenzte Nutzung von Mobilfunk-, Telefon- und Internetleistungen abgegolten wird. Solche Preismodelle eignen sich insbesondere bei Dienstleistungen mit geringen variablen Kosten.

Der Grad an Differenzierung eines Preissystems ist somit kein Maximierungs-, sondern ein Optimierungsproblem. Unter diesem Gesichtspunkt stellt sich zum einen die Frage nach dem **optimalen Grad an Preisdifferenzierung** und zum anderen nach den Möglichkeiten, etwaige negative Folgen eines komplexen Tarifsystems abzumildern. Die optimale Preisdifferenzierungsintensität im Hinblick auf die angewandte Zahl unterschiedlicher Implementationsformen hängt dabei sehr stark von den Merkmalen des Dienstleistungsanbieters und -nachfragers ab. Je größer der Fixkostenanteil, je flexibler die Nachfrage beispielsweise im Hinblick auf eine zeitliche Verlagerung, je stärker der externe Faktor in den Dienstleistungserstellungsprozess integriert wird und je individueller die Dienstleistung ist, umso größer fällt die optimale Preisdifferenzierungsintensität aus. Umgekehrt senkt ein hohes wahrgenommenes Kaufrisiko der Konsumenten das Ausmaß der optimalen Preisdifferenzierungsintensität (Fassnacht 1998, S. 738).

Zur Verminderung der negativen Folgen eines komplexen Tarifsystems eignet sich die **Bildung eines positiven Preisimages**. Erfolgreiche Beispiele aus dem Discountbereich des Lebensmitteleinzelhandels, wo Konsumenten die wahrgenommene Komplexität des Preisvergleichs zwischen einer Vielzahl unterschiedlicher Produkte häufig durch die Wahl einer als preisgünstig empfundenen Einkaufsstätte reduzieren (Gröppel-Klein 1998, S. 150), belegen in diesem Zusammenhang die hohe Bedeutung eines positiven Preisimages auch für Dienstleistungsunternehmen (Schneider 1999). Ein positives Preisimage entbindet den Kunden von Suchkosten und vermindert sein wahrgenommenes Risiko (Müller 1996, S. 29), da es als Indikator für eine generelle Preisgünstigkeit des Unternehmens fungiert und sich auf einzelne Transaktionen transferieren lässt.

3.212 Preisbündelung und Preisbaukästen

Ebenso wie im Sachgüterbereich besteht im Dienstleistungssektor die Möglichkeit, Dienstleistungskunden die Wahl zu bieten, verschiedene Dienstleistungen einzeln oder im Verbund als „Servicepaket" mit einem gewissen Preisvorteil zu erwerben (Hanson/Martin 1990; Wilson/Weiss/John 1990; Simon 1992a, S. 1214; Diller 1993, S. 270f.; Simon/Fassnacht 2009, S. 431ff.). Es ist sogar davon auszugehen, dass z. B. aufgrund der hohen Komplementarität einzelner Dienstleistungskomponenten eine derartige Bündelung im Dienstleistungsbereich häufiger als im Sachgüterbereich vorgenommen wird (Guiltinan 1987, S. 74; Simon/Fassnacht 2009, S. 431). Guiltinan, der erstmals einen konzeptionellen Modellansatz zur **Preisbündelung** im Servicebereich vorstellt (Guiltinan 1987), räumt der Anwendung dieses preispolitischen Instruments im Dienstleistungsmarketing gegenüber dem Konsumgütermarketing aufgrund der folgenden Aspekte eine besonders hohe Relevanz ein:

- Ein Ziel im Dienstleistungsmanagement besteht darin, Dienstleistungskapazitäten gleichmäßig auszulasten und aufgrund der hohen Fixkostenbelastung den Verkauf bisher wenig in Anspruch genommener Dienstleistungen zu fördern.

- Es ist sinnvoll, aufgrund des höheren wahrgenommenen Risikos beim Kauf von Dienstleistungen von unterschiedlichen Dienstleistungsanbietern dem Kunden ein „One Stop Shopping" anzubieten.

- Die Kundenzufriedenheit mit dem Dienstleistungsangebot (Preis-Leistungs-Verhältnis) spielt aufgrund der höheren Bedeutung langfristiger Kundenbeziehungen eine besondere Rolle.

> **Beispiel: Anwendungsgebiete der Preisbündelung**
>
> Häufige Anwendungsgebiete der Preisbündelung sind (vgl. z. B. Guiltinan 1987, S. 74; Simon 1992b, S. 1214; Bouwman/Haaker/de Vos 2007, S. 21ff.; Simon/Fassnacht 2009, S. 296f.):
>
> - Wochenendangebote von Hotels in Verbindung mit dem Besuch einer kulturellen Veranstaltung,
> - Angebot von Flugtickets, die die Möglichkeit der Nutzung eines Mietwagens am Flughafen einschließen,
> - Kombination der Vermietung von Skiausrüstungen mit einem Kursangebot,
> - Angebot von Versicherungspaketen, wie z. B. Reiseversicherungen, die eine Haftpflicht-, Krankengeld- und Unfallversicherung umfassen,
> - Pauschalreisen, die Flug und Hotelaufenthalt umfassen,
> - Menüs in Restaurants,
> - Mobilfunkdienstleistungen in Kombination mit Internet-, Daten- und TV-Anwendungen über das Mobiltelefon,
> - Navigationssysteme z. B. in Verbindung mit Verkehrsfunk-, Alarm-, Diebstahlschutzdienstleistungen.

Bei genauerer Betrachtung dieser Beispiele fällt auf, dass vielfach **Überschneidungen** zwischen der Preisbündelung und anderen Maßnahmen des preispolitischen und sonstigen Marketinginstrumentariums auftreten, wie:

- Abonnements als Maßnahme der Rabattpolitik,

- Menüs in Restaurants als Maßnahme der Leistungspolitik,

- Hotelaufenthalt in Verbindung mit dem Besuch einer kulturellen Veranstaltung als Maßnahme der Kommunikationspolitik (kooperative Verkaufsförderungsmaßnahme).

Hinsichtlich der Erscheinungsformen der Preisbündelung wird grundsätzlich zwischen einem „Pure Bundling" („reine Bündelung") und einem „Mixed Bundling" („gemischte Bündelung") unterschieden (Guiltinan 1987; Simon/Fassnacht 2009). Im Falle eines **„Pure Bundling"** sind die zu einem Kombinationspreis angebotenen Dienstleistungen für den Konsumenten nicht einzeln zu erwerben. Diese Form der Preisbündelung erschwert insbesondere die Transparenz von Dienstleistungsangeboten und -entgelten im Vergleich zu Konkurrenzangeboten für den Kunden, weil unter Umständen unterschiedliche Leistungsarten in die jeweiligen Servicepakete einbezogen werden.

Beim **„Mixed Bundling"** hat der Konsument die Wahl, die Dienstleistungsangebote einzeln oder als Servicepaket mit einem Preisvorteil zu erwerben. Erhält der Kunde einen Rabatt auf eine zweite Leistung bei Inanspruchnahme der „Leitleistung", spricht man vom „Mixed Leader Bundling", während „Mixed Joint Bundling" die Existenz eines eigenständigen Bündelpreises bedeutet.

Wird einem Kunden die Möglichkeit gegeben, aus mehreren Bündeln eines zu wählen (z. B. bei einer Pauschalreise „All Inclusive" oder „Übernachtung mit Frühstück") oder kann er selbst sich ein Bündel zusammenstellen (z. B. beim Friseurbesuch Waschen, Schneiden, Färben) wird dies auch als **Preisbaukasten** bezeichnet (Bruhn/Homburg 2004, S. 637).

Je nachdem, welche der in dem Bündel zusammengefassten Leistungen der Kunde bereits vor der Bündelung in Anspruch genommen hat, hat die Preisbündelung folgende **strategische Konsequenzen** (Guiltinan 1987, S. 77):

- Ausschöpfung von Cross-Selling-Potenzialen, wenn der Kunde zuvor nur einen Teil der Bündelleistungen in Anspruch genommen hat,

- Neukundenakquisition, wenn der Kunde zuvor keine der betroffenen Leistungen in Anspruch genommen hat,

- Kundenbindung, wenn der Kunde zuvor beide Leistungen in Anspruch genommen hat,

- Optimierung der Kapazitätsauslastung durch Bündelung von Dienstleistungen, die sich in Zeiten niedriger Auslastung erstellen lassen mit Dienstleistungen, die zu Hochauslastungszeiten erstellt werden (z. B. Kinoticket für eine Samstagabendvorstellung in Verbindung mit einem ermäßigten Ticket für eine Vorstellung unter der Woche) (Rust/Chung 2006, S. 565).

Der Anreiz für einen Dienstleistungsnachfrager, anstelle einer Dienstleistung weitere Leistungen zu kaufen, liegt in der Regel in einem mit dem Erwerb des „Servicepaketes" verbundenen preislichen Vorteil begründet. Zur Verdeutlichung der Wirkungsweise des „Pure Bundling" und des „Mixed Bundling" wird ein von Simon angeführtes Beispiel mit zwei Dienstleistungen aufgegriffen (Simon 1992a; Diller 1993; Simon/Fassnacht 2009).

In Schaubild 6-3-10 sind unter der Teilabbildung **„Einzelpreisstellung"** die Preisbereitschaften von fünf Konsumenten (gekennzeichnet von 1 bis 5) für zwei Leistungen A und B eingetragen. Gleichzeitig sind die unter Vernachlässigung von variablen Kosten optimalen Preise für Leistung A ($p_A = 5$) und Leistung B ($p_B = 4$) eingetragen. Im Rahmen dieser Preissetzung werden dann jeweils zwei Produkte von A und B abgesetzt, so dass ein Gesamtumsatz von 18 Einheiten erzielt wird.

Im Falle des **„Pure Bundling"** ergibt sich ein optimaler Bündelpreis von 5,5 Einheiten, der sich hier durch einfaches Ausprobieren ermitteln lässt. In komplexeren Fällen, insbesondere wenn mehr als zwei Leistungen gebündelt werden, bietet sich der Einsatz von mathematischen Lösungsalgorithmen an (Kinberg/Sudit 1979; Hanson/Martin 1990). Der durch den Absatz von vier Bündeln erzielte Umsatz liegt bei 22 Einheiten, also um vier Einheiten höher als im Falle der Einzelpreisstellung. Die Steigerung begründet sich durch eine bessere Abschöpfung der Konsumentenrente (Konsument 1: +0,5 Einheiten; Konsument 2: +1,5 Einheiten; Konsument 3: +3,5 Einheiten; Konsument 4: +5,5 Einheiten; Konsument 5: keine Abschöpfung).

Dieses auf den ersten Blick eindrucksvolle Ergebnis ist in seiner Aussagekraft für den praktischen Einsatz allerdings zu relativieren (vgl. z. B. Simon 1992a, S. 1228ff.):

Zunächst wird vorausgesetzt, dass sich alle individuellen Preisbereitschaften ermitteln lassen, was trotz der Fortschritte in den Methoden zur Messung von Preisbereitschaften mit Problemen behaftet ist. Dann allerdings sind die dafür notwendigen Ausgaben den im Rahmen der Preisbündelung ermittelbaren zusätzlichen Deckungsbeiträgen gegenüberzustellen, was a priori nicht möglich ist.

Weiterhin sind alle betrachteten Konsumenten an beiden Leistungen interessiert (Preisbereitschaft größer 0). Falls diese Annahme entfällt, ändert das zwar nichts an der grundlegenden Vorgehensweise, allerdings kann sich dann eine Gewinnverschlechterung ergeben.

> **Beispiel: Einsatz von Bündelpreisen**
>
> Zwei Konsumenten, von denen Konsument 1 nur Leistung A zum Preis von fünf Einheiten kaufen will und Konsument 2 nur Leistung B zum Preis von ebenfalls fünf Einheiten. Der Bündelpreis beträgt dann fünf Einheiten, so dass sich ein Gesamtumsatz von zehn Einheiten einstellt. Diese zehn Geldeinheiten ließen sich auch im Rahmen einer Einzelpreissetzung erzielen. Allerdings wäre es dann nicht notwendig gewesen, jeweils eine Leistung A und B zu „verschenken", um deren variable Kosten sich das Ergebnis nun reduziert. In diesem Zusammenhang sind zur Ableitung von Optimalitätsaussagen die Kosten zu berücksichtigen. Darüber hinaus kann die Reduzierung der Preistransparenz durch den Einsatz von Bündelpreisen zu Dissonanzen bei potenziellen Nachfragern führen und der Anwendung von Preisbündeln im Rahmen eines Preisbaukastens kartellrechtliche Überlegungen entgegenstehen.

Preispolitik

Schaubild 6-3-10 Preisbündelung von Dienstleistungen

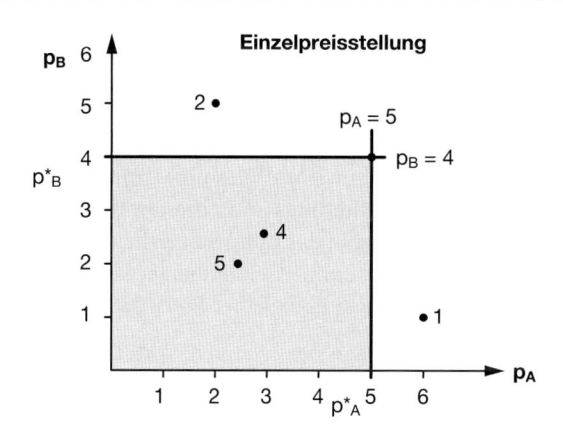

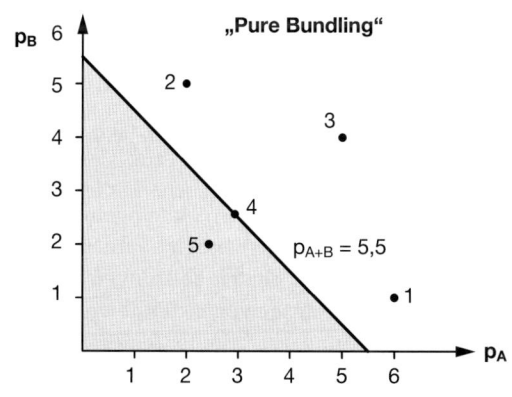

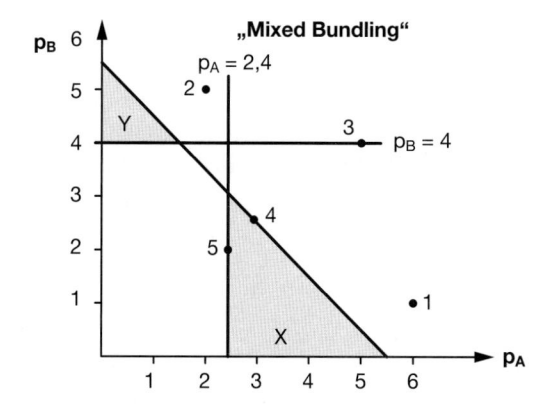

Einzelpreisstellung

$p_A = 5$
$p_B = 4$

„Pure Bundling"

$p_{A+B} = 5{,}5$

„Mixed Bundling"

$p_A = 2{,}4$
$p_B = 4$

Quelle: Simon 1992b, S. 447

Die Darstellung der Vorgehensweise im Rahmen des **„Mixed Bundling"** basiert wiederum auf dem Beispiel von Simon (vgl. Schaubild 6-3-10). Der Bündelpreis liegt erneut bei 5,5 Einheiten. Da die Summe der Einzelpreise notwendigerweise höher zu sein hat als diese 5,5 Einheiten, wird der Preis für Leistung A auf 2,4 Geldeinheiten und der von Leistung B auf 4 Einheiten festgelegt. Damit teilt sich der Markt in kleinere Einheiten auf bzw. wird deutlicher segmentiert. Alle Konsumenten, die im schraffierten Dreieck X liegen, werden zu Käufern der Leistung A und die Konsumenten im Feld Y zu Käufern der Leistung B. Somit steigt der Umsatz gegenüber dem „Pure Bundling" um 2,4 Geldeinheiten auf 24,4 Geldeinheiten (Simon 1992b, 1992a). Allerdings ist an diesem Beispiel nicht einsichtig, warum beispielsweise Konsument 1 weiterhin das Bündel beziehen wird. Sinnvollerweise wird er jetzt nur das Produkt A zum Preis von 2,4 Geldeinheiten kaufen, da die Differenz zum Paketpreis mit 3,1 Geldeinheiten deutlich über seiner Preisbereitschaft für Leistung B liegt.

Einige Autoren haben sich mit der Frage der relativen **Vorteilhaftigkeit der Einzelpreisstellung gegenüber der Preisbündelung** befasst (Adams/Yellen 1976; Tesler 1979; Schmalensee 1984; Simon 1992a, S. 1223; Wübker 1998). Die Untersuchungen ergaben die folgenden Ergebnisse:

- Die **Einzelpreisbildung** ist empfehlenswert, wenn der Nutzen der einen Leistung besonders hoch, derjenige der anderen besonders niedrig ist.

- Die **reine Bündelung** ist vorteilhaft, wenn der Nutzen beider Leistungen und damit der Bündelnutzen relativ hoch sind.

- Die **gemischte Bündelung** ist bei einem hohen Heterogenitätsgrad der Kundschaft zu empfehlen, d. h., wenn ein Teil der Kunden extreme Präferenzen, ein anderer Teil ausgewogene Präferenzen hinsichtlich der beiden Leistungen hat. Dieser Fall trifft häufig auf Restaurantgäste zu. Kunden, die ausgewogene Präferenzen bezüglich einzelner Menügänge haben, bestellen das Menü. Gäste, die Extrempräferenzen hinsichtlich einzelner Gänge (z. B. Nachspeise) gegenüber anderen Gängen (z. B. Suppe) haben, werden „à la carte" bestellen. Empirische Studien kommen dabei zu dem Schluss, dass eine gemischte Bündelung im Vergleich zur reinen Bündelung und zur Einzelpreisbildung tendenziell zu höheren Gewinnen führt (Wübker 1998, S. 201).

In der folgenden Kurzfallstudie wird die gemischte Preisbündelung der Fastfoodkette *McDonald's* aus dem Jahre 1998 dargestellt. Die Kette verfolgt die Strategie bis heute und hat diese auf weitere Produkte (Salat) ausgebaut, bzw. den Präferenzen der Kunden angepasst.

Beispiel: Kurzfallstudie zur Preisbündelung bei McDonald's

McDonald's nutzt – wie fast alle anderen Fast-Food-Anbieter auch – die **gemischte Preisbündelung**. Neben einzelnen Fast-Food-Produkten werden auch Bündel in Form von Menüs angeboten. Üblicherweise werden in einem solchen Angebot ein Hamburger, eine Portion Pommes Frites und ein Getränk zusammengefasst. *McDonald's* bietet neben den einzelnen Produkten Big Mac, Pommes Frites und Softdrinks diese auch kombiniert als „Sparmenü" an. Die Preise für die einzelnen Produkte sind wie folgt:

- Big Mac 2,65 EUR, Portion Pommes Frites: 1,25 EUR, Softdrink: 1,50 EUR
- Sparmenü: 4,35 EUR

Damit ergibt sich beim Menükauf eine Ersparnis von 1,05 EUR gegenüber dem Einzelkauf (2,65 EUR + 1,25 EUR + 1,50 EUR - 4,35 EUR).

Ein grundsätzliches **Problem der Preisbündelung** besteht darin, die relevanten Zahlungsbereitschaften zu ermitteln. Aufgrund des abnehmenden Grenznutzens eines zusätzlichen Produktes (hervorgerufen unter anderem durch die Tatsache, dass die einzelnen Produkte teilweise substitutiv sind), liegt die Zahlungsbereitschaft für ein Bündel im Fast-Food-Bereich unter der Summe der Zahlungsbereitschaften für die Einzelprodukte. Zur Erhebung der Zahlungsbereitschaften sind verschiedene Verfahren denkbar. So könnten die Zahlungsbereitschaften für die Einzelprodukte und das Menü direkt erhoben werden. Alternativ ist es denkbar, die Conjoint-Analyse als Methode heranzuziehen.

Wübker (1998) hat mit Hilfe der adaptiven Conjoint-Analyse (ACA) die **individuellen Zahlungsbereitschaften** für den vorliegenden Fall ermittelt. Neben Einzelprodukten und einem Zweierbündel (BigMac und Pommes Frites) zu fixierten Preisen wurde ein Dreierbündel mit verschiedenen Preisen in das Conjoint-Design aufgenommen.

Unter Berücksichtigung der Preisbereitschaften wurde die **Vorteilhaftigkeit der verschiedenen Preisbündelungsoptionen** sowie die der Einzelpreisbildung überprüft. Schaubild 6-3-11 zeigt eine Übersicht der ermittelten gewinnoptimalen Preis-Mengen-Kombinationen.

Es ist ersichtlich, dass mit der reinen Preisbündelung der niedrigste Gewinn erzielt wird (170 EUR). Bei Anwendung der gemischten Preisbündelung sind die Gewinne am größten (215,91 EUR). Aufgrund der Ergebnisse sollte der Anbieter folglich die gemischte Preisbündelung anwenden. Die optimalen Einzelpreise betragen 1,25 EUR für eine große Portion Pommes Frites, 1,25 EUR für ein mittleres Getränk (0,4 l) sowie 2,50 EUR für den Big Mac. Das Zweierbündel (bestehend aus einem Big Mac und einer Portion Pommes Frites) sollte zu einem Preis von 3,83 EUR, das Dreierbündel (Big Mac, Pommes Frites und Softdrink) zu einem Preis von 4,65 EUR angeboten werden (Wübker 1998).

Schaubild 6-3-11 Optimale Preise, Absatzmengen und Gewinne bei Anwendung der Einzelpreisbildung sowie der reinen und gemischten Preisbündelung (Maximalpreise erhoben durch ACA-Methode)

	Einzelpreisbildung			Reine Preisbündelung
	Große Portion Pommes Frites	Mittleres Getränk (0,4 l)	Big Mac	Dreierbündel
Optimale Preise (EUR/Stück)	1,25	1,25	2,50	4,00
Variable Stückkosten (EUR/Stück)	0,38	0,38	0,75	1,50
Optimale Absatzmenge (Stück)	61,00	19,00	71,00	68,00
Optimale Gewinne (EUR)	53,07	16,53	124,25	170,00
Summe	193,85			170,00

	Gemischte Preisbündelung				
	Große Portion Pommes Frites	Mittleres Getränk (0,4 l)	Big Mac	Zweierbündel	Dreierbündel
Optimale Preise (EUR/Stück)	1,25	1,25	2,50	3,83	4,65
Variable Stückkosten (EUR/Stück)	0,38	0,38	0,75	1,15	1,50
Optimale Absatzmenge (Stück)	0,50	2,00	11,00	23,00	42,00
Optimale Gewinne (EUR)	0,88	1,74	19,25	61,74	132,30
Summe	215,91				

Quelle: Wübker 1998, S. 201

Eine weitere Studie befasst sich unter anderem mit der Frage nach den **Vermarktungschancen** verschiedener Dienstleistungsbündel auf dem Gebiet mobiler Dienstleistungen (z. B. Navigationsdienstleistungen) in Abhängigkeit der Eigenschaften der mit der Kernleistung gebündelter Dienstleistungen. Diese lassen sich unterscheiden in Unterstützungs- (z. B. telefonische Kundenberatung), Erweiterungs- (z. B. telematische Verkehrsführung) und Zusatzdienstleistungen (Hörbuchfunktionen). Die Ergebnisse zeigen, dass Kunden einen Nutzengewinn eher durch eine Dienstleistungsbündelung mit Erweiterungs- als mit Unterstützungs- bzw. Zusatzdienstleistungen erfahren. Zudem lässt sich zeigen, dass eine sorgfältige Auswahl der gebündelten Dienstleistungen einen höheren wahrgenommenen Kundennutzen stiftet als ein einfacher durch Preisbündelung gewährter Preisnachlass (Bouwman/Haaker/de Vos 2007).

Insgesamt zeigt sich, dass Preisbündelungen zum Erfolg der Dienstleistungsunternehmen beitragen. Dieser Zusammenhang ist aber nicht zwingend, vielmehr ist im Einzelfall eine Entscheidung zu treffen, die sich zwar auf bestimmte Prognosen stützen lässt, die aber dennoch mit erheblicher Unsicherheit behaftet ist. Grundsätzlich trägt die Preisbündelung aber zu einer gerade für Dienstleistungsunternehmen wichtigen **Auslastung der Potenziale** bei. Über die bereits beschriebenen Optionen der Preisdifferenzierung hinaus besteht auch die Möglichkeit der Entbündelung von Leistungen, die dann entweder einzeln bezogen werden oder sich aber auf den Konsumenten verlagern lassen.

3.213 Electronic Pricing

Die weite Verbreitung des Internet berührt auch die Preispolitik vieler Dienstleistungsbranchen. Dies betrifft vor allem solche Dienstleistungsanbieter, die ihre Leistungen neben den klassischen Offline-Vertriebskanälen auch über das Internet oder sogar ausschließlich über das Internet vertreiben. Die **Spezifika des Internet** haben verschiedene **Implikationen für die Preispolitik** und Preisstrategiewahl von Dienstleistungsunternehmen (vgl. Schaubild 6-3-12).

Schaubild 6-3-12 Schlüsselfaktoren der Komplexität des Pricing im Internet

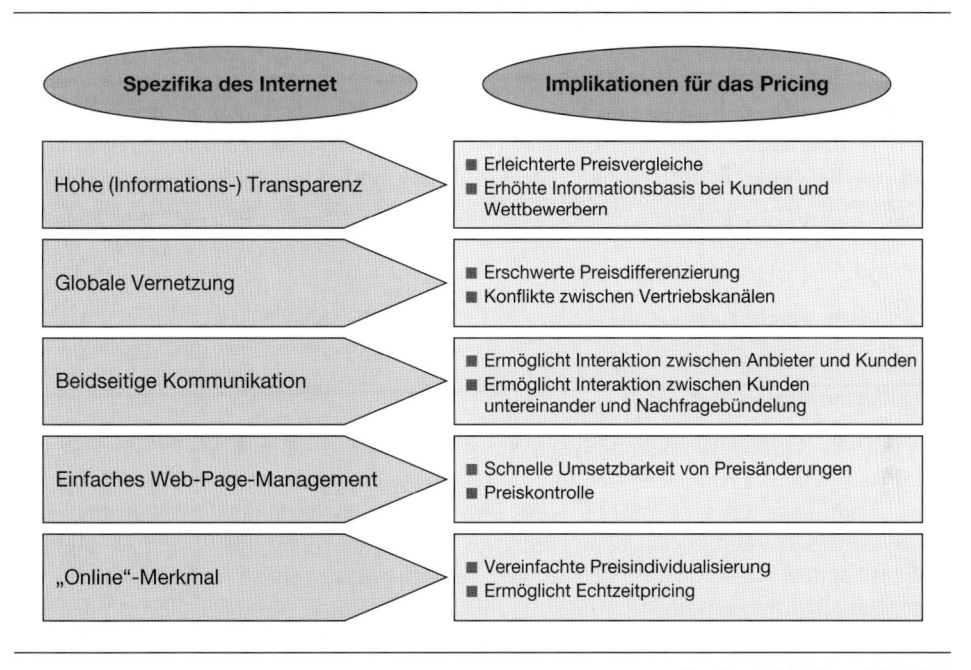

Spezifika des Internet	Implikationen für das Pricing
Hohe (Informations-) Transparenz	■ Erleichterte Preisvergleiche ■ Erhöhte Informationsbasis bei Kunden und Wettbewerbern
Globale Vernetzung	■ Erschwerte Preisdifferenzierung ■ Konflikte zwischen Vertriebskanälen
Beidseitige Kommunikation	■ Ermöglicht Interaktion zwischen Anbieter und Kunden ■ Ermöglicht Interaktion zwischen Kunden untereinander und Nachfragebündelung
Einfaches Web-Page-Management	■ Schnelle Umsetzbarkeit von Preisänderungen ■ Preiskontrolle
„Online"-Merkmal	■ Vereinfachte Preisindividualisierung ■ Ermöglicht Echtzeitpricing

Quelle: Pohl/Kluge 2001, S. 1

Besondere Relevanz hat dabei die durch das Internet geschaffene hohe Informationstransparenz, durch die sich die Informationsbasis bei Kunden und Wettbewerbern verbessert, die Kosten der Informationsbeschaffung sinken und folglich Preisvergleiche wesentlich erleichtert werden. Dieser Sachverhalt wird zudem noch durch spezialisierte **Preisagenturen** bzw. **Preissuchmaschinen** begünstigt, die Konsumenten zu mittlerweile allen Bereichen detaillierte Informationen per Knopfdruck über Preishöhe, Zahlungsbedingungen, Lieferzeiten, Service usw. liefern (www.guenstiger.de, www.idealo.de, www.shopping.com). In der Schweiz ist hier für Dienstleistungen die Plattform www.comparis.ch zu nennen. Dort erhalten Konsumenten die Möglichkeit, durch die Eingabe persönlicher Daten (Wohnort, Alter, Einkommen, Geschlecht usw.) die für sich günstigsten Versicherungen zu finden. Neben Versicherungsanbietern können dort auch Telekommunikationsanbieter und Finanzinstitute hinsichtlich ihrer Tarife verglichen werden.

Neben den preispolitischen Risiken aus der resultierenden erhöhten Markt- bzw. Preistransparenz, wodurch nur noch tendenziell eine geringere Abschöpfung der Konsumentenrente seitens der Anbieter möglich bleibt, ergeben sich durch das Internet aber auch für Dienstleistungsanbieter **Chancen aus dem Electronic Pricing**. Zu nennen sind hier z. B. die schnelle Umsetzbarkeit von Preisänderungen (z. B. Anpassung der Zimmerpreise abhängig von der aktuellen Auslastung bei Hotels, die Kontrolle der Wettbewerbsfähigkeit eigener Preise sowie die Möglichkeit zur vereinfachten Preisindividualisierung (vgl. Schaubild 6-3-8). Trotz des Vorliegens einer hohen Preistransparenz halten sich in vielen Dienstleistungsbereichen nach wie vor erhebliche Preisunterschiede, die zum Teil auf die Verfolgung unterschiedlicher Preisstrategien zurückzuführen sind (Rust/Chung 2006, S. 566).

Unter Berücksichtigung der Spezifika des Internet gilt es, geeignete **preispolitische Methoden und Strategien** für Dienstleistungen unter Ausnutzung der technologischen Möglichkeiten im Internet festzulegen. Diese lassen sich in Abhängigkeit des Individualisierungsgrad und der Dynamik des Pricing in drei Gruppen zuordnen (Pohl/Kluge 2001, S. 9ff.):

1. Uniforme Preise (Kataloge),
2. Preisdifferenzierung im Internet,
3. Kundeninitiierte Preissetzung.

1. Uniforme Preise (Kataloge)

Uniforme Preise bzw. Katalogpreise sind für jede abgesetzte Einheit einer Dienstleistung gleich hoch. Hierbei handelt es sich um die einfachste Form des Electronic Pricing, da auf eine Preisdifferenzierung verzichtet wird. Der Vorteil dieser Methode liegt in ihrer einfachen Anwendbarkeit, weshalb sie häufig als Einstiegsmethode des Pricing im Internet fungiert. Zudem lassen sich durch den Verzicht einer besonderen Preisgestaltung im Internet Kannibalisierungseffekte zwischen Online- und Offline-Absatzkanälen verhindern. Ein Beispiel hierfür ist ein Versandhaus oder Reiseunternehmen, das sowohl im Online- als auch im Offline-Katalog die gleichen Preise bietet (Pohl/Kluge 2001, S. 10f.).

Der Methode uniformer Preise ist kritisch anzumerken, dass sie nur einen geringen Grad der Preisoptimierung aufweisen. Zudem besteht die Gefahr der Kannibalisierung alternativer Vertriebskanäle für den Fall, dass Online- und Offline-Vertriebskanäle gleich bepreist werden. Zudem bieten Katalogpreise im Internet eine besonders hohe Preistransparenz.

2. Preisdifferenzierung im Internet

Das Prinzip der Preisdifferenzierung im Internet unterscheidet sich nicht grundlegend von dem auf traditionellen Märkten und zielt trotz der erhöhten Preistransparenz auf die Abschöpfung der Konsumentenrente (vgl. Abschnitt 3.221). Über geschützte Kundenbereiche auf der Internetseite des Anbieters wird durch das Internet das Angebot **kundenindividueller Preise** ermöglicht (vgl. Simon/Fassnacht 2009, S. 526ff.). Dies wird beispielsweise häufig von Mobilfunkanbietern genutzt. So bekommen Kunden, die ihren Mobilfunkvertrag verlängern wollen, kundenindividuelle Angebote für ein neues Mobiltelefon, deren Preise bzw. die auf die Preise durch den Mobilfunkbetreiber gewährte Subventionshöhe sich nach dem historischen Kundenumsatz richten. Ein weiteres Beispiel stellen kundenindividuelle Zinssätze für Festgeldanlagen im Online-Banking dar.

Die Methode der Preisdifferenzierung im Internet lässt sich zudem nach dem Kriterium der **Selbstselektion** unterscheiden. Die Preisdifferenzierung ohne Selbstselektion beruht auf einer anbieterseitigen Einteilung der Kunden in Kundengruppen, denen die gleiche Dienstleistung zu einem spezifischen Preis angeboten wird. Im Rahmen der Preisdifferenzierung mit Selbstselektion bietet der Anbieter unterschiedliche Varianten einer Dienstleistung an, für die sich die Kunden entsprechend ihrer Präferenzen entscheiden können (Pohl/Kluge 2001, S. 10f.). Ein Beispiel für Preisdifferenzierung ohne Selbstselektion ist das Angebot von *allmaxx.de*. Der gesamte relevante Kundenkreis wurde nach dem Kriterium Student-ja/nein in zwei Untergruppen unterteilt. Die Gruppe der Studierenden erhält die gleichen Produkte, zahlt jedoch einen wesentlich geringeren Preis als Nichtstudierende (allmaxx 2010).

Allgemein lassen sich aufgrund der automatisierten und standardisierten Erstellung von Leistungen im Internet meist Kostenvorteile generieren, die oft als Preisvorteile an den Kunden weitergegeben werden und zu einer Preisdifferenzierung gegenüber den klassischen Vertriebskanälen führen. So verlangt die Fluggesellschaft *Ryanair* beispielsweise hohe (Gesprächs-) Gebühren für eine telefonische Buchung, für die das Unternehmen gezwungen ist, Personal zu beschäftigen, während Internetbuchungen nur (geringen) Fixkostencharakter aufweisen, d. h. eine einzelne Buchung kaum Extrakosten verursacht.

3. Kundeninitiierte Preissetzung

Bei der kundeninitiierten Preissetzung (Customer Driven Pricing) handelt es sich um Methoden der Preisgestaltung, bei denen der Kunde einen Preis festlegt und der Anbieter sich entscheidet, ob er zu dem gebotenen Preis, seine Leistungen verkaufen möchte. Dabei lassen sich verschiedene Umsetzungsformen unterscheiden (Pohl/Kluge 2001, S. 11ff.). Beim echten **Customer Driven Pricing** gibt der Kunde sein verbindliches Preisangebot ab, und ein Anbieter entscheidet, ob er das Angebot annimmt oder nicht (z. B. Gimahhot.de).

Beim **Co-Shopping** schließen sich über spezielle Online-Portale mehrere Kunden zusammen, um durch die dadurch erhöhte Nachfragekraft attraktive Einkaufskonditionen zu erzielen. Je mehr Käufer sich zusammenschließen, desto günstiger wird der Preis. Liegen ausreichend Anmeldungen vor, gibt der Verkäufer ein endgültiges, verbindliches Preisangebot ab. Alle Nachfrager bekommen dann das Produkt/die Leistung zum selben Preis. Als Beispiele sind hier *www.letsbuyit.com*, *www.coshopper.com* und *www.dooyoo.com* zu nennen. Aufgrund der konstitutiven Merkmale eignet sich dieses Verfahren für das Pricing von Dienstleistungen jedoch nur begrenzt.

Online-Auktionen eignen sich besonders gut für Unternehmen zur Umgehung der erhöhten Preistransparenz im Internet (Klein/Zickhardt 1997). Das inzwischen klassische Beispiel für Internetauktionen stellt das Unternehmen *Ebay* dar. Der Anreiz für Anbieter liegt in der Möglichkeit, überschüssige Kapazitäten auf einfache Weise einem großen Markt anzubieten und diejenigen mit der maximalen Preisbereitschaft zu erreichen (Bajari/Hortacsu 2003, S. 329ff.). Es lassen sich sowohl Mindestpreise als auch Festpreise bei sofortigem Kauf ohne Teilnahme an einer Auktion setzen. Der Anreiz für Käufer besteht zum einen im Erlebniswert bei der Teilnahme an einer Auktion und zum anderen in der Preistransparenz innerhalb eines inzwischen sehr umfangreichen Produkt- und Leistungsspektrums (Skiera/Walz 2005, S. 290). Eine Plattform speziell für Dienstleistungen ist *www.myhammer.de*. Dort haben Handwerker die Möglichkeit, ihre Dienstleistungen (Malerarbeiten, Umzüge usw.) an Höchstbietende zu vergeben sowie Kunden die Möglichkeit, Suchanfragen für bestimmte Dienstleistungen abzugeben.

Eine besonders für Dienstleistungen geeignete Umsetzungsform der kundeninitiierten Preissetzung stellen so genannte **Reverse Auctions** dar. Bei solchen „umgedrehten Auktionen" schreiben Kunden (Dienstleistungs-) Aufträge auf speziellen Internetportalen aus, für die sich Dienstleistungsanbieter bewerben können (Simon/Fassnacht 2009, S. 528f.). Nach Beendigung der Auktion kann der Kunde seinen Präferenzen entsprechend (Preis, Qualität) einen geeigneten Anbieter auswählen (z. B. Yelline.de). Der Unterschied zur klassischen Auktion liegt darin, dass die Gebotsbeträge im Auktionsverlauf fallen und nicht steigen (Jap 2003, S. 1).

Zusammengefasst zeichnen sich die **Internet-Preismethoden** des Customer Driven Pricing durch ihr hohes Potenzial zur Preisoptimierung, ihr geringes Konfliktpotenzial zu klassischen Vertriebskanälen und ihre limitierte „Verwundbarkeit" durch die kundenseitige Nutzung von Preissuchmaschinen aus (Pohl/Kluge 2001, S. 12).

Bei der **Preisfindung** für im Internet angebotene Dienstleistungen ist die Erkenntnis aus zahlreichen Studien über das Verhalten von Internetnutzern zu berücksichtigen, dass sich diese durch eine geringe Zahlungsbereitschaft für Leistungen im Internet auszeichnen. Entsprechend ist eine Abschöpfungspreisstrategie mit hohen Preisen beim Markteintritt in der Regel wenig Erfolg versprechend. Die Notwendigkeit der Realisierung von angemessenen Skaleneffekten wird durch die Preisstrategie der Abschöpfung meist nicht erreicht. Stattdessen finden sich viele Beispiele von Anbietern im Internet, die durch wirksame **Preisstrategien der Marktpenetration** schnell einen großen Marktanteil erreichen konnten. Insbesondere die Strategie des „Follow the Free" – die **kostenlose Produktabgabe**, die sich als Extremform der Penetrationsstrategie interpretieren lässt – stimuliert die Nachfrage in einzigartiger Weise. So vertrieb das Unternehmen *Network Associates* seine Antivirensoftware *McAfee* zunächst kostenlos und erreichte einen Marktanteil von 75 Prozent. Durch kostenpflichtige Upgrades konnten erhebliche Umsätze generiert werden, wodurch sich das Unternehmen eine gute finanzielle Basis zur Weiterentwicklung des Produktes sichern konnte. Aufgrund der nach wie vor sehr guten Marktstellung des Anbieters wird von vielen Nutzern ein Anbieterwechsel in der Regel nicht in Erwägung gezogen.

3.214 Dienstleistungsspezifische Aspekte der Wahl preispolitischer Strategien

Dienstleistungsmärkte sind geprägt von vielfältigen, heterogenen Kundenanforderungen. Bezogen auf die Preispolitik von Dienstleistungsunternehmen ergeben sich vor allem die folgenden drei besonders relevanten **Dimensionen der Nachfrageheterogenität** im Dienstleistungsbereich (vgl auch im Folgenden Taher/El Basha 2006):

- Informationswert,
- Preissensitivität,
- Transaktionskosten.

Diese Dimensionen ermöglichen eine systematische Untersuchung des Einflusses dienstleistungsspezifischer Besonderheiten zum einen auf die **Eignung bestimmter Preisstrategien** und zum anderen auf die Ableitung besonderer Chancen für Dienstleistungsunternehmen zur Erreichung ihrer preispolitischen Ziele.

Die drei Dimensionen der Heterogenität der Nachfrage lassen sich mit den **dienstleistungsspezifischen Eigenschaften** der Intangibilität, der Nichtlagerfähigkeit, der limitierten Standardisierbarkeit sowie der Simultaneität von Produktion und Konsum einer Dienstleistung zur Bestimmung einer Fülle an möglichen preispolitischen Maßnahmen integrieren (vgl. Schaubild 6-3-13). So lässt sich in Abhängigkeit der einzelnen dienstleistungsspezifischen Eigenschaften vor dem Hintergrund der im Folgenden dargestellten Heterogenitätsdimensionen jeweils die Eignung bestimmter preispolitischer Maßnahmen zur Erreichung preispolitischer Ziele von Dienstleistungsunternehmen systematisch erörtern.

Bei der ersten Nachfrageheterogenitätsdimension handelt es sich um den so genannten **Informationswert**. Dieser drückt das Bedürfnis für und die Fähigkeit zur Informationsverarbeitung im Zusammenhang mit der Unterstützung der eigenen Kaufentscheidung aus, da diese häufig auf unvollständigen Informationen hinsichtlich alternativer Dienstleistungsangebote beruht. Dabei steht der Konsument bei der Informationssuche vor dem Dilemma, dass der Umfang der Informationssuche in der Regel durch den Zeitaufwand bzw. durch den Wert der Zeit, der sich in der Bequemlichkeit des Konsumenten ausdrückt, limitiert ist. Häufig führt Zeitdruck dazu, dass zwar nicht die Neigung, jedoch die Fähigkeit zur Suche nach Preisinformationen einer Dienstleistung beeinträchtigt wird. Hinzu kommt, dass aufgrund der dienstleistungsspezifischen Merkmale die Preisbeurteilung von Dienstleistungen schwieriger ausfällt als die von Sachgütern.

Die Neigung zur Informationssuche zum einen und die Opportunitätskosten der Zeit für das Auffinden bestimmter Preisinformationen zum anderen variieren von Kunde zu Kunde. Aus dem Zusammentreffen der Heterogenitätsdimension Informationswert und den dienstleistungsspezifischen Eigenschaften ergeben sich geeignete **Preisstrategien für Dienstleistungsanbieter**, die nachfolgend kurz diskutiert werden (Taher/El Basha 2006, S. 332f.):

Zufallsrabatte

Konsumenten unterscheiden sich häufig in Bezug auf ihr Suchverhalten von Preisinformationen. Auf der einen Seite gibt es Konsumenten, die sich ungeachtet aller zeitlicher Oppor

Schaubild 6-3-13 Preispolitische Strategien und Maßnahmen in Abhängigkeit von dienstleistungsspezifischen Eigenschaften und Nachfrageheterogenitätsdimensionen

	Dimensionen der Heterogenität der Kundenanforderungen		
	Informationswert	**Preissensitivität**	**Unterschiedliche Transaktionskosten**
Intangibilität	■ Bedingte Bezahlung ■ Signalpreis ■ Imagepreis ■ Referenzpreis	■ Signalpreis ■ Imagepreis	
Nichtlagerfähigkeit	■ Zufallsrabatte ■ Bedingte Bezahlung	■ Preisbündelung ■ Regelmäßige Rabattaktionen ■ Preisabschöpfung ■ Upgrading	■ Zweistufiges Preissystem ■ Zwangspreis
Beschränkte Standardisierbarkeit	■ Zufallsrabatte ■ Imagepreis	■ Premium Pricing ■ Upgrading	■ Zweistufiges Preissystem ■ Lockvogel-Angebote ■ Zeitliche Preisdifferenzierung
Simultaneität von Produktion und Konsum	■ Referenzpreis	■ Nutzungsabhängige Preisnachlässe	■ Abnehmerorientierte Preisdifferenzierung ■ „Lockvogel-Angebote" ■ Räumliche Preisdifferenzierung ■ Zwangspreis

Quelle: Taher/El Basha 2006, S. 322

tunitätskosten intensiv der Suche nach einem günstigen Preis widmen. Demgegenüber stehen Konsumenten, die selbst bei hochpreisigen Dienstleistungen auf einen Preisvergleich verzichten. Des Weiteren resultiert aus der begrenzten Standardisierbarkeit von Dienstleistungen eine mangelnde Vergleichbarkeit der von Anbietern zur Verfügung stehenden Informationen. Als Konsequenz aus diesen Aspekten empfiehlt sich für Dienstleistungsanbieter die Maßnahme der zufälligen Gewährung von Rabatten. Auf diese Weise wird zum einen die Menge der informierten Kunden beim günstigen Angebot und zum anderen die Anzahl der uninformierten Kunden beim hochpreisigen Angebot maximiert. Ein Beispiel für Zufallsrabatte sind Coupons (z. B. 10%-Gutschein auf den nächsten Einkauf in einem Handelsgeschäft) und (zufällige) Preisaktionen (z. B. der tausendste Besucher erhält freien Eintritt in einem Freizeitpark) (Taher/El Basha 2006, S. 333).

Bedingte Bezahlung

Hierbei handelt es sich um eine Vereinbarung, bei der die Fälligkeit der Bezahlung eines Kunden für eine erbrachte Dienstleistung an die Erfüllung von bestimmten Bedingungen, wie z. B. die Zufriedenheit mit einer Dienstleistung, geknüpft ist. Weitere Beispiele sind Provisionszahlungen von Versicherungsvertretern oder Maklerprovisionen. Diese Preismaßnahme trägt vor allem dem Merkmal der Intangibilität von Dienstleistungen Rechnung, aufgrund dessen sich die Qualität einer Dienstleistung a priori selten vollständig beurteilen lässt. Die Möglichkeit des vollständigen oder teilweisen Verzichts auf eine Entgelterhebung im Falle, dass die Dienstleistung die Erwartung nicht erfüllt, senkt so das wahrgenommene Risiko des Dienstleistungskunden (Taher/El Basha 2006, S. 333). Teilweise werden von Restaurants, Friseursalons usw. Aktionen angeboten, dass die Kunden nach der Leistungserbringung selbst entscheiden, wie zufrieden sie mit der Leistung waren und welchen Preis sie bereit sind, für die erbrachte Leistung zu bezahlen.

Signalpreise

Bei Signalpreisen handelt es sich um relativ hohe Preise für eine Leistung, die ein hohes Qualitätsniveau suggerieren sollen. Der Einsatz von Signalpreisen lohnt sich insbesondere dann, wenn nur wenige Informationen – wie es bei Dienstleistungen aufgrund der Intangibilität häufig der Fall ist – über das Qualitätsniveau vorhanden sind und Dienstleistungskunden über den Preis Rückschlüsse auf die Qualität der Leistung ziehen (Zeithaml 1988). Signalpreise richten sich vor allem an unerfahrene Kunden, für die Dienstleistungsqualität generell von hoher Bedeutung ist, sie diese aber bei einem konkreten Anbieter noch nicht beurteilen können. Beispiele hierfür sind teure Privatschulen, 5-Sterne-Hotels oder auch exquisite Friseursalons (Taher/El Basha 2006, S. 333).

Imagepreise

Im Rahmen von Imagepreisen lancieren Unternehmen eine nahezu identische Version eines ihrer Produkte mit einem leicht modifizierten Namen zu einem höheren Preis und mitunter einigen Zusatzleistungen. Beispiele hierfür sind goldene Kreditkarten, die neben einer klassischen Grundvariante gegen die Zahlung einer Extragebühr durch einen Kunden von einer Bank ausgegeben werden. Hinter dem Einsatz von Imagepreisen steht prinzipiell die Idee, Kunden das Gefühl von Exklusivität zu vermitteln und auf diese Weise von einer höheren Zahlungsbereitschaft zu profitieren, die die Zusatzkosten des modifizierten Produkts deutlich übersteigt (Taher/El Basha 2006, S. 334).

Referenzpreise

Der Einsatz von Referenzpreisen ist eine Variation der Signalpreise. Dabei platziert der Anbieter ein hochpreisiges Substitut in die Nähe einer noch teureren Version der gleichen Dienstleistung, so dass die günstigere der beiden Varianten beim risikoaversen und uninformierten Kunden vergleichsweise günstig und sozusagen als Referenzpunkt wahrgenommen wird (Monroe/Petroshius 1981). Aufgrund der Simultaneität von Produktion und Konsum von Dienstleistungen ist die Qualität im Vorfeld der Inanspruchnahme nur schwierig zu beurteilen. Unter diesen Bedingungen wird der günstigeren Variante im Vergleich zum Referenzpreis ein positives Preis-Leistungs-Verhältnis zugesprochen (Herr 1989; Taher/El Basha 2006, S. 334). Beispielsweise nutzen Automobilvermietungen vergleichende Werbung auf Basis von Referenzpreisen der größten Mitbewerber, um die eigenen günstigen Preise gegenüber der Konkurrenz hervorzuheben.

Die zweite Heterogenitätsdimension trägt dem Umstand Rechnung, dass sich Kunden weit voneinander in Bezug auf ihre **Preissensitivität** unterscheiden. Unter Preissensitivität wird die Bedeutung verstanden, die ein Kunde der Höhe des Preises im Rahmen seiner Kaufentscheidung beimisst (Nagle/Holden 2002). In Bezug auf die Preissensitivität als zweite Dimension der Nachfrageheterogenität eröffnen sich vor dem Hintergrund der dienstleistungsspezifischen Besonderheiten weitere, zielführende **Preisgestaltungsoptionen** für Dienstleistungsanbieter (Taher/El Basha 2006, S. 334).

Premium Pricing

Im Rahmen des Premium Pricing werden vergleichbare Leistungen zu unterschiedlichen Preisen angeboten. Im Gegensatz zum Imagepreis bestehen zwischen den angebotenen Dienstleistungen tatsächlich Unterschiede hinsichtlich der Leistungsgestaltung. Beim Premium Pricing zeichnet sich die Dienstleistung durch einzigartige Leistungsattribute aus, die einer Käufergruppe angeboten werden, für die der angebotene und berechnete Mehrwert der Leistung von Bedeutung ist und in einer höheren Zahlungsbereitschaft mündet. Ein klassisches Beispiel, bei dem eine substitutive Leistung zum Premiumpreis angeboten wird, ist die First Class von Fluggesellschaften (Taher/El Basha 2006, S. 334):

Preisbündelung

Hinter dem Instrument der Preisbündelung steht die Frage, ob verschiedene Produkte oder Dienstleistungen einzeln auf Basis von Einzelpreisen und/oder als Bündel zu einem Gesamtpreis angeboten werden (z. B. Monroe/Petroshius 1981; Siems 2009, S. 211ff. und für eine ausführliche Beschreibung vgl. Abschnitt 3.212). Die Preisgestaltungsoption der Preisbündelung ist aus Sicht des Dienstleistungsanbieters aus zwei Gründen besonders relevant. Zum einen zeichnen sich Dienstleistungsanbieter durch einen relativ hohen Anteil an Fixkosten und durch ein hohes Maß an Kostenteilung durch die Dienstleistungsressourcen wie dem Personal und der technischen Ausstattung aus, so dass diese in der Lage sind, dem Kunden gleichzeitig mehrere Dienstleistungen anzubieten (Dearden 1978). Zum anderen sind Dienstleistungen generell voneinander unabhängig in Bezug auf ihre Nachfrage. Das heißt, sie werden individuell auf die Bedürfnisse von Kunden zugeschnitten, so dass ein Nachfrager einer Dienstleistung immer auch gleichzeitig potenzieller Kunde anderer Dienstleistungen einer bestimmten Branche bzw. eines bestimmten Anbieters ist (Guiltinan 1987). Als Beispiel ist hier die Versicherungsbranche zu nennen. Kunden eines Versicherungsunternehmens hat die Möglichkeit, weitere Versicherungsleistungen beim selben oder bei einem anderen Anbieter in Anspruch zu nehmen. Von daher verfolgen viele Unternehmen in diesem Sektor eine Preisbündelungsstrategie, indem sie Komplettpakete zu vergünstigten Konditionen anbieten, in denen die Hauptrisiken (Unfall-, Haftpflicht-, Krankenversicherung usw.) abgedeckt sind.

Regelmäßige Rabattaktionen

Vor dem Hintergrund der Nichtlagerfähigkeit von Dienstleistungen stehen Dienstleistungsanbieter vor den Herausforderungen, mit einer schwankenden Nachfrage umzugehen. In diesem Zusammenhang stellt der Preis einen zentralen Stellhebel dar, über den sich die

Nachfrage dahingehend steuern lässt, um die Ressourcen möglichst gleichmäßig auszulasten. In Verbindung mit einer schwankenden Preissensitivität, also der individuellen Beurteilung der Bedeutung des Preises im Rahmen von Kaufentscheidungen, eröffnet sich für einen Dienstleistungsanbieter die Möglichkeit der Durchführung regelmäßiger Rabattaktionen. Dabei ist es bedeutsam, dass die Art und Weise der regelmäßigen Preisermäßigung zum einen für den Kunden vorhersehbar ist (im Gegensatz zur Zufallsrabattierung) und dass zum anderen die Ermäßigung von allen Kundengruppen gleichermaßen nutzbar ist (Tellis 1986; Taher/El Basha 2006). Ein klassisches Beispiel für diese Preisstrategie sind die Unterscheidung zwischen Haupt- und Nebensaisonpreisen im Tourismus oder Tag- und Nachttarife bei Telekommunikationsanbietern.

Skimmingpreise

Skimmingpreise sind eine spezielle Form der „regelmäßigen Rabattaktionen". Der Skimmingstrategie liegt der Gedanke zugrunde, dass sich die Preispolitik insbesondere in der Einführungsphase neuartiger Dienstleistungen auf die weitere Entwicklung der Dienstleistung im Lebenszyklus auswirken kann. Im Rahmen der Skimmingstrategie wird der Preis im Verlauf des Lebenszyklus für die Dienstleistung sukzessive gesenkt (Diller 2008, S. 289f.). Allerdings ergeben sich drei spezifische Merkmale aus dem Evaluierungsprozess von Dienstleistungen, die gegen die Anwendung einer Skimminstrategie sprechen (Taher/ El Basha 2006): Erstens weisen viele Dienstleistungen zunehmend den ergänzenden Charakter einer Kernleistung im Sinne von Value-Added-Services auf, die eher preissensitiv sind. Zweitens bedarf es zur Unterstützung der Einführung neuer Dienstleistungen insbesondere der Gewährung von Anreizen wie z. B. durch Preisnachlässe oder Gratisnutzungen, um die Verbreitung von Dienstleistungsinnovationen zu beschleunigen. Die Notwendigkeit dazu resultiert vor allem aus der Schwierigkeit bei der Vermarktung intangibler Leistungselemente, die bei Dienstleistungen besonders stark ausgeprägt sind (Zeithaml 1981). Schließlich wird eine Schwierigkeit darin gesehen, bei Anwendung einer Skimmingstrategie gleichzeitig eine hartnäckige Kundenakquisitionsstrategie zur Gewinnung von Kunden anderer Anbieter zu realisieren (Taher/El Basha 2006). Die Skimmingstrategie wird insbesondere für Produkte mit hohen Neuheitsgrad empfohlen. Ein Beispiel für eine ausgeprägte Skimming-Strategie ist die Einführung des iPhone von *Apple* im Jahre 2007. Anfänglich war das iPhone lediglich in Verbindung eines sehr teuren Handyvertrages zu bekommen. Bereits nach einigen Monaten wurde der Preis für das iPhone, bzw. die Konditionen bei Abschluss eines Mobilfunkvertrages in Verbindung mit dem iPhone, stark gesenkt.

Penetrationspreise

Im Rahmen des Einsatzes von Penetrationpreisen werden – im Gegensatz zur Skimmingstrategie – die Preise einer neuen Dienstleistung von Beginn an zu einem relativ niedrigen Preis angeboten, um den Markt schnell zu durchdringen und dabei möglichst zügig Erfahrungskurveneffekte generieren zu können. Durch die so gesammelten Erfahrungskurveneffekte sinken in der Regel schnell die Kosten der Dienstleistungserstellung und ermöglichen es, die anfänglich entstandenen Verluste durch den Penetrationspreis der Dienstleistung in der Einführungsphase – der in der Regel unter dem kurzfristig optimalen Preis liegt – zu kompensieren (Diller 2008, S. 289f.). Die Verfolgung einer Penetrationsstrategie weist allerdings nur begrenzte Eignung für Dienstleistungen auf (Taher/El Basha 2006): Ein niedriger Preis unterstützt Unternehmen in der Regel nicht beim Aufbau langfristiger Kundenbeziehungen (Grönroos 1990) und stellt nicht die zentrale Entscheidungsgröße bei der Auswahl einer Dienstleistung dar (Schlissel 1985; Crane/Clarke 1988). Zudem wirkt ein hoher Preis häufig – in Ermangelung alternativer Beurteilungsmaßstäbe – als Qualitätsindikator von Dienstleistungen. Die Penetrationsstrategie wird oftmals bei Fitnessstudios angeboten, die bei einer Neueröffnung beispielsweise eine „Aktion für Schnellentschlossene" anbieten, bei der etwa die ersten fünfzig Mitglieder für eine gewisse Zeit einen ermäßigten Mitgliedsbeitrag entrichten müssen sowie die Anmeldegebühr erlassen wird.

Nutzungsabhängige Preisnachlässe

Bei der nutzungsabhängigen Ermäßigung wird dem Kunden jeweils bei der Inanspruchnahme einer Dienstleistung ein Preisabschlag bzw. Preisbonus auf die zukünftige Nutzung der Dienstleistung eines Anbieters gewährt. Diese Preisstrategie bewährt sich insbesondere bei Fluggesellschaften, denen es durch so genannte Frequent Flyer Programme häufig gelingt, die Kunden an sich zu binden. Die Gewährung nutzungsabhängiger Preisnachlässe ist ein gutes Beispiel dafür, wie sich durch den Einsatz von Preisstrategien langfristige Kundenbeziehungen und Kundenbindung realisieren lassen (Taher/El Basha 2006, S. 337).

Upgrading

Das Upgrading bzw. die Höherstufung eignet sich für Dienstleistungsunternehmen und stellt eine Alternative zur oben beschriebenen Strategie der „nutzungsabhängigen Preisnachlässe" dar. Diese sieht vor, dass Dienstleistungsanbieter hinsichtlich eines oder mehrerer Leistungsattribute ihren Kunden eine Upgrading-Option in Abhängigkeit der bisherigen Kauffrequenz anbieten. Ein Beispiel hierfür ist die kostenlose Hochstufung eines Bahnpassagiers von der 2. in die 1. Reiseklasse, sobald er eine gewisse Anzahl von Bahnfahrten getätigt hat (Deutsche Bahn 2011). Auf diese Weise wird es dem Dienstleistungskunden sogar ermöglicht, die Nichtlagerfähigkeit von Dienstleistungen zumindest teilweise zu überwinden und diese ansatzweise zu bevorraten (Taher/El Basha 2006, S. 337).

Die dritte Dimension zur Beschreibung des heterogenen Nachfrageverhaltens von Dienstleistungskunden stellen Unterschiede hinsichtlich der **Transaktionskosten** dar, die Kunden im Rahmen ihrer Kaufentscheidung berücksichtigen. Schließlich weisen die meisten Kunden – neben den oben beschriebenen Kosten der Informationssuche – Transaktionskosten im Sinne von Opportunitätskosten (z. B. Zeitaufwand für die Inanspruchnahme der Dienstleistung, physische Transaktionskosten wie Anstrengungen oder finanzielle Transaktionskosten wie Wechselkosten usw.) in unterschiedlicher Höhe auf (Taher/El Basha 2006, S. 332). Mit anderen Worten ist die Wahrnehmung des Werts der Bemühungen und der Maßnahmen eines Unternehmens, Transaktionskosten zu senken, für jeden Kunden individuell ausgeprägt. Vor dem Hintergrund kundenindividueller Transaktionskosten sowie aus der Existenz dienstleistungsspezifischer Merkmale ergeben sich verschiedene **Gestaltungsoptionen für die Preispolitik** von Dienstleistungsunternehmen.

Abnehmerorientierte Preisdifferenzierung

Abnehmerorientierte Preisdifferenzierung bedeutet hier, dass eine Dienstleistung auf unterschiedlichen demografisch gegliederten Märkten zu unterschiedlichen Preisen angeboten wird. Folglich handelt es dabei um eine Form der abnehmerorientierten Preisdifferenzierung (vgl. Abschnitt 3.211). Die Preisdifferenzierung basiert auf einer Segmentierung nach Käufermerkmalen. Vor dem Hintergrund der Simultaneität von Produktion und Konsum bei Dienstleistungen ergeben sich preispolitische Chancen für den Dienstleistungsanbieter, denn Nachfrager sind bei Dienstleistungen eher bereit, größere Preisunterschiede zu tolerieren als bei Produkten (Simon/Fassnacht 2009, S. 428f.). Die Einbindung von Kunden in den Produktionsprozess ermöglicht es, Kunden eines demografischen Zweitmarkts – z. B. Studierende, die sich im Vergleich zu Geschäftsleuten in der Regel durch niedrigere Transaktionskosten auszeichnen – durch leichte Leistungsvariationen (z. B. keine Möglichkeit der Terminvereinbarung bei einem Friseur) Rabatte zu gewähren, ohne die Gewinnmarge auf dem Primärmarkt zu gefährden (Taher/El Basha 2006, S. 337). Weitere Beispiele für eine abnehmerbezogene Preisdifferenzierung sind Tarife in der Kfz-Versicherung (Männer vs. Frauen, Fahranfänger vs. langjährige Fahrer), Museen (Studierende, Auszubildende, Senioren) und Sportveranstaltungen (Mitglieder vs. Nichtmitglieder).

Räumliche Preisdifferenzierung

Ähnliche Überlegungen gelten auch für räumliche Preisdifferenzierungen (vgl. Abschnitt 3.211). Die Verderblichkeit bzw. Nichtlagerfähigkeit von Dienstleistungen verhindert in den meisten Fällen den Transport von Dienstleistungen und schließt damit die Möglichkeit der Arbitrage aus. Dies ermöglicht es, eine Dienstleistung an verschiedenen Standorten unterschiedlich zu bepreisen (Taher/El Basha 2006, S. 337). Ausnahmen sind Dienste, die per Telekommunikation, per Internet oder per Post verbreitet und somit unabhängig vom Erstellungsort überall verfügbar sind. Eine räumliche Preisdifferenzierung wird häufig bei Hotels, Fluggesellschaften und handwerklichen Leistungen angewendet.

Zweistufiges Preissystem

Bei einem zweistufigen Preissystem handelt es sich um eine Form der nicht-linearen Preisbildung, die der mengenorientierten Preisdifferenzierung zuzuordnen ist (vgl. Abschnitt 3.211). Häufig findet sich in der Praxis die Aufteilung des Preises für eine Dienstleistung in eine fixe und einen nutzungsabhängige Preiskomponente (Schmalensee 1984; Taher/El Basha 2006, S. 337). Klassische Beispiele hierfür sind Telekommunikationsanbieter, Autovermietungen, und Vergnügungsparks. Anbieter von so genannten zugangsbeschränkten Dienstleistungen berücksichtigen im Rahmen ihres preispolitischen Entscheidungskalküls, ob sie ihre Dienstleistung zu einem Pauschalpreis („Flat Rates"), zu nutzungsabhängigen Preisen oder eben auf Basis eines zweistufigen Preissystems anbieten. Diese Entscheidung hängt im Wesentlichen von der Dienstleistungskapazität und von der Nutzungsheterogenität der Dienstleistungskunden („Light Users" vs. „Heavy Users") ab. Dienstleistungsanbieter entscheiden sich tendenziell eher dann – in Abhängigkeit ihrer Leistungskapazitäten – für einen Pauschaltarif oder einen zweistufigen Tarif, wenn für sie Kunden mit geringerem

Nutzungsvolumen („Light-Users") einen höheren Kundenwert aufweisen als so genannte „Heavy Users" (Essegaier/Gupta/Zhang 2002; Taher/El Basha 2006, S. 338).

„Lockvogel-Angebote"

Vor dem Hintergrund des dienstleistungsspezifischen Merkmals der Simultaneität von Produktion und Konsum entfaltet die Preispositionierungsmaßnahme „Schnäppchenkonzept" (Diller 2008, S. 262) ein gewisses preispolitisches Potenzial für Dienstleistungsanbieter (Taher/El Basha 2006, S. 338). Der Einsatz von so genannten „Lockvogel-Angeboten" ermöglicht es Dienstleistungsanbietern, die Auslastung ihrer Leistungspotenziale in Bezug auf die Kernleistung zu erhöhen. Diese Strategie ist in der Regel mit der Absicht verbunden, durch den Absatz weiterer Cross- und Up-Selling-Leistungen den Umsatz mit den „angelockten" Kunden im Anschluss zu erhöhen und auf diese Weise zumindest Kostendeckung zu erreichen. Häufig findet sich solch eine Preisstrategie bei Hotels, die mit günstigen Zimmerpreisen Kunden anziehen und ihnen anschließend zusätzliche Dienstleistungen wie Restaurantbesuche, Bezahlfernsehen, Wellness-Anwendungen usw. anbieten. Diese Strategie nutzt den Sachverhalt, dass die Transaktionskosten für die Inanspruchnahme zusätzlicher Leistungen von einem Alternativanbieter steigen, sobald die erste Transaktion einmal getätigt wurde.

Zwangspreis

Bei Dienstleistungen, bei denen der Anbieter den Zugang und den Ausgang während der Dienstleistungserbringung kontrolliert bzw. die Transaktionskosten des Wiedereintritts durch nochmalige Erhebung der Eintrittsgebühr bei zwischenzeitlichem Verlassen der Lokalität erhöht (z. B. Schwimmbäder, Vergnügungsparks), bietet sich unter Umständen eine so genannte Zwangspreismaßnahme an, in deren Rahmen Zusatzprodukte zu deutlich höheren Margen angeboten werden. Klassische Beispiele hierfür sind der Verkauf von Popcorn in Kinos, Kopfhörer in Flugzeugen oder Tankstellen auf gebührenpflichtigen Straßen (Taher/El Basha 2006, S. 338).

Zeitliche Preisdifferenzierung

Kunden unterscheiden sich mitunter stark hinsichtlich ihrer Opportunitätskosten für die Zeit, die sie für die Inanspruchnahme einer Dienstleistung aufbringen. Dienstleistungen sind nicht lagerfähig und werden folglich in einer Vielzahl der Fälle in Echtzeit erbracht. Als Konsequenz daraus empfiehlt es sich, Kunden mit hohen Opportunitätskosten gegen Zahlung einer Zeitprämie anzubieten, sofort bedient zu werden (Schnell-Boarding-Option von Fluggesellschaften) oder die Dienstleistung schneller zu erbringen (z. B. Express-Lieferungen) (Taher/El Basha 2006, S. 338; vgl. auch Abschnitt 3.211). Schaubild 6-3-14 zeigt die zeitliche Preisdifferenzierung der *Deutschen Post*, indem für unterschiedliche Zustellzeitpunkte – transaktionskostenbedingt – unterschiedliche Preise berechnet werden.

Preispolitik

Schaubild 6-3-14 Zeitliche Preisdifferenzierung am Beispiel des Briefversands der Deutschen Post

Zustellung / Gewicht	Normal-zustellung	Express-zustellung am Folgetag	Express-zustellung vor 12 Uhr	Express-zustellung vor 10 Uhr	Express-zustellung vor 9 Uhr
Bis 20 g	0,55 EUR	9,90 EUR	14,80 EUR	22,80 EUR	34,40 EUR
Bis 50 g	0,90 EUR	9,90 EUR	14,80 EUR	22,80 EUR	34,40 EUR
Bis 500 g	1,45 EUR	11,90 EUR	16,80 EUR	24,80 EUR	36,40 EUR
Bis 1.000 g	2,20 EUR	11,90 EUR	16,80 EUR	24,80 EUR	36,40 EUR
Bis 2.000 g	4,40 EUR	13,90 EUR	18,80 EUR	26,80 EUR	38,40 EUR

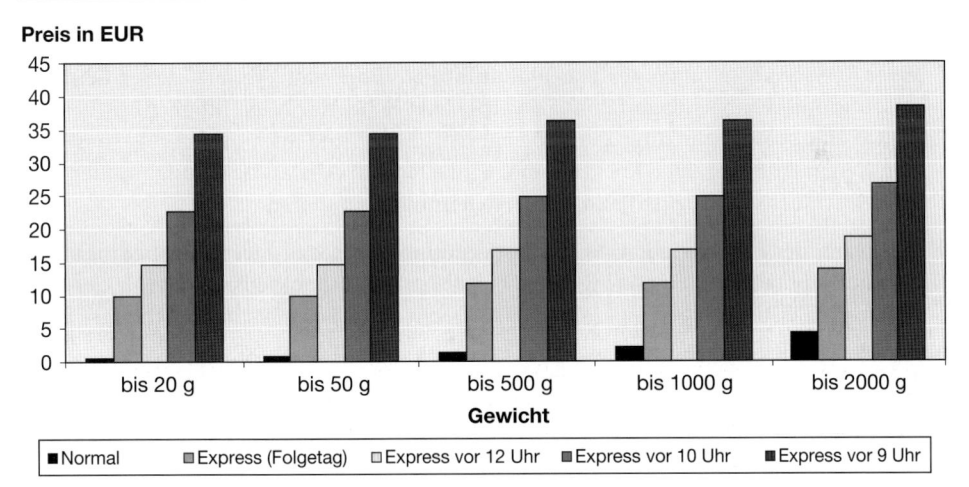

Quelle: Deutsche Post 2011

3.22 Konditionenbezogene Instrumente

Neben der Festlegung von Preisen steht dem Dienstleistungsanbieter auch das Instrument der **Gestaltung der Zahlungsbedingungen** zur Verfügung:

- Bei längerer Dauer des Dienstleistungsprozesses oder im Fall des Angebots von Dienstleistungsversprechen (z. B. Buchung einer Reise) lassen sich **Teilzahlungsoptionen** anbieten. Dabei ist zu beachten, dass die einzelnen Komponenten einer solchen Preisbildung (effektiver Zinssatz, Monatsrate, Laufzeit, Anzahlung) unterschiedlich stark auf die Preisbeurteilung wirken (Herrmann 1998) und es sinnvoll ist, sie dementsprechend zu kombinieren. Für eine verbesserte Preisbeurteilung ist auch die Wirkung von Vorauszahlungen positiv nutzbar zu machen (Diller 1999, S. 24). Solche vor der Inanspruchnahme der Dienstleistung erbrachte Zahlungen sind für den Kunden „Sunk Costs" und verbessern häufig die Nutzenwahrnehmung der erst später in Anspruch genommenen Dienstleistung deutlich (z. B. bei einer im Voraus bezahlten Urlaubsreise).

- Eine weitere Möglichkeit zur konditionenbezogenen Preisdifferenzierung besteht in unterschiedlichen **Vertragslaufzeiten**. So versuchen Unternehmen, bei einigen Dienstleistungen für langfristige Verträge Anreize zu schaffen, indem sie günstigere Tarife anbieten. So sind Abonnements für Fitnessstudios, die über zwei Jahre laufen, oft monatlich günstiger als ein Einjahresvertrag. Gleiches gilt für zahlreiche Dienste im Internet, z. B. für Partnervermittlungsagenturen. Während solche Verträge Unternehmen langfristig sichere Einkünfte garantieren, anhand derer sich die Investitionen planen lassen, kompensieren sie die mangelnde alternative Dispositionsmöglichkeit ihrer Kunden durch Preisvorteile.

- Die Nichtinanspruchnahme einer bestellten Dienstleistung, wie z. B. eines Linienfluges, einer Reiseveranstaltung oder Theateraufführung, führt zum „Verfall" dieser Leistung, da aufgrund der Nichtlagerfähigkeit von Dienstleistungen keine Möglichkeit besteht, sie für eine spätere Nutzung „aufzubewahren". Somit sind auch im Interesse des Kunden Vereinbarungen über Rücktrittsmöglichkeiten mit **Abstandszahlungen** oder über den Abschluss von **Rücktrittskostenversicherungen** zu treffen.

- Aufgrund der Immaterialität von Dienstleistungen ist in den **Lieferungsbedingungen** möglichst präzise die zu erbringende Dienstleistung zu konkretisieren (z. B. Checklisten mit Teilleistungen bei Reparaturdiensten), um dem Dienstleistungsnachfrager einen möglichst genauen Überblick über die Verrichtungsschritte zu geben und damit Auseinandersetzungen über nicht erbrachte Leistungen zu vermeiden. Nachkaufdissonanzen sind in diesem Zusammenhang durch differenzierte Rechnungserstellung, möglichst verbunden mit einer im persönlichen Gespräch stattfindenden Aufschlüsselung, entgegenzuwirken.

- Als Sonderform der Gestaltung von Zahlungsbedingungen wird die **Garantie** angesehen. Diese bietet sich insbesondere bei Dienstleistungen an, die sich durch ein hohes wahrgenommenes Risiko auszeichnen. Es ist wichtig, dass die Garantien dabei keine einschränkenden Bedingungen enthalten, leicht einsehbar und vermittelbar sowie rasch und ohne große Mühen zu beanspruchen bzw. einzulösen sind (Hart 1989). Darüber hinaus sind aber den positiven Wirkungen des Einsatzes von Garantien die durch sie verursachten Kosten gegenüber zu stellen. Hier gilt es, mit Hilfe versicherungsmathematischer Modelle einen sinnvollen Kompromiss zu finden.

4. Distributionspolitik

4.1 Grundlagen der Distributionspolitik

4.11 Zum Begriff der Distributionspolitik

Die Distributionspolitik stellt einen weiteren Instrumentebereich des Marketingmix dar, der sich in den letzten Jahren aufgrund der neuen Informations- und Kommunikationstechnologien (z. B. mittels des Online-Vertriebs) in seiner Bedeutung und dem methodischen Know-how stark verändert hat. Der Begriff der Distributionspolitik lässt sich allgemein wie folgt definieren:

> Die **Distributionspolitik** (auch: Vertriebspolitik) beschäftigt sich mit sämtlichen Entscheidungen, die sich auf die direkte und/oder indirekte Versorgung der Kunden mit der Unternehmensleistung beziehen (Bruhn 2010c, S. 245).

Der Begriff „Distributionspolitik" ist in der Literatur meistens mit der Verteilung von Sachgütern verbunden. Die konstitutiven Eigenschaften von Dienstleistungen wirken sich auf die Umsetzung der Distributionspolitik und die Zahl der einsetzbaren Instrumente sowie deren Ausgestaltungsmöglichkeiten aus. Aufgrund ihrer beschränkten Handelbarkeit erfordern Dienstleistungen in der Regel eine lokale/multi-lokale Leistungserstellung. Lediglich Leistungsversprechen (Versicherungspolicen, Eintrittskarten, Lottoscheine usw.) bilden eine Ausnahme und sind über eigene oder fremde Verkaufsorgane zu vertreiben. Insgesamt ergeben sich besondere Anforderungen an die Distributionspolitik von Dienstleistungsunternehmen, die im Folgenden, mit Schwerpunkt auf die multi-lokale Leistungserstellung, konkretisiert werden.

4.12 Besonderheiten der Distributionspolitik von Dienstleistungsunternehmen

Meist wird bei „Distribution" an die Verteilung von Produkten vom Produzenten über Großhändler, Zwischenhändler und Einzelhändler an den Endkonsumenten gedacht. Im Dienstleistungsbereich gibt es häufig keine physischen Produkte, die an den Endkonzumenten zu „verteilen" sind, denn Erfahrung, Wissen, Know-how und Lösungen können nicht physikalisch gelagert und versendet werden. Grundsätzlich lassen sich in diesem Kontext drei zusammenhängende **Begriffe** identifizieren, die beschreiben „was" im Rahmen der Distribution von Dienstleistungen verteilt wird (vgl. Lovelock/Wirtz 2010, S. 132):

- **Informationen und Verkaufsförderung:** Die Verteilung von Informationen und Verkaufsförderungsunterlagen, die sich auf die Dienstleistung beziehen. Das Ziel dabei liegt darin, das Interesse des Konsumenten an der Dienstleistung zu wecken.

- **Verkaufsgespräche:** Ziel ist die Einigung über die Konditionen, die Ausgestaltung und die Charakteristika der zu liefernden Leistung und der entsprechenden Gegenleistung zu erzielen.

▪ **Produkte:** Bei vielen Dienstleistungen werden physische Produkte zur Unterstützung und zur Ausübung der in Anspruch genommenen Dienstleistung benötigt. Hierfür sind häufig flächendeckende Netzwerke oder lokale Niederlassungen seitens des Dienstleistungsunternehmens notwendig.

Weiter lässt sich eine Dienstleistung in informatorische Prozesse und physische Prozesse unterscheiden (Lovelock/Wirtz 2010, S. 132f.). Unter **informatorischen Prozessen** sind diejenigen Bestandteile einer Dienstleistung zu verstehen, die unabhängig von einem bestimmten Ort erbracht werden können, ohne dass dem Kunden eine Leistungseinbuße entsteht. **Physikalische Prozesse** hingegen hängen sehr stark von dem Ort der Dienstleistungserstellung und dessen tangibler Ausstattung ab und können nicht beliebig an anderen Orten erstellt werden. Dies wird am Beispiel eines Krankenhauses deutlich: Zu den informatorischen Prozessen zählen hier z. B. die Rechnungserstellung und die Bezahlungsabwicklung der Leistung. Diese Teilbereiche können ausgegliedert und fernab des Krankenhauses erstellt und bearbeitet werden, ohne dass die Leistungserstellung beeinträchtigt wird. Der Aufenthalt, die Untersuchung und die Betreuung des Patienten hingegen hat zwingend im Krankenhaus zu erfolgen. Die Zufriedenheit des Kunden (hier Patienten) und die Qualität der Leistungserbringung hängt daher in sehr hohem Maße von der Ausstattung des Krankenhauses ab (medizinische Geräte, Komfort der Krankenzimmer usw.).

Aufgrund der Merkmale von Dienstleistungen ergeben sich einige **Besonderheiten für die Distributionspolitik** von Dienstleistungsunternehmen, die in Schaubild 6-4-1 dargestellt sind.

Schaubild 6-4-1 Besonderheiten der Distributionspolitik von Dienstleistungsunternehmen

Besonderheiten von Dienstleistungen	Implikationen für die Distributionspolitik
Leistungsfähigkeit des Dienstleistungsanbieters	▪ Erfüllung des raumzeitlichen Präsenzkriteriums als zentrale logistische Aufgabe ▪ Dokumentation der Leistungsfähigkeit des Absatzmittlers ▪ Häufig kombinierte Distribution ▪ Dokumentation der Lieferbereitschaft
Integration des externen Faktors	▪ Vorherrschen der direkten Distribution ▪ Bedeutung des Standorts
Immaterialität (Nichtlagerfähigkeit, Nichttransportfähigkeit)	▪ Bedeutung des Franchising ▪ Absatzmittler als „Co-Producer" ▪ Möglichkeit der Online-Distribution ▪ Lagerung materieller Leistungselemente ▪ Transport materieller Leistungselemente

Die Notwendigkeit der permanenten **Leistungsfähigkeit** eines Dienstleistungsunternehmens hat folgende Aspekte für die Distributionspolitik zur Konsequenz:

- Die Erfüllung des raumzeitlichen Präsenzkriteriums ist die zentrale logistische Aufgabe für Dienstleistungsunternehmen.
- Es wird von Dienstleistungsunternehmen eine Dokumentation ihrer permanenten Leistungsbereitschaft gefordert.
- Im Dienstleistungsbereich kommt auch eine Kombination von direkter und indirekter Distribution zum Einsatz.
- Bei der indirekten Distribution hat nicht nur der Dienstleister selbst, sondern auch der Absatzmittler seine Leistungsfähigkeit zu dokumentieren.

Die **Integration des externen Faktors** in den Leistungserstellungsprozess führt zu folgenden Implikationen für die Distributionspolitik:

- Die meisten Dienstleistungen werden direkt vertrieben.
- Standortentscheidungen haben im Dienstleistungsbereich aus Kundensicht eine größere Bedeutung als im Konsum- oder Industriegüterbereich.

Aus der **Immaterialität** von Dienstleistungen lässt sich folgern:

- Aufgrund der Notwendigkeit einer einheitlichen Präsentation des Dienstleisters kommen Filialsystemen und insbesondere Franchisesystemen eine besondere Bedeutung zu.
- Beim indirekten Vertrieb tritt der Absatzmittler unter Umständen als „Co-Producer" auf.
- Bei Dienstleistungen besteht grundsätzlich die Möglichkeit einer Online-Distribution. In den vergangenen Jahren hat sich dieses Medium in ausgewählten Branchen mehr und mehr gegenüber den traditionellen Vertriebskanälen durchgesetzt (vgl. Abschnitt 4.214).

Die konstitutive Eigenschaft der Nichtlagerfähigkeit von Dienstleistungen bedingt, dass **Lagerhaltungsentscheidungen** lediglich für materielle Leistungselemente und Faktoren zu treffen sind. Wegen der Nichttransportfähigkeit betreffen **Transportentscheidungen** ebenfalls lediglich materielle Leistungselemente und Faktoren. Falls Leistungsversprechen, d. h. Anrechte auf eine Dienstleistung, vertrieben werden, kommt in diesem Zusammenhang der Kapazitätsplanung ein hoher Stellenwert zu. Es sind z. B. Reservierungssysteme einzurichten, die die aktuelle Nachfrage und die spätere Leistungserbringung zusammenführen.

4.13 Planungsprozess der Distributionspolitik

Zur systematischen Distributionsplanung wird anhand der Phasen des entscheidungsorientierten Planungsprozesses vorgegangen (Specht 2005; Bruhn 2010c). Im Rahmen der **Situationsanalyse der Distribution** werden unternehmensexterne (z. B. Eröffnung neuer Distributionswege mittels der neuen Medien) und -interne (z. B. Expansionsbestrebungen eines Restaurants) distributionspolitisch relevante Faktoren untersucht. Ferner ist die Stellung des Distributionsweges im Markt (z. B. Vertrieb der Leistungen eines Reiseveranstalters über Reisebüros aufgrund ihrer starken Marktstellung) zu berücksichtigen. Aufbauend auf der Situationsanalyse erfolgt die Ableitung konkreter **Distributionsziele** aus den übergeordneten Unternehmenszielen des Dienstleisters. Mit der **Festlegung der Distributionsstrategie** wird der Weg der Zielerreichung abgesteckt und inhaltlich bestimmt, welche Leistungen über welche Distributionswege vertrieben werden. Hierbei sind insbesondere Entscheidungen hinsichtlich eventueller vertraglicher Bindungen der Absatzmittler (z. B. innerhalb eines Franchisesystems) zu treffen. Im Rahmen der **Bestimmung des Distributionsbudgets** lassen sich die bei der Werbebudgetierung eingesetzten Verfahren in modifizierter Form verwenden. Auf Basis der Distributionsstrategie gilt es, die **Festlegung der Distributionsmaßnahmen** durchzuführen. Schließlich wird im Rahmen der **Distributionskontrolle** untersucht, inwiefern die Distributionsziele erreicht wurden und welche Ursachen für eventuelle Abweichungen verantwortlich sind.

4.14 Ziele der Distributionspolitik

Eine zentrale Orientierungsfunktion der Entscheidungsprozesse innerhalb der Distributionspolitik kommt den distributionspolitischen Zielen zu. Diese sind konsistent aus den übergeordneten Unternehmens- und Marketingzielen abzuleiten und möglichst operational zu formulieren. Falls es einem Dienstleister nicht gelingt, Leistungskomponenten derart zu lagern, zu verwalten, umzuschlagen und zu transportieren, dass sich die Nachfrage in ausreichender Quantität und Qualität befriedigen lässt, verliert der Anbieter die Nachfrage, woraus für ihn Fehlmengenkosten/Opportunitätskosten entstehen (vgl. Herrmann/Huber 1999, S. 861). Neben den übergeordneten Zielen, wie Umsatz- und Marktanteilssteigerung, lassen sich den distributionspolitischen Entscheidungen folgende **versorgungsorientierte Zielgrößen** zugrunde legen:

- **Präsenz und Erreichbarkeit** (Distributionsgrad und -dichte von Dienstleistungen)
  Die Nichttransportfähigkeit von Dienstleistungen und die im Rahmen ihrer Erstellung notwendige Integration des externen Faktors erfordert die simultane Präsenz des Dienstleisters und des Kunden bzw. seines Objektes. Daraus leitet sich die Forderung nach kundennahen Standorten (bei standortgebundenen Dienstleistungen) bzw. nach einem dichten Außendienstnetz (bei räumlich flexibler Dienstleistungserstellung) ab. Insbesondere bei Dienstleistungen des täglichen Bedarfs (Verkehrsdienstleistungen, Bankdienste, Postdienste) wird die schnelle Erreichbarkeit des Dienstleistungsanbieters zu einem zentralen Qualitätsmerkmal. Gleiches gilt für den Fall, dass der Dienstleister zum Kunden kommt (z. B. Handwerker, Pizzadienst). Besonders deutlich wird dieser Zusammenhang bei bestimmten öffentlichen Dienstleistungen wie Notarzt, Polizei, Feuerwehr. Hier ist der Standort so zu wählen, dass eine den Anforderungen der Kunden entsprechende Präsenz gewährleistet ist.

- **Zugang des externen Faktors zum Erstellungsprozess**
  Zielsetzung der Distributionspolitik im Dienstleistungsmarketing ist weiterhin die problemlose und kundengerechte Integration des externen Faktors in den Dienstleistungserstellungsprozess. Aufgrund der Nichtlagerfähigkeit von Dienstleistungen sind kundengerecht ausgestattete Warteräume zur Lagerung bzw. zum Aufenthalt des externen

Faktors (z. B. Bahnhof, Arztpraxis) einzurichten und Beförderungseinrichtungen (z. B. Shuttle-Verkehr auf Flughäfen) sowie Reservierungssysteme und Ähnliches vorzusehen.

- **Lieferzeit**
Insbesondere bei Dienstleistungen, die vor Ort beim Kunden erbracht werden, sowie beim Verkauf von Leistungsversprechen (z. B. Abschluss eines Wartungsvertrages für einen Computer und Inanspruchnahme des Kundendienstes) sind die zuverlässige Einhaltung der „Lieferzeit" sowie eine schnelle Reaktionszeit im Rahmen der Distributionspolitik sicherzustellen. Insgesamt sind die Ziele „Lieferzeitminimierung" und „Erreichen einer ausreichenden Marktpräsenz" komplementär. Als Beispiel für eine „Lieferzeit" im Sinne einer schnellen Reaktionszeit sind hier Handelsunternehmen zu nennen, die ihren Kunden garantieren, dass die Wartezeit an der Kasse nicht länger als zehn Minuten dauern darf.

- **Lieferbereitschaft**
Weiterhin ist eine kontinuierliche Lieferbereitschaft durch den Dienstleister zu gewährleisten. Aufgrund der Nichtlagerfähigkeit und der Integration des externen Faktors, ist während der Öffnungszeiten das Leistungspotenzial des Unternehmens permanent bereit zu stellen. Anders als im Konsumgüterbereich lässt sich der Zeitpunkt des „Vertriebs" grundsätzlich nicht vom Unternehmen festlegen.

- **Lieferzuverlässigkeit**
Schließlich ist eine kontinuierliche Lieferzuverlässigkeit notwendig. Es ist notwendig, sicherzustellen, dass der Kunde sich vor und im Zeitpunkt der Inanspruchnahme auf den Dienstleister verlassen kann. Hier sind Terminzuverlässigkeit und Termineinhaltung von Handwerkern zu nennen, d. h. der Kunde kann sich darauf verlassen, dass der Dienstleister zu dem vereinbarten Termin auch tatsächlich erscheint und die vereinbarte Leistung in vollem Umfang erbringt.

Im Rahmen der Distributionspolitik eines Dienstleistungsunternehmens sind folgende **psychologisch-orientierte Zielsetzungen** von Bedeutung:

- **Image des Absatzkanals**
Das Image des Absatzkanals, die Ausstattung und persönliche Identifikation der einbezogenen Absatzmittler stellen bereits erste Indikatoren zur Beurteilung und Konkretisierung der „nicht greifbaren" Dienstleistungen dar. Ziel ist daher die Kompatibilität des Images von Absatzmittlern und eigentlichem Dienstleistungsanbieter.

- **Kooperationsbereitschaft**
Im Hinblick auf einen einheitlichen Außenauftritt ist eine enge Kooperation zwischen dem Dienstleistungsersteller und seinen Absatzmittlern anzustreben. Diese Form der Zusammenarbeit wirkt sich auch positiv im Rahmen der Steuerung der Auslastung von Dienstleistungskapazitäten aus, da hier eine Errichtung von gemeinsamen Reservierungs- und Buchungssystemen notwendig ist.

> **Beispiel: Bedeutung der Auswahl geeigneter Partner**
>
> Die Schweizer Fluggesellschaft *Swissair* ging zunächst 2001 in Konkurs, wurde dann als Nachfolgegesellschaft der *Crossair* unter dem Namen *Swiss* weitergeführt (2005 von der *Lufthansa* übernommen) In den 1990er Jahren hatte sie sich in Kooperationen mit qualitativ minderwertigen Airlines verstrickt. Dadurch erlitt auch das Qualitätsimage der Fluggesellschaft einen Schaden, da die schlechte Bewertung ihrer Kooperationspartner auch auf sie zurückfiel. Dies zeigt die Bedeutung der Auswahl geeigneter Partner beim Eingehen von Kooperationen, die mit dem für das eigene Unternehmen gewünschten Image harmonieren.

Unter Zugrundelegung dieser Zielsetzungen lassen sich die **distributionspolitischen Entscheidungstatbestände** mit Entscheidungen hinsichtlich Wahl und Struktur der Absatzkanäle sowie Gestaltung des logistischen Systems kennzeichnen. Angesichts der dienstleistungsspezifischen Besonderheiten sind diese jedoch gegenüber dem Sachgüterbereich entsprechend zu modifizieren.

4.2   Instrumente der Distributionspolitik

4.21   Gestaltung von Absatzkanalsystemen für Dienstleistungen

Nach der Festlegung der distributionspolitischen Ziele besteht die Aufgabe des nächsten Schrittes darin, die entsprechenden Instrumente so einzusetzen, um die festgelegten Ziele zu erreichen. Hierbei wird zwischen der Gestaltung der Absatzkanalsysteme und der Gestaltung des logistischen Systems unterschieden. Das **Absatzkanalsystem** lässt sich wie folgt untergliedern:

- Direkte Distribution,
- Indirekte Distribution,
- Distribution durch E-Commerce und Self-Service-Technologien und
- Kombinierte Distribution.

Das Anliegen der Distributionslogistik besteht darin, die mengen- und artmäßige, räumlich und zeitlich abgestimmte Bereitstellung von Leistungen sicherzustellen, so dass sich vorgegebene Lieferzusagen einhalten lassen (Herrmann/Huber 1999, S. 861). Im Rahmen der Gestaltung des Absatzkanalsystems geht es in erster Linie darum, die Absatzwege festzulegen und potenzielle Absatzmittler zu akquirieren und zu koordinieren. Bei der Wahl der **Absatzwege** lässt sich zwischen den Grundformen eines direkten und indirekten Absatzweges differenzieren. Bei der **direkten Distribution** erfolgen die Verpflichtungserklärung sowie die Erbringung der Dienstleistung durch den gleichen Betrieb. Bei der **indirekten Distribution** wird dagegen ein Absatzmittler zum Vertrieb der Leistungen eingesetzt (z. B. erfolgt die Leistungserstellung eines Reiseveranstalters bei Reiseantritt des Nachfragers direkt, jedoch werden die Leistungsversprechen in Bezug auf eine Reise in der Regel indirekt vertrieben). Außer diesen Grundformen existieren Distributionsformen durch E-Commerce und Self-Service-Technologien sowie Kombinationslösungen aus direkter und indirekter Distribution. Beispiele für verschiedene Ausgestaltungsformen des Absatzkanalsystems zeigt Schaubild 6-4-2.

Schaubild 6-4-2 Beispiele für Absatzkanalsysteme für Dienstleistungen

Vertriebsweg	Vertriebsobjekt	Eigentliche Leistung	Leistungsversprechen
Direkt	**Unmittelbar** (Eigenvertrieb)	z. B. Friseur	z. B. Vorverkauf von Eintrittskarten durch ein Kino
	Mittelbar (Filialsystem)	z. B. Bank	z. B. Flugtickets in *Lufthansa*-Agenturen
	Mittelbar (Franchisesystem)	z. B. Fastfoodketten	z. B. Franchisesystem einer Konzertagentur
	Mittelbar (Online-Vertrieb)	z. B. Homebanking	z. B. Fahrkarten der *Deutschen Bahn* über *T-Online*
Indirekt		z. B. Autoversicherung über Autovermietung	z. B. Eintrittskarten für ein Musical in einer Vorverkaufsstelle

Im Folgenden werden die vier genannten **Alternativen** der Gestaltung von Absatzkanalsystemen für Dienstleistungen im Einzelnen vorgestellt.

4.211 Direkte Distribution

Im Rahmen der **direkten Distribution** wird wiederum zwischen zwei Ausgestaltungsformen unterschieden:

- **Unmittelbare Direktdistribution** (Eigenvertrieb): Hierbei handelt es sich um eine zentralisierte Vertriebsform, d. h., der Dienstleister stellt sein Leistungspotenzial dem Kunden meist an einer zentralen Stelle zur Verfügung (z. B. einzelner Friseursalon, einzelnes Restaurant).

- **Mittelbare Direktdistribution** (z. B. in einem Filial- oder Franchisesystem): Bei dieser Ausgestaltungsform bietet der Dienstleister sein Leistungspotenzial an unterschiedlichen Stellen an (z. B. Geschäftsbank, Fastfoodketten).

Da bei der direkten Distribution auf Absatzmittler verzichtet wird, sind den Dienstleistungsanbietern enge Grenzen in Hinblick auf die Geschwindigkeit der Expansion gesetzt.

In diesem Zusammenhang kommen Multiplikationsbestrebungen des Dienstleistungsanbieters eine besondere Bedeutung zu. **Multiplikation** versteht sich als die Vervielfältigung von definierbaren Einheiten, die unabhängig voneinander jeweils die als erfolgskritisch angesehenen Bestandteile bzw. Merkmale dieser Einheit beinhalten. Dabei basiert die Multiplikation auf dem bestehenden Leistungsprogramm und den bestehenden Zielgruppen mit dem Ziel, unter Beibehaltung der vorhandenen Absatzmarktprogrammstruktur durch intensivere Marktpotenzialnutzung ein marktorientiertes Wachstum zu erreichen (Hübner 1993).

Übertragen auf die Problemstellung von Dienstleistungsanbietern ergeben sich die in Schaubild 6-4-3 dargestellten **Multiplikationsoptionen**. Zum einen wird hinsichtlich der Multiplikation von Leistungsprozessen und -potenzialen unterschieden. Im Rahmen der Marktdimension wird dann zusätzlich zwischen Multiplikationen ohne bzw. mit geografischer Marktausdehnung differenziert.

Schaubild 6-4-3 Systematisierung von marktgerichteten Multiplikationsstrategien

Markt-dimension \ Objektdimension	Multiplikation von	
	Leistungserstellungsprozessen	Leistungserstellungspotenzialen
Ohne geografische Marktausdehnung	Reine Marktdurchdringung ⬇ Intensivierung durch Leistungsmultiplikation	Konzentrische Multiplikation ⬇ Intensivierung durch Potenzialmultiplikation
Mit geografischer Marktausdehnung	Expansive Multiplikation (ohne Strukturerweiterung) ⬇ Extensivierung durch Leistungsmultiplikation	Expansive Multiplikation (mit Strukturerweiterung) ⬇ Extensivierung durch Potenzial- (und Leistungs-)multiplikation

Falls keine geografische Marktausdehnung erfolgt und lediglich Prozesse multipliziert werden, liegt der Fall der **reinen Marktdurchdringung** vor. Denkbar wäre hier eine ärztliche Untersuchung, ein Friseurbesuch oder eine Beratungsleistung eines Rechtsanwaltes, die in ihrer zeitlichen Ausdehnung reduziert wird, so dass sich eine größere Anzahl von Patienten bzw. Kunden pro Zeiteinheit betreuen lässt.

Eine **expansive Multiplikation ohne Strukturerweiterung** findet dann statt, wenn Leistungserstellungsprozesse multipliziert werden und gleichzeitig eine geografische Marktausdehnung erfolgt. Als Beispiele lassen sich hier der Export veredelter Dienstleistungen über die bisherigen Vertriebsgrenzen hinaus sowie die Entsendung von Mitarbeitenden (z. B. Unternehmensberatung, Anwaltskanzlei, Architektur- und Ingenieurbüros) anführen.

Im Rahmen der Multiplikation von Leistungspotenzialen ohne geografische Marktausdehnung wird von einer **konzentrischen Multiplikation** gesprochen. Diese lässt sich durch Franchising oder Filialisierung im bestehenden Vertriebsbereich oder durch Übernahme lokaler Wettbewerber erreichen. Als Beispiele sind hier Fastfoodketten zu nennen, die durch die Vergabe von Franchiserechten ihr Filialnetz ausbauen. Die Übernahme lokaler Wettbewerber ist vor allem im Bäckereisektor zu beobachten. Hier zeichnet sich der Trend ab, dass kleine, lokale Bäckereien häufig von Bäckereiketten – die wiederum überwiegend mit einem Franchisesystem arbeiten – übernommen werden.

Die **expansive Multiplikation mit Strukturerweiterung** schließlich liegt dann vor, wenn im Rahmen einer geografischen Marktausdehnung eine Multiplikation von Leistungserstellungspotenzialen erfolgt. Eine derartige Extensivierung erfolgt wiederum durch Franchising oder Akquisitionen. Darüber hinaus sind Lizenzvergaben oder Direktinvestitionen zur Filialisierung denkbar. Ein aktuelles Beispiel stellen hier die Einzelhandelsketten *Aldi* und *Lidl* dar, die seit wenigen Jahren ihr Filialnetz auch außerhalb Deutschlands (Frankreich, Italien, Schweiz usw.) ausbauen.

Gerade im Dienstleistungsbereich wird dem **Franchising** als Konzept der „Quasi-Filialisierung" ein bedeutender Stellenwert beigemessen. Cross und Walker kennzeichnen den Einsatz von Franchisekonzepten bei Serviceleistungen treffend als „A Practical Business Marriage" und sehen einen engen Zusammenhang zwischen der Ausweitung des Dienstleistungsbereiches und der zunehmenden Anzahl von Franchisekonzepten (Cross/Walker 1987). Franchising lässt sich dabei wie folgt definieren (Kaub 1990; Tietz 1991; Ahlert 2001):

> **Franchising** ist eine Form der Kooperation, bei der ein Kontraktgeber (Franchiser) aufgrund einer langfristigen vertraglichen Bindung rechtlich selbständig bleibenden Kontraktnehmern (Franchisees) gegen Entgelt das Recht einräumt, bestimmte Waren oder Dienstleistungen unter Verwendung von Namen, Warenzeichen, Ausstattungen oder sonstigen Schutzrechten sowie der technischen und gewerblichen Erfahrungen des Franchisegebers und unter Beachtung des von letzterem entwickelten Absatz- und Organisationssystems anzubieten.

Im Dienstleistungsbereich findet Franchising häufig in der Form statt, dass dem Franchisenehmer die Einrichtung und Führung einer Dienstleistungs-„Filiale" bzw. die Organisation zur Dienstleistungserstellung gegen Entgelt obliegt. Das Dienstleistungsunternehmen als Franchisegeber stellt zur Führung der Dienstleistungs-„Filiale" bzw. zur Durchführung der Dienstleistungserstellungsprozesse ein umfassendes Hard- und Softwarepaket zur Verfügung. Durch einheitliche Ausgestaltung dieses Paketes wird eine weitgehende Systemkonformität der Franchisenehmer sichergestellt. Der gewichtigste Vorteil dieses Konzeptes liegt für den Franchisegeber darin, dass er mit geringem Kapitalaufwand schnell expandieren kann.

Aufgrund der Immaterialität von Dienstleistungen wird im Rahmen von Franchisesystemen insbesondere eine einheitliche „Materialisierung" von Dienstleistungspotenzialen durch die Verwendung gleicher Ausstattungen, Dienstleistungsmarken und -programme angestrebt. Vorgaben zur Erstellung der jeweiligen Dienstleistungen dienen der Sicherung einer konstanten Dienstleistungsqualität.

Typische **Beispiele für Franchisesysteme** finden sich in der Gastronomie (z. B. *McDonald's, Burger King, Subway, Kamps*), im Hotelgewerbe (z. B. *Holiday Inn, ACCOR*), im Handel (z. B. *OBI, Tchibo, Fressnapf, Benetton*) oder auf dem Gebiet sonstiger Dienstleistungen (z. B. *Blume2000*, Fitness-Kette *Kieser Training*, Immobilien-Kette *Engel & Völkers*).

Der hohe Stellenwert des Franchising zeigt sich an den Schätzungen des Deutschen Franchise-Verbands, der für das Jahr 2009 in Deutschland von rund 960 verschiedenen Franchisekonzepten mit insgesamt 58.000 Franchisenehmern mit insgesamt 452.000 Beschäftigten ausgeht. Hierbei wurde für das Jahr ein Umsatz von 48 Mrd. Euro prognostiziert (Deutscher Franchise Verband 2010, S. 4).

Die Beliebtheit des Franchising im Dienstleistungsbereich gründet sich auf die zahlreichen **Vorteile** sowohl für den Franchisegeber als auch für den Franchisenehmer (Tietz 1991; Specht 2005, S. 298; Bellone/Matla 2010, S. 82ff.):

Vorteile für den Franchisegeber:

- Risikominderung (insbesondere des finanziellen Risikos),
- hoher Distributionsgrad bei geringen Distributionskosten,
- geringes Absatzrisiko,
- Dezentralisierung von Personalfragen,
- Einsatzmöglichkeit lokaler Expertise,
- Loyalität der Franchisenehmer trotz selbständigem Unternehmertum,
- regelmäßige Franchisegebühr,
- Beitrag zum Bekanntheitsgrad des Gesamtsystems,
- gute Realisierbarkeit der eigenen Marketing-Konzeption,
- systematische Informationsweitergabe über Zielmarkt,
- begrenzter Kapitaleinsatz.

Vorteile für den Franchisenehmer:

- Risikominimierung,
- zentrale Kommunikationsaktivitäten,
- laufende Managementberatung,
- Gebietsschutz im Absatzmarkt,
- Einkaufsvorteile im Beschaffungsmarkt (insbesondere auch Humankapital),
- Unterstützungsleistungen hinsichtlich Unternehmensführung, Aus- und Weiterbildung sowie Marketingaktivitäten,
- erleichterte Kapitalbeschaffung und Finanzierungshilfen.

Insgesamt stellt das Franchising eine Option dar, Dienstleistungskonzepte mit begrenztem Kapitaleinsatz und gleichzeitig intensiven Steuerungsmöglichkeiten zu verknüpfen. Allein in den letzten zehn Jahren war ein Wachstum bei der Anzahl der Franchisekonzepte um mehr als 50 Prozent zu beobachten. Die Zahl der Franchisenehmer stieg im selben Zeitraum sogar um über 80 Prozent (Deutscher Franchise Verband 2010, S. 4). Trotz der genannten Vorteile lassen sich im Zusammenhang mit dem Franchising vereinzelt auch **negative Tendenzen** erkennen, die sich auf extrem hohe Expansionsbestrebungen einiger Franchisegeber zu Lasten der Franchisenehmer zurückführen lassen und nicht selten zu einem Scheitern der Existenzgründung durch Franchising führen. Zu nennen sind beispielsweise hohe finanzielle Risiken für Lizenzen und die Geschäftsausstattung sowie eine unzureichende Betreuung durch den Franchisegeber (Laudenbach 2007, S. 105f.). Bei der Wahl des falschen Franchisesystems läuft man Gefahr, in ein unbefriedigendes Abhängigkeitsverhältnis mit strikten Bedingungen und Konditionen gezwängt zu werden, die für einen langen Zeitraum (meist 5 Jahre) zu erfüllen sind und im schlimmsten Fall bei ausbleibendem Erfolg den Franchisenehmer ruinieren können.

Schließlich kann die Durchführung des **Direktvertriebs beim Kunden oder an einem dritten Ort** stattfinden. Aufgrund der Integration des externen Faktors in den Leistungserstellungsprozess wird bei der ersten Möglichkeit der Aufwand für den Kunden reduziert, da sich dieser nicht mehr zum Ort der Leistungserstellung zu bewegen braucht. Der Direktvertrieb an einem dritten Ort kommt meist dann zum Tragen, wenn sich der Kunde nicht zu Hause befindet und auch nicht zum Dienstleister kommen kann. Dies ist meist in speziellen Notsituationen der Fall (z. B. Notarzteinsatz bei Autounfall, Anwaltsbesuch im Gefängnis).

4.212 Indirekte Distribution

Aufgrund der Immaterialitätseigenschaft und der häufig vorliegenden Simultaneität von der Erstellung und Konsum einer Dienstleistung ergeben sich Besonderheiten im Hinblick auf einen indirekten Vertrieb von Dienstleistungen über Absatzmittler dahingehend, dass sich nicht die Dienstleistung selbst, sondern nur **Dienstleistungsversprechen** handeln lassen. Bei einem Dienstleistungsversprechen handelt es sich um die Verpflichtung des Dienstleistungsanbieters, zu einem späteren Zeitpunkt eine mehr oder weniger genau definierte Leistung zu erbringen (Hilke 1989b). Diese Verpflichtung wird häufig an ein materielles Trägermedium gebunden, z. B. eine Eintrittskarte oder Versicherungspolice (Meyer 1994; Maleri/Frietzsche 2008, S. 100f.). Eine weitere Besonderheit im Zusammenhang mit einer indirekten Distribution von Dienstleistungen ist darin zu sehen, dass der Absatzmittler als reiner Verkäufer der Leistung/des Leistungsversprechens oder aber als so genannter „Co-Producer" der Leistung auftritt. Im zweiten Fall übernimmt er Teile der Leistungserstellung (Palmer/Cole 1995, S. 204ff.). Demzufolge ergeben sich vier **Formen der indirekten Distribution**, die in Schaubild 6-4-4 gezeigt sind, und folgendermaßen benannt werden:

- **Indirekte Distribution der Leistung mittels eines Co-Producers**
  Beispiel: Vertrieb des Autoversicherungsschutzes durch eine Autovermietung, wobei die Angestellten der Autovermietung den Versicherungsnehmer hinsichtlich der Versicherung beraten und dadurch die Erstellung von Teilleistungen übernehmen.

- Indirekte Distribution der Leistung über einen reinen Absatzmittler
  Beispiel: Vertrieb der Telekommunikationsleistungen der *Telekom* durch eine Gaststätte, in der ein öffentlicher Telefonapparat installiert ist.

- Indirekte Distribution des Leistungsversprechens mittels eines Co-Producers
  Beispiel: Vertrieb von Eintrittskarten für Musicals durch eine Vorverkaufsstelle, deren Mitarbeitende den Zuschauer über Inhalt des Stückes, Qualität bestimmter Sitze usw. informieren.

- Indirekte Distribution des Leistungsversprechens über einen reinen Absatzmittler
  Beispiel: Vertrieb von Telefonkarten über Tankstellen.

Schaubild 6-4-4   Formen des indirekten Vertriebs von Dienstleistungen

Funktion des Absatzmittlers / Vertriebsobjekt	„Co-Producer"	Verkäufer
Eigentliche Leistung	Indirekter Vertrieb der Leistung mittels eines „Co-Producers" z. B. Autoversicherung über Autovermietung	Indirekter Vertrieb der Leistung über einen reinen Absatzmittler z. B. Telekommunikationsleistung über Gaststätte
Leistungsversprechen	Indirekter Vertrieb des Leistungsversprechens mittels eines „Co-Producers" z. B. Eintrittskarte über Vorverkaufsstelle	Indirekter Vertrieb des Leistungsversprechens über einen reinen Absatzmittler z. B. Telefonkarten über Tankstelle

Bei der Durchführung einer indirekten Distribution stehen grundsätzlich drei **Arten von Absatzmittlern** zur Auswahl (Palmer/Cole 1995, S. 209):

- **Dienstleistungsagenten** haben das Recht, einen Vertrag zwischen Dienstleistungsanbieter und -nachfrager abzuschließen (z. B. Reisebüro als Agent der *Lufthansa AG* beim Vertrieb von Flugtickets).

- **Dienstleistungs-Großhändler** kaufen Leistungsanspruchsrechte vom Dienstleister und vertreiben diese an Einzelhändler (z. B. Hotelbuchungsagenturen, die Zimmerreservationen verschiedener Hotels „kaufen" und diese an Reisebüros „vertreiben").

- **Dienstleistungs-Einzelhändler** kaufen Leistungsanspruchsrechte vom Dienstleister oder von Dienstleistungs-Großhändlern und vertreiben diese an Endkunden (z. B. Reisebüros).

Entscheidet sich ein Dienstleister für die teilweise indirekte Distribution seiner Leistungen, so strebt er an, dass der Absatzmittler gewisse Aufgaben im Rahmen des Leistungsabsatzes übernimmt. Zu diesen **Funktionen des Absatzmittlers** zählen (vgl. z. B. Palmer/Cole 1995, S. 204f.; Bieberstein 2006, S. 289f.):

- **Verkaufsfunktion:** In erster Linie hat der Absatzmittler für einen steigenden Absatz des Dienstleistungsangebotes zu sorgen (z. B. Bankberater, der Bausparverträge eines Drittanbieters verkauft).

- **Beratungsfunktion:** Insbesondere vor Verkauf der Dienstleistung bzw. des Leistungsversprechens übernimmt der Absatzmittler die Aufgabe, die Kunden bezüglich der angebotenen Leistung zu beraten. In Einzelfällen besteht seitens der Kunden auch nach Inanspruchnahme der Leistung Beratungsbedarf (z. B. bei Verlust einer Kamera in einem Hotel).

- **Kommunikationsfunktion:** Ferner hat der Absatzmittler dazu beizutragen, Kommunikationsziele des Dienstleisters (z. B. Information, Kundenakquisition) zu realisieren.

- **Raumüberbrückungsfunktion:** Weiterhin ist es Aufgabe des Absatzmittlers, räumliche Distanzen zwischen Leistungsanbieter und -nachfrager zu überwinden (z. B. Versicherungsmakler im Außenvertrieb).

- **Beschwerdefunktion:** Durch den direkten Kundenkontakt kann der Absatzmittler auch die Aufgabe erfüllen, Kundenbeschwerden entgegenzunehmen, an den Dienstleister weiterzuleiten sowie unter Umständen selbst zu behandeln. Aufgrund der Intangibilität von Dienstleistungen kommt der Qualitätsbeurteilung einer Leistung durch den Konsumenten besondere Bedeutung zu. Daher ist es empfehlenswert, den am Vertrieb der Leistung Beteiligten die Stellung einer qualitätsorientierten Beratung beim Absatz von Dienstleistungen zu verdeutlichen.

- **Sortimentsfunktion:** Aus Kundensicht dient der Absatzmittler der Zusammenstellung eines umfangreichen Komplexes an Angeboten verschiedener Dienstleister (z. B. Reisebüro als Absatzmittler verschiedener Reiseanbieter).

- **Kreditfunktion:** Absatzmittler räumen ihren Kunden Zahlungsziele ein (z. B. der Kreditkartenanbieter einem Bankkunden).

Da der Absatzmittler Teile der Leistungserstellung übernimmt (z. B. Beratung, Information) hat der Dienstleister zur Erfüllung der genannten Funktionen einige **absatzmittlergerichtete Maßnahmen** festzulegen. Hierzu zählen z. B. die Bereitstellung von Informationsmaterialien, Musterverträgen, Verkaufsförderungsmaterialien sowie die Durchführung von Schulungen des beim Absatzmittler angestellten Kundenkontaktpersonals.

Der Dienstleister hat bei einem zum Teil indirekten Distributionssystem zwei grundsätzliche Alternativen der **Zusammenarbeit mit dem Absatzmittler** (Bruhn 2010c).

Bei Verfolgung einer absatzmittlergerichteten Strategie (**Push-Strategie**) werden die Absatzmittler vom Dienstleister intensiv bearbeitet, um so einen engagierten Vertrieb der Leistungen an die Endverbraucher zu bewirken (z. B. durch Prämien pro Vertragsabschluss). Bei einer konsumentengerichteten Strategie (**Pull-Strategie**) besteht das Ziel des Dienstleisters insbesondere darin, durch Endverbraucherwerbung (z. B. Werbung eines Reiseveranstalters für ein bestimmtes Reiseziel) einen Nachfragesog zu schaffen, der die Endverbraucher dazu bringt, beim Absatzmittler nach der Leistung des Unternehmens zu verlangen.

Werden die Dienstleistungen eines Anbieters ganz oder zumindest zum Teil über Absatzmittler vertrieben, so ist eine Entscheidung über die folgenden **Vertriebsformen** notwendig:

- **universaler Vertrieb** (z. B. Vertrieb von *Fleurop* über viele regionale Blumengeschäfte),
- **exklusiver Vertrieb** (z. B. *DWS*-Investmentfonds-Produkte exklusiv über die *Deutsche Bank*),
- **selektiver Vertrieb** (z. B. Vertrieb von Telekommunikationsdienstleistungen über ausgewählte Fachhändler wie *MediaMarkt*, *Saturn* usw.).

Grundsätzlich gilt es hierbei zu berücksichtigen, dass aufgrund der Immaterialität von Dienstleistungen das Image des Absatzkanals, die personelle Qualifikation der Absatzmittler, das Erscheinungsbild und die technischen Voraussetzungen als mögliche Indikatoren zur Leistungsbeurteilung eines Dienstleisters herangezogen werden. Deshalb wird den **vertraglichen Bindungen** zwischen Dienstleistungsersteller und Absatzmittler zur Koordination der marktgerichteten Aktivitäten ein besonderer Stellenwert beigemessen. So startete die *Allianz* im Herbst 2010 eine Vertriebspartnerschaft mit der *Commerzbank*. Die *Commerzbank* wird bundesweit Versicherungsprodukte der *Allianz* anbieten. Ein Teil der vertraglichen Vereinbarung beinhaltet, dass 750 Vorsorgespezialisten der *Allianz* in den Filialen der *Commerzbank* vor Ort sind und die *Commerzbank*-Mitarbeitenden beim Verkauf und bei der Beratung komplexer Vorsorgeprodukte unterstützen (Allianz 2010).

In verschiedenen Dienstleistungsbereichen, wie z. B. in der Versicherungsbranche, in denen Dienstleistungen zum einen direkt (z. B. über ein eigenes Filialsystem) und zum anderen auch indirekt über Absatzmittler (selbständige Versicherungsmakler) vertrieben werden, besteht parallel ein direkter wie auch indirekter Kundenkontakt und damit eine **triadische Beziehungsstruktur zwischen Endkunde, Vermittler und Dienstleistungsanbieter** (Murmann 1999).

Eine besondere Problematik liegt hierbei in der **Qualitätswahrnehmung der Endkunden**. Es ist eine zentrale Frage, ob der Endkunde Anbieter und Vermittler gesamthaft wahrnimmt und ein einheitliches Qualitätsurteil fällt oder aber separate und gegebenenfalls unterschiedliche Qualitätseinschätzungen vornimmt. Die Bestimmung der **Dienstleistungsqualität in einer triadischen Beziehungsstruktur** erfolgt in den unterschiedlichen Dienstleistungsinteraktionen zwischen Kunde, Vermittler und Dienstleistungsanbieter (Weatherly/Tansik 1993; Kellog/Chase 1995; Collier 1996). Dienstleistungsinteraktionen lassen sich – in Abhängigkeit von den verschiedenen Marktteilnehmern – in interne und externe Interaktionen unterscheiden. Zum einen bestehen externe **Dienstleistungsinteraktionen** zwischen

- Kunde und Vermittler,
- Kunde und Dienstleistungsanbieter,
- Vermittler und Dienstleistungsanbieter.

Zum anderen finden interne Dienstleistungsinteraktionen sowohl auf der Ebene des Vermittlers als auch auf der Dienstleistungsanbieterebene statt.

Innerhalb der direkten und indirekten Dienstleistungsinteraktionen entstehen Qualitätsurteile in Form von Fremd-, Eigen- und Drittbildern. **Fremdbilder** repräsentieren die Beurteilung des direkten Beziehungspartners (z. B. Beurteilung des Vermittlers durch den Kunden). Im Rahmen der Entwicklung eines **Eigenbildes** bewerten Beziehungspartner ihr eigenes Verhalten durch den Vergleich der Erwartungen an die eigenen Leistungen mit der Wahrnehmung der eigenen Leistung (z. B. hat der Vermittler jeweils ein Eigenbild in Bezug auf sein Verhalten gegenüber dem Kunden und gegenüber dem Dienstleistungsanbieter). Darüber hinaus bestehen in triadischen Beziehungsstrukturen so genannte **Drittbilder**. So beurteilt beispielsweise der Dienstleistungsanbieter die Dienstleistungsqualität der Vermittlerleistung an den Kunden.

Innerhalb der Beziehungstriade bestehen folgende **Interdependenzen der Qualitätsurteile**:

▎ **Interdependenz der Kundenwahrnehmungen**, z. B. wird das Fremdbild des Kunden hinsichtlich der Vermittlerleistungen vom Fremdbild des Kunden hinsichtlich der Dienstleistungsanbieterleistungen beeinflusst.

Schaubild 6-4-5 Interdependenzen der Qualitätsurteile einer Beziehungstriade

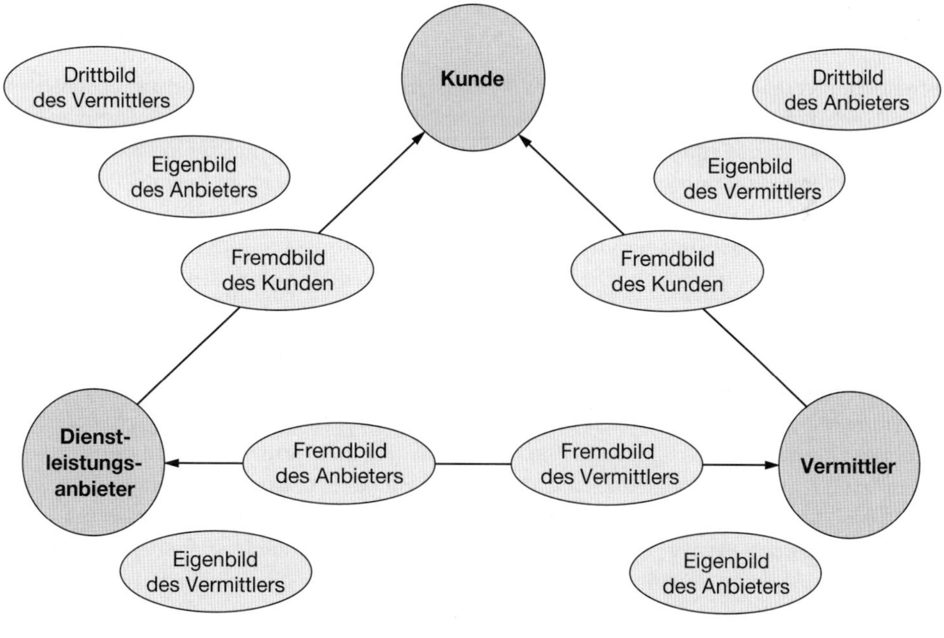

Quelle: Murmann 1999, S. 202

- **Interdependenz der Kundeninteraktionen** mit den Interaktionen zwischen Vermittler und Dienstleistungsanbieter, z. B. werden die Leistungen des Vermittlers an den Kunden beeinflusst von den Leistungen des Dienstleistungsanbieters an den Vermittler – also dem Fremdbild des Vermittlers hinsichtlich der Leistungen des Dienstleistungsanbieters an den Vermittler.

- **Interdependenz der Fremdbilder** in den unmittelbaren Interaktionen zwischen Vermittler und Dienstleistungsanbieter **mit den Drittbildern** hinsichtlich der mittelbaren Kundeninteraktionen, z. B. ist das Drittbild des Dienstleistungsanbieters hinsichtlich der Vermittlerleistung an den Kunden abhängig von dem Fremdbild des Dienstleistungsanbieters hinsichtlich der Vermittlerleistungen an ihn.

In Schaubild 6-4-5 werden zusammenfassend die Interdependenzen der Qualitätsurteile im Überblick dargestellt (vgl. Murmann 1999).

4.213 Distribution durch E-Commerce und Self-Service-Technologien

Ein Merkmal der zunehmenden Verbreitung der Internetnutzung ist die verstärkte Nutzung des elektronischen Vertriebs von Dienstleistungen. In diesem Zusammenhang wird häufig der Begriff **E-Commerce** benutzt. Unter E-Commerce wird die elektronische Anbahnung, Aushandlung und/oder Abwicklung von Transaktionen zwischen Wirtschaftsobjekten verstanden (Clement/Peters/Preiß 1998, S. 50) und so explizit von thematisch angrenzenden Bereichen wie der Internetwerbung abgegrenzt.

In Verbindung mit den Fragestellungen zum E-Commerce gilt es zu unterscheiden zwischen dem **Vertrieb über das Internet** von klassisch nicht internetgebundenen Dienstleistungen (z. B. der Verkauf von Bahntickets im Internet) und jenen Dienstleistungen, für deren Erstellung das Internet die zentrale Voraussetzung ist. Bei Letzteren handelt es sich um so genannte **Electronic Services** bzw. Internet-Erlösmodelle (z. B. Business-Netzwerke wie *Xing.com* oder Online-Auktionshäuser wie *Ebay*) (Winkelmann 2008b, S. 463). Streng genommen sind Electronic Services Bestandteil der Leistungspolitik von Dienstleistungsanbietern (vgl. Abschnitt 1.23). Die Grenzen zwischen den Bereichen des E-Commerce und den Electronic Services gehen jedoch häufig fließend ineinander über (zu E-Services vgl. auch Kapitel 6.123 in diesem Kapitel).

Als **Instrument im Rahmen der Vertriebspolitik** fungiert das Internet sowohl der Anbahnung und Abwicklung von Transaktionen als auch als logistischer Absatzweg (bei digitalisierbaren Produkten wie Informationen oder Software). Der Vertrieb von Dienstleistungen kann sowohl auf dem direkten als auch auf dem indirekten Absatzweg erfolgen. Dies zeigt sich besonders gut am Vertrieb von Flugtickets. Die meisten Fluggesellschaften betreiben auf ihren Internetseiten in der Regel eigene Reservierungssysteme. Daneben existiert im Internet eine Vielzahl an Reisebüros (z. B. *Expedia, Ltur*), über die sich ebenfalls Flugtickets online beziehen lassen.

Ein aus der Marketingperspektive interessantes Phänomen ist hierbei in der **Veränderung von klassischen Wertschöpfungsstrukturen** (z. B. Beziehung zwischen Zulieferer, Hersteller, Handel und Endkunden) zu sehen. In der Literatur wird dieses Phänomen als **Disintermediation** bezeichnet (Gerth 1999, S. 151; Tomczak/Schögel/Birkhofer 1999, S. 109; Specht 2005, S. 200). Das Prinzip der Disintermediation bedeutet die Umgehung von Absatzmittlern und damit den Aufbau eines eigenständigen Direktvertriebs über das Internet (Fritz 2004, S. 244ff.; Specht 2005, S. 201). Darüber hinaus entstehen aber auch neue Zwischenstufen im Absatzkanal (**neue Intermediäre**). Die Entstehung von neuen Intermediären ist vor allem auf die Unabhängigkeit des Mediums Internet von Raum und Zeit und die geringen Transaktionskosten sowie die damit einhergehenden Möglichkeiten zur Erzielung von Arbitragegewinnen zurückzuführen.

> **Beispiel: Disintermediation durch DWS Direkt**
>
> Die Investmentgesellschaft *DWS* konkurriert auf Basis vergleichbarer Konditionen durch das Angebot ihrer Finanzdienstleistungen über die eigene Internet-Vertriebstocher **DWS Direkt** mit den Banken und Sparkassen als klassische Absatzmittler (Disintermediation). Als weitere Absatzmittler für Finanzanlagen (neuer Indermediär) haben sich die so genannten Fondsvermittlungsgesellschaften etabliert, die wiederum über das Internet unter Verzicht einer persönlichen Beratung Anlageprodukte von *DWS* zu deutlich günstigeren Konditionen vertreiben und somit in direkte Konkurrenz zu deren eigenen Online-Vertrieb und dem klassischen Bankvertrieb treten.

Die **Besonderheit des Online-Vertriebs von Dienstleistungen** ist darin zu sehen, dass dem Internet als virtuelles Medium der für den Verkauf i. d. R. wichtige persönliche Kontakt zwischen Mitarbeitenden und Kunde fehlt (Langer 2002). Die dennoch häufige Nutzung des Online-Vertriebs ist auf die damit verbundenen sowohl nachfrager- als auch anbieterseitigen Vorteile zurückzuführen (vgl. Schaubild 6-4-6):

Aus **Nachfragersicht** ergeben sich Vorteile durch den Wegfall räumlicher und zeitlicher Grenzen. Durch Suchfunktionen und detaillierte Produktinformationen erhöht sich die Markttransparenz, wodurch der Suchaufwand bzw. die Suchkosten vergleichsweise gering ausfallen. Insbesondere zeigt sich, dass mit der Senkung der Suchkosten auch die so genannten Anpassungskosten zurückgehen. Dies bedeutet, dass der Nachfrager letztlich so für ihn besser geeignete Dienstleistungen erhält und er einen insgesamt durch das Internet höheren Nutzen erfährt (Rust/Chung 2006, S. 568f.).

Aus **Anbietersicht** ergeben sich durch den E-Commerce vor allem Vorteile durch die Automatisierung von Teilprozessen bzw. die Integration des Kunden in die Auftragserfassung, so dass Medienbrüche (z. B. durch die elektronische Übernahme der Kundendaten von einem Brief) vermieden und sich damit Kosten einsparen lassen. Beispielhaft sind in Schaubild 6-4-7 die Kostensenkungspotenziale durch den Vertrieb über das Internet im Vergleich zur Abwicklung über traditionelle Absatzkanäle aufgeführt.

Schaubild 6-4-6 Vorteile des E-Commerce aus Nachfrager- und Anbietersicht

Nachfragersicht	Informationsphase	Vereinbarungsphase	Abwicklungsphase
Funktionalität	Erhöhte Markttransparenz	Übersicht über frühere Einkäufe	Zusatzinformationen für Installation und Gebrauch
Transaktionskosten	Geringerer Such- und Vergleichsaufwand	Einfacher Bestellvorgang	Schnelle Kommunikation; teilw. elektr. Lieferung
Convenience	Zeitersparnis	Einfache Such- und Selektionssoftware	Transparenz über Status der Auftragsbearbeitung

Anbietersicht			
Funktionalität	Leistungsbündelung für eine homogene Zielgruppe	Speicherung von Kundendaten	Automatisierte Auftragserfassung
Transaktionskosten	Geringere Akquisitions- und Werbekosten	Nutzung gespeicherter Kreditkarteninformationen	Automatisierung des Zahlungsverkehrs
Convenience	Schnelle und einfache Angebotsänderung	Einfache E-Mail-Kommunikation bei Nachfragen/ Bestätigungen	Einfachere Kundenbindung

Quelle: Loos 1998, S. 123

Schaubild 6-4-7 Kostensenkungspotenziale im Internetvertrieb

	Distributionskosten bei der traditionellen Abwicklung	Distributionskosten im Internet	Einsparung
Flugtickets	8 USD	1 USD	87 %
Banktransaktionen	1,08 USD	0,13 USD	89 %
Rechnungsabwicklung	2,22 USD	0,65 USD	71 %
Lebensversicherung	400–700 USD	200–300 USD	50 %
Softwaredistribution	15 USD	0,2–0,5 USD	97–99 %

Quelle: OECD 1998, S. 32

Der Einsatz des Internet als Absatzkanal bietet neben den genannten Effizienz- auch **Effektivitätsvorteile**: E-Commerce führt zu Umsatzsteigerungen durch die Ansprache bisher nicht erreichter Zielgruppen. Ebenso wie es das Internet Nachfragern zu besseren Kaufentscheidungen verhilft, ermöglicht es Anbietern, den Bedürfnissen ihrer Kunden besser zu entsprechen. Durch Möglichkeiten der direkten Kommunikation mit dem Endkunden sowie durch den Einsatz von Protokollierungsfunktionen gewinnt der Anbieter Einblick in die individuellen Informations- und Kaufpräferenzen, um so durch den gezielten Einsatz von Marketingmaßnahmen im Sinne eines „Segment-of-One-Marketing" die Kundenbindung und den Kundenwert zu steigern. Es befähigt den Anbieter zudem zur Kundeninteraktion (z. B. über Chat), zu einer kundenspezifischen und situationsabhängigen Personalisierung sowie zur Durchführung von Anpassungen in Echtzeit (Rust/Chung 2006, S. 569).

Durch die Nutzung des Internet als Vertriebskanal steigt der Kenntnisstand der Anbieter über die Kundenpräferenzen erheblich. Auf diese Weise ermöglicht es der Internetvertrieb den Dienstleistungsunternehmen, **kundenindividuelle Dienstleistungen** anzubieten (Customization).

> **Beispiel: Angebot individueller Dienstleistungen am Beispiel von Maßhemden**
>
> Das Potenzial kundenindividueller Dienstleistungen im Internet zeigt sich bei Anbietern von maßgeschneiderten Hemden (z. B. www.muellermasshemden.de). Dabei sind vom Kunden die Körpermaße einzugeben und Stoff sowie Schnitt des Hemdes zu wählen. Der Kunde erhält nur wenige Tage später sein Hemd per Post. An diesem Beispiel zeigt sich der Kundenvorteil einer ausgeprägten Convenience-Orientierung der Transaktionsabwicklung, wodurch die zeitliche Dauer der Integration des externen Faktors minimiert wird.

In enger Verbindung dazu – wie an diesem Beispiel deutlich wird – steht der Vorteil durch das Internet, den Kunden als externen Faktor stärker im Sinne eines Co-Produzenten in den Dienstleistungserstellungsprozess einzubinden, woraus sich Effizienzgewinne im Hinblick auf das Kundenmanagement realisieren lassen (Rust/Chung 2006, S. 569).

In verschiedenen **Dienstleistungsbranchen** ist der Online-Vertrieb bereits zu einem festen Bestandteil der Vertriebspolitik geworden (MGM Mediagruppe München 1996, S. 53ff.). Ein hoher Durchdringungsgrad des Internetvertriebs findet sich vor allem auf den Gebieten der Finanz-, Verkehrs-, Reise-, Informations-, Unterhaltungs- sowie Bildungsdienstleistungen.

Zur genaueren **Spezifikation „onlinefähiger" Dienstleistungen** sind zwei zentrale Faktoren heranzuziehen (vgl. Schaubild 6-4-8). Zum einen entscheidet das vorhandene **Transaktionskostensenkungspotenzial** über die grundsätzliche Eignung von Leistungen zum E-Commerce. Je mehr sich Transaktionskosten beispielsweise durch die Umgehung von Absatzmittlern oder durch die digitale Lieferung (z. B. bei Software) einsparen lassen, desto geeigneter sind Leistungen für den Online-Vertrieb. Zum anderen ist von entscheidender Bedeutung, ob ein Kunde die Leistungen relativ autonom in Anspruch nimmt („**Autonomie des Käufers**"). So eignen sich beispielsweise Leistungen, die über einen hohen Anteil an Vertrauenseigenschaften verfügen oder sehr komplex und damit erklärungsbedürftig sind (insgesamt geringe Autonomie des Käufers), in der Regel weniger für den Vertrieb über das Internet.

Schaubild 6-4-8 Eignung von Gütern zum E-Commerce

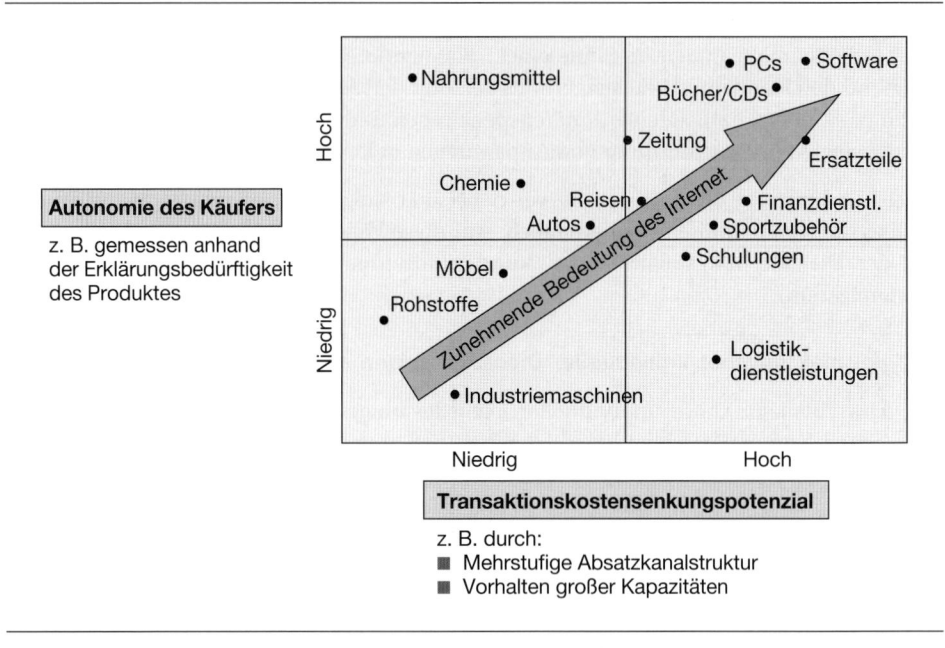

Autonomie des Käufers
z. B. gemessen anhand der Erklärungsbedürftigkeit des Produktes

Y-Achse: Hoch – Niedrig
X-Achse: Niedrig – Hoch

Positionen: Nahrungsmittel, Bücher/CDs, PCs, Software, Zeitung, Ersatzteile, Chemie, Reisen, Autos, Finanzdienstl., Sportzubehör, Möbel, Schulungen, Rohstoffe, Industriemaschinen, Logistikdienstleistungen

Pfeil: Zunehmende Bedeutung des Internet

Transaktionskostensenkungspotenzial
z. B. durch:
- Mehrstufige Absatzkanalstruktur
- Vorhalten großer Kapazitäten

Quelle: in Anlehnung an Berryman et al. 1998, S. 156

Die besondere **Eignung von Dienstleistungen** für den Vertrieb über das Internet ist vor allem deshalb gegeben, da in vielen Fällen Anrechte auf eine bestimmte Leistung gehandelt werden und nicht die eigentliche Leistung selbst, wie es bei materiellen Gütern der Fall ist. Beispielsweise stellt der Kauf einer Eintrittskarte für ein Musikkonzert aus Konsumentensicht den Erwerb eines Anrechtes auf den Besuch der Veranstaltung dar. Informations- (z. B. exklusive Wirtschaftsnachrichten) und Programmierleistungen (Software) verfügen über größte Eignung für E-Commerce. Da solche Leistungen digitalisierbar sind, fungiert das Internet nicht nur als Medium zur Anbahnung einer Transaktion, sondern auch als zentrales Transportmedium. Entsprechend ist von einem hohen Transaktionskostensenkungspotenzial bei Informations- und Programmierleistungen auszugehen.

Als zentrales Problem des Online-Vertriebs erweist sich, dass dem E-Commerce, trotz der Etablierung Vertrauenswürdigkeits-Prüfsiegel durch neutrale Organisationen wie dem TÜV SÜD s@fer-website-Prüfsiegel (TÜV Süd 2007) nach wie vor Vorbehalte aus Nachfragersicht in Bezug auf die Vertraulichkeit und die Datensicherheit von übermittelten persönlichen Daten wie Zahlungsinformationen entgegen gebracht werden. Eine weitere Diffusionsbarriere des Internetvertriebs besteht in der Notwendigkeit eines aus **Kundensicht echten Zusatznutzens bei der Nutzung des Internet**. Ein Zusatznutzen liegt für den Kunden beispielsweise dann vor, wenn im Internet Informationsmehrwerte durch Anbieter-, Produkt- und Preisvergleiche geschaffen werden und damit dem Käufer die Wahl für ein Produkt erleichtert wird oder wenn Routinevorgänge wesentlich effizienter abgewickelt

Distributionspolitik

Schaubild 6-4-9 Stand der Forschung zu den Qualitätsdimensionen von E-Services

Studie	Benutzerfreundlichkeit (Verständlichkeit, Nutzerfreundlichkeit, logischer Aufbau)	Ausführung (Leistung, Genauigkeit, Zusatznutzen, Kompensation)	Effizienz	Zuverlässigkeit (Verfügbarkeit, Kontakt)	Zusicherung (Glaubwürdigkeit, Kompetenz, Reputation)	Zugang (Zugangsmöglichkeiten)	Reaktionsfähigkeit (Ausführungsgeschwindigkeit, Ablaufmanagement, Reaktionszeit)	Materielles Umfeld (Design, Funktionen, Bedienbarkeit, Struktur, Layout, Ästhetik, Erscheinung, Benutzeroberfläche, Webseitedesign, Verlinkungen)	Sicherheit/Datenschutz	Personalisierung (Anpassung an Kundenwünsche, Differenzierung, relativer Kundenvorteil, Entscheidungsattraktivität, Produktportfolio)	Vertrauen/Einfühlungsvermögen	Informationsqualität (Aktualität, Relevanz, Vollständigkeit, Verständlichkeit)	Kommunikation (Support, Kontaktmöglichkeit, Kundenservice, Zusammenarbeit, Feedback-/Reklamationsmanagement)	Innovationsfähigkeit (ständige Verbesserung)
Li et al. (2009)	✓			✓		✓	✓	✓	✓		✓			
Li/Suomi (2009)		✓		✓			✓	✓	✓		✓	✓	✓	
Li/Suomi (2007)		✓	✓				✓	✓					✓	✓
Lin (2007)	✓						✓	✓				✓	✓	
Fassnacht/Koese (2006)	✓			✓			✓	✓				✓	✓	
Kim et al. (2006)		✓	✓				✓	✓	✓	✓		✓		
Kuo et al. (2005)	✓					✓						✓	✓	
Parasuraman et al. (2005)	✓	✓	✓	✓	✓	✓	✓	✓	✓	✓	✓			
Yang et al. (2004)	✓			✓	✓		✓			✓	✓	✓		
Jayawardhena (2004)				✓	✓		✓	✓			✓			
Long/McMellon (2004)				✓	✓		✓	✓			✓			✓
Yang et al. (2003)	✓			✓	✓	✓	✓	✓	✓	✓			✓	✓
Van Riel et al. (2003)				✓			✓	✓	✓	✓				
Santos (2003)	✓		✓	✓				✓	✓			✓	✓	
Wolfenbarger/Gilly (2003)		✓		✓				✓	✓				✓	
Zeithaml (2002)		✓	✓		✓			✓					✓	
Yang/Jun (2002)	✓			✓	✓	✓			✓	✓				
Madu/Madu (2002)		✓		✓	✓		✓	✓	✓	✓				
Loiacono et al. (2002)	✓						✓			✓	✓	✓		✓
Barnes/Vidgen (2002)					✓	✓					✓	✓		
Jun/Cai (2001)			✓		✓	✓	✓				✓	✓		
Cox/Dale (2001)						✓	✓						✓	
Barnes/Vidgen (2001)				✓	✓	✓	✓	✓	✓			✓		
Joseph et al. (1999)	✓		✓				✓				✓	✓	✓	

Quelle: Hadwich et al. 2010, S. 118ff.

werden (beispielsweise eine Überweisung per Internet im Rahmen des Home Banking, das dem Kunden den Weg zur Bank erspart).

Aus **Anbietersicht** stellt vor allem das Konfliktpotenzial mit verbundenen Absatzmittlern eine zentrale Akzeptanzbarriere des Online-Vertriebs dar. Gerade wenn Kannibalisierungseffekte zu vermindertem Absatz in klassischen Vertriebskanälen führen, ist von einem hohen Konfliktpotenzial auszugehen. Schließlich gilt auch für die Dienstleistungserbringung über das Internet die **Dienstleistungsqualität** als zentrale Erfolgsvoraussetzung, die es mittels geeigneter Messansätze zu erfassen und entsprechend zu steuern gilt (Parasuraman/ Zeithaml/Malhotra 2005; Fassnacht/Koese 2006). In diesem Zusammenhang wird häufig von der **E-Servicequalität** gesprochen. Eine systematische Literaturanalyse zeigt, dass Autoren für ihre Messmodelle der Qualität von E-Services v.a. klassische Qualitätsindikatoren (analog zu den Indikatoren von SERVQUAL) mit spezifischen Indikatoren für die Qualität von Webseiten kombinieren (van Riehl/Semeijn/Janssen 2003; Jayawardhena 2004; Long/ McMellon 2004). Schaubild 6-4-9 zeigt, welche Dimensionen in der empirischen Forschung am häufigsten verwendet werden und dadurch auch für eine entsprechende Validität sprechen. Zu den untersuchten Branchen zählten unter anderem E-Banking (Joseph/McClure/ Joseph 1999; Jayawardhena 2004), Online-Flugservices (van Riehl/Semeijn/Janssen 2003), Online-Handel (Yang/Jun 2002; Zeithaml 2002; Wolfinbarger/Gilly 2003; Parasuraman/ Zeithaml/Malhotra 2005) und Webportale (Kuo et al. 2005).

Aufbauend auf diesen Ergebnissen und den bekannten Dimensionen der Dienstleistungsqualität (Potenzial-, Prozess- und Ergebnisdimension) lässt sich die **Servicequalität** anhand der in Schaubild 6-4-10 wiedergegebenen **Dimensionen** und **Indikatoren** konzeptualisieren. Das Modell unterscheidet hier zwischen einer Inkubativ- und einer Aktivdimension. Die **Inkubativdimension** befasst sich mit dem grundlegenden Aufbau und Design der Webseite, auf der die E-Services angeboten werden. Diese Qualitätsmerkmale lassen sich i.d.R. bereits vor der eigentlichen Nutzung des E-Services beurteilen (Santos 2003, S. 238). Zu ihr zählen Benutzerfreundlichkeit, Erscheinungsbild, Vernetzung mit anderen Webseiten, Struktur und Layout sowie Inhalt der Webseite.

Die **Aktivdimension** vereint alle Faktoren, die einen reibungslosen Ablauf des Serviceprozesses und ein befriedigendes Serviceergebnis gewährleisten. Diese setzt sich zusammen aus den Faktoren Zuverlässigkeit, Effizienz, Support, Kommunikation, Sicherheit und (Nutzungs-)Anreiz. Stellt man dieses Modell dem SERVQUAL-Modell für Dienstleistungen gegenüber, so lässt sich die Potenzialdimension der Inkubativdimension zuordnen, während die Ergebnisdimension der Aktivdimension entspricht. Die Prozessdimension enthält sowohl Faktoren aus der Inkubativ- (z. B. Benutzerfreundlichkeit, Vernetzung) als auch aus der Aktivdimension (z. B. Kommunikation, Sicherheit).

Die **Wahrnehmung der E-Servicequalität** spielt eine zentrale Rolle für die Zufriedenheit mit dem Serviceanbieter. Eine hohe Zufriedenheit mit der Inkubativdimension erhöht die Besucherzahlen und -frequenz auf der Webseite sowie die Verweildauer. Hohe Ausprägungen bei der Aktivdimension erhöhen die Kundenbindung sowie die Weiterempfehlungsbereitschaft der Kunden (Santos 2003, S. 238). Somit können auch hier die Gesamtzusammenhänge kausalanalytisch anhand der Erfolgskette des Dienstleistungsmarketing analysiert werden.

Distributionspolitik

Schaubild 6-4-10 Dimensionen und Indikatoren der E-Servicequalität

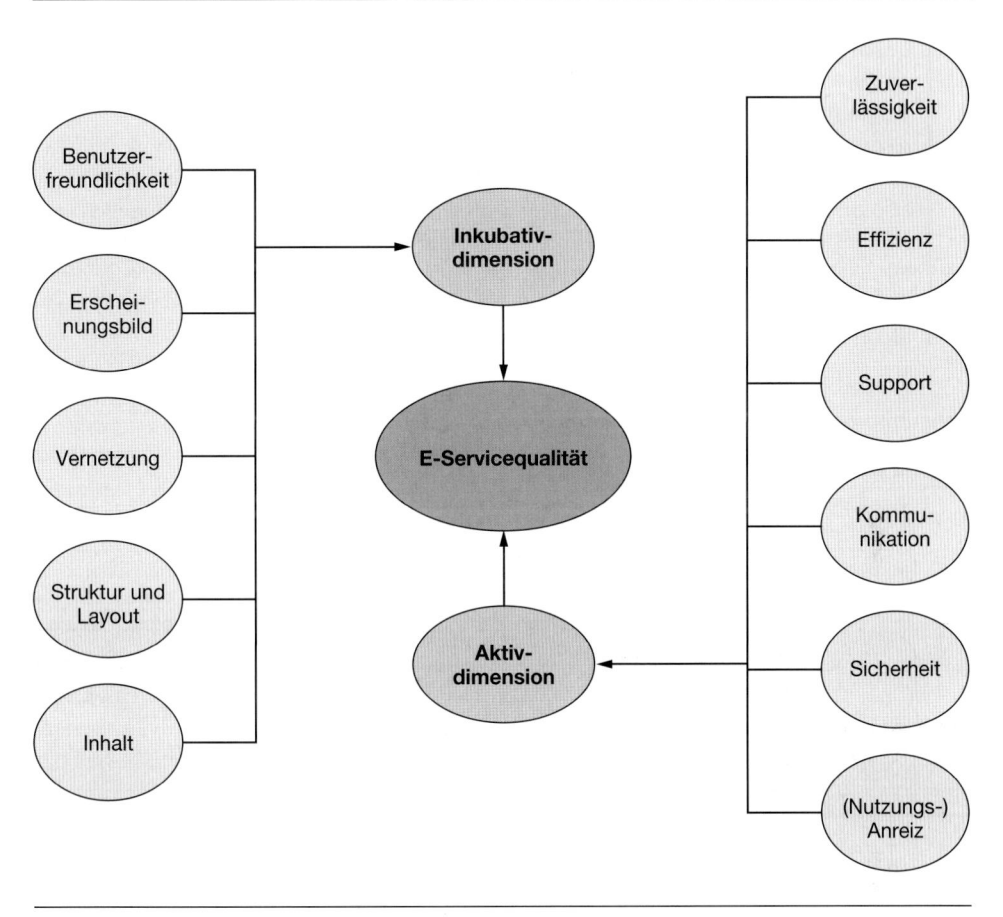

Diagramm:
- Indikatoren links (zur Inkubativdimension): Benutzerfreundlichkeit, Erscheinungsbild, Vernetzung, Struktur und Layout, Inhalt
- Inkubativdimension → E-Servicequalität ← Aktivdimension
- Indikatoren rechts (zur Aktivdimension): Zuverlässigkeit, Effizienz, Support, Kommunikation, Sicherheit, (Nutzungs-)Anreiz

Quelle: Santos 2003, S. 239

Neben dem Vertrieb von Dienstleistungen über das klassische Internet eröffnen neuartige Informations- und Kommunikationstechnologien weitere **innovative Distributionsmöglichkeiten** für Dienstleistungen auf dem Gebiet des **mobilen Internet** (Lovelock/Wirtz 2010, S. 108). Die zunehmende Verbreitung und stetige Leistungsverbesserung von **multifunktionalen Mobiltelefonen** („Smartphones"), die Funktionen eines Mobiltelefons mit denen eines tragbaren Computers bzw. PDAs (Personal Digital Assistant) kombinieren, sowie die Weiterentwicklung mobiler Internettechnologien ermöglichen es, ortsungebunden auf das Internet zuzugreifen. Dadurch sind weitere Möglichkeiten des internetbasierten Vertriebs von Dienstleistungen hinzugekommen. Beispiele hierfür sind der Bezug von Bahntickets oder Boardingcards über das Mobiltelefon, die direkt im Display des Geräts angezeigt werden und nicht mehr ausgedruckt werden müssen. Ein weiteres Beispiel ist das Gerät „*Kindle*" des Internetversandhandels *Amazon*, mit dem elektronische Bücher, Zeitschriften und Zeitungen direkt aus dem Webshop von *Amazon* empfangen und gelesen werden können.

Beispiel 1: Der Erfolg des iPhones

Das iPhone von *Apple* gilt ist das bekannteste und erfolgreichste Modell von Smartphones auf dem Markt. Die Absatzzahlen sind beeindruckend: Im Frühjahr 2008 verkaufte *Apple* in Westeuropa 200.000 iPhones, im Vergleichszeitraum 2009 (2. Jahresquartal) waren es bereits 1,4 Mio. iPhones, die verkauft wurden. Innerhalb eines Jahres steigerte das amerikanische IT-Unternehmen den Umsatz mit diesem Produkt also um 600 Prozent, während andere große Smartphone-Produzenten hingegen starke Umsatzeinbußen verzeichneten: So verloren *Nokia* und *Sony Ericsson* im 2. Quartal 2009 19 bzw. 18 Prozent. Bislang hat *Apple* weltweit mehr als 30 Mio. iPhones verkauft. Als Grund für diesen Erfolg lassen sich zehn Erfolgsfaktoren des iPhones identifizieren, die in folgendem Schaubild 6-4-11 dargestellt sind.

Schaubild 6-4-11 Erfolgsfaktoren des iPhone

Erfolgsfaktor	Beschreibung
1. Das mobile Internet für die breite Masse	Benutzerfreundliche Wiedergabe von Webinhalten
2. Die Bedienung über einen Touchscreen	Durch die Bedienung über einen Touchscreen wird keine Tastatur mehr benötigt. Dadurch wird Platz eingespart, der für den Touchscreen verwendet wird. Somit lassen sich Filme und Fotos in einem größeren Format abspielen.
3. Die Vielzahl an Zusatzfunktionen	Das Telefonieren ist nur noch zweitrangig. Viele Funktionen eines Computers oder Laptops sind mit dem iPhone durchführbar.
4. Der Gesellschaftsfaktor	Das iPhone gilt heute in vielen Kreisen als Statussymbol.
5. Der App Store	In diesem Online-Shop stehen iPhone-Nutzern über 65.000 Programme (Spiele, Dienstprogramme, Musik, News-, Sport-, Organizer- und Finanztools) zum Download zur Verfügung, viele so genannte Apps sind Gratis. Im Schnitt werden pro Mobiltelefon 65 Apps installiert. Seit Juli 2008 wurden 1,5 Mrd. Applikationen auf das iPhone heruntergeladen.
6. Die Benutzerfreundlichkeit	Die überwiegende Mehrheit der Funktionen ist selbsterklärend. Die Bedienung ist ohne umfangreiches Studium der Bedienungsanleitung möglich.
7. Das Design	Das iPhone verfügt über ein ansprechendes Design, das auch zwei Jahre nach der Einführung noch attraktiv ist.
8. Die Art der Präsentation von Produktneuheiten	Bereits vor der Einführung eines neuen Produktes wird durch die Geschäftsleitung über mögliche Modelle und Versionen öffentlich spekuliert. Die offizielle Präsentation wird dann von einem großen Event begleitet und publikumswirksam initiiert.
9. Der Sympathie-Faktor	Der iPod und andere *Apple*-Produkte genießen in allen Teilen Deutschlands sehr hohe Popularitätswerte.
10. Das iPhone macht das Leben einfacher	Dieser Punkt ergibt sich aus den oben genannten Punkten. Dabei sind iPhone-Nutzer vor allem vom praktischen Nutzen des Geräts überzeugt, so das Resultat einer Studie des Unternehmens *User Interface Design*.

Quelle: bazonline 2010

> **Beispiel 2: Der Erfolg des iPads**
>
> Mit etwa 2 Mio. Verkäufen innerhalb von nur 59 Tagen gelang dem *Apple* iPad ein erfolgreicher Start. Demnach verkauft *Apple* weltweit alle drei Sekunden ein iPad. Auch die Downloads der bislang 8.500 im App Store verfügbaren iPad-Apps verlaufen erfolgreich. So wurden bis zum Jahr 2010 über 35 Mio. Apps mit dem iPad heruntergeladen. Auf dem virtuellen Bücherladen iBooks haben iPad-Nutzer seit dem Marktstart über 5,5 Mio. Bücher auf das *Apple*-Tablet geladen. Das sind etwa 2,2 Bücher pro iPad-User. Mit dem nächsten Firmware-Update lassen sich in iBooks nun auch Lesezeichen anlegen und Notizen machen sowie PDF-Dateien öffnen (Quelle: Chip 2010).

Die Weiterentwicklung so genannter **„Smartcards"**, die mit einem Microchip ausgestattet sind, auf dem sich detaillierte Kundeninformationen speichern lassen, kann beispielsweise als elektronische Geldbörse bei der Bezahlung von Dienstleistungstransaktionen eingesetzt werden. Dadurch lässt sich der internetbasierte Vertrieb von Dienstleistungen nochmals vereinfachen.

Die hier dargestellten technologiegestützten Möglichkeiten der Dienstleistungsdistribution stehen in einem engen Zusammenhang mit dem Einsatz weiterer – vom Internet unabhängigen – **Self-Service-Technologien** (SST). Diese zeigen weitere Perspektiven der Distribution von Dienstleistungen auf. Self-Service-Technologien ermöglichen die Erbringung von Dienstleistungen ohne eine direkte Beteiligung der Dienstleistungsmitarbeitenden (Meuter et al. 2000a; vgl. auch Abschnitt 1.211 in diesem Kapitel). Beispiele für den Einsatz von Self-Service-Technologie sind Geldautomaten, Selbstbedienungskassen in Supermärkten, Tankautomaten, Check-in und Check-Out-Automaten z. B. in Hotels, Bibliotheken oder Fitnesscentern sowie Schlüsselausgabeautomaten von Autovermietungen (vgl. Lovelock/Wirtz 2010, S. 241). Der zentrale Vorteil aus Anbietersicht ist auch bei solchen Self-Service-Technologien, dass Kunden in der Regel Aufgaben von Dienstleistungsmitarbeitenden übernehmen, was mit einer nicht unerheblichen Einsparung von Personalaufwand einhergeht. Dies ermöglicht es, durch den Einsatz von Self-Service-Technologien die Distributionsdichte einer Dienstleistung deutlich zu erhöhen, die Preise zu senken sowie die Dienstleistung durchgehend anzubieten, woraus auch die zentralen Vorteile aus Nachfragersicht resultieren. Allerdings hängt die Akzeptanz von Self-Service-Technologien im Wesentlichen davon ab, inwiefern diese zuverlässig funktionieren, besser sind als die zwischenmenschliche Alternative und schließlich von der Existenz von Alternativsystemen für den Fall, dass eine Self-Service-Technologie einmal ausfällt (Bitner 2001; Lovelock/Wirtz 2010, S. 241f.). Ein gutes Beispiel, das die wachsende Bedeutung von Self-Service-Technologien anschaulich beschreibt, ist die jüngste Entwicklung der eingesetzten Technologien auf Flughäfen:

> **Beispiel: Die Substitution von Dienstleistungen
> durch Self-Service-Technologien an einem Flughafen**
>
> Wenn es nach den Flughafenbetreibern geht, dann sieht das Erscheinungsbild von Flughäfen bald wie folgt aus: Fluggäste checken in Zukunft am Automaten ein, drucken ihr Etikett für das Gepäck selbst aus und tragen das Flugticket auf dem Handy mit sich. Das ergab die aktuelle Studie „Airport IT Trends" von *Sita*, einem weltweiten Anbieter von IT-Lösungen für die Luftfahrtbranche. Für 2010 erwartet fast die Hälfte der Flughäfen ein wachsendes IT-Budget, nur 14 Prozent rechnen mit einem geringeren Etat. *Sita* schätzt den weltweiten Umsatz in dem Bereich auf 2,2 Mrd. Euro.
>
> In der Untersuchung gaben 80 Prozent der 106 befragten Flughäfen und Flughafengruppen an, dass Passagiere künftig vorrangig selbstständig einchecken sollen. Über die Hälfte wertete elektronische Dokumente, wie die Bordkarte für Mobiltelefone, als wichtigste Entwicklung. Das Handy-Ticket funktioniert über einen Barcode auf dem Display und ist etwa bei der *Lufthansa* oder bei *Germanwings* Standard. An zwei von drei Flughäfen hat der Fluggast die Möglichkeit, selbst am Automaten einzuchecken, ohne lange Wartezeiten. Dabei wird das Ziel verfolgt, dass einheitliche Geräte verwendet werden, die von sämtlichen Fluglinien betrieben werden können. Anders als das Check-in werden die Flughäfen ihre Sicherheitskontrollen kaum automatisieren können. Hier trifft der Fluggast weiterhin auf „echte" Menschen (Quelle: Handelsblatt 2010).

4.214 Kombinierte Distribution

Bei vielen Dienstleistungen bietet es sich nicht an, lediglich einen der beiden alternativen Absatzwege zu wählen. Vielmehr ist in der Praxis häufig der kombinierte Einsatz der beiden Arten von Absatzwegen im Sinne einer Mehrkanal- bzw. Multi-Channel-Strategie zu beobachten. Eine **Kombination von direktem und indirektem Vertrieb** wird beispielsweise von der *Deutschen Bahn* und verschiedenen Luftfahrtgesellschaften genutzt, die eigene Verkaufsstellen unterhalten, über ihre Internetseite Online-Fahrscheine vertreiben und zudem ihre Leistungen auf indirektem Weg über dritte Reisebüros anbieten.

Mit dem Aufbau von Mehrkanalsystemen sind, losgelöst von der konkreten Markt- und Wettbewerbssituation, spezifische **Chancen und Risiken** für die Unternehmen verbunden. So ermöglicht eine Distribution über verschiedene Absatzwege im Vergleich zum singulären Vertrieb in vielen Fällen eine erhöhte Marktabdeckung. Darüber hinaus lassen sich Kunden entsprechend ihrer unterschiedlichen Bedürfnisse und Anforderungen an die Distribution ansprechen, wodurch eine Steigerung des Kundennutzens und eine Differenzierung im Wettbewerb ermöglicht werden.

Besonders über das Internet lässt sich eine individuelle Anpassung im Rahmen eines **Category Management** realisieren. So ist es z. B. möglich, die Zusammenstellung von zusammenhängenden Leistungsangeboten an spezielle Kundensegmente (z. B. Reiseangebote für Studierende, Kulturinteressierte, Senioren) anzupassen (Ahlert/Hesse 2003, S. 18). Darüber hinaus werden einzelne Distributionskanäle für Dienste genutzt, die einem speziellen Kundenbedürfnis entgegenkommen. Das Internet z. B. dient vor allem bei Leistungen mit einem hohen Anteil an Vertrauens- und Glaubenseigenschaften vielfach als reine Informationsquelle. Durch Mehrkanalsysteme werden des Weiteren Abhängigkeiten von einzelnen Intermediären verringert.

> **Beispiel: Entwicklungen im Vertriebskonzept von Banken**
>
> In der Bankbranche lassen sich verschiedene Entwicklungstendenzen im Dienstleistungsvertrieb erkennen. So nutzen Banken zunehmend den mobilen Vertrieb und ermöglichen die Durchführung von Bankgeschäften direkt beim Kunden. Beispielsweise beschäftigt die *Deutsche Bank* bereits 1.500 mobile Berater. Ein weiterer Trend des Dienstleistungsvertriebs stellt die Flexibilisierung des klassischen Filialkonzepts dar. So setzen Banken zunehmend das so genannte Agenturkonzept um. Vergleichbar mit der Integration von Postagenturen in *McPaper*-Filialen, lassen sich demnach die wichtigsten Bankgeschäfte z. B. in Schreibwarengeschäften abwickeln. Eine weitere Tendenz zeigt sich an der Entwicklung von Dienstleistungszentren, bei denen mehrere Dienstleistungen wie z. B. Bank- und Postgeschäfte sowie öffentliche Dienstleistungen unter einem gemeinsamen Dach angeboten werden. Auch auf dem Gebiet des Online-Vertriebs werden neue Wege der Dienstleistungsdistribution von Banken bestritten. Zu nennen sind hier exemplarisch die Kooperation der *Commerzbank* mit dem Auktionshaus *Ebay* oder die Online-Repräsentanz der Zukunftsfiliale Q110 der *Deutschen Bank* in der Computersimulation Second Life. Über das Abbild der realen Geschäftsräume werden Erkenntnisse für zukünftige Online-Banking-Auftritte gesammelt (Fahlbusch/Bayer 2007, S. 21).

Neben diesen Chancen lassen sich aber auch Risiken identifizieren, die insbesondere auf eine mangelnde Koordination und Abstimmung der Absatzalternativen zurückzuführen sind. Ein zentrales Risiko besteht in potenziellen Konflikten im vertikalen Marketing. Intermediäre sehen sich aufgrund des in vielen Fällen wahrgenommenen horizontalen Wettbewerbs oftmals in ihrer Marktstellung bedroht. Eingespielte kooperative Aktionsmuster mit etablierten Absatzmittlern werden dadurch gefährdet, dass unter Umständen ein Mehrkanalvertrieb kontraproduktiv im Hinblick auf die Unternehmensziele wirkt. Ein weiteres Problem besteht auch darin, dass von Seiten der Absatzmittler differenzierte Anforderungen an das Dienstleistungsunternehmen herangetragen werden. Gefahrenpotenzial besteht hier insbesondere, wenn Unternehmen versuchen, eine einheitliche Ausrichtung der Unternehmensaktivitäten losgelöst von den spezifischen Merkmalen der Intermediäre umzusetzen. Diese Nichtbeachtung führt zur Beeinträchtigung der Effektivität der Mehrkanalstrategie.

Zur **Beurteilung** verschiedener Alternativen von Absatzkanalsystemen für eine Dienstleistung lassen sich verschiedene **Kriterien** heranziehen, die in die folgenden Kriteriengruppen einteilbar sind (vgl. z. B. Bieberstein 2006, S. 279f.; Bruhn 2010c, S. 261):

- **Dienstleistungsbezogene Faktoren:** Erklärungsbedürftigkeit (U-Bahnfahrt versus Reise ins Ausland), Bedarfshäufigkeit (Postdienste versus Unternehmensberatung), räumliche Flexibilität des Dienstleistungserstellungsprozesses (Kinobesuch, Krankenhausbehandlung, Besuch eines Freizeitparks versus Partyservice, Steuerberatung usw.).

- **Konsumentenbezogene Faktoren:** Anzahl der potenziellen Konsumenten (Bank versus Friseur), geografische Verteilung der Konsumenten (Fastfoodketten versus Touristeninformation), Kaufgewohnheiten.

- **Unternehmensbezogene Faktoren:** Marktstellung des Anbieters (z. B. *Lufthansa* versus Gesellschaft für kurzfristig zu buchende Geschäftsflüge), Vertriebskomponenten/Erfahrungen mit Vertriebswegen, Marketingkonzeption und Anspruchsniveau der Vertriebsziele.

- **Absatzkanalsystembezogene Faktoren:** Flexibilität des Vertriebskanals, Kosten des Absatzkanalsystems, vertragliche Bindung zu Absatzmittlern, Beeinflussbarkeit und Kontrolle der Absatzmittler.

- **Konkurrenzbezogene Faktoren:** Vertriebskanäle der Hauptkonkurrenten, Marktstellung der Konkurrenten in den Vertriebskanälen, Möglichkeiten der Wettbewerbsprofilierung durch neue Vertriebskanäle.

- **Umfeldbezogene Faktoren:** Einfluss neuer Technologien auf die Vertriebskanäle, Wirkung der Gesetzgebung auf die Tätigkeit von Vertriebssystemen, Einfluss soziokultureller Veränderungen auf das Einkaufsverhalten.

Die **Auswahl geeigneter Absatzkanäle** hängt darüber hinaus auch von deren Akzeptanz bei den Kunden ab. Die Ergebnisse neuerer Studien zeigen, welche Kriterien die Entscheidung für oder gegen die Nutzung der verschiedenen persönlichen, unpersönlichen sowie Selbstbedienungskanälen determinieren (Lovelock/Wirtz 2010, S. 131):

- Bei **komplexen Dienstleistungen** mit einem hohen wahrgenommenen Risiko neigen Kunden dazu, persönliche Absatzkanäle vorzuziehen.

- Kunden mit stärkerem **Selbstbewusstsein** und **Wissen** über eine Dienstleistung bevorzugen in der Regel die Nutzung unpersönlicher Absatzkanäle sowie Selbstbedienungskanäle.

- Kunden, die ein besonderes Augenmerk auf die **instrumentellen Aspekte** einer Transaktion legen, bevorzugen Bequemlichkeit, weshalb sie in der Regel vorwiegend auf unpersönliche Kanäle und Selbstbedienungskanäle zurückgreifen. Kunden, bei denen **soziale Motive** im Vordergrund stehen, präferieren hingegen persönliche Absatzkanäle.

4.22 Gestaltung der physischen Distribution von Dienstleistungen
4.221 Gestaltung des physischen Umfelds der Dienstleistungserbringung

Neben den Fragen nach dem Absatzweg und dem Technologieeinsatz zur Dienstleistungsdistribution nimmt die Frage nach der **Gestaltung des physischen bzw. tangiblen Umfelds der Dienstleistungserbringung** im Dienstleistungsmarketing einen besonderen Stellenwert ein.

Aufgrund des dienstleistungsspezifischen Merkmals der Intangibilität orientieren sich Dienstleistungskunden vor allem an tangiblen bzw. physischen Elementen, um die Qualität einer Dienstleistung im Vorfeld der Leistungserbringung zu beurteilen (Zeithaml/Bitner/ Gremler 2006, S. 317; Lovelock/Wirtz 2010, S. 276). Hierzu zählen das Erscheinungsbild des Dienstleistungsortes, die Ausstattung der Räumlichkeiten und das Auftreten der Servicemitarbeitenden (Bruhn 2010d, S. 54f.) Der zentrale **Einfluss des physischen Umfelds auf die Dienstleistungsqualität** zeigt sich nicht zuletzt daran, dass die „Annehmlichkeit des tangiblen Umfelds" zu einer der fünf Dimensionen der Dienstleistungsqualität zählt (vgl. Kapitel 5, Abschnitt 2.12). Ausgehend vom physischen Umfeld bilden Dienstleistungskunden folglich ihre Erwartungen und Wahrnehmungen hinsichtlich des **Images** und der **Positionierung eines Dienstleistungsanbieters** (Lovelock/Wirtz 2010, S. 276), weshalb das physische Umfeld häufig sogar als eines der wichtigsten Elemente zur Positionierung von Dienstleistungsanbietern betrachtet wird (Zeithaml/Bitner/Gremler 2006, S. 324).

Des Weiteren stellt das physische Umfeld häufig selbst sogar einen **Teil des Nutzenversprechens** dar, indem es dabei unterstützt, bei Kunden und Mitarbeitenden gewünschte Emotionen und Reaktionen hervorzurufen. Vergnügungsparks oder Ferienclubs sind Beispiele dafür, wie das physische Umfeld nicht nur als nutzenstiftendes Element einer Dienstleistung fungiert, sondern sogar den zentralen Wertbeitrag generiert (Lovelock/ Wirtz 2010, 278).

Schließlich wird seit einiger Zeit im Marketing den Aspekten der **Kundenerfahrung** („Customer Experience") zunehmend Aufmerksamkeit geschenkt (Pine/Gilmore 1999; Schmitt/ Mangold 2005; Bruhn 2010d, S. 95ff.). In diesem Zusammenhang zeigt sich, dass vor allem intangible Elemente einen wichtigen Einfluss sowohl auf die Entstehung von positiver Kundenerfahrung an sich als auch auf die daraus resultierende emotionale Bindung zu einem Anbieter ausüben (Carbone/Haeckel 1994). Schließlich löst die Gestaltung des physischen Umfelds der Dienstleistungserbringung nicht nur interne Reaktionen (kognitiv, emotional und psychologisch) sowie Verhaltenswirkungen bei den Kunden aus, sondern auch bei den Dienstleistungsmitarbeitenden, woraus beispielsweise eine stärkere Mitarbeiterbindung resultiert (Bitner 1992).

Das physische Umfeld („physical evidence") hat sich im Dienstleitungsmarketing auch unter dem Begriff **Servicescape** (Bitner 1992) etabliert. Dabei handelt es sich um ein Kunstwort, das sich aus den beiden Begriffen ‚Service' und ‚Landescape' zusammensetzt. Die Servicescape umfasst alle tangiblen Elemente der physischen Geschäftsstätte eines Dienstleistungsanbieters, innerhalb der es zur Interaktion zwischen Anbieter und Kunde kommt, sowie weiterer Formen der tangiblen Kommunikation. Elemente der Servicescape umfassen sowohl externe Merkmale, z. B. Ausschilderungen, Parkplätze oder die Gestaltung der Umgebung, als auch interne Merkmale wie die Innenausstattung, die Temperatur oder die technische Ausstattung der Geschäftsstätte. In der englischsprachigen Literatur wird in diesem Zusammenhang von „**Service Encounter**" gesprochen (vgl. Lovelock/Wirtz 2010, S. 67ff.). Zu den Elementen der tangiblen Kommunikation zählen beispielsweise die Erscheinungsform der Mitarbeitenden (z. B. Dienstkleidung), Brochüren, Visitenkarten, Rechnungen oder auch die Internetseite eines Anbieters (Zeithaml/Bitner/Gremler 2006, S. 317f.).

In Abhängigkeit der Dimensionen ‚Nutzung der Servicescape' und ‚Komplexität der Servicescape' ergeben sich verschiedene **Typen von Servicescapes**, die sich hinsichtlich der Auswirkungen auf Kunden und Mitarbeitende sowie der am physischen Umfeld stattfindenden Interaktionen unterscheiden (vgl. Schaubild 6-4-12; Bitner 1992; Zeithaml/Bitner/Gremler 2006, S. 321f.).

Schaubild 6-4-12 Dienstleistungstypologien auf Basis der Nutzungs- und Komplexitätsvariation von Servicescapes (mit Beispielen)

Nutzung der Servicescape	Komplexität der Servicescape	
	Komplex	**Einfach**
Selbstbedienung (nur Kunde)	■ Golfkurse ■ Ebay	■ Geldautomat ■ Waschanlage ■ Einfache Internet-Dienstleistungen
Interpersonelle Dienstleistungen (Kunde & Mitarbeiter)	■ Hotel ■ Restaurant ■ Krankenhaus ■ Bank ■ Airline ■ Schule	■ Reinigung ■ Einzelhandel ■ Friseur
Remote-Dienstleistungen (nur Mitarbeiter)	■ Telekommunikation ■ Versicherung ■ Energieversorgung ■ Professionelle Dienstleistungen	■ Telefonversand ■ Automatische Sprachübermittlungsdienste

Quelle: Zeithaml/Bitner/Gremler 2006, S. 321

Die Dimension „**Nutzung der Servicescape**" differenziert danach, wen – den Kunden, den Mitarbeitenden oder beide Grupppen – die Servicescape letztendlich tangiert. Dabei lassen sich drei **Grundtypen von Dienstleistungen** unterscheiden. Self-Service-Dienstleistungen werden ausschließlich vom Kunden genutzt (z. B. Bankautomaten, Internetdienstleistungen, Kinos usw.). Eine persönliche Interaktion zwischen Kunde und Mitarbeitende findet in der Regel nicht statt. Anbieter konzentrieren sich bei der Gestaltung solcher Servicescapes vor allem darauf, die Nutzungsfreundlichkeit sicherzustellen oder die richtigen Kundensegmente anzusprechen. Bei so genannten „Remote-Dienstleistungen" (z. B. Versicherungen, Stromversorgern, Telekommunikation) findet hingegen kaum eine Interaktion zwischen dem Kunden und dem physischen Umfeld statt. Die Gestaltung des physischen Umfelds zielt folglich auf die Motivation der Mitarbeitenden und die Optimierung der Arbeitsabläufe zur Erstellung der Dienstleistung ab. Eine Zwischenform stellen die so genannten „Interpersonellen Dienstleistungen" dar, bei denen es zur Interaktion zwischen Mitarbeitenden und Kunden am Servicescape kommt. Beispiele hierfür sind Hotels, Krankenhäuser oder auch Banken. In solchen Situationen gilt es, das physische Umfeld sorgfältig zu planen, so dass es zum einen dazu geeignet ist, die Kunden anzuziehen und zufriedenzustellen, und zum anderen den Abläufen und Arbeitsprozessen der Mitarbeitenden zur Erstellung der Dienstleistung gerecht wird.

Die Dimension **„Komplexität der Servicescape"** trägt dem Sachverhalt Rechnung, dass das physische Umfeld je nach Dienstleistungstyp hinsichtlich der Komplexität stark variieren kann. Dabei lässt sich zwischen einfachen („lean") und komplizierten („elaborate") Servicescapes unterscheiden. Einfache Servicescapes zeichnen sich durch eine einfache Gestaltung mit einer auf das Notwendigste reduzierten Ausstattung aus. Bei solchen Servicescapes beschränkt sich die Gestaltungsaufgabe des Managements auf die Festlegung eines geradlinigen und funktionalen Designs. Komplizierte Servicescapes hingegen zeichnen sich durch ihre vielschichtige Ausstattung und Gestaltung aus, wie es beispielsweise bei Krankenhäusern der Fall ist. Durch das durchdachte Management solcher Servicescapes lassen sich vielseitige marketing- und organisationsspezifische Unternehmensziele realisieren.

Neben der Abgrenzung verschiedener Formen des physischen Umfelds der Dienstleistungserbringung lassen sich insgesamt drei verschiedene **Umweltdimensionen von Servicescapes** unterscheiden, die die Einstellung und das Verhalten von Kunden und Mitarbeitenden am Ort der Leistungserstellung prägen und dementsprechend bei der Gestaltung eines physischen Umfelds sorgfältig zu planen sind (vgl. auch im Folgenden Zeithaml/ Bitner/Gremler 2006, S. 333ff.):

- Raumbedingungen („Ambient Conditions"),
- Raumaufteilung und Funktionalität („Spatial Layout"),
- Zeichen, Symbole und Artefakte („Signs, Symbols, and Artifacts").

Der Dimension **Raumbedingungen** werden alle Hintergrundmerkmale des physischen Umfelds wie Temperatur, Beleuchtung, Lärm, Musik, Duft und Farbe subsumiert, die die fünf menschlichen Sinne ansprechen. Die Raumbedingungen können in unterschiedlicher Weise Einfluss auf die Gefühle, Wahrnehmungen und Reaktionen von Kunden auf einen Dienstleistungsanbieter ausüben und sind dementsprechend sorgfältig bei der Gestaltung des tangiblen Umfelds zu planen. Beispielsweise beeinflusst die Existenz von Hintergrundmusik die Wahrnehmung von Kunden hinsichtlich der Verweildauer in einem Kaufhaus oder strahlen angenehme Gerüche in einer Bäckerei eine anziehende Wirkung auf Kunden aus.

Die Dimension **Raumaufteilung und Funktionalität** bezieht sich primär auf die Gestaltung von Elementen, die eine reibungslose Dienstleistungserstellung ermöglichen. Die

Raumaufteilung bezieht sich im Wesentlichen auf die Art und Weise der Anordnung und Aufteilung der Leistungspotenziale von Dienstleistungsanbietern wie Maschinen, Mobiliar oder sonstige Ausstattungselemente. Die Funktionalität drückt die Fähigkeit aus, die Ausstattung derart zu arrangieren, damit die spezifischen Bedürfnisse von Mitarbeitenden und Kunden bestmöglich befriedigt werden. Dies ist vor allem bei Self-Service-Dienstleistungen relevant, da in diesen Dienstleistungsumgebungen der Kunde bei der Erbringung der Dienstleistung auf sich selbst gestellt ist.

Schaubild 6-4-13 Servicescapes-Modell

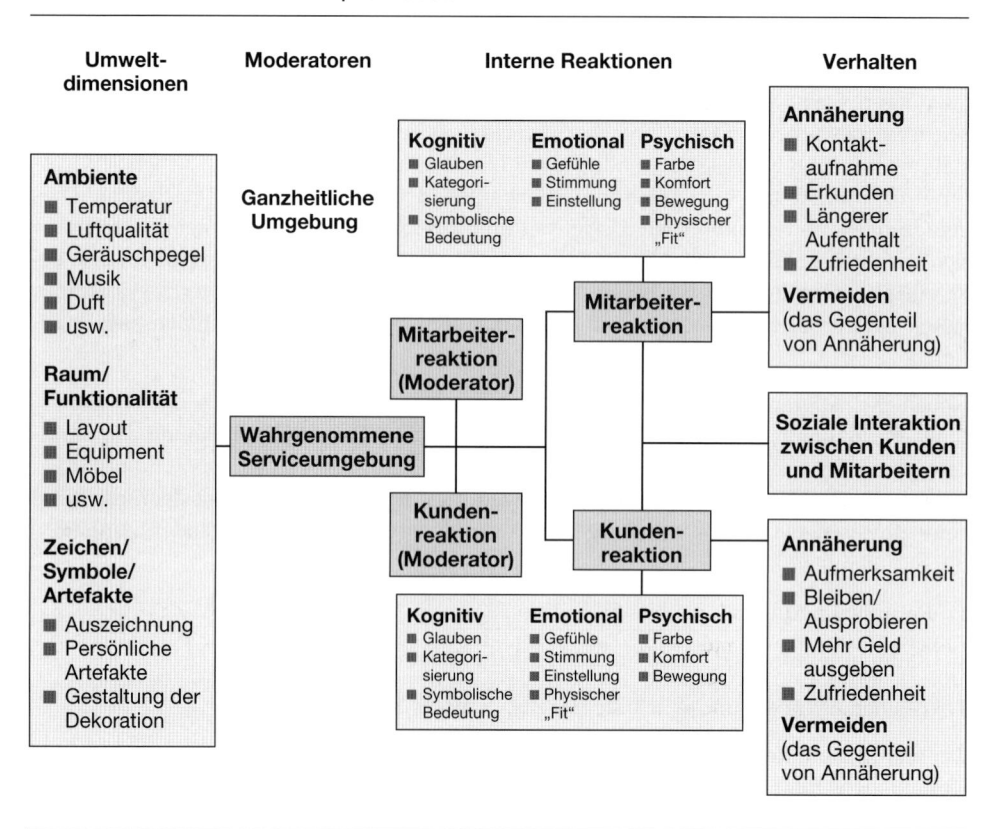

Umweltdimensionen	Moderatoren	Interne Reaktionen			Verhalten
Ambiente ■ Temperatur ■ Luftqualität ■ Geräuschpegel ■ Musik ■ Duft ■ usw. **Raum/ Funktionalität** ■ Layout ■ Equipment ■ Möbel ■ usw. **Zeichen/ Symbole/ Artefakte** ■ Auszeichnung ■ Persönliche Artefakte ■ Gestaltung der Dekoration	**Ganzheitliche Umgebung** → **Wahrgenommene Serviceumgebung** → **Mitarbeiterreaktion (Moderator)** / **Kundenreaktion (Moderator)**	**Kognitiv** ■ Glauben ■ Kategorisierung ■ Symbolische Bedeutung	**Emotional** ■ Gefühle ■ Stimmung ■ Einstellung	**Psychisch** ■ Farbe ■ Komfort ■ Bewegung ■ Physischer „Fit" → **Mitarbeiterreaktion** → **Kundenreaktion** **Kognitiv** ■ Glauben ■ Kategorisierung ■ Symbolische Bedeutung **Emotional** ■ Gefühle ■ Stimmung ■ Einstellung **Psychisch** ■ Farbe ■ Komfort ■ Bewegung ■ Physischer „Fit"	**Annäherung** ■ Kontaktaufnahme ■ Erkunden ■ Längerer Aufenthalt ■ Zufriedenheit **Vermeiden** (das Gegenteil von Annäherung) **Soziale Interaktion zwischen Kunden und Mitarbeitern** **Annäherung** ■ Aufmerksamkeit ■ Bleiben/ Ausprobieren ■ Mehr Geld ausgeben ■ Zufriedenheit **Vermeiden** (das Gegenteil von Annäherung)

Quelle: in Anlehnung an Bitner 1992, S. 60

Der Einsatz von **Zeichen, Symbolen und Artefakten** dient der impliziten und expliziten Kommunikation des physischen Umfelds gegenüber dem Dienstleistungskunden. Zeichen bzw. Schilder kommunizieren explizit, indem sie beispielsweise als Bezeichnungen (z. B. Firmennamen), als Wegebeschreibungen (z. B. Notausgang) oder auch zum Zwecke der Kommunikation von Verhaltensregeln (z. B. Rauchverbot) eingesetzt werden. Symbole und Artefakte hingegen dienen eher der impliziten Kommunikation. Der Dekoration des physischen Umfelds beispielsweise durch Bilder, Teppiche, Kunstwerke wird in der Regel symbolische Bedeutung beigemessen. Zudem haben Symbole und Artefakte einen Einfluss auf die Erwartungsbildung insbesondere von Kunden, die erstmalig mit der Servicescape einer Dienstleistung in Berührung kommen. So suggeriert das Vorhandensein von Stoffservietten im Vergleich zu Papierservietten in Restaurants einen höherwertigen Qualitätsstandard einer Einrichtung. Das Servicescpaes-Modell ist in Schaubild 6-4-13 dargestellt.

Den Unternehmen stehen verschiedene **Werkzeuge** zur Verfügung um herauszufinden, wie ein aus Kundensicht optimales Servicescape zu gestalten ist:

- **Beobachtung** des Kundenverhaltens und der Kundenreaktionen auf die Dienstleistungsumgebung durch das Kundenkontaktpersonal und durch das Management,

- **Verbesserungsvorschläge** und Ideen des Kundenkontaktpersonals mit Hilfe von Fokusgruppen, Vorschlagswesen und Fragebögen,

- **Dokumentation** der Kundenerlebnisse durch die Kunden selbst, indem diese ihre Dienstleistungserfahrungen auf **Fotografien** festhalten und wiedergeben.

- **Feldexperimente**, in denen einzelne Dimensionen des Dienstleistungsumfeldes verändert werden und die Kundenreaktionen auf diese Änderungen beobachtet werden.

- Die Erstellung von **Blueprints** kann um die Elemente der tangiblen Umgebung erweitert werden. Fotografien und Videos können hier eingesetzt werden, um den Prozess plastischer darzustellen.

Das physische bzw. tangible Umfeld einer Dienstleistung hat zentrale **Implikationen auf die Qualitätswahrnehmung** und die Positionierung von Dienstleistungen. Eine empirische Überprüfung am Beispiel einer Buchhandlung kam zu dem Ergebnis, dass folgende vier Faktoren die **Wahrnehmung der Potenzialqualität** bestimmen:

- Anmutungspotenzial,

- Interaktionspotenzial,

- Spezifizierungspotenzial,

- Abwicklungspotenzial.

Schaubild 6-4-14 zeigt Beispiele für unterschiedliche Potenzialtypen dieser vier Kategorien.

Schaubild 6-4-14 Beispiele für unterschiedliche Potenzialtypen

Potenzialtyp	Beispiele
Anmutungspotenzial	■ Schaufenster ■ Fassade ■ Speisekarte am Eingang eines Restaurants ■ Ambiente ■ Übersichtlichkeit
Interaktionspotenzial	■ Geschäftsräume des Anbieters ■ Interieur (Inneneinrichtung und Ambiente) ■ Platzreservierungen
Spezifizierungspotenzial	■ IT-Systeme ■ Ausstattung einer Hotelküche ■ Potenzialmerkmale im Back-Office-Bereich
Abwicklungspotenzial	■ Systeme zur Abwicklung von Bezahlvorgängen (z. B. Kassen) und Informationsaustausch ■ Komfortmerkmale

Quelle: Steffen 2006, S. 232

Vor diesem Hintergrund ist es im Rahmen der Distributionspolitik von Dienstleistungen nicht nur bedeutsam, den Absatzweg der Dienstleistung sorgfältig zu planen, sondern auch die Gestaltung des physischen Orts, an dem die Dienstleistung durch die Integration des externen Faktors erbracht bzw. vertrieben wird. Schaubild 6-4-15 zeigt am Beispiel eines Einzelhandelsgeschäft relevante Dimensionen der Gestaltung sowie Beispiele für mögliche **Designelemente** zur Gestaltung dieser Dimensionen.

Diese Managementaufgabe beschränkt sich allerdings nicht auf die direkte Distribution von Dienstleistungen. Die Herausforderung hinsichtlich der **Gestaltung der Servicescapes** steigt vor allem bei Formen der indirekten und kombinierten Distribution, bei denen der Dienstleistungsanbieter zumindest teilweise die Gestaltung des physischen Umfelds Dritten überlässt und diesbezügliche Mängel negativ auf das Image des Anbieters zurückfallen können. Dem gilt es, durch die sorgfältige Auswahl der Distributionspartner und durch die Festlegung geeigneter Vertriebsvereinbarungen gegenzusteuern.

Nach der Festlegung eines adäquaten Absatzkanals und des physischen Umfelds für die Dienstleistung gilt es in einem nächsten Schritt, Entscheidungen hinsichtlich des logistischen Systems zu treffen.

Schaubild 6-4-15 Designelemente eines Einzelhandelgeschäfts

Dimensionen	Designelemente	
Außengestaltung der Gebäude	■ Architektur ■ Höhe des Gebäudes ■ Größe des Gebäudes ■ Farbe des Gebäudes ■ Außenwände und Hinweistafeln ■ Fassadengestaltung ■ Vordach/Markisen ■ Gartengestaltung	■ Fenster-Displays ■ Eingänge ■ Sichtbarkeit ■ Einzigartigkeit ■ Umliegende Geschäfte ■ Angrenzende Umgebung ■ Verkehrsaufkommen ■ Park- und Zufahrtsmöglichkeiten
Innenausstattung allgemein	■ Fussbodengestaltung ■ Farbschemata ■ Beleuchtung ■ Gerüche/Düfte (z. B. Tabakrauch) ■ Geräusche und Musik ■ Einrichtung allgemein ■ Raumaufteilung ■ Wandgestaltung (Farbe, Poster) ■ Deckengestaltung	■ Temperatur ■ Sauberkeit ■ Breite des Flurs ■ Umkleideräume ■ Aufzüge ■ Warenpräsentation und Displays ■ Preise und Displays ■ Standort der Kassen ■ Technologische Ausstattung
Ausstattung der Verkaufsräume	■ Aufteilung der Ladenfläche nach Verkauf/Personal/Kunden ■ Platzierung der Leistung ■ Standort der Kasse	■ Warteräume ■ Kundenfluss ■ Warteschlangen ■ Mobiliar
Gestaltung von Displays in Verkaufsräumen	■ Point-of-Purchase-Displays ■ Poster, Zeichen, Karten ■ Bilder und Zeichnungen ■ Wanddekoration ■ Themengestaltung	■ Regale ■ Produktdisplays ■ Preisschilder ■ Abfalleimer ■ Mobiles
Soziale/personelle Dimensionen	■ Charakteristika des Personals ■ Mitarbeiteruniform	■ Charakteristika der Konsumenten ■ Privatsphäre ■ Selbstbedienung

Quelle: Lovelock/Wirtz 2010, S. 285

4.23 Gestaltung des logistischen Systems

Ein weiterer Einflussbereich der Vertriebspolitik besteht in der **Gestaltung der Logistiksysteme**. Innerhalb der Logistiksysteme erfolgt die Koordination der Warenstöme des Unternehmens sowie der damit zusammenhängenden Informationen:

> **Logistiksysteme** dienen der Überbrückung räumlicher und zeitlicher Distanzen zwischen der Erstellung und Inanspruchnahme von Unternehmensleistungen sowie der Bereitstellung der damit zusammenhängenden Informationen (Bruhn 2010c, S. 271).

Gilt diese Aufgabenbeschreibung unbeschränkt für materielle Güter, so ist sie angesichts der Immaterialität von Dienstleistungen für diesen Leistungstyp zu modifizieren. Anders als im Industriegüterbereich wird die Standortentscheidung von Dienstleistern maßgeblich durch die Transaktionskosten der Kunden bestimmt. Der Vermarktungserfolg einer Dienstleistung hängt häufig davon ab, inwieweit es gelingt, die Kosten der Inanspruchnahme zu senken (Woratschek 2002, S. 420).

Im Dienstleistungsbereich beziehen sich die logistischen Aufgaben insbesondere auf die **Erfüllung des raumzeitlichen Präsenzkriteriums** und auf das **Tätigwerden des Dienstleistungspotenzials**. Der Anbieter von Dienstleistungen hat somit Planungs- und Vorbereitungsverrichtungen zu vollziehen, um die raumzeitliche Bereitschaft des Dienstleistungspotenzials sicherzustellen (Scheuch 2002). Bezüglich der Gestaltung des logistischen Systems ist die Bearbeitung folgender **Entscheidungstatbestände** von Bedeutung:

1. Entscheidungen über den Ort der Leistungserstellung,
2. Lagerhaltungsentscheidungen,
3. Transportentscheidungen.

Standortentscheidungen gehören zu den konstitutiven Investitionsentscheidungen eines Dienstleistungsunternehmens und somit kommt diesen eine herausragende Bedeutung zu (Woratschek 2002, S. 419) (vgl. zu den Verfahren der Standortwahl Abschnitt 2.1 in Kapitel 3 dieses Buches).

1. Entscheidungen über den Ort der Leistungserstellung

Unter dem Ort der Leistungserstellung ist der geografische Ort zu verstehen, an dem der Dienstleister seine Leistungspotenziale bereithält, um die Leistung zu erstellen. Aufgrund der Integration des externen Faktors in den Leistungserstellungsprozess besteht eine wesentliche Aufgabe der Distributionspolitik darin, Angebot und Nachfrage der Leistung zusammenzubringen. Dabei besteht beim Vertrieb von Dienstleistungen die Notwendigkeit, Anbieter und Nachfrager nicht nur bei Kaufabschluss und Übergabe zusammen zu bringen, sondern auch während eines Großteils des Erstellungsprozesses. Ein hoher Integrationsgrad einer Dienstleistung macht es zumeist unumgänglich, Geschäftsstätten in der Nähe des Kunden anzusiedeln. Es sind aber im Allgemeinen drei verschiedene **Grundkonstellationen** denkbar, auf denen sich logistische Ausgestaltungsoptionen aufbauen lassen:

- Die Dienstleistungserstellung findet beim **Nachfrager** statt (z. B. handwerkliche Dienstleistungen, ärztliche Hausbesuche).
- Die Dienstleistungserstellung findet beim **Anbieter** statt (z. B. Autoreparatur).
- Die Dienstleistungserstellung findet an einem „**dritten Ort**" statt (z. B. Konzertveranstaltung, Auto-Pannendienst).

Je nach Konstellation sind unterschiedliche Standortfaktoren von Bedeutung. Eine Übersicht über die Relevanz der oben beschriebenen Standortfaktoren gibt Schaubild 6-4-16.

Schaubild 6-4-16 Relevanz ausgewählter Standortfaktoren für Dienstleistungsunternehmen in Abhängigkeit vom Ort der Leistungserstellung

Leistungserstellung beim Nachfrager	Leistungserstellung beim Anbieter	Leistungserstellung an einem dritten Ort
■ Größe des Einzugsgebiets ■ Lage des Standortes ■ Raumkosten ■ Örtliche Konzentration der Kunden ■ Kosten zur Bewältigung der Distanz zum Kunden ■ Bevölkerungsstruktur ■ Mobilität der Konkurrenz	■ Größe des Einzugsgebiets ■ Lage des Standortes ■ Qualität des Umfeldes ■ Nähe zu zentralen Einrichtungen ■ Anwesenheit der Konkurrenz ■ Erreichbarkeit ■ Raumqualität	■ Größe des Einzugsgebiets ■ Lage des Standortes ■ Erreichbarkeit ■ Raumkosten ■ Kosten zur Bewältigung der Distanz zum Kunden ■ Verkehrsanbindung ■ Bevölkerungsdichte

Im Folgenden wird anhand ausgewählter Beispiele die **Bedeutung unterschiedlicher logistischer Anforderungen** erläutert.

Ein typisches Beispiel für die Dienstleistungserstellung beim **Nachfrager** sind ärztliche Hausbesuche. Zum einen ist hier die permanente Erreichbarkeit der Dienstleistungszentrale zu gewährleisten. Zur effizienten Steuerung der Hausbesuche sind darüber hinaus zeitminimale Wegepläne zu erarbeiten. Um situativen Anforderungen zu genügen, ist eine jederzeitige Erreichbarkeit des Arztes zu gewährleisten. Weiterhin sind Ausweichpläne erforderlich, die bei Notfällen greifen und eine entsprechende Behandlung des Patienten bzw. den Transport in ein nahegelegenes Krankenhaus sicherstellen.

Autoreparaturen in einer Vertragswerkstatt sind ein typisches Beispiel für beim **Anbieter** erbrachte Dienstleistungen. Zum einen ist hier die Lage des Betriebes so zu wählen, dass eine aus Konsumentensicht zumindest akzeptable Erreichbarkeit gewährleistet ist. Die logistischen Überlegungen betreffen weiterhin ein Wegeleitsystem auf dem Firmengelände sowie die Organisation der Annahmeprozedur. Gegenwärtig versuchen sich beispielsweise viele Automobilhändler durch innovative Direktannahmekonzepte zu profilieren. Die Bereitstellung und insbesondere Koordination der Dienstleistungskapazität zur Gewährleistung einer zeitminimalen Durchführung des Dienstleistungsprozesses ist eine weitere logistische Aufgabe, die sich beispielsweise durch ein EDV-gestütztes Zeitmanagementsystem lösen lässt.

Falls die Dienstleistungen an einem **dritten Ort** stattfinden, lassen sich am Beispiel eines Pop-Konzertes zahlreiche logistische Aufgaben ableiten. So ist z. B. für die Auswahl des Standorts entscheidend, ob die Halle bzw. das Areal groß genug ist, um die erwarteten Zuschauer aufzunehmen. Die Erreichbarkeit mit öffentlichen Verkehrsmitteln und PKW und ein genügend hohes Marktpotenzial für die Veranstaltung (im realistisch geschätzten Einzugsbereich) sind erforderlich. Weiterhin ist für ärztliche Notbetreuung und sanitäre Anlagen zu sorgen.

Die Wahl eines Standortes ist eine langfristige Investitionsentscheidung, da die Standortwahl die wahrgenommene Dienstleistungsqualität mitbestimmt. Sie lässt sich in der Regel nur unter Inkaufnahme massiver Abschreibungen wieder rückgängig machen. Hinsichtlich der **Wahl des Standortes** lassen sich verschiedene Kriterien zur Bewertung unterschiedlicher Standorte und zur Kontrolle bisheriger Standorte heranziehen (vgl. z. B. Bieberstein 2006, S. 294ff.). Unter Standortfaktoren werden dabei jene Eigenschaften des Standortes verstanden, die die Zielerreichung eines Unternehmens beeinflussen (Müller-Hagedorn 1993, S. 114). Diese **Standortfaktoren** lassen sich in struktur-, umfeld- und raumbezogene Faktoren unterteilen:

(a) **Strukturbezogene Standortfaktoren**

- Die **Größe des Einzugsgebietes** ist ein wichtiger Standortfaktor für Leistungen des täglichen Bedarfs.

- Die **Lage des Standortes** ist ein bedeutendes Kriterium für Leistungen des täglichen Bedarfs, um einen hohen Umschlag zu erzeugen (z. B. die zentrale Lage einer Bank oder eines Schnellrestaurants). Die Erreichbarkeit ist ein zentraler Faktor der wahrgenommenen Dienstleistungsqualität. Dementsprechend kommt der Standortwahl von Dienstleistungsbetrieben, wie z. B. Sportclubs oder Fitnessstudios, die Rolle eines strategischen Erfolgsfaktors zu (vgl. Woratschek 2002, S. 422).

Die **Standortplanung** lässt sich allgemein in vier **Phasen** gliedern: (1) die Suche nach einem geeigneten Standort, (2) die Bewertung von Standorten, (3) die Auswahl von Standorten sowie (4) die Inbetriebnahme eines Standortes (Woratschek 2002 S. 423).

Um eine Standortentscheidung zu treffen, sind zunächst die relevanten Faktoren zu bestimmen und die Ausprägungen dieser Faktoren an den verschiedenen Standortalternativen zu ermitteln. Die Auswahl wird dann z. B. systematisch anhand eines **Punktbewertungsverfahrens** vorgenommen. Dabei sind alle relevanten Eigenschaften im Hinblick auf ihren Beitrag zur Zielerreichung zu gewichten und von erfahrenen Standortplanern zu bewerten. Es ist im Rahmen dieser Vorgehensweise darauf zu achten, dass bestimmte Ausschlusskriterien nicht durch die Erfüllung anderer – weniger wichtiger Kriterien – kompensiert werden. Dies kann dann zu gravierenden Fehlentscheidungen führen. Insgesamt liefert dieses Verfahren nur qualitative Hinweise über die Vorteilhaftigkeit eines Standortes gegenüber einem anderen. Beispielsweise gibt es keinen Aufschluss über das Renditepotenzial oder zu erwartende Umsätze eines Standortes.

Weiterhin lässt sich eine Beurteilung neuer Standorte in **Analogie** zu bereits bestehenden durchführen. Dazu sind sowohl interne Unternehmens- als auch externe Standortfaktoren zu bestimmen. Die Bewertung erfolgt dann durch Hochrechnung statistischer Kennzahlen auf den neuen Standort (z. B. Umsätze pro Käufer). Allerdings ist dieser Analogieschluss das zentrale Problem dieser Methode. In der Praxis dürfte es nur schwierig möglich sein, zwei Standorte zu finden, die vergleichbare Bedingungen aufweisen. Diese Methode ermöglicht allerdings quantitative Aussagen zur Prognose der Umsätze. Dies geht über die pauschale Aussage der Vorteilhaftigkeit eines Standortes hinaus.

So genannte **Gravitationsmodelle**, die insbesondere zur Planung von Handelsstandorten angewendet werden, stellen eine weitere Kategorie von Methoden dar. Diese finden ihren

Ursprung in der Physik und versuchen zu erklären, welche Anziehungskraft bestimmte Standorte auf Konsumenten ausüben. Die relevanten Faktoren sind dabei insbesondere die Bevölkerungszahlen im Einzugsgebiet sowie die Distanzen zu den Standorten, die sich räumlich oder zeitlich interpretieren lassen. Aufgrund der Anziehungskraft lässt sich dann eine Umsatzprognose erstellen (Woratschek 2002 S. 329ff.) (für eine ausführliche Darstellung der Verfahren zur Standortwahl vgl. Kapitel 3.21 in diesem Kapitel).

(b) Umfeldbezogene Standortfaktoren

- Die **Qualität des Umfeldes** ist wichtig für Leistungen mit Exklusivcharakter (z. B. Unternehmensberatung in repräsentativer Gegend).

- Die **Nähe zu zentrenfördernden Einrichtungen** ist ein entscheidender Faktor für Leistungen des täglichen Bedarfs (z. B. Lotto-Annahmestelle in der Nähe einer U-Bahn-Station).

- Die **Anwesenheit von Konkurrenz** fördert zum einen die Ansiedlung von Leistungsanbietern (z. B. mehrere Fachärzte in einem Gebäude). Zum andern verhindert sie die Ansiedlung weiterer Anbieter einer bestimmten Leistung (z. B. Apotheken).

- Die **Erreichbarkeit** des Standortes ist entscheidend für Leistungen des täglichen Bedarfs (z. B. Parkplatzsituation und Anbindung an öffentliche Verkehrsmittel).

(c) Raumbezogene Standortfaktoren

- Die **Raumkosten** werden insbesondere solche Leistungsanbieter gering zu halten versuchen, die außerhalb der Räumlichkeiten des Unternehmens in Kontakt mit dem Kunden treten (z. B. Notarzt, Fensterreinigungsunternehmen) und infolgedessen lediglich Räume für die Administration benötigen.

- Eine große Rolle spielt die **Raumqualität** bei Dienstleistungen, bei denen der externe Faktor zum Anbieter kommt. Der Standort des Dienstleisters hat dementsprechend eine Repräsentanzfunktion (z. B. Unternehmensberatung, Fitnessstudio). Die Raumqualität hängt stark mit den Raumkosten zusammen.

- Die **Raumkapazitäten** sind vor allem bei solchen Dienstleistungen ein entscheidendes Kriterium, bei deren Erstellung mehrere externe Faktoren gleichzeitig anwesend sind (z. B. Restaurants, Diskotheken, Messegelände).

2. Lagerhaltungsentscheidungen

Aufgrund der Immaterialität von Dienstleistungen sind Entscheidungen hinsichtlich der **Lagerhaltung im Dienstleistungsbereich** weniger wichtig als bei anderen Gütern. Dennoch besteht die Notwendigkeit, einzelne Elemente der jeweiligen Dienstleistung zwischenzulagern. Je mehr materielle Bestandteile eine Leistung enthält bzw. je eher materielle Faktoren zur Leistungserstellung notwendig sind, desto bedeutender sind lagertechnische Entscheidungen im Rahmen der Vertriebspolitik des Dienstleisters. Dabei handelt es sich bei den zu lagernden Gegenständen um interne oder um externe **Faktoren**. Demnach werden hinsichtlich des Lagerbedarfs vor, während und nach dem Leistungserstellungsprozess drei **Typen von Leistungen** unterschieden:

- Dienstleistungen ohne Lagernotwendigkeit (z. B. Nachhilfeunterricht, Unternehmensberatung),

- Dienstleistungen mit der Notwendigkeit der Lagerung externer Faktoren (z. B. Autowerkstatt, Friseur),

- Dienstleistungen mit der Notwendigkeit der Lagerung interner materieller Leistungsmerkmale oder Faktoren (z. B. Vergnügungspark, Fluggesellschaft).

3. Transportentscheidungen

Aus der Immaterialität folgt für viele Dienstleistungen die Nichttransportfähigkeit. Auch hier ist es jedoch je nach Art der Leistung erforderlich, entweder **externe** (z. B. im Fall einer Autoreparatur) oder **interne Faktoren** (z. B. bei einem Hausbesuch des Arztes) zu transportieren. Einen beispielhaften Überblick über Dienstleistungen mit der **Notwendigkeit des Transportes** gibt Schaubild 6-4-17.

Schaubild 6-4-17   Beispiele für Dienstleistungen mit Transportbedarf

Transportierte Faktoren / Ort der Erstellung	Interne Faktoren	Externe Faktoren
Beim Nachfrager	■ Hausbesuch eines Arztes ■ Unternehmensberater ■ Mobiler Bankberater	■ Maschinenwartung ■ IT-Installationen ■ Gebäudereinigung
Beim Anbieter	■ Innendienstmitarbeitende ■ Expertenteams bei Beratungsprojekten ■ Backoffice-Mitarbeitende	■ Autoreparatur ■ Arztbesuch ■ Restaurantbesuch
Dritter Ort	■ Notarzt ■ ADAC-Notdienst ■ Sicherheitsdienst	■ Open-Air-Konzert ■ Zirkusvorstellung ■ Taxifahrt

Eine alternative Darstellung verwenden Lovelock/Wirtz (2010), die eine Einteilung der Dienstleistungen anhand der Dimensionen „Art der Interaktion" und „Verfügbarkeit der Dienstleistungsstellen" unterscheiden (vgl. Schaubild 6-4-18).

Distributionspolitik

Schaubild 6-4-18 Weitere Beispiele für Dienstleistungen mit Transportbedarf

Verfügbarkeit der Dienstleistung Ort der Erstellung	An nur einem Ort	An mehreren Orten
Beim Nachfrager	■ Gebäudereinigung ■ Mobile Autowäsche	■ Post/Paketdienst ■ ADAC-Notdienst
Beim Anbieter	■ Theater ■ Friseursalon	■ Öffentliche Verkehrsmittel ■ Fast-Food-Kette
Erstellung über Mail/IT/usw.	■ Kreditkartenunternehmen ■ Lokale Fernsehstation	■ Rundfunksender ■ Telefongesellschaft

Quelle: Lovelock/Wirtz 2010, S. 134

Im Rahmen der Bewältigung des jeweiligen Transportproblems sind verschiedene Aspekte zu berücksichtigen, die unterteilt werden in **„Wahl des Transportmittels"** (z. B. Unterhalt eines Fuhrparks durch einen Reiseveranstalter, Schleppwagen für Autowerkstatt, Rettungshelikopter für eine Rettungswacht) und **„Ziele für Lagerhaltungsentscheidungen"** (vgl. Schaubild 6-4-19).

Schaubild 6-4-19 Relevanz von Zielen für Lagerhaltungsentscheidungen von Dienstleistungsbranchen

Relevanz Zielkriterium	Hohe Relevanz	Geringe Relevanz
Transportzeit	■ Notärzte ■ Express-Paketdiente	■ Außendienstmitarbeitende einer Versicherung ■ Handwerksdienstleistungen
Transportsicherheit	■ Banken ■ Krankenhäuser	■ Pizza-Services ■ Entsorgungsunternehmen
Transportkosten	■ Logistikunternehmen ■ Öffentlicher Verkehr	■ Elektronische Dienstleistungen ■ Kommunikationsdienstleistungen

Zusammenfassend ist festzustellen, dass die Immaterialität der Dienstleistungen besondere Anforderungen an das logistische System für diesen Leistungstyp stellt und es folglich einer für das Dienstleistungsmarketing speziellen Aufgabenbeschreibung der Dienstleistungslogistik bedarf. Für die Sicherstellung der raumzeitlichen Bereitschaft des Dienstleistungspotenzials sind vor allem Aufgaben in den drei genannten Bereichen **Ort der Leistungserstellung, Lagerhaltung** und **Transport** zu erfüllen. In Abhängigkeit von der jeweiligen Dienstleistung sowie deren Materialitätsgrad bieten sich für den Anbieter bei der Erfüllung dieser Aufgaben die oben aufgeführten Gestaltungsmöglichkeiten an.

5. Personalpolitik

5.1 Grundlagen der Personalpolitik

5.11 Zum Begriff der Personalpolitik

In der Dienstleistungsliteratur wird diskutiert, die vier Felder des operativen Marketing, d. h. die 4 Ps: Leistungs-, Kommunikations-, Preis- und Distributionspolitik, um den Bereich der **Personalpolitik** als ein weiteres, **internes Instrument** zu ergänzen (Cowell 1993, S. 212; Payne 1993, S. 123; Illeris 2002; Bieberstein 2006, S. 374f.; vgl. auch die einführenden Bemerkungen zu Kapitel 6). Im Folgenden wird daher auf das interne Instrument des Dienstleistungsmarketing, die Personalpolitik, eingegangen.

> Die **Personalpolitik** eines Dienstleistungsunternehmens umfasst die Analyse, Planung, Umsetzung und Kontrolle sämtlicher Entscheidungen, die mit der Einstellung von Mitarbeitenden, dem Arbeitsplatz und -umfeld der Mitarbeitenden, der Entwicklung der Mitarbeitenden, der Kommunikation mit und zwischen den Mitarbeitenden sowie der Freisetzung in Verbindung stehen.

Dem **Dienstleistungspersonal** wird im Rahmen des Dienstleistungsmarketing eine zentrale Stellung zugesprochen. Das Leistungspotenzial eines Dienstleistungsunternehmens ist im Wesentlichen durch die Fähigkeiten seiner Mitarbeitenden bedingt, da die meisten Dienstleistungen häufig untrennbar von den Mitarbeitenden sind, die sie erbringen (Berry/Parasuraman 1992, S. 25; 1999, S. 71; Bruhn 2010d, S. 330).

Die Relevanz dieses Sachverhalts verdeutlicht sich bei genauerer Betrachtung der Mitarbeiterrolle im „**Service Encounter**", also jener Zeitspanne, während der ein Kunde in direkter Interaktion mit einer Dienstleistung im Allgemeinen (Shostack 1985) oder im Speziellen mit den Dienstleistungsmitarbeitenden steht (Bitner/Booms/Tetreault 1990, S. 72). Aus Kundensicht steht der Service Encounter häufig stellvertretend für die Wahrnehmung der gesamten Dienstleistung mit den entsprechenden Konsequenzen, die Dienstleistungsmitarbeitenden durch ihr Verhalten auf die Dienstleistungsqualität und die Kundenzufriedenheit haben (Bitner/Booms/Tetreault 1990; Bruhn 2010d, S. 330). So zeigen die Ergebnisse einer Studie, dass nicht nur der Service Encounter im Allgemeinen einen wichtigen Einfluss auf die Kundenzufriedenheit ausübt, sondern dass im Speziellen auch das konkrete Mitarbeiterverhalten während des Service Encounters die vom Kunden wahrgenommenen Anstrengungen und Fähigkeiten des Mitarbeitenden bestimmen und direkte Determinanten der Kundenzufriedenheit darstellen (Specht/Fichtel/Meyer 2007, S. 548).

5.12 Besonderheiten der Personalpolitik von Dienstleistungsunternehmen

Es zeigt sich die Notwendigkeit einer systematischen Betrachtung der Personalpolitik im Dienstleistungsbereich, die aufgrund der Notwendigkeit der Bereitstellung der Leistungsfähigkeit, der Integration des externen Faktors sowie der Immaterialität der Leistungen einige Besonderheiten – insbesondere bei Dienstleistungen mit einem hohen Interaktionsgrad zwischen Mitarbeitenden und Kunde – aufweist und die es im Rahmen einer dienstleistungsspezifischen Personalpolitik zu berücksichtigen gilt (vgl. Schaubild 6-5-1).

Schaubild 6-5-1 Besonderheiten der Personalpolitik von Dienstleistungsunternehmen

Besonderheiten von Dienstleistungen	Implikationen für die Personalpolitik
Leistungsfähigkeit des Dienstleistungsanbieters	■ Qualifizierung der Mitarbeiter ■ Einstellung von Mitarbeitern mit entsprechenden Fähigkeiten zur Dokumentation des Leistungspotenzials
Integration des externen Faktors	■ Schaffung einer Mitarbeiter-Kunden-Partnerschaft ■ Information der Mitarbeiter über mögliche Probleme im Leistungserstellungsprozess ■ Externe Kundenorientierung über interne Kundenorientierung ■ Zusammenhang zwischen Mitarbeiter- und Kundenzufriedenheit
Immaterialität (Nichtlagerfähigkeit, Nichttransportfähigkeit)	■ Mitarbeiter als Qualitätsindikator ■ Maßnahmen der Standardisierung des internen Faktors Personal ■ Personenbezogenes Unternehmensimage ■ Unterstützung der kurzfristigen Nachfragesteuerung

Aus der Notwendigkeit der permanenten **Bereitstellung des Dienstleistungspotenzials** ergeben sich die folgenden Implikationen für die Personalpolitik:

■ Insbesondere bei Dienstleistungen mit engen Mitarbeiter-Kunden-Beziehungen rücken eine umfassende **Qualifikation und die Persönlichkeit der Mitarbeitenden** in den Vordergrund. Dabei sind nicht nur die technischen und fachlichen Fähigkeiten von Bedeutung (z. B. Technik des Haareschneidens einer Friseurin), sondern auch soziale Kompetenzen wie z. B. Kommunikationsfähigkeit und Einfühlungsvermögen (vielen Friseurkunden ist z. B. an einem Gespräch mit der Friseurin während des Haarschnitts gelegen) (Hennig-Thurau 2004).

■ Ferner bedarf es der **Dokumentation des Leistungspotenzials** eines Dienstleisters. Daher ist es notwendig, dass die Mitarbeitenden in der Lage sind, dieses Potenzial zu kommunizieren (z. B. Hinweis auf Autorückgabemöglichkeit an einem anderen Ort durch Angestellte einer Autovermietung).

Aus der **Integration des externen Faktors** in den Leistungserstellungsprozess lassen sich ebenfalls Schlussfolgerungen ziehen:

- Durch die Integration des externen Faktors folgt die Heterogenität des Leistungserstellungsprozesses. Zur Erreichung einer teilweisen **Homogenisierung der Leistungserstellung** ist die Kontinuität der Mitarbeiter-Kunden-Beziehungen und damit eine Partnerschaftsbildung zwischen Unternehmen bzw. Mitarbeitende und Kunde anzustreben (Stauss/Neuhaus 1995, S. 581).

- Bei möglichen **Problemen der Leistungserstellung** ist es häufig die Aufgabe der Kundenkontaktmitarbeitenden, diese den Kunden zu kommunizieren. Dabei ist es unerlässlich, diese Mitarbeitenden zunächst mittels geeigneter Kommunikationsinstrumente wie der **Mitarbeiterkommunikation** aufmerksam zu machen bzw. ihnen mögliche Aktivitäten zur Behebung der Probleme aufzuzeigen.

- Zur Förderung der Verinnerlichung einer externen Kundenorientierung ist die **Internalisierung einer internen Kundenorientierung** durch geeignete personalpolitische Maßnahmen wie Workshops hilfreich.

- Schließlich wird aufgrund der Integration des externen Faktors und des direkten Mitarbeiter-Kunden-Kontaktes angenommen, dass ein positiver **Zusammenhang zwischen Mitarbeiter- und Kundenzufriedenheit** besteht (Homburg/Stock 2001b, S. 377; Malhotra/Mukherjee 2004, S. 170; Wangenheim/Evanschitzky/Wunderlich 2007, S. 691f.). Daraus ergibt sich die Notwendigkeit der Erreichung einer möglichst hohen Mitarbeiterzufriedenheit.

Aus der **Immaterialität der Leistungen** lässt sich folgern:

- Da die Immaterialität dazu führt, dass die Qualitätsbeurteilung von Dienstleistungen durch den Kunden anhand der wenigen tangiblen Elemente vorgenommen wird, rücken die **Mitarbeitenden als Qualitätsindikator** insbesondere bei Dienstleistungen, die durch einen hohen Anteil an Glaubenseigenschaften charakterisiert sind, in den Vordergrund (Woodruff 1995, S. 178). Dies trifft insbesondere auf diejenigen Mitarbeitenden zu, die im direkten Kundenkontakt – so genannte Front-Line-Mitarbeitende – stehen. Häufig sind es gerade diese Mitarbeitende, die im „Augenblick der Wahrheit" den Unterschied zwischen einer gewöhnlichen und hervorragenden Dienstleistung ausmachen (Lovelock/Wirtz 2010, S. 303). Daher ist es eine wesentliche Aufgabe der Personalpolitik, ein konsistentes Bild der Mitarbeitenden zu erzeugen, das zum einen Kompetenz signalisiert und dementsprechend Vertrauen generiert, und zum anderen das Erreichen eines hohen tatsächlichen Kompetenz- und Qualitätsniveaus der Mitarbeitenden sicherstellt.

- Aufgrund der hohen Bedeutung der Mitarbeitenden im Dienstleistungsbereich sind **Maßnahmen der Standardisierung** des internen Faktors Personal zu ergreifen. Die Standardisierungsbemühungen sind vorrangig auf das äußere Erscheinungsbild im Einklang zur Marken- und Kommunikationspolitik und auf ein einheitliches Kundenverhalten (z. B. einheitliche Begrüßungsformeln usw.) auszurichten. Dadurch gelingt es, zumindest einzelne Elemente der Leistung zu standardisieren, was zum einen Gedächtniswirkungen und zum anderen ein Gefühl der Vertrautheit beim Kunden zur Folge hat.

- Die Immaterialität von Dienstleistungen führt weiterhin dazu, dass dem Image des Unternehmens im Rahmen der Leistungsbeurteilung eine besondere Bedeutung zukommt. Insbesondere bei personalintensiven Dienstleistungen mit engem Mitarbeiter-Kunden-Kontakt wird in erster Linie ein **personenbezogenes Unternehmensimage** aufgebaut, das positiv mit der Einstellung des Mitarbeitenden zum Unternehmen und zum Kunden korreliert.

- Aus dem Merkmal der Immaterialität bzw. der Nichtlager- bzw. Nichttransportfähigkeit resultiert das Ziel von Dienstleistungsunternehmen einer gleichmäßigen Kapazitätsauslastung zur Vermeidung von Leerkosten. Aufgrund des direkten Mitarbeiter-Kunden-Kontaktes haben die Mitarbeitenden eines Dienstleisters die Möglichkeit, die **kurzfristige Nachfragesteuerung** gezielt zu unterstützen, indem sie Kunden alternative Möglichkeiten vorschlagen. Dazu gilt es, im Rahmen der Personalpolitik die Voraussetzungen dafür zu schaffen, dass Mitarbeitende im Kundenkontakt jederzeit über die Auslastung der Dienstleistungskapazitäten Bescheid wissen und in der Lage sind, Auskunft zu geben.

5.2 Internes Marketing als personalpolitisches Rahmenkonzept

5.21 Grundlagen des Internen Marketing als personalpolitisches Rahmenkonzept

Aufgrund des hohen Interaktionsgrades im so genannten „magischen Dreieck" Dienstleister – Mitarbeitende – Kunde, wird von der traditionellen Sichtweise Abstand genommen, dass die Personalpolitik ein isoliert zu betrachtender Teil der Unternehmensführung sei. Vielmehr wird ein ganzheitlicher Ansatz gewählt, dessen Grundlage das Konzept des **Internen Marketing** darstellt (vgl. z. B. George 1977; Grönroos 1981; Berry 1983; Stauss/ Schulze 1990; Bruhn 1998b, 1999a; Stauss 2000b; Gleitsmann 2007). Eine Gemeinsamkeit der verschiedenen Ansätze zum Internen Marketing ist der Versuch, die Personal- und Marketingsichtweise im Sinne einer ganzheitlichen Kundenorientierung zu integrieren:

> **Internes Marketing** beinhaltet die systematische Optimierung unternehmensinterner Prozesse mit Instrumenten des Marketing- und Personalmanagements, um durch eine konsequente und gleichzeitige Kunden- und Mitarbeiterorientierung das Marketing als interne Denkhaltung durchzusetzen, damit die marktgerichteten Unternehmensziele effizient erreicht werden (Bruhn 2010c, S. 86).

Wesentliches Merkmal dieser Definition ist die Forderung einer **parallelen Kunden- und Mitarbeiterorientierung**. Dies impliziert gleichzeitig die Betrachtung des Mitarbeitenden als internen Kunden sowie der Mitarbeiterzufriedenheit als Unternehmensziel (Thomson/ Whitwell 1993, S. 7; Nerdinger/Rosenstiel 1999, S. 117; Whitener 2001, S. 530). Dadurch entstehen die in Schaubild 6-5-2 dargestellten Interdependenzen (Bruhn 1999a, S. 21):

- Die **Unternehmen-Kunden-Beziehung** setzt eine Kundenorientierung voraus, die durch das externe Marketinginstrumentarium sicherzustellen ist.

- Die **Unternehmen-Mitarbeiter-Beziehung** verlangt eine interne Kunden- und Mitarbeiterorientierung (integrierte Kundenorientierung), die durch das Interne Marketing umgesetzt wird.

- Die **Mitarbeiter-Kunden-Beziehung** fordert eine individuelle Kundenorientierung bei der Leistungserstellung.

Schaubild 6-5-2 Kunden- und Mitarbeiterorientierung als zentrale Maximen des Internen Marketing

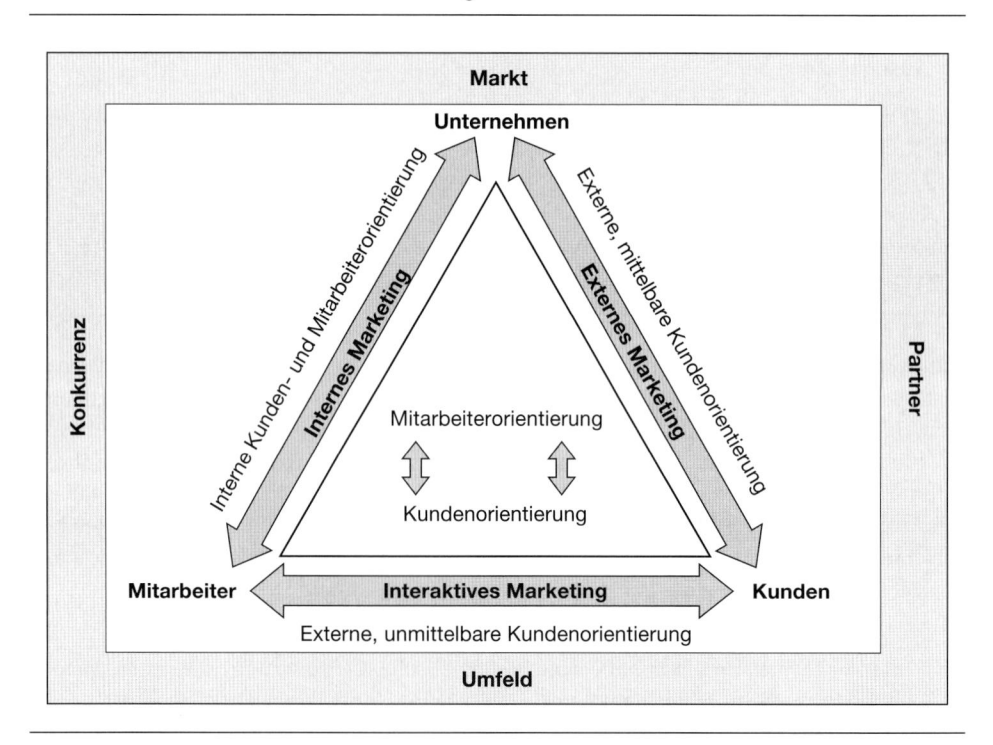

Quelle: Bruhn 1999a, S. 21

Im Hinblick auf die Optimierung der unternehmensinternen und -externen Austauschbeziehungen lassen sich für das Konzept des Internen Marketing vier **Themenkomplexe** unterscheiden, die in Abhängigkeit von der jeweiligen Unternehmenssituation von unterschiedlicher Bedeutung sind (Bruhn 1999a, S. 25):

1. Optimierung der unternehmensinternen Austauschbeziehungen

Die Optimierung der unternehmensinternen Austauschbeziehungen fokussiert vor allem die (Dienst-) Leistungsströme zwischen den einzelnen organisatorischen Einheiten eines Unternehmens. Das Spektrum reicht von individuellen Austauschbeziehungen zwischen den Mitarbeitenden einzelner Abteilungen bis hin zu Kunden-Lieferanten-Beziehungen einzelner Unternehmensstandorte. Im Mittelpunkt stehen die Themenbereiche interne Kundenorientierung sowie Sicherstellung der internen Dienstleistungsqualität (z. B. Homburg/Faßnacht 2000).

2. Parallele Förderung von Kunden- und Mitarbeiterzufriedenheit

In engem Zusammenhang mit den internen Austauschbeziehungen ist der Themenbereich der parallelen Förderung von Kunden- und Mitarbeiterzufriedenheit zu sehen. Mitarbeiterzufriedenheit wird in diesem Zusammenhang als notwendige Voraussetzung interner und externer Leistungsqualität verstanden. Damit eng verbunden sind verhaltensrelevante Fragestellungen der Mitarbeitermotivation, der Förderung des Commitment sowie der Mitarbeiterbindung (Stock 2003).

3. Interne Kommunikation

Die Kommunikation gegenüber den Mitarbeitenden ist ein weiteres zentrales Thema des Internen Marketing. Unter den internen Kommunikationsprozessen sind sowohl direkt tätigkeitsbezogene Aufgaben des Informationsaustausches zur internen und externen Leistungserstellung als auch Aufgaben im Zusammenhang mit den zuvor angesprochenen Fragestellungen der Mitarbeiterzufriedenheit zu subsumieren, hier vor allem in Hinblick auf Klima, Vertrauen und Einbindung in das Unternehmen (Schmitz 2004, S. 25).

4. Implementierung von Marketingkonzepten

Der vierte Themenkomplex des Internen Marketing betrifft die unternehmensinterne Umsetzung und Durchsetzung der Marketingstrategie. Von besonderer Bedeutung sind in diesem Zusammenhang die Sicherstellung der entsprechenden Potenziale (z. B. durch modifizierte Strukturen und Prozesse, Personalentwicklung) sowie der Abbau von Vorbehalten und Barrieren gegenüber Veränderungsprozessen (vgl. z. B. Malhotra/Mukherjee 2004).

Da es sich hierbei um Themenschwerpunkte handelt, die nicht isoliert nebeneinander betrachtet werden können, lässt sich als wesentliches Element des Internen Marketing die **Integration von Kunden- und Mitarbeiterorientierung** herausarbeiten. Im Sinne der verlangten integrierten Kundenorientierung lässt sich das Verständnis des Internen Marketing auch als **personalorientiertes internes Marketingkonzept** charakterisieren, dessen Kern die innerbetriebliche Implementierung einer im Hinblick auf externe Märkte konzipierten Marketingstrategie ist (Stauss 2000b, S. 201).

Im Rahmen eines personalorientierten Marketing tritt das **Oberziel** der Gewinnung, Entwicklung und Erhaltung kundenorientierter und motivierter Mitarbeitende, also Mitarbeitende, die dazu in der Lage sind, die externen Marketingziele effizient umzusetzen, neben das Ziel der Erreichung einer hohen Kundenzufriedenheit. Dies ist im Wesentlichen auf

Schaubild 6-5-3 Instrumentarium des personalorientierten Internen Marketing

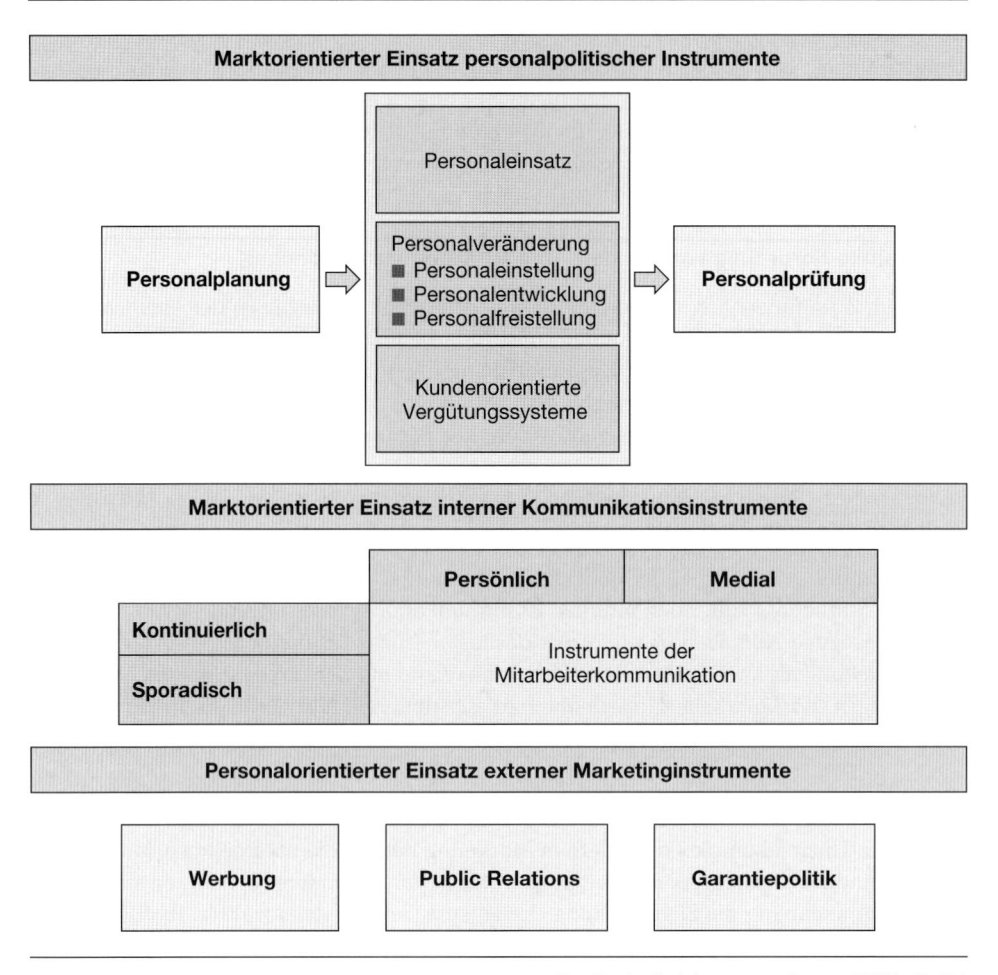

Marktorientierter Einsatz personalpolitischer Instrumente

Personalplanung ⇒

- Personaleinsatz
- Personalveränderung
  - Personaleinstellung
  - Personalentwicklung
  - Personalfreistellung
- Kundenorientierte Vergütungssysteme

⇒ Personalprüfung

Marktorientierter Einsatz interner Kommunikationsinstrumente

	Persönlich	Medial
Kontinuierlich	Instrumente der Mitarbeiterkommunikation	
Sporadisch		

Personalorientierter Einsatz externer Marketinginstrumente

Werbung | Public Relations | Garantiepolitik

Quelle: in Anlehnung an Stauss 2000b, S. 211

die Bedeutung der Mitarbeitenden bei der Realisierung – insbesondere in Kundenkontaktsituationen – einer hohen Dienstleistungsqualität zurückzuführen (Grönroos 1980a, S. 16f.; Bruhn 1999a, S. 26; Stauss 2000b, S. 210). Daraus abgeleitet ergeben sich im Wesentlichen folgende **Unterziele** eines personalorientierten Internen Marketing im Sinne einer internen Steuerung zu absatzmarktorientierten Zwecken (Grönroos 1981; Compton 1987, S. 17; Stauss 2000b, S. 210):

- Mitarbeiterauswahl und -einsatz nicht nur nach fachspezifischen Kriterien, sondern auch nach interaktionsspezifischen Fähigkeiten bzw. Fähigkeitspotenzialen.

- Zielgerichtete Information der Mitarbeitenden über absatzmarktrelevante Aspekte wie z. B. die Unternehmensmission, die Marketingstrategie, die Relevanz der Kundenkontaktprozesse sowie die Struktur und Entstehung der wahrgenommenen Dienstleistungsqualität.

- Erzeugung von Akzeptanz bei den Mitarbeitenden hinsichtlich einer konsequenten kundenorientierten Verhaltensausrichtung.

- Vermittlung von speziellen zur Bewältigung von Kundenkontaktsituationen benötigten Fertigkeiten und Fähigkeiten.

Zur Zielerreichung steht ein umfangreiches Instrumentarium des personalorientierten Internen Marketing zur Verfügung, deren Instrumente und Maßnahmen sich den in Schaubild 6-5-3 dargestellten drei **Instrumentegruppen** zuordnen lassen (Stauss 2000b, S. 211ff.).

- Beim **marktorientierten Einsatz personalpolitischer Instrumente** (Abschnitt 5.3) geht es um den Einsatz von klassischen personalpolitischen Aufgabenbereiche, die im Hinblick auf absatzmarktspezifische Erfordernisse auszugestalten sind.

- Unter dem **marktorientierten Einsatz interner Kommunikationsinstrumente** (Abschnitt 5.4) wird der Einsatz interner Kommunikationsinstrumente zur Erreichung absatzmarktorientierter Ziele verstanden.

- Der **personalorientierte Einsatz externer Marketinginstrumente** (vgl. Abschnitt 5.5) schließlich adressiert vor dem Hintergrund des Internen Marketing neben der primären Zielgruppe der externen Kunden gleichzeitig auch die Mitarbeitenden im Sinne einer erweiterten Zielgruppe bzw. einer „Second Audience".

5.22 Ansatzpunkte der Implementierung

Das Konzept des personalpolitischen Internen Marketing lässt sich anhand der folgenden vier **Phasen** implementieren (Bruhn 1999a, S. 34ff.):

1. Verpflichtung des Managements

Um den Gedanken des Internen Marketing effizient und effektiv umzusetzen ist es erforderlich, dass sich die Führungskräfte des Unternehmens dazu verpflichten, aktiv an der Implementierung des Personalmanagementsystems mitzuwirken. Diese Beteiligung bezieht sich zunächst auf die Auseinandersetzung mit dem Gedanken dieser neuen Art von Personalpolitik. Im Weiteren beinhaltet sie sowohl die Anerkennung und Motivation für entsprechende Ideen als auch das Einbringen eigener Inhalte (z. B. Vorschläge zur Weiterentwicklung der Mitarbeitenden oder zur Flexibilisierung der Arbeitszeiten). Außerdem lässt sich die unternehmensweite Implementierung aufgrund der Vorbildfunktion der Führungskräfte für die Mitarbeitenden nur vollziehen, wenn das Management bereit ist, die Prinzipien des Internen Marketing vorzuleben (z. B. indem es die eigenen variablen Vergütungsansprüche ebenfalls an dem einzuführenden kundenorientierten Vergütungssystem ausrichtet).

2. Kommunikation mit den Mitarbeitenden

Nachdem die Führungskräfte sich mit dem Internen Marketing auseinandergesetzt und die Prinzipien akzeptiert und verinnerlicht haben, sind die Mitarbeitenden von der Idee zu überzeugen und mit ihr vertraut zu machen. Hierbei geht es weniger um das Erlernen von Methoden der Personalpolitik, als vielmehr um die Erlangung eines Grundverständnisses des Internen Marketing. Das Ziel ist dabei nicht nur den Kenntnisstand zu verbessern, sondern vor allem die Beeinflussung der Einstellung und des Handelns der Mitarbeitenden (Michaelis 2009). Dies lässt sich wirkungsvoll durch offene persönliche Gespräche der Führungskräfte mit ihren Mitarbeitenden bewerkstelligen, bei denen sie auf die Ziele der Maßnahmen, d. h. den Grundgedanken, über die Berücksichtigung der Mitarbeiterbedürfnisse auch die Kundenzufriedenheit zu verbessern, hingewiesen werden. Vor allem bei den Mitarbeitenden mit direktem Kundenkontakt ist es wichtig, ein Bewusstsein für den Zusammenhang zwischen der Mitarbeiterzufriedenheit und der Kundenzufriedenheit zu schaffen. So ist regelmäßig darauf hinzuweisen, dass eine positive Stimmung und ein zufriedenes Auftreten des Mitarbeitenden einen großen Einfluss auf die Kundenzufriedenheit und somit auf den Erfolg beim Kunden und für das Unternehmen hat.

3. Vermittlung des erforderlichen Know-hows

Nachdem die Mitarbeitenden den internen Marketinggedanken der Personalpolitik verinnerlicht haben, besteht die nächste Aufgabe darin, ihnen das erforderliche Know-how, d. h., Methoden und Techniken der auf dem Internen Marketing beruhenden Personalpolitik, näherzubringen. Dabei geht es um die Vermittlung des Unternehmensleitbildes sowie der Marketingstrategien, neuer Führungsmethoden (z. B. Workshops), Qualitätstechniken (z. B. Qualitätszirkel) und Techniken zur Lösung interner und externer Leistungsprobleme (z. B. Behandlung von Beschwerden). So werden in Unternehmen häufig Workshops zum richtigen Umgang mit Beschwerdesituationen angeboten. Damit wird erreicht, dass die Kunden zum einen genau wissen, wie sie mit Beschwerden umzugehen haben, sich dadurch sicherer fühlen und direkt mehr Freude an der Arbeit haben. Gleichzeitig wird den Kunden durch einen fähigen Mitarbeitenden in Beschwerdesitutationen Kompetenz und Einfühlungsvermögen vermittelt und führt dadurch zu einer erhöhten Kundenzufriedenheit.

4. Verpflichtung der Mitarbeitenden

Nach einer erfolgreichen Umsetzung der ersten drei Phasen ist anzunehmen, dass die Mitarbeitenden in der Lage sind, die Notwendigkeit einer Implementierung des Internen Marketing im Rahmen der Personalpolitik zu erkennen. Dabei ist es wichtig, dass sie aktiv an der Implementierung mitwirken (z. B. an der Flexibilisierung der Arbeitszeiten, Entwicklung neuer Kriterien zur Festlegung der variablen Vergütung). So empfiehlt es sich, bei der Ausarbeitung eines neuen Vergütungssystems für Außendienst- oder Kundenkontaktmitarbeitende, Vertreter der Betroffenen direkt in den Entscheidungsfindungsprozess mit einzubeziehen. So haben diese die Möglichkeit, eigene Kriterien zu entwickeln, anhand derer die Kundenzufriedenheit zur Leistungsbeurteilung beitragen. Die Verpflichtung der

Mitarbeitenden wird erleichtert, wenn das Unternehmen die kontinuierliche prinzipientreue Implementierung glaubwürdig zu gewährleisten vermag.

Schließlich ist darauf hinzuweisen, dass bei der Implementierung des Internen Marketing im Rahmen der Personalpolitik wie bei anderen Marketinginstrumenten Aspekte der **Wirtschaftlichkeit** zu berücksichtigen sind. Daher hat eine Gegenüberstellung der Kosten und des Nutzens einer solchen Personalpolitik zu erfolgen (George/Grönroos 1999, S. 53). Mögliche **Kostenfaktoren** sind:

- Engagement aller Mitarbeitenden auf allen Unternehmensebenen,
- Zeiteinsparungen aller Mitarbeitenden,
- Veränderungen in Denkstrukturen und Verhaltensweisen,
- Kosten für ein Implementierungsteam,
- Implementierungsbudget.

Demgegenüber sind folgende **Nutzenaspekte** zu erwähnen:

- Synergetische Wirkung auf Zielbeiträge einzelner Abteilungen und Mitarbeitende,
- Kundenbindung,
- Mitarbeiterbindung,
- Erreichung von Wettbewerbsvorteilen.

Sowohl das erforderliche große Engagement der Mitarbeitenden als auch die Veränderungen in Denkstrukturen hat insbesondere bei Dienstleistungen eine bedeutende Wirkung auf die Kundenbindung, da die Kunde-Mitarbeiter-Interaktion vor allem bei Dienstleistungen zu einem hohen Anteil Ursache für eine positive oder negative Beurteilung der Leistung und somit für die Kundenbindung ist. Des Weiteren kommen möglichen Synergien zwischen Abteilungen, wie z. B. durch kürzere Informationswege und transparente Informationen, im Dienstleistungsbereich nicht nur dem Unternehmen zugute, sondern werden auch von den Kunden eher wahrgenommen als eine Produktivitätssteigerung in Sachgüterbranchen. Wie bereits erläutert, ist die Mitarbeiterbindung wegen des bei vielen Dienstleistungen wichtigen persönlichen und oft langfristigen Verhältnisses zwischen Kunde und Mitarbeitender ein strategisches Ziel für Dienstleistungsunternehmen.

Die Ausführungen dieses Abschnitts haben die Bedeutung einer systematischen Personalpolitik für Dienstleistungsunternehmen aufgezeigt. Es lässt sich hervorheben, dass insbesondere bei Dienstleistungen mit intensivem Mitarbeiter-Kunden-Kontakt die Mitarbeitenden durch ihr Verhalten das gesamte Dienstleistungsunternehmen repräsentieren und dieses Verhalten demnach gemäß den Marketingzielen (z. B. Kundenorientierung) zu steuern ist. Aufgrund des Zusammenwirkens der verschiedenen Marketinginstrumente (z. B. sind die Leistungen in der durch die Werbung versprochenen Weise zu erbringen) sind eine unternehmensweite Planung der Personalpolitik und ihre Integration in die klassischen 4 Ps notwendig.

5.23 Barrieren der Implementierung

Der Implementierung eines Personalmanagementsystems, dem der Gedanke des Internen Marketing als Basis dient, begegnen einige **Widerstände**. Diese umfassen (Bruhn 1999a, S. 32f.):

- inhaltlich-konzeptionelle Barrieren,
- organisatorisch-strukturelle Barrieren,
- personell-kulturelle Barrieren.

Die **inhaltlich-konzeptionellen Barrieren** beziehen sich auf das Verständnis der Notwendigkeit der Implementierung des internen Marketinggedankens seitens Führungskräften und Mitarbeitenden. Zunächst besteht die Möglichkeit, dass es zu Fehlinterpretationen des Begriffes „Internes Marketing" kommt. Beispielsweise ist es möglich, dass Führungskräfte versuchen, die Mitarbeitenden von der Qualität der eigenen Dienstleistungen und der Richtigkeit in Bezug auf die Strategie und Positionierung des Unternehmens zu überzeugen. Anstelle dessen ist den Führungskräften zu vermitteln, dass das Interne Marketing beinhaltet, auf die Bedürfnisse der Mitarbeitenden als interne Kunden einzugehen, um so eine stärkere Kundenorientierung der Mitarbeitenden zu erreichen. Ferner sind sich viele Unternehmen nicht bewusst, dass auf dem Arbeitsmarkt kein Überangebot an hochqualifizierten potenziellen Mitarbeitenden besteht. Dadurch werden aktuelle Mitarbeitende häufig so behandelt, als seien sie jederzeit ersetzbar, woraus negative Auswirkungen auf deren Motivation resultieren. Viele Unternehmen erkennen nicht, dass es notwendig ist, ein umfassendes Verständnis der Personalpolitik zu haben. Dies führt zur Implementierung von Teilkonzepten, die zum Teil eine reine Alibifunktion für das Management übernehmen. Beispielsweise verankern viele Unternehmen in ihrer Unternehmensvision und -mission die Schlagworte „Kundenorientierung" und „Mitarbieterorientierung" also oberstes Ziel. Konkrete Instrumente und Prozesse zur täglichen Anwendung im Unternehmen fehlen jedoch häufig, so dass es meist bei einem „Lippenbekenntnis" bleibt. Schließlich ist die Erfolgskontrolle von internen Marketingaktivitäten schwierig.

Die **organisatorisch-strukturellen Barrieren** entwachsen der Tatsache, dass der interne Marketinggedanke auf eine Integration von Marketing- und Personalmanagement abzielt. Vielfach fehlen den für den jeweiligen Bereich zuständigen Mitarbeitenden Kompetenzen für den anderen Bereich. Beispielsweise obliegen die Verantwortung und die Zuständigkeit für Weiterbildungsmaßnahmen den jeweiligen Abteilungen, die weniger über einen Blick für den Gesamtnutzen als für den aus ihrer Perspektive fachlichen Einzelnutzen verfügen. Ferner ist ein Macht- und Abteilungsdenken anzutreffen. Dies liegt darin begründet, dass die zuständigen Abteilungen die Abgabe von Verantwortungsbereichen fürchten. So sehen beispielsweise Personalabteilungen die Gefahr, an Kompetenzen einzubüßen, wenn einzelne Personalaufgaben an die Führungskräfte der Linienabteilungen abzutreten sind. Damit einher geht auch stets die Gefahr des Arbeitsplatzverlustes, wenn einzelne Aufgaben auf die Linie übertragen werden und dadurch eine Personalabteilung nicht mehr benötigt wird. Der Verlust des Grundgedankens, gemeinsam an einer Leistung für den Kunden zu arbeiten, fällt besonders in Großunternehmen auf, in denen komplexe hierarchische und funktionale Strukturen vorherrschen. Schließlich fällt es in vielen Unternehmen schwer, die

Bewusstseinsprozesse von Führungskräften und Mitarbeitenden in Richtung des internen Marketinggedankens zu modifizieren.

Hinsichtlich der **personell-kulturellen Barrieren** ist zunächst der Mangel an fachlichen und sozialen Fähigkeiten von Führungskräften und Mitarbeitenden zu nennen. Insbesondere die Verbesserung der sozialen Kompetenz ist ein komplexer Prozess. Verstärkt wird er zusätzlich, wenn es für Mitarbeitende ohne Führungsposition nicht möglich ist, das Vorleben interner Kundenorientierung von Führungskräften zu erkennen. Die **Kundenorientierung von Führungskräften** lassen sich anhand von vier **Dimensionen** beschreiben (Homburg/Stock 2001c, S. 127):

- Vorleben von Kundenorientierung,
- Ausrichten der Mitarbeiterziele auf Kundenorientierung,
- Anerkennen kundenorientierter Verhaltensweisen der Mitarbeitenden,
- permanentes Betonen der Relevanz von Kundenorientierung für das Unternehmen und die Mitarbeitenden persönlich.

Ähnlich wie auf Abteilungsebene entstehen auch auf der Ebene des einzelnen Mitarbeitenden Angstgefühle, aufgrund der Integration von Personal- und Marketingmanagement Kompetenzen oder sogar die Stelle zu verlieren. Wird beispielsweise die Marketingabteilung personell ausgeweitet, um Maßnahmen zur internen Kundenorientierung zu implementieren, so liegt es nahe, dass beim Versuch abteilungsübergreifender Gespräche zwischen beiden Bereichen die Mitarbeitenden des Personalbereichs ihre Zuständigkeiten eingeengt sehen und sich entsprechend gegen derartige Maßnahmen sperren. Schließlich sind als personelle Barrieren Demotivations- und Frustrationseffekte bisheriger Maßnahmen zu erwähnen. Dies gilt insbesondere, wenn in relativ kurzen Zeitabständen neue Maßnahmen der Kommunikation und abteilungsübergreifenden Zusammenarbeit aufgenommen werden, die zu keinen sichtbaren Verbesserungen führen. Dies gilt insbesondere, wenn die Unternehmensleitung und Führungskräfte es nicht schaffen, Konzepte wie Total Quality Management, Empowerment, Kaizen oder Change Management für die Mitarbeitenden verständlich mit Inhalten zu füllen. In solchen Fällen empfiehlt es sich, einen **Change-Manager** zu etablieren, der den Veränderungsprozess begleitet und während des Prozesses stets die Kommunikation und die Interaktion mit den verschiedenen beteiligten Abteilungen sucht und fördert.

5.3 Marktorientierter Einsatz personalpolitischer Instrumente

Im Rahmen der marktorientierten Ausrichtung der Personalpolitik gilt es, die Instrumente der klassischen personalpolitischen Bereiche konsequent im Hinblick auf die Erreichung externer Marketingziele auszurichten und einzusetzen. Zu diesen Instrumenten zählen sämtliche Maßnahmen, deren Einsatz auf affektive, kognitive und konative Wirkungen bei den Mitarbeitenden abzielt. Der Einsatz der Instrumente lässt sich anhand eines Personalmanagementsystems systematisch vorgenehmen. Dieses System umfasst verschiedene Phasen, die in Schaubild 6-5-4 veranschaulicht sind. Sie umfassen die Planungsphase (Personalplanung), die Durchführungsphase (Personaleinsatz, Personalveränderung, Kundenorientierte Vergütungssysteme) sowie die Kontrollphase (Personalprüfung).

Schaubild 6-5-4 Phasen eines Personalmanagementsystems

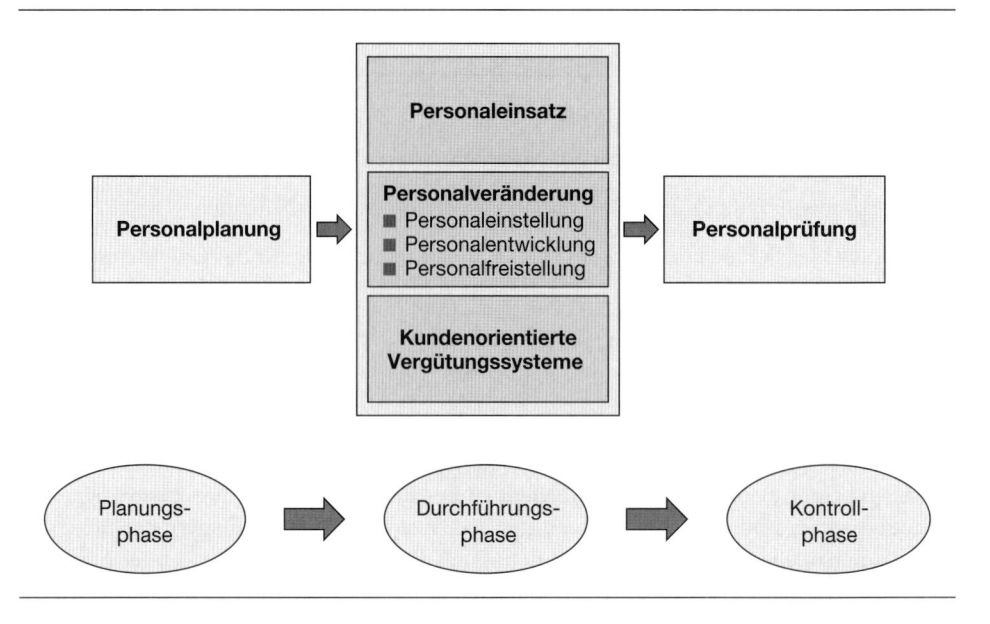

5.31 Personalpolitische Instrumente der Planungsphase

Die Personalplanung ist eine notwendige Voraussetzung für eine systematische Personalpolitik. Sie legt sowohl die Quantität, als auch die Qualität (im Sinne von Fähigkeiten) der benötigten Führungskräfte und Mitarbeitenden fest, die zur Leistungserbringung benötigt werden (Stock 2009, S. 72).

> Unter **Personalplanung** wird die gedankliche Vorwegnahme sämtlicher Maßnahmen verstanden, die der Überwindung von Differenzen zwischen mitarbeiterbezogenen Ist- und Soll-Zuständen im Hinblick auf die Ziele der Personalpolitik dienen.

Im Rahmen der Planungsphase lassen sich zwei **Gruppen von Instrumenten** unterscheiden:

- Instrumente zur Bestimmung des Personalbestands und -bedarfs,
- Festlegung der Anforderungen an die interne Dienstleistungsqualität.

5.311 Bestimmung des Personalbestands und -bedarfs

Ausgangspunkt für die Festlegung von Personalmaßnahmen jeglicher Art sind die **Personalbestandsanalyse** und die **Personalbedarfsbestimmung** (Stock 2009, S. 75). Mit Hilfe der Personalbestandsanalyse erhält man den mitarbeiterbezogenen Ist-Zustand, während der Personalbedarf den mitarbeiterbezogenen Soll-Zustand determiniert, also festlegt, wie viele Mitarbeitende welcher Qualifikation aufgrund des geplanten Leistungsprogramms zu welchen Zeitpunkten zur Verfügung zu stehen haben. Mittels beider Instrumente werden vier **Funktionen** erfüllt:

- Diagnosefunktion,
- Projektionsfunktion,
- Handlungsfunktion,
- Prognosefunktion.

Beide Instrumente betrachten auf der zeitlichen Dimension nicht nur die gegenwärtigen Zustände, sondern darüber hinaus Entwicklungen in der Zukunft. In der inhaltlichen Dimension lassen sich jeweils quantitative und qualitative Aspekte unterscheiden. Im Dienstleistungsbereich besteht in einer genauen Prognose und Absicherung des Personalbedarfs durch die Auswahl geeigneter Mitarbeitende ein kritischer Faktor. Die Interaktion und die Interaktionszeit mit dem Kunden nimmt einen großen Anteil an der Dienstleistungserstellung ein und ist zudem durch technische Maßnahmen und Schulungen kaum reduzierbar, da die notwendige Zeit für die Information und Beratung des Kunden vom Kunden und dessen Informations- und Beratungsbedarf abhängt. Die erforderliche Anzahl qualifizierter Mitarbeiter lässt sich somit nur in geringem Maße durch höhere Produktivität, also einer Reduktion der Durchlaufzeit, kompensieren. Eine Beobachtung des Marktes verfügbarer Arbeitskräfte mit geeigneten Qualifikationen und eine frühzeitige Rekrutierung nehmen daher einen hohen Stellenwert ein.

1. Quantitative Personalbestandsanalyse und Personalbedarfsbestimmung

Im Rahmen der quantitativen Betrachtung geht es um die zahlenmäßige Erfassung der Mitarbeitenden (Personalbestand) sowie die Bestimmung der erforderlichen Anzahl von Mitarbeitenden zur Erfüllung der Unternehmensziele (Personalbedarf). Dabei wird insbesondere die so genannte **Skontrationsrechnung** angewandt, die – ausgehend vom gegenwärtigen Bestand – über den projektierten Soll-Bestand zum prognostizierten Bestand führt (Scholz 1991, S. 56; Rossow 1994, S. 41; Weber et al. 2005; Berthel/Becker 2007, S. 231ff.; Thommen 2008, S. 583ff.).

Insbesondere bei Dienstleistungen mit vom Unternehmen wenig beeinflussbaren **Nachfrageschwankungen** ist diese quantitative Sichtweise wichtig. Hierbei lassen sich nach der Schwankungsursache zeitabhängige und naturabhängige Schwankungen unterscheiden. Hinsichtlich der **zeitabhängigen Schwankungen**, die vom Unternehmen aufgrund von Erfahrungswerten und Marktforschungsergebnissen vorhersehbar sind, lassen sich die folgenden **Arten von Nachfrageschwankungen nach ihrer Frequenz** unterscheiden:

- tageszeitabhängige Schwankungen, z. B. Restaurants, Tennishalle, Wach- und Schließgesellschaften,
- wochentagsabhängige Schwankungen, z. B. Diskotheken, Freizeitparks, Speditionen,
- jahreszeitabhängige (saisonale) Schwankungen, z. B. Reiseunternehmen.

Die **naturabhängigen Schwankungen** sind vom Unternehmen nicht vorhersehbar und lassen sich unterteilen in:

- wetterabhängige Schwankungen, z. B. Surfschule,
- naturkatastrophenabhängige Schwankungen, z. B. Ärzte, Rechtsanwälte, Krankenhäuser, Rettungsorganisationen.

Insbesondere bei Unternehmen, deren Nachfrage zeitabhängigen Schwankungen unterliegt, ist es aufgrund der Nichtlagerfähigkeit von Dienstleistungen notwendig, den jeweiligen quantitativen Personalbestand an den **zeitabhängigen Personalbedarf** anzupassen. In der Phase der Personalplanung sind daher mögliche Differenzen festzustellen und zu antizipieren, um Maßnahmen des Personaleinsatzes sowie der Personalentwicklung festzulegen. Bei der zeitabhängigen Personalplanung ist also zu berücksichtigen, wie kurz- oder langfristig der Personalbedarf im Zeitablauf schwankt. Es sind folgende **zeitliche Schwankungen** möglich:

- zyklische Schwankungen im Tagesverlauf,
- saisonale Schwankungen,
- stochastische, d. h. unregelmäßige Schwankungen.

Denkbar wäre bei im **Tagesablauf schwankenden Dienstleistungen** der Einsatz flexibler Arbeitszeiten. Ein Beispiel hierfür sind Call-Center, bei denen die Auslastungsspitzen beispielsweise am frühen Morgen und am Abend liegen. Für Call-Center lassen sich Arbeitsplätze zumindest teilweise auslagern und als Telearbeit einplanen. Dabei werden Mitarbeitende nur mit einem bestimmten Stundensatz für ihre Leistungsbereitschaft bezahlt und erhalten den größten Teil ihrer Vergütung entsprechend der Zeit, die sie tatsächlich für Kundengespräche aufgewendet haben.

Bei **saisonalen Schwankungen** besteht eine Möglichkeit darin, Personal von Zeitarbeitsfirmen zu beschäftigen. Diese Form der Arbeit hat in den letzten Jahren in Deutschland stark an Bedeutung gewonnen, da Unternehmen zunehmend bestrebt sind, Fixkosten (zu denen Personalkosten zumindest im nord- und mitteleuropäischen Raum aufgrund von Gesetzen des Kündigungsschutzes zählen) zu senken. Als Beispiel sind hier Skigebiete zu nennen. Häufig stellen Betreiber von Skiliftanlagen während der Wintersaison regionale Landwirte zum Betrieb der Anlagen an. Dadurch ergibt sich eine Win-Win-Situation, da die Landwirte zu dieser Zeit ihre schneebedeckten Felder nicht bearbeiten können und auf diese Weise einen Nebenverdienst erhalten.

Am schwierigsten stellt sich die Personalplanung bei Dienstleistungen mit **zufälligen Schwankungen** dar. Hier ist zu kalkulieren, ob sich ein höherer Personalbestand über eine besonders starke Nachfrage in nicht voraussehbaren Zeiträumen lohnt, oder ob es besser ist, Marktpotenziale in Zeiten hoher Nachfrage nicht ganz auszuschöpfen und stattdessen eine kontinuierlich hohe Auslastung eines geringeren Personalbestandes anzustreben. Dieser Fall der zufälligen Schwankungen kommt immer seltener vor, da aufgrund der technischen Möglichkeiten und Marktforschung der Großteil der Unternehmen die zu erwartende Nachfrage sehr gut antizipieren kann. Ein Beispiel ist hier die plötzliche Nachfrage an Bahntickets und Taxifahrten im Zuge der europaweiten Flugausfälle als Folge des Vulkanausbruchs in Island. Diese unerwartete Nachfrageexplosion stellte die *Deutsche Bahn* vor sehr große Probleme, da es in kurzer Zeit nicht möglich war, die Zug- und Personalkapazitäten an die neue Situation anzupassen.

2. Qualitative Personalbestandsanalyse und Personalbedarfsplanung

Die qualitativen Aspekte von Personalbestand und Personalbedarf beziehen sich auf die Eignung der Mitarbeitenden, mit Hilfe ihrer Fähigkeiten einen Beitrag zur Erreichung der Unternehmens- und Personalziele zu leisten. Bei der Betrachtung der hierbei verwendeten Instrumente bietet sich eine Unterscheidung in (a) mitarbeiterbezogene und (b) unternehmens- bzw. abteilungsbezogene Instrumente an:

(a) Mitarbeiterbezogene Instrumente

Diese Gruppe von Instrumenten dient der Betrachtung der Fähigkeiten des einzelnen Mitarbeitenden. Im Rahmen der Personalbestandsanalyse werden hierzu Eigenschaftsprofile des jeweiligen Mitarbeitenden erstellt (Bisani 1993, S. 344ff.). In Eigenschaftsprofilen werden die Ausprägungen von mitarbeiterbezogenen Merkmalen dargestellt.

Dabei lassen sich positions- und unternehmensrelevante Merkmale unterscheiden. Zu den **positionsrelevanten Merkmalen** gehören:

- Fähigkeitsmerkmale: z. B. Merkmale in Bezug auf das Wissen und Können.
- Persönlichkeitsmerkmale: z. B. Verantwortungsbewusstsein, Kommunikationsfähigkeit, Sozialkompetenz.

Da im Dienstleistungsbereich der Kundenkontakt bzw. der Kundendialog aufgrund höherer Interaktionszeiten und hoher Vertrauens- und Glaubenseigenschaften der Leistungen eine größere Rolle spielt als im Konsumgüterbereich, kommt den **sozialen Kompetenzen** – wie beispielsweise Kommunikationsfähigkeit, Empathie und Vertrauenswürdigkeit – eine besondere Bedeutung zu. Auf diese Persönlichkeitsmerkmale hat vor allem das Kundenkontaktpersonal zu achten, wobei die konkrete Dienstleistung oft entscheidend für die Bedeutung einzelner Persönlichkeitsmerkmale ist. Schaubild 6-5-5 zeigt exemplarisch eine Stellenausschreibung inklusive Anforderungsprofil für die Anstellung als Altenpfleger/In.

Schaubild 6-5-5   Stellenbeschreibung mit Anforderungsprofil für eine Pflegefachkraft

Titel des Stellenangebots	Altenpfleger/in
Alternativberufe	Gesundheits- und Krankenpfleger/in
Stellenangebotsart	Arbeitsplatz (sozialversicherungspflichtig)
Arbeitgeber	Procon Seniorenzentren gGmbH Seniorenzentrum Storchenpark Branche: Pflegeheime, Betriebsgröße: zwischen 51 und 500
Stellenbeschreibung	Die PROCON-Gruppe gehört bundesweit zu den führenden privaten Gesellschaften im Bereich Betreuung und Pflege älterer Menschen. Wir bieten Ihnen die Möglichkeit, in einem stetig wachsenden Unternehmen zu arbeiten, ein motiviertes Team zu verstärken, Ihre Erfahrungen langfristig an einem sicheren Arbeitsplatz einzusetzen sowie interessante Perspektiven für Ihre persönliche und fachliche Weiterentwicklung. Für unser Seniorenzentrum Storchenpark in Speyer suchen wir Examinierte Pflegefachkräfte (m/w) IHR AUFGABENBEREICH: ■ Eigenverantwortliche und aktivierende Pflege und Versorgung pflegebedürftiger Menschen nach dem Pflegeprinzip des Bezugspersonensystems ■ Mitverantwortung für die Pflegequalität im Sinne der Pflegeziele ■ Arbeitsanleitung von Pflegehilfspersonal ■ Eigenständige Durchführung ärztlich veranlasster Maßnahmen ■ Gestaltung eines angenehmen Lebensumfelds für unsere Bewohner ■ Unterstützung der Bewohner bei den Anforderungen des Alltags ■ Ausführung administrativer Tätigkeiten UNSER ANFORDERUNGSPROFIL: ■ Abgeschlossene Berufsausbildung als Pflegefachkraft in der Altenpflege ■ Verantwortungsbewusstsein, Organisationstalent und Teamgeist ■ Freude an der Arbeit mit alten und hilfebedürftigen Menschen ■ Eine menschlich warme Persönlichkeit mit einem offenen Ohr für die Anliegen unserer Bewohner Das Seniorenzentrum Storchenpark bietet unterschiedliche Schwerpunkte. Wir bieten einen Wohnbereich für Menschen mit Demenz sowie einen Bereich für Menschen mit appalischem Syndrom. Sie haben also die Möglichkeit, einen Arbeitsplatz zu wählen, der Ihren Stärken und Qualifikationen entspricht. Ebenso werden Ihre Wünsche bezüglich der Arbeitszeit (Tagdienst oder/und Nachtdienst) und des Stundenumfangs (Teilzeit oder Vollzeit) berücksichtigt.
Führungsverantwortung	Keine Führungsverantwortung
Arbeitsorte	Obere Langgasse 13, 67346 Speyer, Rheinland-Pfalz, Deutschland Nur Bewerber aus dem Umkreis von 20 Kilometern.
Beginn der Tätigkeit	Sofort

Quelle: Bundesagentur für Arbeit 2011

So sind z. B. in einem Pflegeheim andere Merkmale gefragt als bei einem Freizeitveranstalter oder einer Privatbank. Schaubild 6-5-6 zeigt die zentralen fachlichen und sozialen Kategorien eines Anforderungsprofils.

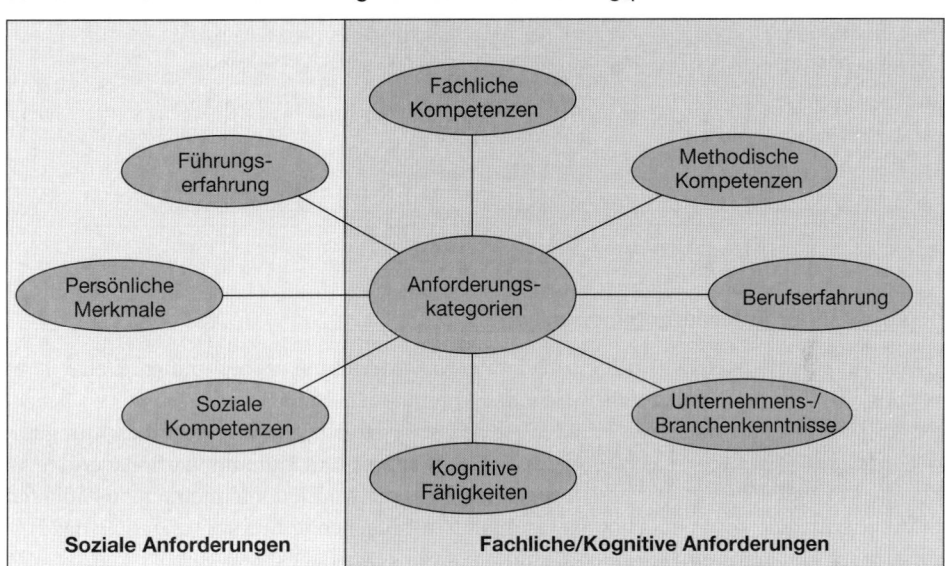

Schaubild 6-5-6 Zentrale Kategorien eines Anforderungsprofils für Mitarbeiter

Quelle: Stock-Homburg 2008, S. 94

Zu den **unternehmensrelevanten Merkmalen** zählen:

- Mitarbeiterorientierte Merkmale: z. B. Teamfähigkeit, Bereitschaft zu sozialer Verantwortung.
- Unternehmensorientierte Merkmale: z. B. unternehmenskulturbedingte Merkmale.

Betrachtet man die **mitarbeiterbezogenen Instrumente des Personalbedarfs**, dann steht die Festlegung der vom Leistungsprogramm sowie unternehmensinternen und -externen Kontextfaktoren abhängigen Anforderungen an die Mitarbeitenden im Vordergrund (Bisani 1993, S. 340ff.). Eine Übersicht über Anforderungen an das Kundenkontaktpersonal von Dienstleistungsunternehmen zeigt Schaubild 6-5-7.

Die Mitarbeiteranforderungen lassen sich in einem Anforderungsprofil darstellen, das aus den vom Unternehmen geforderten Ausprägungen der oben genannten Merkmale besteht. Bei der **Erstellung eines Anforderungsprofils** ist nach den folgenden Schritten vorzugehen (Bisani 1993, S. 350ff.):

Schaubild 6-5-7 Anforderungen an das Kundenkontaktpersonal von Dienstleistungsunternehmen

Potenzialorientierte Anforderungen	Prozessorientierte Anforderungen	Ergebnisorientierte Anforderungen
■ Belastbarkeit	■ Klare Ausdrucksweise	■ Zuverlässigkeit
■ Stresstoleranz	■ Einfühlungsvermögen	■ Genauigkeit
■ Beharrungsvermögen	■ Kommunikationsfähigkeit	■ Pünktlichkeit
■ Geistige Flexibilität	■ Kontaktfähigkeit	■ Erreichbarkeit
■ Qualifikation	■ Selbstbeherrschung	■ Entscheidungsfähigkeit
■ Energie	■ Fähigkeit, zuzuhören	■ Flexibilität
■ Äußerer Eindruck	■ Eigeninitiative	■ Kritikfähigkeit

1. Auswahl der Anforderungsmerkmale

Es sind in einem ersten Schritt die **relevanten Anforderungen** zu bestimmen. Dabei ist es wichtig, die für die jeweilige Dienstleistung charakteristischen Besonderheiten zu beachten, z. B. die Art und Dauer des Kundenkontaktes. Diese stehen in direkter Verbindung mit den erforderlichen Eigenschaften, wie z. B. Belastbarkeit und Kommunikationsvermögen. Bei einer Privatbank ist z. B. damit zu rechnen, dass die Kunden mehrheitlich aus höheren Bildungsschichten kommen. Hieraus resultieren entsprechende Anforderungen an das Personal hinsichtlich des notwendigen Kommunikationsvermögens.

2. Zusammenstellung der von einem Positionsinhaber zu erfüllenden Funktionen

Hinsichtlich der für einen Mitarbeitenden des mittleren Managements relevanten Aufgaben lassen sich z. B. die folgenden **Funktionen mit spezifischem Bezug zu Dienstleistungen** nennen:

▌ Initiativfunktion (z. B. bei der Anpassung der Leistungen nach Verbesserungsvorschlägen von Kundenseite),

▌ Planungsfunktion (z. B. zur Kapazitätsanpassung in unterschiedlichen Nachfragezeiten),

▌ Entscheidungsfunktion (z. B. für die Individualisierung bestimmter Leistungen des Angebotsspektrums),

▌ Delegations- und Koordinationsfunktion (z. B. zur Zuordnung von Zuständigkeitsbereichen für die Bearbeitung von Beschwerden),

▌ Informationsfunktion (z. B. Ergreifen von Maßnahmen zum Signaling der Leistungsfähigkeit gegenüber den Kunden),

▌ Kontrollfunktion (z. B. Sicherstellung der Leistungsbereitschaft bestimmter Supportfunktionen),

Personalpolitik 637

- Personalführungs- und insbesondere Motivationsfunktion (z. B. Vorleben der Unternehmensgrundsätze zur Kundenorientierung),
- Repräsentationsfunktion (z. B. bei Messeanlässen oder Key-Account-Gesprächen).

3. Ableitung eines detaillierten Anforderungsprofils

Aus den in Schritt 2 ermittelten Funktionen lassen sich die in Schritt 1 ausgewählten **Merkmale detaillierter erfassen**. Die Inhalte einer Initiativfunktion unterscheiden sich bei der genannten Position im mittleren Management in Abhängigkeit vom Leistungsspektrum, von Kundengruppen, der Intensität des Kundenkontaktes und weiteren Faktoren. So umfasst die Initiativfunktion beim Leiter eines Call Centers für den telefonischen Softwaresupport z. B. den stetigen Kontakt zur Entwicklungsabteilung. Die Aufgaben des Abteilungsleiters im Controlling eines Versicherungsunternehmens hingegen beinhaltet in vergleichsweise größerem Umfang die Kommunikation mit dem oberen Management sowie den einzelnen Produktsparten. Entsprechend sind hier unterschiedliche interdisziplinäre Fähigkeiten und Fachwissen verbundener Abteilungen erforderlich.

4. Gewichtung der einzelnen Anforderungen

Abschließend bedarf es einer **Gewichtung der einzelnen Detailanforderungen**, um eine für die zu besetzende Stelle entsprechende Wertigkeit und Priorisierung sicherzustellen. Diese Gewichtung kann z. B. auf einer Skala von „Für die Position bedeutungslos" bis „Für die Aufgabenerfüllung auf der Position unerlässlich" erfolgen. Je nach Bedeutung werden die einzelnen Anforderungen auf einer Skala bewertet und ergeben das Gesamtbild an Anforderungen an den potenziellen Positionsinhaber. Generell lässt sich für den Dienstleistungssektor festhalten, dass sozialen und kommunikativen Fähigkeiten aufgrund der Dienstleistungsbesonderheiten – wie z. B. der Interaktionsintensität – eine hohe Bedeutung zukommt. Dass diese Eigenschaften in besonderem Maße zur Beurteilung der Dienstleistungsqualität beitragen, zeigen beispielsweise die Ergebnisse des SERVQUAL-Ansatzes (vgl. Kapitel 5, Abschnitt 3.2221). Schaubild 6-5-8 stellt beispielhaft die Schritte zur Erstellung eines Anforderungsprofils für einen Mitarbeitenden des Qualitätsmanagements auf der mittleren Führungsebene dar.

Schaubild 6-5-8 Schritte zur Erstellung eines Anforderungsprofils für einen Mitarbeitenden der mittleren Führungsebene im Qualitätsmanagement

Aufgaben/Schritte	Beschreibung
1. Auswahl der Anforderungsmerkmale	Bei der Stelle bedarf es eines umfangreichen Fachwissens in Bezug auf das Qualitätsmanagement. Darüber hinaus sind Kommunikationsfähigkeit, Belastbarkeit und Zuverlässigkeit wichtige Kriterien, um die Stelle erfolgreich auszuüben.
2. Zuammenstellung der von einem Positionsinhaber zu erfüllenden Funktionen	Die grundlegende Funktion des Qualitätsmanagements ist die Gewährleistung einer gleichbleibend hohen Qualität innerhalb des Unternehmens. Darunter fallen diverse Einzelfunktionen wie z. B. die Planungsfunktion (Planung von Qualitätsaudits und der Durchführung von Verbesserungsmaßnahmen), Delegations- und Koordinationsfunktion zwischen einzelnen Abteilungen, Kontrollfunktion sowie Personalführungsfunktion innerhalb der Qualitätsabteilung und Motivationsfunktion gegenüber anderer Abteilungen zur Durchsetzung qualitätsrelevanter Prozesse.
3. Ableitung eines detaillierten Anforderungsprofils	Aus den ersten beiden Punkten wird nun ein Anforderungsprofil abgeleitet. Für den Qualitätsmanager ist darauf zu achten, dass neben den notwendigen Fachkenntnissen aufgrund der Koordinations-, Motivations- und Führungsfunktion auch persönliche und soziale Kompetenzen in das Anforderungsprofil einfließen.
4. Gewichtung der einzelnen Anforderungen	Aufbauend auf den Funktionen und dem bestehenden Anforderungsprofil werden die einzelnen Anforderungskriterien gewichtet. Für den Mitarbeitenden im Qualitätsmanagement sind vor allem Kriterien wie eine hohe Belastbarkeit sowie Kommunikationsfähigkeit und Zuverlässigkeit entscheidend, da eine Sicherstellung eines gleichbleibend hohen Qualitässtandards stets Konflikte zwischen verschiedenen Abteilungen aufwerfen kann, diese dann von einem Qualitätsmanager zu bewältigen sind.

Schaubild 6-5-9 stellt beispielhaft ein Anforderungsprofil des Mitarbeitenden als Ergebnis der vier beschriebenen Schritte dar.

Ist die Beurteilung eines einzelnen Mitarbeitenden nicht ausreichend, so bedarf es weiterer Instrumente, die eine globalere Betrachtung vornehmen. Hier empfiehlt es sich, **abteilungs- und unternehmensbezogene Instrumente** einzusetzen, die im Folgenden näher erläutert werden.

(b) Unternehmens- bzw. abteilungsbezogene Instrumente

Zu der unternehmens- bzw. abteilungsbezogenen Mitarbeiterbeurteilung werden folgende **Analyseinstrumente** herangezogen:

- fähigkeitsbezogene Aggregation der Anforderungsmerkmale,
- mitarbeiterbezogene SWOT-Analyse,
- Mitarbeiterportfolio.

Personalpolitik

Schaubild 6-5-9 Beispiel für ein Anforderungsprofil an einen Mitarbeitenden der mittleren Führungsebene im Qualitätsmanagement

Anforderungen		Ausprägungsgrad				
		sehr gering	gering	mittel	hoch	sehr hoch
Potenzialorientierte Anforderungen	Belastbarkeit					■
	Fachwissen und -können				■	
	Äußerer Eindruck					■
Prozessorientierte Anforderungen	Klare Ausdrucksweise				■	
	Einfühlungsvermögen				■	
	Kommunikationsfähigkeit					■
	Kontaktfähigkeit				■	
	Eigeninitiative			■		
Ergebnisorientierte Anforderungen	Zuverlässigkeit					■
	Genauigkeit				■	
	Erreichbarkeit			■		
	Pünktlichkeit				■	
	Entscheidungsfähigkeit			■		
	Flexibilität				■	
	Kritikfähigkeit					■

Fähigkeitsbezogene Aggregation der Anforderungsmerkmale

Im Rahmen der Bestandsanalyse lässt sich, ausgehend von den Fähigkeitsprofilen, eine fähigkeitsbezogene Aggregation vornehmen. Den für einzelne Personen aufgestellten Anforderungskatalogen mit Gewichtungen der relevanten Fähigkeiten als SOLL-Position lässt sich eine aggregierte IST-Analyse der Mitarbeitenden gegenüberstellen und so der Handlungsbedarf bei einzelnen Mitarbeitenden, beispielsweise hinsichtlich der Zuverlässigkeit bei der Beschwerdebearbeitung, verdeutlichen. Der Vergleich zwischen den aggregierten Ausprägungen der Fähigkeitsprofile und denen einzelner Mitarbeitenden dient somit als Maßgabe für Schwachpunkte in der Abteilung. Darüber hinaus lassen sich die Leistungen von Mitarbeitenden, die in bestimmten Bereichen herausragende Leistungen erbringen, als Benchmark nutzen, von dem andere Mitarbeitende als Best-Practice-Beispiel lernen können. Es ist allerdings ein sensibler Umgang mit den erhobenen Daten erforderlich, um die Ergebnisse zur Motivation der Mitarbeitenden mit Defiziten zu verwenden und nicht zu deren „Bloßstellung" in der Abteilung beizutragen.

Mitarbeiterbezogene SWOT-Analyse

Basierend auf der SWOT-Analyse aus dem Bereich der strategischen Planung gilt es auch für den Personalbereich, Stärken, Schwächen, Chancen und Risiken zu analysieren. Bei den Stärken und Schwächen handelt es sich um unternehmensinterne, mitarbeiterbezogene Kriterien, wie z. B. die Qualifikation der Mitarbeitenden, Kundenorientierung der Mitarbeitenden, Einstellung der Mitarbeitenden gegenüber dem internen Kunden u. a. m. Unter

Chancen und Risiken werden hingegen solche mitarbeiterbezogenen Kriterien zusammengefasst, die unternehmensextern und daher vom Unternehmen nicht zu beeinflussen sind, d. h. Anzahl und Qualifikation ausgebildeter Mitglieder eines Berufsstandes, Qualifikation von Mitarbeitenden der Konkurrenz, tarifliche Bestimmungen u. a. m.

Mitarbeiterportfolio

In der Personalliteratur finden sich bereits Ansätze einer mitarbeiterbezogenen Modifikation der marktbezogenen **Portfoliomatrix** der *Boston Consulting Group*. Bei diesem so genannten Human-Ressourcen- oder Personalportfolio (Wunderer/Kuhn 1995, S. 177; Papmehl 1999, S. 65; Schulte 2002) wird anhand der beiden Dimensionen „strategische Bedeutung der Geschäftsbereiche" und „Personalqualität der Geschäftsbereiche" eine Vier-Felder-Matrix aufgespannt. Unter Berücksichtigung des Konzeptes des Internen Marketing sowie der Besonderheiten von Dienstleistungen wird hier eine Matrix mit den folgenden **Dimensionen** gebildet:

- Kundenorientierung der Mitarbeitenden,
- Unternehmensorientierung der Mitarbeitenden.

Unter Verwendung einer hohen und einer niedrigen Ausprägung für die jeweilige Dimension ergeben sich die vier in Schaubild 6-5-10 dargestellten **Typen von Mitarbeitenden** (auch auf Abteilungen übertragbar):

- „Misserfolgsmitarbeitende",
- kundenorientierte Mitarbeitende,
- unternehmensorientierte Mitarbeitende,
- „Erfolgsmitarbeitende".

Aufbauend auf den konstitutiven Merkmalen der Dienstleistungen können als mögliche **Indikatoren der Kundenorientierung** beispielsweise die SERVQUAL-Dimensionen Zuverlässigkeit, Reaktionsfähigkeit, Leistungsfähigkeit und Einfühlungsvermögen herangezogen werden. Dies im Sinne der Bereitschaft des Mitarbeitenden, auf die Wünsche des Kunden einzugehen, sich auf die individuelle Situation schnell und angemessen anzupassen und dass der Mitarbeitende über die entsprechende Ausbildung und Kompetenz verfügt, die die jeweilige Kundenbearbeitung erfordert. Als mögliche **Indikatoren der Unternehmensorientierung** sind hier Committment zu dem Unternehmen, die Identifizierung mit dem Unternehmen und auch die Präsentation der Unternehmenswerte und -normen innerhalb und auch außerhalb des Unternehmensumfeldes zu nennen. Unternehmensorientierung bedeutet in diesem Zusammenhang auch, dass ein Mitarbeitender in entsprechenden Situationen die Ziele des Unternehmens vor die eigenen persönlichen Ziele stellt.

Für den Unternehmenserfolg sind sowohl eine Kunden- als auch Unternehmensorientierung der Mitarbeitenden unerlässlich. Daher ist es das Ziel eines Dienstleistungsunternehmens, möglichst viele so genannte „Erfolgsmitarbeitende" zu beschäftigen. Lediglich **unternehmensorientierte Mitarbeitende** neigen dazu, wenig Rücksicht auf Kundenwün-

Schaubild 6-5-10 Mitarbeiterportfolio eines Dienstleistungsunternehmens

	Niedrig	Hoch
Hoch (Kundenorientierung)	Kundenorientierte Mitarbeiter	„Erfolgsmitarbeiter"
Niedrig (Kundenorientierung)	„Misserfolgsmitarbeiter"	Unternehmensorientierte Mitarbeiter

Unternehmensorientierung

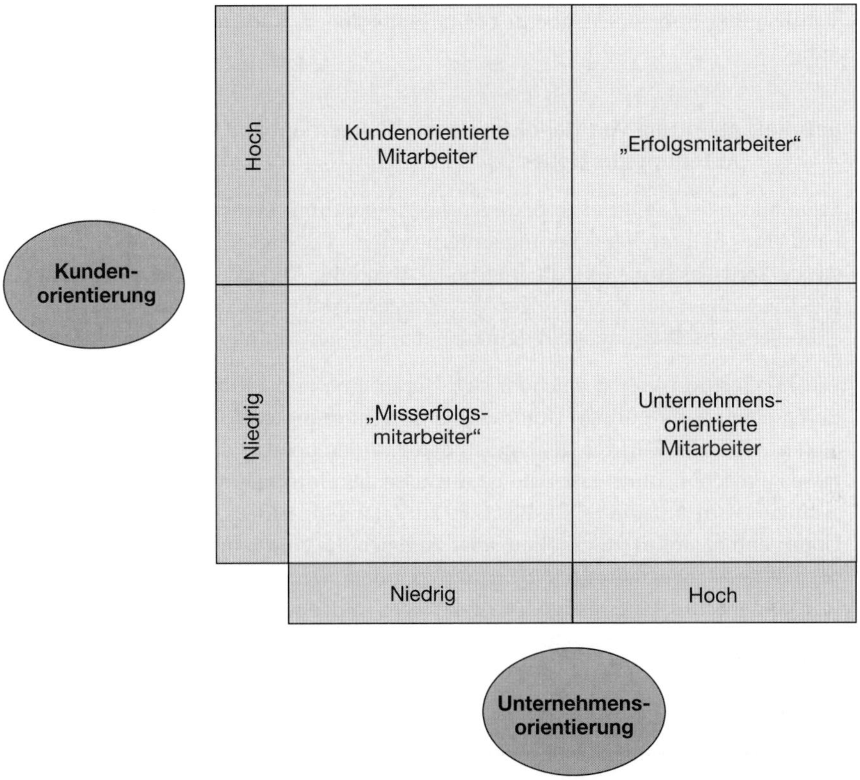

sche zu nehmen. Dies verursacht häufig vor allem bei Dienstleistungen mit einem hohen Integrationsgrad des externen Faktors eine Kundenabwanderung. Dahingegen besteht bei einseitig **kundenorientierten Mitarbeitenden** die Gefahr, dass sie die Unternehmens- und Marketingziele des Dienstleisters aus den Augen verlieren. Dies wiederum kann eine negative Entwicklung finanzieller Größen (z. B. Umsatz, Gewinn) zur Folge haben. Aus diesen Gründen haben Dienstleistungsunternehmen sämtliche Maßnahmen der Personalpolitik auf das Ziel auszurichten, Mitarbeitende zu engagieren, die sowohl eine Kunden- als auch eine Unternehmensorientierung zu realisieren gewillt und fähig sind.

In der Matrix lassen sich nun einzelne Abteilungen oder Mitarbeitende in Form von Kreisen einzeichnen, wodurch man den qualitativen Personalbestand (IST-Position) erhält. Unter Hinzunahme der vom Unternehmen verlangten Anforderungen lassen sich in einem weiteren Schritt SOLL-Positionen für die einzelnen Mitarbeitenden oder Abteilungen einzeichnen. Je nach Abstand zwischen der jeweiligen IST- und SOLL-Position wird es anschließend ermöglicht, die Notwendigkeit für Personalmaßnahmen abzuleiten. Wenn es sich z. B. ergeben hat, dass ein Großteil des Kundenkontaktpersonals einer Bank aus Sicht der Unternehmensleitung, der Kunden oder der Mitarbeitenden/Kollegen als wenig qualifiziert und motiviert eingeschätzt wird, ist der Einsatz von Maßnahmen der Personalpolitik zur Qualifizierung und Motivation der Mitarbeitenden, z. B. durch Trainingsmaßnahmen, notwendig.

> **Beispiel: Ableitung von Handlungsempfehlungen anhand eines Abteilungsportfolios**
>
> Schaubild 6-5-11 zeigt exemplarisch die Anwendung eines Abteilungsportfolios anhand eines fiktiven Versicherungsunternehmens. Die drei Abteilungen A, B und C seien die Vertriebsteams (A), die interne IT-Abteilung (B) und die Beschwerdeabteilung (C). Die Größen der Kreise zeigen die Mengenverhältnisse der einzelnen Abteilungen – die Vertriebsabteilung stellt demnach den größten Teil der Mitarbeitenden.
>
> Die IST-Position von A zeichnet sich durch eine hohe Kundenorientierung, jedoch durch eine relativ geringe Unternehmensorientierung aus. Dies könnte sich dadurch äußern, dass der Vertrieb geneigt ist, den Kunden bei Abschlüssen große Zugeständnisse zu machen, ohne dabei die Bedürfnisse des Unternehmens genügend zu berücksichtigen. Um auf die SOLL-Position zu gelangen, bedarf es Maßnahmen, um den Unternehmensfokus zu erhöhen, aber zugleich die Kundenorientierung nicht zu vernachlässigen. Dies könnte z. B. erfolgen, indem weniger Preiszugeständnisse erteilt werden, aber kostengünstige Zusatzservices angeboten werden, die die Rentabilität des Unternehmens nicht schmälern, dem Kunden jedoch einen großen Zusatznutzen bieten.
>
> Abteilung B zeichnet sich durch eine geringe Kunden- und eine geringe Unternehmensorientierung aus. Zur Erreichung der SOLL-Position bedarf es Verbesserungen in beiden Kategorien. So wäre als eine mögliche Maßnahme zu überlegen, wie die IT-Services innerhalb des Unternehmens effizienter und kostengünstiger angeboten werden könnten, beispielsweise durch Outsourcing von Teilarbeiten wie Wartung usw. Zur Erhöhung der Kundenorientierung ist eine engere Kooperation und ein intensiver Austausch zwischen der IT- und den Kundenserviceabteilungen denkbar.
>
> Abteilung C verfügt im Ist-Zustand über eine hohe Unternehmensorientierung, jedoch über eine sehr geringe Kundenorientierung. Im Fall einer Beschwerdeabteilung zeichnen sich die Mitarbeitenden ggf. dadurch aus, dass bei Beschwerden nur sehr selten die Bedürfnisse der Kunden berücksichtigt werden und eine Wiedergutmachung nur in sehr schwerwiegenden Versäumnissen des Unternehmens erfolgt. Dadurch werden die Kunden unzufrieden und laufen Gefahr, abzuwandern. Eine Erhöhung der Kundenorientierung könnte hier in der Schulung der Mitarbeitenden liegen, die Bedürfnisse der Kunden besser zu verstehen und in Einzelfällen individuell über mögliche Wiedergutmachungen zu entscheiden.

Personalpolitik 643

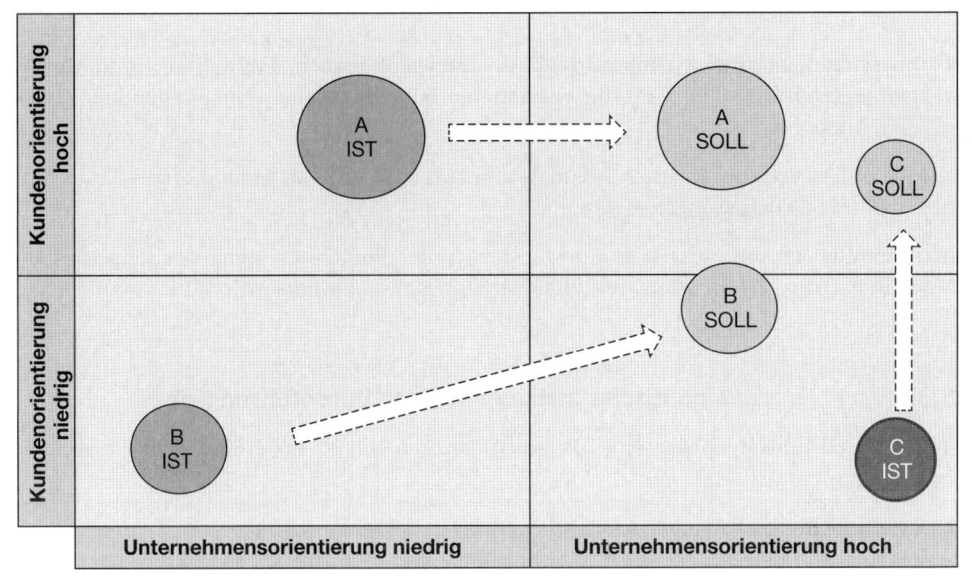

Schaubild 6-5-11   Exemplarisches Beispiel eines Abteilungsportfolios

[Portfolio-Matrix mit den Achsen Kundenorientierung (hoch/niedrig) und Unternehmensorientierung (niedrig/hoch). Positionen: A IST (oben links), A SOLL (oben rechts), C SOLL (oben rechts außen), B IST (unten links), B SOLL (Mitte rechts), C IST (unten rechts). Pfeile zeigen von IST- zu SOLL-Positionen.]

Das **Instrument der Portfoliomatrix** lässt sich dahingehend kritisieren, dass die Beurteilung der beiden Dimensionen trotz der Möglichkeit der Heranziehung unterschiedlicher Kriterien sehr unspezifisch ist. Die Ursache ist in der Bestimmung eines einzelnen Wertes je Dimension und Mitarbeitende/Abteilung zu sehen. Mit Hilfe dieser Methode lassen sich jedoch Tendenzaussagen hinsichtlich der Notwendigkeit von Maßnahmen der Personalpolitik treffen.

5.312   Festlegung der Anforderungen an die interne Dienstleistungsqualität

Neben der Bestimmung der Anforderungen der Unternehmensleitung an einzelne Mitarbeitende und Abteilungen ist ferner die Messung der **Anforderungen an die interne Dienstleistungsqualität** von Bedeutung (vgl. Kapitel 5, Abschnitt 6.4).

> **Interne Dienstleistungsqualität** ist die Fähigkeit eines internen Lieferanten, die Beschaffenheit einer primär intangiblen und der Kundenbeteiligung bedürfenden Leistung aufgrund von internen Kundenerwartungen auf einem bestimmten Anforderungsniveau zu erfüllen (Bruhn 1999a, S. 541).

Als relevante **interne Qualitätsdimensionen** kommen dabei die Folgenden in Betracht (Bruhn 1999a, S. 544):

- **sachliche Dimension:** z. B. Pünktlichkeit, Zuverlässigkeit, Genauigkeit der erwarteten Dienstleistung,

- **persönliche Dimension:** z. B. Offenheit, Ehrlichkeit, Freundlichkeit der beteiligten Manager und Mitarbeitenden,

- **zwischenmenschliche Dimension:** z. B. Entgegenkommen, Flexibilität, Einfühlungsvermögen, Fairness im Umgang mit anderen Führungskräften, Mitarbeitenden, Kollegen, Abteilungen.

Die Anforderungen der internen Leistungsempfänger lassen sich anhand dieser Dimensionen z. B. mittels Befragungen erfassen.

Im Anschluss an die Personalplanung gilt es, unter Berücksichtigung der Personalziele Maßnahmen der Organisations- und Realisierungsphase der Personalpolitik festzulegen.

5.32 Personalpolitische Instrumente der Durchführungsphase

In der **Durchführungsphase** eines Personalmanagementsystems kommen die folgenden Instrumente zur Anwendung:

- Instrumente des Personaleinsatzes,
- Instrumente der Personalveränderung,
- kundenorientierte Vergütungssysteme.

5.321 Personaleinsatz

Im Zusammenhang mit dem Personaleinsatz gilt es in Abhängigkeit des Interaktionsgrades im Kundenkontakt zu unterscheiden zwischen eher „aufgabenorientierteren" und „beziehungsorientierteren" Aufgaben. Die Dienstleistungsmitarbeitenden sind demzufolge entsprechend ihrer interaktionsbezogenen Neigungen und Fähigkeiten den jeweiligen Aufgabenbereichen zuzuordnen (Stauss 2000b, S. 212).

> Dem **Personaleinsatz** im weiteren Sinne werden sämtliche Maßnahmen subsumiert, die mit der Festlegung und Gestaltung der Arbeitsorganisation, des Arbeitsplatzes sowie der Arbeitszeit in Verbindung stehen.

Ausgehend von der Definition des Personaleinsatzes lassen sich die folgenden **Kategorien von Instrumenten** unterscheiden:

1. arbeitsplatzbezogene Instrumente,
2. arbeitszeitbezogene Instrumente,
3. arbeitsorganisationsbezogene Instrumente,
4. tätigkeitsunabhängige Maßnahmen.

1. Arbeitsplatzbezogene Instrumente

Die arbeitsplatzbezogenen Instrumente des Personaleinsatzes betreffen Maßnahmen, die mit dem Arbeitsplatz des einzelnen Mitarbeitenden direkt in Verbindung stehen. Für die Leistungsqualität der Mitarbeitenden bedeutsam ist daher die Weite des ihnen zugestandenen **Handlungsspielraums**. Dabei werden unterschieden (Bokranz 1989, S. 429):

Eine **Aufgabenerweiterung** bedeutet die Ausdehnung des Tätigkeitsspielraums (Job Enlargement) – z. B., wenn ein Kofferträger im Hotel zusätzlich für den Zimmerservice oder die Erfüllung spezieller Wünsche von Gästen zuständig ist – sowie durch eine Aufgabenrotation (Job Rotation), das systematische Wechseln des Arbeitsplatzes in festgelegten Zeitabständen (Thommen/Achleitner 2006, S. 704). Neben dem daraus häufig resultierenden Motivationsanstieg wird der Mitarbeitende darüber hinaus für unterschiedliche Prozesse der Leistungserstellung während des Kundenkontakts sensibilisiert und in die Lage versetzt, den Leistungserstellungsprozess ganzheitlich kennen zu lernen und für den Kunden kritische Prozessschritte besonders zu beachten.

Eine **Aufgabenbereicherung** (Job Enrichment) bedeutet die Vergrößerung des Entscheidungsspielraums im Rahmen seiner Aufgabenausübung. Im Zusammenhang dazu steht das Konzept des „Empowerment" (Bowen/Lawler III 1995; vgl. auch Kapitel 7, Abschnitt 2.1). Die zentrale Aussage beinhaltet, den Mitarbeitenden mehr Handlungsspielräume zu gewähren, um Kundenwünsche zu erfüllen und auf Beschwerden einzugehen. Dadurch lässt sich in der Regel zum einen die Mitarbeitermotivation und -zufriedenheit und zum anderen die Kundenzufriedenheit erhöhen. Eine Möglichkeit des Empowerment durch Job Enrichment in einer Telefonhotline wäre z. B. darin zu sehen, dass der Mitarbeitende nicht nur dafür zuständig ist, Anfragen der Kunden entgegenzunehmen und weiterzuleiten, sondern in bestimmten Fällen auch selbständig entscheiden zu können oder die Kompetenz zu erhalten, konkrete Angebote anzubieten.

Eine **Aufgabenbegrenzung** bedeutet die Verringerung des Tätigkeits- und/oder des Endscheidungsspielraums. Zum einen stellen diese Maßnahmen eine Form der „Bestrafung" für die Erstellung schwacher Leistungsqualität dar. Zum anderen sind solche Maßnahmen auch denkbar, um eine Kundenorientierung des Mitarbeitenden durch Spezialisierung zu bewirken.

2. Arbeitszeitbezogene Instrumente

Zur Betrachtung der arbeitszeitbezogenen Instrumente ist zunächst eine **Kategorisierung von Dienstleistungen** hinsichtlich der **Leistungserstellungszeiten** erforderlich. Dabei sind folgende Dimensionen bedeutsam:

- **Zeitdauer des Kunden-Mitarbeiter-Kontaktes:** Bei Dienstleistungen, die einen hohen Integrationsgrad des externen Faktors aufweisen, ist die Zeitdauer relativ lang. Dieser Tatbestand ist dem jeweiligen Mitarbeitenden bewusst zu machen, damit er die Kundenkontaktzeit nicht als verschwendete Zeit ansieht. Bei der Behandlung und Versorgung von Patienten in einem Krankenhaus ist darauf zu achten, dass durch das Pflegepersonal und die Ärzte auf die speziellen Bedürfnisse und die individuelle Situation der Patienten eingegangen wird und eine Behandlung nicht nach einem standardisierten und unpersönlichen Muster in kurzer Zeit durchgeführt wird.

- **Zeitflexibilität:** Einige Dienstleistungen sind aus Kundensicht zwingend mit einem bestimmten Zeitpunkt der Erstellung verbunden, z. B. aufgrund von typischen Nachfrageverhalten (Abendessen in einem Restaurant) oder von kundenbezogenen Zeitzwängen (Fahrgast möchte nicht zwei Stunden auf einen Bus warten). Je eher eine Leistung aus diesem Grunde zeitflexibel zu erstellen ist, desto eher ergeben sich Besonderheiten für die Gestaltung der Arbeitszeit, beispielsweise in Form von Schichtarbeit oder dem Einsatz von Aushilfskräften. Bei Einzelhandelsgeschäften ist in diesem Zusammenhang darauf zu achten, dass in hochfrequentierten Zeiten wie z. B. an Samstagen oder unter der Woche nach Feierabend genügend Verkaufspersonal zur Verfügung steht, um lange Wartezeiten zu vermeiden. Vormittags an Werktagen ist dagegen mit weniger Kundenbesuchen zu rechnen, wodurch in dieser Zeit ein reduzierter Personaleinsatz ausreichend ist.

3. Arbeitsorganisationsbezogene Instrumente

Ein zentrales arbeitsorganisationsbezogenes Instrument stellt die **Teamarbeit** dar. Unter der Voraussetzung, dass die Teammitglieder gewillt sind, gut miteinander auszukommen, lässt es sich durch den Einsatz von Teams erreichen, den Mitarbeitenden ein positiveres Arbeitsumfeld zu bieten sowie die Leistungserstellungsabläufe effizienter zu gestalten und somit die Leistungsbereitschaft und die Motivation der Mitarbeitenden zu erhöhen (Berry/Zeithaml/Parasuraman 1990, S. 33).

So zeigen Studien von Berry und Parasuraman, dass Kundenkontaktmitarbeitende, die nach Aussagen von Kollegen und Vorgesetzten die Leistungsstandards nicht erfüllen, im Rahmen von Befragungen Statements zu einer positiven Wahrnehmung von Teamorientierung des Arbeitsumfelds (z. B. „Ich fühle mich als Mitglied eines Teams in meiner Abteilung") verneinten (Berry/Parasuraman 1999, S. 99).

Diese Erkenntnisse machen die Notwendigkeit der Sicherstellung eines **teamorientierten Arbeitsklimas** deutlich. Dabei sind Führungskräfte in besonderem Maße für das Klima und die Motivation der Mitarbeitenden verantwortlich. Schließlich beeinflusst die Mitarbeiterzufriedenheit beim Kundenkontaktpersonal, d. h. meist auf den unteren Hierarchiestufen, zu einem hohen Grad die Kundenzufriedenheit. Zur Realisierung erfolgreicher Teamarbeit lassen sich die folgenden **Anforderungen** anführen:

- dauerhafte Mitgliedschaft im Team,
- regelmäßige Kontakte im Team,
- teamorientierte Personalführung,
- gemeinsame Ziele,
- teambezogene Leistungsmessungen und -belohnungen.

Ein weiteres Instrument der arbeitsorganisationsbezogenen Instrumente des Personaleinsatzes ist die **Art der Mitarbeiterführung**. Je partizipativer der Führungsstil ist, desto eher fühlt sich der Mitarbeitende in Entscheidungsprozesse des Unternehmens eingebunden und desto eher wird er gegenüber dem Kunden als verantwortungsbewusster Dienstleister auftreten. Es besteht die Möglichkeit, die Mitarbeitenden in unterschiedlicher Art und Umfang in die Entscheidungsfindung einzubinden (Stock-Homburg 2008, S. 460). Schaubild 6-5-12 zeigt unterschiedliche **Formen der Partizipation**.

Schaubild 6-5-12 Systematisierung verschiedener Formen der Partizipation

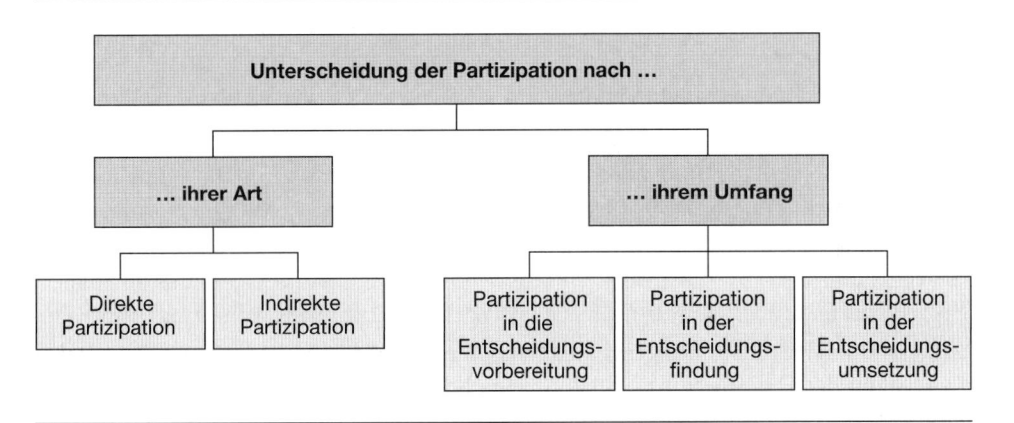

```
                    Unterscheidung der Partizipation nach ...
                    ┌──────────────────────┴──────────────────────┐
                ... ihrer Art                              ... ihrem Umfang
              ┌─────┴─────┐                        ┌─────────────┼─────────────┐
          Direkte      Indirekte              Partizipation  Partizipation  Partizipation
       Partizipation  Partizipation            in die         in der         in der
                                              Entscheidungs- Entscheidungs- Entscheidungs-
                                              vorbereitung   findung        umsetzung
```

Quelle: Stock-Homburg 2008, S. 460

Die **direkte Partizipation** umfasst die unmittelbare Einbindung der betroffenen Mitarbeitenden in den Entscheidungsfindungsprozess. So haben beispielsweise die Vertriebsmitarbeitenden die Möglichkeit, in persönlichen Diskussionen, z. B. in Verkaufssitzungen, direkt Einfluss in die Entscheidungsfindung über zukünftige Vertriebsaktivitäten zu nehmen.

Die **indirekte Partizipation** erfolgt lediglich über die Beeinflussung von Repräsentanten, die im Namen der Mitarbeitenden in den Entscheidungsprozess eingebunden sind. Als Beispiel wäre hier ein Gebietsverkaufsleiter zu nennen, der in überregionalen Vertriebstagungen die Interessen seines Verkaufsbezirks vertritt.

Der Umfang der Partizipation richtet sich nach der Phase des Entscheidungsprozesses, in der der Mitarbeitende eingebunden wird (Stock-Homburg 2008, S. 460). In der Entscheidungsvorbereitung werden Entscheidungen über mögliche Alternativen und deren Umsetzung diskutiert. Hier haben die Mitarbeitenden mit direktem Kundenkontakt z. B. die Möglichkeit, Ideen bei der Implementierung neuer Servicekonzepte einzubringen bzw. deren Umgestaltung aktiv mitzugestalten. Bei der Entscheidungsfindung bezieht sich die Partizipation auf die Bewertung der in Stufe 1 erzielten Ergebnisse, die Diskussion der Vor- und Nachteile sowie die finale Entscheidung. In der Phase der Entscheidungsumsetzung haben die Mitarbeitenden die Möglichkeit, die Implementierung einer Entscheidung bzw.

eines Projektes aktiv mitzugestalten. Hier wäre z. B. denkbar, dass die Mitarbeitenden bei der Entscheidung über die Neugestaltung einer Filiale direktes Mitspracherecht bei der Gestaltung der Räume im Allgemeinen und ihres eigenen Tätigkeitsbereichs im Speziellen erhalten.

Der Vorteil der Einbeziehung von Mitarbeitenden bereits auf der ersten Stufe liegt vor allem darin, dass die Mitarbeitenden direkt bei der Ideen- und Entscheidungsfindung beteiligt sind, und somit die Wahrscheinlichkeit steigt, dass sie sich bei der Implementierung mit der Entscheidung identifizieren und sich dementsprechend für eine erfolgreiche Umsetzung engagieren. Ein Nachteil einer intensiven Partizipation der Mitarbeitenden in den Entscheidungsprozess ist in der Zunahme an Komplexität und dem hohen Zeitbedarf zu sehen (Stock-Homburg 2008, S. 461).

4. Tätigkeitsunabhängige Maßnahmen

Aufbauend auf der Erkenntnis, dass zufriedene Mitarbeitende sich auch eher kundenorientiert verhalten und sich die **Mitarbeiterzufriedenheit** auch direkt auf die **Kundenzufriedenheit** auswirkt (Homburg/Stock 2001b; Malhotra/Mukherjee 2004; vgl. Ausführungen zum Organizational Citizenship Behavior z. B. Schmitz 2004), bieten immer mehr Unternehmen ihren Mitarbeitenden besondere Leistungen an, die nicht im Zusammenhang mit der Tätigkeit im Unternehmen stehen (z. B. Angebot eines firmeninternen Fitnessstudios).

Es konnte durch Studien belegt werden, dass der Mitarbeiterzufriedenheit nicht nur für die Qualität der Dienstleistungserstellung eine hohe Bedeutung zukommt, sondern dass darüber hinaus krankheitsbedingte Fehlzeiten, die durch Stressbelastung am Arbeitsplatz hervorgerufen wurde, signifikant abnehmen. Da Fehlzeiten dieser Art einen Anteil von bis zu 50 Prozent der gesamten Arbeitsausfälle ausmachen, lässt sich durch eine höhere Mitarbeiterzufriedenheit auch eine Senkung der Personalkosten erreichen. Zusätzlich ist anzunehmen, dass die Mitarbeiterbindung an das Unternehmen zunimmt (Lee/Bruvold 2003). Eine niedrigere Fluktuationsrate führt ebenfalls zu niedrigeren Kosten für die Einarbeitung neuer Mitarbeitender, so dass auch von diesem Gesichtspunkt her die Steigerung der Mitarbeiterzufriedenheit sinnvoll erscheint.

5.322 Personalveränderung

Neben den Aspekten des Personaleinsatzes handelt es sich bei der Personalveränderung um eine weitere Komponente im Rahmen der Durchführungsphase des Personalmanagements für Dienstleistungsorganisationen.

> Die **Personalveränderung** beinhaltet sämtliche Maßnahmen, die mittels Einstellung, Entwicklung oder Freistellung von Mitarbeitenden auf eine Modifikation des quantitativen oder qualitativen Mitarbeiterpotenzials abzielen.

Entsprechend der Definition umfasst die Personalveränderung folgende **Instrumente**:

- Instrumente der Personalbeschaffung,
- Instrumente der Personalentwicklung,
- Instrumente der Personalfreistellung.

5.3221 Personalbeschaffung

Der Erfolg eines Dienstleistungsunternehmens hängt – wie bereits mehrfach beschrieben wurde – maßgeblich von der Qualität seiner Mitarbeitenden ab. Eine wesentliche Voraussetzung für die Gewinnung qualifizierter Mitarbeitender ist die Positionierung des Unternehmens in der Wahrnehmung potenzieller Mitarbeitender auf dem Bewerbermarkt. Mit anderen Worten ist es für Dienstleistungsanbieter notwendig, sich im Wettbewerb um die größten Talente, im so genannten „War for Talents", zu behaupten und als **bevorzugter Arbeitgeber** wahrgenommen zu werden. Dazu bedarf es zum einen des Aufbaus eines entsprechenden Arbeitgeberimages und zum anderen die Fähigkeit, hochwertige Dienstleistungen zu erbringen, für die Mitarbeitende stolz sind, diese gemeinsam im Team zu erbringen (Lovelock/Wirtz/Chew 2009, S. 325).

> **Beispiel: Entscheidungskriterien von Hochschulabsolventen für die Arbeitgeberwahl**
>
> Eine Umfrage bei deutschen Hochschulabsolventen unterschiedlicher Studienrichtungen hat gezeigt, dass vor allem die Unternehmenskultur, die Identifikation mit dem Unternehmen und das Arbeitsklima wichtige Entscheidungsfaktoren bei der Wahl des zukünftigen Arbeitgebers darstellen (vgl. Schaubild 6-5-13; Kienbaum 2008, S. 6).

Der Prozess der Personalbeschaffung lässt sich in die Phasen der Personalakquisition und -auswahl unterteilen, denen sich jeweils bestimmte Instrumente zuordnen lassen. Primäres absatzorientiertes Ziel der Personalbeschaffung ist die Werbung und Auswahl von serviceorientierten bzw. -geeigneten Mitarbeitenden, die in der Lage sind, den komplexen Verhaltensanforderungen – insbesondere im direkten Umgang mit Kunden – gerecht zu werden (Stauss 2000b, S. 211). Der Personalbeschaffung gilt es zudem, eine sorgfältige **Personalbedarfsplanung** voranzustellen (vgl. Abschnitt 5.31). Insbesondere bei Dienstleistungsunternehmen, deren Nachfrage in der Regel zeitabhängigen Schwankungen unterliegt, ist es aufgrund der Nichtlagerfähigkeit von Dienstleistungen notwendig, den jeweiligen quantitativen Personalbestand an den zeitabhängigen Personalbedarf anzupassen und im Rahmen der Personalbeschaffung zu berücksichtigen.

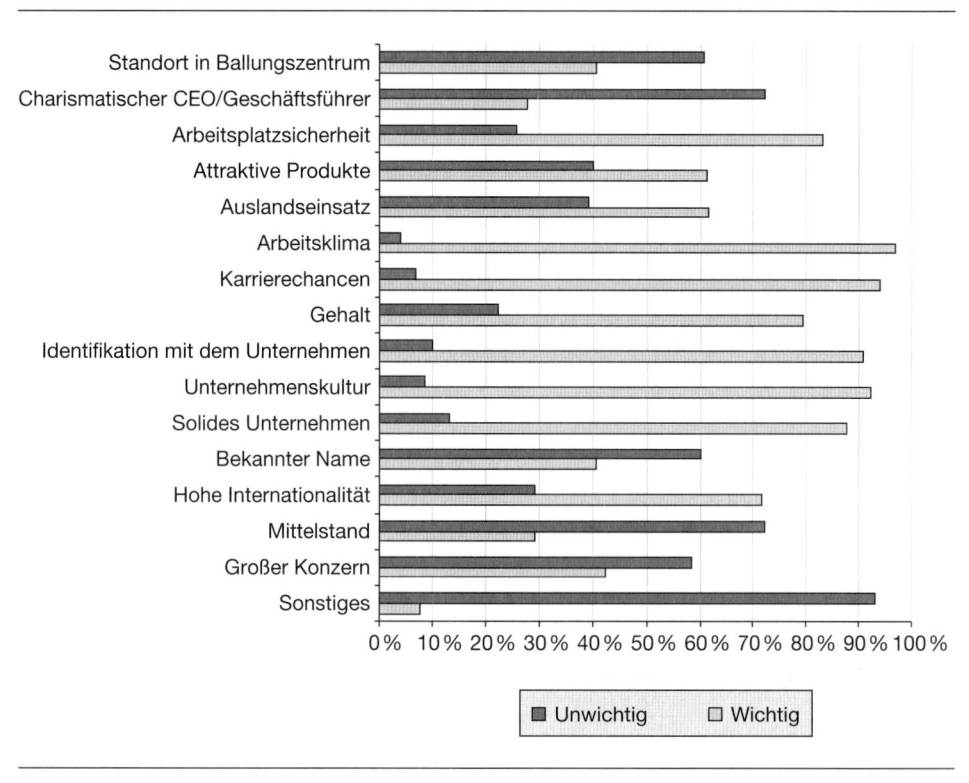

Schaubild 6-5-13 Entscheidungskriterien von Hochschulabsolventen für die Arbeitgeberwahl

Kriterium	Unwichtig	Wichtig
Standort in Ballungszentrum	60%	40%
Charismatischer CEO/Geschäftsführer	70%	28%
Arbeitsplatzsicherheit	25%	82%
Attraktive Produkte	40%	60%
Auslandseinsatz	38%	60%
Arbeitsklima	3%	95%
Karrierechancen	6%	92%
Gehalt	22%	78%
Identifikation mit dem Unternehmen	8%	90%
Unternehmenskultur	8%	92%
Solides Unternehmen	15%	87%
Bekannter Name	60%	40%
Hohe Internationalität	28%	70%
Mittelstand	30%	70%
Großer Konzern	58%	42%
Sonstiges	7%	92%

Quelle: Kienbaum 2008, S. 6

1. Instrumente der Personalakquisition

Der Personalakquisition bzw. -werbung zur Gewinnung von neuen, motivierten und qualifizierten Mitarbeitenden für ein Dienstleistungsunternehmen im Sinne des Internen Marketing ist ein der Werbung für das eigentliche Dienstleistungsangebot vergleichbarer Stellenwert beizumessen. Dazu empfiehlt es sich, auch zum Zwecke der Personalwerbung Instrumente der Werbung heranzuziehen, und diese ebenfalls zielgruppenspezifisch auszugestalten und zu platzieren (Stauss 2000b, S. 211).

> **Personalakquisition** ist die Summe der Maßnahmen, durch die im Rahmen der Personalbeschaffung mit potenziellen Mitarbeitenden Kontakt aufgenommen wird (Weber/Mayrhofer/Nienhüser 1993, S. 197).

Die Vielfalt der **Instrumente der Personalakquisition** lässt sich in direkte und indirekte Instrumente einteilen. Anders als bei indirekten Instrumenten wirbt das Unternehmen durch den Einsatz direkter Instrumente potenzielle Mitarbeitende ohne Zwischenschaltung anderer Institutionen an. Zudem werden die direkten Instrumente dahingehend unterschieden, ob spezifisch bestimmte Gruppen potenzieller Mitarbeitender (z. B. Hochschulabsolventen) oder unspezifisch der gesamte Bewerbermarkt adressiert wird (Fröhlich/Langecker 1989, S. 154ff.).

Bei den **unspezifischen direkten Instrumenten** sind zu nennen:

- **Personalimagewerbung**
  Die Personalimagewerbung dient der Schaffung eines Images als attraktiver und mitarbeiterorientierter Arbeitgeber. Diese Wirkung wird durch die Ansprache potenzieller Mitarbeitender mittels Instrumenten der externen Kommunikation (z. B. Werbung, Öffentlichkeitsarbeit, Sponsoring) erreicht (Fröhlich/Sitzenstock 1989, S. 134ff.). Bei Dienstleistungen nimmt die Bedeutung der Mitarbeitenden als Potenzialfaktoren bei der Leistungserstellung eine zentrale Stellung ein. Dies ist nicht nur in der Kommunikation der Arbeitsanforderungen zu erörtern, sondern bietet eine Möglichkeit, spezifische Persönlichkeitsmerkmale und die Möglichkeit zur persönlichen Entfaltung besonders herauszustellen.

Schaubild 6-5-14 Imagewerbung der Fastfoodkette McDonald's als attraktiver Arbeitgeber

> **Beispiel: Imagekampagne von McDonald's**
>
> Zu Beginn des Jahres 2010 startete die Fastfoodkette *McDonald's* eine breit angelegte Imagekampagne, um die Attraktivität als Arbeitgeber zu kommunizieren. Die Kampagne besteht aus Werbespots, Inseraten in Printmedien (vgl. Schaubild 6-5-14) sowie Onlineinhalten. Mitarbeitende berichten im Zuge der Kampagne aus ihrem Arbeitsalltag in den Restaurants bzw. in der Zentrale und erklären, weshalb sie *McDonald's* für einen guten Arbeitgeber halten.

■ **Stellenanzeigen in Printmedien**

Mit Hilfe von Stellenanzeigen in großen überregionalen Zeitungen ist ein relativ großer Teil potenzieller, d. h. für eine spezielle Stelle geeigneter Mitarbeitende, erreichbar. Der Erfolg einer Stellenanzeige hängt dabei davon ab, inwiefern mit ihr kognitive Wirkungen (z. B. Wecken von Aufmerksamkeit aufgrund der Anzeige), affektive Wirkungen (z. B. positive Hinstimmung zu der angebotenen Stelle) und konative Wirkungen (z. B. Anfertigen einer Bewerbung) erzielt werden (vgl. Schaubild 6-5-15).

Schaubild 6-5-15 Beispiel für eine Printanzeige der ZMG Zeitungs Marketing Gesellschaft

Z | M | G
ZEITUNGS | MARKETING | GESELLSCHAFT

Die ZMG Zeitungs Marketing Gesellschaft ist der zentrale Marketing-Dienstleister der Zeitungsverlage. Hinter ihr stehen über 350 Verlage mit einer Gesamtauflage von ca. 23 Millionen Exemplaren. Die ZMG bietet Marketing und Service für Deutschlands Werbeträger Nr. 1 und unterstützt Werbekunden, Agenturen und Verlage mit praxisorientierten Dienstleistungen von der Mediaplanung bis zur Werbewirkungskontrolle.

Zum 1. Juni 2011 suchen wir für den Planungsservice der ZMG eine/n

Mediaplaner/-in

Der Planungsservice der ZMG unterstützt die Werbekunden und ihre betreuenden Mediaagenturen im gesamten Planungsprozess rund um den Werbeträger Zeitung – Print und Online – mit kompetenter Beratung, verständlichen Planungsunterlagen und modernen Tools.

Ihr Aufgabengebiet umfasst die Unterstützung des Teams in allen Anforderungen: Analyse, Planung und Beratung; Beantwortung von Kunden-, Agentur- und Verlagsanfragen; Analysen aus Studien und vieles mehr.

Sie haben mindestens 2 Jahre Berufserfahrung in einer Mediaagentur oder einem Verlag gesammelt. Sie verfügen über fundiertes Know-how in der Zeitungsplanung sowie über Interesse an digitalen Medien. Sie sind engagiert, kommunikativ und kunden- und teamorientiert und verlieren auch in hektischen Zeiten nicht Ihren Kopf.

Die ausgeschriebene Position ist befristet auf 3 Jahre.

Ihre aussagefähige Bewerbung richten Sie bitte an:

Claudia Mika
Leitung Planungsservice
ZMG Zeitungs Marketing Gesellschaft mbH & Co. KG
Darmstädter Landstr. 125
60326 Frankfurt am Main

Wir freuen uns auf Ihre Bewerbung.

www.zmg.de
www.die-zeitungen.de

Quelle: Horizont 2001, S. 35

Stellenanzeigen im Internet

Zunehmend setzt sich auch die Online-Bewerbung über Karriereseiten auf der Unternehmenshomepage oder über so genannte Job Portale externer Anbieter als Standard durch, die für Unternehmen Vorteile effizienterer Verarbeitungsprozesse, wie z. B. bessere Archivierung und effizientere Vergleiche unter den Bewerbern und somit unter anderem eine kürzere Bearbeitungszeit, bietet. Dadurch ergeben sich Einsparpotenziale von bis zu 50 Prozent der Einstellungskosten (Kupitz 2006). Dabei gilt zu beachten, dass sowohl die Gestaltung der Stellenanzeige als auch der gesamte Internetauftritt zum Aufbau eines Images und der Positionierung auf dem Arbeitgebermarkt dienen.

Schaubild 6-5-16 Beispiel für eine Online-Stellenanzeige der Deutsche Post DHL

Sind Sie Kettendenker?

Deutsche Post DHL

Veröffentlicht am 07.02.2011

Deutsche Post DHL ist das weltweit führende Unternehmen für Logistik und Briefkommunikation. Mit rund 500.000 Mitarbeiterinnen und Mitarbeitern in über 220 Ländern ist der Konzern einer der größten Arbeitgeber weltweit. Als solcher bieten wir unseren Mitarbeiterinnen und Mitarbeitern ein breites Spektrum an Aufstiegs- und Entwicklungsmöglichkeiten – eine Vielfalt, von der auch Sie profitieren können!

Jedes Ziel ist erreichbar, wenn Menschen sich dafür starkmachen. Diese Überzeugung verbindet uns alle bei DHL Supply Chain. Wir schneidern Kunden Logistiklösungen auf den Leib: Beschaffungslogistik, Warehousing, Vertriebslogistik sowie differenzierte Mehrwertdienste. Und machen jedes Element in der Wertschöpfungskette hoch effizient. Immer mit dem Ziel, für jeden unserer Kunden die erste Wahl zu sein. Weltweit.

Für den Bereich DHL Supply Chain Centra Europe suchen wir am Standort Bonn ab sofort einen/eine

Communications Manager Central Europe (m/w)

Kennziffer: D - 38929-16

Sie sind zuständig für die Entwicklung und Umsetzung der Kommunikationsstrategie von DHL Supply Chain in Zentraleuropa. Dafür erarbeiten Sie Presse- und PR-Materialien, organisieren Events, erstellen Präsentation, pflegen den Auftritt im Intranet und managen externe Dienstleister. Bei allen externen Aktivitäten stimmen Sie sich mit unserem europäischen/globalen PR-Team und der Pressestelle des Konzerns ab. Sie beantworten Anfragen der Medien und pflegen laufend Ihre Kontakte zur Tages- und Fachpresse. Zur Erweiterung Ihres inhaltlichen Know-hows halten Sie enge Kontakte zum Management und zu den Projektleitern.

Nach Abschluss Ihres Studiums im Bereich Kommunikation, Public Relations oder Journalismus oder einer vergleichbaren Ausbildung haben Sie zwei und mehr Jahre Erfahrung in einer PR-Agentur oder in der Unternehmenskommunikation gesammelt. Sie bringen PR-Praxis aus der Logistik- und Transportbranche mit und sind gerne für technische Themen tätig. Dazu sind Sie fit in MS Office, Ihr Deutsch ist sehr gut, Ihr Englisch verhandlungssicher, und Sie setzen komplexe Sachverhalte sicher in spannende und einfach lesbare Texte um. Als Kommunikationstalent und Kenner/in der deutschen Medienlandschaft erweitern Sie laufend Ihre Kontakte zur Tages- und Fachpresse.

Persönlich überzeugen Sie durch viel Flexibilität und Offenheit für Veränderungen in einem schnellwachsenden Umfeld. Sie verhandeln und organisieren geschickt, setzen rasch die richtigen Prioritäten und arbeiten parallel an mehreren Projekten. Zielstrebigkeit, soziale Kompetenz und Durchsetzungsfähigkeit sowie Mobilität und Belastbarkeit ergänzen Ihr Profil.

Ihre Fragen beantwortet gerne Frau Teresa Laub, Telefon 02 28 182-72213.

Bitte bewerben Sie sich unter Angabe Ihres frühestmöglichen Eintrittstermins und Ihrer Gehaltsvorstellung online unter www.dp-dhl.de/karriere.

Wir freuen uns auf Ihre Bewerbung.

Quelle: DHL 2011

- **Direktansprache**
 Schließlich besteht die Alternative, potenzielle Mitarbeitende direkt und persönlich anzusprechen. Dies ist durch das Abwerben von Mitarbeitenden der Konkurrenz (z. B. auf Messen), von Mitarbeitenden von Zulieferbetrieben (z. B. Abwerben eines Unternehmensberaters durch eine Bank) sowie durch das Anwerben von Kunden (z. B. Anwerben einer Diskothekbesucherin als Bedienung) gegeben.

Beim Einsatz von **indirekten Instrumenten** der Personalakquisition verläuft die Kundenansprache über eine vermittelnde Institution. Hierbei sind die folgenden Alternativen möglich:

- **Personalberatung**
 Der Einsatz von Personalberatungen dient der gezielten, nach einem vom Dienstleistungsunternehmen vorgegebenen Anforderungsprofil in Bezug auf die relevanten fachlichen und persönlichen Merkmale an den potenziellen Stellenbewerber. Vorteile des Einsatzes einer Personalberatung sind der gute Überblick über den Arbeitsmarkt sowie die Zeitersparnis für die eigenen Mitarbeitenden. Allerdings ist darauf zu achten, dass der Personalberater die Prozesse der Leistungserstellung bei dem jeweiligen Dienstleistungsunternehmen kennt bzw. umfangreich über die Anforderungen an die Stelle informiert wird. Die *Porsche AG* greift bei der Besetzung von Führungskräften beispielsweise auf die persönliche Direktansprache besonders hochqualifizierter und erfahrener Spezialisten durch externe Personalberatungen zurück (karriereführer-automobile.de 2010).

- **Führungskräftevermittlung/Arbeitsagenturen**
 Die Führungskräftevermittlungen von Arbeitsagenturen haben wie die Personalberatungen einen guten Überblick über den Arbeitsmarkt, häufig bieten sie jedoch im Gegensatz zu den Personalberatungen keine qualifizierte Selektion von Bewerbern an. Deutschlandweit sind die Arbeitsagenturen an über 600 Standorten erreichbar. Schaubild 6-5-17 zeigt einen Überblick über die Serviceangebote einer Arbeitsagentur. Der wesentliche Vorteil sind die günstigen Kosten der Vermittlung.

- **Nutzung von Mitarbeitenden in Zeitarbeit**
 Im Rahmen der Zeitarbeit wird temporär die Arbeitskraft von Mitarbeitenden in Anspruch genommen, die von Personalleasinggesellschaften vermittelt werden. Die Zahl von Zeitarbeitskräften ist in den letzten Jahren stark angestiegen. Ende 2010 wurde der millionste Zeitarbeitsvertrag geschlossen und die Branche erwartet auch für das Jahr 2011 ein zweistelliges Wachstum (Manpower 2010) Neben der Nutzung der Zeitarbeit im Rahmen des Interimsmanagements (z. B. bei Schwangerschaften, Ausscheiden von Führungskräften) bietet sie sich insbesondere bei Dienstleistungen mit zeitabhängigen, vorhersehbaren Nachfrageschwankungen an (z. B. Gastronomie, Tourismus). Nachteilig ist, dass sich aufgrund des häufig kurzen Anstellungszeitraums der Einsatz von Personalentwicklungsmaßnahmen nicht lohnt. Dieses Instrument ist daher vor allem dann attraktiv, wenn es sich um Stellen handelt, für die kein hohes Qualifikationsniveau erforderlich ist und die Personalleasinggesellschaft zusichern kann, dass die Mitarbeitenden über die benötigte Qualifikation verfügen. Daher ist es insbesondere bei Teilzeit-

kräften mit direktem Kundenkontakt notwendig, ein Verständnis des Einflusses ihres Verhaltens gegenüber dem Kunden auf dessen Qualitätswahrnehmung der Leistungen und sein Image vom Unternehmen zu verdeutlichen.

Schaubild 6-5-17 Serviceangebote der Arbeitsagentur

EIN DIENSTLEISTER – VIELE SERVICEANGEBOTE

Ihre persönliche Ansprechpartnerin bzw. Ihr persönlicher Ansprechpartner
Professionelle Beratung und Unterstützung für alle Personaldienstleistungen aus einer Hand – schon ab dem ersten Kontakt.

Unmittelbare Erreichbarkeit
Die Bundesagentur für Arbeit bietet Ihnen ein umfangreiches Spektrum an professionellen Personaldienstleistungen auf kurzen Wegen. Sie erreichen uns bundesweit persönlich an über 600 regionalen Standorten oder telefonisch unter der Serviceufnummer für Arbeitgeber **01801-66 44 66** (Festnetzpreis 3,9 ct/min; Mobilfunkpreise höchstens 42 ct/min).

Schneller, kompetenter und zuverlässiger Service
Der schnellste Weg zum geeigneten Auszubildenden oder Mitarbeiter – mit einer auf Ihre Anforderungen und Wünsche abgestimmten Arbeits- und Ausbildungsstellenvermittlung. Sie wählen bequem aus einer von Ihnen selbst bestimmten Anzahl geeigneter Bewerberinnen und Bewerber aus.

Branchenkompetenz
Wir beobachten und analysieren für Sie Marktveränderungen auf dem nationalen und regionalen Arbeitsmarkt und in formieren Sie über aktuelle Trends, Entwicklungen und über Neuerungen.

Umfassende Beratung
Gemeinsam mit Ihnen entwickeln wir auf Ihre Bedürfnisse abgestimmte Dienstleistungsangebote und beraten Sie zu Arbeitsmarkt-/Ausbildungs- oder Personalthemen.

Kostenfreie Leistungen
Unsere Service- und Beratungsleistungen sind für Sie kostenlos.

Quelle: Arbeitsagentur 2011, S. 6

2. Instrumente der Personalauswahl

Der Einsatz von **Maßnahmen der Personalauswahl** ist notwendig, wenn für eine Stelle mehrere Bewerbungen vorliegen (Scholz 1991, S. 165). Die an die Mitarbeitenden gestellten Einstellungs- bzw. Anforderungskriterien zur Erfüllung der Unternehmensziele sind aus den jeweils definierten Servicestandards des Dienstleistungsunternehmens abzuleiten und entsprechend arbeitsplatzspezifisch festzulegen (Stauss 2000b, S. 212). Auf diese Weise wird ermöglicht, die intendierte externe Kundenorientierung bereits durch die Festlegung relevanter service- bzw. kundenorientierter Einstellungskriterien im Rahmen der Personalauswahl zu erreichen.

Bei der Bewerberauswahl sind neben **formalen Kriterien** (z. B. Alter, Ausbildung) vor allem **stellenspezifische Anforderungskriterien** zu berücksichtigen (vgl. für eine Übersicht zu den allgemeinen und speziellen Anforderungen an das Kundenkontaktpersonal von Dienstleistungsunternehmen Becker/Wellins 1990, S. 49; Schneider/Schechter 1991, S. 223). Die Überprüfung der Erfüllung der gewünschten Ausprägungen dieser Kriterien erfolgt mit Hilfe klassischer **Personalauswahlmethoden** wie z. B. der schriftlichen Bewerbung, psychologischen Testverfahren oder Assessment Center. Exzellente Dienstleistungsanbieter greifen vor allem auf folgende **Instrumente der Personalauswahl** zurück (Lovelock/ Wirtz/Chew 2009, S. 288f.):

- Verhaltensbeobachtung,
- Persönlichkeitstests,
- strukturierte Interviews,
- realistische Aufgabenbeschreibung.

Eine besonders zuverlässige Art der Personalauswahl ist die **Verhaltensbeobachtung** durch die Rekrutierenden, wie sich der Bewerber im konkreten Arbeitsumfeld verhält. Häufig lässt sich ein realistisches Umfeld in Rahmen von Assessment-Centern sehr gut simulieren. Dabei wird überprüft, ob der Bewerber auf Basis seines Verhaltens den Nachweis über die gewünschten Anforderungen erbringt. Im Dienstleistungsbereich ist – vor allem bei der Auswahl von Kundenkontaktmitarbeitenden – das Verhalten im Kundenkontakt von Interesse. Dies lässt sich sehr gut in Rollenspielen testen. Bei der *Allianz* stellt z. B. das Assessment-Center ein wichtiger Part in ihrem mehrstufigen Auswahlprozess dar. Nach ersten Einzelgesprächen werden interessante Kandidaten in einem zweiten Schritt gemeinsam mit weiteren Bewerbern zu einem Assessment-Center eingeladen, in dem sie in Rollenspielen und Fallstudien ihre Fähigkeiten und Kompetenzen unter Beweis stellen (Allianz 2011).

Der Realitätsbezug lässt sich dahingehend noch steigern, wenn die Bewerber ihre Fähigkeiten im authentischen Service Encounter unter Beobachtung beweisen müssen. Dies wird häufig beispielsweise in der Gastronomie so gehandhabt, indem sich Bewerber einem ein- bis mehrtägigen Probearbeiten auszusetzen haben.

Persönlichkeitstests haben zum Ziel, spezifische Persönlichkeitsaspekte oder die Persönlichkeit eines Bewerbers gesamthaft zu erfassen und mit der von anderen Bewerbern vergleichbar zu machen. Solche Tests sind auf die Interessen, Einstellungen und Wahrnehmungen von Bewerbern gerichtet (Berthel/Becker 2007, S. 224). Beispielhaft sind hier Master Person Analysis MPA, das DISG Persönlichkeitsprofil oder der Myers-Briggs-Persönlichkeitstest zu nennen, die sehr häufig in Unternehmen zum Einsatz kommen. Im Dienstleistungsbereich kommen insbesondere Persönlichkeitstests zum Einsatz, die die Messung der Serviceorientierung von Bewerbern zum Ziel haben. Dabei werden Persönlichkeitsmerkmale wie die Bereitschaft zum höflichen, rücksichts- und taktvollen Umgang mit Kunden, die Empfindsamkeit für Kundenbedürfnisse sowie die Fähigkeit zur akkuraten und freundlichen Kundenkommunikation gemessen (Lovelock/Wirtz/Chew 2009, S. 288). Die *KPMG* beispielsweise nutzt den Einsatz von Persönlichkeitstests, um detaillierte

Schaubild 6-5-18 Anforderungs- und Aufgabenprofil für UPS-Fahrer in Deutschland

Alter	■ 20–30 Jahre
Ausbildung	■ Hauptschulabschluss ■ Abgeschlossene Berufsausbildung
Fahrpraxis	■ Mindestens drei Jahre Fahrpraxis, davon die letzten beiden unfallfrei ■ Nicht mehr als sechs Punkte in Flensburg
Sonstiges	■ Abgeleisteter Wehr- und Ersatzdienst ■ Polizeiliches Führungszeugnis ohne Eintragungen ■ Positive Referenzen vorheriger Arbeitgeber ■ Gesundheitliche Eignung
Stellenbeschreibung	■ Be- und Entladen seines Fahrzeugs ■ Verantwortung für termingerechte Abholung/Zustellung von Paketsendungen ■ Sicheres Führen des Fahrzeugs ■ Sorgfältige Abwicklung der Arbeiten mit DIAD, korrektes Abrechnen von kassierten Nachnahmebeträgen ■ Verantwortung für die Sauberkeit des Fahrzeugs
Arbeitszeit	■ Nach Tarifgebiet (zwischen 38 und 39 Wochenstunden) ■ Bereitschaft zu Mehrarbeit muss vorhanden sein
Vergütung	■ Übertarifliche Bezahlung ■ Urlaubs- und Weihnachtsgeld ■ Vermögenswirksame Leistung ■ Spesen bei längerer Abwesenheit von der Niederlassung ■ Überstundenzuschläge ■ Dienstkleidung wird gestellt ■ Einarbeitung durch Trainingsprogramm

Quelle: Brehmecker 2002, S. 389

Informationen über Stellenbewerber zu erhalten und diese Informationen mit dem Anforderungsprofil zu vergleichen (Master Management 2011).

Des Weiteren empfiehlt sich für Dienstleistungsunternehmen der Einsatz von so genannten **strukturierten Interviews**, deren Struktur sich an den Tätigkeitsanforderungen der zu besetzenden Stelle orientiert. Dabei empfiehlt es sich, möglichst mehrere Interviewer einzusetzen, da Menschen in der Regel dazu neigen, ihr Urteil mit größerer Sorgfalt zu fällen, wenn sie wissen, dass mehrere Personen einen Bewerber beurteilen. Zudem lässt sich dadurch das „Mir-ähnlich"-Risiko reduzieren. Dies bringt zum Ausdruck, dass Interviewer solche Kandidaten bevorzugen, denen sie selbst sehr ähnlich sind (Lovelock/Wirtz 2007, S. 326). Für Hochschulabsolventen der *Credit Suisse* stellt die Durchführung eines strukturierten Interviews eine Stufe des Auswahlprozesses dar (Suisse 2010, S. 4)

Im Rahmen der Personalauswahl ist insbesondere darauf zu achten, dass der Dienstleistungsanbieter die Kandidaten mit einer **realistischen Aufgabenbeschreibung** der zu besetzenden Stelle versorgt. Auf diese Weise kann das Unternehmen die Erwartungen der potenziellen Mitarbeitenden an deren zukünftige Position effektiv steuern, um etwaigen

Enttäuschen aufgrund falscher Erwartungen an die Tätigkeit vorzubeugen. Eine mögliche Maßnahme ist es, Bewerber zu einem „Schnupper-Arbeitstag" einzuladen. Zum einen ermöglicht dies den Bewerbern zu überprüfen, ob die angebotene Stelle tatsächlich zu ihnen passt. Zum anderen hat das Unternehmen vor der tatsächlichen Anstellung die Möglichkeit zur Evaluierung der Fähigkeitspotenziale der Bewerber im Arbeitsalltag (Lovelock/ Wirtz 2007, S. 326). Ein Beispiel für eine Aufgabenbeschreibung im Rahmen einer Stellenbeschreibung für einen Kurierfahrer der Firma UPS ist in Schaubild 6-5-18 dargestellt.

5.3222 Personalentwicklung

Als nächster Schritt nach der Personalbeschaffung ist es Aufgabe des Unternehmens, das verfügbare Personal kontinuierlich entsprechend seine Kenntnisse und den Stellenanforderungen weiterzuentwickeln.

> Die **Personalentwicklung** umfasst sämtliche Maßnahmen, die der Veränderung von kognitiven (z. B. Kenntnisse, Fähigkeiten), affektiven (z. B. Einstellungen, Motivation) und konativen (z. B. kundenorientiertes Verhalten) Persönlichkeitsmerkmalen der Mitarbeitenden dienen, um eine effizientere Erreichung der Unternehmensziele zu gewährleisten (Kitzmann/Zimmer 1982, S. 11).

Das zentrale **Ziel der Personalentwicklung** in Dienstleistungsunternehmen ist es, die Mitarbeitenden zur effektiven und effizienten Erreichung der Unternehmensziele unter beziehungs- und aufgabenorientierten Aspekten zu befähigen (vgl. für Ziele der Personalentwicklung Berthel/Becker 2007, S. 306ff.).

> **Beispiel: Studie zur Kostenaufteilung der Personalentwicklung**
>
> Eine Unternehmensberatung stellte in einer Studie unter 123 Unternehmen fest, dass für die Akquisition neuer Mitarbeitender fünfmal mehr Geld ausgegeben wird als für die Förderung kritischer Mitarbeitender der bestehenden Belegschaft. Allerdings geben 75 Prozent der befragten Unternehmen an, ihre Investitionen in Mentoring, Coaching, im E-Learning-Bereich und Präsenzschulungen erhöhen zu wollen (o.V. 2005).

Im Dienstleistungsbereich kommen der Personalentwicklung folgende **Besonderheiten** zu, auf die es gilt, den Mitarbeitenden vorzubereiten:

- Notwendigkeit der Erbringung von Gefühlsarbeit,
- Rolle des Mitarbeitenden als Marktforscher.

Von Kundenkontaktmitarbeitenden wird bei Ausübung ihrer Tätigkeit häufig verlangt, so genannte **Gefühlsarbeit** bzw. Emotional Work zu leisten (vgl. z. B. Strauss et al. 1980; Hochschild 1990; Nerdinger 2001). Der Einsatz von Gefühlsarbeit wird notwendig, wenn in einer bestimmten sozialen Situation seitens der Kunden bestimmte verbale und nonverbale Gefühle vom Mitarbeitenden erwartet werden (z. B. Freundlichkeit bei Flugbegleitern). Gefühlsarbeit ist vor allem dann von besonderer Relevanz, wenn sich der Kunde einer Extrem-, bzw. Stresssituation ausgesetzt fühlt, die für ihn nicht alltäglich ist (Nerdinger 2001, S. 504). Dies tritt vor allem bei Pflegeberufen auf, wie in Krankenhäusern bei einer schmerzhaften Behandlung oder in Altenheimen, wenn sich die pflegebedürftigen Personen nicht mehr selbst in den alltäglichen Situationen zurechtfinden und daher auf die Hilfe von Pflegepersonal angewiesen sind. Hier ist es daher wichtig, sich in die Situation der Kunden/Patienten hineinzuversetzen, deren Gefühle zu erkennen und entsprechend einfühlsam zu reagieren.

Stellen sich die erwarteten Gefühle nicht unwillkürlich ein, hat der Mitarbeitende Gefühlsarbeit zu leisten (vgl. Hochschild 1990, S. 73ff.). Im Falle von emotionaler Dissonanz, also wenn der Mitarbeitende einen Widerspruch zwischen der beruflich geforderten Gefühlsdarstellung und den tatsächlich erfahrenen Gefühlen erlebt (Hochschild 1990, S. 100; Lovelock/Wirtz/Chew 2009), besteht das Risiko, dass die Gefühlsarbeit negative Auswirkungen wie **Burn-Out-Effekte** – einer Form emotionaler Erschöpfung – hervorruft (vgl. Homburg/Stock 2001a). Diesem Sachverhalt gilt es im Rahmen der Entwicklung geeigneter Kompetenzen wie der Sozial- und Emotionalkompetenz Rechnung zu tragen.

Eine weitere Besonderheit der Personalentwicklung im Dienstleistungsbereich ist es, den Mitarbeitenden ihre **Rolle als Marktforscher** zu verdeutlichen (Thomson/Whitwell 1993, S. 75; Schmitz 2004). Aufgrund der Integration des externen Faktors in den Leistungserstellungsprozess sind die Kundenkontaktmitarbeitenden in ständigem Kontakt mit dem Kunden. Dies versetzt sie in die Lage, Informationen hinsichtlich der Bedürfnisse und des Kaufverhaltens des Kunden aus erster Hand zu erhalten, die Grundlage für die Erhöhung der Dienstleistungsqualität und zur Verbesserung des Leistungsangebots ist. So ist es in vielen Finanzdienstleistungsunternehmen üblich, dass die Kundenberater in einem regelmäßigen Turnus (z. B. monatlich) zu einer Teamsitzung zusammenkommen, in denen die aktuellsten Informationen bezüglich Trends und Bedürfnisse der Kunden auf dem Markt ausgetauscht werden, welche somit innerhalb des Teams geteilt werden und dadurch allen Kundenberatern zugute kommen. Darüber hinaus werden diese Informationen gesammelt und an die entsprechenden internen Stellen in der Zentrale weitergegeben, um diese beispielsweise bei der Entwicklung neuer Produkte einfließen zu lassen.

Neben der Rolle des Marktforschers haben Dienstleistungsmitarbeitende noch weitere Rollen auszufüllen. Sie sind letztlich dafür verantwortlich, permanent eine hohe Dienstleistungsqualität herzustellen, die Produktivität zu verbessern sowie schließlich den Verkauf von Dienstleistungen voranzutreiben. Diese Vielzahl an verschiedenen auszufüllenden Rollen führt bei Dienstleistungsmitarbeitenden häufig zu **Rollenkonflikten** und somit zu so genanntem **Rollenstress** (Schneider/Bowen 1985). Die Entstehung von Rollenstress ist insbesondere auf folgende **Konfliktformen** zurückzuführen (Schneider/Bowen 1985; Lovelock/Wirtz/Chew 2009, S. 304):

- Person/Rolle-Konflikt,
- Organisation/Kunde-Konflikt,
- Konflikt zwischen Kunden.

Dienstleistungsmitarbeitende sehen sich häufig Konflikten ausgesetzt, die sich aus der Diskrepanz zwischen der **eigenen Persönlichkeit**, der **Selbstwahrnehmung** und dem **eigenen Glauben** auf der einen Seite und den **Arbeitsanforderungen** auf der anderen Seite ergeben. Solch ein Rollenkonflikt findet sich häufig bei Mitarbeitenden in Dienstleistungsberufen vor, die stets eine gewisse Freundlichkeit der Mitarbeitenden gegenüber der Kundschaft voraussetzen. Beispielsweise sind Zugbegleiter nicht selten von solchen Rollenkonflikten betroffen, da sie häufig den Unmut der Passagiere über die Qualitätsmängel der Kernleistung (z. B. Verspätungen, überfüllte Züge usw.) als erster Ansprechpartner direkt zu spüren bekommen, obwohl sie diese nicht direkt zu verantworten haben. In solchen **Situationen subjektiver Unrechtbehandlung** bedarf es besonderer Fähigkeiten und einer speziellen Persönlichkeitsstruktur des Dienstleistungsmitarbeitenden, die im Sinne eines hohen Qualitätsanspruchs geforderten Persönlichkeitsmerkmale wie Freundlichkeit, Höflichkeit oder auch Einfühlungsvermögen aufzuweisen. Diese Persönlichkeitsmerkmale finden sich vor allem bei Menschen mit einem höheren Selbstbewusstsein. Problematisch ist, dass Dienstleistungsberufe mit Kundenkontakt in vielen Branchen häufig als Arbeitsplätze für Niedrigqualifizierte mit einer schlechten Bezahlung wahrgenommen werden. Daher ist es häufig sehr schwierig, geeignete, selbstbewusste Mitarbeitende zu finden, die diesem Rollenstress gewachsen sind. Aus diesem Grund ist es umso wichtiger für Dienstleistungsanbieter, Stellen im direkten Kundenkontakt zu professionalisieren und ihnen somit zu einem besseren Image zu verhelfen (Lovelock/Wirtz 2010, S. 304).

Eine weitere Konfliktursache liegt häufig in dem Dilemma, ob ein Dienstleistungsmitarbeitender streng die **Organisationsvorschriften** befolgt oder ob er einen Kunden zufrieden stellen kann, dabei aber von den Vorschriften abweichen muss. Dieses Problem wird auch als **„Zwei-Vorgesetzte"-Problem** bezeichnet. Zum einen gilt es, konsequent die Kundenwünsche zu erfüllen, zum anderen sind Mitarbeitende daran gehalten, die internen Regeln des Arbeitgebers einzuhalten. Dieses Dilemma tritt insbesondere in nicht kundenorientierten Unternehmen dann auf, wenn der Kunde beispielsweise nicht vorgesehene Sonderwünsche hat, deren Erfüllung durch den Mitarbeitenden gegen die internen Vorschriften verstößt. Eine Möglichkeit, diese Form von Rollenkonflikten zu vermeiden, stellt das **Empowerment** dar (vgl. Kapitel 7, Abschnitt 2.1), das Mitarbeitenden bei der Erfüllung von Kundenwünschen größere Ermessensspielräume einräumt (Lovelock/Wirtz 2010, S. 304).

Die dritte Ursache für Rollenstress von Dienstleistungsmitarbeitenden sind **Konflikte zwischen verschiedenen Kunden**. Solche Konflikte werden häufig durch rücksichtsloses Verhalten von Kunden gegenüber anderen Kunden hervorgerufen. Beispiele hierfür sind rauchende Kunden in Restaurants oder die Nutzung von Mobiltelefonen in öffentlichen Transportmitteln. Dienstleistungsmitarbeitende stehen in diesem Zusammenhang vor der Herausforderung, zum einen nicht gewünschtes Kundenverhalten zu unterbinden, zum anderen alle Kunden zufriedenzustellen. Dies ist nicht immer problemlos möglich und führt häufig zu Rollenstress (Lovelock/Wirtz 2010, S. 304).

Vor diesem Hintergrund ist es eine der zentralen Aufgaben im Rahmen der Personalentwicklung, durch den Aufbau geeigneter Kompetenzen die Mitarbeitenden zum Umgang mit Rollenkonflikten zu befähigen. Dabei lassen sich vier **Typen von Kompetenzen** unterscheiden:

- **Fach- bzw. Sachkompetenz:** Fachspezifische Kenntnisse für die jeweilige Stelle, z. B. Kenntnisse des Versicherungsmarktes für einen Versicherungsmakler.

- **Methoden- bzw. Konzeptkompetenz:** Fähigkeit, unterschiedliche Lösungsmethoden auf ein Problem anzuwenden, Selektions- sowie Lernfähigkeit, z. B. Behandlung spezifischer Kundenprobleme.

- **Sozial- und Emotionalkompetenz:** Teamfähigkeit, Verantwortungsbewusstsein, Kommunikationsfähigkeit, Kundenorientierung, Empathie, Selbstwahrnehmung und -kontrolle.

- **Psychologische Kompetenz:** Motivation, Einstellungen, Einsatzwillen, z. B. Fähigkeit, eine kundenorientierte Unternehmenskultur zu verwirklichen.

Durch die Veränderung dieser Kompetenzen werden die Mitarbeitenden auf zukünftige Aufgaben vorbereitet bzw. qualifiziert. Je nach **Qualifizierungsrichtung** lassen sich zudem folgende Qualifizierungsrichtungen differenzieren (Becker 1999, S. 276; Oechsler 2006, S. 520):

- **Erweiterungsqualifizierung:** Vergrößerung des Ausmaßes der Handlungskompetenz, ohne dass ein Stellenwechsel angestrebt wird, z. B. Einarbeitung eines Kreditsachbearbeiters in eine neue Methode zur Beurteilung der Kreditwürdigkeit.

- **Anpassungsqualifizierung:** Anpassung der Qualifikation des Mitarbeitenden an unternehmensexterne oder -interne Entwicklungen, z. B. Computerkurs für Bankmitarbeitende.

- **Aufstiegsqualifizierung:** Vorbereitung eines Mitarbeitenden auf eine neue Stelle, z. B. „Kreativitätstechniken"-Kurs für einen Mitarbeitenden, der als zukünftiger Projektleiter eingesetzt wird.

Die Vermittlung von kundenorientierten Einstellungen und Verhaltensweisen sowie deren Einsatz im täglichen Arbeitsumfeld lässt sich am **Beispiel eines Bankdienstleisters** für die direkten Kundenkontaktpersonen (z. B. Finanzberatern) sowie den ebenso wichtigen, wenn auch nur indirekt in Kundenkontakten tätigen Mitarbeitenden (aus dem Back Office) skizzieren. Je nach Ausgangspunkt der individuellen Qualifikationen ist eine Anpassungs- bzw. Aufstiegsqualifizierung intendiert, die sich jeweils verschiedener Methoden bedienen: z. B. interne und externe Fortbildung (durch Informationsveranstaltungen, Workshops usw.) oder auch stellengestaltende Tätigkeiten. Schaubild 6-5-19 illustriert die Anwendung unterschiedlicher Entwicklungsmaßnahmen und die Umsetzung des erlernten Wissens im konkreten Tätigkeitsfeld.

Schaubild 6-5-19 Exemplarische Gestaltung der Qualifizierung von Filialmitarbeitenden eines Bankdienstleisters

Finanzberater (Front Office)	Back-Office-Mitarbeiter
Informationsveranstaltung (Vortrag) über anstehende Änderungen (zentral)	
Gemeinsamer **Workshop** (1-tägig; über Zusammenarbeit, Schnittstellenproblematik und Aufgabenteilung überregional; aus verschiedenen Filialen)	
Seminare zur Vermittlung der notwendigen Fachkompetenz für „normale" Privatkundenbetreuer wie für Vermögensberater (1- bis 2-tägig; überregional)	**Seminare** zur Vermittlung der notwendigen Fach- und Methodenkompetenz (1- bis 2-tägig; überregional)
Aufgabenerfüllung in der Filiale unter den neuen Bedingungen ■ Schaffung von Situationen zur Anwendung des Erlernten ■ Supervising- und Coaching-Möglichkeiten	
Workshops zur Vermittlung bzw. Vertiefung der Methoden- und Sozialkompetenz „kundenorientiertes und segmentspezifisches Verhalten" (2-tägig; überregional)	**Workshops** zu „kundenorientiertem Verhalten im Back-Office-Bereich" (1- bis 2-tägig; überregional)
Aufgabenerfüllung in der Filiale unter den neuen Bedingungen ■ Schaffung von Situationen zur Anwendung des Erlernten ■ Supervising- und Coaching-Möglichkeiten	
Gemeinsamer **Workshop** zur Erarbeitung üblicher Problemsituationen und zu Ansätzen der Problemhandhabung (1-tägig; überregional oder regional)	
Aufgabenerfüllung in der Filiale unter den neuen Bedingungen ■ Schaffung von Situationen zur Anwendung des Erlernten ■ Supervising- und Coaching-Möglichkeiten	

Quelle: Becker/Günther 2001, S. 766

Die Vielzahl der **Instrumente der Personalentwicklung** lassen sich nach dem Tätigkeitsbezug der Maßnahme und der Kontinuität ihres Einsatzes klassifizieren in (vgl. z. B. Becker 1999, S. 288; Klimecki/Gmür 2005, S. 207ff.; Oechsler 2006, S. 523ff.):

- **Stellengebundene Personalentwicklung (On-the-Job)**
  Hierbei findet eine kontinuierliche Qualifizierung am Arbeitsplatz statt. Im Dienstleistungssektor kommt insbesondere bei Stellen, die eine Interaktion mit dem Kunden beinhalten, dieser Form der Personalentwicklung eine besondere Bedeutung zu. Es gilt zu beachten, dass in „sensiblen" Dienstleistungsbereichen (z. B. bei Banken) On-the-Job-Weiterbildungsmaßnahmen möglicherweise zu Irritationen der Kunden führen.

- **Stellenübergreifende Personalentwicklung (Near-the-Job)**
  Hierbei handelt es sich um Maßnahmen, die in enger räumlicher, zeitlicher und inhaltlicher Nähe zum Arbeitsplatz stattfinden, z. B. Qualitätszirkel, Projektgruppenarbeit.

Derartige stellenübergreifende Gruppen bieten sich insbesondere an, um die interne Kundenorientierung im Unternehmen zu verankern, d. h., die Bedürfnisse der internen Kunden kennen zu lernen und deren Bedeutung für die externen Kunden zu realisieren.

- **Stellenungebundene Personalentwicklung (Off-the-Job)**
  Solche Maßnahmen werden losgelöst vom Tätigkeitsfeld des Mitarbeitenden außerhalb des Arbeitsplatzes durchgeführt, z. B. Vortrag, Tagung, Kurse. Diese Art der Ausbildung bietet sich unter anderem für die Vorbereitung auf den Umgang mit solchen Kunden und Kundensegmenten an, bei denen deutliche Unterschiede im Vergleich zum bekannten Umfeld bestehen.

Zur detaillierteren Beschreibung der Instrumente lassen sich weitere **Kriterien** heranziehen:

- Qualitätsorientierung der Maßnahmen,
- Standardisierbarkeit der Maßnahmen,
- Individualisierbarkeit der Maßnahmen,
- Steuerbarkeit durch die Unternehmensleitung.

Dabei kommt den stellenübergreifenden Instrumenten eine besondere Bedeutung im Dienstleistungsbereich zu. Da der Dienstleistungserstellungsprozess häufig einen Charakter der Interaktivität zwischen Mitarbeitender und Kunde aufweist, lassen sich mit Hilfe von Maßnahmen des Training Near-the-Job (z. B. Rollenspiele) **Dienstleistungserstellungsprozesse simulieren** (Bieberstein 2006, S. 344).

Im Hinblick auf die Ziele der Personalentwicklung ruft jedes der Instrumente in Abhängigkeit der Persönlichkeit des Mitarbeitenden unterschiedliche Wirkungen hervor. Daher ist es empfehlenswert, die Instrumente nicht isoliert einzusetzen, sondern aufeinander abzustimmen. Ferner wird insbesondere von der amerikanischen Dienstleistungsliteratur **Kreativität** bei der Auswahl und Durchführung von Personalentwicklungsmaßnahmen gefordert (Berry/Parasuraman 1992, S. 97).

> **Beispiel: Personalentwicklungsmaßnahme bei einer amerikanischen Bank**
>
> Eine amerikanische Bank verlangte von Mitarbeitenden, denen mit Vaseline verschmierte Brillen aufgesetzt wurden, Überweisungsscheine auszufüllen und mit drei zusammengebundenen Fingern Geld zu zählen. Diese Maßnahme hatte zum Ziel, den Mitarbeitenden zu verdeutlichen, welche Probleme ältere und behinderte Kunden eventuell im Leistungserstellungsprozess haben.

5.3223 Personalfreistellung

Wenn Mitarbeitende den Anforderungen ihrer und anderer freier Stellen im Unternehmen nicht entsprechen, ist es erforderlich, diese Stelle durch eine andere Person zu besetzen. Dabei bestehen für die **Behandlung des alten Stelleninhabers** zwei **Handlungsalternativen**:

- Kündigung,
- Outplacement.

In zahlreichen Fällen ist die **Kündigung des Mitarbeitenden** nicht möglich bzw. nicht erwünscht. Dies wird z. B. durch eine vertragliche Bindung oder durch soziale Gründe verursacht. Im Hinblick auf die bei Dienstleistungen oftmals bestehende enge Bindung zwischen Mitarbeitenden und Kunden gilt es für ein Dienstleistungsunternehmen, durch die Freisetzung eines Mitarbeitenden die Kunden, die zu dem entsprechenden Mitarbeitenden eine persönliche Beziehung aufgebaut haben, nicht ebenfalls zu verlieren. Bei einer nicht einvernehmlichen Trennung besteht zusätzlich die Gefahr, dass die entsprechenden Mitarbeitenden aktiv Abwanderungsempfehlungen gegenüber „ihren" Kunden aussprechen. Außer ethischen Gründen ist gerade bei Großunternehmen, die umfangreichen Personalabbau planen, auch die Reputation des Unternehmens einem Risiko ausgesetzt, wenn Entlassungen nicht sozialverträglich realisiert werden oder nicht verständlich kommuniziert werden. Zu diesem Zweck wurde das Instrument des **Outplacements** entwickelt.

> **Outplacement** bezeichnet sämtliche Maßnahmen, die dazu dienen, dem Unternehmen und dem freizustellenden Mitarbeitenden unter Federführung eines erfahrenen Personalberaters eine einvernehmliche Trennung zu ermöglichen (Heymann/Motz 1990, S. 649).

Gegenüber traditionellen Kündigungen hat das Outplacement für das Unternehmen unter anderem folgende **Vorteile** (Heymann/Motz 1990, S. 651):

- Vermeidung von Störungen des Betriebsklimas,
- Stärkung des öffentlichen Ansehens durch Verantwortungsübernahme für Mitarbeitende,
- Verkürzung des Trennungsprozesses bei Führungskräften,
- Verhinderung von arbeitsrechtlichen Schritten.

Bei der Durchführung des Outplacement lässt sich der folgende **Prozess** zugrunde legen (Heymann/Motz 1990, S. 655):

- Schilderung des Problems gegenüber dem Mitarbeitenden durch das Unternehmen, Aufzeigen von Alternativen, z. B. Outplacement,
- Bereitschaftserklärung des Mitarbeitenden zum Outplacement,
- gemeinsame Suche nach erfahrenem Personalberater,
- Beratung durch den Personalberater in der Emotions-/Aufrüstphase, der Sammlungs-/Sichtungsphase sowie der Bewerbungsphase,
- Finden einer den Fähigkeiten und Kenntnissen des Mitarbeitenden entsprechenden neuen Stelle,
- aufgabenadäquate Besetzung der frei gewordenen Stelle.

Im Zuge einer solchen einvernehmlichen Trennung besteht ein weiteres Ziel darin, das Wissen über die Kunden, das ein freizustellender Mitarbeitender im Unternehmen gesammelt und erarbeitet hat, im Unternehmen zu halten, d. h., dieses im Rahmen des Outplacement-Prozesses an einen verbleibenden Mitarbeitenden weiterzugeben.

5.323 Kundenorientierte Vergütungssysteme

Im Mittelpunkt einer am personalorientierten Internen Marketing angelehnten Entgelt- bzw. Anreizpolitik steht die Implementierung eines kundenorientierten Vergütungssystems, das die Entlohnung der Mitarbeitenden bzw. weitere materielle und immaterielle Belohnungen an die Erreichung von Qualitäts- und Kundenzufriedenheitsziele knüpft (Stauss 2000b, S. 212; Tuzovic 2004).

Ein Beispiel für die **materielle Belohnungen** bzw. Incentives für besonders kundenorientiertes Verhalten ist eine Bonuszahlung, die eine Bedienung einer amerikanischen Restaurantkette erhält, wenn sie die Namen von 100 Stammkunden kennt (Bowers/Martin/Luker 1990, S. 60). Als kundenorientierte **immaterielle Belohnung** ist die Verleihung von Urkunden, z. B. für die Ernennung eines „Mitarbeitender des Monats", zu nennen. In diesem Zusammenhang wird auch zwischen extrinsischer (durch materielle Belohnung) und intrinsischer (durch immaterielle Belohnung) Motivation des Mitarbeitenden gesprochen. Schaubild 6-5-20 zeigt verschiedene Anreizarten der extrinsischen und intrinsischen Motivation im Überblick.

Schaubild 6-5-20 Extrinsische und intrinsische Anreizformen im Servicemanagement

Extrinsische Motivation		Intrinsische Motivation
■ Prämien für kundenorientierte Beratung	■ Individuelle Auszeichnungen	■ Persönliches Lob
■ Lohnerhöhungen, variable Vergütung in Bezug auf die erzielte Kundenzufriedenheit	■ Bekanntmachung der Leistung in internen Medien	■ Verbesserung der Arbeitsbedingungen
	■ Übertragung von Projektarbeit (z. B. Serviceteams)	■ Modifikation der bisherigen Arbeitsinhalte (Job Rotation)
■ Anrecht auf Seminarbesuche	■ Anbieten von Aufstiegsmöglichkeiten	■ Autonomiegewährung
■ Incentive-Reisen		■ u. a. m.
■ Statussymbole	■ u. a. m.	

Quelle: Bruhn 2002b, S. 224

> **Beispiel: Anerkennungsrituale im Hotel Schindlerhof**
>
> Das *Hotel Schindlerhof* nutzt verschiedene „Anerkennungsrituale" zur Motivation und zur Wertschätzung der Mitarbeitenden. Dabei werden zwischen pauschalen Anerkennungsritualen und „Anerkennungsritualen für außerordentliche Leistungen unterschieden (vgl. Schaubild 6-5-21).

Schaubild 6-5-21 Anerkennungsrituale im Hotel Schindlerhof

Pauschale Anerkennungsrituale
■ Verabschiedung ausscheidender Mitarbeiter durch den Abteilungsleiter mit diversen Präsenten. ■ Brief und Geschenk für jeden Mitarbeiter vor und nach dem Urlaub. ■ Die Wahl des persönlichen Geburtstagsessens. ■ Dankesbriefe der Gäste werden durch die Unternehmensführung kommentiert und an die jeweiligen Mitarbeiter weitergeleitet.
Anerkennungsrituale für außerordentliche Leistungen
■ Prämien bei Erreichung der geplanten Sollzahlen. ■ Geschenke, Kurzurlaube oder/und Gutscheine für Innovationen, abhängig von der Effizienz der Innovation. ■ Eine vom Prämiensystem unabhängige Küchenprämie für einen starken Gartenbetrieb im Sommer. ■ Honorierung von guten Zeugnissen der Auszubildenden mit Büchern, Uhren oder branchenspezifischen Bedarfsartikeln. ■ Honorierung von Teams für unternehmensbezogene Aktivitäten außerhalb der Arbeitszeit. ■ Ernennungen von Mitarbeitern zum „Auszubildenden beziehungsweise Mitarbeiter des Monats".

Quelle: Bruhn 2002b, S. 171

Jedoch ist insbesondere die Höhe des Gehalts (also die extrinsische Motivation) ein wesentlicher Motivationsfaktor für die Mitarbeitenden (vgl. Kohli/Jaworski 1990; Ruekert 1992; Widmier 2002), die gleichzeitig die Erwartungshaltung des Arbeitgebers an die Arbeitsleistung ausdrückt. Daher ist es erforderlich, ein wesentliches Augenmerk auf das **Vergütungssystem** des Unternehmens zu legen. Dabei sind ganzheitliche kundenorientierte Vergütungssysteme als verhaltenssteuerndes Instrument denkbar, um das kundenorientierte Verhalten der Mitarbeitenden zu fördern und kontinuierlich aufrecht zu erhalten.

> Ein **kundenorientiertes Vergütungssystem** ist ein strategisch-orientiertes und durch den Einsatz finanzieller Incentives charakterisiertes Führungsteilsystem, deren Ausschüttung an die individuelle und/oder kollektive Mitarbeiterleistung geknüpft ist und sich anhand kundenorientierter Erfolgsgrößen bemisst (Tuzovic 2004, S. 38).

Ein kundenorientiertes Vergütungssystem beinhaltet, einen variablen Bestandteil des Gehaltes nicht nach unmittelbar ökonomischen Maßstäben zu vergeben, sondern den Kunden als Träger der Leistungsbeurteilung einzusetzen (Tuzovic 2004, S. 178). Es sind dabei zahlreiche Varianten der maximalen Höhe und des Verlaufs des variablen Anteils an der Gesamtvergütung denkbar. Schaubild 6-5-22 zeigt mögliche **Funktionsverläufe der Vergütung** auf.

Personalpolitik

Schaubild 6-5-22 Alternative Funktionsverläufe eines kundenorientierten Vergütungssystems

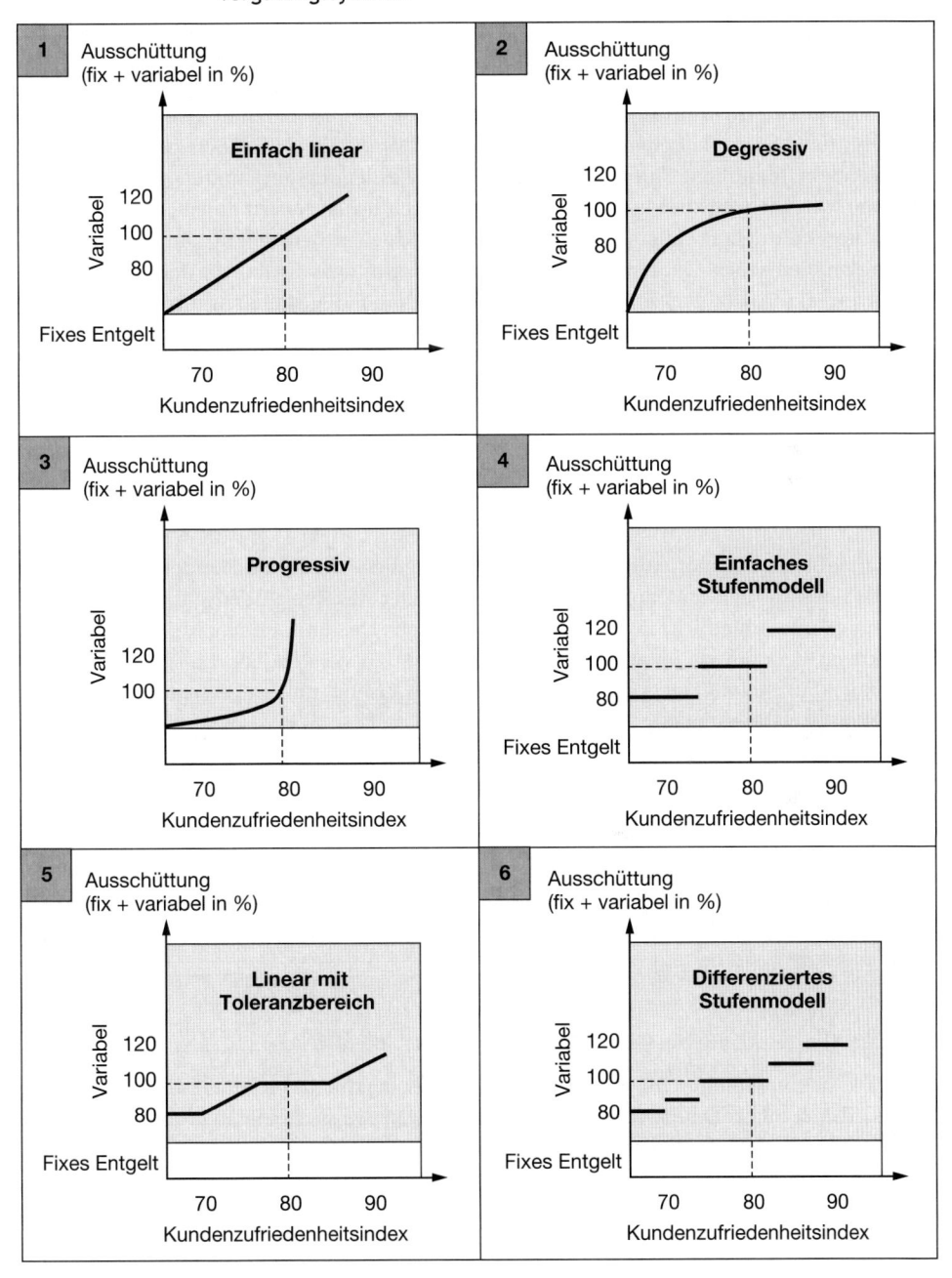

1 Einfach linear

2 Degressiv

3 Progressiv

4 Einfaches Stufenmodell

5 Linear mit Toleranzbereich

6 Differenziertes Stufenmodell

Quelle: Tuzovic 2004, S. 173

Nicht nur hinsichtlich ihrer anteiligen und maximalen Höhe, sondern auch in Bezug auf die zur Festlegung heranzuziehenden Parameter sind zahlreiche Varianten denkbar, die Leistungsbeurteilung durch den Kunden in die Vergütung des Mitarbeitenden einfließen zu lassen. Zunächst ist zwischen **direkten und indirekten Vergütungsmodellen** zu unterscheiden.

Bei einem **direkten Vergütungssystem** hat der Kunde unmittelbaren Einfluss auf die variable Vergütung. So verteilt etwa die Fluggesellschaft *Northwest Airlines* Schecks über 50 USD an besonders freundliche Flugbegleiter. Die direkte Festlegung der kundenorientierten Vergütung erscheint aufgrund von arbeits- und tarifrechtlichen Restriktionen, aber auch aufgrund von kulturellen Unterschieden in der individuellen Beurteilung der Kundenorientierung problematisch. Zudem erscheinen solche Vergütungssysteme vor dem Hintergrund situativer Faktoren (z. B. Wetter, Verspätungen, andere Fluggäste als weitere Einflüsse bei einem Flug), die keine einheitliche Budgetierung und Zuteilung innerhalb des Vergütungssystems erlauben, problembehaftet.

Ein **indirektes Vergütungssystem** beinhaltet einen umfassenderen Einbezug der Kunden und bietet bessere Möglichkeiten für die Festlegung der variablen Vergütung. Für die Höhe der Vergütung ist zunächst ein Standard zu definieren, der als „Normalleistung" anzuerkennen ist. Ferner sind eine Obergrenze und eine Untergrenze zu setzen, die eine Spannbreite für den variablen Anteil der Vergütung vorgibt. Die Basis für die Höhe der Vergütung bildet bei kundenorientierten Vergütungssystemen häufig die Kundenzufriedenheit, die als Maßstab für kundenorientiertes Verhalten der Mitarbeitenden gilt und für deren Erhebung unterschiedliche Möglichkeiten existieren. Da die Kundenzufriedenheit einer subjektiven Beurteilung unterliegt, ist eine Methode zu verwenden, die trotz der unvermeidbaren Subjektivität stets die gleichen Maßstäbe ansetzt, um ein gerechtes Vergütungssystem zu gewährleisten.

> **Beispiel 1: „Customer Loyalty Index" bei Pizza Hut**
>
> Bei der Fastfoodkette *Pizza Hut* beispielsweise sind 50 Prozent der gesamten quartalsweisen Bonuszahlungen von Filialmanagern an das Ergebnis von Kundenzufriedenheitsbefragungen gekoppelt, die anhand eines „Customer Loyalty Index" ermittelt werden. Zur Berechnung dieses Indexes werden dabei jede Woche 50.000 Kunden angerufen und befragt.

> **Beispiel 2: Prämien- und Vergütungssysteme bei Obi**
>
> Die Baumarktkette *OBI* versucht, das Ziel der maximalen Kundenorientierung u. a. dadurch zu erreichen, dass Prämien- und Vergütungssysteme an Kundenzufriedenheitswerte gekoppelt sind.

Unter den für die Erhebung der Kundenzufriedenheit zu verwendenden Methoden, ist besonders die **multiattributive Kundenzufriedenheitsmessung** zu erwähnen (vgl. für einen Überblick zur Kundenzufriedenheitsmessung Beutin 2006). Auf Basis der bei der Messung erhobenen einzelnen Merkmale lässt sich ein Gesamtindex der Zufriedenheit individuell für Abteilungen und ebenso abteilungsübergreifend für das ganze Unternehmen errechnen. Durch wiederholte Messungen lassen sich Vergütungshöhen einzelner Bereiche auch auf Basis der Veränderungen verschiedener Kennzahlen, wie z. B. dem absoluten Gesamtzufriedenheitsniveau gegenüber dem Vorjahr, festlegen.

Bei der **Konzeption** eines kundenorientierten Vergütungssystems ist eine Differenzierung hinsichtlich der Behandlung von Unternehmensbereichen in Abhängigkeit ihres Umfangs an direkter Kundeninteraktion notwendig (Back-Office- versus Front-Office-Bereiche). Studien zeigen, dass die Kundenzufriedenheit für interne Leistungen grundsätzlich schlechter ausfällt als für externe Leistungen. Die Maßstäbe für die „Normalleistung" sind daher individuell, d. h. auf die jeweilige Abteilung bezogen, festzulegen. Bei Abteilungen, die hauptsächlich in externem Kundenkontakt stehen (Verkaufspersonal), werden traditionelle Kundenzufriedenheitsmessungen durchgeführt. Bei Abteilungen, die ausschließlich intern tätig sind (z. B. Controllingpersonal), bieten sich dafür **Interne Servicebarometer** an (vgl. Kapitel 5, Abschnitt 5.4; Bruhn 2004b, S. 292).

Hinsichtlich der **Umsetzung** einer Kundenzufriedenheitsmessung als Bezugsgröße für ein kundenorientiertes Vergütungssystem ist vor allem die Gefahr fehlender Objektivität, insbesondere bei nicht repräsentativen Messungen, zu beachten. Dem daraus möglicherweise resultierenden Vorwurf mangelnder Vergleichbarkeit zwischen einzelnen Messungen lässt sich bei externen Kunden z. B. dadurch begegnen, indem Silent Shopper bzw. Testkäufer eingesetzt werden, die idealerweise konstante Bewertungsmaßstäbe gewährleisten (Tuzovic 2004, S. 178). Weiterhin ist es bei internen Kunden möglich, die relevanten Merkmale der Zufriedenheit entweder durch die jeweilige Abteilung oder die Kunden selbst festlegen zu lassen, um so faire Bewertungsmaßstäbe zu gewährleisten. Bei der Implementierung eines kundenorientierten Vergütungssystems ist folglich insbesondere die gerechte und transparente **Allokation** von Incentives und erfolgsabhängigen Boni sicherzustellen (Barber/Simmering 2002, S. 26).

Zusammengefasst stellen kundenorientierte Vergütungssysteme ein wirksames Instrument zur langfristigen Verankerung der Kundenorientierung im Unternehmen dar, zu der jedoch die Einbindung aller Mitarbeitenden in das System erforderlich ist. Dies ist deshalb grundlegend für die Erfolgswirksamkeit des Systems, weil sich nur so verdeutlichen lässt, dass interne Prozesse die externe Leistungsbeurteilung bzw. die Kundenzufriedenheit entscheidend beeinflussen (Zeithaml/Bitner 2003, S. 306f.) und kundenorientierte Vergütungssysteme folglich auch Bereiche ohne Kundenkontakt einzubeziehen haben.

5.33 Personalpolitisches Instrument der Personalprüfung in der Kontrollphase

In der Kontrollphase eines Personalmanagementsystems (vgl. Schaubild 6-5-4) steht die Personalprüfung im Vordergrund.

> Die **Personalprüfung** beinhaltet sämtliche Maßnahmen, mit deren Hilfe festgestellt wird, inwieweit die Mitarbeitenden die an sie gestellten Anforderungen seitens des Unternehmens sowie das Unternehmen und die Mitarbeitenden die an sie gestellten Anforderungen seitens der Mitarbeitenden im Hinblick auf die Ziele der Personal- und Marketingpolitik erfüllen.

Die Personalprüfung besteht in der **Messung der internen Dienstleistungsqualität**. Diese geht unter Zugrundelegung des Konzeptes des Internen Marketing über die traditionelle Personalbeurteilung hinaus. Während unter letzterer die Einschätzung des Beitrages einzelner Mitarbeitender zu den Unternehmenszielen verstanden wird (Weber/Mayrhofer/Nienhüser 1993, S. 204), zielt die Messung der internen Dienstleistungsqualität auf die Beurteilung der potenzial-, prozess- und ergebnisorientierten **Qualität interner Leistungen** bezüglich folgender **Ebenen** ab (Bruhn 1999a, S. 542ff.):

- personale Ebene (Führungskraft, Mitarbeitende),
- gruppenbezogene Ebene (Leitung, Abteilungen),
- organisationale Ebene (Zentrale, Filiale).

Die **personale Ebene** misst die Leistung des einzelnen Mitarbeitenden, bzw. die Zufriedenheit mit dessen Leistung. Auf dieser Ebene kommt häufig eine Beurteilung auf Basis eines 360-Grad-Feedbacks zum Einsatz. Mit dieser Methode werden vor allem Führungskräfte aus Sicht von Mitarbeitenden, Kollegen, Vorgesetzten und teilweise auch Kunden beurteilt. Darüber hinaus gibt der Beurteilte ein eigenes Urteil über seine wahrgenommene Leistung ab (Atwater/Waldman/Brett 2002, S. 193). Schaubild 6-5-23 zeigt das Ergebnis einer schriftlich durchgeführten 360-Grad-Beurteilung am Beispiel eines technischen Projektleiters eines Maschinenbauunternehmens. Das Beispiel zeigt, dass es teilweise große Unterschiede in der Beurteilung der Leistung eines Mitarbeitenden durch unterschiedliche Personen gibt und auch Unterschiede zwischen der Selbst- und Fremdwahrnehmung existieren.

Auf der **gruppenbezogenen Ebene** wird die Leistung einer bestimmten Abteilung als Ganzes betrachtet (vgl. hierzu das Beispiel zur Fishbone-Analyse in Schaubild 5-3-29 im fünften Kapitel dieses Buches zur Beurteilung einer IT-Abteilung). Es werden dabei nicht die einzelnen Mitarbeitenden bewertet, sondern das Gesamterscheinungsbild der Abteilung. So ist es durchaus möglich, dass die Mitarbeitenden im Einzelnen gute Arbeit leisten, jedoch aufgrund beispielsweise mangelnder Kommunikation oder mangelnder Zusammenarbeit die Gesamtleistung der Abteilung als unbefriedigend angesehen wird. Zur Bewertung der Leistung auf dieser Ebene werden häufig interne Servicebarometer herangezogen (vgl. Abschnitt 6.4 in Kapitel 5).

Schaubild 6-5-23 Beispielhaftes Profil eines technischen Projektleiters auf der Basis eines 360-Grad-Feedbacks

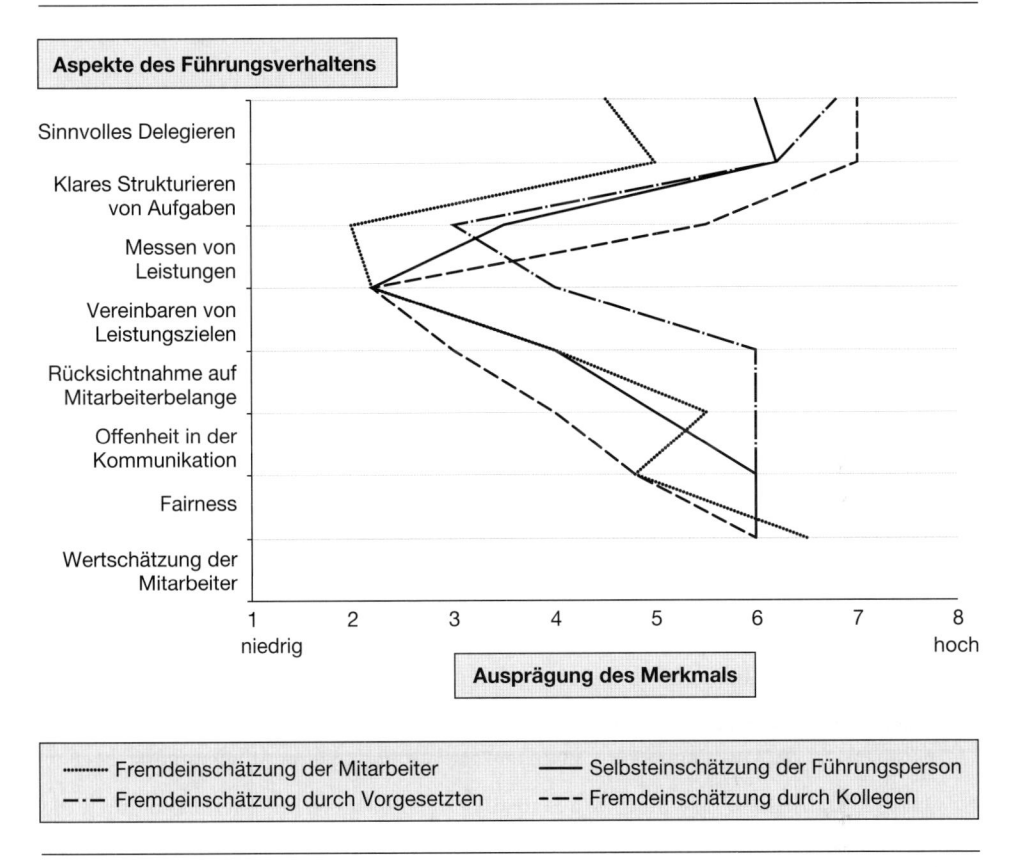

Aspekte des Führungsverhaltens

- Sinnvolles Delegieren
- Klares Strukturieren von Aufgaben
- Messen von Leistungen
- Vereinbaren von Leistungszielen
- Rücksichtnahme auf Mitarbeiterbelange
- Offenheit in der Kommunikation
- Fairness
- Wertschätzung der Mitarbeiter

1 niedrig — 8 hoch

Ausprägung des Merkmals

·········· Fremdeinschätzung der Mitarbeiter
—·— Fremdeinschätzung durch Vorgesetzten
——— Selbsteinschätzung der Führungsperson
– – – Fremdeinschätzung durch Kollegen

Quelle: Stock-Homburg 2008, S. 300

Auf der **organisationalen Ebene** wird eine gesamte Organisationseinheit (Zentrale, Filiale oder eine einzelne Sparte) beobachtet. Dies ist die Ebene mit dem höchsten Aggregationsgrad. Wird beispielsweise die Filiale eines Bekleidungsgeschäftes beurteilt, so gehen die Abteilungen des Verkaufs, der Backoffice-Mitarbeitenden, aber beispielsweise auch die Leistungen von externen Dienstleistern (wie z. B. Reinigungskräfte), die das Erscheinungsbild der Filiale mit beeinflussen, aber nicht direkt dem Unternehmen angehören, in die Bewertung mit ein.

Bei der Messung der internen Dienstleistungsqualität geht es darum, den Erfüllungsgrad interner Dienstleistungen zu beurteilen. Ähnlich wie bei der Messung der externen Dienstleistungsqualität haben Messmethoden die folgenden **Anforderungskriterien** zu erfüllen, um sinnvolle Implikationen für die Personalpolitik zu ermöglichen (Bruhn 1999a, S. 553):

- Interne Qualitätsrelevanz der gemessenen Merkmale,
- Vollständigkeit der gemessenen Kriterien,
- Aktualität der Messergebnisse,
- Eindeutigkeit der Messergebnisse,
- Umsetzbarkeit der Ergebnisse,
- Validität der Ergebnisse,
- Kosten der Durchführung der Messmethoden.

Anhand dieser Anforderungskriterien sind die jeweiligen Methoden auf ihre Eignung zur Messung der internen Dienstleistungsqualität hin zu überprüfen. Aufgrund der Ähnlichkeit der Definitionen der internen und externen Dienstleistungsqualität erscheint es sinnvoll, externe Messmethoden auf den internen Bereich anzuwenden, wie dies z. B. durch Interne Servicebarometer realisiert wird (Kapitel 5, Abschnitt 6.4). Diese Methoden lassen sich in Methoden aus Sicht des internen Lieferanten sowie Verfahren aus Sicht des internen Kunden unterteilen. Zu den Methoden aus **Sicht des Lieferanten** gehören:

- **Globale Eigenbewertung:** Diese Form der Messung ist relativ undifferenziert, weil keine Rücksicht auf die Anforderungen des internen Kunden genommen wird. Dies kann eine zu positive Wahrnehmung seitens des Messobjektes „Lieferant" zur Folge haben.
- **Benchmarking** der eigenen Leistung mit anderen externen und internen Lieferanten: Hierbei ist auf die Vollständigkeit der Qualitätsmerkmale zu achten, wobei auch in diesem Fall Wahrnehmungsverzerrungen möglich sind.
- **Expertenanalysen:** Ähnlich dem Benchmarking vergleichen Experten (z. B. Unternehmensberater) die Leistungen verschiedener interner und externer Lieferanten.
- **Qualitätsstatistiken:** Erstellung von Statistiken über ausgewählte Merkmale durch die Messung von Potenzialen und Ergebnissen der Mitarbeiterleistungen.
- **Qualitätskostenanalysen:** Zuordnung der relevanten internen Qualitätskosten.
- **Fishbone-Analyse:** Ursachenanalyse für Probleme im Personalbereich.
- **Fehlermöglichkeits- und -einflussanalyse:** Analyse der Fehlerwahrscheinlichkeit und des -einflusses auf die Leistungsqualität.

Aufgrund der auf der Vernachlässigung von internen Kundenerwartungen beruhenden mangelnden Vollständigkeit und Qualitätsrelevanz der zur Messung herangezogenen Merkmale lassen diese Verfahren keine eindeutigen Schlüsse für die Personalpolitik zu. Diese Mängel lassen sich mit Hilfe von Methoden aus **Sicht des internen Kunden** teilweise vermeiden. Bei diesen Verfahren sind zu nennen:

- **Erfassung eines globalen Qualitätsurteils:** Bestimmung der Zufriedenheit mit den Leistungen einer bestimmten Abteilung. Aufgrund der undifferenzierten Messung, z. B. durch Mitarbeiterbefragungen, wird keine Erfassung der Ursachen von Qualitätsdefiziten ermöglicht.

- **„Meckerkasten":** Diese Option liefert aktuelle, qualitätsrelevante Ergebnisse, sie ist allerdings niemals vollständig, weil sie unter Umständen nicht von allen Mitarbeitenden genutzt wird und nicht unbedingt alle Probleme genannt werden.

- **Betriebliches Vorschlagswesen:** Diese Methode verfügt über eine hohe Qualitätsrelevanz.

- **Problem-Detecting-Methode:** Erfassung von Problemen und der Dringlichkeit ihrer Lösung, hohe Qualitätsrelevanz.

- **Frequenz-Relevanz-Analyse für Probleme:** Sammlung von Kundenproblemen und Bestimmung ihrer Relevanz für die Beurteilung interner Dienstleistungen.

- **Sequenzielle Ereignismethode:** Anhand von Blueprints, insbesondere bei stark interaktiven internen Kunden-Lieferanten-Beziehungen einsetzbar.

- **Critical-Incident-Technik:** Erfassung kritischer positiver und negativer Ereignisse bei internen Kunden-Lieferanten-Beziehungen.

Schaubild 6-5-24 zeigt exemplarisch das Ergebnis einer Frequenz-Relevanz-Analyse für Probleme am Beispiel von Autoserviceleistungen.

Schaubild 6-5-24 Frequenz-Relevanz-Analyse von Kundenproblemen am Beispiel von Autoserviceleistungen

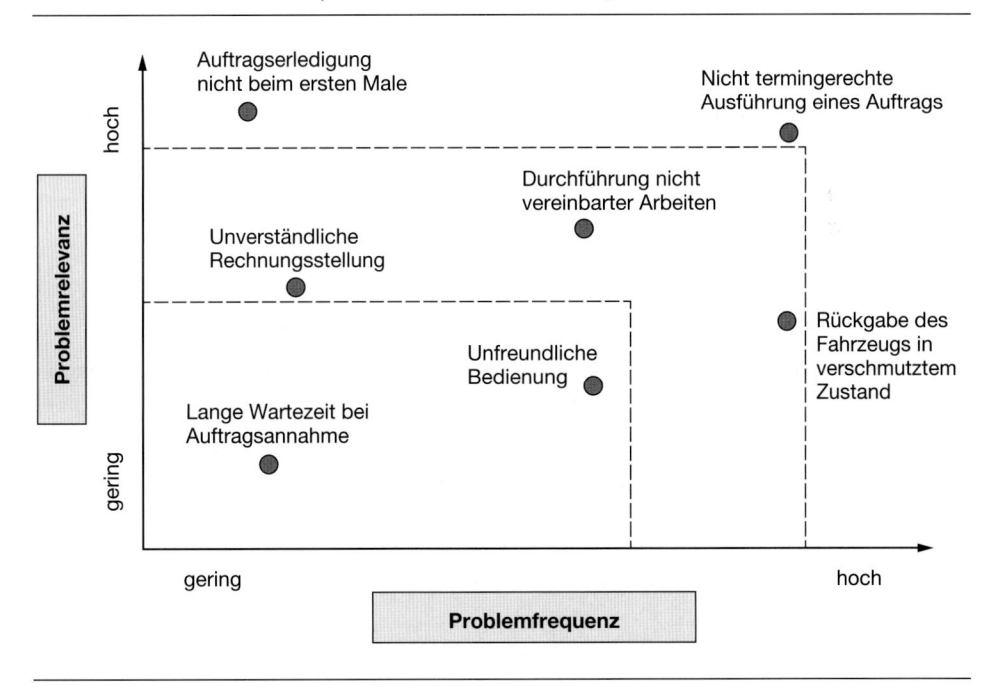

Quelle: Stauss 2000a, S. 334

Grundsätzlich ist bei **Kontrollmaßnahmen des Personals** von Seiten des Managements anzumerken, dass diese einen negativen Einfluss auf die Mitarbeiterzufriedenheit haben (z. B. Rose/Wright 2005, S. 156). Daher ist abzuwägen, inwieweit die Erhöhung von Kontrollmaßnahmen zur Überprüfung der Dienstleistungsqualität der Mitarbeitenden zur Erhaltung oder Erhöhung der Qualität beiträgt. Dies bedeutet, dass hier sowohl Kosten-Nutzen-Aspekte als auch Motivationsaspekte sowie indirekte Wirkungen der Personalprüfung auf die Kundenzufriedenheit zu berücksichtigen sind.

5.4 Marktorientierter Einsatz interner Kommunikationsinstrumente

Im Sinne des hier zugrunde liegenden Konzepts des personalorientierten Internen Marketing ist der Einsatz interner Kommunikationsinstrumente zur Erreichung marktorientierter Zielsetzungen erforderlich. Im Zentrum der internen Kommunikation steht folglich die Notwendigkeit, eine Kommunikationskultur zwischen den Unternehmensangehörigen zu etablieren, die dem vom Management gestellten Anforderungen an die externe kundenorientierte Kommunikation entspricht (Stauss 2000b, S. 215). Der Mitarbeitende steht demzufolge im Mittelpunkt interner Kommunikationsinstrumente. Dabei gilt es, an die Qualität der internen Kommunikation vergleichbare Maßstäbe und Ansprüche wie an die externe Kommunikation zu legen.

> Die **Mitarbeiterkommunikation** umfasst sämtliche Informations- und Kommunikationsabläufe in einem Unternehmen, die der Steuerung von Meinungen, Einstellungen und Verhalten der Mitarbeitenden und Führungskräfte dienen (Bruhn 2005b, S. 1203; 2007a, S. 355).

Die **Aufgaben der Mitarbeiterkommunikation** umfassen:

- Kommunikation aller Maßnahmen, Programme und Instrumente der Personalpolitik (z. B. Aufzeigen der Karrieremöglichkeiten, Vorstellung von Weiterbildungsangeboten),
- Unterstützung der Führungskräfte aller Ebenen bei ihren Kommunikationsaufgaben,
- Information von Mitarbeitenden und Führungskräften bei Veränderungsprojekten,
- Aufzeigen unternehmensstrategischer Zusammenhänge und die Rolle der Mitarbeitenden zur Erreichung unternehmens- und marktorientierter Zielsetzungen des Dienstleistungsunternehmens.

Da Dienstleistungen überwiegend von Menschen erstellt werden, erfordern sämtliche Maßnahmen, die mit einer **Veränderung** der Tätigkeiten von Mitarbeitenden im Kundenkontakt einhergehen, bei der Mitarbeiterkommunikation eine besondere Aufmerksamkeit. Der Erfolg der Einführung einer neuen Dienstleistung (z. B. Angebot neuer Anlageprodukte bei einer Bank) hängt in hohem Maße von der Leistungsfähigkeit der Mitarbeitenden ab. Gleiches gilt für Modifikationen der internen Prozesse (z. B. Umstellung des Bestellsystems eines Versandhandels) für das Kundenkontaktpersonal, die für den Kunden nicht direkt sichtbar sind, bei Komplikationen aber möglicherweise Unzufriedenheit hervorrufen.

Unabhängig von der Art der Veränderung ist weiterhin deren **Zeitpunkt** kritisch zu betrachten. Die dienstleistungsspezifischen Merkmale wie die Nichtlagerfähigkeit und die Kundenbeteiligung führen mit hoher Wahrscheinlichkeit dazu, dass sich nicht alle denkbaren Mängel und möglichen Fehler bei der Erstellung in einer Testphase eliminieren lassen. Der Erfahrung des Kundenkontaktpersonals und dessen Rolle als Marktforscher kommt hierbei eine hohe Bedeutung zu. Daraus folgt, dass sich besonders durch eine umfassende Aufwärtskommunikation das Risiko von Diskrepanzen in der Dienstleistungsgestaltung auf strategischer und der Umsetzung auf operativer Ebene reduzieren lassen, sofern alle wichtigen Erkenntnisse über Mängel der Leistung sowie bislang unbekannte oder veränderte Kundenbedürfnisse den Führungskräften und der Unternehmensleitung mitgeteilt und notwendige Maßnahmen schnell eingeleitet werden. Ausgehend von diesen Aufgaben lassen sich drei grundsätzliche **Arten der Mitarbeiterkommunikation** unterscheiden:

- Kommunikation der Unternehmens-/Personalleitung mit Führungskräften,
- Kommunikation der Unternehmens-/Personalleitung mit Mitarbeitenden,
- Kommunikation der Führungskräfte mit Mitarbeitenden.

Die Gesamtheit der **Maßnahmen der Mitarbeiterkommunikation** lässt sich nach zwei Dimensionen gliedern:

- Medium der Ansprache in persönliche und mediale Mitarbeiterkommunikation,
- Kontinuität des Einsatzes in kontinuierliche und sporadische Mitarbeiterkommunikation.

Bei der Bildung einer Vier-Felder-Matrix aus diesen beiden Dimensionen lassen sich vier **Instrumentegruppen der Mitarbeiterkommunikation** bilden, die in Schaubild 6-5-25 dargestellt sind.

Schaubild 6-5-25 Instrumente der Mitarbeiterkommunikation

Kontinuität des Einsatzes \ Ansprache	Persönlich	Medial
Kontinuierlich	Kontinuierliche persönliche Mitarbeiterkommunikation Beispiele: ■ Mitarbeiterbesprechung ■ Qualitätsgruppen ■ Projektsitzungen	Kontinuierliche mediale Mitarbeiterkommunikation Beispiele: ■ Führungskräfteinformation ■ Mitarbeiterzeitschrift ■ Internes Stellenmagazin
Sporadisch	Sporadische persönliche Mitarbeiterkommunikation Beispiele: ■ Managementtagung ■ Workshops ■ Unternehmensversammlung	Sporadische mediale Mitarbeiterkommunikation Beispiele: ■ Mitarbeiterkommunikation ■ Aushänge ■ Datenbanken

Bei der Implementierung der Mitarbeiterkommunikation ist darauf zu achten, dass die einzelnen Kommunikationsmaßnahmen zu einer leistungsfähigen Einheit zusammengefügt werden. Schaubild 6-5-26 zeigt am Beispiel einer Bank die Vielzahl an möglichen Kommunikationsbausteinen sowie deren Integration in eine Kommunikationsinfrastruktur.

Schaubild 6-5-26 Beispiel einer Kommunikationsinfrastruktur am Beispiel einer Bank

Instrument/Medium	Zielgruppe	Häufigkeit	Zuständigkeit
Direkte, mündliche Kommunikation			
Mitarbeitergespräch	Einzelner Mitarbeiter	Mind. 1x/Jahr	Vorgesetzter
Mitarbeiterbesprechungen auf allen Ebenen	Mitarbeiter einer organisatorischen Einheit	Wöchentlich bzw. 14tägig	Vorgesetzter
Projektsitzungen	Projektteam	14tägig	Projektleiter
Sitzungen der Geschäftsleitung	Mitglieder der GL	Wöchentlich	GL-Vorsitzender
Tagungen der oberen FK	Obere FK und GL	2x/Jahr	GL-Vorsitzender
Managementtagung	Alle FK und GL	1x/Jahr	GL-Vorsitzender
Vertriebskonferenzen	Alle FK einer Sparte	4x/Jahr	Spartenleiter
Außendiensttagungen	Alle AD-Mitarbeiter einer Sparte	2x/Jahr	Spartenleiter

Fachtagungen	Alle FK eines zentralen Fachbereichs	2x/Jahr	Bereichsleiter
Qualitätsgruppen	Mitglieder einer Qualitätsgruppe	14tägig	Moderator der jeweiligen Qualitätsgruppe
Klausuren/Workshops	Unterschiedlich	Bei Bedarf	Vorgesetzter und Personalbeurteilung
Seminare/Trainings	Unterschiedlich	Bei Bedarf	Vorgesetzter und Personalbeurteilung
Unternehmensversammlung	Alle Mitarbeiter bzw. alle Mitarbeiter einer organisatorischen Einheit	Bei Bedarf	GL bzw. Leiter einer organisatorischen Einheit
Mitarbeiterbrief	Alle Mitarbeiter	Bei Bedarf	GL-Vorsitzender/ Abt. Mitarbeiterkommunikation
Führungsbrief	Alle FK oder nur obere Ebene	Bei Bedarf	GL-Vorsitzender/ Abt. Mitarbeiterkommunikation
FK-Information	Alle FK	14tägig	Abteilung Mitarbeiterkommunikation
Mitarbeiterzeitschrift	Alle Mitarbeiter	Monatlich	Abteilung Mitarbeiterkommunikation
Mitarbeiterbroschüren	Alle Mitarbeiter oder Teilgruppen	Bei Bedarf	Fachstellen/Abt. Mitarbeiterkommunikation
Mitarbeiterumfragen	Alle Mitarbeiter oder Teilgruppen	Bei Bedarf	Personalabteilung und Abt. Mitarbeiterkommunikation
Qualitäts-Informationen	Alle Mitarbeiter in einer Qualitätsgruppe	Monatlich	Steuerungskreis Qualität
Betriebliches Vorschlagswesen	Alle Mitarbeiter	Laufend	BVW-Fachstelle
Aushänge	Mitarbeiter einer organisatorischen Einheit	Bei Bedarf	Fachstellen/Leiter der organisatorischen Einheit
Richtlinien	Alle Mitarbeiter	Bei Bedarf	Fachstellen/Abt. Organisation
Computergestützte Datenbanken	Alle Mitarbeiter oder Teilgruppen	Bei Bedarf	Fachstellen/Abt. Mitarbeiterkommunikation
Fachinformationen/ Handbücher	Alle Mitarbeiter oder Teilgruppen	Bei Bedarf	Fachstellen/Abt. Mitarbeiterkommunikation
„Karriere-Magazin" (mit Stellenmarkt)	Alle Mitarbeiter	14tägig	Personalabteilung/ Abt. Mitarbeiterkommunikation
Electronic-Mail	Offen und festgelegte Verteiler	Bei Bedarf	Jeder Mitarbeiter und festgelegte Verantwortliche

Quelle: Schick 1995, S. 461f.

Vielfach erfolgt die Information von Führungskräften und Mitarbeitenden erst nachdem Entscheidungen bereits getroffen sind. Um den Mitarbeitenden das Gefühl zu geben, mitverantwortlich für den Unternehmenserfolg und nicht nur Empfänger von Weisungen zu sein, gilt es, bereits im Prozess der Entscheidungsfindung permanent die neuesten Informationen zur Verfügung zu stellen. Diese Art der kontinuierlichen Information wird in der Literatur **Prozesskommunikation** genannt (Dotzler 1999, S. 673). Solch eine offene Informationspolitik der Unternehmensleitung hat die Steigerungen von Motivation und Einsatzwillen seitens der Mitarbeitenden zur Folge. Hierbei lassen sich beispielsweise speziell der Erfolg und die Honorierung von Vorschlägen des Betrieblichen Vorschlagswesens aufnehmen. Gerade im Dienstleistungsbereich ist es aufgrund des ständigen Kundenkontaktes wichtig, Mitarbeitenden insbesondere über den Kunden betreffende Entwicklungen in den Bereichen Markt, Unternehmen, Konkurrenz, Umfeld zu informieren. So wird es ihnen ermöglicht, diese Informationen bei Kundenberatungen mit einzubeziehen und dem Kunden gegenüber als kompetenter und gut informierter Dienstleister aufzutreten.

Trotz des Bewusstseins über die Wichtigkeit der internen Kommunikation ist häufig zu erkennen, dass diese von den Mitarbeitenden als nicht zufriedenstellend wahrgenommen werden. Eine Umfrage bei einer Fluggesellschaft hat ergeben (Weber 2003, S. 293ff.), dass die Mitarbeitenden

- sich zu 80 Prozent schlecht über die Hintergründe unternehmerischer Entscheidungen informiert fühlen,
- zu 70 Prozent unzufrieden sind mit der Möglichkeit, sich in unternehmerische Entscheidungen einbringen zu können, und
- zu 52 Prozent zu wenig über benachbarte Abteilungen und deren Probleme wissen.

Weiter haben innerbetriebliche Untersuchungen ergeben, dass in gut 80 Prozent der Fälle nicht die Informationen – also die Hard News, die fehlenden Fakten – das Problem waren, sondern die mangelnde Beachtung und Mitwirkung des Personals, die ungenügende Bewertung und Übersetzung der Fakten auf die besondere Situation des jeweiligen Mitarbeitenden sowie das Fehlen einer persönlichen Adressierung und Ansprache der Mitarbeitenden. Es handelt sich also eher um Kommunikations- als um Informationsdefizite, d. h. die häufigste Unzufriedenheit tritt nicht dadurch auf „was" kommuniziert wird, sondern „wie" diese Informationen zu den Mitarbeitenden gelangen (Weber 2003, S. 293ff.).

5.5 Personalorientierter Einsatz externer Marketinginstrumente

Die dritte Instrumentegruppe eines personalorientierten Internen Marketing stellen klassische, an den externen Kunden ausgerichtete Marketinginstrumente dar, die sich gleichzeitig an den **Mitarbeitenden im Sinne einer zweiten Zielgruppe** („Second Audience", vgl. z. B. Berry 1981; George/Berry 1984) richten. Dazu gehören vor allem Instrumente wie die **Werbung** und **Public Relations** sowie die **Garantiepolitik**. Mit den unter einer Personalperspektive eingesetzten externen Marketinginstrumenten werden vor allem folgende **Zielsetzungen** verfolgt (vgl. auch im Folgenden Stauss 2000b, S. 215ff.):

- positive Beeinflussung von Stolz und Moral der Mitarbeitenden,
- Vereinheitlichung von Einstellungen der Mitarbeitenden durch Information von Aspekten der Unternehmenskultur und der gesamtunternehmerischen Situation,
- Darstellung von Chancen und Karrieremöglichkeiten zur Erleichterung der Personalbeschaffung,
- Verdeutlichung der kundenseitig erwarteten und mitarbeiterseitig – insbesondere im Dienstleistungskontakt – zu realisierenden Qualitätsstandards und Leistungsanforderungen.

Der letztgenannte Aspekt nimmt eine besondere Bedeutung im Zusammenhang mit der qualitätsbezogenen **externen Kommunikation** ein. Häufig werden konkrete Leistungsversprechen bzw. Qualitätsstandards im Rahmen externer **Werbekampagnen** getätigt. Diese haben beispielsweise Standards bzw. Versprechen in Bezug auf Preis und Konditionen, die Nichtüberschreitung von Wartezeiten, die Dauer der Leistungserstellung, mitarbeiterverhaltensbezogene Größen wie Freundlichkeit und Hilfsbereitschaft, die Mitarbeiterqualifikation u. a. m. zum Inhalt.

Derartige Werbemaßnahmen belegen zum einen neben einem konkreten Leistungsversprechen die besonderen Bemühungen um die Dienstleistungsqualität. Zum anderen werden dem Mitarbeitenden die unternehmerischen Leistungsansprüche verdeutlicht und auf den Kunden als Qualitätskontrollinstanz hingewiesen. Zusammengefasst wirken die kundengerichteten Leistungsversprechen als mitarbeiterbezogene Leistungsverpflichtung. Es gilt darauf zu achten, dass die Leistungsversprechen für die Mitarbeitenden auf der einen Seite anspornend und vor allem motivierend, auf der anderen Seite aber auch leistbar sind, um der Gefahr eines Glaubwürdigkeitsverlusts des Dienstleistungsanbieters entgegenzuwirken.

Eine Variante der personalorientierten externen Kommunikation stellen diejenigen Werbemaßnahmen dar, die die **Mitarbeitenden in den Mittelpunkt** stellen und diese im Rahmen der Kampagne namentlich erwähnen. Auf diese Weise lassen sich zum einen nach extern kundenorientierte Zielgrößen wie Kundennähe kommunizieren, zum anderen bezwecken derartige Kommunikationsvarianten Bestärkung, Anerkennung und Motivation der Mitarbeitenden.

> **Beispiele: Werbekampagnen mit Mitarbeitenden im Mittelpunkt**
>
> Eine Werbekampagne, die reale Mitarbeitende in den Mittelpunkt stellte, war die „Sie & ..."-Kampagne der Schweizer Großbank *UBS* zur Vermittlung von Kundennähe als zentrales Markenversprechen. In ganzseitigen Inseraten und in TV-Spots wurden jeweils einzelne Mitarbeitende in einer privaten Situation (z. B. bei der Ausübung einer Freizeitaktivität wie z. B. Schach) sowie ihre Funktion bei der Bank (z. B. Anlageberatung) vorgestellt und aufgezeigt, inwiefern Erfahrungen aus der Ausübung der privaten Aktivität des Mitarbeitenden bzw. persönliche Eigenschaften des Mitarbeitenden zum Vorteil der Kunden wirken (z. B. Einschätzung der Risikobereitschaft seines Gegenübers) (UBS 2007). Auch andere Unternehmen, wie z. B. die *Ergo Versicherungsgruppe* (Welt Online 2010) und der Internet- und Telekomunikationsanbieter *1&1* wirbt in Werbespots und auf der Unternehmenshomepage namentlich mit seinem Leiter Kundenzufriedenheit, Marcell D'Avis (1&1 Internet AG 2010; HORIZONT.NET 2009).

Als weiteres Instrument der personalorientierten externen Kommunikation bietet sich die **Öffentlichkeitsarbeit (Public Relations)** an. Das vorrangige Ziel ist nicht die Förderung des Absatzes, sondern in erster Linie die Gestaltung und Pflege der Beziehungen zur Öffentlichkeit (Bruhn 2010b, S. 417). Durch die Berichterstattung beispielsweise über soziale Engagements einzelner Mitarbeitenden eines Unternehmens wird erreicht, dass das positive Image der Mitarbeitenden auf das gesamte Unternehmen übertragen wird.

> **Beispiel: Öffentlichkeitsarbeit der Deutschen Bank unter Einbezug der Mitarbeitenden**
>
> Die *Deutsche Bank* zeigt im Rahmen ihrer Social Media-Aktivitäten auf ihrer Homepage diverse Videos von Mitarbeitenden, die im Rahmen von Umweltschutzprojekten im Raum Frankfurt in ihrer Freizeit engagiert sind für die Säuberung diverser Naturgebiete (Deutsche Bank 2010b).

Die **Garantiepolitik** stellt ein weiteres Instrument des personalorientierten Einsatzes externer Marketinginstrumente dar, die vergleichbar mit der personalorientierten externen Kommunikation eine mitarbeitergerichtete Leistungsverpflichtung bewirkt. Im Mittelpunkt steht die durch Servicegarantien kommunizierte Bereitschaft, bei Nichteinhaltung konkreter Leistungsversprechen (z. B. maximale Lieferzeiten eines Paketzustellers usw.) den Kunden materiell oder monetär zu entschädigen. Die Bedeutung von Garantien liegt darin, dass diese den Dienstleister zwingen, eindeutige und kundenorientierte Qualitätsstandards zu entwickeln und einzuhalten. So lassen sich gegenüber dem Kunden Wettbewerbsvorteile verdeutlichen und sich das wahrgenommene Kaufrisiko von Dienstleistungen reduzieren. Wichtig ist in diesem Zusammenhang vor allem aus Glaubwürdigkeitsgründen, dass die dem Kunden artikulierten Garantieversprechen seitens des Unternehmens und den Mitarbeitenden als Leistungsverpflichtung akzeptiert und erfüllt werden.

Die Ausführungen dieses Abschnitts haben die **Bedeutung einer systematischen Personalpolitik** für Dienstleistungsunternehmen aufgezeigt. Hervorgehoben wird, dass insbesondere bei Dienstleistungen mit intensivem Mitarbeiter-Kunden-Kontakt die Mitarbeitenden durch ihr Verhalten das gesamte Dienstleistungsunternehmen repräsentieren und dieses Verhalten demnach gemäß den Marketingzielen (z. B. Kundenorientierung) zu steuern ist. Aufgrund des Zusammenwirkens der verschiedenen Marketinginstrumente (z. B. sind die Leistungen in der durch die Werbung versprochenen Weise zu erbringen) ist eine unternehmensweite Planung der Personalpolitik und ihre Integration in die klassischen 4 Ps notwendig. Das Konzept des personalorientierten Internen Marketing erweist sich als geeignetes Rahmenkonzept einer dienstleistungsorientierten Personalpolitik, bei dem der Schwerpunkt – vor dem Hintergrund der Absatzerfordernisse – auf dem koordinierten Einsatz personalwirksamer Instrumente des externen Marketingmix liegt (Stauss 2000b, S. 217).

Kapitel 7:
Implementierung des Dienstleistungsmarketing

1.	**Grundlagen der Strategieimplementierung**..............................	**685**
1.1	Begriff und Inhalt der Strategieimplementierung...........................	685
1.2	Besonderheiten bei der Implementierung des Dienstleistungsmarketing	688
1.3	Implementierungsbarrieren des Dienstleistungsmarketing	691
2.	**Betrachtungsebenen bei der Implementierung des Dienstleistungsmarketing**	**694**
2.1	Gestaltung der Unternehmensstruktur.....................................	694
2.2	Gestaltung der Unternehmenssysteme.....................................	700
2.3	Gestaltung der Unternehmenskultur	706

1. Grundlagen der Strategieimplementierung

1.1 Begriff und Inhalt der Strategieimplementierung

Seit Beginn der 1960er Jahre werden Schwierigkeiten, die mit der **Umsetzung der Marketingkonzeption** verbunden sind, in der betriebswirtschaftlichen Forschung und Praxis thematisiert (ein umfassender Überblick zu dieser Problematik findet sich u. a. bei Tarlatt 2001). Obgleich noch kein allgemein akzeptiertes Implementierungsmodell existiert, besteht doch Einigkeit darüber, dass sich die konkrete Umsetzung des Marketingkonzeptes weitaus häufiger als problematisch erweist als dessen Planung und daher einen zentralen Erfolgsfaktor darstellt. Diese Aussage gewinnt insbesondere durch empirische Studien an Bedeutung, die den positiven Zusammenhang der Marktorientierung einer Unternehmung, verstanden als Umsetzung des Marketingkonzeptes, auf den Unternehmenserfolg nachweisen (Dobni/Luffman 2000; Esteban et al. 2002; Homburg/Krohmer/Workman 2004; Kara/Spillan/DeShields 2005).

Neben der Marktorientierung rückt seit einigen Jahren die **Kundenorientierung** verstärkt in den Fokus der Unternehmensführung (vgl. z. B. Bruhn 2002c; Hennig-Thurau 2004, S. 460ff.). Wachsende Konkurrenz im Dienstleistungssektor und ein verändertes Konsumentenverhalten führen dazu, dass das umfassende Management von Kundenbeziehungen – im Sinne eines Customer Relationship Management (CRM) – an Bedeutung gewinnt. In diesem Zusammenhang bezweckt die kundenorientierte Unternehmensführung, dass sich die Ausrichtung aller Unternehmensaktivitäten an den Kundenbedürfnissen orientiert. Die Zusammenhänge zwischen der kundenorientierten Unternehmensführung und dem unternehmerischen Erfolg sind dabei in zahlreichen Studien behandelt worden. In den meisten Fällen konnte ein signifikant positiver Einfluss auf das untersuchte Erfolgsmaß ermittelt werden (für eine Übersicht vgl. Homburg/Becker 2000, S. 20; Homburg/Bucerius 2001, S. 107ff.).

Die erfolgreiche Umsetzung einer neuen Marketing- bzw. Unternehmensstrategie ist allerdings mit Schwierigkeiten behaftet. Insbesondere drei **Problembereiche** können ein Scheitern der Strategie zur Folge haben. Im Einzelnen sind dies die folgenden Defizite:

- Analyselücke,
- Planungslücke,
- Implementierungslücke.

Die so genannte **Analyselücke** bezieht sich auf eine Diskrepanz zwischen der Unternehmens- und Kundeneinschätzung in Bezug auf die (erforderliche) Kompetenz und Leistungsfähigkeit des Dienstleistungsanbieters. Grundsätzlich gibt es drei mögliche Ansatzpunkte, die für das Entstehen einer solchen Analyselücke – auch „Kundenzufriedenheitsfalle" genannt – verantwortlich gemacht werden können. Wie zuvor bereits erwähnt, handelt es sich hierbei zum einem um die Wahrnehmungen, die das Unternehmen selbst von seiner Leistungsfähigkeit hat. Zum anderen geht es um die Erwartungen der Kunden an diese Leistungen und letztlich um die von ihnen tatsächlich wahrgenommene Leistung.

Das Auftreten eines solchen Defizits lässt darauf schließen, dass die eigenen Stärken und Schwächen nicht gründlich genug analysiert worden sind. Die formulierte Strategie deckt sich nicht mit den eigenen Kompetenzen und Ressourcen.

Die **Planungslücke** bezieht sich darauf, dass keine längerfristige und koordinierte Strategieplanung vorgenommen wurde. Das Unternehmen konzentriert sich dementsprechend stark auf das operative Tagesgeschäft. Die Ressourcenplanung und -entwicklung wird nicht unter längerfristigen Gesichtspunkten vorgenommen, so dass keine zielkonformen Maßnahmen eingeleitet werden (z. B. Personalentwicklung, Investitionen in Technologien usw.).

Die **Implementierungslücke** beschreibt den Zustand, dass zwar strategische Ziele formuliert und eine Strategie zur Zielerreichung vorliegt, diese jedoch nur mangelhaft umgesetzt wird. Dieses Umsetzungsdefizit wird auf mehrere Ursachen zurückgeführt. So ist z. B. eine fehlende Unterstützung der Strategie durch das Topmanagement sowie eine mangelhafte interne Kommunikation nicht selten Ursache für ein Umsetzungsdefizit.

Im Folgenden wird hauspächlich die Implementierungslücke betrachtet, da in der Praxis häufig zu beobachten ist, dass zwar im Vorfeld eine Unternehmensstrategie und damit verbundene Ziele formuliert werden, es aber an einem klaren Plan fehlt, wie diese Ziele in dem täglichen Handeln umgesetzt werden, d. h. welche Einzelmaßnahmen konkret eingeleitet werden, um die Ziele zu erreichen. Deshalb bedarf es einer genauen **Strategieimplementierung**, um diese Implementierungslücke zu schließen.

Der Begriff der Strategieimplementierung wird (in Anlehnung an Kotler/Bliemel 2006, S. 1266) wie folgt definiert:

> Eine **Implementierung** ist ein Prozess, durch den die Marketingpläne in fassbare Einzelaufgaben umgewandelt werden und durch den sichergestellt wird, dass diese Aufgaben so durchgeführt werden, dass sie zur Erreichung der Unternehmensziele beitragen. Übertragen auf das Dienstleistungsmarketing bezeichnet die Implementierung einen Prozess, durch den strategische Konzepte des Dienstleistungsmarketing in aktionsfähige Aufgaben mit dem Ziel umgesetzt werden, profitable Kundenbeziehungen zu initiieren, aufzubauen und zu intensivieren.

Bezugsobjekt der Implementierung ist die konkrete Marketingstrategie als langfristiger, bedingter Verhaltensplan. Auf einer höheren Aggregationsebene stellt darüber hinaus die Umsetzung des Marketingkonzeptes in Form einer unternehmensweiten, markt- und kundenorientierten Denkhaltung das Bezugsobjekt der Implementierung dar (Kühn 1991).

Die Aufgabe dieses „**Make the Strategy Work**" bzw. „**Make the Concept Work**" wird in drei wesentliche **Teilaufgaben** untergliedert (Meffert/Burmann/Koers 2005):

- Spezifizierung der globalen Strategievorhaben,
- Schaffung von Akzeptanz für die Strategie bei den betroffenen Mitarbeitenden,
- Anpassung von Unternehmensstrukturen, -systemen und -kultur.

Hinsichtlich des instrumentellen Vorgehens bei ihrer Realisation lassen sich diese drei Teilaufgaben leicht modifiziert als **Implementierungsebenen** darstellen (Schaubild 7-1-1).

Schaubild 7-1-1 Ebenen der Implementierung

Konzeptionelle Implementierungsebene	Spezifizierung der Implementierungsinhalte	
	■ Marketingstrategien ■ Implementierungsmaßnahmen	
Personenbezogene Implementierungsebene	**Gesamtunternehmensbezogen**	**Mitarbeiterbezogen**
	■ Anpassung bzw. Schaffung einer marktorientierten Unternehmenskultur	■ „Kennen" ■ „Verstehen" ■ „Können" ■ „Wollen" der Implementierungsinhalte
Institutionelle Implementierungsebene	Anpassung der organisationalen Unternehmenspotenziale	
	■ Struktur ■ Systeme	

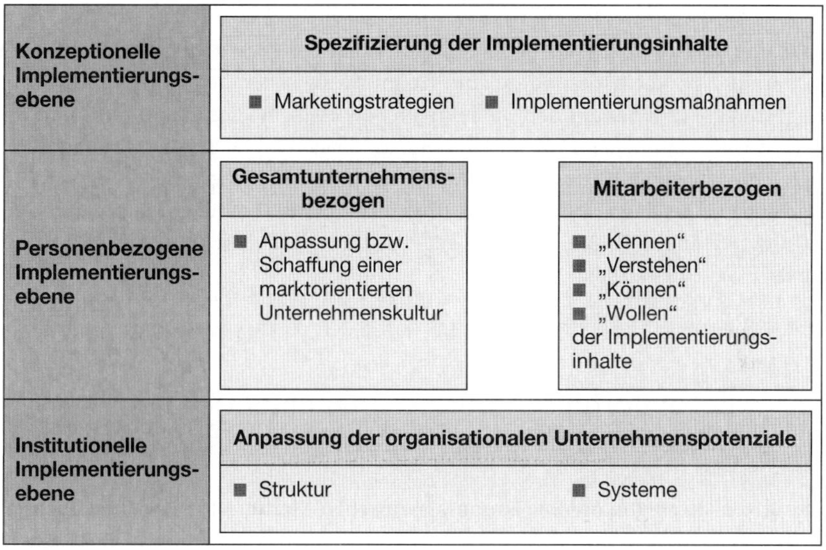

- Auf der **konzeptionellen Implementierungsebene** ist die Spezifizierung der Implementierungsinhalte und -maßnahmen Aufgabe der strategischen und operativen Marketingplanung. Sie bildet den Ausgangspunkt der Implementierung und bedient sich der in Kapitel 4 vorgestellten Planungsinstrumente.

- Auf der **personellen Implementierungsebene** ist zunächst kurz- bis mittelfristig die Akzeptanz der einzelnen Mitarbeitenden für die zu implementierenden Marketingstrategien zu schaffen. Dies umfasst neben der Änderungsbereitschaft in Form des „Wollens" eine Änderungsfähigkeit, d. h. das „Kennen", „Verstehen" und „Können" der Implementierungsinhalte (Kolks 1990, S. 110ff.). Mittel- bis langfristig ist darüber hinaus eine markt- und kundenorientierte Unternehmenskultur durch alle Mitarbeitende des Unternehmens zu entwickeln und zu leben. Beiden Teilaufgaben dienen Informations-, Qualifikations- und Motivationsinstrumente, auf die im Rahmen des Internen Marketing eingegangen wird (Grimmeisen 1998, S. 16ff., vgl. Kapitel 6, Abschnitt 5.1).

- Auf der **institutionellen Implementierungsebene** werden darüber hinaus auch Anpassungen hinsichtlich der Strukturen (Aufbau- und Ablauforganisation) sowie Systeme (z. B. Controlling- und Informationssysteme) einer Unternehmung notwendig. An dieser Stelle nimmt insbesondere ein professionelles Schnittstellenmanagement zwischen den einzelnen Implementierungsebenen eine herausragende Stellung ein. Im Rahmen der Ablauforganisation ist es beispielsweise notwendig, unternehmensweite Verhaltens- und Qualitätsstandards sowie Controlling- und Informationssysteme einzuführen. Des Weiteren ist die Schaffung allgemeiner organisatorischer Rahmenbedingungen im Zuge der Aufbauorganisation Grundvoraussetzung für eine erfolgreiche Marketingimplementierung. Dies geschieht insbesondere mit Techniken aus dem Führungs- und Organisationsbereich innerhalb dieser Implementierungsebene.

Innerhalb und zwischen diesen Betrachtungsebenen bestehen vielfältige **Interdependenzen**. So ist in der Praxis insbesondere eine Trennung zwischen der individuellen Durchsetzung der Strategie und der auf dem kollektiven Bewusstsein aller Unternehmensmitglieder basierenden Unternehmenskultur kaum möglich, da sich faktisch jede Maßnahme, die auf den einzelnen Mitarbeitenden abzielt, mittel- bis langfristig auch auf die Unternehmenskultur auswirkt. Gleiches gilt für Anpassungen der Struktur und Systeme, die sich ebenfalls auf die personelle Ebene oder die gegenseitigen Einflüsse von konzeptioneller und personeller Ebene auswirken.

1.2 Besonderheiten bei der Implementierung des Dienstleistungsmarketing

Auf Basis der diskutierten dienstleistungsspezifischen Merkmale lassen sich **Besonderheiten** bei der Implementierung des Marketing im Dienstleistungsbereich ausmachen. Hier seien die folgenden Aspekte hervorgehoben:

- Die Notwendigkeit einer permanenten **Bereitstellung des Leistungspotenzials** impliziert die Erfordernis der Schaffung, Aufrechterhaltung und kontinuierlichen Verbesserung des Fähigkeitenpotenzials der Mitarbeitenden in Dienstleistungsunternehmen (Engelhardt/Kleinaltenkamp/Reckenfelderbäumer 1992, S. 51). Hierbei bezieht sich das Fähigkeitenpotenzial zum einen auf die fachlich kompetente Erstellung der Leistung an sich, zum anderen auf den sozial kompetenten Umgang mit den Leistungsnachfragern.

- Aufgrund der **Integration des externen Faktors** stehen Kunden und Mitarbeitende des Dienstleisters vielfach in direktem, persönlichen Kontakt. Dadurch haben personalorientierte Implementierungsinstrumente (z. B. Schulungen in Gesprächsführung, kundenorientierte Anreizsysteme, Kompetenzerweiterungen) einen direkten Einfluss auf das Verhalten des (externen) Kunden und damit auf den Unternehmenserfolg.

- Durch die **Immaterialität** von Dienstleistungen werden die Mitarbeitenden des Dienstleisters häufig als Surrogat der eigentlichen Leistung angesehen (Engelhardt/Kleinaltenkamp/Reckenfelderbäumer 1992, S. 48). Entsprechend ist ihr Auftreten und ihre Erscheinung für die Kaufentscheidung und Leistungsbeurteilung der Kunden ein zentrales Kriterium. Daher ist darauf zu achten, dass ausreichende Ressourcen für die materiellen Elemente der Dienstleistung zur Verfügung stehen und dass bei den Mitarbeitenden das Bewusstsein geschaffen wird, dass die tangiblen Elemente (das Erscheinungsbild einer Filiale, die Ordnung und Sauberkeit in den Geschäftsräumen, usw.) von entscheidender Bedeutung bei der Beurteilung der Dienstleistung aus Kundensicht sind. Darüber hinaus ist es aufgrund der Immaterialität von Dienstleistungen nahezu unmöglich, eine ungenügende Leistung im Nachhinein zu kompensieren. Daher ist bei der Implementierung darauf zu achten, Voraussetzungen dafür zu schaffen, dass die Dienstleistung möglichst fehlerfrei erstellt werden kann.

Die **Materialisierung des Fähigkeitenpotenzials** wird neben dem eingesetzten Personal des Weiteren durch die Gestaltung der physischen Ausstattung realisiert, z. B. in Form von Gebäuden, Räumen oder (Dienst-) Bekleidung. Die Vermittlung eines positiven Unternehmensimages sowie einer hohen Leistungsfähigkeit hat immer im Umfeld einer dienstleistungskonsistenten Atmosphäre zu erfolgen. Diesen Aspekten gilt es als Teil der nach außen wirkenden Unternehmenskultur bei deren Gestaltung besonders Rechnung zu tragen, da für Kunden von Dienstleistungsunternehmen diese Potenzialfaktoren in der Regel sichtbar sind.

Die Ausgestaltung der **Unternehmenskultur und -struktur** hat besondere Anforderungen hinsichtlich der Flexibilität der Abstimmungsprozesse zu gewährleisten: Die Nichtlagerfähigkeit von Dienstleistungen bei gleichzeitiger Nichttransportfähigkeit bedingt eine intensive Bereitschaft der Mitarbeitenden zur Koordination zwischen Dienstleistungsproduktion und -nachfrage, insbesondere bei einer hohen Distributionsdichte.

Die hohe Bedeutung des Faktors Mensch für die Implementierung des Dienstleistungsmarketing ist auch bei der **Ausgestaltung der Managementsysteme** zu berücksichtigen: Im Vergleich zum Sachgüterbereich gewinnen personenbezogene, d. h. mitarbeiter- und kundenspezifische Informationsgewinnungs-, Steuerungs- und Kontrollsysteme gegenüber den klassischen Controllinginstrumenten auf Basis des kostenorientierten Rechnungswesens an Bedeutung. Dies zeigt sich nicht zuletzt daran, dass viele Dienstleistungsunternehmen in den letzten Jahren verstärkt in CRM-Systeme investiert haben, die eine individualisierte Steuerung und Kontrolle von Kundenbeziehungen ermöglichen.

Bei der **Spezifizierung der globalen Strategievorhaben** lassen sich hinsichtlich des generellen Marketingverständnisses keine inhaltlichen Besonderheiten im Dienstleistungsbereich identifizieren. Marketing ist demnach nicht nur eine klassische Unternehmensfunktion, sondern eine umfassende Unternehmensphilosophie, die von allen Mitarbeitenden und Führungskräften getragen und gelebt wird. Der Aspekt der Strategiespezifizierung wird von Kolks (1990, S. 78f.) als **„Umsetzung"** verstanden, während die Akzeptanzschaffung von ihm mit dem Begriff **„Durchsetzung"** belegt wird. Die Anpassung der Unternehmenspotenziale (Strukturen, Systeme und Kultur) kann schließlich weitgehend der Umsetzung von Strategien zugerechnet werden. Lediglich die Anpassung der Unternehmenskultur umfasst sowohl Aspekte der Umsetzung als auch der Durchsetzung. Schaubild 7-1-2 zeigt die Ziele der Strategieimplementierung im Überblick.

Schaubild 7-1-2 Ziele der Strategieimplementierung

```
                          Oberziel

                      Erfolgreiche
                     Implementierung
                  der Strategien und Konzepte

           Durchsetzungsziele    |    Umsetzungsziele

      ■ Vermittlung von Kenntnissen  ■ Spezifizierung der Strategie
      ■ Förderung von Verständnis    ■ Anpassung der Strukturen
      ■ Festlegung von Kompetenzen   ■ Anpassung der Systeme
      ■ Sicherung der Einsatz-       ■ Anpassung der Kultur
        bereitschaft

      Ziel: Aufbau von Wissen,       Ziel: Fit zwischen Strategie, Struktur,
      Können, Dürfen und Wollen      Systemen und Kultur
```

Quelle: in Anlehnung an Meffert 1994, S. 364

Die Besonderheiten der Strategiewahl und -ausgestaltung wurden bereits in Kapitel 4 ausführlich diskutiert. Auf die Akzeptanzschaffung wurde in den Ausführungen zum Konzept des Internen Marketing in Kapitel 6, Abschnitt 6.5 (Personalpolitik) eingegangen. Auf die Darstellung dieser beiden Teilaufgaben der Implementierung wird daher nachfolgend verzichtet. Für die weitere Argumentation wird im Rahmen der institutionellen Implementierung eine Unterteilung in **Strukturen, Systeme** und **Kultur** vorgenommen.

Um die geplanten Marketingstrategien im Unternehmen erfolgreich um- und durchzusetzen, sind verschiedene Anpassungen innerhalb des Dienstleistungsunternehmens vorzunehmen, die sich aus der Notwendigkeit eines **Fits** zwischen der Strategie und den Unternehmenspotenzialen – also Unternehmensstruktur, Unternehmenssysteme und Unternehmenskultur – ergeben.

Zunächst ist es für eine erfolgreiche Implementierung erforderlich, dass ein Fit zwischen der Strategie und den Unternehmensstrukturen besteht. Beispielsweise ist es ein Indikator für einen mangelnden **Strategie-Struktur-Fit**, wenn nur wenige Mitarbeitende eines Unternehmens im Kundenkontakt stehen, d. h. die Kundensituation und deren Bedürfnisse kennen. Dies erschwert den Aufbau und die Intensivierung profitabler Geschäftsbeziehungen erheblich.

Weiterhin wird eine Implementierung häufig durch einen mangelnden Fit zwischen Strategie und Managementsystemen des Unternehmens (z. B. Informationssysteme) behindert.

Ein nicht vorhandener **Strategie-System-Fit** liegt beispielsweise vor, wenn die Informationssysteme des Unternehmens nicht in der Lage sind, kundenindividuelle Informationen zu generieren, zu speichern, zu verarbeiten und weiterzugeben. Ist dies der Fall, sind eine Steuerung und damit ein Aufbau sowie eine Intensivierung der einzelnen Kundenbeziehung mit Problemen verbunden.

> **Beispiel: Individuelle Gestaltung der Kundenbeziehungen bei McKinsey und Bain & Company anhand von Datenbanken**
>
> Als Grundlage für eine individuelle Gestaltung ihrer Kundenbeziehungen haben die Beratungsunternehmen *McKinsey* und *Bain & Company* eine Datenbank entwickelt, in der Erfahrungen sämtlicher Aufträge inklusive der Teilnehmernamen und Kundenreaktionen detailliert erfasst werden. Die hierin gespeicherten Daten dienen sämtlichen Mitarbeitenden zur individualisierten Kundenansprache (TeamSuccess 2005).

Schließlich treten Implementierungsprobleme auf, wenn es nicht gelingt, einen Fit zwischen Strategie und Unternehmenskultur herzustellen. Ein **Strategie-Kultur-Fit** ist beispielsweise nicht gegeben, wenn die Mitarbeitenden ein stark technik- und produktorientiertes Denken an den Tag legen, das im Widerspruch zur Kundenorientierung des Marketingkonzeptes steht. Wenn die Kultur eines Unternehmens eine Kundenorientierung nicht mitträgt, werden die Ausrichtung der Unternehmensaktivitäten an einzelnen Kundenbeziehungen und somit der Aufbau und die Intensivierung profitabler Kundenbeziehungen mit Schwierigkeiten behaftet sein.

> **Beispiel: Implementierung einer kundenorientierten Unternehmenskultur bei Sun-Microsystems**
>
> *Sun-Microsystems* – einer der führenden Serviceanbieter für Computernetzwerktechnologie – bietet seit Jahren unter dem Motto „Mehr Menschen-, weniger Technikorientierung" für Mitarbeitende Trainings an, um eine kundenorientierte Unternehmenskultur, basierend auf eigens dafür formulierten Grundsätzen (z. B. „Weniger versprechen, mehr halten"; „Messen ist alles"; „Jeder Mitarbeitende ist Qualitätsprüfer und jeder Mitarbeitende ist verantwortlich für Kundenbeziehungen", usw.) zu implementieren und die in dieser Branche häufig anzutreffende technikzentrierte Denkweise zu überwinden (Sun 2005).

1.3 Implementierungsbarrieren des Dienstleistungsmarketing

Obwohl sich die Literatur intensiv mit dem Dienstleistungsmarketing beschäftigt, existieren nur sehr wenige theoretische und empirische Studien, die sich explizit mit den Barrieren bei der Implementierung von kundenorientierten Marketingstrategien auseinandersetzen. Eine empirische Untersuchung von Plinke (1996) liefert zu Fragen bezüglich der Arten von Implementierungsbarrieren hilfreiche Erkenntnisse. Aus der branchenübergreifenden Befragung von 340 Führungskräften der deutschen Industrie wird deutlich, dass es sich primär um Fragen der Struktur, Systeme und Kultur handelt, die die Implementierung der Kundenorientierung behindern oder zumindest verlangsamen (Schaubild 7-1-3). Die Bedeutung dieser Faktoren wird durch zahlreiche Erfahrungsberichte aus der Praxis bestätigt (Reinecke/Sipötz/Wiemann 1998, S. 278f.; Witte 2000; Shah et al. 2006). Die Herausforderung besteht nun darin, die mit diesen Hauptbarrieren verbundenen Einzelaspekte zu steuern und zu kontrollieren.

Schaubild 7-1-3 Implementierungsbarrieren der Kundenorientierung

Barriere	Nennungen in Prozent
Struktur und Systeme	19,90 %
Kultur und Stil	17,10 %
Zusammenarbeit	13,40 %
Auf den Markt zugehen	10,65 %
Marktkenntnisse	9,72 %
Persönliche Führung	8,80 %
Ressourcen	6,02 %
Motivation	6,02 %
Qualifikation	5,09 %
Vision und Strategie	3,24 %

Nennungen in Prozent (n = 340 entspricht 100 %)

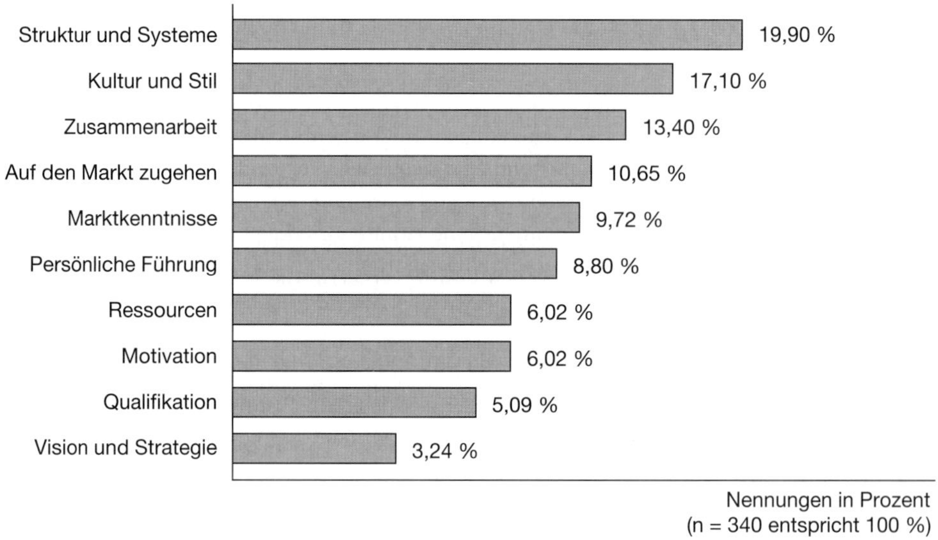

Quelle: Plinke 1996, S. 42

Die **strukturbezogenen Barrieren** betreffen die organisatorische Verankerung des Marketing im Unternehmen sowie die Existenz bestehender Unternehmensstrukturen bzw. -hierarchien. Mögliche Barrieren bei der Umsetzung des Dienstleistungsmarketing liegen beispielsweise darin, dass das Marketing nicht auf der Führungsebene des Dienstleistungsunternehmens verankert ist oder darin, dass Abteilungen für Kundenprobleme, wie z. B. ein Beschwerdemanagement oder ein Customer Care Center, fehlen. Eine mangelnde Flexibilität bezüglich der Kundenbedürfnisse durch zu viele Hierarchieebenen im Unternehmen ist eine weitere häufig genannte Barriere, die vor allem bei großen Unternehmen anzutreffen ist.

Zu den **systembezogenen Barrieren** gehören Defizite im Einsatz von Informations- und Kontrollsystemen. Hierzu zählen beispielsweise fehlende Datenbanken oder fehlende kundenbezogene Controllingsysteme zur Messung der Erfolgsgrößen des Dienstleistungsmarketing. Damit gehen häufig auch Probleme der monetären Bewertung von Prozessoptimierungen einher.

Die Probleme im **kulturellen Bereich** liegen z. B. in der Gleichgültigkeit und Unsensibilität der Mitarbeitenden im Kundenkontakt oder in der Wahrnehmung der Mitarbeitenden, dass Kundenorientierung kein durch das Topmanagement getragener Wert des Unternehmens ist. Hierzu zählen auch Probleme der Zusammenarbeit der einzelnen Partner in der Wertschöpfungskette oder auch innerhalb des Unternehmens. Abstimmungsprobleme, Angst vor Machtverlusten, Bereichsegoismen, subjektive Vorbehalte usw. behindern hier die Implementierung des Dienstleistungsmarketing.

> **Beispiel: Schulungsmaßnahmen zur Überwindung kultureller Barrieren bei der Züricher Kantonalbank (ZKB)**
>
> Die *Zürcher Kantonalbank (ZKB)* ist die drittgrößte schweizerische Bank. Bei der Einführung der integrierten „Beratung und Betreuung mit System" – ein Programm zur Erhöhung der Kundenorientierung – stieß die Bank auf starke kulturelle Barrieren, die zu überwinden waren. Beispielsweise galt es, die festgefahrenen Verhaltens- und Denkmuster der Mitarbeitenden, wie das reaktive Verhalten in Bezug auf Telefongespräche oder die geringe Flexibilität bei der Kundenbetreuung, zu überwinden. Mit gezielten Schulungsmaßnahmen wurde versucht, diese kulturellen Barrieren zu minimieren (Rudolf-Sipötz/Arnet 2005).

Beachtlich erscheint das Ergebnis der oben erwähnten Studie, dass die **inhaltlich-konzeptionelle Ausgestaltung** der Kundenorientierung in Form einer Vision und Strategie (in Schaubild 7-1-3 mit 3,24 Prozent der Nennungen) als unproblematisch eingestuft wurde. Aussagen, die sich beispielsweise auf eine unzureichende Geschäftsfeldabgrenzung oder auf fehlende Zielvorgaben der Kundenorientierung beziehen, sind daher offensichtlich als Einzelproblem von Unternehmen zu werten.

Neben den genannten Implementierungsbarrieren lassen sich **Erfolgsvoraussetzungen** der Implementierung des Dienstleistungsmarketing identifizieren. Folglich kann deren Nichterfüllung einer erfolgreichen Implementierung entgegenstehen und wie Implementierungsbarrieren wirken. Folgende Erfolgsvoraussetzungen für die Implementierung einer auf dem Grundkonzept des Relationship Marketing (vgl. Kapitel 2, Abschnitt 1) basierenden Marketingstrategie für Dienstleistungen lassen sich unterscheiden (Pressey/Mathews 2000):

- **Kommunikation:** Je höher der Umfang an persönlicher Kommunikation bei einer Dienstleistung ausfällt, desto größer ist das Potenzial für die erfolgreiche Implementierung des Dienstleistungsmarketing.

- **Ausgeglichenes Machtverhältnis:** Dienstleistungsmarketing lässt sich am besten realisieren, wenn keine Partei (Anbieter und Nachfrager) die Beziehung dominiert.

- **Professionalität:** Dienstleistungsanbieter, die effizient mit Beschwerden umgehen, Vertrauen erzeugen und generell eine hohe Professionalität aufweisen, schaffen gute Voraussetzungen für die Implementierung des Dienstleistungsmarketing.

- **Kundenkontakt:** Dienstleistungen mit einem hohen Maß an Kundenkontakt und -beteiligung sind prädestiniert für ein Erfolg versprechendes Dienstleistungsmarketing.

Das Augenmerk ist angesichts der zahlreichen Problempotenziale einer erfolgreichen Implementierung des Dienstleistungsmarketing – wie sich im weiteren Verlauf des Kapitels zeigen wird – besonders auf den Aufbau kundenorientierter Organisationsstrukturen, Managementsysteme sowie einer dazu passenden Unternehmenskultur zu richten.

2. Betrachtungsebenen bei der Implementierung des Dienstleistungsmarketing

Zur Fundierung einer systematischen Implementierung des Dienstleistungsmarketing existieren zahlreiche Ansatzpunkte, die sich in drei Gruppen einteilen lassen (vgl. Schaubild 7-2-1):

- Strukturorientierte Ansatzpunkte,
- Systemorientierte Ansatzpunkte,
- Kulturorientierte Ansatzpunkte.

2.1 Gestaltung der Unternehmensstruktur

Im Rahmen der Implementierung von Dienstleistungsstrategien gilt es, bestehende Strukturen im Unternehmen den geänderten Anforderungen am Markt anzupassen. In diesem Zusammenhang sind insbesondere Aspekte der **Organisation und Führung** von Dienstleistungsunternehmen zu analysieren und ggf. entsprechend zu verändern. Seitdem Chandler (1962) seine These „**Structure Follows Strategy**" in die Diskussion einbrachte, werden die Vor- und Nachteile unterschiedlicher Organisationsformen, wie z. B. Produkt-, Sparten- oder Matrixorganisation, im Hinblick auf die Strategieimplementierung intensiv und kontrovers diskutiert. Einigkeit besteht darin, dass den Vorteilen der traditionellen Organisationsformen, wie etwa klare Kompetenzverteilung und geringer Koordinationsbedarf, erhebliche Nachteile in Bezug auf Flexibilität und Reaktionsvermögen gegenüberstehen. Auf Basis von Praxiserfahrungen lassen sich vier Merkmale identifizieren, die zu einer **kundenorientierten Unternehmensorganisation** beitragen:

- Dezentralisation,
- Kooperationsorientierung,
- Prozessorientierung,
- Entscheidungsorientierung.

Schaubild 7-2-1 Ansatzpunkte einer Implementierung des Dienstleistungsmarketing

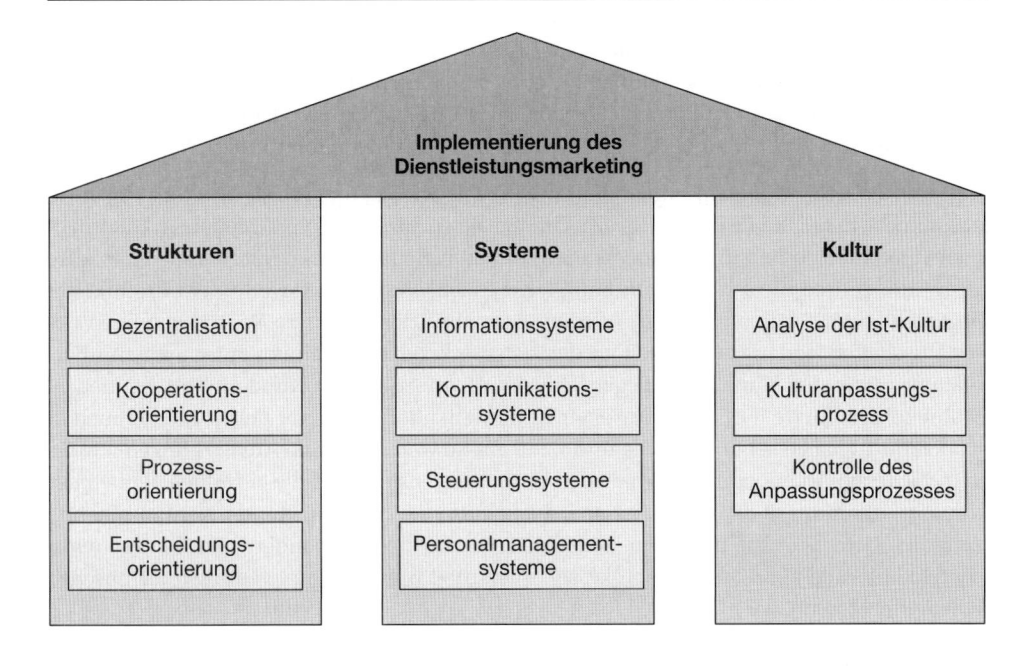

Implementierung des Dienstleistungsmarketing

Strukturen	Systeme	Kultur
Dezentralisation	Informationssysteme	Analyse der Ist-Kultur
Kooperationsorientierung	Kommunikationssysteme	Kulturanpassungsprozess
Prozessorientierung	Steuerungssysteme	Kontrolle des Anpassungsprozesses
Entscheidungsorientierung	Personalmanagementsysteme	

Quelle: in Anlehnung an Bruhn 2002b, S. 33

Ein wesentlicher Organisationsaspekt, der die Kundenorientierung einer Unternehmensorganisation determiniert, ist der Grad der **Dezentralisation** der Unternehmensorganisation. Im Gegensatz zur Dezentralisation bringt die Zentralisation von Entscheidungen lange Informationswege mit sich und erhöht damit das Risiko von Verzögerungen bei der Reaktion auf Kundenanliegen. In zentralisierten Organisationen ist beispielsweise der Weg von Kenntnissen über die Kundenerwartungen im Kundenkontakt zu den Entscheidungsträgern sehr weit, so dass solche Unternehmen ihre Leistungen nur sehr langsam an veränderte Kundenerwartungen anpassen können. Grundsätzlich ist zu beachten, dass bei Dienstleistungsunternehmen der Kundenkontakt vor allem durch Mitarbeitende aus dem „unteren" Bereich der Unternehmenshierarchie erfolgt. Durch das Uno-Actu-Prinzip, d. h. die Simultaneität von Produktion und Konsumtion einer Leistung, haben diese „dienstleistungsproduzierenden" Mitarbeitende zwingend direkten Kontakt mit den Kunden des Unternehmens (z. B. Bedienungen in einem Restaurant, Kassenpersonal bei einem Supermarkt usw.). Sie bedürfen daher neben des im Rahmen des Internen Marketing vermittelten marketingrelevanten Wissens und Know-hows einer spezifischen **organisatorischen Einbindung**, die es ihnen erst ermöglicht, auf die verschiedenen Bedürfnisse der Kunden umfassend und flexibel zu reagieren.

Ein weiterer wichtiger Aspekt zur Umsetzung eines kundenorientierten Dienstleistungsmarketing ist die Sicherstellung einer **Kooperationsorientierung**. Dabei wird eine interne Kooperation angesprochen, und zwar zwischen den Funktionsbereichen eines Unternehmens. Ein Instrument zur Umsetzung einer Kooperationsorientierung sind die so genannten **„Cross Functional Visits"** (Hilker 2001). Dabei pflegen die betroffenen Mitarbeitenden gemeinsam direkte Kundenkontakte. Beispielsweise ist es denkbar, dass Mitarbeitende aus dem Back-Office einer Bank direkt mit einem Kundenproblem konfrontiert werden.

Mit der Kooperationsorientierung hängt die **Prozessorientierung** eines Unternehmens eng zusammen, deren Realisierung die Zusammenarbeit zwischen verschiedenen Unternehmensfunktionen unterstützt. Prozessorientierung bedeutet, dass Unternehmensprozesse vom Kunden und nicht von einem Funktionsbereich, wie beispielsweise dem Produktmanagement einer Bank, angestoßen werden. Dies impliziert, dass die Voraussetzungen dafür zu schaffen sind, dass jederzeit an den entsprechenden Stellen im Unternehmen Informationen über den Kunden vorliegen, die einer Umsetzung der Kundenwünsche dienen. Während der Kunde i. d. R. an nur einer Kommunikationsstelle mit dem Unternehmen in Kontakt tritt, haben seine Wünsche und Bedürfnisse weit reichende Auswirkungen auf die verschiedenen Abteilungen innerhalb des Unternehmens und auf die einzelnen Teilnehmer der Wertschöpfungskette. Dafür ist aber nicht nur eine funktionierende Kommunikation zwischen dem Kunden und dem Unternehmen erforderlich, sondern eine kontinuierliche Optimierung aller Geschäftsprozesse, unterstützt durch die notwendigen technischen Hilfsmittel (Bruhn 2002).

In diesem Zusammenhang wird in der Marketingliteratur auch von **Customer Centricity** gesprochen. Darunter wird die Abkehr von der klassischen produktzentrierten Unternehmenssicht hin zu einer auf den Kunden ausgerichteten Integration und Ausrichtung aller Unternehmensprozesse im Sinne einer idealen **kundenzentrierten Unternehmensorganisation** verstanden. Customer Centricity ist eine Philosophie, die die Bedürfnisbefriedigung des Kunden in den Mittelpunkt aller unternehmerischen Entscheidungen und Strukturen rückt. Das Customer-Centricity-Paradigma geht nicht der Frage nach, wie sich Produkte oder Dienstleistungen verkaufen lassen, sondern vielmehr, wie sich durch die Gesamtheit der unternehmerischen Aktivitäten Kundennutzen und damit einhergehend Unternehmenswert generieren lassen (Shah et al. 2006, S. 115f.; Wolter/Deuser 2008, S. 38ff.).

Eine Form der unternehmensorganisatorischen Umsetzung des Customer-Centricity-Ansatzes stellen beispielsweise so genannte **Kundensegmentcenter** mit speziellen Kundensegment- bzw. **Kundenbeziehungsmanagern** dar. Diese integrieren in einer Person alle wesentlichen Unternehmensfunktionen (z. B. Marketing, Vertrieb, Service und Controlling), die zur Erfüllung der nach Kundensegment differenzierten Kundenbedürfnisse notwendig sind. Durch die Fokussierung von Kundenbeziehungen wird zugleich der Forderung nach einem Kundenbeziehungscontrolling besser Rechnung getragen (vgl. Kapitel 8, Abschnitt 3.4). Eine weitere Form einer kundenzentrierten Organisationsstruktur zeigt sich in der Schaffung von kundengerichteten Spezialfunktionen. Ein Beispiel hierfür auf Ebene des Topmanagements stellt die Schaffung eines eigenen Kundenvorstandbereichs (Chief Customer Officer) dar, wie er bei mehreren US-amerikanischen Konzernen (z. B. *Coca-Cola* und *Intel*) bereits eingeführt wurde (Shah et al. 2006, S. 116f.).

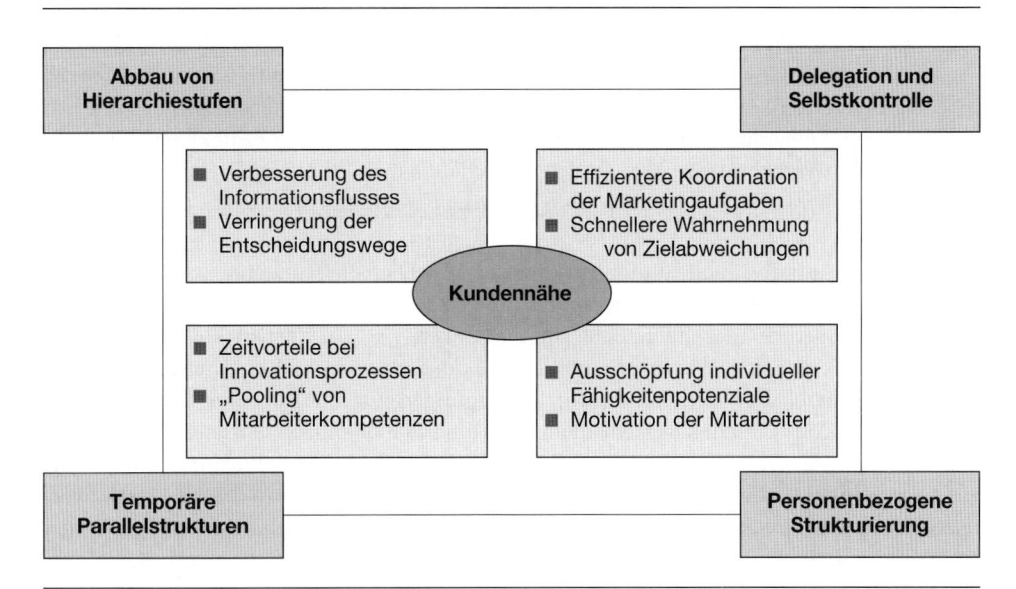

Schaubild 7-2-2 Optimierung von Strukturen im Dienstleistungsbereich

```
┌─────────────────┐                                      ┌─────────────────┐
│   Abbau von     │                                      │  Delegation und │
│ Hierarchiestufen│                                      │ Selbstkontrolle │
└─────────────────┘                                      └─────────────────┘
        ■ Verbesserung des                  ■ Effizientere Koordination
          Informationsflusses                 der Marketingaufgaben
        ■ Verringerung der                  ■ Schnellere Wahrnehmung
          Entscheidungswege                   von Zielabweichungen
                           ( Kundennähe )
        ■ Zeitvorteile bei
          Innovationsprozessen              ■ Ausschöpfung individueller
        ■ „Pooling" von                       Fähigkeitenpotenziale
          Mitarbeiterkompetenzen            ■ Motivation der Mitarbeiter

┌─────────────────┐                                      ┌─────────────────┐
│   Temporäre     │                                      │  Personenbezogene│
│ Parallelstrukturen│                                    │  Strukturierung │
└─────────────────┘                                      └─────────────────┘
```

Zur Umsetzung der Vorgaben zur Optimierung von Strukturen im Dienstleistungsbereich dienen die in Schaubild 7-2-2 ersichtlichen **organisatorischen Maßnahmen** (Bruhn 2002c, S. 41ff.):

▌ Abbau der Hierarchiestufen im Unternehmen,

▌ Größtmögliche Delegation und Selbstkontrolle seitens der Mitarbeitenden,

▌ Einführung temporärer Parallelstrukturen,

▌ Personenbezogene Strukturierung des gesamten Unternehmens.

Durch den **Abbau von Hierarchiestufen** wird insbesondere ein besserer Informationsfluss, wie er für eine effektive Koordination unabdingbar ist, sichergestellt. Gleichzeitig verringert eine wenig ausgeprägte Hierarchiestruktur die Entscheidungswege und trägt somit zu mehr Kundennähe bei.

Zudem lässt sich durch die Abflachung der Hierarchie eine nachhaltige, strukturorientierte Motivationssteigerung beim Kontaktpersonal und damit die Unterstützung des personalorientierten Internen Marketing (vgl. Kapitel 6, Abschnitt 5.2) realisieren. Der Abbau von Stellen im mittleren Management führt in diesem Zusammenhang zu Mittelfreisetzungen, die beispielsweise für Gehaltserhöhungen beim Kontaktpersonal sowie intensivere Schulungs- und Trainingsmaßnahmen nutzbar oder dabei behilflich sind, in konjunkturell schwierigen Zeiten zu überleben (Schlesinger/Heskett 1991, S. 77ff.).

> **Beispiel: Umsatzanteil unternehmensnaher Dienstleister mit flachen Hierarchien**
>
> Der Abbau von Hierarchien bei Dienstleistern – nicht zuletzt aus Kostengründen und Gründen der Geschäftsprozessoptimierung – ist inzwischen weit vorangeschritten. So lag bereits 2001 der Umsatzanteil der unternehmensnahen Dienstleister mit flachen Hierarchien bei mehr als 32 Prozent. Noch deutlicher fällt dieser Effekt bei Unternehmen der Werbebranche aus. Dort erwirtschafteten in 2001 Unternehmen mit einer flachen Hierarchie bereits mehr als 60 Prozent (Creditreform 2002).

Insbesondere für individuelle und interaktiv erbrachte Dienstleistungen wird daher zunehmend die Forderung nach einem neuen **Leitbild** der Organisation und Führung erhoben (Reichheld/Sasser 1991, S. 108ff.; Schlesinger/Heskett 1991, S. 72; Drucker 1992, S. 64ff.; Kuprenas 2003, S. 51ff.). Wie in Schaubild 7-2-1 deutlich wird, gilt es, Kunden und Mitarbeitende stets in den Mittelpunkt der Überlegungen zur Führung des Unternehmens zu stellen und das Geschäftssystem dann um diese Personengruppen herum zu ordnen (Bleicher 1990, S. 152). Gleichzeitig wird ein Höchstmaß an Flexibilität nach innen und außen angestrebt (Grönroos 1989, S. 512). Geleitet von der Erkenntnis, dass die starke Vertikalisierung traditioneller Strukturen diesen Anforderungen nicht gerecht wird, gewinnen Maßnahmen an Bedeutung, die eine Entbürokratisierung der Organisation und eine stärker **horizontale Ausrichtung** ermöglichen (Peters 1995).

Schließlich wird die Umsetzung eines kundenorientierten Dienstleistungsmarketing durch eine **Entscheidungsorientierung** unterstützt. Damit ist gemeint, dass der Gedanke der Kundenorientierung nur dann umgesetzt werden kann, wenn entsprechende Entscheidungen getroffen und implementiert werden. Dies gilt vor allem für Entscheidungen im direkten Kundenkontakt. Müssen Kundenkontaktmitarbeiter jede ihrer Entscheidung durch einen oder mehrere Vorgesetzte bestätigen lassen, ist eine flexible Reaktion auf die Kundenanforderungen nicht möglich (vgl. hierzu auch die Ausführungen zu Empowerment in Kapitel 6.5).

Diese strukturellen Maßnahmen werden idealtypisch von einer **Anpassung des Führungssystems** flankiert. Nicht Leitungs- und Kontrollfunktionen sind schwerpunktmäßig von den Vorgesetzten wahrzunehmen, sondern vielmehr Coaching- und Unterstützungsfunktionen (Schlesinger/Heskett 1991, S. 77ff.; Niehoff et al. 2001, S. 93ff.; Lovelock/Wirtz 2007, S. 461f.). Die Funktionsverschiebung ist verbunden mit einer größtmöglichen **Delegation** von Aufgaben und Kompetenzen an die unteren Hierarchiestufen. Hohe Delegationsgrade verfügen aus Sicht von Dienstleistungsunternehmen über zwei wesentliche Vorteile. Sie ermöglichen eine effiziente, weil auf der Ebene der Bedarfsentstehung stattfindende Koordination der Aufgaben sowie eine größtmögliche Markt- und Kundennähe. Eine effiziente Gestaltung der Aktivitäten ist insbesondere dann zu erreichen, wenn die planenden und ausführenden Einheiten im Rahmen der **Selbstkontrolle** Zielabweichungen identifizieren und revolvierend in ihren Planungsprozess einfließen lassen.

Seit Ende der 1980er Jahre wird in Wissenschaft und Praxis zunehmend gefordert, dem Kundenkontaktpersonal mehr Selbständigkeit und Entscheidungsfreiheit im Umgang

– insbesondere zur Zufriedenstellung – mit den Kunden zuzugestehen. Das unter der Bezeichnung **Empowerment** diskutierte Konzept (Zeithaml/Parasuraman/Berry 1990; Swartz/Bowen/Brown 1995; Bowen/Lawler III 1998; Hill/Huq 2004; Seibert/Silver/Randolph 2004) beinhaltet demnach die Gesamtheit aller Maßnahmen, die zum einen den Kundenkontaktmitarbeitenden eine weitgehende Entscheidungsfreiheit sowohl im Kundenkontaktmoment als auch in Bezug auf ihre Arbeitsplatzgestaltung verleihen, und die zum anderen dazu bestimmt sind, dem Mitarbeitenden zu einem Gefühl der Selbstbestimmtheit und der Kontrolle über seine Arbeit zu verhelfen sowie ihn zu selbständigem Handeln zu bewegen. Zu berücksichtigen ist jedoch, dass ein sehr starkes Empowerment und extrem flache Hierarchien nicht wünschenswert sind, wenn daraus die Gefahr der Überforderung und -lastung von Mitarbeitenden resultiert.

Wie ein Empowerment umsetzbar ist, wird exemplarisch durch die Regelungen des *Hilton Hotels* im *Walt Disney World Village* aufgezeigt (Schaubild 7-2-3).

Schaubild 7-2-3 Strukturiertes Empowerment des Hilton Hotels im Walt Disney World Village

Strukturiertes Empowerment	
Gästebeschwerden oder Probleme	**Maßnahmen, die Mitarbeiter an der Rezeption ergreifen können**
Gast gibt während des Check-out an, in seinem Hotelzimmer habe es ein Problem gegeben (z. B. kein heißes Wasser usw.).	Angebot eines teureren Zimmers zum gleichen Preis für den nächsten Besuch oder Reduzierung des Rechnungsbetrages um $ 100.
Gast berichtet, dass seine Beschwerde von einer Abteilung zur anderen weitergereicht wurde.	Angebot eines teureren Zimmers zum gleichen Preis für den nächsten Besuch oder Reduzierung des Rechnungsbetrages um $ 100.
Beim Check-out beschwert sich ein Gast über etwas, das mit dem Hotelzimmer nichts zu tun hat, z. B. über ■ den Service im Restaurant ■ die Verspätung der Gepäckzustellung ■ fehlende Benachrichtigung von Mitteilungen oder Post	Reduzierung des Rechnungsbetrages um ■ $ 50,- ■ $ 50,- ■ $ 100,-
Einem Gast wird ein falscher Zimmerpreis berechnet.	Nicht mehr im Kompetenzbereich des Mitarbeiters, sondern der Manager übernimmt die Regelung.
Gast bezweifelt Telefonkosten.	Entsprechende Anpassung vornehmen.
Gast beschwert sich über unverschämtes oder unsensibles Mitarbeiterverhalten.	Weiterleitung des Problems an den Manager.

Quelle: Stauss/Seidel 2007, S. 514; Brymer 1991, S. 60

Aufgrund der konstitutiven Merkmale von Dienstleistungen empfiehlt sich eine **organisatorische Implementierung** der Marketingabteilung in Dienstleistungsunternehmen, die von einer Zentralisierung der Marketingaufgaben absieht (Grönroos 1990; Bednarczuk/ Friedrich 1992): Zum einen werden in Dienstleistungsunternehmen wichtige Marketingentscheidungen oft direkt im Rahmen des Interaktionsprozesses mit den Kunden während der Leistungserstellung getroffen (z. B. Reaktion auf spontan geäußerte Kundenwünsche oder Beschwerden), zum anderen ist an diesen operativen Prozessen die grundsätzlich mit Marketingaufgaben betraute organisatorische Einheit in der Regel nicht beteiligt. Insbesondere spezielle Innovationsprozesse im Unternehmen und die damit verbundene Planung der Mitarbeiter-Kunde-Interaktion werden somit durch die Dezentralisierung der Marktingaufgaben durch den Wegfall zeitintensiver Rückkoppelungsprozesse zwischen zentraler Marketingabteilung mit dem ausführenden Personal erleichtert.

Angesichts der vielen Freiheitsgrade und der hohen individuellen Verantwortung, die eine derartige Organisationsstruktur mit sich bringt, kommt den **Fähigkeiten** und der **Motivation der Mitarbeitenden** eine überaus hohe Bedeutung zu. Um eine optimale Ausschöpfung individueller Fähigkeitspotenziale im Unternehmen zu gewährleisten ist es oftmals sinnvoll, eine relativ stark **personenbezogene Strukturierung** mit entsprechender Berücksichtigung der jeweiligen Stärken-Schwächen-Profile der Mitarbeitenden zu wählen (Wohlgemuth 1989, S. 341f.).

2.2 Gestaltung der Unternehmenssysteme

Für die erfolgreiche Implementierung von Dienstleistungsstrategien bedarf es neben der Überzeugung und Befähigung der Mitarbeitenden auch einer Anpassung der **Systeme** von Dienstleistungsanbietern (Bruhn 2002c, S. 89ff.). Wesentlich für die Gestaltung eines kundenorientierten Qualitätsmanagements ist dabei die Abstimmung mit vier **Arten von Systemen** (vgl. Bruhn 2002):

- Informationssysteme,
- Kommunikationssysteme,
- Steuerungssysteme,
- Personalmanagementsysteme.

Im Hinblick auf die **Informationssysteme** des Dienstleisters sind Informationen aus verschiedenen Unternehmensbereichen die Basis für die Ableitung von Marketingmaßnahmen. So sind die Ergebnisse von Kundenbefragungen zur Kundenzufriedenheit und Kundenbindung aus dem Marktforschungsbereich die Grundlage zur Verbesserung der Dienstleistungen im Hinblick auf die Kundenerwartungen. Aufgrund des direkten Kunde-Mitarbeiter-Kontaktes verfügen zudem die Kundenberater über kundenbezogene Informationen aus dem direkten Kundenkontakt. Diese werden in den wenigsten Fällen systematisch erfasst, auch wenn sie wesentliche Rückschlüsse für Leistungsverbesserungen zulassen. Ein Beispiel sind die Gründe für Kundenabwanderungen. Entsprechende Informationen über die

Beweggründe einer Kundenabwanderung können helfen, die Leistungen des Unternehmens weiter zu verbessern und weitere Kundenabwanderungen aus den gleichen Gründen zu vermeiden. Eine wesentliche Aufgabe im Hinblick auf die Informationssysteme ist demnach darin zu sehen, die erforderlichen Informationen aus den verschiedenen Quellen im Unternehmen systematisch zu erfassen und für das Qualitätsmanagement nutzbar zu machen.

Kundenbezogene Informationssysteme verfügen über eine wesentliche Unterstützungsfunktion bei der Planung und Durchführung effizienter Kundengewinnungs- und -betreuungsaktivitäten. Ein zentraler Aufgabenbereich solcher Systeme besteht darin, Informationen über den Lebenszeitwert eines Kunden bzw. über seinen **Kundenwert** bereitzustellen (Hart/Heskett/Sasser Jr 1990, S. 148ff.; Cornelsen 1996; Gelbrich 2001; Tewes 2003; Krafft 2007 sowie die Ausführungen in Kapitel 8). Dieser erfasst den Barwert aller durch einen Kunden direkt oder indirekt generierten Umsätze und stellt eine zentrale Steuerungsgröße im Rahmen individualisierter Marktbearbeitungsstrategien, im Extremfall so genannter „Segment-of-One"-Strategien, dar.

Zu den außengerichteten kundenbezogenen **Informations- und Kontrollsystemen** zählen:

- Regelmäßige Erfassungen der Kundenzufriedenheit und Kundenloyalität zur Überprüfung des Erfolgs der umgesetzten Marketingstrategie,

- Laufende Erfassungen der Kundenaktivitäten (z. B. Käufe, Reaktionen auf Werbemaßnahmen usw.) und gezielte Beeinflussung des Kunden im Rahmen eines Database Marketing,

- Gestaltung von Beschwerdemanagementsystemen (Stauss/Seidel 2007).

> **Beispiel: Projekt „db client first" der Deutschen Bank**
>
> Im Bereich Corporate Investmentbanking der *Deutschen Bank* wurde im Jahre 2002 beschlossen, das Management der Kundenbeziehungen auf eine neue Grundlage zu stellen. Ausgangspunkt für diese Entscheidung war die Erkenntnis, dass in der Vergangenheit weder Geschäftsprozesse noch Managementfokus und IT-Systeme eine effiziente, bedarfsorientierte Kundenbearbeitung ermöglichten. Unter der Projektbezeichnung „db client first" wurde deshalb zum einen eine kundennähere organisatorische Struktur verwirklicht, zum anderen die Informationssysteme so weiterentwickelt, dass ein ganzheitlicher Blick auf den Kunden möglich wurde. Im Detail beinhaltet Letzteres die folgenden Teilbereiche (Lamberti 2003, S. 652ff.):
>
> - Information Aggregation: Sämtliche Kundeninformationen aus bestehenden Datenbanken wurden verdichtet und zusammengeführt.
>
> - Client-Service-Team: Alle Mitarbeitenden der *Deutschen Bank*, die für einen Kunden arbeiten, werden in der Datenbank aufgeführt.
>
> - Client Communication and Contacts: Dieser Teilbereich der Datenbank umfasst ein globales Kundentelefonbuch, die Kundenhistorie, Gesprächsprotokolle, Berichte usw.

- DB Deals: In diesem Modul werden historische, laufende und geplante Verträge festgehalten.

- Deals in the Market: Hier werden weltweit öffentlich zugängliche Informationen über vermutete oder bekannte Deals des jeweiligen Kunden aufgeführt.

- Credit and Revenue: Dieses Datenbankmodul listet alle verfügbaren Finanzdaten des Kunden auf.

- Client Planning: Hiermit wird eine Steuerung der Bankaktivitäten des Kunden ermöglicht,

- DB Equity Research: Modul mit aktuellen Berichten des internen Research.

Im Zusammenhang mit kundenbezogenen Informations- und Kontrollsystemen stehen vor allem die so genannten **CRM-Systeme** (Customer Relationship Management). Häufig wird mit dem CRM-Begriff eine aufwändige und komplexe IT-Infrastruktur von Anbietern wie SAP oder Oracle assoziiert. Im Kern handelt es sich beim CRM unter Einsatz moderner Informations- und Kommunikationstechnologien um einen gesamthaften Managementprozess zur Anbahnung und Aufrechterhaltung von Kundenbeziehungen. CRM ist dabei als Befähiger zur Implementierung einer Kundenbeziehungsmanagementstrategie zu sehen (Lovelock/Wirtz 2010, S. 361).

CRM-Systeme als technologische Implementierungskomponente einer **CRM-Strategie** ermöglichen – technisch gesehen – die ganzheitliche Erfassung und Ausgabe von **Kundeninformationen an allen Kundenkontaktpunkten** eines Unternehmens, wie z. B. Händler, Selbstbedienungsautomaten, Call-Center-Mitarbeitende oder Internet-Seiten. Die Ziele des CRM lassen sich nur dann erreichen, wenn alle Kundendaten in eine Datenbank zusammengeführt werden und ein hinreichend hohes Qualitätsniveau aufweisen. (Diller 2010, S. 6). Aus Kundensicht bieten CRM-Systeme eine einheitliche Kundenschnittstelle, die Möglichkeiten zur **Personalisierung und Customizing des Dienstleistungsangebots** liefern. Aus Unternehmenssicht führen CRM-Systeme idealerweise zu einem verbesserten Verständnis und Segmentierung der Kundenbasis eines Dienstleisters, wodurch der Einsatz von z. B. zielgerichteten Werbe- und Cross-Selling-Maßnahmen, aber auch die Einrichtung von Warnsystemen zur Identifikation abwanderungsgefährdeter Kunden ermöglicht wird (Lovelock/Wirtz 2010, S. 361). Der Einsatz dieser Systeme hängt erkennbar von dem jeweiligen Dienstleistungstyp bzw. der Dienstleistungsbranche sowie der Größe und Professionalität des Dienstleisters ab. Sämtliche Kundeninformationssysteme versuchen allerdings, den relevanten Anspruchsgruppen Informationen über Reaktionen der Kunden auf die erbrachten Dienstleistungen in verdichteter Form zur Verfügung zu stellen, um so den Implementierungserfolg laufend zu ermitteln. Zielabweichungen sind dann daraufhin zu überprüfen, ob sie auf unzureichende Marketingstrategien oder auf Mängel bei der Implementierung selbst zurückzuführen sind. Gleichzeitig sind bei Zielabweichungen entsprechende Maßnahmen zu planen und umzusetzen, um zukünftig eine bessere Zielerreichung zu gewährleisten.

Im Zusammenhang mit dem **Datenschutz** wird allerdings kritisiert, dass durch eine derartige Datensammlung eine Kategorisierung von Konsumenten zu stande kommt, die mit den tatsächlichen Eigenschaften und Verhalten (z. B. Zahlungsbereitschaft) nicht übereinstimmen. Dadurch könnten Kunden Nachteile entstehen, indem sie beispielsweise nicht berechtigt sind, Telekommunikationsverträge abzuschliessen, nur weil sie sich in einem bestimmten „Konsumentencluster" befinden und aufgrund falscher Aussagen, falscher Kriterien und falscher Schlüsse diskriminiert werden. Der Gesetzgeber hat insofern reagiert und ab April 2010 einen gewissen Schutz vorgesehen. Gemäß dem Datenschutzgesetz dürfen sich weder die Adresse noch ein bewusstes Verbraucherverhalten negativ auf einen Score auswirken (Datenschutzzentrum 2010).

Die **Kommunikationssysteme** eines Dienstleisters sind so zu wählen, dass durch eine konsistente interne und externe Kommunikation eine optimale Implementierung des Dienstleistungsmarketing sichergestellt wird. Kommunikationssysteme beinhalten die beteiligten Kommunikationspartner, die Kommunikationsstrukturen und -beziehungen. Ihr Ziel ist es, verschiedene Kommunikationsergebnisse (z. B. Information, Dialog) zu erreichen. Aufgrund der besonderen Bedeutung der Mitarbeitenden im Dienstleistungsmarketing kommt der **internen (Mitarbeiter-) Kommunikation** eine wichtige Rolle im Kommunikationssystem zu. So ist darauf zu achten, dass die Mitarbeitenden kontinuierlich über Produktneuheiten, Verhaltensweisen (z. B. Arbeitshandbücher, Leitfäden u. a.) und Markttrends informiert werden, so dass ein einheitlicher und kompetenter Auftritt der Mitarbeitenden im Kundenkontakt gewährleistet ist. Außerdem ist darauf zu achten, dass auch die Mitarbeitenden selbst die Möglichkeit haben, sich untereinander auszutauschen (z. B. wöchentliche Teammeetings) und auch gegenüber den Vorgesetzten (Feedbackgespräche) die Möglichkeit der direkten Kommunikation erhalten. Dies erhöht die Motivation und die Zufriedenheit der Mitarbeitenden, was sich wiederum direkt auf die Qualität der Dienstleistungserstellung auswirkt.

Bei der **externen Kommunikation** handelt es sich um die Kommunikation des Unternehmens bzw. der Mitarbeitenden mit den Anspruchsgruppen außerhalb des Unternehmens, wie z. B. Kunden, Absatzmittler, Lieferanten. Hier ist es erforderlich, dass die Kommunikation konsistent und über die verschiedenen Instrumente (z. B. Außendienst, Kundenservice, Mediawerbung) abgestimmt als eine einheitliche Botschaft beim Empfänger ankommt. Ein **optimales Kommunikationssystem** aus Kundensicht zeichnet sich dadurch aus, dass für den jeweiligen Kunden zum richtigen Zeitpunkt ein maßgeschneidertes Kommunikationsangebot bereitgestellt wird und der Kunde selbst wählen kann, welche Form, Mittel und Häufigkeit der Kommunikation er wählen möchte, um sich über das Unternehmen zu informieren bzw. mit ihm in Kontakt zu treten. Im Dienstleistungsbereich haben mittlerweile Unternehmen Kommunikationssysteme installiert, die sich den unterschiedlichen Informations- und Interaktionsbedürfnissen der Kunden anpassen.

So reichen heute die **Kommunikationssysteme vieler Dienstleistungsanbieter** vom einfachen Newsletter für Kunden, die gelegentlich über Produktneuheiten unverbindlich informiert werden möchten, über Call Center bis hin zu so genannten „Customer Interaction Center", bei denen sich Kunden direkt „Face-to- Face" intensiv mit Unternehmensvertretern austauschen und beraten lassen können (Bruhn 2002, S. 130f.).

Im Hinblick auf die **Steuerungssysteme** ist zu prüfen, inwiefern die bestehenden Steuerungssysteme eingesetzt werden können bzw. ggf. zu modifizieren sind. Es geht darum, die

Steuerungssysteme für die Realisierung der Ziele sowie die Steuerung der Kundenerwartungen zu nutzen. Dabei sind insbesondere die folgenden Steuerungssysteme zu betrachten (vgl. auch Bruhn 2002): Das **Beschwerdemanagementsystem** dient der nachträglichen Erfüllung der Kundenerwartungen, wenn sie bei der eigentlichen Leistungsnutzung nicht erfüllt wurden. Ein Beschwerdemanagement ist nur dann zielführend, wenn die Kundenerwartungen durch die Beschwerdereaktion tatsächlich erfüllt werden können. Entspricht das Beschwerdeverhalten nicht den Kundenansprüchen (z. B. aufgrund einer verzögerten Reaktion auf die Kundenbeschwerde oder eine aus Kundensicht unverhältnismäßige Reaktion), wird die Unzufriedenheit des Kunden noch erhöht.

Das **Kundenbindungsmanagementsystem** hat zum Ziel, die Zahl der Kunden, die das Unternehmen und seine Leistungen wiederwählen, zu erhöhen. Auch hier trägt eine Orientierung an den Kundenerwartungen dazu bei, dass sich das Kundenbindungsmanagement nicht kofliktär zu den Zielen des Unternehmens auswirkt. Beispielsweise ist es nicht sinnvoll, dass das Kundenbindungsmanagement vor allem Kunden anspricht, an deren Bedürfnissen sich die Kernleistung des Unternehmens nicht orientiert. Vice versa ist bei der Gestaltung der Kundenbindungsanreize darauf zu achten, dass diese gemäß den Kundenerwartungen ausgewählt werden.

Im Hinblick auf die **Personalmanagementsysteme** ist sicherzustellen, dass die Ressource Personal auf eine erfolgreiche Implementierung des Dienstleistungsmarketing ausgerichtet wird. Die Produktivität, Motivation und Kreativität des Personals können einen entscheidenden Wettbewerbsfaktor darstellen (Thom 1999, S. 433). Mitarbeitende bieten häufig einen „added value" für die Kunden, der von der Konkurrenz nur schwer zu imitieren ist (Bruhn 2002, S. 202). Dies gilt insbesondere für Dienstleistungen. So ist beispielsweise bereits die Personalbeschaffung so zu strukturieren, dass für die jeweiligen zu vergebenden Stellen die sowohl fachlich als auch persönlich am besten geeigneten Kandidaten geworben und ausgewählt werden. Dies stellt große Herausforderungen an das Personalmarketing (Werbung für das Unternehmen als Arbeitgeber/attraktive Stellenausschreibungen) sowie an das Personalrecruitment (Beurteilungs- und Auswahlprozesse). Weiter ist dafür zu sorgen, dass im Zuge des Personaleinsatzes sowie der Personalentwicklung sichergestellt wird, dass die richtigen Positionen mit den richtigen Personen besetzt sind und diese stets gefordert und gefördert werden, um deren vorhandenes Potenzial optimal zu nutzen. Dies wird erreicht, indem regelmäßig für die Position relevante Schulungen und Seminare durchgeführt werden, um sowohl die fachlichen als auch die vor allem im Dienstleistungsbereich mit direktem Kundenkontakt relevanten persönlichen Kompetenzen stetig auszubauen. Anreiz- und Vergütungssysteme als Teil der Personalmanagementsysteme lassen sich dazu einsetzen, um die Motivation und die Leistungsbereitschaft der Mitarbeitenden zu erhöhen. Zum Personalmanagementsystem zählt auch das **Human Resources Controlling**. Zwei Aufgabenkomplexe lassen sich für ein derartiges personalorientiertes Controlling identifizieren. Diese sind zum einen Erfolgskontrollen im Personalwesen, zum anderen die Personalinformationswirtschaft (Welge 1988, S. 139ff.):

Bei Dienstleistungsunternehmen wird im Rahmen von Erfolgskontrollen der Mitarbeitende im Kundenkontakt zum Teil an den konkreten Leistungsergebnissen (z. B. Verkäufe pro Woche) gemessen. Diese so genannten **Ergebniskontrollsysteme** basieren dann oftmals auf schriftlichen Geschäftsvorgängen (z. B. Vertragsabschlüsse), die allerdings bestimmte, nicht unmittelbar quantifizierbare Leistungen der Mitarbeitenden bei der Erstellung der Dienstleistungsqualität, wie beispielsweise Kompetenz, Höflichkeit oder Freundlichkeit bei der Bedienung am Schalter, nicht erfassen (Ouchi 1981; Zeithaml/Berry/Parasuraman 1988). Demgegenüber beabsichtigen so genannte **Verhaltenskontrollsysteme**, mit Hilfe von Beobachtungen, Testkäufen („Mystery Shopping") oder anderen Verfahren, die Arbeitsweise und das kundenrelevante Verhalten der Mitarbeitenden im Kundenkontakt zu überwachen (Ouchi 1981; Zeithaml/Berry/Parasuraman 1988).

Im Zentrum des Aufgabenbereichs der Personalinformationswirtschaft steht vor allem die Funktion der Implementierung umfangreicher **Personalinformationssysteme**. Während Erfolgskontrollen schwerpunktmäßig zur Erhöhung der Effizienz des Personalmanagements beitragen, kommt Personalinformationssystemen (vgl. z. B. Mülder 2000, S. 98ff.; Strohmeier 2000, S. 90ff.) eine wesentliche Bedeutung bei der Verfolgung von Motivations- und Personalbindungszielen zu. Sie erleichtern damit die notwendige Anpassung der Führungssysteme und unterstützen kulturorientierte Koordinationskonzepte. Häufig wird mittels Personalinformationssystemen auch die individuelle Weiterbildung der Mitarbeitenden geplant oder deren Lohnentwicklung aufgezeichnet und gesteuert. In diesem Zusammenhang spielt ebenfalls der Datenschutz eine große Rolle. Ähnlich wie auf Kundenseite vom „gläsernen Konsumenten gesprochen wird", stellt sich diese Problematik auch für Mitarbeitende. Große Firmen geraten immer häufiger in die Kritik, ihre Mitarbeitenden regelrecht zu überwachen und persönliche Informationen zu sammeln, welche keine Relevanz für das Arbeitsverhältnis haben. Als besonderes dreister Fall bleibt die so genannte *„Lidl*-Affäre" in Erinnerung, als aufgedeckt wurde, dass *Lidl*-Mitarbeitende während ihrer Pausen per versteckter Kamera heimlich gefilmt wurden und die Aktivitäten der Mitarbeitenden schriftlich festgehalten und ausgewertet wurden (Wirtschaftsblatt 2008). Welche Daten gemäss des Bundesbeauftragten für den Datenschutz grundsätzlich im Rahmen von Personalinformationssystemen gespeichert werden dürfen, zeigt nachfolgende Kurzfallstudie.

> **Kurzfallstudie: Information des Bundesbeauftragten für den Datenschutz zum Stichwort Personalinformationssystem**
>
> In den Personalabteilungen ersetzen elektronische oder IT-gestützte Verfahren zunehmend manuelle Verfahren. So werden dort verstärkt Personalinformations-/Personalverwaltungssysteme (Eigenentwicklungen oder Standardprodukte) eingesetzt. In einem solchen Personalinformationssystem oder Personalverwaltungssystem könnten z. B. folgende Informationen über die Beschäftigten enthalten sein:
>
> Name, Vorname, Geburtsdatum, Geschlecht, Anschrift, Telefonnummer, Personalnummer, Telefonnummer am Arbeitsplatz, Datum des Eintritts in den Betrieb, Urlaubsdaten, Krankheitszeiten, Wehr-/Ersatzdienst, Schwerbehindertenprozentsatz, Mutterschutzdaten, Angaben über Aufgabenstellung, besondere Kenntnisse, Fähigkeiten (zum Beispiel Führerscheinlizenzen, Fremdsprachen), Leistungsdaten (Beurteilungen, Zeugnisse, Testergebnisse), Zulagen, Schul- und Berufsausbildung, Fortbildungskurse, Religionszugehörigkeit (für Zwecke der Kirchensteuer), Mitgliedschaft

in einer Gewerkschaft (für Zwecke der Beitragseinziehung), frühere Beschäftigungen, frühere Arbeitgeber, Lohndaten/Gehaltsdaten. Je nach den Verhältnissen des Einzelfalles können oder müssen einige der Daten aufgrund entsprechender gesetzlicher Regelungen vom Arbeitgeber an andere Stellen weitergegeben werden, beispielsweise an Träger der Sozialversicherung.

Die Zugriffsberechtigung für die in einem Personalinformations-/Personalverwaltungssystem gespeicherten personenbezogenen Daten der Beschäftigten ist streng reglementiert. So dürfen hierauf grundsätzlich nur die mit der Bearbeitung von Personalangelegenheiten beauftragten Mitarbeitenden Zugriff nehmen und zwar nur, soweit dies zu Zwecken der Personalverwaltung oder Personalwirtschaft erforderlich ist.

In der Bundesverwaltung hat der Gesetzgeber auch Gleichstellungsbeauftragten den Zugang zu entscheidungsrelevanten Teilen der Personalakte und damit auch auf die automatisiert gespeicherten Personalaktendaten eingeräumt, jedoch nur, soweit dies zur Wahrnehmung ihrer Aufgaben nach dem Bundesgleichstellungsgesetz erforderlich ist. Welche Personalaktendaten dies konkret sind, muss – gegebenenfalls im Einzelfall – nachvollziehbar dargelegt werden. Losgelöst vom jeweiligen Einzelvorgang kann es zur Aufgabenerfüllung der Gleichstellungsbeauftragten unter Umständen auch erforderlich sein, einen eingeschränkten Lesezugriff auf den Stammdatensatz in einem Personalverwaltungs-/Personalinformationssystem einzuräumen. Dies setzt jedoch eine konkrete Festlegung der einzelnen Datenfelder voraus und ist auch in einer Dienstvereinbarung zu dokumentieren.

Hinsichtlich der Zugriffsrechte der Personalvertretung stellt sich die Rechtslage in der Bundesverwaltung anders dar, da es für diese kein eigenes Recht auf Zugang zur Personalakte oder auf automatisiert gespeicherten Beschäftigtendaten gibt. Nach Rechtsauffassung des Bundesbeauftragten für den Datenschutz können dem Personalrat jedoch ebenfalls bestimmte Grunddaten, die er auf Dauer zur sachgemäßen Aufgabenerfüllung, insbesondere zur Wahrnehmung seiner Beteiligungsrechte nach dem Bundespersonalvertretungsgesetz benötigt, zur Verfügung gestellt werden. Dies kann – unabhängig von Beteiligungsverfahren – auch durch Einräumung eines lesenden Zugriffs auf ein Personalinformations-/Personalverwaltungssystem geschehen. (Quelle: BFDI 2009)

2.3 Gestaltung der Unternehmenskultur

Die Kultur eines Dienstleistungsunternehmens hat einen wesentlichen Einfluss auf die Realisierbarkeit der Ziele des Unternehmenss. Unter dem Begriff **Unternehmenskultur** wird die Grundgesamtheit gemeinsamer Werte- und Normvorstellungen sowie Denk- und Verhaltensmuster verstanden, die die Entscheidungen, Handlungen und Aktivitäten der Mitarbeitenden eines Unternehmens prägen (Heinen/Dill 1990, S. 17; Meffert/Bruhn 2009, S. 397). Aufgrund des latenten Charakters der Unternehmenskultur ist es für Unternehmen häufig schwierg zu erkennen, ob die eigene Unternehmenskultur ausreichend kundenorientiert ist oder nicht. Folgende **Indikatoren einer mangelnden kundenorientierten Ausrichtung der Unternehmenskultur** können identifiziert werden (Homburg/Werner 1998, S. 174ff.):

- Führungspositionen sind mit Personen besetzt, die eine ausschließlich produktorientierte Sicht vertreten.
- Ab einer gewissen Managementebene erfolgt kein direkter Kundenkontakt mehr.
- Der horizontale und vertikale Austausch von kundenbezogenen Informationen funktioniert nicht.
- Es bestehen zahlreiche Hierarchien, die eine Abstimmung im Unternehmen erschweren.
- Die Bürokratie im Unternehmen ist sehr hoch.
- Die Leistungserstellung entspricht nicht den Kundenwünschen.

Eine kundenorientierte Kultur hängt eng mit dem **kundenorientierten Verhalten** der Mitarbeitenden zusammen. Gerade im Dienstleistungsbereich ist dieses Verhalten relevant, da es die Unternehmenskultur nicht nur intern, sondern auch gegenüber dem Kunden dokumentiert. Kundenorientiertes Verhalten der Mitarbeitenden ist wiederum nur dann möglich, wenn sie mit ihrem Arbeitsplatz und ihrer Arbeitssituation zufrieden sind. Auch wenn sich die Kultur eines Unternehmens historisch entwickelt hat, ist die Frage zu stellen, ob sich diese Kultur systematisch verändern lässt, um sie den Bedürfnissen des Qualitätsmanagements anzupassen. Zunächst geht es dabei um die Frage, welche Elemente der Unternehmenskultur gesteuert werden können. Darüber hinaus ist die zeitliche Dimension der Veränderbarkeit von Relevanz. Die Erfahrungen von Unternehmen mit einer nachweislich qualitätsorientierten Unternehmenskultur, wie *Ritz-Carlton* oder das *Hotel Schindlerhof*, zeigen, dass eine systematische Herangehensweise an die **Anpassung der Unternehmenskultur** am ehesten zielführend ist. Hierfür sind drei **Schritte** hilfreich:

1. Für die **Analyse der aktuellen Unternehmenskultur** stehen verschiedene Ansätze zur Auswahl. Bewährt haben sich Mitarbeiterbefragungen (Deshpandé/Farley/Webster 1993). Das Ergebnis der Situationsanalyse ist die Ableitung von charakteristischen Merkmalen der vorhandenen Unternehmenskultur, auf deren Basis die Zuordnung zu einem bestimmten Kulturtyp möglich ist.

2. Der an den Analyseergebnissen aus dem ersten Schritt ansetzende **Kulturveränderungsprozess** unterscheidet zwei Ebenen: die Individualebene (z. B. Führungspersönlichkeiten mit starker Vorbildfunktion) und die Kollektivebene. Letztere geht häufig einher mit der Erarbeitung eines neuen Unternehmensleitbildes und der Umsetzung von Corporate-Identity-Konzepten.

3. Schließlich geht es im Rahmen der **Kontrolle der Kulturveränderung** um die Prüfung, inwiefern die auf Basis der Kulturanalyse angestrebte Soll-Kultur tatsächlich erreicht wird, d. h. inwiefern der Kulturveränderungsprozess greift. Da es sich bei der Unternehmenskultur um ein dynamisches Phänomen handelt, ist auch der Kulturveränderungsprozess und folglich auch die Kontrolle dieses Prozesses dynamisch zu gestalten. Kontinuierliche Kontrollen des Implementierungserfolgs tragen dazu bei, den Implementierungsprozess ggf. anzupassen.

Diese größtenteils unsichtbaren Elemente der Unternehmenskultur spiegeln sich in den nach außen wirkenden **aktiven Ausdrucksformen** im Verhalten der Unternehmensmitglieder und in der externen Kommunikation sowie als **passive Ausdrucksformen** in der Gestaltung der materiellen Attribute eines Unternehmens wider (Meffert/Burmann/Koers 2005). Diese drei Teilbereiche der Unternehmenskultur haben einen entscheidenden Einfluss auf das Image des Unternehmens im Wahrnehmungsraum externer Anspruchsgruppen und damit für die erfolgreiche Positionierung des Dienstleisters (Schaubild 7-2-4).

Schaubild 7-2-4 Ebenen der Unternehmenskultur

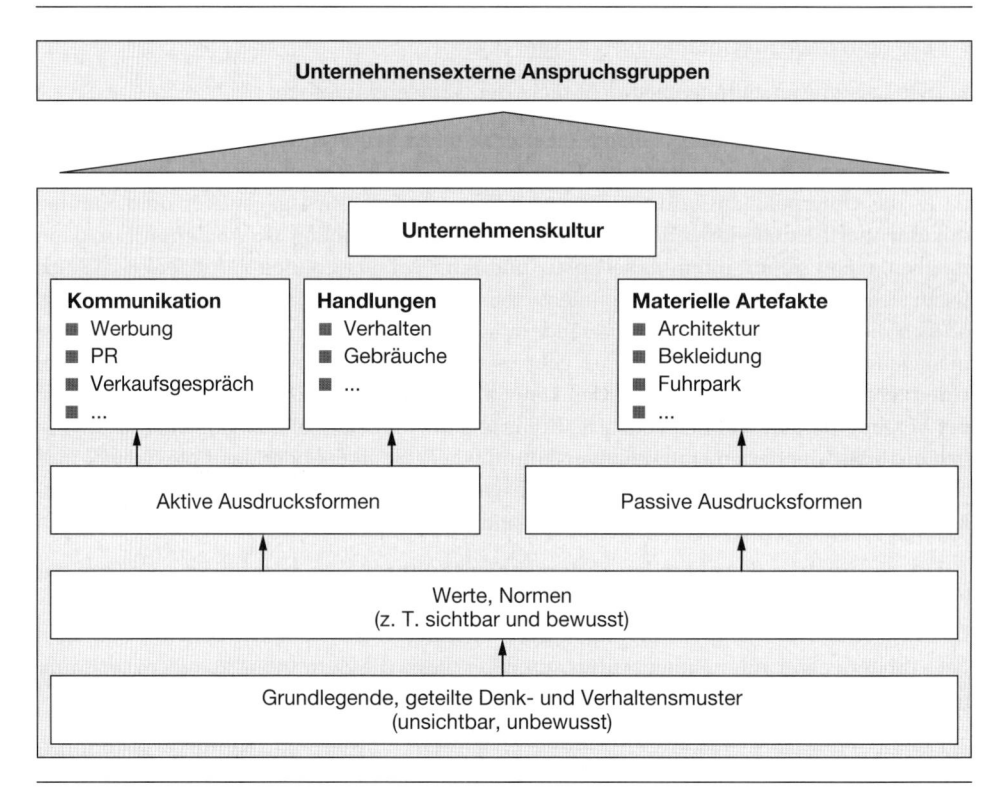

```
                    Unternehmensexterne Anspruchsgruppen

                           Unternehmenskultur

    Kommunikation         Handlungen              Materielle Artefakte
    ■ Werbung             ■ Verhalten             ■ Architektur
    ■ PR                  ■ Gebräuche             ■ Bekleidung
    ■ Verkaufsgespräch    ■ ...                   ■ Fuhrpark
    ■ ...                                         ■ ...

         Aktive Ausdrucksformen              Passive Ausdrucksformen

                           Werte, Normen
                     (z. T. sichtbar und bewusst)

                Grundlegende, geteilte Denk- und Verhaltensmuster
                            (unsichtbar, unbewusst)
```

Quelle: Schein 1995, S. 30

Werte drücken verhaltensbestimmende Präferenzen und Orientierungsmaßstäbe für Ziele und Zustände aus und gelten eher als globale Handlungsorientierungen für Individuen. Sie stellen demnach grundlegende Zielsetzungen eines Dienstleistungsunternehmens auf einem relativ hohen Abstraktionsniveau dar und erhalten in der Praxis ihre Gültigkeit oftmals durch die Formulierung von Grundsätzen im Unternehmensleitbild. In Anlehnung an das **Modell der kundenorientierten Unternehmenskultur** können folgende Werte angeführt werden (Homburg/Pflesser 2000):

- Innovation und Flexibilität,
- Offenheit der internen Kommunikation,
- Qualität und Kompetenz,
- Schnelligkeit usw.

> **Beispiel: Anspruchsgruppenorientierung als zentraler Wert der Mitarbeitenden der Bundesagentur für Arbeit**
>
> Im Rahmen der Restrukturierung der ehemaligen Bundesanstalt für Arbeit zu einem anspruchsgruppenorientierten Dienstleistungsbetrieb – der Bundesagentur für Arbeit – wurden sämtliche Mitarbeitende im Hinblick auf eine stärkere Serviceorientierung geschult, mit dem Ziel, eine effektivere Vermittlung von Arbeitssuchenden durchzuführen und das Image des Arbeitsamtes zu verbessern. Es galt also, die Anspruchsgruppenorientierung als zentralen Wert bei den Mitarbeitenden zu verankern.

Demgegenüber sind **Normen** explizite oder implizite Regeln über erwünschte oder unerwünschte Verhaltensweisen im Unternehmen (Trommsdorff 2009). Im Gegensatz zu Werten sind Normen meist konkreter gefasst und weisen einen stärkeren Verhaltensbezug auf, beispielsweise im Umgang mit Mitarbeitenden und Kunden (Heinen/Dill 1990).

> **Beispiel: Verhaltensgrundsätze für Mitarbeitende der Ritz-Carlton Hotel Company**
>
> Die *Ritz-Carlton Hotel Company* fixiert die Verhaltensgrundsätze auf der Internet-Seite und auf einem kleinen Faltblatt, das jeder Mitarbeitende zusammengeklappt mit sich führen kann. *Ritz-Carlton* legt dabei hohen Wert darauf, dass die Mitarbeitenden über ihre Dienstleistungsfunktion hinaus eine eigene Persönlichkeit entwickeln und nach dem Grundsatz „We are Ladies and Gentlemen serving Ladies and Gentlemen" handeln (Ritz-Carlton 2007).

Artefakte sind im Vergleich zu Werten und Normen direkt wahrnehmbar (Hatch 1993; Trice/Beyer 1993). Symbolische Artefakte, wie z. B. Mythen, Rituale, Gebräuche, Legenden, Sagen sowie die Sprache und Erzählungen können beispielhaft angeführt werden. Sie wurden von Menschen geschaffen und transportieren ihrerseits Werte mit sich. Sowohl die Erfassung als auch die Interpretation von Artefakten bleiben weiterhin schwierig.

> **Beispiel: Rituale in einem Dienstleistungsunternehmen**
>
> In einem Dienstleistungsunternehmen wird jeden Monat ein Mitarbeitender zum „Top-Seller" oder „Customer Orientation Champion" gewählt, was einem so genannten Ritual gleichkommt und gleichzeitig Werte wie Innovationsfähigkeit, Motivation o. Ä. vorantreibt.

Grundlegende **Denk- und Verhaltensmuster** lassen sich als unbewusste kognitive Schemata verstehen, die sich bei der Lösung von internen und externen Aufgaben bewährt haben und von den Unternehmensmitgliedern als richtig angesehen werden. Sie werden nicht mehr hinterfragt oder diskutiert, sondern sind selbstverständlich geworden. Diese Ebene der Unternehmenskultur ist aufgrund ihrer unbewussten Natur weder direkt zu erheben noch zu verändern (Gabele 1993, S. 121f.; Schein 1995, S. 24ff.; Pflesser 1999, S. 80ff.).

Allgemein wird die Unternehmenskultur als ein **Schlüsselfaktor zur Unternehmenssteuerung** für das strategische Management angesehen, da durch das Grundraster von Werten sowie Verhaltensmustern Normen mit impliziter Kontroll- und Koordinationsfunktion geschaffen werden (Wilkins/Ouchi 1983; Webster 1993; Edvardsson/Enquist 2002; Sackmann 2004). Die Bedeutung der Unternehmenskultur im Rahmen der Marketingimplementierung ergibt sich aus der Definition des Marketingkonzeptes als funktionsübergreifendes, integratives Führungskonzept, das ein markt- und kundenorientiertes Verhalten sämtlicher Unternehmensmitglieder impliziert. Die Umsetzung des so verstandenen Marketingkonzeptes bedingt demnach die langfristige Entwicklung einer marktorientierten Unternehmenskultur.

Besondere Bedeutung kommt bei Dienstleistungsunternehmen der Gestaltung der materiellen Elemente der Unternehmenskultur bzw. den **„Physical Facilities"** (Magrath 1986) zu, da diese während der Leistungserstellung unmittelbar vom Kunden wahrgenommen werden und das Unternehmensimage beeinflussen. Beispielsweise wird die Organisationskultur der *Deutschen Post* stark durch Handlungsmuster bestimmt, wie die Hilfsbereitschaft der Mitarbeitenden sowie materielle Artefakte, wie gelbe Fahrzeuge und die Kleidung der Angestellten. Häufig werden die Gebäude und deren **Architektur** dazu genutzt, die Markenbotschaft zu vermitteln bzw. durch die Architektur einen Bezug zur Marke oder zur Dienstleistung herzustellen. So sind beispielsweise die *McDonald's* Restaurants einheitlich in der Bauweise und häufig ist in die Architektur das goldene M, das Markenlogo, integriert (vgl. Schaubild 7-2-5).

Als Ausgangspunkt für Kulturveränderungen ist zunächst eine genaue Bestimmung der unternehmenseigenen **Kulturposition** notwendig. Diese Analyse der Ist-Unternehmenskultur erfolgt anhand von grundsätzlichen Eckpfeilern der Dienstleistungsunternehmung, wie Kunden- und Mitarbeiterorientierung, Qualitäts- oder Technologieorientierung. Hierbei sind insbesondere divergierende Subkulturen im Unternehmen zu identifizieren.

Anschließend gilt es, die Beziehungen zwischen **Unternehmenskultur und Marketingstrategie** zu ermitteln. Es ist zu prüfen, ob die kulturellen Werte und Normen im Unternehmen den Anforderungen zur Umsetzung geplanter Dienstleistungsmarketingkonzepte genügen oder eine Anpassung erforderlich ist. Bei erkennbar fehlender Übereinstimmung zwischen historisch gewachsenem Kulturkern im Unternehmen und den gestellten Ansprüchen an das Dienstleistungsmarketing ist jedoch zu beachten, dass sich die bestehende Unternehmenskultur möglicherweise nur zum Teil an veränderte Bedingungen und Aufgaben anpassen wird und somit die postulierte Marketingstrategie grundsätzlich in Frage stellt. Dies ist häufig der Fall bei Anbietern von Nonprofit-Leistungen wie z. B. Hilfsorganisationen oder Kirchen, da die Mitarbeitenden in Nonprofit-Organisationen oftmals grundsätzliche

Schaubild 7-2-5 Integration des Markenlogos in die Gebäudearchitektur am Beispiel von McDonald's

Vorbehalte gegenüber Marketing als Denkhaltung haben und häufig einen Widerspruch zwischen den ideellen Zielen der Nonprofit-Organisation und klassischen Marketingzielen sehen (Bruhn 2005a, S. 420ff.).

> **Beispiel: Auffassung des Kirchenmarketing in orthodoxen Theologien**
>
> Im Bereich Kirchenmarketing vertreten einige orthodoxe Theologen eindeutig die Auffassung, Marketing habe für die Kirchen keinen Anwendungsbezug. So wird als Grund für die Nichtübertragbarkeit des Marketing auf Kirchen insbesondere die – in sich ähnlichen – Argumente angeführt, das Evangelium sei nicht zum Verkaufen bestimmt, das Kreuz könne und dürfe nicht vermarktet werden, Liebe und Zuwendung ließen sich nicht vermarkten und eine Ökonomisierung der Kirche würde ihrer eigentlichen Aufgabe widersprechen bzw. zu einer Vernachlässigung der geistlichen Inhalte führen. Des Weiteren wird in einem Kirchenmarketing die Gefahr der Verweltlichung von Religion gesehen (Bruhn 2005a, S. 422).

Eine Studie von Andreasen et al. (2002) belegt die grundsätzlichen **Vorurteile bei Nonprofit-Mitarbeitenden gegenüber Marketing**. So ergaben Tiefeninterviews von Managern, die aus kommerziellen Organisationen in Nonprofit-Organisationen gewechselt sind, dass sie starke Probleme in ihrer neuen Umgebung hatten, marktorientierte Denkansätze zu implementieren. Häufig waren Entscheidungen vergleichsweise schwer zu treffen und die meisten Mitarbeitenden hatten starke Bedenken gegenüber der neuen Denkweise.

Allerdings ist auch in kommerziellen Dienstleistungsunternehmen teilweise eine starke Diskrepanz zwischen angestrebter Marketingstrategie und Unternehmenskultur zu beobachten.

> **Beispiel: Studie zur Beziehung zwischen Dienstleistungskultur und Dienstleistungsmarketingstrategie bei IKEA**
>
> Im Rahmen einer Studie wurden exemplarisch am Beispiel des schwedischen Einrichtungshauses *IKEA* die Beziehung zwischen Dienstleistungskultur und Dienstleistungsmarketingstrategie und die Frage nach der strategischen Rolle beider Aspekte in Verbindung mit der langfristigen Geschäftsentwicklung von Unternehmen untersucht. Die zentrale Erkenntnis der Studie belegt, dass eine wertebasierte Dienstleistungskultur nach innen und außen eine treibende Kraft der Dienstleistungsmarketingstrategie darstellt. Des Weiteren wurde festgestellt, dass eine wichtige Voraussetzung für die Erfolgswirkung der Dienstleistungskultur jedoch auch eine klare Wirtschaftlichkeitsorientierung der Strategieumsetzung mit dem Fokus auf Qualität, Zeit und Kosten ist (Edvardsson/Enquist 2002, S. 182).

Je nach Dienstleistungsanbieter sind unterschiedliche Anforderungskriterien in Bezug auf die Unternehmenskultur von Bedeutung, wenn strategische Konzepte implementiert werden. Webster (1993) hat in einer empirischen Untersuchung sechs dienstleistungsspezifische **Kulturdimensionen** ermittelt, hinter denen sich 34 einzelne Items verbergen (vgl. Schaubild 7-2-6). Mit Hilfe dieser Checkliste von Einzelaussagen werden bei einer Mitarbeiterbefragung zum einen die gegenwärtigen Ausprägungen der Unternehmenskultur des Dienstleisters erfasst, zum anderen stellen die aufgeführten Größen differenzierte Ansatzpunkte zur Beeinflussung und Veränderung der bestehenden Unternehmenskultur hin zu einer zieloptimalen Soll-Unternehmenskultur dar.

Schaubild 7-2-6 Dimensionen der Unternehmenskultur

Dimensionen der Dienstleistungskultur	Subsumierte Items	
Dienstleistungsqualität	■ Explizite Definitionen der Dienstleistungsstandards ■ Commitment des Topmanagements zur Bereitstellung von qualitativ hochwertigen Dienstleistungen ■ Systematische Erfassung von Mitarbeiterleistungen ■ Grad, zu dem Mitarbeiter den Konsumbedürfnissen Rechnung tragen ■ Überzeugung der Mitarbeiter, dass ihr Verhalten das Unternehmensimage beeinflusst	■ Übereinstimmung der Mitarbeiter-Performance mit den Firmenerwartungen ■ Bedeutung der kommunikativen Fähigkeiten der Mitarbeiter in der Zielhierarchie der Unternehmung ■ Aufmerksamkeit der Mitarbeiter hinsichtlich einzelner Details ihres Aufgabenkreises
Interpersonale Beziehungen	■ Bedeutungszumessung hinsichtlich der Empfindungen der Mitarbeiter durch das Unternehmen (soziale Kompetenz) ■ Grad, zu dem jeder einzelne Mitarbeiter als wichtiger Teil der Gesamtunternehmung anerkannt wird	■ Möglichkeit von Mitarbeitern, ihre Meinung höhergestellten Hierarchiestufen vorzutragen ■ „Open Door Policy" des Managements ■ Interaktion von Managern und Mitarbeitern mit Kundenkontakt
Verkaufsaufgaben	■ Gewichtung der Personalbeschaffung ■ Ausbildung der Mitarbeiter im Kundenkontakt ■ Anerkennung außergewöhnlicher Leistungen im Verkauf ■ Begeisterung der Mitarbeiter bei der Suche nach neuen Kundenpotenzialen	■ Unterstützung kreativer Ansätze im Verkauf ■ Vergabe von Incentives zur Forcierung des Verkaufs (im Vergleich zur Konkurrenz) ■ Starke Zielorientierung der Mitarbeiter bei der Anbahnung neuer Geschäfte
Organisation	■ Jeder Mitarbeiter hat seine Arbeit deutlich strukturiert ■ Sorgfältige Planungen sind charakteristisch für tägliche Arbeitsabläufe der Mitarbeiter ■ Mitarbeiter räumen ihrer Arbeit Priorität ein	■ Die Arbeitsbereiche der Mitarbeiter sind gut „organisiert" ■ Jeder Mitarbeiter verfügt über ein gutes Zeitmanagement ■ Das Management lässt die Mitarbeiter auch an finanziellen Informationen partizipieren
Interne Kommunikationsprozesse	■ Das Unternehmen verfügt über ein bewährtes Set von Verfahren und Abläufen, das jedem Mitarbeiter zugänglich ist ■ Vorgesetzte stellen ihre Anforderungen an die Mitarbeiter klar heraus ■ Jeder Mitarbeiter versteht die „Business Mission" und die zentralen Leitlinien der Unternehmung	■ Aufforderung an Mitarbeiter im Kundenkontakt, an der Formulierung von Standards mitzuwirken ■ Bemühung um Weiterbildung und Motivation der Mitarbeiter
Innovationen	■ Empfänglichkeit der Mitarbeiter für innovative Ideen ■ Bereitschaft zum Wandel	■ Unternehmen hält mit den technischen Verbesserungen Schritt

Quelle: Webster 1993, S. 121

Generell hängt es von situativen Faktoren ab, welche Form der Unternehmenskultur idealtypisch anzustreben ist (Schulze 1992, S. 79ff.; Meffert 1998, S. 126ff.). Eine Typologie von Kulturen in Dienstleistungsunternehmen, die explizit auf die von Webster ermittelten Kulturinhalte Bezug nimmt, wurde von Meffert entwickelt (Meffert 1998, S. 126ff.). Anhand der **Dimensionen Individualisierungsgrad** und **Interaktionsgrad** werden vier idealtypische Dienstleistungskulturtypen abgeleitet, die im Folgenden näher erläutert werden (Schaubild 7-2-7).

Schaubild 7-2-7   Typologie von Dienstleistungskulturen

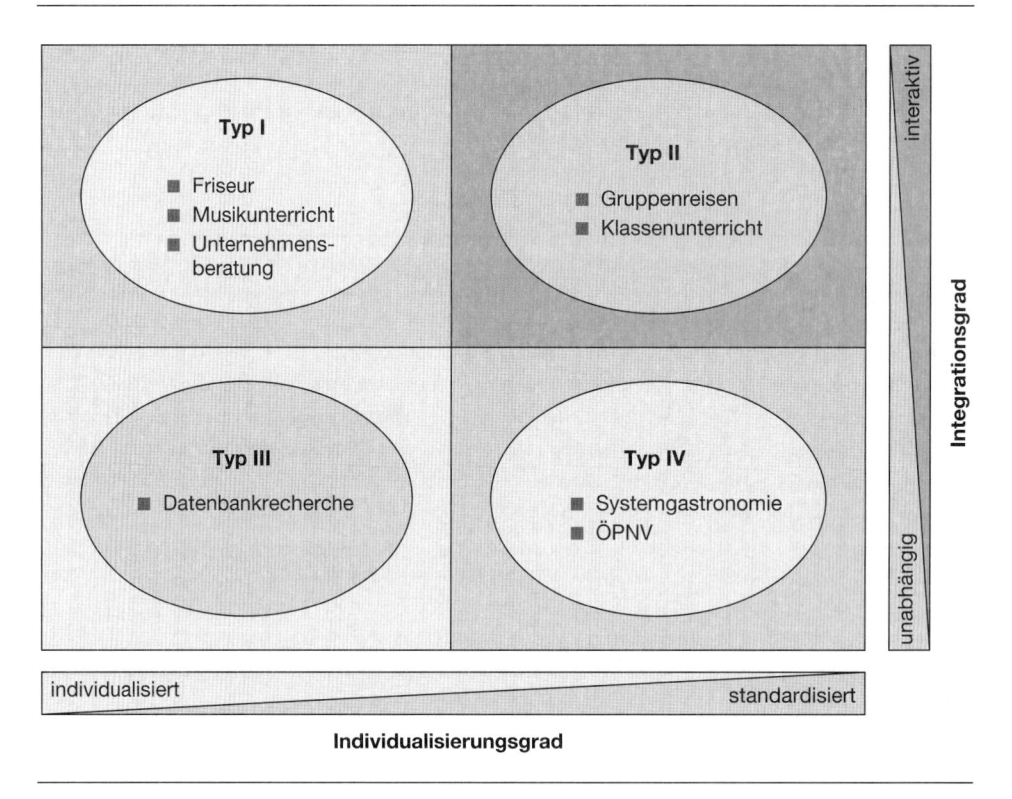

Typ I
- Friseur
- Musikunterricht
- Unternehmensberatung

Typ II
- Gruppenreisen
- Klassenunterricht

Typ III
- Datenbankrecherche

Typ IV
- Systemgastronomie
- ÖPNV

Achsen: Integrationsgrad (unabhängig – interaktiv); Individualisierungsgrad (individualisiert – standardisiert)

Quelle: Meffert 1998, S. 130

- **Interaktiv-individualisierter Dienstleistungskulturtyp (Typ I)**
  Die Mehrzahl aller Dienstleistungen ist durch eine hohe Kundeninteraktion sowie einen stark individualisierten Dienstleistungsprozess mit ebenfalls individualisiertem Dienstleistungsergebnis gekennzeichnet, z. B. die klassische Unternehmensberatung, Friseurleistungen oder Einzelunterricht bei einer Musikschule. Der hohe Interaktionsgrad, der in der Regel auch mit affektiven Erwartungen seitens der Kunden einhergeht (Richter 2005), erfordert eine ausgeprägte soziale Kompetenz des Kundenkontaktpersonals und

die Fähigkeit, auf die individuellen Bedürfnisse und Wünsche der Kunden zum Teil mit innovativen Lösungen einzugehen. Zudem können diese Mitarbeitenden als Informationsdrehscheibe agieren, wenn die Interaktion mit höheren Hierarchiestufen dies ermöglicht, z. B. im Rahmen einer „Open Door Policy" des Managements. Unerlässlich ist darüber hinaus die Identifikation der Mitarbeitenden mit dem Unternehmen, da bei hohem Interaktions- und Individualisierungsgrad vielfach ein enges Vertrauensverhältnis zwischen Kunde und Kundenkontaktpersonal besteht. Diese Anforderungen verlangen eine stärkere Ausprägung der Kulturdimensionen „interpersonale Beziehungen", „Verkaufsaufgaben" und „Innovation" im Vergleich zu den übrigen Kulturdimensionen, um eine vom Kunden positiv wahrgenommene Dienstleistungsqualität sicherzustellen.

- **Interaktiv-standardisierter Dienstleistungskulturtyp (Typ II)**
  Wie bei den interaktiv-individualisierten Dienstleistungen führt die Kundeninteraktion zur besonderen Bedeutung der Kulturdimensionen „interpersonale Beziehungen" und „Verkaufsaufgaben" beim Typ der interaktiv-standardisierten Dienstleistungen (z. B. Gruppenreisen, Klassenunterricht). Aufgrund der Standardisierung kommt der Dimension „Innovation" hier eine vergleichsweise geringe Bedeutung zu. Stärkeres Gewicht gilt es dagegen, auf die Kulturdimension „Interne Kommunikationsprozesse" zu legen, da die Standardisierung ein Set von bewährten Verfahren und Abläufen impliziert, an dessen Entwicklung die Mitarbeitenden möglichst zu beteiligen sind.

- **Unabhängig-individualisierter Dienstleistungskulturtyp (Typ III)**
  Diesem Typ können Dienstleistungen zugerechnet werden, die mit einem begrenzten Anbieter-Kunden-Kontakt auskommen und dennoch individuelle Kundenwünsche berücksichtigen, wie z. B. Anbieter von Datenbankdiensten sowie die meisten E-Service-Anbieter (z. B. amazon.de). Aufgrund der geringen Kundeninteraktion können die Mitarbeitenden ihren Arbeitseinsatz besser strukturieren und planen, was eine starke Ausprägung der Kulturdimension „Organisation" impliziert. Da zudem das individualisierte Dienstleistungsergebnis vielfach mit Hilfe moderner Technologien erstellt wird und oftmals kreative Ideen erfordert, ist auch hier auf die Kulturdimension „Innovation" besonderes Augenmerk zu legen. Durch den begrenzten Kundenkontakt kommt den Dimensionen „Verkaufsaufgaben" und „interpersonale Beziehungen" im Vergleich mit interaktiven Dienstleistungstypen eine eher untergeordnete Bedeutung zu.

- **Unabhängig-standardisierter Dienstleistungskulturtyp (Typ IV)**
  Einen vergleichsweise geringen Interaktionsgrad bei gleichzeitig starker Standardisierung weisen z. B. die Systemgastronomie oder der Öffentliche Personennahverkehr auf. Die Standardisierung des Dienstleistungsergebnisses impliziert wiederum eine höhere Bedeutung der Kulturdimension „Interne Kommunikationsprozesse", während die Unabhängigkeit vom externen Faktor bei der Leistungserstellung eine stärkere Ausprägung der „Organisation" erfordert. Dagegen treten die bei interaktiv-individualisierten Dienstleistungen bedeutenden Dimensionen „interpersonale Beziehungen", „Verkaufsaufgaben" und „Innovation" in den Hintergrund.

Die Ausführungen zeigen, dass der Typ der erstellten Dienstleistung maßgeblich unternehmenskulturelle Notwendigkeiten impliziert. Unabhängig vom Dienstleistungstyp liegt es angesichts der besonderen Bedeutung des Qualitätsmanagements bei Dienstleistungen jedoch nahe, die Dimension der Dienstleistungsqualität als eine übergeordnete Kulturdimension zu interpretieren, die für jedes Dienstleistungsunternehmen eine hohe Bedeutung aufweist (Meffert 1998, S. 124).

Ein weiteres, allgemein gehaltenes Verständnis von **Dienstleistungskultur** („Service Culture") ist auf Schneider/Bowen (1995, S. 236ff.) zurückzuführen. Den Ausgangspunkt einer ausgeprägten Dienstleistungskultur liefert die Dienstleistungsorganisation, da die Art und Weise wie das Dienstleistungsunternehmen seine Mitarbeitenden behandelt, damit einhergeht, wie Mitarbeitende ihren Kunden gegenübertreten. Dienstleistungskultur lässt sich wie folgt beschreiben (Schneider/Bowen 1995, S. 240):

- Die von allen Mitgliedern der Organisation geteilte Wahrnehmung oder Themen, **was** als wichtig für die Dienstleistungsorganisation erachtet wird.
- Die von allen Mitgliedern der Organisation geteilten Werte und Überzeugungen, **warum** diese Aspekte als wichtig erachtet werden.

Mitarbeitende messen in der Regel dem Verhalten eine stärkere Bedeutung als den Aussagen von Vorgesetzten bei, um für sich zu bestimmen, welche Aspekte der Dienstleistungskultur von hoher Bedeutung sind. Dabei orientieren sie sich an ihren täglichen Erfahrungen im Zusammenhang mit der Personalpolitik, den internen Leistungsprozessen sowie der allgemeinen Marketingpraxis. Die **Stärke einer Dienstleistungskultur** lässt sich insbesondere daran messen, wie stark sie den so genannten Service Encounter fokussiert und berücksichtigt, dass der Ort und der Zeitpunkt der Interaktion zwischen Mitarbeitenden und Kunde die Hauptschlagader des Erfolgs von Dienstleistungsunternehmen darstellen (Lovelock/Wirtz 2007, S. 335).

Ist ein **Wandel der Unternehmenskultur** notwendig, gestaltet sich dieser als langfristiger und schwieriger Prozess (Lovelock/Wirtz 2007, S. 466). Zum einen verhalten sich die Mitarbeitenden häufig ablehnend gegenüber solchen Veränderungen, die im Widerspruch zu dem über Jahre gewachsenen und fest verankerten Werte- und Normengefüge stehen. Zum anderen ist es im Gegensatz zur Neustrukturierung von Organisationen oder der Einführung von Systemen nicht bzw. nur sehr eingeschränkt möglich, grundlegende Kulturveränderungen ausschließlich durch formale Anordnungen durchzusetzen. Es bedarf zunächst der Überzeugung und der Motivation jedes einzelnen Mitarbeitenden für einen Kulturwandel. Ein integrativer Ansatz, der explizit der Veränderung einer Unternehmenskultur dient (Stauss/Schulze 1990, S. 154) und sich insbesondere im Bereich des Dienstleistungsmarketing entwickelt hat, ist das in Kapitel 6, Abschnitt 5.1 (Personalpolitik) diskutierte Konzept des Internen Marketing.

Eine starke Kultur ist ein wesentlicher Vorteil für kundenorientierte Dienstleistungsunternehmen, da der Umgang mit Kunden nicht standardisiert und vorhergesagt werden kann. Kultur vermittelt allen Mitarbeitenden Sicherheit im Umgang mit Kunden, auch in unvorhergesehenen Situationen (Grönroos 2000, S. 359). Zusammenfassend kann als Ergebnis eines **integrierten Zusammenspiels struktur-, system- und kulturorientierter Maßnahmen** das Dienstleistungsmarketing erfolgreich implementiert und damit die in Schaubild 7-2-8 dargestellte Wirkungskette realisiert werden. Die Umsetzung des Marketingkonzeptes darf

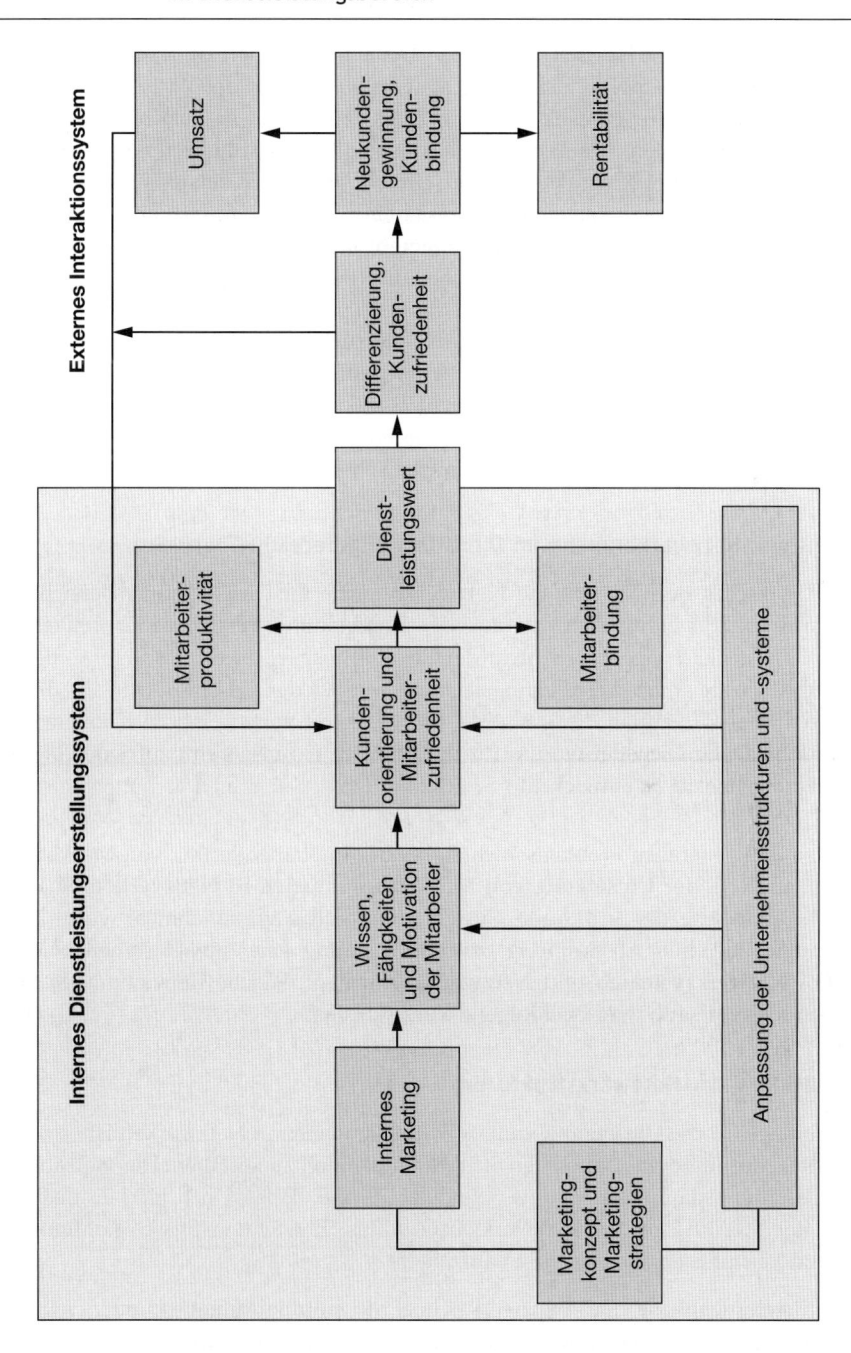

Schaubild 7-2-8 Wirkungskette einer erfolgreichen Marketingimplementierung im Dienstleistungsbereich

dabei nicht als einmaliges, diskontinuierliches Projekt betrachtet werden. Es bedarf vielmehr einer kontinuierlichen, den situativen Bedingungen angepassten Weiterentwicklung des Dienstleistungsmarketing im Sinne einer lernenden Organisation (Hilker 2001).

Aufgrund der Tatsache, dass seit Jahren der Trend festzustellen ist, dass sich die Unternehmensgrenzen auflösen und sich neue Organisationsformen der Wirtschaftstätigkeit im Sinne von Netzwerken entwickeln (Bruhn/Stauss 2003), sind in Zukunft verstärkt auch Überlegungen anzustellen, wie sich Dienstleistungsmarketingstrategien netzwerkübergreifend abstimmen und implementieren lassen. Hierbei stellen sich beispielsweise die Fragen, wie eine hohe Dienstleistungsqualität im gesamten Netzwerk umsetzbar ist oder wie ein **netzwerkübergreifendes Beziehungsmanagement** aussehen kann. Die einzelnen Dienstleistungsanbieter eines Netzwerkes sind dabei auf Kooperationspartner angewiesen, deren Marketingdenken konform mit der eigenen Marketingstrategie ist. Hauptmotive für die Bildung von Netzwerken sind einer empirischen Untersuchung von Zahn/Stanik (2003) zufolge die Erschließung neuer Geschäftsfelder (69 Prozent), die Nutzung von Synergieeffekten (57 Prozent), die Erzielung von Zeitvorteilen (55 Prozent) und der Zugang zu Humanressourcen (37 Prozent). Bei der Studie wurden 236 Fragebögen ausgewertet, die zuvor an zufällig ausgewählte Dienstleistungsunternehmen aus dem Raum Stuttgart versendet wurden.

> **Beispiel: Netzwerkbranche im Dienstleistungsbereich: Tourismus**
>
> Ein typisches Beispiel für eine Netzwerkbranche im Dienstleistungsbereich ist der Tourismus. So ergibt sich erst aus der Kombination verschiedener Teilleistungen (z. B. Dienstleistungen vor Antritt der Reise, Transport in die Destination, Beherbergungsdienstleistung, Verpflegungsleistungen usw.) der Gesamtnutzen für den Kunden (Fuchs/Weiermair 2003, S. 434). Entsprechend wichtig ist die Kooperation der verschiedenen Dienstleister, um für den Kunden ein insgesamt zufrieden stellendes Leistungsniveau zu entwickeln.

Analog zu den generellen Problemschichten bei der Implementierung von Marketingstrategien ist auch bei der **Umsetzung von Marketingstrategien in Netzwerken** eine zielgerichtete Optimierung der Strukturen, Systeme und Kultur vorzunehmen, wobei hier der Schwerpunkt auf einer Abstimmung bzw. Entwicklung einer gemeinsamen **Netzwerkstruktur, Netzwerksystemen** und **Netzwerkkultur** liegt. Welche Entwicklungen hier im Einzelnen relevant sind, wird nachfolgend kurz skizziert.

1. Entwicklung der Netzwerkstrukturen

Als Grundlage für die Umsetzung von Marketingstrategien in Netzwerken ist es zunächst erforderlich, die interorganisationalen Strukturen planvoll zu gestalten. Die Vielzahl potenzieller Gestaltungsparameter (Sydow/Windeler 1994, S. 4) lässt sich hierbei idealtypisch anhand der drei Phasen des Netzwerklebenszyklus (Entstehungsphase, Konfigurationsphase und Leistungserstellungsphase) aufzeigen.

In der **Entstehungsphase** eines Netzwerkes liegt die zentrale Aufgabe in der Selektion der Netzwerkpartner. Diese bildet die Grundlage des Netzwerks und beeinflusst entscheidend die Aufgabenerfüllung in den späteren Lebenszyklusphasen. Beispielsweise hat ein Reiseveranstalter zu überlegen, mit welchen Hotels er zusammenarbeitet, welche Reisebüros als Absatzmittler fungieren und ob er ggf. andere Reiseveranstalter als Netzwerkpartner auswählt (z. B. Spezialveranstalter für Ausflüge in der Tourismusdestination). Hierbei kommt bei Dienstleistungsunternehmen hinzu, dass deren Konkurrenzvorteil i.d.R. auf Mitarbeiterkompetenzen und Know-how basiert und demzufolge intensive Netzwerkverbindungen mit dem Risiko eines Know-how-Transfers verbunden sind (Gebauer/Schiermeier/Wall 2003). Entsprechend ist es erfolgsrelevant, mit großer Sorgfalt die Kompatibilität potenzieller Netzwerkpartner zu überprüfen. Hierzu ist es beispielsweise denkbar, die potenziellen Netzwerkpartner hinsichtlich Kriterien wie Humankapital (z. B. Anzahl Fachkräfte), Vertrauenswürdigkeit und Abstimmungskosten zu bewerten, um darauf aufbauend eine Rangfolge als Entscheidungsgrundlage für die Partnerselektion ableiten zu können (Gebauer/Schiermeier/Wall 2003, S. 200ff.).

Im Rahmen der **Konfigurationsphase** werden vor allem Art und Intensität der Bindung festgelegt. Dabei steht die Entwicklung sowie Durchsetzung von Koordinationsregeln und -instrumente für das Netzwerk im Vordergrund, d. h. beispielsweise die Regelung eines regelmäßigen Informationsaustausches zwischen dem Reiseveranstalter und den angehängten Hotels. Die hierzu in der Literatur diskutierten Koordinationsmechanismen (vgl. die Übersicht bei van Well 2001, S. 85ff.) lassen sich grob in hierarchisch-orientierte und heterarchisch-orientierte Mechanismen unterteilen. Hierarchisch-orientierte Koordinationsmechanismen implizieren, dass die Entscheidungs- und Weisungsrechte zentral auf einzelne Netzwerkmitglieder übertragen werden (z. B. großer Reiseveranstalter, der die Koordination vieler kleinerer Netzwerkpartner übernimmt und beispielsweise Qualitätsrichtlinien erlässt oder Kommunikationsmittel an die Netzwerkpartner verteilt, welche bei den Partnern zwingend zum Einsatz kommen müssen). Zentrale Weisungen sind allerdings primär dann umsetzbar, wenn ungleiche Machtverhältnisse zwischen den Netzwerkpartnern bestehen (beispielsweise starke Abhängigkeit des Hotels von dem Reiseveranstalter aufgrund mangelnder eigener Kundenakquisemöglichkeiten). Denkbar sind Programme als generelle Verhaltensrichtlinien, die angeben, wie in bestimmten Situationen zu handeln ist (z. B. gemeinsames Qualitätshandbuch, feste Kriterien bei der Ansprache und Betreuung von Hotelgästen) oder Planungssysteme mit Zielvorgaben (Bruhn/Stauss 2003, S. 17). Demgegenüber wird bei heterarchischen Koordinationsinstrumenten eine dezentrale Abstimmung innerhalb des Netzwerkes angestrebt. Hierzu sind vor allem Maßnahmen der Selbstabstimmung in interorganisationalen Gremien und interne Marktmechanismen (z. B. netzwerkinterne Auktionen) einsetzbar (vgl. z. B. Hess/Wittenberg 2003).

Die netzwerkbezogenen Aufgabenbereiche in der **Leistungserstellungsphase** bestehen ebenfalls primär darin, die Koordinationsproblematik zu lösen. Hierbei steht jedoch nicht die Auswahl grundlegender Koordinationsstrukturen und -mechanismen im Vordergrund, sondern deren konkrete Ausgestaltung. Beispielsweise sind bei einem Netzwerk eines Reiseveranstalters Entscheidungen darüber zu treffen, wer welche Teilaufgaben unter den Partnern übernimmt (z. B. abholen der Hotelgäste vom Flughafen durch Reiseveranstalter oder durch das Hotel selbst), welche Kapazitäten eingesetzt werden (eigene Fahrzeugflotte) oder zu welchem Zeitpunkt die Leistungserstellung bei den einzelnen Partnern idealtypisch erfolgt. Die aus der Aggregation dieser Teilentscheidungen resultierenden Netzwerkstrukturen sind dann z. B. über Verträge explizit zu definieren.

2. Entwicklung der Netzwerksysteme

Die Entwicklung von Netzwerksystemen dient vor allem dazu, bei längerfristig ausgerichteten Kooperationen einen effizienten Informationsfluss zu garantieren. Dabei ist die Entwicklung der Netzwerksysteme nicht auf eine der oben dargestellten Netzwerklebenszyklusphasen begrenzt, sondern als phasenübergreifende Aufgabe zu verstehen. Hierbei stellt insbesondere die informationstechnologische Verknüpfung ein zentraler Erfolgsfaktor dar, da ein permanenter Informationsaustausch eine Voraussetzung für die koordinierte Leistungserstellung im Netzwerk ist. Am Beispiel eines Reiseveranstalters ist es etwa notwendig, dass dieser von Reisebüros in Echtzeit über eine Buchung benachrichtigt wird, die Verfügbarkeit von Hotelzimmern prüfen oder an kooperierende Reiseveranstalter Kundendaten weitergeben kann. Neben dem Austausch von derart grundlegenden Informationen ist es oftmals auch sinnvoll, z. B. marketingrelevante Informationen über einzelne Kunden (z. B. spezifische Wünsche, Bedürfnisse) oder Lieferanten an alle Netzwerkpartner weiterzugeben. Unternehmensübergreifend abgestimmte Informationssysteme bilden die Grundlage für eine angestrebte Effizienzsteigerung, erleichtern die direkte zwischenmenschliche Kommunikation, ermöglichen eine Automatisierung und Integration von Teilprozessen sowie eine Erhöhung der Informationstransparenz (Corsten/Gössinger 2007). Eine Vielzahl von Technologien wie Intranet und Extranet, netzwerkinterne Trackingsysteme zur Verfolgung des Warenflusses, unternehmensübergreifende Datenübertragungs- und Datenbankstandards oder Videokonferenzen steht zur Verfügung, um den Informationsfluss netzwerkintern sicherzustellen.

3. Entwicklung der Netzwerkkultur

Die Netzwerkkultur als Gesamtheit der im Netzwerk geteilten Werte und Normen schafft ein gemeinsames Bezugssystem, verbessert die Verständigung zwischen den Netzwerkpartnern und prägt die Handlungen der einzelnen Akteure (Bruhn/Stauss 2003, S. 21). Demzufolge ist die Netzwerkkultur entscheidend dafür verantwortlich, wie effizient die Kooperation im Netzwerk verläuft. Hierbei kommt es darauf an, eine Kultur des gegenseitigen Vertrauens zu schaffen. Vertrauen erleichtert die Verhaltensabstimmung und reduziert mögliches opportunistisches Verhalten. Insofern lässt sich Vertrauen quasi als Koordinationsmechanismus interpretieren, wobei zwischen Systemvertrauen und persönlichem Vertrauen zu unterscheiden ist. Systemvertrauen ist dabei vor allem das Ergebnis positiver Erfahrungen mit den netzspezifischen Systemen, das sich im Rahmen mehrfacher positiver Austauschprozesse bildet (Loose/Sydow 1994). Demgegenüber bezieht sich das persönliche Vertrauen auf die „menschlich-emotionale Ebene" in Netzwerken (Spinting 2003). Der Aufbau persönlichen Vertrauens wird beispielsweise durch regelmäßige Treffen der Netzwerkpartner und intensiven E-Mail-Kontakt erleichtert.

Um eine erfolgreiche Strategieimplementierung sicherzustellen, bedarf es regelmäßiger Kontrollen der eingesetzten Maßnahmen, um zu überprüfen, ob die im Vorfeld formulierten Unternehmensziele adäquat erreicht werden konnten. Hierfür ist ein Controllingsystem notwendig, welches im folgenden Kapitel näher erläutert wird.

Kapitel 8:
Controlling im Dienstleistungsmarketing

1.	**Grundlagen des Controlling im Dienstleistungsmarketing**	723
1.1	Begriff und Aufgaben des Dienstleistungsmarketingcontrolling..............	723
1.2	Organisatorische Stellung des Dienstleistungscontrolling	732
2.	**Controllingsystem im Dienstleistungsmarketing**	734
2.1	Controlling als Subsystem des Dienstleistungsmanagements	734
2.2	Relevante Subsysteme	735
3.	**Instrumente des Controlling im Dienstleistungsmarketing**	740
3.1	Kundenbeziehungen als Gegenstand des Controlling im Dienstleistungsmarketing	740
3.2	Erfolgskette als Ausgangspunkt des Controlling	741
3.3	Controlling von vorökonomischen Indikatoren	742
3.4	Controlling von ökonomischen Indikatoren	744
3.5	Controlling mit integrierten Kontrollsystemen	787

1. Grundlagen des Controlling im Dienstleistungsmarketing

Die idealtypisch letzte Phase im Marketingmanagementprozess ist das **Controlling des Dienstleistungsmarketing**. Dabei gilt es in diesem Abschnitt, ausgehend vom gängigen Controllingverständnis, zunächst den Begriff des Dienstleistungsmarketingcontrolling abzuleiten.

1.1 Begriff und Aufgaben des Dienstleistungsmarketingcontrolling

1.11 Begriff des Dienstleistungscontrolling

Der Begriff Controlling wird häufig fälschlicherweise mit der ausschließlichen Kontrolle von Unternehmensaktivitäten gleichgesetzt (Horváth 2006, S. 295ff.). Die einschlägige Literatur des Controlling ist heterogen und durch eine Vielzahl sehr unterschiedlicher Definitionsansätze gekennzeichnet.

Im Folgenden sind vier **Definitionstypen** unterschieden und kurz vorgestellt (Weber/Schäffer 2008):

- Einige, zumeist ältere und in der Literatur zunehmend weniger vertretene Definitionsversuche verstehen Controlling im Kern als **Informationsversorgungsfunktion**. Den Bezugspunkt bildet dabei in der Regel das Rechnungswesen (Heigl 1978; Köhler 1998; Reichmann 2006).

- Andere Autoren definieren Controlling als einen **Teilbereich der Unternehmensführung**, der die konsequente Steuerung und Zielausrichtung des Unternehmens zum Ziel hat (Siegwart 1986; Dellmann 1992). Die Kritik an diesem Ansatz zielt insbesondere auf die mangelnde Abgrenzbarkeit zur Unternehmensführung (Weber 1999, S. 23ff.; Reinecke/Janz 2007, S. 31).

- Eine weitere Gruppe von Definitionen sieht die zentrale Aufgabe des Controlling in der **Koordination der unterschiedlichen Teilsysteme der Unternehmensführung** (Küpper 1997; Horváth 2006). Die koordinationsbezogene Sichtweise des Controlling ist in der Literatur weit verbreitet, erscheint jedoch – unabhängig von der konkreten Definitionsvariante – in der wissenschaftlichen Diskussion nicht unumstritten (Schneider 1991, S. 765ff.; Weber/Schäffer 2000, S. 109ff.; Küpper 2005). Auch in der Praxis stößt sie nicht immer auf Akzeptanz und verursacht vielfach terminologische Schwierigkeiten.

- Schließlich vesteht ein weiterführender Ansatz unter Controlling eine spezifische **Funktion zur Sicherstellung einer rationalen Unternehmensführung** (Wall 2000, S. 295ff.; Pietsch/Scherm 2001a, S. 81ff.; 2001b, S. 106ff.; Weber/Schäffer 2008). Rationalität wird dabei als Zweckrationalität verstanden, die sich aus einer Gemeinschaft handelnder

Akteure heraus konstituiert und an ein internes Modell dieser Akteursgemeinschaft gebunden ist. Rationalitätssicherung heißt somit konkret, für bestimmte Führungsprobleme effektive und effiziente Lösungsansätze zu ermöglichen und für ihre Realisierung zu sorgen.

Die Auffassung des Controlling aus Sicht der Rationalitätssicherung versteht sich als Konzept, das die Entwicklung des Controllingbegriffs integriert (Weber/Schäffer 2008). Der **Rationalitätssicherungssicht des Controlling** lässt sich folgen, da zwischen den Entwicklungsstufen keine Widersprüche bestehen und diese jeweils die Folge von Rationalitätsengpässen darstellen (Reckenfelderbäumer 2006, S. 35). Als zentrale Aufgaben des Controlling aus der Rationalitätssicherungssicht lassen sich Informations-, Planungs-, Kontroll- und Koordinationsaufgaben identifizieren, die es durch geeignete Controllinginstrumente zu erfüllen gilt (Reckenfelderbäumer 2006, S. 35; Weber/Schäffer 2008). Der Kern eines entsprechenden Controllingverständnisses deckt sich auch mit der Bedeutung des zu Grunde liegenden englischen Verbs „to control", das mit steuern, lenken oder regeln übersetzbar ist (Homburg/Krohmer 2009, S. 995).

Aufgrund der Besonderheiten von Dienstleistungen, die die Gestaltung der Steuerungsfunktion eines Controlling bei Dienstleistungsunternehmen erschweren, besteht die Notwendigkeit der speziellen Betrachtung des Controlling im Dienstleistungsbereich (Bruhn/Stauss 2006, S. 5). Unter Berücksichtigung dieser dienstleistungsspezifischen Besonderheiten sowie der Rationalitätssicherungssicht des Controlling lässt sich das **Dienstleistungscontrolling** zusammenfassend als spezifische **Funktion der Sicherstellung eines rationalen Dienstleistungsmanagements** beschreiben, die den dienstleistungsspezifischen Merkmalen der Kundenbeteiligung, der Immaterialität sowie der beiderseitigen Verhaltensunsicherheit Rechnung trägt (Schäffer/Weber 2002, S. 6; Reckenfelderbäumer 2006, S. 36).

Es zeigt sich allerdings, dass die dargestellten Leistungseigenschaften von Dienstleistungen je nach Dienstleistungstyp unterschiedlich stark ausgeprägt sind und folglich in ihren **Anforderungen an ein Dienstleistungscontrolling** mitunter stark variieren. Beispielsweise ist die Durchführung von Unternehmensberatungsprojekten hinsichtlich der Integrativität und der Verhaltensunsicherheit vielfach stärker ausgeprägt als die Abwicklung eines Überweisungsauftrags durch eine Bank. Daraus lässt sich schließen, dass die Ausgestaltung des Dienstleistungscontrolling stark mit den Ausprägungen dienstleistungsspezifischer Merkmale wie der Kundenbeteiligung und der Immaterialität variiert. Die Vielfalt dienstleistungsspezifischer Leistungsprozesse macht deutlich, dass kein typisches Dienstleistungscontrolling existiert, das der Dienstleistungsheterogenität gerecht wird (vgl. auch im Folgenden Reckenfelderbäumer 2006, S. 36ff. und die dort angegebene Literatur).

In der gängigen Controllingliteratur liegt der Schwerpunkt der Betrachtung auf dem **rechnungswesenbasierten Controlling**. Dementsprechend konzentrierten sich bisherige Forschungsaktivitäten hinsichtlich des Dienstleistungscontrolling insbesondere auf die Auswirkungen dienstleistungsspezifischer Merkmale auf Fragestellungen des Kostenmanagements und der Kostenrechnung von Dienstleistungsunternehmen (Reckenfelderbäumer 2006, S. 36ff., 1998, S. 308ff., 1995, S. 40ff.).

Grundlagen des Controlling im Dienstleistungsmarketing

Schaubild 8-1-1 Problemfelder der Kostenrechnung und des Kostenmanagements im Dienstleistungsbereich

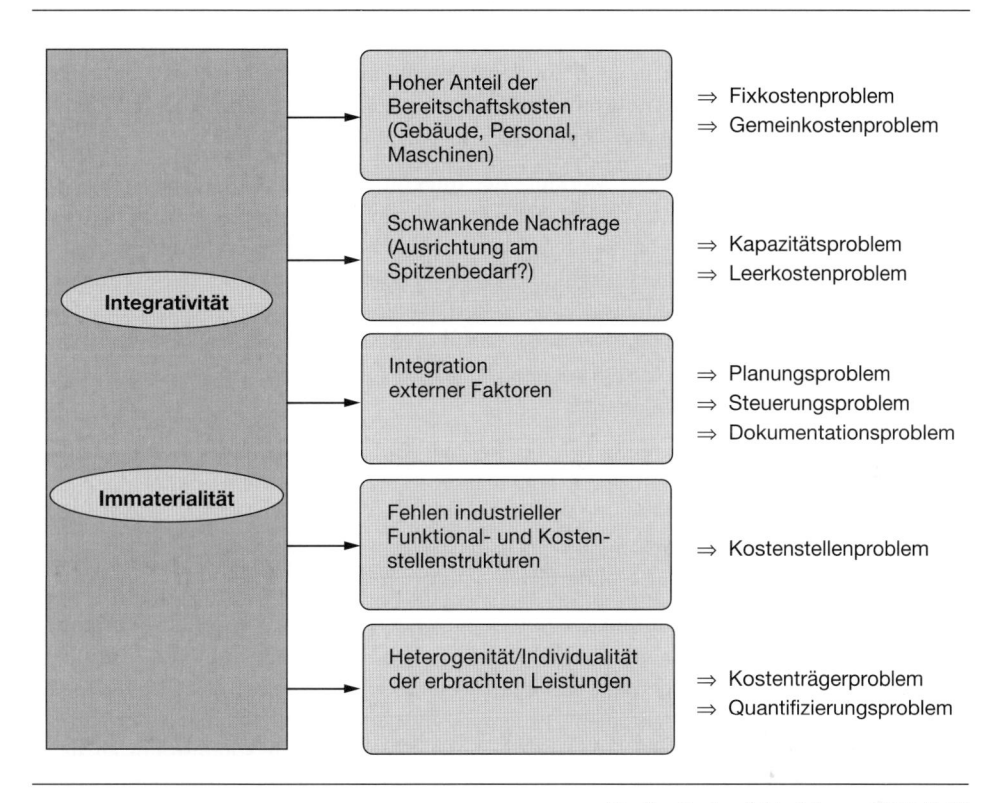

Merkmal	Problemfeld	Konsequenz
Integrativität	Hoher Anteil der Bereitschaftskosten (Gebäude, Personal, Maschinen)	⇒ Fixkostenproblem ⇒ Gemeinkostenproblem
	Schwankende Nachfrage (Ausrichtung am Spitzenbedarf?)	⇒ Kapazitätsproblem ⇒ Leerkostenproblem
	Integration externer Faktoren	⇒ Planungsproblem ⇒ Steuerungsproblem ⇒ Dokumentationsproblem
Immaterialität	Fehlen industrieller Funktional- und Kostenstellenstrukturen	⇒ Kostenstellenproblem
	Heterogenität/Individualität der erbrachten Leistungen	⇒ Kostenträgerproblem ⇒ Quantifizierungsproblem

Quelle: Reckenfelderbäumer 2006, S. 37

Schaubild 8-1-1 gibt eine Übersicht möglicher Problemfelder bzw. **Besonderheiten der Kostenrechnung und des Kostenmanagements im Dienstleistungsbereich** als Konsequenz der dienstleistungsspezifischen Eigenschaften der Integrativität (Kundenbeteiligung) und der Immaterialität. In diesem Zusammenhang sind vor allem folgende Aspekte zu nennen (Reckenfelderbäumer 2006, S. 37ff.):

- Aufgrund der Einbindung des Kunden in die Leistungserstellung, die häufig zur Simultaneität der Dienstleistungserstellung und des Konsums einer Dienstleistung führt, sind die meisten Anbieter gezwungen, Leistungspotenziale vorzuhalten, um stets leistungsfähig zu sein. Aus diesem Grund dominieren bei Dienstleistungsanbietern häufig die so genannten Leistungsbereitschaftskosten bzw. Potenzialkosten, woraus ein **Fix- sowie Gemeinkostenproblem** resultiert. Zu den Potenzialkosten zählen insbesondere Personalkosten, aber auch Kosten für technische Ausstattung und Gebäude. Dies führt im Vergleich zu Anbietern von Sachgütern zu einem relativ hohen Fixkostenanteil, der zudem in der Regel auch noch Gemeinkostencharakter aufweist, da sich die Produktionsfaktoren für eine Vielzahl unterschiedlicher Leistungen einsetzen lassen.

- Viele Dienstleistungsunternehmen zeichnen sich durch ein schwankendes Nachfrageverhalten aus. Saisonale (z. B. im Tourismus), wochentagsbedingte (z. B. in der Gastronomie) sowie tageszeitliche (z. B. im Personennahverkehr) Nachfrageschwankungen verursachen bei Dienstleistungsunternehmen **Kapazitäts- und Leerkostenprobleme**, da sich Dienstleistungen in der Regel nicht auf Vorrat erstellen lassen.

- Das dienstleistungsspezifische Merkmal der Integration des externen Faktors führt in der Regel zur Einbindung des Nachfragers in die Leistungsprozesse des Anbieters, wodurch sich diese nur in beschränktem Maß planen lassen. Die **Kundenintegration** in die Leistungserstellung kann sowohl kostensenkenden (z. B. durch Übertragung von Aktivitäten auf den Kunden) als auch kostenerhöhenden (z. B. durch negativen Einfluss auf die Dienstleistungsqualität) Einfluss haben. Die Herausforderung besteht folglich darin, die kostenseitigen Auswirkungen der Kundenintegration im Rechnungswesen abzubilden und zu dokumentieren.

- Häufig fehlen klassische, industrielle Funktional- und Kostenstellenstrukturen, da sich Dienstleistungsunternehmen durch eine stärkere Verzahnung der Funktionalbereiche (Fertigung, Beschaffung, Verwaltung, Marketing usw.) auszeichnen. Das daraus resultierende **Kostenstellenproblem** im Dienstleistungsbereich stellt das Controlling im Dienstleistungsbereich vor besondere Herausforderungen.

- Neben dem Kostenstellenproblem gibt es im Dienstleistungsbereich ein **Kostenträgerproblem**. Eng verbunden mit der Integrativität und Immaterialität von Dienstleistungen ist das Merkmal der Individualität vieler Dienstleistungen. Dies stellt Dienstleistungsanbieter vor das Problem, geeignete Kostenträger zu definieren. In diesem Zusammenhang kommen häufig nicht die ganze Dienstleistung, sondern nur einzelne Teilleistungen oder Bausteine einer Dienstleistung in Frage.

Zur Beherrschung der dargestellten Schwierigkeiten des Controlling im Dienstleistungsbereich – insbesondere der schwierigen Übertragbarkeit industrieller Controllingsysteme – wird in der Literatur regelmäßig die Anwendung der **Prozesskostenrechnung** vorgeschlagen. Im Zentrum der Prozesskostenrechnung steht dabei die verursachungsgerechte Zurechnung von Gemeinkosten auf die Leistungsprozesse in Abhängigkeit derer mengenmäßigen Inanspruchnahme (z. B. Männel 1998). Ihr wird vor allem das Potenzial zugesprochen, den prozessualen Charakteristika der Dienstleistungserstellung adäquat Rechnung zu tragen (Reckenfelderbäumer 2006, S. 43). Dies zeigt sich insbesondere daran, dass Dienstleistungsunternehmen häufig die nachfolgend aufgezeigten **Anwendungsvoraussetzungen** der Prozesskostenrechnung erfüllen (Reckenfelderbäumer 1995, S. 106ff.):

- Im Zentrum der Prozesskostenrechnung steht die **Verteilung der Gemeinkosten**, die gerade bei Dienstleistungsunternehmen die dominierende Kostenform darstellen.

- Viele Dienstleistungen eigenen sich zumindest teilweise zur **Standardisierung der Leistungsprozesse**. Durch Zerlegung der Prozesse in Teilprozesse werden diese der Prozesskostenrechnung zugänglich gemacht.

■ Des Weiteren lässt sich das Grundmodell der Prozesskosten dahingehend modifizieren, dass sich dieses noch besser im Dienstleistungsbereich anwenden lässt. Solch eine Modifikation sieht die **Unterteilung der Leistungsprozesse** vor; zum einen in Prozesse, bei denen der Kunde beteiligt ist (integrative Prozesse) und zum anderen in Prozesse, die ohne Kundenbeteiligung (autonome Prozesse) stattfinden. Auf diese Weise lässt sich beispielsweise ermitteln, an welchen Stellen und zu welchem Umfang die Kostenentstehung auf die Kundenbeteiligung zurückzuführen ist und wo im Leistungsprozess Planungs- und Steuerungsunsicherheiten, bedingt durch den externen Faktor, entstehen können.

Insgesamt lässt sich allerdings feststellen, dass in Bezug auf das Dienstleistungscontrolling noch erheblicher **Forschungs- bzw. Präzisierungsbedarf** besteht. Ansätze des Dienstleistungscontrolling stammen weniger aus dem Controllingbereich, sondern sind das Ergebnis konzeptioneller Überlegungen aus anderen Wissenschaftsdisziplinen wie dem Marketing oder auch der Produktionswirtschaft. Dabei konzentriert sich die wissenschaftliche Aufmerksamkeit im Wesentlichen auf Controllingansätze für einzelne Dienstleistungsbranchen wie Banken, Beratung, Luftfahrt, Speditionen, öffentliche Verwaltungen und Krankenhäusern. Dennoch fehlt es trotz zum Teil vielversprechender dienstleistungsbranchenspezifischer Controllingansätze an einer „konzeptionellen Klammer" für das Dienstleistungscontrolling im Ganzen (Reckenfelderbäumer 2006, S. 39ff.).

1.12 Begriff des Dienstleistungsmarketingcontrolling

In einem eigenen Zusammenhang zu den hier zugrunde gelegten Definitionen zum Controlling im Allgemeinen und zum Dienstleistungscontrolling im Speziellen steht das Begriffspaar Marketingcontrolling und Dienstleistungsmarketingcontrolling.

Marketingcontrolling ist ein klassisches Schnittstellenthema der beiden betriebswirtschaftlichen Schlüsseldisziplinen Marketing und Controlling (Auerbach 2003, S. 334; Reinecke/ Janz 2007, S. 28). Marketingcontrolling lässt sich nicht mit Rechnungswesen im Marketing gleichsetzen, obwohl das Rechnungswesen eine wichtige Informationsquelle für das Marketing darstellt (Reinecke/Janz 2007, S. 38). Marketingcontrolling geht jedoch auch über das Übertragen klassischer Controllingkonzepte auf das Marketing hinaus (Reinecke/Janz 2007, S. 47).

Die weiter oben beschriebene Rationalitätssicherungssicht (Weber/Schäffer 1999) lässt sich auf das Marketing übertragen. Sie lenkt dabei die Aufmerksamkeit auf aktuelle Diskussionspunkte im Marketing. Dazu gehören beispielsweise Fragen nach der optimalen Abstimmung zwischen strategischem und operativem Marketing sowie nach dem Beleg des Erfolgsbeitrags, der durch das Marketing geschaffen wird (Reinecke/Janz 2007, S. 38).

Das Marketingcontrolling konzentriert sich allgemein auf die – im Marketing lange Zeit vernachlässigte – Frage nach dem **Wirkungszusammenhang** zwischen Marketinginput bzw. Instrumenteeinsatz und Marketingoutput (Reinecke/Janz 2007, S. 25). Die zentrale Funktion des Marketing in der Perspektive der Rationalitätssicherung ist darin zu sehen, die **Effektivität (Wirksamkeit)** und **Effizienz (Wirtschaftlichkeit)** einer marktorientierten Unternehmensführung sicherzustellen.

Unter **Effektivität** wird die Wirksamkeit des Marketing (im Sinne eines Zielerreichungsgrades) verstanden. Im Mittelpunkt steht dabei die Frage, ob das im Vorfeld definierte Leistungsniveau einer Maßnahme erreicht wurde. **Effizienz** bezeichnet dahingegen den Grad der Wirtschaftlichkeit einer Maßnahme (im Sinne einer Kosten-Nutzen-Analyse) und zielt auf die Beurteilung des Verhältnisses aus Output zu Input ab. Eine Maßnahme ist dann als effizient zu betrachten, wenn sie hinsichtlich des Output-Input-Verhältnisses alle alternativen Maßnahmen dominiert (Reinecke/Janz 2007, S. 39 und die dort angegebene Literatur). Unter **Marktorientierung** wird die Kultur verstanden, die (1) höchste Priorität auf den Aufbau und den Erhalt eines überlegenen Kundenwertes legt und dabei die Interessen der wichtigsten Anspruchsgruppen nicht außer Acht lässt, sowie (2) Verhaltensnormen für die Unternehmensentwicklung bereit hält, um schnell auf Entwicklungen und Informationen aus dem Markt reagieren zu können (Slater/Narver 1995, S. 67).

Zusammengefasst lässt sich **Marketingcontrolling** als das Sicherstellen der Rationalität marktorientierter Unternehmensführung verstehen. Rationalität ist dann gewährleistet, wenn der Marketingführungsprozess zum einen effektiv (wirksam) und zum anderen effizient (wirtschaftlich) ausgestaltet ist. Dabei ist zu berücksichtigen, dass sich Marketingcontrolling nicht nur der effektiven und effizienten Erfüllung finanzieller Ergebnisziele verpflichtet, sondern sich auf das gesamte Unternehmenszielsystem bezieht (Reinecke/Janz 2007, S. 47). Dem so definierten Marketingcontrolling lassen sich vier **zentrale Aufgaben** eines Marketingcontrolling subsumieren, die in Schaubild 8-1-2 wiedergegeben sind (Reinecke/Janz 2007, S. 51ff.; vgl. für eine ausführliche Beschreibung auch Abschnitt 1.2).

Schaubild 8-1-2 Aufgaben des Marketingcontrolling

Planungsfunktion:
Unterstützung der strategischen und operativen Marketingplanung bezüglich Willensbildung und -durchsetzung

Informationsfunktion:
Problembezogene Informationsversorgung (insbesondere Marktforschung und Marketingaccounting)

Marketingcontrolling:
Sicherstellen von Effektivität und Effizienz einer marktorientierten Unternehmensführung

Führungsübergreifende Koordinationsfunktion:
Aufgaben abseits des Marketingroutinegeschäfts, Coaching und Beratung, Projekt- und Kooperationscontrolling

Kontrollfunktion:
Überwachung des Marketing mittels Marketingkontrollen und Marketingaudits

Quelle: Reinecke/Janz 2007, S. 51; aufbauend auf Köhler 2006, S. 43a

Schaubild 8-1-3 gibt eine Übersicht an einer Vielzahl von verschiedenen **Instrumenten und Methoden**, die sich den drei zentralen Aufgaben des Marketingcontrolling zuordnen lassen.

Schaubild 8-1-3   Ausgewählte Methoden und Instrumente des Marketingcontrolling

Unterstützung der strategischen Marketingplanung & strategische Überwachung	Unterstützung der operativen Marketingplanung & operative Marketingkontrolle	Führungsübergreifende Koordinationsaufgaben
■ Frühwarn-/-erkennungs-/ -aufklärungssysteme ■ Branchenstrukturanalysen ■ Stärken-/Schwächenprofile, Benchmarking ■ Portfolios (zum Beispiel bzgl. Geschäftsfeldern, Kunden, Innovationen, Marken, Sortiment) ■ Segmentierungs-, Image- und Positionierungsstudien ■ Kunden- & Markenwertberechnungen, Markenstärkeanalysen ■ Investitionsrechnungen ■ Langfristige Budgetierung ■ Audit-Methoden/-Checklisten ■ Kontrolle der Marketingkernaufgaben (Kundenakquisition & -bindung, Leistungsinnovation & -pflege)	■ Versorgung der Marketing- und Verkaufsorganisationseinheiten mit Informationen u. a. aus Marktforschung, Außendienstberichten, Absatzstatistik und Rechnungswesen (z. B. Kundenzufriedenheitsstudien, Deckungsbeitragsrechnungen) ■ Informationen zur Planung und Abstimmung des Marketingmix ■ Kurzfristige Budgetierung ■ Kontrolle des Marketingmix ■ Marktleistungsgestaltung ■ Preisgestaltung ■ Kommunikation/Marktbearbeitung ■ Distribution ■ Ergebnis- und Abweichungsanalysen ■ Beschwerdeanalysen	■ Gestaltung von Kennzahlensystemen für Marketing und Verkauf ■ Gestaltung von Anreiz- und Provisionssystemen ■ Target Costing ■ Analyse, Planung und Kontrolle von Marketing- und Verkaufsprojekten (z. B. Überarbeitung des Markenportfolios) ■ Analyse, Planung und Überwachung von Marketing- und Verkaufskooperationen ■ Wissensmanagement in Marketing und Verkauf (z. B. Moderation von Erfahrungsaustausch, Datenbank mit Lernerfahrungen)

Quelle: Reinecke/Janz 2007, S. 56

Das hier zugrunde gelegte Begriffsverständnis zum Marketingcontrolling lässt sich auf die Wissenschaftsdisziplin des Dienstleistungsmarketing übertragen. Als Resultat der gedanklichen Weiterführung des Definitionsansatzes zum Marketingcontrolling versteht sich **Dienstleistungsmarketingcontrolling** als Schnittstellenfunktion der beiden Funktionen Dienstleistungsmarketing und Dienstleistungscontrolling.

> **Dienstleistungsmarketingcontrolling** lässt sich folglich als das Sicherstellen der Rationalität marktorientierter Unternehmensführung von Dienstleistungsunternehmen definieren (in Anlehnung an Reinecke/Janz 2007, S. 56), das dabei sowohl den dienstleistungsspezifischen Besonderheiten als auch der Existenz der drei Dienstleistungsdimensionen (Potenzial, Prozess und Ergebnis) beim effektiven und effizienten Einsatz entsprechender Controllinginstrumente zur Erreichung der vorökonomischen und ökonomischen Zielgrößen des Dienstleistungsmarketing Rechnung trägt (Auerbach 2003, S. 338ff.; Bruhn/Stauss 2006, S. 5f.).

1.13 Aufgaben des Dienstleistungsmarketingcontrolling

Ausgehend von den rationalitätssicherungsorientierten Definitionsansätzen im vorangegangenen Abschnitt stellt die Steigerung der Effektivität und Effizienz des Dienstleistungsmarketing das Oberziel des Controlling im Dienstleistungsmarketing dar. Während unter der **Effektivität** die Leistungserstellung gemäß der Kundenanforderungen zu verstehen ist, betrifft die **Effizienz** die wirtschaftliche Umsetzung entsprechender Unternehmensaktivitäten (Bruhn 1998d). So sind beispielsweise die Steigerung der Kundenzufriedenheit oder der Kundenorientierung der Mitarbeitenden zu den Zielen des Dienstleistungsmarketing zu rechnen. Dahingegen dient das Controlling des Dienstleistungsmarketing der effektiven und effizienten Realisierung dieser Ziele.

Um die Sicherstellung der Effektivität und Effizienz des Dienstleistungsmarketing zu gewährleisten, hat das Dienstleistungsmarketingcontrolling vier **Funktionen** zu erfüllen (Bruhn 1998d, S. 71ff.; Reinecke/Janz 2007, S. 51f.):

1. Koordinationsfunktion,
2. Informationsfunktion,
3. Planungsfunktion,
4. Kontrollfunktion.

1. Koordinationsfunktion

Die Koordinationsfunktion betrifft die zentrale Aufgabe des Controlling im Dienstleistungsmarketing, die verschiedenen kundenbezogenen Aktivitäten des Unternehmens aufeinander abzustimmen (Horváth/Urban 1990, S. 12; Tomys 1995, S. 90). Das Erfordernis der **Koordination kundenbezogener Aktivitäten** ergibt sich beispielsweise, weil Mitarbeitende der unterschiedlichen Hierarchiestufen Qualitätsverantwortung tragen. Ferner haben die Aktivitäten sämtlicher Unternehmensbereiche eine Auswirkung auf die Qualität der Unternehmensleistungen (Bruhn 1998d, S. 72). Ausgehend von diesen Überlegungen können zwei **Richtungen der kundenbezogenen Koordination** unterschieden werden (Bruhn 1998d, S. 73f.):

▎ Die **horizontale Koordination** dient der Abstimmung der Maßnahmen zwischen den verschiedenen Unternehmensbereichen (z. B. zwischen der Produktion und dem Marketing oder zwischen verschiedenen Sparten).

▌ Durch die **vertikale Koordination** werden die kundenbezogenen Aktivitäten unterschiedlicher Hierarchiestufen aufeinander abgestimmt (z. B. zwischen Management und Mitarbeitenden im Kundenkontakt).

Bei der Koordinationsfunktion des Marketingcontrolling von Dienstleistungsunternehmen ist zu beachten, dass es sich nicht um sämtliche Koordinationsaufgaben einer marktorientierten Unternehmensführung handelt. Dies würde zu zahlreichen Überschneidungen mit anderen Aufgabenbereichen führen. Vielmehr stehen eher führungsübergreifende projektorientierte Koordinationsaufgaben im Vordergrund, die sich abseits des Marketingroutinegeschäfts ergeben, wie beispielsweise Coaching und Beratung, oder Projekt- und Kooperationscontrolling (Reinecke/Janz 2007, S. 55f.).

2. Informationsfunktion

Im Rahmen des Dienstleistungsmarketing eines Unternehmens werden zahlreiche kundenrelevante Informationen generiert, so dass dem Controlling im Rahmen der Informationsversorgungsfunktion im Wesentlichen die Aufgabe der Sicherstellung eines entscheidungsadäquaten und problembezogenen Informationsstands zukommt, der zum einen effektive und effiziente Handlungen ermöglicht und zum anderen die spezifischen Problemsichten der bei der Ausübung marktorientierter Aufgaben involvierter Organisationseinheiten eingeht (Reinecke/Janz 2007, S. 51f.). Hier spielt die Marktforschung eine entscheidende Rolle, indem sie für das Marketing wichtige Informationen über die Entwicklungen und Trends außerhalb des Unternehmens liefert. Im Einzelnen handelt es sich dabei um folgende **Aufgaben** (Bruhn 1998d, S. 74ff.):

▌ Verknüpfung der im Rahmen des Dienstleistungsmarketing generierten Informationen mit weiteren relevanten Informationen (z. B. aus dem Rechnungswesen) (Horváth/Urban 1990, S. 54f.),

▌ Verdichtung und Kombination sämtlicher im Unternehmen vorhandener kundenbezogener Informationen,

▌ Beschaffung nicht vorhandener kundenbezogener Informationen (z. B. Resultate nationaler Kundenbarometer zum Wettbewerbsvergleich oder Bonitätsprüfung potenzieller Kunden).

Um die Erfüllung der Informationsversorgungsfunktion sicherzustellen, ist eine Orientierung an den **Phasen des Informationsprozesses** sinnvoll, d. h. der Informationsbedarfsanalyse (Welche Informationen bzw. welches Wissen wird im Dienstleistungsunternehmen benötigt?), Informationsbeschaffung (Wie gelangt das Dienstleistungsunternehmen an die relevanten Informationen?), Informationsaufbereitung (Mittels welcher Verfahren können die Informationen für operative Zwecke einsetzbar gemacht werden?) und -speicherung (Wo werden die aufbereiteten Informationen abgelegt?) sowie Informationsübermittlung (Wie gelangen die Informationen an die entsprechenden Anspruchsgruppen?) (Berthel 1975).

3. Planungsfunktion

Die Unterstützung der strategischen und operativen Dienstleistungsmarketingplanung durch das Marketingcontrolling ist die zentrale Aufgabe im Hinblick auf die Planungsfunktion. In diesem Zusammenhang sind Methoden bereitzustellen, mit denen die Planungsaktivitäten des Dienstleistungsmarketing gemäß einer unternehmensweiten Systematik erfolgen können, indem erfolgsrelevante Zielgrößen (insbesondere finanzielle, personalbezogene und kundenbezogene Kennziffern) kontinuierlich erhoben und gegebenenfalls neu definiert werden. Auf diese Weise liefert das Dienstleistungsmarketingcontrolling Unterstützung zur Überwindung des in der Praxis häufig anzutreffenden Rationalitätsengpasses vieler Marketingkonzepte (Reinecke/Janz 2007, S. 53).

4. Kontrollfunktion

Schließlich betrifft das Controlling im Dienstleistungsmarketing auch die Kontrolle kundenbezogener Aktivitäten. Zu diesem Zweck sind ebenfalls entsprechende Methoden bereitzustellen (z. B. Marketingaudits). Insbesondere ist es erfolgsrelevant, die Wechselwirkungen zwischen Planung und Kontrolle zu berücksichtigen, die keine voneinander isolierten Aufgaben darstellen (Bruhn 1998d, S. 77). Im Rahmen des Controlling gilt es demnach, mögliche Zielabweichungen zu realisieren (Kontrolle) und diese – nach eingehender Analyse der Abweichungsursachen – als Basis für eine eventuell notwendige Neudefinition der Ziele zugrunde zu legen (Planung).

1.2 Organisatorische Stellung des Dienstleistungscontrolling

Organisatorisch ist das Controlling meist auf der ersten oder zweiten Leitungsebene angesiedelt (vgl. Link/Gerth/Vossbeck 2000, S. 17). Teilweise sind diesem auch das interne Rechnungswesen und EDV untergeordnet. Neben dieser zentralen Stellung auf der obersten Unternehmensebene wird in Großunternehmen ein breites Spektrum von Controllingaufgaben auf den unteren Ebenen wahrgenommen. Hierzu werden so genannte **Subcontroller** eingesetzt, die in der Regel geschäftsbereichsspezifische und/oder marketingspezifische Controllingaufgaben (z. B. Kundenzufriedenheitsstudien) übernehmen.

In mittleren Betrieben leitet der Controller oft gleichzeitig das Finanz- und Rechnungswesen oder ist unter Umständen sogar kaufmännischer Leiter. Sehr häufig ist bei Mittelbetrieben auch eine organisatorische Integration des Controlling als Stabsstelle neben der Geschäftsführung zu beobachten (Ehrmann 2004, S. 24ff.).

Die Stellung eines Controllers – insbesondere eines Subcontrollers – kann als ambivalent bezeichnet werden. Zum einen ist er Ratgeber und interner Serviceleister, z. B. für die Marketingleitung. Zum anderen ist er für die Kontrolle und Berichterstattung zuständig und hat damit unter anderem auch die Aufgabe, „unangenehme" Wahrheiten zu erkennen (z. B. die Nichterreichung von Marketingzielen) und z. B. an das Zentralcontrolling oder die Geschäftsleitung weiterzuleiten.

Für die objektive Wahrnehmung dieser Aufgaben stellt die **organisatorische Verankerung des Controlling** eine wesentliche Voraussetzung dar. Alternativ kann der Dienstleistungscontroller disziplinarisch und/oder fachlich dem Zentralcontroller (Variante 1) unterstellt

Kurzfallstudie: Klinikum Kemperhof

Das Klinikum *Kemperhof gGmbH*, Koblenz, das Akademische Lehrkrankenhaus der *Johannes Gutenberg-Universität Mainz* mit über 542 Planbetten und ca. 1.300 Mitarbeitenden, hat vor einigen Jahren eine Stabsstelle Controlling eingerichtet, um der zunehmenden Komplexität der Controllingaufgaben gerecht zu werden. Vom Verständnis her sieht sich die Stabsstelle Controlling als ein Steuerungsinstrument des Direktoriums an, wobei sie direkt dem Verwaltungsdirektor unterstellt ist. Als Schwerpunkte stehen neben der Überprüfung von Arbeitsabläufen und Aufgaben einzelner Bereiche insbesondere die Weiterentwicklung der Organisationsstruktur durch Auswirkungen der gesetzlichen Rahmenbedingungen auf das Unternehmen und Wirtschaftlichkeitsprüfungen im Vordergrund. Durch aktive Koordination und enge Kooperation mit allen Beteiligten werden Vorschläge zur Optimierung und Erreichung von Unternehmenszielen erarbeitet, überwacht und über deren Entwicklung berichtet (Kemperhof 2005).

werden, der Marketingleitung (Variante 2) oder eine Kombination von beidem (Variante 3). Verschiedene Möglichkeiten der organisatorischen Einordnung eines Marketingcontrollings sind in Schaubild 8-1-4 dargestellt.

Schaubild 8-1-4 Varianten der organisatorischen Verankerung eines Marketingcontrolling in einem Unternehmen

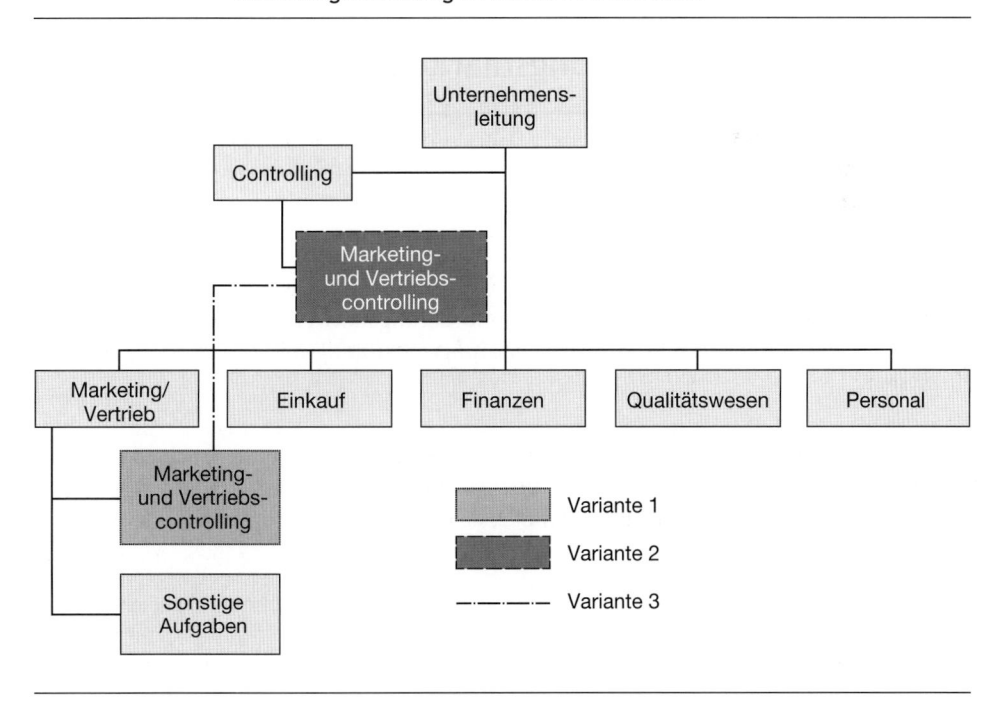

Beim **subordinierten Controlling** ist der Dienstleistungscontroller fachlich und disziplinarisch der Marketingleitung unterstellt. Problematisch an dieser Alternative ist, dass die für das Controlling notwendige Integration verschiedener Funktionsbereiche über den Marketingbereich hinaus durch die Dezentralisierung und einen möglichen Ressortegoismus behindert wird.

Das **ressortgebundene** und das **zentralgebundene Controlling** beinhalten eine „Doppelunterstellung" des Dienstleistungscontrollers. Er ist fachlich dem Zentralcontroller und disziplinarisch der Marketingleitung unterstellt bzw. vice versa. Diese Lösungen führen zu einem Spannungsverhältnis zwischen Dienstleistungscontroller, Marketingleitung und Zentralcontroller. Die Alternativen sind stark davon abhängig, wie kooperativ die einzelnen Parteien sich verhalten.

Schließlich ergibt sich die Lösung einer **zweigleisigen Unternehmensführung**, die zu einem autonomen Controller-Strang neben der Managementhierarchie führt. Vorteilhaft ist hierbei die Unabhängigkeit des Dienstleistungscontrollers. Jedoch kann er dadurch auch leicht als „Fremdkörper" im Marketingbereich gelten und auf mangelnde Akzeptanz stoßen. Entsprechend ist es bei einer zweigleisigen Unternehmensführung von besonderer Relevanz, die Vorteile eines (unabhängigen) Marketingcontrolling zu verdeutlichen, um sachliche und persönliche Konflikte zu vermeiden.

2. Controllingsystem im Dienstleistungsmarketing

2.1 Controlling als Subsystem des Dienstleistungsmanagements

Eine wesentliche Aufgabe des Controlling im Dienstleistungsmarketing ist die Koordination sämtlicher relevanter Aktivitäten eines Dienstleisters, die zur effizienten Erstellung von Dienstleistungen entsprechend der Kundenanforderung notwendig sind. Seinen organisatorischen Niederschlag findet das Dienstleistungscontrolling im Dienstleistungscontrollingsystem:

> Ein **Dienstleistungscontrollingsystem** ist die Zusammenfügung verschiedener gebündelter Maßnahmenkataloge, die der systematischen Unterstützung und Koordination der kundenbezogenen Aktivitäten eines Dienstleisters dienen.

Es lässt sich deshalb auch als Subsystem des Dienstleistungsunternehmens bezeichnen, das die Controllingfunktionen wahrnimmt.

2.2 Relevante Subsysteme

Bei einer systemischen Betrachtung bilden das Dienstleistungsmanagementsystem und das Leistungserstellungssystem das **Dienstleistungsausführungssystem** (Schaubild 8-2-1).

Im Rahmen des **Dienstleistungserstellungssystems** lassen sich drei **Phasen der Dienstleistungserstellung** differenzieren:

1. Potenzialphase,
2. Prozessphase,
3. Ergebnisphase.

Schaubild 8-2-1   Subsysteme des Dienstleistungscontrolling im Überblick

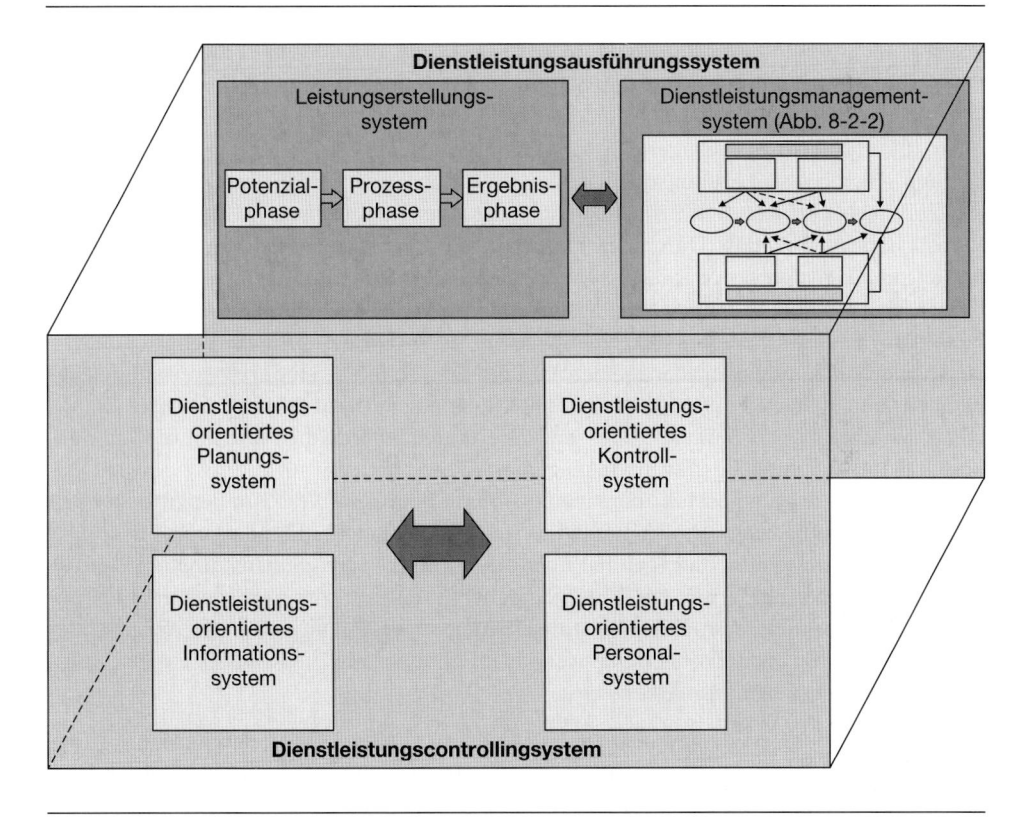

Die **Potenzialphase** betrifft die Strukturen und Fähigkeiten eines Anbieters, die zur Erstellung einer Dienstleistung erforderlich sind (z. B. Mitarbeiterpotenziale, Räumlichkeiten usw.). In der **Prozessphase** treten Dienstleistungsanbieter und -nachfrager in Kontakt zueinander. Eine Dienstleistung lässt sich nur durch die Integration des Kunden (z. B. Beratungsgespräch) oder seiner Verfügungsobjekte (z. B. Auto zur Reparatur) erstellen. Dies hat zum einen zur Folge, dass der Kunde selbst die Qualität der Dienstleistung beeinflussen kann. Zum anderen bedeutet dies, dass der Anbieter seine Leistungen nicht erst erstellen und anschließend an den Kunden verkaufen kann. Vielmehr erstellen die Mitarbeitenden des Dienstleisters im Kontakt mit dem Kunden die Leistung jedes Mal von Neuem. Schließlich mündet der Dienstleistungserstellungsprozess in ein zu einem gewissen Grade immateriellen **Leistungsergebnis** (z. B. Sicherheit durch eine Versicherung).

Der Erfolg eines Dienstleistungsunternehmens hängt auch von einem **Dienstleistungsmanagementsystem** ab, d. h. das Management der Erfolgskette und der moderierenden Einflussfaktoren. Exzellente Dienstleistungsunternehmen zeichnen sich durch das Denken in der Erfolgskette aus, in dessen Zentrum ein professionelles Qualitätsmanagement steht. Darüber hinaus gelingt es ihnen aber auch, die externen und internen „Störfaktoren" der Erfolgskette durch Einsatz eines Beschwerde- und Kundenbindungsmanagements sowie eines Value Managements zu kontrollieren. Während Qualitäts- und Beschwerdemanagement auf eine **leistungsbezogene** Unterstützung der Kundenorientierung zielen (Sicherstellung einer hohen Leistungsqualität bzw. Reaktion auf Leistungsfehler), dienen Kundenbindungs- und Kundenwertmanagement der **personenbezogenen** Unterstützung des Dienstleistungsmarketing. Durch den Einsatz dieser Instrumente im Rahmen des Dienstleistungsmanagementsystems lässt sich die Realisierung der Erfolgskette positiv beeinflussen (Schaubild 8-2-2). Das Dienstleistungsmarketing lässt sich in **Service-Instrumente** (Qualtiäts- und Beschwerdemanagement) sowie in **Relationship-Instrumente** (Kundenbindungs- und Kundenwertmanagement) unterteilen. So lässt sich durch ein erfolgreiches Qualitätsmanagement in erster Linie die Dienstleistungsqualität erhöhen, darüber hinaus wirkt sich dies aber auch direkt positiv auf die Kundenzufriedenheit und auf die Kundenbindung aus. Ein gutes Beschwerdemanagement wirkt sich zwar nicht direkt auf die Qualität der Dienstleistung aus, hat aber einen positiven Einfluss auf die Kundenzufriedenheit und die Kundenbindung. Ähnlich verhält es sich beim Kundenbindungsmanagement. Das Kundenwertmanagement hingegen hat über die Kundenbindung hinaus direkten Einfluss auf den ökonomischen Erfolg des Unternehmens. Im Rahmen des Dienstleistungsausführungssystems kommt dem **Dienstleistungsmanagementsystem** somit die Aufgabe der Koordination des Leistungserstellungssystems im Hinblick auf die Realisierung eines professionellen Dienstleistungsmarketing zu.

Wie Schaubild 8-2-1 zeigt, sind als relevante Subsysteme des **Dienstleistungscontrollingsystems** das Planungs-, Kontroll-, Informations- sowie Personalsystem zu differenzieren. Je nach unternehmensindividueller Situation ist jedoch eine Erweiterung der Subsysteme (z. B. hinsichtlich eines Organisations- oder Wertesystems) oder auch eine Konzentration auf wenige zentrale Subsysteme (z. B. Informations- und Kontrollsystem) denkbar. Die Behebung der planungs-, kontroll-, informations- sowie personalbezogenen Defizite innerhalb des Ausführungssystems lässt sich durch Prozesse umsetzen, die die Erfolgskette kontrollieren.

Schaubild 8-2-2 Managementsysteme für das Dienstleistungsmarketing

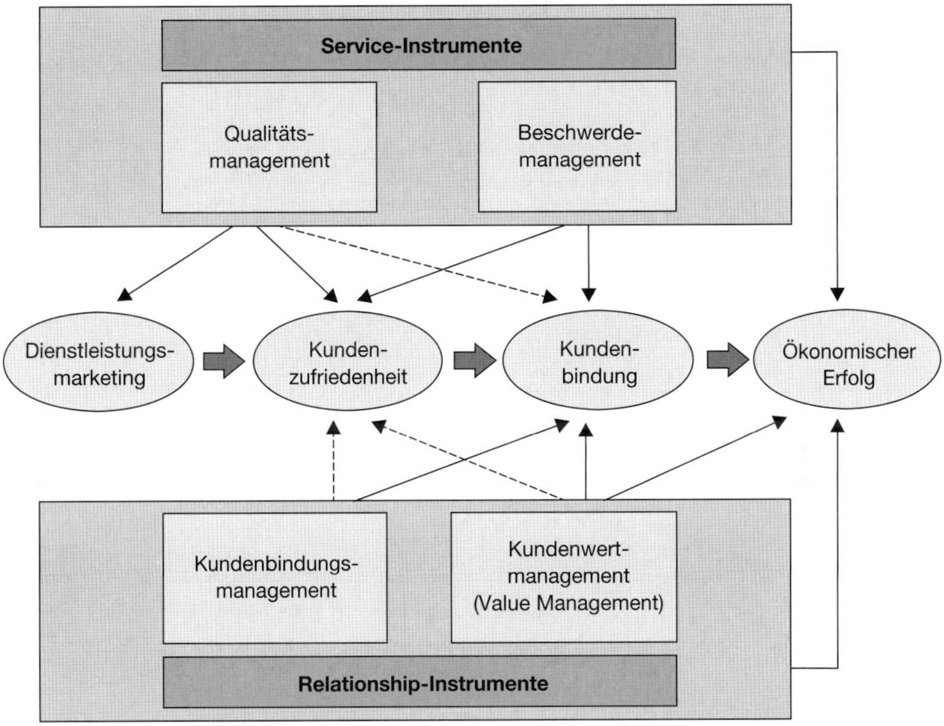

Quelle: in Anlehnung an Bruhn 2007, S. 14

Das zentrale Ziel des Controlling ist die Sicherung der Funktionsfähigkeit des Dienstleistungsmarketing. Dieses Ziel lässt sich innerhalb des Ausführungssystems und somit mit direktem Bezug zur Erfolgskette anhand von vier **Phasen eines Controllingkreises** umsetzen (Schaubild 8-2-3):

1. Im Rahmen des **Systemauditing** gilt es, sämtliche Strukturen und Prozesse des Dienstleistungsmanagementsystems auf ihre Zweckmäßigkeit hin zu überprüfen.

2. Die **Wirkungskontrolle** dient der Analyse der Wirkungen des Dienstleistungsmanagements auf seine psychologischen (z. B. Qualitätswahrnehmung), verhaltensbezogenen (z. B. Kundenbindung) und ökonomischen Zielgrößen (z. B. Umsatz).

3. Zweck des **System-Wirkungsauditing** ist die gemeinsame Überprüfung des Dienstleistungsmanagements und seiner Wirkungen.

4. Schließlich dient die **Erfolgskontrolle** der Verknüpfung des Dienstleistungsmanagements mit seinen Wirkungen und somit der Analyse der Profitabilität des Dienstleistungsmanagements.

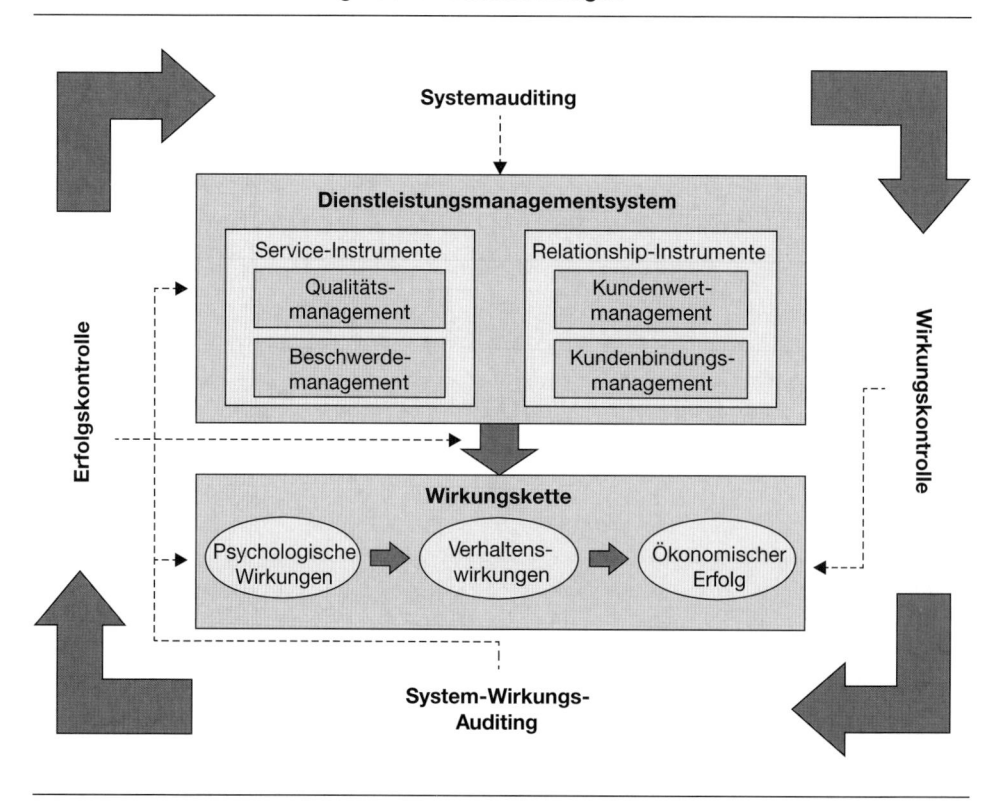

Schaubild 8-2-3 Controllingkreis für Dienstleistungen

[Diagramm: Controllingkreis mit Systemauditing (oben), Erfolgskontrolle (links), Wirkungskontrolle (rechts) und System-Wirkungs-Auditing (unten). Im Zentrum das Dienstleistungsmanagementsystem mit Service-Instrumenten (Qualitätsmanagement, Beschwerdemanagement) und Relationship-Instrumenten (Kundenwertmanagement, Kundenbindungsmanagement) sowie die Wirkungskette: Psychologische Wirkungen → Verhaltenswirkungen → Ökonomischer Erfolg]

Das **System-Auditing** beinhaltet grundsätzlich eine kritische Überprüfung von Verfahrensweisen und Entscheidungsprozessen im Marketing (Köhler 1989, 1993). Insofern werden innerhalb des Systemauditing die im Unternehmen bestehenden Strukturen und Prozesse zur Leistungserstellung auf ihre Zweckmäßigkeit hin untersucht. Gegenstand ist die Überprüfung von Planungsprämissen, beispielsweise hinsichtlich der Frage, ob eine Kundenbeziehung immer noch als stabil anzusehen und im Rahmen des Kundenbindungsmanagements zu bearbeiten ist oder es sich bereits um einen abwandernden Kunden handelt, der dann möglicherweise durch Rückgewinnungsmaßnahmen zu bearbeiten ist. Im Rahmen des Auditing sind im Prinzip die einzelnen Ablaufschritte des Dienstleistungsmanagements kritisch in Frage zu stellen. In diesem Zusammenhang sind insbesondere auch Verfahrensweisen und Prozesse zu überprüfen, die sich über Jahre hinweg als selbstverständlich etabliert haben und möglicherweise zweckmäßiger gestaltbar sind. Das Auditing ist für die einzelnen Systeme durchzuführen. So wird das Qualitätsmanagementsystem eines Dienstleistungsanbieters auf Basis der DIN ISO-Normen im Hinblick auf die Erfüllung dieser Normen geprüft.

Bei der **Wirkungskontrolle** werden die Ausprägungen einzelner Zielgrößen innerhalb der Erfolgskette gemessen. Insofern sind drei Arten der isolierten Wirkungskontrolle zu unterscheiden. Erstens die Messung der psychologischen Wirkungen, zweitens die Messung der verhaltensbezogenen Wirkungen sowie drittens die Messung des kundenbezogenen ökonomischen Erfolgs. Durch welche konkreten Indikatoren die Messung erfolgen kann, ist Gegenstand von Abschnitt 3 in diesem Kapitel.

Während sich die Wirkungskontrolle auf die isolierte Messung einzelner Zielgrößen innerhalb der Wirkungskette bezieht, ist es Aufgabe des **System-Wirkungsauditing**, die Gesamtzusammenhänge innerhalb der Erfolgskette zu evaluieren. Dies lässt sich beispielsweise durch eine unternehmensindividuelle Messung der Erfolgsgrößen im Rahmen von Kausalmodellen realisieren, in denen die Beziehungen zwischen den einzelnen Variablen gesamthaft abgebildet werden. Unternehmensübergreifend bietet sich für ein Wirkungsauditing der Einsatz Nationaler Kundenbarometer an (Fornell 1992; Bruhn/Murmann 1998; Bruhn/Hadwich 2004), bei denen eher global und branchenbezogen die Wirkungen innerhalb der Erfolgskette überprüft werden. Auch im Rahmen des EFQM-Modells besteht die Möglichkeit, das Qualitätsmanagementsystem – in Form der Befähiger – und die Wirkungen des Qualitätsmanagements – in Form der Ergebnisse – zu evaluieren.

Während durch das System-Wirkungs-Auditing die Maßnahmen des Dienstleistungsmanagements und seine Wirkungen gemeinsam, aber getrennt voneinander beurteilt werden, dient die Erfolgskontrolle der Zurechnung von Erfolgswirkungen zum Dienstleistungsmanagementsystem. Durch die Verknüpfung von Maßnahmen und Wirkungen gilt es, Aussagen über die Wirtschaftlichkeit der Maßnahmenumsetzung zu treffen (Effizienzkontrolle).

Schließlich dient die **Erfolgskontrolle** des Dienstleistungsmanagements der Zurechnung von Erfolgswirkungen zu den einzelnen Managementbausteinen Qualitäts-, Beschwerde-, Kundenbindungs- und Kundenwertmanagement. Hier gilt es, Aussagen über die Effizienz sowie Wirtschaftlichkeit der einzelnen Maßnahmenumsetzungen zu treffen (Bruhn 1998d). Das zentrale Instrument zur Wirtschaftlichkeitskontrolle repräsentiert die Kosten-Nutzen-Analyse, bei der die Kosten und der Nutzen der einzelnen Managementsysteme gegenübergestellt werden (Bruhn/Georgi 1999; Hansen/Kamiske 2002).

3. Instrumente des Controlling im Dienstleistungsmarketing

3.1 Kundenbeziehungen als Gegenstand des Controlling im Dienstleistungsmarketing

Aufgrund der dienstleistungsspezifischen Eigenschaft der Integration des externen Faktors ist die Dienstleistungserstellung regelmäßig von einer hohen Interaktion zwischen Anbieter und Kunde geprägt. Daraus lässt sich schließen, dass Dienstleistungen von Natur aus einen stark beziehungsorientierten Charakter aufweisen. Im Mittelpunkt des Dienstleistungsmarketing steht folglich die Kundenbeziehung, weshalb das Konzept des so genannten Beziehungsmarketing bzw. Relationship Marketing als Grundkonzept das Dienstleistungsmarketing fungiert (vgl. Kapitel 2, Abschnitt 1). Als Konsequenz aus diesem Zusammenhang und vor dem Hintergrund einer zunehmend akzeptierten prozessorientierten Grundkonzeption der Betriebswirtschaft im Allgemeinen und des Marketing im Speziellen wird dem **Controlling von Kundenbeziehungen** steigende Bedeutung zugesprochen (Köhler 2007). Die Prozessorientierung impliziert für das Controlling von Kundenbeziehungen die Herausforderung, die Leistungsabläufe für und mit dem Kunden zu kennzeichnen und einer Wirtschaftlichkeitsprüfung zu unterziehen, wobei Aspekte der Kundenintegration und Beziehungspflege im Vordergrund stehen (Köhler 2007, S. 511).

Im Zusammenhang mit dem Controlling von Kundenbeziehungen gilt es, die Besonderheiten und Merkmale unterschiedlicher Leistungsprozesse in verschiedenen Branchen bzw. Wirtschaftssektoren Rechnung zu tragen und dies bei der Bestimmung geeigneter Controllingaufgaben zu berücksichtigen (Köhler 2007, S. 511). In Bezug auf **Dienstleistungsprozesse** ist das bereits mehrfach angesprochene Merkmal der Integration des externen Faktors bzw. der Beteiligung des Kunden bei der Dienstleistungserstellung von besonderer Bedeutung. Es zeigt sich allerdings, dass das Ausmaß der Integration häufig sehr unterschiedlich ausgeprägt ist. Sie reicht von der Entgegennahme einer standardisierten Dienstleistung (z. B. Fahrt im Öffentlichen Nahverkehr) bis hin zur individualisierten Mitgestaltung des Dienstleistungsergebnisses durch den Kunden (z. B. Sprachkurs). Darüber hinaus ergeben sich im Zusammenhang mit den weiteren dienstleistungsspezifischen Merkmalen der Immaterialität und der Leistungsfähigkeit Herausforderungen an das Controlling, zu deren Strukturierung sich an der üblichen Differenzierung nach Potenzial-, Prozess- und Ergebnisphase von Dienstleistungen anknüpfen lässt (Bruhn/Stauss 2006, S. 17ff.; Köhler 2007, S. 514).

Hinsichtlich der **Potenzialphase** besteht die Herausforderung, dass Dienstleistungen nicht gelagert werden können und Dienstleistungsanbieter so genannte Leistungspotenziale (Ausstattung, Personal usw.) der Dienstleistungserstellung vorhalten müssen. Dies führt – wie weiter oben bereits angeführt – zu relativ hohen Fixkosten. Die Herausforderung des Controlling von Kundenbeziehungen besteht folglich darin, anhand gezielter Akquisitionen neuer Kunden oder durch Beeinflussung bereits bestehender Kunden durch das Setzen geeigneter Anreize (z. B. Preis) eine stets hohe Kapazitätsauslastung zur Vermeidung von

Leerkosten zu erreichen. Neben der Überwachung der Potenzialkosten stellen Kundenerwartungen und -urteile einen weiteren Controllinggegenstand der Kundenbeziehung in der Potenzialphase dar. Dies liegt daran, dass die Leistungspotenziale nicht nur ein Kostenfaktor sind, sondern dass diese eine starke verhaltenssteuernde Wirkung bei den Kunden ausüben. Im Zusammenhang mit der Kaufentscheidung ziehen Kunden auf Basis der Beurteilung der Leistungspotenziale Rückschlüsse auf die zu erwartende Dienstleistung, die sie a priori aufgrund von Erfahrungs- und Vertrauenseigenschaften nicht vollständig beurteilen können (Bruhn/Stauss 2006, S. 18; Köhler 2007, S. 514).

In der **Prozessphase** ergibt sich für das Controlling der Kundenbeziehung die Frage nach der Bestimmung des Niveaus der Kundenintegration und nach den Kosten, wie die Kundenintegration das Leistungsergebnis beeinflusst (Köhler 2007, S. 514; Stauss/Bruhn 2007, S. 8f.). Den Kosteneffekten der Kundenintegration gilt es, die Erlös- und Qualitätswirkungen als Konsequenz der Kundenintegration gegenüberzustellen. Im Hinblick auf die Kundenbeziehung steht dabei vor allem die Abschätzung des Einflusses der Kundenintegration auf die Kundenzufriedenheit im Mittelpunkt (Köhler 2007, S. 514).

Auch in der **Ergebnisphase**, also wenn der Dienstleistungsprozess zum Abschluss gekommen ist, bietet sich insbesondere die Messung der Kundenzufriedenheit an (Köhler 2007, S. 515). Dabei geht es vor allem darum, zu identifizieren, ob im Rahmen der Kundenbeziehung Kundenbindung, also eine Verlängerung der Kundenbeziehung, erreicht wurde, oder ob mit einem Abbruch der Kundenbeziehung zu rechnen ist und Maßnahmen der Kundenrückgewinnung einzuleiten sind.

3.2 Erfolgskette als Ausgangspunkt des Controlling

Der zentrale Aufgabenbereich des Controlling im Dienstleistungsmarketing stellt das Controlling der Wirkungen der im Rahmen des Dienstleistungsmarketing eingesetzten Instrumente entlang der Kundenbeziehungen dar. Entsprechend der Einteilung der Wirkungen des Dienstleistungsmarketing lässt sich das Controlling von **vorökonomischen** und **ökonomischen Wirkungen** unterscheiden (Schaubild 8-3-1), die sich den psychologischen Wirkungsgrößen und den Verhaltensgrößen des Kaufverhaltens im Dienstleistungsbereich zuordnen lassen (vgl. Kapitel 3). Insbesondere das Controlling vorökonomischer Indikatoren kommt aufgrund der Determinierung des ökonomischen Erfolgs und der direkteren Beeinflussbarkeit dieser Größen durch Marketingmaßnahmen einer großen Bedeutung zu. Darüber hinaus bestehen Ansätze eines **integrierten Ursache-Wirkungs-Controlling**, bei denen vorökonomische und ökonomische Wirkungen gemeinsam und interdependent untersucht werden. Ferner werden beim integrierten Ursache-Wirkungs-Controlling teilweise Zusammenhänge zwischen Maßnahmen (z. B. Verbesserung der Leistungsqualität) und Auswirkungen (z. B. Erhöhung der Kundenzufriedenheit) berücksichtigt.

Schaubild 8-3-1 Controlling-Ansätze im Dienstleistungsmarketing

Vorökonomische Indikatoren

In Bezug auf die isolierte Messung von:
- Dienstleistungsqualität
- Beziehungsqualität
- Kundenzufriedenheit
- Kundenbindung/Commitment

Im Rahmen von:
- Merkmalsmessungen
- Ereignismessungen
- Problemmessungen

Ökonomische Indikatoren

Einperiodische Wirkungskontrolle:
- ABC-Analyse auf Umsatzbasis
- Relative Umsatzanalyse
- Zukunftsgerichtete Umsatzanalyse
- Kundendeckungsbeitragsanalyse

Mehrperiodische Wirkungskontrolle:
- Customer Lifetime Value

Dienstleistungsmarketing → Psychologische Wirkungen → Verhaltenswirkungen → Ökonomischer Erfolg

Integrierte Controllingsysteme
- Kundenbarometer
- Balanced Scorecard
- EFQM-Modell
- Kosten-Nutzen-Analyse

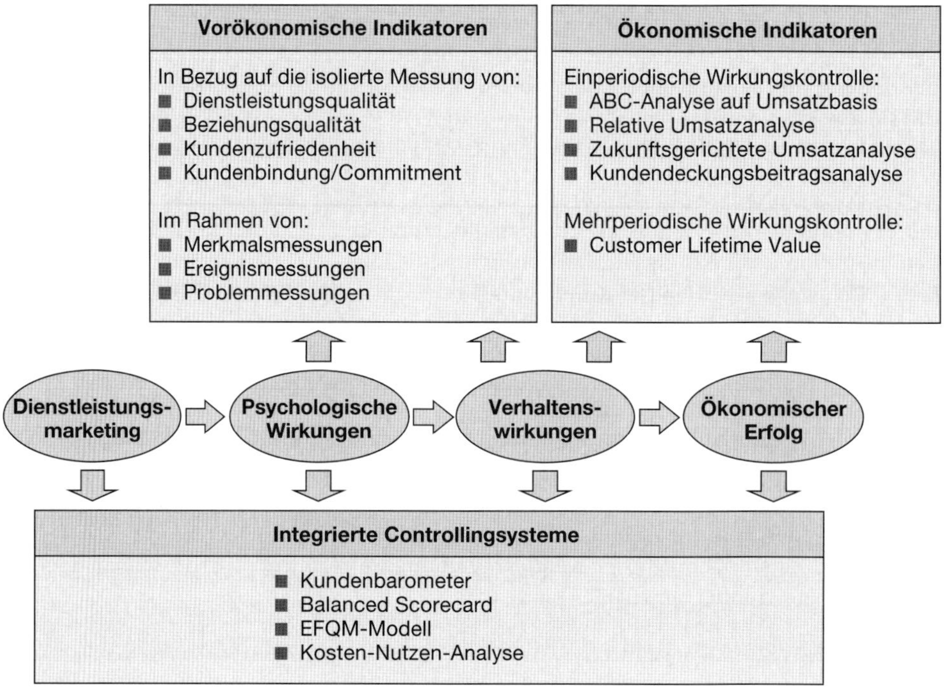

Quelle: Bruhn 2009a, S. 254

3.3 Controlling von vorökonomischen Indikatoren

In Bezug auf **vorökonomische Indikatoren** werden die Ausprägungen einzelner Zielgrößen der Wirkungskette durch ausgewählte Indikatoren gemessen. Es handelt sich dabei um eine isolierte Messung von relevanten Konstrukten, wie z. B. die wahrgenommene Dienstleistungsqualität, die Kundenzufriedenheit, die Beziehungsqualität, das Commitment, die Kundenbindung u. Ä.

Methodisch sind grundsätzlich merkmals-, ereignis- und problemorientierte **Messansätze** zu unterscheiden, die sowohl einzeln aber auch miteinander kombiniert zur Messung vorökonomischer Größen zum Einsatz gelangen.

Im Rahmen der **merkmalsorientierten Messung** wird die Beurteilung einzelner Leistungsmerkmale durch den Kunden in standardisierter Form (z. B. auf Basis eines Fragebogens) erhoben. Zur Messung der einzelnen Kettenglieder haben sich mittlerweile verschiedene merkmalsorientierte Messverfahren herausgebildet. Zur Messung der **Dienstleistungsqua-**

lität (vgl. dazu ausführlich Kapitel 5) wird häufig der branchenübergreifend einsetzbare SERVQUAL-Ansatz herangezogen (Zeithaml/Parasuraman/Berry 1992; kritisch hierzu Sureshchandar/Chandrasekharan/Kamalanabhan 2001). Die **Kundenzufriedenheit** wird in zahlreichen unternehmensinternen sowie -übergreifenden Studien durch die Frage nach der Globalzufriedenheit mit dem Unternehmen sowie nach verschiedenen Teilzufriedenheiten erhoben (Oliver 1996; Krafft 2007, S. 22ff.; zur unternehmensübergreifenden Messung von Kundenzufriedenheit vgl. auch Service Barometer AG 2010 und ACSI 2010). Zur Messung der **Kundenbindung** hat sich im Rahmen der Merkmalsmessung die Verwendung der Indikatoren Wiederkaufabsicht, Weiterempfehlungsabsicht sowie Cross-Selling-Absicht durchgesetzt (Homburg/Giering/Hentschel 1999, S. 88f.; Krafft 2007; Homburg/ Bruhn 2010).

Die **ereignisorientierte Messung** dient der Erfassung relevanter Begebenheiten im Rahmen des Leistungserstellungsprozesses aus Kundensicht. Sie setzt somit insbesondere bei der Messung der **Dienstleistungsqualität** an. Zu den bekanntesten Verfahren dieser Kategorie zählt die Critical Incident Technique (Bitner/Booms/Tetreault 1990; Stauss 2000a; Gremler 2004), bei der die Kunden in persönlichen Interviews die Phasen des Leistungserlebnisses nochmals gedanklich nachvollziehen. Die Methode der Erfassung und Auswertung der so genannten kritischen Ereignisse ist bereits seit den 1950er Jahren Gegenstand der Forschung. Als Weiterentwicklung dieser Methode ist die Sequenzielle Ereignismethode (Stauss/Weinlich 1997) sowie die Switching-Path-Analyse (Roos/Strandvik 1997; Roos 1999; Michalski 2002) anzusehen, die bestimmte Dienstleistungssequenzen oder sogar längere Beziehungsphasen (insbesondere die Abwanderungsphase) analysieren.

Der Untersuchungsgegenstand der **problemorientierten Messung** sind die aus Kundensicht relevanten Problemfelder im Hinblick auf die Leistungserstellung eines Dienstleisters (Stauss/Hentschel 1990). Bei einer aktiven Problemmessung beurteilen Kunden die Häufigkeit und die Relevanz von problematischen Aspekten einer Dienstleistung. Eine passive Problemmessung lässt sich anhand von Kundenbeschwerden vornehmen, die als Indikator für eine schwache wahrgenommene **Dienstleistungsqualität** bzw. **Kundenunzufriedenheit** zu interpretieren sind.

> **Beispiel: Studie zur Kundenbindung im Hotelgewerbe**
>
> Eine im April 2002 publizierte Studie der Unternehmensberatung *Loyalty Hamburg GmbH* zur Kundenbindung im Hotelgewerbe hat ergeben, dass in Deutschland eine systematische Dokumentation und Analyse von Kundenproblemen bisher kaum erfolgt. So sind Beschwerden und Kundenvorschläge nur für ca. die Hälfte der befragten Hotels Anlass für Leistungsverbesserungen. Ähnliches gilt für die Auswertung der Kundenzufriedenheitsbefragungen: Zwar liegen in den meisten Hotels Fragebögen aus (bei ca. 80 Prozent der befragten Hotels ist dies der Fall), die Ergebnisse werden jedoch nur in Ausnahmefällen als Anstoß für Leistungsoptimierungen genutzt (Quelle: Loyalty Hamburg 2002).

Die Relevanz der Erhebung solcher vorökonomischer Indikatoren für den Unternehmenserfolg zeigt eine Studie von *Droege und Company*, bei der herausgefunden wurde, dass

70 Prozent der als wachstumsstark bezeichneten Unternehmen regelmäßig systematische Kundengespräche durchführen und über sehr gute Kenntnisse über die Wünsche ihrer Kunden verfügen, während es bei den als wachstumsschwach bezeichneten Unternehmen lediglich bei 36 bzw. 40 Prozent der Fall war (Droege & Comp. 2000).

3.4 Controlling von ökonomischen Indikatoren

3.41 Verfahren zur Berechnung des Kundenwertes

Eine Steuerung der vorökonomischen Größen innerhalb der Erfolgskette des Dienstleistungsmarketing dient letztlich einer Optimierung der ökonomischen Zielgrößen. Im Rahmen des **Controlling von ökonomischen Größen** des Dienstleistungsmarketing gilt es, die Realisierung dieser Zielgrößen zu überprüfen. Vor dem Hintergrund einer zunehmend akzeptierten prozessorientieren Grundkonzeption der Betriebswirtschaftslehre im Allgemeinen und des Marketing im Speziellen wird dem Controlling von Kundenbeziehungen steigende Bedeutung zugesprochen (Köhler 2008). Demnach ist Controlling im Dienstleistungsmarketing konsequent auf eine beziehungsorientierte Sichtweise auszurichten und entsprechende Verfahren zur Berechnung des Kundenwertes als Ergebnis einer erfolgreichen Kundenbeziehung anzuwenden. Die **Verfahren zur Berechnung des Kundenwertes** lassen sich auf drei Ebenen strukturieren (vgl. Schaubild 8-3-2). Auf der ersten Ebene werden die Verfahren in ein- und mehrperiodische Verfahren unterteilt. Diese werden dann wiederum in heuristische und quasi-analytische Verfahren segmentiert und auf der letzen Ebene erfolgt eine Unterteilung zwischen monetären und nichtmonetären Verfahren. Heuristische Verfahren geben Hinweise auf Näherungslösungen und ein Erfolg versprechendes Suchverhalten. Sie ermöglichen aber nicht, optimale Entscheidungen abzuleiten. Die quasi-analytischen Verfahren basieren auf mathemtischen Berechnungen, die einen quantitativen Vergleich von Kunden auf der Grundlage numerischer Werte ermöglichen (Bruhn et al. 2000, S. 169). Im Gegensatz zu monetären Verfahren beziehen sich die nichtmonetären Ansätze auf primär qualitative Bewertungskriterien und verzichten bewusst darauf, die Kundenbeziehung mit monetären Größen zu bewerten.

Zunächst werden die einperiodischen Verfahren vorgestellt, bevor im Anschluss die mehrperiodischen Verfahren erläutert werden.

3.411 Einperiodische Verfahren

Einperiodische Verfahren verfolgen eine statische Ermittlung des Kundenwertes auf Basis einer Zeitpunktbetrachtung. Während sich statische Verfahren durchaus für eine kurzfristige Bestandsaufnahme eignen, sind Aussagen im Hinblick einer langfristigen Bewertung auf deren Basis wenig sinnvoll. Statische, nicht-monetäre, heuristische Verfahren sind beispielsweise die **Markt- bzw. Kundensegmentierung**. Darunter wird eine Aufspaltung des Kundenstamms in Teilsegmente verstanden, die bezüglich bestimmter Segmentierungskriterien möglichst ähnlich (intern homogen) im Vergleich zu anderen Teilsegmenten aber möglichst verschieden (extern heterogen) sind (Bruhn 2010c, S. 58f.). Diese Aufspaltung kann nach demogra-

Schaubild 8-3-2 Verfahren zur Berechnung eines Kundenwertes

Kunden-bewertungs-Verfahren	Ein-periodisch/ Statisch	Heuristisch	Nicht-monetär	■ Demografische und ökonomische Segmentierung ■ Klassifikationsschlüssel ■ Positiv Cluster ■ Kundenportfolio
			Monetär	■ ABC-Analyse
		Quasi-analytisch	Nicht-monetär	■ Scoring-Tabelle ■ Scoring-Tabelle mit mikrogeografischen Daten
			Monetär	■ Kundendeckungsbeitragsrechnung ■ Kundenbezogene Rentabilitäts-rechnung (ROI) ■ Customer Costing
	Mehr-periodisch/ Dynamisch	Heuristisch	Nicht-monetär	■ Loyalitätsleiter
			Monetär	■ ABC-Analyse mit dynamischen Werten ■ Kundenbeziehungslebenszyklus-analyse
		Quasi-analytisch	Nicht-monetär	■ Scoring-Tabelle mit Potenzialwerten (RFMR-Tabelle)
			Monetär	■ Kundendeckungsbeitragspotenzial ■ Customer Equity Test ■ Customer Lifetime Value

Quelle: Bruhn et al. 2000, S. 170

fischen und ökonomischen Kriterien erfolgen. Eine **demografische Segmentierung** erfolgt dann, wenn der Kundenstamm z. B. nach Alter, Geschlecht oder Beruf aufgeteilt wird. Diese Segmentierung gibt Aufschluss auf das zu erwartende Kaufverhalten der Konsumenten in den einzelnen Segmenten. Darauf aufbauend lassen sich dann Aussagen über den potenziellen Kundenwert schließen. Eine Bank wird beispielsweise einem jungen Studierenden im Alter zwischen 20 und 30 einen relativ hohen potenziellen Kundenwert zuordnen, da nach Abschluss des Studiums bei dem Studierenden tendenziell ein hohes Einkommen zu erwarten ist, wodurch der Bedarf nach Altersvorsorgeprodukten und einer geeigneten Geldanlage entsteht.

Die Segmentierung nach **ökonomischen Kriterien** erfolgt häufig anhand Merkmalen wie Einkommen, Kaufkraft, Haushaltsgröße u. a. (Bruhn 2010c, S. 60). Gerade das Einkommen und die Kaufkraft stellen hier wichtige Segmentierungskriterien dar. Das Einkommen ist ein guter Indikator für die verfügbaren finanziellen Mittel, die für den Konsum verschiedener Leistungen zur Verfügung stehen. Grundsätzlich gilt, dass, je mehr Segmentierungskriterien zum Einsatz kommen, desto besser lassen sich die einzelnen Kundensegmente beschreiben und deren Kaufverhalten ableiten. Dadurch ist eine genauere und zuverlässigere Bestimmung des Kundenwerts möglich. Häufig kommt deshalb die Kombination von demografischen und ökonomischen Kriterien für eine Kundensegmentierung zum Einsatz, um die einzelnen Segmente möglichst genau zu beschreiben. Schaubild 8-3-3 zeigt eine mögliche Kundensegmentierung am Beispiel einer Bank.

Schaubild 8-3-3 Kundensegmentierung bei einer Bank

```
                        Aufteilung des Gesamtmarktes
                                    ↓
                Segmentierung auf Basis von Einkommen und Vermögen
                            ↙                               ↘
```

Standardkunde		Betreuungskunde	
Mengenkunde (41,4 %)	Privatkunde (25,7 %)	Gehobener Privatkunde (22,8 %)	Top-Individual-Kunde (10,1 %)
Einkommen bis € 1.000 und Vermögen bis € 5.000	Einkommen bis € 1.750 und Vermögen bis € 25.000	Einkommen bis € 3.000 oder Vermögen bis € 50.000	Einkommen über € 3.000 oder Vermögen über € 50.000

Quelle: in Anlehnung an Stuhldreier 2002, S. 85

Klassifikationsschlüssel kommen häufig in Unternehmen mit großem Kundenstamm zum Einsatz. Anhand eines firmenspezifischen Kundenschlüssels werden Kundeninformationen dargestellt. Es können beispielsweise die oben genannten demografischen und ökonomischen Kriterien zusammengefasst werden. So ist eine Klassifikation nach Kundenart (1 für Großhandel, 2 für Zwischenhändler usw.), die geografische Lage des Kunden (nach Postleitzahl), der Umsatz des Kunden (z. B. 5 für kleiner 5.000 EUR, 10 für kleiner 10.000 EUR usw.) und die Anzahl der Mitarbeitenden (1 für Kunden unter 100 Mitarbeitenden, 5 für Kunden unter 500 Mitarbeitenden usw.) denkbar. Daraus ergäbe sich dann beispielsweise ein Klassifikationsschlüssel 2-78-10-1 für einen Supermarkt aus dem Postleitzahlengebiet 78 mit einem Umsatz unter 10.000 EUR und weniger als 100 Mitarbeitenden.

Der **Vorteil** ist die einfache Bewältigung jeder Kundendatenbank und eine selektive Betreuung der Kunden nach Orten, Kauferwartungen usw. Der **Nachteil** ist jedoch die Entstehung eines anonymen „Zahlenfriedhofs", indem die Kunden nur aus wenig aussagekräftigen

Zahlen und Nummern bestehen, die keine weiteren Auskünfte über die Art der Kundenbeziehung geben (z. B. langjähriger Kunde, loyaler Kunde usw.). Kundenklassifikationsschlüssel eignen sich besonders für kundengruppenspezifische Aktionen, z. B. spezielle Verkaufsaktionen für vermögende Kunden in ländlichen Gebieten (Wirtz 2009, S. 264).

Positiv Cluster repräsentieren ein Merkmalsprofil besonders Erfolg versprechender Kundengruppen (Wirtz/Schilke 2004a, S. 31). Basierend auf Kundenstrukturanalysen werden sie als Vergleichsmaßstab herangezogen, mit dessen Hilfe insbesondere das Potenzial neuer Kunden evaluiert werden soll. Das Verfahren kommt häufig in Versandhandelsunternehmen bei der Selektion potenzieller Adressdaten zum Einsatz. Stimmen die neuen Kunden mit den relevanten Merkmalen des Positiv Cluster überein (z. B. weiblich, mittleren Alters mit Familie), besteht eine überproportionale Erfolgsaussicht (Breitschuh 2001, S. 52).

Ein weiteres gängiges Modell der heuristischen, statischen, nichtmonetären Verfahren stellt das **Kundenportfolio** dar. Nicht nur der einzelne Kunde, sondern die Zusammensetzung des Kundenstamms ist Untersuchungsgegenstand. Wie bei anderen Portfoliotechniken wird eine zweidimensionale Darstellung vorgenommen. Die erste Dimension betrifft unternehmensexterne Gegebenheiten, hier die „Kundenattraktivität". Die zweite Dimension bezieht sich auf unternehmensspezifische Stärken und Schwächen, die in der Lieferantenbeziehungen zum Ausdruck kommen, hier die „Lieferantenposition". In Schaubild 8-3-4 sind mögliche Kriterien für die Beurteilung der Kundenattraktivität und der Lieferantenposition dargestellt. Dabei werden die einzelnen Kriterien jeweils anhand ihrer relativen Bedeutung gewichtet, bevor ein Gesamtscore über alle Kriterien gebildet wird.

Schaubild 8-3-4 Beispiel zur Berechnung der Kundenattraktivität und der Lieferantenposition

Kundenattraktivität				Lieferantenposition			
Kriterien	Bewertung (1 = sehr schlecht; 10 = sehr gut)	Gewichtung (in Prozent)	Punktwert (= Bewertung x Gewichtung)	Kriterien	Bewertung (1 = sehr schlecht; 10 = sehr gut)	Gewichtung (in Prozent)	Punktwert (= Bewertung x Gewichtung)
Bedarfsvolumen	2	0,10	0,2	Share of Wallet	2	0,30	0,6
Bedarfswachstum	10	0,25	2,5	Kundenzufriedenheit	6	0,15	0,9
Preisdurchsetzbarkeit	6	0,10	0,6	Programmbreite	8	0,10	0,8
Deckungsbeitragspotenzial	4	0,25	1,0	Image beim Kunden	6	0,20	1,2
Loyalität	6	0,30	1,8	Dauer der Beziehung	2	0,25	0,5
Summe		1,0	6,1	Summe		1,0	4,0

Aus dieser Gegenüberstellung wird ersichtlich, ob ein Unternehmen bei den wichtigen Kunden über eine starke Position verfügt und wo Verbesserungsmaßnahmen anzusetzen sind (vgl. zur grafischen Darstellung eines Kundenportfolios Schaubild 4-2-11 in Kapitel 4 dieses Buches. Dabei markieren die Kreismittelpunkte die Stellung eines Kunden im zweidimensionalen Portfolio und die Kreisfläche ist ein Indikator für den mit dem Kunden getätigten Umsatz).

Ein wesentlicher Vorteil des Kundenportfolios besteht darin, dass es leicht zu erstellen ist und einen anschaulichen Überblick über den Kundenstamm bietet. Darüber hinaus werden nicht nur unternehmensexterne Kriterien, sondern auch unternehmensinterne Faktoren – in Form der Lieferantenposition – für die Bewertung herangezogen. Als Nachteil ist zu beachten, dass das Kundenportfolio keinen tatsächlichen Kundenwert wiedergibt, so dass das Verfahren lediglich als Vorselektion geeignet ist. Außerdem wird der Auswahl der Kriterien häufig eine gewisse Subjektivität und Willkür unterstellt und diese in der Regel kein vollständiges Bild über die Situation der Kunden abgeben.

Ein weit verbreitetes Verfahren der heuristischen monetären Verfahren der Kundenbewertung stellt die **ABC-Analyse** dar (Homburg/Schnurr 1998; Krafft 2007, S. 77f.; Reinecke/Janz 2007, S. 118f.; Köhler 2008, S. 473f.). Dabei erfolgt eine Sortierung der Kunden anhand ihres Umsatzanteils. In einem zweidimensionalen Diagramm werden die kumulierten Umsatzanteile und die kumulierten Anteile am Kundenbestand abgetragen. Dabei wird auf der linken Seite der Abszisse mit den umsatzstärksten Kunden begonnen. Auf der Ordinate wird jeweils der zusätzliche Umsatzbeitrag des betrachteten Kunden abgetragen. Häufig wird hierbei ersichtlich, dass ein relativ kleiner Kundenanteil einen relativ großen Umsatzanteil ausmacht. Vereinfacht wird in diesem Zusammenhang von der 20:80-Regel gesprochen (auch **Pareto-Regel** genannt), die besagt, dass häufig 20 Prozent der Kunden 80 Prozent des Umsatzes generieren. Anhand der resultierenden Kurve lassen sich die Kunden in A-, B- und C-Kunden einteilen, von denen die A-Kunden die umsatzstärksten Kunden darstellen, in die folglich am ehesten zu investieren ist (vgl. Schaubild 8-3-5). Einen entsprechenden Ansatz der Kundenbewertung wird beispielsweise bei dem Express-Kurier-Unternehmen *Federal Express* angewendet, das seine Kunden plakativ in „the good, the bad, and the ugly" unterteilt (Rust/Zeithaml/Lemon 2000, S. 187). Ein alternativer Ansatz besteht darin, dass auf der Ordinate anstatt des Umsatzes der Deckungsbeitrag des jeweiligen Kunden abgetragen wird. Dies ist sinnvoller, da im Deckungsbeitrag nicht nur Umsatz-, sondern auch Kostenfaktoren einbezogen werden und der Kunde somit unter Effizienzgesichtspunkten betrachtet wird.

Die **Bedeutung der ABC-Analyse** liegt darin, dass Ansatzpunkte zu einer Reduktion von Komplexitätskosten geliefert werden, indem umsatzschwache Kunden identifiziert werden können. Als Schwachpunkt ist jedoch anzumerken, dass die zur Erzielung des Kundenumsatzes eingesetzten betrieblichen Ressourcen nicht sichtbar gemacht werden. So ist es durchaus möglich, dass ein hoher Umsatz eines A-Kunden teuer erkauft werden muss, indem diesem Niedrigpreise und Sonderleistungen angeboten werden. Dies könnte dazu führen, dass dieser Kunde trotz hohen Umsatzes nicht kostendeckend bedient werden kann und somit als unprofitabel gilt, was aber allein anhand der ABC-Analyse nicht sichtbar wird.

Schaubild 8-3-5 ABC-Analyse der Kundenstruktur auf Basis von Umsätzen

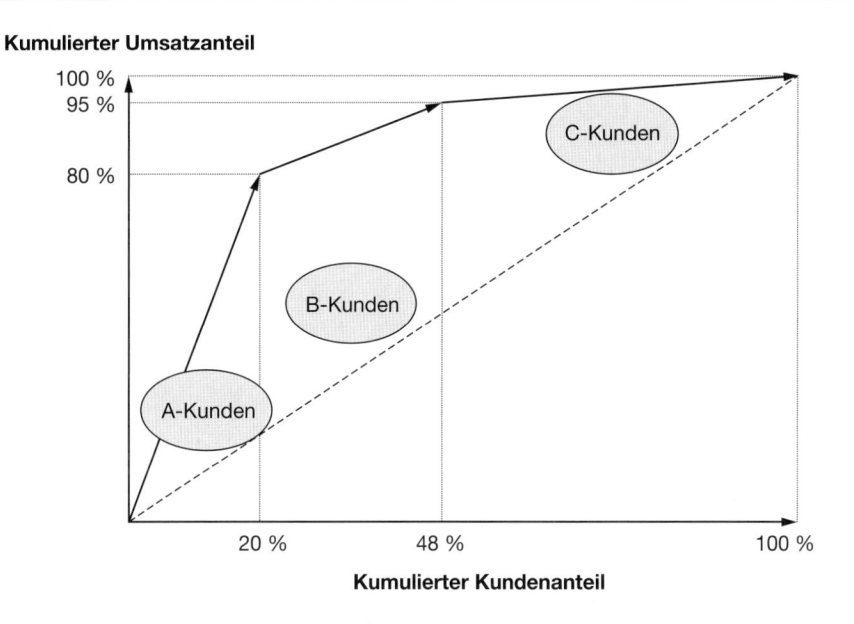

Insgesamt gilt es zu berücksichtigen, dass die ABC-Analyse ein eher pragmatisches und einfaches Verfahren zur Kundenbewertung darstellt, worin der zentrale Vorteil der ABC-Analyse begründet ist (Reinecke/Janz 2007, S. 118). Kritisch hingegen ist anzumerken, dass jene Kunden, die den höchsten Jahresumsatz generieren, keineswegs auch zwangsläufig den größten Beitrag zum Gewinn erbringen (Barth/Wille 2000). Entsprechend ist es oftmals fragwürdig, gegenüber einem B-Kunden weniger Marketingbemühungen vorzusehen als gegenüber einem A-Kunden.

Zu den quasianalytischen, nichtmonetären statischen Verfahren zählen die **Scoringmodelle**. Neben quantitativen (monetären) Faktoren können auch qualitative Faktoren in die Betrachtung einbezogen werden. Diese werden unter Einbeziehung von Gewichtungsfaktoren mit Punkten zu einem Gesamtscore verdichtet. Ein solches, etwa im Versandhandel gängiges Scoring-Modell stellt das RFMR-Modell dar. Hier werden der Zeitpunkt des letzten Kaufs (**R**ecency), die Kaufhäufigkeit (**F**requency) und der Wert des Kaufs (**M**onetary **R**atio) als Bewertungskriterien herangezogen. Ein Beispiel eines RFMR-Modells aus dem Versandhandel zeigt Schaubild 8-3-6.

Schaubild 8-3-6 Beispiel zur RFMR-Methode im Versandhandel

Startwert	25 Punkte					
Letztes Kaufdatum (**R**ecency)	Bis 6 Monate +40 Punkte	Über 6 bis 9 Monate +25 Punkte	Über 9 bis 12 Monate +15 Punkte	Über 12 bis 18 Monate +5 Punkte	Über 18 bis 24 Monate –5 Punkte	Über 24 Monate –15 Punkte
Häufigkeit des Einkaufs in 1,5 Jahren (**F**requency)	Zahl der Aufträge multipliziert mit dem Faktor 6					
Ø Umsatz bei den letzten drei Käufen (**M**onetary **R**atio)	Bis 50 € +5 Punkte	50 bis 100 € +15 Punkte	100 bis 200 € +25 Punkte	200 bis 300 € +35 Punkte	300 bis 400 € +40 Punkte	Über 400 € +45 Punkte
# Retouren kumuliert	0–1 0 Punkte	2–3 –5 Punkte	4–6 –10 Punkte	7–10 –20 Punkte	11–15 –30 Punkte	Über 15 –40 Punkte
# Anstöße seit letztem Einkauf	Je Hauptkatalog 12 Punkte		Je Sonderkatalog 6 Punkte		Je Mailing 6 Punkte	

Quelle: Krafft/Albers 2000, S. 521

Eine weitere Form von Scoringmodellen sind **mikrogeografische Ansätze**. Auf Basis der Herkunft verschiedener Konsumenten werden so genannte Geo- bzw. Regio-Konsumententypen gebildet und Aussagen über deren Verhaltensweisen und Konsumgewohnheiten abgeleitet. Es wird davon ausgegangen, dass Personen mit ähnlichem Lebensstil in einer räumlichen Nachbarschaft leben und ein ähnliches Kaufverhalten aufweisen (Link/Schleuning 1999).

> **Beispiel: Mikrogeografische Segmentierungsdaten der AZ Bertelsmann Direct GmbH**
>
> Ein führender Anbieter dieser mikrogeografischen Daten ist die Firma *AZ Bertelsmann Direct GmbH* (Holland 2007, S. 151). Das System „regio select" untergliedert Deutschland in insgesamt 500.000 Straßenabschnitte mit durchschnittlich 70 Haushalten und 150 Personen. Diese werden anhand verschiedener Kriterien und anhand der Zugehörigkeit zu einer bestimmten Ortsgrößenklasse bestimmten Segmenttypen zugeordnet (Holland 2007, S. 151ff.). Aufbauend auf der Typenzuordnung lassen sich dann für einzelne Branchen und Unternehmen Aussagen über den potenziellen Kundenwert dieser Konsumenten ableiten. Schaubild 8-3-7 zeigt eine Übersicht über die Segmentierungskriterien, die Segmenttypen und die Ortsgrößenklassen.

Schaubild 8-3-7 Systematik des „regio select" der AZ Bertelsmann Direct GmbH

Segmentierungskriterien für Haushalte/Personen	Ortsgrößenklassen	Zuordnung zu Wohngebietstypen
■ Altersstruktur ■ Kaufverhalten ■ Mediennutzung ■ Produktnutzung ■ Familienstruktur ■ Bebauungsstruktur ■ PKW-Besitz ■ Bildungsniveau ■ Finanzsituation ■ Bonität ■ Infrastruktur ■ Branchenstruktur	■ Unter 5.000 Einwohner ■ 5.000 bis unter 10.000 Einwohner ■ 10.000 bis unter 20.000 Einwohner ■ 20.000 bis unter 50.000 Einwohner ■ 50.000 bis unter 200.000 Einwohner ■ 200.000 bis unter 500.000 Einwohner ■ Über 500.000 Einwohner	■ Randgruppen ■ Traditionelle Arbeiter ■ Kleinbürger ■ Klassische Bürger ■ Gehobene Mitte ■ Konservative ■ Upper Class

Quelle: in Anlehnung an Holland 2007, S. 151ff.

Aufgrund der Tatsache, dass zwischen dem Gesamtumsatz und der Profitabilität einer Kundenbeziehung nicht unbedingt eine lineare Beziehung besteht (Krafft 2007, S. 78; siehe auch die Kritikpunkte zur ABC-Analyse), stellt die **Kundendeckungsbeitragsrechnung**, bei der neben dem Umsatz auch die Kosten berücksichtigt werden, eine sinnvolle Erweiterung der Kundenumsatzanalyse dar (Reinecke/Janz 2007, S. 84ff.; Köhler 2008, S. 475f.). Die Kundendeckungsbeitragsrechnung zählt zu den statischen, monetären, quasi-analytischen Verfahren der Kundenbewertung. Zur Berechnung des Kundendeckungsbeitrags werden Einzel- und Gemeinkosten durch Schlüsselung verursachungsgerecht den Kunden oder Kundengruppen zugeordnet. Die Kostenermittlung auf Kundenebene ist dabei teilweise mit Problemen verbunden. Zur Ermittlung des Kundendeckungsbeitrages ist zu eruieren, welche Kosten aufgrund der Beziehung zu einem bestimmten Kunden anfallen und folglich entfallen, wenn die Beziehung zu dem jeweiligen Kunden nicht mehr besteht (Haag 1992). Schaubild 8-3-8 zeigt den beispielhaften Aufbau einer Kundendeckungsbeitragsrechnung.

Bei der **Anwendung der Kundendeckungsbeitragsrechnung** stellt vor allem die Datenverfügbarkeit eine große Herausforderung dar. Häufig ist es schwierig, die Gemeinkosten verursachungsgerecht auf die einzelnen Kunden bzw. die einzelnen Kundensegmente zu verteilen. So ist es notwendig, kundenbezogene Mengenangaben wie Anzahl der Aufträge, Außendienstbesuche, Mahnungen, Rechnungen usw. kontinuierlich zu dokumentieren und in die Berechnung mit einzubeziehen. Hier können CRM-Systeme eine wertvolle Unterstützung leisten.

Schaubild 8-3-8 Beispielhafter Aufbau einer Kundendeckungsbeitragsrechnung

Kunde		Kunde 1	Kunde 2	Kunde 3	Kunde 4	Kunde 5	Kunde 6
	Bruttoerlöse	11.000	12.000	13.000	21.000	22.000	23.000
–	Erlösminderungen	–275	–300	–325	–525	–550	–575
=	**Nettoerlöse**	10.725	11.700	12.675	20.475	21.450	22.425
–	variable HKs	–8.828	–9.630	–10.433	–15.278	–16.005	–16.733
=	**Kundendeckungsbeitrag I**	1.897	2.070	2.242	5.197	5.445	5.692
–	produkt- und auftragsbezogene Vertriebskosten	–495	–630	–780	–1.575	–1.815	–2.070
=	**Kundendeckungsbeitrag II**	1.402	1.440	1.462	3.622	3.630	3.622
–	indirekt kundenbezogene variable Vertriebskosten z. B.:						
	– Vertriebs-Innendienst	–83	–27	–53	–106	–294	–31
	– Kundendienst	–11	–20	–121	–244	–207	–309
	– Kosten des Verkaufsbüros	–52	–37	–8	–64	–32	–9
=	**Kundendeckungsbeitrag III**	1.256	1.356	1.280	3.208	3.097	3.273

Die **Ergebnisse der Kundendeckungsbeitragsrechnung** sind jedoch oftmals nur bedingt aussagekräftig, da es im Umsatz mit dem Kunden A nicht berücksichtigt ist, wenn beim Kunden B erzielte Erlöse auf eine Weiterempfehlung durch A zurückgehen. Der Erlösausweis erfolgt hier ausschließlich bei B. Ebenso wenig werden Opportunitätskosten, die wegen der Inanspruchnahme einer Engpasskapazität durch Kunde A entstehen, in der auf A bezogenen Deckungsbeitragsrechnung berücksichtigt (Köhler 2008, S. 477). Als weitere Schwäche ist anzusehen, dass die Kundendeckungsbeitragsrechnung nur ex post über die historische Ergiebigkeit der Geschäftsbeziehung informiert und somit zur Beurteilung zukünftiger Kundenprofitabilität eine nur geringe Eignung aufweist (Krafft 2007, S. 323). Diese Problematik wird mit Hilfe der Berechnung eines Kundendeckungsbeitragspotenzials vermieden, die zu den mehrperiodischen Verfahren der Kundenwertberechnung zählt und in Abschnitt 3.412 näher erläutert wird.

Die **kundenbezogene Rentabilitätsrechnung (ROI)** hat zum Ziel, auf Kundenebene zu analysieren, welche Kundenbeziehungen rentabel sind, also ein positives Kosten-Nutzen-Verhältnis aufweisen. In dem Zusammenhang werden alle Kosten und Erlöse, die dem Kunden direkt zugeordnet werden können, in die Berechnung eines kundenspezifischen „Return on Investment" einbezogen (Anderson/Fornell/Mazvancheryl 2004, S. 172). Mit diesem Verfahren ist es möglich, rentable von weniger rentablen Konsumenten zu unterscheiden – mit dem Ziel, sich bei der Marktbearbeitung auf die rentablen Kunden zu konzentrieren und die unrentablen abzustoßen.

> **Beispiel: Kundensegmentierung in der Mobilfunkbranche auf Grundlage einer kundenbezogenen Rentabilitätsrechnung**
>
> Durch die Einführung so genannter „Flatrates" bei Internettarifen kam es häufig zu der Situation, dass bei so genannten „Powerusern" ein überdurchschnittlich hohes Datenvolumen registriert wurde. Als Konsequenz versuchen die Anbieter, diese unrentablen Kunden von einem Anbieterwechsel zu überzeugen. Teilweise boten die Anbieter diesen Kunden eine Prämie von 100 Euro, wenn sie sich im Gegenzug dazu verpflichten, den Vertrag aufzulösen und auch in Zukunft bei dem Unternehmen keinen Internetanschluss mehr zu beziehen (Mobilfunktalk 2008).

Beim **Customer Costing** werden die Kunden nach ihren zurechenbaren Kosten beurteilt. Es fließen alle Kosten mit ein, die vor, während und nach der Dienstleistungserstellung anfallen. So kann bei Finanzdienstleistern zwischen kostenintensiven Kunden, die regelmäßige persönliche Betreuung beanspruchen und sehr kostengünstigen Kunden, die jegliche Transaktionen online oder schriftlich abwickeln und eine persönliche Betreuung durch einen Servicemitarbeitenden nur in sehr seltenen Fällen nachfragen, unterschieden werden.

3.412 Mehrperiodische Verfahren

Im Folgenden werden die mehrperiodischen Verfahren zur Berechnung des Kundenwertes ermittelt. Diese haben den Vorteil, dass die bereits erwähnte Problematik der Vergangenheitsorientierung statischer Verfahren umgangen wird, indem zusätzlich zukünftige Potenziale der Kundenbeziehung in die Berechnung mit einfließen.

Als dynamisches, heuristisches, nichtmonetäres Verfahren ist die **Loyalitätsleiter** zu nennen. Im Loyalitätsleiter-Konzept wird davon ausgegangen, dass die höchste Stufe der Kundenbindung dann erreicht ist, wenn ein Kunde von den Anbieterleistungen affektiv und kognitiv so überzeugt ist, dass er versucht, andere Kunden „zu bekehren" (Helm 2008, S. 142). Diese Kunden werden „Enthusiasten" oder auch „Apostel" genannt. Im negativen Sinne existieren jedoch auch Kunden, die sehr stark unzufrieden sind, was dazu führt, dass diese in ihrem Umfeld ihren Unmut verbreiten und anderen aktiv von dem Unternehmen abraten. Hier wird von so genannten „Terroristen" gesprochen. Schaubild 8-3-9 zeigt beispielhaft eine Loyalitätsleiter mit den verschiedenen Abstufungen, abhängig von der Dauer der Kundenbeziehung und der Stärke der Kundenbindung.

Eine **ABC-Analyse mit dynamischen Werten** kann ebenfalls zur Kundenbewertung herangezogen werden, indem nicht Ist- bzw. Vergangenheitsdaten des Kunden einfließen, sondern eine Berechnung auf Grundlage des Kundenpotenzials, also der zukünftig zu erwartenden Umsätze mit dem Kunden, erfolgt. Zum einen ist es denkbar, dass sich die Klassenzugehörigkeit einzelner Kunden im Zeitablauf verändert (Köhler 2008, S. 475). Dies bestätigen auch Berichte über einen Haushaltsgeräteherstellten, bei dem gerade B-Kunden eine vergleichsweise hohe Profitabilität aufwiesen (Krafft 2007, S. 78f.). Bei einer zukunftsgerichteten Kundenumsatzanalyse wird auch das **Cross-Selling-Potenzial** eines Kunden in die Untersuchung einbezogen (Homburg/Schnurr 1998; Homburg/Schäfer 2000, 2001, 2002). Dieses gibt an, ob ein Kunde Bedarf an bisher nicht genutzten Leistungen hat, die

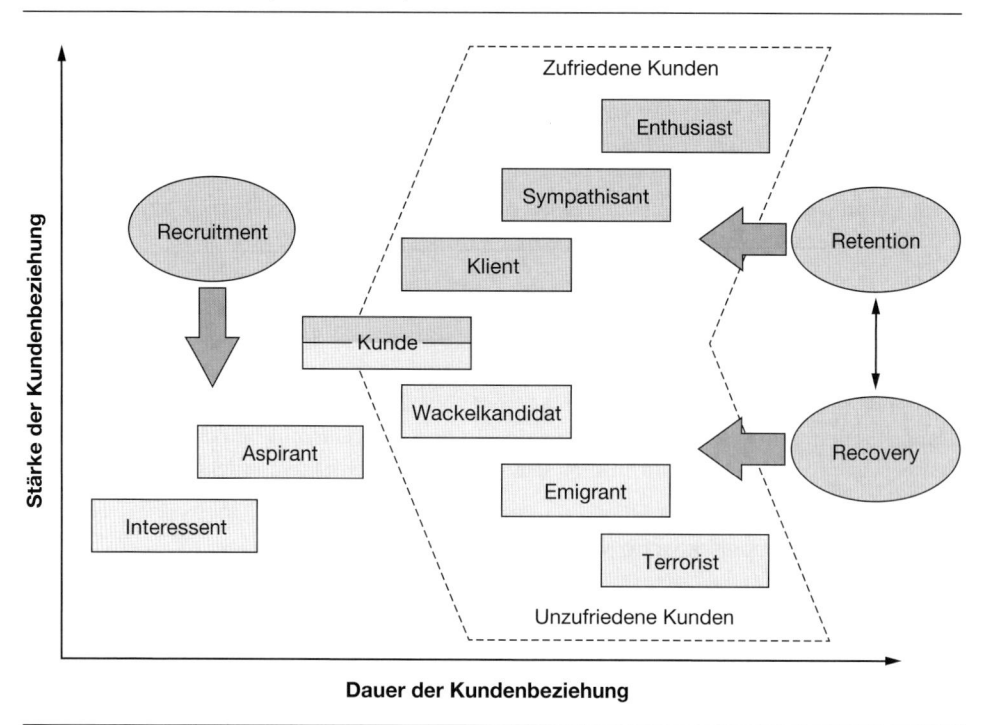

Schaubild 8-3-9 Beispiel einer Loyalitätsleiter

(Achse y: Stärke der Kundenbeziehung; Achse x: Dauer der Kundenbeziehung)

Elemente: Recruitment, Aspirant, Interessent, Kunde, Klient, Wackelkandidat, Emigrant, Sympathisant, Enthusiast, Terrorist, Retention, Recovery; Bereiche: Zufriedene Kunden / Unzufriedene Kunden.

das Unternehmen ebenfalls anbietet. Im Bankenbereich stellen die häufig kostenfrei angebotenen Girokonten typische Einstiegsleistungen zur Erschließung von Cross-Selling-Potenzialen wie Vermögensanlagen, Versicherungs- sowie Kreditdienstleistungen dar. Aus Sicht des Anbieters ist das Cross Selling immer dann vorteilhaft, wenn der dadurch erzielten Umsatzsteigerung keine entsprechende Steigerung bei den Kosten der Kundenbearbeitung gegenüberstehen (Homburg/Krohmer 2009, S. 795).

> **Beispiel: Cross Selling bei Tchibo**
>
> Der in Deutschland führende Kaffeeröster *Tchibo* betreibt bereits seit über 20 Jahren erfolgreich Cross Selling. Neben dem Kernprodukt – dem Kaffee – vertreibt *Tchibo* über seine Filialen und über das Internet zusätzlich Non-Food-Produkte (Kleidung, Dekorationsartikel, kleine Möbel usw.), die in keinem direkten Zusammenhang zu der Kernleistung bestehen. Die Besonderheit liegt darin, dass das Angebot des Non-Food-Bereichs wöchentlich wechselt („Jede Woche eine neue Welt"). Dies hat dazu geführt, dass die Attraktivität des Randsortiments Non Food einen erheblichen Einfluss auf den Umsatz des Kernproduktes (Kaffee) hat. Je attraktiver das Angebot der Non-Food-Artikel, desto höher der Kundenverkehr in den Filialen, was sich wiederum auf den Umsatz der Kaffeeprodukte auswirkt (Tchibo 2011).

Beispiel: Cross Selling bei RWE

Der deutsche Energieversorger *RWE* verfolgt im Rahmen einer so genannten „Multi-Utility-Strategie" seit einiger Zeit das Ziel, Kunden enger an das Unternehmen zu binden. Hierzu wird versucht, vorhandene Cross-Selling-Potenziale auszunutzen, indem z. B. Stromkunden auch auf Gas- und Wasserprodukte der *RWE* aufmerksam gemacht werden (o.V. 2005).

Neben dem Cross Selling bestehen weitere Bestimmungsfaktoren, die Aufschluss über den zukünftigen Kundenwert geben. Diese lassen sich in das **Marktpotenzial** und in das **Ressourcenpotenzial des Kunden** unterteilen (Tomczak/Rudolf-Sipötz 2006, S. 130f.). Unter Marktpotenzial fallen alle potenziellen Umsätze, die sich mit diesem Kunden direkt erzielen lassen, während das Ressourcenpotenzial angibt, wie der Kunde dem Unternehmen als Ressource dienen kann. Schaubild 8-3-10 gibt einen Überblick über die einzelnen Komponenten des potenziellen Kundenwerts, unterteilt in Marktpotenzial und Ressourcenpotenzial.

Schaubild 8-3-10 Bestimmungsfaktoren des potenziellen Kundenwerts

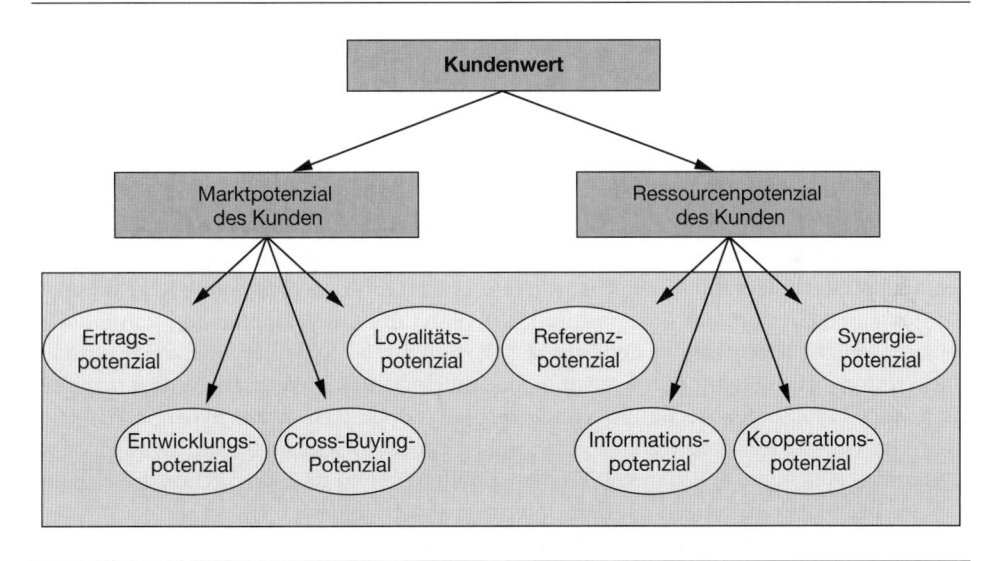

Quelle: Tomczak/Rudolf-Sipötz 2006, S. 132

Das **Marktpotenzial** setzt sich zusammen aus Ertrags-, Loyalitäts-, Entwicklungs- und Cross-Buying-Potenzial. Das **Ertragspotenzial** beschreibt den gegenwärtigen Beitrag, den dieser Kunde zum Unternehmenserfolg leistet. Geeignete Größen sind hier die Kundenrentabilität oder der Kundendeckungsbeitrag. Darüber hinaus gibt das **Entwicklungspotenzial** eines Kunden Auskunft darüber, welches Wachstum bei den Umsätzen des Kunden in Zukunft zu erwarten ist. Als geeignetes Instrument zur Ermittlung des Ertragspotenzials wird häufig die Kundenbeziehungszyklusanalyse herangezogen, die in diesem Abschnitt an späterer Stelle detaillierter vorgestellt wird. Eng mit dem Entwicklungspotenzial verbunden ist das **Cross-Buying-Potenzial**. Darunter versteht man das Potenzial eines Kunden, über die momentan bezogenen Leistungen hinaus weitere Leistungen des Unternehmens in Anspruch zu nehmen, die bisher entweder überhaupt nicht genutzt bzw. von einem anderen Anbieter bezogen werden. Das **Loyalitätspotenzial** gibt an, ob der Kunde die Leistungen in Zukunft weiterhin bei dem anbietenden Unternehmen beziehen wird. Anzeichen für eine hohe Loyalität sind zum einen Informationen über Vertrauen und Commitment, das dem Unternehmen von Seiten des Kunden gegenüber gebracht wird. Ein weiterer Indikator für eine hohe Loyalität eines Kunden ist die Mitgliedschaft in Bonusprogrammen, Besitz von Kundenkarten, Mitglied in Fanclubs usw.

Das **Ressourcenpotenzial** betrachtet die Möglichkeit eines Kunden, den Unternehmenserfolg positiv zu beeinflussen. Das **Referenzpotenzial** bezieht sich dabei auf das Empfehlungsverhalten des Kunden. Je häufiger ein Kunde das Unternehmen weiterempfiehlt und je mehr Einflussvermögen dieser Kunde bei seiner Weiterempfehlung besitzt, desto höher ist dessen Referenzpotenzial einzuschätzen. Das **Informationspotenzial** beschreibt die Informations- und Feedbackbereitschaft eines Kunden gegenüber dem Unternehmen. Kunden, die regelmäßig an Umfragen, Zufriedenheitsstudien usw. teilnehmen oder aktiv am Entwicklungs- und Innovationsprozess beim Unternehmen beteiligt sind, verfügen über ein hohes Informationspotenzial, da diese wertvolle Informationen an das Unternehmen weitergeben, die hilfreiche Hinweise für Leistungsverbesserungen usw. geben können. Das Kooperationspotenzial beschreibt die Fähigkeit und Bereitschaft eines Kunden, sich in den Wertschöpfungsprozess der Leistungserstellung einzubringen. Diese Determinante ist hauptsächlich im Business-to-Business-Bereich relevant. Aufgrund des konstitutiven Merkmals „Integration des externen Faktors" kann ein **Kooperationspotenzial** aber auch bei Dienstleistungskunden vorhanden sein. Ein Beispiel aus dem Bankenbereich stellt das Onlinebanking dar. Eine erfolgreiche Umsetzung erfordert seitens des Kunden gewisse Kooperations- und Integrationsbreitschaft, indem er sich mit den notwendigen technischen Geräten ausstattet und sich das erforderliche Wissen über die Handhabung von Online-Banking aneignet (Tomczak/Rudolf-Sipötz 2006, S. 138). Das **Synergiepotenzial** beschreibt alle Verbundwirkungen im Kundenstamm, in denen der Kunde Wechselwirkungen auslöst (Tomczak/Rudolf-Sipötz 2006). Ein Kunde verfügt z. B. über ein hohes Synergiepotenzial, wenn der Umsatz mit dem Kunden einen hohen Anteil am Gesamtumsatz beträgt, da in diesem Fall eine hohe Abhängigkeit zu dem Kunden besteht und der Verlust dieses Kunden erhebliche Auswirkungen auf den Unternehmenserfolg hätte.

Zur Ermittlung der einzelnen Komponenten des Markt- und Ressourcenpotenzials benötigt es ein geeignetes Informationssystem innerhalb des Unternehmens, das die relevanten Kundeninformationen sammelt und sinnvoll aufbereitet, so dass Aussagen über den potenziellen Kundenwert getroffen werden können. Dieses Informationssystem ist Teil des Data Warehousing, das bereits in Kapitel 3, Abschnitt 2.2 in diesem Buch ausführlich behandelt wurde (für einen detaillierten Überblick über den Einsatz von Data Warehousing im Zusammenhang zur Ermittlung des Kundenwerts vgl. Kuhl/Stöber 2006).

Als dynamisches, heuristisches, monetäres Verfahren ist die **Kundenlebenszyklusanalyse** zu nennen. Dieses Verfahren zielt darauf ab, einen idealtypischen Verlauf der Kundenbeziehung zu ermitteln und darauf aufbauend zukünftig zu erwartende Umsätze mit dem Kunden abzuleiten, die dann zur Kundenbewertung herangezogen werden (vgl. ausführlich zum Konzept des Kundenlebenszyklus Abschnitt 2.4 in Kapitel 4). Schaubild 8-3-11 zeigt eine idealtypische Entwicklung des Kundenumsatzes und Kundendeckungsbeitrags in Abhängigkeit der einzelnen Phasen des Kundenlebenszyklus am Beispiel eines Telekommunikationsanbieters.

Schaubild 8-3-11 Idealtypischer Verlauf des Kundenbeziehungszyklus am Beispiel eines Telekommunikationsanbieters

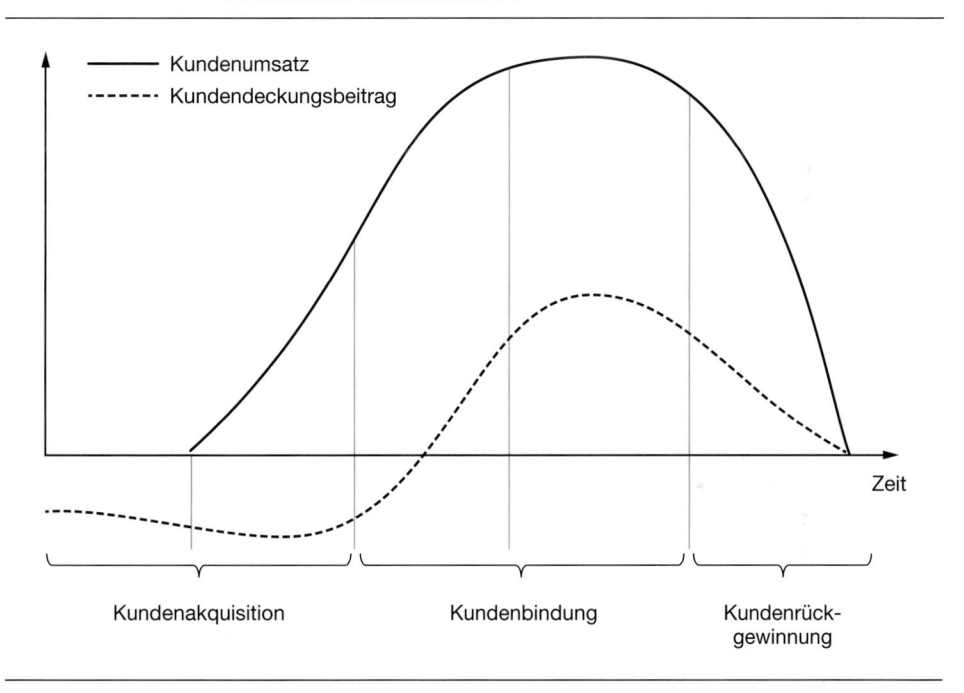

Quelle: in Anlehnung an Stauss 2006, S. 429

Es wird davon ausgegangen, dass in der Akquisitionsphase vorerst noch kein oder nur ein geringer Umsatz mit dem Kunden erzielt wird und aufgrund hoher Akquisitions- und Anbahnungskosten der Deckungsbeitrag in dieser Phase negativ ist. Mit der Intensivierung der Geschäftsbeziehung in der Kundenbindungsphase steigen die Umsätze mit dem Kunden. Gleichzeitig besteht die Möglichkeit der Kosteneinsparung, da eine gewisse Routine in die Geschäftsbeziehung einkehrt und die Leistungen mit einem geringeren Aufwand erstellt werden können. In der Gefährdungs- bzw. Kundenrückgewinnungsphase sinken die Kundenumsätze und die Kosten für das Erhalten der gefährdeten Kunden bzw. die Rückgewinnung abgewanderter Kunden steigen an. Dadurch sinkt der Kundendeckungsbeitrag ebenfalls. Eine detaillierte Betrachtung der einzelnen Phasen Kundenakquisition, Kundenbindung und Kundenrückgewinnung erfolgt in Abschnitt 3.42 dieses Kapitels.

Scoringtabellen mit Potenzialwerten zielen darauf ab, die Kundenattraktivität anhand von Kriterien zu bewerten, die Aufschluss auf die zukünftig zu erwartenden Transaktionen mit dem Kunden geben. Diese werden überwiegend für die Bewertung von Neukunden eingesetzt, da für diese noch keine Vergangenheits- oder Gegenwartsdaten verfügbar sind. Häufig kommen hierbei demografische und ökonomische Kriterien wie Alter, Einkommen usw. des potenziellen Kunden zum Einsatz, aber auch Merkmale wie die soziale Vernetztheit und der damit einhergehenden Wahrscheinlichkeit der Weiterempfehlung gehen in die Bewertung mit ein. Schaubild 8-3-12 zeigt eine Scoringtabelle mit Kriterien zur Einschätzung der potenziellen Kundenattraktivität am Beispiel eines Versandhandels.

Schaubild 8-3-12 Scoringtabelle zur Einschätzung der Kundenattraktivität am Beispiel eines Versandhandels

Netto-Haushaltseinkommen pro Jahr	Bis 20.000 EUR	20.000 –50.000 EUR	50.000 –100.000 EUR	Über 100.000 EUR
	0 Punkte	+10 Punkte	+20 Punkte	+30 Punkte
Häufigkeit der Bestellungen bei Versandhäusern	0–1	2–5	6–10	über 10
	0 Punkte	+5 Punkte	+15 Punkte	+30 Punkte
Durchschnittlicher Bestellwert	Bis 100 EUR	100–200 EUR	200–400 EUR	Über 400 EUR
	+5 Punkte	+15 Punkte	+25 Punkte	+45 Punkte
Soziale Vernetztheit des Kunden	Sehr gering	Gering	Hoch	Sehr hoch
	–15 Punkte	–5 Punkte	+5 Punkte	+15 Punkte
Alter des Kunden	0–14	15–29	30–64	Über 64
	0 Punkte	+15 Punkte	+30 Punkte	+10 Punkte

Der Ansatz des **Kundendeckungsbeitragspotenzials** als dynamisches, quasianalytisches, monetäres Verfahren berücksichtigt – aufbauend auf der Kundendeckungsbeitragsrechnung (vgl. Abschnitt 4.211 in diesem Kapitel) – auch die zukünftige Entwicklung der Kundenbeziehung. Es ist als Summe aus dem aktuellen Deckungsbeitrag und den zu erwartenden zukünftigen Deckungsbeiträgen zu interpretieren. Häufig werden Daten aus unternehmensinternen und -externen Informationsquellen zur Ermittlung des Deckungsbeitragspotenzials herangezogen. Zu den unternehmensinternen Quellen zählen aktuelle Umsatzzahlen und Kosten im Zusammenhang mit dem Kunden. Häufig lässt sich das

Deckungsbeitragspotenzial auch mit Hilfe soziodemografischer Daten des Kunden ermitteln. So lassen sich beispielsweise anhand des Alters und des Einkommens das Potenzial eines Kunden für ein Unternehmen ermitteln. Schaubild 8-3-13 zeigt beispielhaft das Deckungsbeitragspotenzial eines Kunden für einen Finanzdienstleister, in Abhängigkeit seines Alters und den damit verbundenen zu erwartenden Lebensereignissen. Dies ermöglicht es auch, eine Kundendeckungsbeitragsberechnung für Neukunden oder potenzielle Kunden vorzunehmen.

Schaubild 8-3-13 Ermittlung des Deckungsbeitragspotenzials eines Kunden nach Lebensereignissen

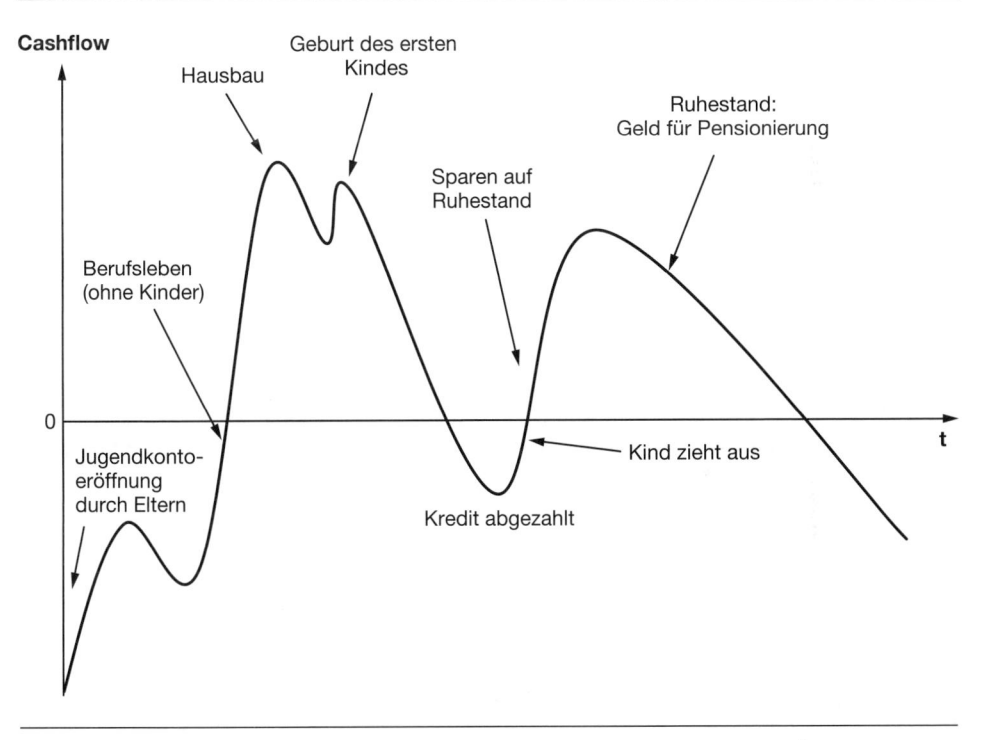

Quelle: in Anlehnung an Bach/Österle 2000, S. 20

Das auf Blattberg und Deighton zurückgehende Verfahren des **Customer Equity Test** hat zum Ziel, ein optimales **Gleichgewicht zwischen Kundenakquisition und -bindung** zu realisieren (Blattberg/Deighton 1996, S. 138). Dem Modell liegen folgende **Annahmen** zu Grunde:

- Die Aufwendungen für Kundenakquisition und -bindung weisen einen abnehmenden Grenznutzen auf.

▌ Es existiert ein maximales Level an hinzugewinnenden bzw. aufrechtzuerhaltenden Kundenbeziehungen, das auch bei unendlich hohen Aufwendungen nicht überschritten werden kann (Acquisition-Rate-Limit bzw. Retention-Rate-Limit).

Inputs für das individuelle Modell sind bisherige Erfahrungswerte des Unternehmens bezüglich der Ausgaben und Erfolgsraten der Kundenakquisition und -bindung sowie eine Abschätzung der jeweiligen Limits. Unter Einbezug der durchschnittlichen Marge pro Transaktion lässt sich der Wert eines Kunden bestimmen. Das **optimale Akquisitionsbudget** ist dort lokalisiert, wo der Kundenwert sein Maximum aufweist. Analog zum Akquisitionsbudget kann das **optimale Budget für die Kundenbindung** kalkuliert werden. So ist es beispielsweise für ein Versicherungsunternehmen nur wenig sinnvoll, das komplette Marketingbudget in Allokationsbemühungen zu stecken, wenn dadurch die Kundenbindungsaktivitäten vernachlässigt werden. Dies wird dazu führen, dass zwar innerhalb kurzer Zeit viele neue Kunden dazugewonnen werden, aber in selbem oder stärkerem Maße profitable Kunden abspringen, da bei diesen die Kundenbindung versäumt wurde.

Eines der bekanntesten Verfahren zur Berechnung eines mehrperiodischen, quasianalytischen, monetären Kundenwerts ist der **Customer Lifetime Value (CLV)-Ansatz** (vgl. dazu ausführlich z. B. Günter/Helm 2006; Krafft 2007, S. 67ff.; Reinecke/Janz 2007, S. 423ff.). Beim CLV-Ansatz handelt es sich um eine dynamische kundenbezogene Erfolgsrechnung, der die Gesamtdauer der Geschäftsbeziehung zugrunde gelegt wird. Der CLV-Ansatz berücksichtigt dabei die zukünftig zu erwartenden kundenbezogenen Ein- und Auszahlungen, die auf Basis dynamischer Investitionsrechnungen auf den Gegenwartswert diskontiert werden und auf diese Weise Auskunft über die zu erwartende Profitabilität zukünftiger Geschäftsbeziehungen gibt (Krafft 2007, S. 77ff.). Die Genauigkeit und damit die Aussagekraft des CLV-Ansatzes hängt also wesentlich von der Schätzqualität der Modellgrößen ab.

Bei der Konzeptionalisierung des Customer Lifetime Value lassen sich drei **Stufen der Kundenbewertung** differenzieren (Bruhn et al. 2000):

1. Kundenbewertung auf Basis von Ein- und Auszahlungen,
2. Einbeziehung einer Kundenbindungswahrscheinlichkeit,
3. Einbeziehung eines Referenzwertes.

Die Kundenbewertung auf Basis von Ein- und Auszahlungen stellt die klassische investitionstheoretische Customer Valuation dar, die durch die Einbeziehung einer Kundenbindungswahrscheinlichkeit und eines Referenzwertes weiter spezifiziert werden kann. Damit wird durch die erste Variante eine Basis für eine systematische Analyse der Beziehungsprofitabilität geschaffen. Allerdings ist zur umfassenden Betrachtung der Beziehungsprofitabilität aufgrund der hohen Bedeutung der Kundenbindung im Dienstleistungsmarketing eine Erweiterung in Form der zweiten und/oder dritten Variante sinnvoll.

1. Kundenbewertung auf Basis von Ein- und Auszahlungen

Der Customer-Lifetime-Value-Ansatz im allgemeinen Sinne ist ein Berechnungsverfahren, das Prinzipien der dynamischen Investitionsrechnung auf Kundenbeziehungen überträgt. Dabei wird die Kundenbeziehung als eine Investition betrachtet, und die Qualität dieser Investition mittels der dynamischen Investitionsrechnung bewertet (Plinke 1989). Der CLV wird zumeist als **Present CLV** definiert, d. h. durch die Abzinsung und Aufsummierung der Zahlungsströme (Differenz aus Einnahmen und Ausgaben) auf den aktuellen Zeitpunkt ermittelt. Diese Vorgehensweise beruht auf dem Sachverhalt, dass zukünftige Einzahlungen weniger wert sind als gegenwärtige (Homburg/Daum 1997). Der Customer Value entspricht somit dem Kapitalwert der Geschäftsbeziehung mit einem Kunden. Der Gegenwartswert eines Kunden ist insofern von Interesse, als die gesamten strategischen Entscheidungen nur auf Grundlage des aktuellen (prognostizierten) Wertes getroffen werden können.

Ein **Berechnungsbeispiel** für den CLV ist in den Schaubilden 8-3-14 und 8-3-15 dargestellt.

> **Beispiel: CLV-Berechnung für verschiedene Kundensegmente eines Fitnessstudios**
>
> Die Marktforschungsabteilung einer Fitnessstudiokette hat drei Kundensegmente identifiziert, die sich wie folgt beschreiben lassen:
>
> Kundensegment 1 beschreibt den Standardabonnementen, der keine Kurse besucht und keine kostspieligen Zusatzleistungen (Value Added Services) einfordert.
>
> Kundensegment 2 beschreibt diejenigen Kunden, die regelmäßig Kurse besuchen und auf ein moderates Angebot von Zusatzleistungen Wert legen.
>
> In Kundensegment 3 befinden sich die Luxuskunden, die viele Kurse besuchen und höchsten Wert auf individuelle Zusatzleistungen legen.
>
> In der Bewertung der Kundenbeziehung wird eine durchschnittliche Kundenbeziehungsdauer von vier Jahren angenommen und ein interner Zinssatz von zehn Prozent verwendet. Die kundenspezifischen Akquisitionskosten (Investitionskosten) in Höhe von 150 Geldeinheiten werden in der ersten Periode in Abzug gebracht. Ein positiver Wert des CLV spricht hierbei für eine positive wirtschaftliche Bewertung der Geschäftsbeziehung.

Schaubild 8-3-14 Formeln zur Berechnung eines investitionstheoretischen Customer Lifetime Value

Customer Lifetime Value (Potential Value)	$CLV = \sum_{t=0}^{T} (\text{Erlöse} - \text{Kosten})_t$
Customer Lifetime Value (Present Value)	$CLV = \sum_{t=0}^{T} \dfrac{(\text{Erlöse} - \text{Kosten})_t}{(1 + r)^t}$
Customer Lifetime Value (Present Value mit Retention Rate)	$CLV = \sum_{t=0}^{T} (\text{Erlöse} - \text{Kosten})_t \cdot \dfrac{R^t}{(1 + r)^t}$

t = Jahr
T = Voraussichtliche Zahl Jahre, in denen der Umworbene Kunde bleibt
r = Kalkulationszinsfuß
R = Retention Rate

Quelle: in Anlehnung an Link/Hildebrand 1997, S. 165

2. Einbeziehung einer Kundenbindungswahrscheinlichkeit

Die Berücksichtigung einer **Kundenbindungswahrscheinlichkeit** (Retention Rate) basiert auf der Überlegung, dass bei der Ermittlung des Kundenwertes das Risiko einer Beziehung einzubeziehen ist, um die Unsicherheit der Beziehungserhaltung in die Berechnung des CLV zu integrieren. Ausgehend von der Unterscheidung von Märkten anhand des so genannten Always-a-Share-Modells auf der einen Seite und des so genannten Lost-for-Good-Modells auf der anderen Seite (Jackson 1985) kann diese Unsicherheit in einem Migration-Modell und einem Retention-Modell konzeptionalisiert werden (Dwyer 1997).

Das **Migration-Modell** basiert auf dem Always-a-Share-Modell und geht von der Annahme aus, dass die Wahrscheinlichkeit der erneuten Berücksichtigung eines Unternehmens durch den Kunden umso geringer ist, je länger der vorherige Kauf zurückliegt. Darauf aufbauend wird ein Wahrscheinlichkeitsbaum aufgestellt, mit dessen Hilfe der Kundenwert in Form eines Erwartungswertes ermittelt wird. Aufgrund der sehr hohen Beziehungsunsicherheit – speziell im Transaktionsmarketing – ist dieser Wert jedoch mit Vorbehalten zu verwenden.

Der Berechnung des CLV im Lost-for-Good-Modell dient das **Retention-Modell**. Ausgehend von der Annahme, dass die Beziehung zum Kunden langfristig sein wird, werden die Ein- und Auszahlungsströme um die Wahrscheinlichkeit, dass die Kundenbeziehung für die nächste Periode bestehen bleibt, mittels einer Kundenbindungswahrscheinlichkeit korrigiert. Diese kann einen Wert zwischen Null (Beziehungsbeendigung) und Eins (sichere Beziehungsweiterführung) annehmen.

Im Idealfall wird für jeden Kunden (oder zumindest jedes Kundensegment) eine Kundenbindungswahrscheinlichkeit ermittelt, die seine Wiederkaufabsicht der nächsten Jahre angibt. Im **Beispiel** (Schaubild 8-3-15) weisen die drei Kundensegmente unterschiedliche Bindungswahrscheinlichkeiten auf (Segment 1: R = 0,75; Segment 2: R = 0,5; Segment 3:

Schaubild 8-3-15 Beispielrechnung für einen investitionstheoretischen Customer Lifetime Value am Beispiel eines Fitnessstudios

Berechnung CLV Kundentyp 1	t = 0	t = 1	t = 2	t = 3	
Einnahmen durch Jahresabonnement	1.200,00	1.200,00	1.200,00	1.200,00	
Einnahmen durch Kurse	0,00	0,00	0,00	0,00	
Akquisitionskosten	150,00	0,00	0,00	0,00	
Kosten Administration	300,00	300,00	300,00	300,00	
Kosten für Kurse	0,00	0,00	0,00	0,00	
Kosten für sonstige Value added Services	0,00	0,00	0,00	0,00	Potential CLV
Ertrag	750,00	900,00	900,00	900,00	3.450,00
Abzinsungsfaktor (r = 0.1)	1,00	1,10	1,21	1,33	Present CLV
Ertrag (diskontiert)	750,00	818,18	743,80	676,69	2.988,68
Retention Rate (R = 0.75) und Abzinsungsfaktor (r = 0.1)	1,00	0,46	0,32	0,22	Present CLV mit Rentention
Erlös (diskontiert und mit Retention Rate)	750,00	418,39	285,26	194,50	1.648,15

Berechnung CLV Kundentyp 2	t = 0	t = 1	t = 2	t = 3	
Einnahmen durch Jahresabonnement	1.200,00	1.200,00	1.200,00	1.200,00	
Einnahmen durch Kurse	200,00	200,00	200,00	200,00	
Akquisitionskosten	150,00	0,00	0,00	0,00	
Kosten Administration	300,00	300,00	300,00	300,00	
Kosten für Kurse	100,00	100,00	100,00	100,00	
Kosten für sonstige Value added Services	75,00	75,00	75,00	75,00	Potential CLV
Ertrag	775,00	925,00	925,00	925,00	3.550,00
Abzinsungsfaktor (r = 0.1)	1,00	1,10	1,21	1,33	Present CLV
Ertrag (diskontiert)	775,00	840,91	764,46	695,49	3.075,86
Retention Rate (R = 0.50) und Abzinsungsfaktor (r = 0.1)	1,00	0,21	0,09	0,04	Present CLV mit Rentention
Erlös (diskontiert und mit Retention Rate)	775,00	191,12	86,87	39,49	1.092,47

Berechnung CLV Kundentyp 3	t = 0	t = 1	t = 2	t = 3	
Einnahmen durch Jahresabonnement	1.200,00	1.200,00	1.200,00	1.200,00	
Einnahmen durch Kurse	400,00	400,00	400,00	400,00	
Akquisitionskosten	150,00	0,00	0,00	0,00	
Kosten Administration	300,00	300,00	300,00	300,00	
Kosten für Kurse	250,00	250,00	250,00	250,00	
Kosten für sonstige Value added Services	200,00	200,00	200,00	200,00	Potential CLV
Ertrag	700,00	850,00	850,00	850,00	3.250,00
Abzinsungsfaktor (r = 0.1)	1,00	1,10	1,21	1,33	Present CLV
Ertrag (diskontiert)	700,00	772,73	702,48	639,10	2.814,30
Retention Rate (R = 0.90) und Abzinsungsfaktor (r = 0.1)	1,00	0,67	0,55	0,45	Present CLV mit Rentention
Erlös (diskontiert und mit Retention Rate)	700,00	569,01	465,55	380,91	2.115,47

R = 0,9). Die Kundenbindungswahrscheinlichkeit in Höhe von 0,75 für Segment 1 besagt, dass der Kunde mit einer Wahrscheinlichkeit von 75 Prozent beim nächsten Kauf (in der nächsten Periode) wieder Kunde des Unternehmens sein wird. Dies vermindert den CLV wiederum zugunsten einer zusätzlichen Berücksichtigung des kundenspezifischen Risikos.

Das Beispiel des Fitnessstudios zeigt, dass die Berücksichtigung der Retention Rate einen wichtigen Einfluss auf die Kundenbewertung hat. Wird der Kundenwert nach der Methode des Present Value errechnet, erweist sich Segment 3 als unprofitabel im Vergleich zu den anderen beiden Segmenten. Bezieht man jedoch die hohe Bindungswahrscheinlichkeiten in die Berechnung mit ein, so erweist sich das relativ kostspielige Segment 3 aufgrund der hohen Bindungstreue (R = 0,9) als das profitabelste Segment für das Fitnessstudio.

Teilweise wird vorgeschlagen, aus **Kundenabwanderungsmodellen**, beispielsweise mit Hilfe des Markovketten-Ansatzes, Anhaltspunkte für die Prognose der Kundenbindungsdauer zu gewinnen (Schulz 1995; Krüger-Strohmayer 2000). Dies setzt allerdings das Vorhandensein einer entsprechend ausgebauten Datenbasis über Kundenabwanderungsprozesse der Vergangenheit sowie gleichbleibende Abwanderungsmuster voraus. Letzteres ist problematisch, da durch Kundenbindungsmaßnahmen ja gerade versucht wird, eine Veränderung der Kundenfluktuation zu erreichen (Köhler 2008).

Die **Kundenbindungswahrscheinlichkeit** ist ein grundlegender Faktor der CLV-Berechnung, denn nur diese kann die Beziehung zwischen Kunde und Unternehmen sowie die darin beinhalteten Chancen und Risiken im erweiterten investitionstheoretischen Ansatz bewerten. Es bestehen darum Bestrebungen, diese Wahrscheinlichkeit genauer und spezifischer für den einzelnen Kunden zu analysieren. Grundbedingung dieser Analyse ist das Verständnis, warum ein Kunde sich veranlasst sieht, erneut das Angebot eines Unternehmens zu nutzen. Geht man von der Annahme aus, dass die Kundenbindung primär durch die Beziehung des Kunden zum Unternehmen beeinflusst wird, ist die Wahrscheinlichkeit des Wiederkaufs bzw. der Beziehungsweiterführung abhängig vom Grad der Bindung.

Die **Einflussfaktoren der Bindung** umfassen eine große Anzahl möglicher Indikatoren (Schaubild 8-3-16). Aufgabe des Unternehmens ist die Identifikation der relevanten Faktoren, die ausschlaggebend für die Berechnung eines Kundenwertes sind (Bruhn et al. 2000). Als Beispiel einer Analyse solcher Faktoren zeigt eine Studie über Automobilkäufer den Einfluss verschiedener Kundeneigenschaften auf den Kundenwert (Gierl/Kurbel 1997). Hierzu gehören Kundenclub-Zugehörigkeit, Bekanntheitsgrad, Anzahl der Weiterempfehlungen, Erscheinungsbild, Anzahl der PKW und Alter des gekauften PKW.

Die Berechnung einer **kundenbindungsspezifischen Wahrscheinlichkeit** lässt sich anhand eines Scoringmodells, in dem die verschiedenen Faktoren gewichtet werden, ermitteln. Scoringmodelle haben den Vorzug, dass sie eine Kombination von Rechnungswesendaten mit qualitativen Informationen und damit die Berücksichtigung aller relevanten Determinanten der Kundenbindung ermöglichen (Köhler 2008, S. 481). Weiterführend ist die Identifikation der Kundenwertfaktoren dank des Einsatzes von Faktor- oder Kausalanalysen möglich (Backhaus et al. 2008). Eine weitere Möglichkeit, die Beziehung zum Kunden in die Berechnung des CLV einzubeziehen, ist die Bildung von nachfrager- und anbieterspezifischen Qualitäts- und Potenzialwerten mittels verschiedener beziehungsspezifischer

Schaubild 8-3-16 Einflussfaktoren der Kundenbindung

Ökonomische Determinanten	Kaufbezogen	■ Auftragsfrequenz ■ Umsatzvolumen ■ Cross-Selling-Rate ■ Kundendauer
	Vertraglich	■ Verträge ■ Club ■ Kundenkarte
	Situativ	■ Konkurrenz ■ Wechselbarrieren
	Technisch-funktional	■ Technische Abhängigkeit
Vorökonomische Determinanten	Affektiv	■ Zufriedenheit ■ Akzeptanz ■ Vertrauen ■ Loyalität ■ Anbieterimage
	Kognitiv	■ Risikobereitschaft ■ Bekanntheitsgrad ■ Qualitätsbewusstsein ■ Preissensibilität

	Konativ	■ Cross-Buying-Absicht
		■ Wiederkaufabsicht
		■ Akquisitions-/Kommunikationsverhalten
		   – Meinungsführerschaft
		   – Weiterempfehlungsverhalten
		■ Informationsverhalten
		■ Beschwerdeverhalten

Quelle: Bruhn et al. 2000

Determinanten (Hoekstra/Huizingh 1999; Schaubild 8-3-17). Der erste Summand ermittelt auf Basis der Nachfragerqualität den schon in der Vergangenheit erbrachten Wert eines Kunden. Dieser wird durch das zukünftige Wertpotenzial (Anbieterqualität, Anbieter- und Kundenpotenzial) des Kunden ergänzt.

In diesem Zusammenhang stellt Krafft (2007, S. 85ff.) fest, dass die herkömmlichen Ansätze zur Messung der Kundenbindung lediglich auf stark aggregierte bzw. grobe Maße wie die in Schaubild 8-3-14 dargestellten Einflussfaktoren zurückgreifen, die nur unzureichend zwischen verschiedenen Kundengruppen und innerhalb einzelner Kundengruppen nicht hinsichtlich unterschiedlicher Bindungsintensitäten (z. B. Erstkauf, Folgekauf, Mehrfachkauf und Stammkunde) unterscheiden. Als Ergebnis wird ein **alternativer Ansatz** vorgeschlagen, die Bindungsneigung bzw. -intensität über Merkmale und Präferenzen der Kunden zu erklären. Hierzu werden neben soziodemografischen (z. B. Alter, Geschlecht,

Schaubild 8-3-17 CLV-Verfahren von Hoekstra/Huizingh

$$LTV_j = \sum_{t=0}^{p} CQ_{ji} \cdot (1 + r)^{p-t} + \sum_{t=p+1}^{n} (CS_{jt} \cdot CP_{jt}) \cdot (1 + r)^{p-t}$$

LTV_j = Lebenswert des Kunden j, berechnet zum Zeitpunkt t = p
CQ_{jt} = Kundenqualität = f(Verkäufe pro Periode, Gewinnbeitrag, Anzahl verschiedener Produkte, …)
CS_{jt} = Kundenanteil = f(SQ_{jt}, SP_{jt})
SQ_{jt} = Anbieterqualität = f(Kundenzufriedenheit, Commitment, Vertrauen, …)
SP_{jt} = Anbieterpotenzial = f(Kaufintention, vorgesehener Kundenanteil, Budget Produktlinie, …)
CP_{jt} = Kundenpotenzial = f(Prognose des Verkaufsvolumens, Prognose des Gewinns, …)
r = Abzinsungsfaktor
p = Anzahl der Perioden seit erster Transaktion (Gegenwart)

	Kundenqualität	Anbieterqualität
Vergangenheit	■ Kundendauer ■ Anzahl verkaufter Produkte pro Periode ■ Anzahl verschiedener verkaufter Produkte ■ Verkäufe pro Periode ■ Gesamtzahl verkaufter Produkte seit erster Transaktion ■ Gesamtverkäufe seit erster Transaktion ■ Gewinnbeitrag pro Periode ■ Gewinnbeitrag seit erster Transaktion	■ Kundenzufriedenheit mit produktspez. Services ■ Kundenzufriedenheit mit gekauften Produkten des letzten Jahres ■ Höhe des Kundenbudgets ■ Weiterempfehlung durch Kunden ■ Anteil des verwendeten Kundenbudgets im Unternehmen ■ Wechselkosten (durch Kunden wahrgenommen)
	Kundenpotenzial	**Anbieterpotenzial**
Zukunft	■ Verkaufsprognose ■ Prognostizierte Kundendauer ■ Trend in den Verkäufen ■ Prognose der Gewinne	■ Wiederkaufsabsicht ■ Weiterempfehlungsabsicht ■ Änderungen im verwendeten Kundenbudget ■ Änderungen im gesamten Kundenbudget

Quelle: Hoekstra/Huizingh 1999, S. 268ff.

Bildung usw.) auch psychografische Variablen (Einstellung und Präferenzen) herangezogen (vgl. Schaubild 8-3-18). Auf diese Weise lassen sich schließlich bessere Schlussfolgerungen als bei einer undifferenzierten Ermittlung von Bindungswertkennziffern ableiten, da nicht nur das Maß der Kundenbindung, sondern auch die Determinanten der Kundenbindung ermittelt und quantifiziert werden (Krafft 2007, S. 112).

Schaubild 8-3-18 Variablen zur Erklärung der Kündigungs- und Bindungsneigung am Beispiel von Zeitschriftenkunden

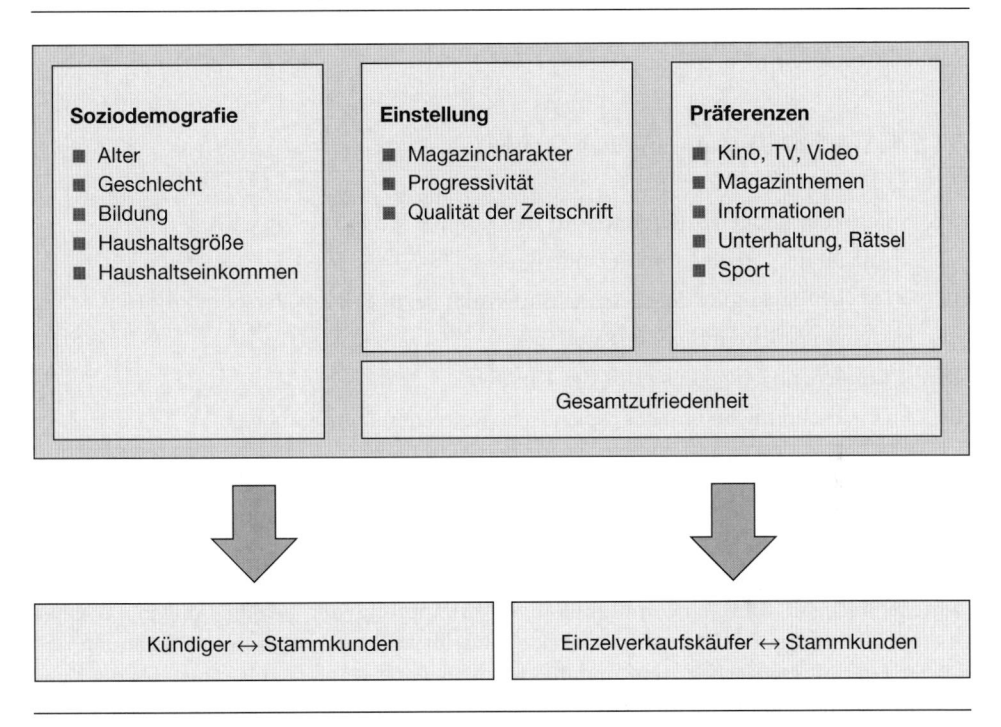

Soziodemografie
- Alter
- Geschlecht
- Bildung
- Haushaltsgröße
- Haushaltseinkommen

Einstellung
- Magazincharakter
- Progressivität
- Qualität der Zeitschrift

Präferenzen
- Kino, TV, Video
- Magazinthemen
- Informationen
- Unterhaltung, Rätsel
- Sport

Gesamtzufriedenheit

↓ Kündiger ↔ Stammkunden

↓ Einzelverkaufskäufer ↔ Stammkunden

Quelle: Krafft 2007, S. 100

3. Einbeziehung eines Referenzwertes

Eine Berücksichtigung der Weiterempfehlungen eines Kunden als Bestandteil des Kundenwertes wird im so genannten **Referenzwert-Modell** vorgenommen (Cornelsen 1998, 2000). Berechnet wird der Wert eines Kunden, der durch interpersonelle Kommunikation zwischen einem Kunden und Dritten über den Anbieter und seine Dienstleistungen entsteht (z. B. positive Mund-zu-Mund-Kommunikation). Grundannahme des Referenzwertmodells ist es, dass in der Vorkaufphase, wie auch in der Nachkaufphase, eine Kommunikation (Rat, Erfahrungsaustausch usw.) zwischen Kunden entsteht, in der positive oder negative Informationen (Referenzen) aufgenommen oder weitergegeben werden.

> **Beispiel: Relevanz von Weiterempfehlungen bei PSD-Banken**
>
> Welche Relevanz Weiterempfehlungen haben, lässt sich am Beispiel der *PSD-Banken* (vormals Post-Spar- und Darlehnsvereine) aufzeigen. Im Sinne der neuen Werbekampagne „psd ... weitersagen" setzen die *PSD-Banken* auf Weiterempfehlung. Bei der *PSD Bank Köln eG* geht dieses Konzept auf: Sie gewann in den vergangenen Jahren jeden vierten Neukunden durch eine Empfehlung anderer Kunden (PSD-Bank 2005).

Der Referenzwert setzt sich aus der branchenspezifischen Referenzrate, der Rolle als Kommunikator (z. B. Meinungsführer), der Größe des sozialen Netzes und der Zufriedenheit zusammen. Die einzelnen Faktoren werden durch empirische Analysen ermittelt und durch einen Verrechnungsalgorithmus zu einem **monetären Kunden-Referenzwert** verrechnet (Cornelsen 1998, S. 29):

$$RW_k = \left[\sum_{i=1}^{I} (P_i \cdot G_i)\right]_k \cdot MF_k \cdot KZ_k \cdot RR_b$$

RW_k = Periodenbezogener Referenzwert des Kunden k
P_i = Anzahl der Personen im Personenkreis i
G_i = Gewichtungsindex der Gesprächsintensität bezüglich des Personenkreises i
MF_k = Meinungsführerindex des Kunden k
KZ_k = Kundenzufriedenheitsindex des Kunden k
RR_b = Durchschnittliche branchenspezifische Referenzrate in Branche b

Allerdings gibt es Kriterien, die gegen diese Operationalisierung des Referenzwertes sprechen (Gelbrich 2001, S. 64). So ist die Differenzierung zwischen Meinungsführer und Größe des sozialen Netzes kritisch, da die beiden Faktoren miteinander in Zusammenhang stehen. Meinungsführer kann nur sein, wer über ein großes soziales Netzwerk verfügt. Dementsprechend führt eine multiplikative Verknüpfung der beiden Größen zu einer Überbewertung des Meinungsführereffektes. Darüber hinaus ist es zur Berechnung des Referenzwertes erforderlich, die Kundenzufriedenheit des Käufers zu kennen. Da die Kundenzufriedenheit aber erst mit bzw. nach der Leistungsinanspruchnahme entsteht, lässt sich der Kundenwert nur für den bereits bestehenden Kundenstamm berechnen. Eine Schätzung des Werts von potenziellen Kunden ist somit nicht möglich. Weiterhin ist die Kundenzufriedenheit – durch Qualitäts- oder Erwartungsmanagement – direkt durch den Anbieter steuerbar und somit keine dem Kunden inhärente Größe.

Für eine ganzheitliche Bewertung der Kunden sind die erläuterten Kriterien der Kundenwertberechnung nicht hinreichend. Neben der Kundenbindungswahrscheinlichkeit und dem Referenzwert existieren einige weitere Einflussfaktoren, die bei einer ökonomischen Gesamtbetrachtung des Kunden zu berücksichtigen sind. Dabei ist zum einen der direkte Beitrag des Kunden zum Unternehmenserfolg durch dessen Geschäftstätigkeit (Marktpotenzial) zu berücksichtigen, zum anderen dessen Ressourcenpotenzial. Wie Schaubild 8-3-11 zu entnehmen ist, setzt sich das **Ressourcenpotenzial eines Kunden** dabei über den Referenzwert hinaus aus den folgenden drei Größen zusammen (Tomczak/Rudolf-Sipötz 2006):

1. **Informationspotenzial:** Das Informationspotenzial eines Kunden bezieht sich auf die vom Kunden gelieferten Informationen, die das Unternehmen nutzen kann. Ein Beispiel sind vom Kunden eingebrachte und vom Dienstleister umsetzbare Verbesserungsvorschläge für Produkte bzw. Leistungen. Verbesserungsvorschläge lassen sich beispielsweise im Rahmen von Kundenbefragungen, Workshops oder durch ein aktives

Schaubild 8-3-19 Schrittweise Ermittlung eines Referenzwerts am Beispiel eines Autokunden

1. Soziales Netz ($p_i \times g_i$)

Kunde E gab an, in folgenden Personenkreisen Referenzgespräche bzgl. Autos geführt zu haben (Referenzgeber).

⇒ 4 x   Familie/Verwandte („seltene" Gespräche → „0,25")
⇒ 0 x   Freunde/Bekannte („kleine" Gespräche → „0")
⇒ 20 x Arbeitskollegen („manchmalige" Gespräche → „0,50")
⇒ 0 x   Vereinskollegen („keine" Gespräche → „0")

$$\sum (p_i \times g_i) = [4 \times 0{,}25 + 0 \times 0 + 20 \times 0{,}50 + 0 \times 0] = 11$$

2. Zufriedenheit des Kunden E (KZ):

Kunde E gab an, sowohl mit seinem Auto als auch mit dem Authersteller/-händler „eher zufrieden" zu sein.

Kundenzufriedenheitsindex: **+1**

3. Meinungsführerschaft des Kunden E (MF):

Von insgesamt 23 Meinungsführer-Punkten erreichte der Kunde E 14 Punkte, d.h. einen „mittleren" Meinungsführerschaftsgrad von 0,61.

MF-Gewichtungsfaktor: **0,61**

4. Netto-Referenzrate (RR_{auto}):   Pilotstudie

Allgemein beträgt der Einfluss der Referenzen auf eine durchschnittliche Neuwagen-Kaufentscheidung 18 %. Im Durchschnitt wird mit 14 Personen über Autos/Autozubehör gesprochen.

Ø Netto-Referenzrate (Oberklasse): **1,29 %**

5. Kaufvolumen pro Oberklassen-Kunde ($KV_{oberklasse}$):   Pilotstudie

Geht man von einer durchschnittlichen Nutzungsdauer von 5 Jahren aus, so lassen sich dem Kunden E pro erreichtem (Oberklasse-)Kunden 6.750,- EUR zurechnen. Annahmegemäß wird dabei ausschließlich von horizontalen, d.h. intrasegmentalen Kommunikationsvorgängen ausgegangen!

Ø 33.750,- EUR : 5 Jahre = **6.750,- EUR**

⬇

Umsatzbezogener Referenzwert des Kunden E pro Jahr (RW_u)

$Rw_u = 11 \times 0{,}61 \times (+1) \times 6.750{,}- \times 0{,}0129 = $ **585,- EUR**

Quelle: Braun/Cornelsen 2006, S. 638f.

Beschwerdemanagement stimulieren. Als mögliche Kriterien für die Bewertung des Informationspotenzials sind Kriterien wie die Bereitschaft des Kunden zur Teilnahme an Befragungen, dessen generelle Feedbackbereitschaft sowie die Qualität der gelieferten Informationen heranzuziehen.

2. **Kooperationspotenzial:** Unter dem Kooperationspotenzial wird die Bereitschaft und die Fähigkeit des Kunden verstanden, vor, während und nach dem Leistungserstellungsprozess durch kooperatives Verhalten zum ökonomischen Erfolg des Dienstleistungsanbieters beizutragen. Dem Kooperationspotenzial sind hierbei sämtliche Wertsteigerungspotenziale zuzurechnen, die durch eine verstärkte Zusammenarbeit von Anbieter und Nachfrager in einem bestimmten Zeitraum realisierbar sind. Zu den Kooperationspotenzialen zählt z. B. die Bereitschaft, als Referenzkunde für neue Kunden zur Verfügung zu stehen, neue, kostensenkende Technologien des Anbieters zu nutzen (z. B. Nutzung des Online-Angebots einer Bank) oder im „Notfall" dem Anbieter auch aktiv zu helfen (z. B. Werbung im Bekanntenkreis, wenn bei einem Weiterbildungsseminar noch Plätze frei sind).

3. **Synergiepotenzial:** Werden durch Kunden positive Verbund- bzw. Wechselwirkungen ausgelöst, so ist dies ein Indikator für vorhandenes Synergiepotenzial. Verbundwirkungen treten beispielsweise dann auf, wenn ein Kunde gleichzeitig bei einem Tochterunternehmen als bedeutender Abnehmer auftritt.

Nicht nur im Rahmen des so genannten Ressourcenpotenzials (Tomczak/Rudolf-Sipötz 2006) lassen sich einige über die klassischen Determinanten des Kundenwertes hinausgehende Größen diskutieren, sondern auch bei der Bestimmung des Marktpotenzials. Neben herkömmlichen Faktoren, wie dem Ertrags- und Entwicklungspotenzial, werden das Cross-Buying-Potenzial und das Loyalitätspotenzial explizit als eigenständige Determinanten des Kundenwertes hervorgehoben.

> **Beispiel: Multidimensionale Ermittlung des Kundenwertes bei der Deutschen Telekom**
>
> In der Unternehmenspraxis finden sich in der Zwischenzeit einige Beispiele für die multidimensionale Ermittlung des Kundenwertes. So wird etwa bei der *Deutschen Telekom* der Kundenwert von mittelständischen Geschäftskunden im Telekommunikationsmarkt auf der Basis eines dreidimensionalen Ansatzes berechnet. Die Kriteriengruppen zur Positionierung der Kunden sind der Wert des Kunden für Telekommunikation (im engeren Sinne), die Bedürfnisse nach Telekommunikationsleistungen und das Risiko eines Umsatzrückgangs bei den Kunden. Während der Wert (im engeren Sinne) auf Basis ökonomischer Kriterien, wie z. B. Umsatz und Umsatzwachstum sowie externer Marktdaten bestimmt wird, erfolgt die Ermittlung der zukünftigen Kundenbedürfnisse mittels Leading Edge-, Innovation Step- und Gap-Analysen. Dabei lassen sich auf Basis dieser Analysen Kunden identifizieren, die in Relation zu anderen Unternehmen ein hohes Potenzial zur individuellen Weiterentwicklung oder als Referenzkunde aufweisen. Als Grundlage für derartige Analysen dient primär die relative Produktnutzung sowie die Reaktion auf die kommunikative Ansprache. Die dritte von der *Telekom* herangezogene Dimension zur Kundenwertermittlung, das Gefährdungspotenzial, lässt sich u. a. durch Beschwerdeanalysen oder bisheriges Wechselverhalten bestimmen (Rieker/Strippel 2003, S. 745).

Bedeutender als die Kenntnis der absoluten Höhe des Kundenwerts ist häufiger die Frage nach der Veränderung des Kundenwerts zwischen verschiedenen Perioden. Für dieses Erkenntnisziel eignet sich der Einsatz so genannter **Kundenflussrechnungen**, mit deren Hilfe Veränderungen des aggregierten Kundenwerts zwischen zwei Perioden erkennbar werden (Reinecke/Janz 2007, S. 428).

Schaubild 8-3-20 Beispiel einer Kundenflussrechnung

	Anzahl Kunden	Δ Umsatz (Euro)	Δ DB I (Euro)	Spezifische Investitionen (Euro)	Δ Kundenwert, diskontierter Cash Flow (Euro)
Neukundenakquisition	2.000	200.000	80.000	70.000	249.417
Kundenabwanderung	−1.500	−180.000	−60.000		−239.562
Kundenrückgewinnung	100	20.000	10.000	10.000	29.927
Total	600	40.000	30.000	80.000	39.782

Diskontierungszeitraum: 5 Jahre angenommener Zinssatz: 8 %

Quelle: Reinecke 2004, S. 345

Die **Vorgehensweise einer Kundenflussrechnung** lässt sich Schaubild 8-3-20 entnehmen. Es werden diejenigen Bestandteile des Kundenwerts ermittelt, die sich beispielsweise aus Bewegungen des Kundenstamms (Kundenakquisition, Kundenabwanderung, Kundenrückgewinnung) ergeben. Diese sind zum einen die Anzahl gewonnener bzw. verlorener Kunden sowie die Auswirkungen der Kundenveränderung, ausgedrückt in Umsatz und Deckungsbeitrag. Zum anderen werden diejenigen Investitionskosten berücksichtigt, die sich auf den Kundenzuwachs in Bezug auf die Neukundenakquisition und die Kundenrückgewinnung ergeben. Auf dieser Informationsbasis lässt sich die Veränderung des Kundenwerts zwischen zwei Perioden berechnen, die auf Veränderungen im Kundenstamm zurückzuführen sind und Aussagen über die langfristige Profitabilität kundenbeziehungsbezogener Maßnahmen auf Basis des Kundenwerts ableiten.

Der **CLV-Ansatz** weist insbesondere bei Berechnung einer Kundenbindungswahrscheinlichkeit eine hohe Entscheidungsorientierung auf. Mit zunehmender Berücksichtigung vorökonomischer Faktoren nimmt die Reliabilität und Validität der Ergebnisse allerdings ab und die Komplexität der Definition des Kundenwerts zu. Die Qualität der Ergebnisse hängt vor allem von der Aktualität und Vollständigkeit kundenbezogener Informationen des Rechnungswesens ab, wobei ein enger Kontakt zwischen Kunde und Unternehmen der kundenwertbasierten Einzelkundenanalyse zuträglich ist. Dabei ist vor allem davon auszugehen, dass insbesondere der prospektive Teil, also die Art und die Höhe zukünftiger Ein- und Auszahlungen, erheblichen Schätzungsungenauigkeiten unterliegt und als deutliche

Schwäche des Ansatzes zu sehen ist. Offensichtlich ist dies auch der Grund, weshalb sich der CLV-Ansatz selbst in Sektoren mit relativ langfristigen Geschäftsbeziehungen, wie z. B. im Business-to-Business-Bereich, bislang nicht allzu fest etabliert hat (Krafft 2007, S. 77).

Darüber hinaus ist durch die Komplexität eine **Anwendung des CLV-Ansatzes** mit einem hohen organisatorischen und finanziellen Aufwand verbunden. Zudem steht bei der Konzeptionalisierung von Größen, wie Referenzpotenzial oder Kooperationspotenzial, eine umsetzungsfähige Operationalisierung nach wie vor aus. Dies führt letztlich dazu, dass Kommentare aus der Unternehmenspraxis die Messung und das Management des Kundenwertes als wichtige Themen ansehen, jedoch häufig Bedenken geäußert werden, dass die bisherigen Modelle und Ansätze aus der Marketingwissenschaft an der Umsetzungsfähigkeit mangeln.

Neben Problemen der Datenqualität (Bruhn et al. 2000) und des Datenschutzes bzw. der häufig kundenseitigen Datenverweigerung aus Angst vor Datenmissbrauch und des Mangels implementierungsfähiger Ansätze und Modelle scheitert eine umfassende Ermittlung des Kundenwertes teilweise auch daran, dass eine wirtschaftliche Erfassung bestimmter Kundeninformationen kaum möglich ist. Dies gilt insbesondere bei Dienstleistungstypen, die nur eine geringe Interaktion mit den Kunden erfordern (z. B. Fast-Food-Restaurants). Im Hinblick auf seine **Bedeutung im Dienstleistungsmarketing** ist hinsichtlich des Customer Lifetime Value hervorzuheben, dass durch seine Verwendung der Dynamik und Langfristigkeit von Kundenbeziehungen Rechnung getragen wird. Es werden nicht nur aktuelle Erfolgskomponenten hinsichtlich eines Kunden berücksichtigt, sondern vielmehr auch Erfolgspotenziale, die das Unternehmen im Rahmen der betrachteten Kundenbeziehung realisieren kann. Aus diesem Grund wird der Customer Lifetime Value häufig zur Konkretisierung des Kundenbeziehungslebenszyklus herangezogen (Stauss 2000b). Daher ist der Customer Lifetime Value als die zentrale ökonomische Kontrollgröße des Dienstleistungsmarketing und damit als Zielgröße mit herausragender Bedeutung für Dienstleistungsunternehmen anzusehen und in ein umfassendes Kundenwertmanagement zu integrieren.

3.42 Informationsbedarf des Controlling in verschiedenen Phasen des Kundenbeziehungszyklus

Die Betrachtung von Kundenbeziehungen aus einer dynamischen Perspektive und Unterteilung in die drei idealtypischen Phasen der Kundenakquisition, der Kundenbindung sowie der Kundenrückgewinnung hat sich im Dienstleistungsmarketing als zweckmäßig erwiesen (vgl. Kapitel 2, Abschnitt 1 sowie den Ausführungen zur Kundenbeziehungszyklusanalyse in diesem Kapitel).

Die Phaseneinteilung der Kundenbeziehung eignet sich ebenfalls für das Controlling von Kundenbeziehungen, indem es in Abhängigkeit der jeweiligen Kundenbeziehungsphase den spezifischen Informationsbedarf des Managements aufzeigt. Dieser lässt sich zusammenfassend wie in Schaubild 8-3-21 dargestellt systematisieren (vgl. auch im Folgenden Köhler 2007, S. 505ff.).

Schaubild 8-3-21 Controlling der Kundenbeziehungen nach Phasen

Kundenakquisition (Customer Acquisition)	Kundenbindung (Customer Retention)	Kundenrückgewinnung (Customer Recovery)
■ Kundenpotenzialanalyse ■ Schätzung der Akquisitionswahrscheinlichkeit ■ Planung der Akquisitionsmaßnahmen und -kosten ■ Prognose von Erfolgsbeiträgen	■ Kundenzufriedenheitsanalyse ■ Schätzung der Wiederkaufwahrscheinlichkeit ■ Planung der Bindungsmaßnahmen und -kosten ■ Ermittlung und Prognose von Erfolgsbeiträgen ■ Kundenstrukturanalysen	■ Analyse der Abwanderungsgründe ■ Schätzung der Rückgewinnungsmaßnahmen und -kosten ■ Prognose von Erfolgsbeiträgen

⬇ ⬇ ⬇

Mehrperiodische Schätzung des
Customer Lifetime Value

Quelle: Köhler 2007, S. 506

Die Gemeinsamkeit der drei Phasen in der Kundenbeziehung liegt darin, zum einen für jede Kundenbeziehungsphase die relevanten Erfolgspotenziale zu identifizieren und zum anderen die entsprechenden kundenbeziehungsorientierten Maßnahmen konsequent einer Wirtschaftlichkeitsbetrachtung zu unterziehen. Zusammengefasst geht es folglich um die Wirtschaftlichkeit von Kundenbeziehungen in allen Phasen des Kundenbeziehungszyklus.

3.421 Akquisitionsphase

Im Zentrum der Kundenakquisitionsphase steht die **Prognose des wirtschaftlichen Potenzials der Geschäftsbeziehung zukünftiger Kunden**. Zu diesem Zweck lassen sich beispielsweise Kriterien heranziehen, anhand derer sich im Rahmen der Erstellung von Kundenportfolios die Dimension der „Kundenattraktivität" beurteilen lässt (Köhler 2005b, S. 417). Als mögliches Kriterium eignet sich beispielsweise die Abschätzung des mengenmäßigen Bedarfsvolumens eines Kunden an einer spezifischen Dienstleistung, das sich aus Merkmalen wie z. B. der Haushaltsgröße oder der Einkommensklasse ableiten lässt. Ergänzend lassen sich Cross-Selling-Potenziale von Kunden ermitteln, die im Zusammenhang mit dem Verkauf der Kernleistung im Nachhinein durch den Kunden erzielt werden können. Schaubild 8-3-22 zeigt mögliche Umsatzpotenziale durch Cross Selling im Automobilhandel von Deutschland, Österreich und der Schweiz.

Schaubild 8-3-22 Umsatzpotenziale und Ausgaben eines Kunden im Automobilhandel

Automobilkunden	Deutschland	Österreich	Schweiz
Haltedauer in Jahren	7,3	7,0	7,0
Durchschnittlicher Gebrauchtwagenpreis	15.057 EUR	14.031 EUR	13.424 EUR
Durchschnittlicher Neuwagenpreis	28.309 EUR	27.000 EUR	31.023 EUR
Umsatzpotenziale			
Investitionen Fahrzeuganschaffung (anteilig/Jahr)	2.241 EUR	2.295 EUR	3.250 EUR
Inspektionen/Wartungsarbeiten	288 EUR	310 EUR	332 EUR
Verschleißreparaturen	191 EUR	199 EUR	240 EUR
Hauptuntersuchung (TÜV) und Abgasuntersuchung	64 EUR	56 EUR	76 EUR
Saisonbedingte Wartungsarbeiten	20 EUR	42 EUR	54 EUR
Fahrzeugpflege	33 EUR	37 EUR	40 EUR
Reifen und Räder	123 EUR	134 EUR	150 EUR
Alu-Felgen	47 EUR	45 EUR	52 EUR
Radio/CD/DVD	59 EUR	60 EUR	55 EUR
Dachgepäckbox/Ski-/Fahrrad-/Gepäckträger/Fahrradhalterung	64 EUR	43 EUR	39 EUR
Anbauteile (Schwellen/Schürzen/Spoiler, etc.)	11 EUR	13 EUR	17 EUR
Sonstiges Zubehör (Fußmatten/Anhängervorrichtung, etc.)	167 EUR	158 EUR	171 EUR
Garantiearbeiten (GW/Anschlussgarantie/Verlängerung)	43 EUR	42 EUR	58 EUR
Umsatzpotenzial je Kunde/Jahr (inkl. MwSt.)	**3.351 EUR**	**3.434 EUR**	**4.534 EUR**
Sonstige Ausgaben			
Kraftstoffe	3.242 EUR	1.790 EUR	3.624 EUR
Kfz-Versicherung	372 EUR	418 EUR	1.032 EUR
Kfz-Steuer	145 EUR	129 EUR	303 EUR
Jährliche Ausgaben je Kunde in Euro	**6.210 EUR**	**4.840 EUR**	**8.180 EUR**

Quelle: Automobilwirtschaft 2008, S. 41

Neben der Abschätzung des Kundenpotenzials ergibt sich ein weiterer Informationsbedarf, der sich auf die **Prognose der Akquisitionswahrscheinlichkeit** eines Kunden bezieht. Diese Notwendigkeit ergibt sich aus der Tatsache, dass sich bereits fest an einen Anbieter gebundene Kunden nur durch einen zum Teil hohen und kostspieligen Einsatz an Kundenakquisitionsmaßnahmen zu einem Anbieterwechsel bewegen lassen. Die Anforderung an das Controlling besteht folglich nicht nur in der Abschätzung des Kundenpotenzials möglicher Neukunden, sondern auch in der kostenseitigen Analyse und Beurteilung der Kundenakquisitionsmaßnahmen.

Zur Beurteilung der Wirtschaftlichkeit der Kundenbeziehung in der Kundenakquisitionsphase bedarf es neben der Kostenbetrachtung auch der **Abschätzung des (monetären) Nutzens** des zukünftigen Anbieter-Nachfrager-Verhältnisses. Mangels Erfahrungsdaten gilt es, hierbei auf Basis des ermittelten Bedarfsvolumens Rückschlüsse auf den zukünftigen Kundenbedarf zu ziehen. Dabei gilt folglich auch, Erwartungsgrößen für die zukünftige Preisentwicklung bei der Gegenüberstellung der prognostizierten Erlöse und Kosten der Beziehung mit einem Neukunden mit einzubeziehen.

3.422 Bindungsphase

Mit zunehmender Aktivität der Kundenbeziehung steigt die Informations- und Datenbasis im Hinblick auf das Controlling von Kundenbeziehungen. Folglich lässt sich der bisherige und **zukünftige Erfolg einer Kundenbeziehung** besser beurteilen (vgl. auch im Folgenden Köhler 2007, S. 508f.). In Bezug auf die Akquisitionsphase lassen sich bereits konkrete Ergebnisbeiträge einzelner Kunden, beispielsweise im Rahmen einer Kundendeckungsbeitragsrechnung (Köhler 2005b, S. 409ff. sowie Abschnitt 3.41), ermitteln. Zudem besteht die Möglichkeit, auf Basis des bisherigen Kundenverhaltens Rückschlüsse auf die zukünftige Profitabilität der Kundenbeziehung zu ziehen.

In der Kundenbindungsphase stellen **Zufriedenheitsanalysen** (Meyer 2007, S. 2047) eine bedeutende Informationsgrundlage für ein Kundenbeziehungscontrolling dar, da die nicht-monetäre Größe der Kundenzufriedenheit einen weitgehend bestätigten Einfluss auf die Kundenbindung und letztlich auf den ökonomischen Erfolg einer Kundenbeziehung ausübt, der hinsichtlich seiner Linearität in Abhängigkeit so genannter moderierender Einflussgrößen variiert (Krafft/Götz 2006, S. 341). Einen wichtigen Indikator für die Kundenzufriedenheit stellen **Kundenbeschwerden** dar. Sind die Voraussetzungen einer Beschwerdestimulierung im Rahmen eines systematischen Beschwerdemanagements (Stauss/Seidel 2007) erfüllt, lassen sich über die Anzahl und Inhalte eingegangener Beschwerden Rückschlüsse auf die Kundenzufriedenheit ziehen. Folglich stellen Beschwerdeanalysen neben Zufriedenheitsanalysen einen weiteren zentralen Baustein im Controlling von Kundenbeziehungen in der Kundenbindungsphase dar.

Analog zur Kundenakquisitionsphase sind die beziehungsorientierten Maßnahmen im Rahmen der Kundenbindungsphase ebenfalls einer **Wirtschaftlichkeitsbetrachtung** zu unterziehen, da die Steigerung der Kundenzufriedenheit betriebswirtschaftlich betrachtet keinem Selbstzweck dient. Im Rahmen der Ermittlung zukünftiger Erfolgsbeiträge stellt die Erfassung der Kosten aktueller und zukünftiger Kundenbindungsmaßnahmen Unternehmen dabei vor weit geringere Probleme als die Prognose und Quantifizierung von Nutzenkategorien der Kundenbeziehung wie z. B. Wiederwahl-, Kauffrequenz-, Preisbereitschafts- sowie Cross-Buying-Nutzen (Bruhn/Georgi 2005, S. 599).

Als weiteren Untersuchungsgegenstand des Kundenbeziehungscontrolling im Rahmen der Kundenbindungsphase lässt sich die Zusammensetzung des Kundenkreises ausmachen. Dazu eignen sich so genannte **Kundenstrukturanalysen** (Homburg/Beutin 2006, S. 225), die Auskunft über die Struktur des Kundenstamms in Form von Kundenportfolios geben. Dabei wird auf die im Rahmen der Kundenakquisitionsphase erhobenen Portfoliodimension der „Kundenattraktivität" zurückgegriffen und Informationen bezüglich der bereits beim Kunden realisierten „Lieferantenposition" als zweite Dimension des Kundenportfolios gegenübergestellt (vgl. Kapitel 8, Abschnitt 3.411).

3.423 Rückgewinnungsphase

Zwischen den Phasen der Kundenbindung und der Kundenrückgewinnung steht die so genannte **Kündigungsprävention**, die darauf abzielt, gefährdete Kundenbeziehungen zu stabilisieren. Hinsichtlich der Kündigungsprävention kommen dem Kundenbeziehungscontrolling verschiedene Funktionen zu (vgl. auch im Folgenden Köhler 2007, S. 509f.). Im Vordergrund steht dabei die Herausforderung, für das Controlling geeignete und aussagefähige Frühwarnindikatoren in Bezug auf drohende Kundenabwanderungen zu ermitteln und zu überwachen (Bruhn/Michalski 2005, S. 258f.). Diese Indikatoren können sich zum einen auf konkrete Äußerungen der Kunden (z. B. Beschwerde) oder auf Handlungen (z. B. Transfer größerer Summen auf eine neue Bank) beziehen. Schaubild 8-3-23 zeigt beispielhaft **Frühindikatoren der Abwanderung** bei Banken.

Schaubild 8-3-23 Frühindikatoren der Abwanderung bei Banken

Frühwarnkategorie	Frühwarnindikator
Wechselankündigung	Androhung des Wechsels gegenüber Berater
Konflikte	Offizielle Beschwerden
	Streitgespräch
Transfers	Bargeldabhebungen
	Überweisungen auf die neue Bank
	Veränderung der Lohnzahlungen
	Veränderung von Daueraufträgen/Lastschriften
Teilkündigungen	Abbau des Depots/leeres Depot
	Kündigung von Konten
	Kündigung des Sparbuchs
Kontobewegungen	Fehlende Einzahlungen
Diskussion über Konditionen	Verhandlungen am Schalter

Quelle: Bruhn/Michalski 2005, S. 259

Das **Kundenrückgewinnungsmanagement** zielt im Vergleich zum Präventionsmanagement auf die tatsächliche Rückgewinnung bereits abgewanderter Kunden ab. In diesem Zusammenhang ist es die Aufgabe des Controlling, die Wirtschaftlichkeit der Rückgewinnungsaktivitäten zu evaluieren und sicherzustellen. Im Mittelpunkt der Planung erforderlicher Rückgewinnungsmaßnahmen steht dabei die Schätzung der Wiedergewinnungswahrscheinlichkeit. Zu diesem Zweck empfiehlt sich die Analyse der **Abwanderungsgründe** (Stauss 2000d, S. 459), denn häufig sprechen bereits die Abwanderungsgründe gegen eine hohe Rückgewinnungswahrscheinlichkeit. Dies trifft insbesondere in Fällen zu, bei denen Kunden bereits durch vertragliche oder investitionsbedingte Wechselbarrieren an einen neuen Anbieter gebunden sind (Köhler 2005a, S. 443). Ein Beispiel stellt hier der Abschluss eines neuen Mobilfunkvertrages bei einem Wettbewerber dar, durch den sich die Rückkehr zum ehemaligen Anbieter in der Regel ausschließt. Allerdings gibt es auch Abwanderungsgründe, die die Rückkehr zu einem Anbieter nicht kategorisch ausschließen, sofern dem abgewanderten Kunden eine Qualitätsverbesserung signalisiert wird und er noch nicht wieder an einen anderen Anbieter gebunden ist. Eine besondere Herausforderung für das Controlling liegt vor allem darin, die primär subjektive Schätzung von Rückgewinnungswahrscheinlichkeiten zu objektivieren und zu quantifizieren. Dazu empfiehlt sich beispielsweise, die Zahl der Abwanderungs- und Rückgewinnungsereignisse in Abhängigkeit verschiedener Abwanderungsereignisse über einen längeren Zeitraum statistisch zu untersuchen.

Neben der Abschätzung der Rückgewinnungswahrscheinlichkeit stellt eine weitere zentrale Controllingaufgabe während der Rückgewinnungsphase die **Planung von Rückgewinnungsmaßnahmen** sowie die Abschätzung ihrer Kosten und des zu erwartenden Nutzens dar (Köhler 2007, S. 510; Stauss/Friege 1999, S. 347ff.). Vergleichbar mit der Kundenbindungsphase bereitet die Kostenermittlung weniger Schwierigkeiten als die Abschätzung und Quantifizierung des Nutzens bzw. der Erfolgspotenziale. Zwar lassen sich die Nutzenkategorien zurückgewonnener Kunden relativ einfach benennen (z. B. Weiterempfehlungspotenzial), ihre Quantifizierung ist hingegen nur in gewissen Schätzbandbreiten möglich (Köhler 2007, S. 510).

Im vorangegangen Abschnitt wurde dargestellt, welcher **spezifischer Informationsbedarf** und welche **Aufgaben des Kundenbeziehungscontrolling** sich in jeder Phase des Kundenbeziehungszyklus ergeben. Im Vordergrund steht dabei die Betrachtung der Wirtschaftlichkeit der kundenbeziehungsbezogenen Maßnahmen und, daraus abgeleitet, die Prognose der **phasenspezifischen Erfolgsbeiträge der Kundenbeziehung**. Darauf aufbauend wird im Folgenden auf den Planungsprozess des Kundenwertmanagements eingegangen.

3.43 Planungsprozess des Kundenwertmanagements

Unter dem Begriff des **Kundenwertmanagements** wird die Analyse, Planung, Steuerung und Kontrolle sämtlicher Unternehmensaktivitäten verstanden, die mit dem Ziel der Steigerung des Kundenwerts eingesetzt werden (vgl. auch im Folgenden Bruhn/Hadwich/ Georgi 2008, S. 720ff.). Ein idealtypischer **Planungsprozess des Kundenwertmanagements** umfasst dabei in Anlehnung an den traditionellen Managementansatz vier **Phasen**:

1. Kundenwertanalyse,

2. Kundenwertstrategien,

3. Kundenwertmaßnahmen,

4. Kundenwertcontrolling.

Der Planungsprozess des Kundenwertmanagements wurde anhand einer qualitativen Studie, basierend auf 15 Tiefeninterviews mit Managern von Dienstleistungsunternehmen aus dem Bereich Kundenwertmanagement, spezifiziert (Bruhn/Georgi 2004). Ziel war es, relevante Phasen und Indikatoren für ein Kundenwertmanagement zu identifizieren. Dieser Vorstudie folgte eine quantitative Untersuchung anhand der schriftlichen Befragung von 92 Kundenwertmanagern. Schaubild 8-3-24 zeigt die Ergebnisse der quantitativen Untersuchung zu den einzelnen Indikatoren des Kundenwertmanagements.

Schaubild 8-3-24 Indikatoren des Kundenwertmanagements in einer empirischen Studie

Dimension	Indikatoren	Mittelwert (Skala: von 1 = „Trifft voll und ganz zu" bis 5 = „Trifft gar nicht zu")	Standardabweichung
Kundenwertanalyse	Ermittlung der Kundenprofitabilität	2,80	1,23
	Ermittlung der zukünftigen Kundenpotenziale	2,55	1,00
	Prognose des Kundenverhaltens	3,11	1,33
Kundenwertstrategie	Kundensegmentierung	3,05	1,28
	Festlegung von Kundenwertzielen	3,48	1,21
	Entwicklung von Kundenwertstrategien	2,61	1,11
	Abstimmung mit anderen Strategien	2,77	2,07
Kundenwertmaßnahmen	Marketingmanagement	3,02	1,27
	Kundenmanagement	2,92	1,25
	Vertriebsmanagement	3,78	1,29
Kundenwertkontrolle	Kundenbezogene Kontrolle	3,27	1,27
	Maßnahmenbezogene Kontrolle	3,53	1,23
	Strategische Kontrolle	3,66	1,10

Quelle: Bruhn/Hadwich/Georgi 2008, S. 729

Im Folgenden werden die einzelnen Phasen des Kundenwertmanagements näher erläutert und an geeigneter Stelle ein Bezug zu den Ergebnissen der vorgestellten Studie hergestellt.

1. Kundenwertanalyse

Am Anfang des Planungsprozesses des **Kundenwertmanagements** steht die Analyse des Kundenwerts, die auf die Bestimmung der Wert- und Zeitkomponente des Kundenwerts gerichtet ist. Besonders problembehaftet ist die Ermittlung bzw. Prognose zukunftsorientierter Kundenwertdimensionen wie dem Kundenpotenzial sowie der Restlebensdauer. In der wissenschaftlichen Literatur werden verschiedene statistische Methoden zur Prognose der zukunftsorientierten Kundenwertdimensionen diskutiert und hinsichtlich des anfallenden Analyseaufwands gewürdigt (vgl. Schaubild 8-3-25 sowie für einen Überblick Günter/Helm 2006; Bruhn/Georgi/Schusser 2004).

Schaubild 8-3-25 Bewertung von Methoden zur Prognose von zukünftigen Kundenwerten

Kriterien Methoden	Ergebnis Wertkomponente	Ergebnis Zeitkomponente	Datenaufwand	Entwicklungsaufwand	Implementierungsaufwand	Predictive Power
Logistische Regression	–	Abwanderungswahrscheinlichkeit	+	+	+	Keine allgemeingültige Aussage möglich; muss im Einzelfall für Alternativmodelle bewertet werden.
Multiple Regression	Geschätzte Profitabilität	Geschätzte Lebensdauer	–	+	+	
Markov-Ketten	–	Abwanderungswahrscheinlichkeit	–	–	–	
Neuronale Netze	Profitabilität pro Cluster	Lebensdauer, Abwanderungs-w.p. Cluster	+	–	–	
Survival-Analyse	–	Abwanderungswahrscheinlichkeit	+	–	+	
Zeitreihenanalyse	Geschätzte Profitabilität	Geschätzte Lebensdauer	–	–	–	
Clusteranalyse	Profitabilität pro Cluster	Lebensdauer, Abwanderungs-w.p. Cluster	+	–	+	

Quelle: Bruhn/Georgi/Schusser 2004, S. 443

Neben dem angesprochenen Prognoseproblem liegen im Rahmen der Kundenwertanalyse des Weiteren noch Zurechnungsprobleme vor. Die **Zurechnungsprobleme** beziehen sich vor allem auf die Zuordnung des Kundenverhaltens auf den einzelnen Kunden (Dias/Pihlens/Ricci 2002). Zudem gestaltet es sich häufig schwierig, adäquat die Kosten einer Kundenbeziehung zuzurechnen. Als mögliche Ansätze zur Überwindung dieser Problematik werden in der Literatur Ansätze wie die Prozesskostenrechnung zur Bestimmung der Beziehungskosten diskutiert. Sie bietet sich beispielsweise zur Identifikation von Akquisitions-, Erstellungs-, Betreuungs- und Bindungskosten an (Ness et al. 2001).

Aus Praxissicht lassen sich drei zentrale Aktivitäten im Bereich der Kundenwertanalyse identifizieren. Im Rahmen einer vergangenheitsbezogenen Kundenwertanalyse wendet eine Vielzahl von Unternehmen die **Analyse der Kundenprofitabilität** an. Ein weiterer Aktivitätenbereich zielt auf die **Bestimmung der ökonomischen Kundenpotenziale** ab. Hierbei geht es darum, die Möglichkeiten abzuschätzen, zu welchem Maß mit bestimmten Kunden eine Kundenbeziehung aufgebaut werden kann oder neue Kundensegmente erschlossen werden können. Schließlich steht im Zusammenhang mit der **Prognose des Kundenverhaltens** die Bestimmung des Anteils des Kundenpotenzials, der sich durch das Unternehmen realisieren lässt (vgl. Schaubild 8-3-22).

2. Kundenwertstrategien

Ein Kundenwertmanagement umfasst neben der Analyse des Kundenwertes eine darauf aufbauende Kundensegmentierung. Im Unterschied zur klassischen Marktsegmentierung werden dabei Daten eingesetzt, die direkt bei den aktuellen Kunden erhoben werden (z. B. über Transaktionsdatenbanken oder Kundenbefragungen).

Ansätze zur Kundensegmentierung auf Basis des Kundenwerts lassen sich nach zwei Dimensionen differenzieren. Die erste Dimension drückt den **Differenzierungsgrad der Segmentierung** aus und unterscheidet die einzelkundenorientierte Segmentierung („Segment-of-one") von der kundengruppenorientierten Segmentierung (klassische Segmentierung). Die zweite Dimension unterscheidet **ein- und mehrdimensionale Systematisierungsansätze**. Bei eindimensionalen Modellen handelt es sich um partialanalytische Ansätze, die auf eine für die Höhe des Kundenwerts zentrale Größe (z. B. Umsatz) zurückgreifen. Dahingegen differenzieren mehrdimensionale Verfahren verschiedene Wertbeiträge des Kunden, indem Größen berücksichtigt werden, die sich dazu eignen, diese Wertbeiträge adäquat abzubilden (Eggert 2003, S. 45).

In der wissenschaftlichen Literatur überwiegt vor allem die Diskussion **mehrdimensionaler Segmentierungsansätze**, die in der Regel psychologische (z. B. Kundenzufriedenheit), verhaltensbezogene (z. B. Kundenbindung) und ökonomische (z. B. Deckungsbeitrag) Kundenwertkomponenten miteinander kombinieren. Ein Beispiel für einen rein ökonomisch orientierten Segmentierungsansatz ist auf Ness et al. (2001) zurückzuführen, bei dem Kundensegmente aus der Variation der Umsatz- und Kostenkomponenten des Kundenwerts entstehen. Daraus resultieren insgesamt die Segmente „Champions" (hoher Umsatz, geringe Kosten), „Demanders" (hoher Umsatz, hohe Kosten), „Acquaintances" (geringer Umsatz, geringe Kosten) und „Losers" (geringer Umsatz, hohe Kosten).

Auf der Kundensegmentierung oder direkt auf der Kundenanalyse werden **kundenwertorientierte Strategien** mit dem Ziel entwickelt, individuelle, segmentbezogene Kundenwerte oder den Gesamtkundenwert zu verbessern (Payne/Holt/Frow 2001). Beispielsweise werden für unterschiedliche Segmente Strategien im Sinne von **Portfoliostrategien** festgelegt. Auf Basis einer Gegenüberstellung des Kundennutzens und des Kundenwerts ergibt sich eine „Beziehungswert-Matrix". Für jedes Matrixfeld lassen sich entsprechende Wertsteigerungsstrategien (vgl. Schaubild 8-3-26) ableiten (Cornelsen 2000, S. 286).

In Abhängigkeit von den gewählten Strategien entwickeln Unternehmen konkrete Maßnahmen, die den Kundenwert als Selektionskriterium verwenden und das Ziel haben, durch einen spezifischen Instrumenteeinsatz den Kundenwert zu erhöhen. Schließlich wird sowohl das Kundenportfolio selbst als auch die Strategien und Maßnahmen dahingehend kontrolliert, ob die gesetzten Ziele erreicht wurden.

Schaubild 8-3-26 Beispiele für die Ableitung von kundenwertsteigernden Normstrategien

		Kundennutzen	
		Gering	**Hoch**
Kundenwert	**Hoch**	„Kundenwertlastige" Beziehung Normstrategie: Kundennutzen steigern	„Wertoptimale" Beziehung Normstrategie: Beziehung ausbauen
	Gering	„Wertminimale" Beziehung Normstrategie: Beziehung aufgeben	„Kundennutzenlastige" Beziehung Normstrategie: Kundenwert steigern

Quelle: in Anlehnung an Cornelsen 2000, S. 286

Beispiel: Ein CRM-System der Deutschen Bank

Die *Deutsche Bank* hat im Bereich der Private and Business Clients ein CRM-System mit der Bezeichnung KUNST (Kundenanalyse- und Steuerungssystem) aufgebaut, mit dessen Hilfe attraktive Kundengruppen identifiziert und analysiert werden können sowie gleichzeitig ein Kundenwertmanagement umsetzbar ist. Auf Basis dieses Systems werden die Kunden zum einen wertbasiert, zum anderen bedürfnisorientiert unterteilt. Die wertbasierte Analyse der Kunden führte zu sechs Kundengruppen (von Entwicklungskunden mit geringem Deckungsbeitrag bis hin zu Topkunden mit Potenzial). Bei der bedürfnisorientierten Segmentierung wurden drei Kundensegmente identifiziert: Moderne Privatkunden, Private Investoren und Geschäftskunden. Zudem konnten klar definierte Zielgruppen und Teilzielgruppen mit vergleichbaren Bedürfnissen gebildet werden. Darauf aufbauend war es möglich, Kundengruppen zu identifizieren, die mit hoher Wahrscheinlichkeit in höherwertige Segmente überführt werden können und die Interesse an bestimmten Cross-Selling-Leistungen haben. Darüber hinaus kann bestimmt werden, welche Kampagnen welchen Erfolg bei einzelnen Kundensegmenten haben, so dass die Segmentzuordnung Grundlage für die Steuerung der Kundenbeziehungen bilden (Lamberti 2003, S. 658f.).

Des Weiteren bietet sich der Einsatz so genannter **Sensitivitätsanalysen** zur Ableitung von Zielen und Strategien an. Sensitivitätsanalysen untersuchen die Auswirkungen auf den Kundenwert, die durch die Variation einzelner Stellhebel des Kundenwerts (z. B. Kauffrequenz) variieren. Auf diese Weise lassen sich spezifische strategische Stoßrichtungen für das Kundenbindungsmanagement ableiten (Spahlinger et al. 2003, S. 632).

In der Studie von Bruhn/Hadwich/Georgi zum Kundenwertmanagement umfasst die Phase **„Kundenwertstrategie"** insgesamt vier Aufgabenbereiche (Bruhn/Hadwich/Georgi 2008; vgl. Schaubild 8-3-22). Viele der Unternehmen nutzen die Kundenwertdaten zur **kundenwertorientierten Segmentierung** ihres Kundenstamms. Eine weitere zentrale Aufgabe stellt die **Definition von Kundenzielen** dar. Diese können – je nach Kundenwertanalyse oder Segmentbildung – sowohl vorökonomischer als auch ökonomischer Art sein und auf Ebene der Einzelkunden oder auf Ebene der Kundensegmente festgelegt sein. Auf Basis der so definierten Kundenziele entwickeln Unternehmen **Kundenwertstrategien** sowohl für Kundensegmente als auch für Einzelkunden. Zur Vermeidung, dass eingeschlagene Unternehmensstrategien sich schädlich auf den Kundenwert auswirken, unternehmen viele Unternehmen eine **Abstimmung der Kundenwertstrategien mit anderen Strategien**. Solch eine zu vermeidende strategische Zieldivergenz könnte beispielsweise dann vorliegen, wenn neben kundenwertsteigernden Strategien gleichzeitig eine Kostensenkungsstrategie verfolgt wird.

3. Kundenwertmaßnahmen

Je nach gewählter Kundenwertstrategie werden konkrete **Maßnahmen** entwickelt, die zum einen den Kundenwert als Selektionskriterium heranziehen und/oder durch den Einsatz kundengerichteter Instrumente auf die Erhöhung des Kundenwerts ausgerichtet sind.

Der Kundenwert zeichnet sich durch seinen strategischen Charakter aus. Aus diesem Grund lassen sich operative Maßnahmen nicht ausschließlich auf Basis des Kundenwerts ableiten. Dennoch liefern der Kundenwert oder einzelne kundenwertspezifische Komponenten in Verbindung mit anderen Kennziffern zentrale Hinweise auf die Ausgestaltung des operativen Maßnahmenprogramms im Marketing. Die Ausgestaltung des Marketingmix lässt sich folglich differenzieren nach Maßnahmen zur Umsatzsteigerung, Cross-Selling-Wert, Referenzwert, Informationswert und Kundenbindung.

Die Festlegung eines zielführenden **Instrumenteeinsatzes** kann beispielsweise auch auf Basis spezieller Kundengruppen erfolgen, wenn bei deren Selektion Komponenten des Kundenwerts zugrunde gelegt wurden (Bruhn/Georgi/Schusser 2004). So lohnt sich der Einsatz von Kundenbindungsmaßnahmen vor allem bei Kundengruppen, die durch eine hohe Abwanderungswahrscheinlichkeit und eine hohe Profitabilität charakterisiert sind. Cross-Selling-Maßnahmen bieten sich wiederum vor allem bei Kunden an, bei denen aufgrund höherer Profitabilität Budgetspielraum für die Durchführung zusätzlicher Maßnahmen besteht. Die Durchführung von Rückgewinnungsmaßnahmen ist vor allem bei jenen Kunden sinnvoll, die sich durch eine hohe Profitabilität in Verbindung mit einer hohen Abwanderungswahrscheinlichkeit auszeichnen.

Zur Festlegung von operativen Kundenwertmaßnahmen gehören vor allem folgende Aufgaben: Im Rahmen des **kundenwertorientierten Marketingmanagements** wird der Kundenwert zur Selektion von Kundengruppen für konkrete Marketingaktivitäten herangezogen, die unabhängig vom Kundenwert entwickelt wurden. Ein Beispiel hierfür ist die Durchführung einer Direct-Mailing-Aktion, die aus Kostengründen selektiv nur für bestimmte Kundengruppen eingesetzt wird, die auf Basis des Kundenwerts ausgewählt wurden. Im Rahmen eines **kundenwertorientierten Kundenmanagements** werden operative Maßnahmen, z. B. Kommunikationsmaßnahmen, mit der Zielsetzung geplant, den Kundenwert in spezifischen Kundensegmenten zu erhöhen. Dem **kundenwertorientierten Vertriebsmanagement** liegt beispielsweise der Gedanke zugrunde, Kundenwertüberlegungen in das Vergütungssystem der Vertriebsmitarbeitenden zu integrieren. Bei Banken ließe sich dies durch Einbindung der Profitabilität des Kundenportfolios eines Beraters in dessen Bonusermittlung umsetzen.

4. Kundenwertcontrolling

Im Rahmen des **Controlling des Kundenwertmanagements** geht es zum einen um die Ergebniskontrolle und zum anderen um die Verfahrenskontrolle der Maßnahmen des Kundenwertmanagements. Die Ergebniskontrolle zielt darauf ab, sowohl das Kundenportfolio als auch die Strategien und Maßnahmen des Kundenwertmanagements dahingehend zu überprüfen, ob die gesetzten Ziele erreicht wurden. Die Verfahrenskontrolle überprüft, ob die tatsächlich umgesetzten Prozesse des Kundenwertmanagements entsprechend der geplanten Vorgehensweise umgesetzt wurden. Des Weiteren ist es Gegenstand des Controlling zu überprüfen, inwieweit das Kundenwertmanagement bei den beteiligten Mitarbeitenden akzeptiert wird (Wirtz/Schilke 2004b, S. 48). Zur Ermittlung von Kundenpotenzialen im Rahmen der Kundenwertanalyse bedarf es des Einsatzes von Prognosen. Sie basieren in der Regel auf Prämissen und sind somit mit Unsicherheit behaftet. Folglich bedarf es einer kontinuierlichen Überprüfung der Prämissen, die im Rahmen des Kundenwertmanagements zum Einsatz kommen.

Aus Sicht der betrieblichen Praxis wurde insbesondere die kundenbezogene, die maßnahmenbezogene und die strategische Kontrolle identifiziert (vgl. Schaubild 8-3-22). Hinter der Aktivität der **kundenbezogenen Kontrolle** steht die Überprüfung, ob die definierten Kundenwertziele auf Ebene von Einzelkunden, Kundensegmenten und/oder auf Ebene des Kundenstamms erreicht wurden. Darüber hinaus wird im Zusammenhang der **maßnahmenbezogenen Kontrolle** erfasst, ob operative kundenwertbezogene Maßnahmen erreicht wurden. Schließlich fällt unter die Aktivität der **strategischen Kontrolle des Kundenwertmanagements** die Beurteilung der Profitabilität von Aktivitäten der Kundenwertanalyse.

In folgendem Beispiel werden exemplarisch die vier Phasen eines Kundenwertmanagements am Beispiel der *Lufthansa AG* dargestellt, die in Verbindung mit dem Kundenbonusprogramm „Miles & More" zum Einsatz kommen.

Beispiel: Kundenwertmanagement bei der Lufthansa AG

Die *Lufthansa AG* setzt das Kundenbonusprogramm „Miles & More" gezielt ein, um den nachhaltigen Unternehmenserfolg zu sichern. Dabei gilt es, auf Basis des Customer Equity Prinzips, die profitabelsten und Erfolg versprechendsten Kunden zu identifizieren und deren Beziehung langfristig auszubauen. In Abhängigkeit der Anzahl gesammelter Flugmeilen werden die Kunden in verschiedene Kundensegmente (Basis, Frequent Traveller, Senator und HON Circle Member) eingeteilt. Entsprechend der Zugehörigkeit zu einem der Segmente profitiert der Kunde von Sonderleistungen und einer bevorzugten Behandlung während des Dienstleistungserstellungsprozesses (z. B. Buchungsgarantie, Nutzung von Lounges, Kreditkarte usw.). im Folgenden wird näher erläutert, wie die Phasen der Kundenwertanalyse, -strategie, -maßnahmen und -kontrolle bei der *Lufthansa AG* umgesetzt werden.

1. Phase: Kundenwertanalyse

- **Ermittlung der Kundenprofitabilität und zukünftiger Potenziale:** Auf Basis verschiedener Faktoren wie Flugverhalten, geschätzter Kundenmarktanteil (share of wallet), Alter usw. wird die Kundenprofitabilität sowie das zukünftige Potenzial eines Kunden in Form eines Future Customer Lifetime Value ermittelt.

Schaubild 8-3-27 Verhaltensorientierte Segmentierung bei der Lufthansa

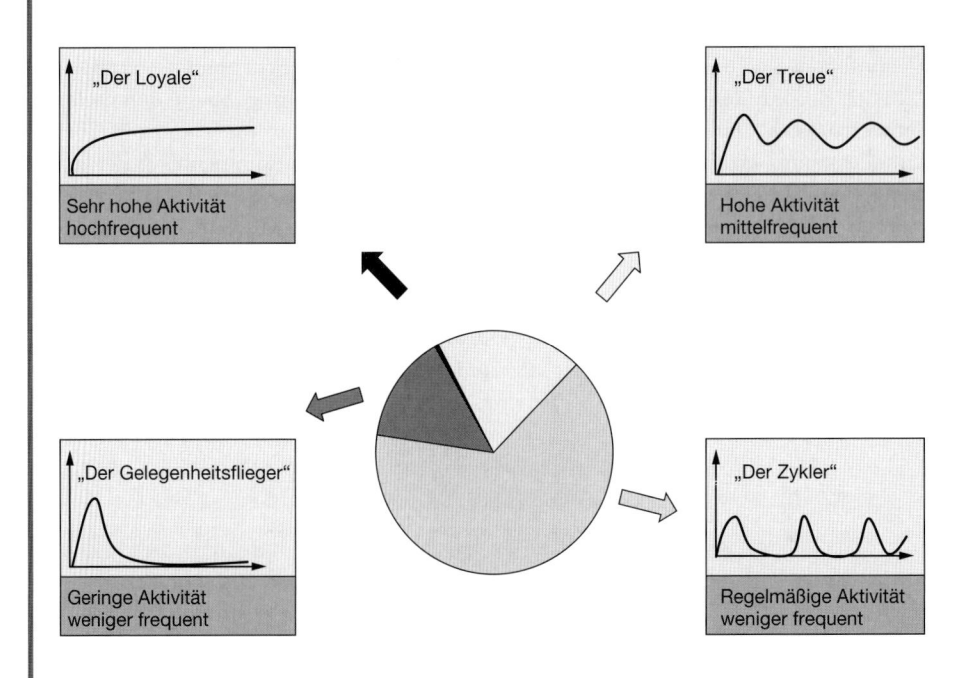

Quelle: Eisenächer/Backofen/Hilverkus 2006, S. 786

- **Prognose des Kundenverhaltens:** Der Kunde gilt als Nutzenmaximierer. Durch die Möglichkeit, Meilen zu sammeln, wird der Kunde veranlasst, möglichst oft *Lufthansa* zu nutzen. Bei einem Wechsel der Fluggesellschaft würde er wertvolle Meilen und damit Prämien einbüßen.

2. Phase: Kundenwertstrategie

- **Kundensegmentierung:** Die Segmentierung erfolgt nach folgenden Kriterien:
    - Kundensegmentierung und -differenzierung auf Basis von Statusmeilen (Basis, Frequent Traveller, Senator, HON Circle Member)
    - Verhaltensorientierte Segmentierung auf Basis von Flugverhalten (Aktivität), Einstellungen, Treueverhalten, soziodemografischer Daten usw. (vgl. Schaubild 8-3-27).

- **Festlegung von Kundenwertzielen:** Ziel der *Lufthansa* ist es, die Kundenbeziehungen sowohl in finanzieller als auch in zeitlicher Dimension auszuweiten (vgl. Schaubild 8-3-28).

Schaubild 8-3-28 Kundenbeziehungsorientierte Ziele der Lufthansa AG

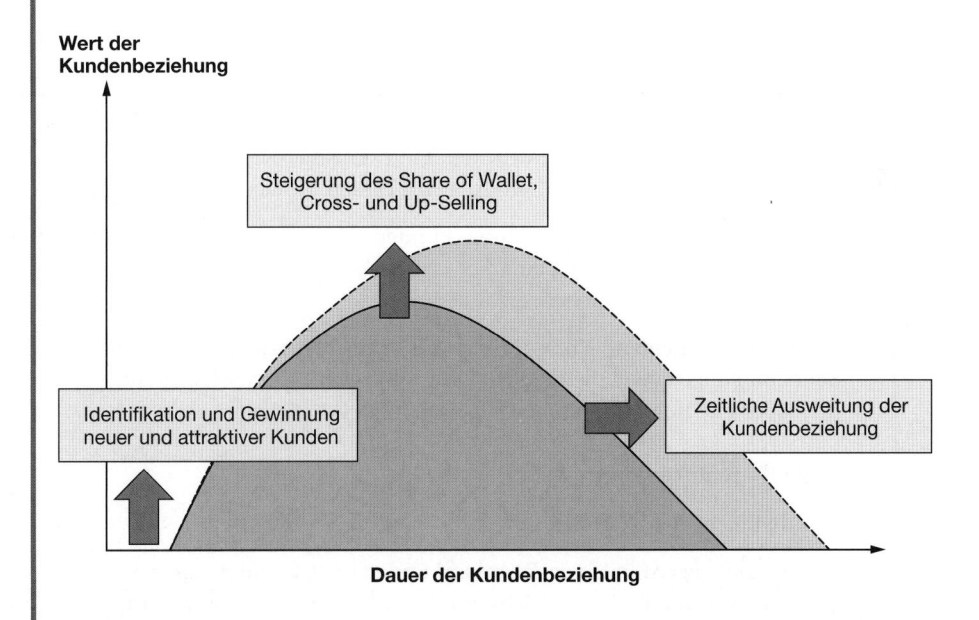

Quelle: Eisenächer/Backofen/Hilverkus 2006, S. 795

Im Einzelnen werden die folgenden Ziele verfolgt:

- Gezielte Ausrichtung von Marketing- und Vertriebsaktivitäten nach dem Customer Equity.
- Priorisierung von Kunden anhand des Customer Equity.
- Potenzialträchtige Kunden frühzeitig binden.
- Erhöhung des Share of Wallet bei profitablen Kunden über Cross- und Upselling. Zeitliche Ausweitung der Kundenbeziehungen.
- Gezielte Ausrichtung von Direktmarketingaktivitäten nach dem Customer Equity.
- Neben Erlössteigerungen auch Kostensenkungsziele (z. B. Angebot von Etix und Self-Check-in).

■ **Entwicklung von Kundenwertstrategien:** Es werden segmentspezifische Marketing- und Vertriebsstrategien entwickelt, um pro Kunde einen maximalen Customer Lifetime Value zu generieren.

- Frühzeitige Identifikation potenzialträchtiger Neukunden und Bindung mit entsprechenden Direktmarketingaktivitäten und Produktleistungen.
- Priorisierung von Kunden innerhalb der einzelnen Segmente nach Customer Equity.

■ **Abstimmung mit anderen Strategien:** Die Erhöhung des Customer Equity bzw. des Customer Lifetime Value hat oberste Priorität. Diesem Ziel werden die anderen Strategien untergeordnet.

3. Phase: Kundenwertmaßnahmen

■ **Marketingmanagement:** Kommunikation der Vorteile des „Miles & More"-Programms: Emotionale Ansprache der Vorteile von Privilegien: „Privilegien, die höchste Wertschätzung auszudrücken. Ein exklusiver Kreis von Persönlichkeiten. Genießen Sie es, dazuzugehören. Alles für diesen Moment."

■ **Kundenmanagement:** Entwicklung kunden- und segmentspezifischer Service- und Leistungsbündel mit dem Ziel, durch kundenindividuelle Ansprache den Customer Equity zu erhöhen.

■ **Vertriebsmanagement:** Entwicklung von segmentspezifischen Promotionen und Sonderaktionen sowie die Bereitstellung spezieller Vertriebskanäle für Statuskunden (spezielle Buchungshotline, separater Check-in-Schalter usw.).

4. Phase: Kundenwertkontrolle

■ **Kundenbezogene Kontrolle:**

- Kontrolle des Anteils von Premiumkunden am Gesamtumsatz.
- Budgetverteilung des Vertriebs auf die einzelnen Kundensegmente.
- Conjoint-Analysen zur Zufriedenheit der Kunden mit einzelnen Services und individualisierten Zusatzleistungen.

▎ **Maßnahmenbezogene Kontrolle:**

- Pre-Campaign-Controlling: Gegenüberstellung der Umsatzentwicklung von Ziel- und Kontrollgruppe im Anschluss einer individualisierten Promotionskampagne zur Verhaltensbeeinflussung.
- Messung des kurzfristigen durch eine spezielle Maßnahme generierten Erfolgs.

▎ **Strategische Kontrolle:**

- Messung der Erfolgswirkung langfristiger auf der Basis von Customer Equity getroffener Investitionsentscheidungen (z. B. Bau eines First-Class-Terminals in Frankfurt).
- Messung des langfristigen Erfolgs regelmäßig durchgeführter Promotionen.
- Monitoring der langfristigen Verhaltensentwicklung von Premium- und Potenzialkunden.
- Allgemeine Kontrolle der nachhaltigen Entwicklung/Zusammensetzung des Kundenstamms.

3.5 Controlling mit integrierten Kontrollsystemen

3.51 Ansätze integrierter Kontrollsysteme

Eine vorökonomische Kontrolle von Kundenbeziehungen misst die Ausprägungen vorökonomischer Zielgrößen des Dienstleistungsmarketing, während die ökonomische Kontrolle die finanziellen Wirkungen innerhalb einer Kundenbeziehung untersucht. Zur systematischen Ableitung von Steuerungsmaßnahmen im Rahmen des Dienstleistungsmarketing ist es erforderlich, eine **Verknüpfung von vorökonomischer und ökonomischer Ebene** vorzunehmen. Nur auf diese Weise lassen sich die vorökonomischen Stellhebel für ökonomischen Erfolg innerhalb einer Beziehung identifizieren. Die vorökonomischen Stellhebel wiederum bieten Ansatzpunkte für die Ableitung von Steuerungsmaßnahmen.

Diese Verknüpfung ist Gegenstand von **integrierten Kontrollsystemen** des Dienstleistungsmarketing, auf deren Basis eine möglichst umfassende Kontrolle der vorökonomischen und ökonomischen Zielgrößen des Dienstleistungsmarketing sowie ihrer Interdependenzen realisiert werden. Die **Notwendigkeit von Interdependenzanalysen** liegt in der Tatsache begründet, dass einzelne Größen, wie z. B. die Qualitätswahrnehmung oder die Kundenzufriedenheit, für sich genommen keine isolierte Bedeutung für ein Unternehmen aufweisen. Vielmehr sind die **Interdependenzen innerhalb der Erfolgskette** für das Dienstleistungsmarketing relevant. Ein Beispiel für diese Interdependenzen ist der indirekte Einfluss der Kundenzufriedenheit auf den ökonomischen Erfolg, der zum einen über eine Beeinflussung der Kundenloyalität und zum anderen über eine Beeinflussung des Weiterempfehlungsverhaltens zustande kommen kann.

In Abhängigkeit von der Dimensionalität lassen sich drei Arten von **Ansätzen integrierter Kontrollsysteme** differenzieren: Ein-, zwei- und mehrdimensionale Ansätze. Scoringtabellen als eindimensionale und Kundenportfolios als zweidimensionale Ansätze stellen einfache Formen einer Verknüpfung von vorökonomischen und ökonomischen Daten dar. Mit Hilfe von **Scoringtabellen** (Bruhn 2009a) lässt sich eine integrierte Bewertung von Kundenbeziehungen durch die entsprechende Gewichtung und Bewertung vorökonomischer und ökonomischer Kriterien vornehmen. Im Rahmen von **Kundenportfolios** lassen sich vorökonomische und ökonomische Dimensionen einander gegenüberstellen. Beispielsweise ist es auf diese Weise möglich, zu eruieren, bei welchen Kunden Zufriedenheit und Kundenbindung (vorökonomische Größen) zu Gewinn (ökonomische Größe) führen. Der Nachteil beider Ansätze ist darin zu sehen, dass eine Berücksichtigung der Wirkungszusammenhänge zwischen den verschiedenen Zielgrößen des Dienstleistungsmarketing nicht möglich ist. Bei den folgenden **mehrdimensionalen Verfahren** fließen die Interdependenzen der Zielgrößen umfassend in die Betrachtung ein:

1. Kundenbarometer,
2. Balanced Scorecard,
3. EFQM-Modell,
4. Kosten-Nutzen-Analyse.

3.52 Integriertes Controlling mit Kundenbarometern

Im Rahmen von **Kundenbarometern** werden verschiedene Wirkungen des Dienstleistungsmarketing gemäß der Erfolgskette gemeinsam gemessen. Hierbei werden sowohl die Zusammenhänge zwischen den entsprechenden Größen sowie die absoluten Konstruktausprägungen kontrolliert (vgl. Kapitel 5). Aus methodischer Sicht wird hierzu häufig auf die Kausalanalyse zurückgegriffen.

Eine **Nutzung der Ergebnisse** der Kausalanalyse für die integrierte Wirkungskontrolle kann folgendermaßen erfolgen (Bruhn/Hadwich 2004):

- Zusammenhangsanalyse,
- Simulation,
- Indexbildung,
- Indexvergleich.

Zunächst wird eine **Zusammenhangsanalyse** zwischen den Größen der Erfolgskette durchgeführt. Auf diese Weise wird ersichtlich, in welchem Ausmaß die vorökonomischen Zielgrößen (z. B. Kundenzufriedenheit, Kundenbindung) zur Realisierung der ökonomischen Zielgrößen beitragen. Aber auch die Zusammenhänge zwischen den vorökonomischen Größen lassen sich schätzen. Dabei werden sowohl direkte als auch indirekte Effekte untersucht (z. B. die indirekte Wirkung der Leistungsqualität eines Dienstleistungsangebotes – über Kundenbindung oder Weiterempfehlungen – auf die ökonomischen Ergebnisse des Dienstleisters).

Auf Basis der Ergebnisse der Zusammenhangsanalyse lässt sich eine **Simulation** von Auswirkungen der Veränderungen bei einzelnen Variablen vornehmen. Schaubild 8-3-29 zeigt eine derartige Simulation. Gelingt es dem entsprechenden Dienstleistungsanbieter, seine Reaktionsfähigkeit auf einer 7er-Skala von 6 auf 6,5 zu erhöhen, können entsprechende Verbesserungen beim Qualitäts-, Zufriedenheits- und Kundenbindungsindex erreicht werden.

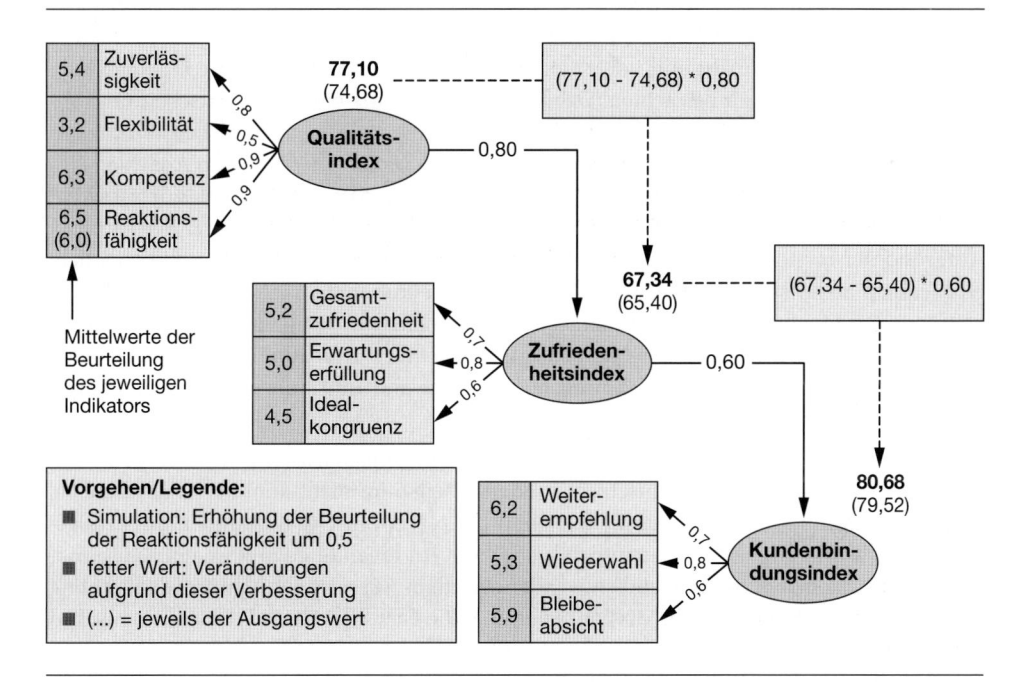

Schaubild 8-3-29 Exemplarische Simulation im Rahmen eines Kundenbarometers

5,4	Zuverlässigkeit
3,2	Flexibilität
6,3	Kompetenz
6,5 (6,0)	Reaktionsfähigkeit

Mittelwerte der Beurteilung des jeweiligen Indikators

Qualitätsindex: 77,10 (74,68) — Gewichte 0,8 / 0,5 / 0,9 / 0,9

(77,10 - 74,68) * 0,80

5,2	Gesamtzufriedenheit
5,0	Erwartungserfüllung
4,5	Idealkongruenz

Zufriedenheitsindex: 67,34 (65,40) — Gewichte 0,7 / 0,8 / 0,6

(67,34 - 65,40) * 0,60

Qualitätsindex → Zufriedenheitsindex: 0,80
Zufriedenheitsindex → Kundenbindungsindex: 0,60

6,2	Weiterempfehlung
5,3	Wiederwahl
5,9	Bleibeabsicht

Kundenbindungsindex: 80,68 (79,52) — Gewichte 0,7 / 0,8 / 0,6

Vorgehen/Legende:
- Simulation: Erhöhung der Beurteilung der Reaktionsfähigkeit um 0,5
- fetter Wert: Veränderungen aufgrund dieser Verbesserung
- (...) = jeweils der Ausgangswert

Weiterhin kann eine **Bildung von Indizes** (z. B. Zufriedenheitsindex, Kundenbindungsindex) vorgenommen werden, indem die Mittelwerte einer Strukturvariablen über eine Gewichtung mit Hilfe der Messparameter aggregiert werden. Die Gewichtungsfaktoren werden dabei durch die Schätzung des Gesamtmodells ermittelt. Dabei werden nicht nur die Zusammenhänge zwischen zwei Konstrukten (z. B. Kundenzufriedenheit und Kundenbindung), sondern auch zwischen einem Konstrukt und seinen Einzelmerkmalen bzw. Indikatoren (z. B. Zuverlässigkeit als Einzelmerkmal der Leistungsqualität) ermittelt. Diese Werte können als Bedeutungsgewichte bei der Indexermittlung genutzt werden.

Durch die Indexbildung wird eine Vergleichbarkeit der entsprechenden Konstrukte im Hinblick auf verschiedene Vergleichsobjekte möglich. Beispielsweise lässt sich die Kundenzufriedenheit im Zeitablauf analysieren oder im Sinne eines Benchmarking zwischen verschiedenen Anbietern vergleichen. Ein solcher **Indexvergleich** ist auf folgende Arten durchführbar:

- Zeitvergleich,
- Filialvergleich,
- Regionenvergleich,
- Unternehmensvergleich (bei Nutzung der Ergebnisse nationaler Kundenbarometer).

Durch Kundenbarometer lässt sich somit ein kontinuierliches Controlling der Zielgrößen des Dienstleistungsmarketing und ihrer Interdependenzen in Form so genannter **Trackings** durchführen.

Bei einer **kritischen Würdigung** von Kundenbarometern sind zunächst die ergebnisbezogenen Anforderungen zu betrachten. Dabei weist der Ansatz eine hohe Entscheidungsorientierung auf, da er der Erfassung der Zusammenhänge zwischen sämtlichen Wirkungen des Dienstleistungsmarketing dient. Da zahlreiche Größen in die jeweiligen Analysen einbezogen werden, hängt die Reliabilität und Validität der Ansätze von den zur Messung der Einzelgrößen genutzten Verfahren ab. Dies gilt ebenso für die Aktualität der Ansätze. Aufgrund der breiten Konzeptionalisierung können sie als vollständig angesehen werden. Hinsichtlich des Disaggregationsniveaus ist eine Einzelkundenbetrachtung bei der Umsetzung von Kundenbarometern nicht angestrebt. Vielmehr werden grundsätzliche Wirkungen des Dienstleistungsmarketing aufgezeigt. Hinsichtlich der durchführungsbezogenen Kriterien sind die Kundenbarometer mit hohem Aufwand und hoher Komplexität sowie in der Folge mit hohen Kosten verbunden.

Nicht nur bei Dienstleistungen aus dem kommerziellen Bereich lassen sich Kundenbarometer zur Messung des Erfolges einsetzen, sondern ebenso im nicht-kommerziellen Bereich. Im Vergleich zum kommerziellen Bereich sind bei Nonprofit-Organisationen die Erfolgsgrößen des Marketing jedoch wesentlich komplexer. Im Idealfall gelingt es, ein Kausalmodell zu entwickeln, bei dem ersichtlich wird, in welchem Ausmaß das Nonprofit-Marketing einen positiven Einfluss auf die Missionserfüllung, die Fachlichkeit und den ökonomischen Erfolg ausübt.

> **Kurzfallstudie: Universität Basel**
>
> „University of Basel – Stakeholder-oriented Index of Quality" (UBIQ) bzw. „Universität Basel – Anspruchsgruppenbasierter Qualitätsindex" nennt sich eine vom Lehrstuhl für Marketing und Unternehmensführung der Wirtschaftswissenschaftlichen Fakultät, Universität Basel, im Auftrag des Universitätsrats und des Rektorats durchgeführte Umfrage. Diese hatte zum Ziel, herauszufinden, wie die Qualität der Universität von deren Anspruchsgruppen wahrgenommen wird und wie hoch der Grad der Zufriedenheit sowie der Verbundenheit mit der Institution ist. Angesprochen wurden Angehörige der Abteilungen der Universität und Servicebereiche, Studierende sowie so genannte „Meinungsführer/-innen" aus Politik, Wirtschaft oder Medien. Die Untersuchung geht von der Annahme aus, dass eine Wirkungskette existiert, nach der die wahrgenommene Qualität der Universität sich im Grad der Zufriedenheit und der Verbundenheit ihrer Anspruchsgruppen niederschlägt. Die angewandte Methode orientierte sich an der Vorgehensweise für die Erstellung von Nationalen Kundenbarometern. Die Ergebnisse stellen eine Argumentationsgrundlage für Veränderungsmaßnahmen dar, deren Erfolg dann jeweils in weiteren Messungen zu kontrollieren ist. Umfragen wie UBIQ sind also nicht auf die Erhebung eines Zustandes hin angelegt, sondern auf das Management des Wandels. Sie entfalten ihr Potenzial, wenn sie – im Sinne einer Langzeitstudie – in regelmäßigen Abständen wiederholt werden. Die erste Durchführung dieser Umfrage an der Universität lässt sich somit als eine Art „Nullmessung" betrachten, die erst vorläufige Hinweise auf mögliche und nötige Veränderungen gibt.

3.53 Balanced Scorecard

Eine Abstimmung von vorökonomischen und ökonomischen Zielgrößen des Dienstleistungsmarketing kann weiterhin durch die so genannte **Balanced Scorecard** (Kaplan/Norton 1992, 1993, 1996, 1997; Horváth et al. 2004) realisiert werden. Grundidee der Balanced Scorecard ist die Einteilung des Unternehmens in eine finanz-, kunden-, prozess- und potenzialorientierte Perspektive. Für jede dieser Perspektiven sind entsprechende Kennzahlen zu definieren, die als erfolgskritisch für die Erreichung der strategischen Ziele angesehen werden. Schaubild 8-3-30 zeigt die vier grundlegenden Perspektiven der Balanced Scorecard im Überblick, die je nach Dienstleistungsunternehmen und teilweise auch Geschäftsbereich (Schaubild 8-3-31) spezifisch auszugestalten bzw. zu ergänzen sind. Durch die Verknüpfung dieser vier Perspektiven im Rahmen eines umfassenden **Kennzahlensystems** wird angestrebt, eine Balance herzustellen zwischen

- externen und internen Kennzahlen,
- vergangenheits- und zukunftsbezogenen Kennzahlen,
- leicht und schwer quantifizierbaren Kennzahlen.

Die Balanced Scorecard dient vor allem als Instrument zur Verbesserung der **Transparenz von unternehmerischen Kennzahlensystemen**. Insbesondere Unternehmen, deren Geschäftsbereiche eine hohe Autonomie aufweisen, nutzen die Balanced Scorecard als Managementsystem mit vorrangig strategischen Steuerungs- und vor allem Implementierungsaufgaben (ein Beispiel ist *ABB Schweden*, die die Balanced Scorecard seit 1996 mit Erfolg einsetzen; Ewing/Luhndahl 1996 sowie auch der Einsatz bei der *Swisscom*; Kemper/Bommer/Leu 1998; weitere Beispiele für den Einsatz der Balanced Scorecard in der Praxis finden sich u. a. auf der Internetseite www.balanced-scorecard.de).

Die Erfüllung von Steuerungs- und Implementierungsaufgaben entspricht der Grundidee der Balanced Scorecard, der sich im Einzelnen folgende vier **Aufgaben** zuschreiben lassen (Kaplan/Norton 1997, S. 11):

- Klärung und „Herunterbrechen" von Vision und Strategie (Verknüpfung von strategischem und operativem Management),
- Kommunikation und Verknüpfung von strategischen Zielen und Maßnahmen,
- Planung bzw. Festlegung von Zielen und Abstimmung strategischer Initiativen,
- Verbesserung von strategischem Feedback und Lernen.

Obwohl im Detail eine klare Abgrenzung dieser Aufgaben erforderlich wäre, lässt sich die grundsätzliche **Erfolgskette des Balanced-Scorecard-Konzeptes** wie folgt beschreiben: Mission/Vision → Festlegung der Strategie → Identifikation und Verknüpfung der „Value Drivers" (Finanzen, Kunden, Prozesse, Potenzial) → Übersetzung der „Value Drivers" in operative Kennzahlen, wobei jede dieser Kennzahlen einen bestimmten Ursache-Wirkungs-Zusammenhang (z. B. Kundenzufriedenheit begünstigt Kundenbindung) widerspiegelt (Bruhn 1998a).

Schaubild 8-3-30 Grundelemente der Balanced Scorecard

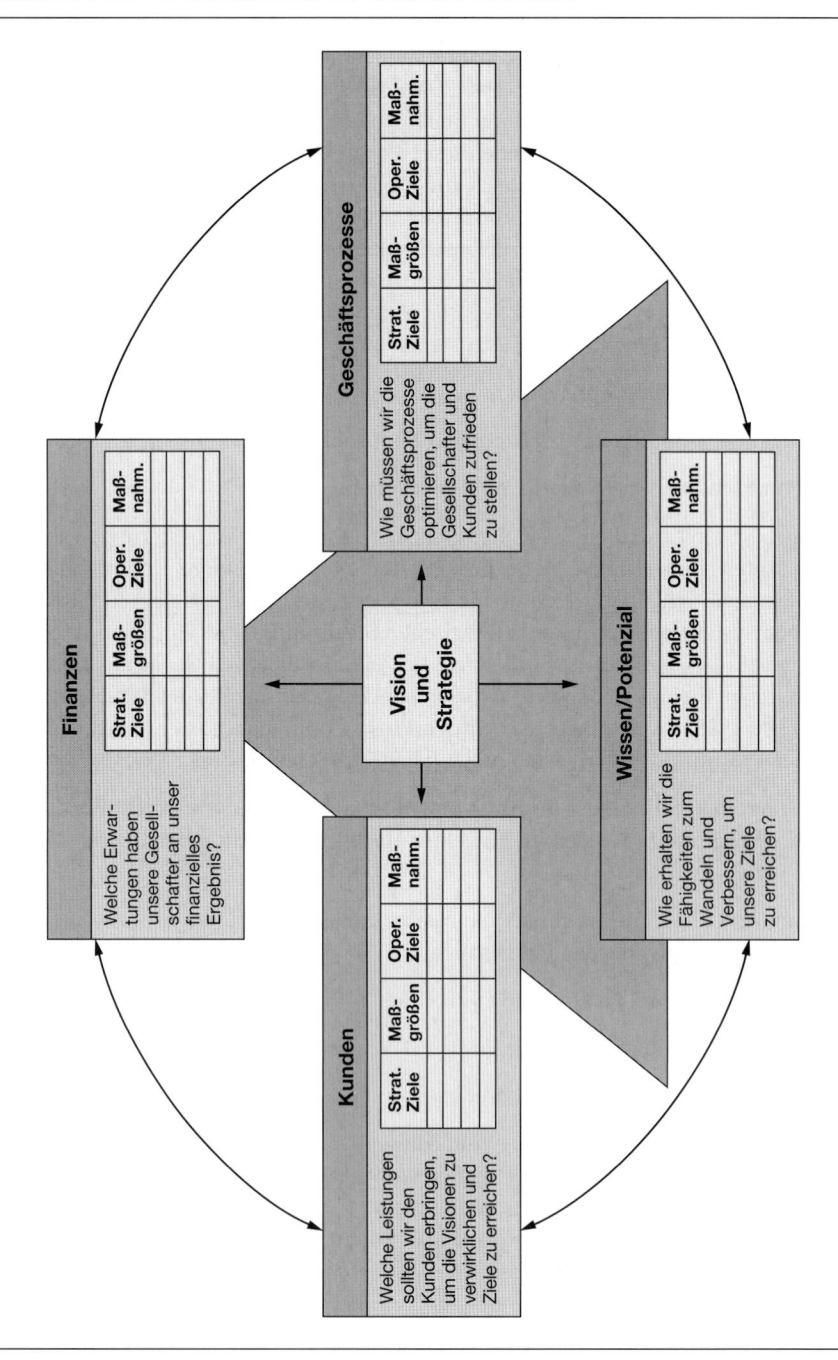

Finanzen
Welche Erwartungen haben unsere Gesellschafter an unser finanzielles Ergebnis?

Strat. Ziele	Maß-größen	Oper. Ziele	Maß-nahm.

Geschäftsprozesse
Wie müssen wir die Geschäftsprozesse optimieren, um die Gesellschafter und Kunden zufrieden zu stellen?

Strat. Ziele	Maß-größen	Oper. Ziele	Maß-nahm.

Wissen/Potenzial
Wie erhalten wir die Fähigkeiten zum Wandeln und Verbessern, um unsere Ziele zu erreichen?

Strat. Ziele	Maß-größen	Oper. Ziele	Maß-nahm.

Kunden
Welche Leistungen sollten wir den Kunden erbringen, um die Visionen zu verwirklichen und Ziele zu erreichen?

Strat. Ziele	Maß-größen	Oper. Ziele	Maß-nahm.

Vision und Strategie

Quelle: Kaplan/Norton 1992

Schaubild 8-3-31 Ergänzende, geschäftsbereichspezifische Kennzahlen einer Balanced Scorecard im Bankenbereich

Perspektive	Geschäftseinheit	Kennzahlen
Lern- und Entwicklungs-perspektive	Retail Banking	■ Kenntnisstand der Mitarbeiter bezüglich aller angebotenen Leistungen ■ Kenntnisstand der Filial-Mitarbeiter über andere Vertriebswege (Internet-Banking, SB-Banking, Telefon-Banking)
	Private Banking	■ Anzahl Schulungstage Mitarbeiter
	Corporate Banking	■ Anzahl Schulungstage Mitarbeiter ■ Anzahl Mitarbeiter E-Commerce ■ Investitionen in E-Commerce
Interne Prozess-perspektive	Retail Banking	■ Bearbeitungszeit Kreditantrag (andere Leistungen) ■ Prozesskosten Kreditantrag (andere Leistungen) ■ Anteil Geschäftsabwicklung über Internet, SB-Service, Call-Center ■ Cross Selling Ratio ■ Anzahl Produkte, die an weniger als xx % der Kunden verkauft werden
	Private Banking	■ Bearbeitungszeit Kreditantrag (andere Leistungen) ■ Prozesskosten Kreditantrag (andere Leistungen) ■ Möglichkeit des externen Zugriffs auf Informationen durch Mitarbeiter
	Corporate Banking	■ Anteil innovativer Produkte (neue Geschäftsfelder) am Geschäftsvolumen ■ Anteil Echtzeit-Transaktionen
Kunden-perspektive	Retail Banking	■ Verhältnis Arbeitszeit im direkten Kundenkontakt/ Anzahl Kunden ■ Beurteilung Beratungskompetenz durch Kunden
	Private Banking	■ Beurteilung Beratungskompetenz durch Dritte und Kunden ■ Beurteilung des Leistungsangebotes durch Kunden
	Corporate Banking	■ Image als Anbieter innovativer Problemlösungen

Quelle: Wiedemann 2001, S. 15

Zusammenfassend ist hinsichtlich einer **kritischen Würdigung** festzuhalten, dass das Konzept der Balanced Scorecard insbesondere durch den Versuch einer ganzheitlichen Sicht der verschiedenen Wertperspektiven ein möglicher Ansatz ist, Unternehmensstrategien zu entwickeln und diese auch in aktionsfähige Aufgaben umzusetzen. Damit trägt die Balanced Scorecard dem **Denken in Beziehungen im Rahmen des Dienstleistungsmarketing** Rechnung. Insbesondere der Erfolgsbeitrag von Kundenbeziehungen lässt sich durch die Berücksichtigung verschiedener Zielgrößen realisieren. Im Hinblick auf die Anforderungen an die Kontrolle ist die kritische Würdigung der Balanced Scorecard mit derer der Kundenbarometer vergleichbar, da auch hier eine konsequente Umsetzung von Interdependenzanalysen ermöglicht wird.

3.54 EFQM-Excellence-Modell

Eine Analyse, ob Aktivitäten des Dienstleistungsmarketing im Unternehmen konsequent umgesetzt werden, ist mit Hilfe des **EFQM-Excellence-Modells** (European Foundation for Quality Management) möglich, in dessen Rahmen Aktivitäten und Zielgrößen des Dienstleistungsmarketing einen wesentlichen Stellenwert einnehmen. Das EFQM-Excellence-Modell strukturiert die Bewertungskriterien, nach denen der EFQM Excellence Award vergeben wird. Die **Kriterien** sind hierbei in zwei **Hauptgruppen** eingeteilt (Schaubild 8-3-32; Malorny 1999, S. 264ff.; EFQM 2010):

1. Die **Befähiger** („Enablers") beschreiben Sachverhalte, die die Bemühungen eines Anbieters für gute Beziehungen zu seinen Anspruchsgruppen zum Ausdruck bringen.
2. Die **Ergebnisse** („Results") betreffen die Wirkungen der eingesetzten Maßnahmen.

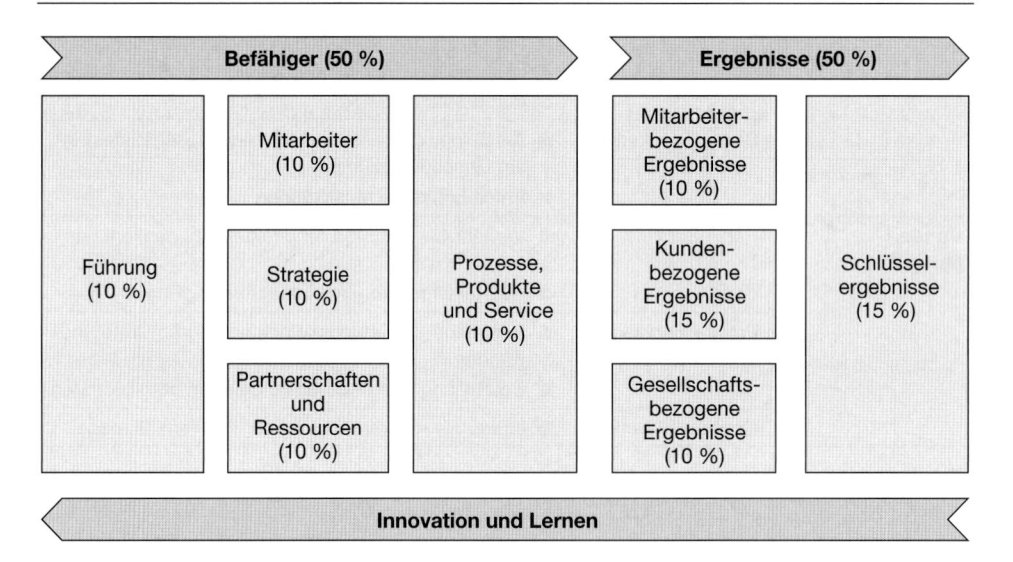

Schaubild 8-3-32 Grundelemente des EFQM-Excellence-Modells

Befähiger (50 %) | Ergebnisse (50 %)

- Führung (10 %)
- Mitarbeiter (10 %)
- Strategie (10 %)
- Partnerschaften und Ressourcen (10 %)
- Prozesse, Produkte und Service (10 %)
- Mitarbeiterbezogene Ergebnisse (10 %)
- Kundenbezogene Ergebnisse (15 %)
- Gesellschaftsbezogene Ergebnisse (10 %)
- Schlüsselergebnisse (15 %)

Innovation und Lernen

Quelle: EFQM 2010, S. 42

Im Rahmen des EFQM-Excellence-Modells werden die Maßnahmen des Unternehmens – in Form der Befähiger – und die Wirkungen dieser Maßnahmen – in Form der Ergebnisse – evaluiert. Hierbei wird ein Unternehmen im Hinblick auf jedes Kriterium anhand einer

5er-Kategorisierung beurteilt. Auch wenn es der ursprüngliche Zweck des EFQM-Excellence-Modells ist, auf seiner Basis den EFQM Excellence Award zu vergeben, gehen immer mehr Unternehmen dazu über, ein **Self-Assessment** auf Basis des Modells vorzunehmen. Auf diese Weise kann auch ein Auditing der Maßnahmen des Dienstleistungsmarketing vorgenommen werden. Der Selbstbewertungsprozess ist dabei nicht als einmalige Aktion zu betrachten, sondern hat in regelmäßigen Abständen zu erfolgen. Um die Selbstbewertung zu erleichtern hat die EFQM einen Leitfaden entwickelt, der die Vorgehensweise detailliert.

Das EFQM-Modell beruht auf den nachfolgend vorgestellten **Grundkonzepten der Excellence** (vgl. Deutsche EFQM 2003; EFQM 2009).

1. **Ergebnisorientierung** (Results Orientation): Durch Excellence werden Ergebnisse erzielt, die alle Interessengruppen der Organisation begeistern.

2. **Ausrichtung auf den Kunden** (Customer Focus): Durch Excellence wird nachhaltiger Kundennutzen geschaffen.

3. **Führung und Zielkonsequenz** (Leadership and Constancy of Purpose): Excellence ist durch visionäre, begeisternde sowie hinsichtlich der Zielsetzung beständige Führung gekennzeichnet.

4. **Management mittels Prozessen und Fakten** (Management by Processes and Facts): Excellence ermöglicht, das Unternehmen im Kontext eines Netzwerkes miteinander verbundener und abhängiger Prozesse, Systeme und Fakten zu steuern.

5. **Mitarbeiterentwicklung und -beteiligung** (People Development and Involvement): Exzellente Unternehmen maximieren den Mitarbeiterbeitrag am Erfolg durch ihre Einbindung und Weiterentwicklung).

6. **Kontinuierliches Lernen, Innovation und Verbesserung** (Continuous Learning, Innovation and Improvement): Excellence setzt auf die Schaffung von Innovation und Verbesserungsmöglichkeiten durch Lernen, um den status quo stets zu hinterfragen.

7. **Entwicklung von Partnerschaften** (Partnership Development): Excellence zielt auf die Entwicklung und Erhaltung wertschöpfender Partnerschaften ab.

8. **Soziale Verantwortung** (Corporate Social Responsibility): Exzellente Organisationen übertreffen die Mindestforderungen gültiger Regeln und Gesetzgebungen, die Relevanz für ihre Geschäftstätigkeit besitzen. Des Weiteren zeigt sich Excellence am Bemühen, Erwartungen der Gesellschaft zu verstehen und darauf einzugehen.

Eine **kritische Würdigung** des EFQM-Excellence-Modells führt hinsichtlich der **ergebnisbezogenen Kriterien** zunächst zum Schluss, dass eine gewisse Entscheidungsorientierung gegeben ist. Die Überprüfung des Modells zeigt auf, welche Maßnahmen des Dienstleistungsmarketing durch ein Unternehmen eingesetzt werden. Die Forderung bestimmter Handlungsempfehlungen ist allerdings als idealtypisch anzusehen. Da sich die geforderten Maßnahmen in unterschiedlicher Art und Weise umsetzen lassen, ist das EFQM-Excellence-Modell mit Reliabilitäts- und Validitätsproblemen verbunden. Darüber hinaus weist es nicht zwingenderweise eine hohe Aktualität auf. Durch den breiten Rahmen, der dem Modell zu Grunde liegt, ist von einem hohen Vollständigkeitsgrad auszugehen. Hinsichtlich des Disaggregationsniveaus ist eine Einzelkundenanalyse weder möglich, noch angestrebt.

Hinsichtlich der **durchführungsbezogenen Anforderungen** steht der Einsatz des EFQM-Excellence-Modells mit einem hohen Aufwand in Zusammenhang. Weiterhin ist der Einsatz durch eine starke Komplexität gekennzeichnet, so dass mit hohen Kosten zu rechnen ist.

> **Beispiel: Der Einsatz von EFQM zur Qualitätsbeurteilung bei Arztpraxen**
>
> Die *QP Qualitätspraxen GmbH* ist ein Verbund von Hausärzten, der ein Qualitätssicherungsmodell für Hausarztpraxen nach EFQM-Kriterien entwickelt hat. Dabei erfolgt der Qualitätssicherungsprozess anhand folgendem Regelkreis: Bewertung – Auswertung von Stärke- und Verbesserungspotenzialen – Handlungsplan – Kontrolle der Umsetzung – Erneute Bewertung – usw. In diesem Zusammenhang kommen verschiedene Instrumente zum Einsatz:
>
> Mittels eines Fragebogens mit integrierten Qualitätsindikatoren erstellt jede Praxis zum Zweck einer **strukturierten Selbstbewertung mit Qualitätsindikatoren** eine Ist-Analyse wie Qualität (Befähigerkriterien) und welche Qualität (Ergebniskriterien) erzielt wird. Anhand von neun Kriterien erfolgt eine Beurteilung: Praxisführung – Politik und Strategie – Mitarbeiterorientierung – Ressourcen – Prozesse – Mitarbeiterergebnisse – Kundenergebnisse – Gesellschaftliche Verantwortung – Geschäftsergebnisse. Durch **Patientenbefragungen** werden die Erwartungen sowie Bedürfnisse und Probleme von Patienten anhand 45 Einzelfragen über sechs Qualitätsdimensionen auf kollektiver Basis ermittelt. Durch Vergleich mit anderen Praxen besteht die Möglichkeit des Benchmarking und gegenseitigen Lernens. Neben den Patientenbefragungen werden regelmäßige, anonyme **Mitarbeiterbefragungen** durchgeführt. Anschließend werden Organisationsstrukturen, Arbeitsabläufe und praxistypisches Know-how in einem **Qualitätsmanagementhandbuch** dokumentiert. Diese Dokumentation dient der Sicherung von Qualitätsstandards sowie der Beseitigung von Schwachstellen. Ein **internes Audit** sorgt für einen internen Dialog der Praxismitarbeitenden mit externen Beteiligten (EFQM-Assessoren), der für eine Beurteilung der erbrachten Versorgungsqualität in Verbindung mit konkreten Verbesserungszielen sowie für eine Stärken-Schwächen-Analyse bezüglich der Kernprozesse sorgt.
>
> In einem abschließenden **Qualitätsbericht** werden die Selbstbewertung, die Patienten- und Mitarbeiterbefragungen, die Ergebnisse des Audits mit den Zielsetzungen sowie das Qualitätsmanagement-Handbuch zusammengefasst. Dieser Bericht dient als Grundlage für das **QP-Zertifikat**. Das Zertifikat dient als Nachweis des durchgeführten Qualitätsmanagements sowie als Grundlage für zukünftige externe Zertifizierungsbestrebungen.

Für das **Dienstleistungsmarketing** weist das EFQM-Excellence-Modell den Vorteil auf, dass es mögliche Aktivitäten zur Steuerung der Beziehungen eines Unternehmens zu seinen Anspruchsgruppen umfassend berücksichtigt. Eine Gegenüberstellung der Aktivitäten und ihrer Wirkungen erfolgt im Rahmen der Kosten-Nutzen-Analyse des Dienstleistungsmarketing.

3.55 Kosten-Nutzen-Analyse

Die **Kosten-Nutzen-Analyse des Dienstleistungsmarketing** dient der Zurechnung von Erfolgswirkungen zum Maßnahmensystem des Dienstleistungsmarketing. Durch die Verknüpfung von Maßnahmen und Wirkungen gilt es, Aussagen über die Wirtschaftlichkeit der Maßnahmenumsetzung zu treffen und somit das Verhältnis zwischen Kosten und Nutzen des Dienstleistungsmarketing zu konkretisieren (Bruhn 1998d).

Das zentrale Instrument zur Erfolgskontrolle repräsentiert die **Kosten-Nutzen-Analyse des Dienstleistungsmarketing**, bei der Kosten und Nutzen des Dienstleistungsmarketing erfasst und einander gegenübergestellt werden. Hierdurch resultieren **Kosten-Nutzen-Kennziffern**, bei denen sich statische und dynamische Kennziffern unterscheiden lassen. Die statische Hauptkennziffer ist der Gewinn des Dienstleistungsmarketing, der sich aus der Differenz zwischen dem Nutzen und den Kosten des Dienstleistungsmarketing ergibt. Die Rendite des Dienstleistungsmarketing ergibt sich als Quotient aus Gewinn zum Aufwand des Dienstleistungsmarketing. Die dynamische Hauptkennziffer ist der Wert des Dienstleistungsmarketing, der sich als die Summe aus den – auf den aktuellen Zeitpunkt abgezinsten – Gewinnen/Verlusten des Dienstleistungsmarketing pro Jahr ermitteln lässt. Die dynamische Rendite des Dienstleistungsmarketing folgt aus der Division des Wertes des Dienstleistungsmarketing durch die kumulierten und abgezinsten Kosten des Dienstleistungsmarketing. Im Rahmen der Kosten-Nutzen-Analyse gilt es somit, die Kosten und den Nutzen des Dienstleistungsmarketing zu ermitteln und einander zuzurechnen.

Im Hinblick auf die **Ermittlung der Kosten** sind diejenigen Kosten zu bestimmen, die durch Maßnahmen des Dienstleistungsmarketing hervorgerufen werden. Hierbei besteht das Problem, dass zahlreiche Aktivitäten des Dienstleistungsmarketing nicht isoliert von den Leistungserstellungsaktivitäten erfasst werden können, so dass sich die Kostenstellenrechnung nur in wenigen Fällen zur Ermittlung der Kosten des Dienstleistungsmarketing einsetzen lässt. Vielmehr ist es erforderlich, auf Basis einer Prozessanalyse diejenigen Aktivitäten zu identifizieren, die sich direkt dem Dienstleistungsmarketing zurechnen lassen, da die hierfür entstehenden Kosten Teil der Kosten des Dienstleistungsmarketing sind (Bruhn 1998d). Die Vorgehensweise der Prozesskostenrechnung des Dienstleistungsmarketing orientiert sich an der Methodik der herkömmlichen Prozesskostenrechnung (Mayer 1991, S. 85). Zentrale Voraussetzung für die Durchführung einer spezifischen Prozesskostenanalyse des Dienstleistungsmarketing ist die Existenz einer allgemeinen Prozesskostenrechnung für sämtliche Abläufe im Unternehmen. Auf diese Weise lässt sich der Aufwand für die Konzeption der dienstleistungsmarketingbezogenen Prozesskostenrechnung relativ gering halten, ohne auf deren Vorzug einer verursachungsgerechten Kostenermittlung verzichten zu müssen. Anhand diverser Beispielrechnungen in der Literatur lassen sich die generelle Vorgehensweise der Prozesskostenrechnung (z. B. Mayer 1991) sowie ihre Besonderheiten im Dienstleistungsbereich (z. B. Reckenfelderbäumer 1995) und im Qualitätsmanagement für Dienstleistungen (Bruhn 1998d, S. 168ff.) nachvollziehen.

Der Nutzen des Dienstleistungsmarketing ergibt sich aus den Erfolgswirkungen des Dienstleistungsmarketing gemäß der Erfolgskette. Zur **Ermittlung des Nutzens** sind somit die Ergebnisse aus der Wirkungsanalyse heranzuziehen. Der monetarisierte Nutzen besteht aus dem ökonomischen Erfolg, der sich auf das Dienstleistungsmarketing zurückführen lässt. Hierzu ist eine Verknüpfung der Glieder der Erfolgskette vorzunehmen. Beispielsweise entspricht der Nutzen des Dienstleistungsmarketing in der Kundenbindungsphase vereinfacht dem ökonomischem Erfolg, der auf diejenigen gebundenen Kunden zurückzuführen ist, deren Kundenbindung durch ihre Kundenzufriedenheit verursacht ist. Hierbei kann nicht die Kundenbindung sämtlicher gebundener Kunden auf ihre Kundenzufriedenheit zurückgeführt werden. Ebenso lässt sich nicht der gesamte ökonomische Erfolg mit gebundenen Kunden auf die Kundenbindung zurückführen. Daher ist eine **Zurechnung der Erfolgswirkungen zum Dienstleistungsmarketing** vorzunehmen. Hierbei lassen sich die Ergebnisse von Kundenbarometern nutzen. Durch eine einfache Multiplikation lässt sich der Nutzen des Dienstleistungsmarketing als Anteil des ökonomischen Erfolgs bestimmen, der auf das Dienstleistungsmarketing zurückzuführen ist.

Bezüglich **Problemen bei der Nutzenermittlung** ist nicht auszuschließen, dass die erhobenen Verhaltensabsichten nicht immer das tatsächliche Kaufverhalten repräsentieren. Ferner ist bei der Auswahl eines Messansatzes für den Gewinn pro Kunde die Heterogenität des Kundenstamms des jeweiligen Unternehmens zu berücksichtigen. Schließlich können bei der Nutzenmessung Wirkungen anderer Aspekte (z. B. andere Maßnahmen, Konkurrenzaktivitäten) auftreten, die durch eine entsprechende Operationalisierung zu isolieren sind.

Beispiel: Ermittlung des Kundennutzens bei einer Bank

Auf Basis von Kundenzufriedenheitsbefragungen wurde die Nutzenkomponenten einer Bank modellhaft ermittelt (Bruhn/Georgi 1998). Dabei wurde ein Zeitvergleich durchgeführt. Schaubild 8-3-33 zeigt die entsprechende Rechnung.

Die Vorgehensweise lässt sich exemplarisch am Wiederwahlnutzen verdeutlichen: In t_0 hatte die Bank 216.810 „Wiederwahlkunden", d. h. Kunden, die als Stammkunden bezeichnet werden können und die Bank auf jeden Fall wieder wählen würden. Diese Zahl erhöht sich bis t_2 auf 229.259. Bewertet man die Kundenzahl mit einem gleich bleibenden (und fiktiv angenommenen) Gewinn pro Kunde von 150 Euro, entsteht ein Wiederwahlnutzen in Höhe von ca. 1,9 Mio. Euro.

Schaubild 8-3-33 Nutzenkomponenten einer Bank (Modellrechnung)

Ausgangsdaten	t_0	$t_0 \to t_1$	t_1
Überzeugtheitsrate ($ü^{HB}$)	0,73	0,05	0,78
Zweifelrate (z^{HB})	0,27	-0,05	0,22
Wiederwahlrate (w^{HB})	0,88	0,00	0,88
Abbruchrate (a^{HB})	0,49	-0,03	0,46
Neg. Kundenstatuswechselrate (sw^{HB})	0,10	-0,05	0,05
Positive Kommunikationsrate (pk^{HB})	0,89	0,00	0,89
Pos. Kommunikationspartner (KP^{HB})	10	0	10
Kaufwahrscheinlichkeit (kw^{HB})	0,02	0,00	0,02
Negative Kommunikationsrate (nk^{HB})	0,18	0,00	0,18
Neg. Kommunikationspartner (KP^{HB})	20	0	20
Vermeidungswahrscheinlichkeit (vw^{HB})	0,04	0,00	0,04
Kundenbewegungen[1]	t_0	t_1	t_2
Kundenzahl (KA^{HB})[2]	337.500	334.003	
Wiederwahlkunden (WK^{HB})		216.810	229.259
Abbruchkunden (AK^{HB})		44.651	33.801
Ausbaukunden (SW^{HB})		6.412	9.283
Abbaukunden (SW^{HB})		9.112	3.674
Neue Kunden (NK^{HB})		43.854	46.372
Nicht gewonnene Kunden (NGK^{HB})		13.122	10.581
Bewertung	t_1	t_2	**Nutzenwert**
Wiederwahlnutzen			
Wiederwahlkunden	216.810	229.259	
Gewinn pro Kunde	150,00	150,00	
Absolute Ausprägung	32.521.500,00	34.388.850,00	1.867.350,00
Abbruchvermeidungsnutzen			
Abbruchkunden	−44.651	−33.801	
Gewinn pro Kunde	150,00	150,00	
Absolute Ausprägung	−6.697.650,00	−5.070.150,00	1.627.500,00
Abbauvermeidungsnutzen			
Abbaukunden	−9.112	−3.674	
Gewinn pro Kunde	100,00	100,00	
Absolute Ausprägung	−911.200,00	−367.400,00	543.800,00
Weiterempfehlungsnutzen			
Neue Kunden	43.854	46.372	
Gewinn pro Kunde	120,00	120,00	
Absolute Ausprägung	5.262.480,00	5.564.640,00	302.160,00
Warnungsvermeidungsnutzen			
Nicht gewonnene Kunden	−13.122	−10.581	
Gewinn pro Kunde	120,00	120,00	
Absolute Ausprägung	−1.574.640,00	−1.269.720,00	304.920,00
Gesamtnutzen			**4.645.730,00**

Quelle: Bruhn/Georgi 1998, S. 105

Das Marktforschungsunternehmen IHA-GfK hat in Zusammenarbeit mit der Universität St. Gallen in einer empirischen Studie eine systematische Ist-Aufnahme des **Marketingeffizienzcontrolling** bei Schweizer Unternehmen durchgeführt. Dabei zeigte sich, dass lediglich 13 Prozent der befragten Marketingverantwortlichen mit der heutigen Situation zufrieden sind; fast ein Drittel ist der Meinung, dass es ihnen nicht gut gelingt, die Marketingeffizienz bzw. -effektivität sicherzustellen. Marketing wird immer noch als „weiches", wenig „greifbares" Gebiet eingeschätzt: 56 Prozent der Fachleute sehen in der Messbarkeit des Marketing weiterhin die größte Herausforderung. Die Umfrage ergab zudem, dass weniger erfolgreiche Unternehmen mit der derzeitigen Situation weniger zufrieden sind als die erfolgreichen. Die Studie belegt aber auch, dass das Thema Marketingeffizienzkontrolle in den letzten Jahren maßgeblich an Bedeutung gewonnen hat. Auch wenn die Marketingetats in der jüngeren Vergangenheit in Frage gestellt wurden, so scheint dennoch Optimierungspotenzial zu bestehen, denn über 50 Prozent der Befragten unterstellten in ihren Budgets eine Wirtschaftlichkeits- und Umsatzreserve von mehr als fünf Prozent; jedes fünfte Unternehmen sieht sogar ein Umsatzsteigerungspotenzial von über 15 Prozent (Bascheck 2005; IHA-GfK 2005).

Eine **kritische Würdigung der Kosten-Nutzen-Analyse** orientiert sich zunächst an den **ergebnisbezogenen Anforderungen**. Hier ist durch die Berücksichtigung der gesamten Erfolgskette des Dienstleistungsmarketing eine hohe Entscheidungsorientierung zu konstatieren. Aufgrund der Vielzahl an einfließenden Größen ist mit Reliabilitäts- und Validitätsproblemen zu rechnen. Dies gilt insbesondere für die Nutzenermittlung, die in starkem Maße auf vorökonomischen Daten beruht. Aufgrund der Breite des Ansatzes ist es darüber hinaus schwierig, eine hohe Aktualität sicherzustellen. Daher wird die Kosten-Nutzen-Analyse häufig für einzelne Teilbereiche durchgeführt, so etwa für ein Qualitäts-, Kundenbindungs- oder Beschwerdemanagement (Bruhn 1998d; Bruhn/Georgi 1999, 2005). Durch den engeren inhaltlichen Rahmen verliert die Analyse an Komplexität und Kosten- sowie Nutzenkategorien lassen sich leichter abgrenzen und quantifizieren.

Wie die übrigen Verfahren einer integrierten Kontrolle sind auch Kosten-Nutzen-Analysen des Dienstleistungsmarketing im Hinblick auf **durchführungsbezogene Anforderungen** mit hohem Aufwand, hoher Komplexität und in der Folge hohen Kosten verbunden. Aus praktischer Perspektive lässt sich bezüglich der Durchführbarkeit feststellen, dass eine statische Kosten-Nutzen-Analyse mit einem geringeren Aufwand als die dynamische Analyse verbunden ist, weil letztere insbesondere durch die erforderliche Schätzung zukünftiger Kosten- und Nutzenausprägungen Schwierigkeiten mit sich bringt.

Im Hinblick auf ihre **Bedeutung für das Dienstleistungsmarketing** lässt sich mit der Kosten-Nutzen-Analyse eine vollständige Verknüpfung der verschiedenen Zielgrößen des Dienstleistungsmarketing anhand der Erfolgskette vornehmen. Allerdings sind vor allem die Nutzenermittlung und ihre Zuordnung zu konkreten Maßnahmen des Dienstleistungsmarketing mit Schwierigkeiten behaftet. Daher bestehen hier offene Forschungsfragen bei einer weiteren Auseinandersetzung mit dem Konzept des Dienstleistungsmarketing.

Beispiel: Kosten- und Nutzenanalyse des Beschwerdemanagements

Schaubild 8-3-34 zeigt exemplarisch den Aufbau einer Kosten- und Erfolgsrechnung für das Beschwerdemanagement. Die Nutzenkomponenten setzen sich hierbei aus dem realisierten Wiederkaufnutzen und dem realisierten Kommunikationsnutzen zusammen. Der **Wiederkaufnutzen** gibt an, in welchem Maße Umsätze mit Kunden erzielt wurden, die durch ein erfolgreiches Beschwerdemanagement gehalten werden konnten, bzw. ohne ein Beschwerdemanagement abgewandert wären (Stauss/Seidel 2007, S. 372). Der **Kommunikationsnutzen** eines Beschwerdemanagement ergibt sich durch die Weitergabe der Erlebnisse im Beschwerdeprozess durch den Kunden an Dritte. Dieser kann positiv (Weiterempfehlen des Unternehmens aufgrund der Erfahrungen) oder negativ (Abraten vom Unternehmen) ausfallen (Stauss/Seidel 2007, S. 387). Die Summe aus Wiederkaufnutzen und Kommunikationsnutzen ergibt den **Markterfolg des Beschwerdemanagements**.

Vom Markterfolg werden im nächsten Schritt die einzelnen **Kostenkomponenten** abgezogen, die im Zusammenhang mit dem Beschwerdemanagement anfallen. Hier wird zwischen Personal-, Verwaltungs- und Kommunikationskosten unterschieden. **Personalkosten** entstehen durch Gehälter, die an die im Beschwerdemanagement tätigen Mitarbeitenden bezahlt werden (Stauss/Seidel 2007, S. 356). Unter **Verwaltungskosten** fallen Aufwendungen für Büromaterial, Raumkosten, Abschreibungen usw. (Stauss/Seidel 2007, S. 356). **Kommunikationskosten** beinhalten alle Kosten, die im Rahmen von kommunikativen Prozessen im Zusammenhang mit der Beschwerdeverarbeitung anfallen wie z. B. Telefon, Fax, Porto usw. (Stauss/Seidel 2007, S. 356). Der **Gewinn des Beschwerdemanagements** ergibt sich abschließend aus der Differenz des Markterfolgs des Beschwerdemanagements und aller Kostenkomponenten.

Schaubild 8-3-34 Kosten- und Nutzenanalyse des Beschwerdemanagements

Kosten-/Nutzenposition	Kosten/Nutzen	% vom Markterfolg
Realisierter Wiederkaufnutzen	1.609.920 EUR	52,00 %
+ Realisierter Kommunikationsnutzen	1.486.080 EUR	48,00 %
= **Markterfolg des Beschwerdemanagements**	**3.096.600 EUR**	**100,00 %**
− Personalkosten	283.000 EUR	9,14 %
= **Rohgewinn des Beschwerdemanagements**	**2.813.000 EUR**	**90,86 %**
− Verwaltungskosten	105.500 EUR	3,41 %
− Kommunikationskosten	31.500 EUR	1,02 %
− Reaktionskosten	240.000 EUR	7,75 %
= **Gewinn des Beschwerdemanagements**	**2.436.000 EUR**	**78,68 %**

Quelle: Stauss/Seidel 2007, S. 401

Die **Ergebnisse der Kontrollphase** liefern die Basis für zukünftige Entscheidungen in den übrigen Phasen des Planungsprozesses des Dienstleistungsmarketing. Damit ist die Kontrolle nicht – vergleichbar mit einer deterministischen Planung – als isoliertes „Ende" des Planungsprozesses zu betrachten. Vielmehr ist der **Planungsprozess als kontinuierlicher Prozess** anzusehen, in dessen Rahmen die Kontrolle im Mittelpunkt steht. Durch die Überprüfung der Ausprägungen der Zielgrößen des Dienstleistungsmarketing durch die Kontrollinstrumente werden Ansatzpunkte für eine revidierte Zielplanung geliefert und somit ein erneutes Durchlaufen des Planungsprozesses gesetzt.

Kapitel 9:
Internationales Dienstleistungsmarketing

1.	**Grundlagen des internationalen Dienstleistungsmarketing**	**805**
1.1	Bedeutung internationaler Dienstleistungen	805
1.2	Begriff des internationalen Dienstleistungsmarketing	807
1.3	Typologisierung internationaler Dienstleistungen	808
2.	**Informationsgrundlagen des internationalen Dienstleistungsmarketing**......	**816**
2.1	Internationales Käuferverhalten im Dienstleistungsbereich	816
2.2	Internationale Marktforschung im Dienstleistungsbereich	818
3.	**Strategisches internationales Dienstleistungsmarketing**	**826**
3.1	Strategischer Planungsprozess des internationalen Dienstleistungsmarketing	826
3.2	Internationale Situationsanalyse	826
3.3	Internationale Marktwahlstrategie.......................................	829
3.4	Internationale Markteintrittsstrategie	835
3.5	Internationale Marktbearbeitungsstrategie	848
4.	**Operatives internationales Dienstleistungsmarketing**	**853**
4.1	Implikationen aus der Notwendigkeit der Leistungsfähigkeit des Anbieters..	854
4.2	Implikationen aus der Integration des externen Faktors.....................	855
4.3	Implikationen aus der Immaterialität des Ergebnisses	856

1. Grundlagen des internationalen Dienstleistungsmarketing

1.1 Bedeutung internationaler Dienstleistungen

Seit den 1980er Jahren ist eine zunehmende Dynamik im internationalen Wettbewerb zu beobachten. Diese Globalisierung des Wettbewerbs zeichnet sich durch die integrierte Planung und Abstimmung von Unternehmensaktivitäten auf weltweiter Ebene aus, mit dem Ziel, sich gegenüber anderen globalen Wettbewerbern zu profilieren (Toyne/Walters 1993, S. 565; Lee/Carter 2005).

Im Mittelpunkt der wissenschaftlichen Diskussion dieses Internationalisierungsprozesses steht primär die internationale Vermarktung von Konsum- und Gebrauchsgütern, während das internationale Marketing von Dienstleistungen zunächst nur rudimentär behandelt wurde (Kothari 1988, S. 209; Cowell 1993, S. 257; Mößlang 1995, S. 1; o.V. 1997, S. 26). Erst in letzter Zeit ist eine Intensivierung der wissenschaftlichen Diskussion über ausgewählte Aspekte des **internationalen Dienstleistungsmarketing** festzustellen (Nicoulaud 1989; Dahringer 1991; Lethinen 1991; Erramilli/Rao 1993; Stauss 1995; Clark/Rajaratnam 1999; Knight 1999; Laird/Kirsch/Evans 2003; Gardini/Dahlhoff 2004; Bruhn/Stauss 2005; La/Patterson/Styles 2005; Alexander/Rhodes/Myers 2007; Sanchez-Peinado/Pla-Barber/Hébert 2007). Die relative Nichtbeachtung dieses Themengebietes steht in auffallendem Missverhältnis zu der in sämtlichen hoch entwickelten Volkswirtschaften festzustellenden Bedeutungszunahme des Dienstleistungssektors im Welthandel. Insbesondere produktorientierte Dienstleistungen als Inputfaktoren gewinnen hinsichtlich einer grenzüberschreitenden Vermarktung zunehmend an Bedeutung, wenngleich das gesamte Handelsvolumen mit Dienstleistungen lediglich ein Fünftel des Volumens im Sachgüterhandel erreicht (Behofsics 1998, S. 36; World Trade Organization 2008).

Als **Gründe für eine zunehmende internationale Ausrichtung von Dienstleistungsanbietern** lassen sich erwähnen (Porter 1991, S. 274ff., 1999, S. 274ff.; Hermanns/Wißmeier 2001, S. 527f.; Javalgi/White 2002, S. 565; Javalgi/Griffith/White 2003; Swoboda/Foscht 2005, S. 43ff.):

- Liberalisierung des Dienstleistungshandels (Javalgi/White 2002; Peters/Weiermair 2005, S. 347),

- Effizienzvorteile wie Economies of Scale bzw. Scope,

- Zunahme des internationalen Dienstleistungshandels durch verstärkten internationalen Warenhandel aufgrund der komplementären Beziehung zwischen Sachgütern und Dienstleistungen (Behofsics 1998, S. 37) („Follow-the-Customer"),

- größere Mobilität der Mitarbeitenden (z. B. durch Personenfreizügigkeitsabkommen innerhalb der EU-Mitgliedsstaaten),

- vereinfachte Informationsflüsse und verbesserte Transportmöglichkeiten durch Technologiefortschritte („Global Sourcing"),

▌ verbesserte Kommunikationsmöglichkeiten mit entfernten Kunden durch neue Kommunikationstechnologien,

▌ Steigerung der Nachfrage nach international verfügbaren Dienstleistungen durch zunehmende Ähnlichkeit der Dienstleistungsbedürfnisse,

▌ stärkere Handelsströme durch Kosten- und Qualitätsunterschiede der in den einzelnen Ländern erbrachten Dienstleistungen,

▌ Streuung des Unternehmensrisikos durch Diversifikation,

▌ demografische Veränderungen in einer Vielzahl von Volkswirtschaften.

Aus der Vielzahl von Gründen zur internationalen Ausrichtung sind hauptsächlich betriebswirtschaftlich relevante Motive und Zielsetzungen bei der Markterweiterung von Dienstleistungsangeboten ausschlaggebend (Meffert/Wolter 2000, S. 18f.; Dolski/Hermanns 2004, S. 88f.). Die Nutzung des unternehmensspezifischen Wettbewerbsvorteils auf internationaler Ebene in Form einer Multiplikation erfolgreicher Dienstleistungskonzepte in Auslandsmärkten (vgl. Bruhn/Hadwich 2005) ist häufig die zentrale Intention im unternehmensinternen Bereich (Blümelhuber/Kantsperger 2005, S. 127).

Eine zunehmende internationale Ausrichtung des Dienstleistungsmarketing manifestiert sich im wertmäßigen **Wachstum des Welthandels mit Dienstleistungen**, dargestellt in Schaubild 9-1-1. Seit den 1990er Jahren zeigt sich eine kontinuierliche Zunahme des grenzüberschreitenden Handels mit Dienstleistungen. Im Jahre 2006 wurde eine weltweite Steigerung um circa 13 Prozent gemessen, so dass der internationale Dienstleistungshandel einen wachstumsstarken Bereich des Welthandels darstellt (World Trade Organization 2008).

Schaubild 9-1-1   Wertmäßiges Wachstum des Welthandels mit Dienstleistungen

Länder-regionen	Wert* 2008		Jährliche prozentuale Veränderung							
			2005		2006		2007		2008	
	Exporte	Importe	Exporte	Importe	Exporte	Importe	Exporte	Importe	Exporte	Importe
Welt	3.784	3.548	11	10	12	11	16	15	15	15
Nordamerika	595	475	10	9	9	9	11	6	11	8
Lateinamerika	108	119	18	21	13	14	14	25	21	30
Europa	2.026	1.724	9	8	11	9	16	16	11	12
Afrika	95	127	12	21	13	16	18	24	28	26
Asien	872	889	15	12	16	13	16	15	14	20

* Gemessen in Mrd. USD   Quelle: in Anlehnung an World Trade Organization 2010, S. 121ff.

Der **Export an Dienstleistungen durch deutsche Unternehmen** betrug im Jahre 2007 ca. 206 Mrd. USD. Dies bedeutet ein Wachstum von 21 Prozent gegenüber dem Jahre 2006 und entspricht einem Anteil von 6,2 Prozent am weltweiten Export von Dienstleistungen. Dagegen belief sich der **Import** im Jahre 2007 auf ca. 250 Mrd. USD. Dies bedeutet einen Anteil von 8,1 Prozent am weltweiten Import (World Trade Organization 2008).

Allerdings weist Deutschland im internationalen Vergleich eine „Dienstleistungslücke" auf. Bei der wertmäßigen Gegenüberstellung der Aus- und Einfuhren von Dienstleistungen zeichnet sich Deutschland traditionell durch ein hohes Defizit (2007: 45 Mrd. USD) und somit Nachholbedarf bezüglich der Exporttätigkeiten aus. Im Vergleich dazu erwirtschaftet die USA durch ihre Exporttätigkeiten einen Überschuss von 120 Mrd. USD (World Trade Organization 2008).

Neben der skizzierten quantitativen Situation unterscheidet sich das **länderspezifische Angebot internationaler Dienstleistungen** auch in qualitativer Hinsicht.

> **Beispiel: Länderspezifisches Angebot internationaler Dienstleistungen**
>
> Schweizer Unternehmen weisen Stärken in den Bereichen Bankwesen, Handel, bei logistischen Dienstleistungen, Zeitarbeit, Sicherheitsdiensten, Beratung und Ausbildung auf. Britische Firmen haben hingegen eine starke Position bei Versicherungen, Kapitalanlagen und Beratungsdiensten. Schwedische Firmen verfügen über Vorteile in den Bereichen Spezialfracht und Umwelttechnik. Beratung, Werbung und Hotelwesen zählen schließlich zu den Stärken US-amerikanischer Unternehmen.

1.2 Begriff des internationalen Dienstleistungsmarketing

In der Literatur existiert keine einheitliche **Definition des internationalen Dienstleistungsmarketing**. Jedoch lässt sich in Anlehnung an verschiedene Autoren internationales Dienstleistungsmarketing wie folgt definieren (Terpstra/Sarathy 1994, S. 597ff.; Hermanns 1995, S. 25f.; Stauss 1995, S. 457; Wißmeier 1995, S. 49; Clark/Rajaratnam/Smith 1996, S. 15; Clark/Rajaratnam 1999, S. 299ff.; Dahringer/Mühlbacher 1999, S. 401ff.; Backhaus/Büschken/Voeth 2003, S. 44ff.):

> **Internationales Dienstleistungsmarketing** ist die Analyse, Planung, Koordination und Kontrolle aller auf die aktuellen und potenziellen internationalen Absatzmärkte ausgerichteten Unternehmensaktivitäten eines Dienstleistungsunternehmens.

Konkrete Handlungsempfehlungen für das internationale Dienstleistungsmarketing werden aus dem klassischen (nationalen) Dienstleistungsmarketing und dem klassischen internationalen Industriegüter- bzw. Konsumgütermarketing entnommen. Die **Prinzipien des Marketingmanagements** gelten international wie national. Grundlage des internationalen Dienstleistungsmarketing ist ebenfalls der Planungsprozess der strategischen Unternehmens- und Marketingplanung. Auf der Basis einer Unternehmens- und Umfeldanalyse werden dementsprechend Unternehmensziele für länderbezogene oder länderübergreifende Segmente abgeleitet, um in einem weiteren Schritt Marktwahlentscheidungen zu treffen sowie das Ausmaß der möglichen Standardisierung und Markteintrittsstrategien festzulegen. Darauf aufbauend wird die Ausgestaltung der operativen Marketinginstrumente festgelegt, d. h. der internationale Marketingmix. Der wissenschaftliche Teilbereich des **internationalen Marketing** liefert Kenntnisse, inwiefern und in welchem Maße den unterschiedlichen sozialen, politischen, rechtlichen, ökonomischen und kulturellen Rahmenbedingungen im Hinblick auf internationale Marketingaktivitäten Rechnung zu tragen ist. Insbesondere bei Strategieentwicklung und Marketingmixeinsatz sind diese internationalen Besonderheiten zu berücksichtigen (Javalgi/Martin/Young 2006; Dülfer/Jöstingmeier 2008).

Hinsichtlich des **internationalen Dienstleistungsmarketing** stellen sich zwei grundsätzliche Fragen (Hermanns/Wißmeier 2001, S. 525ff.):

- Unterscheidet sich internationales Dienstleistungsmarketing gravierend von nationalem Dienstleistungsmarketing?
- Unterscheidet sich internationales Dienstleistungsmarketing gravierend von internationalem Produktmarketing?

Unterschiede zwischen internationalem Dienstleistungsmarketing und internationalem Produktmarketing ergeben sich aus den konstitutiven Merkmalen von Dienstleistungen. Trotz technologischer Entwicklungen wie z. B. dem Internet, die Unterschiede zwischen internationalem Dienstleistungsmarketing und Produktmarketing verringern, und trotz zu konstatierender umfänglicher Affinitäten zwischen internationalem Produkt- und Dienstleistungsmarketing bzw. zwischen nationalem und internationalem Dienstleistungsmarketing sind Besonderheiten des strategischen und operativen internationalen Dienstleistungsmarketing zu beachten (Hübner 1996, S. 54; Hermanns/Wißmeier 2001; Ahlert/Evanschitzky/Woisetschläger 2005, S. 232ff.; Dolski/Hermanns 2005, S. 205ff.).

Ähnlich wie beim klassischen Dienstleistungsmarketing bilden aufgrund der Heterogenität von Dienstleistungen Typologien internationaler Dienstleistungen den Ausgangspunkt für ein systematisches internationales Dienstleistungsmarketing.

1.3 Typologisierung internationaler Dienstleistungen

Obgleich die grundsätzlichen Marketingprinzipien Gültigkeit für ein internationales Dienstleistungsmarketing haben, bestehen fundamentale Unterschiede zum internationalen Produkt- bzw. nationalen Dienstleistungsmarketing aufgrund der konstitutiven Dienstleistungseigenschaften, so dass Planungsansätze nicht unreflektiert zu übertragen sind. Die Berücksichtigung dieser Besonderheiten im Rahmen operativer und strategischer Marketingentscheidungen hat dazu geführt, internationale Dienstleistungstypologien als Ausgangspunkt für ein systematisches internationales Dienstleistungsmarketing heranzuziehen, um der Heterogenität von Dienstleistungen im internationalen Kontext gerecht zu werden. Vor diesem Hintergrund wurde zur Typologisierung internationaler Dienstleistungen die Anwendung einer **Vielzahl von Strukturierungsansätzen** entwickelt, aus denen sich relevante Implikationen ableiten lassen:

Grundlagen des internationalen Dienstleistungsmarketing

- Typologisierung auf Basis konstitutiver Dienstleistungsmerkmale,
- Typologisierung auf Basis von Markt-Ressourcen-Kombinationen,
- Typologisierung auf Basis kultureller Besonderheiten,
- Typologisierung auf Basis von Mobilitätsüberlegungen,
- Typologisierung nachfragerstandortbasierter Dienstleistungen auf Basis konstitutiver Dienstleistungsmerkmale.

Durch die Verknüpfung der konstitutiven Merkmale von Dienstleistungen mit internationalen Aspekten erfolgt eine **Typologisierung auf Basis konstitutiver Dienstleistungsmerkmale**. Hierbei lässt sich z. B. eine Matrix mit den Dimensionen Intangibilität und Interaktionsintensität bilden, die zugleich mögliche Internationalisierungsformen aufzeigt (Vandermerwe/Chadwick 1989, S. 84; Schaubild 9-1-2).

Schaubild 9-1-2 Typologisierung internationaler Dienstleistungen auf Basis konstitutiver Dienstleistungsmerkmale

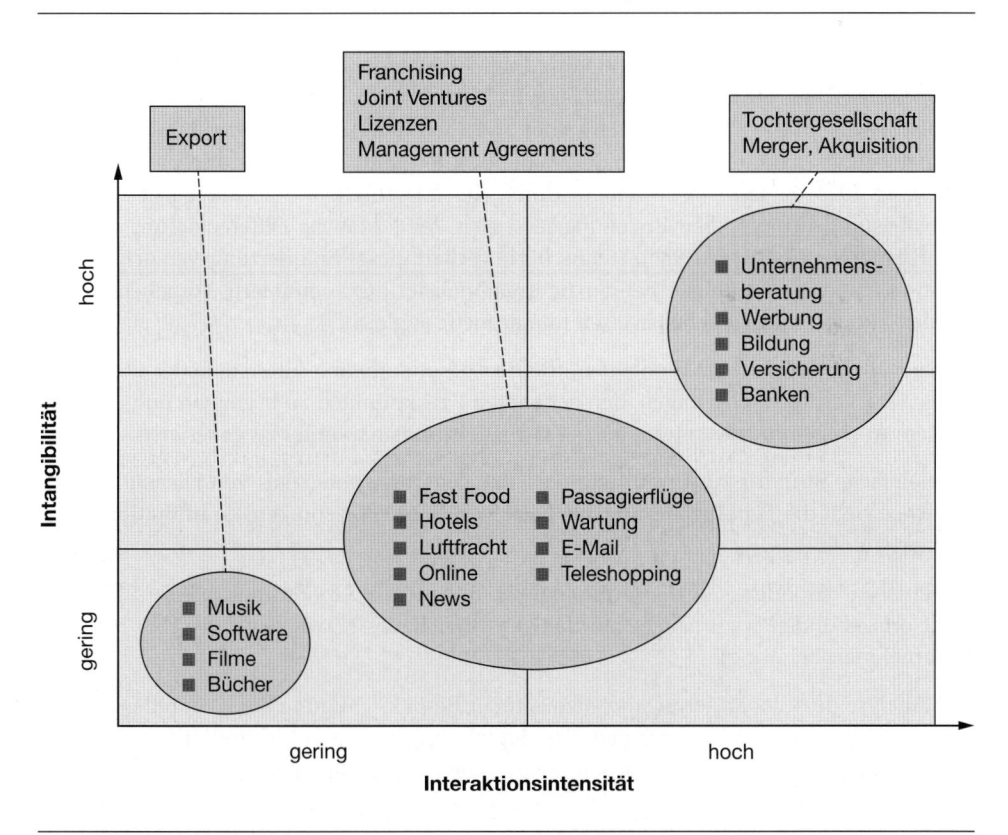

[Matrix mit Y-Achse: Intangibilität (gering bis hoch); X-Achse: Interaktionsintensität (gering bis hoch)]

- Export
- Franchising, Joint Ventures, Lizenzen, Management Agreements
- Tochtergesellschaft, Merger, Akquisition

Hohe Intangibilität, hohe Interaktionsintensität:
- Unternehmensberatung
- Werbung
- Bildung
- Versicherung
- Banken

Mittlere Intangibilität:
- Fast Food
- Hotels
- Luftfracht
- Online News
- Passagierflüge
- Wartung
- E-Mail
- Teleshopping

Geringe Intangibilität, geringe Interaktionsintensität:
- Musik
- Software
- Filme
- Bücher

Quelle: Vandermerwe/Chadwick 1989, S. 84

Grundlage für die Einbeziehung des Intangibilitätsgrades ist die Annahme eines steigenden Internationalisierungspotenzials von Dienstleistungen mit einem zunehmenden Anteil tangibler Elemente an der Leistungserstellung. Dazu werden unterschiedliche Dienstleistungen innerhalb dieser Matrix positioniert und drei intern homogene Cluster von Dienstleistungen gebildet. Diesen Clustern werden unterschiedliche **Formen des internationalen Markteintritts und der Marktbearbeitung** zugewiesen (Vandermerwe/Chadwick 1989, S. 79ff.):

- **Cluster 1: Direktexport**
  Die den Sachgütern ähnlichen Leistungen werden aufgrund ihrer einfachen Transportfähigkeit direkt exportiert (z. B. CDs).

- **Cluster 2: Franchising, Joint Ventures, Lizenzen, Management Agreements**
  Dienstleistungen mit mittlerer Interaktionsintensität und mittlerem Intangibilitätsgrad werden insbesondere durch kooperative Markteintrittsformen, wie Franchising oder Joint Ventures, internationalisiert (z. B. Hotels).

- **Cluster 3: Niederlassung, Merger, Akquisition**
  Bei Dienstleistungen mit hoher Interaktionsintensität und hohem Intangibilitätsgrad bieten sich Unternehmenskäufe oder eigene Niederlassungen an (z. B. Versicherungen).

Vor dem Hintergrund einer Vielzahl von Möglichkeiten der internationalen Marktbearbeitung lässt sich eine strikte und ausschließliche Zuordnung nicht eindeutig vornehmen. Außerdem erscheint die implizierte Kausalität zwischen den Ausprägungen der angeführten Dienstleistungscharakteristika und der Wahl der Internationalisierungsform problematisch (Mößlang 1995, S. 150). Insbesondere durch die fortschreitende Technologisierung von Dienstleistungen und deren Erstellung lässt sich keine konzise Differenzierung ableiten (Vandermerwe/Chadwick 1989). Trennschärfe verliert dieser Eingrenzungsversuch zudem, wenn Dienstleistungsanbieter bei der Internationalisierung kombinierte Vorgehensweisen wählen und sich die Vorgehensweisen immer mehr angleichen.

Demgegenüber versuchen Typologien, die den Besonderheiten internationaler Dienstleistungen stärker Rechnung tragen, den genannten Kritikpunkten zu begegnen und differenziertere Aussagen für das internationale Dienstleistungsmarketing zu generieren.

Eine einfache Struktur zur Ermittlung des Globalisierungspotenzials von Dienstleistungsbranchen stellt die **Typologisierung auf Basis von Markt-Ressourcen-Kombinationen** dar (vgl. Schaubild 9-1-3).

Dabei ist insbesondere auf die technologisch unterstützte Option hinzuweisen, sich von einer ortsgebundenen zu einer exportfähigen Branche zu entwickeln (wie z. B. bei einer Unternehmensberatung).

Zur Analyse des Globalisierungspotenzials unter Berücksichtigung der kulturellen Spezifität einer Dienstleistung lässt sich eine **Typologisierung auf Basis kultureller Besonderheiten** heranziehen (Bradley 1995, S. 436). Durch die Gegenüberstellung von Skaleneffekten und kulturellen Effekten lässt sich das Potenzial von Dienstleistungen für einen internationalen Marktauftritt ableiten (Schaubild 9-1-4).

Grundlagen des internationalen Dienstleistungsmarketing

Schaubild 9-1-3 Typologisierung auf Basis von Markt-Ressourcen-Kombinationen

Ressourcen \ Märkte	Lokal	Global
Export-/Importfähig	Kultur/Unterhaltung Abfallbeseitigung	F & E Airlines Commodityhandel Telekommunikation Call Center
Ortsgebunden	Arztpraxen Friseur Bewachung Gebäudereinigung	Unternehmensberatung Rechtsanwälte Touristik

Quelle: Berger 1999, S. 208

Schaubild 9-1-4 Typologisierung internationaler Dienstleistungen auf Basis kultureller Besonderheiten

Skaleneffekte \ Kulturelle Effekte	Gering	Hoch
Hoch	■ Geldautomaten ■ CDs ■ Software ■ Autovermietung	■ Filmindustrie ■ Fast Food ■ Werbeagenturen
Gering	■ Ärztliche Dienstleistungen (Kardiologie) ■ Rechtsberatung ■ Buchhaltung ■ Marktforschung	■ Ärztliche Dienstleistungen (Gynäkologie) ■ Juristische Beratung ■ Theater ■ Bildung

Quelle: Bradley 1995, S. 436

So sind z. B. bei CDs oder Bankautomaten hohe Skaleneffekte bei geringer kultureller Anpassungsbedürftigkeit erzielbar. Folglich ist diese Art von Dienstleistungen relativ problemlos internationalisierbar, wohingegen z. B. eine Theateraufführung fast keine Skaleneffekte bei gleichzeitig hohen kulturellen Effekten mit sich bringt.

Wenngleich diese Einteilung interessante Einsichten in die Besonderheiten internationaler Dienstleistungen gibt, ist eine Verallgemeinerung von Schlussfolgerungen für strategische Markteintritts- und -bearbeitungsentscheidungen nicht möglich. Zahlreiche Beispiele zeigen, dass auch Dienstleistungen mit hohen kulturellen Einflüssen erfolgreich internationalisierbar sind (z. B. amerikanische MBA-Programme, spanische Flamencoshows).

Eine **Typologisierung auf Basis von Mobilitätsüberlegungen** – die so genannte **Sampson-Snape-Box** – differenziert internationale Dienstleistungen nach der Mobilität bzw. Ortsgebundenheit der Nachfrager auf der einen Seite und den Produktionsfaktoren des Anbieters auf der anderen Seite (Sampson/Snape 1985, S. 173; Mößlang 1995, S. 148ff.). Auf dieser Basis lassen sich vier **Typen des internationalen Dienstleistungshandels** ableiten (Schaubild 9-1-5):

- Typ 1: Quasi-industrieller Dienstleistungshandel,
- Typ 2: Anbieterstandortbasierter Dienstleistungshandel,
- Typ 3: Nachfragerstandortbasierter Dienstleistungshandel,
- Typ 4: Standortunabhängiger Dienstleistungshandel.

Schaubild 9-1-5   Typologisierung internationaler Dienstleistungen auf Basis von Mobilitätsüberlegungen

Produktions-faktoren \ Nachfrage	Mobil	Ortsfest
Mobil	Typ A Standortunabhängiger Dienstleistungshandel	Typ B Nachfragerstandortbasierter Dienstleistungshandel
Ortsfest	Typ C Anbieterstandortbasierter Dienstleistungshandel	Typ D Quasi-industrieller Dienstleistungshandel

Quelle: in Anlehnung an Sampson/Snape 1985, S. 173

- **Typ 1: Quasi-industrieller Dienstleistungshandel (Across the Border Trade)**
  Internationale Dienstleistungstransaktionen ohne grenzüberschreitende Mobilität von Anbieter und Nachfrager sind nur möglich, wenn kein direkter Kontakt beim Leistungserstellungsprozess notwendig ist. Beispiele sind die telefonische Auslandsauskunft oder grenzüberschreitender Datenverkehr. Aufgrund von technologischen Innovationen im Kommunikationsbereich ist von einer zukünftigen Bedeutungszunahme dieser Art des Dienstleistungshandels auszugehen. Auf diese Weise ist eine Bewegung in Richtung der Typen 2, 3 und 4 möglich. Beispiele für derartige Entwicklungen finden sich in den Bereichen Beratung oder medizinische Diagnose.

■ **Typ 2: Anbieterstandortbasierter Dienstleistungshandel
(Domestic Establishment Trade)**
Hierbei erfolgt der Dienstleistungshandel, indem mobile Kunden Dienstleistungen bei Anbietern mit ortsgebundenen Produktionsfaktoren nachfragen. Es werden somit Dienstleistungen im Inland für ausländische mobile Kunden erstellt. Dies ist beispielsweise für ausländische Touristen, Gesundheitsdienstleistungen und Leistungen der Unterhaltungsbranche zutreffend. Für Typ 2 ergibt sich eine weitgehende Anpassung an das nationale Marketing. Fragen der Standortwahl oder bezüglich internationaler Marktstrategien entfallen weitgehend. Eine Ausnahme bilden hierbei Dienstleistungsanbieter, die bewusst eine internationale Kundschaft akquirieren.

> **Beispiel: Gesundheitstourismus**
>
> In Europa ist vermehrt ein Gesundheitstourismus zu verzeichnen. Rund 160.000 Österreicher nehmen jährlich eine Zahnbehandlung im benachbarten Ungarn in Anspruch, da man sich dort im Europavergleich am preisgünstigsten behandeln lassen kann. Britische Touristen fahren z. B. für Hüft- und Knieoperationen nach Frankreich, da die Wartezeiten für diese Operationen im Heimatland sehr lange sind (o.V. 2009).

■ **Typ 3: Nachfragerstandortbasierter Dienstleistungshandel (Foreign Earning Trade)**
Bei diesem Dienstleistungstyp sind die Produktionsfaktoren des Anbieters im Gegensatz zum Dienstleistungsnachfrager mobil. Die Dienstleistungserstellung erfolgt demnach beim Kunden. Beispiele hierfür sind die Beratungsleistung eines Anbieters beim Kunden im Ausland, Radio- und Fernsehberichterstattung vor Ort oder internationale Gebäudeunterhaltung. Hinsichtlich der Marketingaktivitäten sind hier die größten Unterschiede sowohl zum Marketing von Sachgütern als auch zum nationalen Marketing zu verzeichnen.

■ **Typ 4: Standortunabhängiger Dienstleistungshandel (Third Country Trade)**
Dieser Typ von Dienstleistungen verlangt Mobilität des Nachfragers und der Produktionsfaktoren. Beispiele hierfür sind der Geschäftsreiseverkehr und private internationale Ferngespräche. Dienstleistungen vom Typ 4 verlangen hinsichtlich der Unternehmensaktivitäten einen Fokus auf die Auswahl internationaler Standorte.

Diese Typologie basiert vor allem auf der Notwendigkeit der physischen Nähe zwischen Anbieter und Nachfrager bei der Erstellung von Dienstleistungen. Sie berücksichtigt, dass internationale Dienstleistungstransaktionen an die Mobilität von Personen oder im Falle einer räumlichen Entkoppelung von Produktion und Konsum an Trägermedien – wie beispielsweise das Internet – gebunden sind (Feketekuty 1988, S. 28). Es ist jedoch zu berücksichtigen, dass sie im Wesentlichen zur Analyse makroökonomischer Fragestellungen entwickelt wurde (Mößlang 1995, S. 129). Die **Aussagekraft** zur Erklärung des Verhaltens eines individuellen Dienstleistungsunternehmens bei der Internationalisierung ist daher eingeschränkt (Erramilli/Rao 1993, S. 140). Weiterhin ist die Frage zu stellen, ob sich durch neue (Kommunikations-) Technologien Veränderungen hinsichtlich der Einteilung und Einschätzung der verschiedenen Typen ergeben (Hermanns/Wißmeier 2001).

Bei nachfragerstandortbasierten Dienstleistungstransaktionen (Typ 3) unterscheidet sich die Marketingaufgabe in Abhängigkeit der Ausprägungen der zeitlichen, funktionalen und sozialen Dimension der Kundenbeteiligung. Daher erleichtert eine weitergehende Differenzierung dieses Typs die Ableitung von Implikationen für das internationale Dienstleistungsmarketing, indem eine **Typologisierung nachfragerstandortbasierter Dienstleistungen auf Basis konstitutiver Dienstleistungsmerkmale** vorgenommen wird. Als entsprechende **Unterscheidungskriterien** lassen sich die Interaktionsintensität, der Intangibilitätsgrad und die kulturelle Spezifität des Faktoreinsatzes heranziehen (Stauss 1994c, 1995, S. 456).

Die dem Begriff **Interaktionsintensität** subsumierten Dimensionen determinieren die internationalen Dienstleistungsaktivitäten des Anbieters. Eine hohe Interaktionsintensität ist bei folgenden Merkmalen gegeben (Stauss 1994d, S. 11, 1995, S. 456):

- hoher Anteil des zeitlichen Kontakts an der Gesamtzeit der Leistungserstellung,
- häufiger Kundenkontakt,
- hohes Maß an intellektueller oder körperlicher Mitwirkung des Nachfragers,
- starke, kundenindividuelle Anpassung des Leistungsangebots und
- großer Umfang an persönlicher Kommunikation zwischen dem Dienstleistungsanbieter und dem -nachfrager.

Neben der Interaktionsintensität bestimmt der **Intangibilitätsgrad** maßgeblich die Marketingkonzeption eines internationalen Dienstleistungsanbieters, da das Internationalisierungspotenzial von Dienstleistungen mit steigendem Anteil tangibler Elemente wächst.

Des Weiteren bestimmt die **kulturelle Spezifität des Faktoreinsatzes** die Anforderungen an das internationale Dienstleistungsmarketing. Darunter ist das Ausmaß zu verstehen, in dem kulturspezifisches bzw. länderbezogenes Know-how und Expertenwissen für die Dienstleistungserstellung von Relevanz ist. Mit Zunahme der kulturellen Spezifität werden die permanente Präsenz am Erstellungsort, der Einsatz einheimischer Mitarbeitender und die Vornahme länderspezifischer Anpassungen notwendig.

Neben den konstitutiven Dienstleistungsmerkmalen zieht diese Typologie die **Mobilität bzw. Ortsgebundenheit der Nachfrager** auf der einen Seite und den Produktionsfaktoren des Anbieters auf der anderen Seite ins Kalkül. Bei nachfragerstandortbasierten Dienstleistungen sind die Produktionsfaktoren des Anbieters im Gegensatz zum Dienstleistungsnachfrager mobil, so dass die Dienstleistungserstellung beim Kunden erfolgt. Dies macht die Ausweitung der Unternehmensaktivität außerhalb des Herkunftslandes notwendig.

Da sich die Marketingaufgabe in Abhängigkeit der Ausprägungen der zeitlichen, funktionalen und sozialen Dimension der Kundenbeteiligung unterscheidet, erleichtert die weitergehende Differenzierung anhand der konstitutiven Dienstleistungsmerkmale die Ableitung von Implikationen für das internationale Dienstleistungsmarketing und führt zur Unterscheidung von zwei **Typen internationaler Dienstleistungen** (Stauss 1995, S. 457; Schaubild 9-1-6):

▎ **Typ „Consulting"**
Dieser Dienstleistungstyp ist durch eine hohe Ausprägung der Interaktionsintensität, des Intangibilitätsgrades und der kulturellen Spezifität des Faktoreinsatzes gekennzeichnet, der tendenziell die Präsenz am Erstellungsort erfordert. Beispiele für Consulting-Leistungen stellen in der Regel „Professional Services" wie Dienstleistungen von Unternehmensberatungen, Rechtsberatungen oder Weiterbildungsveranstaltern dar.

▎ **Typ „Fastfood"**
Im Gegensatz zum Typ „Consulting" zeichnet sich der Typ „Fast Food" durch einen mittleren bis niedrigen Grad an Interaktionsintensität, Intangibilität und Spezifität des Faktoreinsatzes aus. Beispiele sind die Systemgastronomie, Hotels, Fluggesellschaften oder Autovermietungen.

Schaubild 9-1-6 Typologisierung nachfragerstandortbasierter Dienstleistungen auf Basis konstitutiver Dienstleistungsmerkmale

Merkmal \ Typ	Typ B-1 „Consulting"	Typ B-2 „Fastfood"
Interaktionsintensität	hoch	mittel/gering
Intangibilitätsgrad	hoch	mittel/gering
Spezifität des Faktoreinsatzes	hoch	mittel/gering

Quelle: in Anlehnung an Stauss 1995, S. 458

Die aufgeführten Typologisierungsansätze mit ihren spezifischen Merkmalen stellen sinnvolle **Hilfsmittel zur Strukturierung** der Vielzahl an unterschiedlichen international erbrachten Dienstleistungen dar. Vergleichbar mit klassischen Dienstleistungstypologien ist bei international ausgerichteten Typologien zu beachten, dass aufgrund der Heterogenität von Dienstleistungen eine vollständige und eindeutige Typologisierung nicht möglich ist. Vielmehr wählen Dienstleistungsanbieter diejenigen Typologien als Ausgangspunkt, die für ihre Situation zweckmäßig sind (ein Überblick über Typologien findet sich u. a. bei Peters/Weiermair 2005, S. 350ff.).

Vor der strategischen und operativen Gestaltung des Dienstleistungsmarketing werden die Informationsgrundlagen eines internationalen Dienstleistungsmarketing betrachtet.

2. Informationsgrundlagen des internationalen Dienstleistungsmarketing

Im Hinblick auf die Informationsgrundlagen des internationalen Dienstleistungsmarketing ist sowohl auf die Besonderheiten des Käuferverhaltens als auch auf die Besonderheiten der Marktforschung einzugehen.

2.1 Internationales Käuferverhalten im Dienstleistungsbereich

Die Analyse des Käuferverhaltens stellt eine wichtige Grundlage für die Marketingaktivitäten eines Dienstleistungsanbieters dar. Hinsichtlich der Internationalisierung kommt der Eruierung des **länderspezifischen Käuferverhaltens** eine besondere Bedeutung zu.

Dies gilt sowohl für investive als auch für konsumtive Dienstleistungen. Im Hinblick auf **Kaufentscheidungsprozesse bei investiven Dienstleistungen** sind im internationalen Dienstleistungsmarketing z. B. folgende **Einflussfaktoren** zu berücksichtigen (Samli/Grewal/Mathur 1988, S. 19ff.):

- individuelle Unterschiede in der Risikowahrnehmung,
- Umwelteinflüsse,
- Regierungs- und Gesetzeseinflüsse,
- soziale und kulturelle Einflüsse,
- Unsicherheitsfaktoren.

Seit einigen Jahren zeichnen sich industrielle Abnehmer durch ein stark koordiniertes und international zentralisiertes Beschaffungsverhalten aus. Dieser Trend zum **„Global Sourcing"** manifestiert sich in Bestrebungen, auf globaler Basis länderübergreifend gleichmäßige Qualität einzukaufen und Kosteneinsparungen zu realisieren (Meffert/Bolz 2001, S. 57; Kotabe/Murray 2004, S. 7ff.; Kotabe/Mudambi 2009, S. 121ff.).

> **Beispiel: Einsatz zentraler Werbeagenturen im Sachgüterbereich**
>
> Im Sachgüterbereich lässt sich die Tendenz beobachten, dass international tätige Hersteller bei der Entwicklung von Werbekampagnen für verschiedene nationale Märkte zunehmend eine zentrale Werbeagentur einsetzen.

Analog zu den Unterschieden bei industriellen Beschaffungsprozessen variieren auch die **Kaufentscheidungsprozesse bei konsumtiven Dienstleistungen** in den einzelnen Ländern. Insbesondere die Wahrnehmung von Dienstleistungsattributen, wie Zuverlässigkeit, Schnelligkeit der Lieferung und Flexibilität hinsichtlich der Finanzierung, aber auch die generelle Bereitschaft, Dienstleistungen überhaupt in Anspruch zu nehmen, divergiert von Land zu Land (Lewis 1991; Sultan/Simpson 2000). Seit geraumer Zeit ist ein weltweiter Trend zur Individualisierung zu konstatieren, der sich in einer verstärkten Hinwendung der Verbraucher zu landes- oder regionenspezifischen traditionellen Werten und Normen manifestiert.

Als Folge der Zersplitterung der Nachfragestrukturen und einer länderübergreifenden Homogenisierung der einzelnen Segmente gehen viele Dienstleistungsanbieter dazu über, ihre Marktsegmentierung nicht mehr länderspezifisch, sondern anhand von **internationalen Konsumententypologien** vorzunehmen, um die Zusammenhänge zwischen soziokulturellen Werten und Trends zum einen sowie Konsumgewohnheiten und -einstellungen zum anderen innerhalb eines Markt- oder Bevölkerungssegments aufzuzeigen. Die *GfK-Lebensstilforschung* untersucht in ihrer Studie verschiedene Käuferverhalten und Käufertypologisierungen von Konsumenten weltweit, anhand derer länderübergreifende Marktsegmente identifiziert werden können. Schaubild 9-2-1 zeigt beispielhaft eine **Typologie unterschiedlicher Lebensstile**, die von der GfK Lebensstilforschung entwickelt wurde und Schaubild 9-2-2 zeigt spezifische Unterschiede der Wertorientierung abhängig von der Herkunft der Konsumenten.

Schaubild 9-2-1   Karte der Lebensstile und Wertorientierung

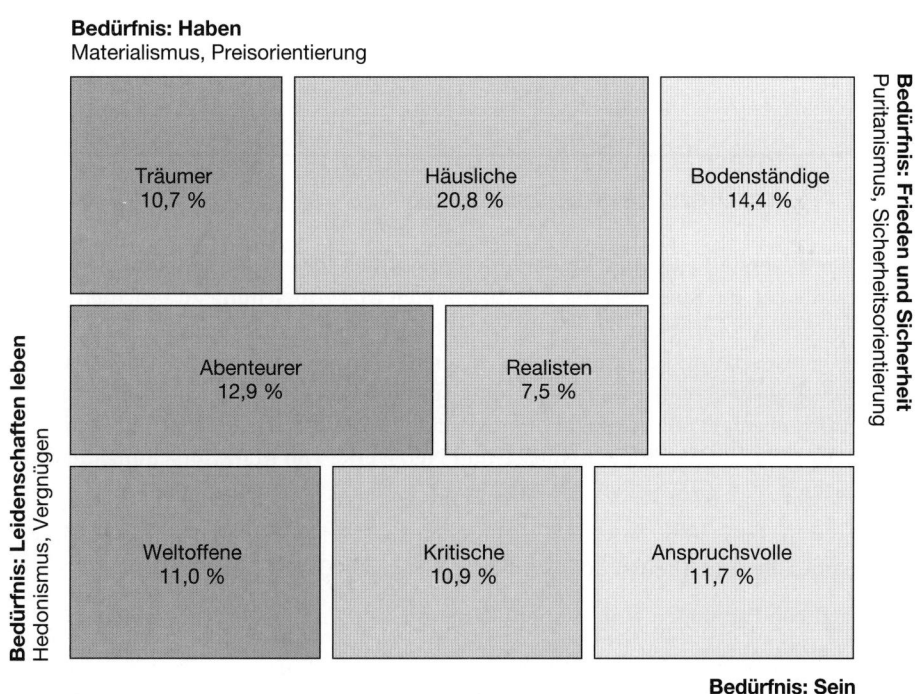

Bedürfnis: Haben
Materialismus, Preisorientierung

Bedürfnis: Leidenschaften leben
Hedonismus, Vergnügen

Bedürfnis: Frieden und Sicherheit
Puritanismus, Sicherheitsorientierung

Träumer 10,7 %	Häusliche 20,8 %	Bodenständige 14,4 %
Abenteurer 12,9 %	Realisten 7,5 %	
Weltoffene 11,0 %	Kritische 10,9 %	Anspruchsvolle 11,7 %

Bedürfnis: Sein
Postmaterialismus, Qualitätsorientierung

Quelle: GfK 2010, S. 4

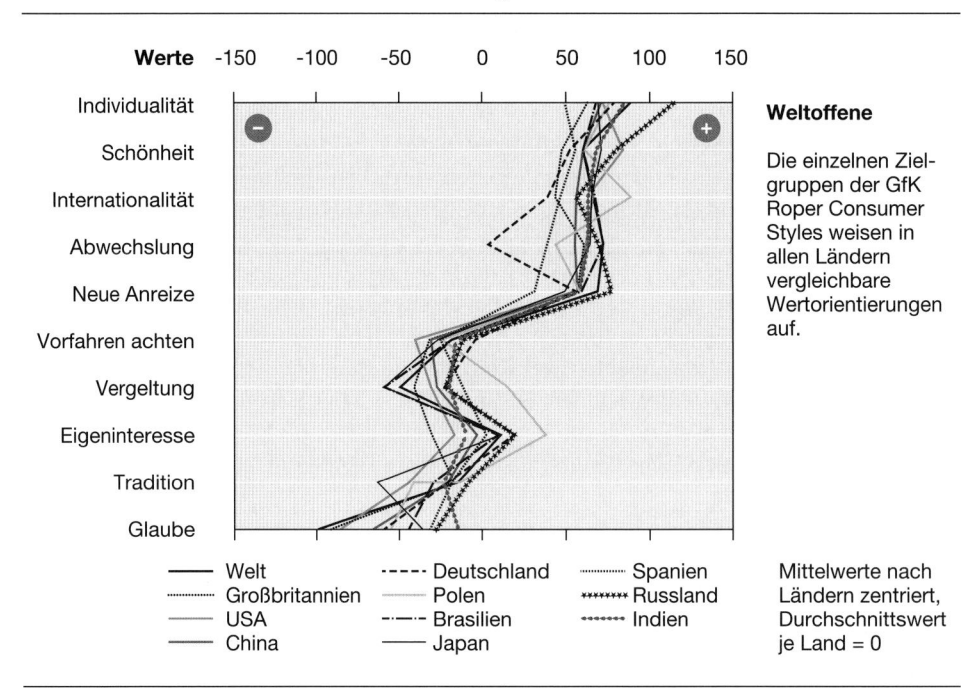

Schaubild 9-2-2 Profil der Wertorientierungen in verschiedenen Ländern

Werte	-150	-100	-50	0	50	100	150	
Individualität								**Weltoffene**
Schönheit								Die einzelnen Zielgruppen der GfK Roper Consumer Styles weisen in allen Ländern vergleichbare Wertorientierungen auf.
Internationalität								
Abwechslung								
Neue Anreize								
Vorfahren achten								
Vergeltung								
Eigeninteresse								
Tradition								
Glaube								

―― Welt ----- Deutschland ········ Spanien Mittelwerte nach
······· Großbritannien ―― Polen ✶✶✶✶✶ Russland Ländern zentriert,
―― USA –·–·– Brasilien ········ Indien Durchschnittswert
―― China ―― Japan je Land = 0

Quelle: GfK 2010, S. 4

2.2 Internationale Marktforschung im Dienstleistungsbereich

Neben den Besonderheiten des Käuferverhaltens gilt es für einen internationalen Dienstleistungsanbieter, die **Spezifika der internationalen Marktforschung** zu beachten. Die Erforschung des zu bearbeitenden Marktes stellt auch für internationale Dienstleister eine wichtige Voraussetzung für erfolgreiches Agieren dar. Die zunehmende Bedeutung einer international ausgerichteten Marktforschung macht es für Marktforschungsinstitute notwendig, sich ebenfalls international auszurichten. In diesem Zusammenhang sind in der Praxis entsprechende Zusammenschlüsse und **Netzwerke von Marktforschungsinstituten** zu beobachten (z. B. *GfK, Gallup, Nielsen*, usw.).

Dabei weist die internationale Marktforschung im Vergleich zu nationalen Untersuchungen die folgenden **Besonderheiten** auf (Czinkota/Ronkainen 2004, S. 188f.):

- **Zusätzliche Parameter:** Durch eine Internationalisierung werden Unternehmen mit einer Vielzahl zusätzlicher Parameter, wie z. B. Zölle oder Wechselkurse, konfrontiert.

- **Neues Umfeld:** Die Internationalisierung bedingt eine Auseinandersetzung mit einem neuen Umfeld, das sich hinsichtlich der Kultur, dem politischen System oder der Rechtsordnung möglicherweise vom Heimatland bzw. anderen Standorten im Zuge der Internationalisierung unterscheidet.

- **Divergierende Definition des Wettbewerbs:** Vergleichbar mit dem neuen Umfeld sind unter Umständen auch unterschiedliche Wettbewerbsstrukturen zu beachten, die eine Abgrenzung des relevanten Marktes vom jeweiligen Land abhängig machen.

- **Aufwand der Primärforschung:** Die internationale Primärforschung hat mit den Problemen eines komplexeren Forschungsdesigns, der Vergleichbarkeit sowie Aktualität der erhobenen Informationen und einer länderübergreifenden Koordination der Forschungstätigkeiten zu kämpfen. Dies führt zu einem höheren zeitlichen und finanziellen Aufwand der internationalen Primärforschung.

- **Problemfelder der Sekundärforschung:** Die statistische Auswertung der Daten der Sekundärforschung wird durch veraltetes Datenmaterial, nicht vergleichbare Untersuchungsdesigns oder ggf. politisch initiierte „Ergebniskosmetik" beeinträchtigt.

Insbesondere der Abstimmung des verwandten **Erhebungsinstrumentariums** und der Interpretation der gewonnenen Ergebnisse kommt herausragende Bedeutung zu. Grundsätzlich ist zu beachten, dass in unterschiedlichen sozialen und kulturellen Systemen die Bedeutung von und die Reaktion auf Datenerhebungsmethoden möglicherweise unterschiedlich ist (Usunier 1996, S. 90ff.; Baumgartner/Steenkamp 2001, S. 143ff.).

Der Vergleich des Kaufverhaltens in verschiedenen Ländern erfordert die Abstimmung der abgefragten Marktforschungsobjekte. Um die Vergleichbarkeit der Erhebungssachverhalte zu gewährleisten, ist die **Äquivalenz der Gegenstände der Marktforschung** in den einzelnen Ländern von Bedeutung. Ziel ist hierbei die Sicherstellung der Gleichwertigkeit der einzelnen Komponenten des Untersuchungsdesigns. Dies bedingt im Einzelnen die Äquivalenz im Hinblick auf die folgenden nationalen Punkte (Berndt/Fantapié Altobelli/Sander 2010, S. 50f.; Bauer 2010, S. 59f.):

- Untersuchungssachverhalte,
- Untersuchungsmethoden,
- Untersuchungseinheiten,
- Untersuchungssituationen sowie
- Datenaufbereitungen.

Schaubild 9-2-3 fasst die **Äquivalenzbedingungen in der internationalen Marktforschung** zusammen.

Schaubild 9-2-3 Äquivalenzbedingungen in der internationalen Marktforschung

Äquivalenz der Untersuchungsmethoden
- Erhebungsmethodische Äquivalenz
- Befragungstaktische Äquivalenz
- Übersetzungsäquivalenz
- Messmethodische Äquivalenz

Äquivalenz der Untersuchungseinheiten
- Definitionsäquivalenz
- Auswahläquivalenz

Äquivalenz der Untersuchungssituation
- Zeitliche Äquivalenz
- Interaktionsäquivalenz

Äquivalenz der Untersuchungssachverhalte
- Funktionale Äquivalenz
- Konzeptionelle Äquivalenz
- Kategoriale Äquivalenz

Äquivalenz der Erhebungsdaten in der internationalen Marktforschung

Äquivalenz der Untersuchungsdatenaufbereitungen
- Äquivalenz der Responseübersetzungen
- Äquivalenz der Responsekategorisierung

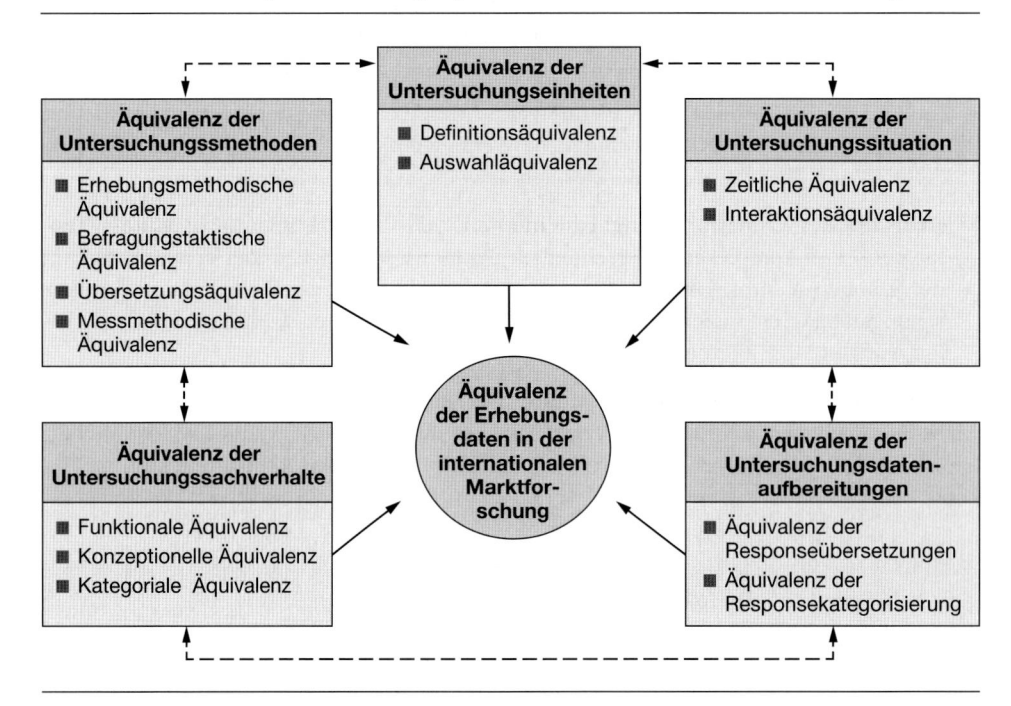

Quelle: in Anlehnung an Bauer 1995, S. 52; Berndt/Fantapié Altobelli/Sander 2005, S. 46

Äquivalenz der Untersuchungssachverhalte

Die Äquivalenz der Untersuchungssachverhalte lässt sich in funktionale, konzeptuelle und kategoriale Äquivalenz unterteilen. Objekte oder Verhaltensmuster haben in einzelnen Ländern oft unterschiedliche Bedeutung und Aufgaben. Dies bezieht sich sowohl auf die Dienstleistung als solche als auch auf zu erhebende Konstrukte im Rahmen der Marktforschung. Deshalb wird bei der **funktionalen Äquivalenz** gefordert, dass die zu erhebenden objekt- oder verhaltensbezogenen Daten funktional identische Sachverhalte abbilden. Im Hinblick auf die betrachtete Dienstleistung weist diese in verschiedenen Ländern möglicherweise eine unterschiedliche funktionale Bedeutung auf. So wird die Erwachsenenweiterbildung in bestimmten Kulturkreisen als Freizeitbeschäftigung, in anderen wiederum als Kriterium für den beruflichen Aufstieg angesehen (Holzmüller 1986, S. 55; 1995, S. 300ff.; Usunier 2000, S. 215f.). Darüber hinaus bestehen z. B. Unterschiede im Hinblick auf die Abwägung zwischen Eigenerstellung und Fremdbezug von Leistungen durch den Kunden (z. B. Schuhputzen in USA vs. Europa; Bedienung in Restaurants in Japan vs. Europa).

Konzeptionelle Äquivalenz liegt vor, wenn in den einzelnen Ländern die interessierenden Konstrukte durch geeignete Variablen wiedergegeben werden (Bauer 2010, S. 52). Dabei ist jedoch zu berücksichtigen, dass hinsichtlich der Konstrukte vor allem Unterschiede in der

Interpretation bzw. **Wertigkeit der Konstrukte** bestehen. Beispielsweise werden bestimmte Persönlichkeitsmerkmale, wie Introvertiertheit, Aggressivität oder Konformität, in verschiedenen Kulturen unterschiedlich interpretiert (Holzmüller 1986, S. 55; 1995, S. 300ff.; Hagemann 2000, S. 20ff.). Ein weiteres Beispiel stellt das Konstrukt der Umweltfreundlichkeit dar, das in Abhängigkeit des industriellen Entwicklungsgrades einer Gesellschaft unterschiedlich ausgeprägt ist. Ferner weisen die Ausprägungen der entsprechenden Konstrukte in Abhängigkeit der kulturellen Besonderheiten eine unterschiedliche Bedeutung für das Kaufverhalten auf (Holzmüller 1986, S. 55). Zur Erreichung einer funktionalen sowie konzeptionellen Äquivalenz ist eine **internationale Ausrichtung der Marktforschung** notwendig. Bei einer länderübergreifenden Marktforschung ist es daher erfolgsrelevant, entweder nur Inhalte abzufragen, die international sinnvoll vergleichbar sind, oder Länderspezifika sowohl bei der Erhebung als auch bei der Interpretation zu berücksichtigen.

Im Rahmen der **kategorialen Äquivalenz** ist darauf zu achten, dass die länderübergreifende definitorische Übereinstimmung im Rahmen der jeweils gewählten Kategorien gegeben ist, d. h., die Kategorisierung von Objekten, Stimuli oder Verhaltensweisen hat den nationalen Besonderheiten Rechnung zu tragen. So sind Leistungsklassen in verschiedenen Ländern unterschiedlich abgegrenzt und führen somit zu unterschiedlichen Konkurrenzsituationen. Die kategorialen Unterschiede betreffen auch soziodemografische Klassifizierungen. Beispielsweise weisen bestimmte Berufsgruppen in Abhängigkeit des betrachteten Landes einen unterschiedlichen sozialen Status auf (Holzmüller 1986, S. 55f., 1995, S. 300ff.), so dass internationale Marktforschungsergebnisse verschiedenartige Interpretationen zulassen. In diesem Zusammenhang ist es oftmals sinnvoll, Ersatzindikatoren zu bilden, um so die Vergleichbarkeit der Daten sicherzustellen (Schopphoven 1991, S. 34f.; Berndt/Fantapié Altobelli/Sander 2005, S. 46).

Äquivalenz der Untersuchungsmethoden

Die Äquivalenz der Untersuchungsmethoden wird durch erhebungsmethodische, befragungstaktische und Übersetzungsäquivalenz erreicht. Für die **erhebungsmethodische Äquivalenz** ist es erforderlich, länderspezifische Anpassungen der Erhebungsmethodik durchzuführen, um so den unterschiedlichen kulturellen Gegebenheiten Rechnung zu tragen. So sind beispielsweise japanische Führungskräfte weniger bereit, an E-Mail-Befragungen teilzunehmen als in Nordamerika oder Europa. Dies führt dazu, dass in Japan Mitarbeiterbefragungen häufig anhand eines schriftlichen Fragebogens durchgeführt werden.

Bei **befragungstaktischer Äquivalenz** bedarf es – je nach Untersuchungsgegenstand – einer länderspezifischen Anpassung der Frageform, der Frageformulierung und der Befragungsdauer, um ländertypische Verzerrungen zu vermeiden (z. B. Höflichkeitsbias, sozial unerwünschte Antworten in verschiedenen Ländern). Dies ist häufig bei qualitativen Befragungen und bei mündlichen Interaktionen (z. B. persönliche Interviews, Gruppendiskussionen) der Fall.

Übersetzungsäquivalenz bedeutet, dass eine bedeutungsinvariante Übersetzung der Begründung des Forschungsvorhabens, der Instruktionen, der Fragebögen sowie der Ergebnisse angestrebt wird (Bauer 2010, S. 53). Hierbei wir häufig auf verschiedene Methoden der Rückübersetzung verwendet (Schopphoven 1991, S. 44), oder es werden muttersprachliche Mitarbeitende eingesetzt (Simmet-Blomberg 1998, S. 310f.).

Messmethodische Äquivalenz erfordert den Einsatz kulturspezifischer Messmethoden oder aber kulturfreie Messmethoden. Als geeignetes Verfahren zur Entwicklung äquivalenter Skalen werden die Konfirmatorische Faktorenanalyse sowie das so genannte Rasch-Modell (Rasch 1960) vorgeschlagen (vgl. Steenkamp/Baumgartner 1998).

Äquivalenz der Untersuchungseinheiten

Bei der Stichprobengenerierung für länderübergreifende Untersuchungen ist die Repräsentativität, sowie die internationale Vergleichbarkeit sicherzustellen (Schopphoven 1991, S. 39f.). In diesem Zusammenhang wird zwischen Definitionsäquivalenz und Auswahläquivalenz unterschieden. Die **Definitionsäquivalenz** fordert eine gleichwertige empirische Definition der Untersuchungseinheiten (z. B. Intensivverwender) bei Total- oder Teilerhebungen, um aufbauend auf dieser Definition eine adäquate Auswahl der Untersuchungseinheiten sicherstellen zu können.

Bei der **Auswahläquivalenz** ist es notwendig, bei der Stichprobenermittlung differenzierte Auswahlprinzipien und -techniken anwenden, um eine äquivalente Repräsentanz der einzelnen Länderstichproben zu garantieren (Holzmüller 1986, S. 61).

Äquivalenz der Untersuchungssituationen

Die Äquivalenz der Untersuchungssituation lässt sich in eine zeitliche Äquivalenz und in eine Interaktionsäquivalenz unterteilen. Die **zeitliche Äquivalenz** erfordert, dass zeitablaufbezogene und zeitpunktbezogene Einflussfaktoren bei der Erhebung kontrolliert werden können. Beispielsweise können Feiertage, Ferienzeiten oder politische Ereignisse (z. B. Wahlen) die Ergebnisse verzerren.

Die **Interaktionsäquivalenz** verlangt eine Berücksichtigung aller möglicher Einflüsse, die von Interviewern oder von Drittpersonen auf die Untersuchungssituation wirken können. Hier sind wiederum kulturspezifische und gesellschaftsspezifische Besonderheiten in den einzelnen Ländern zu beachten.

Äquivalenz der Untersuchungsdatenaufbereitungen

Eine Äquivalenz der Untersuchungsdatenaufbereitungen wird erreicht, wenn bei der Auswertung der nationalen Teilerhebungen die **semantische Äquivalenz** zwischen den Ursprungsdaten und den übersetzten Antworten gegeben ist, sowie die Antwortkategorisierungen übereinstimmen (**Äquivalenz der Responsekategorisierungen**). Dies ist vor allem bei qualitativen Erhebungen von besonderer Relevanz, da hier häufig eine wenig strukturierte Vorgehensweise zur Anwendung kommt (Bauer 2010, S. 68).

Zur Sicherstellung einer größtmöglichen Äquivalenz von Konstrukten werden **Expertenurteile, Revalidierung** und **semantische Differenziale** herangezogen (Holzmüller 1986, S. 56; 1995, S. 300ff.).

Die internationalen Besonderheiten der Marktforschung sind vor allem für die **internationale Zufriedenheitsforschung** von hoher Relevanz, da die Kundenzufriedenheit das zentrale kaufverhaltensrelevante Konstrukt im Dienstleistungsbereich darstellt. Neben der Äquivalenz im Hinblick auf Konstruktinterpretationen sind in diesem Zusammenhang auch Interpretationsunterschiede bezüglich der verwendeten Skalen zu berücksichtigen. Wenn beispielsweise ein japanischer Konsument als Leistungsurteil „sehr gut" äußert, so meint er unter Umständen dasselbe wie ein Holländer, der die Leistung mit „ziemlich gut" beurteilt. So wäre der Schluss, dass in Japan größere Marktchancen für das Produkt bestehen als in Holland, als falsch zu bewerten.

Ein Vorhaben, Zufriedenheitsurteile von Konsumenten auf einer internationalen Basis vergleichbar zu machen, ist in der Einführung von Nationalen Kundenbarometern auf europäischer Ebene durch den **European Performance Satisfaction Index (EPSI)** (ehemals European Customer Satisfaction Index ECSI) zu sehen. Hier beteiligen sich 14 europäische Länder an der Ausarbeitung einer Konzeption zur Durchführung von länderübergreifenden Zufriedenheitsstudien (Bruhn/Murmann 1998, S. 157ff.; EPSI Rating 2008).

Im Jahre 1999 fanden im Rahmen der ersten **Pilotuntersuchung** in zwölf europäischen Ländern (Belgien, Dänemark, England, Finnland, Frankreich, Griechenland, Island, Italien, Portugal, Spanien, Schweden, Schweiz) parallel Untersuchungen in mindestens drei gemeinsamen Branchen (Banken, Telekommunikation und Supermärkte) zu Kundenzufriedenheit und Kundenbindung sowie deren Einflussfaktoren statt (erste Ergebnisse hierzu finden sich bei ECSI 2000; Eklöf 2000). Die Datenerhebung erfolgte auf dem Wege von Telefoninterviews mit Kunden, die in der Vergangenheit ein bestimmtes Produkt bzw. eine Dienstleistung genutzt haben. Insgesamt wurden in den teilnehmenden Ländern in dem Zeitraum von März bis Mai 1999 mehr als 50.000 Interviews geführt. Deutschland hat sich an dem Pilotprojekt nicht beteiligt. Die letzte Erhebung fand im Jahre 2009 unter Teilnahme von zehn europäischen Ländern statt, dabei wurden mehr als 900.000 Telefoninterviews für Privat- und Geschäftskunden geführt. Dabei wird eine länderübergreifend identische Methodik, ein einheitlicher Fragebogen, zeitlich parallele Untersuchungen sowie ein einheitliches Auswertungsverfahren angewendet, um aussagekräftige Vergleiche der Kundenzufriedenheit zu erhalten.

EPSI wurde unter der Federführung der Europäischen Kommission, der European Organization for Quality (www.eoq.org) sowie der European Foundation for Quality Management (EFQM) mit dem primären Ziel konzipiert, ein System von leistungsorientierten Indikatoren zu entwickeln, um die Wettbewerbsfähigkeit europäischer Unternehmen zu verbessern.

Der EPSI basiert auf Kundenurteilen bezüglich Gütern und Leistungen, die von europäischen Firmen produziert worden sind. Leistungen von nicht-europäischen Firmen werden berücksichtigt, falls sie einen bestimmten Marktanteil in Europa erreichen. Wichtig ist in diesem Zusammenhang, dass über die Messung der Kundenzufriedenheit Rückschlüsse auf die Qualität der angebotenen Leistungen gezogen werden. So lassen sich über die Messung der Zufriedenheit indirekt Aussagen über Preis- und Produktivitätsveränderungen machen. Ein Anliegen des EPSI ist es, eine Hilfe zur Interpretation makroökonomischer Kennzahlen anzubieten. So wird z. B. untersucht, ob Preissteigerungen vollumfänglich einer Steigerung der wahrgenommen Qualität entsprechen. Auf Basis einer zeitlich parallelen, länderübergreifenden Erhebung werden mittels einheitlicher Fragebögen Daten zur Kundenzufriedenheit und -bindung sowie zu deren Einflussfaktoren erhoben.

Das **EPSI-Modell** stützt sich zum einen auf modelltheoretische Grundlagen der bereits bestehenden und geprüften Nationalen Kundenbarometer, zum anderen werden eigene Ansätze zur methodischen und konzeptionellen Verbesserung aufgegriffen, die die besondere Leistungsfähigkeit von EPSI begründen. Zu nennen sind hier die indirekte Messung der einbezogenen Konstrukte auf Basis eines Strukturmodells sowie die Auswertung der Daten mit Hilfe der Kausalanalyse. Basierend auf dem Grundgedanken der Qualitätskette wird Qualität als Einflussfaktor für Kundenzufriedenheit betrachtet, auf die sich Kundentreue aufbaut und die zu steigendem Unternehmensprofit führen kann (Bruhn/Murmann 1998, S. 158ff.). Im Vergleich zur Pilotstudie des Jahres 1999 hat das Modell im Laufe der Zeit einige Änderungen gegenüber dem Ursprungsmodell erfahren. Im aktuellen EPSI-Modell sind das Image des Unternehmens, die Kundenerwartungen, die Qualität des Leistungsangebots sowie der durch den Kunden wahrgenommene Nutzen als interdependente Einflussfaktoren der Kundenzufriedenheit und die Kundenbindung als Zufriedenheitswirkung als Strukturvariable enthalten. Die kausalen Zusammenhänge der Variablen des EPSI-Modells sind in Schaubild 9-2-4 wiedergegeben.

Schaubild 9-2-4 Strukturmodell des European Performance Satisfaction Index (EPSI)

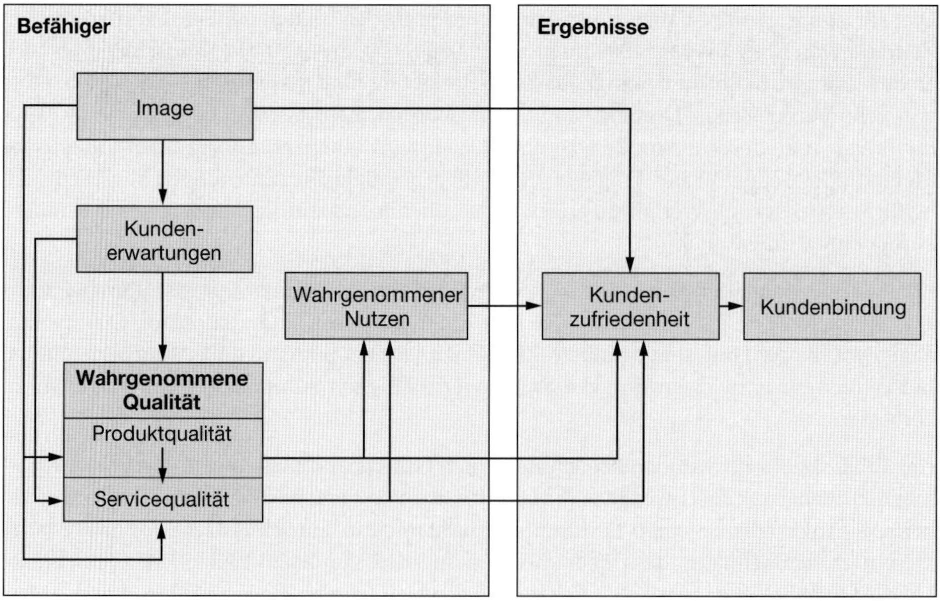

Quelle: EPSI Rating 2010, S. 17

Primäres **Ziel des Europäischen Kundenbarometers EPSI** ist die Entwicklung eines Systems leistungsorientierter Indikatoren zur Verbesserung der Wettbewerbsfähigkeit der europäischen Unternehmen. Nutznießer der EPSI-Daten sind deshalb zum einen europäische Konsumenten, denen eine Möglichkeit geboten wird, Lob und Kritik zu artikulieren, aber auch Firmen und Branchenverbände. Insbesondere helfen diese Daten Firmen, die planen, operative Maßnahmen zur Kundenbindung umzusetzen. EPSI quantifiziert, in welchem Ausmaß Kunden Bemühungen zur Qualitätsverbesserung wahrnehmen und schätzen. Mittels der EPSI-Daten werden Defizite des Qualitätsmanagements erkannt und ausgebessert. Somit liefern die Erkenntnisse aus den EPSI-Daten Hinweise zur systematischen Qualitätssteigerung. Der Anbieter erhält sowohl Informationen über seine eigene Position im internationalen Zufriedenheitsvergleich als auch Hinweise zur Verbesserung seines Leistungsangebots. Schaubild 9-2-5 zeigt die Ergebnisse des Customer Satisfaction Index auf Grundlage des EPSI-Ratings für europäische Länder der letzten zehn Jahre.

Schaubild 9-2-5   Ergebnisse des Customer Satisfaction Index pro Land in Europa

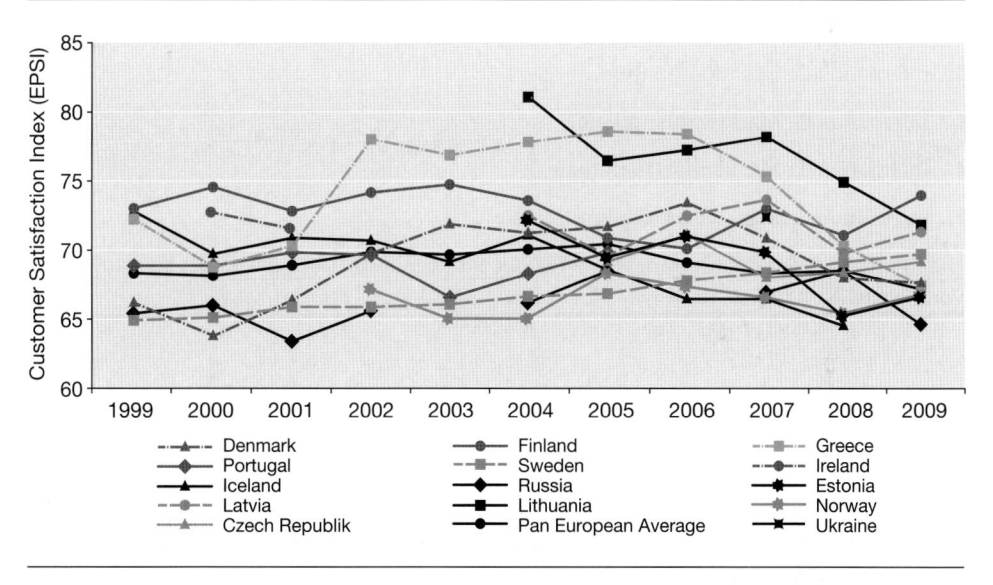

Quelle: EPSI Rating 2010, S. 23

Vor dem Hintergrund der Realisierung des EPSI werden sich Branchenvergleiche und Benchmarkingstudien zukünftig nicht mehr auf die nationale Ebene beschränken. Vielmehr wird der internationale Vergleich der Ergebnisse zur Kundenzufriedenheit, Kundenbindung und damit in Zusammenhang stehende Erfolgsfaktoren in den kommenden Jahren einen starken Bedeutungszuwachs erfahren.

Auf Basis der Informationsgrundlagen lassen sich das international ausgerichtete strategische und operative Dienstleistungsmarketing gestalten.

3. Strategisches internationales Dienstleistungsmarketing

3.1 Strategischer Planungsprozess des internationalen Dienstleistungsmarketing

Vor dem Hintergrund der Ähnlichkeiten im Planungsverhalten von Sachgüter- und Dienstleistungsunternehmen stellen sich im Rahmen einer Internationalisierung von Dienstleistungsunternehmen die gleichen grundsätzlichen Fragen wie bei sachgüterproduzierenden Unternehmen. Zur Strukturierung grundlegender strategischer Entscheidungen wird deshalb auf den in Schaubild 9-3-1 wiedergegebenen **Managementprozess der internationalen strategischen Planung** zurückgegriffen.

Im Rahmen der Strategiefestlegung sind für internationale Dienstleistungen die im Folgenden näher betrachteten **Entscheidungsfelder** mit den jeweiligen Fragestellungen von zentraler Bedeutung (Stauss 1995, S. 459; Hermanns/Wißmeier 2001, S. 525ff.; Berndt/Fantapié Altobelli/Sander 2005, S. 91ff.):

- internationale Situationsanalyse,
- internationale Marktwahlstrategie,
- internationale Markteintrittsstrategie,
- internationale Marktbearbeitungsstrategie.

Die internationale Situationsanalyse wird der Strategiefestlegung dabei als Ausgangsbasis vorangestellt.

3.2 Internationale Situationsanalyse

Maßgebliche Grundlage für den strategischen Planungsprozess ist die **Analyse der externen und internen Umwelt**. Die Analyse relevanter Faktoren erfordert besondere Aufmerksamkeit (Meissner 1995, S. 27ff.), da hinsichtlich Aktualität und Vergleichbarkeit der Informationen Probleme denkbar sind und durch die in der Regel geringere Vertrautheit mit den Verhältnissen auf den Auslandsmärkten eine Vielzahl von entscheidungsrelevanten Daten erst zu erheben ist (Berndt/Fantapié Altobelli/Sander 2005, S. 14).

> **Beispiel: Bedeutung der Beschaffung relevanter und valider Informationen**
>
> Aufgrund der hohen Bedeutung des Kundenkontaktpersonals für den Erfolg eines international agierenden Dienstleisters erlangt z. B. die Beschaffung relevanter und valider Informationen hinsichtlich der Qualität und Quantität des im Zielland verfügbaren Personals sowie der entsprechenden Personalkosten hohe Wichtigkeit.

Strategisches internationales Dienstleistungsmarketing

Schaubild 9-3-1 Managementprozess der internationalen strategischen Planung

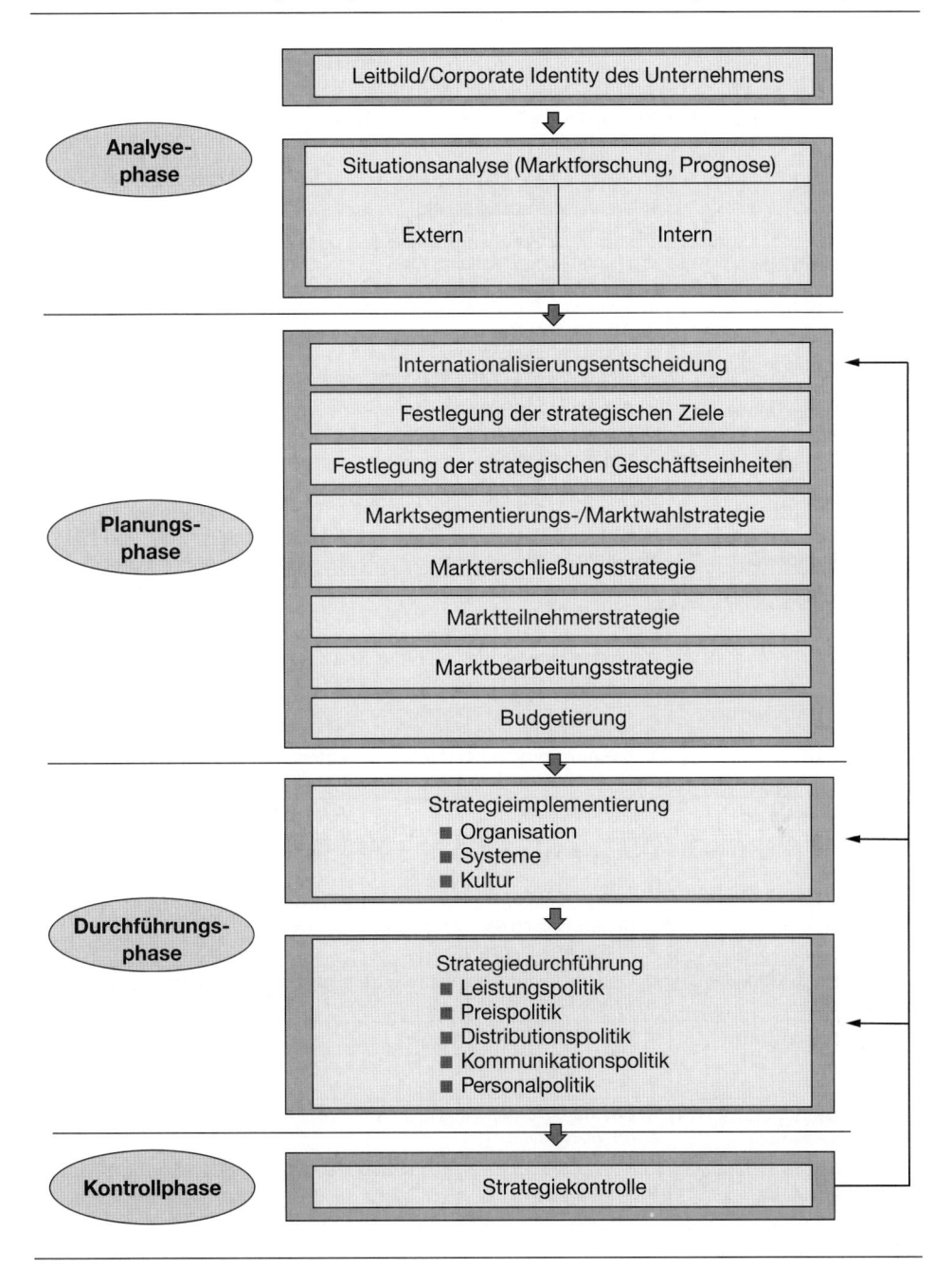

Analysephase
- Leitbild/Corporate Identity des Unternehmens
- Situationsanalyse (Marktforschung, Prognose)
  - Extern
  - Intern

Planungsphase
- Internationalisierungsentscheidung
- Festlegung der strategischen Ziele
- Festlegung der strategischen Geschäftseinheiten
- Marktsegmentierungs-/Marktwahlstrategie
- Markterschließungsstrategie
- Marktteilnehmerstrategie
- Marktbearbeitungsstrategie
- Budgetierung

Durchführungsphase
- Strategieimplementierung
  - Organisation
  - Systeme
  - Kultur
- Strategiedurchführung
  - Leistungspolitik
  - Preispolitik
  - Distributionspolitik
  - Kommunikationspolitik
  - Personalpolitik

Kontrollphase
- Strategiekontrolle

Quelle: Meffert/Bolz 2001, S. 36

Schaubild 9-3-2   Faktoren der Situationsanalyse für das internationale Dienstleistungsmarketing

	Faktoren	Beispiele	
Globale Rahmenbedingungen	Ökonomische Faktoren	■ Marktgröße ■ Bruttosozialprodukt ■ Pro-Kopf-Einkommen ■ Kaufkraft ■ Zinsentwicklung ■ Wechselkursentwicklung ■ Lohnkosten	
	Politisch-rechtliche Faktoren	■ Heimat- und Gastlandrecht ■ Internationales Recht ■ Politische Stabilität ■ Arbeitskämpfe ■ Wirtschaftsabkommen ■ Tarifäre und nichttarifäre Handelshemmnisse	
	Soziokulturelle Faktoren	■ Sprache und Religion ■ Werte und Normen ■ Gepflogenheiten ■ Bildungsstand ■ Soziale Institutionen und soziales Verhalten	
	Geografische Faktoren	■ Klima ■ Topographie	■ Ressourcen ■ Infrastruktur
Branche und Wettbewerb	Branchenkultur	■ Marktform ■ Eintrittsbarrieren ■ Kapitalintensität der Branche ■ Wertschöpfung innerhalb der Branche ■ Technologischer Wandel innerhalb der Branche	
	Wettbewerber	■ Art, Anzahl und Größe der Konkurrenten ■ Wettbewerbsintensität ■ Leistungsprogramm der Konkurrenten ■ Marktanteile	
	Abnehmer	Endverbraucher ■ Nachfrageverhalten ■ Bedürfnisstruktur ■ Beschaffenheit und Größe der Marktsegmente ■ Preisbereitschaft ■ Phase im Lebenszyklus	Vertriebspartner ■ Nachfragemacht der Partner ■ Einkaufsvolumen der Partner ■ Konzentrationsrate der Partner ■ Distributionsstrukturen
Unternehmensspezifische Faktoren	Unternehmens-ziele	■ Oberste Unternehmensziele/Unternehmensphilosophie ■ Länderspezifische Marketingziele	
	Finanzkraft	■ Kapitalstruktur ■ Liquidität ■ Kreditwürdigkeit	
	Leistungs-merkmale	■ Standardisierbarkeit ■ Servicequalität ■ Nebenleistung	
	Personal	■ Qualifikation ■ Auslandserfahrungen	
	Dienstleistungs-kapazität	■ Vorhandene Kapazität ■ Kapazitätsauslastung	

Quelle: in Anlehnung an Berndt/Fantapié Altobelli/Sander 2005, S. 15

Um die Informationsgrundlagen der internationalen Unternehmensplanung systematisch zu erfassen, lassen sich die Faktoren der Situationsanalyse in die Bereiche globale Rahmenbedingungen, Branche und Wettbewerb sowie unternehmensspezifische Einflussfaktoren untergliedern (Berndt/Fantapié Altobelli/Sander 2005, S. 14ff.; Schaubild 9-3-2).

Die Situationsanalyse eines Dienstleistungsunternehmens im internationalen Kontext ist kein a priori festgelegtes fixes Raster, sondern ist an die individuellen Unternehmensziele anzupassen. Als Ergebnis einer solchen Situationsanalyse werden Chancen und Risiken des Auslandsengagements sowie auslandsspezifische Stärken und Schwächen des Unternehmens identifiziert und damit die Informationsgrundlage für die Entscheidungsfindung geschaffen.

3.3 Internationale Marktwahlstrategie

Für Dienstleistungsunternehmen ist im Rahmen einer Internationalisierung zu entscheiden, welche Länder vornehmlich bearbeitet werden. Zur **Auswahl der relevanten Länder** sind zunächst Erfordernisse zu definieren, die mit den unternehmenspolitischen Grundsätzen vereinbar sind. Dies sind beispielsweise folgende **Erfordernisse** (Köhler/Hüttemann 1989):

- **Sachliche Gründe:** Ist in den ausgewählten Ländern generell Bedarf an der Unternehmensleistung vorhanden?
- **Spezifische Werte des Managements:** Bestehen von Seiten der Unternehmensführung aus z. B. ethischen oder weltanschaulichen Gründen Abneigungen gegenüber den ausgewählten Ländern?
- **Strategische Vorentscheidungen:** Beschränkt sich das Unternehmen auf bestimmte geografische Bereiche?
- **Höchst- oder Mindestanforderungen:** Werden bestimmte Beurteilungskriterien festgelegt (z. B. Höhe des Pro-Kopf-Einkommens)?

Auf der Basis dieser Vorüberlegungen und der entsprechenden Vorselektion werden im Anschluss anhand geeigneter Kriterien diejenigen Länder identifiziert, die für einen Markteintritt in Frage kommen. Bei der Formulierung der unternehmensspezifischen Kriterien üben die Branche und die Leistungsart des Unternehmens, die unternehmensspezifischen Stärken und Schwächen sowie die geplante Industrialisierungsstrategie (vgl. die folgenden Ausführungen) und die Form des Markteintrittes einen Einfluss aus (Berndt/Fantapié Altobelli/Sander 2005, S. 103). Unter Berücksichtigung dieser Faktoren lassen sich folgende **Beurteilungskriterien** heranziehen (Meffert/Bolz 2001; Backhaus/Büschken/Voeth 2003, S. 126ff.; Hinterhuber 2004, S. 150f.):

- **Attraktivität von Ländermärkten:** z. B. Marktvolumen, Marktwachstum, Abnehmerstruktur, Versorgung, Preise, Umweltsituation.

- **Marktbarrieren:** z. B. ökonomische Marktbarrieren (Kapitalbedarf, Zugang zu den Vertriebskanälen), protektionistische Barrieren (Zölle, Subventionen) sowie verhaltensbedingte Barrieren von Seiten der Nachfrager.
- **Länderrisiken:** z. B. politische und wirtschaftliche Risiken.

Zur Strukturierung und Systematisierung des Entscheidungsprozesses zwischen den potenziellen Ländern lassen sich unterschiedliche Methoden heranziehen. Gebräuchlich sind in diesem Zusammenhang vor allem Checklisten-Verfahren, Scoring-Modelle sowie Portfolio-Analysen (vgl. für einen Überblick Swoboda/Schwarz 2004).

Bei der **Marktwahl** galt vormals die Beschränkung für Dienstleistungsunternehmen, zunächst in geografisch nah gelegene Länder zu expandieren. Neue Informations- und Kommunikationstechnologien sowie die wachsende Faktormobilität, z. B. mobile Mitarbeitende, heben diese Beschränkung weitgehend auf. Dies gilt insbesondere für Dienstleistungskonzepte, die auf dem Einsatz des Internet basieren (z. B. Online-Handel, Online-Broker) (Bruhn/Stauss 2005, S. 17; Eberl/Franke 2005).

Die Auswahl von Ländermärkten ist wesentlich durch die von Unternehmen angestrebte **Internationalisierungsstrategie** beeinflusst (Backhaus/Büschken/Voeth 2003), die als Grundorientierung bzw. als Leitlinien des Managements bei der Gestaltung der grenzüberschreitenden Unternehmenstätigkeit zu verstehen ist.

Eine **Strukturierung von Internationalisierungsstrategien** ist anhand der Dimensionen „Integrationsvorteile" und „Differenzierungsvorteile" möglich. Durch ein hohes Maß an **Integrationsvorteilen** lassen sich Globalisierungsvorteile realisieren. Ein hoher Weltmarktanteil eröffnet z. B. deutliche Kosteneffekte. **Differenzierungsvorteile** werden durch eine länderspezifische Anpassung (z. B. heterogene Bedürfnisse, Normen, gesetzliche Regelungen) erzielt. Dieses Vorgehen ist durch eine geringe Integration internationaler Aktivitäten gekennzeichnet, wobei Lokalisierungsvorteile angestrebt werden. Indikatoren für Lokalisierungsvorteile sind länderspezifische Marktanteile, Marktausschöpfungsgrade oder Umsatzvolumina (Meffert/Bolz 2001, S. 26).

Anhand der Realisierung von Integrations- und Differenzierungsvorteilen lassen sich vier **Typen von Internationalisierungsstrategien** unterscheiden (Perlmutter 1969; Kreutzer 1989, S. 12ff.; Meffert/Bolz 2001, S. 25ff.; Cateora/Graham 2007, S. 22ff.; Schaubild 9-3-3):

1. internationale Strategie (ethnozentrische Orientierung),
2. multinationale Strategie (polyzentrische Orientierung),
3. globale Strategie (geozentrische Orientierung),
4. transnationale Strategie.

Schaubild 9-3-3 Typen von Internationalisierungsstrategien

Standardisierungs-vorteile \ Differenzierungs-vorteile	Niedrig	Hoch
Hoch	**Globales Marketing** (Geozentrische bzw. regiozentrische Grundorientierung)	**Transnationales Marketing** (Geozentrische bzw. regiozentrische Grundorientierung)
Niedrig	**Internationales Marketing (i. e. S.)** (Ethnozentrische Grundorientierung)	**Multinationales Marketing** (Polyzentrische Grundorientierung)

Quelle: in Anlehnung an Perlmutter 1969; Meffert/Bolz 2001, S. 27

Diese vier Strategietypen zeichnen sich durch die in Schaubild 9-3-4 dargestellten **Merkmale** aus.

Im Folgenden werden die vier **strategischen Optionen** vorgestellt und anhand fünf **Kriterien** beurteilt (vgl. Meffert/Burmann/Becker 2010, S. 66):

- **Realisierung von Differenzierungsvorteilen:** Adaption der Marketingaktivitäten an die Anforderungen des Zielmarktes.

- **Realisierung von Standardisierungsvorteilen:** Realisierung von Economies of Scale oder Scope.

- **Ressourcenaufwand:** Finanzieller und personeller Aufwand zur Umsetzung der Strategie.

- **Anforderungen an die Replikationskompetenz:** Aufwand des Unternehmens, die vorhandenen Ressourcen und Kompetenzen in ein neues Land zu übertragen.

- **Anforderungen an die Rekonfigurationskompetenz:** Aufwand des Unternehmens, neue, länderspezifische Kompetenzen aufzubauen.

Schaubild 9-3-4 Merkmale von Internationalisierungsstrategien

Strategie Merkmal	Internationale Strategie	Multinationale Strategie	Globale Strategie	Transnationale Strategie
Philosophie	Ausrichtung am Heimmarkt und Export	Ausrichtung an den jeweiligen nationalen Märkten	Ausrichtung am Weltmarkt	Ausrichtung am Weltmarkt und an den nationalen Märkten
Bearbeitung	Wenige Länder und Segmente	Viele Länder und Segmente; differenziert	Viele Länder; standardisiert	Viele Länder; differenziert
Internationalisierungsform	Direkter Export, Vertriebsgesellschaften	Internationale Filialen, Tochtergesellschaften	Internationale Filialen, Tochtergesellschaften, Franchising	Internationale Filialen, Tochtergesellschaften, Netzwerke/ Partnerschaften
Wettbewerbsorientierung	Orientierung am Wettbewerb im Heimatmarkt	Orientierung am national stärksten Wettbewerber	Orientierung am weltweit stärksten Wettbewerber	Orientierung am weltweit stärksten Wettbewerber sowie an den national stärksten Wettbewerbern
Organisation	Auslandsabteilung	Gebietsorganisation	Produktorganisation	Matrix-/Netzwerkorganisation
Beispiele	■ Export von Musik ■ Software ■ Online-Dienste	■ Beratungen ■ Banken ■ Versicherungen	■ Fast-Food-Ketten ■ Baumärkte ■ Hotels	■ Werbeagenturen ■ Marktforschungsinstitute ■ Projektentwicklung

Quelle: in Anlehnung an Meffert/Bolz 2001, S. 25ff.

Entsprechend einer **internationalen Strategie (i.e.S.)** werden im Heimatland erfolgreiche Konzepte und Produkte auf Auslandsmärkte übertragen. Dabei wird eine ethnozentrische Grundorientierung verfolgt, d. h., man geht von einer Überlegenheit des Heimatlandes gegenüber der Auslandsmärkte aus und überträgt die im Heimatland etablierten Marketingkonzepte auf die ausländischen Märkte (Meffert/Burmann/Becker 2010, S. 67). Der Grad der Zentralisation ist als hoch einzustufen. Der Unterschied zu einer globalen Strategie ist darin zu sehen, dass lokale Unterschiede anerkannt werden. Märkte, die eine hohe Andersartigkeit gegenüber dem Heimatmarkt aufweisen werden jedoch nicht bearbeitet. Dadurch ist der Ressourcenaufwand einer internationalen Strategie als gering einzustufen. Als Vorteil einer internationalen Strategie wird die hohe Innovationskraft gesehen (Keegan/Schlegelmilch/Stöttinger 2002, S. 20). Der wesentliche Nachteil besteht darin, dass kaum Differenzierungsvorteile in den einzelnen Ländern realisiert werden (Meffert/Burmann/Becker 2010, S. 68).

> **Beispiel: Internationale Strategie bei Aldi und Lidl**
>
> Die Discounter *Aldi* und *Lidl* können als Unternehmen angesehen werden, die eine internationale Strategie verfolgen. Das Discounter-Konzept, mit dem sie in Deutschland erfolgreich sind, wird auf Nachbarländer (Schweiz, Österreich, Frankreich) übertragen. Länder, die jedoch starke Unterschiede im Einzelhandel zu Deutschland aufweisen, werden von diesen Unternehmen (noch) nicht betreut.

Die **multinationale Strategie** berücksichtigt die jeweiligen Besonderheiten eines Landes, in dem das Unternehmen aktiv ist. Dem lokalen Marketing kommt eine besondere Bedeutung zu, da keine zentralen Marketingstrategien vorgegeben, sondern individuell landestypische Strategien entwickelt werden. Dies erfordert einen hohen Ressourceneinsatz sowie eine hohe Rekonfigurationskompetenz (Meffert/Burmann/Becker 2010, S. 69). In der Banken- und Versicherungsbranche wird diese Strategie häufig von vielen Unternehmen sehr erfolgreich eingesetzt.

Unternehmen mit einer **globalen Strategie** verfolgen das Ziel, Ähnlichkeiten zwischen einzelnen Ländermärkten zu identifizieren, um auf deren Grundlage eine einheitliche Marktbearbeitungsstrategie für diese Länder abzuleiten. Diese Strategie erfordert einen „globalen Blick", mit dem Ähnlichkeiten und Unterschiede zwischen Ländern und Märkten identifiziert werden mit dem Ziel, eine globale Strategie mit den lokalen Wünschen der einzelnen Märkte zu verbinden. Grundsätzlich wird zwischen einer geozentrischen und einer regiozentrischen Grundausrichtung unterschieden. Die geozentrische Strategie zielt darauf ab, so genannte Cross-Cultural-Groups zu identifizieren, also länderübergreifend homogene Zielgruppen, die standardisiert bearbeitet werden (Meffert/Burmann/Becker 2010, S. 69). Die regiozentrische Orientierung konzentriert sich nicht auf den gesamten Weltmarkt, sondern auf länderübergreifende Räume wie Europa, Asien, NAFTA (USA, Kanada und Mexico), usw. (Meffert/Burmann/Becker 2010, S. 70). Der Realisierung von Standardisierungsvorteilen stehen bei der globalen Strategie vor allem ein hoher Ressourcenaufwand sowie geringe Differenzierungsvorteile entgegen.

> **Beispiel: Regional angepasste globale Strategie bei McDonald's**
>
> *McDonald's*-Restaurants sehen auf der ganzen Welt sehr ähnlich aus und werden mit einem ähnlichen Konzept geführt. Diese globale Strategie wird jedoch durch regionale Anpassungen an die jeweiligen Landeskulturen unterstützt. So werden beispielsweise in den Restaurants in Israel die Koscher-Regeln beachtet, und alle Restaurants, die koscheres Essen anbieten, sind am Sabbat geschlossen. Analog hierzu gibt es in islamisch geprägten Ländern helal (d. h. den islamischen Speisevorschriften entsprechend ausgelegte) *McDonald's* und im hinduistischen Indien keine Rindfleischgerichte, stattdessen Geflügel-Burger sowie den auf Lammfleisch basierenden „McMaharadscha". Im Jahre 1992 öffnete das erste marokkanische *McDonald's* Restaurant an der mondänen Corniche von Casablanca, unweit der neu gebauten Hassan-II.-Moschee. Im Fastenmonat Ramadan bietet *McDonald's* in Marokko ein landestypisches Menü mit der Fastensuppe Harira und Datteln an. Heute gibt es in Marokko etwas mehr als 20 Filialen, 50 Prozent der Produkte werden von einheimischen Firmen geliefert (McDonald's 2011).

Mit einer **transnationalen Strategie** wird versucht, globale Effizienz, lokale Anpassungsfähigket und weltweite Lernfähigkeit zu verbinden (Kutschker/Schmid 2008, S. 290; Meffert/Burmann/Becker 2010, S. 71). Durch eine netzwerkartige Organisation werden weit gestreute und interdependente Ressourcen genutzt und dadurch sowohl Standardisierungs- als auch Differenzierungsvorteile realisiert. Dem stehen hohe Anforderungen in die Ressourcenbereitstellung, die Replikations- und Rekonfigurationskompetenz gegenüber. Diese Strategie zeichnet sich dadurch aus, dass in den einzelnen Ländern Tochterunternehmen angesiedelt sind, die sehr autonom von der Muttergesellschaft agieren können. Die Strategie transnationaler Unternehmen tritt häufig in der Finanzbranche auf, in der die einzelnen Ländergesellschaften sehr autonom von der Zentrale aus die Geschäfte lenken. Zu den größten transnationalen Finanzdienstleistern zählen *PNB Paribas, Royal Bank of Scotland* und die *HSBC Holdings Corporation*.

Schaubild 9-3-5 fasst die Bewertung der fünf Internationalisierungsstrategien zusammen.

Schaubild 9-3-5   Bewertung der Internationalisierungsstrategien

Bewertungskriterien \ Strategische Option	Internationales Marketing (i.e.S.)	Multinationales Marketing	Globales Marketing	Transnationales Marketing
Realisierung von Differenzierungsvorteilen	Gering	Hoch	Gering	Hoch
Realisierung von Standardisierungsvorteilen	Mittel	Gering	Hoch	Hoch
Ressourcenaufwand	Gering	Hoch	Mittel-Hoch	Hoch
Anforderungen an die Repliationskompetenz	Gering	Gering-Mittel	Hoch	Hoch
Anforderungen an die Rekonfigurationskompetenz	Gering	Hoch	Gering	Hoch

Quelle: in Anlehnung an Meffert/Burmann/Becker 2010, S. 68

Vereinfacht lassen sich diese Strategien auch als **Entwicklungsprozess der internationalen Geschäftstätigkeit** von (Dienstleistungs-) Unternehmen interpretieren. Dabei sind das multinationale und das globale Marketing als gegensätzliche Pole im Spannungsfeld zwischen globalem Wettbewerbsdruck und nationalen Bedürfnissen anzusehen (Meffert/Bolz 2001, S. 26).

Die **zunehmende Bedeutung einer transnationalen Marketingstrategie** in einigen Branchen, d. h., die gleichzeitige Ausrichtung des Auslandsengagements an den Erfordernissen von globaler Integration und lokaler Anpassungsfähigkeit, ist auf die Herausforderung des Managements zurückzuführen, die konfligierenden Interessen zwischen der Wahrnehmung globaler Kostenvorteile, nationaler bzw. regionaler Anpassung und weltweitem Lernen auszubalancieren bzw. miteinander zu verbinden. In der Praxis hat dementsprechend auf Grundlage weltweit konzipierter Rahmenstrategien eine nationale bzw. lokale Anpassung der gewählten Strategien zu erfolgen (Meffert/Bolz 2001, S. 28f.). Die strategischen Kompetenzen eines transnationalen Unternehmens sind insbesondere in der globalen Wettbewerbsfähigkeit, multinationalen Flexibilität und weltweiten Lernfähigkeit zu sehen (Bartlett/Ghoshal 1990; Lovelock 1999, S. 279ff.; Bergmann 2000, S. 83ff.).

Im Dienstleistungsbereich sind transnationale Strategien insbesondere in Branchen anzutreffen, in denen ein hohes spezifisches Know-how erforderlich ist (z. B. Werbeagenturen, Marktforschungsunternehmen). Durch ein transnationales Marketing wird in diesen Bereichen die **Bündelung bestimmter strategischer Kompetenzen** umgesetzt.

3.4 Internationale Markteintrittsstrategie

Nach der Auswahl der grundsätzlich zu bearbeitenden Ländermärkte ist in einem zweiten Schritt die Frage zu beantworten, in welcher Form der jeweilige Markteintritt zu vollziehen ist. Hier werden zunächst die relevanten Entscheidungskriterien bestimmt, bevor die Wahl der Markterschließungsstrategie (Wahl der Markteintrittsform) und die Wahl der Timingstrategie (Zeitpunkt des Markteintritts) definiert werden (vgl. Schaubild 9-3-6).

Schaubild 9-3-6 Entscheidungsprozess des Markteintritts

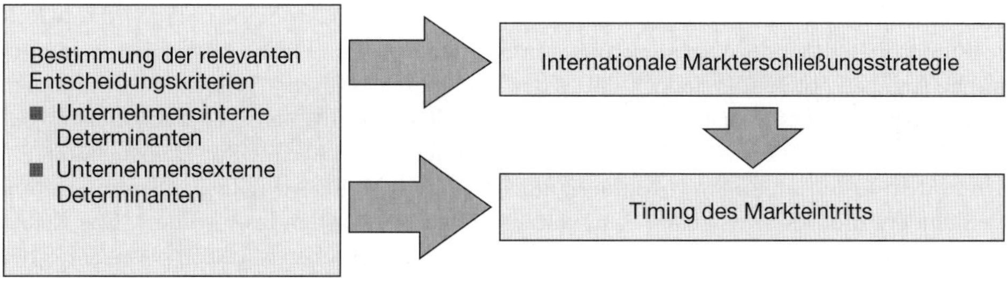

Bestimmung der relevanten Entscheidungskriterien
- Unternehmensinterne Determinanten
- Unternehmensexterne Determinanten

→ Internationale Markterschließungsstrategie

→ Timing des Markteintritts

3.41 Bestimmung der relevanten Entscheidungskriterien

Bevor eine Entscheidung über die Markteintrittsstrategie getroffen wird, hat das Unternehmen zu bestimmen, welches die relevanten Entscheidungskriterien sind, die im Entscheidungsprozess des Markteintritts zu berücksichtigen sind. Schaubild 9-3-7 gibt einen Überblick über mögliche **Entscheidungskriterien des Markteintritts** (vgl. Sanchez-Peinado/Pla-Barber/Hébert 2007).

Schaubild 9-3-7 Entscheidungskriterien des Markteintritts

Theoretische Grundlage	Entscheidungskriterien
Transaktionskostentheorie	Kontrolle, Risiko, Kapitalintensität, Standort
Organizational Capability Perspective	Ressourcenpotential (Unternehmensgröße, Auslandserfahrung, implizites Wissen)
Strategische Orientierung	Internationalisierungsstrategie, Motivation zum Markteintritt (Trend-following vs. Market-seeking; Exploration vs. Exploitation), Art der Dienstleistung (Kapital- vs. Wissensintensität)

Das Kriterium Kontrolle, das sich aus der **Transaktionskostentheorie** ergibt, kennzeichnet die Möglichkeiten des Unternehmens, die Auslandsaktivitäten zu kontrollieren und den Markt zu beeinflussen. Das Kriterium Standort systematisiert die Markteintrittsformen nach dem Schwerpunkt der Wertschöpfung, d. h. ob die Leistung, die auf dem ausländischen Markt vertrieben wird, zu größeren Teilen aus dem Heimatmarkt oder in dem Gastland erstellt wird. Das Kriterium Kapitaleinsatz beschreibt, ob und in welchem Umfang in das Stamm- oder Gastland investiert wird. Die Kapitalintensität ergibt sich aus den notwendigen Investitionen in Anlagewerte. Als kapitalintensive Dienstleistungen gelten Energiedienstleistungen, Telekommunikation oder Hotelketten. Wissensintensive Dienstleistungen zeichnen sich dadurch aus, dass Wissen als Inputfaktor eine übergeordnete Rolle bei der Erstellung der Dienstleistung einnimmt, d. h. es sind keine Investitionen in physische Anlagen notwendig, jedoch gilt es das intellektuelle Kapital (Wissen, Informationen, Erfahrungen) in dem Gastland aufzubauen. Zu den wissensintensiven Dienstleistungen gehören Accounting-Services, Managementberatungen oder Architektur-Dienstleistungen. Unter dem Kriterium Risiko wird die Möglichkeit eines Verlusts durch eine Fehlinvestition verstanden, die aus unwägbaren Umweltzuständen des Gastlandes resultiert. Das Risiko erhöht sich mit zunehmenden Investitionen in den ausländischen Markt (Meissner/Gerber 1980).

Als weitere Kriterien, die für oder gegen ein Auslandsengagement sprechen, können solche hinzugezogen werden, die sich aus **Organizational Capability Perspective** ergeben. Demnach spielt auch die Möglichkeit eine Rolle, die Ressourcen durch den Markteintritt in ein Gastland zu erweitern. Dazu gehört die Ausweitung des Unternehmens, um z. B. im Wettbewerb durch einen genügend großen Marktanteil bestehen zu können, die Auslandserfahrung, die das gesamte Unternehmen durch das zusätzliche bearbeitete Land gewinnt, und die Steigerung des impliziten Wissens auf organisationaler und individueller Mitarbeiterebene (Sanchez-Peinado/Pla-Barber/Hébert 2007). Eine mögliche Erweiterung der Ressourcen und Fähigkeiten eines Dienstleistungsanbieters durch die Internationalisierung erhöht den gesamten Unternehmenserfolg eines Dienstleistungsanbieters. Dienstleistungsunternehmen werden in diesem Zusammenhang als Bündel vielfältiger Ressourcen (Informationen, Wissen, Know-how) und Fähigkeiten (Kompetenzfelder, Ressourcenkombinationen) gesehen. Für Dienstleistungsanbieter haben die Mitarbeitenden eine besondere Relevanz, da sie in Zusammenarbeit mit dem Kunden die Dienstleistung erstellen. Die Bedeutung der Mitarbeitenden ist abhängig von den Charakteristika der angebotenen Leistung (z. B. Erklärungsbedürftigkeit des Produkts) und von der Notwendigkeit, sich stark in den ausländischen Markt zu integrieren. Die psychologische Distanz zwischen dem Stamm- und Gastland erfordert Auslandserfahrung und interkulturelle Kompetenz der Mitarbeitenden (Erramilli/Rao 1993).

Die Markteintrittsentscheidung eines internationalen Dienstleistungsunternehmens wird zudem durch seine **strategischen Orientierungen** und eine Vielzahl an strategischen Variablen beeinflusst (vgl. Sanchez-Peinado/Pla-Barber/Hébert 2007, S. 84):

- kulturelle Distanz,
- Länderrisiko,
- Bedeutung des Marketing (Marke, Reputation, Marketing Skills, Verkaufsstärke),
- implizites Wissen,
- Firmengröße,
- Auslandserfahrung,
- Internationalisierungsstrategie,
- trend-folgende Motive (Kunden, Wettbewerber),
- Markterschließungs-Motive (Entwicklung neuer Fähigkeiten, Erschließung neuer Ressourcen),
- Motivation: Vergrößerung bestehender Ressourcen,
- Motivation: Exploration neuer Ressourcen,
- Erfahrung mit der jeweiligen Markteintrittsform (full-control vs. shared-control),
- Art des angebotenen Services (Kapital- vs. Wissensintensität der Dienstleistung).

Bei den kapitalintensiven Dienstleistungen finden konventionelle Argumentationen (Kontrollmöglichkeiten, Risikoreduktion) für die Markteintrittsform Anwendung. Bei wissensintensiven Dienstleistungen haben dagegen strategische Variablen besonderen Einfluss auf die Markteintrittsform (Sanchez-Peinado/Pla-Barber/Hébert 2007).

3.42 Internationale Markterschließungsstrategie

In der Literatur existieren unterschiedliche **Kriterien zur Systematisierung** der verschiedenen **Formen des Markteintritts** (Kutschker 1992, S. 500ff.; Meissner 1995, S. 52f.; Kutschker/Schmid 2006):

- Managementleistungen und Kapitaleinsatz im In- und Ausland,
- Kontrollmöglichkeiten der Auslandsaktivitäten,
- Kooperationsabhängigkeit,
- Institutionelle Ansiedelung der Aktivitäten.

Die Unterscheidung von **Markteintrittsformen anhand der Dimensionen Managementleistungen sowie Kapitaleinsatz** im Stamm- und Gastland bietet sich aufgrund ihrer Einfachheit und Stringenz an (Schaubild 9-3-8). Dabei weist der Export auf der einen Seite den größten Anteil an Kapital- und Managementleistungen im Stammland auf, die Tochtergesellschaft als das andere Extrem den größten Anteil an Kapital- und Managementleistungen im Gastland. Die Chancen, Risiken und Kosten einer Markteintrittsstrategie steigen mit zunehmenden Leistungen im Gastland. Diese Eintrittsformen lassen sich jedoch ebenfalls als Phasen eines mehrstufigen Internationalisierungsprozesses mit variabler Phasenanzahl und Phasenlänge auffassen (Roberts 1999, S. 84). Allerdings ist zu berücksichtigen, dass die Art der erbrachten Dienstleistung bestimmte Stufen ausschließt, d. h., dass kontaktintensive Dienstleistungen z. B. nicht exportiert werden bevor weitere Markteintrittsformen herangezogen werden (Stare 2002, S. 79f.).

Im Rahmen der Entscheidung hinsichtlich eines Markteintritts ist eine **Vielzahl von Einflussfaktoren** durch das Management einzuschätzen. Die Vielzahl der Faktoren erschwert jedoch die Ableitung eines allgemeinen Modells zur Auswahl einer geeigneten Markteintrittsstrategie (Kutschker/Schmid 2006). Ferner hängt die Wahl einer bestimmten Markteintrittsform für Dienstleistungsunternehmen von den Ausprägungen der dienstleistungsspezifischen Besonderheiten ab. Es ist ersichtlich, dass sich nicht alle Dienstleistungsbranchen gleichermaßen für die Internationalisierungsformen eignen. Erste Anhaltspunkte zur Wahl einer geeigneten Internationalisierungsform liefert beispielsweise die Typologisierung internationaler Dienstleistungen auf Basis konstitutiver Merkmale von Vandermerwe/Chadwick (1989, S. 84; vgl, Schaubild 9-1-2). Grundsätzlich wird hinsichtlich der einzelnen Markteintrittstrategien zwischen dem Export und einer ständigen Präsenz im Ausland unterschieden (Meyer/Oevermann 1995, S. 174ff.; Stauss 1995, S. 461, Schaubild 9-3-5).

Der Export gilt als die klassische Eintrittsstrategie und wird häufig zu Beginn der Internationalisierung eines Unternehmens eingesetzt (Meffert/Burmann/Becker 2010, S. 177). Wie in Schaubild 9-1-2 ersichtlich wird, eignet sich der **Export von Dienstleistungen** – mit Ausnahme der veredelten (vgl. Kapitel 1, Abschnitt 2.3) oder digitalisierbaren Dienstleistungen (z. B. Musik-CDs, Softwareprogramme, Filme) – nur eingeschränkt. Diese Markteintrittsform ist vornehmlich für handelbare Leistungen in Betracht zu ziehen, die über Datennetze oder physische Datenträger bzw. Speichermedien vertrieben werden. Beispiele dafür sind elektronische Bankdienstleistungen, Internet-Shopping, Ferndiagnoseleistungen sowie allgemein ein länderübergreifender Datenaustausch. Diese Markteintrittsform ist neben den

Schaubild 9-3-8   Formen internationaler Markteintrittsstrategien

Kapital- und Managementleistungen im Stammland

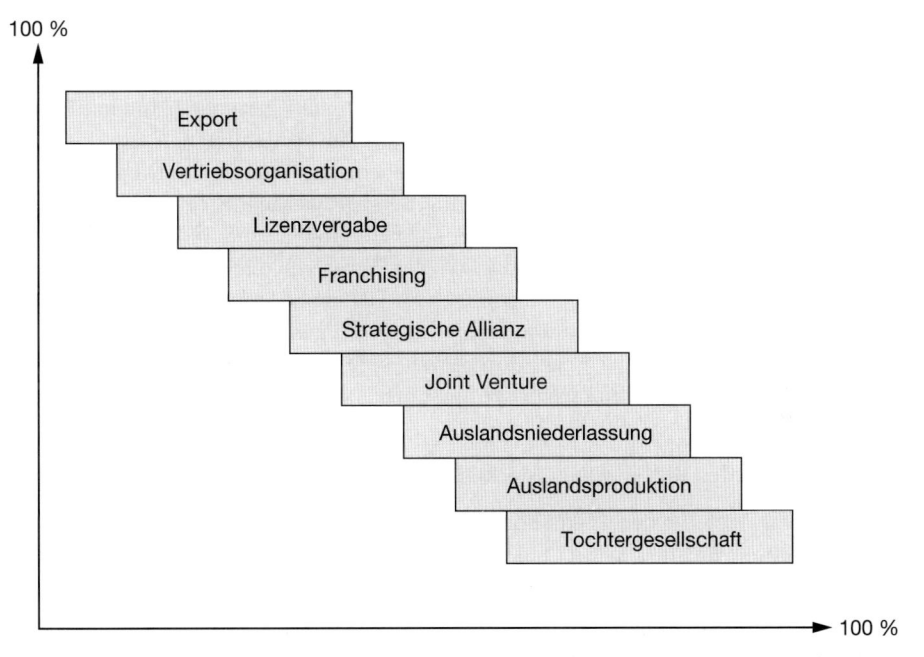

100 %

- Export
- Vertriebsorganisation
- Lizenzvergabe
- Franchising
- Strategische Allianz
- Joint Venture
- Auslandsniederlassung
- Auslandsproduktion
- Tochtergesellschaft

→ 100 %

Kapital- und Managementleistungen im Gastland

Quelle: Meissner/Gerber 1980, S. 224

veredelten Leistungen aber auch z.T. für intangiblere Leistungen möglich, sofern der Kundenkontakt zeitlich begrenzt ist. Ein Direktexport liegt beispielsweise auch vor, wenn ein Unternehmensberater in das Land des Mandanten reist, um ihn vor Ort zu beraten.

Bei folgenden Merkmalen einer Dienstleistung ist dagegen die ständige **Präsenz im Ausland** anzuraten (Meyer/Oevermann 1995, S. 175f.):

- intensive und dauerhafte Kundenbeziehungen,
- hohe Anzahl an Kunden,
- intensiver Kontakt zu lokalen (Beschaffungs-) Märkten,
- hohe Priorität des Kontaktes zu staatlichen Stellen,
- starke Präsenz der Wettbewerber im Auslandsmarkt,
- Notwendigkeit zu unmittelbaren Kundenkontakten.

Präsenz im Ausland lässt sich für Dienstleistungsunternehmen durch Lizenzvergabe, Franchisesysteme, Joint Ventures, eigene Tochtergesellschaften sowie Akquisitionen im Ausland erreichen, wobei auch eine Mischung aus den genannten Strategien denkbar ist. Die Entscheidung zugunsten einer bestimmten Markteintrittsform wird dabei insbesondere vor dem Hintergrund von Kriterien wie Möglichkeiten zur Überwachung und Kontrolle des Managementkonzeptes, Qualitätssicherung und der Realisierung von Größenvorteilen getroffen.

Für kapitalintensive Dienstleistungen, die eher durch einen geringeren Interaktionsgrad gekennzeichnet sind (z. B. Hoteldienstleistungen, Autovermietungen, Fastfood-Ketten), bieten sich beispielsweise Joint Ventures sowie Franchisingkonzepte an. Dienstleistungen, die hingegen zu einem Großteil personalorientiert erstellt werden (z. B. beratungsintensive Finanzdienstleistungen), profitieren von einer stärkeren Integration in das politisch-gesellschaftliche Umfeld des jeweiligen Landes, da das Verhalten der Mitarbeitenden für die Leistungserstellung von hoher Bedeutung ist. Der Bedarf an erfahrenen Mitarbeitenden, die über landesspezifisches Wissen und Know-how verfügen, erfordert daher die ständige Präsenz im Ausland, die in der Regel durch Akquisitionen oder Neugründungen erreicht wird und zugleich eine gute Kontrolle der Leistungserstellung bietet (Erramilli/Rao 1993, S. 21ff.).

Im Folgenden werden die einzelnen **Markteintrittsstrategien** kurz dargestellt:

Der wesentliche Vorteil einer Internationalisierung durch **Lizenznahme** liegt im schnellen und problemlosen Einstieg in den ausländischen Markt, der keine sozialen, rechtlichen und politischen Risiken beinhaltet. Da ein nur geringer Ressourceneinsatz notwendig ist, stellt die Lizenzierung eine bewährte und profitable Form des Markteintritts dar (Meffert/Burmann/Becker 2010, S. 181). Dementsprechend leicht ist ein Rückzug möglich, falls die Nachfrage im Auslandsmarkt zurückgeht. Nicht nur für kapitalschwache Unternehmen ist ein Markteintritt durch Lizenzvergabe ein gangbarer und vergleichsweise risikoloser Weg (Behofsics 1998, S. 54; Berndt/Fantapié Altobelli/Sander 2005, S. 144ff.; Cateora/Graham 2007). Die Vergabe von Lizenzen kommt häufig im Softwarebereich zum Einsatz. So vergibt Microsoft beispielsweise Lizenzen weltweit für den Vertrieb ihres Betriebssystems Windows an Hardwarehersteller, so dass diese ihre Geräte in Kombination mit dem Betriebssystem von Microsoft verkaufen können (Keegan/Schlegelmilch/Stöttinger 2002, S. 320).

Beim **Franchising** ist die Expansion mit begrenztem Kapitaleinsatz möglich, da der Franchisenehmer für die Überlassung eines gesamten Geschäftskonzeptes seinen Betrieb und sein Marketing in den Dienst des Franchisegebers stellt. Er verpflichtet sich zur Einhaltung der vorgegebenen Qualitätsanforderungen, profitiert auf diese Weise aber von der Reputation des Franchisegebers (Behofsics 1998, S. 56f.; Woratschek/Pastowski/Roth 2005, S. 171ff.; Berndt/Fantapié Altobelli/Sander 2005, S. 146f.; Meffert/Burmann/Becker 2010, S. 183f.). Als klassische Beispiele für die erfolgreiche Auslandsexpansion durch Franchising lassen sich die amerikanischen Fast-Food-Ketten wie z. B. *McDonald's* und *Burger King* anführen.

Ein **Joint Venture** ist eine dauerhafte Kooperation zweier oder mehrerer Partnerunternehmen, die durch eine Kapitalbeteiligung aller Partnerunternehmen gekennzeichnet ist. Bei internationalen Joint Ventures ist mindestens einer der Partner im Ausland niedergelassen (Ochel 2002; Berndt/Fantapié Altobelli/Sander 2005, S. 147f.; Kutschker/Schmid 2006). Vorteil eines Joint Ventures gegenüber einer gänzlich im Eigentum befindlichen Tochter ist die geringere Kapitalbeteiligung, die ein vermindertes Risiko bedeutet. Das Partnerunternehmen erhofft sich in erster Linie die Nutzung der besseren Marktkenntnisse des lokalen Partnerunternehmens (Behofsics 1998, S. 67). Die Internationalisierung durch die Bildung eines Joint Ventures eignet sich vor allem für Märkte, die aufgrund kultureller Differenzen oder spezifischer Handelshemmnisse als „schwierig" gelten (z. B. China). Ein wesentlicher Nachteil eines Joint Ventures stellt jedoch die fehlende Managementkontrolle dar, die in Konfliktsituationen die Durchsetzung von Unternehmensstandards, wie z. B. ein bestimmtes Qualitätsniveau, problematisch macht (Cateora/Graham 2007).

> **Beispiel: Pressemitteilung von Celesio bezüglich des Joint Ventures mit Medco**
>
> *Celesio* und *Medco*, zwei international führende Dienstleistungsunternehmen im Pharmamarkt, haben die Gründung eines Joint Ventures bekannt gegeben. Mit sektorübergreifenden Lösungen will es langfristig die Qualität der Gesundheitsversorgung von Patienten erhöhen und zur Reduzierung der finanziellen Belastung von Kostenträgern im Gesundheitswesen in Europa beitragen. Das Joint Venture *Medco Celesio B.V.* mit Sitz in Amsterdam gehört den beiden Muttergesellschaften zu gleichen Teilen und vereint die Stärken von *Medco* und *Celesio* in der Arzneimittelversorgung und -therapie. Das Joint Venture wird sich auf innovative, sektorübergreifende pharmazeutische Dienstleistungen für Patienten mit chronischen oder komplexen Erkrankungen wie Diabetes, Asthma, hohen Cholesterinwerten und Herzerkrankungen konzentrieren. Dadurch soll die Therapietreue, also die Befolgung der ärztlichen Anweisungen, erhöht und die Versorgung durch mehrere Leistungserbringer integriert werden. Dies wird zu höherer Patientensicherheit und verbesserter Effizienz im Gesundheitswesen beitragen (Celesio 2010).

Bei **Akquisitionen** stellen insbesondere die hohen einmaligen Kosten für viele Unternehmen eine Hürde dar. Die Vorteile einer Akquisitionsstrategie liegen in der Sicherung der Managementkontrolle des jeweiligen Unternehmens und der schnelleren Internationalisierung im Vergleich zum Eigenaufbau (Berndt/Fantapié Altobelli/Sander 2005, S. 148).

> **Beispiel: Internationale Marktbearbeitung durch Akquisitionen der Deutschen Bank**
>
> Die *Deutsche Bank* verfolgte in den letzten 20 Jahren ein exzessive Akquisitionspolitik im europäischen Raum und darüber hinaus. Schaubild 9-3-9 zeigt eine Übersicht der wichtigsten Akquisitionen seit 1989 (Deutsche Bank 2010a, S. 9ff.).

Schaubild 9-3-9 Akquisitionen der Deutschen Bank im In- und Ausland

Jahr	Land	Bank
1986	Italien	Banca d'America e d'Italia
1989	Großbritannien	Morgan Grenfell Group
1993	Spanien	Banco de Madrid
1993	Italien	Banca Popolare di Lecco
1998	Belgien	Crédit Lyonnais Belgium
1999	USA	Bankers Trust
2002	USA	Scudder Investments
2003	Schweiz	Rüd. Blass und Cie
2006	Russland	United Financial Group
2006	Deutschland	Berliner Bank / Norisbank
2010	Deutschland	Sal Oppenheim

Quelle: Deutsche Bank 2010a, S. 9ff.

Für Unternehmen, die Dienstleistungen mit geringer Ausprägung der Interaktionsintensität, des Intangibilitätsgrades und der Spezifität des Faktoreinsatzes anbieten, sind insbesondere die Überwachung und Kontrolle des Managementkonzeptes, die Qualitätssicherung und die Realisierung von Größeneffekten wichtig. Insofern bieten sich **vertragliche Regelungen** und **Joint Ventures** als Markteintrittsstrategien an (z. B. bei Hotels und Autovermietungen) (Kutschker/Schmid 2006).

Bei Dienstleistungen mit hoher Interaktionsintensität, hohem Intangibilitätsgrad und hoher Spezifität des Faktoreinsatzes integrieren sich die Unternehmen i.d.R. stärker in das politisch-gesellschaftliche Umfeld des Auslands. Weiterhin kommt dem Verhalten des Personals eine entscheidende Bedeutung zu. Dies impliziert die Notwendigkeit einer ständigen Präsenz im Ausland und einen hohen Bedarf an auslandserfahrenen bzw. interkulturell kompetenten Mitarbeitenden. Daher sind Direktinvestitionen, die eine maximale Präsenz und ein hohes Maß an Kontrolle ermöglichen, insbesondere durch **Akquisitionen mit Mehrheitsbeteiligungen**, aber auch **Joint Ventures** und **Neugründungen** anzuraten (Erramilli/Rao 1993). Diese Markteintrittsformen werden vornehmlich gewählt, wenn kein geeignetes Personal vorhanden ist, eine große soziokulturelle Distanz existiert, das Marktwissen gering oder das Länderrisiko hoch ist (Hübner 1996, S. 227ff.). Ein Beispiel hierfür ist das britische Mobilfunkunternehmen *Vodafone*, das durch Mehrheitsbeteiligungen an Anbietern auf allen fünf Kontinenten zum größten Mobilfunkkonzern weltweit aufgestiegen ist (vgl. Schaubild 9-3-10).

Strategisches internationales Dienstleistungsmarketing 843

Schaubild 9-3-10 Vodafone als Beispiel eines globalen Unternehmens

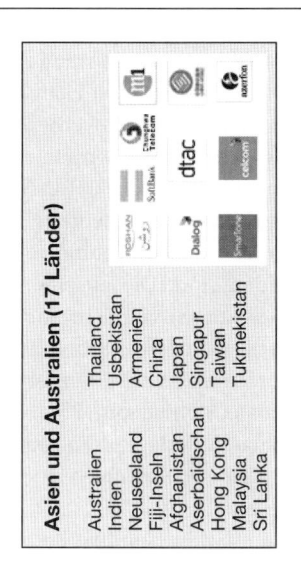

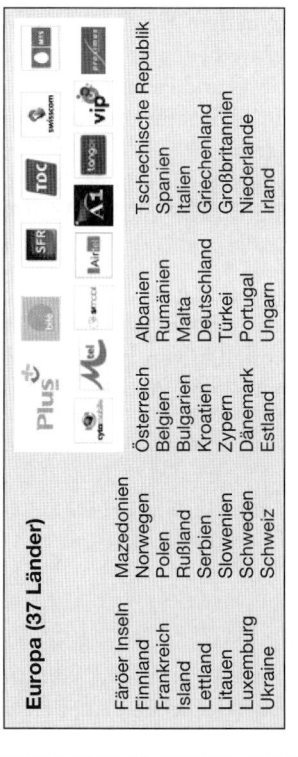

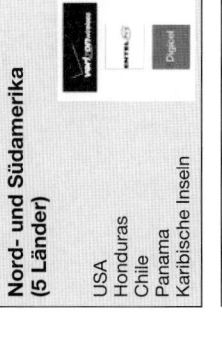

Europa (37 Länder)

Färöer Inseln	Mazedonien	Tschechische Republik
Finnland	Norwegen	Spanien
Frankreich	Polen	Italien
Island	Rußland	Griechenland
Lettland	Serbien	Großbritannien
Litauen	Slowenien	Niederlande
Luxemburg	Schweden	Irland
Ukraine	Schweiz	
	Österreich	Albanien
	Belgien	Rumänien
	Bulgarien	Malta
	Kroatien	Deutschland
	Zypern	Türkei
	Dänemark	Portugal
	Estland	Ungarn

Asien und Australien (17 Länder)

Australien	Thailand
Indien	Usbekistan
Neuseeland	Armenien
Fiji-Inseln	China
Afghanistan	Japan
Aserbaidschan	Singapur
Hong Kong	Taiwan
Malaysia	Tukmekistan
Sri Lanka	

Nord- und Südamerika (5 Länder)

USA
Honduras
Chile
Panama
Karibische Inseln

Mittlerer Osten und Afrika (12 Länder)

Katar	Ghana
Bahrain	Kongo
Arabische Emirate	Lesotho
Ägypten	Tansania
Kenia	Mosambik
Libyen	

Quelle: Vodafone 2010

Aufgrund der vielfältigen Möglichkeiten bei der Gestaltung der Markteintrittsstrategie (Erramilli 1990; Erramilli/Rao 1993) von Dienstleistungsunternehmen ist dementsprechend eine kritische Analyse der existierenden **Markteintrittsbarrieren** vorzunehmen (vgl. auch Abschnitt 2.2 in diesem Kapitel). In diesem Zusammenhang ist es für Dienstleistungsunternehmen erforderlich, sich mit institutionellen Barrieren, wie z. B. bestehenden Handelsbeschränkungen, auseinanderzusetzen, da Marktzugangsbarrieren und Wettbewerbsverzerrungen immer noch in vielen Variationen bestehen (Dahringer 1991; Zimmermann 1999; Zentes/Swoboda/Schramm-Klein 2010, S. 146; Meffert/Burmann/Becker 2010, S. 43). Dabei spielen tarifäre Handelshemmnisse für Dienstleistungen i.d.R. keine zentrale Rolle, da die Registrierung des Grenzübertritts nur schwer möglich ist – mit Ausnahme veredelter Dienstleistungen, die an physische Trägermedien gebunden sind. Die meisten staatlich bedingten Markteintrittsbarrieren resultieren bei Dienstleistungen vielmehr aus einer Diskriminierung ausländischer Anbieter im inländischen Markt (Mößlang 1995, S. 98). So werden in vielen Branchen und Märkten Dienstleistungen durch staatliche Monopolanbieter bereitgestellt (z. B. Telekommunikation, Luftverkehr) (Winsted/Patterson 1998, S. 301) und ausländische Anbieter werden oftmals durch Subventionen, auferlegte Importquoten oder so genannte „Local-Content-Vorschriften" gegenüber inländischen Anbietern diskriminiert (Mößlang 1995, S. 99f.; Zimmermann 1999, S. 218ff.; Stephenson 2002, S. 13ff.). Ein weiteres Beispiel stellt die sogenannte „Kautionspflicht" ausländischer Handwerker in der Schweiz dar. Nach diesem Gesetz sind ausländische Handwerker verpflichtet, eine Kaution von 20.000 CHF zu hinterlegen, wenn sie einen Auftrag in dem grenznahen Schweizer Kanton Basel-Stadt annehmen (Badische Zeitung 2010). Ferner bedeuten z. B. inländische Standards, Spezifikationen, erforderliche Zertifizierungen, Tests und Patente technische Restriktionen („Technical Barriers to Trade") und stellen häufig anzutreffende Marktzugangsbarrieren für ausländische Dienstleister dar (Winsted/Patterson 1998, S. 297; Vad/Henten 2003, S. 349). Preisfixierungen in Form von Höchst- und Mindestpreisen sowie Kapitalverkehrsbeschränkungen stellen eine zusätzliche Beschränkung für die Internationalisierung von Dienstleistungen dar (Kostecki/Nowakowski 1999).

Ein Großteil der Markteintrittsbarrieren im Dienstleistungsbereich geht aber nicht von gesetzlichen Regelungen, sondern vor allem von den Branchencharakteristika in den jeweiligen Ländern aus. Nach Porter (2010) existieren fünf **Hauptquellen von Eintrittsbarrieren**, von denen die Erfolgschancen eines Markteintritts abhängen (Porter 2010):

- Größenvorteile,
- Produktdifferenzierung,
- Kapitalbedarf,
- Umstellungskosten sowie der
- Zugang zu Distributionskanälen.

Unternehmen, die bereits seit längerer Zeit in einem Ländermarkt aktiv sind, können **Größenvorteile** nutzen, indem durch die Belieferung eines flächendeckenden Kundenstamms Degressionsvorteile bei der Leistungserstellung entstehen. Tritt ein Unternehmen neu in einen Ländermarkt ein, so muß meist ein kleiner Kundenstamm langsam aufgebaut werden, was eine effiziente Leistungerstellung erschwert. Verfügen die einheimischen Anbieter über eine ausreichend große **Produktdifferenzierung**, wird es für ein neues Unternehmen sehr schwer, in den Markt erfolgreich einzusteigen. Die Herausforderung liegt darin, eine Nische zu finden, die von den vorhandenen Unternehmen noch nicht besetzt ist.

> **Beispiel: Besetzung der Nische „Discounter" in der Schweiz durch Aldi und Lidl**
>
> Die Discounter *Aldi* und *Lidl* haben in der Einzelhandelslandschaft der Schweiz die Nische „Discounter" besetzt. Lange wurde dieses Segment nicht bedient, da der Einzelhandelsmarkt in fester Hand der beiden großen Handelsunternehmen *„Migros"* und *„Coop"* ist. Diese befinden sich beide im hochpreisigen Segment. Ob das Konzept von *Lidl* und *Aldi* Erfolg haben wird, bleibt abzuwarten, da es sich bei der Schweiz um ein Hochpreisland handelt.

Eine häufige Eintrittsbarriere stellt auch der hohe **Kapitalbedarf** im Vorfeld und im Zuge des Markteintritts dar (Zentes/Swoboda/Schramm-Klein 2010, S. 146). Während im produzierenden Gewerbe der hohe Kapitalbedarf mit den hohen Kosten in Bezug auf die Installation von Produktionsanlagen einher geht, ist dieser im Dienstleistungsbereich eher mit den Ausgaben für Vertriebs- und Außendienstmitarbeiter sowie für Werbung und Marketing zu sehen. Für beratungsintensive Dienstleistungen wie beispielsweise Versicherungen ist der Erfolg zu einem großen Teil von der Bereitstellung eines flächendeckenden Außendienstes abhängig. Darüber hinaus gibt es Branchen wie die Telekommunikation, deren Marktteilnehmer sehr hohe Summen in die Werbung investieren. Um hier einen erfolgreichen Markteinstieg zu vollziehen, wird man als Unternehmen ebenfalls ein hohes Werbebudget benötigen, um eine ausreichende Bekanntheit bei den Konsumenten zu erzielen.

Umstellungskosten seitens der Konsumenten sind ebenfalls häufige Gründe für das Scheitern eines Markteintritts. So schreckt es viele Konsumenten ab, ihren Telefonanbieter zu wechseln, da dies große Investitionen in eine neue Hardware usw. bedeuten würde. Weiterhin ist er **Zugang zu Distributionskanälen** eine entscheidende Barriere. Entweder steht das neu eintretende Unternehmen vor dem Problem, dass vorhandene Distributionskanäle bereits durch die Unternehmen vor Ort besetzt sind oder es hat neue Distributionskanäle aufzubauen (z. B. eigener Außendienst), und dies kann wiederum sehr kostspielig sein.

Somit ist auf der einen Seite die **Überwindung bestehender Markteintrittsbarrieren** eine zentrale Aufgabe des internationalen Dienstleistungsmarketing, auf der anderen Seite aber auch deren **Errichtung**. Etablierte Dienstleistungsunternehmen setzen effektive Markteintrittsbarrieren ein, um sich vor zunehmendem Wettbewerb zu schützen. In diesem Zusammenhang kommt insbesondere dem Themenfeld „Dienstleistungsqualität" im internationalen Kontext eine hohe Bedeutung zu. Die Sicherstellung einer hohen Dienstleistungsqualität ist die Voraussetzung für Unternehmen, stabile und dauerhafte Kundenbeziehungen aufzubauen, die eine wirksame Markteintrittsbarriere darstellen. Dementsprechend wird den Kundenerwartungen und der grenzüberschreitenden Wahrnehmung der Leistungsqualität im internationalen Vergleich besondere Aufmerksamkeit geschenkt, wobei insbesondere die unterschiedliche Relevanz von Qualitätsmerkmalen betrachtet wird (Lewis 1991; Sultan/Simpson 2000).

Bisher wurde der Eintritt in nur einen Ländermarkt betrachtet. Die meisten Unternehmen treten im Zuge ihrer Internationalisierungsstrategie in mehrere Länder ein. Deshalb ist es wichtig, eine entsprechende Timingstrategie zu entwickeln, wann und in welcher Reihenfolge einzelne Ländermärkte bearbeitet werden sollen.

3.43 Timing des Markteintritts

Im Rahmen des **Timings des Markteintritts** bestimmt ein Dienstleister zum einen den relativen **Zeitpunkt seines Markteintritts** zum Wettbewerb sowie zum anderen die **Reihenfolge des Markteintritts** in mehrere Auslandsmärkte. Eine Timingstrategie kennzeichnet allgemein die Planung, Umsetzung und Realisation des Markteintrittszeitpunktes eines Unternehmens (vgl. Kapitel 4, Abschnitt 4.15).

Als **Grundtypen der Timingstrategie** werden insbesondere die Pionier- sowie die Folgerstrategie unterschieden. Die **Pionierstrategie** bietet einem Dienstleister den Vorteil, den Markteintritt weiterer Anbieter durch den Aufbau von Markteintrittsbarrieren zu verhindern (z. B. durch den Aufbau eines dichten Filialnetzes sowie von stabilen Kundenbeziehungen). Die zentrale Schwierigkeit besteht darin, die aufgebauten Wettbewerbsvorteile langfristig abzusichern. Für die frühen und späten Folger bietet sich die Möglichkeit, sich an vorhandene Standards anzulehnen, die das Pionierunternehmen kostspielig aufgebaut hat, wobei der frühe Folger noch über die Möglichkeit verfügt, eigene Standards zu etablieren. Das zentrale Problem für die nachfolgenden Anbieter stellt im Allgemeinen die Überwindung der Markteintrittsbarrieren des Pioniers dar, insbesondere das Aufbrechen der bestehenden Präferenzstrukturen der Dienstleistungskunden.

In Bezug auf die Reihenfolge der Markteintritte lassen sich zwei Formen der **Folgerstrategie** unterscheiden. So bezeichnet die so genannte „**Wasserfallstrategie**" einen sukzessiven Markteintritt in mehrere Märkte. Dabei werden in der Regel zunächst Länder erschlossen, die das größte Marktpotenzial aufweisen und dem angestammten Markt kulturell am ähnlichsten sind (Berndt/Fantapié Altobelli/Sander 2005, S. 154ff.). Dieses abgestufte Vorgehen berücksichtigt die Tatsache, dass Dienstleister aufgrund beschränkter Ressourcen oftmals nicht in der Lage sind, viele Ländermärkte parallel zu bedienen. Darüber hinaus ermöglicht dieses schrittweise Vorgehen eine bessere Kontrolle des Risikos, da Unternehmen ihr Engagement jederzeit und auf jeder Stufe abbrechen können. Für leicht zu imitierende Leistungen ist diese Vorgehensweise aufgrund der Gefahr, dass Wettbewerber eine ähnliche Leistung früher einführen, mit Nachteilen behaftet. Beispielhaft für die Wasserfallstrategie ist in Schaubild 9-3-11 die Internationalisierungsstrategie der *Metro AG* dargestellt.

Im Rahmen der so genannten „**Sprinklerstrategie**" werden die einzelnen Auslandsmärkte hingegen nicht sukzessive, sondern simultan erschlossen (Berndt/Fantapié Altobelli/Sander 2005, S. 154ff.). Dieses simultane Vorgehen bietet zum einen den Vorteil, Markteintrittsbarrieren für nachfolgende Unternehmen zu errichten (z. B. durch einen progressiven Imagevorteil), sowie zum anderen den Vorteil der Risikostreuung auf mehrere Märkte – insbesondere wenn Märkte mit hohem politischen und ökonomischen Risiko bearbeitet werden.

Schaubild 9-3-11 Internationalisierungsstrategie der Metro AG

Anzahl betretener Ländermärkte

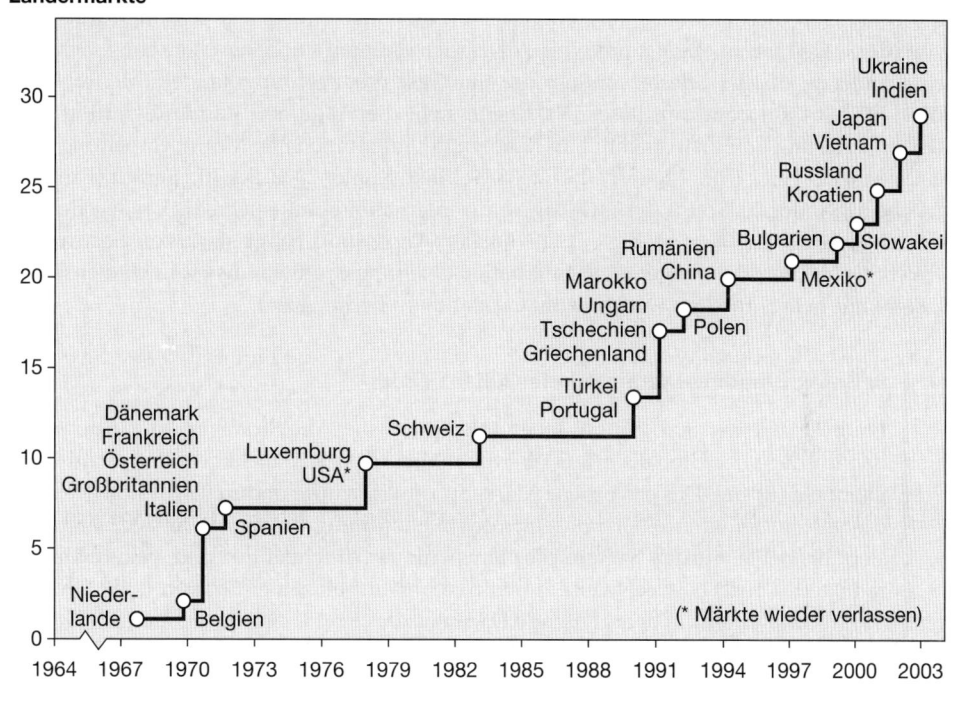

(Stufendiagramm der Markteintritte 1964–2003):
- Niederlande, Belgien (um 1967/1968)
- Dänemark, Frankreich, Österreich, Großbritannien, Italien
- Spanien
- Luxemburg, USA*
- Schweiz
- Türkei, Portugal
- Griechenland, Tschechien, Polen
- Ungarn
- Marokko, China
- Rumänien, Bulgarien, Slowakei
- Mexiko*
- Russland, Kroatien
- Japan, Vietnam
- Ukraine, Indien

(* Märkte wieder verlassen)

Quelle: Zentes/Swoboda/Morschett 2004, S. 1004

> **Beispiel: Eintrittsstrategie von Red Bull in internationale Schlüsselmärkte**
>
> Die Ländermarktauswahl von *Red Bull* erfolgt in erster Linie nach der Machbarkeit, da teilweise strenge Restriktionen bezüglich des Verkaufs von Energy-Drinks bestehen. Im Heimatmarkt Österreich agierte *Red Bull* als Pionier. Danach erfolgte eine „Wasserfallstrategie", indem zuerst in 1992 in Ungarn, 1994 in Slowenien und Deutschland das Getränk eingeführt wurde. Seit 1995 verfolgt *Red Bull* die „Sprinklerstrategie" in mehrere Ländermärkte innerhalb kürzester Zeit, da nach dem Erfolg bis zu diesem Zeitpunkt nun auch die finanziellen Voraussetzungen geschaffen waren, eine solche simultane Markteintrittsstrategie erfolgreich umzusetzen (Zentes/Swoboda/Morschett 2004, S. 990f.)

Insgesamt kommt der Zeit als strategischem Wettbewerbsvorteil eine steigende Bedeutung zu, so dass die zeitliche Abstimmung und Koordination der Markteintritte im Rahmen der strategischen Planung von international tätigen Dienstleistern mit großer Sorgfalt vorzunehmen ist.

3.5 Internationale Marktbearbeitungsstrategie

Im Rahmen der wissenschaftlichen und praktischen Diskussion der Chancen und Risiken eines weltweiten Engagements steht die Frage im Mittelpunkt, ob und unter welchen Voraussetzungen international übergreifend eine Vereinheitlichung des gesamten Einsatzes von Marketinginstrumenten sinnvoll ist, da es sich im internationalen Marketing nicht um eine länderspezifisch isolierte, sondern um eine Gesamtbetrachtung handelt (Meffert/Bolz 2001, S. 155f.). Im Zentrum dieser Diskussion steht die Frage der **Standardisierung** oder **Differenzierung** von Instrumenten im Rahmen der internationalen Marktbearbeitung (vgl. z. B. Jenner 1994, S. 15ff.; Meffert/Bolz 2001, S. 155ff.; Köhler 2002, S. 23ff.; Berndt/Fantapié Altobelli/Sander 2005, S. 170ff.). Dabei ist auf international unterschiedliche Gegebenheiten einzugehen. Die Notwendigkeit zur lokalen Anpassung hängt stark von der Art der angebotenen Dienstleistungen, den Internationalisierungsmotiven, den betrachteten Tätigkeiten und der kulturellen Distanz zum Gastland ab (Perlitz 2004).

> **Beispiel: Branding-Systematik der Allianz Group**
>
> Ein Beispiel einer markenpolitischen Integration stellt die Strategie der *Allianz Group* dar. Im Zuge der Globalisierung übernahm die *Allianz Group* Akquisitionen auf internationaler Ebene. Das erworbene Markenportfolio wurde dadurch sehr komplex und deshalb im Rahmen einer konsequenten Neuordnung bis zum Jahr 2002 harmonisiert. Bis heute wurden weitere Harmonisierungen durchgeführt und weitere Marken reduziert – auch beispielsweise durch den Verkauf einzelner Sparten (z. B. *Dresdner Bank*) – und unter die übergreifende Dachmarke *Allianz Group* zusammengefasst (vgl. Schaubild 9-3-12).

Schaubild 9-3-12 Branding-Systematik der Allianz Group

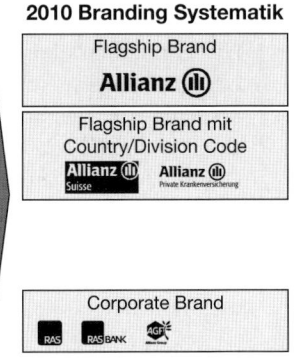

Als **Vorteile einer Standardisierung** gegenüber einer Differenzierung, sowohl der Marketinginhalte als auch der Marketingprozesse, werden folgende Aspekte angesehen (Meffert 1989, S. 447; Hünerberg 1994, S. 415; Berndt/Fantapié Altobelli/Sander 2005, S. 174f.; Lemmens/Croux/Dekimpe 2007):

- Realisierung eines international harmonischen Marktauftritts im Sinne einer Corporate Identity (z. B. in sämtlichen Ländern gleiches tangibles Umfeld von *McDonald's*),

- Steigerung der globalen Wettbewerbsfähigkeit durch Ausschöpfung von Kostensenkungs- und Synergiepotenzialen, insbesondere durch das Ausnutzen von Volumen-, Spezialisierungs- und Lerneffekten (z. B. Erhöhung der Kapazitätsauslastung durch internationale Kooperationen von Fluggesellschaften),

- Effizienzsteigerung der Planung und Kontrolle (z. B. Nutzung von internationalen Umfeldanalysen in mehreren Ländern),

- Erleichterung des Transfers von Personal und Know-how aus der Muttergesellschaft (z. B. internationale Einsatzfähigkeit der Mitarbeitenden von Unternehmensberatungen aufgrund standardisierter Beratungstools),

- Nutzbarmachung der Ausstrahlungseffekte des Firmenimages (z. B. *American Express*),

- Erhöhung des Kundennutzens durch die Etablierung einheitlicher Standards (z. B. bei Serviceanbietern aus dem EDV-Bereich).

Durch die Übertragung vereinheitlichter Leistungen und Prozesse auf mehrere Ländermärkte ergeben sich für bestimmte Dienstleistungsunternehmen Wettbewerbsvorteile. Jedoch stehen den Vorteilen auch **Nachteile der Standardisierung** im Vergleich zur Differenzierung gegenüber:

- mangelnde Berücksichtigung länderspezifischer Konsumentenbedürfnisse,

- unzureichende Zielgruppenansprache,

- mangelnde Flexibilität aufgrund der mit einer Standardisierung verbundenen Entscheidungszentralisation (z. B. ist bei einem hohen Standardisierungsgrad ein schnelles Reagieren auf neue, landesspezifische Trends nicht möglich),

- Hemmung innovativer Prozesse,

- mangelnde Akzeptanz der standardisierten Konzepte bei vergleichsweise unabhängig operierenden Tochtergesellschaften und damit Probleme bei der Strategiedurchsetzung.

Die grundsätzliche **Standardisierbarkeit der Kernleistung** hängt insbesondere von der Ausprägung der Interaktionsintensität, der Intangibilität der Leistung sowie der kulturellen Spezifität der Leistung ab (Stauss 1995, S. 457ff.; vgl. Abschnitt 1.3). Je höher diese Merkmale ausgeprägt sind, desto geringer ist das Standardisierungspotenzial. Eine zentrale Aufgabe des Managements ist deshalb die **Bestimmung des optimalen Standardisierungsgrades** (Stauss 1995, S. 459).

Da zwischen den extremen Formen der Standardisierung und Differenzierung ein **Kontinuum** besteht, ist für den Dienstleistungsanbieter die Auswahl einer Strategie möglich, die Aspekte beider Strategien enthält. Bei einer modularen Vorgehensweise wird im Allgemeinen die Basisleistung weitgehend standardisiert und mit einer Adaption des übrigen Marketinginstrumentariums bzw. mit Zusatzleistungen verknüpft. Sie versucht, die Vorzüge der Standardisierung und Differenzierung zu verbinden. Welche Leistungselemente zu standardisieren sind, hängt stark von der angebotenen Leistung ab.

In vielen Märkten hat sich das Gewicht von Einflussfaktoren, die eine Standardisierung begünstigen, in jüngerer Zeit vergrößert. Vor allem die länderübergreifende **Angleichung von Kundenbedürfnissen** und der zunehmende internationale Informationsaustausch sind Gründe dafür, dass sich in immer mehr Märkten die Notwendigkeit und Chance ergibt, aus ehemals differenzierten Dienstleistungen im internationalen Bereich standardisierte Dienstleistungen zu entwickeln (Voeth/Wagemann 2004). Allerdings gilt dies nicht für alle Arten von Dienstleistungen und Länder. Vielmehr gibt es eine Reihe von Faktoren, die den idealen Grad der Marketingstandardisierung von Dienstleistungen beeinflussen. Dies sind Faktoren der Makroumwelt (z. B. Einfluss des kulturellen, ökonomischen oder politischen Umfelds) und der Mikroumwelt (z. B. Einfluss der Wettbewerber, Nachfrager, Intermediäre) (Dolski/Hermanns 2005, S. 211ff.).

Bei der Frage nach einer standardisierten bzw. differenzierten Marktbearbeitung ist auch die im Rahmen der Internationalisierung von Dienstleistungen getroffene Entscheidung bezüglich der Form des Markteintritts von Relevanz. Durch die Gegenüberstellung der beiden strategischen Grundfragen „Marktbearbeitung" und „Markteintritt" lassen sich vier **Formen der Internationalisierung von Dienstleistungskonzepten** unterscheiden (Bruhn/Hadwich 2005; Schaubild 9-3-13).

Schaubild 9-3-13 Formen der Internationalisierung von Dienstleistungskonzepten

		Internationale Marktbearbeitungsstrategie	
		Standardisierung	Differenzierung
Form des Markteintritts	Eigenaufbau	Multiplikationsstrategie	Anpassungsstrategie
	Fremdbeteiligung	Verschmelzungsstrategie	Portfoliostrategie

Quelle: Bruhn/Hadwich 2005, S. 109

Unter der **internationalen Multiplikation** wird die länderübergreifende Vervielfältigung eines vorhandenen Dienstleistungskonzeptes verstanden, das im Eigenaufbau – also im Rahmen des Gründung von ausländischen Tochtergesellschaften oder eines Franchising – und weitgehend ohne eine kulturspezifische Anpassung realisiert wird. Wesentlicher Vorteil ist dabei die Nutzung von Potenzialen, die unternehmensintern bereits vorliegen (Hübner 1993, S. 187), und damit verbundene Skaleneffekte, besonders auch im Back-Office-Bereich. Zentrale Aufgabe der internationalen Multiplikation von Dienstleistungskonzepten stellt die Sicherstellung von internationalen Dienstleistungs- und Markenstandards dar.

> **Beispiel: Internationale Multiplikation durch Franchising am Beispiel McDonald's**
>
> Die erfolgreiche Umsetzung der Multiplikationsstrategie zeigt sich deutlich bei der Fastfoodkette *McDonald's*. Dieses Unternehmen hat sich in den Jahren seiner Erfolgsgeschichte zu einem der wichtigsten Dienstleistungsexporteure der USA entwickelt. Der Markterfolg basiert auf einem konsequenten Standardisierungskonzept, das seit den 1950er Jahren perfektioniert worden ist. Die Standardisierung bezieht sich dabei unter anderem auf das Leistungsangebot und den Leistungserstellungsprozess. So gibt es bei *McDonald's* international gültige Normvorschriften, die z. B. die Bratdauer eines Burgers auf dem Grill weltweit auf die Sekunde genau festlegt. Allerdings ist die reine Multiplikation von Leistungsprogrammen in der Unternehmenspraxis nicht vorzufinden. Oft hängt der Erfolg der Leistungsmultiplikation davon ab, ob der Dienstleistungsanbieter den richtigen Grad der Anpassung an das lokale Umfeld findet. Auch *McDonald's* hat das sonst global einheitliche Leistungskonzept in bestimmten Bereichen angepasst: In Japan wurde der „Teriyaki Burger" auf die Karte gesetzt, in Indien ein vegetarisches, in Israel ein koscheres Menü und in Deutschland – als große Ausnahme – Bier eingeführt (Dellago/Kliger 2004, S. 42). Zur internationalen Markterschließung hat sich *McDonald's* hauptsächlich des Franchiseexports bedient. Dieser ermöglicht es weltweit, die Umsetzung des Dienstleistungskonzeptes zu überwachen und die Qualität sicherzustellen.

Neben der Leistungsmultiplikation verfolgen Dienstleistungsanbieter im Rahmen einer eigenständigen Internationalisierung sehr häufig eine länderspezifische **Anpassung des Dienstleistungskonzeptes**. Dabei bieten Unternehmen zwar ein universelles Nutzenversprechen, passen jedoch das Dienstleistungskonzept sehr viel stärker an die lokalen Gegebenheiten an. Globales Konzept-Know-how wird kombiniert mit lokalem Markt-Know-how. Eine starke operative Beteiligung am neuen Geschäft ist dabei unumgänglich, weil das Angebot neu konzipiert oder zumindest stark anzupassen ist (Dellago/Kliger 2004, S. 42). Zentrale Aufgabe der länderspezifischen Anpassung von Dienstleistungskonzepten stellt die Berücksichtigung länderspezifischer Dienstleistungserwartungen sowie die Differenzierung der Dienstleistungsmarke dar.

Beispiel: Länderspezifische Anpassung am Beispiel von Handelskonzepten

Unternehmen, die diese Internationalisierungsform umgesetzt haben, sind z. B. *Metro*, *C&A* und *Tesco*. So gibt *Tesco* weltweit ein einheitliches Nutzenversprechen – mit identischen Elementen wie dem starken Handelsmarkenprogramm sowie konsequente Tiefstpreise bei führenden Marken. Das Sortiment wird jedoch stark regional ausgerichtet: In der Regel kauft *Tesco* über 80 Prozent seiner Waren im jeweiligen Land ein (Dellago/Kliger 2004, S. 42). Die länderspezifische Anpassung ist aufwändiger als die Multiplikation des Dienstleistungskonzeptes und erfordert mehr lokales Engagement. Doch lassen sich hohe Marktanteile erzielen, wenn das Unternehmen sich gut integriert.

Beispiel: Internationale Leistungsverschmelzung der Deutschen Post Euro Express

Eine erfolgreiche internationale Leistungsverschmelzung gelang der *Deutschen Post Euro Express*. Im Rahmen von M&A-Aktivitäten in den 1990er Jahren stellte sich unter anderem die Frage nach der internationalen Ausgestaltung des Dienstleistungsangebotes. Eine zur Fundierung dieser Entscheidung in Auftrag gegebene Untersuchung von Kundenerwartungen in Bezug auf Versanddienstleistungen ergab, dass bei Betrachtung der Bedeutung der einzelnen Beurteilungskriterien in den europäischen Ländermärkten erkennbar ist, dass den generischen Leistungsmerkmalen, wie Leistungsfähigkeit, Schnelligkeit und Termintreue, allgemein die höchste Relevanz zukommt. Dennoch lassen sich einige länderspezifische Besonderheiten ausmachen: Während z. B. in Polen die generischen Leistungsmerkmale eine herausragende Rolle spielen, sind diese in Frankreich weniger wichtig: hier kommt der Kundenorientierung eine relativ große Bedeutung zu. Engländer und Schweizer legen bei der Wahl ihres Versanddienstleisters besonderen Wert auf dessen Image, das wiederum für die Kunden in Deutschland, Frankreich, Belgien, Österreich und Polen im Vergleich zur Termintreue nur eine geringe Bedeutung hat (Meffert/Schneider/Ebbert 2002, S. 615ff.). Trotz der daraus abzuleitenden Schlussfolgerung, dass eine differenzierte Marktbearbeitung zweckmäßig erscheint und somit spezifisch angepasste nationale Anbieter Wettbewerbsvorteile aufweisen, entschlossen sich die Entscheidungsträger der *Deutschen Post* für ein international standardisiertes Dienstleistungsangebot. Ursache dafür war, dass das Management von einem Zusammenwachsen der europäischen Ländermärkte aufgrund der Globalisierungstendenzen und der fortschreitenden informationstechnologischen Vernetzung ausging. Statt national spezifischer Kundensegmente erwarteten sie eine Homogenisierung der Bedürfnisstrukturen. Da das Management zudem damit rechnete, dass insbesondere ein einheitliches Netzwerk einen zentralen Wettbewerbsfaktor im europäischen Paketmarkt darstellt, entschieden sie sich schließlich für die vollständige Integration der akquirierten Tochterunternehmen (Meffert/Schneider/Ebbert 2002, S. 619f.).

Unter der **Verschmelzungsstrategie** wird die im Rahmen von M&A-Aktivitäten vorgenommene Anpassung der Dienstleistungskonzepte des akquirierenden und des akquirierten Unternehmens mit dem Ziel eines länderübergreifend standardisierten Dienstleistungskonzeptes verstanden. Als wesentlicher Vorteil dieser Strategie gilt im Allgemeinen der Zeitaspekt, da sich relativ schnell Ressourcen im Ausland aufbauen lassen. Zentrale Ansatzpunkte der Verschmelzung von internationalen Dienstleistungskonzepten stellt die Eliminierung oder Modifikation von Dienstleistungen sowie die Vereinheitlichung von verschiedenen nationalen Marken dar.

Im Rahmen der **Portfoliostrategie** akquirieren Dienstleistungsunternehmen ausländische Anbieter und entwickeln sie unabhängig vom Mutterunternehmen weiter. Formal bedeutet dies meist Direktakquisitionen und Minderheitsbeteiligungen. Neben dem schnellen Aufbau von internationalen Ressourcen zählt die länderdifferenzierte und kulturspezifische Zielgruppenansprache zu den wesentlichen Vorteilen. Die Restrukturierung des Dienstleistungsprogramms sowie des Markenportfolios gehören hierbei zu den wichtigsten Aufgaben.

> **Beispiel: Internationale Dienstleistungsportfolios in der Tourismusbranche**
>
> Der Aufbau von internationalen Dienstleistungsportfolios lässt sich häufig in der Tourismusbranche beobachten. Hier findet die Internationalisierung i.d.R. nicht über die Markterschließung mittels international standardisierter Leistungen statt, sondern über Firmenkäufe nationaler Anbieter. Zum momentanen Zeitpunkt sind unter dem Dach der *World of TUI* Reise- und Ferienexperten aus 18 Ländern zusammengeschlossen.

Nach der Wahl der strategischen Ausrichtung der Internationalisierung geht es im nächsten Schritt darum, die operativen Maßnahmen zur Umsetzung der festgelegten Strategie zu implementieren.

4. Operatives internationales Dienstleistungsmarketing

Im Hinblick auf das operative internationale Dienstleistungsmarketing ergeben sich Aufgaben und entsprechende **Handlungsempfehlungen auf Basis der konstitutiven Dienstleistungsmerkmale**, d. h. der Notwendigkeit der Leistungsfähigkeit des Anbieters, der Integration des externen Faktors und der Immaterialität des Ergebnisses. Die jeweiligen Hauptaufgaben, die in Schaubild 9-4-1 zusammenfassend dargestellt sind, betreffen die fünf Marketingmixbereiche Leistungs-, Kommunikations-, Preis-, Distributions- und Personalpolitik in unterschiedlichem Ausmaß.

Schaubild 9-4-1 Implikationen für das operative internationale Dienstleistungsmarketing auf Basis der konstitutiven Dienstleistungsmerkmale

Besonderheiten von Dienstleistungen	Implikationen für das internationale Dienstleistungsmarketing
Leistungsfähigkeit des Dienstleistungsanbieters	■ Sicherstellung der internationalen Leistungsfähigkeit (länderspezifisch/länderübergreifend) ■ Dokumentation der internationalen Leistungsfähigkeit (länderspezifisch/länderübergreifend)
Integration des externen Faktors	■ Steuerung mitarbeiterbezogener Qualitätsdimensionen ■ Vermeidung von Qualitätsschwankungen
Immaterialität (Nichtlagerfähigkeit, Nichttransportfähigkeit)	■ Berücksichtigung von Interpretationsunterschieden bezüglich Qualitätsindikatoren ■ Berücksichtigung des Länderimages ■ Überwindung der (internationalen) Nichttransportfähigkeit

4.1 Implikationen aus der Notwendigkeit der Leistungsfähigkeit des Anbieters

Aus der Notwendigkeit der Leistungsfähigkeit des Dienstleistungsanbieters resultiert die Aufgabe der **Sicherstellung der internationalen Leistungsfähigkeit**. Die Sicherstellung einer **länderspezifischen** Leistungsfähigkeit ist erforderlich, um eine Ausrichtung an den jeweiligen Besonderheiten der Ländersegmente zu ermöglichen. Durch Kooperatioonen in der internationalen Leistungs- und Distributionspolitik (Schaubild 9-4-2) mit einheimischen Anibetern der entsprechenden Leistungen bzw. bestimmter Leistungselemente kann sich ein Dienstleistungsunternehmen länderspezifische Dienstleistungskompetenzen indirekt aneignen.

Schaubild 9-4-2 Beispiele internationaler Kooperationen im Dienstleistungsbereich

- Star Alliance: Insgesamt 27 Airlines
  (u. a. Lufthansa – Continental – Air Canada – Spanair – United Airlines)
- Vodafone – Debitel AG – MobilCom
- Messe Düsseldorf – Shanghai – Moskau – Tokio – Neu Delhi – Singapur
- Hertz – Ryanair
- Karlsruher Lebensversicherungs AG – Württembergische Versicherung AG
- TUI – Air Berlin

Weiterhin kommt Franchisingsystemen eine besondere Bedeutung zu (z. B. *McDonald's, Benetton, OBI*), da sie einen weltweit einheitlichen, länderübergreifenden Marktauftritt sinnvoll mit den länderspezifischen Besonderheiten kombinieren. Im Rahmen der internationalen Personalpolitik helfen Maßnahmen der Personalauswahl (z. B. Einstellung von einheimischem Personal) und der Personalentwicklung (z. B. Schulungen von Mitarbeitenden aus dem Herkunftsland), länderspezifische Kompetenzen der Kundenkontaktmitarbeitenden aufzubauen.

Bei der Sicherstellung der **länderübergreifenden** Leistungsfähigkeit, die das Leistungs- und Qualitätsniveau unabhängig von Länderbesonderheiten anstrebt, kommt der leistungs- und personalpolitischen Nutzung internationaler Synergien eine besondere Bedeutung zu. Hier werden die spezifischen Erfahrungen sämtlicher Länder verknüpft, wobei eine weltweite interne Kommunikation den Austausch hinsichtlich leistungsrelevanter Aspekte – vor allem durch die Nutzung neuer Technologien wie z. B. durch das Intranet – unterstützt.

Neben der Sicherstellung ist die **Dokumentation der länderspezifischen und länderübergreifenden Leistungsfähigkeit** die zweite Hauptaufgabe des internationalen Dienstleistungsmarketing, die aus der Notwendigkeit der Leistungsfähigkeit des Anbieters resultiert. Dafür eignen sich Maßnahmen der Kommunikationspolitik. Die Dokumentation dient länderspezifisch dazu, bei den Kunden im Gastland Vertrauen gegenüber dem Dienstleistungsanbieter zu schaffen. Länderübergreifend vermittelt es Wettbewerbsvorteile gegenüber der einheimischen und der internationalen Konkurrenz.

4.2 Implikationen aus der Integration des externen Faktors

Aus der Integration des externen Faktors leitet sich für das internationale Dienstleistungsmarketing die Aufgabe der **Steuerung mitarbeiterbezogener Qualitätsdimensionen** ab. Da das Mitarbeiterverhalten einen Großteil der Qualitätswahrnehmung der Kunden bestimmt (Belz/Schmitz/Brexendorf 2005, S. 288), ist eine Berücksichtigung der Besonderheiten des Gastlandes notwendig (Malhotra et al. 1994). Zur Sicherstellung dieser Anpassungsprozesse sind Maßnahmen der Personalpolitik geeignet. Im Rahmen der Personalakquisition sind entweder einheimische Mitarbeitende einzustellen und/oder die sprachlichen sowie sozialen Fähigkeiten von Mitarbeitenden des Herkunftslandes zu überprüfen. Schließlich lassen sich diese Fähigkeiten durch Maßnahmen der Personalentwicklung verbessern. Die interne Kommunikation unterstützt den weltweiten Austausch von länderspezifischen Besonderheiten.

Des Weiteren erfordert die Integration des externen Faktors die **Vermeidung von Schwankungen der Dienstleistungsqualität**, die sowohl auf den Kunden als auch auf den Mitarbeitenden zurückführbar sind. Diese Problematik hat aufgrund der kulturellen und geografischen Distanz im internationalen Kontext ein noch schwereres Gewicht (Stauss 1995, S. 465; Hünerberg/Mann 1996; Benkenstein/Zielke 2005). Eine Sensibilisierung für die länderspezifischen Besonderheiten durch Maßnahmen der Personalpolitik trägt zur Stabilisierung der Leistungsqualität bei. Daneben lassen sich Schwankungen durch eine Leistungsstandardisierung im Rahmen der Leistungspolitik vermeiden. In diesem Zusammenhang ist zu beachten, dass eine Standardisierung nur bei länderübergreifend vergleichbaren Leistungselementen sinnvoll ist.

4.3 Implikationen aus der Immaterialität des Ergebnisses

Aus der Immaterialität resultiert die Berücksichtigung von **Interpretationsunterschieden bezüglich der Qualitätsindikatoren**. Bei der internationalen Leistungspolitik spielen Unterschiede bezüglich des tangiblen Umfeldes und des Markenimages, z. B. hinsichtlich der Bedeutung von Formen, Farben und Materialien eine Rolle (Stauss 1995, S. 464). Im Rahmen der internationalen Kommunikationspolitik sind bei der Gestaltung der Massenkommunikation ebenfalls kulturelle Aspekte bezüglich der Interpretation von Musik, Personen oder Farben von Bedeutung (Bruhn 1992). Auch im Rahmen der Preis- und Distributionspolitik sind Interpretationsunterschiede zu berücksichtigen. Länderübergreifend unterschiedliche Preis-Leistungs-Einschätzungen (Stauss 1995, S. 464) lassen sich durch die Definition von Preislagen für bestimmte Regionen oder Ländergruppen begegnen (Bolton/Myers 2003; Berndt/Fantapié Altobelli/Sander 2005, S. 216). Ebenso ist es möglich, die Preisdifferenzierung im Zusammenhang mit einer Leistungsdifferenzierung durchzuführen, um die unterschiedlichen Preisniveaus in den verschiedenen Ländermärkten anzupassen.

Schaubild 9-4-3   Farbanmutungen der Nationen

Farbe \ Land	Österreich	Brasilien	Dänemark	Finnland	Frankreich	Italien	Pakistan	Schweiz
Schwarz	Trauer	Trauer Tod Geheimnis	Trauer Sorge	Sorge Eifersucht	Sorge Trunkenheit Eifersucht	Depression	Trauer Hilflosigkeit	Pessimismus Illegalität
Weiß	Unschuld	Friede Sauberkeit Reinheit	Unschuld Reinheit	Unschuld Sauberkeit	Reinheit Jugend	Unschuld Furcht Liebesaffäre	Trauer Nüchternheit Eleganz	Reinheit Unschuld
Rot	Ärger Liebe Leidenschaft	Wärme Leidenschaft Hass	Liebe Gefahr Feuer	Ärger Liebe Leidenschaft	Ärger Hitze Vergnügen	Ärger Gefahr Feuer	Ärger Heiratszusage	Ärger Feuer
Grün	Hoffnung	Hoffnung Freiheit Krankheit	Hoffnung Langeweile Gesundheit	Hoffnung Neid	jugendlich Furcht	Neid Jugend Geldknappheit	Glück Frömmigkeit ewiges Leben	unwohl unreif
Blau	Treue	Ruhe Kälte	Qualität	Kälte ohne Geld unschuldig	Ärger Furcht	Furcht	(kein besonderer Ausdruck)	Wut Ärger Romanze
Gelb	Eifersucht	Freude Sonne Glück	Gefahr Falschheit Neid	(kein besonderer Ausdruck) Krankheit	Krankheit	Ärger	Jungfräulichkeit Schwäche Ärger	Neid

Quelle: Wilkes 1989, S. 112

Auch im Rahmen der internationalen Kommunikationspolitik sind vor allem bei der Gestaltung der Massenkommunikation kulturelle Aspekte von Bedeutung. Insbesondere sind kulturelle Unterschiede bezüglich der Interpretation von Musik, Personen oder Farben (Schaubild 9-4-3) zu berücksichtigen.

Eine kulturangepasste Massenkommunikation ist durch die Anpassung an die besonderheiten der fremden Kulturen gekennzeichnet. Eine ausschließlich kulturunabhängige Massenkommunikation würde die Kommunikationspolitik um eine Vielzahl von Gestaltungselementen beschneiden, während eine ausschließlich kulturangepasste Massenkommunikation aus Kostengründen nicht durchführbar ist. Auf der Grundlage einer weltweit konzipierten Rahmenstrategie erfolgt daher in vielen Unternehmen eine nationale oder auch lokale Anpassung des globalen Konzeptes. So werden bei den *Esso*-Shops der Markenname und –zeichen beispielsweise in bestimmten Regionen den dort gebräuchlichen unterschiedlichen Schriftzeichen angepasst (Schaubild 9-4-4).

Weiterhin leitet sich aus der Immaterialität des Ergebnisses die Notwendigkeit der **Berücksichtigung des Länderimages** ab. Das Qualitätsimage des Herkunftslandes, das vom Unternehmen alleine nicht steuerbar ist, stellt – im Zuge des so genannten **„Country-of-Origin"-Effektes** – einen im Zeitablauf stabilen Umfeldparameter mit einer hohen Relevanz für Kaufentscheidungen dar (Bilkey/Nes 1982; Han/Terpstra 1988; Kühn/Weiss 1998, S. 56; Wächter et al. 2004). Schaubild 9-4-5 zeigt die führenden 25 Ländermarken nach dem Country Brand Index von 2010, der jährlich durch eine Befragung von Vielreisenden (beruflich und privat) und Experten aus verschiedenen Bereichen wie Tourismus, Bildung, Politik usw. erhoben wird (für einer ausführliche Beschreibung des Country Brand Image vgl. Futurebrand 2010). Dabei lässt sich das Länderimage im Rahmen der internationalen Kommunikationspolitik in die kommunikativen Botschaften des Anbieters integrieren bzw. im Rahmen der internationalen Preispolitik die Durchsetzung höherer Preise im Vergleich zu inländischen Anbietern oder Anbietern aus anderen Ländern realisieren (Stauss 1995, S. 464; Dahringer/Mühlbacher 1999, S. 421).

Die Immaterialität von Dienstleistungen begründet schließlich die Aufgabe der **Überwindung der (internationalen) Nichttransportfähigkeit**. Diese Problematik des Dienstleistungsmarketing wird im internationalen Kontext aufgrund der größeren geografischen Entfernung verstärkt. Neben Entscheidungen bezüglich der internationalen Markteintrittsstrategie (vgl. Abschnitt 3.4) trägt der Einsatz neuer Technologien zur Überwindung dieses Problems bei. Entweder sind einzelne Distributionsprozesse (z. B. Recherche und Bestellung von Büchern im Internet mit anschließender physischer Lieferung der Bücher) oder die gesamte Distribution (z. B. reine Internet-Distribution von Börseninformationen, Software, Zeitungsartikeln) mit Hilfe neuer Technologien durchführbar. Des Weiteren ist auch die Schaffung neuer Dienstleistungen auf Basis der neuen Technologien (vgl. z. B. E-Services in Kapitel 6, Abschnitt 1.23) denkbar (Wymbs 2000; Bruhn 2002a; Zillur 2004). Ähnlich wie beim klassischen (nationalen) Dienstleistungsmarketing bestehen im Hinblick auf das internationale Dienstleistungsmarketing noch zahlreiche offene Fragestellungen. Aufgrund der wachsenden Tertiärisierung der hoch entwickelten Gesellschaften auf der einen Seite und der zunehmenden Globalisierung der Märkte auf der anderen Seite ist eine intensive Auseinandersetzung mit diesem Thema weiterhin notwendig.

Schaubild 9-4-4   Internationale Markendifferenzierung am Beispiel der Esso-Shops

Exxon USA

Esso Deutschland

Esso in the UK

Esso Thailand

Esso Italien

ESSO Argentina, Paraguay y Uruguay

Esso Brasileira

Quelle: in Anlehnung an Bruhn/Hadwich 2005, S. 114

Schaubild 9-4-5 Top 25 Länder des Futurebrand Ländermarken-Image

Rang 2010	Country Brand	Rang 2009	Veränderung	Rang 2010	Country Brand	Rang 2009	Veränderung
1	Kanada	2	+1	14	Spanien	10	-4
2	Australien	4	+2	16	Singapur	13	-2
3	Neuseeland	3	+0	16	Malediven	19	+3
4	USA	1	-3	17	Irland	12	-5
5	Schweiz	11	+6	18	Bermudas	15	-3
6	Japan	7	+1	19	Dänemark	23	+4
7	Frankreich	5	-2	20	Österreich	28	+8
8	Finnland	16	+8	21	Mauritius	26	+5
9	Großbritannien	8	-1	22	Griechenland	14	-8
10	Schweden	21	+11	23	Indien	18	-8
11	Deutschland	9	-2	24	Island	25	+1
12	Italien	6	-6	25	Niederlande	31	+6
13	Norwegen	22	+9				

Quelle: Futurebrand 2010, S. 6

Bei den genannten Punkten handelt es sich um mögliche Zukunftserwartungen im Dienstleistungssektor. Diese und weitere zu erwartende Entwicklungstendenzen werden im abschließenden Kapitel diskutiert.

Kapitel 10:
Entwicklungstendenzen des Dienstleistungsmarketing

1. Entwicklung zur Dienstleistungsgesellschaft 863
2. Internationalisierung als bedeutender Wirtschaftsfaktor 864
3. Kundenbindung als zentrale Zielgröße von Dienstleistungsunternehmen.... 864
4. Kundenintegration mittels Social Media 865
5. Standardisierung vs. Individualisierung von Dienstleistungen 865
6. Interne Serviceorientierung in Dienstleistungsunternehmen 866
7. Implementierung von Strategien durch ein systematisches Internes Marketing 866
8. Profitabilitätsorientierung als erfolgsrelevante strategische Ausrichtung von Dienstleistungsunternehmen 867
9. Leitidee des „Total Quality Management" 867
10. Führung von Dienstleistungsmarken zum Aufbau von Vertrauen beim Kunden 868

Vor dem Hintergrund eines stetigen Bedeutungszuwachses des Dienstleistungssektors bei der volkswirtschaftlichen Betrachtung, verbunden mit einer zunehmenden Vernetzung von Sach- und Dienstleistungsunternehmen durch das Angebot von Value Added Services, werden Dienstleistungsunternehmen in Zukunft mit einer Vielzahl neuartiger Herausforderungen konfrontiert, die im Rahmen der betriebswirtschaftlichen Forschung derzeit nur zum Teil lösbar sind.

Im Folgenden werden einige zusammenfassende **Thesen** formuliert, die Perspektiven für die erfolgreiche **Führung von Dienstleistungsunternehmen in der Zukunft** aufzeigen (Meffert 2001; Grove/Fisk/John 2003, S. 107ff.). Im Anschluss an jede These werden konkrete **Implikationen für die wissenschaftliche Forschung** abgeleitet.

1. **Entwicklung zur Dienstleistungsgesellschaft:** Der Weg in die Dienstleistungsgesellschaft wird sich mit unvermittelter Geschwindigkeit fortsetzen.

Die Gründe für die Entwicklung einer Dienstleistungsgesellschaft sind vielfältig. Gesellschaftliche Veränderungen wie der gestiegene Anteil erwerbstätiger Frauen, flexiblere Arbeitszeiten sowie die Entlokalisierung von geschäftlichen und privaten Kontakten tragen hierzu ebenso bei wie demografische Veränderungen durch eine steigende Lebenserwartung, die eine erhöhte Nachfrage nach Pflege- und Freizeitdienstleistungen zur Folge haben werden. Auch Veränderungen in Konsum- und Industriegüterunternehmen verstärken den Trend hin zur Dienstleistungsgesellschaft. Hervorzuheben ist in diesem Zusammenhang insbesondere die wachsende Bedeutung der Value Added Services, die Differenzierungsvorteile durch Zusatzleistungen bieten. So sehen sich viele Unternehmen (v. A. im Industriegüterbereich) nicht mehr nur als Produzent, sondern sie definieren sich als „Solution Provider", die rund um den Kauf und die spätere Nutzung des Produktes Lösungen in Form von Dienstleistungen anbieten (z. B. Beratung, Wartung, Reparatur, Pflege, usw.). Schließlich ist auf das veränderte Konsumentenverhalten hinzuweisen. Der Trend zur Bequemlichkeit und die damit einhergehenden steigenden Ansprüche an die Dienstleistungsangebote stellen eine weitere Ursache für die wachsende Nachfrage nach Dienstleistungen dar.

Weiterhin wird durch die Diskussion über das Thema „Service-Dominant Logic" die Bedeutung von Dienstleistungen auch in der Marketingwissenschaft verstärkt. Diese besagt, dass im Grunde alle Austauschbeziehungen (also auch die von Gütern) letztendlich auf dem Austausch von Dienstleistungen, im Sinne von Wissen und Fähigkeiten beruhen, sowie dass dieser Austausch auf der Interaktion mit und der Integration von den Kunden beruht.

Die Wissenschaft ist daher aufgefordert, Ursache-Wirkungs-Zusammenhänge der veränderten gesellschaftlichen Rahmenbedingungen im Hinblick auf die wachsende Nachfrage nach Dienstleistungen genauer zu untersuchen.

2. **Internationalisierung als bedeutender Wachstumsmotor:** Das Wachstum von Dienstleistungsunternehmen vollzieht sich zukünftig verstärkt über die Internationalisierung.

Angesichts der zunehmenden Deregulierung und Liberalisierung nationaler Dienstleistungsmärkte sowie der damit verbundenen strategischen Bedeutung des Faktors „Zeit" werden Wachstumsstrategien von Dienstleistungsunternehmen in Zukunft stärker durch die Multiplikation erfolgreicher Dienstleistungskonzepte in Auslandsmärkten gekennzeichnet sein. Insbesondere auf dem Gebiet der Internationalisierung wird der Einfluss neuer Online-Dienstleistungen (E-Services) vielfältige Auswirkungen auf die bestehenden Anbieter haben (Wymbs 2000; Zillur 2004).

Die Marketingwissenschaft bzw. die betriebswirtschaftliche Forschung hat sich, anders als die Volkswirtschaftslehre, mit der Internationalisierung von Dienstleistungen bislang nur wenig auseinandergesetzt. Forschungsbedarf besteht vor allem im Hinblick auf die Fragestellung, welche Dienstleistungskonzepte besonders für eine Multiplikation geeignet sind und in welchen Branchen aufgrund gesellschaftlich-kultureller, rechtlicher oder wirtschaftlicher Rahmenbedingungen eine entsprechende Anpassung an die Erfordernisse des jeweiligen Ländermarktes, z. B. mittels Verschmelzungs-, Anpassungs- oder Portfoliostrategie notwendig ist.

3. **Kundenbindung als zentrale Zielgröße von Dienstleistungsunternehmen:** Das strategische Ziel, Kunden langfristig an das Unternehmen zu binden, wird in Zukunft für Dienstleistungsunternehmen an Relevanz gewinnen.

Vor dem Hintergrund einer steigenden Wettbewerbsintensität in vielen Dienstleistungsbranchen wird die Fokussierung auf den bestehenden Kundenstamm weiter an Bedeutung gewinnen. Die Akquisition von Neukunden ist in der Regel mit hohen Kosten verbunden, so dass die Deckungsbeiträge bei Geschäften mit Neukunden weitaus geringer ausfallen als bei Dienstleistungen, die für bereits bestehende Kunden erstellt werden. Neben höheren Erfolgsbeiträgen aufgrund geringerer Betriebskosten führt ein proaktives Kundenbindungsmanagement zudem zu einer erhöhten Kauffrequenz sowie zu Erfolgsbeiträgen durch Weiterempfehlungen zufriedener Kunden. Ferner weisen einzelne Dienstleistungsnachfrager aufgrund des reduzierten wahrgenommenen Kaufrisikos möglicherweise eine geringere Preiselastizität auf.

Der Marketingwissenschaft stellt sich in diesem Zusammenhang verstärkt die Frage nach der Erfolgswirkung verschiedener Kundenbindungsinstrumente in unterschiedlichen Branchenkontexten. Forschungsbedarf besteht zudem hinsichtlich der Fragestellung, welche Kundengruppen für ein Dienstleistungsunternehmen im Rahmen des Kundenbindungsmanagements besonders relevant sind.

4. **Kundenintegration mittels Social Media:** Das konstitutive Merkmal der Kundenbeteiligung führt zwangsläufig zu einer verstärkten Form der Kundenintegration bei den meisten Dienstleistungen – forciert durch die nutzergetriebenen Medien (Social Media).

Innerhalb des Dienstleistungsmanagements zählt es deshalb zu den zentralen strategischen und operativen Aufgaben, Art und Ausmaß der Kundenbeteiligung festzulegen. Insbesondere in Zeiten gesättigter Märkte gilt es, mit entsprechenden Maßnahmen dem zunehmenden Wettbewerbsdruck zu begegnen. In diesem Zusammenhang rückt der Kunde in eine völlig neue Perspektive. Unternehmen begrenzen ihre Betrachtungsweise des Kunden nicht mehr nur auf die Rolle des Verbrauchers bzw. Nachfragers einer Dienstleistung, sondern erkennen in ihm eine wertvolle Ressource, die es in die Leistungsprozesse der Dienstleistungsorganisation zu integrieren gilt. So eröffnet die konsequente Einbindung des Kunden in Innovationsprozesse die Möglichkeit, den Kundenstamm als Ideengeber für neue Dienstleistungen einzusetzen. Zudem wird Kundenintegration als Kern einer kundenorientierten Unternehmensführung verstanden.

Diese Entwicklung wird in Zukunft durch Social Media weiter vorangetrieben. Über die nutzergetriebenen neuen Medien und die Interaktion auf zahlreichen Kommunikationsplattformen (Diskussionsforen, Communities usw.) kommt dem Kunden eine neue Rolle zu. Er ist nicht mehr nur passiver Nachfrager, sondern wird selbst zum Co-Produzenten. In Zukunft sind verstärkt die Möglichkeiten und Auswirkungen dieser Integration der Kunden in den Dienstleistungsinnovationsprozess sowie des Einsatzes von Integrationsaktivitäten zur Stärkung von Kundenbeziehungen im Konzept des Relationship Marketing zu untersuchen. Für Unternehmen wird die Herausforderung darin bestehen, eine intelligente Verknüpfung der persönlichen Kommunikation mit den Online-Kanälen zu etablieren und ein Community-Marketing zu etablieren, das als gelebte Kultur vollständig in die Organisation integriert wird.

5. **Standardisierung vs. Individualisierung von Dienstleistungen:** Das Dienstleistungsmarketing bewegt sich zukünftig noch stärker im Spannungsfeld von Standardisierung und Automatisierung zum einen sowie Individualisierung zum anderen.

Aufgrund des verstärkten Wettbewerbs zwischen Dienstleistungsunternehmen und dem damit einhergehenden stärkeren Preiswettbewerb ist es für die Unternehmen erfolgsrelevant, ihre Dienstleistungen zunehmend kostengünstiger zu produzieren, um eine angemessene Rentabilität sicherzustellen. Hieraus resultiert der Trend zu einer zunehmenden Standardisierung und Automatisierung innerhalb der Dienstleistungsunternehmen. Die Erreichung der erwünschten Kosten- und Zeitvorteile impliziert einen zunehmenden Verlust persönlicher Kundenkontakte, indem eine persönliche Interaktion vermehrt durch sogenannte SST (Self-Service-Terminals) ersetzt werden. Hierbei übernimmt der Kunde Teilleistungen der Dienstleistungserstellung selbst in Interaktion mit einer Maschine bzw. einem Automaten. Am Beispiel einer Fluggesellschaft wird diese Entwicklung besonders deutlich.Während des Prozesses von der Flugbuchung bis zur Landung am Zielort wird die Interaktion zwischen Kunde und Servicepersonal auf ein Minimum reduziert, indem die Flugbuchung über das Internet und das Einchecken sowie die Gepäckausgabe am Flughafen mittels so genannten SSTs vorgenommen wird.

Um dennoch beim Konsumenten eine hohe Akzeptanz sicherzustellen und im Wettbewerb Profilierungsvorteile zu erlangen, bieten Dienstleistungsunternehmen vermehrt modulartig aufgebaute, kundenindividuell zusammengestellte Leistungspakete an. So wird dem Konsumenten trotz in sich standardisierter Module eine auf die speziellen Kundenbedürfnisse maßgeschneiderte Dienstleistung angeboten.

Vor diesem Hintergrund ist die Wissenschaft aufgefordert zu untersuchen, welche Dienstleistungen sich besonders für die Standardisierung eignen und wie sich die verschiedenen Module erfolgreich miteinander kombinieren lassen. Auch die Auswirkungen der Automatisierung von Dienstleistungen auf die Zufriedenheit der Kunden und den Grad der Kundenbindung bedürfen weitergehender Untersuchungen.

6. **Interne Serviceorientierung in Dienstleistungsunternehmen:** Für die Erreichung einer internen Servicequalität und in der Konsequenz die Sicherstellung des ökonomischen Unternehmenserfolgs ist die interne Serviceorientierung auch zukünftig eine zentrale Voraussetzung.

Für die Umsetzung eines serviceorientierten Unternehmens gelten die Mitarbeitenden als bedeutender Erfolgsfaktor. Das Scheitern einer Implementierung einer Internen Serviceorientierung wird deshalb häufig den Mitarbeitenden zu Lasten gelegt (Bruhn 2002b, S. 19). Dabei sind jedoch nicht allein die Mitarbeitenden für eine Interne Serviceorientierung verantwortlich, vielmehr ist insbesondere die Unternehmensführung gefordert, die dafür notwendigen mitarbeiterbezogenen, strukturellen, prozessbezogenen und kulturellen Rahmenbedingungen zu schaffen.

Diese Ausgangslage macht es in Zukunft notwendig, dass sich die Forschung verstärkt mit der Identifikation von Implementierungsbarrieren auseinandersetzt, um daraus geeignete Strategien und Maßnahmen zur Überwindung der Barrieren abzuleiten.

7. **Implementierung von Strategien durch ein systematisches Internes Marketing:** Der Einsatz des „Internen Marketing" ist elementarer Bestandteil eines erfolgreichen Dienstleistungsmarketing, wobei die Unternehmenskultur ein zentrales Koordinationsinstrument darstellt.

Bei Dienstleistungen, die durch einen hohen Interaktionsgrad zwischen Anbieter und Nachfrager bei der Leistungserstellung gekennzeichnet sind, kommt dem Kundenkontaktpersonal des Dienstleistungsanbieters zentrale Bedeutung für die Qualitätswahrnehmung des Nachfragers zu (Belz/Schmitz/Brexendorf 2005, S. 275ff.). Gleichzeitig erweist sich die Suche nach qualifizierten, d. h. fachlich und sozial kompetenten, aber auch motivierten Mitarbeitenden in vielen Dienstleistungsbranchen als schwierig. Die Schaffung einer „Dienstleistungskultur" ist daher ein Schlüsselproblem der Unternehmensführung.

Mehr als bisher hat die Forschung angesichts dieser Entwicklung nach geeigneten Modellen der Führung und Organisation von Dienstleistungsunternehmen zu suchen. Hierbei sind konkrete Handlungsempfehlungen für die Herausbildung einer Dienstleistungskultur zu erarbeiten, die ein hohes Maß an Identifikation und Motivation, insbesondere der kundennah tätigen Mitarbeitenden, sichern hilft.

8. **Profitabilitätsorientierung als erfolgsrelevante strategische Ausrichtung von Dienstleistungsunternehmen:** Die strategische profitabilitätsorientierte Ausrichtung von Dienstleistungsunternehmen wird in Zukunft für den Fortbestand eines Unternehmens und für den Unternehmenserfolg unabdingbar sein.

Aus der Sicht von Dienstleistungsunternehmen ergeben sich aus den Besonderheiten einer Dienstleistung (Notwendigkeit der Leistungsfähigkeit des Dienstleistungsanbieters, Integration des externen Faktors in den Dienstleistungserstellungsprozess, Immaterialität des Leistungsergebnisses) Probleme bei der Bewertung von Dienstleistungen im Sinne der Kosten für die Leistungsbereitschaft, die in Verbindung mit Erlösdaten zu einem optimalen Einsatz des Leistungspotenzials beitragen. Zugleich impliziert der oftmals hohe Anteil der Fixkosten an den Gesamtkosten von Dienstleistungsanbietern eine Zurechnungsproblematik. Daneben tragen die vielschichtigen Prozesse der Dienstleistungserstellung und -vermarktung zur Entstehung eines zusätzlichen Kostenfaktors, den Komplexitätskosten, bei.

Vor dem Hintergrund der Entwicklung zur Dienstleistungsgesellschaft und der damit verbundenen notwendigen Profilierung im zunehmenden Wettbewerb ist es Aufgabe der Marketingwissenschaft, eine Profitabilitätsorientierung als strategisches Konzept im Dienstleistungsmarketing zu etablieren. In diesem Zusammenhang ist die Entwicklung geeigneter operativer Maßnahmen zur Umsetzung dieser Strategie erforderlich.

9. **Leitidee des „Total Quality Management":** Marketing von Dienstleistungen steht in der Zukunft unter der Leitidee des „Total Quality Management". Daher ist eine Ausrichtung des Qualitätsmanagements auf allen Stufen des Wertschöpfungsprozesses notwendig.

Bei Dienstleistungen, die durch eine intensive Integration des externen Faktors in den Leistungserstellungsprozess gekennzeichnet sind, weist das Qualitätsmanagement einen hohen Komplexitätsgrad auf. Nahezu jede Wertaktivität bietet Ansatzpunkte zur Beeinflussung relevanter Dimensionen der Qualitätswahrnehmung. Qualitätsmanagement von Dienstleistungsunternehmen ist daher in besonderem Maße ein Schnittstellenmanagement.

Die Marketingwissenschaft ist aufgefordert, die Problematik des Schnittstellenmanagements zu erfassen und detailliert zu untersuchen. Eine funktionsübergreifende Integration von Wertaktivitäten ist im Dienstleistungsbereich nicht nur zwischen Unternehmensbereichen oder Abteilungen, sondern – auf disaggregierter Ebene – auch zwischen einzelnen Stelleninhabern oder sogar bei differenzierten Rollenerwartungen an ein und denselben Mitarbeitenden notwendig, um Kunden langfristig an das Unternehmen zu binden.

10. **Führung von Dienstleistungsmarken zum Aufbau von Vertrauen beim Kunden:** Die Herausforderung, Dienstleistungen als Vertrauensgut darzustellen, ist zukünftig verstärkt durch gezielte Markenführung realisierbar.

Die Markenführung von Dienstleistungsunternehmen weist besondere Probleme auf. Zum einen ist aufgrund des bei Dienstleistungen meist hohen wahrgenommenen Risikos für Kunden die Markierung als Kompetenznachweis von zentraler Bedeutung. Zum anderen erweist sich aber die Identifikation von Markenträgern, wie beispielsweise das Gesamtunternehmen, bestimmte Leistungsbündel oder Einzelleistungen, und die damit verbundene Festlegung einer geeigneten Markenstrategie bei Dienstleistungen oftmals als schwierig.

Aus diesen Problemen leitet sich die Aufgabe der Marketingwissenschaft ab, insbesondere bei komplexen, zahlreiche Einzelleistungen umfassenden Dienstleistungen geeignete Markenträger zu bestimmen. Ziel dieser Bemühungen ist, ein System situativ gültiger Erfolgsfaktoren von Markenstrategien im Dienstleistungsbereich abzuleiten.

Literaturverzeichnis

1&1 Internet AG (2010): http://blog.1und1.de/category/marcelldavis/ (Zugriff am 19.08.2010).
Abell, D. F. (1980): Defining the Business. The Starting Point of Strategic Planning, Englewood Cliffs.
ACSI (2010): American Customer Satisfaction Index, http://www.theacsi.org/index.php?option= com_content&task=view&id=207&Itemid=225 (Zugriff am 14.12.2010).
Adams, J. (1965): Inequity in Social Exchange, in: Berkowitz, L. (Hrsg.): Advances in Experimental Social Psychology, S. 267–299.
Adams, J./Jacobsen, P. (1964): Effects of Wage Inequities on Work Quality, in: Journal of Abnormal Social Psychology, Vol. 69, No. 1, S. 19–25.
Adams, J./Rosenbaum, W. (1962): The Relationship of Worker Productivity to Cognitive Dissonance About Wage Inequities, in: Journal of Applied Psychology, Vol. 46, No. 3, S. 161–164.
Adams, W. J./Yellen, J. L. (1976): Commodity Bundling and the Burden of Monopoly, in: Quarterly Journal of Economics, Vol. 90, No. 3, S. 475–498.
Adler, J. (1994): Informationsökonomische Fundierung von Austauschprozessen im Marketing, Arbeitspapier zur Marketingtheorie Nr. 3, Trier.
Aga, M./Safakli, O. V. (2007): An Empirical Investigation of Service Quality and Customer Satisfaction in Professional Accounting Firms: Evidence from North Cyprus, in: Problems & Perspectives in Management, Vol. 5, No. 3, S. 84–98.
Ahlert, D. (2001): Distributionspolitik, 4. Aufl., Stuttgart/New York.
Ahlert, D./Backhaus, K./Meffert, H. (2001): Neue Geschäftsmodelle im E-Business, Düsseldorf.
Ahlert, D./Evanschitzky, H./Woisetschläger, D. (2005): Markenmanagement in internationalen Dienstleistungsmärkten, in: Bruhn, M./Stauss, B. (Hrsg.): Internationalisierung von Dienstleistungen. Forum Dienstleistungsmanagement, Wiesbaden, S. 229–252.
Ahlert, D./Hesse, J. (2003): Das Multikanalphänomen – viele Wege führen zum Kunden in: Ahlert, D./ Hesse, J./Jullens, J./Smend, P. (Hrsg.): Multikanalstrategien – Konzepte, Methoden und Erfahrungen, Wiesbaden, S. 3–32.
Akerlof, G. A. (1970): The Market for „Lemons": Quality Uncertainty and the Market Mechanism, in: Quarterly Journal of Economics, Vol. 84, No. 3, S. 488–500.
Alajoutsijärvi, K./Möller, K./Tähtinen, J. (2000): Beautiful Exit: How to Leave Your Business Partner, in: European Journal of Marketing, Vol. 34, No. 11/12, S. 1270–1289.
Albach, H. (1989): Dienstleistungsunternehmen in Deutschland, in: Zeitschrift für Betriebswirtschaft, 59. Jg., Nr. 4, S. 397–421.
Albrecht, K. (1993): Total Quality Service. Das einzige, was zählt, München.
Albrecht, K./Zemke, R. (1987): Service-Strategien, New York u. a.
Alby, T. (2007): Web 2.0: Konzepte, München.
Alchian, A. A./Woodward, S. (1988): The Firm is Dead: Long Live the Firm. A Review of Oliver E. Williamson's The Economic Institutions of Capitalism, in: Journal of Economic Literature, Vol. 26, No. 1, S. 65–79.
Aldrich, H./Pfeffer, J. (1976): Environments of Organizations, in: Inkeles, A./Coleman, J./Smelser, N. (Hrsg.): Annual Review of Sociology, Palo Alto.
Aleff, H. J. (2002): Die Dimension Zeit im Dienstleistungsmarketing, Wiesbaden.
Alexander, N./Rhodes, M./Myers, H. (2007): International Market Selection: Measuring Actions Instead of Intentions, in: Journal of Services Marketing, Vol. 21, No. 6, S. 424–434.
Algedri, J. (1998): Integriertes Qualitätsmanagement-Konzept für die kontinuierliche Qualitätsverbesserung, Kassel.
Algesheimer, R. (2004): Brand Communities. Begriff, Grundmodell und Implikationen, Bamberg.
Allen, N. J./Meyer, J. P. (1990): The Measurement and Antecedents of Affective, Continuance and Normative Commitment to the Organization, in: Journal of Occupational Psychology, Vol. 63, No. 1, S. 1–18.
Allianz (2010): Allianz und Commerzbank starten Vertriebskooperation, http://www.allianzdeutschland.de/presse/news/news_2010-09-02.html (Zugriff am 07.02.2011).
Allianz (2011): Karriere, http://perspektiven.allianz.de/die_allianz/index.html.

allmaxx (2010): https://allmaxx.de/wer-wir-sind/register, (Zugriff am 30.11.2010).

Alpar, P./Blaschke, S. (2008): Web 2.0 – eine empirische Bestandsaufnahme, Wiesbaden.

Altenburger, O. A. (1980): Ansätze zu einer Produktions- und Kostentheorie der Dienstleistungen, Berlin.

American Express (2009): http://blogs.wsj.com/wallet/2009/02/23/american-express-paying-customers-300-to-leave/tab/print/ (Zugriff am 08.07.2009).

Ammermann, M. (1998): The Root Cause Analysis Handbook. A Simplified Approach to Identifying, Correcting and Reporting Workingplace Errors, New York.

Anderson, E. W./Fornell, C./Lehmann, D. R. (1994): Customer Satisfaction, Market Share, and Profitability: Findings From Sweden, in: Journal of Marketing, Vol. 58, No. 3, S. 53–66.

Anderson, E. W./Fornell, C./Mazvancheryl, S. K. (2004): Customer Satisfaction and Shareholder Value, in: Journal of Marketing, Vol. 68, No. 4, S. 172–185.

Anderson, E. W./Mittal, V. (2000): Strengthening the Satisfaction-Profit Chain, in: Journal of Service Research, Vol. 3, No. 2, S. 107–120.

Andreasen, A. R./Goodstein, R. C./Wilson, J. W. (2002): Facilitators and Impediments of Cross-Sector Transfer of Marketing Knowledge, Proceedings of the Marketing and Public Policy Conference, Atlanta.

Anitsal, I./Schumann, D. W. (2007): Toward a Conceptualization of Customer Productivity: The Customer's Perspective on Transforming Customer Labor into Customer Outcomes Using Technology-Based Self-Service Options, in: Journal of Marketing Theory & Practice, Vol. 15, No. 4, S. 349–363.

Ansoff, H. I. (1966): Management Strategies, München.

Ansoff, H. I. (1976): Managing Surprise and Discontinuity. Strategic Response to Weak Signals, in: Zeitschrift für betriebswirtschaftliche Forschung, 28. Jg., Nr. 2, S. 129–152.

AQS Ausschuss Qualitätssicherung und angewandte Statistik im Deutschen Institut für Normung e.V. (1992): Qualitätsmanagement und Qualitätssicherung. Begriffe, DIN ISO 8402, Berlin.

Arbeitsagentur (2011): Alle Dienstleistungen auf einen Blick, http://www.arbeitsagentur.de/zentraler-Content/Veroeffentlichungen/Intern/Alle-Dienstleistungen-AG-Service.pdf (Zugriff am 02.03.2011).

Arrow, K. J. (1985): The Economics of Agency, in: Pratt, J. W./Zeckhauser, R. J. (Hrsg.): Principals and Agents: The Structure of Business, Boston, S. 37–51.

Atkinson, H./Hamburg, J./Ittner, C. (1994): Linking Quality to Profits. Quality-Based Cost Management, Milwaukee/Wisconsin.

Atul, G./Jason, C. M./Herath, S. K. (2005): Quality Management in in Service Firms. Sustaining Structures of Total Quality Service, in: Managing Service Quality, Vol. 15, No. 4, S. 389–402.

Atwater, L./Waldman, D./Brett, J. (2002): Understanding and Optimizing Multisource Feedback, in: Human Resource Management Vol. 41, No. 2, S. 193–208.

Auerbach, H. (2003): Marketing-Controlling von Dienstleistungen, in: Pepels, W. (Hrsg.): Betriebswirtschaft der Dienstleistungen, Herne/Berlin, S. 334-357

Auto Vermietungen (2010): http://www.auto-vermietungen.net/news/sixt-werbeanzeige-mit-schwarzer-humor-zu-diskriminierend (Zugriff am 15.06.2011).

Automobilwirtschaft, I. f. (2008): Customer Lifetime: Wertschöpfung ein Kundenleben lang".

Avlonitis, G. J./Indounas, K. A. (2005): Pricing Objectives and Pricing Methods in the Services Sector, in: Journal of Services Marketing, Vol. 19, No. 1, S. 47–57.

Avlonitis, G. J./Indounas, K. A. (2006): Pricing Practices of Service Organizations, in: Journal of Services Marketing, Vol. 20, No. 5, S. 346–356.

Bach, V./Österle, H. (2000): Customer Relationship Management in der Praxis, Berlin.

Backhaus, K./Büschken, J./Voeth, M. (2003): Internationales Marketing, 5. Aufl., Stuttgart.

Backhaus, K./Erichson, B./Plinke, W./Weiber, R. (2008): Multivariate Analysemethoden. Eine anwendungsorientierte Einführung, 12. Aufl., Berlin/Heidelberg.

Backhaus, K./Schneider, H. (2009): Strategisches Marketing, 2. Aufl., Stuttgart.

Backhaus, K./Voeth, M. (2007): Industriegütermarketing, 8. Aufl., München.

Backhaus, K./Voeth, M. (2010): Industriegütermarketing, 9. Aufl., München.

Bacon, F. R./Butler, T. W. (1998): Achieving Planned Innovation: A Proven System for Creating Successful New Products and Services, New York.

Badische Zeitung (2010): Kanton lässt bei Kautionspflicht nicht locker, http://www.badische-zeitung.de/baselland/kanton-laesst-bei-kautionspflicht-nicht-locker--11525586.html (Zugriff am 09.03.2011).

Bagozzi, R. P. (1975): Marketing as Exchange, in: Journal of Marketing, Vol. 39, No. 4, S. 32–39.

Bagozzi, R. P. (1979): Towards a Theory of the Middle Range, in: der markt, 18. Jg., Nr. 14, S. 177–182.

Bajari, P./Hortacsu, A. (2003): The Winner's Curse, Reserve Prices, and Endogenous Entry: Empirical Insights from eBay Auctions, in: Rand Journal of Economics, Vol. 34, No. 2, S. 329–355.

Baker, M. J./Buttery, E. A./Richer-Buttery, E. M. (1998): Relationship Marketing in Three Dimensions, in: Journal of Interactive Marketing, Vol. 12, No. 4, S. 47–62.

Baldrige National Quality Program (2009): Criteria for Performance Excellence, http://www.dhutton.com/baldrige/2006_business_criteria.pdf (Zugriff am 09.07.2009).

Balmer, J./Greyser, S. (2006): Integrating Corporate Identity, Corporate Branding, Corporate Communications, Corporate Image and Corporate Reputation, in: European Journal of Marketing, Vol. 40, No. 7/8, S. 730–741.

Bankenverband (2007): http://www.bankenverband.de/, (Zugriff am 20.01.2011).

Bansal, H./Voyer, P. (2000): Word-of-Mouth Processes Within a Services Purchase Decision, in: Journal of Service Research, Vol. 3, No. 2, S. 214–230.

Barber, A. E./Simmering, M. J. (2002): Understanding Pay Plan Acceptance: The Role of Distributive Justice Theory, in: Human Resource Management Review, Vol. 12, No. 1, S. 25–42.

Barnard, C. (1970): Die Führung großer Organisationen, Essen.

Barney, J. B. (1986): Strategic Factor Markets: Expectations, Luck and Business Strategy, in: Management Science, Vol. 32, No. 10, S. 1231–1241.

Barney, J. B. (1991): Firm Resources and Sustained Competitive Advantage, in: Journal of Management, Vol. 17, No. 1, S. 99–120.

Baron, S./Harris, K. (1995): Services Marketing. Text and Cases, Houndsmill.

Barth, K./Wille, K. (2000): Customer Equity – Ein prozeßorientierter Ansatz zur Kundenbewertung, Diskussionsbeiträge des Fachbereichs Wirtschaftswissenschaft der Gerhard-Mercator-Universität Duisburg, Nr. 276, Duisburg.

Bartlett, C. A./Ghoshal, S. (1990): Internationale Unternehmensführung: Innovation, globale Effizienz, differenziertes Marketing, Frankfurt am Main/New York.

Bascheck, E. (2005): 5 Prozent Luft sind noch drin, in: Handelszeitung, 20. April 2005.

Basdeo, D./Smith, K./Grimm, C./Rindova, V./Derfus, P. (2006): The Impact of Market Actions on Firm Reputation, in: Strategic Management Journal, Vol. 27, No. 12, S. 1205–1219.

Bateson, J. E. G. (1998): Perceived Control and the Service Encounter, in: Bateson, J. E. G. (Hrsg.): Managing Services Marketing, 4. Aufl., Fort Worth, S. 123–132.

Bauer, E. (1995): Internationale Marktforschung, München/Wien.

Bauer, E. (2010): Internationale Marktforschung. Informationsgewinnung für das internationale Marketing, 4. Aufl., München/Wien.

Bauer, H. H./Bayón, T. (1995): Zur Relevanz prinzipal-agenten-theoretischer Aussagen für das Kontraktgütermarketing. Design, Ergebnisse und Implikationen einer empirischen Studie zur Beschaffung von Fertigungs-Sondermaschinen, in: Zeitschrift für betriebswirtschaftliche Forschung, 47. Jg., Nr. 35 Sonderheft, S. 79–99.

Bauer, H. H./Huber, F./Heß, S. C. (2007): Aufbau und Steuerung von Dienstleistungsmarken. Die Markenpersönlichkeit als Differenzierungspotenzial und Ausgangspunkt einer Vertrauensbeziehung zwischen Dienstleistungsmarke und Kunde, wissenschaftliches Arbeitspapier W 112 des Instituts für Marktorientierte Unternehmensführung, Universität Mannheim, Mannheim.

Bauer, R. (1960): Consumer Behavior as Risk-Taking, in: Hancock, R. (Hrsg.): Proceedings of the 43th Conference of the American Marketing Association, Chicago.

Baumgartner, H. (2007): Brand Communities. Wie Unternehmen Markennetzwerke initiieren, fördern und nutzen, Heidelberg.

Baumgartner, H./Steenkamp, J.-B. E. M. (2001): Response Styles in Marketing Research: A Cross-National Investigation, in: Journal of Marketing Research, Vol. 38, No. 2, S. 143–156.

bazonline (2010): http://bazonline.ch/digital/mobil/Zehn-Gruende-fuer-den-Erfolg-des-iPhone/story/12511902, (Zugriff am 01.12.2010).

Beaven, M. H./Scotti, D. J. (1990): Service-Oriented Thinking and Its Implications for the Marketing Mix, in: Journal of Services Marketing, Vol. 4, No. 4, S. 5–19.

Beck, A. (2004): Geeignete Software liefert Gutachten, Analysen und Konzepte schnell und bedarfsgerecht – Potenziale der Vermögensberatung nutzen, in: Die Sparkassen Zeitung, 12.11.2004, Nr. 46, S. 12.

Becker, F. G. (1999): Marketingorientierte Ausrichtung der Personalentwicklung in Dienstleistungsunternehmen – am Beispiel von Finanzdienstleistern, in: Bruhn, M. (Hrsg.): Internes Marketing. Integration der Kunden- und Mitarbeiterorientierung. Grundlagen, Implementierung, Praxisbeispiele, 2. Aufl., Wiesbaden, S. 271–292.

Becker, F. G./Günther, S. (2001): Personalentwicklung als Führungsaufgabe in Dienstleistungsunternehmen, in: Bruhn, M./Meffert, H. (Hrsg.): Handbuch Dienstleistungsmanagement. Von der strategischen Konzeption zur praktischen Umsetzung, 2. Aufl., Wiesbaden, S. 751–780.

Becker, J. (2006): Marketing-Konzeption, 8. Aufl., München.

Becker, S. (2005): Rechnen als Waffe, in: Touristik Report, Nr. 4, S. 8–11.

Becker, W. S./Wellins, R. S. (1990): Customer-Service Perceptions and Reality, in: Training & Development Journal, Vol. 44, No. 3, S. 49–51.

Bednarczuk, P./Friedrich, J. (1992): Kundenorientierung ohne Marketing. Eine Lösung für Dienstleistungsunternehmen, in: Absatzwirtschaft, 35. Jg., Nr. 9, S. 90–97.

Beger, R./Gärtner, H.-D./Mathes, R. (1989): Unternehmenskommunikation. Grundlagen, Strategien, Instrumente, Wiesbaden.

Behofsics, J. (1998): Globalisierungstendenzen intermediärer Dienstleistungen, Wiesbaden.

Bellone, V./Matla, T. (2010): Praxisbuch Franchising: Konzeptaufbau und Markenführung, München.

Belz, C./Schmitz, C./Brexendorf, T. O. (2005): Internationales Internes Marketing – Konsequenz einer internationalen kundenorientierten Unternehmensführung, in: Bruhn, M./Stauss, B. (Hrsg.): Internationalisierung von Dienstleistungen. Forum Dienstleistungsmanagement, Wiesbaden, S. 274–294.

Belz, C./Schögel, M./Tomczak, T. (2007): Innovation Driven Marketing. Vom Trend zur innovativen Marketinglösung, Wiesbaden.

Bem, D. J. (1974): Meinungen, Einstellungen, Vorurteile, Zürich u. a.

Bender, C./Graßl, H. (2004): Arbeiten und Leben in der Dienstleistungsgesellschaft, Konstanz.

Benkenstein, M. (1993): Dienstleistungsqualität. Ansätze zur Messung und Implikationen für die Steuerung, in: Zeitschrift für Betriebswirtschaft, 63. Jg., Nr. 11, S. 1095–1116.

Benkenstein, M. (1998): Ansätze zur Steuerung der Dienstleistungsqualität, in: Meyer, A. (Hrsg.): Handbuch Dienstleistungs-Marketing, Band 1, Stuttgart, S. 444–454.

Benkenstein, M. (2001): Besonderheiten des Innovationsmanagements in Dienstleistungsunternehmen, in: Bruhn, M./Meffert, H. (Hrsg.): Handbuch Dienstleistungsmanagement: Von der strategischen Konzeption zur praktischen Umsetzung, 2. Aufl., Wiesbaden, S. 687–702.

Benkenstein, M. (2008): Neue Herausforderungen an das Dienstleistungsmarketing, Wiesbaden.

Benkenstein, M./Güthoff, J. (1996): Typologisierung von Dienstleistungen. Ein Ansatz auf der Grundlage system- und käuferverhaltenstheoretischer Überlegungen, in: Zeitschrift für Betriebswirtschaft, 66. Jg., Nr. 12, S. 1493–1510.

Benkenstein, M./Stuhldreier, U./Uhrich, S. (2006): Customer Lifetime Value durch Beziehungsmarketing im Privatkundengeschäft von Universalbanken, in: Günter, B./Helm, S. (Hrsg.): Kundenwert. Grundlagen, Innovative Konzepte, Praktische Umsetzung, 3. Aufl., Wiesbaden, S. 709–730.

Benkenstein, M./Uhrich, S. (2008): Konzeption und Determinanten des Markencommitment in Dienstleistungsbeziehungen, in: Bruhn, M./Stauss, B. (Hrsg.): Dienstleistungsmarken. Forum Dienstleistungsmanagement, Wiesbaden, S. 37–55.

Benkenstein, M./Uhrich, S. (2009): Strategisches Marketing. Ein wettbewerbsorientierter Ansatz, 3. Aufl., Stuttgart.

Benkenstein, M./von Stenglin, A. (2006): Prozessorientiertes Qualitätscontrolling von Dienstleistungen, in: Bruhn, M./Stauss, B. (Hrsg.): Dienstleistungscontrolling. Forum Dienstleistungsmanagement, Wiesbaden, S. 56–70.

Benkenstein, M./Zielke, K. (2005): Qualitätsmessung und Qualitätsmanagement international tätiger Dienstleistungsunternehmen – dargestellt am Beispiel touristischer Dienstleistungen, in: Gardini, M. A./Dahlhoff, H. D. (Hrsg.): Management internationaler Dienstleistungen, Wiesbaden, S. 241–262.

Berekoven, L. (1966): Der Begriff „Dienstleistung" und seine Bedeutung für eine Analyse der Dienstleistungsbetriebe, in: Jahrbuch der Absatz- und Verbrauchsforschung, 12. Jg., Nr. 4, S. 314–326.

Berekoven, L. (1974): Der Dienstleistungsbetrieb. Wesen, Struktur, Bedeutung, Wiesbaden.

Berekoven, L. (1983): Der Dienstleistungsmarkt in der BRD, Göttingen.

Berekoven, L. (1997): Der Dienstleistungsmarkt in der Bundesrepublik Deutschland, Göttingen.

Berekoven, L./Bruchmann, K. (1992): Verlagstypologien, in: Diller, H. (Hrsg.): Vahlens Großes Marketinglexikon, München, S. 1233.

Bergen, M./Dutta, S./Walker Jr, O. C. (1992): Agency Relationships in Marketing: A Review of the Implications and Applications of Agency and Related Theories, in: Journal of Marketing, Vol. 56, No. 3, S. 1–24.

Berger, C./Blauth, R./Boger, D./Bolster, C./Burchill, G./Du Muchel, W./Pouliout, F./Richter, R./Rubinoff, A./Shen, D./Timko, M./Walden, D. (1993): Kano's Method for Understanding Customer-Defined Quality, in: The Journal of the Japanese Society for Quality Control, Vol. 23, No. 3, S. 3–35.

Berger, R. (1999): Die Dienstleistungsgesellschaft als Herausforderung und Chance, in: Beisheim, O. (Hrsg.): Distribution im Aufbruch. Bestandsaufnahme und Perspektiven, München.

Bergmann, R. (2000): Interkulturelles Lernen als organisationale Fähigkeit international tätiger Unternehmen, Dresden.

Berlin Plaza Hotel (2010): http://blog.plazahotel.de/impressum, (Zugriff am 23.11.2010).

Berman, B. (2005): Applying Yield Management Pricing to Your Service Business, in: Business Horizons, Vol. 48, No. 2, S. 169–179.

Berndt, R./Fantapié Altobelli, C./Sander, M. (2005): Internationales Marketingmanagement, 3. Aufl., Berlin/Heidelberg.

Berndt, R./Fantapié Altobelli, C./Sander, M. (2010): Internationales Marketing-Management, 4. Aufl., Berlin/Heidelberg.

Berry, L. L. (1981): The Employee as Customer, in: Journal of Retail Banking, Vol. 3, No. 1, S. 33–40.

Berry, L. L. (1983): Relationship Marketing, in: Berry, L. L./Shostack, G. L./Upah, G. D. (Hrsg.): Emerging Perspectives on Services Marketing, Chicago, S. 25–28.

Berry, L. L. (1986): Big Ideas in Services Marketing, in: Venkatesan, M./Schamelensee, D. h./Marshall, C. E. (Hrsg.): Creativity in Services Marketing, Proceedings Series, Chicago u. a., S. 6–8.

Berry, L. L./Parasuraman, A. (1992): Services Marketing Starts From Within, in: Marketing Management, Vol. 1, No. 1, S. 24–34.

Berry, L. L./Parasuraman, A. (1997): Listening to the Customer – The Concept of a Service Quality Information System, in: Sloan Management Review, Vol. 38, No. 3, S. 65–76.

Berry, L. L./Parasuraman, A. (1999): Dienstleistungsmarketing fängt beim Mitarbeiter an, in: Bruhn, M. (Hrsg.): Internes Marketing. Integration der Kunden- und Mitarbeiterorientierung. Grundlagen, Implementierung, Praxisbeispiele, 2. Aufl., Wiesbaden, S. 69–92.

Berry, L. L./Shankar, V./Turner Parish, J./Cadwallader, S./Dotzel, T. (2006): Creating New Markets Trough Service Innovations, in: MIT Sloan Management Review, Vol. 47, No. 2, S. 56–63.

Berry, L. L./Yadav, M. S. (1997): Oft falsch berechnet und verwirrend – die Preise für Dienstleistungen, in: Harvard Business Manager, 19. Jg., Nr. 1, S. 57–67.

Berry, L. L./Zeithaml, V. A./Parasuraman, A. (1990): Five Imperatives for Improving Service Quality, in: Sloan Management Review, Vol. 31, No. 4, S. 29–38.

Berryman, K./Harrington, L./Layton-Rodin, D./Rerolle, V. (1998): Electronic Commerce: Three Emerging Strategies, in: McKinsey Quarterly, No. 1, S. 152–159.

Berthel, J. (1975): Betriebswirtschaftliche Informationssysteme, Stuttgart.

Berthel, J./Becker, F. G. (2007): Personal-Management – Grundzüge für Konzeptionen betrieblicher Personalarbeit, 8. Aufl., Stuttgart.

Bettencourt, L. A. (1997): Customer Voluntary Performance: Customers as Partners in Service Delivery, in: Journal of Retailing, Vol. 73, No. 3, S. 383–406.

Beutin, N. (2006): Verfahren zur Messung der Kundenzufriedenheit im Überblick, in: Homburg, C. (Hrsg.): Kundenzufriedenheit. Konzepte – Methoden – Erfahrungen, 6. Aufl., Wiesbaden, S. 121–170.

BFDI (2009): http://www.bfdi.bund.de/cln_007/nn_530440/DE/Themen/Arbeit/Personaldatenschutz/Artikel/Personalinformationssystem.html (Zugriff am 13.07.2009).

Bicher-Mehler, A. (1996): Ein objekt- und geschäftsprozessorientiertes Architekturmodell für Management Support Systeme, Wiesbaden.

Bieberstein, I. (2006): Dienstleistungs-Marketing, 4. Aufl., Ludwigshafen.

Bilkey, W. J./Nes, E. (1982): Country-of-Origin Effects on Product Evaluations, in: Journal of International Business Studies, Vol. 13, No. 1, S. 89–99.

Birkelbach, R. (1988): Strategische Geschäftsfeldplanung im Versicherungssektor, in: Marketing ZFP, 10. Jg., Nr. 8, S. 231–239.

Birkelbach, R. (1993): Qualitätsmanagement in Dienstleistungs-Centern. Konzeption und typenspezifische Ausgestaltung unter besonderer Berücksichtigung von Verkehrsflughäfen, Frankfurt am Main.

Bisani, F. (1993): Anforderungs- und Qualifikationsprofil, in: Strutz, H. (Hrsg.): Handbuch Personalmarketing, Frankfurt am Main, S. 344–357.

Bitner, M. J. (1991): The Evolution of the Services Marketing Mix and Its Relationship to Service Quality, in: Brown, S./Gumesson, E./Edvardson, B./Gustavsson, B. (Hrsg.): Service Quality Multidisciplinary and Multinational Perspectives, New York, S. 23–37.

Bitner, M. J. (1992): Servicescapes: The Impact of Physical Surroundings on Customers and Employees, in: Journal of Marketing, Vol. 2, No. 56, S. 57–71.

Bitner, M. J. (1995): Building Service Relationships: It's All About Promises, in: Journal of the Academy of Marketing Science, Vol. 23, No. 4, S. 246–251.

Bitner, M. J. (2001): Self-Service Technologies: What Do Customer's Expect?, in: Marketing Management, Vol. 10, No. 1, S. 10–11.

Bitner, M. J./Booms, B. H./Tetreault, M. S. (1990): The Service Encounter. Diagnosing Favorable and Unfavorable Incidents, in: Journal of Marketing, Vol. 54, No. 1, S. 71–84.

Bitner, M. J./Brown, S. W./Meuter, M. L. (2000): Technology Infusion in Service Encounters, in: Journal of the Academy of Marketing Science, Vol. 28, No. 1, S. 138–149.

Bitner, M. J./Faranda, W. T./Hubbert, A. R./Zeithaml, V. A. (1997): Customer Contributions and Roles in Service Delivery, in: International Journal of Service Industry Management, Vol. 8, No. 3, S. 193–205.

Bitner, M. J./Ostrom, A. L./Meuter, M. L. (2002): Implementing Successful Self-Service Technologies, in: Academy of Management Executive, Vol. 16, No. 4, S. 96–109.

Blattberg, R. C./Deighton, J. (1996): Manage Marketing by the Customer Equity Test, in: Harvard Business Review, Vol. 74, No. 4, S. 136–144.

Blau, P. M. (1964): Exchange and Power in Social Life, New York.

Bleicher, K. (1990): Zukunftsperspektiven organisatorischer Entwicklung. Von strukturellen zu humanzentrierten Ansätzen, in: Zeitschrift Führung und Organisation, 59. Jg., Nr. 3, S. 152–161.

Bliemel, F. W./Eggert, A. (1998): Kundenbindung. Die neue Sollstrategie?, in: Marketing ZFP, 20. Jg., Nr. 1, S. 37–46.

Blodgett, J./Hill, D./Tax, S. (1997): The Effects of Distributive, Procedural and Interactional Justice on Postcomplaint Behavior, in: Journal of Retailing, Vol. 73, No. 2, S. 185–210.

Bloemer, J. M. M./Kasper, H. D. P. (1995): The Complex Relationship Between Consumer Satisfaction and Brand Loyalty, in: Journal of Economic Psychology, Vol. 16, No. 2, S. 311–329.

Blümelhuber, C./Kantsperger, R. (2005): Multiplikation und Multiplizierbarkeit von Leistungserstellungssystemen als Basis der Internationalisierung von Dienstleistungen, in: Bruhn, M./Stauss, B. (Hrsg.): Internationalisierung von Dienstleistungen. Forum Dienstleistungsmanagement, Wiesbaden, S. 125–148.

BMW Group (2006): http://www.bmwgroup.com/via/ (Zugriff am 20.07.2009).

Böhler, H. (2004): Marktforschung, 3. Aufl., Stuttgart.

Böhler, H./Hempe, S. (2001): Marktforschung für das Dienstleistungsmanagement, in: Bruhn, M./Meffert, H. (Hrsg.): Handbuch Dienstleistungsmanagement. Von der strategischen Konzeption zur praktischen Umsetzung, 2. Aufl., Wiesbaden, S. 263–276.

Bokranz, R. (1989): Arbeitsgestaltung, in: Strutz, H. (Hrsg.): Handbuch Personalmarketing, Wiesbaden, S. 503–518.

Bolsenkötter, H. (1977): Betriebswirtschaftslehre der Hochschule, in: Zeitschrift für betriebswirtschaftliche Forschung, 29. Jg., Nr. 7, S. 383–398.

Bolton, R. N./Drew, J. H. (1991): A Longitudinal Analysis of the Impact of Service Changes on Customer Attitudes, in: Journal of Marketing, Vol. 55, No. 1, S. 1–9.

Bolton, R. N./Lemon, K. N. (1999): A Dynamic Model of Customers' Usage of Services: Usage as an Antecedent and Consequence of Satisfaction, in: Journal of Marketing Research, Vol. 36, No. 2, S. 171–186.

Bolton, R. N./Myers, M. B. (2003): Price-Based Global Market Segmentation for Services, in: Journal of Marketing, Vol. 67, No. 3, S. 108–128.

Booms, B. H./Bitner, M. J. (1981): Marketing Strategies and Organization Structures for Service Firms, in: Donnelly, J. H./George, W. R. (Hrsg.): Marketing of Services, Chicago, S. 47–51.

Bosch, G./Wagner, A. (2002): Dienstleistungsbeschäftigung in Europa – Ein Ländervergleich, in: Bosch, G./Hennike, P./Hilbert, J./Kristof, K./Scherhorn, G. (Hrsg.): Die Zukunft von Dienstleistungen: ihre Auswirkung auf Arbeit, Umwelt und Lebensqualität, Frankfurt.

Boulding, W./Kalra, A./Staelin, R./Zeithaml, V. A. (1993): A Dynamic Process Model of Service Quality: From Expectations to Behavioral Intentions, in: Journal of Marketing Research, Vol. 30, No. 1, S. 7–27.

Boutellier, R./Masing, W. (1998): Qualitätsmanagement an der Schwelle zum 21. Jahrhundert. Festschrift für Hans Dieter Seghezzi zum 65. Geburtstag, München.

Bouwman, H./Haaker, T./de Vos, H. (2007): Mobile Service Bundles: The Example of Navigation Services, in: Electronic Markets, Vol. 17, No. 1, S. 20–28.

Bovermann, A. (1997): Dienstleistungsqualität durch Total Quality Management, Wiesbaden.

Bowen, D. E./Lawler III, E. E. (1995): Empowering Service Employees, in: Sloan Management Review, Vol. 36, No. 4, S. 73–84.

Bowen, D. E./Lawler III, E. E. (1998): Empowerment im Dienstleistungsbereich, in: Meyer, A. (Hrsg.): Handbuch Dienstleistungs-Marketing, Band 1, Stuttgart, S. 1031–1044.

Bower, G./Hilgard, E. (1984): Theories of Learning, 3. Aufl., Englewood Cliffs.

Bowers, M. R./Martin, C. L./Luker, A. (1990): Trading Places: Employees as Customer, Customers as Employees, in: Journal of Services Marketing, Vol. 4, No. 2, S. 55–69.

Bowman, D./Narayandas, D. (2004): Linking Customer Management Effort to Customer Profitability in Business Markets, in: Journal of Marketing Research, Vol. 41, No. 4, S. 433–447.

Boyd, D. E./Bhat, S. (1998): The Role of Dual Entitlement and Equity Theories in Consumer's Formation of Fair Price Judgements, in: Journal of Professional Service Marketing, Vol. 17, No. 1, S. 1–14.

Bradley, F. (1995): The Service Firm in International Marketing, in: Glynn, W./Barnes, I. (Hrsg.): Understanding Services Management, Dublin, S. 420–448.

Brandt, D. R. (1987): A Procedure for Identifying Value-Enhancing Service Components Using Customer Satisfaction Survey Data, in: Surprenant, C. F. (Hrsg.): Add Value to Your Service, Chicago, S. 61–65.

Brandt, D. R. (1988): How Service Marketers Can Identify Value-Enhancing Service Elements, in: Journal of Services Marketing, Vol. 2, No. 3, S. 35–41.

Braun, T./Cornelsen, J. (2006): Was sind Kundenempfehlungen wert? Messung und Management monetärer Referenzwerte von Automobilbesitzern aus Sicht der Marktforschung, in: Günter, B./Helm, S. (Hrsg.): Kundenwert, 3. Aufl., Wiesbaden, S. 625–653.

Breitschuh, J. (2001): Versandhandelsmarketing: Aspekte erfolgreicher Neukundengewinnung, München.

Brinkmann, E. P. (1993): Ausgewählte japanische Methoden des Qualitätsmangements. Teil 2: Pokayoke mit Fehlerquelleninspektion, in: Hansen, W./Jansen, H. H./Kamiske, G. F. (Hrsg.): Qualitätsmanagement im Unternehmen. Grundlagen, Methoden und Werkzeuge, Praxisbeispiele, Loseblatt-Sammlung, Kapitel 04.16, Berlin u. a, S. 1–10.

Brockhoff, K. (1999): Produktpolitik, 4. Aufl., Stuttgart.

Brodie, R. J./Coviello, N. E./Brookes, R. W./Little, V. (1997): Towards a Paradigm Shift in Marketing? An Examination of Current Marketing Practices, in: Journal of Marketing Management, Vol. 13, No. 5, S. 383–406.

Brogini, M. (1998): Das Modell der Segmentintensität. Ein Ansatz zur kundengruppenorientierten Analyse der Marktstruktur, Bern.

Brown, S. W./Haynes, R. M./Saunders, D. L. (1993): Revitalizing Service Innovation, in: International Journal of Service Industry Management, Vol. 4, No. 1, S. 65–77.

Bruggemann, A./Groskurth, P./von Huber, E. U. (1975): Arbeitszufriedenheit, Bern.

Bruhn, M. (1982): Konsumentenzufriedenheit und Beschwerden. Erklärungsansätze und Ergebnisse einer empirischen Untersuchung in ausgewählten Konsumbereichen, Frankfurt am Main/Bern.

Bruhn, M. (1987): Der Informationswert von Beschwerden für Marketingentscheidungen, in: Hansen, U./Schoenheit, I. (Hrsg.): Verbraucherzufriedenheit und Beschwerdeverhalten, Frankfurt am Main, S. 123–140.

Bruhn, M. (1992): Werbung und Kommunikation für internationale Märkte, in: Kumar, B. N./Haussmann, H. (Hrsg.): Handbuch der Internationalen Unternehmenstätigkeit. Erfolgs- und Risikofaktoren, Märkte, Export-, Kooperations- und Niederlassungsmanagement, München, S. 703–734.

Bruhn, M. (1998a): Balanced Scorecard: Ein ganzheitliches Konzept der Wertorientierten Unternehmensführung?, in: Bruhn, M./Lusti, M./Müller, W. R./Schierenbeck, H./Studer, M. (Hrsg.): Wertorientierte Unternehmensführung, Perspektiven und Handlungsfelder für die Wertsteigerung, Wiesbaden, S. 145–167.

Bruhn, M. (1998b): Internes Marketing als Schnittstelle zwischen Marketing- und Personalmanagement, in: Bruhn, M./Meffert, H. (Hrsg.): Handbuch Dienstleistungsmanagement, Wiesbaden, S. 707–732.

Bruhn, M. (1998c): Schweizer Kundenbarometer. SWICS – Swiss Index of Customer Satisfaction, Basel.

Bruhn, M. (1998d): Wirtschaftlichkeit des Qualitätsmanagements. Qualitätscontrolling für Dienstleistungen, Berlin u. a.

Bruhn, M. (1999a): Internes Marketing als Forschungsgebiet der Marketingwissenschaft, in: Bruhn, M. (Hrsg.): Internes Marketing. Integration der Kunden- und Mitarbeiterorientierung, 2. Aufl., Wiesbaden, S. 15–44.

Bruhn, M. (1999b): Verfahren zur Messung der Qualität interner Dienstleistungen. Ansätze für einen Methodentransfer aus dem (externen) Dienstleistungsmarketing, in: Bruhn, M. (Hrsg.): Internes Marketing. Schnittstellen zwischen dem Marketing- und Personalmanagement, Wiesbaden, S. 537–575.

Bruhn, M. (2000a): Qualitätssicherung im Dienstleistungsmarketing. Eine Einführung in die theoretischen und praktischen Probleme, in: Bruhn, M./Stauss, B. (Hrsg.): Dienstleistungsqualität. Grundlagen, Konzepte, Methoden, 3. Aufl., Wiesbaden, S. 21–48.

Bruhn, M. (2000b): Servicecontrolling, in: Kostenrechnungspraxis, Sonderdruck 1 „Qualitätscontrolling", S. 19–28.

Bruhn, M. (2001): Die zunehmende Bedeutung von Dienstleistungsmarken, in: Köhler, R./Majer, W./Wiezorek, H. (Hrsg.): Erfolgsfaktor Marke. Neue Strategien des Markenmanagements, München, S. 213–225.

Bruhn, M. (2002a): Electronic Services. Eine Einführung in die theoretischen und praktischen Probleme, in: Bruhn, M./Stauss, B. (Hrsg.): Electronic Services. Jahrbuch Dienstleistungsmanagement Wiesbaden, S. 3–49.

Bruhn, M. (2002b): Integrierte Kundenorientierung. Implementierung der kundenorientierten Unternehmensführung, Wiesbaden.

Bruhn, M. (2002c): Techniken und Methoden zur Sicherung und Förderung der Dienstleistungsqualität, in: Hansen, W./Kamiske, G. F. (Hrsg.): Qualitätsmanagement im Dienstleistungsbereich. Assessment, Sicherung, Entwicklung, Düsseldorf, S. 45–81.

Bruhn, M. (2004): Begriffsabgrenzungen und Erscheinungsformen von Marken, in: Bruhn, M. (Hrsg.): Handbuch Markenführung, Band 1, Wiesbaden, S. 3–49.

Bruhn, M. (2005): Interne Servicebarometer als Instrument interner Kundenorientierung. Messung und Steuerung der Qualität und Zufriedenheit interner Dienstleistungen, in: Marketing ZFP, 26. Jg., Nr. 4, S. 282–294.

Bruhn, M. (2005a): Marketing für Nonprofit-Organisationen. Grundlagen – Konzepte – Instrumente, München.
Bruhn, M. (2005b): Unternehmens- und Marketingkommunikation. Handbuch für ein integriertes Kommunikationsmanagement, München.
Bruhn, M. (2006): Marketingcontrolling für Nonprofit-Organisationen, in: Reinecke, S./Tomczak, T. (Hrsg.): Handbuch Marketingcontrolling, S. 935–964.
Bruhn, M. (2007): Kundenorientierung – Bausteine für ein exzellentes Customer Relationship Management, 3. Aufl., München.
Bruhn, M. (2009a): Relationship Marketing. Das Management von Kundenbeziehungen, 2. Aufl., München.
Bruhn, M. (2009b): Sponsoring. Systematische Planung und integrativer Einsatz, 5. Aufl., Wiesbaden.
Bruhn, M. (2010a): Das Konzept des Internen Servicebarometers – Bestandsaufnahme, Methodik und empirische Befunde, in: Bruhn, M./Stauss, B. (Hrsg.): Forum Dienstleistungsmanagement. Serviceorientierung im Unternehmen, Wiesbaden, S. 297–324.
Bruhn, M. (2010b): Kommunikationspolitik. Systematischer Einsatz der Kommunikation für Unternehmen, 6. Aufl., München.
Bruhn, M. (2010c): Marketing. Grundlagen für Studium und Praxis, 10. Aufl., Wiesbaden.
Bruhn, M. (2010d): Qualitätsmanagement für Dienstleistungen. Grundlagen, Konzepte, Methoden, 8. Aufl., Berlin u. a.
Bruhn, M. (2011): Unternehmens- und Marketingkommunikation. Handbuch für ein integriertes Kommunikationsmanagement, 2. Aufl., München.
Bruhn, M./Mayer-Vorfelder, M./Maier, A. (2012): Examining the recent Developments in Services Marketing Research, in: der markt, im Druck.
Bruhn, M./Ahlers, M. G. (2007): Customer Touch Points – Aufgaben und Vorgehensweise einer Multi-Channel Communication, in: Wirtz, B. W. (Hrsg.): Handbuch Multi-Channel-Marketing, Wiesbaden, S. 393–425.
Bruhn, M./Batt, V. (2010): Aufbau und Steuerung eines markenkonformen Mitarbeiterverhaltens – Bestandsaufnahme und kritische Würdigung aus Sicht der internen Markenführung, in: Bruhn, M. (Hrsg.): Serviceorientierung im Unternehmen: Forum Dienstleistungsmanagement Wiesbaden, S. 325–354.
Bruhn, M./Brunow, B./Specht, D. (2002): Kundenorientierung durch Mitarbeiterorientierung im Hotel Schindlerhof, in: Bruhn, M./Meffert, H. (Hrsg.): Exzellenz im Dienstleistungsmarketing. Fallstudien zur Kundenorientierung, Wiesbaden, S. 125–176.
Bruhn, M./Eichen, F. (2007): Marken-Konsumenten-Beziehungen: Bestandsaufnahme, kritische Würdigung und Forschungsfragen aus Sicht des Relationship Marketing, in: Florack, A./Scarabis, M./Primosch, E. (Hrsg.): Psychologie der Markenführung, München, S. 221–256.
Bruhn, M./Georgi, D. (1998): Kundenbezogene Wirtschaftlichkeitsanalyse des Qualitätsmanagements für Dienstleistungen. Konzept, Modellrechnung und Fallbeispiel, in: Marketing ZFP, 20. Jg., Nr. 2, S. 98–108.
Bruhn, M./Georgi, D. (1999): Kosten und Nutzen des Qualitätsmanagements. Grundlagen, Methoden, Fallbeispiele, München/Wien.
Bruhn, M./Georgi, D. (2000): Kundenerwartungen als Steuerungsgröße, in: Marketing ZFP, 22. Jg., Nr. 3, S. 185–196.
Bruhn, M./Georgi, D. (2004): Kundenwertmanagement im Dienstleistungsbereich. Ergebnisse einer explorativen Studie, in: Wirtz, B. W./Göttgens, O. (Hrsg.): Integriertes Marken- und Kundenwertmanagement. Strategien, Konzepte und Best Practices, Wiesbaden, S. 371–393.
Bruhn, M./Georgi, D. (2005): Wirtschaftlichkeit des Kundenbindungsmanagements, in: Bruhn, M./Homburg, C. (Hrsg.): Handbuch Kundenbindungsmanagement. Strategien und Instrumente für ein erfolgreiches CRM, 5. Aufl., Wiesbaden, S. 589–619.
Bruhn, M./Georgi, D. (2006): Services Marketing. Managing The Service Value Chain, Harlow u. a.
Bruhn, M./Georgi, D./Hadwich, K. (2006): Vertrauen und Vertrautheit als Dimensionen der Beziehungsqualität. Konzeptionalisierung, Determinanten und Wirkungen, in: Bauer, H. H./Neumann, M. M./Schüle, A. (Hrsg.): Konsumentenvertrauen. Konzepte und Anwendungen für ein nachhaltiges Kundenbindungsmanagement, München, S. 311–324.

Bruhn, M./Georgi, D./Schusser, S. (2004): Einsatz des Customer Liefetime Value (CLV) im Commitmentgeschäft, in: Hippner, H./Wilde, K. D. (Hrsg.): Management von CRM-Projekten. Handlungsempfehlungen und Branchenkonzepte, Wiesbaden, S. 429–451.

Bruhn, M./Georgi, D./Treyer, M./Leumann, S. (2000): Wertorientiertes Relationship Marketing: Vom Kundenwert zum Customer Lifetime Value, in: Die Unternehmung, 54. Jg., Nr. 3, S. 167–187.

Bruhn, M./Hadwich, K. (2004): Einsatz eines Kundenbarometers in der IT-Dienstleistungsbranche – ein Längsschnittsvergleich, in: Hippner, H./Wilde, K. D. (Hrsg.): Management von CRM-Projekten. Handlungsempfehlungen und Branchenkonzepte, Wiesbaden, S. 479–503.

Bruhn, M./Hadwich, K. (2005): Internationalisierung von Dienstleistungskonzepten, in: Bruhn, M./Stauss, B. (Hrsg.): Internationalisierung von Dienstleistungen. Forum Dienstleistungsmanagement, Wiesbaden, S. 103–124.

Bruhn, M./Hadwich, K. (2006): Produkt- und Servicemanagement. Konzepte, Methoden, Prozesse, München.

Bruhn, M./Hadwich, K./Georgi, D. (2008): Ansatzpunkte des Customer Value Managements, in: Bruhn, M./Homburg, C. (Hrsg.): Handbuch Kundenbindungsmanagement, 6. Aufl., Wiesbaden, S. 713–732.

Bruhn, M./Hennig, K. (1993): Selektion und Strukturierung von Qualitätsmerkmalen. Auf dem Weg zu einem umfassenden Qualitätsmanagement für Kreditinstitute. Teil 1, in: Jahrbuch der Absatz- und Verbrauchsforschung, 39. Jg., Nr. 3, S. 214–238.

Bruhn, M./Homburg, C. (Hrsg.) (2004): Gabler Marketing Lexikon, 2. Aufl., Wiesbaden.

Bruhn, M./Lucco, A./Wyss, S. (2008): Beendigung von Kundenbeziehungen aus Anbietersicht – Wirkung der wahrgenommenen Gerechtigkeit auf die Zufriedenheit und Verbundenheit ehemaliger Kunden in unterschiedlichen Beendigungsszenarien, in: Marketing – Zeitschrift für Forschung und Praxis, Nr. 4, S. 221–237.

Bruhn, M./Meffert, H. (Hrsg.) (2001): Handbuch Dienstleistungsmanagement. Von der strategischen Konzeption zur praktischen Umsetzung, 2. Aufl., Wiesbaden.

Bruhn, M./Meffert, H. (2002): Exzellenz im Dienstleistungsmarketing. Fallstudien zur Kundenorientierung, Wiesbaden.

Bruhn, M./Michalski, S. (2005): Gefährdete Kundenbeziehungen und abgewanderte Kunden als Zielgruppe der Kundenbindung, in: Bruhn, M./Homburg, C. (Hrsg.): Handbuch Kundenbindungsmanagement. Strategien und Instrumente für ein erfolgreiches CRM, 5. Aufl., Wiesbaden, S. 251–271.

Bruhn, M./Murmann, B. (1998): Nationale Kundenbarometer. Messung von Qualität und Zufriedenheit. Methodenvergleich und Entwurf eines Schweizer Kundenbarometers, Wiesbaden.

Bruhn, M./Siems, F. (2004): Interne Servicebarometer zur Messung und Verbesserung von internen Dienstleistungen – Ein Erfahrungsbericht aus der Pharma-Branche, in: Hippner, H.//Wilde, K. D. (Hrsg.): Management von CRM-Projekten. Handlungsempfehlungen und Branchenkonzepte, Wiesbaden, S. 559–583.

Bruhn, M./Stauss, B. (Hrsg.) (2000): Dienstleistungsqualität. Konzepte, Methoden, Erfahrungen, 3. Aufl., Wiesbaden.

Bruhn, M./Stauss, B. (Hrsg.) (2003): Dienstleistungsnetzwerke, Dienstleistungsmanagement Jahrbuch 2003, Wiesbaden.

Bruhn, M./Stauss, B. (Hrsg.) (2005): Internationalisierung von Dienstleistungen. Forum Dienstleistungsmanagement, Wiesbaden.

Bruhn, M./Stauss, B. (2006): Dienstleistungscontrolling – Einführung in die theoretischen und praktischen Problemstellungen, in: Bruhn, M./Stauss, B. (Hrsg.): Dienstleistungscontrolling. Forum Dienstleistungsmanagement, Wiesbaden, S. 4–29.

Bruhn, M./Stauss, B. (Hrsg.) (2008): Dienstleistungsmarken. Forum Dienstleistungsmanagement, Wiesbaden.

Bruhn, M./Stauss, B. (Hrsg.) (2010): Serviceorientierung im Unternehmen. Forum Dienstleistungsmanagement, Wiesbaden.

Brymer, R. A. (1991): Employee Empowerment: A Guest-Driven Leadership Strategy, in: The Cornell & Restaurant Administratino Quarterly, Vol. 32, No. 1, S. 58–68.

Bühner, R. (1993): Der Mitarbeiter im Total Quality Management, Düsseldorf/Stuttgart.

Büker, B. (1991): Qualitätsbeurteilung investiver Dienstleistungen, Frankfurt am Main.
Bullinger, H. J./Fähnrich, K. P./Meiren, T. (2003): Service Engineering – Methodical Development of New Service Products, in: International Journal of Production Economics, Vol. 85, No. 3, S. 275–287.
Bullinger, H. J./Scheer, A. W. (2003): Service Engineering – Entwicklung und Gestaltung innovativer Dienstleistungen, in: Bullinger, H. J./Scheer, A. W. (Hrsg.): Service Engineering – Entwicklung und Gestaltung innovativer Dienstleistungen, Wiesbaden, S. 3–18.
Bundesagentur für Arbeit (2011): Stellenangebot Altenpfleger/In, http://jobboerse.arbeitsagentur.de/vamJB/stellenangeboteFinden.html;jsessionid=6LJ7NrzpzmWtjJvN8pnSFghRyLFznXLQ8Jr6dZPJyqHjPDm7NBHq!691401247?&benc=Tl8fEA8UZEUIRWvZVy7jl1HP7W%2FUatZWIBzeX1Kroo09xHGjqU4tqQ%3D%3D&benc=hwUnuVi1JA8C5y888JHVU5Ayn3B02JDcsB8QZ2wdbXJYEr8XYrR5drQfEsP48PVuDCwgVBM8Uh4%3D (Zugriff am 28.02.2011).
Bundesarbeitsgemeinschaft der Freien Wohlfahrtspflege (2009): Freie Wohlfahrtspflege in Deutschland http://www.bagfw.de/index.php?id=338 (Zugriff am 05.03.2009).
Bundesministerium für Wirtschaft und Technologie (2010): Dienstleistungswirtschaft: Volkswirtschaftliche Bedeutung des Dienstleistungssektors, http://www.bmwi.de/BMWi/Navigation/Wirtschaft/dienstleistungswirtschaft,did=239886.html (Zugriff am 20.09.2010).
Burmann, C. (1991): Konsumentenzufriedenheit als Determinante der Marken- und Händlerloyalität, in: Marketing ZFP, 13. Jg., Nr. 4, S. 249–258.
Burmann, C./Blinda, L./Nitschke, T. (2003): Konzeptionelle Grundlagen des identitätsbasierten Markenmanagements, Arbeitspapier Nr. 1, Lehrstuhl für innovatives Markenmanagement (LiM), Hrsg.: Burmann, C., Universität Bremen, Bremen.
Burmann, C./Zeplin, S. (2005): Innengerichtetes identitätsbasiertes Markenmanagement als Voraussetzung für die Schaffung starker Marken, in: ESCH, F.-R. (Hrsg.): Moderne Markenführung. Grundlagen – innovative Ansätze – Praktische Umsetzungen, 4. Aufl., Wiesbaden, S. 1021–1036.
Burton, S. (1990): The Framing of Purchase for Services, in: Journal of Services Marketing, Vol. 4, No. 4, S. 55–67.
Butcher, K./Sparks, B./O'Callaghan, F. (2003): Beyond Core Service, in: Psychology & Marketing, Vol. 20, No. 3, S. 187–208.
Büttgen, M. (2000): Einsatz von Mass Customization zur Erlangung hybrider Wettbewerbsvorteile im Tourismusbereich, in: Tourismus Journal, 4. Jg., Nr. 1, S. 27–49.
Büttgen, M. (2007): Kundenintegration in den Dienstleistungsprozess. Eine verhaltenswissenschaftliche Untersuchung, Wiesbaden.
Buxel, H./Buckler, F. (2004): Cross-Selling von Finanzdienstleistungen, in: der markt, Vol. 43, No. 2, S. 58–73.
Buzzell, R. D./Gale, B. T. (1989): Das PIMS-Programm. Strategien und Unternehmenserfolg, Wiesbaden.
Campanella, J. (Hrsg.) (2000): Principles of Quality Costs. Principles, Implementation and Use, 3. Aufl., Milwaukee.
Cannon, H. M./Morgan, F. W. (1990): A Strategic Pricing Framework, in: Journal of Services Marketing, Vol. 4, No. 2, S. 19–31.
Cannon, J. P./Achrol, R. S./Gundlach, G. T. (2000): Contracts, Norms and Plural Form Governance, in: Journal of the Academy of Marketing Science, Vol. 28, No. 2, S. 180–194.
Carbone, L. P./Haeckel, S. H. (1994): Engineering Customer Experiences, in: Marketing Management, Vol. 3, No. Winter 1994, S. 9–18.
Carlzon, J. (1990): Alles für den Kunden, 4. Aufl., Frankfurt am Main/New York.
Carman, J. M. (1990): Consumer Perceptions of Service Quality: An Assessment of the SERVQUAL Dimensions, in: Journal of Retailing, Vol. 66, No. 1, S. 33–57.
Carr, L. P. (1992): Applying Cost of Quality to a Service Business, in: Sloan Management Review, Vol. 33, No. 4, S. 72–77.
Cateora, P. R./Graham, R. J. (2007): International Marketing, 13. Aufl., Boston.
Celesio (2010): http://www.celesio.com/ag/?redirect=true&ni=40-10&lg=de&nx=136905, (Zugriff am 05.12.2010).
Chandler, A. D. (1962): Strategy and Structure, Cambridge/Massachussetts.

Chandrashekaran, M./Rotte, K./Tax, S./Grewal, R. (2007): Satisfaction Strength and Customer Loyalty, in: Journal of Marketing Research, Vol. 44, No. 1, S. 153–163.

Chang, H.-S./Hsiao, H.-L. (2008): Examining the casual relationship among service recovery, perceived justice, perceived risk, and customer value in the hotel industry, in: Service Industries Journal, Vol. 28, No. 4, S. 513–528.

Chase, R. B./Stewart, D. M. (1994): Make Your Service Fail-Safe, in: Sloan Management Review, Vol. 35, No. 3, S. 35–44.

Chatterjee, S./Chatterjee, A. (2005): Prioritization of Service Quality Parameters Based on Ordinal Responses, in: Total Quality Management & Business Excellence, Vol. 16, No. 4, S. 477–489.

Chih-Hon, C./Chia-Yu, T. (2005): Exploring Store Image, Customer Satisfaction and Customer Loyalty Relationship: Evidence from Taiwanese Hypermarket Industry, in: Journal of American Academy of Business, Cambridge, Vol. 7, No. 2, S. 197–202.

Chip (2010): http://www.chip.de/news/iPad-Steve-Jobs-vom-Erfolg-des-Tablets-begeistert_43261760.html, (Zugriff am 0.1.12.2010).

Chong, L. K. (2007): The Role of Internal Communication and Training in Infusing Corporate Values and Delivering Brand Promise: Singapore Airlines' Experience, in: Corporate Reputation Review, Vol. 10, No. 3, S. 201–212.

Chuang, P. (2007): Combining Service Blueprint and FMEA for Service Design, in: The Service Industries Journal, Vol. 27, No. 1/2, S. 91–104.

Ciao (2007): http://www.ciao.de (Zugriff am 09.07.2009).

Clark, M. S./Mills, J. (2004): Interpersonal Attraction in Exchange and Communal Relationships, in: Reis, H. T./Rusbult, C. E. (Hrsg.): Close Relationships, New York, S. 245–256.

Clark, T./Rajaratnam, D. (1999): International Services: Perspectives at Century's End, in: Journal of Services Marketing, Vol. 13, No. 4/5, S. 298–309.

Clark, T./Rajaratnam, D./Smith, T. (1996): Toward A Theory of International Services: Marketing Intangibles In A World of Nations, in: Journal of International Marketing, Vol. 4, No. 2, S. 9–28.

Clement, M./Papies, D. (2008): Podcasting, in: Bauer, H. H./Grosse-Leege, D./Rösger, J. (Hrsg.): Interactive Marketing im Web 2.0, 2. Aufl., München, S. 335–346.

Clement, M./Peters, K./Preiß, J. (1998): Electronic Commerce, in: Albers, S./Clement, M./Peters, K. (Hrsg.): Marketing mit interaktiven Medien: Strategien zum Markterfolg, Frankfurt am Main, S. 49–64.

Coase, R. H. (1937): The Nature of the Firm, in: Economica, Vol. 4, No. 4, S. 386–405.

Coelho, P. S./Vilares, M. J. (2010): Measuring the return of quality investments, in: Total Quality Management, Vol. 21, No. 1, S. 21–42.

Collier, D. A. (1996): Tight and Loose Comprehensive Customer Contact (3c) Plans and Strategies, in: Swartz, T. A./Brown, S. W. (Hrsg.): Advances in Services Marketing and Management. Research and Practice, 5. Aufl., Greenwich/London, S. 153–168.

Combs, J. G./Ketchen Jr, D. J. (2003): Why Do Firms Use Franchising as an Entrepreneurial Strategy?: A Meta-Analysis, in: Journal of Management, Vol. 29, No. 3, S. 443–465.

Compton, F. F. (1987): Internal Marketing of Marketing, in: Czepiel, J. A./Congram, C. A./Shanahan, J. B. (Hrsg.): The Services Challenge. Integrating for Competitive Advantage, Chicago, S. 17–20.

Congram, C. A./Czepiel, J. A./Shanahan, J. B. (1987): Achieving Internal Integration in Service Organizations. Five Propositions, in: Czepiel, J. A./Congram, C. A./Shanahan, J. B. (Hrsg.): The Services Challenge. Integrating for Competitive Advantage, Chicago, S. 5–6.

Copeland, M. T. (1932): Relation of Consumer Buying Habits to Marketing Methods, in: Harvard Business Review, Vol. 1, No. 3, S. 282–289.

Cornelsen, J. (1996): Kundenwert – Begriff und Bestimmungsfaktoren, Arbeitspapier Nr. 43 des Lehrstuhls für Marketing, Universität Erlangen-Nürnberg, Nürnberg.

Cornelsen, J. (1998): Kundenbewertung mit Referenzwerten. Theorie und Ergebnisse des Kooperationsprojektes „Kundenwert" in Zusammenarbeit mit der GfK AG, Arbeitspapier Nr. 64, Betriebswirtschaftliches Institut, Universität Erlangen-Nürnberg, Nürnberg.

Cornelsen, J. (2000): Kundenwertanalysen im Beziehungsmarketing. Theoretische Grundlegung und Ergebnisse einer empirischen Studie im Automobilbereich, Nürnberg.

Corsten, H. (1985a): Die Produktion von Dienstleistungen. Grundzüge einer Produktionswirtschaftslehre des tertiären Sektors, Berlin.
Corsten, H. (1985b): Zur ökonomischen Bedeutung von Dienstleistungen. Möglichkeiten und Grenzen der Erfassung, in: Jahrbuch der Absatz- und Verbrauchsforschung, 31. Jg., Nr. 3, S. 230–251.
Corsten, H. (1987): Vergleichende Gegenüberstellung des Quality-Circle-Ansatzes mit anderen mitarbeiterorientierten Qualitätsförderungskonzepten (I), in: Das Wirtschaftsstudium, 16. Jg., Nr. 4, S. 196–200.
Corsten, H. (1988): Betriebswirtschaftslehre der Dienstleistungsunternehmungen., 1. Aufl., München.
Corsten, H. (1989): Dienstleistungsmarketing. Elemente und Strategien, in: Jahrbuch der Absatz- und Verbrauchsforschung, 35. Jg., Nr. 1, S. 23–40.
Corsten, H. (1998): Ansatzpunkte für ein Rationalisierungsmanagement von Dienstleistungs-Anbietern, in: Meyer, A. (Hrsg.): Handbuch Dienstleistungs-Marketing, Band 1, München, S. 607–624.
Corsten, H. (2000): Der Integrationsgrad des externen Faktors als Gestaltungsparameter in Dienstleistungsunternehmen. Voraussetzungen und Möglichkeiten der Externalisierung und Internalisierung, in: Bruhn, M./Stauss, B. (Hrsg.): Dienstleistungsqualität. Konzepte, Methoden, Erfahrungen, 3. Aufl., Wiesbaden, S. 145–168.
Corsten, H. (2007): Produktionswirtschaft. Einführung in das industrielle Produktionsmanagement, 11. Aufl., München/Wien.
Corsten, H./Gössinger, R. (2007): Dienstleistungsmanagement, 5. Aufl., München/Wien.
Cortal Consors (2011): Cortal Consors Aktiencommunity, http://cortalconsors.de.sharewise.com/register (Zugriff am 20.03.2011).
Cowell, D. (1993): The Marketing of Services, Oxford.
Crane, F. G./Clarke, T. K. (1988): The Identification of Evaluative Criteria and Cues Used in Selecting Services, in: Journal of Service Marketing, Vol. 2, No. 2, S. 53–59.
Crawford, C. M. (1999): New Products Management, 6. Aufl., Homewood.
Creditreform (2002): Dienstleister setzen auf optimierte Geschäftsabläufe, in: Creditreform, News vom 18.02.2002, www.creditreform.de/presse/00032.php (Zugriff am 18.05.2005).
Cristofolini, M. (2005): Wissenstransfer im Marketing: Lern- und Austauschprozesse des kundenbezogenen Wissens von Kundenkontaktmitarbeitern, St. Gallen.
Cronin, J./Taylor, S. (1992): Measuring Service Quality. A Reexamination and Extention, in: Journal of Marketing, Vol. 56, No. 3, S. 55–68.
Crosby, L. A./Evans, K. R./Cowles, D. (1990): Relationship Quality in Services Selling. An Interpersonal Influence Perspective, in: Journal of Marketing, Vol. 54, No. 3, S. 68–81.
Crosby, L. B./DeVito, R./Pearson, J. M. (2003): Manage Your Customers' Perception of Quality, in: Review of Business, Vol. 24, No. 1, S. 18–24.
Crosby, P. B. (1986): Qualität bringt Gewinn, Hamburg.
Czepiel, J. A./Gilmore, R. (1987): Exploring the Concept of Loyalty in Services, in: Congram, C. A./Czepiel, J. A./Shanahan, J. (Hrsg.): The Services Challenge, Chicago, S. 91–94.
Czinkota, M. R./Ronkainen, I. A. (2004): International Marketing, 7. Aufl., Fort Worth.
Dabholkar, P. A. (1994): Technology-Based Service Delivery: A Classification Scheme for Developing Marketing Strategies, in: Swartz, T. A./Bowen, D. E./Brown, S. W. (Hrsg.): Advances in Services Marketing and Management, 3. Aufl., London, S. 241–271.
Dabholkar, P. A. (1995): A Contingency Framework for Predicting Causality Between Customer Satisfaction and Service Quality, in: Kardes, F. R./Sajan, M. (Hrsg.): Advances in Consumer Research, Vol. 22, Provo/USA, S. 101–108.
Dahringer, L. D. (1991): Marketing Services Internationally. Barriers and Management Strategies, in: Journal of Services Marketing, Vol. 5, No. 3, S. 5–17.
Dahringer, L. D./Mühlbacher, H. (1999): International Marketing. A Global Perspective, 2. Aufl., Reading u. a.
Dale, B. G./Lascelles, D. M./Plunkett, J. J. (1990): The Process of Total Quality Management, in: Dale, B. G./Plunkett, J. J. (Hrsg.): Managing Quality, New York, S. 3–18.
Dale, B. G./Plunkett, J. J. (1993): Quality Costing, 3. Aufl., London.
Dallmer, H. (2002): Das System des Direct Marketing – Entwicklung und Zukunftsperspektiven, in: Dallmer, H. (Hrsg.): Das Handbuch Direct Marketing & More, 8. Aufl., Wiesbaden, S. 3–32.

Dalrymple, D. J./Parsons, L. J. (1999): Marketing Management: Text and Cases (Marketing Management), 7. Aufl., New York.

Darby, M. R./Karni, E. (1973): Free Competition and the Optimal Amount of Fraud, in: Journal of Law & Economics, Vol. 16, No. 1, S. 67-88.

Datenschutzzentrum (2010): https://www.datenschutzzentrum.de/verbraucherdatenschutz/20100330-datenschutz-von-konsumenten.html, (Zugriff am 04.12.2010).

Daudel, S./Vialle, G. (1989): Le Yield Management, Paris.

Daudel, S./Vialle, G. (1992): Yield-Management, Frankfurt a.M.

de Chernatony, L./Dall'Olmo Riley, F. (1999): Experts' View About Defining Services Brands and the Principles of Services Branding, in: Journal of Business Research, Vol. 46, No. 2, S. 181–192.

de Chernatony, L./McDonald, M. (2000): Creating Powerful Brands in Consumer, Service and Industrial Markets, Oxford.

Dearden, J. (1978): Cost Accounting Comes to Service Industries, in: Harvard Business Review, Vol. 56, No. 5, S. 132–140.

Dekker, H. C. (2003): Value Chain Analysis in Interfirm Relationships: A Field Study, in: Management Accounting Research, Vol. 14, No. 1, S. 1–23.

Dellago, V./Kliger, M. (2004): Internationalisierung. Yin und Yang der Expansion, in: Der Handel, 10. Jg., S. 42.

Dellmann, K. (1992): Eine Systematisierung der Grundlagen des Controlling, in: Spremann, K./Zur, E. (Hrsg.): Controlling. Grundlagen – Informationssysteme – Anwendungen, Wiesbaden, S. 113-140.

Der Standard (2010): www.derstandard.at, (Zugriff am 22.11.2010).

Desiraju, R./Shugan, S. M. (1999): Strategic Service Pricing and Yield Management, in: Journal of Marketing, Vol. 63, No. 1, S. 44–56.

Detecon International GmbH (2010): Customer Experience Management in the Telecommunications Industry, http://www.detecon.com/en/publications/studies/studies_detail.html?unique_id=43778 (Zugriff am 8.12.2010).

Deutsch, M. (1958): Trust and Suspicion, in: The Journal of Conflict Resolution, Vol. 2, No. 4, S. 265–279.

Deutsch, M. (1985): Distributive Justice, New Heaven.

Deutsche Bahn (2011): Upgrade in die 1. Klasse, http://www.bahn.de/p/view/bahncard/bahnbonus/praemien_bed_upgrade.shtml (Zugriff am 04.02.2011).

Deutsche Bank (2010a): Chronik der Deutschen Bank, http://www.deutsche-bank.de/de/media/DB_geschichte_meilensteine_120dpi_de.pdf.

Deutsche Bank (2010b): Social Media Auftritt der Deutschen Bank, http://www.db.com/de/content/company/social_media.htm (Zugriff am 16.11.2010).

Deutsche EFQM (2003): http://www.deutsche-efqm.de/download/Grundkonzepte_2003.pdf (Zugriff am 15.07.2009).

Deutsche Gesellschaft für Qualität e.V. (1993): Begriffe zum Qualitätsmanagement, 5. Aufl., Berlin.

Deutsche Gesellschaft für Qualität e.V. (1995): Begriffe zum Qualitätsmanagement, DGQ-Schrift, Nr. 11-04, 6. Aufl., Frankfurt am Main.

Deutsche Gesellschaft für Qualität e.V. (1996): Qualitätszirkel, 3. Aufl., Berlin.

Deutscher Bundestag (2002): Globalisierung der Weltwirtschaft – Herausforderungen und Antworten. Schlussbericht der Enquete-Kommission des Deutschen Bundestages, Drucksache 14/9200, Berlin.

Deutscher Direktmarketing Verband (1995): Wirtschaftsfaktor Direktmarketing 1995, Wiesbaden.

Deutscher Franchise Verband (2010): Franchise-Fakten 2010, http://www.franchiseverband.com/fileadmin/user_upload/MAIN-dateien/PDF-Website/DFV_FranchiseFakten2010final.pdf (Zugriff am 01.12.2010).

Deutsches Patent- und Markenamt (2007): Internationale Klassifikation von Waren und Dienstleistungen für die Eintragung von Marken, http://www.dpma.de/docs/service/klassifikationen/nizza/nizza9_teil1.pdf (Zugriff am 03.03.2009).

Deutsches Patent- und Markenamt (2008): Jahresbericht 2008, http://www.dpma.de/docs/service/veroeffentlichungen/jahresberichte/dpma-jahresbericht2008.pdf (Zugriff am 17.07.2009).

DHL (2004): Lufthansa Cargo und Deutsche Post intensivieren Zusammenarbeit, Pressemitteilung vom 12.10.2004.

Dias, S./Pihlens, D./Ricci, L. (2002): Understanding The Drivers of Customer Value: The Fusion of Macro and Micromodelling, in: Journal of Targeting, Measurement & Analysis for Marketing, Vol. 10, No. 3, S. 269–281.
Dick, A. S./Basu, K. (1994): Customer Loyalty: Toward an Integrated Conceptual Framework, in: Journal of the Academy of Marketing Science, Vol. 22, No. 2, S. 99–113.
Diederich, H. (1966): Zur Theorie des Verkehrsbetriebes, in: Zeitschrift für Betriebswirtschaft, 36. Jg., Nr. 1, Ergänzungsheft, S. 37–52.
Diller, H. (1993): Preisbaukästen als preispolitische Option, in: Wirtschaftswissenschaftliches Studium, 22. Jg., Nr. 6, S. 270–275.
Diller, H. (1997): Preis-Management im Zeichen des Beziehungsmarketing, in: Die Betriebswirtschaft, 57. Jg., Nr. 6, S. 749–763.
Diller, H. (1999): Entwicklungslinien in Preistheorie und -Management, Arbeitspapier Nr. 76 des Lehrstuhls für Marketing, Universität Erlangen-Nürnberg.
Diller, H. (2000): Preiszufriedenheit bei Dienstleistungen. Konzeptionalisierung und explorative empirische Befunde, in: Die Betriebswirtschaft, 60. Jg., Nr. 5, S. 570–587.
Diller, H. (2003): Aufgabenfelder, Ziele und Entwicklungstrends der Preispolitik, in: Diller, H./Herrmann, A. (Hrsg.): Handbuch Preispolitik. Strategien – Planung – Organisation – Umsetzung, Wiesbaden, S. 3–32.
Diller, H. (2008): Preispolitik, 4. Aufl., Stuttgart.
Diller, H. (2010): Aufgaben, Instrumente und Ziele des Kundendatenmanagements, in: Diller, H. (Hrsg.): Der gläserne Konsument. Potentiale und Probleme beim Management von Kundendaten, Nürnberg, S. 1–26.
Diller, H./Haas, A./Ivens, B. S. (Hrsg.) (2005): Verkauf und Kundenmanagement, Stuttgart.
DIN EN ISO 9000:2005 (2005): Qualitätsmanagementsysteme – Grundlagen und Begriffe, Berlin.
Dixon, A. L./Spiro, R. L./Jamil, M. (2001): Successful and Unsuccessful Sales Calls: Measuring Salesperson Attributions and Behavioral Intentions, in: Journal of Marketing, Vol. 65, No. 3, S. 64–78.
Dobni, C. B./Luffman, G. (2000): Implementing Marketing Strategy Through a Market Orientation, in: Journal of Marketing Management, Vol. 16, No. 8, S. 859–916.
Docters, R./Reopel, M./Jeanne-Mey, S./Tanny, S. (2004): Capturing the Unique Value of Services: Why Pricing of Services is Different, in: Journal of Business Strategy, Vol. 25, No. 2, S. 23–28.
Dolski, J./Hermanns, A. (2004): Internationalisierungsstrategien von Dienstleistungsunternehmen, in: Gardini, M. A./Dahlhoff, H. D. (Hrsg.): Management internationaler Dienstleistungen. Kontext – Konzepte – Erfahrungen, Wiesbaden, S. 86–110.
Dolski, J./Hermanns, A. (2005): Internationale Marketingstandardisierung für Dienstleistungen, in: Bruhn, M./Stauss, B. (Hrsg.): Internationalisierung von Dienstleistungen. Forum Dienstleistungsmanagement Wiesbaden, S. 204–228.
Domizlaff, H. (1992): Die Gewinnung des öffentlichen Vertrauens: Ein Lehrbuch der Markentechnik, Hamburg.
Donabedian, A. (1980): The Definition of Quality and Approaches to its Assessment. Explorations in Quality, Assessment and Monitoring, Vol. I, Ann Arbor.
Donaldson, B./O'Toole, T. (2007): Strategic Marketing Relationships. From Strategy to Implementation, 2. Aufl., Chichester.
Donelly, J. H./Berry, L. L./Thompson, T. W. (1985): Marketing Financial Services. A Strategic Vision, Homewood.
Doney, P. M./Cannon, J. P. (1997): An Examination of the Nature of Trust in Buyer-Seller Relationships, in: Journal of Marketing, Vol. 62, No. 2, S. 1–13.
Dotzler, H.-J. (1999): Gestaltung der internen Kommunikationspolitik als Grundlage marktorientierter Veränderungsprozesse – am Beispiel der HYPO-BANK, in: Bruhn, M. (Hrsg.): Internes Marketing. Integration der Kunden- und Mitarbeiterorientierung, 2. Aufl., Wiesbaden, S. 665–681.
Dotzler, H.-J./Schick, S. (1995): Systematische Mitarbeiterkommunikation als Instrument der Qualitätssicherung, in: Bruhn, M./Stauss, B. (Hrsg.): Dienstleistungsqualität. Konzepte, Methoden, Erfahrungen, 2. Aufl., Wiesbaden, S. 277–294.

Drejer, I. (2004): Identifying Innovation in Surveys of Services: A Schumpeterian Perspective, in: Research Policy, Vol. 33, No. 3, S. 551.

Droege & Comp. (2000): Triebfeder Kunde IV. Bestandskunden im Fokus, Vierte Studie von Droege & Comp. zur Kundenorientierung deutscher und internationaler Unternehmen, Düsseldorf.

Drösser, C. (2008): Ein Volk von Testern, in: DIE ZEIT, 27.03.2008, Nr. 14, S. 37f.

Drucker, P. F. (1992): Dienstleister müssen produktiver werden, in: Harvard Manager, 14. Jg., Nr. 2, S. 64–72.

Dülfer, E./Jöstingmeier, B. (2008): Internationales Management in unterschiedlichen Kulturkreisen, 7. Aufl., München.

Dullinger, F. (2001): Compliance-abhängige Dienstleistungen. Konzeption und Anwendung am Beispiel der Gesundheitsdienstleistungen, München.

Dwyer, F. R. (1997): Customer Lifetime Valuation to Support Marketing Decision Making, in: Journal of Direct Marketing, Vol. 11, No. 4, S. 6–13.

Dyckhoff, B. (1993): Diversifikation von Handelsunternehmen in den Finanzdienstleistungsbereich. Dargestellt am Beispiel des Automobilhandels, Frankfurt am Main, u. a.

Easton, G. (1988): Competition and Marketing Strategy, in: European Journal of Marketing, Vol. 22, No. 2, S. 31–49.

Eberl, P./Franke, B. (2005): Internationalisierung via Internet – Was kann man von Ebay lernen?, in: Bruhn, M./Stauss, B. (Hrsg.): Internationalisierung von Dienstleistungen. Forum Dienstleistungsmanagement, Wiesbaden, S. 415–431.

Ebertle, M. (2004): Billigflieger gewinnen schnell Marktanteile im Europaverkehr, in: Handelsblatt, 8.12.2004.

Eck, K. (2007): Corporate Blogs: Unternehmen im Online-Dialog zum Kunden.

ECSI (2000): Pan-European Banking Sector Report – Based on the Pilot Studies 1999, Report prepared for the Pan-European Banking Sector Seminar in Paris.

Edvardsson, B./Enquist, B. (2002): ‚The IKEA Saga': How Service Culture Drives Service Strategy, in: Service Industries Journal, Vol. 22, No. 4, S. 153–186.

Edvardsson, B./Gustavsson, B. (1991): Quality in Services and Quality in Services Organisations, in: Brown S.W. et al. (Hrsg.): Service Quality. Multidisciplinary and Multinational Perspectives, Lexington, S. 319–340.

EFQM (2009): Fundamental Concepts, http://ww1.efqm.org/en/Home/aboutEFQM/Ourvaluesandmodels/FundamentalConcepts/tabid/169/Default.aspx (Zugriff am 13.07.2009).

EFQM (2010): Introducing the EFQM Excellence Model 2010, ww1.efqm.org/en/PdfResources/EFQMModel_Presentation.pdf (Zugriff am 10.03.2010).

Eggert, A. (2001): Konzeptionelle Grundlagen des elektronischen Kundenbeziehungsmanagement, in: Eggert, A./Fassott, G. (Hrsg.): eCRM – Electronic Customer Relationship Management, Stuttgart, S. 1–10.

Eggert, A. (2003): Die zwei Perspektiven des Kundenwerts: Darstellung und Versuch einer Integration, in: Günter, B./Helm, S. (Hrsg.): Kundenwert. Grundlagen, Innovative Konzepte, Praktische Umsetzungen, 2. Aufl., Wiesbaden, S. 41–59.

Eggert, A. (2006): Intangibility and Perceived Risk in Online Environments, in: Journal of Marketing Management, Vol. 22, No. 5/6, S. 553–572.

Ehrmann, H. (2004): Marketing-Controlling, 4. Aufl., Ludwigshafen.

Eichen, F. (2010): Messung und Steuerung der Markenbeziehungsqualität : eine branchenübergreifende Studie im Konsumgütermarkt, Basel.

Eisen, R. (1971): Zur Produktionsfunktion der Versicherung, in: Zeitschrift für die gesamte Versicherungswissenschaft, Band 60, S. 407–419.

Eisenächer, H. W. (2005): Fallstudie Lufthansa: Profitable Kundenbeziehungen durch Kundenbindung, in: Bruhn, M. H., Ch. (Hrsg.): Handbuch Kundenbindungsmanagement, Wiesbaden, S. 743–764.

Eklöf, J. (2000): The European Customer Satisfaction, Benchmarking Results and Lessons Learned, in: Dermanov, V. K. (Hrsg.): Business Excellence: Russian and International State-of-the-Art Experience, Stockholm School of Economics in St. Petersburg, S. 267–274.

Engel, J. F./Blackwell, R. D./Miniard, P. W. (2006): Consumer Behavior, 10. Aufl., Fort Worth.

Engelhardt, W./Freiling, J. (1995): Die integrative Gestaltung von Leistungspotenzialen, in: Zeitschrift für betriebswirtschaftliche Forschung, 47. Jg., Nr. 2, S. 899–918.

Engelhardt, W. H. (1990): Dienstleistungsorientiertes Marketing. Antwort auf die Herausforderung durch neue Technologien, in: Adam, D. (Hrsg.): Integration und Flexibilität. Eine Herausforderung für die Allgemeine Betriebswirtschaftslehre. 51. Wissenschaftliche Jahrestagung des Verbandes der Hochschullehrer für Betriebswirtschaftlehre e.V. 1989 in Münster, Wiesbaden, S. 269–288.

Engelhardt, W. H. (1991): Total Quality Management, in: Das Wirtschaftsstudium, 20. Jg., Nr. 8, S. 394–399.

Engelhardt, W. H./Kleinaltenkamp, M./Reckenfelderbäumer, M. (1992): Dienstleistungen als Absatzobjekt, Arbeitsbericht Nr. 52 des Instituts für Unternehmensführung und Unternehmensforschung an der Ruhr-Universität Bochum, Bochum.

Engelhardt, W. H./Kleinaltenkamp, M./Reckenfelderbäumer, M. (1993): Leistungsbündel als Absatzobjekte, in: Zeitschrift für betriebswirtschaftliche Forschung, 45. Jg., Nr. 5, S. 395–426.

Engelhardt, W. H./Kleinaltenkamp, M./Reckenfelderbäumer, M. (1995): Leistungstypologien als Basis des Marketing. Ein erneutes Plädoyer für die Aufhebung der Dichotomie von Sachleistungen und Dienstleistungen, in: Die Betriebswirtschaft, 55. Jg., Nr. 5, S. 673–678.

Entgelter, K. A. (1979): Das Rationalisierungspotential im Dienstleistungsbereich. Zu den Möglichkeiten der Substitution persönlicher Leistungsträger durch realtechnische Systeme im Bereich der Produktion immaterieller Güter, Frankfurt am Main.

Enzweiler, T. (1990): Wo die Preise Laufen lernen, in: manager magazin, 21. Jg., Nr. 3, S. 246–253.

EPSI Rating (2008): Customer Satisfaction 2007. Pan European Benchmark, http://www.epsi-rating.com/images/stories/reports/epsi_report_2007/Hela%20Report.pdf (Zugriff am 20.07.2009).

EPSI Rating (2010): Customer Satisfaction 2010. Pan European Benchmark, http://www.epsi-rating.com/images/stories/results/Pan_European_EPSI_Rating_Report_1004.pdf (Zugriff am 15.11.2010).

Erlei, M. (2007): Neue Institutionenökonomik, 2. Aufl., Stuttgart.

Erramilli, M. K. (1990): Entry Mode Choice in Service Industries, in: International Marketing Review, Vol. 7, No. 5/6, S. 50–63.

Erramilli, M. K./Rao, C. P. (1993): Service Firms International Entry-Mode Choice. A Modified Transaction-Cost Analysis Approach, in: Journal of Marketing, Vol. 57, No. 3, S. 19–38.

Esch, F.-R. (2007): Strategie und Technik der Markenführung, 4. Aufl., München.

Esch, F.-R./Langner, T. (2004): Integriertes Branding – Baupläne zur Gestaltung neuer Marken, in: Bruhn, M. (Hrsg.): Handbuch Markenführung, Wiesbaden, S. 1131–1156.

Esch, F.-R./Rutenberg, J./Strödter, K./Vallaster, C. (2005): Verankerung der Markenidentität durch Behavioral Branding, in: Esch, F.-R. (Hrsg.): Moderne Markenführung. Grundlagen – Innovative Ansätze - Praktische Umsetzungen, 4. Aufl., Wiesbaden, S. 985–1008.

Essegaier, E./Gupta, S./Zhang, Z. J. (2002): Pricing Access Services, in: Marketing Science, Vol. 21, No. 2, S. 139–160.

Esteban, A./Millan, A./Molina, A./Martin-Consuegra, D. (2002): Market Orientation in Service: A Review and Analysis, in: European Journal of Marketing, Vol. 36, No. 9, S. 1003-1022, Europäische Union (2004), Eurostat, URL: http://epp.eurostat.cec.eu.int/pls/portal/, Zugriff am 18.10.2007.

Europäische Kommission (2010): Statistiken: Regionale Beschäftigung - LFS-Reihen; Beschäftigung nach Wirtschaftszweigen auf NUTS-Ebene 1 und 2 (1000), http://epp.eurostat.ec.europa.eu/portal/page/portal/statistics/search_database?_piref458_1209540_458_211810_211810.node_code=lfst_r_lfemp (Zugriff am 20.09.2010).

Ewing, P./Luhndahl, L. (1996): The Balanced Scorecard at ABB Sweden – the EVITA Project, EFI Research Paper Nr. 6567, Economic Research Institute, Stockholm School of Economics, Stockholm.

Fahlbusch, F./Bayer, T. (2007): Dem Kunden auf der Spur. Banken entdecken den mobilen Vertrieb – Dienstleistungszentren statt Filialen, in: Financial Times Deutschland, 23.11.2007, Nr. 228/47, S. 21.

Falk, B. H. (Hrsg.) (1980): Dienstleistungsmarketing, Landsberg am Lech.

Fantapié Altobelli, C. (2011): Marktforschung. Methoden, Anwendungen, Praxisbeispiele, 2. Aufl., Stuttgart.

Fantapié Altobelli, C./Bouncken, R. (1998): Wertkettenanalyse von Dienstleistungs-Anbietern, in: Meyer, A. (Hrsg.): Handbuch Dienstleistungs-Marketing, Band 1, Stuttgart, S. 282–296.

Farny, D. (1969): Grundlagen einer theoretischen Versicherungsbetriebslehre, in: Farny, D. (Hrsg.): Wirtschaft und Recht der Versicherung, Festschrift für P. Braess, Karlsruhe, S. 27–72.
Fassnacht, M. (1996): Preisdifferenzierung bei Dienstleistungen. Implementationsformen und Determinanten, Wiesbaden.
Fassnacht, M. (1998): Preisdifferenzierungsintensität bei Dienstleistern. Ein ökonomischer Erklärungsansatz, in: Zeitschrift für Betriebswirtschaft, 68. Jg., Nr. 7, S. 719–743.
Fassnacht, M. (2004): Markenführung für Dienstleistungen, in: Bruhn, M. (Hrsg.): Handbuch Markenführung. Kompendium zum erfolgreichen Markenmanagement. Strategien – Instrumente – Erfahrungen, 2. Aufl., Wiesbaden, S. 2163-2181.
Fassnacht, M. (2009): Preismanagement: eine prozessorientierte Perspektive, in: Marketing Review St. Gallen, 26. Jg., Nr. 5, S. 8–13.
Fassnacht, M./Homburg, C. (1997): Preisdifferenzierung als Instrument des Kapazitätsmanagement, in: Corsten, H./Stuhlmann, S. (Hrsg.): Kapazitätsmanagement in Dienstleistungsunternehmen. Grundlagen und Gestaltungsmöglichkeiten, Wiesbaden, S. 137–152.
Fassnacht, M./Homburg, C. (2001): Deutschsprachige Dienstleistungsforschung im internationalen Vergleich, in: Die Unternehmung, 55. Jg., Nr. 4/5, S. 279–293.
Fassnacht, M./Koese, I. (2006): Quality of Electronic Services, in: Journal of Service Research, Vol. 9, No. 1, S. 19–37.
Feketekuty, G. (1988): International Trade in Services. An Overview and Blueprint for Negotiations, Cambridge.
Festinger, L. (1957): A Theory of Cognitive Dissonance, Stanford.
Finanztest (2008): Verführung à la carte, http://www.test.de/themen/geldanlage-banken/test/Kundenkarten-Verfuehrung-a-la-carte-1678989-1678059/.
Fischer, M./Herrmann, A./Huber, F. (2001): Return on Customer Satisfaction. Wie rentabel sind Maßnahmen zur Steigerung der Zufriedenheit?, in: Zeitschrift für Betriebswirtschaft, 71. Jg., Nr. 10, S. 1161–1190.
Fischer, M./Hüser, A./Mühlenkamp, C./Schott, E. (1993): Marketing und neuere ökonomische Theorie: Ansätze zu einer Systematisierung, in: Betriebswirtschaftliche Forschung und Praxis, 45. Jg., Nr. 4, S. 444–470.
Fischer, T. (1993): Sicherung unternehmerischer Wettbewerbsvorteile durch Prozeß- und Schnittstellen-Management, in: Zeitschrift Führung und Organisation, 62. Jg., Nr. 5, S. 312–318.
Fishbein, M. A. (1967): A Behavior Theory Approach to the Relations between Beliefs about an Object and the Attitude towards the Object, in: Fishbein, M. A. (Hrsg.): Readings in Attitude Theory and Measurement, New York u. a., S. 389–400.
Flavián, C./Torres, E./Guinal, M. (2004): Corporate Image Measurement. A Further Problem for the Tangibilization of Internet Banking Services, in: International Journal of Bank Marketing, Vol. 22, No. 5, S. 366–383.
Fleck, M./Kirchhoff, L./Meckel, M./Stanoevska-Slabeva, K. (2008): Einsatzmöglichkeiten von Blogs in der Unternehmenskommunikation, in: Bauer, H. H./Grosse-Leege, D./Rösger, J. (Hrsg.): Interactive Marketing in Web 2.0, 2. Aufl., München, S. 236–251.
Fließ, S. (2004): Qualitätsmanagement bei Vertrauensgütern, in: Marketing ZFP, 26. Jg., Nr. Spezialausgabe „Dienstleistungsmarketing", S. 33–44.
Fließ, S./Kleinaltenkamp, M. (2004): Blueprinting the Service Company: Managing Service Processes Efficiently, in: Journal of Business Research, Vol. 57, No. 4, S. 392.
Flood, R. L. (1993): Beyond TQM, Chichester u. a.
Forberger, D. (2000): Emotionale Determinanten der Dienstleistungsqualität: Entwicklung und Überprüfung eines Messkonzeptes, Wiesbaden.
Fornell, C. (1992): A National Customer Satisfaction Barometer: The Swedish Experience, in: Journal of Marketing, Vol. 56, No. 1, S. 6–21.
Fornell, C./Everitt Bryant, B. (1998): Der Amerikanische Kundenzufriedenheitsindex ACSI (American Customer Satisfaction Index), in: Simon, H./Homburg, C. (Hrsg.): Kundenzufriedenheit, 3. Aufl., Wiesbaden, S. 165–178.

Fornell, C./Johnson, M. D./Anderson, E. W./Jaesung, C./Bryant, B. E. (1996): The American Customer Satisfaction Index: Nature, Purpose, and Findings, in: Journal of Marketing, Vol. 60, No. 4, S. 7–18.
Fornell, C./Wernerfelt, B. (1987): Defensive Marketing Strategy by Customer Complaint Management: A Theoretical Analysis, in: Journal of Marketing Research, Vol. 24, No. 4, S. 337–346.
Foscht, T./Swoboda, B. (2007): Käuferverhalten: Grundlagen – Perspektiven – Anwendungen, 3. Aufl., Wiesbaden.
Fourastié, J. (1954): Die große Hoffnung des zwanzigsten Jahrhunderts, Köln-Deutz.
Freeman, R. E. (1984): Strategic Management. A Stakeholder Approach, Marshfield.
Frehr, H.-U. (1994): Total Quality Management. Unternehmensweite Qualitätsverbesserung, 2. Aufl., München.
Freiling, J. (2004): A Competence-Based Theory of the Firm, in: management review, Vol. 15, No. 1, S. 27–52.
Freiling, J. (2006): Kundenwert aus ressourcenorientierter Sicht, in: Günter, B./Helm, S. (Hrsg.): Kundenwert. Grundlagen Innovative Konzepte Praktische Umsetzungen, Wiesbaden, S. 83–102.
Freter, H. (1983): Marktsegmentierung, Stuttgart.
Freter, H. (2001a): Marktsegmentierung im Dienstleistungsbereich, in: Bruhn, M./Meffert, H. (Hrsg.): Handbuch Dienstleistungsmanagement. Von der strategischen Konzeption zur praktischen Umsetzung, Wiesbaden, S. 279–314.
Freter, H. (2001b): Marktsegmentierungsmerkmale, in: Diller, H. (Hrsg.): Vahlens Großes Marketinglexikon, 2. Aufl., München, S. 1074–1076.
Friedman, M. L./Smith, L. J. (1993): Consumer Evaluation Processes in a Service Setting, in: Journal of Services Marketing, Vol. 7, No. 2, S. 47–61.
Friege, C. (1995): Preispolitik für Leistungsverbünde im Business-to-Business-Marketing, Wiesbaden.
Friege, C. (1996): Yield Management, in: Wirtschaftswissenschaftliches Studium, 25. Jg., Nr. 12, S. 616–622.
Friege, C. (1997): Preispolitik für Dienstleistungen, in: Thexis, 14. Jg., Nr. 2, S. 9–14.
Friemel, K. (2007): Qualität ist jedermanns Aufgabe, in: McKinsey Wissen, 6. Jg., Nr. 20, S. 30–35.
Frietzsche, U. (2001): Externe Faktoren in der Dienstleistungsproduktion. Ansätze zur Lösung von Erfassungs- und Bewertungsproblemen, Wiesbaden.
Fritz, W. (2004): Internet-Marketing und Electronic Commerce, 3. Aufl., Wiesbaden.
Fröhlich, W./Langecker, F. (1989): Hochschulkontakte, in: Strutz, H. (Hrsg.): Handbuch Personalmarketing, Wiesbaden, S. 152–157.
Fröhlich, W./Sitzenstock, K. (1989): Personalimage-Werbung, in: Strutz, H. (Hrsg.): Handbuch Personalmarketing, Wiesbaden, S. 134–142.
Frost, F. A./Kumar, M. (2000): INTSERVQUAL. An Internal Adaptation of the GAP Model in a Large Service Organisation, in: Journal of Services Marketing, Vol. 14, No. 4/5, S. 358–376.
Fuchs, M./Gu, Z./Barbian, P./Jenne, F. (2003): Wissensbasierte strategische Serviceproduktplanung, in: Service today, Nr. 6, S. 12–16.
Fuchs, M./Weiermair, K. (2003): Qualitätsmanagement und Qualitätsbenchmarking im Dienstleistungsnetzwerk – Das Modell touristischer Destinationen, in: Bruhn, M./Stauss, B. (Hrsg.): Dienstleistungsnetzwerke. Dienstleistungsmanagement Jahrbuch 2003, Wiesbaden, S. 426–442.
Füller, J./Jawecki, G./Bartl, M. (2009): Produkt- und Serviceentwicklung in Kooperation mit Online Communities, in: Hinterhuber, H./Matzler, K. (Hrsg.): Kundenorientierte Unternehmensführung: Kundenorientierung – Kundzufriedenheit – Kundenbindung, 6. Aufl., Wiesbaden, S. 197–222.
Furubotn, E. G./Pejovich, S. (1972): Property Rights and Economic Theory: A Survey of Recent Literature, in: Journal of Economic Literature, Vol. 10, No. 4, S. 1137–1162.
Furubotn, E. G./Pejovich, S. (1974): The New Property Rights and Economic Theory, in: Furubotn, E. G./Pejovich, S. (Hrsg.): The Economics of Property Rights, Cambridge, S. 1–9.
Futurebrand (2010): http://www.futurebrand.com/wp-content/uploads/2010/11/CBI_BBC_2010_execsummary.pdf, (Zugriff am 07.12.2010).
Gabbott, M./Hogg, G. (1998): Consumers and Services, Chichester u. a.
Gabele, E. (1993): Unternehmenskultur, in: Hauschildt, J./Grün, O. (Hrsg.): Ergebnisse empirischer betriebswirtschaftlicher Forschung: Zu einer Realtheorie der Unternehmung, Stuttgart, S. 115–134.

Gardini, M. A./Dahlhoff, H. D. (Hrsg.) (2004): Management internationaler Dienstleistungen Kontext – Konzepte – Erfahrungen, Wiesbaden.

Garvin, D. A. (1984): What does „Product Quality" really mean?, in: Sloan Management Review, Vol. 26, No. 1, S. 25–43.

Gebauer, M./Schiermeier, R. J./Wall, F. (2003): Methoden zur Auswahl von Partnern in Dienstleistungsnetzwerken, in: Bruhn, M./Stauss, B. (Hrsg.): Dienstleistungsnetzwerke. Dienstleistungsmanagement Jahrbuch 2003, Wiesbaden, S. 185–213.

Gelbrich, K. (2001): Kundenwert. Wertorientierte Akquisition von Kunden im Automobilbereich, München.

George, S. (1992): The Baldrige Quality System. The Do-it-Yourself Way to Transform Your Business, New York u. a.

George, W. R. (1977): The Retailing of Services – A Challenging Future, in: Journal of Retailing, Vol. 53, No. 3, S. 85–98.

George, W. R./Berry, L. L. (1984): Guidelines for the Advertising of Services, in: Lovelock, C. H. (Hrsg.): Services Marketing, Englewood Cliffs, S. 407–412.

George, W. R./Grönroos, C. (1999): Internes Marketing. Kundenorientierte Mitarbeiter auf allen Unternehmensebenen, in: Bruhn, M. (Hrsg.): Internes Marketing. Integration der Kunden- und Mitarbeiterorientierung, 2. Aufl., Wiesbaden, S. 45–68.

George, W. R./Marshall, C. E. (1984): Developing New Services, Chicago.

Georgi, D. (2000): Entwicklung von Kundenbeziehungen. Theoretische und empirische Analysen unter dynamischen Aspekten, Wiesbaden.

Gerhardt, J. (1987): Dienstleistungsproduktion. Eine produktionstheoretische Analyse der Dienstleistungsprozesse, Bergisch Gladbach/Köln.

Gerpott, T. (2000): Kundenbindung: Konzepteinordnung und Bestandaufnahme der neueren empirischen Forschung, in: Die Unternehmung, 54. Jg., Nr. 1, S. 23–42.

Gersch, M. (1995): Die Standardisierung integrativ erstellter Leistungen, Bochum.

Gersch, M./Freiling, J./Goeke, C. (2005): Grundlagen einer ‚Competence-based Theory of the Firm'. Die Chance zur Schließung einer ‚Realisierungslücke' innerhalb der Marktprozesstheorie. Arbeitsbericht Nr. 100, Institut für Unternehmensführung, Ruhr-Universität Bochum, Bochum.

Gerth, N. (1999): Online Absatz: Eine Analyse des Einsatzes von Online-Medien als Absatzkanal, Ettlingen.

GfK (2005): GfK-WirtschaftsWoche-Werbeklima-Studie 2006, http://www.gfk.com/imperia/md/content/presse/studien_und_publikationen/gfk-wiwo-werbeklima-studie_2006.pdf (Zugriff am 16.11.2010).

GfK (2010): http://www.gfk.com/imperia/md/content/presse/broschueren/produkte/gfk_insite_4-07_roper_consumer_styles_d.pdf, (Zugriff am 07.12.2010).

GfK Consumer Scope (2010): http://www.gfkps.com/scope/index.de.html.

Gierhake, O. (2000): Integriertes Geschäftsprozeßmanagement, 3. Aufl.

Gierl, H. (1987): Ist der Erfolg industrieller Innovationen planbar?, in: Zeitschrift für betriebswirtschaftliche Forschung, Vol. 39, S. 53–73.

Gierl, H. (1999): Vertrauen im Beratungsgeschäft, in: Jahrbuch der Absatz- und Verbrauchsforschung, 45. Jg., Nr. 2, S. 195–213.

Gierl, H./Bartikowski, B. (2003): Ermittlung von Satisfiers, Dissatisfiers und Criticals in der Zufriedenheitsforschung, in: Der Markt, 42. Jg., Nr. 1, S. 13–34.

Gierl, H./Kurbel, T. M. (1997): Möglichkeiten zur Ermittlung des Kundenwertes, in: Link, J./Brändli, D./Schleuning, C./Kehl, R. E. (Hrsg.): Handbuch Database Marketing, Ettlingen, S. 174–188.

Gillies, C. (2006): Wenn der Kunde zum Erfinder wird, in: Handelszeitung, 27.09.2006, Nr. 39, S. 21.

Gionzález, M. E. A./Comesaña, L. R./Brea, J. A. F. (2007): Assessing Tourist Behavioral Intensions Through Preceived Service Quality and Customer Satifaction, in: Journal of Business Research, Vol. 60, No. 2, S. 153–160.

Gleitsmann, B. M. (2007): Internes Marketing, Unternehmenskultur und marktorientiertes Verhalten, Wiesbaden.

Göbel, E. (2002): Neue Institutionenökonomik. Konzeption und betriebswirtschaftliche Anwendungen, Stuttgart.
Gössinger, R. (2005): Dienstleistungen als Problemlösungen. Eine produktionstheoretische Analyse auf der Grundlage von Eigenschaften, Wiesbaden.
Gounaris, S. P. (2005): Trust and Commitment Influences on Customer Retention: Insights from Business-to-Business Services, in: Journal of Business Research, Vol. 58, No. 2, S. 126–140.
Gouthier, M. H. J./Schmid, S. (2001): Kunden und Kundenbeziehungen als Ressourcen von Dienstleistungsunternehmungen, in: Die Betriebswirtschaft, 61. Jg., Nr. 2, S. 223–239.
Graham, R. J. (1981): The Role of Perception of Time in Consumer Research, in: Journal of Consumer Research, Vol. 7, No. 4, S. 335–342.
Graßl, H. (2000): Strukturwandel der Arbeitsteilung. Globalisierung, Tertiarisierung und Feminisierung der Wohlfahrtsproduktion, Konstanz.
Graumann, J. (1983): Die Dienstleistungsmarke – Charakterisierung und Bewertung eines neuen Markentypus aus absatzwirtschaftlicher Sicht, München.
Gremler, D. D. (2004): The Critical Incident Technique in Service Research, in: Journal of Service Research, Vol. 7, No. 1, S. 65–89.
Gremler, D. D./Bitner, M. J./Evans, K. R. (1994): The Internal Service Encounter, in: International Journal of Service Industry Management, Vol. 5, No. 2, S. 34–65.
Grewal, D./Iyer, G. R./Gotlieb, J./Levy, M. (2007): Developing a deeper understanding of postpurchase perceived risk and behavioral intentions in a service setting, in: Journal of the Academy of Marketing Science, Vol. 35, No. 2, S. 250–258.
gridsurvey (2011): http://www.gridsurvey.com/ (Zugriff am 02.01.2011).
Grimmeisen, M. (1998): Implementierungscontrolling: Wirtschaftliche Umsetzung von Change-Programmen, Wiesbaden.
Grönroos, C. (1980a): An Applied Service Marketing Theory, Arbeitspapier Nr. 57, Swedish School of Economics and Business Administration, Helsinki.
Grönroos, C. (1980b): Designing a Long Range Marketing Strategy for Services, in: Long Range Planning, Vol. 13, No. 2, S. 36–42.
Grönroos, C. (1981): Internal Marketing. An Integral Part of Marketing Theory, in: Donnelly, J. H./George, W. R. (Hrsg.): Marketing of Services, Chicago, S. 236–238.
Grönroos, C. (1984): A Service Quality Model and Its Marketing Implications, in: European Journal of Marketing, Vol. 18, No. 4, S. 36–44.
Grönroos, C. (1989): Innovative Marketing Strategies and Organization Structures for Service Firms, in: Bateson, J. E. G. (Hrsg.): Managing Services Marketing. Text and Readings, Chicago u. a., S. 506–521.
Grönroos, C. (1990): Relationship Approach to Marketing in Service Contexts: The Marketing and Organizational Behavior Interface, in: Journal of Business Research, Vol. 20, No. 1, S. 3–11.
Grönroos, C. (2000): Service Management and Marketing. A Customer Relationship Management Approach, 2. Aufl., New York.
Gröppel-Klein, A. (1998): Wettbewerbsstrategien im Einzelhandel. Chancen und Risiken von Preisführerschaft und Differenzierung, Wiesbaden.
Gröppel-Klein, A. (2004): Lernen, in: Bruhn, M./Homburg, C. (Hrsg.): Gabler Marketing Lexikon, 2. Aufl., Wiesbaden, S. 461–462.
Gröppel-Klein, A./Königstorfer, J./Terlutter, R. (2008): Verhaltenswissenschaftliche Aspekte der Kundenbindung, in: Bruhn, M./Homburg, C. (Hrsg.): Handbuch Kundenbindungsmanagement. Strategien und instrumente für ein erfolgreiches CRM, 6. Aufl., Wiesbaden.
Grove, S. J./Fisk, R. P./John, J. (2003): The Future of Services Marketing: Forecasts From Ten Services Experts, in: Journal of Services Marketing, Vol. 17, No. 2, S. 107–121.
Grum, S./Schneider, S./Frohmüller, K. P. (2003): Warum werden Synergien im Transaction-Banking überbewertet?, in: geldinstitute, Nr. 3, S. 24–28.
Grün, O./Brunner, J.-C. (2002): Der Kunde als Dienstleister – Von der Selbstbedienung zur Co-Produktion, Wiesbaden.
Grund, M. A. (1998): Interaktionsbeziehungen im Dienstleistungsmarketing, Wiesbaden.

Guiltinan, J. P. (1987): The Price Bundling of Services: A Normative Framework, in: Journal of Marketing, Vol. 51, No. 2, S. 74–85.
Gummesson, E. (1994): Making Relationship Marketing Operational, in: International Journal of Service Industry Management, Vol. 5, No. 5, S. 5–20.
Gummesson, E. (1995): Relationship Marketing: Its Role in the Service Economy, in: Glynn, W. J./Barnes, J. G. (Hrsg.): Understanding Services Management, New York, S. 244–268.
Gummesson, E. (2002): Total Relationship Marketing. Rethinking Marketing Management: from 4Ps to 30Rs, 2. Aufl., Oxford.
Günter, B./Helm, S. (Hrsg.) (2006): Kundenwert. Grundlagen, Innovative Konzepte, Praktische Umsetzung, 3. Aufl., Wiesbaden.
Gupta, S./Zeithaml, V. (2006): Customer Metrics and Their Impact on Financial Performance in: Marketing Science, Vol. 25, No. 6, S. 718-739.
Gutenberg, E. (1979): Grundlagen der Betriebswirtschaftslehre, Band 1: Die Produktion, 23. Aufl., Berlin u. a.
Güthoff, J. (1995): Qualität komplexer Dienstleistungen, Wiesbaden.
Haag, J. (1992): Kundendeckungsbeitragsrechnungen. Ein Prüfstein des Key-Account-Managements, in: Die Betriebswirtschaft, 52. Jg., Nr. 1, S. 25–39.
Haak, W. (1982): Produktion in Banken, Frankfurt am Main/Bern.
Haas, H. (1998): Dienstleistungsqualität aus Kundensicht. Eine empirische und theoretische Untersuchung über den Nutzen von Zertifikaten nach DIN EN ISO 9000 ff. für Verbraucher, Berlin.
Haase, K./Salewski, F./Skiera, B. (1998): Preisdifferenzierung bei Dienstleistungen am Beispiel von „Call-by-Call"-Tarifen, in: Zeitschrift für betriebswirtschaftliche Forschung, 68. Jg., Nr. 10, S. 1053–1072.
Hadwich, K. (2003): Die Rolle der Beziehungsqualität im Relationship Marketing, Wiesbaden.
Hadwich, K./Georgi, D./Tuzovic, S./Büttner, J./Bruhn, M. (2010): Perceived Quality of e-Health Services. A Conceptual Scale Development of e-Health Service Quality based on the C-OAR-SE Approach, in: International Journal of Pharmaceutical and Healthcare Marketing, Vol. 4, No. 2, S. 112–136.
Hagemann, H. (2000): Die Diagnose und Handhabung interkultureller Konfliktpotentiale und Konflikte in deutschen Tochtergesellschaften und Joint-Ventures in Rumänien, Dissertation, Universität Bamberg, veröffentlich unter http://elib.uni-bamberg.de/volltexte/2000/5.html.
Hagen, P. (2003): Wertpapierabwicklung: Eigenregie oder Outsourcing, in: bank und markt, 01.05.2003, Nr. 5, S. 33.
Haist, F./Fromm, H. (2002): Qualität im Unternehmen. Prinzipien, Methoden, Techniken, 2. Aufl., München/Wien.
Håkansson, H./Snehota, I. (1993): The Content and Functions of Business Relationships, Paper bei der 9. IMP Conference, Bath.
Haley, R. I. (1968): Benefit Segmentation: A Decision-Oriented Research Tool, in: Journal of Marketing, Vol. 32, No. 3, S. 30–35.
Haller, S. (1993): Methoden zur Beurteilung der Dienstleistungsqualität. Überblick zum State of the Art, in: Zeitschrift für betriebswirtschaftliche Forschung, 45. Jg., Nr. 1, S. 19–38.
Haller, S. (1998): Beurteilung von Dienstleistungsqualität. Dynamische Betrachtung des Qualitätsurteils im Weiterbildungsbereich, 2. Aufl., Wiesbaden.
Haller, S. (2005): Dienstleistungsmanagement. Grundlagen, Konzepte, Instrumente, 3. Aufl., Wiesbaden.
Hammer, C./Wieder, G. (2003): Internet-Geschäftsmodelle mit Rendite, http://www.fbi.fh-koeln.de/institut/personen/volpers/Material/Geschaeftsmodelle.pdf (Zugriff am 20.07.2009).
Han, C. M./Terpstra, V. (1988): Country-of-Origin Effects for Uni-National and Bi-National Products, in: Journal of International Business Studies, Vol. 19, No. 2, S. 235–256.
Handelsblatt-Online (2005): Vodafone kauft in Osteuropa zu, in: Handelsblatt, www.handelsblatt.com/pshb?fn=tt&sfn=go&id=1006857 (Zugriff am 22.10.2007).
Handelsblatt (2010): http://www.handelsblatt.com/magazin/business-travel/handyticket-flughaefen-wollen-selbstbedienung-ausweiten;2546811 (Zugriff am 10.06.2011).

Hanjoon, L./Delene, L. M./Bunda, M. A./Chankon, K. (2000): Methods of Measuring Health-Care Service Quality, in: Journal of Business Research, Vol. 48, No. 3, S. 233–246.

Hansen, U./Kamiske, G. F. (Hrsg.) (2002): Qualität und Wirtschaftlichkeit. QM-Controlling: Grundlagen und Methoden, München.

Hansen, U./Korpiun, M./Henning-Thurau, T. (1998): Nationale Zufriedenheitsindizes als Informationsgrundlage des Dienstleistungsmanagements – Eine kritische Bestandsaufnahme, in: Bruhn, M./Meffert, H. (Hrsg.): Handbuch Dienstleistungsmanagement. Von der strategischen Konzeption zur praktischen Umsetzung, Wiesbaden, S. 307–342.

Hanson, W./Martin, R. K. (1990): Optimal Bundle Pricing, in: Management Science, Vol. 36, No. 2, S. 155–174.

Harris, K./Baron, S. (2004): Consumer-to-Consumer Conversations in Service Settings, in: Journal of Service Research, Vol. 6, No. 3, S. 287–303.

Harris, N. D. (1989): Service Operations Management, Oxford.

Hart, C. W. L. (1989): Auch Dienstleister nutzen Garantien, in: Harvard Manager, Vol. 11, No. 1, S. 114–121.

Hart, C. W. L./Heskett, J. L./Sasser Jr, W. E. (1990): The Profitable Art of Service Recovery, in: Harvard Business Review, Vol. 68, No. 4, S. 148–156.

Harvey, J. H./Wenzel, A. (2006): Theoretical Perspectives in the Study of Close Relationships, in: Vangelisti, A. L./Perlman, D. (Hrsg.): The Cambridge Handbook of Personal Relationships, Cambridge, S. 35–49.

Hatch, M. (1993): The Dynamics of Organizational Culture, in: Academy of Management Review, Vol. 18, No. 4, S. 657–693.

Hauser, F./Schuber, A./Aicher, M. (2007): Unternehmenskultur, Arbeitsqualität und Mitarbeiterengagement in den Unternehmen in Deutschland. Bundesministerium für Arbeit und Soziales, Berlin.

Hawley, A. (1950): Human Ecology: A Theory of Community Structure, New York.

Haynes, P. J. (1990): Hating the Wait: Managing the Final Service Encounter, in: The Journal of Services Marketing, Vol. 4, No. 4, S. 20–26.

Heider, F. (1958): The Psychology of Interpersonal Relationships, New York.

Heigl, A. (1978): Controlling – Interne Revision, Stuttgart/New York.

Heinen, E./Dietel, B. (1991): Industriebetriebslehre. Entscheidungen im Industriebetrieb, 9. Aufl., Wiesbaden.

Heinen, E./Dill, P. (1990): Unternehmenskultur aus betriebswirtschaftlicher Sicht, in: Simon, H. (Hrsg.): Herausforderung Unternehmenskultur, Stuttgart, S. 12–24.

Helm, S. (2008): Kundenbindung und Kundenempfehlungen, in: Bruhn, M./Homburg, C. (Hrsg.): Handbuch Kundenbindungsmanagement. Strategien und Instrumente für ein erfolgreiches CRM., 6. Aufl., Wiesbaden, S. 135–153.

Helmstädter, E. (2000): Der tertiäre Sektor im volkswirtschaftlichen Zusammenhang. Zwei alternative Sichtweisen, Gelsenkirchen.

Helson, H. (1964): Adaption Level Theory, New York.

Hennig-Thurau, T. (2000): Die Qualität von Geschäftsbeziehungen auf Dienstleistungsmärkten. Konzeptionalisierung, empirische Messung, Gestaltungshinweise, in: Bruhn, M./Stauss, B. (Hrsg.): Kundenbeziehungen im Dienstleistungsbereich. Jahrbuch Dienstleistungsmanagement 2000, Wiesbaden, S. 133–157.

Hennig-Thurau, T. (2004): Customer Orientation of Service Employees: Its Impact on Customer Satisfaction, Commitment, and Retention, in: International Journal of Service Industry Management, Vol. 15, No. 5, S. 460–478.

Hennig-Thurau, T./Gwinner, K. P./Walsh, G./Gremler, D. D. (2004): Electronic-word-of-mouth via Consumer-Opinion Platforms: What Motivates Consumers to Articulate Themselves on the Internet, in: Journal of Interactive Marketing, Vol. 18, No. 1, S. 38–52.

Hennig-Thurau, T./Hansen, U. (2001): Kundenartikulation im Internet, in: Die Betriebswirtschaft, 61. Jg., Nr. 5, S. 560–580.

Hennig-Thurau, T./Klee, A./Langer, M. F. (1999): Das Relationship Quality-Modell zur Erklärung von Kundenbindung. Einordnung und empirische Überprüfung, in: Zeitschrift für Betriebswirtschaft, 69. Jg., Nr. 2 (Ergänzungsheft), S. 111–132.

Hentschel, B. (1990): Die Messung wahrgenommener Dienstleistungsqualität mit SERVQUAL. Eine kritische Auseinandersetzung, Diskussionsbeiträge der Wirtschaftswissenschaftlichen Fakultät Ingolstadt, Nr. 3, Ingolstadt.
Hentschel, B. (1991): Beziehungsmarketing, in: Das Wirtschaftsstudium, 20. Jg., Nr. 1, S. 25–28.
Hentschel, B. (1992): Dienstleistungsqualität aus Kundensicht. Vom merkmals- zum ereignisorientierten Ansatz, Wiesbaden.
Hentschel, B. (2000): Multiattributive Messung von Dienstleistungsqualität, in: Bruhn, M./Stauss, B. (Hrsg.): Dienstleistungsqualität. Konzepte, Methoden, Erfahrungen, 3. Aufl., Wiesbaden, S. 289–320.
Hentze, J./Lindert, K. (1998): Motivations- und Anreizsysteme in Dienstleistungsunternehmen, in: Meyer, A. (Hrsg.): Handbuch Dienstleistungs-Marketing, Band 1, Stuttgart, S. 1010–1030.
Hermanns, A. (1995): Aufgaben des internationalen Marketing-Managements, in: Hermanns, A./Wißmeier, U. K. (Hrsg.): Internationales Marketing-Management. Grundlagen, Strategien, Instrumente, Kontrolle und Organisation, München, S. 24–68.
Hermanns, A./Wißmeier, U. K. (2001): Internationalisierung von Dienstleistungen, in: Bruhn, M./Meffert, H. (Hrsg.): Handbuch Dienstleistungsmanagement. Von der strategischen Konzeption zur praktischen Umsetzung, Wiesbaden, S. 525–545.
Herr, P. M. (1989): Priming Price: Prior Knowledge and Effects, in: Journal of Consumer Research, Vol. 16, No. 1, S. 67–75.
Herrmann, A. (1998): Preisbeurteilung bei mehrdimensionaler Preisstellung, in: Jahrbuch der Absatz- und Verbrauchsforschung, 44. Jg., Nr. 1, S. 47–64.
Herrmann, A./Huber, F. (1999): Nutzenorientierte Gestaltung der Distributionslogistik, in: Beisheim, O. (Hrsg.): Distribution im Aufbruch. Bestandsaufnahme und Perspektiven, München, S. 861–871.
Herrmann, A./Johnson, M. D. (1999): Die Kundenzufriedenheit als Bestimmungsfaktor der Kundenbindung, in: Zeitschrift für betriebswirtschaftliche Forschung, 51. Jg., Nr. 6, S. 579–598.
Herrmann, A./Wricke, M./Huber, F. (2000): Kundenzufriedenheit durch Preisfairness, in: Marketing ZFP, 22. Jg., Nr. 2, S. 131–143.
Herzig, N./Watrin, C. (1995): Obligatorische Rotation des Wirtschaftsprüfers – ein Weg zur Verbesserung der externen Unternehmenskontrolle, in: Zeitschrift für betriebswirtschaftliche Forschung, 47. Jg., Nr. 9, S. 775–804.
Heskett, J. L. (1986): Managing in the Service Economy, 5. Aufl., Boston.
Heskett, J. L. (1988): Management von Dienstleistungsunternehmen. Erfolgreiche Strategien in einem Wachstumsmarkt, Wiesbaden.
Heskett, J. L./Jones, T. O./Loveman, G. W./Sasser, W. E./Schlesinger, L. A. (1994): Putting the Service-Profit Chain to Work, in: Harvard Business Review, Vol. 72, No. 2, S. 164–170.
Heskett, J. L./Sasser, W. E./Hart, C. W. L. (1990): Service Breakthroughs Changing the Rules of the Game, New York.
Heskett, J. L./Sasser, W. E./Schlesinger, L. A. (1997): The Service Profit Chain: How Leading Companies Link Profit and Growth to Loyalty, Satisfaction, and Value, New York.
Hess, T./Wittenberg, S. (2003): Interne Märkte in Dienstleistungsnetzwerken, in: Bruhn, M./Stauss, B. (Hrsg.): Dienstleistungsnetzwerke. Dienstleistungsmanagement Jahrbuch 2003, Wiesbaden, S. 161–183.
Heymann, H.-H./Motz, J. (1990): Outplacement (Newplacement), in: Strutz, H. (Hrsg.): Handbuch Personalmarketing, Wiesbaden, S. 648–657.
Hilke, W. (1984): Dienstleistungsmarketing aus Sicht der Wissenschaft, Diskussionsbeiträge des Betriebswirtschaftlichen Seminars der Universität Freiburg, Freiburg.
Hilke, W. (Hrsg.) (1989a): Dienstleistungsmarketing, Wiesbaden.
Hilke, W. (1989b): Grundprobleme und Entwicklungstendenzen des Dienstleistungs-Marketing, in: Hilke, W. (Hrsg.): Dienstleistungs-Marketing, Wiesbaden, S. 5–44.
Hilke, W. (1993): Kennzeichnung und Instrumente des Direkt-Marketing, in: Hilke, W. (Hrsg.): Direkt-Marketing, Wiesbaden.
Hilker, J. (2001): Marketingimplementierung. Grundlagen und Umsetzung für das Dienstleistungsmanagement, in: Meffert, H./Bruhn, M. (Hrsg.): Handbuch Dienstleistungsmanagement. Von der strategischen Konzeption zur praktischen Umsetzung, 2. Aufl., Wiesbaden, S. 827–850.

Hill, F./Huq, R. (2004): Employee Empowerment: Conceptualizations, Aims and Outcomes, in: Total Quality Management & Business Excellence, Vol. 15, No. 8, S. 1025–1041.
Hinterhuber, H. H. (2004): Strategische Unternehmensführung II. Strategisches Handeln, 7. Aufl., Berlin/New York.
Hinterhuber, H. H./Matzler, K. (Hrsg.) (2006): Kundenorientierte Unternehmensführung, 5. Aufl., Wiesbaden.
Hippner, H. (2004): IT-Systeme im CRM Aufbau und Potenziale, Wiesbaden.
Hirschman, A. O. (1974): Abwanderung und Widerspruch, Tübingen.
Hochschild, A. R. (1990): Das gekaufte Herz, Frankfurt u. a.
Hoekstra, J. C./Huizingh, E. K. (1999): The Lifetime Value Concept in Customer-Based Marketing, in: Journal of Market Focused Management, Vol. 3, No. 3/4, S. 257–274.
Hofbauer, G./Hohenleitner, C. (2005): Erfolgreiche Marketing-Kommunikation. Wertsteigerung durch Prozessmanagement, München.
Hoffman, R. C./Preble, J. F. (2004): Global Franchsing: Current Status and Future Challenges, in: Journal of Services Marketing, Vol. 18, No. 2, S. 101–113.
Hofmann, H. R./Meiren, T. (1998): Service Engineering in der Investitionsgüterindustrie, in: Information Management & Consulting, Sonderausgabe, Vol. 13, S. 79–84.
Hofstetter, R./Miller, K. (2009): Bessere Preisentscheidungen durch Messung der Zahlungsbereitschaft, in: Marketing Review St. Gallen, 26. Jg., Nr. 5, S. 32–37.
Holahan, C. (2006): What Podcasting Revolution?, www.pewinternet.org (Zugriff am 07.07.2010).
Holiday Check (2010): http://www.holidaycheck.de/, (Zugriff am 22.11.2010).
HolidayCheck (2010): www.holidaycheck.de/data/common/presse/HotelManager_d.pdf, (Zugriff am 12.11.2010).
Holland, H. (2007): Mikrogeografische Segmentierung, in: Pepels, W. (Hrsg.): Marktsegmentierung: Erfolgsnischen finden und besetzen, 2. Aufl., Düsseldorf, S. 141–162.
Holland, H. (2009): Direktmarketing. Im Dialog mit dem Kunden, 3. Aufl., München.
Holzmüller, H. H. (1986): Zur Strukturierung der grenzübergreifenden Konsumentenforschung und spezifischen Methodenprobleme in der Datengewinnung, in: Jahrbuch der Absatz- und Verbrauchsforschung, 32. Jg., Nr. 1, S. 47–70.
Holzmüller, H. H. (1995): Konzeptionelle und methodische Probleme in der interkulturellen Management- und Marketingforschung, Stuttgart.
Homans, G. C. (1961): Social Behavior: Its Elementary Forms, London.
Homans, G. C. (1968): Elementarformen sozialen Verhaltens, Köln/Opladen.
Homburg, C. (1998): Optimierung der Kundenzufriedenheit durch Total Quality Management, in: Simon, H./Homburg, C. (Hrsg.): Kundenzufriedenheit, 3. Aufl., Wiesbaden, S. 249–260.
Homburg, C. (Hrsg.) (2003): Kundenzufriedenheit. Konzepte – Methoden – Erfahrungen, 5. Aufl., Wiesbaden.
Homburg, C./Becker, A./Hentschel, F. (2008): Der Zusammenhang zwischen Kundenzufriedenheit und Kundenbindung, in: Bruhn, M./Homburg, C. (Hrsg.): Handbuch Kundenbindungsmanagement: Strategien und Instrumente für ein erfolgreiches CRM, Wiesbaden, S. 103–134.
Homburg, C./Becker, J. (2000): Marktorientierte Unternehmensführung und ihre Erfolgsauswirkungen – Eine empirische Untersuchung, Arbeitspapier Nr. W 38, Institut für Marktorientierte Unternehmensführung, Universität Mannheim, Mannheim.
Homburg, C./Beutin, N. (2006): Kundenstrukturmanagement als Controllingherausforderung, in: Reinecke, S./Tomczak, T. (Hrsg.): Handbuch Marketingcontrolling, 2. Aufl., Wiesbaden, S. 225–251.
Homburg, C./Bruhn, M. (2010): Kundenbindungsmanagement. Eine Einführung in die theoretischen und praktischen Problemstellungen, in: Bruhn, M./Homburg, C. (Hrsg.): Handbuch Kundenbindungsmanagement. Strategien und Instrumente für ein erfolgreiches CRM, 7. Aufl., Wiesbaden, S. 3–37.
Homburg, C./Bucerius, M. (2001): Kundenorientierung: Bestandsaufnahme, Managementinstrumente, Entwicklungslinien, in: Pfohl, C. (Hrsg.): Jahrhundert der Logistik- Unternehmensführung und Logistik, S. 107–139.

Homburg, C./Bucerius, M. (2006): Kundenzufriedenheit als Managementherausforderung, in: Homburg, C. (Hrsg.): Kundenzufriedenheit. Konzepte – Methoden – Erfahrungen, 6. Aufl., Wiesbaden, S. 53–89.

Homburg, C./Daum, D. (1997): Marktorientiertes Kostenmanagement, Frankfurt am Main.

Homburg, C./Faßnacht, M. (2000): Interne Dienstleistungsqualität am Beispiel der Kostenrechnung, in: Matiaske, W./Mellewigt, T./Stein, F. A. (Hrsg.): Empirische Organisations- und Entscheidungsforschung, Heidelberg, S. 67–80.

Homburg, C./Garbe, B. (1996): Industrielle Dienstleistungen. Bestandsaufnahme und Entwicklungsrichtungen, in: Zeitschrift für Betriebswirtschaft, 66. Jg., Nr. 3, S. 253–282.

Homburg, C./Giering, A. (1996): Konzeptualisierung und Operationalisierung komplexer Konstrukte. Ein Leitfaden für die Marketingforschung, in: Marketing ZFP, 18. Jg., Nr. 1, S. 5–24.

Homburg, C./Giering, A./Hentschel, F. (1999): Der Zusammenhang zwischen Kundenzufriedenheit und Kundenbindung, in: Die Betriebswirtschaft, 59. Jg., Nr. 2, S. 174–195.

Homburg, C./Krohmer, H. (2009): Marketingmanagement. Strategie – Instrumente – Umsetzung – Unternehmensführung, 3. Aufl., Wiesbaden.

Homburg, C./Krohmer, H./Workman, J. P. (2004): A Strategy Implementation Perspective of Market Orientation, in: Journal of Business Research, Vol. 57, No. 12, S. 1331–1340.

Homburg, C./Pflesser, C. (2000): A Multiple Layer Model of Market-Oriented Organisational Culture: Measurement Issues and Performance Outcomes, in: Journal of Marketing Research, Vol. 37, No. 4, S. 449–462.

Homburg, C./Rudolph, B. (1998): Theoretische Perspektiven zur Kundenzufriedenheit, in: Simon, H./Homburg, C. (Hrsg.): Kundenzufriedenheit, 3. Aufl., Wiesbaden, S. 33–55.

Homburg, C./Schäfer, H. (2000): Cross-Selling – Aus der Kundenbeziehung mehr herausholen, in: Harvard Business Manager, 22. Jg., Nr. 6, S. 35–44.

Homburg, C./Schäfer, H. (2001): Profitabilität durch Cross-Selling: Kundenpotentiale professionell erschließen, Arbeitspapier Nr. 60, Institut für Marktorientierte Unternehmensführung, Mannheim.

Homburg, C./Schnurr, P. (1998): Kundenwert als Instrument der Wertorientierten Unternehmensführung, in: Bruhn, M./Lusti, M./Müller, W. R./Schierenbeck, H./Studer, M. (Hrsg.): Wertorientierte Unternehmensführung. Perspektiven und Handlungsfelder für die Wertsteigerung, Wiesbaden, S. 169–189.

Homburg, C./Sieben, F./Stock, R. (2004): Einflussgrößen des Kundenrückgewinnungserfolgs – Theoretische Betrachtung und empirische Befunde im Dienstleistungsbereich, in: Marketing ZFP, 26. Jg., Nr. 1, S. 25–41.

Homburg, C./Stock, R. (2001a): Burnout von Mitarbeitern im Dienstleistungsbereich – Ansatzpunkte zur Vermeidung durch persönliches Ressourcen-Management, in: Bruhn, M./Stauss, B. (Hrsg.): Jahrbuch Dienstleistungsmanagement 2001, Wiesbaden, S. 482–500.

Homburg, C./Stock, R. (2001b): Der Zusammenhang zwischen Mitarbeiter- und Kundenzufriedenheit, in: Die Unternehmung, 55. Jg., Nr. 6, S. 377–400.

Homburg, C./Stock, R. (2001c): Kundenorientiertes Führungsverhalten: Die weichen Faktoren messbar machen, in: Zeitschrift für Führung und Organisation, 70. Jg., Nr. 1, S. 13–19.

HORIZONT.NET (2009): 1&1-Spot „Kundenzufriedenheit", http://www.horizont.net/kreation/tv/pages/protected/show.php?id=3194 (Zugriff am 19.08.2010).

Horváth, P. (2006): Controlling, 10. Aufl., München.

Horváth, P./Kaplan, R. S./Norton, D./Mende, M./Stier, S./Kerr, S./Kaufmann, L. (2004): Balanced Scorecard - Unternehmen erfolgreich steuern. Die Scorecard verstehen – Die Scorecard optimieren, Hamburg.

Horváth, P./Urban, G. (1990): Qualitätscontrolling, Stuttgart.

Houston, F. S./Gassenheimer, J. B. (1987): Marketing and Exchange, in: Journal of Marketing, Vol. 51, No. 4, S. 3–18.

Hruschka, H. (1996): Marketing-Entscheidungen, München.

Huber, F./Vollhardt, K./Vogel, J. (2008): Aufbau von Markenbeziehungen als Grundlage des Dienstleistungsmanagement, in: Bruhn, M./Stauss, B. (Hrsg.): Forum Dienstleistungsmanagement: Dienstleistungsmarken, Wiesbaden, S. 57–76.

Hübner, C. C. (1993): Multiplikation, in: Meyer, P. W./Mattmüller, R. (Hrsg.): Strategische Marketingoptionen, Stuttgart u. a., S. 186–222.
Hübner, C. C. (1996): Internationalisierung von Dienstleistungsangeboten. Probleme und Lösungsansätze, München.
Huff, D. L. (1964): Defining and Estimating a Trading Area, in: Journal of Marketing, Vol. 28, No. 3, S. 34–38.
Hünerberg, R. (1994): Internationales Marketing, Landsberg am Lech.
Hünerberg, R./Mann, A. (1996): Internationales Servicemarketing. Die neue Dimension im industriellen Wettbewerb, in: der markt, 35. Jg., Nr. 137, S. 95–106.
Hünerberg, R./Mann, A. (1999): Online-Service, in: Bliemel, F./Fassot, G./Theobald, A. (Hrsg.): Electronic Commerce: Herausforderungen, Anwendungen, Perspektiven, Wiesbaden, S. 279–297.
Hung, Y. H./Huang, M. L./Chen, K. S. (2004): Service Quality Evaluation by Service Quality Performance Matrix, in: Total Quality Management & Business Excellence, Vol. 14, No. 1, S. 79–89.
Hunt, H. K. (1977): CS/D-Overview and Future Research Directions, in: Huni, H. K. (Hrsg.): Conzeptualisation and Measurement of Consumer Satisfaction and Dissatisfaction, Cambridge, S. 455–488.
Huppertz, J./Arenson, S./Evans, R. (1978): An Application of Equity Theory to Buyer-Seller Exchange Situations, in: Journal of Marketing Research, Vol. 15, No. 2, S. 250–260.
Huq, Z. (2005): Managing Change. A Barrier to TQM Implementation in Service Industries, in: Managing Service Quality, Vol. 15, No. 5, S. 452–469.
Hurley, R. (1998): Customer Service Behavior in Retail Settings: A Study of the Effect of Service Provider Personality, in: Journal of the Academy of Marketing Science, Vol. 26, No. 2, S. 115–127.
IAT der Universität Stuttgart (2002): Standards für Dienstleistungen. Potenziale und Handlungsbedarf, http://www.dienstleistungs-standards.de/aktuelles/auswertung_gesamt.pdf.
IHA-GfK (2005): Marketingeffizienz und -effektivität. Wo steht die Schweiz?, St. Gallen.
Ikea-Fans (2010): www.ikea-fans.de, (Zugriff am 22.11.2010).
Ikea (2011): „Frag einfach Anna", www.ikea.de (Zugriff am 21.03.2011).
Illeris, S. (2002): Are Service Jobs as Bad as Theory Says? Some Empirical Findings from Denmark, in: The Service Industries Journal, Vol. 22, No. 4, S. 1–18.
Im, S./Workman Jr, J. P. (2004): Market Orientation, Creativity, and New Product Performance in High-Technology Firms, in: Journal of Marketing, Vol. 68, No. 2, S. 114–132.
Imai, M. (2002): Kaizen der Schlüssel zum Erfolg im Wettbewerb, 2. Aufl., München.
InnoCentive Hrsg. (2007): Innocentive Open Innovation Marketplace, http://www.innocentive.com/servlets/project/ProjectInfo.po (Zugriff am 20.07.2009).
Interbrand (2008): All Brands are not Created Equal. Best Global Brands 2008, http://www.interbrand.com/best_global_brands.aspx (Zugriff am 17.07.2009).
Interbrand (2010): Best Global Brands 2010, http://www.interbrand.com/de/best-global-brands/best-global-brands-2008/best-global-brands-2010.aspx (Zugriff am 20.01.2011).
Internetworldstats (2010): Internet Usage in Europe, http://www.internetworldstats.com/stats4.htm#europe (Zugriff am 15.06.2010).
Ivens, B. S. (2002): Beziehungsstile im Business-to-Business-Geschäft, Nürnberg.
Ivens, B. S. (2005): Flexibility in Industrial Service Relationships: The Construct, Antecendents and Performance Outcomes, in: Industrial Marketing Management, Vol. 34, No. 6, S. 566–576.
Jackson, B. B. (1985): Build Customer Relationships That Last, in: Harvard Business Review, Vol. 63, No. 6, S. 120–128.
Jacob, J./Jost, T. (2003): Marketingnutzung von Kundendaten und Datenschutz – ein Widerspruch?, in: DuD Datenschutz und Sicherheit, 27. Jg., Nr. 10, S. 621–624.
Jap, S. D. (2003): An Exploratory Study of the Introduction of Online Reverse Auctions, in: Journal of Marketing, Vol. 67, No. 6, S. 96–107.
Javalgi, R. G./Dion, P. (1999): A Life Cycle Segmentation Approach to Marketing Financial Products and Services, in: The Service Industries Journal, Vol. 19, No. 3, S. 74–96.
Javalgi, R. G./Griffith, D. A./White, D. S. (2003): An Empirical Examination of Factors Influencing the Internationalization of Service Firms, in: Journal of Services Marketing, Vol. 17, No. 2, S. 185–201.

Javalgi, R. G./Martin, C. L./Young, R. B. (2006): Marketing Research, Market Orientation and Customer Relationship Management: A Framework and Implications for Service Providers, in: Journal of Service Marketing, Vol. 20, No. 1, S. 12–23.

Javalgi, R. G./White, D. S. (2002): Strategic Challenges for the Marketing of Services Internationally, in: International Marketing Review, Vol. 19, No. 6, S. 563–581.

Jayawardhena, C. (2004): Mesurement of Service Quality in internet Banking. The Development of an Instrument, in: Journal of Marketing Management, Vol. 20, No. 1/2, S. 185–207.

Jenner, T. (1994): Internationale Marktbearbeitung. Erfolgreiche Strategien für Konsumgüterhersteller, Wiesbaden.

Jiang, J. J./Klein, G./Carr, C. L. (2002): Measuring Information System Service Quality: Servqual From the Other Side, in: MIS Quarterly, Vol. 26, No. 2, S. 145–166.

Jinhong, X./Gerstner, E. (2007): Service Escape: Profiting from Customer Cancellations, in: Marketing Science, Vol. 26, No. 1, S. 18–30.

Johnson, E. M./Scheuing, E. E./Gaida, K. A. (1986): Profitable Service Marketing, Homewood.

Johnson, M. D./Nilsson, L. (2003): The Importance of Reliability and Customization from Goods to Services, in: Quality Management Journal, Vol. 10, No. 1, S. 8–19.

Johnston, R. (1996): Achieving Focus in Service Organizations, in: The Service Industries Journal, Vol. 16, No. 1, S. 10–20.

Johnston, W. J./Lewin, J. E. (1996): Organizational Buying Behavior. Toward an Integrative Framework, in: Journal of Business Research, Vol. 35, No. 1, S. 1–15.

Joseph, M./McClure, C./Joseph, B. (1999): Service Quality in the Banking Sector: The Impact of Technology on Service Delivery, in: International Journal of Bank Marketing, Vol. 20, No. 4/5, S. 182–192.

Jugel, S./Zerr, K. (1989): Dienstleistungen als strategisches Element eines Technologie-Marketing, in: Marketing ZFP, 11. Jg., Nr. 3, S. 162–172.

Kaas, K. P. (1973): Diffusion und Marketing des Konsumentenverhaltens bei der Einführung neuer Produkte, Stuttgart.

Kaas, K. P. (1990): Marketing als Bewältigung von Informations- und Unsicherheitsproblemen im Markt, in: Die Betriebswirtschaft, 50. Jg., Nr. 4, S. 539–548.

Kaas, K. P. (1991): Marktinformationen: Screening und Signaling unter Partnern und Rivalen, in: Die Betriebswirtschaft, 61. Jg., Nr. 3, S. 357–370.

Kaas, K. P. (1995a): Marketing und Neue Institutionenökonomik, in: Zeitschrift für betriebswirtschaftliche Forschung, 47. Jg., Nr. 35 Sonderheft, S. 1–18.

Kaas, K. P. (1995b): Marketing zwischen Markt und Hierarchie, in: Zeitschrift für betriebswirtschaftliche Forschung, 47. Jg., Nr. 35 Sonderheft, S. 19–42.

Kaas, K. P. (2001): Käuferverhalten (Konsumentenverhalten), in: Diller, H. (Hrsg.): Vahlens Großes Markenlexikon, 2. Aufl., München, S. 752–755.

Kabst, R. (2004): Transaktionskostentheorie: Einführung, kritische Diskussion und Ansätze zur Weiterentwicklung, in: Festing, M. (Hrsg.): Personaltheorie als Beitrag zur Theorie der Unternehmung, München, S. 43–70.

Kalyanaram, G./Winer, R. S. (1995): Empirical Generalizations from Reference Price Research, in: Marketing Science, Vol. 14, No. 3, S. 161–169.

Kamakura, W. A./Mittal, V./De Rosa, F./Mazzon, J. A. (2002): Assessing the Service-Profit Chain, in: Marketing Science, Vol.-21, No. 3, S. 294–317.

Kamiske, G. F./Brauer, J.-P. (2006): Qualitätsmanagement von A bis Z. Erläuterungen moderner Begriffe des Qualitätsmanagements, 5. Aufl., München.

Kapferer, J. N. (1992): Die Marke – Kapital des Unternehmens, Landsberg am Lech.

Kaplan, R. S./Norton, D. P. (1992): The Balanced Scorecard – Measures That Drive Performance, in: Harvard Business Review, Vol. 70, No. 1, S. 71–79.

Kaplan, R. S./Norton, D. P. (1993): Putting the Balanced Scorecard to Work, in: Harvard Business Review, Vol. 71, No. 5, S. 134–147.

Kaplan, R. S./Norton, D. P. (1997): Balanced Scorecard: Strategien erfolgreich umsetzen, Stuttgart.

Kara, A./Spillan, J. E./DeShields, O. W. (2005): The Effect of a Market Orientation on Business Performance: A Study of Small-Sized Service Retailers Using MARKOR Scale, in: Journal of Small Business Management, Vol. 43, No. 2, S. 105–118.

karriereführer-automobile.de (2010): Interview mit Harro Harmel, Vorstand Personal Dr. Ing. h.c.F. Porsche AG, http://www.karrierefuehrer-automobile.de/interview/interview_porsche_harmel2.php (Zugriff am 02.03.2011).
Kaub, E. (1990): Erfolg in der Gastronomie, 2. Aufl., Saarbrücken.
Kawasaki, G./Moreno, M. (2000): Rules for Revolutionaries: The Capitalist Manifesto for Creating New Products and Services, New York.
Keegan, W. J./Schlegelmilch, B. B./Stöttinger, B. (2002): Globales Marketing-Management. Eine europäische Perspektive, Oldenbourg.
Keh, H. T./Sun, J. (2008): The Complexities of Perceived Risk in Cross-Cultural Services Marketing, in: Journal of International Marketing, Vol. 16, No. 1, S. 120–146.
Keller, K. L. (2008): Strategic Brand Management. Building, Measuring, and Managing Brand Equity, 3. Aufl., Upper Saddle River.
Kelley, H. H. (1967): Attribution Theory in Social Psychology, in: Levine, D. (Hrsg.): Nebraska Symposium on Motivation, Current Theory and Research in Motivation, S. 192–238.
Kelley, H. H. (1973): The Process of Causal Attribution, in: American Psychologist, Vol. 28, No. 2, S. 107–128.
Kelley, S. W./Davis, M. A. (1994): Antecedents to Customer Expectations for Service Recovery, in: Journal of Marketing Science, Vol. 22, No. 1, S. 52–61.
Kellog, D. L./Chase, R. B. (1995): Constructing an Empirically Derived Measure for Customer Contact, in: Management Science, Vol. 41, No. 11, S. 1734–1749.
Kemper, O./Bommer, R./Leu, R. (1998): Balanced Scorecard. Das ganzheitliche Wertmanagement bei Swisscom, in: index, Vol. 10, No. 2, S. 10–14.
Kemperhof (2005): Stabsstelle Controlling, http://www.kemperhof.de/krankenhaus/organisation_stabsstelle_controlling.html (Zugriff am 22.10.2007).
Kepper, G. (2008): Methoden der qualitativen Marktforschung, in: Herrmann, A./Homburg, C./Klarmann, M. (Hrsg.): Handbuch Marktforschung. Methoden – Anwendungen – Praxisbeispiele, Wiesbaden, S. 175–212.
Kern, W./Fallaschinski, K. (1978): Betriebswirtschaftliche Produktionsfaktoren, in: Das Wirtschaftsstudium, Teil 1, 7. Jg., S. 580–583.
Kielholz, A. (2008): Online Kommunikation – Die Psychologie der neuen Medien für die Berufspraxis, Heidelberg.
Kienbaum (2008): Absolventenstudie 2007/2008, http://www.kienbaum.de/Portaldata/3/Resources/documents/downloadcenter/studien/andere_studien/Absolventenstudie_2007_2008.pdf (Zugriff am 02.03.2011).
Kinberg, Y./Sudit, E. F. (1979): Country/Service Bundling in International Tourism. Criteria for the Selection of an Efficient Bundle Mix and Allocation of Joint Revenues, in: Journal of International Business Studies, Vol. 10, No. 2, S. 51–63.
Kircher, S. (2005): Die strategische Bedeutung des Markennamens, in: Esch, F.-R. (Hrsg.): Moderne Markenführung, 4. Aufl., Wiesbaden, S. 587–602.
Kirchgeorg, M. (2003): Funktionen und Erscheinungsformen von Messen, in: Kirchgeorg, M./Dornscheidt, W. M./Giese, W./Stoeck, N. (Hrsg.): Handbuch Messemangement – Planung, Durchführung und Kontrolle von Messen, Kongressen und Events, Wiesbaden, S. 51–71.
Kirchgeorg, M./Dornscheidt, W. M./Giese, W./Stoeck, N. (Hrsg.) (2003): Handbuch Messemanagement - Planung, Durchführung und Kontrolle von Messen, Kongressen und Events, Wiesbaden.
Kirstges, T. (1996): Expansionsstrategien im Tourismus, 2. Aufl., Wiesbaden.
Kitzmann, A./Zimmer, D. (1982): Grundlagen der Personalentwicklung. Die Antwort auf die technologische, wirtschaftliche und soziale Herausforderung, Weil der Stadt.
Klee, A. (2000): Strategisches Beziehungsmanagement: Ein integrativer Ansatz zur strategischen Planung und Implementierung des Beziehungsmanagement, Aachen.
Klein, B./Leffler, K. (1981): The Role of Market Forces in Assuring Contractual Performance, in: Journal of Political Economy, Vol. 89, No. 4, S. 615–641.
Klein, S./Zickhardt, J. (1997): Auktionen auf dem World Wide Web: Bezugsrahmen, Fallbeispiele und annotierte Linksammlung, Arbeitsbericht Nr. 7 des Instituts für Wirtschaftsinformatik, Universität Koblenz, Koblenz.

Kleinaltenkamp, M. (Hrsg.) (1995): Dienstleistungsmarketing. Konzeptionen und Anwendungen, Wiesbaden.
Kleinaltenkamp, M. (1997): Integrativität als Kern einer umfassenden Leistungslehre, in: Backhaus, K./Günter, B./Kleinaltenkamp, M./Plinke, W./Raffée, H. (Hrsg.): Marktleistung und Wettbewerb. Strategische und operative Perspektiven der marktorientierten Leistungsgestaltung, Wiesbaden, S. 83–114.
Kleinaltenkamp, M. (2006): Innovatives Dienstleistungsmarketing in Theorie und Praxis, Wiesbaden.
Klimecki, R. G./Gmür, M. (2005): Personalmanagement, Stuttgart.
Kloss, I. (2007): Werbung. Handbuch für Studium und Praxis., 4. Aufl., München.
Knight, G. (1999): International Services Marketing: Review of Research, 1980–1998, in: Journal of Services Marketing, Vol. 13, No. 4/5, S. 347–360.
Knoblich, H./Oppermann, R. (1996): Dienstleistung – ein Produkttyp, in: der markt, 35. Jg., Nr. 136, S. 13–22.
Koch, M./Richter, A. (2007): Enterprise 2.0 – Planung, Einführung und erfolgreicher Einsatz von Social Software im Unternehmen, München.
Koderisch, M./Wuebker, G./Baumgarten, J./Baillie, J. (2007): Bundling in Banking – A Powerful Strategy to Increase Profits, in: Journal of Financial Services Marketing, Vol. 11, No. 3, S. 268–276.
Köhler, R. (1989): Marketing-Effizienz durch Controlling, in: Controlling, Vol. 1, No. 2, S. 84–95.
Köhler, R. (1993): Beiträge zum Marketing-Management Planung, Organisation, Controlling, Teil 3: Marketing-Controlling, 3. Aufl., Stuttgart.
Köhler, R. (1998): Marketing-Controlling. Konzepte und Methoden, in: Reinecke, S./Tomczak, T./Dittrich, S. (Hrsg.): Marketingcontrolling, St. Gallen, S. 10–21.
Köhler, R. (1999): Kundenorientiertes Rechnungswesen als Voraussetzung des Kundenbindungsmanagements, in: Bruhn, M./Homburg, C. (Hrsg.): Handbuch Kundenbindungsmanagement, 2. Aufl., Wiesbaden, S. 329–357.
Köhler, R. (2002): Organisationsprobleme des internationalen Marketing-Managements, in: Auer-Rizzi, W./Szabo, E./Innreiter-Moser, C. (Hrsg.): Management in einer Welt der Globalisierung und Diversität. Europäische und nordamerikanische Sichtweisen, Stuttgart, S. 14–35.
Köhler, R. (2005a): Innovative Ansätze und Perspektiven des Marketing-Controlling, in: Haas, A./Ivens, B. S. (Hrsg.): Innovatives Marketing. Entscheidungsfelder – Management – Instrumente, Wiesbaden, S. 434–454.
Köhler, R. (2005b): Kundenorientiertes Rechnungswesen als Voraussetzung des Kundenbindungsmanagements, in: Bruhn, M./Homburg, C. (Hrsg.): Handbuch Kundenbindungsmanagement, 5. Aufl., Wiesbaden, S. 401–433.
Köhler, R. (2006): Marketingcontrolling. Konzepte und Methoden, in: Reinecke, S./Tomczak, T. (Hrsg.): Handbuch Marketingcontrolling. Effektivität und Effizienz einer marktorientierten Unternehmensführung, 2. Aufl., Wiesbaden, S. 39–61.
Köhler, R. (2007): Kundenbeziehungen als Gegenstand des Controlling, in: Gouthier, M./Coenen, C./Schulze, H./Wegmann, C. (Hrsg.): Service Excellence als Impulsgeber. Strategien, Management, Innovationen, Branchen, Wiesbaden, S. 504–525.
Köhler, R. (2008): Kundenorientiertes Rechnungswesen als Voraussetzung des Kundenbindungsmanagements, in: Bruhn, M./Homburg, C. (Hrsg.): Handbuch Kundenbindungsmanagement, 6. Aufl., Wiesbaden, S. 467–500.
Köhler, R./Hüttemann, R. (1989): Marktwahl, in: Macharzina, K./Welge, M. K. (Hrsg.): Handwörterbuch Export und internationale Unternehmung, Stuttgart, Sp. 1428–1440.
Köhler, T./Schaffranietz, A. (2005): Public Relations – Perspektiven und Potenziale im 21. Jahrhundert, Wiesbaden.
Kohli, A. K./Jaworski, B. J. (1990): Market Orientation: The Construct, Research Propositions, and Managerial Implications, in: Journal of Marketing, Vol. 54, No. 2, S. 1–18.
Kolks, U. (1990): Strategieimplementierung. Ein anwendungsorientiertes Konzept, Wiesbaden.
Kollmann, T. (2007): Online-Marketing. Grundlagen der Absatzpolitik in der Net Economy, Stuttgart.
Komus, A./Wauch, F. (2008): Wikimanagement: Was Unternehmen von Social Media und Web 2.0 lernen können, München.

Koschate, N. (2002): Kundenzufriedenheit und Preisverhalten: Theoretische und empirisch experimentelle Analysen, Wiesbaden.
Koschate, N. (2008): Markenwechsel im Lebenszyklus der Nachfrager, Vortrag im Rahmen des 12. G-E-M Markendialogs am 28.02.2008, Berlin.
Kosta, C./Kosta, S. (2008): Der kontinuierliche Verbesserungsprozess: Methoden des KVP, München.
Kostecki, M. M./Nowakowski, M. (1999): Regulatory Barriers to Export of Services: A Managerial Analysis of the Case of Poland, Neuchatel.
Kotabe, M./Mudambi, R. (2009): Global Sourcing and Value Creation: Opportunities and Challenges, in: Journal of International Management, Vol. 15, No. 2, S. 121–125.
Kotabe, M./Murray, J. Y. (2004): Global Sourcing Strategy and Sustainable Competitive Advantage, in: Industrial Marketing Management, Vol. 33, No. 1, S. 7–15.
Kothari, V. (1988): Strategic Dimensions of Global Marketing of Services, in: Journal of Professional Service Marketing, Vol. 3, No. 3, S. 209–229.
Kotler, P. (2002): Social Marketing: Improving the Quality of Life, 2. Aufl., Thousand Oaks.
Kotler, P./Bliemel, F. (2006): Marketing-Management. Analyse, Planung und Verwirklichung, 10. Aufl., Stuttgart.
Kotler, P./Bloom, P. N. (1984): Marketing Professional Services, Englewood Cliffs.
Kotler, P./Keller, K. L./Bliemel, F. (2007): Marketing-Management. Strategien für wertschaffendes Handeln, 12. Aufl., München.
Kozinets, R. (1999): E-Tribalized Marketing?: The Strategic Implications of Virtual Communities of Consumption, in: European Management Journal, Vol. 17, No. 3, S. 252–264.
Kozinets, R. (2002): The Field Behind the Screen: Using Netnographie for Marketing Research in Online Communications, in: Journal of Marketing Research, Vol. 39, No. 1, S. 61–72.
Krafft, M. (2007): Kundenbindung und Kundenwert, 2. Aufl., Heidelberg.
Krafft, M./Albers, S. (2000): Ansätze zur Segmentierung von Kunden. Wie geeignet sind herkömmliche Konzepte?, in: Zeitschrift für betriebswirtschaftliche Forschung, 52. Jg., Nr. 1, S. 515–526.
Krafft, M./Götz, O. (2006): Der Zusammenhang zwischen Kundennähe, Kundenzufriedenheit und Kundenbindung sowie deren Erfolgswirkungen in: Hippner, H./Wilde, K. D. (Hrsg.): Grundlagen CRM, 2. Aufl., Wiesbaden, S. 325–356.
Kreilkamp, E. (1987): Strategisches Management und Marketing. Markt- und Werbeanalyse, strategische Frühaufklärung, Portfolio-Management, Berlin/New York.
Kressmann, F./Herrmann, A./Huber, F./Magin, S. (2003): Dimensionen der Markeneinstellung und ihre Wirkung auf die Kaufabsicht, in: Die Betriebswirtschaft, 63. Jg., Nr. 4, S. 401–418.
Kreutzer, R. (1989): Global Marketing – Konzeption eines länderübergreifenden Marketing. Erfolgsbedingungen, Analysekonzepte, Gestaltungs- und Implementierungsansätze, Wiesbaden.
Kroeber-Riel, W./Esch, F.-R. (2004): Strategie und Technik der Werbung. Verhaltenswissenschaftliche Ansätze, 6. Aufl., Stuttgart.
Kroeber-Riel, W./Weinberg, P. (2003): Konsumentenverhalten, 8. Aufl., München.
Kroeber-Riel, W./Weinberg, P./Gröppel-Klein, A. (2009): Konsumentenverhalten, 9. Aufl., München.
Krombacher Brauerei (2008): Pressemitteilung: Das Krombacher Regenwald-Projekt 2008 am Start, http://www.krombacher.de/presseservice/presse_artikel.php?id=176 (Zugriff am 20.07.2009).
Krüger-Strohmayer, S. M. (2000): Profitabilitätsorientierte Kundenbindung durch Zufriedenheitsmanagement. Kundenzufriedenheit und Kundenwert als Steuerungsgrösse für die Kundenbindung in marktorientierten Dienstleistungsunternehmen, 2. Aufl., München.
Krüger, L. (1990): Yield Management. Dynamische Gewinnsteuerung im Rahmen integrierter Informationstechnologie, in: Controlling, 2. Jg., Nr. 5, S. 240–251.
Krüger, S. M. (1997): Profitabilitätsorientierte Kundenbindung durch Zufriedenheitsmanagement. Kundenzufriedenheit und Kundenwert als Steuerungsgrösse für die Kundenbindung in marktorientierten Dienstleistungsunternehmen, München.
Kuhl, M./Stöber, O. (2006): Data Warehousing und Customer Relationship Management als Grundlagen des wertorientierten Kundenmanagements, in: Günter, B./Helm, S. (Hrsg.): Kundenwert: Grundlagen – Innovative Konzepte – Praktische Umsetzungen, Wiesbaden, S. 531–547.

Kuhlmann, E. (2001): Besonderheiten des Nachfragerverhaltens bei Dienstleistungen, in: Bruhn, M./Meffert, H. (Hrsg.): Handbuch Dienstleistungsmanagement. Von der strategischen Konzeption zur praktischen Umsetzung, 2. Aufl., Wiesbaden, S. 213–242.

Kühn, R. (1991): Methodische Überlegungen zum Umgang mit der Kundenorientierung im Marketing, in: Marketing ZFP, 13. Jg., Nr. 2, S. 97–107.

Kühn, R./Weiss, M. (1998): Das „Made-in"-Image der Schweiz im internationalen Vergleich, in: Die Unternehmung, 52. Jg., Nr. 1, S. 49–60.

Kumar, N./Scheer, L. K./Steinaltenkamp, J.-B. (1995): The Effects of Supplier Fairness on Vulnerable Resellers, in: Journal of Marketing Research, Vol. 32, No. 1, S. 54–65.

Kuo, T./Lu, I./Huang, C./Wu, G. (2005): Measuring Users' Perceived Portal Service Quality: An Empirical Study, in: Total Quality Management, Vol. 16, No. 3, S. 309–320.

Kupitz, G. (2006): Die besten Unternehmens-Webseiten, in: Financial Times Deutschland, http://www.ftd.de/karriere_management/management/46502.html?eid=24262 (Zugriff am 12.12.2007).

Küpper, H.-U. (1997): Controlling, 2. Aufl., Stuttgart.

Küpper, H.-U. (2005): Controlling. Konzeption, Aufgaben, Instrumente, 4. Aufl., Stuttgart.

Kuprenas, J. A. (2003): Implementation and Performance of a Matrix Organization Structure, in: International Journal of Project Management, Vol. 21, No. 1, S. 51–63.

Kurtz, D. L./Clow, K. E. (1998): Services Marketing, New York u. a.

Kusterer, A./Diller, H. (1992): Kaufrisiko, in: Diller, H. (Hrsg.): Vahlens Großes Marketinglexikon, München, S. 523–524.

Kutschker, M. (1992): Die Wahl der Eigentumsstrategie der Auslandsniederlassung in kleineren und mittleren Unternehmen, in: Kumar, B. N./Hausmann, H. (Hrsg.): Handbuch der internationalen Unternehmenstätigkeit, München.

Kutschker, M./Schmid, S. (2006): Internationales Management, 5. Aufl., München.

Kutschker, M./Schmid, S. (2008): Internationales Management, 6. Aufl., München.

Kuß, A. (2007): Marktforschung: Grundlagen der Datenerhebung und Datenanalyse, 2. Aufl., Wiesbaden.

La, V. Q./Patterson, P. G./Styles, C. W. (2005): Determinants of Export Performance Across Service Types: A Conceptual Model, in: Journal of Services Marketing, Vol. 19, No. 6, S. 379–391.

Laakmann, K. (1994): Innovations-Marketing, in: Meffert, H. (Hrsg.): Lexikon der aktuellen Marketingbegriffe, Wien, S. 93–98.

Laakmann, K. (1995): Value-Added Services als Profilierungsinstrument im Wettbewerb. Analyse, Generierung und Bewertung, Frankfurt am Main u. a.

Lacey, R. (2007): Relationship Drivers of Customer Commitment, in: Journal of Marketing Theory and Practice, Vol. 15, No. 4, S. 315.

Lai, F./Griffin, M./Babin, B. J. (2009): How quality, value, image, and satisfaction create loyalty at a Chinese telecom, in: Journal of Business Research, Vol. 62, No. 10, S. 980–986.

Laird, K. R./Kirsch, R. J./Evans, T. G. (2003): A Marketing Resource-Based Model of International Market Entry and Expansion for Professional Services Firms: The Case for Accounting Services, in: Services Marketing Quarterly, Vol. 24, No. 4, S. 1–16.

Lamberti, H.-J. (2003): Customer Relationship Management – Die richtigen Kunden richtig bedienen, in: Hungenberg, H./Meffert, J. (Hrsg.): Handbuch Strategisches Management, Wiesbaden, S. 649–644.

Lambertz, M./Meffert, C. (2002): Management von komplexen Markenportfolios – Markenführer bei TUI Group, in: Meffert, H./Burmann, C./Koers, M. (Hrsg.): Markenmanagement. Grundlagen der identitätsorientierten Markenführung, Wiesbaden.

Lambin, J. J. (1987): Grundlagen und Methoden strategischen Marketings, Hamburg/New York.

Langeard, E. (1981): Grundfragen des Dienstleistungsmarketing, in: Marketing ZFP, 3. Jg., Nr. 4, S. 233–240.

Langer, S. (2002): Dienstleistungen im Internet – Wie man das Unsichtbare verkauft, in: marke-X Internet Marketing, Nr. 16, http://www.marke-x.de/deutsch/webmarketing/archiv/ausgabe_16_04_02.htm (Zugriff am 14.11.2007).

Laroche, M./Bergeron, J./Goutaland, C. (2003): How Intangibility Affects Perceived Risk: The Moderating Role of Knowledge and Involvement, in: Journal of Services Marketing, Vol. 17, No. 2, S. 122–140.

Laudenbach, P. (2007): Unternehmer ohne Freiheit, in: brand eins, 9. Jg., Nr. 9, S. 100–107.

Lauszus, D./Kalka, R. (1998): Preiscontrolling, in: Reinecke, S./Tomczak, T./Dittrich, S. (Hrsg.): Marketingcontrolling, St. Gallen, S. 178–189.

Lay, G. (1998): Dienstleistungen in der Investitionsgüterindustrie – Der weite Weg vom Sachguthersteller zum Problemlöser, in: Mitteilungen aus der Produktionsinnovationserhebung, Nr. 9, hrsg. v. Fraunhofer Institut Systemtechnik und Innovationsforschung, Karlsruhe, S. 1–13.

Lay, G./Jung-Erceg, P. (2002): Elemente einer Strategieentwicklung für produktbegleitende Dienstleistungen in der Industrie, in: Lay, G./Jung-Erceg, P. (Hrsg.): Produktbegleitende Dienstleistungen – Konzepte und Beispiele erfolgreicher Strategieentwicklung, Berlin, S. 5–68.

Leblanc, G. (1990): Customer Motivations: Use and Non-Use of Automated Banking, in: International Journal of Bank Marketing, Vol. 8, No. 4, S. 36–40.

Lee, C. H./Bruvold, N. T. (2003): Creating Value for Employees: Investment in Employee Development, in: International Journal of Human Resource Management, Vol. 14, No. 6, S. 981–1000.

Lee, K./Carter, S. (2005): Global Marketing Management: Changes, Challenges and New Strategies, Oxford.

Lehmann, A. (1998): Qualität und Produktivität im Dienstleistungsmanagement. Strategien konkretisiert im Versicherungs- und Finanzdienstleistungswettbewerb, Wiesbaden.

Lehmann, A. P. (1995): Dienstleistungsmanagement. Strategien und Ansatzpunkte zur Schaffung von Servicequalität, 2. Aufl., Stuttgart u. a.

Lemmens, A./Croux, C./Dekimpe, M. G. (2007): Consumer Confidence in Europe: United In Diversity?, in: International Journal of Research in Marketing, Vol. 24, No. 2, S. 113–127.

Lethinen, J. R. (1991): Service Quality. Multidisciplinary and Multinational Perspectives. An Experimental Study of Service Production Processes in Different Cultures, in: Brown, S. W./Gummesson, E./Edvardsson, B./Gustavsson, B. (Hrsg.): Service Quality. Multidisciplinary and Multinational Perspectives, Lexington, S. 135–142.

Levitt, T. (1972): Production-line Approach to Service, in: Harvard Business Review, Vol. 50, No. 5, S. 41–52.

Levitt, T. (1981): Marketing Intangible Products and Product Intangibles, in: Harvard Business Review, Vol. 59, No. 3, S. 94–102.

Lewis, B. R. (1991): Service Quality: An International Comparison of Bank Customers' Expectations and Perceptions, in: Journal of Marketing Management, Vol. 7, No. 1, S. 47–63.

Licht, G./Hipp, C./Kukuk, M./Münt, G. (1997): Innovationen im Dienstleistungssektor: Empirischer Befund und wirtschaftspolitische Konsequenzen, Baden-Baden.

Lienemann, C./Reis, T. (1996): Der ressourcenorientierte Ansatz. Struktur und Implikationen für das Dienstleistungsmarketing, in: Wirtschaftswissenschaftliches Studium, Vol. 25, No. 5, S. 257–260.

Liljander, V. (1994): Modeling Perceived Service Quality Using Different Comparison Standards, in: Journal of Consumer Satisfaction, Dissatisfaction and Complaining Behavior, Vol. 7, S. 126–142.

Liljander, V./Strandvik, T. (1992): Estimating Zones of Tolerance in Perceived Service Quality and Perceived Service Value, Meddelanden Working Papers No. 247, Swedish School of Economics and Business Administration, Helsinki.

Liljander, V./Strandvik, T. (1993): Different Comparison Standards as Determinants of Service Quality, in: Journal of Consumer Satisfaction, Dissatisfaction and Complaining Behavior, Vol. 6, No. 2, S. 118–132.

Liljander, V./Strandvik, T. (1995): The Nature of Customer Relationships in Services, in: Swartz, T. A./Bowen, D. E./Brown, S. W. (Hrsg.): Advances in Services Marketing and Management. Research and Practice, 4. Aufl., Greenwich/London, S. 141–167.

Lindqvist, L. J. (1987): Quality and Service Value in the Service Consumption, in: Suprenant, C. (Hrsg.): Add Value to Your Service, Proceedings Series, Chicago, S. 17–20.

Link, J. (2001): Customer Relationship Management: Erfolgreiche Kundenbeziehungen durch Integrierte Informationssysteme, Berlin u. a.

Link, J./Gerth, N./Vossbeck, E. (2000): Marketing-Controlling, München.

Link, J./Hildebrand, V. G. (1997): Ausgewählte Konzepte der Kundenbewertung im Rahmen des Database Marketing, in: Link, J./Brändli, D./Schleuning, C./Kehl, R. E. (Hrsg.): Handbuch Database Marketing, Ettlingen, S. 158–172.

Link, J./Schleuning, C. (1999): Das neue interaktive Direktmarketing, Ettlingen.

Lloréns Montes, F. J./Verdú Jover, A. J. V. (2004): Total Quality Management, Institutional Isomorphism and Performance: The Case of Financial Services, in: The Service Industries Journal, Vol. 24, No. 5, S. 103–119.

Long, M./McMellon, C. (2004): Exploring the determinants of retail service quality on the internet, in: Journal of Services Marketing, Vol. 18, No. 1, S. 78–90.

Loos, C. (1998): Online-Vertrieb von Konsumgütern, Wiesbaden.

Loose, A./Sydow, J. (1994): Vertrauen und Ökonomie in Netzwerkbeziehungen. Strukturationstheoretische Betrachtungen, in: Sydow, J./Windeler, A. (Hrsg.): Management interorganisationaler Beziehungen. Vertrauen, Kontrolle und Informationstechnik, Opladen, S. 160–193.

Lorenz-Meyer, L. (2004): Management industrieller Dienstleistungen, Wiesbaden.

Lovelock, C. (1999): Developing Marketing Strategies for Transnational Service Operations, in: Journal of Services Marketing, Vol. 13, No. 4/5, S. 278–290.

Lovelock, C. H./Wirtz, J. (2007): Services Marketing. People, Technology, Strategy, 6. Aufl., Upper Saddle River.

Lovelock, C. H./Wirtz, J. (2010): Services Marketing. People, Technology, Strategy, 7. Aufl., Upper Saddle River.

Lovelock, C. H./Wirtz, J./Chew, P. (2009): Essentials of Services Marketing, Singapore.

Lovelock, C. H./Young, R. F. (1979): Look to Consumers to Increase Productivity, in: Harvard Business Review, Vol. 57, No. 3, S. 168–179.

Loyalty Hamburg (2002): Kundenbindung im Hotelgewerbe, Hamburg.

Lucco, A. (2008): Anbieterseitige Kündigung von Kundenbeziehungen: Konzeption und empirische Messung der wahrgenommenen Kündigungsqualität aus Kundensicht, Wiesbaden.

Luhmann, N. (1989): Vertrauen. Ein Mechanismus der Reduktion sozialer Komplexität, 3. Aufl., Stuttgart.

Luk, S. T. K./Layton, R. (2002): Perception Gaps in Customer Expectations. Managers Versus Service Providers and Customers, in: Service Industries Journal, Vol. 22, No. 2, S. 109–128.

Luo, X./Homburg, C. (2007): Neglected Outcomes of Customer Satisfaction, in: Journal of Marketing, Vol. 71, No. 2, S. 133–149.

Lusch, R. F./Brown, S. W./Brunswick, G. J. (1992): A General Framework for Explaining Internal vs. External Exchange, in: Journal of the Academy of Marketing Science, Vol. 20, No. 2, S. 119–134.

Lusch, R. F./Vargo, S. L. (2006): Service-Dominant Logic: Reactions, Reflections and Refinements, in: Marketing Theory, Vol. 6, No. 3, S. 281–288.

Lutz, R./Reilly, P. J. (1973): An Exploration of the Effects of Perceived Social and Performance Risk on Consumer Information Acquisition, in: Ward, S./Wright, P. (Hrsg.): Advances in Consumer Research, Urbana, S. 393–405.

Macneil, I. R. (1974): The Many Futures of Contracts, in: Southern California Law Review, Vol. 48, No. 3, S. 691–816.

Macneil, I. R. (1978): Contracts: Adjustment of Long-Term Economic Relations Under Classical, Neoclassical and Relational Contract Law, in: Northwestern University Law Review, Vol. 72, No. 6, S. 854–905.

Madu, C. N./Kuei, C.-H. (1995): Strategic Total Quality Management. Corporate Performance and Product Quality, Westport.

Magrath, A. J. (1986): When Marketing Services' 4 Ps are not Enough, in: Business Horizons, Vol. 29, No. 3, S. 44–50.

Maister, D. h./Lovelock, C. H. (1988): Managing Faciliator Services, in: Lovelock, C. H. (Hrsg.): Managing Services. Marketing Operations and Human Resources, Englewood Cliffs, S. 58–70.

Maleri, R. (1973): Grundlagen der Dienstleistungsproduktion, Berlin/Heidelberg.

Maleri, R. (1997): Grundlagen der Dienstleistungsproduktion, 4. Aufl., Berlin/Heidelberg.

Maleri, R./Frietzsche, U. (2008): Grundlagen der Dienstleistungsproduktion, 5. Aufl., Berlin/Heidelberg.

Malhotra, N./Mukherjee, N. (2004): The Relative Influence of Organisational Commitment and Job Satisfaction on Service Quality of Customer Contact Employees in Banking Call Centres, in: Journal of Services Marketing, Vol. 18, No. 3, S. 162–174.

Malhotra, N. K./Ulgado, F. M./Agarwal, J./Baalbaki, I. B. (1994): A Comparative Evaluation of the Dimensions of Service Quality Between Developed and Developing Countries, in: International Services Marketing, Vol. 11, No. 2, S. 5–15.
Malorny, C. (1999): TQM umsetzen, 2. Aufl., Stuttgart.
Malthus, T. (1836): Principles of Political Economy, London.
Mann, A. (1998): Erfolgsfaktor Service. Strategisches Servicemanagement im nationalen und internationalen Marketing, Wiesbaden.
Mann, A. (2000): Die marketingstrategische Bedeutung industrieller Servicepolitik. Konzeptionelle Überlegungen und empirische Befunde, in: Wirtschaftswissenschaftliches Studium, 29. Jg., Nr. 7, S. 375–380.
Mann, A. (2004): Dialogmarketing – Konzeption und empirische Befunde, Wiesbaden.
Männel, W. (Hrsg.) (1998): Prozesskostenrechnung, Wiesbaden.
Manpower (2010): Eine Million Zeitarbeitnehmer in Deutschland 2010, http://www.manpower.de/presse/presseinformationen/eine-million-zeitarbeitnehmer-in-deutschland-2010/ (Zugriff am 02.03.2011).
Manschwetus, U./Rumler, A. (2002): Strategisches Internetmarketing. Entwicklungen in der Net-Economy, Wiesbaden.
March, J./Simon, H. (1958): Organisation und Individuum: Menschliches Verhalten in Organisationen, Wiesbaden.
March, J./Simon, H. (1993): Organisations, 2. Aufl., Cambridge.
Martin, J. R./Horne, D. A. (1993): Service Innovation: Successful vs. unsuccessful firms, in: International Journal of Service Industry Management, Vol. 4, No. 1, S. 49–65.
Martinek, M. (1991): Moderne Vertragstypen. Band 1: Leasing und Factoring, München.
Martinek, M. (1992): Moderne Vertragstypen. Band 2: Franchising, Know-how-Verträge, Management- und Consultingverträge, München.
Martinek, M. (1993): Moderne Vertragstypen. Band 3: Computerverträge, Kreditkartenverträge sowie sonstige moderne Vertragstypen, München.
Martins, M./Monroe, K. B. (1994): Perceived Price Fairness: A New Look at an Old Construct, in: Advances in Consumer Research, Vol. 21, No. 1, S. 75–78.
Marzen, W. (1987): Das Faktorsystem im Handel, in: Zeitschrift für Betriebswirtschaft, 57. Jg., Nr. 1, S. 53–58.
Masing, W. (1995): Planung und Durchsetzung der Qualitätspolitik im Unternehmen. Zentrale Prinzipien und Problembereiche, in: Bruhn, M./Stauss, B. (Hrsg.): Dienstleistungsqualität. Konzepte, Methoden, Erfahrungen, 2. Aufl., Wiesbaden, S. 239–253.
Master Management (2011): http://www.master.ch/cms/index.php?option=com_content&task=view&id=4&Itemid=4 (Zugriff am 02.03.2011).
Mattson, B. E. (1985): Spotting a Market Gap for a New Product, in: Long Range Planning, Vol. 18, No. 1, S. 173–181.
Matusik, S. F. (2002): An Empirical Investigation of Firm Public and Private Knowledge, in: Strategic Management Journal, Vol. 23, No. 5, S. 457–467.
Matzler, K./Pechlaner, H./Kohl, H. (2000): Formulierung von Servicestandards für touristische Dienstleistungen und Überprüfung durch den Einsatz von „Mystery Guests", in: Tourismus Journal, Vol. 4, No. 2, S. 157–175.
Mayer-Vorfelder, M. (2011): Kundenerfahrungen im Dienstleistungsprozess – Eine theoretische und empirische Analyse, Wiesbaden.
Mayer, R. (1991): Prozesskostenrechnung und Prozesskostenmanagement: Konzept, Vorgehensweise und Einsatzmöglichkeiten, in: GmbH, I. H. u. P. (Hrsg.): Prozeßkostenmanagement, München, S. 73–99.
McDonald's (2011): http://www.mcdonalds.com (Zugriff am 09.03.2011).
McDonald, M. H. B./de Chernatony, L./Harris, F. (2001): Corporate Marketing and Service Brands – Moving Beyond the Fast-Moving Consumer Goods Model, in: European Journal of Marketing, Vol. 35, No. 3/4, S. 335–352.
McKinsey (2007): House of Service Quality, in: McK Wissen, 6. Jg., Nr. 20, S. 58–61.

McMahon-Beattie, U./Donaghy, K. (2001): Yield Management Practices, in: Ingold, A./McMahon-Beattie, U./Yeoman, I. (Hrsg.): Yield Management: Strategies for the Service Industries, London, S. 233–255.
Meffert, H. (1979): Der Markenartikel und seine Bedeutung für den Verbraucher, Hamburg.
Meffert, H. (1986): Marketing, 7. Aufl., Wiesbaden.
Meffert, H. (1987): Kundendienstpolitik. Eine Bestandsaufnahme zu einem komplexen Kundendienstinstrument, in: Marketing ZFP, 9. Jg., Nr. 2, S. 93–102.
Meffert, H. (1989): Die Wertkette als Instrument der Unternehmensplanung, in: Delfmann, W. (Hrsg.): Der Integrationsgedanke in der Betriebswirtschaftslehre, Wiesbaden, S. 257–278.
Meffert, H. (1992a): Marketingforschung und Käuferverhalten, 2. Aufl., Wiesbaden.
Meffert, H. (1992b): Strategien zur Profilierung von Marken, in: Dichtl, E./Eggers, W. (Hrsg.): Marke und Markenartikel, München, S. 129–156.
Meffert, H. (1993): Marktorientierte Führung von Dienstleistungsunternehmen. Neuere Entwicklungen in Theorie und Praxis, Arbeitspapier Nr. 78 der Wissenschaftlichen Gesellschaft für Marketing und Unternehmensführung e.V., Münster.
Meffert, H. (1994): Marktorientierte Führung von Dienstleistungsunternehmen. Neuere Entwicklungen in Theorie und Praxis, in: Die Betriebswirtschaft, 54. Jg., Nr. 4, S. 519–541.
Meffert, H. (1998): Dienstleistungsphilosophie und -kultur, in: Meyer, A. (Hrsg.): Handbuch Dienstleistungs-Marketing, Band 1, Stuttgart, S. 121–138.
Meffert, H. (2000): Marketing: Grundlagen marktorientierter Unternehmensführung: Konzepte, Instrumente, Praxisbeispiele, 9. Aufl., Wiesbaden.
Meffert, H. (2001): Zukünftige Forschungsfelder im Dienstleistungsmarketing, in: Die Unternehmung, 55. Jg., Nr. 4/5, S. 327–339.
Meffert, H./Birkelbach, R. (1992): Customized Marketing, in: Thexis, 9. Jg., Nr. 1, S. 18–19.
Meffert, H./Bolz, J. (2001): Internationales Marketing-Management, 4. Aufl., Stuttgart.
Meffert, H./Bruhn, M. (1978): Marketingtheorie – Quo Vadis?, in: Bratschitsch, R./Heinen, E. (Hrsg.): Absatzwirtschaft – Marketing. Betriebswirtschaftliche Probleme und gesellschaftlicher Bezug, Wien, S. 1–24.
Meffert, H./Bruhn, M. (2009): Dienstleistungsmarketing: Grundlagen, Konzepte, Methoden, 6. Aufl., Wiesbaden.
Meffert, H./Burmann, C. (1996): Identitätsorientierte Markenführung – Grundlagen für das Management von Markenportfolios, Arbeitspapier Nr. 100 der Wissenschaftlichen Gesellschaft für Marketing und Unternehmensführung e.V., Münster.
Meffert, H./Burmann, C. (2005): Managementkonzept der identitätsorientierten Markenführung, in: Meffert, H./Burmann, C./Koers, M. (Hrsg.): Markenmanagement: Grundfragen der identitätsorientierten Markenführung, 2. Aufl., Wiesbaden, S. 73–112.
Meffert, H./Burmann, C./Becker, C. (2010): Internationales Marketing-Management – Ein markenorientierter Ansatz, Stuttgart.
Meffert, H./Burmann, C./Kirchgeorg, M. (2012): Marketing. Grundlagen marktorientierter Unternehmensführung. Konzepte, Instrumente, Praxisbeispiele, 11. Aufl., Wiesbaden.
Meffert, H./Burmann, C./Koers, M. (Hrsg.) (2005): Markenmanagement. Grundfragen der identitätsorientierten Markenführung, 2. Aufl., Wiesbaden.
Meffert, H./Heinemann, G. (1990): Operationalisierung des Imagetransfers. Begrenzung des Transferrisikos durch Ähnlichkeitsmessungen, in: Marketing ZFP, 12. Jg., Nr. 1, S. 5–10.
Meffert, H./Lasslop, I. (2002): Markenführung bei homogenen Verbrauchsgütern, in: Meffert, H./Burmann, C./Koers, M. (Hrsg.): Markenmanagement, Wiesbaden, S. 591–611.
Meffert, H./Perrey, J. (2005): Mehrmarkenstrategie – Ansätze für das Management von Markenportfolios, in: Esch, F.-R. (Hrsg.): Moderne Markenführung: Grundlagen – Innovative Ansätze – Praktische Umsetzungen, Wiesbaden, S. 811–838.
Meffert, H./Schneider, H./Ebbert, C. (2002): Markenführung im Rahmen des Going International. Das Beispiel Deutsche Post EURO EXPRESS, in: Meffert, H./Burmann, C./Koers, M. (Hrsg.): Markenmanagement. Grundfragen der identitätsorientierten Markenführung, Wiesbaden, S. 613–642.

Meffert, H./Wolter, F. (2000): Internationalisierungskonzepte im Dienstleistungsbereich – Bestandsaufnahme und Perspektiven, Arbeitspapier Nr. 136 der Wissenschaftlichen Gesellschaft für Marketing und Unternehmensführung, Münster.

Mei-Pochtler, A. (1998): Markenmanagement für Dienstleistungs-Anbieter, in: Meyer, A. (Hrsg.): Handbuch Dienstleistungs-Marketing, Band 1, Stuttgart, S. 665–678.

Meissner, H. G. (1995): Strategisches internationales Marketing, 2. Aufl., München/Wien.

Meissner, H. G./Gerber, S. (1980): Die Auslandsinvestition als Entscheidungsproblem, in: Betriebswirtschaftliche Forschung und Praxis, 32. Jg., Nr. 3, S. 223–245.

Melewar, T. C./Karaosmanoglu, E./Paterson, D. (2005): Corporate Identity: Concept, Components and Contribution, in: Journal of General Management, Vol. 31, No. 1, S. 59–81.

Mellerowicz, K. (1964): Markenartikel. Die ökonomischen Gesetze ihrer Preisbildung und Preisbindung, 2. Aufl., München/Berlin.

Mercer Management Consulting GmbH (2003): Mercer-Studie zur Zukunft der europäischen Touristik-Industrie, Pressemeldung vom 07.07.2003, http://www.mercermc.de (Zugriff am 25.10.2007).

Meuter et al. (2000a): Self-Service Technologies: What Do Customers Expect?, in: Marketing Management, Vol. Spring 2001, S. 10–11.

Meuter, M. L./Ostrom, A. L./Roundtree, R. I./Bitner, M. J. (2000b): Self-Service Technologies: Understanding Customer Satisfaction with Technology-Based Service Encounters, in: Journal of Marketing, Vol. 64, No. 3, S. 50–64.

Meyer, A. (1983): Dienstleistungs-Marketing. Erkenntnisse und praktische Beispiele, Augsburg.

Meyer, A. (1987): Die Automatisierung und Veredelung von Dienstleistungen. Auswege aus der dienstleistungsinhärenten Produktivitätsschwäche, in: Jahrbuch der Absatz- und Verbrauchsforschung, 33. Jg., Nr. 1, S. 25–46.

Meyer, A. (1994): Dienstleistungs-Marketing. Erkenntnisse und praktische Beispiele, 6. Aufl., München.

Meyer, A. (2001): Dienstleistungs-Marketing. Erkenntnisse und praktische Beispiele, 9. Aufl., München.

Meyer, A. (2004): Dienstleistungsmarketing: Impulse für Forschung und Management, Wiesbaden.

Meyer, A. (2007): Zufriedenheitsanalyse, in: Köhler, R./Küpper, H.-U./Pfingsten, A. (Hrsg.): Handwörterbuch der Betriebswirtschaft, 6. Aufl., Stuttgart, S. 2047–2056.

Meyer, A./Blümelhuber, C. (1994): Interdependenzen zwischen Absatz und Produktion in Dienstleistungsunternehmen und ihre Auswirkungen auf konzeptionelle Fragen des Absatzmarketing, in: Corsten, H./Hilke, W. (Hrsg.): Dienstleistungsproduktion, Wiesbaden, S. 5–41.

Meyer, A./Blümelhuber, C. (1998): Leistungsziele, Orientierungsgröße, Effektivitäts- und Effizienzmaßstab für Management und Mitarbeiter, in: Meyer, A. (Hrsg.): Handbuch Dienstleistungs-Marketing, Band 1, Stuttgart, S. 174–199.

Meyer, A./Blümelhuber, C./Pfeiffer, M. (2000): Der Kunde als Co-Produzent und Co-Designer – oder: Die Bedeutung der Kundenintegration für die Qualitätspolitik von Dienstleistungsanbietern, in: Bruhn, M./Stauss, B. (Hrsg.): Dienstleistungsqualität: Konzepte – Methoden – Erfahrungen, Wiesbaden, S. 49–70.

Meyer, A./Brudler, B. (2009): Kommunikation für Dienstleistungen, in: Bruhn, M./Esch, F.-R./Langner, T. (Hrsg.): Handbuch Kommunikation, Wiesbaden, S. 1117–1131.

Meyer, A./Dornach, F. (1995): Nationale Barometer zur Messung der Qualität und Kundenzufriedenheit bei Dienstleistungen, in: Bruhn, M./Stauss, B. (Hrsg.): Dienstleistungsqualität. Grundlagen, Konzepte, Methoden, 2. Aufl., Wiesbaden, S. 429–453.

Meyer, A./Dornach, F. (1998): Nutzungspotentiale des Deutschen Kundenbarometers für das Dienstleistungsmanagement, in: Bruhn, M./Meffert, H. (Hrsg.): Handbuch Dienstleistungsmanagement, Wiesbaden, S. 287–306.

Meyer, A./Dullinger, F. (1998): Leistungsprogramm von Dienstleistungs-Anbietern, in: Meyer, A. (Hrsg.): Handbuch Dienstleistungs-Marketing, Band 1, Stuttgart, S. 711–735.

Meyer, A./Ertl, R. (1998): Marktforschung von Dienstleistungs-Anbietern, in: Meyer, A. (Hrsg.): Handbuch Dienstleistungs-Marketing, Band 1, Stuttgart, S. 203–246.

Meyer, A./Kantsperger, R. (2005): Call Center Benchmarking. Was die Besten anders machen und wie Sie davon profitieren können, Wiesbaden.

Meyer, A./Mattmüller, R. (1987): Qualität von Dienstleistungen. Entwicklung eines praxisorientierten Qualitätsmodells, in: Marketing ZFP, 9. Jg., Nr. 3, S. 187–195.

Meyer, A./Oevermann, D. (1995): Kundenbindung, in: Tietz, B./Köhler, R./Zentes, J. (Hrsg.): Handwörterbuch des Marketing, 2. Aufl., Stuttgart, S. 1340–1351.

Meyer, A./Tostmann, T. (1995): Die nur erlebbare Markenpersönlichkeit: Wie sich Dienstleistungsmarken aufbauen und pflegen lassen, in: Harvard Business Manager, 17. Jg., Nr. 4, S. 9–15.

Meyer, A./Westerbarkey, P. (1995): Bedeutung der Kundenbeteiligung für die Qualitätspolitik von Dienstleistungsunternehmen, in: Bruhn, M./Stauss, B. (Hrsg.): Dienstleistungsqualität. Konzepte, Methoden, Erfahrungen, 2. Aufl., Wiesbaden, S. 81–104.

Meyer, J. P./Allen, N. J. (1991): A three-component conceptualization of organizational commitment, in: Human Resource Management Review, Vol. 1, No. 1, S. 61–89.

MGM Mediagruppe München (1996): Werbung im Internet, München.

Michaelis, M. (2009): Internes Marketing in Dienstleistungsnetzwerken: Konzeption und Erfolgsmessung, Wiesbaden.

Michalski, S. (2002): Kundenabwanderungs- und Kundenrückgewinnungsprozesse. Eine theoretische und empirische Untersuchung am Beispiel von Banken, Wiesbaden.

Michel, S. (1996): Prosuming-Marketing. Konzeption und Anwendung, Bern u. a.

Michel, P./Pfäffli, P. (2009a): Implementierungshürden des Value Based Pricing, in: Marketing Review St. Gallen, 26. Jg., Nr. 5, S. 26–31.

Michel, S./Pfäffli, P. (2009b): Implementierungshürden des Value Based Pricing, in: Marketing Review St. Gallen, 26. Jg., Nr. 5, S. 26–31.

Miller, D./Friesen, D. H. (1982): Innovation in Conservative and Entrepreneurial Firms. Two Models of Strategic Momentum, in: Strategic Management Journal, Vol. 3, No. 1, S. 1–25.

Mischler, P. (1898): Dienstleistungen (persönliche), in: Elster, L. (Hrsg.): Wörterbuch der Volkswirtschaft in zwei Bänden, Bd. 1, Jena, S. 548.

Mister Wong (2010): www.mister-wong.de, (Zugriff am 22.11.2010).

Mittal, B./Lassar, W. M. (1998): Why do Customers Switch? The Dynamics of Satisfaction versus Loyalty, in: Journal of Services Marketing, Vol. 12, No. 2/3, S. 177–194.

Mittal, V./Kamakura, W. A. (2001): Satisfaction, Repurchase Intent and Repurchase Behavior: Investigating the Moderating Effect of Customer Characteristics, in: Journal of Marketing Research, Vol. 38, No. 1, S. 131–142.

Mobilfunktalk (2008): http://www.mobilfunk-talk.de/14426-base-schmeisst-offenbar-poweruser-raus.html (Zugriff am 05.01.2011).

Moldaschl, M. (2005): Kapitalarten, Verwertungsstrategien, Nachhaltigkeit, in: Moldaschl, M. (Hrsg.): Immaterielle Ressourcen, München/Mering, S. 47–68.

Monroe, K. B./Petroshius, S. M. (1981): Buyers Perceptions of Price: An Update of Evidence, in: Kassarjian, H. H./Robertson, T. S. (Hrsg.): Perspectives in Consumer Behavior, Glenview, S. 43–55.

Moorman, C./Zaltman, G./Deshpandé, R. (1992): Relationships Between Providers and Users of Market Research. The Dynamics of Trust Within and Between Organizations, in: Journal of Marketing Research, Vol. 29, No. 3, S. 314–329.

Morgan, R. M./Hunt, S. D. (1994): The Commitment-Trust Theory of Relationship Marketing, in: Journal of Marketing, Vol. 58, No. 3, S. 20–38.

Mößlang, A. M. (1995): Internationalisierung von Dienstleistungsunternehmen. Empirische Relevanz, Systematisierung, Gestaltung, Wiesbaden.

Mowday, R. T./Porter, L. W./Steers, R. M. (1982): Employee-organization Linkages: The Psychology of Commitment, Absenteeism and Turnover, New York.

Mudie, P./Cottam, A. (1997): The Management and Marketing of Services, 2. Aufl., Oxford.

Mühlbacher, H./Botschen, G. (1990): Benefit-Segmentierung von Dienstleistungsmärkten, in: Marketing ZFP, 12. Jg., Nr. 3, S. 159–168.

Mülder, W. (2000): Personalinformationssysteme – Entwicklungsstand, Funktionalität und Trends, in: Wirtschaftsinformatik, Sonderheft, 42. Jg., S. 98–106.

Müller-Hagedorn, L. (1993): Handelsmarketing, 2. Aufl., Stuttgart.

Müller-Merbach, H. (1985): Ansätze zu einer informationsorientierten Betriebswirtschaftslehre, in: Ballwieser, W./Berger, K. H. (Hrsg.): Information und Wirtschaftlichkeit, Wiesbaden, S. 117–144.

Müller-Stewens, G./Lechner, C. (2005): Strategisches Management. Wie strategische Initiativen zum Wandel führen, 3. Aufl., Stuttgart.
Müller, W. (1996): Grundzüge des Preisbeurteilungsverhaltens von Dienstleistungsnachfragern, in: der markt, 35. Jg., Nr. 1, S. 23–48.
Müller, W./Klein, S. (1993): Grundzüge einer verhaltensorientierten Preistheorie im Dienstleistungsmarketing, WHU-Forschungspapier Nr. 16, Wissenschaftliche Hochschule für Unternehmensführung, Koblenz.
Murmann, B. (1999): Qualität mehrstufiger Dienstleistungsinteraktionen. Besonderheiten bei Dienstleistungsunternehmen mit direktem und indirektem Kundenkontakt, Wiesbaden.
Murray, J. A. (1984): A Concept of Entrepreneurial Strategy, in: Strategic Management Journal, Vol. 5, No. 1, S. 1–13.
Murray, K. B. (1991): A Test of Services Marketing Theory. Consumer Information Acquisition Activities, in: Journal of Marketing, Vol. 55, No. 1, S. 10–25.
Nagle, T. T./Holden, R. K. (2002): The Strategy and Tactics of Pricing: A Guide to Profitable Decision Making, Englewood Cliffs.
Narver, J. C./Slater, S. F. (1990): The Effect of a Market Orientation on Business Profitability, in: Journal of Marketing, Vol. 54, No. 4, S. 20–35.
Naundorf, S. (1993): Charakterisierung und Arten der Public Relations, in: Berndt, R./Hermanns, A. (Hrsg.): Handbuch Marketing-Kommunikation, Wiesbaden, S. 595–616.
Nelson, P. (1970): Advertising as Information, in: Journal of Political Economy, Vol. 78, No. 4, S. 729–754.
Nerdinger, F./Rosenstiel, L. (1999): Die Umgestaltung der Führungsstrukturen im Rahmen der Implementierung des Internen Marketing, in: Bruhn, M. (Hrsg.): Internes Marketing. Integration der Kunden- und Mitarbeiterorientierung. Grundlagen, Implementierung, Praxisbeispiele, 2. Aufl., Wiesbaden, S. 175–190.
Nerdinger, F. W. (2001): Gefühlsarbeit in Dienstleistungsunternehmen, in: Bruhn, M./Stauss, B. (Hrsg.): Jahrbuch Dienstleistungsmanagement 2001, Wiesbaden, S. 501–519.
Ness, J. A./Schroeck, M. J./Letendre, R. A./Douglas, W. J. (2001): The Role of ABM in Measuring Customer Value. Part Two, in: Strategic Finance, Vol. 82, No. 10, S. 44–49.
Neumann, E./Hennig, A. (1999): Outsourcing im Dienstleistungsbereich, Stuttgart.
Ngobo, P. V. (1997): The Standard Issue. An Accessibility Diagnosticity Perspective, in: Journal of Consumer Satisfaction, Dissatisfaction and Complaining Behavior, Vol. 10, S. 61–79.
Nicklisch, H. (1922): Wirtschaftliche Betriebslehre, 6. Aufl., Stuttgart.
Nicoulaud, B. (1989): Problems and Strategies in the International Marketing of Services, in: European Journal of Marketing, Vol. 23, No. 6, S. 55–66.
Niehoff, B./Moorman, R./Blakely, G./Fuller, J. (2001): The Influence of Empowerment and Job Enrichment on Employee Loyalty in a Downsizing Environment, in: Group & Organization Management, Vol. 26, No. 1, S. 93–114.
Nieschlag, R./Dichtl, E./Hörschgen, H. (2002): Marketing, 19. Aufl., Berlin.
Normann, R. (1987): Dienstleistungsunternehmen, Hamburg.
North, D. C. (1984): Transaction Costs, Institutions and Economic History, in: Zeitschrift für die gesamte Staatswissenschaft, 140. Jg., Nr. 1, S. 7–17.
Obermiller, C. (1985): Varieties of Mere Exposure: The Effects of Processing Style and Repetition on Affective Response, in: Journal of Customer Research, Vol. 12, No. 1, S. 17–31.
Ochel, W. (2002): The International Competitiveness of Business Service Firms: The Case of Germany, in: The Service Industries Journal, Vol. 22, No. 2, S. 1–16.
OECD (1998): Electronic Commerce in Europa, in: Frankfurter Allgemeine Zeitung, 16.11.1998, S. 32.
Oechsler, W. A. (2006): Personal und Arbeit, 8. Aufl., Oldenburg.
Oess, A. (1993): Total Quality Management. Die ganzheitliche Qualitätsstrategie, 3. Aufl., Wiesbaden.
Oke, A. (2004): Barriers to Innovation. Management in Service Companies, in: Journal of Change Management, Vol. 4, No. 1, S. 31–44.
Okumus, F. (2004): Implementation of Yield Management Practices in Service Organisations: Empirical Findings from a Major Hotel Group, in: Service Industries Journal, Vol. 26, No. 6, S. 65–89.
Olbrich, R./Battenfeld, D. (2007): Preispolitik, Berlin u. a.

Oliver, R./Swan, J. (1989): Consumer Perceptions of Interpersonal Equity and Satisfaction in Transactions: A Field Survey Approach, in: Journal of Marketing, Vol. 53, No. 2, S. 21–35.

Oliver, R. L. (1996): Satisfaction. A Behavioral Perspective on the Consumer, New York.

Oliver, R. L. (1999): Whence Consumer Loyalty?, in: Journal of Marketing, Special Edition, Vol. 63, S. 33–44.

Oliver, R. L. (2000): Customer Satisfaction with Service, in: Schwartz, T. A./Iacobucci, D. (Hrsg.): Handbook of Service Marketing and Management, Thousand Oaks, S. 247–254.

O'Malley, L./Tynan, C. (1997): A Reappraisal of the Relationship Marketing Constructs of Commitment and Trust, in: Association, A. M. (Hrsg.): New and Evolving Paradigms. The Emerging Future of Marketing, Dublin, S. 486–503.

O'Neill, R./Lambert, D. (2001): The Emotional Side of Price, in: Psychology & Marketing, Vol. 18, No. 3, S. 217–237.

O'Reilly (2006): http://www.oreilly.de/artikel/web20.html, (Zugriff am 12.11.2010).

Ostrom, A./Iacobucci, D. (1995): Consumer Trade-Offs and the Evaluation of Services, in: Journal of Marketing, Vol. 59, No. 1, S. 17–28.

Otto, A./Reckenfelderbäumer, M. (1993): Zeit als strategischer Erfolgsfaktor im „Dienstleistungsmarketing", in: Engelhardt, W./Hamman, P. (Hrsg.): Arbeitspapier zum Marketing, Nr. 27, Bochum.

Ouchi, W. G. (1981): Theory Z. How American Business can Meet the Japanese Challenge, Reading.

o.V. (1993): Jeder Mitarbeiter sollte Qualitätsmanager sein. TQM – ein nötiger Weg, in: Hessische Wirtschaft, No. 12, S. 8–9.

o.V. (1997): Das große Weltdorf. Der Zwang zur Internationalisierung, in: Frankfurter Allgemeine Zeitung, 06.10.1997, S. 26.

o.V. (1998): An der Dienstleistungslücke entzweit sich die Wirtschaftsforschung, in: Frankfurter Allgemeine Zeitung, 15.01.1998, S. 13.

o.V. (2003): Bankautomaten werden an das Internet angeschlossen, in: Frankfurter Allgemeine Zeitung, 04.08.2003, S. 16.

o.V. (2005): Mehr Geld für Coaching, in: wirtschaft & weiterbildung, o. Jg., Nr. 5, S. 23.

o.V. (2007a): Ärger ums iPhone. Vodafone schlägt zurück, http://www.n-tv.de/881876.html (Zugriff am 29.11.2007).

o.V. (2007b): Definition & Zitate, in: McK Wissen, Nr. 20, S. 8–9.

o.V. (2009): Gesundheitstourismus in Europa, http://www.dw-world.de/dw/article/0,2144,3524187,00.html (Zugriff am 09.03.2011).

Palay, T. M. (1984): Comparative Institutional Economics: The Governance of Rail Fright Contracting, in: The Journal of Legal Studies, Vol. 13, No. 6, S. 265–287.

Palmer, A. (2004): The Principles of Services Marketing, 4. Aufl., London u. a.

Palmer, A./Cole, C. (1995): Services Marketing. Principles and Practice, Englewood Cliffs.

Palmer, A./O'Neill, M. (2003): The Effects of Perceptual Processes on The Measurement of Service Quality, in: Journal of Service Marketing, Vol. 17, No. 3, S. 254–274.

Papmehl, A. (1999): Personal-Controlling, 2. Aufl., Heidelberg.

Parasuraman, A./Zeithaml, V. A./Berry, L. L. (1985): A Conceptual Model of Service Quality and its Implications for Future Research, in: Journal of Marketing, Vol. 49, No. 1, S. 4–50.

Parasuraman, A./Zeithaml, V. A./Berry, L. L. (1988): SERVQUAL. A Multiple-Item Scale for Measuring Consumer Perceptions of Service Quality, in: Journal of Retailing, Vol. 64, No. 1, S. 12–40.

Parasuraman, A./Zeithaml, V. A./Malhotra, A. (2005): E-S-QUAL. A Multiple-Item Scale for Assessing Electronic Service Quality, in: Journal of Service Research, Vol. 7, No. 3, S. 213–233.

Park, J.-W./Kim, K.-H./Kim, J. (2002): Acceptance of Brand Extensions: Interactive Influences of Product Category Similarity, Typicality of Claimed Benefits, and Brand Relationship Quality, in: Advances in Consumer Research, Vol. 29, No. 1, S. 190–198.

Patterson, M./O'Malley, L. (2006): Brands, Consumers and Relationships: a Review, in: Irish Marketing Review, Vol. 18, No. 1/2, S. 10–20.

Payne, A. (1993): The Essence of Services Marketing, New York u. a.

Payne, A./Holt, S./Frow, P. (2001): Relationship Value Management: Exploring the Integration of Employee, Customer and Shareholder Value and Enterprise Performance Models, in: Journal of Marketing Management, Vol. 17, No. 7/8, S. 785–818.

Pepels, W. (1999): Kommunikations-Management: Marketing-Kommunikation vom Briefing bis zur Realisation, 3. Aufl., Stuttgart.
Pepels, W. (2000): Marketing: Lehr- und Handbuch, 3. Aufl., München u. a.
Pepels, W. (Hrsg.) (2003): Betriebswirtschaft der Dienstleistungen 1: Grundlagen und Erfolgsfaktoren, Herne/Berlin.
Perlitz, M. (2004): Internationales Management, 5. Aufl., Stuttgart.
Perlmutter, H. V. (1969): The Turtuous Evolution of the Multinational Corporation, in: Columbia Journal of World Business, No. 4, S. 9–18.
Peters, M. (1995): Besonderheiten des Dienstleistungsmarketing. Planung und Durchsetzung der Qualitätspolitik im Markt, in: Bruhn, M./Stauss, B. (Hrsg.): Dienstleistungsqualität. Konzepte, Methoden, Erfahrungen, 2. Aufl., Wiesbaden, S. 47–64.
Peters, M./Weiermair, K. (2005): Strategie- und Implementierungsprobleme bei der Internationalisierung von touristischen Dienstleistungen, in: Bruhn, M./Stauss, B. (Hrsg.): Internationalisierung von Dienstleistungen. Forum Dienstleistungsmanagement, Wiesbaden, S. 345–365.
Pfahler, T./Böhnlein, P. (2004): Transaktionskosten im Verlauf des Marktzyklus, in: Wirtschaftswissenschaftliches Studium (WiSt), 33. Jg., Nr. 8, S. 476–482.
Pfeffer, J. (1972): Merger as a Response to Organizational Interdependence, in: Administrative Science Quarterly, Vol. 17, No. 3, S. 382–394.
Pfeffer, J. (1982): Organizations and Organization Theory, Cambridge.
Pfeffer, J./Salancik, G. (1978): The External Control of Organizations. A Resource Dependence Perspective, New York.
Pfeifer, T. (2001): Qualitätsmanagement. Strategien, Methoden, Techniken, 3. Aufl., München/Wien.
Pflesser, C. (1999): Marktorientierte Unternehmenskultur. Konzeption und Untersuchung eines Mehrebenenmodells, Wiesbaden.
Piehler, R. (2010): Interne Markenführung – Theoretisches Konzept, empirische Valildierung und theoretische Umsetzung, Wiesbaden.
Piercy, N. F./Morgan, N. A. (1990): Strategic Internal Marketing. Managerial Frameworks and Empirical Evidence, in: Enhancing Knowledge Development in Marketing, AMA Educators' Proceedings, Chicago, Vol. 1, S. 308–313.
Pietsch, G./Scherm, E. (2001a): Controlling. Rationalitätssicherung versus Führungs- und Führungsunterstützungsfunktion, in: Die Unternehmung, 55. Jg., Nr. 1, S. 81–84.
Pietsch, G./Scherm, E. (2001b): Neue Controlling-Konzeptionen, in: Das Wirtschaftsstudium, 30. Jg., Nr. 2, S. 206–213.
Pikkemaat, P./Peters, M./Weiermair, K. (2006): Innovationen im Tourismus, Berlin.
Piller, F. T. (2003a): Die Kosten: Economies of Mass Customization., in: Stotko, C. M. (Hrsg.): Mass Customization und Kundenintegration – Neue Wege zum innovativen Produkt., Düsseldorf, S. 189–234.
Piller, F. T. (2003b): Die neue Rolle des Kunden: Grundsätze und Variaten der Kundenintegration., in: Stotko, C. M. (Hrsg.): Mass Customization und Kundenintegration – Neue Wege zum innovativen Produkt., Düsseldorf, S. 43–93.
Piller, F. T. (2006): Mass Customization. Ein wettbewerbsstrategisches Konzept im Informationszeitalter, Wiesbaden.
Piller, F. T./Reichwald, R. (2006): Interaktive Wertschöpfung, Wiesbaden.
Pine, J. B./Gilmore, G. H. (1999): The Experience Economy, Boston.
Platzek, T. (1998): Selektion von Informationen über Kundenzufriedenheit, Wiesbaden.
Plinke, W. (1989): Die Geschäftsbeziehung als Investition, in: Specht, G./Silberer, G./Engelhardt, W. H. (Hrsg.): Marketing-Schnittstellen. Herausforderungen an das Management, Stuttgart, S. 305–325.
Plinke, W. (1996): Kundenorientierung als Voraussetzung der Customer Integration, in: Kleinaltenkamp, M./Fließ, S./Jacob, F. (Hrsg.): Customer Integration. Von der Kundenorientierung zur Kundenintegration, Wiesbaden, S. 41–56.
Pohl, A./Kluge, B. (2001): Pricing im Internet: Gewinnoptimale Preisgestaltung ist kein Zufall, in: Working Paper Simon-Kucher & Partners, http://www.competence-site.de/marketing.nsf/C2BE4AEF80288853C1256A1F00430266/$File/pricing%20im%20internet.pdf (Zugriff am 08.11.2007).

Porter, M. E. (1991): Nationale Wettbewerbsvorteile. Erfolgreich konkurrieren auf dem Weltmarkt, München.
Porter, M. E. (2010): Wettbewerbsvorteile. Spitzenleistungen erreichen und behaupten, 7. Aufl., Frankfurt am Main.
Porter, M. E./Fuller, M. B. (1989): Koalitionen und globale Strategien, in: Porter, M. E. (Hrsg.): Globaler Wettbewerb, Wiesbaden, S. 363–399.
Preissler, S. (1999): Kundenpflege statt Anrufbeantworter. Call Center, in: Bankmagazin, 7. Jg., Nr. 5, S. 70–71.
Pressey, A. D./Mathews, B. P. (2000): Barriers to Relationship Marketing in Consumer Retailing, in: Journal of Services Marketing, Vol. 14, No. 2/3, S. 272–286.
Preßmar, D. B./Bielert, P. (1995): Wirtschaftlichkeitskennzahlen des Qualitätsmanagements, in: Preßmar, D. B. (Hrsg.): Total Quality Management II, Wiesbaden, S. 87–110.
PSD-Bank (2005): PSD Bank Köln legt zu – Bilanzsumme auf Rekordniveau, www.psd-koeln.de/index_2815.htm (Zugriff am 25.10.2007).
Rampersad, H. K. (2004): Die Total Performance Scorecard – Mitarbeitermotivation und Unternehmensstrategie in Einklang bringen, Weinheim.
Rapold, I. (1988): Qualitätsunsicherheit als Ursache von Marktversagen: Anpassungsmechanismen und Regulierungsbedarf, München.
Rapp, R. (1993): Umsetzungsorientiertes Marketing für industrielle Dienstleistungen, in: Simon, H. (Hrsg.): Industrielle Dienstleistungen, Stuttgart, S. 135–159.
Rasch, G. (1960): Probabilistic Models for Some Intelligence and Attainment Tests. Danish Institute for Educational Research, Reprinted in 1980, Chicago: MESA.
Reckenfelderbäumer, M. (1995): Marketing-Accounting im Dienstleistungsbereich: Konzeption eines prozesskostengestützten Instrumentariums, Wiesbaden.
Reckenfelderbäumer, M. (1998): Marktorientiertes Kosten-Management von Dienstleistungs-Unternehmen, in: Meyer, A. (Hrsg.): Handbuch Dienstleistungs-Marketing. Band 1, Stuttgart, S. 394–418.
Reckenfelderbäumer, M. (2006): Konzeptionelle Grundlagen des Dienstleistungscontrolling. Kritische Bestandsaufnahme und Perspektiven der Weiterentwicklung zu einem Controlling der Kundenintegration, in: Bruhn, M./Stauss, B. (Hrsg.): Dienstleistungscontrolling. Forum Dienstleistungsmanagement, Wiesbaden, S. 31–51.
Reckenfelderbäumer, M./Busse, D. (2003): Kundenmitwirkung bei der Entwicklung von industriellen Dienstleistungen – eine phasenbezogene Analyse, in: Bullinger, H. J./Scheer, A. W. (Hrsg.): Service Engineering – Entwicklung und Gestaltung innovativer Dienstleistungen, Wiesbaden, S. 3–18.
Reichard, C. (1977): Betriebswirtschaftslehre der öffentlichen Verwaltung, Berlin/New York.
Reichheld, F. F./Sasser, W. E. (1991): Zero-Migration: Dienstleister im Sog der Qualitätsrevolution, in: Harvard Manager, Nr. 4, S. 108–116.
Reichheld, F. F./Teal, T. (2001): The Loyalty Effect: The Hidden Force Behind Growth, Profits, and Lasting Value, 2. Aufl., Boston.
Reichmann, T. (2006): Controlling mit Kennzahlen und Management Tools, 7. Aufl., München.
Reilly, W. J. (1931): The Law of Retail Gravitation, New York.
Reimer, F. (2006): Qualitätssicherung: Grundlagen des Dienstleistungsverwaltungsrechts, Freiburg.
Reinecke, S. (2004): Marketing Performance Management - Empirisches Fundament und Konzeption für ein integriertes Marketingkennzahlensystem, Wiesbaden.
Reinecke, S./Janz, S. (2007): Marketingcontrolling. Sicherstellen von Marketingeffektivität und -effizienz, Stuttgart.
Reinecke, S./Sipötz, E./Wiemann, E.-M. (Hrsg.) (1998): Total Customer Care. Kundenorientierung auf dem Prüfstand, Wien.
Reiss, M. (1992): Mit Blut, Schweiß und Tränen zur schlanken Organisation, in: Harvard Manager, 13. Jg., Nr. 2, S. 57–62.
Remmerbach, K.-U. (1988): Markteintrittsentscheidungen, Wiesbaden.
Rennert, C. (1993): Dienstleistungen als Elemente innovativer Betreibungskonzepte im Automobilhandel, Ottobrunn.

Reynoso, J./Moores, B. (1995): Towards the Measurement of Internal Service Quality, in: International Journal of Service Industry Management, Vol. 6, No. 3, S. 64.

Rheinbay, P./Günther, A. (2000): Rechtsfragen des Dienstleistungsangebotes. Wettbewerbsrecht und Haftung, in: Bruhn, M./Stauss, B. (Hrsg.): Dienstleistungsqualität. Konzepte, Methoden, Erfahrungen, 2. Aufl., Wiesbaden, S. 87–112.

Richter, M. (2005): Dynamik von Kundenerwartungen im Dienstleistungsprozess. Konzeptionalisierung und empirische Befunde, Wiesbaden.

Richter, R./Furubotn, E. G. (2003): Neue Institutionenökonomik – eine Einführung und kritische Würdigung, 3. Aufl., Tübingen.

Rieker, S. A./Strippel, L. (2003): Mit Customer Relationship Management zur Unternehmenswertsteigerung. Kundenwertermittlung und differenzierte Marktbearbeitung bei Geschäftskunden im Telekommunikationsmarkt, in: Günter, B./Helm, S. (Hrsg.): Kundenwert. Grundlagen, Innovative Konzepte, Praktische Umsetzung, 2. Aufl., Wiesbaden, S. 743–759.

Rindfleisch, A./Heide, J. B. (1997): Transaction Cost Analysis. Past, Present, and Future Applications, in: Journal of Marketing, Vol. 61, No. 4, S. 30–54.

Ringlstetter, M./Kaiser, S./Bürger, B. (2004): Strategien und Management für Professional Service Firms, Weinheim.

Ritz-Carlton, T. (2007): http://corporate.ritzcarlton.com/en/About/GoldStandards.htm (Zugriff am 11.12.2007).

Roach, S. S. (1991): The Restructuring Imperative, in: Harvard Business Review, Vol. 69, No. 5, S. 82–91.

Roberts, J. (1999): The Internationalisation of Business Service Firms: A Stages Approach, in: Service Industries Journal, Vol. 19, No. 4, S. 68–88.

Roos, I. (1996): Customer Switching Behavior in Retaling, Working Paper Nr. 237, Swedish School of Economics and Business Administrations, Helsinki.

Roos, I. (1999): Switching Processes in Customer Relationships, in: Journal of Service Research, Vol. 2, No. 1, S. 68–85.

Roos, I./Strandvik, T. (1997): Diagnosing the Termination of Customer Relationships, Proceedings der „New and Evolving Paradigms: The Emerging Future of Marketing" Konferenz, vom 12.–15. Juni 1997, Dublin, S. 617–631.

Rosada, M. (1990): Kundendienststrategien im Automobilsektor, Berlin.

Rosander, A. C. (1989): The Quest for Quality in Services, New York.

Rose, E./Wright, G. (2005): Satisfaction and Dimensions of Control Among Call Centre Customer Service Representatives, in: International Journal of Human Resource Management, Vol. 16, No. 1, S. 136–160.

Rosenberger, G. (2000): Messung der Dienstleistungsqualität durch die Stiftung Warentest, in: Bruhn, M./Stauss, B. (Hrsg.): Dienstleistungsqualität. Konzepte, Methoden, Erfahrungen., 3. Aufl., Wiesbaden, S. 341–359.

Rosene, F. (2002): Complacency and Service Quality: An Overlooked Condition in the GAP Model, in: Journal of Retailing and Consumer Services, Vol. 10, No. 1, S. 51–55.

Rößl, D. (1991): Demarketing bei verrichtungssimultanen Diensten, in: Zeitschrift für betriebswirtschaftliche Forschung, 43. Jg., Nr. 5, S. 435–449.

Rossow, H. (1994): Entwicklung und Entwicklungsmöglichkeiten der Internen Revision als Systemelement des personalbezogenen Überwachungssystems, Berlin.

Roth, S. (2001): Interaktionen im Dienstleistungsmanagement – Eine informationsökonomische Analyse, in: Bruhn, M./Stauss, B. (Hrsg.): Jahrbuch Dienstleistungsmanagement 2001, Wiesbaden, S. 35–66.

Rotter, J. B. (1966): Generalized Expectancies for Internal versus External Control of Reinforcement, in: Psychological Monographs, Vol. 80, No. 1, S. 1–28.

Rucci, A./Kirn, S. P./Quinn, R. T. (1998): The Employee-Customer-Profit Chain at Sears, in: Harvard Business Review, Vol. 76, No. 1, S. 83–97.

Rudolf-Sipötz, E./Arnet, R. (2005): „Beratung und Betreuung mit System" – Umfassende Kundenberatung bei der Zürcher Kantonalbank, http://www.verkauf-aktuell.de/fb0119.htm (Zugriff am 08.07.2002).

Ruekert, R. W. (1992): Developing a Market Orientation: An Organizational Strategy Perspective, in: International Journal of Research in Marketing, Vol. 9, No. 3, S. 225–245.

Ruhfus, R. E. (1976): Kaufentscheidungen von Familien. Ansätze zur Analyse des kollektiven Enscheidungsverhaltens im privaten Haushalt, Wiesbaden.

Rust, R. T./Chung, T. S. (2006): Marketing Models of Service and Relationships, in: Marketing Science, Vol. 25, No. 6, S. 560–580.

Rust, R. T./Oliver, R. L. (Hrsg.) (1994): Service Quality. New Directions in Theory and Practice, Thousand Oaks.

Rust, R. T./Zahorik, A. J./Keiningham, T. L. (1994): Return on Quality. Measuring the Financial Impact of your Company's Quest for Quality, Chicago/Cambridge.

Rust, R. T./Zahorik, A. J./Keiningham, T. L. (1998): Determining the Return on Quality (ROQ), in: Bruhn, M./Meffert, H. (Hrsg.): Handbuch Dienstleistungsmanagement. Von der strategischen Konzeption zur praktischen Umsetzung, Wiesbaden, S. 865–890.

Rust, R. T./Zeithaml, V. A./Lemon, K. N. (2000): Driving Customer Equity, New York u. a.

Sachdev, S. B./Verma, H. V. (2002): Customer Expectations and Service Quality Dimensions Consistency, in: Journal of Management Research, Vol. 2, No. 1, S. 43–52.

Sackmann, S. A. (2004): Erfolgsfaktor Unternehmenskultur, Wiesbaden.

Sahlins, M. D. (1972): Stone Age Economics, New York.

Sakao, T./Shimomura, Y. (2007): Service Engineering: A Novel Engineering Discipline for Producers to Increase Value Combining Service and Product, in: Journal of Cleaner Production, Vol. 15, No. 6, S. 590–604.

Salvador, C./Rebolloso, E./Fernández-Ramírez, B./del Pilar Cantón, M. (2007): Service Price Components and their Relationship with Customer Satisfaction, in: Journal of Revenue & Pricing Management, Vol. 6, No. 1, S. 40–50.

Samli, A. C./Grewal, D./Mathur, S. K. (1988): International Buyer Behaviour. An Exploration and a Proposed Model, in: Academy of Marketing Science, Vol. 16, No. 2, S. 19–29.

Sampson, G. P./Snape, R. H. (1985): Identifying the Issues in Trade and Services, in: The World Economy, Vol. 8, No. 8, S. 24–31.

Sanchez-Peinado, E./Pla-Barber, J./Hébert, L. (2007): Strategic Variables That Influence Entry Mode Choice in Service Firms, in: Journal of International Marketing, Vol. 15, No. 1, S. 67–91.

Sanchez, R./Heene, A./Thomas, H. (1996): Towards the Theory and Practice of Competence-Based Competition, in: Heene, A./Sanchez, R./Thomas, H. (Hrsg.): Dynamics of Competence-Based Competition, Oxford, S. 1–35.

Sander, M. (2004): Marketing-Management – Märkte, Marktinformationen und Marktbearbeitung, Stuttgart.

Santos, J. (2003): E-Service quality: a model of virtual service quality dimensions, in: Managing Service Quality, Vol. 13 No. 3, S. 233–246.

Sauerwein, E. (2000): Das Kano-Modell der Kundenzufriedenheit. Reliabilität und Validität einer Methode zur Klassifizierung von Produkteigenschaften, Wiesbaden.

Say, J. B. (1830): Ausführliche Darstellung der Nationalökonomie oder der Staatswissenschaft, 1. Buch, 3. Aufl., Heidelberg.

Schäffer, U./Weber, J. (2002): Herausforderungen für das Dienstleistungs-Controlling, in: Weber, W./Männel, W. (Hrsg.): Dienstleistungscontrolling, krp Kostenrechnungspraxis – Zeitschrift für Controlling, Accounting & Systemanwendungen, 46. Jg., Sonderausgabe 2/2002, S. 5–13.

Schein, E. H. (1995): Unternehmenskultur ein Handbuch für Führungskräfte, Frankfurt am Main.

Schellberg, K. (2007): Betriebswirtschaftslehre für Sozialunternehmen, 2. Aufl., Augsburg.

Scheuch, F. (1992): Internationales Marketing für Dienstleistungen. Theoretische Grundlagen für distributionspolitische Entscheidungen, in: Lück, W./Trommsdorff, V. (Hrsg.): Internationalisierung als Problem der Betriebswirtschaftslehre, Berlin, S. 351–402.

Scheuch, F. (2002): Dienstleistungsmarketing, 2. Aufl., München.

Scheuing, E. Z./Johnson, E. M. (1989): A Proposed Model for New Service Development, in: Journal of Services Marketing, Vol. 3, No. 2, S. 25–34.

Schick, S. (1995): Strukturierung und Gestaltung der Mitarbeiterkommunikation als Personalaufgabe, in: Bruhn, M. (Hrsg.): Internes Marketing. Integration der Kunden- und Mitarbeiterorientierung. Grundlagen - Implementierung - Praxisbeispiele, Wiesbaden, S. 453–470.

Schiele, G./Hähner, J./Becker, C. (2008): Grundlagen des Web 2.0, 2. Aufl., Wiesbaden.

Schlesinger, L. A./Heskett, J. L. (1991): The Service-Driven Service Company, in: Harvard Business Review, Vol. 69, No. 5, S. 71–81.

Schlissel, M. R. (1985): The Consumer of Household Services in the Market: An Empirical Study, in: Czepiel, J. A./Solomon, M. R./Surprenant, C. F. (Hrsg.): The Service Encounter, Lexington, S. 303–319.

Schmalensee, R. (1984): Gaussian Demand and Commodity Bundling, in: Journal of Business, Vol. 57, No. 1, S. 211–230.

Schmid, B. F. (2002): Elektronische Märkte, in: Weiber, R. (Hrsg.): Handbuch Electronic Business. Informationstechnologien - Electronic Commerce - Geschäftsprozesse, 2. Aufl., Wiesbaden, S. 211–240.

Schmidt, G./Tautenhahn, F. (1996): Qualitätsmanagement. Eine projektorientierte Einführung, 2. Aufl., Braunschweig.

Schmitt, B. H. (1999): Experiential Marketing – How to Get Customers to Sense, Feel, Think, Act and Relate to Your Company and Brands, New York.

Schmitt, B. H./Mangold, M. (2005): Customer Experience Management als zentrale Erfolgsgrösse der Markenführung, in: Esch, F.-R. (Hrsg.): Moderne Markenführung. Grundlagen, Innovative Ansätze, Praktische Umsetzungen, 4. Aufl., Wiesbaden, S. 287–303.

Schmitz, G. (1996): Qualitätsmanagement im Privatkundengeschäft von Banken. Konzeption und aufbauorganisatorische Verankerung, Wiesbaden.

Schmitz, G. (1997): Marketing für professionelle Dienstleistungen: Bedeutung und Dynamik der Geschäftsbeziehungen, dargestellt am Beispiel Wirtschaftsprüfung, Wiesbaden.

Schmitz, G. (2004): Organizational Citizenship Behavior Intention des Kundenkontaktpersonals in Dienstleistungsunternehmen, in: Marketing ZFP, 26. Jg., Spezialausgabe „Dienstleistungsmarketing", S. 15–32.

Schnaars, S. P. (1986): When Entering Growth Markets, Are Pioneers Better than Poachers?, in: Business Horizons, Vol. 29, No. 2, S. 27–36.

Schnaars, S. P. (1994): Managing Imitation Strategy: How Later Entrants Seize Markets from Pioneers, New York.

Schneider, B./Bowen, D. (1985): Employee and Customer Perceptions of Service in Banks: Replication and Extension, in: Journal of Applied Psychology, Vol. 70, No. 3, S. 423–433.

Schneider, B./Bowen, D. (1995): Winning the Service Game, in: Berry, L. L. (Hrsg.): On Great Service: A Framework for Action, New York.

Schneider, B./Schechter, D. (1991): Development of a Personnel Selection System for Services Jobs, in: Brown, S./Gummesson, E./Edvardsson, B./Gustavsson, B. (Hrsg.): Service Quality, Lexington, S. 601–618.

Schneider, D. (1991): Versagen des Controlling durch eine überholte Kostenrechnung, in: Der Betrieb, 44. . Jg., Nr. 15, S. 765–772.

Schneider, H. (1999): Preisbeurteilung als Determinante der Verkehrsmittelwahl. Ein Beitrag zum Preismanagement im Verkehrsdienstleistungsbereich, Wiesbaden.

Schnittka, M. (1998): Kapazitätsmanagement von Dienstleistungsunternehmen. Eine Analyse aus Anbieter- und Nachfragersicht, Wiesbaden.

Scholz, C. (1991): Personalmarketing als Herausforderung, Arbeitspapier Nr. 16, Lehrstuhl für Betriebswirtschaftslehre, insbesondere Organisation, Personal- und Informationsmanagement, Universität des Saarlandes, Saarbrücken.

Schopphoven, I. (1991): Marktforschung für das internationale Marketing, in: Jahrbuch der Absatz- und Verbrauchsforschung, 37. Jg., Nr. 1, S. 28–47.

Schröder, K. (1999): Storno. Mit Service den Kunden binden, in: Aspekte. Nachrichten-Magazin der DBV-Wintherthur-Gruppe, o. Jg., Nr. 3, S. 22–23.

Schüller, A. (1967): Dienstleistungsmärkte in der Bundesrepublik Deutschland. Sichere Domänen selbstständiger mittelständischer Unternehmen?, Köln u. a.

Schulte, C. (2002): Personal-Controlling mit Kennzahlen, 2. Aufl., München.

Schulz, B. (1995): Kundenpotentialanalyse im Kundenstamm von Unternehmen, Frankfurt am Main.
Schulze, G./Vieler, G. (1997): Struktur und Einsatz einer Kundendatenbank bei Best Western Hotels Deutschland, in: Link, J./Brändli, D./Schleuning, C./Kehl, R. E. (Hrsg.): Handbuch Database Marketing, Ettlingen, S. 797–806.
Schulze, H. S. (1992): Internes Marketing von Dienstleistungsunternehmungen. Fundierungsmöglichkeiten mittels ausgewählter Konzepte der Transaktionsanalyse, Frankfurt am Main.
Schumann, J./Meyer, U./Ströbele, W. (2007): Grundzüge der mikroökonomischen Theorie, 8. Aufl., Berlin.
Schürmann, U. (1993): Erfolgsfaktoren der Werbung im Produktlebenszyklus, Bern.
Schütze, R. (1992): Kundenzufriedenheit. After-Sales Marketing auf industriellen Märkten, Wiesbaden.
Schwan, I. (1996): Conjoint-Analyse im Bankensektor, in: Die Bank, o. Jg., Nr. 4, S. 236–239.
Schweiger, G./Schrattenecker, G. (2005): Werbung, 6. Aufl., Stuttgart.
Sebastian, K.-H./Kolvenbach, C. (2000): Wie Sie mit intelligenten Konzepten der Preishölle entkommen, in: Absatzwirtschaft, 43. Jg., Nr. 5, S. 64.
Seelos, H.-J. (1993): Zum semantischen Differential der Gesundheitsproduktion, in: Zeitschrift für öffentliche und gemeinwirtschaftliche Unternehmen, Band 16, S. 303–315.
Seibert, S. S./Silver, S. R./Randolph, W. A. (2004): Taking Empowerment to the Next Level: A Multiple-Level Modell of Empowerment, and Satisfaction, in: Academy of Management Journal, Vol. 47, No. 3, S. 332–350.
Service Barometer AG (2010): Wie zufrieden ist der Kunde im Einzelhandel? Ergebnisse zum Kundenmonitor Deutschland 2010, München.
Shah, D./Rust, R. T./Parasuraman, A./Staelin, R./Day, G. S. (2006): The Path to Customer Centricity, in: Journal of Service Research, Vol. 9, No. 2, S. 113–124.
Shapiro, C. (1983): Premiums for High Quality Products as Returns to Reputations, in: Quarterly Journal of Economics, Vol. 98, No. 4, S. 659–679.
Sharma, N./Patterson, P. G. (1999): The Impact of Communication Effectiveness and Service Quality on Relationship Commitment in Consumer, Professional Services, in: The Journal of Services Marketing, Vol. 13, No. 2, S. 150–170.
Shingo, S. (1991): Poka-yoke. Prinzip und Technik für eine Null-Fehler-Produktion, St. Gallen.
Shingo, S. (1995): Zero Quality Control. Source Inspection and the Poka-Yoke System, Portland.
Shostack, G. L. (1977): Breaking Free From Product Marketing, in: Journal of Marketing, Vol. 41, No. 2, S. 73–80.
Shostack, G. L. (1984): Planung effizienter Dienstleistungen, in: Harvard Manager, 6. Jg., Nr. 3, S. 93–99.
Shostack, G. L. (1985): Planning the Service Encounter, in: Czepiel, J. A./Solomon, M. R./Suprenant, C. F. (Hrsg.): The Service Encounter. Managing Employee/Customer in Service Businesses, Lexington, S. 243–253.
Shostack, G. L. (1987): Service Positioning through Structural Change, in: Journal of Marketing, Vol. 51, No. 1, S. 34–43.
Siebert, H. (2007): Einführung in die Volkswirtschaftslehre, 15. Aufl., Stuttgart.
Siefke, A. (1997): Zufriedenheit mit Dienstleistungen: ein phasenorientierter Ansatz zur Operationalisierung und Erklärung der Kundenzufriedenheit im Verkehrsbereich auf empirischer Basis, Frankfurt am Main.
Siegwart, H. (1986): Controlling-Konzepte und Controller-Funktionen in der Schweiz, in: Mayer, E./von Landsberg, G./Thiede, W. (Hrsg.): Controlling-Konzepte im internationalen Vergleich, Freiburg im Breisgau, S. 105–131.
Siems, F. (2003): Preiswahrnehmung von Dienstleistungen. Konzeptualisierung eines theoretischen Konstrukts und Integration in das Relationship Marketing, Wiesbaden.
Siems, F. (2006): Kundenbedarfslebenszyklus als wichtiges Management-Tool, in: Blickpunkt: KMU, o. Jg., Nr. 3, S. 40–44.
Siems, F. (2009): Preismanagement, München.
Siems, F./Gerstandl, R. (2009): Mund-zu-Mund-Kommunikation von Preisen: Die Sicht der Kunden, in: Marketing Review St. Gallen, 26. Jg., Nr. 5, S. 50–54.
Simmet-Blomberg, H. (1998): Interkulturelle Marktforschung im europäischen Transformationsprozess, Stuttgart.

Simon, H. (1988): Management strategischer Wettbewerbsvorteile, in: Simon, H. (Hrsg.): Wettbewerbsvorteile und Wettbewerbsfähigkeit, Stuttgart, S. 1–17.
Simon, H. (1992a): Preisbündelung, in: Zeitschrift für Betriebswirtschaft, 62. Jg., Nr. 11, S. 1213–1235.
Simon, H. (1992b): Preismanagement. Analyse, Strategie, Umsetzung, 2. Aufl., Wiesbaden.
Simon, H. (Hrsg.) (1993): Industrielle Dienstleistungen, Stuttgart.
Simon, H. (1997a): Administrative Behavior, 4. Aufl., New York.
Simon, H. (1997b): Zu niedrige Preise gehen zu Lasten der Wertschätzung durch Kunden, in: Frankfurter Allgemeine Zeitung, 30.10.97, S. 3.
Simon, H./Fassnacht, M. (2009): Preismanagement, 3. Aufl., Wiesbaden.
Simon, H./Tacke, G./Buchwald, G. (2000): Kundenbindung durch Preispolitik, in: Bruhn, M./Homburg, C. (Hrsg.): Handbuch Kundenbindungsmanagement. Grundlagen, Konzepte, Erfahrungen, 5. Aufl., Wiesbaden, S. 343–359.
Skiera, B./Walz, U. (2005): Erlösquellen und Preismodelle für den Business-to-Consumer-Bereich im Internet, in: Wirtschaftsinformatik, 47. Jg., Nr. 4, S. 285–294.
Skinner, W. (1974): The Focused Factory, in: Harvard Business Review, Vol. 52, No. 3, S. 113–121.
Slater, S. F./Narver, J. C. (1995): Market Orientation and the Learning Organization, in: Journal of Marketing, Vol. 59, No. 7, S. 63–74.
Smith, A. (1789): Wealth of Nations, London.
Smith, B. C./Leimkuhler, J. F./Darrow, R. M. (1992): Yield Management at American Airlines, in: Interfaces, Vol. 23, No. 1, S. 8–31.
Smith, J. B. (1998): Buyer-Seller Relationships. Similarity, Relationship Management and Quality, in: Psychology & Marketing, Vol. 15, No. 1, S. 3–21.
Solomon, M./Bamossy, G./Askegaard, S. (2001): Konsumentenverhalten. Der europäische Markt, München.
Sommerlatte, T./Layng, B. J./Oene, F. v. (1986): Innovationsmanagement. Schaffen einer innovativen Unternehmenskultur, in: Little, A. D. (Hrsg.): Management der Geschäfte von morgen, Wiesbaden, S. 35–75.
Spahlinger, L. I./Herrman, A./Huber, F./Magin, S. (2003): Konzept zur effizienten Gestaltung von Kundenbeziehungen durch Kundenwertmanagement, in: Günter, B./Helm, S. (Hrsg.): Kundenwert. Grundlagen, Innovative Konzepte, Praktische Umsetzungen, Wiesbaden, S. 621–638.
Specht, G. (2005): Distributionsmanagement, 4. Aufl., Stuttgart.
Specht, N./Fichtel, S./Meyer, A. (2007): Perception and Attribution of Employees' Effort and Abilities, in: International Journal of Service Industry Management, Vol. 18, No. 5, S. 534–554.
Speck, H. (2010): Datenschutz und Datenethik in Zeiten von Web 2.0, in: Diller, H. (Hrsg.): Der gläserne Konsument. Potentiale und Probleme beim Management von Kundendaten, Nürnberg, S. 105–116.
Spelten, W. (2005): WTO und nationale Sozialordnungen. Ethische, ökonomische und institutionelle Dimensionen der Integration einer Sozialklausel in das Welthandelsrecht, Berlin.
Spence, M. (1976): Information Aspects of Market Structure, in: Quarterly Journal of Economics, Vol. 90, No. 4, S. 591–597.
Spinting, S. (2003): Beziehungsmanagement in Dienstleistungsnetzwerken, in: Bruhn, M./Stauss, B. (Hrsg.): Dienstleistungsnetzwerke. Dienstleistungsmanagement Jahrbuch 2003, Wiesbaden, S. 229–251.
Spreadshirt (2009): http://www.spreadshirt.de (Zugriff am 08.07.2009).
Spremann, K. (1990): Asymmetrische Information, in: Zeitschrift für Betriebswirtschaft, 60. Jg., Nr. 5/6, S. 561–586.
Staehle, W. (1999): Management: Eine verhaltenswissenschaftliche Perspektive, 7. Aufl., München.
Starbucks (2010): http://www.facebook.com/StarbucksDeutschland?v=app_2344061033#!/Starbucks?v=info, (Zugriff am 22.11.2010).
Stare, M. (2002): The Pattern of Internationalisation of Services in Central European Countries, in: Service Industries Journal, Vol. 22, No. 1, S. 77–91.
Staroske, U. (1995): Die Drei-Sektoren-Hypothese: Darstellung und kritische Würdigung aus heutiger Sicht, Regensburg.

Statistisches Bundesamt (2008): Gliederung der Klassifikation der Wirtschaftzweige, http://www.destatis.de/jetspeed/portal/cms/Sites/destatis/Internet/DE/Content/Klassifikationen/Gueter-Wirtschaftklassifikationen/klassifikationenwz2008,property=file.pdf (Zugriff am 15.06.2010).

Statistisches Bundesamt (2009a): Bevölkerung Deutschlands bis 2060, http://www.destatis.de/jetspeed/portal/cms/Sites/destatis/Internet/DE/Presse/pk/2009/Bevoelkerung/Statement_Egeler_PDF,property=file.pdf (Zugriff am 15.06.2010).

Statistisches Bundesamt (2009b): Bruttowertschöpfung nach Wirtschaftsbereichen, http://www.destatis.de/jetspeed/portal/cms/Sites/destatis/Internet/DE/Content/Statistiken/VolkswirtschaftlicheGesamtrechnungen/Inlandsprodukt/Tabellen/Content75/BWSnachBereichen,templateId=renderPrint.psml (Zugriff am 17.07.2009).

Statistisches Bundesamt (2010a): Entwicklung der Gesundheitsausgaben in Deutschland, http://www.destatis.de/jetspeed/portal/cms/Sites/destatis/Internet/DE/Grafiken/Gesundheit/Diagramme/Nominal,templateId=renderPrint.psml (Zugriff am 15.06.2010).

Statistisches Bundesamt (2010b): Inlandsprodukt: Erwerbstätige im Inland nach Wirtschaftsbereichen, http://www.destatis.de/jetspeed/portal/cms/Sites/destatis/Internet/DE/Content/Statistiken/Zeitreihen/LangeReihen/Arbeitsmarkt/Content75/lrerw13a,templateId=renderPrint.psml (Zugriff am 15.06.2010).

Statistisches Bundesamt (2011): Erwerbstätige nach Wirtschaftssektoren, http://www.destatis.de/jetspeed/portal/cms/Sites/destatis/Internet/DE/Content/Statistiken/Arbeitsmarkt/Erwerbstaetige/Tabellen/Content75/ArbeitnehmerWirtschaftsbereiche,templateId=renderPrint.psml (Zugriff am 08.07.2011).

Stauss, B. (1989): Beschwerdepolitik als Instrument des Dienstleistungsmarketing, in: Jahrbuch der Absatz- und Verbrauchsforschung, 35. Jg., Nr. 1, S. 41–62.

Stauss, B. (1991): Dienstleister und die vierte Dimension, in: Harvard Manager, 13. Jg., Nr. 2, S. 81–89.

Stauss, B. (1993): TQM im industriellen Service, in: Absatzwirtschaft, 36. Jg., Nr. 9, S. 112–119.

Stauss, B. (1994a): Dienstleistungsmarken, in: Bruhn, M. (Hrsg.): Handbuch Markenartikel, Band 1, Stuttgart, S. 79–103.

Stauss, B. (1994b): Internes Marketing, in: Diller, H. (Hrsg.): Vahlens Großes Marketinglexikon, München.

Stauss, B. (1994c): Markteintrittsstrategien im internationalen Dienstleistungsmarketing, in: Thexis, 11. Jg., Nr. 3, S. 10–16.

Stauss, B. (1994d): Qualitätsmanagement und Zertifizierung als unternehmerische Herausforderung. Eine Einführung in den Sammelband, in: Stauss, B. (Hrsg.): Qualitätsmanagement und Zertifizierung von DIN ISO 9000 zum Total Quality Management, Wiesbaden, S. 11–23.

Stauss, B. (1995): Internationales Dienstleistungsmarketing, in: Hermanns, A./Wißmeier, U. K. (Hrsg.): Internationales Marketingmanagement. Grundlagen, Strategien, Instrumente, Kontrolle und Organisation, München, S. 437–474.

Stauss, B. (1999): Kundenzufriedenheit, in: Marketing ZFP, 21. Jg., Nr. 1, S. 5–24.

Stauss, B. (2000a): „Augenblicke der Wahrheit" in der Dienstleistungserstellung. Ihre Relevanz und ihre Messung mit Hilfe der Kontaktpunkt-Analyse, in: Bruhn, M./Stauss, B. (Hrsg.): Dienstleistungsqualität. Konzepte – Methoden – Erfahrungen, 3. Aufl., Wiesbaden, S. 321–340.

Stauss, B. (2000b): Internes Marketing als personalorientierte Qualitätspolitik, in: Bruhn, M./Stauss, B. (Hrsg.): Dienstleistungsqualität. Konzepte, Methoden, Erfahrungen, 3. Aufl., Wiesbaden, S. 203–222.

Stauss, B. (2000c): Perspektivenwandel. Vom Produkt-Lebenszyklus zum Kundenbeziehungs-Lebenszyklus, in: Thexis, 17. Jg., Nr. 2, S. 15–18.

Stauss, B. (2000d): Rückgewinnungsmanagement: Verlorene Kunden als Zielgruppe, in: Bruhn, M./Stauss, B. (Hrsg.): Dienstleistungsmanagement Jahrbuch 2000. Kundenbeziehungen im Dienstleistungsbereich, Wiesbaden, S. 449–471.

Stauss, B. (2001a): Die Bedeutung von Qualitätspreisen für Dienstleistungsunternehmen, in: Bruhn, M./Meffert, H. (Hrsg.): Handbuch Dienstleistungsmanagement, 2. Aufl., Wiesbaden, S. 499–524.

Stauss, B. (2001b): Markierungspolitik bei Dienstleistungen – „Die Dienstleistungsmarke", in: Bruhn, M./Meffert, H. (Hrsg.): Handbuch Dienstleistungsmanagement. Von der strategischen Konzeption zur praktischen Umsetzung, 2. Aufl., Wiesbaden, S. 549–570.

Stauss, B. (2002): Professionelles Dienstleistungsmarketing, in: Frankfurter Allgemeine Zeitung, 07.01.2002, Nr. 5, S. 21.
Stauss, B. (2004): Dienstleistungsmarken, in: Bruhn, M. (Hrsg.): Handbuch Markenführung. Kompendium zum erfolgreichen Markenmanagement. Strategien – Instrumente – Erfahrungen, Band 1, 2. Aufl., Wiesbaden, S. 95–118.
Stauss, B. (2005): Dienstleistungsmarketing als Innovator des Marketingverständnisses? Eine kritische Auseinandersetzung mit dem Ansatz von Vargo/Lusch, in: Haas, A./Ivens, B. S. (Hrsg.): Innovatives Marketing. Entscheidungsfelder-Management-Instrumente, Wiesbaden, S. 479–499.
Stauss, B. (2006): Grundlagen und Phasen der Kundenbeziehung: Der Kundenbeziehungs-Lebenszyklus, in: Hippner, H./Wilde, K. D. (Hrsg.): Grundlagen des CRM: Konzepte und Gestaltung, Wiesbaden, S. 421–442.
Stauss, B. (2007): Dienstleistungsmanagement, in: Köhler, R./Küpper, H.-U./Pfingsten, A. (Hrsg.): Handwörterbuch der Betriebswirtschaft, 6. Aufl., Stuttgart, Sp. 294–302.
Stauss, B./Bruhn, M. (2004): Dienstleistungsinnovation – Eine Einführung in den Sammelband, in: Bruhn, M./Stauss, B. (Hrsg.): Dienstleistungsinnovation. Forum Dienstleistungsmanagement, Wiesbaden, S. 3–25.
Stauss, B./Bruhn, M. (2007): Wertschöpfungsprozesse bei Dienstleistungen, in: Bruhn, M./Stauss, B. (Hrsg.): Wertschöpfungsprozesse bei Dienstleistungen, Wiesbaden, S. 3–28.
Stauss, B./Bruhn, M. (2008): Dienstleistungsmarken – Eine Einführung in den Sammelband, in: Bruhn, M./Stauss, B. (Hrsg.): Forum Dienstleistungsmanagement: Dienstleistungsmarken, Wiesbaden, S. 3–33.
Stauss, B./Friege, C. (1999): Regaining Service Customers. Cost and Benefits of Regain Management, in: Journal of Service Research, Vol. 1, No. 4, S. 347–361.
Stauss, B./Hentschel, B. (1990): Verfahren der Problemdeckung und -analyse im Qualitätsmanagement von Dienstleistungsunternehmen, in: Jahrbuch der Absatz- und Verbrauchsforschung, 36. Jg., Nr. 6, S. 232–259.
Stauss, B./Hentschel, B. (1991): Dienstleistungsqualität, in: Wirtschaftswissenschaftliches Studium, 20. Jg., Nr. 5, S. 238–244.
Stauss, B./Neuhaus, P. (1995): Das Qualitative Zufriedenheitsmodell, Diskussionsbeiträge Nr. 66, Wirtschaftswissenschaftliche Fakultät Ingolstadt, Ingolstadt.
Stauss, B./Neuhaus, P. (1997): The Dissatisfaction Potential of Satisfied Customers – The Qualitative Satisfaction Model, in: Mühlbacher, H./Flipo, J.-P. (Hrsg.): Advances in Services Marketing, Wiesbaden, S. 111–131.
Stauss, B./Scheuing, E. E. (1994): Der Malcolm Baldrige National Quality Award und seine Bedeutung als Managementkonzept, in: Stauss, B. (Hrsg.): Qualitätsmanagement und Zertifizierung. Von DIN ISO 9000 zum Total Quality Management, Wiesbaden, S. 303–332.
Stauss, B./Schulze, H. S. (1990): Internes Marketing, in: Marketing ZFP, 12. Jg., Nr. 3, S. 149–158.
Stauss, B./Seidel, W. (2007): Beschwerdemanagement. Unzufriedene Kunden als profitable Zielgruppe, 4. Aufl., München Wien.
Stauss, B./Weinlich, B. (1997): Process-Oriented Measurement of Service Quality. Applying the Sequential Incident Technique, in: European Journal of Marketing, Vol. 31, No. 1, S. 33–55.
Stebbing, L. (1990): Quality Management in the Service Industry, Chichester.
Steenkamp, J.-B./Baumgartner, H. (1998): Assessing Measurement Invariance in Cross-National Consumer Research, in: Journal of Consumer Research, Vol. 25, No. 6, S. 78–90.
Steenkamp, J.-B. E. M./Hoffmann, D. L. (1994): Price and Advertising as Market Signals for Service Quality, in: Rust, R. T./Oliver, R. L. (Hrsg.): Service Quality. New Directions in Theory and Practice, Thousand Oaks, S. 95–107.
Steffenhagen, H. (2000): Wirkungen der Werbung. Konzepte, Erklärungen, Befunde, Aachen.
Steffenhagen, H. (Hrsg.) (2008): Marketing, 6. Aufl., Stuttgart.
Steinbach, W. (1999): Qualitätskosten, in: Masing, W. (Hrsg.): Handbuch Qualitätsmanagement, 4. Aufl., Wien/München, S. 65–88.
Stephenson, S. M. (2002): Non-Tariff Barriers and the Telecommunications Sector, Hamburg.
Stiftung Warentest (2007): http://www.test.de/unternehmen/zahlen/, (Zugriff am 18.05.2007).

Stiftung Warentest (2010): Zahlen und Fakten, http://www.test.de/unternehmen/zahlen/ (Zugriff am 16.12.2010).
Stiglitz, J. E. (2003): Information and Change in the Paradigm in Economics, in: Arnott, R./Greenwald, B./Kanbur, R./Nalebuff, B. (Hrsg.): Economics for an Imperfect World, Cambridge.
Stille, F. (2003): Produktbegleitende Dienstleistungen gewinnen weiter an Bedeutung, in: Wochenbericht des DIW Berlin, o. Jg., Nr. 21, S. 336–342.
Stille, F./Preißl, B./Schupp, J. (2003): Zur Dienstleistungslücke: Dienstleistungsmuster im internationalen Vergleich, Berlin.
Stock-Hombrug, R. (2009): Der Zusammenhang zwischen Mitarbeiter- und Kundenzufriedenheit, 3. Aufl., Wiesbaden.
Stock-Homburg, R. (2008): Personalmanagement. Theorien – Konzepte – Instrumente, Wiesbaden.
Stock, R. (2003): Der Zusamenhang zwischen Mitarbeiter- und Kundenzufriedenheit: Direkte, indirekte und moderierende Variabeln, 2. Aufl., Wiesbaden.
Stock, R. (2005): Can Customer Satisfaction Decrease Price Sensitivity in Business-to-Business Markets?, in: Journal of Business-to-Business Marketing, Vol. 12, No. 3, S. 59–87.
Stock, R. (2009): Der Zusamenhang zwischen Mitarbeiter- und Kundenzufriedenheit: Direkte, indirekte und moderierende Variabeln, 4. Aufl., Wiesbaden.
Storbacka, K./Strandvik, T./Grönroos, C. (1994): Managing Customer Relationships for Profit. The Dynamics of Relationship Quality, in: International Journal of Service Industry Management, Vol. 5, No. 5, S. 21–38.
Storbeck, O. (2006): Industrie behält die Schlüsselrolle, in: Handelsblatt, 21.06.2006. Jg., Nr. 117.
Strauss, A./Fagerhaugh, H./Suczekk, B./Wiener, C. (1980): Gefühlsarbeit – ein Beitrag zur Arbeits- und Berufssoziologie, in: Kölner Zeitschrift für Soziologie und Sozialpsychologie, 32. Jg., Nr. 4, S. 629–651.
Strohmeier, S. (2000): Informatisierung der Personalwirtschaft: Eine kritische Bestandsaufnahme gegenwärtiger Forschung, in: Wirtschaftsinformatik, Sonderheft IT & Personal, 42. Jg., 2000, S. 90–96.
Strothmann, K.-H./Roloff, E. (1993): Charakterisierung und Arten von Messen, in: Berndt, R./Hermanns, A. (Hrsg.): Handbuch Messemarketing, Wiesbaden, S. 707–723.
Stuhldreier, U. (2002): Mehrstufige Marktsegmentierung im Bankmarketing: Ein Erfolgsfaktor für das Privatkundengeschäft, Wiesbaden.
Suisse, C. (2010): Starting Positions, https://www.credit-suisse.com/careers/campus_recruiting/doc/starting_positions_de.pdf (Zugriff am 02.03.2011).
Sultan, F./Simpson, M. C. (2000): International Service Variants: Airline Passenger Expectations and Perceptions of Service Quality, in: Journal of Services Marketing, Vol. 14, No. 3, S. 188–216.
Sun (2005): Kundenorientierung und Mitarbeitermotivation – SunService als Serviceanbieter für heterogene Netzwerke prämiert außerordentliche Leistungen, http://de.sun.com/company/pressreleases/1998/PM_980217.html (Zugriff am 06.04.2005).
Sureshchandar, G. S./Chandrasekharan, R./Kamalanabhan, T. J. (2001): Customer Perceptions of Service Quality: A Critique, in: Total Quality Management, Vol. 12, No. 1, S. 111–125.
Sureshchandar, G. S./Rajendran, C./Anantharaman, R. N. (2001): A Conceptual Model for Total Quality Management in Service Organizations, in: Total Quality Management, Vol. 12, No. 3, S. 343–363.
Swartz, T. A./Bowen, D. E./Brown, S. W. (1995): Advances in Services Marketing and Management, Vol. 4, Greenwich/London.
Swoboda, B./Foscht, T. (2005): Internationalisierungsprozesse von Dienstleistungsunternehmen – Erklärungsperspektiven traditioneller und neuerer Prozessansätze bzw. -modelle, in: Bruhn, M./Stauss, B. (Hrsg.): Internationalisierung von Dienstleistungen. Forum Dienstleistungsmanagement, Wiesbaden, S. 43–71.
Swoboda, B./Schwarz, S. (2004): Internationale Marktwahl: Konzepte und Methoden, in: Zentes, J./Morschett, D./Schramm-Klein, H. (Hrsg.): Außenhandel, Wiesbaden, S. 255–280.
Sydow, J./Windeler, A. (1994): Über Netzwerke, virtuelle Integration und Interorganisationsbeziehungen, in: Sydow, J./Windeler, A. (Hrsg.): Management interorganisationaler Beziehungen, Opladen, S. 1–21.
Szymanski, D. M./Henard, D. (2001): Customer Satisfaction: A Meta-Analysis of the Empirical Evidence, in: Journal of the Academy of Marketing Science, Vol. 29, No. 1, S. 16–35.

Taher, A./El Basha, H. (2006): Heterogeneity of Consumer Demand: Opportunities for Pricing of Services, in: Journal of Product & Brand Management, Vol. 15, No. 4/5, S. 331–340.
Tarlatt, A. (2001): Implementierung von Strategien im Unternehmen, Wiesbaden.
Taylor, D./Moghaddam, F. (1994): Theories of Intergroup Relations: International Social Psychological Perspectives, 2. Aufl., Westport.
Taylor, S. A./Baker, T. L. (1994): An Assessment of the Relationship Between Service Quality and Customer Satisfaction, in: Journal of Retailing, Vol. 70, No. 2, S. 163–178.
Tchibo (2011): http://www.tchibo.com/content/312696/-/de.html (Zugriff am 05.01.2011).
TeamSuccess (2005): http://www.team-success.de/ord-neu/simulat/cel-know.htm (Zugriff am 06.04.2005).
Teas, R. K. (1993): Consumer Expectations and the Measurement of Perceived Service Quality, in: Journal of Professional Services Marketing, Vol. 8, No. 2, S. 33–53.
Teece, D. J./Pisano, G./Shuen, A. (1997): Dynamic Capabilities and Strategic Management, in: Strategic Management Journal, Vol. 18, No. 7, S. 509–533.
Telekom (2011): www.telekom.de (Zugriff am 21.03.2011).
Tellis, G. J. (1986): Beyond the Many Faces of Price: An Integration of Pricing Strategies, in: Journal of Marketing, Vol. 50, No. 4, S. 146–160.
Terpstra, V./Sarathy, R. (1994): Die Wettbewerbsfähigkeit der deutschen Telekommunikationsindustrie, in: Wissenschaftliches Institut für Kommunikationsdienste, Diskussionsbeitrag Nr. 136.
Tesler, L. G. (1979): A Theory of Monopoly of Complementary Goods, in: Journal of Business, Vol. 52, No. 2, S. 211–230.
Tewes, M. (2003): Der Kundenwert im Marketing. Theoretische Hintergründe und Umsetzungsmöglichkeiten einer wert- und marktorientierten Unternehmensführung, Wiesbaden.
Theobald, A./Dreyer, M./Starsetzki, T. (2003): Online-Marktforschung. Theoretische Grundlagen und praktische Erfahrungen, 2. Aufl., Wiesbaden.
Thibaut, J. W./Kelley, H. N. (1986): The Social Psychology of Groups, New Brunswick.
Thommen, J.-P. (2008): Managementorientierte Betriebswirtschaftslehre, 8. Aufl., Zürich.
Thommen, J.-P./Achleitner, A.-K. (2006): Allgemeine Betriebswirtschaftslehre. Umfassende Einführung aus managementorientierter Sicht, 5. Aufl., Wiesbaden.
Thomson, K./Whitwell, K. (1993): Managing Your Internal Customers. The Key to Getting Better Results, London.
Tietz, B. (1991): Handbuch Franchising. Zukunftsstrategien für die Marktbearbeitung, Landsberg am Lech.
Tillmans, C. (2003): Revenue Management in der Airlinebranche, in: Diller, H. (Hrsg.): Handbuch Preispolitik. Strategien, Planung, Organisation, Umsetzung, Wiesbaden, S. 535–550.
Tlach, H. (1993): FMEA. Ein strategisches Element des Qualitätsmanagementsystems, in: Qualität und Zuverlässigkeit (QZ), 38. Jg., Nr. 5, S. 278–280.
Tomczak, T./Brockhoff, B. (2000): Bedeutung und Besonderheiten des Markenmanagements für Dienstleistungen, in: Belz, C./Bieger, T. (Hrsg.): Dienstleistungskompetenz und innovative Geschäftsmodelle, St. Gallen, S. 486–502.
Tomczak, T./Dittrich, S. (1998): Kundenbindung – bestehende Kundenpotentiale langfristig nutzen, in: Hinterhuber, H. M., K. (Hrsg.): Kundenorientierung – Kundenzufriedenheit – Kundenbindung, München.
Tomczak, T./Reinecke, S./Dittrich, S. (2008): Kundenbindung durch Kundenkarten und -clubs, in: Bruhn, M./Homburg, C. (Hrsg.): Handbuch Kundenbindungsmanagement, 6. Aufl., Wiesbaden.
Tomczak, T./Rudolf-Sipötz, E. (2006): Bestimmungsfaktoren des Kundenwertes: Ergebnisse einer branchenübergreifenden Studie, in: Günter, B./Helm, S. (Hrsg.): Kundenwert. Grundlagen – Innovative Konzepte – Praktische Umsetzungen, 3. Aufl., Wiesbaden, S. 127–155.
Tomczak, T./Schögel, M./Birkhofer, B. (1999): Online-Distribution als innovativer Absatzkanal, in: Bliemel, F. F. G./Theobald, A. (Hrsg.): Electronic Commerce: Herausforderungen, Anwendungen, Perspektiven, Wiesbaden, S. 105–122.
Tomys, A.-K. (1995): Kostenorientiertes Qualitätsmanagement. Qualitätscontrolling zur ständigen Verbesserung der Unternehmensprozesse, München.

Töpfer, A. (1998): Qualitätscontrolling und -management von Dienstleistungsanbietern, in: Meyer, A. (Hrsg.): Handbuch Dienstleistungs-Marketing, Band 1. Aufl., Stuttgart, S. 419–443.

Towers-Perrin (2004): Deutschland-Bericht des europäischen Towers Perrin Talent Reports 2004, http://www.towersperrin.com/tp/getwebcachedoc?webc=HRS/DEU/2004/200407/Germany_talent_2004.pdf (Zugriff am 29.10.2010).

Toyne, B./Walters, P. G. P. (1993): Global Marketing Management: A Strategic Perspective, 2. Aufl., Boston.

Treis, B./Oppermann, R. (1998): Bereiche und Mittel der Dienstleistungsgestaltung, in: Meyer, A. (Hrsg.): Handbuch Dienstleistungs-Marketing, Band 1, Stuttgart, S. 784–806.

Trice, H./Beyer, J. (1993): The Cultures of Work Organizations, Englewood Cliffs.

Trigema GmbH & Co. KG (2008): Philosophie, http://www.trigema.de/shop/page/philosophy_page/detail.jsf (Zugriff am 15.04.2008).

Trommsdorff, V. (2007): Produktpositionierung, in: Albers, S./Herrmann, A. (Hrsg.): Handbuch Produktmanagement, Wiesbaden, S. 341–362.

Trommsdorff, V. (2009): Konsumentenverhalten, 7. Aufl., Stuttgart.

Tsai, H.-H./Lui, I.-Y. (2006): The Evaluation of Service Quality Using Generalized Choquet Integral, in: Information Sciences, Vol. 6, No. 176, S. 640–663.

TUI (2010): http://www.tui-group.com/de/konzern/kurzportraet.html (Zugriff am 15.06.2010).

Turley, L. W./Milliman, R. E. (2000): Atmospheric Effects on Shopping Behavior: A Review of the Experimental Evidence, in: Journal of Business Research, Vol. 49, No. 2, S. 193–211.

Turley, L. W./Moore, P. A. (1995): Brand Name Strategies in the Service Sector, in: Journal of Consumer Marketing, Vol. 12, No. 4, S. 42–50.

TÜV Süd (2007): https://www.safer-shopping.de/info.html (Zugriff am 15.11.2007).

Tuzovic, S. (2004): Kundenorientierte Vergütungssysteme zur Steuerung der Erfolgsgrößen im Relationship Marketing. Anforderungen, Konzeptualisierung, Institutionalisierung, Wiesbaden.

Twardawa, W./Wildner, R. (2008): Lebenslange Markenbindung – Realität oder illusion?, Vortrag im Rahmen des 27. Unternehmergesprächs der GfK am 24.01.2008, Kronberg.

Tzokas, N./Hart, S./Argouslidis, P./Saren, M. (2000): Strategic Pricing in Export Markets: Empirical Evidence From the UK, in: International Business Review, Vol. 9, No. 1, S. 95–117.

UBS (2007): http://www.ubs.com/1/g/ubs_ch/campaign.html (Zugriff am 26.11.2008).

Uhl, K. P./Upah, G. D. (1979): The Marketing of Services. Why and How is it Different?, Faculty Working Papers, College of Commerce and Business Administration, University of Illinois at Urbana-Champaign, Nr. 584, Urbana-Champaign.

Usunier, J.-C. (1996): Atomistic Versus Organic Approaches: An Illustration through Cross-National Differences in Market Research, in: International Studies of Management & Organization, Vol. 26, No. 4, S. 90–113.

Usunier, J.-C. (2000): Marketing Across Cultures, 3. Aufl., London u. a.

Vad, T./Henten, A. (2003): The Internationalisation of Services: Trends and Barriers, in: Economic Bulletin, Vol. 40, No. 10, S. 347–350.

Van de Ven, A. (1976): On the Nature, Formation and Maintenance of Relations Among Organizations, in: Academy of Management Review, Vol. 4, S. 24–36.

van Raaij, F. W. (1991): The Formation and Use of Expectations in Consumer Decision Making, in: Kassarjian, H. H./Robertson, T. S. (Hrsg.): Handbook of Consumer Behavior, Englewood Cliffs, S. 401–418.

van Riehl, A./Semeijn, J./Janssen, W. (2003): E-service Quality Expectations. A Case Study, in: Total Quality Management, Vol. 14, No. 4, S. 437–450.

van Well, B. (2001): Standardisierung und Individualisisierung von Dienstleistungen, Wiesbaden.

Vandermerwe, S./Chadwick, M. (1989): Internationalization of Services, in: The Service Industries Journal, Vol. 9, No. 1, S. 79–94.

Vargo, S. L. (2008): Service Dominant Logic: Prologue, Progress and Prospects, 38. Jahrestagung der Kommission Marketing, Berlin, 18. Januar 2008, http://www.sdlogic.net/presentations.html (Zugriff am 16.03.2008).

Vargo, S. L./Lusch, R. F. (2004): Evolving to a New Dominant Logic for Marketing, in: Journal of Marketing, Vol. 68, No. 1, S. 1–17.

Varian, H. R. (2007): Grundzüge der Mikroökonomik, 7. Aufl., München.
Varki, S./Colgate, M. (2001): The Role of Price Perceptions in an Integrated Model of Behavioral Intentions, in: Journal of Service Research, Vol. 3, No. 3, S. 232–240.
Vaughan, L./Shiu, E. (2001): ARCHSECRET: A Multi-Item Scale to Measure Service Quality Within the Voluntary Sector, in: International Journal of Nonprofit & Voluntary Sector Marketing, Vol. 6, No. 2, S. 131–144.
Venkatesan, M./Anderson, B. B. (1985): Time Budgets and Consumer Services, in: Bloch, T. M./Upah, G. D./Zeithaml, V. A. (Hrsg.): Services Marketing in a Changing Environment, Chicago, S. 52–55.
Venkatesan, M./Kumar, V./Bohling, T. (2007): Optimal Customer Relationship Management Using Bayesian Decision Theory: An Application for Customer Selection, in: Journal of Marketing Research, Vol. 44, S. 579–594.
Venohr, B./Zinke, C. (1999): Kundenbindung als strategisches Unternehmensziel. Vom Konzept zur Umsetzung, in: Homburg, C./Bruhn, M. (Hrsg.): Handbuch Kundenbindungsmanagement. Grundlagen, Konzepte, Erfahrungen, 3. Aufl., Wiesbaden, S. 151–168.
Verhoef, P. C./Lemon, K. N./Parasuraman, A./Roggeveen, A./Tsiros, M./Schlesinger, L. A. (2009): Customer Experience Creation: Determinants, Dynamics and Management Strategies, in: Journal of Retailing, Vol. 85, No. 1, S. 31–41.
Vierpartner (2009): Vergleichsstudie: DAX-Konzerne im Social Web, Düsseldorf.
Vodafone (2010): http://enterprise.vodafone.com/discover_global_enterprise/global_reach/index.jsp, (Zugriff am 07.12.2010).
Voeth, M./Wagemann, D. (2004): Internationale Markenpolitik, in: Bruhn, M. (Hrsg.): Handbuch Markenführung. Kompendium zum erfolgreichen Markenmanagement. Strategien, Instrumente, Erfahrungen, Wiesbaden, S. 1071–1089.
Vogel, L. (2007): Potentiale, Formen und Grenzen des Einsatzes von Social Networking Applications in Unternehmen, Erlangen.
von Rosenstiel, L./Ewald, G. (1979): Marktpsychologie, Konsumverhalten und Kaufentscheidung, Band 1, Stuttgart.
von Rosenstiel, L./Neumann, P. (2002): Marktpsychologie, Darmstadt.
von Stenglin, A. (2008): Commitment in der Dienstleistungsbeziehung. Entwicklung eines integrierten Erklärungs- und Wirkungsmodells, Wiesbaden.
von Werne, U. (1994): Gestaltungsempfehlungen für ein dienstleistungsspezifisches Total Quality Management-Konzept – Dargestellt am Beispiel des Bankensektors, Hallstadt.
Vyncke, P. (2002): Lifestyle Segmentation: From Attitudes, Interests and Opinions, to Values, Aesthetic Styles, Life Visions and Media Preferences, in: European Journal of Communication, Vol. 17, No. 4, S. 445–463.
Wächter, H./Peters, R./Tempel, A./Müller-Camen, M. (2004): The „Country of Origin Effect" in the Crossnational Management of Human Resources, Mering.
Wall, F. (2000): Koordinationsfunktion des Controlling und Organisation. Überlegungen zur Eigenständigkeit eines koordinationsorientierten Controlling, in: Kostenrechnungspraxis, 44. Jg., Nr. 1, S. 295–304.
Wangenheim, F. v./Evanschitzky, H./Wunderlich, M. (2007): Does the Employee-customer Satisfaction Link Hold for All Employee Groups?, in: Journal of Business Research, Vol. 60, No. 7, S. 690–697.
Weatherly, K. A./Tansik, D. A. (1993): Managing Multiple Demands. A Role-Theory Examination of the Behaviors of Customer Contact Service Workers, in: Swartz, T. A./Bowen, D. E./Brown, S. W. (Hrsg.): Advances in Services Marketing and Management. Research and Practice, Greenwich/London, S. 279–300.
Weber, J. (1999): Einführung in das Controlling, 8. Aufl., Stuttgart.
Weber, J./Schäffer, U. (1999): Sicherung der Rationalität von Führung als Aufgabe des Controlling?, in: Die Betriebswirtschaft, 59. Jg., Nr. 6, S. 731–747.
Weber, J./Schäffer, U. (2000): Controlling als Koordinationsfunktion?, in: krp Kostenrechnungspraxis - Zeitschrift für Controlling, Accounting & Systemanwendungen, 44. Jg., Nr. 2, S. 109–118.
Weber, J./Schäffer, U. (2008): Einführung in das Controlling, 12. Aufl., Stuttgart.
Weber, M. R. (1989): Erfolgreiches Service Management. Gewinnbringende Vermarktung von Dienstleistungen, Landsberg am Lech.

Weber, T. (2003): Dialogbilder als Element der Mitarbeiterkommunikation, in: Payne, A./Rapp, R. (Hrsg.): Handbuch Relationship Marketing. Konzeption und erfolgreiche Umsetzung, 2. Aufl., München, S. 293–310.

Weber, W./Mayrhofer, W./Nienhüser, W. (1993): Grundbegriffe der Personalwirtschaft, Stuttgart.

Weber, W./Mayrhofer, W./Nienhüser, W./Kabst, R. (2005): Lexikon Personalwirtschaft, 2. Aufl., Stuttgart.

Webster, C. (1993): Refinement of the Marketing Culture Scale and the Relationship Between Marketing Culture and Profitability of a Service Firm, in: Journal of Business Research, Vol. 26, S. 111–131.

Weiber, R./Adler, J. (1995): Informationsökonomisch begründete Typologisierung von Kaufprozessen, in: Zeitschrift für betriebswirtschaftliche Forschung, 47. Jg., Nr. 1, S. 43–65.

Weiber, R./Billen, P. (2005): Informationsökonomische Fundierung des Dienstleistungsmarketing, in: Corsten, H./Gössinger, R. (Hrsg.): Dienstleistungsökonomie: Beiträge zu einer theoretischen Fundierung, Berlin, S. 85–128.

Weidner, W. (1992): Kosten der Qualitätssicherung, in: Männel, W. (Hrsg.): Handbuch der Kostenrechnung, Wiesbaden, S. 898–906.

Welge, M. K. (1988): Unternehmensführung, Bd. 3: Controlling, Stuttgart.

Welge, M. K./Al-Laham, A. (2006): Strategisches Management. Grundlagen, Prozess, Implementierung, 5. Aufl., Wiesbaden.

Welge, M. K./Al-Laham, A. (2008): Strategisches Management: Grundlagen, Prozess, Implementierung, 4. Aufl., Wiesbaden.

Welling, M. (2006): Ökonomik der Marke: ein Beitrag zum Theorienpluralismus in der Markenforschung, Wiesbaden.

Welt Online (2010): ERGO Versicherungsgruppe. Seltsame Männer werben in der ARD-„Sportschau", http://www.welt.de/fernsehen/article5987082/Seltsame-Maenner-werben-in-der-ARD-Sportschau.html (Zugriff am 19.08.2010).

Werner, H. (1998): Merkmalsorientierte Verfahren zur Messung der Kundenzufriedenheit, in: Simon, H./Homburg, C. (Hrsg.): Kundenzufriedenheit, 3. Aufl., Wiesbaden, S. 145–164.

Werner, M. (2002): Produktbezogene Dienstleistungen im Maschinen- und Anlagenbau – Ergebnisse der Tendenzbefragung 2001, hrsg. v. VDMA, Frankfurt am Main.

Wernerfelt, B. (1984): A Resource-Based View of the Firm, in: Strategic Management Journal, Vol. 5, No. 2, S. 171–180.

Whitener, E. M. (2001): Do "High Commitment" Human Resource Practices Affect Employee Commitment? A Cross-Level Analysis Using Hierarchical Linear Modeling, in: Journal of Management, Vol. 27, No. 5, S. 515–535.

Whitford, W. C. (1985): Ian Macneil's Contribution to Contracts Scholarship, in: Wisconsin Law Review, S. 545–560.

Widmier, S. (2002): The Effects of Incentives and Personality on Salesperson's Customer Orientation, in: Industrial Marketing Management, Vol. 31, No. 7, S. 609–615.

Wiedemann, A. (2001): Balanced Scorecard als Instrument des Bankcontrolling, http://www.uni-siegen.de/~banken/bsc.pdf (Zugriff am 26.05.2005).

Wieseke, J. (2008): Erfolgsfaktoren der Adoption innovativer Dienstleistungen, in: Bruhn, M./Stauss, B. (Hrsg.): Dienstleistungsmarken: Forum Deinstleistungsmanagement, Wiesbaden, S. 77–100.

Wilde, K. D. (1989): Database Marketing, in: Werbeforschung und Praxis, 34. Jg., Nr. 1, S. 1–10.

Wildemann, H. (1992): Kosten- und Leistungsbeurteilung von Qualitätssicherungssystemen, in: Zeitschrift für Betriebswirtschaft, 62. Jg., Nr. 7, S. 761–780.

Wilkes, M. W. (1989): Werbemanagement. Kompendium des modernen Werbewissens, Gernsbach.

Wilkie, W. L. (1994): Consumer Behavior, 3. Aufl., Canada.

Wilkins, A. L./Ouchi, W. G. (1983): Efficient Cultures. Exploring the Relationship Between Culture and Organizational Performance, in: Administrative Science Quarterly, Vol. 28, No. 3, S. 468–481.

Williams, M./Attaway, S. (1996): Exploring Salespersons' Customer Orientation as a Mediator of Organizational Culture's Influence on Buyer-Seller Relationships, in: Journal of Personal Selling & Sales Management, Vol. 16, No. 4, S. 33–52.

Williamson, O. E. (1975): Markets and Hierarchies. Analysis and Antitrust Implications, New York/London.

Williamson, O. E. (1985): The Economic Institutions of Capitalism, New York.
Wilson, A. M. (1998): The Use of Mystery Shopping in the Measurement of Service Delivery, in: Service Industries Journal, Vol. 18, No. 3, S. 148–163.
Wilson, L. O./Weiss, A. M./John, G. (1990): Unbundling of Industrial Systems, in: Journal of Marketing Research, Vol. 27, No. 2, S. 123–128.
Wilson, P. F./Dell, L. D./Anderson, G. F. (1993): Root Cause Analysis. A Tool for Total Quality Management, Milwaukee.
Winer, R. S. (1988): Behavioral Perspective on Pricing: Buyers´ Subjective Perceptions of Price Revisited, in: Devinney, T. M. (Hrsg.): Issues in Pricing: Theory and Research, Toronto, S. 35–57.
Winkelmann, P. (2008a): Marketing und Vertrieb. Fundamente für die Marktorientierte Unternehmensführung, 6. Aufl., München.
Winkelmann, P. (2008b): Vertriebskonzeption und Vertriebssteuerung: Die Instrumente des integrierten Kundenmanagements (CRM), 4. Aufl., München.
Winsted, K. F./Patterson, P. G. (1998): Internationalization of Services: The Service Exporting Decision, in: Journal of Services Marketing, Vol. 12, No. 6, S. 294–311.
Wirtschaftsblatt (2008): http://www.wirtschaftsblatt.at/home/service/rechtstipps/videoueberwachung-der-glaeserne-mitarbeiter-326246/index.do, (Zugriff am 04.12.2010).
Wirtz, B. W. (2009): Direktmarketing-Management: Grundlagen, Instrumente, Prozesse, 2. Aufl., Wiesbaden.
Wirtz, B. W./Schilke, O. (2004a): Ansätze des Kundenwertmanagements, in: Wirtz, B. W. (Hrsg.): Integriertes Marken- und Kundenwertmanagement: Strategien, Konzepte und Best Practices, Wiesbaden, S. 19–58.
Wirtz, J./Kum, D. (2001): Designing Service Guarantees – Is Full Satisfaction the Best You Can Guarantee?, in: Journal of Services Marketing, Vol. 15, No. 4, S. 282–299.
Wirtz, J./Mattila, A. S. (2001): Exploring the Role of Alternative Perceived Performance Measures and Needs-Congruency in the Consumer Satisfaction Process, in: Journal of Consumer Psychology, Vol. 11, No. 3, S. 181–192.
Wirtz, J./Mattila, A. S. (2003): The Effects of Consumer Expertise on Evoked Set Size and Service Loyalty, in: Journal of Services Marketing, Vol. 17, No. 7, S. 649–665.
Wirtz, J./Schilke, O. (2004b): Ansätze des Kundenwertmanagements, in: Wirtz, J./Göttgens, O. (Hrsg.): Integriertes marken- und Kundenwertmanagement. Strategien, Konzepte und Best Practices, Wiesbaden, S. 19–55.
Wißmeier, U. K. (1995): Internationales Marketing, Wiesbaden.
Witte, E. H. (2000): Kundenorientierung. Eine Managementaufgabe mit psychologischem Feingefühl, in: Hamburger Forschungsberichte, Nr. 25, Hamburg.
Wohlgemuth, A. C. (1989): Führung im Dienstleistungsbereich. Interaktionsintensität und Produktionsstandardisierung als Basis einer neuen Typologie, in: Zeitschrift Führung und Organisation, 58. Jg., Nr. 5, S. 339–345.
Wolfinbarger, M./Gilly, M. (2003): eTailQ. Dimensionalizing, Measuring and Predicting eTail Quality, in: Journal of Retailing, Vol. 79, No. 3, S. 183–198.
Wolter, S./Deuser, T. (2008): Customer Centricity – Der Pfad zu wahrer Kundenorientierung, in: Stadelmann, M./Wolter, S./Troesch, M. (Hrsg.): Customer Relationship Management. Neue CRM-Best-Practice-Fallstudien und -Konzepte zu Prozessen, Organisation, Mitarbeiterführung und Technologie, Zürich, S. 37–50.
Wood, M./Preece, D. (1993): The Use of Statistical Process Control for Service Processes, in: The Swedish School of Economics and Business Administration (Hrsg.): Proceedings of the Workshop on Quality Management in Services III, Helsinki, S. 435–454.
Woodruff, H. (1995): Services Marketing, London.
Woratschek, H. (1996): Die Typologie von Dienstleistungen aus informationsökonomischer Sicht, in: der markt, 35. Jg., Nr. 136, S. 59–71.
Woratschek, H. (1998a): Positionierung. Analysemethoden, Entscheidungen, Umsetzung, in: Meyer, A. (Hrsg.): Handbuch Dienstleistungs-Marketing, Band 1, Stuttgart, S. 693–710.
Woratschek, H. (1998b): Preisbestimmung von Dienstleistungen, Frankfurt am Main.

Woratschek, H. (2001a): Standortentscheidungen von Dienstleistungsunternehmen, in: Bruhn, M./Meffert, H. (Hrsg.): Handbuch Dienstleistungsmanagement. Von der strategischen Konzeption zur praktischen Umsetzung, 2. Aufl., Wiesbaden, S. 417–438.

Woratschek, H. (2001b): Zum Stand einer „Theorie des Dienstleistungsmarketing", in: Die Unternehmung, 55. Jg., Nr. 4/5, S. 261–278.

Woratschek, H. (2002): E-Commerce im Business-to-Consumer-Marketing - die Effizienz unterschiedlicher Geschäftsmodelle, in: Böhler, H. (Hrsg.): Marketing-Management und Unternehmensführung, Wiesbaden, S. 571–592.

Woratschek, H./Pastowski, S./Roth, S. (2005): Franchising als Internationalisierungsstrategie: Standortplanung für Dienstleistungsunternehmen, in: Bruhn, M./Stauss, B. (Hrsg.): Internationalisierung von Dienstleistungen. Forum Dienstleistungsmanagement, Wiesbaden, S. 171–200.

Woratschek, H./Roth, S. (2004): Informationsökonomischer Erklärungsansatz der Markenführung, in: Bruhn, M. (Hrsg.): Handbuch Markenführung. Kompendium zum erfolgreichen Markenmanagement. Strategien, Instrumente, Erfahrungen, Band 1, 2. Aufl., Wiesbaden, S. 347–370.

Woratschek, H./Roth, S./Pastowski, S. (2002): Geschäftsmodelle und Wertschöpfungskonfigurationen im Internet, in: Marketing ZFP, 24. Jg., Nr. Spezialausgabe „E-Marketing", S. 57–71.

World Airline Awards (2010): Airlines of the Year 2010, http://www.worldairlineawards.com/Awards-2010/cabinstaff2010.htm (Zugriff am 25.01.2011).

World Trade Organization (2008): International Trade Statistics 2008, http://www.wto.org/english/res_e/statis_e/statis_e.htm (Zugriff am 16.07.2009).

World Trade Organization (2010): International Trade Statistics 2010, http://www.wto.org/english/res_e/statis_e/statis_e.htm (Zugriff am 07.12.2010).

Wright, B./Rainwater, L. (1962): The Meaning of Color, in: Journal of General Psychology, Vol. 67, No. 1, S. 89–99.

WTO (1999): An Introduction to the GATS, WTO Secretariat, Trade in Services Division, http://www.wto.org/english/tratop_e/serv_e/gsintr_e.doc (Zugriff am 26.10.2007).

Wübker, G. (1998): Preisbündelung: Formen, Theorie, Messung und Umsetzung, Wiesbaden.

Wübker, G. (2001): Yield Management, in: Diller, H. (Hrsg.): Vahlens Großes Marketinglexikon, 2. Aufl., München, S. 1921–1923.

Wunderer, R./Kuhn, T. (1995): Innovatives Personalmanagement. Theorie und Praxis unternehmerischer Personalarbeit, Neuwied u. a.

Wyckhoff, D. (1988): New Tools for Achieving Service Quality, in: Lovelock, C. H. (Hrsg.): Managing Services, London u. a., S. 226–239.

Wymbs, C. (2000): How E-Commerce is Transforming and Internationalizing Service Industries, in: Journal of Services Marketing, Vol. 14, No. 6, S. 463–478.

Yang, Z./Jun, M. (2002): Consumer Perception of e-Service Quality: From Internet Purchaser and Non-Purchaser Perspectives, in: Journal of Business Strategies, Vol. 19, No. 1, S. 19–41.

Yip, G. S. (1982): Barriers to Entry, Toronto.

Youtube (2011): www.youtube.com (Zugriff am 21.03.2011).

Zahn, E./Stanik, M. (2003): Wie Dienstleister gemeinsam den Erfolg suchen – Eine empirische Studie über Netzwerke kleierer und mittlerer Dienstleister, in: Bruhn, M./Stauss, B. (Hrsg.): Dienstleistungsnetzwerke. Dienstleistungsmanagement Jahrbuch 2003, Wiesbaden, S. 593–611.

Zeithaml, V. A. (1981): How Consumer Evaluation Processes Differ between Goods and Services, in: Donelly, J. H./George, W. R. (Hrsg.): Marketing of Services, Proceeding Series, American Marketing Association, Chicago, S. 186–190.

Zeithaml, V. A. (1988): Consumer Perceptions of Price, Quality and Value: A Means-end Model and Synthesis of Evidence, in: Journal of Marketing, Vol. 52, No. 3, S. 2–22.

Zeithaml, V. A. (1991): How Consumer Evaluation Processes Differ between Goods and Services, in: Lovelock, C. H. (Hrsg.): Services Marketing, 2. Aufl., Englewood Cliffs, S. 39–47.

Zeithaml, V. A. (2002): Service Excellence in Electronic Channels, in: Managing Service Quality, Vol. 12, No. 3, S. 135–138.

Zeithaml, V. A./Berry, L. L./Parasuraman, A. (1988): Communication and Control Processes in the Delivery of Service Quality, in: Journal of Marketing, Vol. 52, No. 4, S. 35–48.

Zeithaml, V. A./Berry, L. L./Parasuraman, A. (1993): The Nature and Determinants of Customer Expectations of Service, in: Journal of the Academy of Marketing Science, Vol. 21, No. 1, S. 1–12.
Zeithaml, V. A./Berry, L. L./Parasuraman, A. (1996): The Behavioral Consequences of Service Quality, in: Journal of Marketing, Vol. 60, No. 2, S. 31–46.
Zeithaml, V. A./Bitner, M. J. (2003): Services Marketing. Integrating Customer Focus Across the Firm, 3. Aufl., London.
Zeithaml, V. A./Bitner, M. J./Gremler, D. D. (2006): Services Marketing: Integrating Customer Focus Across the Firm, 4. Aufl., Burr Ridge.
Zeithaml, V. A./Parasuraman, A./Berry, L. L. (1985): Problems and Strategies in Services Marketing, in: Journal of Marketing, Vol. 49, No. 2, S. 33–46.
Zeithaml, V. A./Parasuraman, A./Berry, L. L. (1990): Delivering Quality Service, New York.
Zeithaml, V. A./Parasuraman, A./Berry, L. L. (1992): Qualitätsservice. Was Ihre Kunden erwarten – was Sie leisten müssen, Frankfurt am Main/New York.
Zeithaml, V. A./Parasuraman, A./Malhotra, A. (2002): Service Quality Delivery Through Web Sites: A Critical Review of Extant Knowledge, in: Journal of the Academy of Marketing Science, No. 4, S. 2–375.
Zentes, J./Swoboda, B./Morschett, D. (2004): Internationales Wertschöpfungsmanagement, München.
Zentes, J./Swoboda, B./Schramm-Klein, H. (2010): Internationales Marketing, München.
Zeplin, S. (2005): Innengerichtetes identitätsbasiertes Markenmanagement, Wiesbaden.
Zerfaß, A. (2004a): Unternehmensführung und Öffentlichkeitsarbeit. Grundlegung einer Theorie der Unternehmenskommunikation und Public Relations, 2. Aufl., Wiesbaden.
Zerfaß, A. (2004b): Corporate Blogs: Einsatzmöglichkeiten und Herausforderungen, in: BlG – Blog Initiative Germany vom 27.01.2005, S. 1–9.
Zielke, K. (2003): Qualität komplexer Dienstleistungsbündel.
Zillur, R. (2004): A Model for the Sales and Distribution of E-Services, in: Services Marketing Quarterly, Vol. 26, No. 1, S. 71–88.
Zimmermann, A. (1999): Impacts of Services Trade Barriers: A Study of the Insurance Industry, in: Journal of Business & Industrial Marketing, Vol. 14, No. 3, S. 211–228.
Zineldin, M./Philipson, S. (2007): Kotler and Borden are not Dead: Myth of Relationship Marketing and Truth of the 4Ps, in: Journal of Consumer Marketing, Vol. 24, No. 4, S. 229–241.
Zitaki, H. (2008): Virales Marketing im Internet, Norderstedt.
Zollondz, H.-D. (2006): Grundlagen Qualitätsmanagement. Einführung in Geschichte, Begriffe, Systeme und Konzepte, 2. Aufl., München.
Zuba, R. (1998): Messung und Modellierung von Kundenzufriedenheit. Replikation und Erweiterung des Modells des American Customer Satisfaction Index im österreichischen Lebensmitteleinzelhandel, Wien.

Stichwortverzeichnis

A

ABC-Analyse 748ff.
Absatzkanalsystem 582ff., 603f.
Absatzmittler 266ff., 582ff.
– Direkte Distribution 583ff.
– Franchising 585f.
– Indirekte Distribution 587ff.
– Kombinierte Distribution 602ff.
– Logistische Systeme 611ff.
– Multiplikation 584f.
Adverse Selection 85f.
Affinität 228ff.
Aktivitätenportfolio 324f.
Angebotsverbund 428
Ankerpreis 536f.
Anreiz-Beitrags-Theorie 96f.
Ansoff-Matrix 226
Anspruchsinflation 307
Attributionstheorie 94f.
Auditierung 393ff.
Auktionen 566f.
– Online-Auktionen 566
– Reverse Auctions 566
Ausstellungen 501ff.
Austauschtheorie 97f.
Automatisierung 429ff.

B

Balanced Scorecard 742, 791ff.
Balancetheorie 95f.
Befragung 141ff.
Benchmarking 354ff.
Beobachtung 141ff.
Beschäftigtenstruktur 9
Beschwerdemanagement 347ff.
– Process Owner 349
Beschwerdeannahme 348f.
Beschwerdebearbeitung 349
Beschwerdestimulierung 348
Beschwerdeverarbeitung 349ff.
– Strukturelle Maßnahmen der 349
– Informatorische Maßnahmen der 349

Betriebliches Vorschlagswesen 367f.
Bewertungsportale 519ff.
Beziehungsqualität 120f., 206
– Definition der 120
– Dimensionen der 122
– Gegenstandsbereich der 121
– Konzeptionalisierung der 121
Beziehungsqualitätsmodell 307ff.
Blueprint (siehe Service Blueprint) 335ff.
Bookmarks 516f.
Brand Communities 462
Bruttowertschöpfung 10f.
Business Networks 514

C

Category Management 602f.
Chancen-Risiken-Analyse 166ff.
Community Based Innovation 439
Confirmation/Disconfirmation (C/D)Paradigma 317
Controlling (siehe Dienstleistungscontrolling) 723ff.
Corporate Sponsoring 486ff.
– Definition des 486
– Formen des 487
– Implikationen 488
– Ziele 487
Corporate Weblogs 512
Co-Shopping 565
Critical-Incident-Technik 338f.
Cross Selling 229, 754
Cross-Selling-Potenzial 754f.
Customer Centricity 696
Customer Driven Pricing 565f.
Customer Experience Management 288ff.
– Aufbau und Steuerung 293ff.
– Definition des 290
– Erlebnisdimensionen 291f.
– Ziel des 290f.
Customer Lifetime Value 70ff., 152f., 207, 742, 760 ff.
– Investitionstheoretischer 760ff.

- Migration-Modell 762
- Referenzwert-Modell 767ff.
- Retention-Modell 762f.
Customer Relationship Management 702f.

D

Dachmarkenstrategie 465f.
Database Marketing 505
Demarketing 58
Dienstleistung(en)
- Absatz von 582ff.
- Automatisierte 37f.
- Begriff der 23ff.
- Besonderheiten beim Absatz 55ff.
- Besonderheiten der Marktforschung 133ff.
- Besonderheiten der Marktsegmentierung 149ff.
- Bündel von Dienstleistungen 427f.
- Charakteristika von 4
- Definition von 23
- Definitionsansätze von 24ff.
- Demografische Veränderung 806, 863
- Eigenschaftsprofile von 43
- Eliminierung von 441ff.
- Entwicklung der Märkte von 7, 9f.
- Ergebnisorientierte 24
- Gesellschaftliche Veränderung von 6, 863
- Immaterialität von 58ff.
- Individualisierungsgrad 33ff.
- Informationsprobleme bei 76ff.
- Innovation von 434ff.
- Integration des externen Faktors 56ff., 855
- Integrationsdimension 33ff.
- Interaktionsgrad von 33ff.
- Internationales 803 ff. (siehe auch Internationales Dienstleistungsmarketing)
- Investive 22f.
- Kaufverhalten von 109ff.
- Kern 22f.
- Komplexitätsdimensionen von 44, 140
- Konstitutive Merkmale von 23ff.
- Konsumentenverhalten 91
- Konsumtive 38f., 31
- Leistungsbereitschaft bei 51ff., 101
- Leistungserstellung von 38
- Leistungstypen 27ff.
- Marketingmix für 413ff.
- Nachfrage von 6
- Nichtlagerfähigkeit 58
- Nichttransportfähigkeit 58
- Notwendigkeit der Leistungsfähigkeit bei 134
- Persönliche 8, 39f.
- Potenzialorientiert 24f.
- Produktion von 45ff.
- Programm von 417ff.
- Prozess bei 40, 51ff.
- Prozesscharakter 24
- Prozessorientierte 24
- Sekundär 22f.
- Systematisierung von 36ff.
- Tätigkeitsorientierte 24
- Technologische Entwicklungen bei 6f., 82f.
- Typologien von 27ff.
- Variation von 423ff.
- Veredelte 431
Dienstleistungscontrolling 723ff.
- ABC-Analyse 748ff.
- Auditierung 393ff.
- Aufgaben des 730ff.
- Balanced Scorecard 742; 791ff.
- Begriff des 723f.
- Customer Lifetime 70ff., 152f., 207, 742, 760 ff.
- EFQM-Modell 794ff.
- Einperiodisches Controlling 744ff.
- Instrumente des 740ff.
- Integriertes Controlling 788ff.
- Kosten-Nutzen-Analyse 797ff.
- Kundenbarometer 788ff.
- Kundenbewertung 760ff.
- Kundendeckungsbeitragsanalyse 758ff.
- Kundenumsatzanalyse 753ff.
- Marketingcontrolling 727ff.

- Mehrperiodisches Controlling 753ff.
- Organisation des 732ff.
- Ökonomische Indikatoren 744ff.
- Vorökonomische Indikatoren 742ff.
- Wirkungskontrolle 739f.
Dienstleistungserstellungsprozess 51ff.
Dienstleistungsforschung 14
Dienstleistungsinnovation 434ff.
- Planungsprozess für 436ff.
Dienstleistungslücke 12, 435
Dienstleistungsmarke(n)
- Begriff der 443ff.
- Dachmarkenstrategie 465f.
- Definition der 444
- Einzelmarkenstrategie 466f.
- Formen von 448
- Funktionen der 447f.
- Gesetz über die Eintragung der 442f.
- Markenfamilienstrategie 466
- Markentransferstrategie 465
- Markierungsprobleme 448ff.
- Mehrmarkenstrategie 467
- Problemstellungen 445
- Tandemmarkenstrategie 468f.
- Treue 112
- Visualisierung von 448ff.
- Ziele von 447f.
Dienstleistungsmarketing
- Bedeutung des 3ff.
- Controlling im 723ff.
- Entwicklungsphasen 17ff.
- Entwicklungstendenzen des 19
- Forschungsfelder im 20ff.
- Funktionelles 12
- Implementierung des 685ff.
- Informationsgrundlagen des 816ff.
- Institutionelles 12
- Instrumente des 422ff.
- Integriertes 20
- Internationales 803ff.
- Kontrolle des 723ff.
- Marktforschung im 133ff.
- Marktgerichtete Dimension des 22
- Marktsegmentierung im 149ff.
- Mix des 413ff.

- Operatives 416f.
  (siehe auch Dienstleistungsmarketing)
- Strategisches 163ff.
  (siehe auch Strategisches
  Dienstleistungsmarketing)
- Theorie des 4
- Unternehmensgerichtete Dimension des 22
- Ziele des 199ff.
Dienstleistungsproduktion 45ff.
- Aktivitätsgrad des Anbieters bei der 48
- Aktivitätsgrad des Nachfragers bei der 48
- Besonderheiten der 45ff.
- Endkombination 52
- Externalisierung bei der 47ff., 416ff.
- Faktoren der 45ff.
- Grundmodell der 52
- Isoleistungslinie der 48
- Leistungsbereitschaft bei der 51ff.
- Produktionsfaktoren der 45ff.
- Prozess der 51ff.
- Standortgebundenheit 54
- Vorkombination der 51
Dienstleistungsprogramm 422ff.
Dienstleistungsprozess 40
Dienstleistungsqualität 20
- Analyse der 297ff.
- Begriff der 276ff.
- Definition der 276ff.
- Dimensionen der 280ff.
- GAP-Modell der 297ff.
- Interne 399ff., 643ff.
  (siehe auch Interne
  Dienstleistungsqualität)
- Messung der 311ff.
- Wahrnehmung der 118ff.
Dienstleistungssektor
- Beschäftigtenstruktur im 9
- Bruttowertschöpfung im 10f.
- Strukturverschiebung im 12
Dienstleistungsversprechen 266, 545, 587
Dienstvertrag 15
Differenzierungsvorteile 232ff.
Direct Marketing 503ff.

– Definition des 504
– Erscheinungsformen 504
– Implikationen 505
– Ziele 505
Dissonanztheorie 93f.
Distributionspolitik 577ff.
– Absatzkanalsystem 582ff., 603f.
– Begriff der 577
– Besonderheiten der 577f.
– Direkte Distribution 583ff.
– Disintermediation 593
– E-Commerce 592ff.
– Indirekte Distribution 587ff.
– Instrumente der 582ff.
– Intermediäre 593
– Kombinierte Distribution 602ff.
– Logistische Systeme 611ff.
– Planungsprozess der 579f.
– Ziele der 580f.
Diversifikationsstrategie 228
Drei-Sektoren-Theorie 7

E
E-Commerce 592ff.
EFQM-Excellence Award 393
EFQM-Modell 794ff.
Einstellungen 156ff.
Einzelmarkenstrategie 466f.
Electronic Pricing 563ff.
Emotionen 482
Empowerment 645, 660
Endkombination 52
Episode 307
Equitytheorie 98f.
Ereignismessung 335ff.
Erfahrungseigenschaften 77
Erfahrungskurveneffekte 186ff.
Erfolgskette des Dienstleistungsmarketing 74f.
Erwartungen 375ff.
– prädiktive 375
– normative 375
Erwartungsmanagement 378f.
E-Services 468ff.

– Definition von 469
– Geschäftsmodell 472
– Kombinationsmöglichkeiten 470
– Merkmale von 469f.
E-Servicequalität 598f.
European Performance Satisfaction Index (EPSI) 823ff.
Event 496
Event Marketing 496ff.
– Definition des 496
– Erscheinungsformen 496
– Implikationen 497f.
– Ziele 497
Evoked Set 112
Experiment 141ff., 146f.
Expertenbeobachtung 313f.
Externalisierung 417ff., 429

F
Fehlerkosten 402
Fehlermöglichkeits- und -einflussanalyse (FMEA) 356ff.
Fishbone-Analyse 357f.
Franchising 585ff.
Frequenz-Relevanz-Analyse für Probleme (FRAP) 345f.

G
GAP-Modell 297ff.
– Dimensionen des 301
– Einflussfaktoren des 299
– Kritik am 301f.
Garantiepolitik 678ff.
Gebundenheit 253f.
– Formen der 254
Gefühlsarbeit 658f.
Gesamtmarktstrategie 239
Geschäftsbesorgungsvertrag 15
Geschäftsfeldstrategie 212ff.
Geschäftsfeldwahl 148ff.
Geschäftsprozessanalyse 198
Globalisierungspotenzial 811

H
Hidden Actions 85ff.
Hidden Characteristics 85ff.
Hidden Intentions 85ff.

I
Image 116ff.
Imagepreise 569
Immaterialität 58ff.
Implementierung 685ff.
– Barrieren der 691ff.
– Besonderheiten der 688ff.
– Definition der 686
– des Dienstleistungsmarketing 685ff.
– Ebenen der 687
– eines kundenorientierten Vergütungssystems 666ff.
– Unternehmenskultur 706ff.
– Unternehmensstrukturen 694ff.
– Unternehmenssysteme 700ff.
– von Dienstleistungsinnovationen 441
Incentives 665
Individualisierungsgrad 33ff.
Informations- und Kontrollsysteme 702ff.
Informationsasymmetrien 76f.
Informationsökonomik 77ff.
Innovation Communities 439
Innovationsgrad 435
Innovationsmanagement 436f.
Innovationsprozess 436ff.
Institutionelle Mediawerbung 488ff.
– Definition der 488
– Erscheinungsformen 488
– Implikationen 488
– Ziele 488
Institutionenökonomie, Neue 75f.
Integrierte Kommunikation 479ff.
Interaktionsansätze 102
Internalisierung 417
Internationales Dienstleistungsmarketing 803ff.
– Bedeutung des 805ff.
– Begriff des 807
– Dienstleistungslücke 807
– Internationalisierungsstrategien des 826ff.
– Kooperationen 854
– Länderimage 857
– Marktbearbeitungsstrategie des 848f.
– Markteintrittsstrategie des 835ff.
– Marktwahlstrategie des 829ff.
– Operatives 853ff.
– Planungsprozess des 826ff.
– Situationsanalyse des 826f.
– Strategisches 826ff.
– Typologien des 808ff.
Internationalisierung 803ff.
Internationalisierungsstrategien 826ff.
– Formen 839ff.
– Franchising 840
– Merkmale 832
Interne Dienstleistungsqualität 643ff.
– Anforderungen an die 643
– Begriff der 643
Interne Markenführung 454f.
Interne Servicebarometer 362f., 398ff.
Internes Marketing 621ff.
– Begriff des 621
– Ansatzpunkte der Implementierung 625ff.
– Barrieren der Implementierung 628f.
Internet
– E-Commerce 592ff.
– Electronic Pricing 563f.
– E-Services 468ff.
– Geschäftsmodelle im 472
– Mobiles 301
– Kunde-zu-Kunde-Kommunikation im 350f.
– Preispolitik im 563f.
– Spezifika des Internet 563
– Technologische Entwicklung des 7
– Vertrieb im 473
– Werbung im 472
Involvement 74f., 84, 92ff., 286
Isoleistungslinie 48f.

J

Job Enlargement 645
Job Enrichment 645
Job Rotation 645

K

Kaufentscheidung(en)
– Konsumphase 109ff.
– Nachkonsumphase 109ff.
– Prozess der 109ff.
– Vorkonsumphase 109ff.
Kausalanalyse 91, 293, 324
Kernleistung 22, 192, 420ff.
Kommunikation
– Integrierte 479ff.
– Massen 856f.
– Mund-zu-Mund 83, 130f.
– Nutzergenerierte 350
– Persönliche 489ff.
– Online 498
Kommunikationspolitik 474ff.
– Ausprägungen der 478
– Ausstellungen 501f.
– Begriff der 477
– Besonderheiten der 477ff.
– Corporate Sponsoring 486
– Database Marketing 505
– Dialogkommunikation 498ff.
– Direct Marketing 503f.
– Direktkommunikation 504
– Event Marketing 496f.
– Instrumente der 483ff.
– Integrierte Kommunikation 479f.
– Marketingkommunikation 489ff.
– Massenkommunikation 501, 856f.
– Mediawerbung, institutionell 488f.
– Mediawerbung, klassisch 489f.
– Messen 501f.
– Multimediakommunikation 483f.
– Öffentlichkeitsarbeit 484f.
– Persönliche Kommunikation 498ff.
– Promotions 493f.
– Public Relations 484f.
– Unternehmenskommunikation 484ff.
– Verkaufsförderung 493f.
– Ziele der 481f.
Konditionenpolitik 415ff.
Konsumphase 109ff.
Kosten-Nutzen-Analyse 797ff.
Kostenvorteile 234ff.
Kundenabwanderung
– Modelle der 764f.
Kundenakquisitionsstrategie 252f.
Kundenbarometer 396ff., 788ff.
Kundenbedarfslebenszyklus 183
Kundenbewertung 744ff.
Kundenbeziehungslebenszyklus 185, 207
Kundenbindung 129ff.
– Definition der 129
– Dimensionen der 129f.
– Freiwillige 254
– Konstrukt der 129
– Strategie der 253f.
– Ursachen der 253
Kundenbindungsstrategie 253f.
Kundendeckungsbeitragsanalyse 415ff.
Kundenerwartungen 375f.
Kundenerlebnis 290ff.
– Dimensionen des 291ff.
Kunde-zu-Kunde-Kommunikation 350
Kundenmonitor Deutschland 396
Kundenportfolio 188, 747f.
Kundenrückgewinnungsstrategie 256f.
Kundenstrategien 252ff.
Kundenumsatzanalyse 753ff.
Kundenwert
– Begriff des 745
– Berechnung des 745ff.
– Bestimmungsfaktoren des 755f.
– Management des 777ff.
Kundenzufriedenheit
– Bedeutung der 205f.
– Definition der 114f.
– Einfluss der Dienstleistungsqualität auf 118f.
– Entstehung der 114, 201
– Messung der 315ff.
– Wirkung auf Kundenbindung 131f.
– Wirkung des Image auf 116f.

L

Lagerhaltung 579, 617
Lebenszyklusanalyse 178ff.
Leistungsbereitschaft 51ff., 101
Leistungsbündel 245ff.
Leistungsinnovation 423, 434f.
Leistungspolitik 269f., 416f.
– Beschwerdepolitik 416
– Besonderheiten der 245
– E-Services 275ff.
– Festlegung des Leistungsprogramms 248ff.
– Instrumente der 422ff.
– Kernleistung 22, 192, 420ff.
– Ziele der 420f.
Leistungsprogrammpolitik 422f.
– Differenzierung 249
– Modifikation 248f.
Leistungstypologien 36ff.
Leistungsvariation
– Ansatzpunkte 251ff.
– Automatisierung 254ff.
– Bundling 253
– Externalisierung 47ff., 416ff.
– Innovation 258ff.
– Internalisierung 466, 805ff.
– Veredelung 431
– Zeitstrategien 433f.
– Zusatzleistungen 251ff.
Lernen 91
Lerntheorien 91f.
Logistische Systeme 611ff.

M

Malcom Baldrige National Quality Award (MBNQA) 393
Markenbeziehungsqualität 460
– Definition der 460
– Konzeptualisierung der 461
– Markenbeziehungsstellvertreter 462
– Stellvertreter-Kunde-Interaktion 461
– System-Kunde-Interaktion 463
Markenfamilienstrategie 466
Markenführung, Interne 454f.
Markenpolitik 364ff.
Markentransferstrategie 468
Marketing, Internes 621ff.
Marketinginstrumente 268ff.
Marketinginstrumentestrategien 268ff.
Markierungsprobleme 448ff.
Marktabdeckungsstrategien 239ff.
Marktanteils-Marktwachstums-Portfolio 186
Marktbearbeitungsstrategien 249ff.
Marktdurchdringungsstrategien 226
Marktentwicklungsstrategien 227
Marktfeldstrategien 226ff.
Marktforschung 133ff.
– Befragungen 141
– Beobachtung 146
– Beschwerdestatistiken 142f.
– Besonderheiten im Dienstleistungsbereich 133ff.
– Besuchsberichte 142
– Data Warehouse 147
– Experiment 146f.
– Methoden der 141ff.
– Primärforschung 143
– Sekundärforschung 142
– Standortforschung 134
Marktsegmentierung 149ff.
– Anforderungen der 150ff.
– Demografische Segmentierungskriterien 152
– Kriterien der 152
– Psychologische Segmentierungskriterien 152
– Verhaltenskriterien 152
Marktteilnehmerstrategien 249ff.
Mediawerbung 292f.
– Definition der 292
Mediawerbung, klassische 489ff.
– Definition der 489
– Erscheinungsformen 490
– Implikationen 492
– Ziele 492
Mehrmarkenstrategie 272, 274
Messen 501f.
– Definition der 501

– Erscheinungsformen 501f.
– Implikationen 501f.
– Ziele 501
Micromedia 515f.
Migration-Modell 418
Mitarbeiterbefragung 360ff.
Mitarbeiterkommunikation 674ff.
– Aufgaben der 674
– Begriff der 674
– Instrumente der 676
– Maßnahmen der 675
Mitarbeiterportfolio 640
Mobiles Internet 301
Moral Hazard 85f.
Motive 152f.
Multimediakommunikation 301f.
– Definition der 301
– Erscheinungsformen 301f.
– Implikationen 302
– Kiosksysteme 301f.
– Mobile Marketing 301f.
– Mobile Speichermedien 301f.
– Online-Kommunikation 301f.
– Terminalsysteme 301f.
– Ziele 302
Mund-zu-Mund-Kommunikation 83, 130f

N

Nachkonsumphase 109
Nationale Kundenbarometer 396ff.
– Definition der 396
– European Performance Satisfaction Index (EPSI) 398
– Kundenmonitor Deutschland 398
Netnografie 438
Netzwerke 346, 443
Netzwerkansätze
Neue Institutionenökonomik 75f.
Nichtlagerfähigkeit 46
Nichttransportfähigkeit 58
Nischenstrategie 240
Nutzergenerierte Kommunikation 350
No-Frills-Konzept 274

O

Öffentlichkeitsarbeit 484f.
– Definition der 484
– Erscheinungsformen der 485
– Implikationen 484
– Ziele 485
Offline-Kommunikation
Online-Auktionen 566
Online-Communities 438
Online-Kommunikation 301f.
Online-Kundendienst 470
Open Innovation 436
Operatives Dienstleistungsmarketing 416ff.
– Distributionspolitik 416ff.
– Kommunikationspolitik 474ff.
– Leistungspolitik 416ff.
– Personalpolitik 618ff.
– Preispolitik 525ff.
Outplacement 664

P

Pachtvertrag 15
Penalty-Reward-Faktoren-Ansatz 330ff.
Penetrationsstrategie 571f.
Personalakquisition 650f.
Personalauswahl 655f.
Personalbedarf 649
Personalbeschaffung 649ff.
Personaleinsatz 644ff.
– Arbeitsorganisation 645
-- Arbeitsplatz 645
– Arbeitszeit 645f.
– Aufgabenbegrenzung 645
– Aufgabenbereicherung (Job Enrichment) 645
– Aufgabenerweiterung (Job Enlargement) 645
– Begriff des 644
– Instrumente des 644ff.
– Job Rotation 645
– Tätigkeit 648
– Vergütungssystem 665ff.

Personalentwicklung 658ff.
- Begriff der 658
- Gefühlsarbeit 658f.
- Handlungskompetenz 661
- Instrumente der 662f.
- Ziele der 658
Personalfreistellung 663
Personalimagewerbung 651
Personalinformationssystem 705
- Vergütungssystem, kundenorientiertes 665ff.
Personalmanagementsystem 704f.
Personalplanung 630ff.
- Anforderungsprofil 635
- Begriff der 630
- Interne Dienstleistungsqualität 643f.
- Mitarbeiterportfolio 640
Personalpolitik 618ff.
- Begriff der 618
- Besonderheiten der 619ff.
- Instrumente der 624ff.
- Internes Marketing 621ff.
- Mitarbeiterkommunikation 620ff.
Personalprüfung 670ff.
- Begriff der 670
- Interne Dienstleistungsqualität 670
Personalveränderung 648f.
Persönliche Kommunikation 498ff.
- Definition der 499
- Erscheinungsformen 500
- Implikationen 499f.
- Ziele der 499
Podcasts 518f.
Portfolio 186
- Marktanteils-Marktwachstums- 186
- Wettbewerbsvorteils-Marktattraktivitäts- 186
Portfolioanalyse 186ff.
Positionierung
- Analyse der 172ff.
- Begriff der 172
- Modell der 173
Preis 525ff.
- Ankerpreis 536
- Erlebnis 537

- Fairness 537
- Gerechtigkeit 537
- Günstigkeitsurteil 536
- Image des 555
- Würdigkeitsurteil 536
Preisbaukästen 556ff.
Preisbündel 556ff.
- Erscheinungsformen von 557ff.
- Mixed Bundling 557ff.
- Pure Bundling 557ff.
Preisdifferenzierung 542ff.
- Abnehmerorientierte 550f.
- im Internet 564f.
- Kundenorientierte 565
- Mengenorientierte 551ff.
- Räumliche 544f.
- Uniforme Preise 564
- Yield-Management 545ff.
- Zeitliche 544ff.
Preiserlebnis 537
Preisfairness 537
Preisgerechtigkeit 537
Preisfestlegung 531ff.
- Determinanten der 534ff.
- Kostenorientierte 538f.
- Marktorientierte 539f.
- Methoden der 538ff.
- Preisnormierungen 534
- Strategien der 531
- Zeitpunkt der 540f.
Preisimage 555
Preispolitik 525ff.
- Besonderheiten der 525ff.
- Electronic Pricing 563ff.
- Konditionenpolitik 415ff.
- Planungsprozess der 531
- Ziele der 532f.
Preistransparenz 540
Premium Pricing 570
Pricing, Electronic 563ff.
Primärforschung 143
Principal-Agent-Theorie 85ff.
Private Weblogs 512
Problem-Detecting-Methode 344ff.
Problem-Impact-Tree-Analyse 408

Promotions 493f.
Property-Rights-Theorie 86ff.
Public Relations 484f.

Q
Qualitatives Zufriedenheitsmodell 310f.
Qualitätsbilanz 410
Qualitätsgrundsätze 372ff.
Qualitätskosten 402f.
– Arten von 402
– Definition der 402
– Erfassung der 406
– Konzept der 402
Qualitätslenkung 382ff.
– Anreizsysteme 383
– Aufgaben der 383
– Definition der 382
– Informations und Kommunikationssysteme 384
– Qualitätszirkel 383
– Schulungen 383
Qualitätsmanagement
– Bausteine des 286ff.
– Bedeutung des 275ff.
– Begriff des 287
– Interner Servicebarometer 398ff.
– Kosten des 402ff.
– Kosten-Nutzen-Vergleich 236f.
– Lenkung des 382f.
– Managementdarlegung des 384ff.
– Nationale Kundenbarometer 396ff.
– Nutzenwirkungen des 236
– Philosophie des 283
– Planung des 380, 382f.
– Prüfung des 384
– Regelkreis des 379ff.
– Sicherungssystem des 384
– System des 287
– Total Quality Management 282ff.
– Total Quality Service 285
– Umsetzung des 287
– Wirtschaftlichkeit des 401ff.
– Zertifikate 225
– Zertifizierung des 395f.

Qualitätsmanagementdarlegung
– Definition der 384
– Handbuch der 385
– System der 384
– Umsetzung der 385
– Wirtschaftlichkeit der 384
– Zertifizierung 395f.
– Zertifikat 386
Qualitätsmanagementhandbuch 385
Qualitätsmessung 311ff.
– Anbieterbezogene 313
– Benchmarking 312
– Beschwerdeanalyse 346ff.
– Betriebliches Vorschlagswesen 367
– Beurteilung der 312f.
– Beurteilungskriterien der 312f.
– Critical-Incident-Technik 312
– Einstellungsorientierte 335ff.
– Ereignismessung 335
– Ereignisorientierte 335ff.
– Expertenbeobachtung 313f.
– Fehlermöglichkeits- und -einflussanalyse (FMEA) 356f.
– Fishbone-Analyse 357f.
– Frequenz-Relevanz-Analyse für Probleme (FRAP) 345
– Indexsystem 323
– Instrumente der 312ff.
– Integrierte 283
– Kundenkontaktpunktanalysen 335ff.
– Kundenorientierte 313ff.
– Managementorientierte 356ff.
– Merkmalsorientierte 315ff.
– Mitarbeiterbefragung 360ff.
– Mitarbeiterorientierte 359ff.
– Multiattributive 315ff.
– Objektive 313ff.
– Penalty-Reward-Faktoren-Ansatz 330ff.
– Problem-Detecting-Methode 344ff.
– Problemorientierte 344ff.
– Root-Cause-Analyse 341f.
– Sequenzielle Ereignismethode 335f.
– SERVPERF 322
– SERVQUAL 319ff.
– Silent-Shopper-Verfahren 314

– Subjektive 315ff.
– Unternehmensorientierte 356ff.
– Willingness-to-Pay-Ansatz 328ff.
– Zufriedenheitsorientierte 317ff.
Qualitätsmodelle
– GAP-Modell 297ff.
– Qualitatives Zufriedenheitsmodell 310
Qualitätsnutzen
– Erlössteigender 236
– Kostensenkender 236
Qualitätsplanung 380ff.
– Definition der 382
– Instrumente der 382ff.
Qualitätsportfolio 371f.
Qualitätsposition 371f.
Qualitätspreise 393f.
Qualitätsprüfung 384
Qualitätsziele 373f.
Qualitätsstrategie 372
Qualitätszirkel 383

R
Referenzpreise 569f.
Referenzwert-Modell 767ff.
Relational-Contracting-Theorie 88f.
Relationship Marketing
– Definition des 67
– Gegenstand des 67
– Kundenbeziehungslebenszyklus 71f.
– Merkmale des 67ff.
– Unterscheidungsmerkmale gegenüber Transaktionsmarketing 69ff.
Resource-Based-View 101f.
Resource-Dependence Theory 100f.
Ressourcenanalyse 169ff.
Retention-Modell 762f.
Risikotheorie 92f.
Root-Cause-Analyse 341ff.

S
Schlüsselereignisse 338
Scoringverfahren 135ff.
Screening 79ff.

Segment-of-One-Approach 147
Sekundärforschung 142
Sekundärleistungen 20
Self-Service-Technologien (SST) 592f.
Sequenzielle Ereignismethode 335ff.
Servicebarometer
– Interne 362f., 398ff.
Service Blueprint 335f., 440
Service Dominant Logic 104ff.
– Annahmen 104ff.
– Merkmale 105f.
Service Encounter 606f.
Service Engineering 263
Services (siehe auch Dienstleistungen) 25
Servicescape 605ff.
SERVPERF 322
SERVQUAL 319ff.
Share of Wallet 784
Signaling 79ff.
Signalpreise 569
Silent-Shopper-Verfahren 314f.
Skimmingpreise 571
Social Networks 513f.
Social Media 505ff.
– passive Strategie 522
– aktive Strategie 522f.
Social Media-Kommunikation 505ff.
– Definition der 507
– Erscheinungsformen der 511ff.
– Merkmale der 508f.
SOR-Schema 89
Soziale Austauschtheorie 96
Soziale Netzwerke 351f.
Sponsoring 486ff.
– Affinität 426
– Definition des 486
– Formen des 487
– Planungsprozess des 488
– Zielgruppenaffinität 488
Standardisierung 235ff.
– Ansatzpunkte 235
– Arten der 250f.
Standortforschung 134f.
– Analogmethode 137f.
– Gravitationsmodelle 138f., 614f.

– Lagerhaltung 615f.
– Planung 612ff.
– Scoringverfahren 135f.
– Standortentscheidungen 612ff.
– Standortfaktoren 614ff.
– Standortplanung 614
– Transport 616f.
Stärken-Schwächen-Analyse 169ff.
Strategieimplementierung 685ff.
– Begriff der 686
– Ebenen der 687f.
Strategien
– Abnehmergerichtete 263ff.
– Absatzmittlergerichtete 266ff.
– Geschäftsfeld 212ff.
– Kunden 252ff.
– Marketinginstrumente 268ff.
– Marktabdeckungs- 239ff.
– Marktbearbeitungs- 249ff.
– Marktdurchdringungs- 226
– Marktentwicklungs- 227
– Marktfeld 226ff.
– Marktteilnehmer 249ff.
– Timing 245
– Unternehmens- 163
– Wettbewerbsgerichtete 264ff.
– Wettbewerbsvorteils 231ff.
Strategisches Dienstleistungsmarketing
– Analysekonzepte des 166ff.
– Konzeptionsebenen des 163
– Managementprozess des 163f.
– Planungskonzepte des 166ff.
– Strategien im 210ff.
– Ziele im 199ff.
Sucheigenschaften 77
Switching-Path-Analyse 743
SWOT-Analyse 166ff.
– Chancen-Risiken-Analyse 166ff.
– Stärken-Schwächen-Analyse 169ff.
Synergie-Affinitäts-Matrix 228f.

T

Tandemmarkenstrategie 468f.
Teamarbeit 646

Technology-Push 435
Teilmarktstrategie 239
Theoretische Konstrukte 90
Timingstrategie 245ff.
Total Quality Management 282ff.
Total Quality Service 286
Transaktionskostentheorie 82ff.
Transaktionsmarketing 69f.
Twitter 515

U

Uno-Actu-Prinzip 58, 88, 367, 695
Unternehmenskultur 706ff.
– Dimensionen der 713f.
– Ebenen der 708
– Gestaltung der 706ff.
– Typologie der 714ff.
– Wandel der 707
Unternehmensnetzwerke 718
Unternehmensstrukturen 694ff.
Unternehmenssysteme 700ff.
Unzufriedenheit 93, 113, 132, 261ff.

V

Value Added Services 6f., 18, 428
Vergütungssystem, kundenorientiertes 665f.
Verhaltensgrundsätze 709
Verkaufsförderung 493f.
– Definition der 493
– Erscheinungsformen der 494
– Implikationen 495
– Ziele 494
Vertrauenseigenschaften 77ff.
Verwahrungsvertrag 15
Videos und Pictures 511
Vignette-Methode 326f.
Virtuelle Netzwerke 513f.
Vorkombination 51
Vorkonsumphase 109

W

Wahrnehmung 330
Wahrgenommenes Risiko 128, 555
Web 2.0 350
Weblogs 512f.
Webforum 514f.
– Erscheinungsformen von 514
Werbung (siehe Mediawerbung, klassische)
Werklieferungsvertrag 15
Werkvertrag 15
Wertkettenanalyse 191ff.
Wettbewerbsvorteils-Marktattraktivitäts-Portfolio 186
Wettbewerbsvorteilsstrategien 231ff.
Wikis 517
Willingness-to-Pay-Ansatz 328f.
Wirkungen des Kaufverhaltens
– Beziehungsqualität 120ff.
– Commitment 123ff.
– Image 116ff.
– Kundenbindung 129
– Kundenzufriedenheit 114f.
– Mund-zu-Mund-Kommunikation 130f.
– Psychologische 113ff.
– Qualitätswahrnehmung 118ff.
– Verhaltenswirkungen 129ff.
Wirkungsauditierung 739
Wirkungskontrolle 492, 739

Y

Yield-Management 545ff.

Z

Zeitfalle 238
Zeitstrategien 433f.
Zeitvorteile 238
Zertifikate 386
Zertifizierung 395
Ziele
– Arten von 199f.
– Formulierung von 199ff.
– Kundengerichtete 204ff.
– Mitarbeitergerichtete 208f.
– nach Kundensegmenten 207
– Psychologische 204f.
– Unternehmensgerichtete 203f.
– Verhaltensbezogene 204ff.
Zielsystem 202
Zufriedenheit 114f.
Zusatzleistungen 268ff., 424ff.

Mehr wissen – weiter kommen
↗

**Das Standardwerk –
Jetzt in kompakter Form!**

Zur Sicherung und Erhöhung der Kundenzufriedenheit und Kundenbindung steht die Bedeutung und Notwendigkeit eines professionellen Dienstleistungsmarketing sowohl für traditionelle Dienstleister als auch für industrielle Anbieter mit Serviceleistungen im Vordergrund.

Heribert Meffert und Manfred Bruhn beschreiben umfassend, wie Herausforderungen und Probleme, die sich bei der Vermarktung von Dienstleistungen stellen, gelöst werden können. Schwerpunkte des Buches sind:

- Gegenstand und Besonderheiten des Dienstleistungsmarketing
- Konzepte und theoretische Grundlagen des Dienstleistungsmarketing
- Informationsgrundlagen des Dienstleistungsmarketing
- Strategisches Dienstleistungsmarketing
- Qualitätsmanagement im Dienstleistungsbereich
- Operatives Dienstleistungsmarketing
- Implementierung des Dienstleistungsmarketing
- Controlling im Dienstleistungsmarketing
- Internationales Dienstleistungsmarketing
- Entwicklungstendenzen des Dienstleistungsmarketing

In der 6. Auflage haben die Autoren den Umfang des Buches unter Aufrechterhaltung der Aktualität und Relevanz der Inhalte deutlich reduziert. Sie haben dabei die bewährte Struktur beibehalten und sämtliche Kapitel umfassend überarbeitet. Fragestellungen und Lösungsansätze wurden angepasst. Ebenso finden sich zahlreiche neuere Entwicklungen. Eine Reihe von Übungsfragen zu den einzelnen Kapiteln ermöglichen dem Leser, die Inhalte des Buches zu wiederholen und sein Verständnis zu überprüfen.

Heribert Meffert / Manfred Bruhn
Dienstleistungsmarketing
Grundlagen - Konzepte - Methoden
6. Aufl. 2009. XVIII, 517 S.
mit 136 Abb. Geb. EUR 49,95
ISBN 978-3-8349-1012-7

Stand: März 2012. Änderungen vorbehalten.
Erhältlich im Buchhandel oder beim Verlag.

Abraham-Lincoln-Straße 46 . D-65189 Wiesbaden
Tel. +49 (0)6221 / 3 45 - 4301 . springer-gabler.de

Springer Gabler